景行集

吴景平先生从教三十年纪念文集

本书编委会 编

复旦大学出版社

本书编委会

（按姓氏拼音排序）

陈　雁（执行）　戴建兵　　何　品
金以林　　刘志英　　马陵合
单冠初　　史立丽　　赵兰亮

1990年，吴景平博士学位论文答辩会合影，答辩委员左起：张静如、刘桂生、王琪、彭明、陈铁健

吴景平先生

1990年代，吴景平教授和学生们

2000年，吴景平教授与学生

2004年，吴景平教授与学生

2006年，吴景平教授与学生

2014年,吴景平教授和学生合影

2016年,吴景平教授与当年毕业学生合影

2017年，吴景平教授与学生在美国斯坦福大学胡佛研究所查档期间合影

2019年，吴景平教授与学生在美国哥伦比亚大学参加学术会议

2019年3月,吴景平教授和学生们在复旦大学光华楼合影

2019年6月,吴景平教授和学生在青海

2019年12月25日，吴景平教授在复旦最后一次课后与学生合影

2021年，吴景平教授与学生们在黄山

序　言

2021年5月间,复旦大学历史学系陈雁教授联系部分我指导过的学生,每位自选一篇发表过的文章,共计50篇,拟合编出版,作为我在复旦从教的纪念文集。50位作者中,有学士论文是我指导的,更有多位硕士生、博士生,还有几位博士后。翻阅各篇文稿,在复旦三十年间与学生相处的往事历历在目。

这部文集,可以视为我和学生们在复旦共同学习提高的缩影。1990年春,我自中国人民大学获得法学博士学位后,入职复旦大学历史学系,当时是系里中国史各专业在职教师中第一位博士学位获得者。当年9月起,我开始为历史系本科生开设基础课"中国近代史",以后多轮次开设过这门课;为本科生开设的专业选修课较多,其中常开的有"民国外交史""中国金融史",近些年又开设了"近代中国人物研究""全球视野下的中国国际地位变迁"等课程。通过上课以及指导课程论文、学年论文与学士学位论文,与学生有较多的接触,多位听过我的课的本科生后来成为我指导的硕士生、博士生。1993年我被评上副教授,当年开始指导硕士生;1995年评聘为教授,1998年春开始指导博士生,以后每年都有新指导的研究生入学,直到2021年不再招收新生。另外,大体自2000年起,还指导过多位博士后研究人员。以研究生为主要对象开设的课程主要有"中国现代史史料学""中国近现代史专题",以及"民国史方法与文献""经济史方法与文献""金融史方法与文献"等,在课前准备、课堂交流与互相点评等方面,对学生有较高的要求和更多的互动。这些课程面向所有中国近现代史专业的研究生,也有外系其他专业的选课者或旁听者。我指导的学生一般都选听过我开设的多门课程,还有不少学生在读期间多轮次听我讲授同一名称的课程,认为每次都有新的收获。对我而言,年复一年的教学工作,对于拓展学术视野、夯实专业基础,起了极大的作用。我非常感谢所有修课、听课的学生。

这部文集是各位作者潜心治学的成果。根据学校的规定,硕士生、博士生和博士后在校期间都必须在规定目录的核心刊物上发表论文。这方面的规定是否合理,是否会产生负面作用,多年来争辩不休,莫衷一是。但我觉得,复旦为每一位学生提供了成长甚至成才的丰厚资源,凡是充分利用在校时光,按照与导师共同商定且得到教研室确认的培养方案开展研究性学习并完成学业,即经历选题、查找主要参考文献和征引史料、拟定学位论文基本框架体系、中期考核、形成初稿、通过预答辩、外审和修改定稿等过程,就有能力撰写达到公开发表水准的学术文章。目前文集的文稿约有一半是以复旦在校生名义发表的,另有一半选自作者毕业离校后的发表成果;约有三分之二的稿子发表于2011年之后,其余三分之一主要发表于2000年至2010年之间,选题涉及财经、金融、政治、外交和社会等领域,涵盖了自晚清、民国到1950年代末的较长时期,绝大部分文稿在相关领域重要问题的研究上有较突出的创新性,史料丰富,征引翔实,叙事与立论有据。文集的文稿初次发表于社会科学尤其是历史研究的重要核心刊物,绝非偶然,每一位作者都付出了艰辛的努力。仅以史料工作为例,除了广为查阅已刊相关参考文献外,赴国内各地档案馆收集史料是在校学生基本的常态性工作,更有多位专程赴台湾地区和国外重要档案馆、知名高校图书馆查寻未刊档案,时有堪称史料学和近代史研究视野下的重大发现和收获。在我看来,这本文集是近20年来中国近现代史专题研究的重要成果选编,其学术价值和意义随着文集的出版将得到进一步的认同。

毋庸赘言,这本文集是我在复旦从教三十年之际收到的一份特殊礼物,我对文集的作者们表示衷心感谢,虽然各位作者的学术成果并不限于自选的一篇。进而言之,我对指导过的每一位同学都心存感谢,也为你们毕业离校后取得的成就感到高兴,无论你们目前所在的是高校、科研机构还是机关、企业,从事着教学科研工作还是承担着领导与管理的重任。在我看来,你们都无愧于作为复旦学子的一员,坚信你们将不负母校的关爱与厚望,不忘复旦岁月之初心,不懈努力,行稳致远。

吴景平

2021年8月于复旦大学光华楼

目 录

序言 ·· 吴景平　1

中国近代的白银核心型货币体系(1890—1935) ······················· 戴建兵　1
昭信股票与晚清华资金融业关系研究 ····································· 徐　昂　19
早期中国通商银行的几个金融案述论 ····································· 陈礼茂　32
盛宣怀与武昌起义爆发后的上海金融救济 ······························· 宁汝晟　41
民初北京政府设立各省国税厅筹备处研究 ······························· 王　梅　52
中国银行上海地名券领券业务变迁研究 ·································· 董　昕　67
南方政府与美国山克公司1921年实业借款交涉研究 ··············· 孙毓斐　83
北洋政府时期的九六公债述评 ·· 张启祥　99
信托业在中国的兴起
　——兼论"信交风潮"中的信托公司 ····································· 何旭艳　111
上海中外银钱业联合会筹建述论(1921—1929) ····················· 何　品　130
试论汪精卫与"容共"政策 ·· 刘佰合　141
上海银行业与南京国民政府成立前后的若干内债 ···················· 蒋立场　151
政治变迁视野下的南京国民政府的财政统一 ·························· 樊　芸　166
地域观念与派系冲突
　——以20世纪二三十年代国民党粤籍领袖为中心的考察
··· 金以林　173
1934年"顾孟余被弹劾案"之再探 ··· 卢艳香　188
党治体制下的社团冲突与社团管理
　——以1934年苏州弹词男女拼档纠纷案为例 ······················ 许冠亭　200
近代私营银行引进外资困境探析
　——以聚兴诚银行引进外资风波为中心 ······························ 辛　雅　216

中东铁路出售的经济背景	金志焕	227
从救国到治国：国家视野下的近代中国铁路功能演化	马陵合	252
近代上海远东国际汇兑中心的形成	宋佩玉	267
法币发行准备管理委员会考述	张秀莉	282
1935年法币政策在天津的实施	申艳广	301
美籍顾问杨格与战前中国的币制改革	王 丽	310
蒋介石与战前中国农民银行的纸币发行	贾钦涵	326
抗战前南京城市财政与公共交通关联考议	李沛霖	345
大悖初衷——南京政府公务员考绩制度嬗变及其实施研究	何家伟	358
宋美龄在西安事变和平解决中的作用	宋青红	375
"八一三"时期的上海银行公会	张天政	387
抗战时期上海商业储蓄银行述论	薛念文	406
抗战时期吴佩孚与汪精卫的秘密交涉函电析论	范国平	419
日本侵华的"以战养战"政策	单冠初	431
抗战军事史口述回忆的"蔽"与"弊"——以台儿庄战役为中心的考察	金之夏	447
国民政府对上海"孤岛"的商业管理	刘志英	460
太平洋战争时期中英五千万英镑借款交涉	王 钊	469
绍兴沦陷：战时的前线与日常	吴敏超	486
战时金融的困境与应对：1942年"四行专业化"述论	尤云弟	500
外交与绯闻：1943—1944年间的中美冲突	陈 雁	520
参与构建战后国际货币金融秩序：中国与布雷顿森林会议	高作楠	537
抗战结束前后国民政府接洽美援体制的转变——以中国物资供应委员会为中心	皇甫秋实	553
上海银行业保人制度改良述略	刘 平	574
近代中国存款准备金制度述论	石 涛	588
美国韦尔斯利学院藏宋美龄档案介绍——以米尔斯档案为中心	宋时娟	600

胡佛研究所藏张嘉璈日记手稿本的学术价值 ………………… 袁煦筠 610

美国三校藏孔祥熙档案述评 ……………………………………… 马　琳 623

陈仪与战后台湾币制嬗变 ………………………………………… 牟立邦 634

战后中国银行上海分行复员与接收评述 ………………………… 刘　华 647

战后上海民营轮船业向国民政府索赔问题研究（1945—1948）
　………………………………………………………………… 马振波 656

南京国民政府时期中央银行票据清算职能的演变
　——兼论其与上海票据交换所的关系 ……………………… 万立明 672

新中国政府对外商银行的监管与清理 …………………………… 张徐乐 689

解放前未清偿寿险契约问题的处理：以华安合群保寿公司为中心
　………………………………………………………………… 赵兰亮 702

附录：吴景平先生论著目录 ……………………………………………… 715

编后记 ……………………………………………………………………… 721

中国近代的白银核心型货币体系(1890—1935)

戴建兵[*]

1890—1935年,国际货币经历了金本位制由稳定到崩溃及信用货币应运而生的时期。中国则走过了货币发展的异常复杂时期,从清中后期主要流通银两、铜钱和纸币(含私票),到晚清民初流通银两、银元、铜钱、铜元、纸币(含私票)等货币,以及废两改元确立银本位,再到发行金汇兑本位下的信用货币(管理通货)——法币[1]。在学术界,关于近代中国货币体系以及相关的货币史和金融史的著作已经很多[2]。但依据金融学学理,仍有深化的必要。本文研究的近代货币特指自1890年中国机制银元产生至1935年法币改革期间的中国货币,力图将历史学、经济学(金融学)、钱币学三者结合起来,对中国近代货币体系进行分析,总结出近代中国经济发展进程的一些规律。不当之处,敬请方家指正。

一、白银核心型的中国近代货币体系

货币本位(standard)是一国货币制度所规定的货币的基本单位与价值标

---

[*] 戴建兵,2003年博士毕业于复旦大学历史学系,现为河北师范大学教授。
[1] 洪葭管亦认为法币为金汇兑本位。参见洪葭管:《中国金融史十六讲》,上海人民出版社,2009年,第8页。
[2] 相关研究论著,中华人民共和国成立前有刘映岚:《中国货币沿革史》,砥斋,1911年;章宗元:《中国泉币沿革》,经济学会,1915年;张家骧:《中华币制史》,民国大学出版部,1925年;侯厚培:《中国货币沿革史》,世界书局,1929年;耿爱德(E. Kann):《中国货币论》,蔡受百译,商务印书馆,1929年;戴铭礼:《中国货币史》,商务印书馆,1934年;吉田虎雄:《中国货币史纲》,周伯棣编译,中华书局,1934年;朱偰:《中国信用货币发展史》,中国文化服务社,1943年。中华人民共和国成立后则有彭信威:《中国货币史》,群联出版社,1954年;魏建猷:《中国近代货币史》,群联出版社,1955年;杨端六编著:《清代货币金融史稿》,生活·读书·新知三联书店,1962年;千家驹等:《中国货币史纲要》,上海人民出版社,1986年;石毓符:《中国货币金融史略》,天津人民出版社,1984年;何汉威:《从银贱钱荒到铜元泛滥——清末新货币的发行及其影响》,台北"中研院"《历史语言研究所集刊》第62本第3分册,1993年;张国辉:《晚清货币制度演变述要》,《近代史研究》1997年第5期;叶世昌、潘连贵:《中国古近代金融史》,复旦大学出版社,2001年。

准。金本位是以一定量的黄金来表示和计算货币单位价值的货币制度；银本位是以一定量的白银来表示和计算货币单位价值的货币制度。此外还有因经济发展状况及金银供给等问题引发的两本位制，即金银平行本位制和金银复本位制。两者的不同之处在于平行本位下的金币和银币可以自由铸造，而复本位制下的金币与银币之间的交换比率是以法律形式予以规定的[1]。

"金融与贸易密切相关。"[2]"任何时代金融交易都是贸易交易的自然延伸。"[3]金融业的发展加速了国际经济的一体化进程。19世纪末至20世纪30年代，国际货币体系经历了金本位崩溃、金本位制衍生如金块本位、金汇兑本位流行及向管理通货（纸币）发展几个较大的变动阶段[4]。1914年第一次世界大战爆发后，由于各参战国禁运黄金、纸币停兑黄金，导致国际金本位制实质上被废止。战后，随着1925年英国恢复金本位[5]，各国也相继恢复金本位，但实际上黄金的地位被大大削弱。除美国继续维持金本位制、法国和英国推行金块本位制外，其他国家则大多实行金汇兑本位制。即使实行金本位制的美国，为了减轻压力，极力主张以国际金银复本位制来替代金本位制[6]。金汇兑本位制经过1929—1933年的世界经济危机也岌岌可危。1931年9月，英国第二次放弃金本位[7]。为维持国际贸易，英、美、法均组织各自的货币集团。同时，世界币制也发生变化。随着中央银行制度在世界范围内的发展，信用货币（管理纸币本位、管理通货）制度开始在世界范围内建立[8]。

1840年后，中国被迫融入世界经济体系。然而，在相当长时期内，中国货币本位并没有与国际接轨。

近代中国的货币种类极为复杂，在市场上流通的主要有银两、银元（自铸和外国银元两大种类）、制钱、铜元、银行券、私票等[9]。时人多认为近代中国

---

[1] 参见武康平编著：《货币银行学教程》，清华大学出版社，1999年，第19—22页。
[2] 洪葭管：《中国金融史十六讲》，第7页。
[3] 约翰·希克斯：《经济史理论》，厉以平译，商务印书馆，1987年，第67页。
[4] 参见李世安：《布雷顿森林体系与"特里芬难题"》，《世界历史》2009年第6期。
[5] 参见约翰·H.伍德：《英美中央银行史》，陈晓霜译，上海财经大学出版社，2011年，第282页。
[6] 参见马寅初：《中国之新金融政策》，商务印书馆，1937年，第46—47页。
[7] Gary Richardson and Patrick Van Horn, Fetters of Debt, Deposit, or Gold during the Great Depression? The International Propagation of the Banking Crisis of 1931, *National Bureau of Economic Research Working Paper*, No. 12983, 2007, p.12.
[8] 参见李成主编：《货币金融学》，科学出版社，2004年，第23—25、30页。
[9] 详见戴建兵：《中国近代银两史》，中国社会科学出版社，2007年；《中国钱票》，中华书局，2001年；《中国近代纸币：1840—1949中国近代官银钱号、省、市银行纸币简史》，中国金融出版社，1993年；《中国货币金融史》（与陈晓荣合著），河北教育出版社，2006年。

货币"芜杂紊乱"[1],是"最复杂的一种"[2],外国学者认为近代中国货币"缺乏体系"[3],甚至有中国经济学家认为"吾国历来,仅有货币,而无币制"[4]。

具体到光绪朝中期以前的货币本位,学术界流行的说法有两种,即银钱平行本位[5]、银铜复本位[6],其学理来源均为上述西方金银平行或复本位制,实际均不确切。因为清代流通的银锭和铜钱都近似本位货币,但是银两是可以自由铸造的[7],而制钱却被清政府严格控制和管理,严禁民间私铸,私铸首犯及匠人均治以处斩等重罪。这与金银平行本位制中金银均可自由铸造为币的原则大相径庭。此外制钱是由贱金属——铜及铅、锌铸造而成,这与西方货币本位制度中两种货币金属均由贵金属构成,有着明显区别。无论是对货币单位,还是主辅币制度,货币本位都有严格规定。但是,中国的称量货币——银两的基本单位"两"及成色在国内却千差万别[8]。此外,尽管清政府在清初就规定了银一两等于制钱一千文的比价,政府也极力维持,但实际上银钱比价随行就市,时有变化,银两与制钱并非主辅币关系,这与复本位制中两种货币

---

[1] 这是日本同文书院院长大内畅三对中国货币体系的评价。参见宫下忠雄:《カン支那通货论——金及び银取引の研究》,东亚同文书院支那研究部,1934年,"序言"。交通银行总理梁士诒曾说:"一等国用(支票)转账,二等国用钞票,三等国用硬币,若四等国,并币而无之,则用生金银。"(《上海金融史话》编写组编:《上海金融史话》,上海人民出版社,1978年,第68页)而英国人毛里斯·柯立斯则称:"中国人是没有铸币通货的。其交换媒介就是作为金属的白银。"(毛里斯·柯立斯:《汇丰—香港上海银行(汇丰银行百年史)》,李周英等译,中华书局,1979年,第21页)

[2] 毕匿克(A. W. Pinnick):《银与中国》,褚保时、王栋译,商务印书馆,1933年,"序言",第2页。当代中国学者如刘克祥、陈争平亦持此论。参见刘克祥、陈争平:《中国近代经济史简编》,浙江人民出版社,1999年,第362—368页。

[3] Frederic E. Lee, *Currency, Banking, and Finance in China*, New York: Garland Publishing, Inc., 1982, p. 8. 清末度支部币制顾问、北洋政府财政部顾问、荷兰银行总裁卫斯林认为中国没有实质的本位制度:"Thus far China has had no real standard." G. Vissering, *On Chinese Currency: Preliminary Remarks about the Monetary Reform in China*, Amsterdam: De Bussy, 1912, p. 5.

[4] 赵兰坪编著:《货币学》,正中书局,1936年,第500页。

[5] 参见彭信威:《中国货币史》下册,第485页。1962年杨端六先生就明确认为这是不完整的平行本位制。参见杨端六编著:《清代货币金融史稿》,第3页。

[6] 参见王业键:《中国近代货币与银行的演进(1664—1937年)》,台北"中研院"经济研究所,1981年,第5页。

[7] 乾隆时期,江浙大县银匠多的有数百名,小县有十余名。参见浙江布政使潘思榘:《奏陈整顿钱法之末议事》,乾隆十年二月二十五日,军机处录副奏折,档案号:03-0770-047,缩微号:052-0676,中国第一历史档案馆藏。

[8] "清代时中国各地行用的平,总计起来,当不下一千种。"(张惠信:《中国银锭》,齐ës飞出版社,1988年,第176页)"在清朝,中国全国所用的'平'无虑几百几千种。"(杨端六编著:《清代货币金融史稿》,第78页)"据民国初年中国银行调查,各地通用的平砝,即有一百七十余种。"(魏建猷:《中国近代货币史》,第30页)。

金属的法定比价是不一致的。因而此时的货币与严格意义上的任何本位制度均有较大距离。

那么，自光绪朝机制银元出现后，中国是否开始进入银本位时代呢？

光绪十六年（1890），广东钱局银厂开始铸造银元，随后各省纷纷仿效，使中国的货币流通领域出现新的等价物——银元，掀开中国近代货币史新的一页。1905年10月，清政府财政处拟定《铸造银币分两成色章程》十条[1]，确定了本位货币为库平一两；1910年又订立《厘定国币则例》[2]，规定了银币的重量及其辅币；1914年2月北京政府颁布《国币条例》15条[3]，对银币的面额、重量、成色、辅币等均作了相应的规定，有学者由此认为此时中国已为银本位。不过，这些条例仅是具文，当时流通领域中的银质货币——无论银两、银元还是银角，均按重量成色天天有行市，彼此之间并非主辅币关系[4]，从而谈不上银本位。对于晚清民初的货币制度，学者多因纷乱的货币现实而将之归为多元本位[5]。

当时的中国处于世界发达国家均为金本位货币制度的国际环境之中。那么，中国近代究竟具有一种怎样的货币体系呢？

实际上，中国近代币制是十分独特的，没有严格意义上的货币银行学学理上的本位含义可以对应，其构成实质是十分独特的"白银核心型"货币体系。明代，由于对外贸易的发展，白银大量流入中国，以铜钱为币的传统改变，铜钱和白银（银锭和银元）均开始在流通领域发挥作用[6]。清初沿袭明制，钱粮收银。顺治十四年（1657），"直省征纳钱粮多系收银。见今钱多壅滞，应上下流通，请令银钱兼收，以银七钱三为准，银则尽数起解，其钱充存留之用，永为定例"[7]，从而强化了白银在货币体系中的地位。而在市场流通中，早在乾隆年

---

[1] 参见奎濂等校勘：《度支部通阜司奏案辑要》，沈云龙主编：《近代中国史料丛刊三编》第47辑，文海出版社，1988年，第171—180页。
[2] 参见中国人民银行总行参事室金融史料组编：《中国近代货币史资料》第1辑《清政府统治时期：1840—1911》第2册，中华书局，1964年，第783—789页。
[3] 参见中国人民银行总行参事室编：《中华民国货币史资料（1912—1927）》第1辑，上海人民出版社，1986年，第88页。
[4] 参见金侣琴：《银辅币问题》，《东方杂志》第24卷第5号，1927年3月10日；沧水：《论推行新银辅币之必要》，《银行周报》第4卷第3号，1920年1月20日。
[5] 1929年美国普林斯顿大学教授甘末尔博士（Edwin W. Kemmerer）受聘为国民政府币制改革顾问，提出《中国逐渐采用金本位实施草案及其理由书》，认为中国当时为多元本位。参见王业键：《中国近代货币与银行的演进（1664—1937年）》，第5页。
[6] 参见万明：《明代白银货币化的初步考察》，《中国经济史研究》2003年第2期。
[7] 张廷玉等：《清朝文献通考》卷13《钱币一》，王云五主编：《万有文库》第2集，商务印书馆，1936年，考4968。

间,市场用银已占据主导地位,当时朝廷下令"各督抚转饬地方官出示剀切晓谕,使商民皆知以银为重,不得专使钱文"[1],商民大数用银,小数用钱,即使边远的西北地区也是如此[2]。

之所以宜称之为白银核心型的货币体系,是因为近代市场上各自流通复杂多样的货币(纸币是硬币的货币符号)均以白银为核心兑换,并在市场上与之发生密切的关系。近代中国金融中心上海的货币市场,在1915年8月前为龙洋(龙洋折合银两数)行市,此后改为鹰洋行市[3]。自1919年6月到废两改元前,上海货币市场每天挂出各种货币行市以及相应的银两借贷利率,分别为:每日银元一元合规元的"洋厘";约期买卖的银元市价即"期洋";银辅币十角合规元的"小洋";规元一百两合铜元的"铜元";银元一元合铜元的"兑换";小洋一角合铜元的"角子";小洋一角需贴水合大洋一角的"贴水"。这些每日公布的货币行市均是以银两、银元、银角标价的。此外相当于当时借贷市场基准利率的"银拆"(即规元一千两之日利)也是以白银标价的[4]。其他各地亦有相应的类似组织以银两和银元为标准,每日公布当地的货币行市[5]。可见,白银居于货币市场的核心地位。

白银核心型的货币体系与银本位的最大不同在于:银本位制要求的是单一银本位币及相应的辅币制度,而白银核心型的货币体系没有单一的本位币,银元和银两均发挥着类似本位币的作用;同时没有辅币制度,银角、制钱、铜元实质上都不是银元或银两的辅币,均可独立在市场流通。

整体来看,法币改革前,近代中国的各种货币都与白银关系密切,均可通过比价折合为银元、银两,但折合比价是动态的,这与西方国家货币本位中非常重要的比价严格固定的主辅币制度毫无共同之处。

白银核心型货币体系是中国货币向银本位发展的阶段,发展过程是日益向银收缩。最初表现就是晚清民国后造币厂大量铸造的银元,一方面取替铜钱等传统货币,另一方面侵夺市场上的银两地位,并导致虚银两制度形成。虚银两制度以一些区域性的大中城市为核心,并影响广大区域,如上海九八规

---

[1] 张廷玉等:《清朝文献通考》卷16《钱币四》,王云五主编:《万有文库》第2集,考5002。
[2] 参见甘肃巡抚鄂乐舜:《奏复查办通省钱价大势平减事折》,乾隆十八年八月初七日,军机处录副奏折,档案号:03-0771-059,缩微号:052-0964,中国第一历史档案馆藏。
[3] 参见叶世昌、潘连贵:《中国古近代金融史》,第210页。
[4] 参见潘子豪:《中国钱庄概要》,华通书局,1931年,第97—98页。
[5] 20世纪30年代江西南昌汇划公所附设于钱业公会组织之下,"规元、洋例、银元、日拆、铜元、盐封、申钞、杂钞等行市,皆由公所挂牌,以为全市交易之标准"。(参见杨祖恒:《南昌之金融》,《中央银行月报》第2卷第2—3号合刊,1933年1—2月)

元、天津行化、武汉洋例、绥远拨谱、营口炉银、安东镇平银、汕头七兑等。铜元随着银元流通及自身的滥铸,价值日低,使用范围缩小,实质是向辅币地位转化。1933年,中国政府废两改元,标志着中国进入银本位时代[1]。

二、外国势力对中国货币体系的影响

(一) 白银货币的外部供给

中国近代货币体系的核心是白银,其货币表现形式是银锭或银元。1493年美洲新大陆被发现后,世界产银量最多的地区为北美中部、南部。17世纪秘鲁、巴西发现新银矿,18世纪墨西哥几占该世纪银产量之半。但是,以白银为币的中国银产量"殊无几也"[2]。明代以来,由于对外贸易发展,国外白银大量流入中国[3]。至近代,中国产银量仍非常有限[4],北洋政府时期最高年产量不足5万两[5]。1925年调查发现中国的产银地仅有五省,总额为35 569两,其地域分布如表1所示。

表1 中国各省的银产量

省 别	产量(两)	值银元数(块)
湖南	20 000	26 000
四川	1 569	2 040
广西	10 000	13 000
云南	3 000	3 900

---

[1] 因银本位刚一确立就发生白银风潮而导致法币改革,故本文所探讨的白银核心型货币体系截至1935年的法币改革,即与白银基本脱离关系为止。

[2] Tomoko Shiroyama, China's Relations with the International Financial System in the 20th Century Historical Analysis and Contemporary Implication, Session 8: International Order of Asia in the 1930s and 1950s, Tokyo: Hitotsubashi University, 2008, p. 4. 亦可参见邵金铎:《银价之研究》,学术研究会丛书部,1928年,第1页。

[3] 傅镜冰是较早涉足此领域进行研究的学者,1933年发表《明清两代外银输入中国考》(载《中行月刊》1933年第6期),考证了明清两代外国白银输入中国的不同时期和途径,并推算明末至清朝中叶外国白银输入的数量总计约3.5亿元。另可参见梁方仲:《明代国际贸易与银的输出入》,《中国社会经济史集刊》第6卷第2期,1939年;全汉昇:《明清间美洲白银的输入中国》,《中国经济史论丛》第1册,香港中文大学新亚研究所,1972年。

[4] 洋务运动中,银矿仅热河承德三山银矿、广东香山天华银矿、吉林珲春天宝山银矿、广西贵县天平寨银矿等开采,但成绩不大。(参见夏东元:《洋务运动史》,华东师范大学出版社,1992年,第270—271页)

[5] 参见杜恂诚:《中国金融通史》第3卷《北洋政府时期》,中国金融出版社,2002年,第357页。

续 表

省　别	产量(两)	值银元数(块)
热河	1 000	1 300
总计	35 569	46 240

资料来源：企云：《远东之银》，《钱业月报》第9卷第6—7期，1929年。

因中国产银量有限，白银的输入自然十分重要。据杨格统计，1888—1931年中国共输入白银达 103 700 万盎司[1]。白银由外部供给这一特点对近代中国经济影响巨大，晚清的白银外流和国民政府时期的白银风潮均可归结于此。由于白银的外部供给，中国货币市场上极易创造出新的货币（如私票），并使货币体系内的竞争日益激化，还导致中国很长时期内都是商品和白银双入超的国家[2]。

晚清国门被打开后，中国逐渐被纳入世界经济体系。国民政府成立后，随着经济发展，对白银的需求日增。1890—1928年中国净入超白银627 177 427海关两[3]。1918年，中国成为白银纯进口国，这一年净进口白银达23.5百万关两。1925—1927年的白银进口分别为63百万关两、53百万关两、65百万关两[4]。1928年、1929年两年更为突出，分别净进口白银106.4百万关两、105.8百万关两。与此同时，黄金净出口近2百万关两[5]。

货币量的多寡对经济是否发展影响巨大。因中国经济体内的货币量决定

---

[1] 参见杨格：《一九二七至一九三七年中国财政经济情况》，陈泽宪、陈霞飞译，中国社会科学出版社，1981年，第206页。

[2] 早在19世纪晚期，与英国皇家金银委员会有关的学者就对中国对外贸易进行了研究，认为"中国每年要用100万至200万镑的黄金平衡贸易，但是在1864—1886年间，中国每年平均出口了10万镑多的黄金。而在中国出口黄金的同时，中国的白银进口超过了白银出口，1877年，差额达530万镑"。(Royal Commission on Gold and Silver, Minutes of Evidence, p. 21，转引自 Wen Pin Wei, *The Currency Problem in China*, New York: The Faculty of Political Science of Columbia University, 1914, p. 35)杨端六、侯厚培等通过对1858—1885年的研究，亦认为中国是金出口而银进口的国家，1889—1928年中国净出超黄金96760217海关两。(参见杨端六、侯厚培等：《六十五年来中国国际贸易统计》，《国立中央研究院社会科学研究所专刊》1931年第4号，第159页；姚贤镐编：《中国近代对外贸易史资料(1840—1895)》，中华书局，1962年，第1064—1065页)

[3] 参见杨端六、侯厚培等：《六十五年来中国国际贸易统计》，《国立中央研究院社会科学研究所专刊》1931年第4号，第159页。

[4] 参见郑友揆：《中国的对外贸易和工业发展(1840—1948)——史实的综合分析》，上海社会科学院出版社，1984年，第343页。

[5] 参见中国银行总管理处调查部编：《最近中国对外贸易统计图解：1912—1930》，中国银行总管理处调查部，1931年，第70页。

于白银的进出口,而白银的流动掌握在外人之手,导致了外国势力对中国经济的强力控制。

(二) 大条银市场被国外白银市场控制

白银的输出入与近代中国的货币数量、价值、汇率及内外贸易均有着直接关系。中国大条银市场被国外白银市场控制的最显著标志就是上海的对外汇价以伦敦大条银价格为标准[1]。

白银输入早期,由于外商对华贸易逆差,需要向上海输入现银抵补。随着中国在当时世界经济体系中位置的确定,即沦为原料的产地及国外商品的市场,中外贸易日益扩大,国外实行金本位使白银在国外成为普通商品,再加上中国白银核心型货币体系日益向银收缩,中国对白银的需要量日益增大。近代中国形成了对外贸易常年逆差而白银仍大量进口的奇异现象。

第一次世界大战以前,居于世界金融中心的伦敦是唯一的白银市场。直到 20 世纪 30 年代以前,世界的银价由伦敦银市确定,银价的涨跌操于伦敦银市[2]。伦敦市场有上海银条行市远期、近期两种价格,而纽约行市则仅有一种价格,一盎司白银的价格以便士或美金标明,每日 9 点 30 分由汇丰银行与外汇行市一起挂牌公布[3]。中国是当时世界最大的白银输入国,一战前主要从伦敦白银市场通过外商银行购入白银。"伦敦银价的议定,常要探询汇丰、麦加利在上海交易的多寡;而伦敦现银的市价,则由上海汇丰银行隔日挂牌公布,决定当日上海对英汇价。"上海银市"大条银的交易,没有固定的市场,主要在银行、特别是在外国银行中进行,并且常常同外汇、标金互相套做"[4]。

第一次世界大战爆发后,随着美国经济地位上升、实力提高,特别是其对世界产银量控制的加强[5],时人言:"贵银贱,其价格定之于伦敦,定之于纽约。"[6] 纽约银市地位不断上升,逐渐成为世界最大银市之一。上海大条银转而多从美国输入,数量超过了英国。如 1931 年,上海来自美国纽约的大条银

---

[1] 参见潘世杰:《白银市场》,杨荫溥主编:《经济常识》第 2 集,经济书局,1935 年,第 90 页。
[2] 参见菊曾:《伦敦的银市》,《钱业月报》第 14 卷第 12 号,1934 年 12 月 15 日。
[3] 参见杨荫溥编:《经济新闻读法》,黎明书局,1933 年,第 138 页。
[4] 洪葭管、张继凤:《近代上海金融市场》,上海人民出版社,1989 年,第 254、262 页。
[5] 到 20 世纪 20 年代时,"属美国权利所管理之银矿占全世界百分之六十六","世界矿产之银,几有百分之九十系英美资本所控制。提炼产银于 1929 年所出产者有百分之八十以上,亦均为英美资本所控制。美国者占全世界总生产百分之七十三"。(Y. S. Leong:《银价研究》,杨先垿译,商务印书馆,1935 年,第 91、93 页。)
[6] 杨荫溥:《中国金融研究》,商务印书馆,1937 年,第 313 页。

达 661 000 条,是来自伦敦 112 000 条的 5 倍[1]。仅纽约一地就有 50 余家银行接受中国各银行代理白银的交易[2]。

外国白银是支撑中国金融中心上海资金链的重要砝码。《申报》时常报道大条银由伦敦或纽约运至上海,在上海银炉熔铸成上海通用的银锭(二七宝银)的消息[3]。据统计,1919—1931 年,上海进口的大条银有 325 000 条熔铸为银锭,占进口总数的 39%[4]。其余的大条银则转运至国内其他重要商埠,如天津、南京、杭州等地,铸造宝银或银元。由于大条银与英汇、印汇存在投机市场,故也有少量大条银再由上海重新出口,运至印度孟买或重返英国伦敦套利[5]。1919—1931 年,中国共计输出大条银 41 000 条,占同期进口总数的 5%[6]。

(三) 外商银行控制中国白银

在近代中国白银核心型货币体系下,银行得银者得天下,银行的实力源于其对白银的控制力。汇丰银行就是如此。

"建立以白银为基础的银行,是在中国实行资本迅速和大量积累的有效途径。"[7]晚清时中国海关总税务司的账户由汇丰银行掌管,款项存入该行。早在金本位时代,在中国的汇丰银行就控制了大量白银,向中国各省地方当局提供高额短期贷款,其利率要比付给各存户如财政金库的四厘利息高出许多[8]。为了更强有力地控制白银,汇丰银行在世界各地广设分支机构,业务上注重金银的兑换,强调与相关金银业务相关的新金融工具的开发。汇丰银行买入和卖出的外汇总值经常占上海外汇市场成交量的 60%—70%[9]。

---

[1] 参见《去年上海大条银进出概况》,《银行周报》第 16 卷第 1 期,1932 年 1 月 19 日。
[2] 参见洪葭管、张继凤:《近代上海金融市场》,上海人民出版社,1989 年,第 255 页。
[3] 参见《沪上商业之乐观》,《申报》1919 年 1 月 15 日,第 10 版;《一星期铸银数》,《申报》1919 年 9 月 1 日,第 11 版;《前日由美来沪之大条银》,《申报》1921 年 1 月 21 日,第 10 版;《一星期之熔银调查》,《申报》1921 年 1 月 23 日,第 10 版。
[4] 参见《去年上海大条银进出概况》,《银行周报》第 16 卷第 1 期,1932 年 1 月 19 日。
[5] 参见洪葭管、张继凤:《近代上海金融市场》,第 259 页。
[6] 参见《去年上海大条银进出概况》,《银行周报》第 16 卷第 1 期,1932 年 1 月 19 日。
[7] Frank King, et al., *The History of the Hongkong and Shanghai Banking Corporation*, Vol. 1, Cambridge: Cambridge University Press, 1988, p. 509.
[8] 当时掌握汇丰银行的杰克逊因此被称为"伟大的白银专家",开创了 1865 年建行至 1902 年的杰克逊时代。在这个时代,汇丰银行的资产从 4 300 万元增至 22 000 万元,年度纯利润从 50 万元猛增至 1898 年的 600 万元之巨。(参见毛里斯·柯立斯:《汇丰—香港上海银行(汇丰银行百年史)》,第 63 页。另可参见 Frank King, *The History of the Hongkong and Shanghai Banking Corporation*, Vol. 1, p. 269)
[9] 中国以银为币,黄金白银的转换实质就是外汇交易。(参见张国辉:《中国金融通史》第 2 卷《清鸦片战争时期至清末时期(1840—1911)》,中国金融出版社,2003 年,第 236 页)

与此同时，近代中国连绵不断的战乱却对汇丰银行的存款持续增长十分有利。为了躲避战乱，使自己的财富更加保险，中国的有钱人将白银运到上海、香港，在以汇丰银行为代表的英国银行开立账户[1]。而汇丰又通过对资金的掌握控制了中国钱庄。"汇丰银行在中国建立买办制度。香港的董事会企图控制信贷，依靠买办提供的拆款作为担保将其控制力延伸至钱庄。"[2]

真实白银的持有量更能说明外商银行在中国货币体系中的地位。1921年时，外商银行控制中国约70%的白银储备[3]。而1921—1934年的情况，从上海中外银行存银底数的比较中可窥见一斑（见表2）。

表2　1921—1934年上海各银行现银存底折合银元总数统计　　单位：千元

时间	华商银行		外商银行		总计		指数
	库存数	比例(%)	库存数	比例(%)	库存数	比例(%)	
1921	21 313	30.33	48 950	69.67	70 263	100.00	47.68
1922	28 781	40.77	41 813	59.23	70 594	100.00	47.91
1923	29 991	47.23	33 511	52.77	63 502	100.00	43.10
1924	48 019	42.14	65 919	57.86	113 938	100.00	77.32
1025	62 233	46.43	71 817	53.57	134 050	100.00	90.97
1926	73 494	49.88	73 859	50.12	147 353	100.00	100.00
1927	79 342	55.78	62 907	44.22	142 249	100.00	96.54
1928	102 760	59.90	68 781	40.10	171 541	100.00	116.42
1929	144 196	60.02	96 064	39.98	240 260	100.00	163.05
1930	166 293	63.48	95 663	36.52	261 956	100.00	177.77
1931	179 305	67.36	86 883	32.64	266 188	100.00	180.56
1932	253 289	57.78	185 050	42.22	438 339	100.00	297.48
1933	271 786	49.65	275 660	50.35	547 446	100.00	371.52
1934	280 325	83.68	54 672	16.32	334 887	100.00	227.34

说明：表中数字为中国银行当时的查仓库报告，以1926年指数为100。本表对原表有删减。

资料来源：中国银行总管理处经济研究室：《中外商业金融汇报》第2卷第12期，1935年。

---

[1] 参见毛里斯·柯立斯：《汇丰—香港上海银行（汇丰银行百年史）》，第90页。
[2] Frank King, *The History of the Hongkong and Shanghai Banking Corporation*, Vol. 1, p. 512.
[3] Frank M. Tamagna, *Banking and Finance in China*, New York：International Secretariat Institute of Pacific Relations Publications Office, 1942, p. 103.

从表2可以看出,在美国等西方国家发生经济大危机前的1925年,仅从单纯的白银持有量考察,在华外商银行在白银存底上占有优势。世界经济危机爆发后,尽管华商银行白银存底已占优势(1933年因白银巨量外流例外),但考虑到外商银行对白银进口及对伦敦、纽约白银市场的掌握,以及此后由于白银贬值引发中国白银数量的绝对猛增,在白银核心型的货币体系没有发生根本变化的情况下,法币改革前在华外商银行通过掌握白银而控制中国的货币是毋庸置疑的[1]。

(四) 外商银行操控银两制度

外商银行除了控制中国的白银外,更为重要的是掌握了与白银有关的中国金融制度。近代银两制度的确立就充分反映了这一点。

自明代白银大量流入中国以来,流通领域或如东南沿海直接使用外国银元,或如内地将银元熔化成银锭使用。但直到清代中叶,百姓还是得简单分辨银两成色,除官方平砝外,使用当地平砝。政府只规定了税收中常用几种平砝,如户部库平、漕粮的漕平。近代以来,随着沿海沿江口岸的开放,英国商人和银行参与了中国最有影响力的几种银两制度的制定[2]。

上海开辟租界后,外国银行和外国商行交易最初使用的是西班牙银元,后因西班牙银元停铸,乃由外商银行与商界公议,于咸丰六年(1856)起以上海豆麦行通用的"规元"为记账单位,所有商品交易往来收付都按银元折成"规元"入账[3]。其后规元制度辐射到长江中下游和江南一带,成为近代银两制度中影响最大的一种。没有外商的支持,上海九八规元很难取得日后其在中国东南地区货币核心的地位。

洋例银是近代汉口对内对外通行的一种虚银两,在长江中游影响较大。汉口开埠后,外商要求按上海规元之例,将当地估平宝银980两当做洋例1000两,以此为标准形成了新的洋例银制度,此后汉口商家相沿成习,以前各种平色的银两制度逐渐湮灭,洋例银成为主体[4]。

---

[1] 由于外商银行掌握白银,法币改革前汇丰银行能掌控中国货币的稳定,蒋介石曾授予汇丰银行经理郭礼宾和上海分行经理亨奇曼勋章。(参见毛里斯·柯立斯:《汇丰—香港上海银行(汇丰银行百年史)》,第129页)

[2] 参见毛里斯·柯立斯:《汇丰—香港上海银行(汇丰银行百年史)》,第126页。

[3] 参见叶世昌、潘连贵:《中国古近代金融史》,第159页。也有学者认为是咸丰八年秋季。(参见杨荫溥:《中国金融论》,黎明书局,1936年,第88—89页;魏建猷:《中国近代货币史》,第24页)

[4] 参见中国银行总管理处:《内国汇兑计算法》,中国银行管理处,1915年,第202页。

关平银制度更是如此[1]。五口通商前,外商缴纳关税均为"本洋"(西班牙银元),行商收取后再改铸成纹银(关饷锭),上缴国库。鸦片战争后,中国与英、法、美签订的《五口通商章程》《新税则》《望厦条约》《黄埔条约》,规定海关使用银币收取关税,"交纳均准用洋钱输征"[2],废止行商与公行制度,建立海关监督特许的海关银号。1843年7月13日经在广州分析测验,中英双方确认海关使用的银两在"平"上使用粤海关的"平",成色采用纹银。粤海关的"平"即关平。这就是不平等条约束缚的新关税制度下产生的中国海关使用的银两——海关两。新开五口缴纳关税统一实行这种新的银两单位。以外国银币交纳关税,必须折算成这种银两单位。此后《天津条约》再次确认了这一原则[3]。

再如民国年间仍在使用的青岛胶平银亦是如此。一直到20世纪20年代末,青岛外国工厂产品仍以胶平银计价,中国人购买洋货仍需用胶平银,外商银行则可通过吸收洋商手中的胶平银,掌握其行市,进而操纵之[4]。

三、近代白银核心型货币体系的影响

货币制度的确立有赖于币制的统一和规范,而币制统一和规范的前提是必须有强有力的中央政府。晚清以来,中国币制极度混乱,中央政府难以对货

---

[1] 关平银(关平两、关银、海关两),清朝中后期海关所使用的一种计账货币单位,属虚银两。清朝海关征收进出口税时,开始并无统一标准,中外商人均感不便。为统一标准,遂以对外贸易习惯使用的"司马平",又称"广平"("平"即砝码),取其一两作为关平两的标准单位。一关平两的虚设重量为37.7495克(后为37.913克)的足色银锭(含93.5374%纯银)。由于各地实际流通的银锭名称、成色、重量、砝码互不一致,折算困难,海关征税时,依当地实际所用的虚银两与银锭的折算标准进行兑换,关平银的实际计算标准并不统一,即使同一海关在同一时期用同一地方银两纳税,兑换率也不一致。1930年1月,中国政府废除关平银,改用"海关金单位"作为海关征税的计算单位。(见宫下忠雄:《中国币制の特殊研究——近代中国银两制度の研究》第11章《関平银制度》,日本学术振兴会,1952年)
[2] 参见王铁崖:《中外旧约章汇编》第1册,生活·读书·新知三联书店,1957年,第41、53、61页。
[3] 从1843年的税则和1858年的改订税则里,还看不到"关平银""Haikwan tael"或"Customs tael"这样的用语,只能见到"两"或"Tael"这样的货币单位,或者是"Sycee silver""纹银"这样的用语。从海关贸易统计来看,1875年开始使用"关平银"这一货币单位。海关贸易统计的发表开始于设置总税务司制度的1859年,同年 *Annual Returns of Trade* 发行,1864年发行 *Annual Reports of Trade*,1882年两书合并成 *Annual Returns of Trade and Trade Reports*。在海关统计中,价格单位在1868年以前,"两"(各地方的银两)和"元"(外国银币)并用。1869年以后采用地方两制度。1875年采用关平银制度。(见宫下忠雄:《中国币制の特殊研究——近代中国银两制度の研究》,第407、408页)
[4] 江礼璪:《述青岛废除胶平银之经过》,《银行周报》第13卷第31号,1929年8月13日。

币的发行和流通实施有效管制,多次统一币制的努力均告失败。中国近代白银核心型货币体系正是中国近代特定的政治、经济环境孕育的怪胎,有着与生俱来的缺陷,并给经济环境带来负面影响。

(一) 白银核心型的货币体系传导经济危机

由于白银核心型货币体系的核心——白银由外国控制,故而世界银价的变动会引发近代中国的经济危机[1],从晚清时期的银贵钱贱,到20世纪30年代的金贵银贱及白银风潮,中国经济危机的发生均有世界银价变动的重要因素。通货膨胀与通货紧缩时,经济体会受到货币数量的压力,导致物价上涨或下跌,并由此引起生产和消费领域的种种规律性变化。由于白银的进出掌握在外人手中,这种变化只能简单地传导世界银价变动,中国经济的管理者不能进行人为的调节和控制,从而对中国经济产生灾难性后果。20世纪二三十年代的银价上涨和下跌引发的经济危机即可证明。

20世纪20年代末和30年代初中国发生了"金贵银贱"风潮。世界黄金购买力日见升腾,金本位国家物价日见跌落,经济恐慌发生[2]。当时国际上除中国、印度还以银为币外,白银在其他国家已是普通商品。1929年12月底金价突涨,到1930年6月金价达到最高,与1920年的白银价格相差近五倍半[3]。风潮牵动全国。这是1929年世界经济危机在中国的反映。

银价下跌一方面使货币贬值,进口商品价格上涨,对中国出口商品有利,从而促进了中国制造业的开工;并吸引了国外白银持有者涌入中国,使中国金融活泼,刺激了经济无序发展[4]。另一方面银价下跌却使中国人的财富无形缩水,实际购买力下降,关税、汇率、外债、商业均受损失,"吾国货币,于国际之购买力,已减少其三分之一"[5]。银价下跌对中国财政更是致命打击。"今银价如斯低落,则向以关盐两项作担保之外债,亦将入不敷出。"[6]为了避免从清代以来诸如"镑亏"等金银比价的变化对中国财政产生影响,1930年2月国民政府在关税收纳中实施海关金单位,从而在此领域尽量抵消这一影响。

---

[1] 参见姚庆三:《近十年来我国金融演变之统计的分析及若干正统货币理论之重新的估价》,《国民经济月刊》第1卷第1期,1937年5月15日。
[2] 参见路易士、张履鸾:《银价与中国物价水准之关系》,金陵大学农学院,1934年,第1页。
[3] 参见工商部工商访问局编:《金贵银贱问题丛刊》,工商部工商访问局,1930年,第1页。
[4] 参见易劳逸:《1927—1937年国民党统治下的中国——流产的革命》,陈谦平、陈红民等译,中国青年出版社,1992年,第228—229页。
[5] 杨荫溥:《中国金融研究》,第316页。
[6] 资耀华编:《金贵银贱之根本的研究》,华通书局,1930年,第44页。

中国白银核心型的货币体系的发展方向是银本位,其发展的过程就是不断向银本位凝聚的过程。1929—1931 年的世界经济危机导致国际金本位体系崩溃。从 1931 年 9 月到 1932 年 12 月,英国、日本、加拿大等 17 国先后放弃金本位[1]。1933 年,中国政府废两改元,标志着中国进入银本位时代。1933 年 3 月美国放弃金本位,次年 6 月后推行白银政策,在世界范围内拉高银价,世界银价腾涨[2],银本位下的中国,更强烈地因为国外银价的变化而发生经济危机。首先是引发中国白银巨量外流。1934 年 1—7 月,上海出口白银达 5 000 万元,8 月份达 8 300 万元[3]。7 月至 10 月中旬合计流出白银约 2 亿元[4]。至年底上海存银总额已由上年的 3.93 亿盎司降至 2.53 亿盎司[5]。1934 年 4 月至 1935 年 11 月,中国的白银储备从约 6.02 亿元下降到 2.88 亿元[6],白银外泄在中国导致严重的金融恐慌,并引发经济危机。在金融领域,金融市场票据收解寥落,各业款项收付呆滞[7]。在经济领域则是物价惨跌,大批工商业者破产,国际贸易衰败[8]。

(二) 价值尺度失衡成为社会经济发展的阻力

　　经济发展要求货币是单一的价值尺度,货币自身发展运动的结局也是如此。货币作为计算单位(unit of account),重要职能就是简化商品价值比较,提高交易的效率和作用,是交换的润滑剂[9]。简而言之,交易成本是订立和实施作为交易基础的合同的成本[10]。"使用货币作为计算单位,减少了需要考虑的价格的数目,从而减少了经济中的交易成本。当经济日趋复杂时,货币作为计算单位的功能所提供的利益愈益显著。"[11]

---

[1] 参见李立侠、朱镇华:《中央银行的建立及其在上海的活动》,中国人民政治协商会议上海市委员会文史资料工作委员会编:《上海文史资料选辑》第 60 辑《旧上海的金融界》,上海人民出版社,1988 年,第 39 页。
[2] 参见小科布尔:《上海资本家与国民政府(1927—1937)》,杨希孟、武连珍译,中国社会科学出版社,1988 年,第 164 页。
[3] 参见杨格:《一九二七至一九三七年中国财政经济情况》,第 235 页。
[4] 参见《二十四年十一月份财政部钱币司工作报告(1935 年 12 月 21 日)》,魏振民选编:《国民党政府的法币政策》,《历史档案》1982 年第 1 期。
[5] 参见耿爱德:《十年来中国外汇之回顾(续)》,《中央银行月报》第 5 卷第 4 号,1936 年 4 月。
[6] 参见徐蓝:《英国与中日战争(1931—1941)》,北京师范学院出版社,1991 年,第 75 页。
[7] 参见魏友棐:《现阶段的中国金融》,华丰印刷铸字所,1936 年,第 31 页。
[8] 参见杨格:《一九二七至一九三七年中国财政经济情况》,第 228—232 页。
[9] 参见保罗·萨缪尔森、威廉·诺德豪斯:《经济学》,萧琛等译,华夏出版社,1999 年,第 26 页。
[10] 参见埃瑞克·G. 菲吕博顿等编:《新制度经济学》,孙经纬译,上海财经大学出版社,1998 年,第 244 页。
[11] 米什金:《货币金融学》,李扬等译,中国人民大学出版社,1999 年,第 49 页。

中国近代白银核心型货币体系由于没有建立起主辅币制度,货币体系的几个层次在市场上均是相对独立的计账工具。如市场上存在多种货币,且其相对价值时常发生变化时,货币作为计算单位的职能就会发生混乱。在近代上海,企业家和商人手中常常要掌握银两和银元两种货币以应对市场,这在近代资本极为缺乏的中国不仅是巨大的浪费,更是货币对市场流通和商品生产的阻碍。

货币价值尺度的紊乱失衡使得市场价格体系失灵。以白银核心型货币体系的核心银两和银元为例,市场上的商品以银两、银元两种货币定价,货币撕裂了市场。由于流通货币种类繁多,地方商会必须每天开会计算当天该地区市场上流通货币的相对价值[1]。银元和银两之间的价格变化导致了商品价格的波动[2],价格成了误导生产和市场的标向,大大增加了社会生产成本。

白银核心型货币体系由于其不同层次可单独地行使价值尺度职能,还加大了城乡经济发展的差异。铜币成为农民和市民生活的货币,而白银是城市、政府、商人的货币。复杂的货币体系还滋养了钱兑业等食利中介,是中国政治分裂、军阀割据的经济基础之一。

(三)币制落后引发相关经济制度滞后

综观中外货币史可知,困扰近代中国货币制度的一些现象,在百余年前的西方国家也曾出现过。

近代白银核心型的货币体系中最重要的层面——银两是称量(计重)货币。作为近代中国货币体系核心,银两一直未能完全从原来的计重货币抽象蜕化为"货币的货币"。实际上作为中国传统货币的铜钱,经过漫长的演化才从名义上脱离了重量单位,抽象出"文"这一货币单位,发挥"货币的货币"的作用。而近代中国银两亦经历了货币单位的抽取过程,第一步就是虚银两这种记账单位日益发展,但从整体上看,各地不同的虚银两由于强烈的地域性,总体上仍然没有完成从重量单位向货币单位的转变。相反,欧洲人早就知道货币的计算,并不需要真正的硬币,"在比较不同硬币的价值时,货币的记账单位

---

[1] 参见 R.苏莱斯基:《奉票的盛衰(1917—1928):中国军阀时代的货币改革》,《国外中国近代史研究》第 3 辑,中国社会科学出版社,1982 年,第 297 页。
[2] 马寅初举了一个关于布价格变化的例子。他说:"财政部的物价表上有一百八十样东西,几十样是用银子来计算的,还有几十样是用洋钱来计算的。"(《马寅初全集》第 1 卷,浙江人民出版社,1999 年,第 374 页)

作为货币的货币就显得格外重要了"[1]。

货币制度是金融制度的基础,币制落后,影响信用制度和金融制度的发展。西方学者评论民国初年仍在营业的山西票号业务让他们想起"17世纪晚期的欧洲"[2],而民国初年兴盛的中国钱庄业类似于百年前德国货币复杂的情形[3]。更严重的问题是在一些重要的信用、金融制度的形成上,中国也难望其项背。早在12、13世纪,欧洲就产生了结算制度及众多相应的信用工具,诸如追随商品交易而产生的信用——汇票。13世纪意大利商人利用汇票冲销债务,减少了易货贸易、现金支付的必要[4]。16世纪初,意大利通行的期票已十分普遍,本票也大量在市面上出现。"到了19世纪初,票据经纪人变成交换的供求之间的单纯中间人;他们自负盈亏,依靠从银行得到的短期贷款。较大的票据经纪人就是通过这种方式发展成为贴现银行的。"[5]反观中国,传统的汇划制度出现于19世纪,而追随商品的汇票(而非山西票号等发行的单纯汇票)、庄票(特别是上海钱庄庄票)不但发挥作用的地域有限,而且出现的时期也很晚[6]。尤应注意的是,制度差异导致在西方基于货币制度自然出现并日益完善的金融制度,如股份制[7],在近代中国大都还停留于制度引进的状态,呈现出传统经济制度下非自然的历史进程。这种经济文化差异很值得深入研究。

四、余　　论

进入20世纪30年代,随着经济的发展、国家的相对统一,中国的币制改革迎来转机。

废两改元是中国白银核心型的货币体系进一步收缩的重要环节,这一体系的核心由两元并用而收缩为只用银元,是政府、银行、钱庄在当时经济环境下博弈的结果。传统钱庄掌握的银两体系及商业联系限制了银行的金融业务

---

[1] P.金德尔伯格:《西欧金融史》,徐子健等译,中国金融出版社,1991年,第31页。
[2] Frederic E. Lee, *Currency, Banking, and Finance in China*, p.71.
[3] Wen Pin Wei, *The Currency Problem in China*, pp.40-41.
[4] 参见P.金德尔伯格:《西欧金融史》,第53,55页。
[5] 汉斯·豪斯赫尔:《近代经济史——从十四世纪末至十九世纪下半叶》,王庆余等译,商务印书馆,1987年,第415页。
[6] 参见洪葭管:《中国金融史十六讲》,第7页。
[7] 有限责任公司的发明是这一系列发明中最为突出的。(参见约翰·希克斯:《经济史理论》,第73页)

空间,引发银行与钱庄业务上的矛盾和竞争,实际上成为中国近代经济发展的桎梏,也是导致 1933 年 3 月国民政府下令废两改元的重要因素之一[1]。

银元取代银两、两元归一既是经济发展的要求,也是中国近代货币自身运动的结果。白银核心型的货币体系运动的方向,只能是银本位的建立。废两改元的成功,对于往日异常繁杂的货币体系是一次大的清理,顺应了经济和货币发展潮流。但相对于国际上更先进的币制而言,银本位仍然落后。由于中国不能掌握白银,很快就又陷入因世界银价上涨而引发的新一轮货币危机。

1929 年全球范围内的经济大危机发生后,英、美、日等国极欲扩大海外市场,转嫁本国危机。中国成为列强共同的目标。美国首先依靠强大的经济实力,以"白银政策"影响世界经济,在国际币制发生动荡之时力图用美元取代当时英镑的世界金融霸主地位,执掌国际金融新秩序的牛耳。在亚洲,则利用白银政策使中国币制发生对美国有利的变化。它先是将白银纳入美元的货币准备,以便进一步与黄金脱钩,贬值美元;同时照顾本国白银资本家的利益,推行白银政策,在世界范围内拉高白银价格。由此导致中国白银巨量外泄,引发了以银为币的中国金融恐慌[2]。日本则以侵略的方式直接获得市场,占领中国东三省,加紧在华北的分裂活动,利用银价高涨之机大量走私中国白银,加剧中国的金融危机。英国在不开罪日本的前提下,支持中国进行币制改革,力图把中国货币拉入英镑集团,从而进一步维持英国在华的传统利益和地位[3]。1933 年后,各国更是以货币贬值为手段,开打货币战,以刺激商品出口,拉升本国经济。这对以银为币而无法任意贬值的中国经济无疑是十分沉重的打击,使中国货币在世界银价面前陷入两难境地。

1935 年 11 月 4 日,国民政府宣布实施法币改革,主要内容是:将中央、中国、交通三银行发行的钞票定为法币,凡银钱行号商店及其他公私机关或个人持有的白银,交由发行准备管理委员会或其指定的银行兑换法币。法币政策公布后,国民政府又推出一系列币改配套方案[4]。著名经济学家麦迪森认为:"出于外交方面的考虑,这场币制改革的特点被巧妙地掩饰。因为公开放弃使用白银作为通货,将使美国的白银政策显得荒谬绝顶——正是这个政策

---

[1] 柏禹邨编选:《国民党政府"废两改元"案》,《历史档案》1982 年第 1 期。
[2] 参见任东来:《1934—1936 年间中美关系中的白银外交》,《历史研究》2000 年第 3 期。
[3] 参见吴景平:《英国与 1935 年的中国币制改革》,《历史研究》1988 年第 6 期。
[4] 参见魏振民编选:《国民党政府的法币政策》,《历史档案》1982 年第 1 期。

导致了全世界最大的白银消费国脱离了银本位制。"[1]但是法币也有缺陷,打开的另一扇门是由于货币发行基本不受国家所持有的贵金属的限制,因而容易导致通货膨胀。日后,国民政府正是由于战争因素所引致的法币滥发,导致民心更迅速地丧失。

(原载《中国社会科学》2012 年第 9 期)

---

[1] 安格斯·麦迪森:《中国经济的长期表现:公元 960—2030 年》,伍晓鹰、马德斌译,上海人民出版社,2008 年,第 52 页。

昭信股票与晚清华资金融业关系研究

徐 昂[*]

1898年1月30日（光绪二十四年正月初九日）清詹事府右春坊右中允黄思永奏请筹发内债。3月2日（二月初十日）光绪帝批准户部颁布昭信股票详细章程，规定发行总额1亿两库平银，年息5厘，分20年本利还清，自王公及将军督抚以下均须领票缴银[1]。清末以降的舆论多以昭信股票为国家"失信"的话柄，皆以昭信股票为官府摊派行为，迄今的学术研究虽多指出清廷强行摊派昭信股票也是一次有进步意义的财政尝试，却很少注意民间金融领域的情形[2]。

清朝鲜以市场手段推行内债，但昭信股票的制度设计已与当时西方的国

---

[*] 徐昂，2016年博士毕业于复旦大学历史学系，现为上海社会科学院经济研究所助理研究员。
[1]《光绪朝上谕档》第24册，广西师范大学出版社，2008年，第18—19页。
[2] 汪敬虞认为昭信股票是"中国政府发行的第一个近代公债"（汪敬虞主编：《中国近代经济史（1895—1927）》中册，人民出版社，2000年，第1422页）。杨永占最早利用档案资料对昭信股票做了初步的梳理，认为这是清政府为还欠债却半途而废的举措（杨永占：《昭信股票始末》，《历史档案》1990年第1期，第134—135页）。周育民则分析了昭信股票的基本性质、派发方式与实际成效，认为此举未能达到预期效果，却把具有商品经济性质的债权与债务关系引入中国，具有正面意义（周育民：《试论息借商款和昭信股票》，《上海师范大学学报（哲学社会科学版）》1990年第1期，第70—74页；周育民：《清末内债的举借及其后果》，《学术月刊》1997年第3期，第64—70页；周育民：《晚清财政与社会变迁》，上海人民出版社，2000年，第347—352页）。其后，朱英指出昭信股票具有较明显的近代公债的性质，但受列强的侵夺和国内资本主义发展困顿的制约不免产生弊端（朱英：《晚清的"昭信股票"》，《近代史研究》1993年第6期，第195—204页；朱英：《晚清经济政策与改革措施》，华中师范大学出版社，1996年，第29—39页）。李玉对昭信股票的缘起、设计、发行、摊派和结果等做了详细的梳理，并提出"有治法无治人"是制约晚清经济改革成效的重要因素，昭信股票的成败正是这种"政治性"的体现（李玉：《晚清昭信股票发行过程论略》，《近代史研究》2006年第4期，第111—127页）。其他研究参见郭熙生、胡宪立：《中国早期公债——晚清"息借商款"与"昭信股票"》，《郑州大学学报（哲学社会科学版）》1994年第6期，第80—83页；崔鹏飞：《清政府发行"昭信股票"始末》，《金融教学与研究》1999年第5期，第61—64页；冀满红、金平：《昭信股票浅析》，《历史教学》2002年第6期，第30—34页；尧秋根：《清末公债的经济分析》，《中国经济史研究》2002年第4期，第145—151页。

债相似,朝廷官员皆视此举为新制度的引入[1]。黄思永为避免胥吏经手,提出"就近责成银行、票庄、银号、典当代为收付"[2]。经户部会商同意,商民缴纳股银"或在部库藩库兑交,或寄存某字号票商,但使无误提拨,均听其便"[3]。之后颁布的昭信股票章程规定,经官方批准,有连环保结的商号可以收发股票本息;政府鼓励殷实号商代商民领取本息,并予酬劳[4]。

由此,清廷的制度设计为金融机构参与内债事务留下空间。1898年,传统金融业直接劝募、认购并经营昭信股票,不少票庄参与了昭信股票款项的垫借和汇解;中央政府则试图引入新式银行协助统筹债款。本文通过梳理官方档案、个人记载、各类报刊与方志资料,以昭信股票与华资金融业的双向关系为主线考证史实,从而理解晚清新式银行进入财政体系之前,清廷相关政策的变化及华资金融业的应对。

一、传统金融业的直接认募与经营

清廷颁布的章程文本仅允许金融业帮助收款和代领本息,但事实上传统金融机构不仅积极认购昭信股票,且直接参与各地的劝募。

北京的票庄业在晚清快速发展,实力相对雄厚,不少金号曾由皇帝许可,能直接将各省赈捐款上缴户部[5]。在京城代办昭信股票的号商有9家,内城4家分别是东四牌楼的恒和、恒兴、恒利、恒源钱庄,合称"四恒","向为九城钱庄之冠"[6]。昭信局负责人那桐素来与"四恒"私交甚密,其个人认领的昭信

---

[1] 总理衙门行走袁昶奏呈:"今奉特旨准行昭信股票正与泰西借内债之关键消息相通也。"(《袁太常戊戌条陈》,1902年铅印本,复旦大学图书馆藏,第25页)另参见《刘光第致庆堂》(1898年2月14日),《刘光第集》,中华书局,1986年,第282页;《杨承恩条陈》,转引自茅海建:《戊戌变法史事考初集》,生活·读书·新知三联书店,2012年,第315页;袁英光、胡逢祥整理:《王文韶日记》下册,1898年2月7日,中华书局,1989年,第984页等。

[2] 黄思永:《奏请特造股票筹借华款疏》(1898年1月30日),千家驹编:《旧中国公债史资料(1894—1949年)》,中华书局,1984年,第7页。

[3] 《奏准自造股票筹借华款疏》(1898年2月4日),《旧中国公债史资料》,第10页。

[4] 《拟定给发昭信股票详细章程疏》(1898年3月2日),《旧中国公债史资料》,第15页。相较之下,1894年的息借商款则限定官府办理:"情愿借给官用者,准赴藩司关道衙门呈明,照臣衙门(即户部——引者注)办法,议定行息,填给印票。其票以一百两为一张,钤用藩司关道印信,填明归还本利限期。"(《旧中国公债史资料》,第3页)

[5] 《質疑応答記録》,佐伯有一、田仲一成编注:《仁井田陞博士辑北京工商ギルド资料集(一)》,东京大学东洋文化研究所附属东洋学文献中心,1975年,第125页。参见刘兰兮:《近代北京传统银钱组织的变迁》,《北京社会科学》2005年第2期,第36页。

[6] 《左都御史延煦奏折》(1883年12月26日),《军机处录副奏折》,转引自张国辉:《中国金融通史》第2卷,中国金融出版社,2003年,第383页。

股票即是拨入"恒和"的账上〔1〕。"四恒"按例接收由正阳门外五家票号(百川通、新泰厚、志一堂、存义公和永隆泰)收到的款额。这5家票号平日代办奉天官款,分号遍及黑龙江、吉林、云南和四川等省。清廷息借商款时,合诸京城所借共100万两,票号居多数〔2〕。此次,凡在京城有分号的票号仍"由京集股",4月京城票庄认领共48万两〔3〕。5月翁同龢在户部得知京中募得74万两,各省700余万,京城金融业认领昭信股票约占总额7%〔4〕。

1898年,上海已是通商巨埠。息借商款时,上海募集颇多,共计100余万两〔5〕。户部和江苏地方政府都对上海绅商期望很高,户部委专员赴沪开办昭信股票。然而,1897年上海金融业刚经历贴现风潮,经营贴票的钱庄几乎全部倾覆。昭信股票自3月募集至10月,正好是上海银拆最紧的半年。上海银根紧缺,"民力日困,蓄积皆虚"〔6〕。周育民先生估计江苏省所募股票额为1 157 090两,其中除去文武官员所认72万余两,剩余40万两,上海金融业所募应小于此额〔7〕。

上海金融业未完成预期认购,上海道蔡钧公开致信上海金融界领袖严信厚、叶澄衷和施则敬,请他们组织筹款〔8〕。源丰润银号的创始人严信厚一边会同上海南北钱市各董竭力筹劝,一边登出启事,恳请商界"量力筹借,共济时艰并辗转相劝"〔9〕。直到1905年,盛宣怀与中国通商银行董事施则敬、杨廷杲关于昭信股票的后续事宜还保持着电报往来〔10〕。上海钱业资力较强的福康钱庄的账本中有最多1 315两的公债记录〔11〕。

---

〔1〕 京城其他钱庄有时需要通过那桐作保来取得"四恒"的巨额借款,一次便可达1 500两之多(北京市档案馆编:《那桐日记》上册,1898年1月19日,新华出版社,2006年,第263页)。那桐参与制定章程,并认领了昭信股票2 000两(任青、马忠文整理:《张荫桓日记》,1898年2月1日,上海书店出版社,2004年,第509页;《那桐日记》上册,1898年3月25日,第269页)。
〔2〕 《息借商款已有成数请停续借折》(1895年5月4日),《旧中国公债史资料》,第5页。
〔3〕 《云贵总督崧蕃等折》(1898年5月17日),中国第一历史档案馆编:《光绪朝朱批奏折》第82辑,中华书局,1996年,第818页;《认领股票》,《申报》1898年4月13日,第1版。
〔4〕 陈义杰整理:《翁同龢日记》第6册,1898年5月26日,中华书局,2006年,第3128页。
〔5〕 《札严道信厚》,《申报》1898年3月7日,第4版。
〔6〕 《恭读闰三月二十六日上谕谨注》,《申报》1898年5月26日,第1版。
〔7〕 参见周育民:《试论息借商款和昭信股票》,第72页。据刘坤一陈述,实际数额可能更低。参见《昭信股票拨抵厘金不如指款留抵疏》(1898年9月8日),《旧中国公债史资料》,第25—27页。
〔8〕 《上海道致严叶施公信》,《申报》1898年3月5日,第4版。
〔9〕 《急筹商款》,《申报》1898年5月15日,第3、4版;《劝领股票》,《申报》1898年5月30日,第3版。
〔10〕 《□昭致盛宣怀函》(1905年9月19日),上海图书馆藏盛宣怀档案013425。
〔11〕 福康钱庄经常获得票号与外商银行的存款支持,其1905—1907年公债记录分别为1 315、1 003、697两银,笔者未能找到该项更早的史料。见《上海钱庄史料》,第793页。

湖南的情况更是金融业参与劝募的典型。湖南巡抚陈宝箴奉旨开办昭信股票，召集绅商商议。在籍江西补用道、湖南钱业之首朱昌琳率先报效湘平银1万两[1]。陈宝箴与朱昌琳交谊深厚，湖南整顿财政、设官钱局等均凭朱昌琳筹措。皮锡瑞称赞朱氏："湖南事亦难办，无人出钱，仅一朱雨田，颇慷慨，而资将尽矣。"[2]陈宝箴曾上奏朝廷为朱氏父子澄清流言。陈三立在撰文纪念家父时，仍不忘称颂朱昌琳"以义侠闻四方"[3]。朱昌琳被授命办理昭信股票后，还负责与盐业商筹相关事宜[4]。

在安徽，钱庄业是督抚藩司劝募昭信股票的主要对象之一。原候补道张曼农被任命为劝办皖南昭信股票委员后，即拜会地方各官绅，设筵劝导各帮商董。迁延多日，官府只得再次设筵专请富绅，包括钱业在内的各家皖商皆表示，合肥芜湖十三帮前年办捐只交2万两，现今市面大衰，不愿超过此数[5]。在政府压力下，最终芜湖18家钱业接受了200股昭信股票（合2万两）的要求，但即便每庄能认借400两之多，也只能凑齐7 000余两[6]。

有一些省份没有委托劝募，而是直接要求金融业认领。浙省富商以盐务为大宗，浙江巡抚廖寿丰顺利地向各盐商借银100万两。不过，朝廷在浙省共摊派昭信股票700万两，官场与盐商的认领尚不足150万两[7]。浙省转而以钱典二业为主，筹谋剩余的600万两的缺额[8]。最后典商认领60万两，钱业与丝绸业拟共领140万两[9]。个别地方还为摊派股票份额开收铺捐[10]。安徽、浙江两省钱业最终的购买数额无从确定，但可见金融业在江南颇受政府重视。在其他省，金融机构也难免成为摊派对象[11]。

各地大型票庄一旦代理昭信股票，便有存银入账。不少督抚已将本省库

---

[1]《湘绅先输报国》，《湘报》第41号，1898年4月22日第164页。
[2] 皮锡瑞：《师伏堂日记》（影印本），1898年4月22日，第139页。
[3]《陈明官钱局尚无流弊片》(1897年3月1日)，汪叔子、张求会编：《陈宝箴集》上册，中华书局，2003年，第662—664页；陈三立：《先君行状》，《散原精舍文集》，台湾中华书局，1966年，第112页。
[4] 皮锡瑞：《师伏堂日记》（影印本），1898年3月31日，国家图书馆出版社，2009年，第94—95页；朱昌琳：《上陈宝箴》，《陈宝箴集》上册，第700页。
[5]《股票详述》，《申报》1898年4月3日，第2版。
[6]《襄垣尺素》，《申报》1898年5月5日，第3版。
[7]《廖寿丰致汪康年函》，上海图书馆：《汪康年师友书札（三）》，上海古籍出版社，1986年，第2833页；《筹借商款》，《申报》1898年3月16日，第1版。
[8]《筹借商款续闻》，《申报》1898年4月3日，第2版。
[9]《杭垣新政》，《申报》1898年5月2日，第2版。
[10]《上杭县志》卷1，1938年铅印本，复旦大学图书馆藏，第41页。
[11]《允免典捐》，《申报》1898年6月11日，第3版；《河南巡抚刘树堂折》（1898年11月12日），《光绪朝朱批奏折》第82辑，第899—900页。

款习惯性地交给金融机构管理生息。朝廷还准许地方官员关于还本付息的请求："拟股实票号经管发付,以免平色参差及延搁。"[1]江西布政使张绍华曾一次性从天顺祥号商提出4.5万两股票存银,从蔚长厚、蔚丰厚、蔚盛长、新泰厚4家号商提出共8.5万两股票存银[2]。地方志中还记载了新政期间地方领取昭信股票建立新式学堂,另存银1 000两生息[3]。

清政府还允许昭信股票流转,提出"平时准其转售,临期准抵交项"[4]。光绪帝和户部原则上同意"抵押售卖",规定"京外官局认票不认人",但要求"报局立案"[5]。事实上,章程一经颁布,就有人在打听上海的售卖情况[6]。《北华捷报》也认为债券持有者可以相对自由地买卖昭信股票,进而投机牟利[7]。盛宣怀曾委托陈名侃帮助低价出售7 000两昭信股票,并互通银号的票券行市[8]。庚子之乱以后,清廷开放各省以昭信股票报捐,昭信股票的市价则发生了相应的波动[9]。天津一度出现了持票人趸售超过万两的昭信股票给他方"金店",造成"时价"下跌[10]。可见,金融业接受政府的摊派,也借此获准代理经营昭信股票。于是,部分垫借的资金从政府流回金融机构,这也符合当时票庄业与地方财政的一般关系。

二、传统金融业间接的垫借与汇解

1898年,盐税已是仅次于关税、厘金和田赋的政府收入重要来源,每年仅报解中央的款项即有1 300多万两[11]。按例每年盐税、盐捐需要汇解,各地

---

[1]《江西巡抚德寿折》(1898年4月3日),《光绪朝朱批奏折》第76辑,第796页。
[2]《护江西巡抚翁曾桂为汇解芦汉铁路用款由折》(1898年10月11日),台北故宫博物院编:《宫中档光绪朝奏折》第12辑,台北故宫博物院1974年印行,第234页;《盛宣怀致铁路总公司》(1898年11月5日),上海图书馆藏盛宣怀档案091831-3。
[3]《蒙阴县志》卷2,1911年晒印钞本,复旦大学图书馆藏。
[4] 黄思永:《奏请特造股票筹借华款疏》(1898年1月30日),《旧中国公债史资料》,第7页。
[5]《拟定给发昭信股票详细章程疏》(1898年2月19日),《旧中国公债史资料》,第16页。
[6]《陈锦涛致汪康年函》,《汪康年师友书札》(二),第2083页;亦参见"盛宣怀复汪君牧函"(1902年),上海图书馆藏盛宣怀档案060788-3。
[7] Abstract of Peking Gazette, *The North China Herald*, Jan 17, 1900, p.98.
[8]《陈名侃致盛宣怀函》(光绪二十九年),上海图书馆藏盛宣怀档案042178。
[9]"清季专以此项股票抵捐职官,因之其价大昂,获利倍蓰。"(杨荫芳:《劝募内国公债论》,《兴城县志》卷15,1927年铅印本,复旦大学图书馆藏,第91页)另参见胡思敬:《国闻备乘》,中华书局,2007年,第15页;郭则澐:《十朝诗乘》,福建人民出版社,2000年,第999页。
[10]《中外近事》,天津《大公报》1902年9月6日,第4版;《时事新闻》,天津《大公报》1902年10月6日,第3版。
[11] 汪敬虞主编:《中国近代经济史(1895—1927)》中册,第1298—1335页。

银钱票号为发展业务，自然趋附盐商。随着政府对盐商抽捐派款的加剧与盐政的窳败，盐商的负担间接转移至金融业。

两淮盐商为全国盐商之首，起初官定摊购昭信股票 200 万两，但盐商请求缓议并酌减份额。官府严厉申斥，并无效果[1]。僵持之下，两江总督刘坤一只能减去一半额度[2]。至 1899 年末，各地已停募昭信股票，两淮盐商仍迟迟未将定额缴齐。地方政府被迫饬令福和、祥同、丰豫、聚盛、大升等庄号先行代垫报解[3]。至 1900 年，钱商垫借盐商之款已成惯例。10 月为解两淮所欠昭信股票银 35 万余两，淮南局先由运库拨解银 10 万两，再"援案饬各大钱庄筹垫，将来由欠缴之商将本息按引扣还"[4]。至 1901 年秋，淮商所认之昭信股票银数，基本已由钱庄垫解，尚欠缴银 9 000 余两[5]。虽然两淮钱业垫款给盐商，但"出息较重"，盐业的重担已累及钱业[6]。

在广东，布政使张人骏在私信中感叹："虽多绅富所派股票，亦必于是取之，物力有限，竭泽堪虞，若两事兼营殊难措手。"[7]两广总督谭钟麟恳请清廷"准其领票盐商共借银 40 万两"，另在省库提借生息款银 30 万两，凑齐 100 万两应付[8]。经过盐务公所商议，决定由各埠盐商筹银 20 万两，下河运馆筹银 20 万两。其中盐商所认数先由源丰润票号付出 15 万两，其余 5 万由盈余款内凑足；盐署部分则由运库先垫，然后每包盐抽银三分，逐渐归款[9]。源丰润票号有地方政府支持，为了平衡盐商与票号的利益，官方规定票号垫借之款"无容加纹水"，"惟每包抽银四分，统计买盐一包，银七分三厘毫"[10]。这笔垫款仅由盐包项下抽还，直到 1904 年至少还欠有 2 万两[11]。运库垫解的 20 万两则在 1902 年还清[12]。

---

[1] 两淮盐运使告诫盐商不得借辞拖延："本应遵照宪饬将阻挠之商重罚，姑念孚来捐款，尚属急公，特再限三日内迅即议覆，如数认缴，立候汇报。倘再饰词逾延，定将阻挠之商遵饬议罚，决不姑宽。"(《剀切批示》，《申报》1898 年 3 月 12 日，第 2 版)
[2] 《淮商领票章程》，《申报》1898 年 6 月 13 日，第 9 版；《两江总督管理两淮盐政刘坤一折》(1899 年 12 月 27 日)，《光绪朝朱批奏折》第 76 辑，第 76 页。
[3] 《垫解票银》，《申报》1899 年 12 月 31 日，第 2 版。
[4] 《催缴要需》，《申报》1900 年 10 月 6 日，第 2 版。
[5] 《停捐催奖》，《申报》1901 年 9 月 29 日，第 2 版。
[6] 刘坤一：《淮北各商免捐常年票本片》(1899 年)，《刘坤一奏疏》，岳麓书社，2013 年，第 1303 页。
[7] 《张人骏致盛宣怀函》(1898 年 5 月 18 日)，上海图书馆藏盛宣怀档案 092738。
[8] 《两广总督谭钟麟等折》(1898 年 8 月 1 日)，《光绪朝朱批奏折》第 82 辑，第 856 页。
[9] 《分筹股票》，《申报》1898 年 6 月 2 日，第 2 版。
[10] 《筹还银款》，《申报》1898 年 6 月 14 日，第 9 版。
[11] 《珠海涛声》，《申报》1904 年 3 月 18 日，第 9 版。
[12] 《粤省官场纪事》，《申报》1902 年 2 月 21 日，第 12 版。

四川地处偏远而跨省贸易繁荣,汇兑和短期贴现业务使得金融机构与盐商关系紧密[1]。清末川省盐商资本不厚,经营者日少,却对川省财政依旧重要[2]。昭信股票劝募之初,川省即向通省票号、盐号数十家以及当商 300 余家规定:非西商各票号每家借银 5 000 两,各字号盐号每家借银 2 000 两,各当商每家借银 1 000 两[3]。盐号与票庄同为重点募款对象。然而,是年四川发生余栋臣起义,钱庄纷纷闭户,只有一两家能维持营业[4]。川省盐商多是合伙集股,资本微薄,早已亏欠票庄,据川督报告严重的地区负债 100 多万两[5]。对比该省官员 36 万余两的昭信股票报效,盐票两业只能算是零星缴纳[6]。

长芦地区是北方最重要的盐场,长芦每年的捐赈捐饷和报效经费都需要当地盐商多方筹垫[7]。钱业巨商严信厚,自 1885 年起长期任长芦盐务督销,署理天津盐务帮办。该盐场"历届秋运,往往赖账钱,各铺通融,以作运本,多者借贷数万金,少者亦数千两,因能迅速赶运,无误行销"[8]。至 1897 年,钱商当号已成为天津地方财政借款的重要来源[9]。长芦盐商总共认领 40 万两昭信股票,可推断其中有不少为金融业之垫款[10]。

上文所述各地金融业直接认购或间接垫购昭信股票的款额并不全面,清晰记载者总计超过 200 万两。据 1909 年的日本官方记录,昭信股票实收总额超过 500 万两;而国内学者的考订结果大致以周育民先生估计的 1 000 万两最足信[11]。又据官方记载当时全国昭信股票银存入户部银库的实际额为 253.52 万两[12]。因此,无论如何,金融业则贡献了昭信股票实际收数中比较

---

[1] Madeleine Zelin, *The Merchants of Zigong: Industrial entrepreneurship in early modern China*, New York: Columbia University Press, 2005, pp. 26, 78, 195, 284-86.
[2] 《变通川盐税条陈》(1899 年 4 月 11 日),《张之洞全集》(六),第 219 页。
[3] 《川局办理昭信股票章程》,《蜀学报》1898 年第 3 期,第 18 页。
[4] Chungking: Banking facilities, *The North China Herald*, Jan 23, 1899, p. 114.
[5] 《四川总督奎俊折》(1900 年 2 月 1 日),《光绪朝朱批奏折》第 89 辑,第 68 页。
[6] 《蜀督奎奏为川省绅商士庶认借昭信股票银两情股报效请分别广额给奖折》,《申报》1900 年 4 月 7 日,第 14 版。
[7] 《直隶总督兼管长芦盐政裕禄折》(1899 年 1 月 4 日),《光绪朝朱批奏折》第 76 辑,第 7 页。
[8] 黄鉴晖等编:《山西票号史料(增订本)》,山西经济出版社,2002 年,第 301 页。
[9] 《直隶总督王文韶片》(1897 年 7 月 31 日),《光绪朝朱批奏折》第 82 辑,第 656 页。
[10] 《直隶总督兼管长芦盐政裕禄折》(1899 年 4 月 17 日),《光绪朝朱批奏折》第 76 辑,第 35 页;《王文韶日记》下册,1898 年 5 月 1 日,第 995 页。
[11] 《清国公债志稿》(1909 年),"日本亚洲研究资料中心"外务省外交史料馆藏外务省档案 B11100039000,第 16 页;周育民:《试论息借商款和昭信股票》,《上海师范大学学报(哲学社会科学版)》1990 年第 1 期,第 72 页。
[12] 史志宏:《清代户部银库收支和库存统计》,福建人民出版社,2009 年,第 270—271 页。

重要的份额。当然,在弥补地方财政的同时,金融机构也获得了一定的额外利润。

传统金融机构的另一个间接作用是汇解地方收缴的昭信股款。当时票号业主营业务即包括不少省份的官款汇解。湖南向湖北拨解昭信股票 5 万两要依靠三家票号同时汇解[1];顺天祥、百川通在云南几乎包揽了该省所有财政汇拨业务[2]。不过,票号赚取的大量汇费渐成地方财政的一种负担。福建交由源丰润汇解昭信股票至上海一项共 11 万两库平银,照闽海关成案共花汇费 3 400 两[3]。再以四川为例,该省内外运输现银不便,汇解 24 万两昭信股票银至上海要靠 11 家票号共汇[4]。川省各家票号平时汇价每万两收 120 两汇费,待到市面紧张或是"洋款限迫"时,反而要求每万两加重汇费银 150 两[5]。当时广西每年摊付赔款年计 90 余万两,票号每汇兑 100 两,需汇费 2 两,其中利润可想而知[6]。此外,昭信股票还用于支垫军饷等重要汇项,相应汇费在各省厘金或是耗羡项下支出[7]。个别地方已觉负担过重,占用开支,光绪令户部立案,"以免赔累"[8]。

票号、钱庄等传统金融机构日益显现出弥补收支缺口的经济作用。这一趋势甚至在蒙古贵族下辖的库伦地区也有出现[9]。相应地,地方政府的存借利息和汇解业务已是大型票庄最主要的收入来源,金融业不仅依靠汇费和存款,还把有限的资金投入到政府债务之中。同时,中国传统金融机构在财政领域中的局限性也逐渐显现出来。

---

[1]《汇解昭信股票银两拨补鄂省厘金片》(1898 年 9 月 14 日),《光绪朝朱批奏折》第 88 辑,第 652 页。
[2]《盛宣怀札铁路总公司收支处》(1898 年 11 月 2 日),上海图书馆藏盛宣怀档案 091831-2。
[3]《闽浙总督边宝泉片》(1898 年 10 月 9 日),《光绪朝朱批奏折》第 82 辑,第 879 页。
[4]《成都将军兼署四川总督恭寿奏闻遵旨筹办昭信股票大概情形及官款数目缘由》(1898 年 5 月 5 日),台北故宫博物院藏宫中档奏折 408011981;《盛宣怀札铁路总公司收支处》(1899 年 1 月 1 日),上海图书馆藏盛宣怀档案 091831-20。
[5]《四川总督奎俊片》(1899 年 9 至 10 月间),《光绪朝朱批奏折》第 83 辑,第 130 页;《四川总督奎俊片》(1899 年 3 至 4 月间),《光绪朝朱批奏折》第 83 辑,第 16 页。
[6] 陈夔龙:《庸叟编年录》,北京图书馆编:《北京图书馆藏珍本年谱丛刊》第 187 册,北京图书馆出版社,1999 年,第 57 页。
[7]《浙江巡抚刘树堂片》(1899 年 5 月 8 日),《光绪朝朱批奏折》第 88 辑,第 806 页;《浙江巡抚廖寿丰附片》(1898 年 11 月 4 日),《光绪朝朱批奏折》第 88 辑,第 685 页。
[8]《谕折汇存》第 6 册(影印本),文海出版社,1967 年,第 3693 页。
[9] 赖惠敏探讨了库伦当地贵族、衙门与当地号商、京帮商人间的借贷关系。参见赖惠敏:《清代库伦商卓特巴衙门与商号》,台北"中研院"《近代史研究所集刊》第 84 期,第 27、35—47 页。

三、清廷政策与新式银行的引入

欧洲封建制国家的近代化都先经历了由中央到地方的财政制度的专门化[1]。甲午战争以后,清朝财政至少在中央层面亦出现类似专门化的趋向[2]。为经理昭信股票,户部也设立了专门机构昭信局(内设给票处、收银处),颁布《户部昭信局章程》,明晰代理机关和认购手续。同时,各省藩司也纷纷设置分局,以省命名[3]。京城昭信局自3月起即"每月逢三日期兑银换票",后因事务繁多,从户部北档房迁出,在宗人府对面禁垣内另立字牌[4]。重要的是,金融机构在内债事务中的出现,这种制度内部的变化甚至先于"戊戌变法"。

传统号商与地方政府关系尤为密切,但毕竟资本有限,经营相对保守;钱庄业则受制于外国银行,屡受市场风潮的冲击[5]。昭信股票劝募期间,不少票庄已是"挪缴为难,屡求宽限"[6]。朝官议论昭信股票流弊的第一条就是市面流通现银太少,一旦各省凭股票向银号钱铺兑现,势必因个别庄号倒闭引起连锁反应[7]。地方政府担忧:"民间余资,多半寄诸商号生息。然必朝夕防

---

[1] 约瑟夫·R.斯特雷耶:《现代国家的起源》,华佳、王夏等译,格致出版社、上海人民出版社,2010年,第15、20—21、26—27页。
[2] 比如户部与海关总税务司赫德协作,由征税能力突出的总税务司代征苏州等南方七处厘税,用于抵还英德续借款;而原各省厘金所支款项,由各地募集昭信股票237.7万两与其他饷项,共计500万两补足。参见《张荫桓日记》(1898年5月19日),第534—535页;《两江总督刘坤一等折》(1898年7月29日),中国第一历史档案馆编:《光绪朝朱批奏折》第88辑,中华书局,1996年,第618—619页;《行户部奏拨补各省厘金抵借洋款折附单》(1898年7月18日),赵德馨等编:《张之洞全集》(六),湖北出版社,2008年,第145—146页。又比如,在铁路筹款问题上,特别任命盛宣怀、胡燏棻、许景澄等为督办铁路大臣向地方筹措专款,仅芦津铁路所催得昭信股票款项即有196.54万两。参见《户部前拨昭信股票铁路款二百万两按照五厘息解库仍照成案届期还本由》(1899年6月16日),台北"中研院"近代史研究所档案馆藏总理各国事务衙门档案01-10-003-07-008。
[3] 《股票设局》,《申报》1898年8月13日,第2版;《旧中国公债史资料》,第14页。
[4] 《户部昭信局章程》,《益闻录》1898年第1767期,第171页;《股票开局》,《申报》1898年6月16日,第9版。1899年京城的昭信局最终改为官钱局协助户部理财,"凡领俸饷,均搭钞票五成即可,持票向官钱局支领"《国事》(1899年6月21日),中山大学图书馆编:《汇报:1898—1910》第3册(影印版),广东教育出版社,2012年,第47页。
[5] 李燧、李宏龄:《晋游日记·同舟忠告·山西票商成败记》,黄鉴晖校注,山西人民出版社,1989年,第204页;张国辉:《中国金融通史》第2卷,第385、417—418、421页。
[6] 刘坤一:《淮商邀免岁捐扔准循环转运折》(1899年12月22日),《刘坤一奏疏》,第1284页。
[7] 《议复昭信股票流弊甚多疏》(1898年),《旧中国公债史资料》,第18页。

维,虑其倒闭。"[1]对户部而言,各地的金融机构不便控制,北京的钱铺又经常倒闭,剩下获准募集昭信股票的"四恒"则与地方势力有着复杂联系。此种情况下,传统金融业实际很难在中央财政的运作中成为支柱[2]。朝廷也产生了官办银行,"招集山陕票号各商联为一气"的想法[3]。

  甲午以后,清廷已开始考虑引入西方的财政措施。户部尚书翁同龢在1895年就开始考虑仿效西方"多借、广借"国债,又先后与沈曾植、容闳、胡燏棻、陈炽、许景澄和盛宣怀等人商量兴办银行一事[4]。1896年,容闳向翁同龢和户部进呈《国家银行大致章程十条》和《银行总纲四条》,其中包括银行以股本的1/3数额领取国债,"年息五厘"[5]。最后成文的《四十条折》相关条文与后来昭信股票的章程相似,就连容闳详绘的借券图式与昭信股票也大同小异[6]。时人评论道:"言之昔者为银行,行于今日因日债,而日债既然以贷华款而立偿,则银行亦不难集巨股而接办。"[7]事实上,翁同龢一度考虑建立国家银行发行债券,最终认为时机未到,"显不能形驱势迫"[8]。

  依靠新式银行机构缓解财政困难的构想也得到户部以外朝廷官员的推动[9]。1896年底,翁同龢向光绪帝请旨试办银行获准[10]。随后,翁同龢的科场门生黄思永上奏"创兴铁路银行宜资群策群力折",光绪令总署与户部议奏[11]。

---

[1]《奏为强邻日逼亟宜练兵筹饷谨陈管见折》(1900年3月14日),《王之春集》,赵春晨等校点,岳麓书社,2010年,第8页。
[2]《光绪朝上谕档》第24册,第591、595页,李吉奎整理:《花随人圣庵摭忆》上册,中华书局,2008年,第297—298页。
[3]《陈炽关于设立官银行的条陈》(1896年11月15日),盛宣怀档案资料选辑之五《中国通商银行》,上海人民出版社,2000年第10页。
[4]《翁同龢致张荫桓函》(1895年5月25日),赵平笺释:《翁同龢书信笺释》,中西书局,2014年,第88页;陈义杰整理:《翁同龢日记》第5册,第2795、2817—2918、2941、2945、2861、2899页;第6册,第2993—2994页。
[5]《江苏特用道容闳请仿泰西各国先招商股照章试办银行呈并附办理国家银行大致章程十条》(1896年3月27日),翁万戈辑:翁同龢文献丛编之一《新政·变法》,上海远东出版社,2014年,第156—157页;容闳:《计开银行总纲四条》,《清代未刊上谕、奏疏、公牍、电文汇编》第24册,全国图书馆文献缩微复制中心,2010年,第11151—11161页。
[6]《江苏特用道容闳创办银行参仿西例酌拟章程四十条折》(1896年5月),翁同龢文献丛编之一《新政·变法》,第164页。
[7] 朱华绶:《昭信票开通有益中国论》,《蜀学报》1898年第7期,第34—41页。
[8] "翁同龢手批",翁同龢文献丛编之一《新政·变法》,第164页。
[9] 汪敬虞主编:《中国近代经济史(1895—1927)》下册,第2187—2189页;张国辉:《中国金融通史》第2卷,第299—301页。
[10]《翁同龢日记》第5册,1896年11月12日,第2949页。
[11]《国子监司业黄思永折》(1897年5月10日),《清代军机处随手登记档》第147册,第31—32页。

地方大员也以银行为"紧要"之事,反复讨论[1]。清政府的重要官员都逐渐认同户部府库可以利用银行为枢纽,"通国财赋转输于阛阓之中";持异议者也承认"银行之设固属富强要图"[2]。王文韶等会奏拟请"官为扶持保护",光绪随即下转户部[3]。1897年4月18日,总理衙门全体大臣联名密函盛宣怀表示朝廷"并无益上损下之意","即请详细斟酌开办,慎始图终"[4]。户部和总理衙门还曾先后催促开办上海与北京两地银行[5]。

同时,本土金融业自身也拟建新式银行,经理昭信股票。1897年5月,中国通商银行在上海成立,银行董事提议仿效西方各国印发、筹缴债券[6]。昭信股票开办后,朝廷便计划令中国通商银行承办上海一地的股票[7]。至于办理内债之事,盛宣怀主张"皆可仿照西国,归于银行代办,较之官为号召,自无扞格猜疑之弊"[8]。由于中国通商银行是商办银行,户部谨慎表示要与各省关商议,光绪帝则果断谕令全国"凡有通商银行之处,汇兑官款协饷,如查明汇费轻减,即酌交通商银行妥慎承办,以重商务"[9]。

早在朝廷授命之前,盛宣怀指示天津分行经理做到"官商联络",与即将成立的北京分行配合,同时"昭信股票可由银行代为收放,实属公私两益"[10]。此时恰逢"芦汉路华股难招,洋债难还",户部为续筹铁路用款,划拨各省昭信股票银300万两[11]。其中江苏摊派56万两,广东48万两,至1902年各省已汇解215万两左右[12]。有了清廷的准许,盛宣怀即以中国通商银行吸纳各省相应的拨解[13]。上海图书馆所藏的盛宣怀档案保存了一系列函札,反映出各

---

[1]《张之洞全集》(九),第223—224、231、233—234、238页。
[2]《北洋大臣直隶总督王文韶等奏陈遵旨核议银行利弊拟请仍归商办并由南北洋稽查以保利权》(1897年7月14日),台北故宫博物院藏军机处档折件140111。
[3]《清实录》第57册,中华书局,2008年,第60205页。
[4]《发太常寺少卿盛宣怀电》(1897年4月18日),中国第一历史档案馆编:《清代军机处电报档汇编》第25册,中国人民大学出版社,2005年,第83—84页。
[5]《上海去电》(1897年4月21日),《中国通商银行》,第540页;《津梁景和去电》(1898年4月25日),《中国通商银行》,第573页。
[6]《银行董事酌拟章程四十条》(1896年11月),《中国通商银行》,第30页。
[7]《议复昭信股票流弊甚多疏》,《旧中国公债史资料》,第20页。
[8] 盛宣怀:《筹办中国通商银行次第开设情形折》,《愚斋存稿》卷2,第84—85页。底稿见《中国通商银行》,第113—115页。
[9] 清华大学历史系编:《戊戌变法文献资料系日》,上海书店出版社,1998年,第778页。
[10]《盛宣怀致梁绍祥函》(1898年3月1日),《中国通商银行》,第110页。
[11]《戊戌变法文献资料系日》,第584页;《恳请饬拨各省欠款片》(1899年10月3日),《张之洞全集》(三),第533页。
[12]《寄户部》,《愚斋存稿》卷33,第777页;《卢保铁路工竣先将官款造销折》,《愚斋存稿》卷6,第193页。
[13]《戊戌变法文献资料系日》,第584页。

省汇解中国通商银行,甚至径交当地分行汇解,再由银行为芦汉铁路总公司代理经营款项的情形[1]。除浙、皖以外的多数筹款省份均由票号汇解或直接起运至上海总行,但也有黑龙江、库伦等地的缴款自北京号商取出,再转由中国通商银行京行汇解上海总行[2]。从中,新式银行介入以往由传统票号统揽之财政业务的情形可见一斑。

各地将号商所存的昭信股票款项汇解中国通商银行,总数额已接近当时银行的实收资本 250 万两左右,对于刚起步的银行是一笔巨款[3]。中国通商银行选择总董人选的明文条件就是:"现有户部存款,将来尚须揽存各省关官款,必须有胆有识,能长川驻行。"[4]银行的《大略章程》将发行国债、汇兑京外拨解与经营"公中备用之款"并提,"是以各省分行皆须陆续开设"[5]。各地分行尚未成立,银行就已积极收揽财政款项。1898 年 3 月,天津道任之骅向盛宣怀承诺将汇兑拨存业务交给即将成立的中国通商银行天津分行[6]。5 月,盛宣怀经李鸿章同意承担部分"粤省京协两饷"的承解[7]。随后,银行与票号业即开始了对官款业务的争夺,直至清末[8]。可见新旧金融机构都很重视介入政府的财政业务。

在推行昭信股票的同时,户部实际已走上自设银行统筹财政的道路[9]。政府事务中,督办银行已是"关系甚重"的要务之一[10]。户部主事王凤文建议累积昭信股票款,开设官办银行,"以后银行推广利溥,于民即多出股票"[11]。新任广东布政使岑春煊也向中央胪陈时务,提到由国家银行妥还息借民款,以后国债便可由银行经手,"不归地方官吏"[12]。有人还条陈"请弛官绅之禁,许其

---

[1] 《盛宣怀札铁路总公司收支处》,上海图书馆藏盛宣怀档案 091831。
[2] 《盛宣怀札铁路总公司收支处》(1899 年 2 月 10 日),上海图书馆藏盛宣怀 092503-1;《盛宣怀札铁路总公司收支处》(1899 年 2 月 22 日),上海图书馆藏盛宣怀档案 091831-28;《盛宣怀札铁路总公司收支处》(1899 年 4 月 27 日),上海图书馆藏盛宣怀档案 091831-29。
[3] 中国社会科学院近代史研究中华民国史研究室、中国人民银行上海市分行金融研究室编:《中国第一家银行》,中国社会科学出版社,1982 年,第 114 页。
[4] 《中国通商银行董事章程》(1896 年),上海图书馆藏盛宣怀档案 004446。
[5] 《中国通商银行大略章程》(1897 年 1 月 26 日),《中国通商银行》,第 30 页。
[6] 《任之骅致盛宣怀函》(1898 年 3 月 27 日),《中国通商银行》,第 112 页。
[7] 《盛宣怀致王同燮函》(1898 年 5 月 29 日),《中国通商银行》,第 112 页。
[8] 《戴春荣等致盛宣怀函》(1898 年 11 月 9 日),《中国通商银行》,第 120 页;《山西票号史料(增订本)》,第 383—393 页。
[9] 《遵旨复议依克唐阿请行钞法、开设银行一事折》(1898 年 5 月 31 日),谢俊美编:《翁同龢集》,中华书局,2005 年,第 199 页。
[10] 《清廷签议〈校邠庐抗议〉档案汇编》第 10 册,第 4196 页。
[11] 《户部主事王凤文呈》(1898 年 9 月 4 日),《戊戌变法档案史料》,第 428—429 页。
[12] 《广东布政使岑春煊折》(1898 年 9 月 12 日),《戊戌变法档案史料》,第 94—95 页。

将资本在银行入股"[1]。至此,新式银行进入国家财政体制的路径首次开启。

结　　论

　　1900年前后中国传统金融业的情形发生了显著的变化。昭信股票开办之时,传统金融业仍处于上升时期,新式银行的资本、业务与人事还依赖于有一定基础的传统金融业。金融业内部对昭信股票尚有疑虑,然而传统金融业在地方财政中的重要性却在增强,且实际认领了相当比例的昭信股票;新式的中国通商银行则参与了国债银款的经营和汇解。由此,金融业与政府之间既产生了相互的牵累,也形成了彼此的依靠,中国的财政局势使得依赖的关系越来越强烈。

　　仅仅以20世纪华资金融业参与财政的发展取向去评析甲午至己亥年间发生的变化,固然失之简单,但忽视两者之间的联系同样是不足取的。张元济在戊戌变法期间上折称甲午以后,"计臣日日言理财,凡商务银行铁路矿务等事,莫不一一举行"[2]。1905年初(光绪三十年末),袁世凯首办近代地方公债,公债章程与昭信股票章程大致类似,主要的不同是加入了"由天津官银号汇总收发拨兑"一条[3]。同年,户部银行成立,随即向全国推行"国民捐"。此举不具债券形式,但对银行在代办与管理收款方面的制度规定已经非常细致。

　　恩格斯说:"一种历史因素一旦被其他的、归根到底是经济的原因造成的时候,它也就起作用,就能够对它的环境,甚至对产生它的原因发生反作用。"[4]从表面看,"昭信股票"只是"补救万一"的应急之策,但其背后,一方面是清朝财政制度的自我弥补,另一方面是金融业财政功能的凸显,这两种日益加深的变化都亟待相应的制度变更。通过试办"昭信股票",清政府获取了关于金融机构与国家财政关系的初步经验,这些将在更长的时间内慢慢发酵,曲折形成民国时期金融业与政府公债两者之间的难解关系。

（原载《近代史研究》2015年第5期,有删节）

---

[1] 第一历史档案馆藏军机处录副奏折,光绪朝·财政类·金融货币项3/137/6684/38,转引自茅海建:《戊戌变法史事考初集》,第244页。

[2] 《代总理衙门章京张元济折》(1898年9月5日),孔祥吉:《康有为变法奏章辑考》,北京图书馆出版社,2008年,第454页。

[3] 《天津银行代办直隶公债章程》(1905年1月23日)《国家图书馆藏清代孤本内阁六部档案续编》第48册,全国图书馆文献缩微复制中心,2005年,第21824页。

[4] 《恩格斯致弗兰茨·梅林》(1893年7月14日),中共中央马克思恩格斯列宁斯大林著作编译局编译:《马克思恩格斯选集》第4卷,人民出版社,2012年,第644页。

早期中国通商银行的几个金融案述论

陈礼茂[*]

中国通商银行开办不久,其北京、天津和镇江分行相继发生严重的亏损,致使总行受其影响而长期陷入亏空状态。这些金融案的发生,除了动荡的社会环境使然外,主要还是由其内部运作机制的弊端所致。以前研究过于简略[1]。笔者通过论述早期中国通商银行的几个金融案,以揭示其内部运作机制和外部生存环境中的一些问题,并希冀提供某些历史的启示。

一、北京分行被抢毁和武卫中军饷银的赔偿

1900年4—5月,军机大臣兼武卫军统帅荣禄将武卫中军饷银31万两存寄在中国通商银行北京分行。其中,26万两为存款,已被该行借贷给京、津两地之炉房、钱庄和商号;5万两为寄放款,存库不动,以便该军随时提取[2]。不久,八国联军侵华战争爆发,京、津地区的财物广遭抢掠,中国通商银行北京分行也未能幸免。是年6月22日,部分武卫中军和义和团闯入该分行,对其先行抢掠,继而焚毁,被抢走之现银以及房屋被毁之损失共计近规元9万两[3]。之后,该分行又被意大利公使占领。这些打击使得京行"受亏不能开张"。更严重的是,京行的许多客户为避战火,已大量逃往内地,有的还在战乱中死于非命,使得其放款一时难以收回,有的则根本无法收回。而此前,京行在北京放出30余万两,在天津放出40余万两[4]。截至次年农历八月底,其

---

[*] 陈礼茂,2004年博士毕业于复旦大学历史学系,现为上海师范大学马克思主义学院副教授。
[1] 参见谢俊美:《盛宣怀与中国通商银行》,《档案与历史》1985年第2期。
[2] "盛大人九月初六日照会"(1900年10月28日),上海市档案馆藏中国通商银行档案Q281-1-2。
[3] 谢俊美编:《中国通商银行》,上海人民出版社,2000年,第431页。
[4] "七月三十日接盛督办大人来札(札总董同)"(1900年9月23日)、"闰八月初三日补录京都中国通商银行华大班冯景彝禀覆稿"(1900年9月26日),上海市档案馆藏中国通商银行档案Q281-1-2。

在北京和天津分别有公砝银 7 万和 42 万余两没有收回[1]。

京行被抢毁和其放款的难以收回，致使其难以归还武卫中军之存寄款。而此时军务方殷，荣禄急于提取此项饷银。1900 年 7 月 14 日，他令上海道台向中国通商银行总行提取该款。军机处也于是年 8 月 13 日令盛宣怀将该款如数由中国通商银行总行提交江宁藩库。汇丰银行当时规定，其京、津两处分行的存款，无论是否到期，均暂不支付，须等事平后再行定夺。同时，面对许多银号、炉房因被焚而纷纷歇业的状况，清廷于 1900 年 6 月 19 日谕令步军统领衙门对四恒等银号设法维持，令其照常开业。该衙门晓谕市民，在四恒等银号存款者，只能提取小额款项，对数目过巨之存款，一律等日后形势和缓再给予支付。对挤提之众，该衙门还派兵弹压。据此，中国通商银行总行华洋大班提出，京行所欠武卫中军之款须等战事平息后才能偿还。京行洋大班厚士敦还提议，因武卫中军参与了对京行的抢掠，其寄放在京行之 5 万两应予以扣除。是年 10 月 23 日，盛宣怀上奏《酌拟武卫中军存寄京都通商银行饷银办法折》，请求自本日起，在一年之内分两期将武卫中军存款余额 21 万两偿清；对被抢之寄库银 5 万两，他提议先予立案，等中国通商银行稍有余利之后再如数拨还。户部批准了他的奏请。但次年 2 月，荣禄又催促中国通商银行迅速归还 31 万两之全数。为此，盛宣怀于 3 月 1 日上陈《遵查银行所存军饷酌拟赔偿办法》一折，再次提出前述偿还办法，又得到户部的批准。但后因北京教案赔偿急需，在庆亲王和李鸿章的追索下，中国通商银行提前偿清了武卫中军存款[2]。

二、天津分行的亏空与"津案"的诉讼

在八国联军侵华战争期间，中国通商银行天津分行大班梁绍祥为躲避战火，逃至上海，不久病死。总行发现，津行不但账目混乱，而且亏空严重。梁造有公、私、己 3 本账簿，其私账上无日流滚存之记载，且有明显混乱之处，不仅给总行查账带来困难，还造成了多项账目纠葛。而截至 1902 年 10 月，梁在公、私、己 3 账内共亏欠近 63 万两。总行办事总董严潆向盛宣怀提出：照银行惯例，凡有亏倒者，总因放账人疏忽在先，因此这些欠款应由梁绍祥赔偿；由于

---

[1] 谢俊美编：《中国通商银行》，第 247 页。
[2] "七月念一日盛督办大人照会"(1900 年 8 月 15 日)、"盛大人九月初六日照会"(1900 年 10 月 28 日)、"七月初十日接盛督办大人来札(总董与京行华洋大班札俱同)"(1901 年 8 月 23 日)，上海市档案馆藏中国通商银行档案 Q281-1-2。

梁绍祥已死，其胞兄暨担保人梁绍刚应承担赔偿责任。严潆还提议：鉴于战事的影响，对梁绍祥公账内之欠项不予追究，但其私账内之欠款，系其私收私放，其己账内之欠款，则纯粹是其私自用空，故这些欠款应由梁绍刚赔偿；除去能收回之款及梁绍祥的股票抵价外，梁绍刚应赔偿 18 万余两[1]。盛宣怀令总行按此数向梁绍刚提出赔偿要求，但梁仅允诺赔偿 1 万余元[2]。他甚至替梁绍祥推卸亏空的责任，称津行本无亏款，只因梁绍祥去世，"外间遂从而多生枝节"。

见梁绍刚拒不按要求赔偿，盛宣怀决定诉诸法律。梁当时在香港一家洋行任职，已加入英国籍，盛乃命令中国通商银行延请律师向香港高等裁判署起诉之，此即"津案"。该署虽就此案开庭 10 余次，但数年之间均未对之做出裁定。直至 1909 年春，其按察使才判定，梁绍刚须赔偿中国通商银行 10 余万元。尽管此数距中国通商银行要求的 20 余万元相差甚远，盛宣怀还是打算就此息讼。可是梁不服裁定，提出上诉。是年 6 月 28 日，香港高等裁判署副按察使对此案进行复审。他推翻初审判词，判定梁无赔偿责任。其理由主要是：梁绍祥曾两次与中国通商银行订立合同，先是充任天津分行经理，后又改为该分行代理，职务前后不同，而中国通商银行未将此种变更通告担保人梁绍刚，故梁绍刚不承担合同更改后的担保责任。

盛宣怀认为，香港高等裁判署前后两次不同的判定，系梁绍刚的辩护律师向按察使"运动使然"，而副按察使的复审判词系按察使的手笔。他还认为，该署所审案件 90% 以上系华人之案，应该参用华、洋律法，才能不失华人之心，而"津案"之复审判词，显系该署仅依据"英律"的结果。为此，他决定向伦敦枢密院上诉，并指示中国通商银行负责人对此案"必战"[3]。1910 年 1 月，中国通商银行将讼案卷宗寄往英国伦敦，并请伦敦律师从速注册。同年 4 月，盛宣怀致函清朝驻英公使李经方，请其在伦敦对该案予以援手。英国法官定于次年 10 月 17 日对该案开庭审理，而"伦敦各律师皆言可操胜算"。但在 10 月 10 日，武昌起义爆发。其导火索乃盛宣怀所倡导的铁路国有政策，清政府由此视盛为肇事者，并迅速褫夺其官职以向国人"谢罪"。随着盛的权力丧失，"津案"最终不了了之。中国通商银行在多年的诉讼中，不仅没有得到梁绍刚的丝毫赔偿，还耗去讼费达规元 7 万余两。

---

[1] "九月十三日盛宫保来札"（1902 年 10 月 14 日），上海市档案馆藏中国通商银行档案 Q281-1-3。
[2] "正月廿六日盛宫保来札（华洋大班札与总董同）"（1902 年 3 月 5 日），上海市档案馆藏中国通商银行档案 Q281-1-2。
[3] 谢俊美编：《中国通商银行》，第 290、399、458—459、491、466 页。

三、镇江分行的亏损与镇江关款的弥补

1897年农历七月,购有中国通商银行股份1 000余股的扬州绅商尹德坤,奉盛宣怀之令开办镇江分行。尹充任镇行总董,选用梅桐村为大班,但不久,他让其胞侄尹稚山充任镇行司事,代其全权负责镇行的业务经营。中国通商银行开办之初,盛宣怀曾一再上奏,请求清廷饬令各地官员将公款交该行存储或汇兑。从1898年农历八月起,镇江关历任道台按盛的指令将大量税款交镇行存储或汇解。

镇江关税的征收工作原来由专门的委员进行,郭道直任道台后,于1903年农历十一月设立裕通官银号,以作为征税机关。他任用尹稚山为该银号号主,尹则拿出8万两作为该银号的开办费[1]。由此,尹一手操纵镇江关税款的征收、存储和汇解权。

1904年8月29日,尹稚山病死。总行发现,其所造账目上有库平银20万余两俱属空虚,实乃其为掩盖亏空而做的假账[2]。不久,尹德坤报告,尹稚山平时关于收存官款之账尽系伪造,按其账目,镇江关道存款仅库平银7万余两,但实际应为41万余两,此外,他还欠裕通官银号11万余两[3]。郭道直也出面宣称,尹稚山亏欠镇江关款53万余两,并要求中国通商银行总行予以偿还。但该行总行发现,郭所持存折上的图章与其发给镇行的图印不符,且存折上没有镇行大班梅桐村签字。同时,总行人员从镇行司账处搜出尹稚山私账3本,簿上均注明镇江关存款月息为七厘半,折合周息为九厘,高于中国通商银行存款年息五厘的标准。此外,镇江关道账房一年多没到镇行去对账,致使尹稚山能瞒天过海。鉴于此种种情况,中国通商银行总行总董议决:对镇江关存款不予承认。

郭道直乃分头致函盛宣怀及江苏巡抚兼署两江总督端方,请求妥善解决镇江关款问题。1904年11月,盛、端函电交驰,就案件的责任问题和解决办法进行商讨。盛认为:此项关款实为尹稚山所吞蚀,但尹将其写在镇行账上,以

---

[1] 谢俊美编:《中国通商银行》,第507—508、313、628页。
[2] "七月廿九日盛宫保札查账司事魏官柱、赵兴邦"(1904年9月8日)、"七月廿九日奉盛宫保批"(1904年9月8日)、"八月二十日奉盛宫保札"(1904年9月29日)、"八月廿七日奉盛宫保札(总董札与此同)"(1904年10月6日)、"九月初二日奉盛宫保札"(1904年10月10日),上海市档案馆藏中国通商银行档案 Q281-1-3。
[3] 中国人民银行上海市分行金融研究室编:《中国第一家银行》,中国社会科学出版社,1982年,第174页。

使郭道直向中国通商银行总行索赔。他还指出,尹稚山亏倒官款,其责任皆由于郭道直改章程而贪重息,并不能归咎于中国通商银行。端方则认为,虽然郭道直托人不慎,责不容辞,但镇江关存款既有镇行图章为凭,无论是否被尹稚山架名侵挪,中国通商银行皆难置之度外。他还认为,郭道直并非与尹稚山私相授受,所谓的尹稚山假刻图章之说乃中国通商银行预谋抵赖之举。他敦促中国通商银行早日将此款偿清,否则必成奏案。他还根据郭道直的报告,开出库平银53万两的赔偿数目。盛宣怀考虑到,此案若上奏,中国通商银行与郭道直将会两败俱伤,故他也主张和平解决,但对于郭道直存款于镇行的具体数目,他仅承认为41万余两[1]。关于弥补办法,他提议先查封尹稚山的家产,等所追产业价值达20万两之后再进行开彩。开彩之后,不足之款或由中国通商银行和镇江关道按年摊赔,或想别的办法弥补。对此,端方予以同意。

为防止尹氏将家产寄顿隐匿,盛宣怀于1904年10月派人将其产业一一查封。端方则饬令有关地方官,会同盛宣怀所派之人一起行动。对办案不力的官员,端方还应盛所请,给予严厉压制。例如,尹稚山在江苏通州如皋县境内的吉公和典当铺被查封之后,首饰被窃。端方饬令该县县令胡廷琛限期破案,并迫使其垫赔5 000余文。在尹稚山家产被查封的过程中,尹德坤寻机逃遁。盛宣怀一面查封尹德坤的产业,一面请端方饬令下属对尹进行追捕。尹系地方豪绅,当地很多官员是其戚友,大多暗中对其保护。为此,盛宣怀请继任之两江总督周馥饬令有关府县官员对尹严行缉拿。周馥与盛宣怀曾在李鸿章麾下共事多年,两人私交甚笃,故周对盛有求必应。

在前后两任总督的支持下,盛宣怀在追查尹产的过程中被关押和审讯的人员先后有尹稚山家的总管董翰春、乾元豫钱庄司事黄雨卿、尹稚山之妻胡氏和其弟胡泽之、扬州一布店老板钱小衡和其妻朱氏等。盛的此种行为曾招致多方干预,并给中国通商银行的声誉造成了负面影响。黄雨卿因拒不承认乾元豫钱庄欠有镇行款项,被押至上海讯问,而黄在狱中寻死觅活,招致上海钱业和镇江公所的人多次至中国通商银行调停。最严重的是,钱小衡在狱中服毒自杀,其家人欲至江苏省城和京城控告中国通商银行。钱之死使查办委员心有余悸,唯恐案情愈办愈大,乃向盛宣怀建议收手,获得盛的批准。

在追查尹产的同时,盛宣怀积极进行开彩活动的准备。彩票共发行5万张,每张价格8元,主要由盛宣怀属下的一些企业和周馥下辖的一些行政机构

---

[1] 谢俊美编:《中国通商银行》,第311—312、314、613、425页。

认销。售票所得共计34万余元,合库平银近23万两,比镇行亏欠镇江关款之数41万余两尚短少18万余两。为此,盛宣怀要求郭道直归还镇江关款利息5万余两,余下之13万余两由中国通商银行和郭各认半数,分年缴完。但此时郭存于镇源钱庄之库平银30万两也成了倒账。鉴于此,周馥裁定,由中国通商银行分11年摊还11万两[1]。

四、韩祝三倒骗总行巨款案

上海源兴仁布店东家韩祝三,通过中国通商银行总行翻译陈作琴和总董朱葆三的疏通,于1899年2月9日首次向该行押银1万两,超过还款期限数月之后才将本利还清。次年3—6月,他又7次更换户名,陆续向该行押款17次,总计押得8万余两。不久,其布店倒闭,其人则逃之夭夭。该行检视其所押之土布,仅值银1万余两[2]。其华、洋大班深知责任难逃,不敢将此事向盛宣怀汇报。直至1902年初,他们才正式向盛禀告此事,请求对韩予以通缉。但韩早已隐姓埋名,四处躲藏,甚至传闻已死。前往捉拿之人四处购买线人,虽几次获得线索,但一一扑空。即使盛大肆动用官府的力量,先后将曾替韩介绍押款之董启薪、曾为韩介绍租房之杨春兆以及韩之侄小生等抓获严讯,也毫不济事。韩一直不知所终,甚至生死不明。盛宣怀认定,在韩祝三押款过程中,陈作琴贪图回扣,华大班陈淦徇情签字,两人应负主要责任,董启薪和朱葆三不审查韩之来历即充当其介绍人,责亦难辞。他令该4人于两个月内将韩所押骗之款先行垫赔,其中陈作琴和陈淦各赔三成,董启薪和朱葆三各赔两成,等韩祝三被抓获到案及其家产被查封之后,再归还各人垫赔之款[3]。总行总董们则认为,洋大班美德伦和陈作琴对押品不进行估价,仅凭韩祝三一面之词即给予贷款,责任最大,朱葆三与陈淦或不免疏忽,或失于觉察,但较前两者的责任稍轻。董事会还议定,此后须限制美德伦的放款权限:其经做之股票押款以10万两为度,附有押单之股票押款以25万两为度;其必须将各项股票押款之详细情况开单交华大班收执,必须先行开单查核,才能付银于押款

---

[1] 谢俊美编:《中国通商银行》,第311—316、425—426、345、721页。
[2] "二月初九日总董发给盛宫保"(1902年3月18日),上海市档案馆藏中国通商银行档案Q281-1-2。
[3] "光绪二十八年正月初十日盛宫保致总董"(1902年2月17日),上海市档案馆藏中国通商银行档案Q281-1-2。

人,并限两个月内将押款陆续收回[1]。对总董们的态度,盛宣怀很不以为然,指责其"曲徇人情"。他认为,不应将撒手放账之责任归咎于美德伦一人,陈淦也难逃责任。他再次判定:美德伦须将韩祝三在禅臣洋行之米款迅速索回,以将功赎罪,否则将其撤职;开除陈作琴;等米款收回后,余下之亏款仍由陈作琴、陈淦、朱葆三和董启薪分成摊赔[2]。

五、日本人伪造中国通商银行钞票案

中国通商银行于1898年开始发行钞票,至1902年发行额达"一百数十万"[3]。是年底,山下忠太郎等4名日本人在大阪伪造该行10元钞票655张和5元钞票100张[4]。次年2月4日,某钱庄伙计持该种伪钞前往中国通商银行总行兑取现银,结果被扭送官府。次日,上海各钱庄相约不用该行钞票,导致市井以讹传讹,风传该行伪钞达30万元,从而引发挤兑风潮。为应付该风潮,该行曾请数10名租界巡捕前来弹压,并使用救火器向人群激水,才使得秩序井然。至6日下午,该行兑付50万元,并准备有现银100万元以上。该行对伪钞并不兑付,只是在其上盖一印章,并关照持票人将其保存,等候调查结果[5]。为防现银不足,该行用金条和银条向汇丰银行押款数十万。同时,该行请求各外商银行协查该伪钞的来源。不久,一日本人持此项假钞4 000元至汇丰银行兑取现银,该行派暗探向此人查询,得悉其处正是假钞来源,乃将其抓获[6]。后来更查清,此批假钞乃山下忠太郎等人所制造。为此,盛宣怀通过清政府驻日大使,请求日本外务部讯问该不法分子,但遭到该部拒绝,其理由是:对伪造他国钞票者,日本无规定惩治之法律条文[7]。为避免与伪钞混用,中国通商银行将真钞陆续收回,并连同已印好但未发行之钞票一起烧毁。直至1905年2月,该行才发行新钞。

---

[1] 中国人民银行上海市分行金融研究室编:《中国第一家银行》,第151—152页。
[2] "二月十六日盛宫保来札(总董札与此同)"(1902年3月25日),上海市档案馆藏中国通商银行档案Q281-1-2。
[3] 《中国通商银行发行洋圆新钞票告白》,《申报》1905年2月9日。
[4] 中国人民银行上海市分行金融研究室编:《中国第一家银行》,第159—160页。
[5] "The Run on the Imperial Bank of China", *The North-China Herald and Supreme Court & Consular Gazette*, Feb. 11, 1903.
[6] 中国人民银行上海市分行金融研究室编:《中国第一家银行》,第156页。
[7] 盛宣怀:《愚斋存稿》卷60,沈云龙主编:《近代中国史料丛刊续编》第13辑,文海出版社,1983年,第1—2页。

六、由金融案看早期中国通商银行的
运作机制和生存环境

上述几个金融案均给中国通商银行造成重大的损失,尤其是京、津、镇三分行的亏损,使得中国通商银行因"受分行之累"而长期陷入"虚本实利"的严峻状态[1]。它们不但反映了早期中国通商银行生存的恶劣环境,而且凸显出其本身运作机制的某些弊病。

其中,天津和镇江两处分行的亏损情况彰显了早期中国通商银行在分行用人机制上"唯财是用"的弊病以及总行对分行管理和监控的松懈。盛宣怀对中国通商银行总行和分行的定位稍有不同。对总行,他借鉴汇丰银行的章程制度,并注意与钱庄沟通关系,曾先后聘请上海钱业著名人物陈笙郊和谢伦辉任总行华大班[2]。对分行,他则倾向于采用票号的做法,并将各分行的主要业务定位为汇兑,为此,他曾经打算遍请票号中人为各分行经理人。但票号将中国通商银行视为竞争对手,不愿与之合作,致使盛选拔各分行经理人的标准主要是"唯财是用",让购有中国通商银行巨额股份的人充当各分行负责人[3]。当然,使用这种选拔标准还与中国通商银行成立之际资本招集的困难以及当时银行专门人才的匮乏有关。按此种标准选拔出的分行负责人往往业务经营能力不足,而唯利是图之心有余,并常常为营私而舞弊。像梁绍祥和尹稚山,都大肆挪用银行公款,而且为掩盖其舞弊行径,均造有多种账簿,包括公账和私账、真账和假账。两者的舞弊行径均在其死后才暴露,这一共性表明总行对各分行疏于管理和监督。事实上,总行派往各分行的查账人员,往往不认真履行职责,并经常以借贷为名向各分行索贿[4]。

当然,前述几个金融案也反映出早期中国通商银行生存的恶劣环境,包括战争的破坏、官府的严厉以及老百姓对该行缺乏支持等。八国联军侵华战争对京、津地区的严重破坏,使得中国通商银行京、津分行的放款难以收回,很多放款最终成为呆账或坏账。而且,北京分行遭到抢毁,战后又被划入使馆区而被意大利公使占据,最终关门歇业。对中国通商银行的这些损失,荣禄毫不怜惜,一味勒令该行赔偿其存于京行之款。官府的严厉在镇江分行亏空事件中

---

[1] 谢俊美编:《中国通商银行》,第392页。
[2] 中国人民银行上海市分行编:《上海钱庄史料》,上海人民出版社,1960年,第54页。
[3] 北京大学历史系近代史教研室编:《盛宣怀未刊信稿》,中华书局,1960年,第73—74页。
[4] 中国人民银行上海市分行金融研究室编:《中国第一家银行》,第174页。

也有体现。在该案责任认定的问题上,端方更多的是站在郭道直的立场上说话,无论盛宣怀如何推卸中国通商银行的责任,都无济于事。而在最后对不足之款进行摊赔的问题上,鉴于郭道直力量的有限,周馥强行判定中国通商银行摊还巨款。当然,在应对各亏损案件的过程中,盛宣怀也是尽量使用自己的权势及其在官场上的关系。这种状况突出体现在对尹稚山亏损案的处理过程中。为追查尹产,盛宣怀大兴讼狱,甚至闹出人命。这虽然最大限度地追查到了尹产,但给中国通商银行的声誉造成了恶劣的影响。盛在镇江分行一案中所压制的对象原本属于该分行运营的主要人力资源和业务对象,经此波折,他们均被推到中国通商银行的对立面。中国通商银行在各地分行的处境更显艰难,盛宣怀最终将各地分行裁撤殆尽与此不无关联。此外,中国通商银行在"津案"中的败诉以及对几名伪造该行钞票的日本人犯无可奈何的情况,表明在国家衰弱不堪而列强嚣张跋扈的状况下,指望通过法制或外交的手段保护其利益是不可能的。

(原载《中国经济史研究》2007 年第 2 期)

盛宣怀与武昌起义爆发后的上海金融救济

宁汝晟[*]

辛亥革命前,盛宣怀先后获得督办铁路大臣、邮传部右侍郎、帮办度支部币制事宜等重要职位,他与武昌起义爆发后产生的上海金融救济问题有重要关系。对于辛亥革命前后盛宣怀与中国金融史的关系,已有不少论著有所述及[1]。武昌起义之后,清廷统治摇摇欲坠,这对光复之前的上海金融市场造成了极大的冲击,上海金融救济成为朝野、官商、中外关注所在。本文拟以已刊未刊盛宣怀档案史料为中心,结合他种史料文献,对盛宣怀与上海金融救济的基本史事进行梳理,并对盛宣怀救济上海市面、救济中国通商银行以及与外国金融势力的关系等问题作出评述,以就教于学者同仁。

一、向上海紧急起运现银以救济金融

武昌起义爆发后不久,上海市场银根极紧,导致"银拆、洋厘飞涨"[2]。作为清廷驻上海的最高行政官员,上海道刘燕翼力图督饬各方维持金融市场的稳定,如10月14日与两江总督张人骏以及中国通商银行方面协商向上海市面投放银元,当日另与商务总会总协理及钱业董事等在洋务局会议维持金融事宜[3];并颁发布告要求商人自律,强调"不准高抬洋、拆,妨碍金融,尤为大

---

[*] 宁汝晟,2020年博士毕业于复旦大学历史学系,现为上海信息技术学校公共基础部教师。
[1] 参见洪葭管:《辛亥革命前后的金融》,《中国金融》1987年第9期;陈礼茂:《中国通商银行的创立与早期运作研究(1896—1911)》,复旦大学2004年博士学位论文;张启祥:《交通银行研究(1907—1928)》,复旦大学2006年博士学位论文;冯绍霆:《光复前后的上海银钱业札记》,复旦大学中国金融史研究中心编:《辛亥革命前后的中国金融业》,复旦大学出版社,2012年,第61—87页;王静:《盛宣怀与1911年上海义善源倒闭案》,《兰台世界》2013年第25期;谢俊美:《社会历史变迁的缩影——辛亥革命前后的中国通商银行》,中国社会科学院近代史研究所编:《辛亥革命与百年中国》第4册,社会科学文献出版社,2016年,第2010—2021页。
[2] 《鄂乱影响》,《申报》1911年10月17日。
[3] 《四纪本埠惊闻鄂乱情形》,《申报》1911年10月16日。

市要点"[1];15日再次"示禁不得高抬（银拆、洋厘）",在要求商人自律的同时,威胁动用国家机器维持市面:"恐奸商故意垄断,除饬县廨密查严禁外,又移请商会谕饬钱业各商,勿将洋、拆再行高抬,以维市面。"[2]10月16日,刘燕翼又移文商会,其中特别提出了对钱业的关注,要求商会:"切实告诫钱业全体,务各恪守本分,正经营业",如再有妨害金融机关者,"则成案具在,惟有指名严拿,立予惩处,决难再予从宽"。在警示钱业勿利用风潮投机谋利的同时,刘燕翼还告示市民"照常营业,不必再有惊疑,提取现资,转致金融,妨碍本埠大市,是为至要"[3]。从报纸的报道及刊发的布告、晓谕来看,上海道为了稳定上海市面,在第一时间确实做出了种种努力。但从实际效果而言,尤其结合后来的局势发展来看,在救市的真金白银运达前,这些行动和行政命令所能起到的作用有限。

几乎在刘燕翼发布告示的同时,时任邮传部大臣的盛宣怀也开始了行动。10月13日,盛宣怀即通过两江总督张人骏和江宁造币厂总办蔡景、帮办景凌霄,要求向将该厂存银赶运上海,交付盛氏控制下的中国通商银行。调运此款的名义,一开始是为了支援鄂军[4],只是后来沪市起了风潮,遂改为存储于通商银行,以救济上海市面。

盛宣怀十分关注这批白银的起运和沿途的安全,曾于10月14日吩咐通商银行董事王存善,望其亲自赴宁向造币厂方面"说明理由,克日上船,过镇江等处勿停泊,出城上船如需保护,请面商安帅妥密办理"[5]。10月16日,盛宣怀又致电中国通商银行分董、实际主持行务的顾润章[6],提到日前江宁造币厂运送的200万元"新国币","想已入库"。10月17日,他又电江宁造币厂总办蔡景,询问"运沪二百二十五万元,已运齐否"[7]？由此,盛宣怀借助政治的上下级关系和控制的金融机构,运送银元救济上海事进入具体落实阶段。

关于向上海运送银元的数额,盛氏10月16、17日的两份电文中出现了200万元和225万元两个数额。事实上,当时中外各方都在关注向上海运银的

---

[1]《鄂乱影响三》,《申报》1911年10月15日。
[2]《鄂乱影响》,《申报》1911年10月16日。
[3]《沪道镇抚钱市之恐慌·移行商会》,《申报》1911年10月17日。
[4] 夏东元编著：《盛宣怀年谱长编》,上海交通大学出版社,2004年,第933页;"蔡康、景凌霄致度支部、币制局电",上海图书馆藏盛宣怀档案023475-2。
[5] 谢俊美编：《盛宣怀档案资料选辑之五——中国通商银行》,上海人民出版社,2000年,第688页。安帅,即两江总督张人骏,字子里,号安圃。
[6] 顾润章,字咏铨,盛宣怀的外甥,盛家总管事。
[7] 王尔敏、吴伦霓霞合编：《盛宣怀实业函电稿》,香港中文大学中国文化研究所,1993年,第1005页。

情况。如英国方面有过密报:"总督还采取了其他预防措施,将存于造币厂的新铸银元移到上海,本月 14 日送走一百万元,次日又送走二百万元。"[1]但报告未提及消息的来源。尚为清廷控制的上海大清银行也说:"当由敝行电达总行呈部核准,由宁厂借运新币二百万元,内拨交敝行一百万元。"[2]而通商银行的记载则与 225 万元这个数额相符。到了 10 月 18 日,上海城乡自治公所董事李平书和上海商务总会都提到了新币的数额为 400 万元[3],根据前述的运银数额,可能是出现了分批运银的情况。10 月 20 日,"南京造币厂从轮船运来"100 万元;同日,"南京造币厂从铁路运来"125 万元[4]。这就引出了当时自南京向上海运送白银的方式,通览盛宣怀自 10 月 13 日起各通相关电文,所提到的都是通过轮船,并未提到铁路;连提到将这批白银储存在上海通商银行,也提到"因通商与招商局相连,见有洋大班","银库可靠"[5]。但上海《申报》有多篇报道提及火车,如:两江总督张人骏电刘燕翼:"即日(14 日)晚间有现银一百万两,由火车运沪,汇存交通银行,以便调用"[6];"江宁造币厂因有新币一百万,计装四百箱,装由沪宁快车运沪,交付通商银行"[7]。而在工部局警务处 10 月 17 日的《警务日报》中,也称"500 箱龙洋由一支武装卫队从火车站护送到中国通商银行","护送队是下午 3 时从火车站出发的"[8]。总之,武昌起义后不久,虽然对于数额和载运方式的说法不尽相同,上海市面上已经关注到有大批白银运抵,而盛宣怀个人档案则较清楚地揭示了盛氏本人在其中的具体做法和关键性作用。

盛宣怀在联系两江总督和造币厂运送银元的同时,于 10 月 16 日急电上海通商银行顾润章,指示将业已运抵上海通商银行库房的 200 万元现银中,立即拆开一箱,邀请上海大清银行经理宋汉章、交通银行经理顾晴川以及商会、钱业领袖面商,"如能照英洋一律兑换,即由上海大清、交通、通商三行公电币

---

[1]《1911 年 10 月 23 日朱尔典爵士第 409 号报告—附件三〈武昌爆发革命·南京局势〉(一式三份,副本送清江和上海)》[FO 371/1094(44538)],英国领事 1911 年 10 月 18 日于南京,第 30 号,《辛亥革命史资料新编》第 8 册,湖北人民出版社,2006 年,第 91 页。
[2]《大清银行之应接不暇》,《申报》1911 年 11 月 1 日。
[3]《鄂乱影响》,《申报》1911 年 10 月 20 日;维持沪市之救急法》,《申报》1911 年 10 月 21 日。
[4]《辛亥革命后清政府造币厂(Imperial Mint)在通商银行的收付记录》,《通商银行档案》帐四第 71、73 号,中国人民银行上海市分行金融研究室编:《中国第一家银行:中国通商银行的初创时期(一八九七年至一九一一年)》,中国社会科学出版社,1982 年,第 167 页。
[5]"盛宣怀致顾润章电"(1911 年 10 月 13 日),上海图书馆藏盛宣怀档案 023686。
[6]《迎接一百万两》,《申报》1911 年 10 月 16 日。
[7]《慎重银币》,《申报》1911 年 10 月 19 日。
[8]《警务日报选译》,上海市档案馆编:《辛亥革命与上海——上海公共租界工部局档案选译》,中西书局,2011 年,第 161 页。

制局或可奏明办理。此路打通,即可随铸随用。江宁一厂每日可铸十余万元,俟将来辅币齐全,再照币制章程办理"[1]。虽然盛宣怀在电文中称"但系个人思想,尚未会议",上海通商银行方面立即邀请宋汉章、顾晴川会商,"佥云乘此现洋缺乏,若照龙洋价值较英洋每元约少银三四厘,当可通行。适各钱庄及商会在座,亦甚赞成。请钧裁会议请旨示遵"[2]。也就是说,上海银钱业及商会都赞成盛宣怀的意见,陆续自南京把江宁造币厂新铸银元运抵上海,按照行情投放市面,达到稳定金融市场的目的。

另外,代表清末上海立宪派利益的上海城厢自治公所,也寄望盛宣怀在维持上海金融方面发挥作用。10月18日,上海城厢自治公所董事李平书得悉有新银币到沪,他一面电禀江苏抚程德全,请转商度支部,将寄沪之新银币400万发交各银行钱庄,流通市面;另一方面致电盛宣怀,"伏祈宫保主持,切恳度支部照准,以救沪市而维大局"[3]。盛宣怀复电称:"业已会商度部,准予维持照办,已电达上海大清、交通两银行遵照。又电沪道转知商会,一体维持。"[4]李平书曾担任上海通商银行总董,深知盛宣怀对于度支部尚书载泽以及币制局、造币厂等机构的影响力。在武昌起义之初政局动荡、上海金融不稳的情况下,盛宣怀出面且出力推动,具有不可替代的作用。值得注意的是,同样是在10月18日,上海商务总分会致两江总督张人骏的电文中,又提到了请求将新运银元接济市面的事。值得注意的是,由江苏巡抚,渐次而上至两江总督,再上至盛宣怀的最终确认,回复的意见均是:"即希刘道与通商银行王道迅速妥议复办。"[5]这就牵涉到另一个问题:盛宣怀在设法救济上海市面的过程中,为什么会牵涉到中国通商银行?

二、筹谋救济中国通商银行的两全之策

事实上,武昌起义之后盛宣怀在安排救济上海金融的过程中,一直在为如何救济他掌控下的中国通商银行而殚思竭虑,以冀这两方面的救济能够有两全之策。

---

[1]《沪通商银行董事、大班、顾去电》(1911年10月16日),《中国通商银行》,第688页。
[2]《沪通商银行顾咏铨等来电》(1911年10月18日),《中国通商银行》,第688、689页。
[3]《鄂乱影响》,《申报》1911年10月20日。
[4]《鄂乱影响》,《申报》1911年10月22日。另,盛宣怀个人档案中有份电文和此报道所涉内容有所不同,详见《盛宣怀致李钟钰电》(1911年10月19日译),上海图书馆藏盛宣怀档案023088。
[5]《维持沪市之救急法》,《申报》1911年10月21日。

1897年盛宣怀主持创办中国通商银行,这使得他主持的各种工业、交通事业能够联系起来,以便融通资金,统一管理,以求获得进一步发展,"这就是其设立通商银行最直接,也是最重要的原因"[1]。此后,盛宣怀便以通商银行为中心进行布局。1904年10月16日,盛宣怀委任王存善、李钟珏[2]为驻行总董,顾润章为驻行分董,此三人均与盛宣怀的其他洋务企业有着密切的关系,通过这次人事变动,盛更牢固地控制了中国通商银行。而顾润章作为盛的外甥,实为盛安排在中国通商银行中的心腹,他虽是中国通商银行驻行分董,但在银行中实际上握有很大的权力,可视作盛宣怀在中国通商银行中的代言人[3]。也正因为中国通商银行与盛宣怀之间的关系密不可分,银行的发展与盛的政治、经济权势关系紧密。

1905年起,盛宣怀利用自己手中的权力,将修路外债的大部分款项交由中国通商银行存储。1910年8月17日,上谕命盛宣怀回邮传部右侍郎本任并帮办度支部币制事宜;年底,盛宣怀任邮传部尚书,执掌邮传部。此后中国通商银行与该部发生了密切联系,银钱往来极为频繁。盛宣怀上任后,邮传部在中国通商银行进行存款。此外,盛宣怀不仅在各项铁路借款中为中国通商银行争取存款,更是在交通银行陷入资金缺乏的困境时,不仅裁撤其帮理梁士诒,还散布流言,并将邮传部所存交通银行之款提交中国通商银行(见表1)。

表1 1911年交通银行解入中国通商银行款项统计表　　　单位:两

时　间	交通银行总分行名	数　额	说　明
3月23日	汉口交通银行解入	175 015	
3月23日	北京交通银行解入	232 980	
5月18日	交通银行解入	733 200	
5月31日	交通银行解入	200 000	存296 935 48

资料来源:《中国第一家银行》,第134—135页。

当然,这些资金转移对中国通商银行是有利的,它有助于加强其应对金融市场风波的实力。可见,盛宣怀在进入清廷权力高层、致力于币制改革之后,

---

[1] 李一翔:《近代中国银行与企业的关系:1897—1945》,东大图书股份有限公司,1997年,第28页。
[2] 据1905年11月25日总行大班致盛宣怀的电报可知,轮船招商局董事沈敦和于该月15日到行代理李钟珏办事。《银行大班来电》,《中国通商银行》,第657页。后来,沈正式成为总行办事总董。陈礼茂:《中国通商银行的创立与早期运作研究(1896—1911)》,第158页。
[3] 陈礼茂:《中国通商银行的创立与早期运作研究(1896—1911)》,第157页。

并没有打算放弃中国通商银行。从事实层面而言,尽管与大清银行相比处于劣势,但经历严重亏损后,自1905年底开始,盛宣怀和中国通商银行新一届办事董事及华大班采取了一系列整饬措施,此后几年,中国通商银行皆处于赢利状态中,公积金也随之而逐步增加。至1910年初,总行尚少股本银14万余两,盛宣怀曾计划于次年补发八厘官利,旋因辛亥革命的爆发而推迟一年实现[1]。

还在四川保路运动发生后不久,盛宣怀即预感时局将有大变,担心他经营的"公私产业"有损,急令所属企业负责人谋求对策。针对通商银行,他以目下时局将有重大变化,致函通商银行总董王存善、顾润章等人,指示"稍作准备,务使通商设法保全"。武昌起义爆发后,通商银行除了开始向有关厂矿店铺催收放款[2],盛宣怀也在第一时间催促南京造币厂调运银元。银元从南京起运、过镇江及至10月15日运抵上海后,盛宣怀联系王存善和顾润章,询"通商银根如何",除了拨运他处外,望通商银行"代留数十万备用"[3]。当时,上海钱庄业最先散布不收银行钞票之说[4],这对中国通商银行而言是不利的市场动向。10月14日至16日,沪道示谕商会及钱业,不得高抬(银拆、洋厘)。工部局《警务日报》记录10月17日下午"各银行均有人争提存款,各银行都请求捕房帮助",中国通商银行赫然在列,并"从10月14日起沪宁铁路售票处只接受中国通商银行、大清银行和交通银行发行的钞票";18日"继续向银行争提存款"[5]。上海市面受到影响当是无疑。通商银行看似无碍,实则未必。

在盛宣怀看来,紧急调运至上海的白银,虽然存于中国通商银行银库,但毕竟名义上是救济整个上海市面的,既要确保通商银行直接受惠,又不能被金融界视作有失公允,在具体安排上颇费考量。他特意把清政府直接控制的大清银行、交通银行放在救济的前列,让通商银行紧随其后,以求两全。为此,他指示通商银行高层人士主动联系上海的大清银行、交通银行方面,商洽救济事宜。如10月16日,盛宣怀致电通商银行董事、大班和顾润章,指示对于运来新国币,尽快"与宋汉章、顾晴川及商会、钱业面商,如能照英洋一律兑换,即由上海大清、交通、通商三行公电币制局或可奏明办理"[6]。10月17日,盛

---

[1] 陈礼茂:《中国通商银行的创立与早期运作研究(1896—1911)》,第185页。
[2] 谢俊美:《社会历史变迁的缩影》,《辛亥革命与百年中国》第4册,第2015、2016页。
[3] 《沪王子展、顾咏铨去电》(1911年10月15日),《中国通商银行》,第688页。
[4] 冯绍霆:《光复前后的上海银钱业札记》,《辛亥革命前后的中国金融业》,第63页。
[5] 《警务日报选译》,上海市档案馆编:《辛亥革命与上海——上海公共租界工部局档案选译》,第161页。
[6] 《沪通商银行董事、大班、顾去电》(1911年10月16日),《中国通商银行》,第688页。

宣怀得悉交通银行要求立即获得救济款——"晴川电交通钞票急需新币"，要求通商速付百万，"勿延误"[1]。次日，除了致电顾润章交付大清、交通新币各100万元外[2]，盛再次致电通商银行，指示救济款分配时，通商银行既不可自行挪用，也不可扣压向大清银行和交通银行的拨款："新币不奏准，断不能用"，"只有二十五万元可暂借通商，如不敷可向晴川密商，以期两顾。须知此款与通商无涉，若通商勒住，不遵命令，比倒帐更坏，断乎不可，望速照拨。"[3]按照盛宣怀的考虑，通商银行凭借着保存救济现银的地位，采用与大清、交通等机构（特别是当时盛宣怀直接控制的交通银行）商议的方式来确定分配方案，对通商银行最为有利。但在上海的通商银行高层起初并没有领会盛宣怀来电的良苦用心，以为通商银行只能分得救济款总额的尾数，随即由董事、大班致电盛宣怀："新币收二百二十五万，奉拨交通百万、大清百万、通商无分"，"第三批闻安帅奏请截留"，"通商钞票大起风潮，不能不备现洋，可否三家匀拨，求速复"[4]。而在盛宣怀及通商银行之外的其他各方看来，上述电文既可证明盛宣怀在主持救济上海金融事务方面时瞩目全局、秉公办理，以大清、交通两家政府银行为重，也体现了通商银行确实处境困难，急需相当救济。"欲取之，先与之"，这就是盛宣怀苦心谋划救济中国通商银行的两全之策。

于是，盛宣怀在与有关方面沟通之后，确定了以大清银行为主、交通和通商两行次之的救济现银分配方案。10月19日，盛宣怀致电通商银行顾润章，指示"新币大清百万速即交去。其余准通商留七十五万元，交通五十万元，勿误"[5]。当日，盛宣怀发出了致沪大清分行、交通分行、通商总行的公电，提出："已到者先拨大清一百万，交通六十五万，通商六十万，应照现在市价作银，订期归还币制局，勿误。"[6]于是，自10月25日起，连续数天，通商银行在报上刊发告白，称："度支部币制局发来新币二百二十五万元，存大清银行一百万元，交通及通商银行各存六十余万元，非奉币制大臣命令，岂敢动用？分存三处，又岂通商一行所能把持？"[7]可见，在最后的救济现银的分配方案中，通商银行得以与交通银行并列，并没有被边缘化。这样，盛宣怀审时度势，周全考

---

[1]《沪通商银行顾咏铨、谢纶辉去电》（1911年10月17日），《中国通商银行》，第688页。
[2]《沪通商银行顾咏铨去电》（1911年10月18日），《中国通商银行》，第689页。
[3]《沪通商董事、大班来电》（1911年10月18日），《中国通商银行》，第689页。
[4] 此电文末标"堪"字，据电报韵母代日，应为二十八日（10月19日），但书中系于18日下。见《沪通商董事、大班来电》，《中国通商银行》，第689页。
[5]《沪通商顾去电》（1911年10月19日），《中国通商银行》，第689页。
[6]《沪大清分行、交通分行、通商总行去电》（1911年10月19日），《中国通商银行》，第689、690页。
[7]《通商银行告白》，《申报》1911年10月25日。

量，在出面救济上海金融市场的同时，也实现了对于中国通商银行的救济。

三、向外求援以维系资金周转

武昌起义爆发后，为了维持中国通商银行的运作以及其自身企业间的资金周转，盛宣怀还试图向有过接触的外资银行押款。

汇丰银行总行设在香港，在成立之初便以囊括中国的贸易金融作为自己的追求目标，甲午战争前已在对华债款投资中处于重要的地位，以后逐步转变为英国对华资本输出的重要工具。盛宣怀早在创办中国通商银行时，便与汇丰银行有着密切的联系，最初的《中国通商银行大概章程》在很多地方仿效了汇丰银行的章程，如规定用人办事悉以汇丰为准，发钞亦仿效汇丰银行，更重要的是通商银行首任洋大班，聘请的就是曾在汇丰银行供职二十余年的美德伦。此后，盛宣怀在主持与英商怡和洋行及汇丰银行达成的沪宁铁路借款合同中，怡和与汇丰都同意把相当部分的地价款、路款存于通商银行，通商银行并得在汇丰银行未设分支机构的铁路沿线地区经理有关银钱往来。据统计，1905年怡和洋行和汇丰银行向通商银行拨存购地款约合规银87万两，存入路款25万余两，此后连续两年又存入路款共计20余万两[1]。可见，盛宣怀及其通商银行与汇丰银行之间的合作关系由来已久。

再以辛亥前夕汇丰银行和上海金融业的联系来看，1910年上海发生"橡皮股票风潮"，为了稳定市面，上海道台曾获清廷奏准向上海九家外国银行借款350万两规元，其中汇丰银行出资最多，达到80万两[2]。待到武昌起义发生后上海其他各银行为接济汉行运出现洋以致洋厘继而高涨，相反，汇丰银行为了维持上海市面，却仍然允许钱庄拆款[3]。当时清廷度支部曾电拨上海道台江宁造币厂新币30万元[4]，指定"寄顿汇丰、太古等行"，旋即上海光复，在金融界人士的呼吁下，汇丰和太古同意这笔款项得提交沪军都督府财政部支配[5]。汇丰银行当时在上海有着重大的商业利益，与各华资银行、钱庄联系密切，尽管当时政局动荡未定，汇丰银行还是颇为注意维持上海金融市场的。

---

[1] 陈礼茂：《中国通商银行的创立与早期运作研究(1896—1911)》，第159—160页。
[2] 李辉等主编、张国辉著：《中国金融通史》第2卷《清鸦片战争时期至清末时期(1840—1911)》，中国金融出版社，2003年，第229—230、245、400页。
[3] 《四纪本埠惊闻鄂乱情形》，《申报》1911年10月16日。
[4] 《致上海顾咏铨函稿，十月十二日》(1911年12月2日)，北京大学历史系近代史教研室整理：《盛宣怀未刊信稿》，中华书局，1960年，第232—233页。
[5] 《宋汉章上财政总长呈》，《申报》1912年4月29日。

武昌起义爆发之后，盛宣怀曾要求通商银行驻行分董顾润章向上海汇丰银行和日商正金银行押借数十万两，以资周转。在与汇丰银行接洽过程中，顾润章起初提出押款 10 万两，以轮船招商局股 1 200 股作抵，到了 10 月 17 日，已经与汇丰银行方面说定次日成交。对此，顾润章颇为满意，甚至考虑到市面趋紧，拟以其他押品向汇丰银行"再做一二十万，以备不虞"。然而到了 10 月 18 日，汇丰银行突然知会通商银行方面，轮船招商局股 1 200 股只可押借 8.5 万两，即减少了 1.5 万两，即招商局股每股只可押借 65 两左右[1]。盛宣怀得悉这一情况之后，认为市面资金缺乏的局面愈趋严峻，当即决定由上海通商银行出面，以各种押品再向汇丰押借现银 50 万两，盛并向顾润章仔细询问通商银行所持有的招商局股、仁济和保险公司股以及通商银行股、汉冶萍公司股各有多少，甚至打算如果已有股票不够抵押的话，考虑用通商银行抵押的资金抽换，"大约至多七折止"[2]。同时盛宣怀面见在北京汇丰银行的大班，要求其向上海汇丰银行通融押借事宜[3]。于是，10 月 19 日顾润章根据盛宣怀的指示，在上海再度与汇丰银行方面交涉押借，并提出以招商局股、通商银行股以及仁济和保险公司股为押品。而上海汇丰银行方面虽然知悉盛宣怀的要求，只愿意接受以招商局股做抵押，每股押借 65 两。但不接受通商银行股、仁济和股等押品，而上海通商银行当时能够凑得出的招商局股票总共只有 5 500 股，按照汇丰银行开出的押借条件，通商银行方面只能获得 35.7 万两押款，且需要通商银行尽快确认[4]。10 月 20 日，汇丰银行方面确认："已经商定股票押款银三十五万七千两，望即议定可，即委代签字。"[5]对于盛宣怀 50 万元预期押借总额的差额 10 多万两，汇丰银行方面也没有完全拒绝，表示"押在通商产业亦可转押，多多益善"[6]。盛宣怀从顾润章和汇丰银行两方面都知晓了上述交涉结果[7]，特别是了解到汇丰银行对于以产业股票作为押品的通融态度，即指示顾以通商银行存有的 27 000 股汉冶萍公司股票，继续向汇丰银行进行押借[8]。这样，到了 10 月下旬，盛宣怀已经就维系通商银行的周转资金，

---

[1] "顾润章致盛宣怀函"(1911 年 10 月 18 日)，上海图书馆藏盛宣怀档案 023095。
[2] 《沪顾咏铨去电》(1911 年 10 月 19 日)，《中国通商银行》，第 689 页。
[3] 《沪顾咏铨、金掬蕃去电》(1911 年 10 月 18 日)，《中国通商银行》，第 689 页。
[4] 《沪顾咏铨、金掬蕃来电》(1911 年 10 月 19 日)，《中国通商银行》，第 690 页。
[5] 《沪顾咏铨去电》(1911 年 10 月 20 日)，《中国通商银行》，第 690 页。
[6] 《沪顾咏铨、金掬蕃来电》(1911 年 10 月 19 日)，《中国通商银行》，第 689、690 页。
[7] 《上海顾咏铨来电》(1911 年 10 月 19 日)，《中国通商银行》，第 690 页；《沪顾咏铨去电》(1911 年 10 月 20 日)，《中国通商银行》，第 690 页。
[8] 《沪顾咏铨、金掬蕃去电》(1911 年 10 月 20 日)，《中国通商银行》，第 690 页。

得到了来自汇丰银行方面的积极回应。

除了汇丰银行之外,盛也与和日商横滨正金银行上海分行接洽。横滨正金银行总行设在日本横滨,于1893年在上海成立分行,两年后上海分行升格为独立统辖行。盛宣怀及其企业很早便与横滨正金银行建立起联系,如1904年以"预售矿石"名义获得该行贷款300万日元,以后又继续在1905年、1908年、1910年和1911年获得不同数额的借款,累计达1 200余万日元[1],这些借款都和盛宣怀脱不了干系。1911年4月,清度支部与四国银行团签订了1 000万英镑币制实业借款。同月,盛宣怀利用其主持币制局的身份,指示中国通商银行顾润章向日方洽购买生铜事,并预拨120万两存储通商银行作为购铜费用。而在新银元铸造之前,盛宣怀借助邮传部的渠道,将购买大条银的款项拨存中国通商银行,和日方进行流通。同时,盛宣怀又利用上海正金银行的渠道,由通商银行来接收邮传部拨来的日币758 000元,并兑换为现银[2]。此后,盛宣怀连续通过横滨正金银行从伦敦代为购办大条银并运送国内,交中国通商银行接收寄存,再运解南京造币厂开铸新币。可以说,盛宣怀与中国通商银行,当时成为清廷邮传部和日本横滨正金银行之间的中介,为币制改革运作。武昌起义爆发后,盛宣怀即指示通商银行的顾润章向"正金赶紧商办"押款,由于通商银行所存招商局的股票一开始便确定向汇丰银行押借了,对于正金银行这边的借款只能使用其他押品。顾润章与正金银行接洽之后,向盛宣怀建议"仍以矿石向日本借用百万元,以救危急";同时指出,通商银行与"正金素有交谊,通商等股票或可通融"。在得到盛宣怀的允准后,顾润章等与正金银行数次交涉,正金银行不仅同意可直接用矿石作抵提供百万元押款,还答应接受通商银行持有的通商银行股份为抵押,提供130余万元的借款[3]。这样,在武昌起义后上海市面银根普遍收紧的情况下,日商正金银行就成为通商银行在获得急需的营运资金方面的又一重要来源。

应当指出,武昌起义之后汇丰银行与横滨正金银行向中国通商银行提供押款,带有帮助后者渡过金融恐慌局面的属性,这固然与盛宣怀多年来注重培植与在华外商金融势力之间的合作网络有关,但也是包括汇丰和正金在内的在华外商银行维系自身利益的需要使然。自1897年中国通商银行成立之后到辛亥革命前夕,华资银行业取得长足的发展,已显现出与钱庄业和外商银行业之间的鼎足之势。三者之间既有竞争,也有同业之间的共同取向所在;既有

---

[1]《中国金融通史》第2卷《清鸦片战争时期至清末时期(1840—1911)》,第265—267页。
[2]《上海通商顾、谢去电》(1911年4月13日),《中国通商银行》,第680页。
[3]《上海顾咏铨来电》(1911年10月19日),《中国通商银行》,第690页。

日常的业务往来,也有在政局动荡的情况下互相支持共同维持市场稳定的利益诉求。而本节内所提及的盛氏与汇丰银行和正金银行之间的各项押款交涉,虽然不排除含有非经济因素的考量,但各方都遵循着在商言商、锱铢必较的原则。

武昌起义之后,清廷统治摇摇欲坠,这对光复之前的上海金融市场造成了极大的冲击。与应对变局手足无措的上海道台不同,盛宣怀一方面身为邮传大臣并曾任度支部币制事宜帮办,与大清银行、交通银行和造币厂等官方金融机构关系极其密切,另一方面作为中国通商银行的创办人和实际控制者,长期以来与商业性金融机构互通声气,而上述亦官亦商的身份又颇得在华外商机构的重视。这些都有助于盛宣怀在救济上海金融方面,得以腾挪周旋于朝野之间、华洋之间、上海与外埠之间,尽可能地调集各种金融资源,以维持上海金融市面的稳定。虽然盛宣怀上述努力的出发点还是维系旧有的金融格局和秩序,在此格局和秩序下求得其个人控制的企业基本利益的保全,但作为晚清政局下为数不多的有抱负、有作为的人士,盛宣怀在维持上海金融方面殚思竭虑、积极作为,客观上有助于包括一般客户在内的整个金融市场参与者的基本利益,也是他在近代金融史上留下的最后一页。

然而,就在上海金融市场大体稳定、中国通商银行营运资金基本无虞之际,盛宣怀遭到资政院弹劾,旋即于10月26日被清廷革职,"永不叙用"[1],亦即不复具有体制内的资源支配权。另一方面,盛宣怀与民党没有任何联系,自忖不会见容于光复后的新的上海地方当局——沪军都督府。他的选择是仓皇出走,东渡日本,从而终止了他与上海金融界乃至整个近代中国金融变迁的公开联系。当然盛宣怀与通商银行的顾润章等人还维系了一段时日的私下书函往来。

(原载《历史教学》2017年第6期)

---

[1] 《盛宣怀年谱长编》,第939页。

民初北京政府设立各省国税厅筹备处研究

王 梅[*]

甲午战争后,传统解协奏销制度名存实亡,硬性定额摊派成为清政府从各省抽取岁入的重要方式[1]。层层摊派之下,一如清政府对各省财政情况的茫然无知,各省督抚亦无法知悉省内盘根错节的财政机关运作及其复杂的收支情况,形成所谓清末的"内外皆轻"格局[2]。辛亥革命造成的社会失序不仅使中央与地方的摊派纽带断裂,亦造成各省下级财政机关的进一步混乱,中央与地方政府同陷严重的财政危机。整理并建立新的财政关系成为当务之急,各省设立国税厅的计划由北京政府正式提出。

从1912年12月筹建到1914年5月被裁并,各省国税厅筹备处存在约一年半时间。作为民初政府进行财政改革的重要举措,其发展对整个政局的影响不容小觑。但相关问题的讨论长期为学界忽视,已有研究往往流于章程与规例的列举,或被指为袁世凯中央集权财政改革的失败举措[3]。本文拟在清末民初财政体制变革的宏观背景下,对民初北京政府设立各省国税厅筹备处的进程略作梳理,着重探讨其间中央与地方关系的演变。

一、国税厅计划的提出与筹备处设立

民初北京政府首位财政总长熊希龄于1912年5月组织财政部时,即提出在各省设立部属国税厅的计划,并迅速制定官制提交参议院[4]。熊氏所拟之

---

[*] 王梅,2018年博士毕业于复旦大学历史学系,现为四川大学历史文化学院助理研究员。
[1] 详参何汉威:《清季中央与各省财政关系的反思》,台北"中研院"《历史语言研究所集刊》第72本第3分册,2001年。
[2] 详参李细珠:《地方督抚与清末新政——晚清权力格局再研究》,社会科学文献出版社,2012年。
[3] 迄今关于国税厅的专门研究只有戚如高的《民初国税厅简论》(《民国档案》1991年第4期),其他关于民初财政体制变革的著作中或有提及,然多落入现代化的窠臼,论述大同小异,在此不一一列举。
[4] 原称国税司,因其易与财政部内赋税司混淆,随即改为国税厅。(李强:《北洋时期国会会议记录汇编》第1册,北京图书馆出版社,2010年,第365—372页。)

国税厅是一个相当集权的财政机关,不仅掌控国税收支,甚至规定各省不必另设财政司,包揽中央与地方一切财政事务。且其拟先在直鲁晋豫北方四省试办,后逐渐推行于全国[1]。政府委员在参议院说明时表示:"经费应如何筹措,就政府一方观之,非速办国税厅不可。"当有议员质问两税未分及官制未定等问题时,政府委员称:"各省不过由中央派一收税官而已,与地方官制并无关系。"[2]由此可知,鉴于清政府因无直接控制之税源而于革命之际无财应对,北京政府甫一成立便汲汲于在各省设立国税厅,以直接控制各省可靠税源,缓解财政危机,并实现中央财政集权。

然而与此同时,财政同样竭蹶之各省亦积极筹谋建立有利于自己的财政关系。1912年5月18日,江苏省为解决南京临时政府遗留的大量赊欠款项,筹议召开了江苏省临时议会[3]。参会议员均认为江苏财政过去全由清政府统一收支,地方无财政可言,通过了江苏暂行地方自治与实施地方财政的议决案。该议案不仅提出按税项之直接、间接性质划分国地税的主张,还将州、厅一律改为县,全省以县为基本单位,并在地方税入中严格规定县税与省收入之间的界限[4]。江苏省的主张随即得到多省都督响应,纷纷要求北京政府划清中央与地方财政界限。

不难看出,民初中央与各省皆欲在新的政治体系中建立有利于自己的财政关系。熊希龄提出的高度集权的国税厅计划不仅被参议院否决,亦遭到各省都督的质疑与反对。参议院议员多认为官制未定,两税未分,国税厅的设置毫无根据。各省都督中赞成者亦属寥寥,尤其北方各省不满以北方为试点,认为"财政为统一,何必南北不同时成立"[5]?而熊希龄旋因借款问题下台,政府改组。

继任财政总长周学熙亦相当重视筹建国税厅,视之为划分两税的入手纲要及整理财政的基础[6]。为赢得参议院与各省都督支持,周氏对国税厅的具体设定与规划皆做了相应调整。首先,财政部在修订国税厅官制的同时,亦制定了国家税地方税法案与之相对应。其次,国税厅不再是部属的收税机关,而是中央派出之监督征收机关,征收事宜则"酌量地方情形设置分厅支厅管理征

---

[1]《提议分设各省国税司》,《大公报》1912年5月29日。
[2] 李强:《北洋时期国会会议记录汇编》第1册,第365—372、408—412页。
[3]《南京财政部收支报告》,《政府公报》第81号,1912年7月20日,第11—16页。
[4]《江苏省编制最近财政说明书》(甲篇),中国第二历史档案馆藏北洋政府内务部档案,转引自沈家五、任平:《民国元年袁世凯争夺江苏地方财政的经过》,《民国档案》1997年第3期。
[5] 李强:《北洋时期国会会议记录汇编》第1册,第365—372、412页。
[6] 虞和平、夏良才编:《周学熙集》,华中师范大学出版社,2011年,第313页。

收事务或委托地方行政官及自治团体代为征收"[1]，并特于省官制中保留了财政司的设置[2]。如此既可谋中央税权之统一，又可不更动前已有之机关。

经过修改的《国税厅官制案》与《厘定国家税地方税法案》于11月同时提交参议院。参议院却一再因为人数不足不能开议，至1913年1月27日，此两案方才初读付审查，之后又毫无音讯[3]。国务院指责参议院"延搁重要议案甚多，放弃立法机关之天职，已咎无可辞"[4]。《临时约法》极大地限制了政府行政权，致使民初逐渐形成参议院与行政机关事事对立的局面，这不仅进一步激起党派斗争，也严重影响了急待政府开启的政治制度改革，财政体制改革即为其中重要部分。

值得注意的是，在与参议院"水火不容"的情况下，北京中央政府尤其注重与各省都督的沟通协商，希图获得其支持。袁氏在邀请各省政府选派代表赴京组织"中央行政咨询处"的同时，还于财政部内设立调查委员会，派遣财政视察员分赴各省，就两税划分草案与国税厅官制同各省都督民政长"恳切热商，筹拟办法"[5]。袁氏还特拟手谕告诫各调查员"不得越俎代谋"，不得有"冲突龃龉情形致伤感情"[6]。财部在规定调查员权责时亦明示"遇地方难于调查之处不宜别生意见，致坏感情"[7]。其小心翼翼与各省都督的关系由此可见一斑。

尽管对厘定国家税地方税草案与国税厅官制案仍有颇多意见，各省都督多于1912年底发表文电对此两方案表示出积极态度[8]。财部随即表示《国税厅官制案》提交参议院已久，"通过尚须时日"，而目前财政竭蹶，"设立国税厅既承各省赞同，正可及时筹备"，决定在国税厅官制未议决前于部内设立国税厅筹备总处，各省设立国税厅筹备处，管理征收国税事宜[9]。国税厅总筹备处于1913年1月初成立，随即迅速拟定各省国税厅处长人选，并议定其薪

---

[1] 李强：《北洋时期国会会议记录汇编》第4册，第481—485页。
[2] 《财政司已加入省官制案》，《大公报》1912年10月21日。
[3] 李强：《北洋时期国会会议记录汇编》第4册，第485页。
[4] 《大总统对于参议院之冷观》，《大公报》1913年3月11日。
[5] 《财政总长周学熙呈大总统陈明视察财政情形并请先设国税厅筹备处以资整理而重税务文并批》，《政府公报》第246号，1913年1月12日，第10—11页。
[6] 《大总统手谕财政调查员六事》，《大公报》1912年10月29日。
[7] 《财政视察员之特定权责》，《申报》1912年11月4日，第2版。
[8] 《各省都督民政长赞成划分税制设立国税厅电共十七则》，《政府公报》第235号，1912年12月22日，第18—22页。
[9] 《财政总长周学熙呈大总统陈明视察财政情形并请先设国税厅筹备处以资整理而重税务文并批》，《政府公报》第246号，1913年1月12日，第10—11页。

俸、职权等[1]。接着,财政部又颁布《国税厅总筹备处章程》《国税厅筹备处暂行章程》等规章作为各省设立的根据[2]。可见,所谓国税厅筹备处实北京政府在《国税厅官制案》议决无望、各省都督虎视眈眈的情况下,与各方面妥协之结果,其集权中央之功能已大打折扣,然其模棱两可的状态似乎又预示着各方自行其是的无限可能。

至此,在中央的积极推进与各省都督的支持下,各省国税厅筹备处次第成立并展开划分两税及接收国税等工作。截至1913年8—9月间,各省国税厅组织办理情形大致如表1所示。

表1 各省国税厅筹备处组织及办理情形(截至1913年8—9月间)

省份(开办时间)	组织及历任处长	接 收 情 形
直隶(2月25日)	两科15人;曹葆珣、汪士元、高凌霨	5月1日将筹款厘捐、货捐各局及通州税局接收,其余田赋等项展缓
奉天(3月1日)	巢凤冈	3月17日接收税契仓务两处,其余4月1日接收
吉林(4月5日)	甘鹏云(前李恩藻代)	7月1日完全接收
黑龙江(3月12日)	袁毓麟辞职,改任陈同纪	除田赋内之响捐未决,其余于4月1日完全接收
山东(3月1日)	三科14人;曲卓新	田赋、临清关税、厘金、矿税及津浦铁路货税已接收,其余烟酒糖牙契等税已饬财政司点交
山西(3月22日)	三股19人;陈际唐、唐瑞铜、徐致善、袁永廉等	定于7月1日接收,因案卷纷错尚未移交清楚
河南(2月27日)	邵义、顾归愚、汪士元	坚持田赋划归地方,7月中旬协商就绪后,照议定划分表完全接收
湖北(5月1日)	李启琛、黎澍	因米捐、船捐及烟酒糖税等项争持未接收完全
湖南(4月12日)	夏同龢、陈炳焕、刘棣芬	5月1日完全接收
安徽(3月13日)	张茂炯、熊正琦、王苯全	7月1日接收,实权仍未脱离民政长范围

---

[1]《拟派各省国税分厅之处长》,《大公报》1913年1月10日。
[2]《国税厅总筹备处办事章程》,《政府公报》第259号,1913年1月22日,第9—10页;《国税厅筹备处暂行章程》,《民国汇报》1913年第1卷第2期,第32—34页。

续　表

省份(开办时间)	组织及历任处长	接收情形
江西(1月27日)	两科14人;陆长佑、李盛衔、徐士瀛、王纯	
江苏(1月1日)	三科;金鼎、单镇、张寿龄	田赋外,其余货税、厘金、关税、盐税皆已接收
浙江	两科16人;方兆鳌、刘颂虞、胡翔林、胡文藻	捐税、牙贴5月10日接收,田赋7月1日接收
福建(4月10日)	刘鸿寿	4月底接收田赋,5月1日接收税契、酒捐等
广东(7月1日)	严家炽、廖仲恺、宋寿徵、胡铭槃	7月1日接收,实权仍握于民政长
广西(5月15日)	两科19人;沈式荀、周平珍	7月1日接收
四川(2月1日)	蔡镇藩、刘冕、刘莹泽	田赋、契税、烟酒茶糖牙当矿税5月1日接收。常关、统捐6月1日接收
云南(4月5日)	熊范舆、袁家普、何国钧	7月1日接收
贵州(2月3日)	张协陆	6月1日接收,盐税因缉私经费未议妥而未接收
陕西(1月16日)	两科12人;刘瞻汉、薛登道	田赋内之本色粮草未决,其余于5月1日接收
甘肃(1月1日)	乐守纲(前张世英代)	2月20日完全接收
新疆伊犁(4月1日)	两科10人;王云骥、潘震署	于开办日完全接收
热河(开办最迟)	两科15人;罗振方、赵廷扬	无记录

资料来源:《各省国税筹备处办理情形》,《税务月刊》1914年第1期,第97—103页;《各省国税厅筹备处职员名单》,《税务月刊》1914年第2期,第1—13页;《财政部赋税司1913年10月分工作报告》,中国第二历史档案馆编:《中华民国史档案资料汇编》第三辑财政(一),江苏古籍出版社,1991年,第1223—1225页;《新年后之财政进行谈》,《申报》1914年1月13日,第6版;虞和平、夏良才编:《周学熙集》,华中师范大学出版社,2011年,第422—433页。

虽然北京政府对各省国税厅筹备处的组织办事章程、用人等问题皆做了详细规划。但从上表可以看出,不仅各省国税厅筹备处成立的时间相差较大,两税划分情况各异,在组织与人事方面也各有不同。很多省份于筹建时自拟相关章程,如苏省之《国税厅筹备处暂行条例》,奉天之《奉天国税厅筹备暂行简章》,赣省之暂行办法十条等[1]。总的来说,此一时期,各省国税厅筹备处的设立充分体现了中央为获得各省都督支持而做出的种种妥协,故其在划分两税与接收国税的工作进程与成效方面亦呈现参差的状态。

二、接收国税与国税厅筹备处的困境

财政部在筹建各省国税厅筹备处之初即表示以"统一税权,划分税项,厘定税目,更新税制"为先决问题。而第一层之所谓"统一税权,划分税项"者实指按照财部拟定国家税、地方税划分草案与各省商讨具体税项归属,并将应属国家税项进行接收与调查[2]。尽管存在一些税项争持,但此一时期江苏、四川、奉天、山东、福建及浙江等省办理情况较佳,而湖北、广东、广西、吉林、山西等省的情形则较为复杂。

苏省不仅筹办较早,且一度成为他省效仿的对象。尽管因漕粮问题与中央争持甚烈,但该国税厅筹备处于整理厘金及田赋等方面颇有成绩。彼时处长金鼎常制定新的征收地税章程以保证税额,并亲自或派员分赴各厘局考察情况,积极推动裁厘改税的进程[3]。契税、烟油统捐等其他税项亦得到相应调查与整理[4]。

川省国税厅筹备亦较具成绩。不仅筹备处照部颁草案划分两税完成接收,其处长刘莹泽还从财政机构与税制两方面对川省的财政乱象进行了整顿。刘氏到任后,另选专员接办并控制各县征收局,并严饬逐项清厘。税制方面,刘氏一面整顿旧税,恢复糖税原来税率,厘定常关税则,修正酒税旧章,增加税入;一面筹办验契印花等新税,亦取得一定成效。[5]

山东国税厅筹备处处长曲卓新以素能与该省都督融洽,整理颇有成绩著称。该筹备处不仅"不数月即将所有全省丁漕及其他直接间接各税陆续接收清楚"[6],

---

[1]《公布国税厅筹办处暂行条例》,《江苏省公报》1913年第90期,第2—4页;《奉天行政公署训令财字第七十一号》,《奉天公报》1913年第367期,第5—8页;《江西国税厅筹备前提》,《申报》1913年2月13日,第6版。
[2] 李强:《北洋时期国会会议记录汇编》第9册,第245—249页。
[3]《江苏国税厅拟设宁属货物税总分办所表》,《申报》1913年3月7日,第8版。
[4]《专电》,《申报》1913年4月29日,第2版。
[5]《令四川国税厅筹备处张所陈整理税务情形与将来计划应即遵照办理其未经呈报者仰即拟议办法呈部核定施行》,《税务月刊》第1914年第6号,第46—52页。
[6]《呈大总统请给予山东国税厅筹备处科长吴鹗勋章以国税厅长关监督观察使等缺存记请鉴核批示》,《税务月刊》1914年第1卷第7期,第4—6页。

且于接收各项亦兢兢业业,竭力整顿,以求增收[1]。

也有不少省份办理不顺,具体情况较为复杂。

鄂省在筹建之初本颇有成效,但不久处长李启琛因"私运铜角"问题被免,接任之黎澍又遭鄂省国民党反对[2]。同时鄂省议会将米捐、船捐、竹木捐及各县烟酒糖膏等税列为地方税,与中央争持,致使国税厅筹备处的相关工作一波三折,趑趄不前。粤省因要求筹备处长由财政司长兼任未得财部允准,致使筹备工作延滞,直到1913年7月1日才成立[3]。晋省虽按划分草案办理,但借口"案卷关联纷脞错",并未移交。且因民政长与筹备处处长连次引起争端,导致人事更换频繁,工作无甚成绩[4]。此外,赣宁内战后经中央强令才次第接收的广西、吉林与云南等省,办理情形亦多不理想。

造成此种局面的原因,除了各省囿于自己的利益与中央若即若离的关系外,参议院以及各省自治机关的制约亦为重要缘由。各省国税厅筹备处虽次第成立,但因国税厅官制案未经参议院议决,没有被赋予合法身份,时时处于被攻击与非议的困境。各省议会不仅联合起来向参议院请愿,指责北京政府组建国税厅筹备处属违法行为,还蓄意攻击各省筹备处官员。

闽省议会于1913年6月以官制未经两院通过为由,要求国会两院督促国务院财部取消此国税厅命令[5]。随后又联合湘省向参议院请愿,要求停止国税厅筹备处[6]。所陈理由即从法律方面入手,称税法应由议员议决为立宪国之通义,"中央突以命令设立国税厅筹备处,在民政长本可按法争议,而仍贸然承诺,致以违抗命令有妨统一乎,不知破坏约法即为破坏统一"。此外,闽、湘两省议会特别指出,理财机关必须征收、支付、存放与审计同时具备,而国税厅性质不明,不仅各行政厅纷纷投函质问,人民亦表示"决不承认"其接管税收[7]。继闽、湘省议会请愿之后,粤、吉省议会亦迭次请愿反对设立国税厅筹备处,或要求将其裁撤[8]。吉省议会提出:"今中央政府对于设立国税厅事并

---

[1]《浚运河之计划》,《大公报》1913年10月17日。
[2]《鄂省官事记》,《申报》1913年5月20日,第6版;《湖北之三奇》,《申报》1913年3月10日,第6版。
[3]《广东国税厅筹备处处长廖仲恺呈大总统报明到任暨启用关防日期文并批》,《政府公报》第443号,1913年7月30日,第21页。
[4] 陈奋编:《梁士诒史料集》,中国文史出版社,1991年,第362页。
[5]《要电汇录》,《大公报》1913年6月18日。
[6]《专电》,《申报》1913年7月4日,第2版。
[7]《停止国税厅筹备处之请愿》,《申报》1913年7月9日,第3版。
[8]《特约路透电》,《申报》1913年7月17日,第2版。

未经国会通过,公然以命令代法律,违法侵权莫此为甚。"[1]

除了不断向参议院请愿或诉诸舆论之外,各省议会还着力攻击中央所派国税厅筹备处官员,使其不安于位。闽省国税厅筹备处处长刘鸿寿因规复厘金与取消省议会之划一粮价议案,遭省议会反对,迭电中央要求将其撤换[2]。吉省议会则直接向财部举报国税厅筹备处长甘鹏云在前清任吉省财政监理官时侵吞公款,要求立即撤免[3]。滇省议会以挪移滇蜀铁路公司路股并勒取锡公务司存银的罪名,弹劾云南国税厅筹备处长熊范舆[4]。

此外,各省国税厅筹备处还同时面临县议会的挑战。川省各县议会反对国税厅异常激烈,"誓不承认,情势汹汹",要求国税厅将局委撤回[5]。桂省恭城县议会则向财部控告国税厅加征额外钱粮[6]。另有苏省各县议会在筹备处成立之初,即反对其所颁暂行条例中将县市乡附加税归入地方附加税范围[7]。

此一阶段的国税厅筹备处在中央与各省因有所依赖而相互妥协的推进下初具规模,在调查各省财政、划分两税及接收国税方面取得一定成绩,却也时时处于各级自治机关的攻击与反对中。此一方面是立法权与行政权不合理安排的影响,另一方面亦是中央地方权益分配缺乏理性考量的结果。

三、国税厅筹备处的扩充与权限冲突

1913年7—8月间,赣宁之役将善后借款消耗殆尽,财政愈发紧迫。熊希龄组阁并重掌财政后,依然特别强调财政"非实行集权政策不足以资整理"[8]。加之袁氏亦早有"调查国税厅成绩并扩充该厅"之打算[9],中央对多省国税厅筹备处处长进行重新委任,且多兼财政司,以扩充其职能与权力,改变各省国税厅筹备处依附省政府的状况,欲达集权之目的。故此一时期,各省财政整理因国税厅筹备处职权之扩充有所进展。

---

[1]《各省会之反对设置国税厅者》,《申报》1913年8月22日,第3版。
[2]《闽商对于规复厘金之反对》,《大公报》1914年3月8日。
[3]《吉省会不直财政部之笔战》,《申报》1913年9月18日,第6版。
[4] 李强:《北洋时期国会会议记录汇编》第9册,第658页。
[5]《各会之反对设置国税厅者》,《申报》1913年8月22日,第3版。
[6]《函财政部据广西恭城县议董两会向俊恭等电控国税厅加征额外钱粮请矜免等情请将办法抄覆文》,《内务公报》1914年第4期,第129页。
[7]《呈请修正国税厅筹备处暂行条例第十三条》,《江苏省公报》1913年第123期,第25—26页。
[8]《国务院条陈财政集权法》,《大公报》1913年8月25日。
[9]《总统府会议国税事项》,《大公报》1914年4月1日。

处于战区的苏、赣两省国税厅筹备处皆于战后进行了重组。苏省国税厅筹备处于8月21日重组成立,新任处长张寿龄首先将战争期间由张勋临时委任的大多数局所委员撤换,使原由张勋临时掌控的财政大权转至国税厅[1]。筹备处重组后奉部令独立,职权明显扩充,除田赋仍归民政长管理外,"所有常关税、货物税、厘金、牙税、田房契税、印花税等项凡属国税征收事宜"均由筹备处监督指挥办理。整理税收,统一税权亦颇见成效[2]。新委赣省国税厅筹备处处长兼财政司长王纯于11月到任后制定了新规章重组筹备处,并迅速接收统税、丁漕各项,"考察赣省各属税赋征收实在事情"[3]。

其他各省国税厅筹备处在财政部的督促之下,对已接收的各项国税均有不同程度的整理。中央尤其注重田赋一项,要求各省切实调查,并将"关于征收田赋事宜应如何恢复旧规,如何廓清积弊"等情况一一报告[4]。在各省报告调查田赋情形及整理办法中,财部认为浙省国税厅筹备处所陈解决清丈的清粮章程尤为切实可行,令各省仿照办理[5]。此外,各省对其特有的田赋问题亦异常关注,赣省对困扰其甚久的屯余进行了改良[6]。奉省则主要集中在荒地升科问题上[7]。苏省则对各县沙滩进行逐一清理,分别招领以裕赋课[8]。

除田赋问题外,各省筹备处所着重办理之国税问题各有不同。粤省财政的关键在纸币,新任筹备处处长严家炽即竭力筹设银行,倾注极大精力来整理粤省的纸币问题[9]。黔省筹备处则对整理该省复杂的盐务状况尤为注意,着力调查"各岸局查复本案文件册图"以及"将现充经征盐税人员"等状况,颁布多种规章进行改革[10]。滇省矿产丰富,该筹备处着力调查监督各类矿产的纳税是否按照矿章办理[11]。吉省国税厅接管铁路货税之后,即与交通部协商吉

---

[1]《关于苏省军事善后之种种》,《大公报》1913年10月12日。
[2]《江苏国税厅筹备处长训令第一号》,《吴江公报》1913年第11期,第2页。
[3]《江西国税厅筹备派员分赴各属实地调查章程》《江西财政公报》1914年第1期,第21—28、29—32页。
[4]《财政部训令第一百十五号》,《政府公报》第315号,1913年3月23日,第4—5页。
[5]《浙江调查田赋报告》,《税务月刊》1914年第1卷第2期,第6—24页。
[6]《行政公署致国税厅筹备处屯余改良函》,《江西财政公报》1914年第1期,第112—114页。
[7]《奉天行政公署通令第14号》,《奉天公报》第636期,1913年12月26日,第8—10页。
[8]《财政部令清理沙滩地亩办法》,《江苏省公报》1914年第224期,第2—3页。
[9] 中国第二历史的档案馆编:《北洋政府档案》第61册,中国档案馆出版社,2010年,第551—578页。
[10]《各盐局应遵办事件》,《贵州政治公报》1913年第30期,第24—25、51—55页;《贵州国税厅筹备处改定盐商认岸暂行章程》,《谈盐丛报》1914年第16期,第109—112页。
[11]《民政长致国税厅筹备处处长函(第69号)》,《云南实业杂志》1913年第1卷第4期,第49—50页。

长铁路货物税问题[1]。

总之,赣宁之役后,随着国税厅筹备处职权的扩充以及中央政府控制的加强,各省筹备处对相关国税项目的整理与改革皆取得一定进展,但各筹备处的权限问题亦愈发凸显。

民国建立之初,即有人称清理财政欲期待成功,必须从改革官制入手,若不如此,"则中央政府无法整理,终必以纠葛不清之故与国会冲突。即在各省,因行政之界限不分而牵及财政之界限"[2]。然民初整个官制改革阻碍重重,没有整体规划,国税厅筹备处在实际运作中时时面临权限问题的困扰。

在最初筹设时,国税厅筹备处的权限问题即引起很多讨论。为获得各省支持,周学熙将国税厅从收税机关变成监督征收机关,同时还保留了各省财政司。此种妥协不仅引来各省议会对其制度安排的抨击,亦使各省都督在实际筹设过程中疑问重重。浙省朱都督即提出"若财政司专管预算决算统计,国税厅专管征收,则支放事宜何属?"每月不足之款由国税厅担任,还是要时时电请中央等问题都"颇费研究"[3]。鄂省则擅自将财权分配改为:"审计厅为审查机关,财政司为统计机关,国税厅筹备处为征收机关,官钱局为收发机关,民政长为执掌支付命令机关。"实际上,原国税厅官制中已明确指出:"中央规定支付命令,以民政长名义执行。"[4]然在各省的质疑与反对声中,财部不得不提请国务会议重新讨论,最终改为"民政长总揽财政之收支;财政司专管地方税及预算决算、地方公债等;国税厅筹备处掌理国家税及国家之岁出"[5]。

实际上,各省国税厅筹备处组织颇随意,权限分配也存在较大弹性,且时时随人事变动而不同。筹备之初,因中央与各省相互妥协,尚能相安。赣宁之役后,中央重新委任多省国税厅筹备处处长,并兼任财政司职。由于财政司长本直隶于民政长,直接导致"国税厅筹备处与本省民政长冲突之事层见叠出"[6]。

对于兼任的规定,一开始即反对之声不绝。桂省都督曾专电熊希龄表示,并司于厅徒使系统紊乱,"且以中央机关执行地方事务,于地方行政长官之监

---

[1]《交通部致财政部钞送吉长稽税章程请饬该省国税厅明定权限函》,《政府公报》第487期,1913年9月12日,第16页。
[2]《划分财政管见》,《大公报》1912年4月26日。
[3]《新民国之理财政策》,《申报》1913年3月4日,第6版。
[4]《鄂省近事纪要》,《申报》1913年3月23日,第6版。
[5]《国务院议决各省财政机关之权限》,《大公报》1913年6月28日。
[6]《关于赋税之治法治人观》,《申报》1914年4月25日,第6版。

督指挥,亦殊多窒碍"。苏省张謇亦电熊表示"应以财政司仍还诸省长范围之内"[1]。此外,新委人员对兼任二职颇为踌躇。皖省新任国税厅兼财政司长王荃因为不知如何协调国税厅与财政司两个性质完全不同的财政机构,最终仅就财政司一职[2]。在实际操作中,民政长与筹备处间相互攻讦控诉的例子更不少。如广西都督陆荣廷电劾筹备处处长沈式苟,归绥国税厅筹备分处与绥远将军相互控告等[3]。袁世凯为此曾多次通令国税厅与行政长官,强调二者相互依赖的关系,要求其务必"和衷共济"整顿财政[4]。

但在协调各省民政长与国税厅筹备处的矛盾方面,中央既希望通过国税厅筹备处实现财政集权,又需依赖各省民政长的支持,在政策主张上反复不定。至1914年初,财政部曾专门召开财政会议讨论此问题,称"各省财政机关如行政公署、财政司、国税厅、审计分处、官银钱号、官钱局等权限不清,颇碍财政前途"[5],拟定办法将各省筹备处正式改为各省国税厅,完全成部辖机关,一律由部另行派员接替。各省财政司长则由各民政长荐员任用,使权限清晰划分[6]。其实就在不久前,为使各省认解中央摊派数额,财部还表示"海关监督及国税厅处长两职责任甚重,应由民政长预保两员程侯录用"[7]。1914年5月,国税厅财政司被撤并为财政厅,然其究为部属还是被省巡按使监督仍属模糊。

此外,因各县负责大量国税项目经征,国税厅筹备处处长与省民政长在对县知事的人事任免权及财政监督权方面亦出现重重矛盾。赣省筹备处处长即认识到"各县知事黜陟之权在民政长,而征收丁漕则由国税厅筹备处委托办理",实政出多门,请中央就县知事的考核权限作出规定[8]。为此,国务院曾下令要求各省民政长会同筹备处处长办理各地方官任免考核事[9]。1914年3—4月间,各省又接到内务部、财政部通电称"奉大总统面谕,各省知事任免应

---

[1]《熊希龄先生遗稿·电稿二》,上海书店出版社,1998年,第1589—1592、1596—1597页。
[2]《皖省近事纪》,《申报》1913年10月17日,第6版。
[3]《署财政厅总长周自齐呈大总统据广西都督陆荣廷电劾国税厅筹备处处长沈式苟一案》,《政府公报》第690号,1914年4月9日,第25—26页;《大总统申令》,《政府公报》第779号,1914年,第6—8页。
[4]《大总统电令国税厅与行政长官须和衷共济文》,《江西财政公报》1914年第1期,第13—14页。
[5]《划分各省财政机关权限》,《大公报》1914年3月16日。
[6]《关于赋税之治法治人观》,《申报》1914年4月25日,第6版。
[7]《电各省民政长预保海关及国税厅人材》,《税月刊》1914年第1卷第4期,第1—2页。
[8]《整理国税之难题》,《申报》1913年10月22日,第6版。
[9]《地方官兼行征收事务者应由民政长会同处长甄别办理》,《吴江公报》1913年第11期,第3页。

由民政长会同国税厅筹备处处长行之"[1]。各省随即纷纷质问,"若如此,要民政长何用"[2]? 中央当即则连称"误会",最终不了了之。

如此种种矛盾与冲突,皆说明在没有相应地方官制的情况下国税厅筹备处地位的摇摆。这种状况使其常常处于中央与地方各派势力争夺的漩涡之中,各类权限冲突的凸显使各筹备处于解款进展甚微。毫无成绩的体制建设与焦灼的财政状态使新的财政趋向迅速产生。

四、中央包办主义与省集权

1914年初,袁世凯宣布解散国会,随后周自齐接任财长。袁氏在周自齐上台时曾亲自拟发手谕特别交代:"中国财政旧制不无优胜之点,应由该总长统筹全局,酌量恢复。"[3]财部承其旨意,随后即提出了一系列"规复旧制"的办法,各省"赋税解京"之摊派尤被看重[4]。此种"归复旧制"的主张实来源于当时某种逻辑,即将财政支绌归咎于新制度之不善,继而认为"欲整理中国财政,必须规复原有税额,欲规复原有税额,则必规复前清原有之制度"。而此种联想已然成为一种潮流,新制度清末以来完全失败,一般皆不敢主张,即便是富有新思想的日本留学生、国税司长陈威"最近颇极力主张制限的包办主义"。此后财务行政将渐由中央集权而入地方分立主义,改预算制度为包办主义[5]。

此种包办主义实为硬性向各省分配解款数额。为此,中央不仅准许各省"自行酌定"其赋税税率与其他增收办法[6],还以严格的奖惩体制为激励。为实现规复旧额之目标,在中央"包办"下,各省国税厅筹备处对省内各税捐征收局及各县进行了大幅的整顿与控制,主要体现在以下三个方面。

首先,各筹备处纷纷制定严格的奖惩办法,督促各县知事与各税捐征收局征解税入。为了"规复旧额",苏省不仅拟具惩戒处分细则十余条,还要求"各县民国二年实征之数与宣统二年实征之数及前清额征数比较盈绌若何",逐项列表报告,严格按照征收成绩进行奖惩[7]。奉省则制定章程,对征收足额提

---

[1] 《专电》,《申报》1914年3月8日,第2版。
[2] 《直督反对会同国税厅任免知事通电》,《法政杂志(上海)》1914年第3卷第10期,第115—116页。
[3] 《大总统勉谕财政总长之大略》,《大公报》1914年2月16日。
[4] 《财政部请规复三项旧制》,《大公报》1914年3月17日。
[5] 《财政丛话》,《申报》1914年3月30日,第3版。
[6] 《公电》,《申报》1914年3月16日,第2版。
[7] 《查明民国二年与宣统二年实征数及前清额征数列表呈送》,《江苏省公报》1914年第246期,第8—10页。

前解清者记功奖励,对未能依限全额解到税款甚至亏款者进行严厉处分[1]。亏款潜逃者皆进行全国通缉,并查抄其原籍家产[2]。川省严格征收官吏资格,对办理税务卓著者奖励,对溺职者严处,主张仿照日本的办法使征收官吏缴纳身家保证金[3]。吉省颁布考核章程,对征收官吏的功过进行严格的奖惩[4]。黔省筹备处处长认为"用人行政,首重赏罚",对各局征收汇款增减情况进行详细的调查,以为奖惩[5]。热河国税厅筹备分处对收税有成效者积极报部进行奖励[6]。

其次,各筹备处严格控制各税捐征收局及各县征收经费与其他行政各费,并将收支权统于省政府。苏省认为各县"每借口于各项经费无着,任意支用",致使解省数额短绌[7]。故着力削减并统一征收经费,并规定各县征收费皆需请示国税厅筹备处[8]。奉省筹备处专门制定各类章程调查各机关征收经费等项支出,对各县民地征收经费亦分定等级,严禁随意滥支[9]。湘省筹备处处长认为行政经费由各县自行担任,不免任意亏挪。故主张将原来存留地方之款酌提部分为国家税,而公署、司法等经费概归国库支给,"以期界限明晰而免藉口挪用"[10]。滇省筹备处则改变过去由各县自制两票的规则,由国税厅制定三联票式,以便清理与查办。

最后,各筹备处清查自治经费与地方附加税,将大量税收划归省有,巩固省财政地位。为弥补预算不敷,苏省援照浙省地丁附加税办法,每两带征三角。而加征之三角作为省附加税,"连同正税一并解省"[11]。并取消前省议会

---

[1]《奉天国税厅筹备处训令第268号》,《奉天公报》第729期,1914年4月1日,第5—7页。
[2]《大总统命令》,《奉天公报》第660期,1914年1月22日,第2页。
[3]《电覆四川国税厅筹备处长所拟任用征收官吏办法应准照办》,《税务月刊》1914年第1卷第4期,第2—3页。
[4]《吉林国税厅筹备处考核征收官吏暂行章程》,《税务月刊》1914年第1卷第4期,第1—10页。
[5]《贵州国税厅筹备处核定各厘局解额表》,《税务月刊》1914年第1卷第3期,第11—14页。
[6]《呈大总统准财政部函据热河国税厅筹备分处长呈请将征赋溢额之承德县知事卢宗吕援章请奖一案拟请准予记名以昭奖劝文》,《内务公报》1914年第8期,第123—124页。
[7]《征存契牙登录屯河滩典税架本契牙登录烟酒牙照各税不准擅支》,《江苏省公报》1914年第241期,第13—14页。
[8]《吴江县呈烟酒牌照公费如何开支请示》,《江苏省公报》1914年第254期,第10—11页。
[9]《奉天国税厅筹备训令第179号》,《奉天公报》第708期,1914年3月11日,第6—8页。
[10]《令湖南国税厅筹备处长所呈增加税项改革收款各节兹逐一批示合令遵照办理》,《税务月刊》1914年第1卷第6期,第20—22页。
[11]《自三年起忙银每两加征三角作为省附加税解省济用》,《江苏省公报》1914年第207期,第11—13页。

将冬漕限外加征以及验契证收费六县市乡开支的议案,全数提充省费[1]。如湘省将地方附加税提归国有一样,苏省亦要求省内各县对各项地方附加税进行清查,并拟提归省用[2]。

除以上三方面外,各省国税厅筹备处在包办之下的集权措施还包括提高税率,开办新税,以及清理财政机关等。尽管彼时即有人指责此种包办主义没有制度保障,随人事更替而变动不居,隐忧重重。然不可否认的是,各省财政整理取得极大进展,中央的困窘亦得一定缓解。需要注意的是,包办主义之下,此类对税收机关及各县的整理与控制多与省政府协同进行,省政府于此间达成一定集权。故彼时一般舆论纷纷认为此后将渐趋于省集权,所谓"中央集权之说旧,于是各省集权之说新"[3]。

1914年5月23日,北京政府颁布新省官制,省成为中央直辖行政区域,巡按使代表中央行使职权,5月26日,又下令裁撤国税厅,组建财政厅[4]。财政厅在设计上无疑为独立掌一省财政的部属机关,然于包办主义之下,各省巡按使能否允许其存在颇成疑问。黄远生较早即曾预言:"以新制度而论,国税厅长当然独立",然"若从绝对的包办主义,则此等独立征税之官厅在裁撤之列",故其难逃归民政长官节制,等同往日三司之一的命运[5]。最终中央还是不得不将财政厅亦置于各省行政长官之下:"巡按使受政府之特别委任,监督全省财政,有稽核赋税出纳即考核经征官吏之权,凡经征官吏之任免惩奖由财政厅长详请巡按使核办。"[6]包办主义之下似必行省集权之实。

同时,财部还宣布取消国地税名目。袁氏明确告知各省:"现在国家税地方税业已取消,岂乏腾挪余地,移缓就急,自当力任其难。"[7]同各级自治机关的解散以及新省官制一样,此皆袁氏为实现中央集权,给予各省相当的权力与腾挪空间之重要举措。可见,袁氏所规复之"包办"与清政府的"摊派"虽在形式与思路上极为相似,内涵却早已不同。皇权之下,清政府的摊派借着对督抚的任免权及传统赋税观念即可维持,然在现代国家体制之下,袁氏在硬性分配

---

[1]《自癸丑年冬漕起限外加征十分之一全数提充省费并将省会议案取消文》,《税务月刊》1914年第1卷第3期,第7—8页。
[2]《江苏国税厅筹备处指令第940号至942号》,《江苏省公报》1914年第226期,第17—18页。
[3]《各省集权》,《申报》1914年2月15日,第2版。
[4]《命令》,《申报》1914年5月26日,第2版。
[5]《财政丛话》,《申报》1914年3月30日,第3版。
[6]《命令》,《申报》1914年6月18日,第2版。
[7] 中国第二历史档案馆藏北洋政府主计局档案,转引自李新编:《中华民国史》第2卷上册,中华书局,2011年,第390页。

定额给各省的同时,还必须下放相应权力给各省,分享相应的政治资源,各省方能实现此种"包办"。因此,各省便在袁氏中央集权体制下获得被制度认可的行政集权。此种省集权实包含地方分权主义与中央集权之两面,各省实行国家行政控制的一面在中央集权的体制下完成,但包办主义却使此种控制垄断于省一层级,形成地方分权之趋向。

由此可知,清末"内外皆轻"的局面在民初发生了根本转变。省的地位不仅在革命时以及此后的历次谈判与会议中得到凸显,随后为应对财政危机,中央又在集权体制下对各省实行包办,在制度与事实上承认并支持各省集权,省集权的事实与观念才正式得到承认。

五、结　语

设立国税厅筹备处是民初政府财政改革的重要举措,也是整个政治制度建设不可忽视的内容。综观其与政局演变相互纠缠渗透的发展历程,从要建立符合宪政的两税体制,到理所当然地规复旧制,筹备处时时处于困境的状态又似乎使民初政治制度看似吊诡的走向尚在情理之中。过往对中央与地方关系的研究不仅多以现代观念附会历史,缺乏对具体情境的考察,而且过多地强调二者此消彼长的对立面,严重忽略其相依相存之联系。不管是最初参议院、中央政府、各省都督以及省县议会之间在设立国税厅筹备处问题上的复杂博弈,还是此后袁氏所建立之中央集权体制与省集权之间奇妙的依赖,皆说明中央与地方的关系并非简单的零合游戏,而是实际存在更多更复杂的面相。国税厅筹备处自始至终处于中央与地方各种势力争夺的漩涡之中,其发展历程对于揭示此一变动时期中央与地方的关系更多更丰富的面相似有重要的参考意义。

(原载《民国档案》2017 年第 1 期)

中国银行上海地名券领券业务变迁研究

董 昕[*]

上海是近代中国的金融中心,各类金融机构云集,向中国银行沪行领用上海地名券的行庄众多,领券活动开展得频繁而又富有特色。本文以中国银行上海地名券的领券业务为中心考察对象,以中国第二历史档案馆和上海市档案馆藏档及其他相关史料为依据,分析其领用活动发展变化的特点,并借以考察近代中国银行业领券发行制度的演进路径。在研究时段上,本文以 1915 年中国银行订立的第一个领券合同为上限,以 1935 年 11 月法币政策实行时为下限。因作为法币的四大行钞券不受票面地名限制,一律通用,中国银行上海地名券在被领用券中的优势也不复存在,领券制度亦因发行权的相对集中而迅速衰退。

一

中国银行于 1912 年成立后,即被定位于国家银行,享有发行权,《中国银行兑换券章程》规定,各地的分行均可发行所在地的地名券,且所发钞券得随时兑现。当时,不仅是作为国家银行的中交两行,一些商业银行和中外合办银行等都享有政府授予的纸币发行权。加以各省纸币太滥且供过于求、国库未能统一、币制未能划一等原因,中国银行的兑换券未能被迅速推广使用[1]。同年 10 月,《取缔纸币则例》亦经财政部颁行,规定除中国银行外,已设或新设的银钱行号皆不准发行纸币;有特别条例规定者,准在营业年限期满后收回;纸币发行的现金准备至少为五成,余者可以公债或证券充保证准备[2]。这就为中国银行大规模地开展领券发行活动创造了良好的条件。

---

[*] 董昕,2005 年博士毕业于复旦大学历史学系,现为辽宁大学历史学院副教授。
[1] 沧水:《民国钞券史》,《银行周报》第 8 卷第 24 号,1924 年 6 月 24 日。
[2] 中国人民银行总行参事室编:《中华民国货币史资料》第 1 辑,上海人民出版社,1986 年,第 136 页。

最早向中国银行领用兑换券的银行为浙江地方实业银行(以下简称为浙行)及浙江兴业银行(以下简称为兴行)。1912年6月,兴行与中国银行签订领券合同,领用总额为300万元,由该行总分各行在所在地领用;兴行原发钞票自领券使用之日起六个月内收回。在领用足额后,兴行可续领200万元[1]。考察这领券合同的内容,可以看出,作为国家银行,中国银行对于以允许商业银行领券使用的方式逐渐统一发行权的办法执积极的态度。但是,中国银行与浙行和兴行订立的领券合同中的某些条款还过于笼统,语焉不详。当时,浙行与兴行也分别拥有总分行数处,各行需要分别向中行的哪家分行领用,具体数额多少,都没有做出详尽的规定,日后可能出现纠葛。

在停兑令事件引发的全国性金融风潮中,中国银行上海分行因毅然反抗政府行政命令对银行业务和金融秩序的侵扰,所发行的中国银行上海地名券的信誉度被大大提升,在流通中无异于现洋。该分行副经理张嘉璈次年被调往北京升任中国银行副总裁,管理中行的各项业务,着手处理因停兑事件而产生的"京钞"等问题。继之的几年中,中国银行的整体业务水平均有所下降,为确保发行稳健,张嘉璈有意收缩领券业务,以减少可能由此带来的风险。续领之议被搁置近两年后,1918年2月,兴行董事长叶景葵旧事重提,致函中国银行总管理处,称领券使用二年以来"推行尚无阻碍"[2],请求按原约加领中行兑换券200万元。对于此事,中行方面以"刻下时局未定"为由,兴行"拟请暂行从缓"[3]。同月,冯耿光继王克敏任中行总裁,代表中行向兴行方面借款应急,叶景葵乘机要求领用兑换券,"以为交换条件"。张嘉璈才不得不答应兴行先续领100万元。兴行初拟在上海领用70万元,在江苏领用30万元[4]。对此,张嘉璈坚决不肯,认为在上海专领70万元为数过巨,要求由兴行各地的分行分领,中行上海分行也认为此事"万难办到"。不料正式洽商时,中行方面开出的领券分配额度又变为上海50万、江苏30万、津汉各10万,叶景葵只得又与张嘉璈面商。张嘉璈则称"津汉不领,沪中国(指中行上海分行)必多口舌。以后再领百万元,上海地点,势必为难"。在不得已的情形之下,兴行只得同意

---

[1] 中国银行总行、中国第二历史档案馆合编:《中国银行行史资料汇编》(上编二),档案出版社,1991年,第1028页。
[2] "浙江兴业银行董事长叶景葵致中国银行总管理处函"(1918年2月2日),上海市档案馆(以下简称上档)藏浙江兴业银行档案 Q268-1-616。
[3] "浙江兴业银行董事长叶景葵致中国银行函"(1918年3月8日),上档藏浙江兴业银行档案 Q268-1-616。
[4] 中国银行江苏地名券为南京分行发行的。"浙江兴业银行致中国银行函"(1918年4月24日),上档藏浙江兴业银行档案 Q268-1-616。

领额分配为上海 50 万、江苏 30 万、杭州 10 万、津汉各 5 万[1]。不意到实际领用之时，运沪备领之券只有 50 万元[2]，为沪 30 万、杭 10 万、汉津各 5 万，兴行于 1918 年 9 月第三次领用。至于短少之券，冯耿光、张嘉璈以"印局业务较繁"为托词[3]，表示只能随后补交。

兴行加领的要求，本为合约所规定的条款，中行亦应按约准领。但因停兑令事件发生后，中行北方各行的实力均大受影响，南方各行的业务虽比较稳定且有所发展，亦不能使中行的整体实力在短时期内恢复如初。为此，主管业务的副总裁张嘉璈不得不详加思虑，合理安排，在允领百万元的分配上几经反复，以求相应地减少上海分行的负担，因而愿意多领沪券。但是，领券是以部分现金领用十成钞票，增加了发行行兑现的负担与风险。当时，上海分行已成为中国银行业务重振的基地，张嘉璈自不愿给沪行增加负担，暗损实力，仅让该行领用上海地名券 30 万元，与其原拟领用 70 万元的想法相距甚远。为了能顺利地领用到沪券，叶景葵还与中行上海分行经理宋汉章进行了沟通。宋汉章表示，沪券的发行以"时局否泰"为伸缩，遂至发生困难，并提出兴行"以后续领之钞概行分配于他处，沪上不再增发一张"的要求。对此，叶景葵表示了明显的不满，"无论本行、支行，均系零碎发行，从无大宗趸出，藉端取巧之事"，皆因"双方利益必须兼顾故也"，不能因领用者众多而厚此薄彼。50 万元的沪券领用额度是他与中行总管理处商定的，且原合同中并未规定某处只能领用若干，宋汉章的要求并不合理。如津杭汉三处亦提出同样的要求，兴行难以应付。对于已订未领的沪券 20 万元，叶景葵表示仍将"援案续催"，口气已相当不客气。但叶景葵并不想因此事与其发生不快，提出再领百万元时，可与宋汉章先行洽商在沪领用若干，但以宋及副经理胡稷芗主持行务的任期为限[4]。由于一时难以足额领到急需的沪券使用，兴行只得于 5 月间由兴行沪行订约领用中国银行南京分行（略名宁行）发行的江苏地名券 30 万元使用[5]。推其缘由，是因为中行上海地名券为社会各界所乐用，各行为博得领券利益，争相领用；而该行经理宋汉章为保持发行稳健及推广本券使用，愿意由新领户小额领券使用，而不肯让已领用沪券 180 万元的兴行再度增领，是以在总管理处同

---

[1] "叶景葵致项兰生等函"（1918 年 3 月 21 日），上档藏浙江兴业银行档案 Q268-1-616。
[2] "冯耿光、张嘉璈致叶揆初函"（1918 年 8 月 16 日），上档藏浙江兴业银行档案 Q268-1-616。
[3] "冯耿光、张嘉璈致叶揆初函"（1918 年 9 月 4 日），上档藏浙江兴业银行档案 Q268-1-616。
[4] "叶景葵致上海中国银行宋（汉章）经理函"（1918 年 9 月 2 日），上档藏浙江兴业银行档案 Q268-1-616。
[5] "叶景葵致南京中国银行许福昞、许体萃经理函"（1918 年 6 月 2 日），上档藏浙江兴业银行档案 Q268-1-614。

意兴行加领沪券后仍百般推诿。中行宁行为了扩大江苏地名券的发行额和流通范围，同意兴行领用，以致兴行沪行不得不"沪领苏券"了。这一事件也反映出当时中国银行诸分行在业务与管理上都处于比较独立的状态，对于兴行仍准备援案缓领的百万元，中国银行表示现洋缺乏，而钞票仍需兑现，是以对于发行事务不得不进行收缩[1]。此举为中国银行着眼全局而推行的计划，非仅对兴行而言。

在兴行大规模领用中国银行兑换券的同时，浙行向中行订约领券使用的活动也在大规模开展中[2]。在浙行领用发行的中行钞券中，当有半数左右为上海地名券。浙行续领合同与兴行领用合同中关于现金准备的成数均定为五成。因领券系以部分成数的现金领取十成钞票使用，因而中国银行在后续的领券条件上有所提高。但此前订立合同的条款仍然有效。20世纪20年代初，凡同业欲领用中国银行钞券者，均须备现金七成、保证三成[3]，作为准备，向行缴纳。大陆银行、中孚银行、聚兴诚银行及浙江兴业银行（续领时）等，均按此条件与中国银行订立过领券合同[4]。中国银行上海地名券的发行额在1920年才突破1 000万元，其领券总额在20世纪20年代前中期也仅在三四百万元上下[5]。故除浙行及兴行等原有的大额领户外，中国银行上海分行并未允许其他同业大规模领用上海地名券，仅能允许与中行订约的同业在分向各处领用地名券时，小额搭配领用沪券若干。

二

对于上海地名券的发行业务有直接影响的事件是1922年中国银行区域行制度的实行。当年，中国银行将全行机构划分为四个大区，第一区包括沪宁浙皖四行及所属，以上海分行为区域行，沪宁浙三行归并发行上海地名券，亦由区域行主持其事。因江浙发行区域毗连，各行归并发行上海地名券后尽力推行。对各行庄原已领用的"江苏"及"浙江"地名券，沪宁浙三行订

---

[1] "中国银行复浙江兴业银行函"（1919年6月14日），上档藏浙江兴业银行档案 Q268-1-616。
[2] "参见浙江兴业银行董事长叶景葵复中国银行函"（1919年6月5日），上档藏浙江兴业银行档案 Q268-1-616。
[3] 张家骧：《中华币制史》，民国大学出版部，1925年，第138页。
[4] "中国银行总管理处与上海商业储蓄银行往来函"（1923年），上档藏上海商业储蓄银行档案 Q275-1-871。
[5] 中国银行上海国际金融研究所行史编写组：《中国银行上海分行史（1912—1949）》，经济科学出版社，1991年，第168—170页。

定互兑办法[1],俾各领户可就近提券付现。

上海商业储蓄银行(简称上行)亦是近代著名的商业银行。上行成立后不久,也依照浙行与兴行的前例于1915年12月与中国银行订立了领券合约,以现金五成、债券二成五为准备品[2],但该合约在随后几年内并未得以履行。经过数年的整顿,中国银行的营业情况到1920年时已基本恢复到停兑令事件前的水平。此时,上行旧事重提,向中行要求领券使用。上行在沪的负责人之一唐寿民就领券一事与张相商时,张嘉璈只允领用50万元,且二成半的保证准备必须以时价六折以上的公债抵充。在谈及领券条件时,唐寿民"当总司券面力争不允,视公权(张嘉璈字——引者注)颇有难色。其原因不外乎令出不行,即虑各分行不允可耳"。后经唐寿民多方斡旋后,上行才准于次年向中行领用50万元,但不包括上海地名券。

上行向中行领用的第一批钞券是1921年10月间所领用的江苏地名券5万元,暗记为SB[3]。上行原拟领用的中行江苏券额度为35万元,中行沪宁两分行相商将上行领用江苏券的额度减为20万元。中国银行于次年实行了区域行制度。1923年,上行增领中行券共100万元,仍未领用沪券,包括鲁券30万元、津券30万元、汉券40万元。1924年4月,上行第三次要求增领150万元,中行方面由津行出面允许上行津行领用100万元。中行对于六成现金准备月给息四厘[4]。此间,中行上海分行一直参与着上行领用中行券的兑现事宜,并隐隐起着中枢的作用。各地中行在兑付上行领用券后,由中行沪行向上行收现并转账,再请上行向其领取兑入的暗记券,运费由上行贴补[5]。

前述上行向中行的数次领用活动中,所缴纳的准备成分一直处在变化中。1923年时,已领用的汉券70万元以现金五成、证券两成半(按市价核算)为准备。而上行欲增领100万元时,中行方面曾要求增加现金准备至七成,上行起初表示可以商量,但允诺证券可按市价实足计算,先在天津、汉口、济南三处各

---

[1] "南京中国银行致上海商业储蓄银行函"(1921年9月13日),上档藏上海商业储蓄银行档案Q275-1-869。
[2] "上海银行领用中国银行兑换券合同"(1915年12月3日),上档藏上海商业储蓄银行档案Q275-1-876。
[3] Shanghai Bank的缩写。"南京中国银行致上海商业储蓄银行函"(1921年10月8日),上档藏上海商业储蓄银行档案Q275-1-876。
[4] 中国人民银行上海市分行金融研究所编:《上海商业储蓄银行史料》,上海人民出版社,1990年,第243—246页。
[5] "参见南京中国银行与上海商业储蓄银行的来往函电"(1922年),上档藏上海商业储蓄银行档案Q275-1-869。

领 25 万元。当时,中国银行力求向领券者要求十足准备[1],1924 年上行增领津券时,已缴足十成准备;续领鲁券时,就以现金七成、本票三成为准备;续领的一批宁券 15 万元也交付现金七成[2]。

上行要求领用中行上海地名券之事在 1924 年夏有了转机。同年春,沪上各钱庄自开优厚条件,申领中行上海地名券,上行于当年 8 月与其签订了领用上海江苏地名券 200 万元的合同,以现金六成,六成现金不计息;同时,上行自备现金二成作为准备,并照二成现金之数开具即期本票交与中行沪行收执[3]。与此前的上行领券条件相比较,此次合约在防范金融风险方面的条文更为具体、规范:保证准备二成要以 1921 年整理案内的中央政府公债按照市价折合抵缴,市价如有变动必须随时补足,如估值低落亦需随时补足;上行照自备现金二成数开具的即期本票在每年阴历正月间调换当年的即期本票,行方在遇有必要时可要求上行将之兑现并全数提存于中行沪行。此前上行与中行总管理处签订的领券合同于沪宁浙皖各行(即中国银行第一区区域范围内各行)"完全不生效力",中行宁行前与上行订定的领券合同也被取消。双方还商定可做领券额一成的透支和押款,透支款年息六厘,押款年息暂订七厘。如别家押款利率高于七厘时,上行押款息应改照别家利率计算[4]。

从这一时段中上行领用中行券的过程来看,初期并不顺利。中行总管理处为解决京钞问题尚需各地分行在资金及开支等方面大力支持,各地的分行在业务上都比较独立,"渐成自保之局"[5],并不完全服从总管理处的管辖。上行虽然通过副总裁张嘉璈的疏通被允许领券使用,但在具体执行时就遇到重重困难。因此,唐寿民才在致陈光甫的信中提到第一批领券时暂不领沪券,"以免公权为难"。上行在 1924 年与中行沪行签订的领券合约中也规定此前其与中行总管理处签订的合约在第一区区域行辖内失去效用。其次,中行各地分行对本区域内钞券的发行,都有切身利害关系。上行的普通业务范围与中行并无多大差别,中行各地分行对于上行领券并不十分欢迎,也是隐因之一[6]。上行在中行沪行向钱庄开放领券后才与其签订了领用 200 万元的

---

[1] 裕孙:《上海金融简史(二)》,《银行周报》第 9 卷第 20 号,1925 年 6 月 2 日。
[2] "中国银行总管理处致上海商业储蓄银行函"(1923 年 2 月 8 日),上档藏上海商业储蓄银行档案 Q275-1-871。
[3] "上海银行领用上海中国银行兑换券契约"(1924 年 8 月 13 日),上档藏上海商业储蓄银行档案 Q275-1-875。
[4] 《上海商业储蓄银行史料》,第 248 页。
[5] 《中国银行行史资料汇编》(上编二),第 959—963 页。
[6] 《上海商业储蓄银行史料》,第 250 页。

合约。

此外,在上行不断扩大的向中行领券使用的过程中,可以看出领券合约的条款有内容具体化的趋势,主要体现在领券对象和准备内容这两个方面。在领券对象上,发行行与领用者在正式订约前已商订在何处领用及领额多少,上行在各地的分行可以独立地与中行的分行订立领用合同,并商定具体条件。1923 年增领时,中行总管理处直接函告上行,领用津券和汉券时"请尊处直接与敝津汉两行接洽可也"[1]。1928 年,上行在沪的分行与中行沪行订立领用上海地名券 200 万元的合同时,已更加明确地被称呼为"申上行"了[2]。在准备内容上,有提高现金成数及缴付十成准备的发展趋向。领用者原可自备准备成数若干的条款渐被取消,发行行对于保证准备的内容也不断提出具体的要求,其主要原因是发行行对相应的金融风险的规避。

三

在 1924 年中国银行的沪宁浙三分行议定开放领券活动之前,中行上海地名券只允许由银行、信托公司等新式金融机构领用,并未向钱庄、典当等传统金融机构开放。这既与当时中国银行既定的营业方针有关,也与新旧式金融机构在经营理念、业内合作等方面的关联度有关。1924 年春(当年 4 月左右),钱庄复联合向行方要求领券,经几次磋商后,由钱庄自开条件,经中行沪行同意后,陆续订立领用钞券合同。第一批向其领用钞票的钱庄共有 14 家,每家钱庄的领用额度为 25 万元或 50 万元,总额为 625 万元。领用额度为 50 万元的有福源庄、福康庄等共 11 家。领用额度为 25 万元的有兆丰庄、五丰庄、宝丰庄 3 家[3]。

向钱庄开放领券后,中行沪宁浙三行遂酌定统一的领用上海地名券办法,即领券者不问其为银行、钱庄,均须备现金六成,整理案内公债或上海房产道契三成,领券行庄期票一成,领用十成钞票。公债照市价计算;道契以有房屋建筑之地产为限,并经由中行上海分行认可,另由通和洋行估价,照七折核计,估价如有涨落,亦可随时增减;拟定的可领用总额为 1 500 万元,陆续发

---

[1] 《上海商业储蓄银行史料》,第 243 页。
[2] "上海上海银行(申上行)领用上海中国银行(申中行)兑换券合同"(1928 年 6 月),上档藏上海商业储蓄银行档案 Q275-1-875。
[3] 《银钱业领用上海中行券之原券》,《银行周报》第 8 卷第 18 号,1924 年 5 月 13 日。

行[1]。除期票外，领用沪券的各钱庄同时应自备现金一成。此一成现金由各庄开具中行抬头即期庄票一纸，交行方保管。有资格向中行上海分行领券的钱庄为钱业公会的入会钱庄。未入会的元、亨字号钱庄，多用入会钱庄的迟期本票代替现金领用暗记券，有的迟期兑现期限达10天或15天[2]。中国银行上海分行收进各庄领用的暗记券，可随时向各领用钱庄兑换现金，并通饬他埠中行各分支行，一律照兑。如中孚银行与永亨银行领用上海地名券时缴纳的现金准备为七成，此次亦照新定办法改定领券条件[3]。

自开放领券并与各行庄陆续签订领用合同后，舆论有责中行不应滥发钞票，供给军费者。主管沪券发行事务的中国银行上海分行于同年5月4日召集各行庄，开会议决将此次领券者所缴的准备金一律公开检查。行方对于领券行庄所缴纳的准备金负有完全保管责任，与其签订检查准备金办法四条[4]。会议当日，领用中行上海地名券者实为16家，领用券共计172.5万元。各行推举代表徐宝琪与各庄推举代表田祈原、盛筱珊，会同检查了中行上海分行存储准备金的专门库房。其中，现金准备计洋103.5万元（正合六成），公债票及道契合洋51.75万元（正合三成），即期庄票洋17.25万元（正合一成），十足准备，丝毫无误。中国银行上海分行特发启事，请各大报将之登入来函栏内，公开检查；同时声明嗣后将由各领券行庄轮推代表，随时检查，以昭信实[5]。当年6月，领券行庄已有22家，领券总额达614万元[6]。

领券准备定期接受公开检查后，中国银行上海地名券的领用总额在随后的几年中一直稳中有升。但是，自1924年至1927年，中国银行上海地名券的发行总额增发70%；诸行庄的领用额则自1 917万元增至2 326万元[7]，增发21.3%，增幅大大小于前者。从本期内中行上海地名券的发行情况来看，区域行制度的实行和领券对象的开放为中行沪券的进一步增发创造了良好的条件。行方如需要大量增加钞票的发行额时，以"直接发行"的方式来增发最易收实效，这也是此时段内沪券的发行额增幅快于行庄领券额的主要原因。各地银根不时吃紧，金融业久怀戒心，力趋稳健。

---

[1] 杨端六：《对于钱庄领用中行券之感想》，《银行周报》第8卷第18号，1924年5月13日。
[2] 中国人民银行上海分行编：《上海钱庄史料》，上海人民出版社，1960年，第146页。
[3] 张家骧：《中华币制史》，民国大学出版部，1925年，第140页。
[4] 裕孙：《上海金融简史（二）》，《银行周报》第9卷第20号，1925年6月2日。
[5] 徐寄庼编：《最近上海金融史》，《民国丛书》编辑委员会编：《民国丛书》第4编第33册，据1932年版影印，上海书店出版社，1989年，第302—304页。
[6] 《上海钱庄史料》，第146页。
[7] 蒿庐：《论上海中国银行之公开准备》，《银行周报》第12卷第12号，1928年4月3日。

领券准备公开后,中行上海地名券的发行额稳步提升,"近年额数愈增,准备愈足,推行愈远,信用愈坚"[1]。1927年时,虽然沪宁浙皖次第沦为战区,但中行沪券"在长江流域取携行使方便,推行较广"[2],也促进了发行额的攀升。4月间武汉国民政府集中现金事件发生后,汉口的申汇暴涨,而各行申钞在流通中最受欢迎,币值一度高过现洋20%。中行上海地名券的流通区域扩展到长江中上游地区,即原第三区区域行范围内。在兑现方式上,中行上海地名券实行"长江不兑现"方针,即沪券在长江流域上中游各地流通时不兑现币,行方在各主要商埠设立沪券汇兑处,对持券人兑给申汇汇票,持之在沪兑取现款。同年起,中国银行上海分行在汉口、宜昌、重庆等地设立沪券汇兑处,兼办各项银行业务。

四

1928年是中行上海地名券的发行额增长得最快的一年。沪券的发行额由上年末的7 034万元增至11 195万元,其占中国银行全行发行额的百分比也由44.2%增至65%[3]。增发的主要原因有两点,一是上海地名券的流通范围扩展至长江中上游地区,远至津浦线、平汉线各城市;二是同年4月中行上海分行确立了沪券发行准备金全部公开检查的制度,进一步确保了沪券准备金的充实。

此时,上海地名券已经成为中国银行所发行的最重要的地名兑换券,流通亦广。中行的主要负责人及上海分行的经理层都认识到,上海地名券应保有充足的准备金,最收实效的方法就是确立准备金公开检查制度。中行副总裁张嘉璈在致董事王叔鲁和冯幼伟的信中谈到,"在消极方面,当局既不能以检查准备为要挟;而一经公共团体负检查之责,政府指此筹款,当亦有所顾虑。积极方面,则沪券正在推行长江一带,一经公开,不特信用昭著,推行顺利,而中行当局亦可大白于公众"[4]。

经迭向当局疏通并得到国民政府财政部的许可,中国银行上海分行于4月1日首次对上海地名券的全部准备进行公开检查。此项检查在此后的十年

---

[1]《中国银行行史资料汇编》(上编三),第1939页。
[2]同上书,第1963页。
[3]《中国银行上海分行史(1912—1949)》,第22页。
[4]"张嘉璈致王叔鲁、冯幼伟函"(1928年3月24日),中国第二历史档案馆(以下简称二档)藏中国银行档案397(2)-36。

中每月进行一次,形成制度,成为确保中行上海地名券信誉的一项重要内容。同时,此项检查也受到了社会各界的一致好评,实有助于社会与金融的安定。1928年5月末,中行沪券准备金第三次公开检查时,发行额已比两个月前增加1190余万元,足见民众对于"信用优良软币之需要"甚殷。从增发的类别来看,本行发行增加776万元,联行领用增加332万元,行庄领用增加83万元,与此前数年间上海地名券的增发情况类似。

在发行方式上,中行上海地名券的发行分为本行发行、联行(即中国银行的其他分行)领用及各行庄领用三种,均备足现金六成,其余四成,以为准备。1929年,粤行开始推行沪券,试办后颇见成效。一般商民一因领用关系,二因爱国思想,对于中行沪券颇为乐用。港行经理郑铁如对于在粤推行中行沪券一事也极为赞同,尽力设法推广[1]。次年,粤行领用沪券以十足现金作为准备,其中的四成由沪行给予月息三厘,以资贴补[2]。1935年,总管理处为扩大沪券的流通,嘱津行在陇海路沿线及平汉路南段试用沪券。经沪津两行商妥后,由津行领用沪券500万元,包括一元券200万元,五元券300万元,上加暗记T或N,以资识别,运津发行;回笼券以南京、汉口、徐州三行为集中地点,以便津行随时设法运回。中国银行第一区内各行处在兑入该券时,在存入券科目下另立"津领沪券"子目记账[3]。津行指定郑州、许昌、西安、渭南、陕州、灵宝、开封、归德八处于11月1日开始推行[4]。

除联行领用发行的方式外,以中行沪行为首的各行处也注意在原有流通区域内以领券的方式推广上海地名券的使用。中行镇支行曾允许当地的晋生庄以此种方式领券使用[5]。以迟期兑现票据为准备领券的做法是将票据迟期兑现期限内资金使用所得的利润让与领用者,以吸引各地领户。但票据的迟期兑现则给发行行带来了一定的风险,这种领用方式也没有被得以推广。自1932年起,中行第一区内各行处开始与江浙境内的钱庄签订小额领券合同,以期增进发行[6],并由区行制定相应的办理原则:在领用方式上,为减少

---

[1] "中国银行第一区区域行致宁行函"(1930年3月3日),二档藏中国银行档案397-12643。
[2] "中国银行第一区区域行1930年通函"(1930年3月24日),二档藏中国银行档案397-12643。
[3] "中国银行第一区区域行1935年区字第十号通函"(1935年9月16日),上档藏中国银行档案Q54-3-35。
[4] "中国银行第一区区域行1935年区字第十一号通函"(1935年10月21日),上档藏中国银行档案Q54-3-35。
[5] "中国银行第一区区域行致宁行函"(1930年5月23日),二档藏中国银行档案397-12643。迟期领券是以迟期兑现票据作为准备领用兑换券的方式。
[6] "中国银行第一区区域行第九届全区会议议案第一案"(1932年6月15日),上档藏中国银行档案Q54-3-32。

因缴纳保证准备若干而在金融紧张时带来的兑现风险,推行以十足现金领券的办法。领用者向行方缴付十成现金,作为准备,行方对其中的四成准备金付息,但年息不得超过七厘;在领用机构上,各地的领券者不宜过多,如暗记过多,则分剔更觉麻烦,徒增发行用费[1]。其具体的做法是,领户先将十足现金交付行方,沪行以四成现金转作定期存款,以存单充保证准备;领券期满解约时,将存款与保证准备对转,并将利息算至满期日为止,迟期不计[2]。沪行用转作定存的四成现金购买债券,以公债的利息抵补付给领券行庄的四成现金利息。当时,公债的年息普遍在六厘以上,且市价常常仅为票面的几折,因而公债的实际年息高于六厘。四成现金应付利息和暗记券运费由各行处以"发行用费"名目出账,运费为运券额的千分之一[3]。1930年,中行粤行领用沪券时,十成现金准备中的四成月给息三厘[4]。1934年徐州国民银行领用中行沪券时,请求对十成现金准备中的四成按长年八厘给息,第一区区域行管理委员会议定仅给年息五厘。同年,苏州鸿康、裕元、鸿盛等钱庄向中行苏支行领用上海地名券时,向行方交付十成现金,四成年给息亦为五厘[5]。

自允许江浙各地小钱庄领券使用后,中行上海地名券的暗记券种类也大为增加,给暗记券的清理带来了诸多困难。为图方便,有的行处将各种暗记券混在一起运沪,为此,中行第一区区域行要求各行处必须将各种暗记券分别理清后就近转运[6]。因领券户众多而给中行上海地名券在发行事务上带来的麻烦与不便引起了区域行管理委员会的注意。在推广发行有所收效后,各行处仅可在没有领户的地方与有特殊关系者酌订一二家,以资联络,对同业以迟期票据领券则酌量减做[7]。当时,白银外流问题严重,中交两行"对于发行钞券,均抑自销政策,不轻易给他行领用"[8]。同年的中行行务总会在讨论应如何处理他行领券发行与本行自身发行间的关系时也议定:各分行处对小额分散的领券户可不必过分限制,以资推广发行,但对巨额领券户应"格外审

---

[1] "中国银行第一区1932年区字第三号通函"(1932年6月22日),二档藏中国银行档案397-255。
[2] "上海银行宁行呈总经理函"(1946年12月23日),上档藏上海商业储蓄银行档案Q275-1-876。
[3] "中国银行第一区1932年区字第四号通函"(1932年6月25日),二档藏中国银行档案397-255。
[4] "中国银行第一区区域行致宁行函"(1930年3月24日),二档藏中国银行档案397-12643。
[5] "中国银行第一区区域行致徐支行函"(1934年3月),"中国银行第一区区域行致宁行函"(1934年5月1日),二档藏中国银行档案397-10846。
[6] "中国银行第一区区域1933年区字第五号通函",二档藏中国银行档案397-10846。
[7] "中国银行第一区区域行谈话会记录"(1934年9月25日),二档藏中国银行档案397-10846。
[8] "浙江兴业银行总行复汉口管辖行函"(1934年9月21日),上档藏浙江兴业银行档案Q268-1-616。

慎"[1]。1935年,中行第一区区内各行在上海地名券的领券业务方面商订了新的原则:凡商领暗记券者,准备概以十足现金为原则,对于四成准备所给年息不得超过六厘;前订各领户由区域行审查其推广沪券的情形与成绩,如仅为盘剥搬运图利者,应于合同期满时解约[2]。迟期领券因害多利少,已确定以不做为原则;前已做出者逐步缩减,未做者一律停止[3]。

在早期订立的领券合同中,并未规定领户必须缴付十足准备,领用者可自备准备若干成。受沪券准备金公开检查的影响,前订此种合同的准备条件经双方协商后得以修改,十足准备。此外,兴行如向中行调换新券领用,其印刷费由该行负担[4]。1924年8月上行与中行沪行签订的领券合约原规定交付的准备为现金六成、保证二成;上行自备准备二成,开具等额即期本票交付中行沪行收执。该款1931年4月修订为上行再交道契或公债二成,合成十足准备之数,中行沪行将上行所交本票退回[5]。1928年6月,上行再次与中行沪行订约领用上海地名券200万元,在汉口行用,其准备为现金六成,整理案内公债二成,房地契据二成,十足交付[6]。上行不再被允许领用时自备准备若干成了。

1935年11月,国民政府正式布告实行法币政策,财政部指定以中、中、交三行发行的纸币为法币(次年2月中国农民银行所发钞票准与法币同样行使),原发行银行的现金准备及银钱业的营业现金一律封存。同月,财政部发布训令,准银行、钱庄照原有领券办法,即以营业部分及兑换法币收入的现金六成、政府公债四成领券。其中,六成现金不给息,公债按市价的八扣折充[7]。中、中、交三行会商订定了同业领券合约底稿,中行总管理处分函各行处洽照办理。中行第一区区域行援此合约与请领者洽商领用法币事宜,在谈

---

[1] "中国银行民国二十三年行务会议纪要"(1934年),二档藏中国银行档案397(2)-99(1)。
[2] "中国银行第一区区域行管理委员会临时会议议事录"(1935年4月13日),上档藏中国银行档案Q54-3-35。
[3] "中国银行第一区区域行第十二届区务会议议案第三案"(1935年2月25日),上档藏中国银行档案Q54-3-35。
[4] "浙江兴业银行领用中国银行兑换券合同附件"(1929年5月23日,1933年3月1日),上档藏浙江兴业银行档案Q268-1-616。
[5] "上海上海银行领用上海中国银行兑换券合同附件"(1931年4月22日),上档藏上海商业储蓄银行档案Q275-1-875。
[6] "上海上海银行领用上海中国银行兑换券合同"(1928年6月),上档藏上海商业储蓄银行档案Q275-1-875。
[7] 交通银行总行、中国第二历史档案馆合编:《交通银行史料》第1卷(下册),中国金融出版社,1995年,第889页。

妥额度并陈报核准后,即以上海中国银行的名义与其签订合约[1]。中国银行所发钞券因被定为法币,社会需求量大增,行库内所存的中行上海地名五元券在当年底已用罄,一时无法调剂。间有加盖花朵记号后,未将前印暗记完全遮蔽而稍露出者,也同样视作本券使用[2]。

法币政策的实行,是我国货币发行制度由分散制向集中制过渡的重要一环。在领用券业务方面,各法币发行行原拟将前与领用行庄所订立的合同一律取消,但各行庄因利益关系,以领券合约有效期未满为由不愿照办。中、中、交三行为稳定金融、调剂市面起见,议定原已领用者可暂时维持原约,订而未领者一律止领。中行第一区区域行将此决定知照辖内,并嘱各行处趁此时机在内地尽量吸收现金备用[3]。在止领或洽商解约时,发行行往往给予领用者一定的利息,作为解约时给领用者造成损失的一种补偿。在法币政策实施后双方解约时,中行沪行通融将四成现金准备利息算至1936年12月20日[4]。宁福、宁通等钱庄领用的上海地名暗记券在回笼后不再向原领户收兑,四成现金准备利息也加算至1936年12月底,以后不再给息[5]。

五

兑换券的发行与流通一直是银行各项业务中的重中之重。以中国银行上海地名券的领用活动来看,相关活动的发展经历了一个从粗犷到精细、从不太规范到比较规范的过程,逐步制度化。特别值得一提的是,行内对于领券条件的划一,是领券活动制度化发展过程中关键的一环,即1924年5月中国银行上海分行公开检查领券准备时对于领券准备成分的划一。从1915年中行沪券开始被领用时起至此为领券活动粗线条的无序缓慢发展阶段;从此时至1935年法币政策实行停发中行上海地名券时止,为领券活动有一定业内标准的有序曲折发展阶段。在后者中,又可以1928年4月中行上海地名券全部准备金的公开检查为标志分为两个小的阶段,前者为领券活动制度化后的迅速

---

[1] "中国银行第一区区域行1935年第15号通函"(1935年11月22日),上档藏中国银行档案Q54-3-35。
[2] "中国银行第一区区域行1935年区字第17号通函"(1935年12月31日),上档藏中国银行档案Q54-3-35。
[3] "中国银行第一区区域行致宁行函"(1935年11月23日),上档藏中国银行档案Q54-3-35。
[4] "上海商业储蓄银行南京分行呈总经理函"(1946年12月23日),上档藏上海商业储蓄银行档案Q275-1-876。
[5] "中国银行宁行致第一区区域行函"(1937年2月10日),二档藏中国银行档案397-255。

发展阶段,后者为出现新标准、新方式的有序收缩阶段。另一方面,从行庄领用中行上海地名券的总额度来看,其最高峰值为1930年7月时的领用额,为3 250万元。

在领券活动的无序缓慢发展阶段中,领券发行作为一种新的集中发行的方式,为中国银行所采用。因为领券合同的部分条款在订约时约定得过于笼统,在领券活动的具体操作中,不免发生与上述未明确规定条款相关的争执,如兴行与中国银行上海分行关于领用沪券额度的争执。这亦是领券活动在发展初期不可避免遇到的。此外,领券合约的签订对象也逐步具体化,发行地名券的分行代替总行或总管理处(总办事处)与具体的领用者,如某地的商业银行、信托公司或钱庄等,订立合约,允其按照一定的条件分批缴纳准备金,领券使用。领券的具体条件,主要是准备金的成分,在下一个时期内得到规范。

在领券活动的有序曲折发展阶段中,中国银行上海地名券的领用总额在前期提高得很快。就领用者而言,因领券准备的成分有了一定的标准,打破了前一时段内领券者缴纳的准备金成分各异且并非十足的局面,有利于领用活动朝着规范化、制度化的方向发展。此外,行方将领券者缴纳的准备金专库存储,公开检查,既使领券准备与营业用款被严格区分开,保证了领券准备的安全,也向社会公众表明此种方式发行的兑换券是有充足准备来保证其兑现的,使其乐于行用。至1928年4月准备金全部公开检查前,中行上海地名券的领用总额一直处于不断扩展的状态中,其增加的幅度虽不如直接发行高,但领额的增加和所占的比例一直比较稳定,表明领券活动已经进入规范化与制度化的阶段,即成熟时期。而且,这一领额不断增加的惯性一直持续到1930年。但从另一方面来看,公开检查全部发行准备后,对于领券活动的开展而言,则无形中起到了削弱其继续发展的空间的作用。这主要是因为直接发行的方式比领券发行活动更容易为发行行所控制,可根据市面需求和金融缓急随时调节兑换券的发行额,而不必经过一些繁琐的手续经行庄领用后再流通使用。因此,本联行发行额在中行上海地名券总发行额中所占的比重越来越高。

同时,就领券制出现与发展的过程来看,其最主要的作用是在将发行利益部分让予领用者的同时,使发行权逐步向大银行集中。相应地,领券行数及领用总额都有所扩大。据不完全统计,中行上海地名券的暗记种类在20世纪30年代前期至少在140种以上,领用者分布于长江中下游各市县[1],领用券的兑现活动琐碎而零乱,发行成本也随之提高。自1934年起,行方暂停办理同

---

〔1〕 董昕:《中国银行上海地名暗记券考》,《中国钱币》2009年第1期,第38—41页。

业领用,仅在没有领户的地方可酌定一二家,以利推广发行及联络业务,对联行领用则不加限制。

其次,随着商业及贸易的发展,发行行的他埠分支机构往往不能直接将兑入券送至领券行庄兑现,往往先制成代兑领券保管证寄往发行行,由其持证兑现,再设法将代兑之券运回。可见,领券使用与兑现适合在一定的地域空间范围内进行。当货币的流通范围更广时,为减少现金运输的繁琐和便捷地清算,发行行会将包括领用券在内的兑换券兑成申汇(汇票),以便结算,从而使兑换券具有了部分汇兑券的特征。中行上海地名券的行庄领用活动在有所收效后被渐次收缩,代之以联行领用行为的兴起。同样地,交行在此时段中也对同业领券采取紧缩政策,1934年末其本行直接发行者约占十分之八。1935年时,因战事关系,交行上下对于同业短期领券更为收缩[1]。

1935年11月法币政策的施行切断了纸币与流通中的金属货币(银元)的联系,资金开始松动,金融市场趋于平稳。在法币政策施行之初,四行曾允许各地的金融机构以六成现金、四成保证向其分支行订约领用法币,但此种领用活动只能"领"而不能"兑",即流通中的纸币无法再兑换成金属现币,只是利用领券的方式达到推广发行的目的,已与银本位制下的领券活动截然不同了。

从我国近现代金融史的发展历程来看,领券制是一种在自由市场型的金融模式下、在经济推进的过程中在行业内部自发形成的制度。此类制度的发育过程相对缓慢,但市场定位明确,市场的创意具有完全的可操作性,业规和惯例成为这一类行为制度化的规范性条款[2]。资力雄厚的大银行发行的以"元"为单位的兑换券为商业银行、钱庄、典当、信托公司等金融机构领用,也带动了我国货币制度的近代化和金融市场的规范发展。领券发行活动出现、发展及完善的最大效用是使发行权日趋集中于少数大型银行手中。同时,领券制度的发展也使各华资商业银行被团结在中交两大行周围,形成核心与外围的关系[3]。领券活动加强了华资银行业间的联系及同业往来,亦有助于华资银行业整体实力的增长。到20世纪30年代前期,银行券的发行权已相对地集中到一些资本雄厚的大银行手中。由于银行券的发行权已经相对集中,领券活动在已经规范化和制度化的基础上有了新的发展,如领用方式和准备条

---

[1] 《交通银行史料》第一卷(下册),第817、819页。
[2] 杜恂诚:《一九二七年前中国金融的自由市场制度》,《上海社会科学院学术季刊》2000年第3期,第146页。
[3] 汪敬虞主编:《中国近代经济史(1895—1927)》下册,经济管理出版社,2007年,第1727—2729页。

款等。从整体上看,领券制度作为一种有效的相对集中货币发行权的"本土"制度,其收效是明显且积极向上的。而领券活动在发行权的相对集中有所收效后逐渐收缩衰减,也是一种发展中的必然,但其存在的社会历史基础仍是学者们剖析这一独特的金融制度和中国近现代金融史的一个切入点。中国银行上海地名券的领用发行活动对象广泛,发展的阶段性清晰,特征明显而富于代表性,必然成为研究这一制度的最具代表性的研究对象之一。

(原载《社会科学》2013 年第 9 期)

南方政府与美国山克公司 1921 年实业借款交涉研究

孙毓斐*

一、前　　言

　　20 世纪 20 年代初期的中国出现了南北分裂的局面。1920 年 8 月,第一次粤桂战争爆发,孙中山与粤军陈炯明部联合讨伐桂系成功,11 月,孙中山返回广州,发起第二次护法运动[1]。1921 年 4 月,南方政府[2]国会非常会议召开,孙中山当选非常大总统,"以护法诸省为基础,励行地方自治",寻求"发展实业"[3]。然而,实业建设需要大量资金,对于当时财政窘迫的南方政府而言,借用外资尤其是美国企业的帮助是一个颇为可行的计划。

　　同一时期,一战后的中美经济关系日益密切。一是中美之间贸易额大幅度上升,逐渐超越中国与其他西方国家的贸易量[4];二是美国加大对华资本输出,例如 20 世纪 10 年代参加国际银行团,一战时期的各种对华借款,战后倡导重组新四国银行团,以及巴黎和会与华盛顿会议的涉华方案等,都表现出美国对华投资的活跃;三是大量美商在华投资建厂,美国企业成为对华经济往来的主体,20 世纪 20 年代美国两次修订《中国贸易法案》(China Trade Act),

---

* 孙毓斐,2017 年至今复旦大学历史学系硕博连读,现为复旦大学历史学系博士研究生。
[1] 桑兵主编:《孙中山史事编年》第 7 卷,中华书局,2017 年,第 3745 页。
[2] 本文所指的"南方政府"系 1920 年 11 月孙中山返回广州重组护法政府,1921 年 5 月就任中华民国非常大总统,至 1922 年 6 月陈炯明兵变,对以孙中山领导的护法政府的总称。
[3] 中山大学历史系孙中山研究室等编:《孙中山全集》第 5 卷,中华书局,1985 年,第 441 页。
[4] 1917 年中美贸易总额达 155 747 006 海关两,相较于 1913 年的 73 077 499 海关两的贸易数据扩大了一倍有余,中美贸易占中国对外贸易总额的比例也从 7.5% 上升到 15.4%,1920 年达到 16.1%,超越同期中英贸易占比(13.6%)。见 Chong Su See, *The Foreign Trade of China*, New York: Columbia University Press, 1919, pp. 287, 392;何炳贤:《中国的国际贸易》,商务印书馆,1937 年,第 69 页。

为美国企业对华投资提供了更多便利〔1〕。

正是在这一背景下,1921年1月7日,芝加哥企业家山克在广州与孙中山达成初步协议,允诺帮助南方政府在美国发行1亿美元债券用于实业建设,南方政府则给予山克公司建设广东公路、铁路、港口工程,以及煤炭开采的特许权〔2〕。既往对南方政府借用外资的研究未关涉此个案,或是仅提及其"外交承认"的限制因素,未对此个案交涉过程和其失败原因详加探讨〔3〕。

事实上,山克公司在美国为南方政府发行实业债券,有四点特殊之处:一是涉及此案的山克公司和其他美国企业,与以往对华投资的大财团不同,皆属于中小规模企业;二是"一亿美元"债券的规模巨大,是南方政府前一年度财政支出的二十余倍,也是此时期孙中山拟借用外资规模最大的一笔〔4〕;三是此案的另一主体,即孙中山与南方政府,相较于美国对华外交利益而言,属于不受承认、不具备政治合法性的地方政权;四是此案具体交涉过程,牵涉到美国内部的复杂利益关系网,成为其失败的重要因素。因此,剖析这一失败案例的详细交涉过程,不仅能够反映美国中小企业如何在大财团倾轧和中国南北分裂的态势下谋求对华发展,也体现出企业投资与政府外交之间的互动关系,更可揭示出20世纪20年代初期中美经济关系的另一个面向。

本文主要依据《美国国务院关于中国内部事务档案(1910—1929)》(Records of Department of State Relating to the Internal Affairs of China, 1910-1929)、北洋政府外交部档案、孙中山的相关文献与报刊资料,梳理此案复杂的交涉过程并探讨其失败原因,分析20世纪20年代美国中小企业在对华投资中所面临的美国国内复杂关系网与利益博弈,揭示在南北分裂的动荡局势下,中美企业经营投资与政府外交之间存在怎样的互动关系。

---

〔1〕 参阅吴翎君:《欧战爆发后中美经济交往的关系网:兼论"美国亚洲协会"的主张》,《台湾政治大学历史学报》2015年第43期。

〔2〕 Memorandum of Division of Far Eastern Affairs. Mar. 16, 1921, FE 893.602SH1/7, U. S. Department of State, Records of Department of State Relating to the Internal Affairs of China, 1910-1929(MD). (以下简称 RIAC)

〔3〕 韦慕廷在其著中简要介绍了此案例,认为"南方政府未经美国承认,无权发行债券",参见韦慕廷:《孙中山——壮志未酬的爱国者》,杨慎之译,中山大学出版社,1986年,第114—115页。

〔4〕 按照同期美元与毫洋比价估算,1亿美元约合1.06亿元毫洋,见 Chong Su See, The Foreign Trade of China, New York: Columbia University Press, 1919, p.389;张家骧:《中华币制史》,民国大学出版部,1925年,第64页。据报载,1920年广东财政总支出约计450万元,财政缺口达半数,见《军政府之穷困·广东财政之窘状》,北京《晨报》1921年1月27日,"紧急要闻"。同期孙中山拟借用外资规模,参阅桑兵主编:《孙中山史事编年》第7卷,第3859—3860页。

二、南方政府与山克公司签订借款合同

关于山克及其公司,目前可见的史料并不多,相关记载主要有以下四点。

其一是山克早年有在华的经历,"曾任职于上海领事法庭,并获得了一定的声誉"[1]。

其二是根据美国国务院远东事务司的档案记录,山克公司在美国本土并没有什么名气,使其受到国务院远东事务司关注的事件是1921年冬季,山克和他的儿子爱德华·山克(Edward D. Shank)安排相当数量的中国学生拿到进入美国的签证,这些学生将在美国的棉花、汽车工厂接受技术培训,之后返回中国[2]。据孙中山在美国的代表马素(Ma Soo)回忆,"南方政府官员看到山克长子爱德华·山克成功地获得美国劳工部的许可,将3 000名中国人作为学生劳工带到美国",并判断"这是一个非常不寻常的特权"[3],使孙中山认为山克在美国政界具有一定影响力。正是这样不同寻常的方式,山克公司同时得到南方政府和美国政府的关注。

其三是关于山克与南方政府的早期联系。据孙中山私人法律顾问林百克(Paul Myron Linebarger)的记述,第一次护法失败后,孙中山在上海通过林百克"接洽美国银行界、商业界、政治界的重要人物"[4],似乎可推断同在上海的山克有可能已经与孙中山有所接触,至少可以判断山克已经关注到南北分裂局势下的南方政府。另据山克对远东事务司的陈述,1920年底至1921年初,他在中国进行为期六周的考察,分别与广东的南方政府和上海当局,就广州港口、吴淞港口工程进行了洽谈[5]。

其四是关于山克公司的状况,该公司设立在芝加哥股票交易中心大楼,主要从事工程承包和金融方面的业务[6]。此外,山克的儿子爱德华·山克在香港也成立了一家中美工业发展公司(China American Industrial Developing Company, Ltd.),这家公司的业务范围主要在香港和广州,此案后期的一些交涉也是通过其子爱德华·山克完成的[7]。

---

[1] Chicagoan and China Linked in Huge Deal, *The Chicago Daily News*, Sept. 4, 1921.
[2] Memorandum of Division of Far Eastern Affairs. Mar. 16, 1921, FE 893.602SH1/7, RIAC.
[3] $100,000,000 Loan to China Abandoned, *New York Times*, Jan. 29, 1922.
[4] 林百克:《孙逸仙传记》,徐植仁译,三民公司,1927年,第270页。
[5] Memorandum of Division of Far Eastern Affairs. Mar. 25, 1921, FE 893.602SH1/1, RIAC.
[6] Memorandum of Division of Far Eastern Affairs. Mar. 16, 1921, FE 893.602SH1/7, RIAC.
[7] Mr. Bergholz to Mr. Shank, Oct. 12, 1921, FE 893.602SH1/11, RIAC.

总之在 1921 年初，山克已经将经商目标转向了孙中山与南方政府，并在事实上与南方政府取得了联系。此时，孙中山面临着广东复杂的局面，尤其是需要解决财政困境以维持南方政府庞大的军事、行政和地方实业建设支出。此外，孙中山 1919 年曾撰写《实业计划》，集中展现了其对中国发展交通、工矿业等现代化建设的宏大设想。但是，实业建设所需要的资金从何而来？孙中山认为战后各国生产力过剩，市场萎缩，应当通过国际间合作，利用欧美过剩的机器来促进中国的实业发展[1]。而在西方各国中，孙中山更看好与美国的关系，并与在华美国政商界人士积极接触。1920 年 4 月，恰值美国中国国际银行团（American Group of the Chinese Consortium，以下简称美国银行团）代表拉蒙特（Thomas W. Lamont）访华，孙中山邀请其会面，并商讨向美借款事宜[2]。孙中山希望向美国方面寻求借款，是基于当时的国际局势和日本侵略态势而作出的判断，他认为美国所倡导的国际联盟，目的是从政治上解决国际冲突，而其提议的新国际银行团实际上是要打击日本对华的侵略政策，以维护其门户开放原则[3]。

正是在这一背景下，当 1921 年 1 月山克来到广州，提出可以帮助南方政府发展实业，积极寻求外资援助的孙中山自然十分愿意与之合作。而此前不久山克长子为 3 000 余名中国学生和劳工办理签证去美国培训一事，也让孙中山相信山克是个有着可靠政界关系网的富商，能够对美国政府产生较大影响力[4]。经过商谈，双方达成了初步协议。据后来驻粤总领事波贺劳（Leo Allen Bergholz）向美国国务院提交的调查报告显示，1 月 17 日，孙中山以"中华民国政府"的名义与山克公司签订了初步意向合同。合同中的主要条款表明：（一）中华民国政府计划发行总额为 1 亿美元债券，指定为 1921 年实业债券；（二）票面额 1 000 美元，年息 8%，半年或一年一付；（三）山克公司在美国承销此债券，每百元实收 95 元；（四）债券期限为二十年。此外，合同中还写明山克公司将获得净利润的三分之一，期限与债券同期均为二十年；山克公司提供相关的工程师和技术人员，对南方政府利用债券投资建设的工厂和企业具有经营管理权；山克公司用债券从美国政府处购买物资原料时，可获得购买价格 25% 的利润等条款[5]。

---

[1] 张伟保：《实业计划与国民政府——中国近代经济史论文集》，天工书局，2001 年，第 32 页。
[2] 桑兵主编：《孙中山史事编年》第 7 卷，第 3586 页。
[3] 张伟保：《实业计划与国民政府——中国近代经济史论文集》，第 37—38 页。
[4] $100 000 000 Loan to China Abandoned, *New York Times*, Jan. 29, 1922.
[5] Mr. Bergholz to the Secretary of State, Oct. 21, 1921, FE 893.602SH1/11, RIAC.

分析此合同文本，可以发现山克公司扮演的角色不仅是债券承销方，还是具体实业建设项目的经营者，山克公司需要为南方政府融资、购买原材料、建立和经营相应的企业、提供专业技术人员等。但是，该合同缺乏最重要的担保条款，即南方政府这笔实业外债该如何保证可以按期偿付本金与利息，此外，相应的工程建设项目也没有具体的细节性描述，可基本判断山克与孙中山的接触只是初步的，双方对诸多细节还有待协商，因而协议第七款强调后续的合同确认将通过电报方式继续进行[1]。

三、"外交承认"与"金融垄断"：山克公司在美国发行债券面临困境

1921年2月，山克返回美国，前往华盛顿开始筹备此债券的发行，然而当即受到阻碍。山克公司面临的两个最大阻力，一是美国国务院因对南方政府无"外交承认"而不支持此计划；二是美国银行团已把对华金融控制权作为目标，故视山克公司的债券计划为实现这一目标的障碍而加以阻挠。

（一）山克公司与美国国务院的交涉

1921年3月16日，山克联合几位知名商人，通过其律师杰里·索斯（Jerry South）向美国国务院远东事务司请求具体讨论与孙中山和南方政府的实业计划。山克提出了三点要求：一是希望美国政府可以批准即将进行的合作；二是向美国国务院了解南方政府财政和政治状况；三是探询美国银行团与此计划开展的关系。远东事务司就此事件形成报告："此事情况非常复杂，因为涉及未承认的政权，且目前该政权缺乏固定或永久的收入来源。考虑到南方地区的政治混乱，在局势明晰、国务院得到更为具体的项目融资合同的确切条款，以及北京中央政府的态度之前，国务院不应支持该计划。"[2]

3月25日，山克来到远东事务司，与司长马慕瑞（John V. A. MacMurray）、副司长罗赫德（Frank P. Lockhart）进行会谈。山克介绍了融资计划，以及公路、铁路建设，港口改善和矿产资源开发等项目。此外，这次交谈的重点集中在美国银行团与山克公司这一融资计划的关系[3]。根据1920年新四国银行团签订的协议，"将来所有由中国政府担保为行政或实业上用之借款事宜，应

---

[1] Mr. Bergholz to the Secretary of State, Oct. 21, 1921, FE 893.602SH1/11, RIAC.
[2] Memorandum of Division of Far Eastern Affairs, Mar. 16, 1921, FE 893.602SH1/7, RIAC.
[3] Memorandum of Division of Far Eastern Affairs, Mar. 25, 1921, FE 893.602SH1/1, RIAC.

为银团之事"[1]。马慕瑞据此回应山克:"这一项目涉及在中国境外公开发行债券,且金额较大,就必须通过中央政府或地方政府担保,应属于美国银行团的范围",但也认为"美国银行团会帮助所有合法企业,而不是阻碍他们在华发展"[2]。

山克"不相信美国政府会批准任何将美国企业拒之中国门外的计划"。他认为美国政府在此问题上是一种"不作为",他举例说,"英国与日本方面不断打破新四国银行团 1920 年间签订的协议,而与中国地方势力签订合同,例如日本开发辽河水利的工程建设"[3]。对此,马慕瑞回应"日本开发辽河水利工程项目,是早在新四国银行团成立之前就已经达成的一项国际安排"[4]。鉴于此,山克希望远东事务司可以提供意见,以便同时满足美国银行团和美国政府两方面的要求。关于前者,马慕瑞强调"美国银行团关心的是项目融资问题而非后期具体的管理,因此需要向银行团提交足够信息和明确声明,以便银行团所属的金融机构判断是否愿意为该项目融资";而罗赫德表明,"在缺乏具体合同的情况下,银行团无法明确表态,也没有办法向其成员机构传达融资意见"。关于后者,马慕瑞明确指出,美国政府的态度是"只要南方政府未获美国政府承认,美国政府就不能支持签订这样的合同或是后期向所谓的南方政府提出索赔",他进一步提醒山克应当注意到其中的风险,他举例称"目前有一家美国企业(未透露具体名称)正在与南方政府交涉,获得一笔早应支付的款项,而美国政府所能做的只是采取间接和非正式的方式……而无法采取强制措施"[5]。

美国政府在此案中采取不支持态度,主要有三个原因。一是对于美国政府而言,一战后其核心利益是扩大在华投资、加强对华控制,因此期冀中国局势的稳定和国内市场的统一,认为在南北分裂的情况下,只有支持北京政府才能实现其远东利益。二是北京政府持续向美国政府施压,明确反对美国商人向孙中山及南方政府借款,2 月 17 日,北京政府向各国使领声明,"不可轻允南方提议借款及要求关余诸事",对单方面向南方投资的项目不予承认,并联系西南地区的商会、教育会共同反对南方政府借款[6];自 1921 年初,北京政府

---

[1] 财政科学研究所,中国第二历史档案馆编:《民国外债档案史料》第 1 卷,档案出版社,1989 年,第 195 页。
[2] Memorandum of Division of Far Eastern Affairs, Mar. 25, 1921, FE 893.602SH1/1, RIAC.
[3] Ibid.
[4] Ibid.
[5] Ibid.
[6] 《京政府遏制西南借款之办法》,《香港华字日报》1921 年 2 月 28 日,"中外要闻"。

十余次向美国政府施压,"所有孙文私与美资本家商借前项外债,无论是一是二,中央政府自概不能承认,并应声明,如美资本家允借南方各省款项,实足使战乱延长时期与中国大不利"[1]。三是基于美国政府对此时期南方政府内部权力斗争的观察,3月1日,美国驻华武官在实地考察广州局势后,认为"陈炯明必定驱逐孙中山",唐绍仪也"极力反对孙中山当大总统"[2];驻粤总领事波劳贺在提交国务卿的报告中也认为"根据南方政府宪法,未经南方政府国民大会同意,孙中山无权发售'政府'债券",孙中山此时还不是最高领导人,只是四总裁之一[3]。

(二) 山克公司与美国银行团的交涉

1921年3月,山克在与美国国务院远东事务司交涉中,逐渐意识到美国银行团在该项目中所扮演的关键作用,于是前往纽约同美国银行团主席摩根大通公司(J. P. Morgan & Co.)的拉蒙特协商。3月30日,山克致函美国银行团管理委员会,提出与南方政府的这一项目先期大约需要1 000万美元用于实业发展,债券是以未来这些工程的收益为担保,此外也可以有进一步的担保(但未明确提及),山克强调,该项目不违背美国政府的外交政策和新四国银行团1920年的协定,希望可以正式提交这项实业融资计划,并转发美国银行团的成员机构看是否对此感兴趣。此外,山克希望美国银行团能够明确回复四点意见:"第一,如果债券的各项条件都具备,美国银行团是否对山克公司作为代理人进行债券发售存在异议;第二,如果第一项存在异议,如果北京政府不反对这一项目,可否取消异议;第三,美国银行团是否反对使用债券作为此项工程预支资金的抵押品;第四,是否反对使用此债券购买过剩的非军事性的战争物资。"[4]

4月12日,美国银行团致函山克,针对最重要的前两项质询,明确表示"尽管不反对你向美国任何个人或银行发行广东省债券",但"根据协议条款,要考量整个银行团的利益"。4月13日,美国银行团致函国务卿休士(Charles E. Hughes),表示"经过美国银行团管理委员会商讨决定,不为此项目进行融

---

[1]《孙文与美资本家商借外债中央政府概不承认》,1921年12月2日,广西师范大学出版社编:《中美往来照会集(1846—1931)》第15册,第257页。
[2] 段云章、沈晓敏编:《孙文与陈炯明史事编年(增订本)》,广东人民出版社,2012年,第348—349页。
[3] Mr. Bergholz to the Secretary of State, Oct. 21, 1921, FE 893.602SH1/11, RIAC.
[4] Mr. Shank to Mr. Egan, Mar. 30, 1921, FE 893.602SH1/3, RIAC.

资"[1]。4月23日,摩根大通公司以美国银行团的名义正式回复山克公司,表示不予支持[2]。事实上早在3月23日,美国国务院即已明确指示摩根大通公司,"不能批准或促进美国公民与南方政府的任何交易"[3]。4月20日,再次致函美国银行团,表明山克公司提出的前三项事务属于银行团内部政策问题,但第四项具有政治性质,"国务院目前暂不希望介入此事"[4]。

这里需对美国银行团拒绝山克公司一案略作分析。1918年10月,经过长时间的评估和准备,美国正式向英、法、日三国提出筹建新四国银行团,相比于旧银行团,美国希望新四国银行团成员可以把当前对华借款或未来借款中所享有的优先权和选择权,让予国际银行团共享,而业务范围不仅包括行政性质借款,也包括实业借款和铁路借款[5]。1919年5月,四国在巴黎开会商讨,确定了国际银行团的基本原则,"加入美国提议之宗旨"[6]。经过反复协商,1920年10月,新四国银行团正式签署协定。

对美国而言,自20世纪10年代始,其历次参加的银行团都具有极强的政治性,成为美国政府推行东亚外交政策的代理人。银行团政策制定以后,"国务院无疑居于带头人的地位,而作为美国外交政策代理人的银行家,不过是一个次要的地位",尽管对于美国银行家来说,"他们参加银行团是基于严格的商业基础而决定的",但是在当时的历史背景下,"美国政府为推进其外交政策,发现利用金融家作为其代理人是方便的;而银行家由于其自身利益与美国国务院利益一致,也愿意如此被利用"[7]。因此在这一交涉案例中,当美国国务院明确表示山克与南方政府签订的实业债券合同违反美国外交政策,美国银行团自然不会支持。

而在实际运营中,银行团需要与企业联手,但是只集中在银行团成员之间,即大型美国企业和银行,形成对华金融垄断。尽管可以借款的企业和银行从最初的4家——摩根大通、库恩勒布公司(Kuhn, Loeb & Co.)、第一国民银行(The First National Bank)、国民城市银行(The National City Bank),发

---

[1] The American Group to the Secretary of State, Apr. 13, 1921, FE 893.602SH1/3, RIAC.
[2] J. P. Morgan & Co. to Mr. George H. Shank, Apr. 23, 1921, FE 893.602SH1/6, RIAC.
[3] The Secretary of State to the Secretary of Commerce, Mar. 31, 1921, FE 893.602SH1/4, RIAC.
[4] The American Group to the Secretary of State, Apr. 13, 1921, FE 893.602SH1/3, RIAC.
[5] The Secretary of State to the French Ambassador (Jusserand), Oct. 8, 1918, FN 893.51/2042e, *The Foreign Relations of the United States* (FRUS), 1918, pp. 195-196.
[6] 财政科学研究所、中国第二历史档案馆:《民国外债档案史料》第1卷,第196页。
[7] Frederick V. Filed, *American Participation in the China Consortiums*, Chicago: The University of Chicago Press, 1931, p. 35.

展到 37 家（其中 7 家为美国银行团管理委员会成员），但是均为美国各州资金雄厚、具有影响力的大型银行和企业[1]。银行团的垄断，成为这一时期外国在华金融活动的主流[2]。因此，当一个芝加哥的中小型企业山克公司，要主导和承销总额为 1 亿美元的对华债券，事实上挑战了美国银行团对华的金融垄断地位。很显然，山克低估了这种潜在的竞争性，正如日本广告商专刊所指出的，"孙中山正在与一位年轻的美国金融家合作，但这位年轻的美国金融家貌似对华尔街一无所知"[3]。

此外，美国银行团对华投资十分审慎，自成立以来未提供实质贷款，但却成为其他企业对华投资的最大障碍。对于美国的大银行家来说，面临来自英、日等国大型银行和来自美国国内的中小银行的双重竞争，他们希望通过国际银行团的平台，提供更大规模和更好利益回报的贷款。然而由于中国政治的不稳定因素，他们认为尽管对华贷款具有必要性，但是"除非中国南北双方弥合分歧、走到一起，否则银行团提供贷款是毫无帮助的"[4]。在政局纷杂的 20 世纪 20 年代，美国银行团在对华贷款的问题上始终存在矛盾的立场，一方面坚持不与某一派系签订借款，而是寄希望于一个能充分控制中国内政的北京中央政府；另一方面不信任北京中央政府，又希望作为担保金的地方税捐可以有地方实力派背书。正是这种复杂性导致银行团长期以来对华无实质性贷款，但它却成为中国政府向西方寻求贷款不可逾越的障碍，山克公司债券计划的难产，正是美国银行团"无为而为"的结果[5]。

四、"宣传"与"投机"：山克公司发行实业债券的努力及其失败

尽管面临巨大的阻碍，但是山克公司并未放弃这笔有利可图的生意，转而抓住时机赢得美国海军部的支持，并利用媒介宣传造势，获得了美国商务部和众多美国企业的关注。然而，此项目所涉及的政治性原则，加上本身具有的"投机性"，令山克公司在内外各种利益博弈下再也无计可施，最终此案只能无疾而终。

---

[1] Frederick V. Filed, *American Participation in the China Consortiums*, pp. 39, 165.
[2] 参见汪敬虞：《外国在华金融活动中的银行与银行团（1895—1927）》，《历史研究》1995 年第 3 期。
[3] Mr. Hugh Marshall c/o Far Eastern Division, Jan. 31, 1922, FE 893.602SH1/14, RIAC.
[4] The Minister in China (Schurman) to the Secretary of State, FRUS, May 31, 1922, Vol. 1, p. 770.
[5] 参见马陵合：《拉门德远东之行述评》，《民国档案》2005 年第 2 期。

(一) 美国海军部支持山克公司实业债券

一战结束后,美国海军部直属的航运局(The Shipping Board)有大量战争剩余物资,包括各种机械和工业原材料[1],而这些正是南方政府所需要的,山克敏锐地观察到这其中可能存在商机。1921年2月,山克抵达华盛顿不久,便开始与航运局谈判购买机械和原材料[2]。4月13日,山克致函海军部助理部长戈登·伍德伯里(Gordon Woodbury),寻求关于筹集资金的支持。

山克公司的请求正好可以解决航运局的棘手问题,因此对该项目持"开放态度"。戈登随即致函国务卿休士,表明:"美国航运局有大量剩余物资需要出售,这些物资并非战争型物资,中国广东地区对这些物资需求量很大……山克公司希望向航运局提供南方政府的债票作为抵押担保。"航运局希望"从国务院获得一封函件,表明并不存在外交异议以交给财政部……如果山克公司提供的担保方式是令人满意的,国务院不应提出外交异议,财政部应该接受这些债票作为抵押品担保。"戈登进一步强调,山克公司的项目对美国政府和航运局来说十分有利,符合美国的远东利益,他提出四点批准此项目的好处:

> 一是减轻美国市场吸收这一批剩余物资的负担,二是直接或间接地促进对外贸易,扩大与中国的贸易关系,三是改善航运局的财政状况,四是当前美国还面临着与英国、日本制造商之间的激烈竞争,因此时间紧张,此机会十分难得。[3]

海军部的请求引起美国国务院的重视。4月20日,国务卿休士正式回函戈登[4]。与海军部的出发点不同,国务院主要从政治与外交方面考量,强调"南方政府正在与北京中央政府对抗","如果没有北京政府的同意,任何地方政府财政上的承诺都是无效的,因此国务院不能同意财政部承认南方政府的债票是有法律效应的"[5]。值得强调的是,休士也表达了对南方政府发展实业的可行性提出质疑,在回函中附上1919年6月9日美国驻华公使馆给国务院的一份机密文件,其主题是对孙中山发表《实业计划》的报告,报告中指出此计划具有"孙氏个人的乐观特点,忽视自然障碍与距离",总之国务院并不会支

---

[1] Mr. Gordon Woodbury to the Secretary of State, Apr. 13, 1921, FE 893.602SH1/2, RIAC.
[2] $100,000,000 Loan to China Abandoned, *New York Times*, Jan. 29, 1922.
[3] Mr. Gordon Woodbury to the Secretary of State, Apr. 13, 1921, FE 893.602SH1/2, RIAC.
[4] The Secretary of State to the Secretary of the Treasury, Apr. 20, 1921, 893.602SH1/2, RIAC; The Secretary of State to Admiral William S. Benson, Apr. 20, 1921, 893.602SH1/2, RIAC.
[5] The Secretary of State to Mr. Gordon Woodbury, Apr. 20, 1921, FE 893.602SH1/2, RIAC.

持该项目，希望航运局参考[1]。

尽管出于利益的一致，美国海军部航运局对山克公司的项目表示了极大兴趣和支持态度，也考虑到日后可能面临的在华激烈的经济竞争，认为应该提早占领中国市场，但是出于美国对华外交政策的限制，海军部的支持也只能无疾而终。

（二）山克公司积极宣传造势

山克发行实业债券没有获得美国政界与金融财团的支持，但是巨大的利益预期使他没有放弃，转而借助媒介舆论，绕过美国政府与银行团，大力宣传造势，并直接与其他中小型企业联系，推销其债券。对于不少企业来说，"一亿美元"的规模令人艳羡，其中存在着商机，于是美国商界被掀起一阵不小的波澜。从某种程度上说，这股宣传造势甚至主导了此案后期政治、外交与商贸之间的互动。

此案签订的初步意向协议，并没有项目的实施构想，也缺乏诸多细节，但是这并不妨碍山克公司的舆论造势。1921年9月1日，《芝加哥每日新闻》（*The Chicago Daily News*）最先披露了山克与南方政府的合同文本，9月4日后又发表了专题报道，提到"芝加哥与中国签订了一份惊人的合同"，而合同的主导方山克公司表示"第一批价值10万美元的债券在很久前就已经用光了，另外的债券承诺给热切的投资者"，并称"南方政府发行的总额可能达30亿美元或40亿美元，据说已有85家美国大公司、银行、铁路公司、电力公司、煤炭公司感兴趣"[2]。9月2日，芝加哥《希拉律审察报》（*The Herald Examiner*）报道称："第一期发行债券之形式，已得到驻华盛顿中国代表马素赞同，并正在印刷之中。"[3]

这些宣传报道吸引了不少美国企业。此处举三例：一是1921年9月12日，有一家纽约的消防水枪制造公司（Fire-Gun Manufacturing Company, Inc.）致函国务院，表示该公司已就参与南方政府合资经营事宜与山克公司取得联系[4]。助理国务卿狄伦（F. M. Dearing）回复该公司总裁迪维（F. M.

---

[1] The Secretary of State to Admiral William S. Benson, Apr. 20, 1921, 893.602SH1/2, RIAC.
[2] Chicagoan and China Linked in Huge Deal, *The Chicago Daily News*, Sept. 4, 1921.
[3] Continental and Commercial and Savings Bank to V. K. Wellington Koo, Sept. 2, 1921. 台北"中研院"近代史研究所档案馆藏北洋政府外交部档案 03-03-002-02-011。
[4] Mr. F. M. DeVee to the Secretary of State, Sept. 12, 1921, FE 893.602SH1/10, RIAC.

DeVee),强调合同存在风险[1]。二是1921年7月间,美国胜家克里狄建筑公司也计划与山克公司共同开发广东煤矿项目,对此北京政府向美国方面表示强烈抗议[2]。三是1922年1月31日,芝加哥大陆商业信托储蓄银行(Continental and Commercial Trust and Savings Bank, Chicago)通过报刊得知美国政府取消了山克的贷款,但"山克公司已经几次与芝加哥大陆商业信托储蓄银行就贷款计划、规模进行了联系",副总裁艾伯特(John Jay Abbott)向远东事务司询问[3],从沟通中可以判断,倘若艾伯特未注意到报刊信息,已经开始筹备与山克公司的合作。还需注意的是,同一时期芝加哥大陆商业信托储蓄银行正在通过美国国务院与北京政府反复交涉[4],后者未按约定履行协议,偿付持票人的本金和利息,一度传出"美政府以芝加哥银行借款不还而不承认北京政府"的传闻[5],或许正是因为对北京政府债务安全的担忧和失望,该银行转而开始关注南方政府[6]。

  正是由于不少美国企业关注到山克公司的项目,美国国务院担心于1921年4月已否决的实业债券计划又重新提上日程,紧急命令驻粤机构详细调查此案的最新进展。10月12日,驻粤总领事波贺劳向爱德华·山克询问其父亲是否已采取任何步骤执行协议条款,以及具体的合同问题。10月17日,爱德华·山克回复波劳贺称:"我这里没有合同副本,也没有见到乔治·山克的合同,但是看到了南方政府持有的合同副本,确认有初步协议这个合同文本存在",并表示山克"过去几个月一直在努力实现此协定,最近收到的信息表明已经筹得一千万美元……整个问题肯定会在不久的将来解决",而山克不久之后也会返回中国[7]。10月21日,驻粤领事馆将最新的山克公司发行实业计划债券的信息汇总,致函国务卿休士,确认了合同文本的存在,但认为"尽管美国国内已有不少企业关注到该实业债券计划,但是驻粤领事馆并不认为此协议可以产生多大的效力"。然而国务院似乎并不放心这样的判断,国务卿随即致电波劳贺,继续要求其仔细调查南方政府的合同是否实际生效,如果生效,现

---

[1] Assistant Secretary to Mr. F. M. DeVee, Sept. 17, 1921, FE 893.602SH1/10, RIAC.
[2] 《关于美国胜家克里狄建筑公司与山克公司拟为广东发行债票一事》,台北"中研院"近代史研究所馆藏北洋政府外交部档案 03-03-002-02-011。
[3] Mr. Hugh Marshall c/o Far Eastern Division, Jan. 31, 1922, FE 893.602SH1/14, RIAC.
[4] 广西师范大学出版社编:《中美往来照会集(1846—1931)》第15册,第276、250、308、418、447、461页。
[5] 《美政府以芝加哥银行借款不还而不承认北京政府》,《申报》1921年11月9日,第3版。
[6] Assistant Secretary to Mr. John Jay Abbott, Feb. 4, 1922, FE 893.602SH1/14, RIAC.
[7] Mr. Edward D. Shank to Bergholz, Oct. 17, 1921, FE 893.602SH1/11, RIAC.

状又是如何[1]。

美国国务院的忧虑是有一定道理的。山克公司的宣传渠道不仅对美国国内企业产生影响,还波及日本广告商和在华的美国企业。1922年2月13日,驻沪总领事向国务卿报告,近期在上海的一位美国商人收到一份四页传单,"并相信这份传单已在中国广泛传播,也可能在美国广泛传播"。这份传单以山克公司与南方政府合同为首页,强调合同金额总计"一亿美元",并简要介绍了南北对峙下的中国内政,其中有一幅中国形势图,配文中提到:"孙中山在南部进展顺利……北京政府将要灭亡。"[2]

驻沪总领事认为,"如果每个人被诱导认购该债券,便会造成相当大的损失。众所周知,这份合同没有得到国务院的认可,但这传单误导了一个普通的美国商人,提供传单的该美国商人对中国深表同情,且有少量资金可以用来投资",他进一步请求,"如有必要,希望国务院可以采取措施以保护美国公众和美国在华的声誉"[3]。目前的史料情况尚不能确定这份传单是出自山克公司还是南方政府,但是从内容来分析,传单将山克公司合同置于首页,后页附上1922年间中国政局的走势,并强调南方政府开始占据优势,此内容具有明显的诱导性,即宣传方希望在华的美国企业可以打消对南方政府的顾虑,积极投资这个项目。直到1922年5月,美国国务院还有文件显示,山克公司此案仍受到美国政商界的关注。

(三) 美国商务部的关注与评估

早在1921年3月,山克公司在美国国务院交涉受阻后,还曾求助于美国商务部长赫伯特·胡佛(Herbert Hoover),他在电文中提到:"如果无法得到摩根大通公司的批准,美国银行团将会阻止债券在美国的发售。"胡佛接电后,便致函国务卿希望获得更多关于此事的信息[4]。3月31日,国务卿休士回复胡佛,表明山克公司的项目是在与反抗北京中央政府的政权打交道,并且附上了3月23日国务院给美国摩根大通公司的指示,认为"必须符合美国国际政策及国际银行团的政策要求"[5]。此后,商务部并未再多做表态,但对此案

---

[1] The Secretary of State to Bergholz, Oct. 21, 1921, FE 893.602SH1/11, RIAC.
[2] Latest dispatches from Peking, Feb. 13, 1922, FE 893.602SH1/17, RIAC.
[3] American Consulate General in Shanghai to the Secretary of State, Feb. 13, 1922, FE 893.602SH1/17, RIAC.
[4] Mr. Herbert Hoover to the Secretary of State, Mar. 28, 1921, FE 893.602SH1/4, RIAC.
[5] The Secretary of State to the Secretary of Commerce, Mar. 31, 1921, FE 893.602SH1/4, RIAC.

持续关注。

随着越来越多的美国企业询问此案,商务部于1922年4月15日发布了一份评估报告。该报告收集了1921年1月山克与孙中山签订的合同,以及山克公司与拟认购债券的美国企业之间的合同文本。商务部评估认为,此项目"盈利模式已完全超出普通商业的范畴,根据与美国制造商签订的合同第七款内容,利润分配十分不公平,只有26.6%留给制造商,40%留给山克先生,而他的作用仅仅是将双方联系在一起",最重要的是,"合同整个方案就像一个工厂只生产一种产品,即'宣传'"。此外,商务部认为"山克接触的许多美国投资者并不了解南方政府的真实地位,除非美国政府采取措施保护合法投资者,否则会对中国的信用和任何合法的工业化计划造成不可估量的伤害"。的确,山克公司的项目具有极强的"投机性"。这一时期,美国对华投资,尤其是与北京政府的投资项目基本被美国银行团所垄断,对于中小型企业山克公司来说,只有中国地方实力派存在投资的可能,于是将目光转向当时财政窘迫、急需外资援助的南方政府。正如报告指出的,这就是一场"投机游戏",只是所有的风险都留给了南方政府,所有的利润都给了山克,而美国企业在这场冒险中没有盈利[1]。

1922年1月,马素接受《纽约时报》采访时表明,很多美国企业曾致信马素,认为山克的合同具有垄断性质,马素反复强调"这个协议不是垄断性的,所有美国商人都有权按照中美之间签订的条约在中国做生意……希望美国商人了解中国南方地区是一个开放的市场……南方政府是不支持垄断的"。对马素来说,不会因为这项还无实效的债券发行计划,便阻碍未来可能出现的更多美国企业对南方政府的投资[2]。1922年4月27日,驻粤总领事休斯顿(Huston)致电国务卿,"私人消息源称,孙中山在美国的私人代表马素已取消了该合同"[3],至此,这场持续一年多的实业债券计划最终破产。

五、小　　结

南方政府与美国山克公司的1921年实业借款计划以失败告终,有着深刻的内外因素,可以概括如下。

其一,山克公司陷于美国国内复杂的利益博弈。以往对中美企业史的研

---

[1] Mr. F. R. Eldridge to Mr. Lockhart, Apr. 15, 1922, FE 893.602SH1/21, RIAC.
[2] $100 000 000 Loan to China Abandoned, *New York Times*, Jan. 29, 1921.
[3] Mr. Huston to the Secretary of State, Apr. 27, 1922, FE 893.602SH1/19, RIAC.

究,较为重视"在地化"(Localization)视角,即注重美国企业如何因应中国复杂的社会关系网,而将美国视作一个整体,缺乏差异化分析。事实上,美国企业要面对的本国关系网是极为复杂的,此案山克公司在推动对华借款过程中,与美国国内的政界、金融界、商界及其他利益团体间,形成了一种利益交杂的关系网:美国国务院出于外交和政治因素坚决反对,海军部因可以解决其辖属航运局剩余物资的商机而积极支持,商务部更加关注此项目的商业利益,美国银行团在坚决执行美国政府外交政策的同时,也必须捍卫自身对华的金融垄断地位,其他美国企业或出于市场利益,或出于对山克公司新垄断的恐惧,也各有其考量。山克公司要想实现自身的发展,就必须面对和处理好美国国内复杂的关系网。

其二,此案长达一年多的交涉过程,处处存在"政府外交"的影子。一方面,山克公司面临最大的困境就是此项目违背美国政府的外交利益,"政府外交"深刻影响着中美经济交往与企业经营发展。另一方面,当山克公司意识到外交承认带来限制时,也希望积极推动"政府外交",以减少经贸合作方面的阻碍,他希望"孙中山应着手以获得美国政府的承认,担任中国总统职务",并"通过很多途径来提请这届美国政府关注其主张"[1]。事实上,不少企业为了自身利益,积极推动和影响政府政策,例如 1915 年成立的"美国中国商会"(American Chamber of Commerce of China)后来积极推动 1922 年《中国贸易法案》的通过,进一步吸引和促进美国企业来华经营与发展[2]。此外,也应注意到此案对南方政府外交政策的影响。曾将希望寄托在美国身上的孙中山,对美各种借款受阻后,与美国政府的关系日趋紧张,1923 年底再次因"关余问题"引发双方激烈的对抗,南方政府在多年联美失利后,逐渐转向"联俄革命",对之后的历史发展产生深远影响[3]。

其三,一战爆发是中美经济关系的转折点,中美经贸快速发展成为一种主流趋势,但是,对这一失败案例的分析或可揭示出 20 世纪 20 年代初期中美经济关系的另一个面向,即美国对华投资存在着极强的矛盾性:一方面,美国政府通过政策引导打破体制束缚,极力推动对华贸易,另一方面,在实际过程中客观存在着各种限制。此案过后不久,1923 年 9 月,另一家在香港的美国企业

---

[1] Memorandum of Division of Far Eastern Affairs, May 9, 1921, FE 893.602SH1/8, RIAC.
[2] 张忠民:《艰难的变迁:近代中国公司制度研究》,上海社会科学院出版社,2002 年,第 346—347 页。
[3] 参阅张生、陈志刚:《一九二三年关余危机与广州大本营外交之嬗变》,《历史研究》2010 年第 6 期。

华南发展集团(South China Development Syndicate, Ltd.)根据新通过的《中国贸易法案》拟成立公司，租赁并经营南方政府的广州造币厂，但是美国驻华公使舒尔曼(Jacob G. Schurman)依据国务院1921年对山克公司一案的处理态度，否决了华南发展集团拟注册的新公司[1]。在研判政治利益与经济利益不可兼得之情形下，美国政府选择了前者，这也使得20世纪20年代初期，在对华投资问题上，美国大财团"无所作为"，中小企业"难有作为"。

总之，从当时的国外国内局势来看，南方政府与美国山克公司1921年的实业借款计划在美发行1亿美元债券，其数额仅略低于1913年袁世凯政府与五国银行团达成的善后大借款，即使是为国际承认的北京政府都无法发行如此规模的债券，遑论不被列强所看好的南方政府。更为重要的是，美国银行团为垄断对华借款，绝不会允许山克公司成功发行债券。而对于孙中山和南方政府而言，此时面临着财政窘困、国际孤立的局面，为获得援助可谓是"病急乱投医"，其合同中缺乏担保、让利之多，实在过于儿戏。而山克原本是一个小企业家，其公司在美国的势力和影响也十分有限，他在中国南北对峙中看到"商机"，与南方政府"一拍即合"，然而发行债券、建设实业需遵守商业规则并受制于政治逻辑，山克之所为仅仅是造势投机，面对强大的美国政府和金融界的反对，要在美国为孙中山和南方政府发行巨额实业债券，注定是无法成功的梦想。

（原载《中国经济史研究》2020年第5期）

---

[1] Dr. Schurman to Mr. Jenkins, Oct. 9, 1923, FE 893.602SH1/22, RIAC.

北洋政府时期的九六公债述评

张启祥*

北洋政府的财政是"破落户"[1]财政,在税收不能满足国家开支的情况下,借债是必须的,也是可能的。九六公债是1922年北洋政府对盐余抵押借款的一次全面整理,其正式名称为:偿还内外短债八厘债券。由于发行定额为9 600万元,故而习惯上称之为"九六公债"。

对于九六公债的报道,首先是随着九六公债的出现而出现的。当时具有一定影响力的报纸、金融杂志,都对九六公债的提议、发行、偿还、影响有断断续续的报道和评论,但都言之不详,并且就事论事。20世纪二三十年代,研究中国财政金融的学者也在有关著作中提到了九六公债,但也就是对九六公债的一个简单概述,缺乏深入的研究;到了最近,汪敬虞、潘国琪等学者也在自己的著作中涉及九六公债,但依旧沿袭前人,没有充分展开[2]。

对于一项在20世纪二三十年代颇受非议,并且至今还被公认为北洋时期"造成的影响也最坏"[3]的所谓恶债,我们有必要按照吴景平教授在《近代中国内债史研究对象刍议——以国民政府1927年至1937年为例》[4]提出的思想,按照内债的各个要件,并结合当时的社会背景对九六公债做出清晰的描述和公允的评价。本人不揣浅陋,愿就此作一粗略的探讨,以求教于各位。

---

* 张启祥,2006年博士毕业于复旦大学历史学系,现为江苏大生集团党委副书记。
[1]《旧中国发行公债史的研究(代序)》,千家驹编:《旧中国公债史资料(1894—1949年)》,中华书局,1984年,第10页。
[2] 贾士毅:《国债与金融》,商务印书馆,1930年,第31—35页;上海商业储蓄银行信托部:《内国公债要览》,上海商业储蓄银行,1931年,第27—32页;汪敬虞:《中国近代经济史(1895—1927)》,人民出版社,1998年,第1428—1429页;杨荫溥:《民国财政史》,中国财政经济出版社,1985年,第23页;潘国琪:《国民政府1927—1949年的国内公债研究》,经济科学出版社,2003年,第42—43页。
[3] 汪敬虞:《中国近代经济史(1895—1927)》中册,第1428页。
[4] 吴景平:《近代中国内债史研究对象刍议——以国民政府1927年至1937年为例》,《中国社会科学》2000年第5期,第175—208页。

一、九六公债出炉的背景

1916年以后,中国由于袁世凯的逝世而更加动荡。各省不仅停解中央解款和中央专款,而且截留关税、印花税、烟酒税。甚至盐税一项,初则请求协助,继而自行收用,置北洋政府的权威于不顾。北洋政府财源枯竭:表面上,北洋政府关、盐两税的总收额达16.6亿元左右,但扣去外债本息及各地的截留,北洋政府真正可以运用的只有3.6亿多元,仅占两税总收额的20%多一点。[1]

而另一方面,截至1920年底,北洋政府合计发行公债11种,实际发行总额3.72亿元以上[2]。数额不能完全说明政府债务问题的严重性,关键是这些公债,除民三、民四公债有比较确实的担保外,其他大都本息无着,延期付息是经常的事。这严重影响了政府的债信,同时也不利于政府再发行公债。因此,1921年有财政总长周自齐整理内债本息基金的计划,并提出整理内债的方针九条。

综观整理案内各内债可以看出,北洋政府整理的主要是公开发行的内国公债。事实上,北洋政府的国内举债包括公开发行的公债,还包括国库券,以及北洋政府向各银行举借的大量短期借款(盐余借款、内国银行借款及各银行垫款)。由于关余充当了偿还外债的第一担保品,因此北洋政府的第二大税收盐余便成了政府内债的另一重要担保品。在1921年的前几年,政府的盐余较多,政府在急需资金时,用盐余向各银行号抵借各种款项。当时这类借款相当多,积累起来远远超过了盐余数额,加之盐余还要抽出一部分来补充军政费用,因此,往往到每年的冬天,即金融业整顿结账的时候,政府总是拖延还本。据统计,北洋政府1921年的盐余借款达到3 200多万元,已略高于该年3 000万元左右的盐余数额[3]。

借款余额大于盐余,对于以盐余为担保的债权人来说,所借款项成了无担保的借款,而对于债务人北洋政府来说,承担了债信缺失的压力,因此双方都有对盐余抵押借款进行整理的迫切要求。

公债在混乱的北洋时期能否发行主要看是否有充实的偿还基金。1921年

---

[1] 杨荫溥:《民国财政史》,第9页。
[2] 王宗培:《中国之内国公债》,长城书局,1933年,第18页。
[3] 中国社科院近代史研究所中华民国史研究室编:《中华民国史资料丛稿·大事记》第8辑(中华民国十一年),中华书局,1979年,第26页。

的一个利好消息是华盛顿会议后中国海关可能实行关税切实值百抽五,那么关税可能大大增加,从而减轻盐余的压力;一个紧迫的形势就是当年冬天北京与天津发生挤兑风潮,银行界人人自危,希望拿回政府的债款。在利好消息和挤兑压力下,北京的银行界出于自身利益考虑,首先在1921年12月,由北京银行公会召集与盐余借款有关的银行号(包括三十一家银行)组成"盐余借款联合团",要求政府进行清偿[1]。在银行界的努力下,1922年1月26日,盐余团与财政部签订《发行偿还内外短债八厘债券财政部与盐余借款联合团暨盐余有关各银行号合同》,主要规定此项债名称为偿还内外短债八厘债券,总额定为9 600万元,债券发行价格按八四(中交两行九折)计算,在最重要的还债基金一条上规定:自本年×月起,应由财部在放还盐余项下,按照另表数目,逐月照拨,自关税实行切实值百抽五之日起,应在所增关余项下,按照另表数目,移充基金,倘所增关余不敷应拨之数,仍以盐余补充之[2]。虽然这还不是公债正式发行的一个条款,但它已经规定了九六公债的各大要件。

北洋政府自条约签订后,为了显示公债政策的公开,将盐余抵押之内外短债数目悉数披露,但未曾想总数超过1亿元,约1.04亿余元[3]。各银行号由于害怕发行遥遥无期,纷纷要求取消合同、归还原约或逼迫政府以现金偿还。北洋政府被迫无奈,设立了一个"偿还内外短债审查委员会",表明政府财政的公开和严肃态度,审查并剔除了三四项不符合条件的盐余借款,但盐余借款总数依然超过9 600万元[4]。该委员会会长与副会长以董康、赵椿年充任。董康当时是司法总长,对公债完全是门外汉,政府用他应是为了避免各方的责难。此外,偿还内外短债审查委员会委员以审计院审计官、法官、内国公债局代表和京师商务总会代表组成[5]。起初,这个委员会准备请记者加入,但后来怕记者由于熟悉内情,对保密工作不利,又拒绝记者的加入。

可以看出,北洋政府在发行九六公债问题上一开始就处在被动的地位。银行界首先提议整理盐余公债,北洋政府本想以偿还内外短债审查委员会积极应对,但该委员会在用人、审查上的失误和偏颇以及对记者的拒绝都给九六

---

[1] 中国社科院近代史研究所中华民国史研究室编:《中华民国史资料丛稿·大事记》第8辑(中华民国十一年),第8页。
[2] 《中国公债史料》,沈云龙主编:《近代中国史料丛刊》第3编第20辑,文海出版社,1987年,第79页。
[3] 中国第二历史档案馆编:《中华民国史档案资料汇编》第三辑财政(二),江苏古籍出版社,1991年,第947页。
[4] 子明:《九六公债之过去与将来观》,《银行周报》第8卷第26号,1924年7月8日,第15页。
[5] 《偿债委员会组织之内容》,《申报》1922年2月26日。

公债的发行蒙上了神秘色彩,也给后来的批评者带来口实。

二、九六公债案

九六公债在发行前后的 1922 年初引起了全国各方面的广泛关注:批评、反对者有之,支持、提倡者亦有之。如此复杂的现象在中国公债发行史上是很少见的,时人和后人把它称之为九六公债案。

在北洋政府决定发行九六公债后,长江各都督率先表示反对,对张弧领导的财政部的决议表示质疑。不过北洋政府在 1922 年 2 月 16 日还是顶住压力,正式公布了《偿还内外短债八厘债券条例》,共十四条。在此条例公布以后,责难声更是一浪高过一浪。从 1922 年 2 月份的《申报》等所发布的消息看,吴佩孚、齐燮元、冯玉祥、萧耀南、刘承恩、孙传芳、张福来等军阀都就九六公债发表声明,表示异议。尤其是吴佩孚,多次对政府、新闻界和银行界发表电告,表示坚决反对或对部分条款表示异议。从这些军阀的身份可以看出,大江南北似乎都对九六公债的发行表示不满,但这些军阀主要集中在直系。他们的反对意见也可以概括为:(一)发行九六公债,事前不征得各省的同意,擅自行事;(二)政府内的有关人员借发行公债中饱私囊,危害国家;(三)九六公债的有关条款不明确,比如借款的使用用途未明确,要求政府的财政公开;(四)盐税是国家的重要税源,关系到国家的安危,不能草率行事[1]。其实,这些反对的借口,有的不甚明确,不知有无,如第二条;有的早已有之,也不是发行九六公债才出现的情况,如第一条、第三条。

在军阀蜂拥反对的同时,沪、津、汉也有团体表示反对盐余公债。在这些团体中,以北京国民财政大会和商教联合会驻沪办事处具有代表性。北京国民财政大会主要是由工商业界人士、社会名流以及在京旧国会议员等组成。该会于 1922 年 2 月 24 日下午在北京中央公园水榭开会,公推李兆年为主席,对财政总长张弧发行 9 600 万盐余公债及北洋政府组织偿还内外短债委员会两项问题,作长时间讨论,决定:(一)公举张超等十代表,呈文赴府,请求取消九六公债条例,因其为财政当局营私舞弊之一种行为,国民为自身利害与国家存亡之计,誓不承认其发行,故该条例无存在余地;(二)取消偿还内外短债委员会。盖此机关不啻为张弧之护身符,借法定机关之名义,行其私欲,国民亦

---

[1] 中国第二历史档案馆编:《中华民国史档案资料汇编》第三辑财政(二),第 950—955 页。

不能认其存在;(三)将以上两项主张通电全国,冀唤起多数之同情,合力抵抗[1]。而商教联合会驻沪办事处派龙钦海、穆湘瑶北上,赴财政部及偿还内外短债审查委员会,质问调查九六公债内容,并向上海的办事处进行了汇报[2]。

当时的外国公使团,在全国一片声讨中,也对北洋政府表示了自己的看法。驻京英使艾斯顿根据《善后借款合同》第十七条,向北京外交部抗议九六公债[3]。艾斯顿认为,1920年10月成立的新银行团继承了旧银行团,因此要求北京政府就九六公债表明与新银团的合作态度。北京政府避免牵涉到新银团,以免有政治债项的疑问,因此对此一直采取敷衍的态度。很显然,"英法反对盐余公债,其目标恐怕系在存放基金一事"[4]。

但是,一片反对声中也有坚定的支持者。首先是银行界,由于盐余短期借款中银行是主要的债权人,整理盐余借款,无论如何对他们是利大于弊。早在1921年,京沪成立以中国银行副总裁张公权为首的盐余借款团,并且在社会一片讨伐声中,北京银行界召开记者招待会,对事实进行说明,声称"保障人民债权及整理财政,皆有发行此公债之必要"[5]。随后,京沪汉等地银行公会收到吴佩孚的劝拒九六公债通电,吴声称:"诸公既为经济大家,莫非商业巨子……必不让弦高专美于前,岂能与张弧狼狈于后?!"[6]但银行公会依旧表态:银行界也爱自己的国家,但在国家拿不出更好的办法的情况下,他们也只有接受[7]。当然,银行界也有自己的额外要求:(一)债多余票2 000万,要政府定办法;(二)银行嫌九折太贵,须在八四下;(三)外国银行如不受债票扣现金,则担保品不结实,应为二重担保,政府应设法疏通等[8]。但这些要求仅仅是银行界在与政府的交易中就一些细节的计较,不影响银行业总体上的支持态度。

当时的经济学家,与军阀的态度不同,鲜明地表示了自己支持发行九六公

---

[1] 《记偿还内外短债委员会》,《申报》1922年2月27日。
[2] 《九六公债发行之真相》,《申报》1922年3月9日。
[3] 中国社科院近代史研究所中华民国史研究室编:《中华民国史资料丛稿·大事记》第8辑(中华民国十一年),第24页。
[4] 中国第二历史档案馆:《中华民国史档案资料汇编》第3辑财政(二),第925页。
[5] 中国社科院近代史研究所中华民国史研究室编:《中华民国史资料丛稿·大事记》第8辑(中华民国十一年),第20页。
[6] "吴佩孚致上海银行公会"(1923年3月9日),上海市档案馆藏上海市银行公会档案S173-1-36,第3页。
[7] 《吴佩孚之最近两电》,《大公报》1922年3月15日。
[8] 《九六债尚有三点不妥洽》,《申报》1922年2月16日。

债的态度。马寅初在1921年7月上海中国银行学会的演讲词中就提到,"目下九六公债为唯一救济"。他认为,"政府欠银行债不能不还,如还现金,不免多动用盐余,而公债基金益不固。如不讨债,银行不能周转。故以债还债,以长期债还短期债,乃唯一办法","九六公债照学理上说,完全合宜,应予发行。外间不名真相,未加科学的研究,率而反对,故不得不将真相一披露之"[1]。应该说,马寅初代表了当时经济学界的普遍看法,而少有私心和政治的成见在内。

九六公债招致全国的一片反对,原因很多。就九六公债本身来说,条例的制定确实缺乏一定透明度,并且后来公布的盐余借款数确实超过了发行债票的数额,债权人担心自己的利益受侵犯是可以理解的;就担保品来看,由于盐税被各地截收情况严重,同时1922年的确实值百抽五还未铁板钉钉,债权人有理由持怀疑态度。这场反对的矛头最终是指向要不要发行九六公债。整理盐余,有利于政府减轻负担,有利于银行资金的融通,并且九六公债的发行是属于整理内的公债,不是发行新的公债,因而如此大的反对声应该说是源于当时的政治环境。当时中国正处在第一次直奉战争的前夕,南北分裂,而广州也有孙中山领导下的非常国会的存在。因此,以社会广泛关注的公债问题对北洋政府进行攻击,不失为一种政治策略。像反对声最大的吴佩孚,一面反对九六公债,一面却要求在九六公债中拿出1 500万帮助胶济铁路基金[2],这显示了他反对九六公债的政治因素。

三、九六公债的发行及其偿还

不过,在各方面的反对下,九六公债还是发行了。九六公债之所以能够发行,有它不得不发的理由。一方面,政府财政困难,税收、外债均不能到位,必须求助于公债;另一方面,尽管社会各界议论纷纷,但"简括言之,绝非公债政策问题,实属对人问题"[3]。也就如马寅初所言,发行九六公债是一个经济学上的问题,而不是社会论争。

九六公债的发行以1922年6月分期。在这之前,九六公债虽然于2月公开正式发行,但市面却难觅公债,发行一直在暗中进行。这种情况与当时的社会压力有很大关系。据1922年3月2日的《申报》,"据各界喧传,现确已发行

---

[1] 马寅初:《中国公债问题》,《马寅初全集》第1卷,浙江人民出版社,1999年,第496页。
[2] 《吴佩孚提出九六债中应提出千五百万帮助胶济铁路基金》,《申报》1922年5月14日。
[3] 《九六盐债与财界风波之现状》,《申报》1922年3月15日。

两千余万。又某外人方面传出信息,谓张弧于二十六日密派陈某携带一千余万往上海,向各银行减价出售。由此推测,则此项公债,似已发出不少"[1]。但据商教联合会3月8日的调查,"现查财部已发行七百八十万,又交中行二百七十五万,待交中行一百万,京银行公会保存四千七百六十五万,印刷局尚存三千七百万"[2]。由此可见,外界猜测的数字与实际还是有很大差距。再据1922年3月15日的《申报》,"已被财部处分之债票,共数为一千一百万,其间七百五十万,系张弧经手散出……其余三百五十万,则卢学溥经手放出"。张弧是财政部长,卢学溥是公债司司长,他们共同发行九六债券,似乎说明当时的内债发行机关内国公债局并没有参与到九六公债的发行。

除了向银行号出售外,当时的九六公债还被充当京师军警饷。时人说京师军警对待九六公债的态度是"其实反对尽反对,而暗中分配,某也若干,某也若干"。由上述可见,九六公债的发行一直在秘密进行着,但由于社会的反对,没有公布确实的数字。

1922年6月后,社会的反对声浪渐小,一是因为本来发行公债就有其必要性,二是事实上九六公债也一直在发行,大家采取默认的态度。不过,由于在反对声潮中,财政部长张弧弃职而走,因此九六公债发行之权,就落到审查会手里[3]。由于九六公债属于整理的内债,不是新债,因此多由银行承购。九六公债发行总额分为两部分:一部分是抵偿日本盐余债务的,面额按日金计共39 608 700元,这部分属于外债。另一部分按银元计,面额共56 391 300元,其中4 353万元用于抵偿国内外盐余借款,另有1 000万元由财政部拨付军政各费或抵押借款[4]。不过当时财政部公布的分配方法是760万元拨发军政各费,50万元拨给司法部,实余债券8 790万元悉数寄存中国、交通两银行保管备还内外短债[5]。九六公债究竟如何在银行号间具体分配,至今仍有待探讨。

北洋时期的九六公债,由于混乱的时局,当时看来确实的担保到后来也不能兑现,这给政府的还本付息带来困难。根据1922年2月发布的九六公债条例,九六公债的偿还期限为七年,每年付息两次,第一年下半年还本,每年两次;本息基金第一年1 200万元,以后每年2 000万元,先由盐余拨付,

---

[1] 《九六公债之反对声》,《申报》1922年3月2日。
[2] 《九六公债发行之真相》,《申报》1922年3月9日。
[3] 上海商业储蓄银行信托部:《内国公债要览》,上海商业储蓄银行,1931年,第29页。
[4] 汪敬虞:《中国近代经济史(1895—1927)》中册,第1429页。
[5] 《财部宣布发行九六债经过情形》,《银行周报》第6卷第19号,1922年5月13日,第23页。

待关税值百抽五后由所增关余项下拨充,关余不敷时仍以盐余补足[1]。但是由于1922年北洋政府的内战以及未能确实值百抽五,付息成为很大的困难。而日金部分,由于外交关系,日本横滨正金银行坐扣盐余,因而日金部分付本息正常。至1927年7月前,日金39 608 700万元已经还三次,还负债额32 479 200[2]。

国币部分的付息与日币则完全不同。虽然债券发行时各债权人推举理事七人管理,基金存入中国、交通两行[3],但第一期付息便再三延迟,最后经各银行自己凑垫才于1922年9月21日勉强付出(共225万元),此后各期便一直本息无着[4]。此后,甚至在盐余团上书要求政府维持九六公债时,政府却幻想先向银行先行借垫,然后以提高九六债券的价格来维持债信,各银行自然不能答应[5]。由此可见当时北洋政府财政的拮据和破落。据时人回忆,九六公债在北洋时期确实只进行过一次付息便再无下文[6]。于是,各债权人便将公债纷纷投入债券市场,使得九六公债一度成为京沪证券市场的主要交易品种。

四、九六公债风潮

由于债多券少,北洋政府在发行九六公债时规定先补偿原债券额面的63%,再按发行条例中规定的八四折之,事实上债权者所得每九六债券百元,只实得折合债券53元。如此低廉的折扣,一旦有升值的迹象,必然会成为投机者的首选。果然,在本息无着的情况下,九六债券成为市面上的买卖投机砝码。最终在1924年夏和1926年末,九六债券在北京和上海的证券市场上价格暴涨暴跌,当时有两次"九六公债风潮"之称。

1922年2月和12月,九六公债分别在北京证券交易所和上海华商证券交易所开做现货和期货交易。不过,在1924年夏天之前,总的来看,九六公债保

---

[1] 《偿还内外短债八厘债券条例(民国十一年二月十一日)》,千家驹编:《旧中国公债史资料》,第80—81页。
[2] 交通银行总管理处券务部编:《内国公债库券汇编》第1册,上海光华印刷公司,1921年,《总表》。
[3] 上海商业储蓄银行信托部:《内国公债要览》,第31页。
[4] 汪敬虞:《中国近代经济史(1895—1927)》中册,第1429页。
[5] 《杂纂》,《钱业月报》第3卷第9号,1923年9月15日,第8页。
[6] 周士观:《九六公债发给利息的一段公案》,中国人民政治协商会议全国委员会文史资料研究委员会编:《文史资料选辑》第9辑,中华书局,1960年,第125页。

持了它在证券市场上的平静势头。因为在政府方面,1922年1月,总税务司安格联承诺了关余担保的次第:(一)善后借款;(二)整理案内各债;(三)九六公债。1923年秋,在银行界的请求下,北洋政府决定将九六公债归于整理案内;1924年4月,内阁决议办法中,再次声明九六公债有优先权。在债权人方面,(一)债权还算是确实(因为有政府一再声明和保证),而且至1928年,可以付息,时间并不算长;(二)由于时局的关系,个人的资本一般不敢乱投,并且市场上九六公债也并不多,囤积居奇是很多人的心态。因此,"十三年即由三折左右,而四折五折,至十四年秋以后,即高至六折以外,且增至六七六八"[1]。因此,在战乱纷繁的这段时间,九六公债的价格居然不降反稳步升。

不过,也就是在1924年夏天,债券市场上的九六公债有过一次不小的震荡。由于当时盛传总税务司正与银行界商议从盐余下拨出基金,因此6月中旬,九六市价已从19元涨到30元以上,7月更是升至47.4元;而8月以后,由于江浙战争即将爆发,人们怕公债不能兑现,于是纷纷抛出,于是九六公债价格又一度跌落至27元,由此造成第一次公债风潮[2]。

此次公债风潮对北京证券交易所影响比较大,北京证交所曾停业三个月,许多投机的政客和议员破产。上海华商证交所则受影响较少,但也两次停业。究其影响产生南北差异的原因,时人说:"盖上海方面,(证券交易)纯粹为商业的投机性质;而北京方面,则夹有种种别的作用。"[3]北京方面,据说有议员特设华侨银号,专营九六公债;更有与中法储蓄会有关系之人,在北洋政府管辖不到的东交民巷设立交易所收买九六公债[4]。上海的华商则在经历了1921年"信交风潮"的惨痛教训后,特别小心谨慎。他们通过两次及时的停市,追缴证据金,重订证据金代用品价格等措施使上海迅速走出风潮的阴影。在财政部的一再允诺和中国银行团不愿再垫款作为九六利息的情况下,一场暴涨暴跌的风波总算渐渐平息。

到了1926年底,中国政局发生了根本性的变化。南方的国民革命军已经在向长江流域发展,而且势头不能阻止,远非以往军阀混战的局部影响可比,于是债权人害怕政策发生变化,不断抛出手中的九六公债。更为要紧的是,年关将至,银根吃紧,这严重影响到公债的交易。同时,却有付息的消息四处传

---

[1]《九六问题》,《申报》1926年12月19日。
[2] 马炳荣:《九六公债风潮》,中国人民政治协商会议上海市委员会文史资料委员会编:《旧上海的交易所》,《上海文史资料选辑》第76辑,1994年,第69页。
[3]《九六公债与政潮》,《银行周报》第8卷第27号,1924年7月15日,第6页。
[4] 铭礼:《公债波澜之奠安策》,《银行杂志》第1卷第19号,1924年8月1日,第9页。

播开去。于是,在"京沪电汇规元飞涨至七钱五分二厘,京津电汇规元每万元加至百二十元,为数十年来未有之现象"[1]的大背景下,九六公债的价格在市场上再次暴涨暴跌。

如前所言,九六公债在发行之初,信用已经非常薄弱,市价仅仅在38元左右。但在1926年8月初,价格攀升到惊人的70多元[2]。根据《申报》《银行周报》的记载,九六公债的价格在1926年11月、12月暴涨暴跌。以北京为例,九六公债1926年11月8日在市场上的最低收盘价格为57.8元,11月20日回涨,11月21日暴跌十余元,11月23日,最低到44.4元,与最高时70多元相去甚远。这期间,上海华商证券交易所曾停市三日,而开市后又很快停市。直到11月25日,"察各方情状,似已大定,旬日来之轩然大波,可望从此平息"[3]。

在此期间,京沪两地的银行公会都向财政部质问,请速制定还本付息的善后办法,财政部回复了质询,但仍旧是以过去的各项承诺搪塞[4];银行公会无奈,只能一面主动提议提高九六市价,一面提议续发债票,与日金已还部分相同,以凑成国币九六之数。关于这次风潮的起因,当时的社会舆论攻击中国银行团和盐余借款团的代表张公权与保管公债基金的总税务司安格联暗中恰妥九六公债的付息办法,对同业则密不可告,由此引起了九六公债的上涨[5]。也有人事后回忆,说是当时有与政府关系密切的银行业大户在京沪证券市场大搞投机,导致九六债券狂涨狂跌[6]。但是,政局的异常混乱以及九六公债基金的缺失当是给人有机可乘的重要原因之一。

经历了11月底的短暂平静后,九六公债再次飞涨,12月7日北京居然涨至61.4元,而上海也是涨风猛烈如前;但在12月8日,北京、上海又都暴跌停市。这次涨跌应该是人的心理在作怪:一方面有整理及付息等传说,人心大佳;而另一方面,有人认为此次回涨,只不过是抬价之结果,尚未有可靠的根据,因此游离观望。

债价不稳严重影响了债权人的信心。九六债票持有人纷纷向政府提出提前还本付息的要求。财政部、农商部在无奈之下,以公债市场"显有奸人从中

---

[1]《京公债因金融紧急暴跌》,《申报》1926年11月9日。
[2]《九六公债历年市价涨落图》,上海商业储蓄银行信托部:《内国公债要览》。
[3]《上海九六风潮之尾声》,《申报》1926年11月26日。
[4]《九六公债前途之推测》,《大公报》1926年12月10日。
[5] 姚崧龄:《张公权先生年谱初稿》(上),传记文学出版社,1982年,第70页。
[6] 马炳荣:《九六公债风潮》,中国人民政治协商会议上海市委员会文史资料委员会编:《旧上海的交易所》,第70—79页。

操纵,实属扰乱治安"[1],并根据交易法第二十八条第三项之规定,要求交易所12月10日起暂停九六公债部分的营业,12月29日又电令各证券交易所暂时停止交割[2]。京沪证券交易所认为,北洋政府速定还本付息,以固债信,这才是最重要的;但是由于九六公债交易确实给交易所带来巨大损失,交易所停市也是上策,因此,京沪的交易所都遵循命令。不过,上海华商证券交易所对农商部停止交割的命令有所保留,认为停止交割"事关商业信用,未便盲从","经议覆一电,展缓五日交割",北洋政府对此虽一再劝诫,但也无可奈何[3]。此后,九六公债还剩下暗盘仍旧在京沪两地存在,挥之不去。

九六公债第二次风潮影响长久,对京沪的金融业打击巨大。连信誉卓著的四明银行都在这次风潮中一蹶不振,长久不能复苏[4]。至于散户倾家荡产,甚至走上绝路也是时有耳闻。后来经过申请,九六公债重新摆上了交易的台面,但经历了风潮后的九六公债已经不是市场交易的重点,而北洋政府也已走到了历史的尽头。尽管1929年初九六公债债券人还组织偿还内外短债八厘债券持券人联合会,要求财政当局维持九六原案,并依照优先次序即行补偿延期积欠之本息,但南京国民政府一直未能给予承认[5]。不过,作为一种有价证券,此后的京沪交易所里还是可以见到九六公债:1931年,其最高价在1月达21.00元,1932年其最高价在10月达4.35元,差额16.65元[6],价格依旧有很大的起伏。

五、余 论

1922年九六公债的发行是北洋政府时期公债政策的一个分水岭。在此之前,北洋政府发行公债量最高达一年1.394亿元,而1922年后最高发行量仅有一年2300万元,相差非常悬殊[7]。这种状况固然与北洋政府后期处于恶劣的政治环境、严峻的军事战争环境中,无暇顾及正式公债的发行有关,但不

---

[1]《财农两部干涉六九争潮》,《申报》1926年12月14日。
[2] "浙江兴业银行总办事处函件",上海市档案馆藏浙江兴业银行档案Q268-1-80,第83页。
[3] "上海华商证券交易所致上海银行公函"(1926年12月30日),上海市档案馆藏上海银行公会档案S173-1-46,第14页。
[4] 马炳荣:《九六公债风潮》,中国人民政治协商会议上海市委员会文史资料委员编:《旧上海的交易所》,第78页。
[5] 子明:《记九六公债》,《银行周报》第13卷第11号,1929年3月26日,第5页。
[6] 朱契:《中国财政问题》,商务印书馆,1934年,第237页。
[7] 杨荫溥:《民国财政史》,第22页。

可否认的是，由于曾被很多人认为债权巩固、基金确实的九六公债的问题没有处理好，并导致两次社会影响较大的公债风潮，使民众对北洋政府的信任度降低，政府的公债发行只能缩减数目并变换名称为国库券等，以减少公债发行的风险。当时就有商人敏锐地感觉到，九六公债造成持票人破产还是小事，但"于将来发行公债信用，影响亦巨"[1]。由此看来，北洋九六公债的发行，事实上深刻地影响了北洋政府后期的公债政策。南京国民政府拒不承认九六公债，可能也是考虑到其北洋时期对社会和金融的破坏性而心有余悸。

透过北洋政府九六公债，我们可以看到，破落的北洋政府在迫不得已的情况下整理了盐余抵押借款，纵然规定了许多当时看起来确实的关余、盐余基金拨交政策，并不断地允诺将九六公债置于优先考虑的地位，但由于整体的财政状况破落不堪，关余、盐余的大权掌握在外人手中以及频繁的战争经费支出，最终政府的公债沦为证券市场投机的砝码，并且由于缺乏偿还的基础还在证券市场上充当了具有破坏性的角色。同时，作为债权方的主体——银行业，则在银行公会的领导下，在九六公债的提议、发行、监督以及风潮中都发挥了部分能动性，为银行业的整体利益竭尽全力，体现了北洋时期中国银行业的自主、独立精神。不过，银行业在京沪证券市场的投机和失败表明，中国的银行业还很不成熟，亟须进一步整合和规范。

（原载《史学月刊》2005 年第 6 期）

---

[1] "商人徐继超致上海银行公会函"(1927 年 7 月 4 日)，上海市档案馆藏上海银行公会档案 S173-1-46，第 33 页。

信托业在中国的兴起
——兼论"信交风潮"中的信托公司[1]

何旭艳*

"信托"二字就字意而言,即信任而委托的意思,这种行为中外自古就有。作为近代的一种经济行为,一般来说,信托是指委托人为了自己或者第三者的利益,把财产交给所信任的人或组织,委托其予以管理和处理的经济活动。近代信托18世纪源于英国,19世纪中期兴于美国,19世纪末传入日本,20世纪20年代前后传入中国。

近代中国第一家信托机构是1913年由日本人创设的大连取引所信托株式会社。日本为控制中国东北地区的黄豆贸易,1911年由关东都督府设立大连取引所作为统一的黄豆交易市场,由于在交易中需要专门机构对买卖契约进行保证及清算,因此设立大连取引所信托株式会社。此后,陆续又有数家信托机构设立,表1是截至1921年4月全国各地设立的信托机构概况,绝大部分由日资所办,主营农产品出口贸易以及与之相关的业务,营业地点主要集中在东北地区。

表1 截至1921年4月全国信托机构一览

名　　称	成立年份	资本金(万日元)	所在地	经　营　种　类
大连取引所信托株式会社(日资)	1913	100	大连	信托

---

* 何旭艳,2006年博士毕业于复旦大学历史学系,现为温州大学商学院教授。
[1] 关于1921年"信交风潮"的研究并不少见,在一些金融史或者金融学的教材或著作中均有提及,专题性论文较有代表性的有:肖勤福:《上海金融界"民十风潮"述略》,《近代史研究》1986年第2期;陈争平:《"信交风潮"——一个特大的经济"泡沫"》,《光明日报》1993年9月13日;杜恂诚:《中国近代的三次金融风潮及其启示》,《安徽史学》1998年第2期等。这些论著偏重于把"信交风潮"作为一个金融事件来分析其前因后果,对风潮中信托公司的状况只是进行简单的叙述与介绍,鲜有深入的研究。

续表

名　　称	成立年份	资本金（万日元）	所在地	经营种类
滨江农产信托交易所（中资）	1914	羌贴50万吊	吉林滨江县	农产信托
滨江货币信托交易所（中资）	1914	不详	吉林滨江县	货币信托
普益信托公司（美资）	1914	不详	上海	放款、抵押、理财、遗产管理、财产托管、水火保险
奉天信托（日资）	1915	20	奉天	不详
开原取引信托（中日合办）	1916	50	开原	信托
沈阳信托（中日合办）	1916	4	奉天	信托
大连取引所钱钞信托（日资）	1917	100	大连	不详
东省实业（日资）	1918	300	奉天	金融信托
本溪湖信托（日资）	1918	20	本溪湖	不详
上海仓库信托公司（日资）	1920	300（1944年）	上海	仓栈、蛋品冷藏库、制冰、蛋品冷冻加土出口、运输、保险代理、报关等
东亚证券商品信托（中日合资）	1920	2 000	不详	买卖证券
天津信托兴业（日资）	1920	300（1936年）	天津	信用、担保贷款
青岛信托（日资）	1920	250（1936年）	青岛	信托、公积金经营
利中股份有限公司（中日合办）	1921	100	天津	信托、进出口、投资

说明：羌贴是近代沙俄在中国东北、新疆等地发行和流通的纸币的俗称。

资料来源：(1) 徐裕孙：《日人在华事业之现状》(下)，《银行周报》第5卷第38号，1921年10月4日，第12—16页。(2)《外国在华工商企业辞典》，第672、43页。(3)《滨江通讯·信托交易所改组之经过》，《申报》1921年12月1日，第10版。(4) 杜恂诚：《日本在旧中国的投资》，上海社会科学院出版社，1986年，第365页。(5) 陈真、姚洛、逄先知合编：《中国近代工业史资料》第2辑，生活·读书·新知三联书店，1958年，第398页。

表1中的滨江农产和货币信托交易所是最早出现的华商信托机构，"历年获利甚丰"，尤其以滨江农产信托交易所，"每年获利之厚，实足骇人

听闻"[1]。此外,华资较早涉足信托业务的还见于银行兼营的保管业务。1917 年,上海商业储蓄银行成立了保管部,先后设置了 140 多只木质保管箱和 200 多只钢质保管箱,除自用外,大部分用来出租给客户保管财物;1921 年,保管部改称信托部,保管箱增加到了 1 142 具,鉴于当时"国人对于信托事业,尚无相当认识",因此仅把总行原有的银行业务中的特别存款、教育和婚嫁储金、复利存款等业务改归信托部办理,代客买卖证券、代收房租、证券股息、代出职务上及商业上保证书等业务也开始办理[2]。1918 年,浙江兴业银行开始经办出租保管箱业务,保管箱分为六等,租用费从每月三元到九角不等[3];1919 年 12 月,聚兴诚银行上海分行成立信托部,经办报关、运输、仓库和代客买卖证券等业务。交通银行办理信托业务,"以民国初年筹设仓库为嚆矢,但尔时仓库之设只谋货物押款之便利,尚未含有信托事业之意"[4]。

一

上述这些信托活动的出现,比较零散,且规模不大,尚不足以形成一个系统的行业。信托作为金融业中一个相对独立的分业,兴起于 1921 年的上海。在这一年的夏秋之际,上海一地出现了 12 家华资信托公司,它们紧随交易所而产生,与交易所一起卷入了一场影响巨大的金融风潮——通常称之为民十"信交风潮"。表 2 是这 12 家信托公司的基本情况,它们创立的时间集中在 5 月、6 月、7 月三个月,资本额合计高达 8 100 万元。此外,6 月、7 月上海还有几家信托公司和信托银行计划成立:6 月 18 日,万印楼等人发起的上海信托商业储蓄银行召开创立会,资本金额 50 万元[5];6 月 25 日,上海著名的棉纱商徐庆云等人组织的纱业信托银行召开发起人大会,资本 500 万元[6];7 月份,李光迪等人向农商部申报注册成立中国信托公司。这三家机构后因各种原因没有创立成功。在短短数月之内,巨额资金纷纷眷顾信托这一新兴的金融行业,其背后的原因值得细究。

---

[1] 《滨江通讯·信托交易所改组之经过》,《申报》1921 年 12 月 1 日,第 10 版。
[2] 中国人民银行上海市分行金融研究所编:《上海商业储蓄银行史料》,上海人民出版社,1990 年,第 107 页。
[3] 潘士浩:《银行之保管业务》,《银行周报》第 3 卷第 18 号,1919 年 5 月 27 日,第 44 页。
[4] 交通银行总行、中国第二历史档案馆编:《交通银行史料》第 1 卷(下册),中国金融出版社,1995 年,第 1209 页。
[5] 《6 月份上海新企业之统计》,《银行周报》第 5 卷第 25 号,1921 年 7 月 5 日,第 26 页。
[6] 《纱业信托银行宴请报界记》,《申报》1921 年 6 月 26 日,第 10 版。

表2 1921年上海各信托公司开办概况

公司名称	额定资本（万元）	实收资本（万元）	成立或筹备状况	主要负责人	地　　址
中易信托公司	800	200	5月份创办，9月1日开幕	董事长：朱葆三 经理：洪承祁	法界外滩12号
上海信托公司	1 000	250	5月份创办，9月份解散	董事长：王正廷	北京路17号
大中华信托公司	1 500	375	6月份创办，原定8月15日开创立会，后展期	筹备主任：卢小嘉	四川路40号
中央信托公司	1 200	300	6月份创办，10月15日开幕	筹备主任：田祁原 董事长：田时霖	汉口路1号
中华信托公司	1 000	250	6月份创办，8月份解散	筹备主任：姚慕莲	静安寺路127号
中国商业信托公司	500	125	6月份创办，11月14日开业	董事长：邱渭卿 经理：孙天孙	福州路2号
通易信托公司	250	62.5	6月份创办	董事长：范季美	南京路余兴里
上海通商信托公司	250	62.5	6月份创办，8月21日开创立会	董事长：顾克民	南京路490号
上海运驳信托公司	100	25	7月份创办，8月22日开创立会	发起人：杨小川等	英界泗泾路6号
华盛信托公司	500	125	7月份创办，10月19开创立会，11月份改组为华盛贸易公司	发起人：虞洽卿	爱多亚路47号
中外信托公司	400	100	7月份创办	筹备主任：陈惠农 董事长：林嵩寿	天主堂街48号
神州信托公司	600	150	7月份创办，10月24日开幕	董事长：屈文六	四川路35号
合计	8 100	2 025			

资料来源：(1)《杂纂·6月份上海新企业之统计》，《银行周报》第5卷第25号，1921年7月5日，第25—26页。(2)《杂纂·7月份本埠新企业之统计》，《银行周报》第5卷第31号，1921年8月16日，第28—30页。(3)《杂纂·8月份本埠新企业之统计》，《银行周报》第5卷第36号，1921年9月20日，第29—30页。(4)《交易所之暗礁》，《银行周报》第5卷第40号，1921年10月18日，第2页。(5)《杂纂·11月份上海新企业状况一览》，《银行周报》第5卷第50号，1921年12月27日，第30—31页。(6)《太平洋物产证券与运驳信托》，《时事新报》1921年8月23日，第1版。(7)《中易信托公司开幕》，《申报》1921年9月2日，第5版。(8)《神州信托公司开幕志盛》，《商报》1921年10月25日，第3版。

首先，1920年下半年开始到1921年初，上海市面一改前几年的紧张，银根变得宽松，拆息日低，银洋库存极其充裕，这些聚集起来的过量资金急于寻找高回报的投资途径。

1919年，上海一地的银根尤为紧张，银拆和洋厘之高，"远过于往年也"。鉴于前一年的紧张情况，1920年，输入上海的金银数额相当可观，"金达海关平三千六七百万两，银约达七千万两"[1]。但预计中的银根紧急情况并没有出现。1920年，因各国战后整理，商务停顿，中国出口货物受到很大影响，交易额大大减少，出口净值由1919年的630 809 000海关两，下降为541 631 000海关两；进口净值则有所上升[2]，但由于国内时局动荡，战乱灾荒不断，货物不易运销内地，加上1920年2月份开始，汇率持续下跌，因此进口业也大受打击[3]。作为全国最主要的进出口贸易口岸，上海所受影响尤其严重，从1920年夏天开始，上海一地"货物屯积，销路呆滞，除纱厂面粉厂等，营业尚佳外，其余之工商，十之九皆大减色，而尤以匹头业、五金业、航运业、进出口业者，受亏为最巨。商家之倒闭亏折者，时有所闻，诚商场中罕有之厄运也"[4]。市场陷入如此险恶的境地，沪上的银行、钱庄自然非常谨慎，不敢贸然放款。上海市面的银洋库存数额越积越多，到1921年2月中旬，库存的银两多达4 600余万两（2月19日），银元库存也常在3 700万至3 800万元左右，数额之多，"数年以来所未有也"[5]。这么多的资金需要寻找合适的用途，购置产业是消化资金的方式之一，"然资本尚多，非地产所能尽"[6]，多余的资金，"舍储蓄之外别无出路"[7]，但储蓄也不是理想的选择。在银根变得异常宽裕之后，银拆就日

---

[1] 上引均见进之：《论说·四年内上海金融之变迁（续）》，《钱业月报》第1卷第4期，1921年4月，第29页。
[2] 1919年进口净值为646 998 000海关两，1920年上升到762 250 000海关两。参见郑友揆：《中国的对外贸易和工业发展》，上海社会科学院出版社，1984年，第336页。
[3] 1920年的最高汇率出现在2月9日到11日，达到9先令3便士，最低汇率跌到12月11日的3先令11便士，上下相差达5先令4便士。由于1914年以来汇率一直处于稳步上升趋势，大大刺激了进口贸易，国内积压了大量进口货物，加上一些进口商前一年定货但未先结汇率，所以汇率暴跌后，进口业受损巨大，"以至货到不能出，因而倒闭逃匿者甚众"。参见张贻志：《论说·去年市场不振之溯因及此后趋势之推测》，《钱业月报》第1卷第2号，1921年2月，第2页；徐雪筠等译编：《上海近代社会经济发展概况（1882—1931）——〈海关十年报告〉译编》，上海社会科学出版社，1985年，第187—188页。
[4] 张贻志：《论说·去年市场不振之溯因及此后趋势之推测》，《钱业月报》第1卷第2号，1921年2月，第1页。
[5] 进之：《论说·四年内上海金融之变迁（续）》，《钱业月报》第1卷第4期，1921年4月，第29页。
[6] 《西报论信托公司与交易所》，《钱业月报》第1卷第7号，1921年7月，第40页。
[7] 中国人民银行上海市分行编：《上海钱庄史料》，上海人民出版社，1960年，第117页。

趋低落,1921年春天,"银拆常在二三分或四五分,惟储存现银,利息不无吃亏"[1]。上海一埠聚集的大量资金必定要寻找有效的消耗渠道。

其次,自1902年日本兴业银行首开信托业务以来,至1921年,日本国内的信托公司合计达514家[2]。信托业在日本的飞速发展,一水之隔的中国肯定有所关注。1917年至1921年前后,新创立的《银行周报》陆续发表了潘士浩、徐沧水等人介绍美国、日本、英国等国信托业发展状况的系列文章,以及介绍信托实务和学理的文章。在这些文章中,作者对信托事业的前景无不看好。以《银行周报》主编徐沧水为例,他就十分看好信托存款,认为"在我国存款不发达之际,如利用信托存款之方法,以为人民开资金利殖之途,殊甚善也"[3]。潘士浩则推崇美国银行与信托公司可以相互兼营业务的制度,"信托公司之营业范围,既若斯之广,其为金融界之重要金融机关也,乃以庶民的而兼事业的,其关系于金融界之大,便利于社会之切,且有非一般普通银行所能及者也",他提议中国各银行应该关注这项新事业,另外设立一部,专门办理信托业务[4]。

除了这些介绍性文章外,在1918年11月,《字林西报》《银行周报》相继刊登了华商注资加入日美信托公司的消息。据称,日本前大藏省副大臣管原氏和多名日本商人在东京斥资2 000万日元创立日美信托公司,在招股之际,有"中国资本家"愿注资1 000万日元入股,并要求将公司改名为日美华信托公司,更有报刊指明所谓的"中国资本家"的代表人就是吴鼎昌[5]。到了12月份,消息更加确切了,在《银行周报》第2卷第49号上刊登了关于中日美三国合作斥资2 000万创办信托公司并在上海设立分支机构的消息,对这个即将诞生的公司,舆论寄予很大期望:"中国经济界有此偌大之信托公司,当于营业得所发展矣。"[6]但此后,有关该信托公司的信息就销声匿迹了。林林总总的报刊信息在增进国人对信托业认识的同时,也造成了另一个结果:"不特日本国民认信托公司为现代最有益惠之事业,即我国国民,亦已感到同等之现象。"[7]

最后,交易所巨额利润的刺激,使游资迅速注入与交易所有密切联系的信

---

[1]《各交易所股票涨价之原因》,《申报》1921年5月9日,第10版。
[2] 朱斯煌:《各国信托事业之发达并对于我国信托现况之感想》,《信托季刊》第1卷第4期,1936年10月1日,第63页。
[3] 徐沧水:《信托存款之说明》,《银行周报》第3卷第38号,1919年10月14日,第30页。
[4] 潘士浩:《说信托之受托机关及信托公司》,《银行周报》第5卷第2号,1921年1月18日,第27—28页。
[5]《日美信托公司之近讯》,《银行周报》第2卷第44号,1918年11月12日,第24页。
[6]《中日美信托公司出现》,《银行周报》第2卷第49号,1918年12月17日,第21页。
[7] 程联:《世界信托考证》,上海信托股份有限公司,1931年,第133页。

托公司。20世纪20年代前后,国内经济的发展水平已经有必要建立专门的长期资本市场来解决一系列问题。1920年7月1日,虞洽卿等人酝酿已久的上海证券物品交易所正式开业,资本500万元,先收四分之一,由于确实存在着一定的社会需求,开业仅半年,就以实收股款125万元,获得纯利50余万元[1],年收益率接近100%;1921年春天,华商证券交易所、面粉交易所、杂粮油饼交易所、华商棉业交易所相继成立,开业后"莫不获利倍蓰"[2],社会上视交易所为致富捷径,充斥于市的剩余资金闻风而至,五花八门的交易所纷纷设立。在1921年春天拆息在三四分之际,"交易所设立如林,吸集资本为数甚巨,中外银行之存款,率多移出投资于交易所"[3],到了夏季,由于对"橡皮风潮"记忆犹新,银钱界已经嗅出了交易所的投机成分,上海的华商银行对于以交易所股票抵押放款,已经有不收受的表示,钱业中稳健者也开始持同样态度。银钱界态度的转变,使交易所资金来源成为问题,但此时超常的利润已经令投机者欲罢不能,为了获得新的资金来源,他们开始创办信托公司,募集社会游资,然后以交易所股票向信托公司抵借资金。因此,大多数信托公司的成立,是因为"做交易所不成,弄交易所股票不到手,降格以求,就来办信托公司"[4]。

二

在短短几个月的时间里,将几千万的巨资投入一个崭新的金融行业,显然不是一种理性的投资行为,这种行为背后的动机分为两种。第一种可以解释的理由是:"其志不在信托,而在投机。"绝大多数信托公司属于这一类,公司发起人基本上以非金融界人士居多,其中不乏虞洽卿、朱葆三这样的工商界巨子,也有王正廷这样的政界名流,这些人"亦类多非信托专门学识之流"[5]。如表3所示,他们在发起信托公司的同时,又是一家甚至数家交易所的主要负责人或股东。这类信托公司成立的真正目的是与交易所联手,从事股票投机。通常的做法是:交易所以股票为抵押,向信托公司获取资金,信托公司则将本公司股票在交易所中买卖。第二种信托公司的设立动机在于抵制其他信托公

---

[1] 中国人民银行上海市分行编:《上海钱庄史料》,上海人民出版社,1960年,第118页。
[2] 冯子明:《民元来上海之交易所》,《民国经济史》(《银行周报》30周年纪念刊),1947年,第148页。
[3] 中国银行总行、中国第二历史档案馆合编:《中国银行行史资料汇编》上编(1912—1949)第3册,档案出版社,1991年,第1890页。
[4] 俞寰澄:《民元来我国之证券交易》,《民国经济史》,第142页。
[5] 上引均见程联:《世界信托考证》,第133页。

司套取资金,发起人基本上以银钱界人士为主。当时银钱界在根本上是反对信托公司的,但既然有那么多从事投机之辈以套取资金为目的成立信托公司,那么为了将银钱业"固有之存款,加意保留,以防其拨充其他信托公司之资本"[1],有必要设立信托公司。中央和通易信托公司属于后一种,虽然通易信托公司的董事长范季美是华商证券交易所的理事长,但发起人中还有张嘉璈、徐寄庼等银行界名流[2]。中央信托公司发起人基本上以绍兴籍钱业人士居多,48位发起人中有15位是各钱庄的经理或副理,当时中国银行上海分行总经理宋汉章、中国银行上海分行副经理严成德都曾参与发起筹备工作,后因中国银行反对信托事业,不同意他们参与发起信托公司,所以宋汉章由其子宋美扬出面,严成德则由其兄严仲渔出面[3]。

表3 信托公司负责人与交易所的关系

姓　名	在信托公司中的职务	与交易所的关系
虞洽卿	华盛信托公司发起人	上海证券物品交易所理事长
洪承祁	中易信托公司经理	上海证券物品交易所理事
朱葆三	中易信托公司董事长	上海证券物品交易所股东
卢小嘉	大中华信托公司筹备主任	上洋物券日夜交易所筹备主任
杨小川	上海运驳信托公司发起人	申市货币交易所理事长 中欧信载布匹机纱日夜物券交易所筹备主任 上海中外股票交易所筹备主任 中国糖业交易所筹备主任
王正廷	上海信托公司董事长	上海丝茧交易所筹备主任
范季美	通易信托公司董事长	华商证券交易所理事长
屈文六	神州信托公司董事长	太平洋物产证券交易所发起人
姚慕莲	中华信托公司筹备主任	万国物券交易所负责人
林菁寿	中外信托公司董事长	中外证券物品交易所董事长

资料来源:(1)《上海信交事业最近一览表》,《银行周报》第5卷第40号,1921年10月18日,第23—25页。(2)《杂纂·八月份上海新企业之新统计》,《银行周报》第5卷第36号,1921年9月20日,第26—29页。(3)上海市档案馆编:《旧上海的证券交易所》,上海古籍出版社,1992年,第26页。(4)任建树、张铨、罗苏文编:《现代上海大事记》,上海辞书出版社,1996年,第105页。

---

[1] 马寅初:《吾国信托公司前途之推测》,《马寅初全集》第1卷,浙江人民出版社,1999年,第497页。
[2] "联合征信所关于通易信托公司的调查报告"(1947年7月22日),上海市档案馆(以下简称"上档")藏联合征信所档案 Q78-2-14142。
[3] 参见《上海钱庄史料》第122页表格;"中央信托公司发起人筹备会会议纪录"(1921年6月5日、6月8日),上档中一信托公司档案 Q329-1-1。

尽管资本数额庞大，创立时间短促，但是各信托公司的招股情况却异常顺利，往往"早晨发起设立，当日即可收足股款"[1]。最早开始筹备的是中华信托公司，1920年，万国红十字会代表王培元博士赴欧美各国调查信托事业及工厂，回国后于1921年2月借跑马厅开始筹备，刊登广告后，"挂号认股者应接不暇"，等到6月1日召开发起会时，"临时认股者，几超出数倍，旋经公决以股本一千万元为限，当场公认"[2]。通易信托公司原本定好6月8日至11日四天向公众招募股款，"不料开始之第一日，认股之数超过预定额约五倍"[3]。

公众对信托公司的这种狂热态度，不可否认是受交易所股票暴涨、利润惊人的刺激，但更重要的原因在于认股者对信托业务的无知而产生的盲从心理——"信托公司之名称初发现于海上时，一般憧憧于市场间者，莫不奔走相告，争定股份，以为交易所之后，复有此种发财机会，若失之交臂，定将遗憾弥深。"[4]这种盲从心理对信托公司十分有利。信托公司一方面以雄厚的资本和发起人的社会声望，使社会舆论不敢对其妄加评论，从而树立起公众对信托公司的信任感；另一方面，则以极低的股价吸引普通民众将手头的余资购买信托公司股票。当时没有专门的信托法规颁布，成立信托公司只要参照公司条例即可，按照规定，股份有限公司只要缴纳四分之一的股款，公司就可以成立，信托公司的股份全部为分期缴纳，首期缴纳的股款均没有超出资本总额的四分之一，各家信托公司的每股股款一般定为50元，那么股票发行面额就是12.5元[5]。如此低廉的股价，向社会招募股款时就非常便利，社会中无知识之阶级，虽然不知信托为何物，"然咸以为无尽之金藏，争先恐后，纷纷投资。用于生产之活资，于是移用于投机之事业"[6]。

至于信托公司的经营内容，北京政府延用晚清的银行则例和注册章程，对储蓄银行、实业银行、商业银行分别有所限制，但对于信托公司的经营范围并无任何法律限制，只要按照公司条例进行注册即可。在1921年前，国际上以美国的信托公司最具代表性，美国的信托公司可以兼营银行业务，信托公司素

---

[1] 朱斯煌：《中国信托事业之过去与将来》，《银行周报》第28卷第27、28合并号，1944年7月31日，第3页。
[2] 《中华信托公司之组织》，《申报》1921年6月2日，第10版。
[3] 《信托公司之比较观》，《时事新报》1921年6月11日，第3版。
[4] 《信托公司与托辣司银行交易所之区别》，《申报》1921年7月10日，第2版。
[5] 个别的如上海运驳信托公司，每股股款低至20元，股票发行面额仅为5元。参见《上海运驳信托股份有限公司筹备处公告第3号》，《时事新报》1921年8月11日，第1版。
[6] 马寅初：《吾国信托公司前途之推测》，《马寅初全集》第1卷，第497页。

有"金融界的百货公司"之称,经营范围相当广泛。表4是当时各信托公司拟定的经营范围,可见还是以美国信托公司的经营模式为蓝本,采取的是兼营方式,除了信托业务以外,银行、保险业务等均有涉及,几乎包揽了农工商各业,有点漫无边际,显得既雄心勃勃又非常盲目。当时舆论界对这种现象颇有微词:"近日号称信托公司者如云而起,其所营范围未免太泛。既囊括银行保险诸大事业,又同时作经纪小营业,甚或买卖古玩,采办礼物。"[1]

表4 1921年上海各信托公司拟定的经营范围

公司名称	各信托公司拟定的经营范围
大中华信托公司	一、金融部(银行业务、证券交易) 二、代理部(经理房产租税,清理诉讼,保护财产) 三、保险部(火险、人险、水险) 四、路矿部(投资经营铁道国道事业,开办煤铁等矿) 五、航业部(国外航业、国内航业) 六、进出口部(输出国产物品,承揽采办国外货物) 七、制造部(土木建筑工程,机械电器制造,制造应用物品) 八、运输部(海运业、陆运业) 九、农垦部(拓植森林、移民开垦)此项经营范围,非同时举行,待董事会之议决,得先办其一部或数部
中央信托公司	一、各项存款放款。二、现金之信托存放。三、有价证券之信托存款。四、有价证券之买卖及介绍。五、票据之承受及贴现。六、生金银及外国货币之买卖。七、各种信托保管业务。八、财产及事业之管理代理清算及检查。九、保证业务。十、信托代(理)业务。十一、不动产及动产之抵押放款。十二、不动产及动产之买卖介绍。十三、公私事业之信托投资及经营。十四、有价证券之随及发售。十五、人寿保险业务。十六、其他各种信托事业
中易信托公司	一、银行部:下设存款、放款、出纳、汇兑、储蓄五股 二、信托部:下设证券、不动产、信托存款、受托、放资五股
通易信托公司	一、企业之援助及投资之介绍。二、公债公司债票股票及其他有价证券之承募及买卖。三、各项存款及放款。四、公司业务之整理或财产之清算及核查。五、各种财产之保管及经理
上海通商信托公司	一、存放部。二、证券部。三、代理部。四、堆栈部。五、运输部。六、保险部。七、承揽部

资料来源:(1)《信托公司之比较观》,《时事新报》1921年6月11日,第3版。(2)"中央信托股份有限公司章程草案"(1921年6月),上档中一信托公司档案Q329-1-1。(3)《中易信托公司开幕》,《申报》1921年9月2日,第5版。

---

[1]《信托公司之勃兴》,《申报》1921年6月3日,第3版。

在实际经营中，可以分为两种情况。第一种是以投机为目的信托公司，经营的唯一业务就是与交易所联手从事股票投机。这些手中掌控巨资的信托公司经营者，"对于信托公司之性质与业务，绝鲜研究"[1]，而且也没有兴趣去研究，因为他们成立信托公司时，"非希望其信托公司之业务繁荣也，非有久远之图谋也，其唯一目的，则在其股票之价格腾贵"。如前所述，创办这类信托公司者，一般背后又创办交易所，以便于让信托公司的股票上场交易，然后操纵股票价格，借机获利，至于将来公司经营业绩如何，毫不过问，"彼等唯望其公司可以开幕，股票可以上场，可以获利，而彼等之股票，则已早以出售，变成暴富，并与公司断绝关系矣"[2]。由于追求的是短期投机的暴利，所以大部分信托公司可以公然地置道德、法律、商业习惯于不顾。一个最明显的现象是，按照公司条例，公司必须先成立注册后，才能开始发行股票，实行买卖，但大多数信托公司的做法是，公司尚未注册，股票就已在证券交易所开始买卖，并人为地提高股票价格而使发起人受益。当时舆论就曾质疑，信托公司"皆未成立，并未发行股票，而股票飞涨已较认缴之数多至一倍，此实不可思议之事，若以经济商业之常理论之，其营业之成亏，尚在不可知之数，其股票之市价，固无先涨之理也"[3]。更匪夷所思的是，股票尚未发行时，仅凭一张信托公司的股银收据或者认股凭证，就可以在私下里交易转让，从而把价格提高到第一期应缴股银之上，通过哄抬股票价格，参与发起信托公司的人就可以在短期之内成为巨富。随着手中股票的卖出，发起人不久就与信托公司脱离了关系，而买到信托公司股票的人也并不保留，伺机再度卖出，所以这类信托公司往往还未开幕，而股东已变更数次。没有固定的股东，就不可能有固定的经营方针，此类信托公司"计划既鲜远谋，经营又不稳妥，筹设未竣，即以本公司之股票，投机买卖，从中渔利，实大谬信托公司之本旨"[4]。

至于中央信托公司和通易信托公司，则与上述情形不同。由于公司的发起人和经营者主要是银钱界资深人士，对投机保持着警惕，因此在经营中并不以股票投机为主业。

中央信托公司于1921年10月15日开业，额定资本1 200万元，实收300万元，分为信托、银行、储蓄、保险四部。严成德任总经理，宋汉章主动担任检

---

[1] 马寅初：《信托公司》，《马寅初全集》第1卷，第489页。
[2] 上引均见朱义农：《投机公司防止之一法》，《银行周报》第5卷第30号，1921年8月9日，第1页。
[3] 《信托公司之勃兴》，《申报》1921年6月3日，第3版。
[4] 朱斯煌：《民元来我国之信托业》，《民国经济史》，第63页。

查顾问一职。公司的发起人和主要负责人均以银钱业人士为主,在经营中"取稳健之主义作营业之方针"[1]。中央信托公司的营运资金除了自有资本300万元以外,吸收各项存款接近70万元,接受信托金只有2万余元,从资金流向来看,最大项目为抵押放款,占总营业资金的46%,其次是现金和存放其他银行钱庄的存款,约占35%,投资有价证券仅占8%。从10月15日开业到12月底,实际营业时间仅两个半月,获纯利173 066.46元,股本利润率为17%。

通易公司7月10日开业,额定资本250万元,到了1922年,实收资本达到125万元。黄溯初任董事长兼总经理,副经理周守良与钱才甫均有多年银行从业经历,周守良还曾到国外考察过信托业。从1922年度的决算表来看[2],通易信托公司的营业资力,除了自有资金126余万元外,最大的资金来源是各种存款,合计达40余万元,接受信托存券与证据金合计不过3万余元。资金流向方面,放款额为63万余元,购置有价证券47万余元,"闻以七长整六与金融等项公债为主体",存放于行庄款连同库存现金等项,共有46万余元[3]。

从理论上说,信托公司与银行最大的区别在于,银行的基本功能即"本业"是通过存储贷放行为,作为信用中介来融通社会资金;信托公司属于非银行性的金融机构,其"本业"是接受、管理和处置财产信托。中央和通易公司主要还是发挥了商业银行融通资金的功能,两家公司的资金来源,除了资本金就是吸收各项存款,接受信托金非常少,资金流向主要是放款、现金和存放其他行庄、投资有价证券,利润收入主要来自利息和汇水等银行业务收入。中央信托公司1921年度总利润中76%来自利息和汇兑收入,买卖有价证券收入占17%,保证费、保管费和保险费三项收入合计仅占7%。根据以上的分析,一个不争的事实是,这两家信托公司在实际经营中均以商业银行业务为主,信托本业为副。

三

1921年6月份,当信托公司创办之风正盛时,经济学家马寅初在一次公开演讲中指出,上海的信托公司"只求发财(经济),不顾道德、法律、政治与夫风

---

[1] "中央信托股份有限公司历年帐略",上档中一信托公司档案Q329-1-32。以下有关中央信托公司营业数据均来自这一出处。
[2] 《通易信托公司股东会纪闻》,《银行周报》第7卷第8号,1923年3月6日,第26页。
[3] 《通易信托公司之事业批评》,《银行周报》第7卷第9号,1923年3月13日,第56—57页。

俗习惯,其与经济原理相背驰,将来必致失败"[1]。这一预言不幸言中。追溯1921年信托公司的发展历程,5月、6月、7月份为创立时期,其中以6月份最为狂热,共有6家信托公司创立;8月份开始,就无新的信托公司出现,信托公司已呈怠势,已经设立的中华信托公司"因营业无把握"首先宣布解散[2],9月份又有上海信托公司解散[3];11月份,随着交易所股票价格暴跌,信托公司受其影响,卷入"信交风潮",纷纷停业或改组;到了1922年春天,12家信托公司中硕果仅存者,只有中央和通易信托公司两家。多数信托公司从兴起到败亡,不到一年时间,速度之快出人意外,在这个过程中,1921年8月和11月是信托公司命运发生逆转的两个月份。

第一,8月份是信托公司由狂热趋向平缓的关键阶段。在这个阶段,由于社会各界对信托公司的质疑之声日隆,作为最高监管部门的北京政府农商部对信托公司的态度发生转变,从而使自5月份以来的创立信托公司热得到遏制。

当中易信托公司和上海信托公司在1921年5月份最先创立时,尚未引起银钱界的关注,上海银行公会和钱业公会在5月中旬曾致电农商部,要求对交易所严加管理,未提及信托公司。到了6月份,中国商业、通易、大中华、中央、中华、上海通商六家信托公司相继创立,另外还有上海信托商业储蓄银行和上海纱业信托银行开创立会,这些信托机构无不资本巨大,发起神速,专业人士开始担心在没有相应制度规范的情况下,信托公司的发展势头过猛,偏离了正常的轨道。除了马寅初对信托公司违背法律的投机行为严加指责外,6月14日出版的《银行周报》专门刊登了徐沧水、徐裕孙、朱义农等专业人士的文章,详尽地介绍了信托的学理和各国信托业发展的一般规律,目的是使公众对信托公司的经营内容有清醒的认识,避免因盲从而步入投机,但这些文章都没有直接指出信托公司已成为投机的工具,只是非常含蓄地向公众提出了对信托公司发展前景的担忧,"几个数百千万,尽投于此种事业(指信托业),是否可惜?是否有利……其经营者果善于运用乎?其运用时果无危险乎"[4]?在《吾国信托公司之前途》一文中,徐沧水也只是提醒:"在无法规之下而有许多

---

[1]《信托公司》,《马寅初全集》第1卷,第489页。
[2]《杂纂·八月份上海新企业之新统计》,《银行周报》第5卷第36号,1921年9月20日,第30页。
[3] 根据《上海信交事业最近一览表》(《银行周报》第5卷第40号,1921年10月18日,第25页)中的统计,到9月底就只有10家信托公司了,中华和上海已不复存在。
[4] 徐沧水:《从虚业政策向实业政策从投机主义向投资主义》,《银行周报》第5卷第22号,1921年6月14日,第3页。

信托公司之发生,此实极危险之事。关于受托财产之管理运用以及各方面之权利义务,均应订定完善之法规,以为保护及取缔,切不可放任置之也。"[1]希望政府迅速制定适当的法规,来约束信托公司。

7月中旬,江苏省实业厅厅长致电上海县知事,要求对交易所与信托公司一并展开调查:"近查上海地方,纷纷设立交易所及信托公司等,其间已成立奉部核准者固多,风闻尚有未奉核准即先行营业,甚至发行股票,自做行情,亟应从事调查,各该公司组织是否合法,营业系何范围,本应迭奉部令,饬为特别注意,严密侦查,以防流弊。"[2]此时,农商部还未注意到信托公司热,7月中旬农商部曾以"上海一隅,近来拟组织各种交易所,赴部请领执照者,纷至沓来"为由,特意派员赴上海,秘密调查交易所情况,未提及信托公司[3]。同月,当李光迪等人为开办中国信托公司呈请立案时,农商部的批示是:"查信托法规,本部现正筹订,该商等拟办中国信托公司呈请立案一节,应俟该项法规颁布后,再行信呈候核办,合行批示执照。"[4]稍后,华盛和通易信托公司报批,均以同样的理由不予立案。可见在7月份,尽管专业人士对信托公司已颇多微词,但农商部还是有颁布信托法规的意向,从这点来看,对设立信托公司并不排斥。

7月份,仍然有华盛、中外、上海运驳、神州四家信托公司创立。马寅初再次发表演讲,进一步指出信托公司热将会导致的危险:"不但扰乱金融,亦且引起恐慌。倘不竭力抑制,以弭隐忧于无形,吾恐一旦暴发,势必束手无策。商务实业,同归于尽。为害之烈,将十倍百倍于橡皮风潮也。"[5]对信托狂潮的疑虑已经不仅仅限于专业人士了,在《论交易所之利弊》一文中,实业家穆藕初对信托公司与交易所联手从事投机的可能性深表担忧:"日来信托公司如春笋之怒生,结果如何虽难预测,设使以某所之主任将某所之股票抵押于该所主任自设之信托公司内,此亦违背法律之事,虽难保其必有,然不敢保其必无。"[6]上海总商会也觉察到信交狂潮对工商业的冲击和危害,借助于《上海总商会月报》的舆论阵地,陆续刊发马寅初、穆藕初、聂云台、吴倚伧、佘耀枢等人关于信交事业的专题文章,引导工商界对信交事业的功能及弊害有正确的认识。

---

[1] 徐沧水:《吾国信托公司之前途》,《银行周报》第5卷第22号,1921年6月14日,第7页。
[2] 《饬查交易所信托公司之厅令》,《申报》1921年7月18日,第14版。
[3] 《部派调查员抵沪》,《申报》1921年7月18日,第14版。
[4] 《信托公司呈请立案之部批》,《申报》1921年7月29日,第14版。
[5] 马寅初:《吾国信托公司前途之推测》,《马寅初全集》第1卷,第497页。
[6] 赵靖主编:《穆藕初文集》,北京大学出版社,1995年,第168页。

在一片质疑声中,农商部对信托公司的态度发生转变。8月23日左右,北京传出消息,信托公司条例暂缓公布,理由是:"信托公司呈部注册者,日有数起,农商部因举国反对交易所,拟将信托条例,暂缓公布,呈请者概不批示。"[1]这一消息对处于失控中的信托公司无疑泼了盆冷水,信托公司的股价,"亦如江河之日下",个别的甚至跌至额面之下[2];与5月、6月、7月份形成鲜明对比的是,从8月份开始,再无新的信托公司发起或创立。已经设立的公司中,中华信托公司和上海信托公司先后宣告解散。信托公司热得到了一定程度的遏制。

第二,11月份是绝大多数信托公司与交易所一起卷入"信交风潮",步入败亡的转折点。除了中央和通易两家信托公司外,其他的信托公司在经营中基本上以与交易所联手从事股票投机为唯一业务,"一面既以本公司之股票,作交易所之投机品,一面以交易所之股票,向公司质借款项,又难免交易所之操纵"。所以从设立伊始,就决定了这些信托公司的命运只能随交易所的盛衰而随波逐流,"交易所一经失败,信托公司焉有不随之以俱逝"[3]?

从1921年5月以来,对交易所的反对之声一直不绝于耳,农商部早在7月份就下令取缔未经审批的交易所,但仍有很多交易所在租界注册来规避法律[4]。从9月份开始,法租界宣称不再颁发交易所执照,并开始着手制订取缔交易所章程[5]。农商部于10月下旬两次派人到上海,"实地调查各该交易所信托公司,资本是否充实,其中有无外股掺入,亟应详细查明,以资取缔"[6]。不仅监管部门加强力度,上海银钱业的态度也进一步趋向统一,除了收紧资金借贷外,银行公会、钱业公会开始严禁员工从事股票投机,9月5日,上海银行公会通告各银行,一旦发现行员从事投机,"无论有无亏累情事,除由

---

[1] 《北京快信·信托公司条例暂缓公布》,《时事新报》1921年8月23日,第3版。
[2] 徐裕孙:《信交狂潮之反动》,《银行周报》第5卷第50号,1921年12月27日,第1页。
[3] 朱斯煌:《民元来我国之信托业》,《民国经济史》,第63页。
[4] 到1921年7月止,只有上海证券物品、中国机制面粉、上海华商证券、上海华商杂粮油饼、上海华商棉业、上海华商纱布六家交易所经农商部正式批准成立,另外还有金业、丝茧等少数几家正在审核。农商部下令取缔非法设立的交易所之后,已经发起创立却未经核准的交易所并没有解散。由于租界的特殊地位以及当时中国政出多门的政治格局,这些非法成立的交易所,"大概趋向领事馆注册,或依赖洋商牌号,如某交易所,未得农商部批准,正由上海护军使处注册开业云"。参见《新闻摘要·农商部取缔沪上交易所》,《钱业月报》第1卷第7号,1921年7月,第38—39页;《论说·交易所及信托公司之注册问题》,《钱业月报》第1卷第8号,1921年8月,第16页。
[5] 《新闻摘要·法界不再颁发交易所执照》,《钱业月报》第1卷第9号,1921年9月,第41页。
[6] 《部员覆查信交事业,注重资本外股两项》,《商报》1921年10月28日,第3版。

本行照章斥退外,并报告本会,由本会通告在会各银行,弗予收用,以示共弃之意"[1]。稍后,钱业公会也公开表态:"自阴历十月份起,凡同业各庄,无论经理伙友,皆不准入交易所作投机生涯,并互相查察,以杜后患。如有查出私做情事,经公众开会筹议处分。"[2]交易所事业,已成为众矢之的,"投机者流,莫不张皇失措"[3]。11月份成为交易所事业由盛转衰的转折点,当月,上海尚有38家交易所设立,到了12月份,仅有1家交易所设立[4]。

对于交易所来说,另一个更致命的打击是,自7月份开始,上海市面的银根日益紧张,9月、10月、11月、12月四个月,"银拆之最高价,皆达七钱,洋厘之最高价,亦皆在七钱三分以上,故大体时在紧急之中"[5],尤其在11月中旬,银根紧张达到了极致。一方面京、津中交两行限制兑现,"沪上商家闻之咸有戒心,即稍有余款,亦皆谨自保存,以备不时之需,银行、钱庄相率不做放款,金融益形紧迫"[6]。另一方面,年关将近,各行庄纷纷回笼资金,加剧了市面紧张。在这种情况下,交易所的资金将面临断流,"向之可以投机股票为借现之运用者,今则告贷无门矣。投机家之资金,既运用不灵,于是黑暗内容,一时尽露,公众亦裹足不前,而投机事业遂一落万丈"[7]。11月份开始,交易所改组、停业、清理时有所闻,很多交易所因资金不继,开始大量抛售股票,"交易所股票,无不日跌,大有一落千丈,岌岌可危之势,经纪人破产者,投机人之自尽者,且日有所闻"[8],股价暴跌之后,信托公司所持有的交易所抵押股票就变成废纸,华盛、神州信托公司进行改组,经营他业,其他的基本上以停业告终。1922年2月1日,法领署颁布交易所取缔规则二十一条,立法甚严,各交易所群起恐慌,"其势已成弩末,至信用不敷资本不充者,其命运则正若晓露晨霜耳"[9]。到了3月份,140余家交易所仅剩下12家继续营业,而12家信托公司中,硕果仅存者只有中央和通易两家公司。信交狂热终于酿成了"信交风潮",影响所及,"不仅普通商业受其影响,即国际金融,亦将因而动摇"[10]。

---

[1]《银行公会劝阻行员营投机业》,《申报》1921年9月6日,第14版。
[2]《钱业取缔伙友入交易所营业》,《申报》1921年10月1日,第14版。
[3]《交易所之暗礁》,《银行周报》第5卷第40号,1921年10月18日,第2页。
[4]《杂纂·去年十二月份上海企业之状况》,《银行周报》第6卷第4号,1922年1月24日,第20页。
[5] 徐裕孙:《民国10年上海金融与回顾》,《银行周报》第6卷第2号,1922年1月10日,第10页。
[6]《中华民国史档案资料汇编》第3辑农商(一),江苏古籍出版社,1991年,第788页。
[7] 杨荫溥:《上海金融组织概要》,商务印书馆,1930年,第291页。
[8]《论说·金融界之隐忧》,《钱业月报》第1卷第11号,1921年11月,第13页。
[9]《杂纂·上海交易所调查录》,《银行周报》第6卷第11号,1922年3月28日,第23页。
[10]《论说·金融界之隐忧》,《钱业月报》第1卷第11号,1921年11月,第13页。

四

综上所述,信托业在中国兴起的方式相当特殊:不到一年时间里,以从事投机为主的信托公司问世不久即卷入"信交风潮",相继改组或停业,中央和通易信托公司则以银行化的经营方式得以幸存,12家信托公司都没有发挥应有的理财和调剂金融的功能。信托作为一个新兴金融行业,只给社会留下了从事投机的不良印象。"信交风潮"过后至1927年,在长达6年时间里,新增的信托机构只有1924年在上海设立的美资普益信托公司和1925年在天津设立的华资诚孚信托公司,继续营业的中央和通易信托公司在业务上没有大的突破,不被社会所重视。可见,对于中国的信托业来说,1921年并非一个良好的开端。这种尴尬局面的造成,最根本的原因在于信托业的兴起缺乏必要的社会经济基础,信托公司只是社会上资金过量而投资生利渠道有限情况下的畸形产物,设立信托公司的动机不纯,违背了信托业发展的客观规律。

作为商品经济高度发达的产物,专业信托公司大都在社会信用制度完善、工商业发达、有价证券大量涌现、个人和团体委托理财要求越来越强烈的情况下,才会大规模出现。从欧美、日本等国的正常情况来看,信托业的发达并非一蹴而就,而是经历了相当长的试办阶段,才会出现大量的信托公司。以当时信托业最发达的美国为例,1822年第一家信托公司出现后,信托公司只是零星设立;随着金矿的开掘,铁路的修筑,尤其是内乱平息后,"公私财产累积日多,加以公司组织,渐见发达,公司理财,益觉重要,不可不有专门人才,主任其事,精益求精,于是信托事务之需要日殷",在1875年,才开始有大量信托公司成立[1]。

不可否认,20世纪20年代前后,中国社会经济的发展对信托存在着一定的需求。首先,经过一战期间的快速发展,民族资本由1913年的2 469 410 000元增加到1920年的3 906 770 000元[2],资本积累的扩大,需要寻求进一步投资的有效渠道,而大多数拥资者缺乏专业的投资知识,有必要设立专门的长期投资机构为其服务;其次,随着产业经济的不断发展,对资金的需求日益增加,仅靠短期货币市场提供的贷款不利于企业的长远发展,需要设立专业的投资机构,以发行公司债的方式,吸收各种社会剩余资金,解决企业的长期资金需

---

[1] 参见朱斯煌:《中美信托事业之研究》,《银行周报》第15卷第38号,1931年10月6日,第7页;马寅初:《信托公司》,《马寅初全集》第1卷,第486页。
[2] 许涤新、吴承明主编:《中国资本主义发展史》第2卷,人民出版社,1990年,第1085页。

求;第三,生产的发展,流通领域里的大批量商品购销行为将大大增加,也需要建立能够提供大规模商业信用的专门机构进行代理。在1921年之前,华资创办的滨江农产信托交易所获利丰厚,主要是因为滨江一地"出产之豆麦,为数甚巨,悉以此农业信托交易所为成交之中心"[1],满足了当地的信托需求;稍后,个别华资银行开始兼营保管箱业务,并得到初步发展,也正是由于同样的原因。

但是这种信托需求十分有限。个人或团体(一般是公益组织)资金的受托及其运用、公私财产管理、执行遗嘱、发行公司债信托等几项是信托公司最主要的业务,也是信托公司有别于其他金融机构的特性所在。在1921年前后,虽然有一定数量的富人存在,却不具有普遍意义。"兵匪为患,水旱交灾,易子以食者有之,析骸以爨者亦有之,民穷如是,安有余资以从事于投资之用?"[2]这才是当时中国社会的普遍现状。而中国人的传统习惯,对于个人财产喜欢保守秘密,不愿交付他人处理,执行遗嘱等事则喜欢托付亲友。所以,开展个人信托业务的余地不是很大。至于公司债信托,这是美国和日本信托公司最主要的业务之一,但中国的工商实业远远谈不上发达,企业主要通过发行股票募集资金,无所谓发行债券;证券市场起步不久,可以流通的只有公债和股票两种。因此,"当此企业未盛,证券初兴,以此业务(公司债信托)为中心,时机尚早"[3]。

另外,信托公司的性质不同于一般公司,开展信托业务必须建立在委托人对信托公司绝对信任的基础上,然后才将财产委托其代为保管处理;同时,国家应该有严格的法律规定,使信托公司自有资产与委托人的资产分开,这样万一信托公司倒闭,委托人的财产不会受侵害。1921年,普通民众的信托知识极为有限,大多数人尚不知信托为何物,作为一个新兴行业,信托公司的信用无从谈起,在缺乏信任的前提下,殷商富户即使有多余资产也不会交由信托公司去管理;而北洋政府还没有出台相应的法规来保护委托人资产。这两个因素进一步扼制了信托需求的增长。

在信托主体和可供信托的财产都十分有限的情况下,1921年夏秋之交的短短三个月内,上海一地同时出现12家信托公司,资本总额合计高达8100万元,平均每家信托公司的资本额接近700万元,按照实收资本计算,也接近200

---

[1]《滨江通讯·信托交易所改组之经过》,《申报》1921年12月1日,第10版。
[2] 马寅初:《信托公司》,《马寅初全集》第1卷,第485页。
[3] 茅恩炳:《对于吾国信托公司之管见(下)》,《银行周报》第5卷第38号,1921年10月4日,第4页。

万元,这种发展规模显然是反常的。因为当时资本总额在 200 万元以上的华资公司并不多见,资本额在 500 万、1 000 万以上的公司,也不过六七家而已;华资银行业经二十多年发展之后,到 1920 年止,82 家银行总资本仅 51 987 077 元[1]。信托公司的平均发展规模已超过了华资银行业二十多年的发展水平。这些信托公司一哄而上,只是在一段时间内,社会上"有银过丰,而商务呆滞,钱无用途,生利之方法有限"[2]的情况下出现的,信托公司成为当时社会剩余资金的一种宣泄渠道,并非商品经济高度发达后的自然产物。创办人或者出于投机目的,或者为了抵制其他信托公司,没有一家真正为了发展信托事业,信托公司不经营信托业务不足为奇。信托公司的兴起既不循正规,又过度膨胀,一旦市面出现异常情况,陷入"信交风潮"也是必然的结果。

(原载《近代史研究》2005 年第 4 期)

---

[1] 中国人民银行上海市分行编:《上海钱庄史料》,第 118 页。
[2]《新闻摘要·西报论信托公司与交易所》,《钱业月报》第 1 卷第 7 号,1921 年 7 月,第 40 页。

上海中外银钱业联合会筹建述论(1921—1929)

何 品*

近代上海金融业在进入20世纪以后,逐渐呈现外国银行业、本国银行业和钱业三足鼎立的格局。这三种金融势力之间不仅因业务重叠而产生竞争和对立,同样也因业务互补而进行扶助与协作。

在上海这个国际大都市中,行业内的封闭与对立无益于金融业整体的健康发展。正是由于上海中外银钱业三方均有加强沟通、减少隔阂的企望,一个中外金融合作组织——上海中外银钱业联合会(Association of Shanghai Banks)应运而生。其宗旨在于促进上海中外各行庄的互助合作。上海中外银钱业三方的同业组织——上海外国银行公会、上海银行公会、钱业公会的全体会员均被接纳为其会员。但该联合会并不凌驾于上述三个公会之上,各公会仍然保持原有的独立地位。中外银钱业联合会虽由三个公会联合组建,但由于牵涉到多方利益,其筹建过程颇费周折,合作与争执交织其中,对立与妥协穿插其间,前后持续八年之久。

中外银钱业联合会具有金融业同业公会的特征,而与上述三个公会最显著的不同之处,在于它集国际性、地域性双重特征于一身。对其进行考察,可以为揭示在近代上海金融业三足鼎立格局中,中外银钱业三方之间存在的利益与力量的互动关系,提供一个直接的例证。然而,民国时期的金融史论著,少有关于中外银钱业联合会的记载,据笔者迄今所见,仅徐寄庼所编《最近上海金融史》一书中有一小节叙述,且语焉未详。当代史学研究成果中,也只见朱华、冯绍霆二位先生合作的论文《崛起中的银行家阶层——上海银行公会早期活动初探》曾略有提及[1]。笔者因此不揣浅陋,以上海市档案馆收藏之相

---

* 何品,2007年博士毕业于复旦大学历史学系,现为上海市档案馆整理编目部副主任、二级调研员。

[1] 朱华、冯绍霆:《崛起中的银行家阶层——上海银行公会早期活动初探》,《档案与史学》1999年第6期。

关档案为基本史料,对 1921—1929 年间上海中外银钱业联合会的筹建经过进行个案研究。

一、缘　起

作为上海中外银钱业三方的利益代表,前述三个公会对中外银钱业联合会的成立起了决定性的推动作用,因此有必要先就这三个公会的总体情况作一概述。

上海外国银行公会(Shanghai Foreign Exchange Bankers' Association)正式成立于 1916 年 7 月 4 日[1]。至 1921 年,上海外国银行公会已有 21 家会员[2]。公会以麦加利银行为会址。该会宗旨较为单一,"大致仅为谋国外汇兑之营业便利,并无其他联络"[3]。外汇业务与国际贸易密不可分。由于当时在上海从事进出口贸易的多为外商,他们与外国银行往来最为密切,加之外国银行在华开办外汇业务时间较早,又拥有多种不平等特权,因此上海的外汇市场几乎完全被外国银行所控制。

上海银行公会(Shanghai Bankers' Association)正式成立于 1918 年 7 月 8 日。至 1921 年 5 月时,有 19 家会员。这 19 家银行可以说是当时上海本国银行业的主要代表。上海本国银行的历史不长,其外汇业务更是迟至 1917 年才起步[4]。然而,在当时外国银行控制上海外汇市场的情况下,本国银行要想涉及外汇领域,困难重重,处处受限。"近年以来,华商各银行亦颇有经营国外汇兑业务者,惟因非洋商银行公会会员之故,外国汇兑经纪人,不能代华商各银行直接向客家买卖汇票,因此客家汇票大都垄断于洋商各银行之手,华商各银行颇觉不利。华商银行公会曾独立认定汇兑经纪人数员,专做华商银行间及华商银行与客家之间之买卖。惟此项华经纪人,因不得入外国汇兑经纪人公会之数,不能做洋商各银行之买卖,营业范围,甚为狭小,亦有不利。"[5]受诸多不利因素的影响,虽然上海的本国银行在其他业务上发展显著,但其外汇

---

[1]　"外国银行公会致上海钱业公会函"(1929 年 10 月 9 日),上海市档案馆藏上海钱业公会档案 S174-2-176;洪葭管、张继凤:《近代上海金融市场》,上海人民出版社,1989 年,第 188 页。
[2]　"上海麦加利银行致上海银行公会函"(1921 年 6 月 13 日),上海市档案馆藏上海银行公会档案 S173-2-40。
[3]　徐寄庼:《最近上海金融史》,自编发行,1926 年初版,第 154—155 页。
[4]　祝百英:《民元来我国之外汇问题》,朱斯煌编:《民国经济史》(《银行周报》30 周年纪念刊),银行学会,1948 年,第 212 页。
[5]　《上海银行总公会之建议》,《银行周报》第 10 卷第 10 号,1926 年 3 月 23 日。

业务却未见有多大起色。

上海钱业公会（Native Bankers' Association）正式成立于1917年2月23日〔1〕。加入钱业公会的都是资本殷实的汇划庄。至1921年4月时，上海钱业公会已有会员72家〔2〕。与在华外国银行的经营特点正相反，钱庄注重开展国内汇兑业务，对国外汇兑并不关注。

组建中外银钱业联合会一事，源于本国银行在外汇业务上谋求突破的迫切要求。1920年11—12月间，上海银行公会曾致函外国银行公会，要求外国银行在外汇业务上给予本国银行同等便利，但是外方并没有给出满意答复〔3〕。上海银行公会转而考虑让几家经营外汇的会员银行申请加入外国银行公会，以争取平等待遇。1921年5月12日，上海银行公会再度致函外国银行公会，要求允许8家本国银行加入外国银行公会〔4〕。5月17日外国银行公会回函，对中方这一要求予以拒绝，但同时表示："为了使本会能与华商银行合作，本次会议同意尽力组织一总公会（General Bankers' Association），所有在上海被认可之银行均得加入。"〔5〕由此可见，在上海建立中外银钱业三方合作组织的动议，是外国银行公会方面首先提出的，这是针对上海银行公会的强烈要求而做出的回应。

二、初议（1921年5—6月）

对外国银行公会的提议，上海银行公会的反应是相当积极的，它于5月18日召开会员会，商讨外方提议的可行性〔6〕。

5月25日，上海银行公会再度召开会员会，议决先派代表与外方商洽，但必须坚持下列条件："（一）汇兑上必得便利；（二）自通商以来种种不便利不平等事立应废除；（三）全体加入；（四）成立后之委员，两方面均须同数始可

---

〔1〕 中国人民银行上海市分行编：《上海钱庄史料》，上海人民出版社，1960年，第646页。
〔2〕 惺斋：《论钱业过去及将来》，《钱业月报》第1卷第4号，1921年5月15日。
〔3〕 "上海银行公会会员会议事录"（1920年11月18日、1921年1月26日），上海市档案馆藏上海银行公会档案 S173-1-3、S173-1-4。
〔4〕 "上海银行公会致外国银行公会函"（1921年5月12日），上海市档案馆藏上海银行公会档案 S173-2-40。
〔5〕 "外国银行公会复上海银行公会函"（1921年5月17日），上海市档案馆藏上海银行公会档案 S173-2-40。
〔6〕 "上海银行公会会员会议事录"（1921年5月18日），上海市档案馆藏上海银行公会档案 S173-1-4。

加入。"[1]次日,上海银行公会即复函外国银行公会,同意会商共建事宜[2]。

外国银行公会致函上海钱业公会征求意见,也得到了积极回应。6月2日,钱业公会回函称:"今贵公会及同业诸公创此万国银行团,为世界商业开其先河,当必能获得协作最优之成绩。即诸会员在金融界之地位,益将愈形强固。不特能战胜外界之抵抗力,并可得无穷之财力,以从事放款供给。正当营业之需求,纵所需甚巨,亦无虞周转之不灵矣。"[3]

两相比较可以看出,上海银钱两业公会参与此事的起因存在差异。上海银行公会试图通过中外共建的金融合作组织,为本国银行消除业务上的不平等待遇,而钱业公会的本意则是希望借助这一合作组织,为资本较弱的钱庄争取更多的中外财力支持。从以后的进程来看,这一差异在最初确实妨碍了中国银钱两业公会间就此事开展密切合作。

6月7日,就拟订新组织章程问题中外银钱业三公会代表召开了首次联席会议。9日,外国银行公会分别致函上海银钱两业公会,递交了一份章程草案[4]。该草案将拟议成立的中外金融合作组织定名为"上海银行总公会"(Shanghai General Bankers' Association),其全文如下:

  一、宗旨:本总公会以联络上海各银行钱庄互助合作为宗旨,改良中国及上海银行制度,并就上海银行界势力及经验,讨论应付国际、国内及本埠经济上、币制上及商业上各重要问题。

  二、董事:设办事董事十人,由左列者机关选出之:钱业公会二人,华银行公会三人,洋银行公会五人。会长由麦加利银行行长或其他代表充之。

  三、会员:钱业公会、银行公会及洋银行公会会员即为本会会员。未入上列各会之银行钱庄,如愿加入本总公会,须由会员银行提出,并得会员银行连署,经董事投票全体通过,始得入会。至会员银行,除选举办事董事外,均无投票权。

---

[1] "上海银行公会会员会议事录"(1921年5月25日),上海市档案馆藏上海银行公会档案 S173-1-4。

[2] "上海银行公会复外国银行公会函"(1921年5月26日),上海市档案馆藏上海银行公会档案 S173-2-40。

[3] "上海钱业公会致外国银行公会函"(1921年6月2日),上海市档案馆藏上海钱业公会档案 S174-1-25。

[4] "外国银行公会致上海银行公会函"(1921年6月9日),上海市档案馆藏上海银行公会档案 S173-2-40;"外国银行公会致上海钱业公会函"(1921年6月9日),上海市档案馆藏上海钱业公会档案 S174-1-25。

四、经纪人：由洋银行公会继续管理外国汇兑经纪人会员。对于未入本总公会之银行钱庄，不得签订本总公会会员间之成单，或本总公会会员与客家之成单。若推广现有外国汇兑经纪人公会会员名额，加入华经纪人五人，由代表华银行之董事提出，并先由洋银行公会通过。

五、休假：会员在洋银行公会规定之休假日，概不得与中外汇兑经纪人公会会员订做汇兑交易。

六、汇兑：适用现行洋银行所定之汇兑章程。如须修正，须经本总公会核定。

七、惩戒：会员银行故意违背章程者，一经证实，董事会有令其出会之权。

八、附则：（甲）会员银行经营外国汇兑者，每年决算表制就，须分送各会员。（乙）本会定　月间举行临时会，经办事董事三人之提出，由会长召集之。（丙）议事须录成议事录，由会长银行保管，每次开会时提出。（丁）董事会开会时，得设翻译一人。[1]

以下试就章程主要条款细作分析。从第一款"宗旨"中可以看出，外国银行公会试图对中国财政金融进行多方面的干涉。对于具有组织日常事务管理权的董事会，外方的控制意图更为明显，根据第二款"董事"的规定，外国银行公会的代表要占一半的比例，另还要把持会长一职。外国银行在外汇业务上的垄断优势，外方当然不想放弃，借助第四款"经纪人"的规定，外方可以继续保持这一优势，它所做出的唯一让步，就是同意华籍汇兑经纪人可有5人加入外国汇兑经纪人公会，而这个汇兑经纪人公会则继续由外国银行公会操纵，不受新组织管理。这份章程草案清晰地反映了外国银行公会竭力维护在沪外国银行利益的用意。董事、会长、汇兑经纪人这三个关键性问题，就是三方以后争持不下、久议不决的症结所在。

15日经会员会讨论，上海银行公会开始对外方提案进行修改[2]。

22日，上海银行公会再次召开会员会，讨论新公会章程，议决："一、本会干事额定四人；二、常会及特别会，均须全体干事出席，方得开议。"并决定章程修改后再会同钱业公会联名提出[3]。

---

[1] "上海银行总公会章程"，上海市档案馆藏上海银行公会档案S173-1-25。
[2] "上海银行公会会员会议事录"（1921年6月15日），上海市档案馆藏上海银行公会档案S173-1-4。
[3] "上海银行公会会员会议事录"（1921年6月22日），上海市档案馆藏上海银行公会档案S173-1-4。

然而上海钱业公会对外方提案并未有何异议，相反却表示："此项会章关于敝会方面颇为妥善。"[1]由此可以看出，钱业并不像本国银行业那样关注外汇业务，以致钱业公会对上海银行公会改变中外金融业不平等现状的迫切要求缺乏理解。

由于钱业公会未予响应，上海银行公会只得于6月29日单方面向外国银行公会提交了一份章程修正案[2]。以下就其主要条款作一分析。第一款"宗旨"改为"在会各银行彼此联络辅助，以期上海银行业之进步为宗旨"，较外方提案显得空泛，希望不给外国银行公会留下趁机干涉中国金融事业的口实。第二款"干事"亦即董事条款，在任期上作了明确规定："设干事十人，每二年选举一次。钱业公会二人，上海华商银行公会四人，外国银行公会五人。"人数前后有出入，这是因为上海银行公会为自己增加了一个名额，希望使中方人数超过外方人数。上海银行公会还强烈主张，会长和增设的副会长人选，应从干事中选举产生，任期同为二年。第五款"经纪人"改动如下："外国银行公会现仍继续管理外国汇兑经纪人公会，华商银行公会管理中国汇兑经纪人公会。但有新支援者，无论华籍与否，须经本公会承认后，方可与会员银行或雇客间，订立汇兑交易契约。中国经纪人额数，现暂以十人为限。"这样可以使中国汇兑经纪人免受外方的控制，而且人数也增加了一倍。总而言之，上海银行公会的修正案，虽然对外方作了一些妥协，但也明确表达了维护中方权益的决心。

不料，上海银行公会向外国银行公会提交的这份修正案却得不到外方的回应。估计是中方较为坚决的争权主张令一向趾高气扬的外方感到难以接受的缘故，所以外方干脆中断了与中方的交涉。这样，筹建中外金融合作组织一事不得不暂遭搁置，孰料这一搁就是近五年。

三、再议（1926年3—4月）与三议（1928年7—9月）

1925年"五卅"运动的爆发使中国民众爱国主义、民族主义情绪高涨，这是本国金融业又一个发展良机。"五卅"期间及以后，在华外国银行的经营状况受到了一定程度的影响，而中国银钱两业则为支持国人的反帝运动而开展合作，共同对外，因此在业务上获得了显著进步，渐已具备与外国在华银行业抗

---

[1] "上海钱业公会致外国银行公会函"（1921年6月24日），上海市档案馆藏上海钱业公会档案 S174-1-25。
[2] "上海银行总公会章程"，上海市档案馆藏上海银行公会档案 S173-2-40。

衡的能力[1]。但是由于一直得不到外国银行的通融,本国银行的外汇业务遭遇严重阻碍,如果不力求尽快解决,对自身的发展非常不利,所以当1926年初上海局势暂告平稳后,上海银行公会即将先前搁置的中外金融合作组织筹建计划旧事重提[2]。与1921年初议时不同,这一次上海银钱两业公会事先达成了一致,钱业公会全盘接受了上海银行公会提交的最新章程修正案。

上海银钱两业公会在董事、会长和汇兑经纪人等重要条款上向外方力争权益：将董事人数从10人增加至15人,其中上海银钱两业公会8人,外国银行公会7人；会长、副会长由中外人士轮流担任；中外两个汇兑经纪人公会均归新公会管理,中国汇兑经纪人名额仍定为10人。[3]

3月20日上海银钱两业公会联合将上述提案递交外国银行公会[4]。但是外方于4月1日回函,拒绝接受中方提案,坚持原先的主张[5]。外方不肯妥协、无商量余地的强硬态度使得第二次谈判刚开始就陷入了僵局,被迫再度中断。

此后的中国政局跌宕起伏,至1928年上海形势渐趋平稳之后,筹建中外金融合作组织的计划又被提上了银钱两业公会的议事日程。银钱两业公会经过协商后,于7月12日联合致函外国银行公会,呼吁重新讨论组织"上海华洋银行联合会"事[6]。这一次外方给予了积极回应,表示愿意继续开会协商[7]。

9月10日,银钱两业公会联合向外国银行公会提交了一份新章程草案。该草案对三项主要条款作了新的修订：委员会委员人数增加至16人,中外各半,其中外国银行公会8人,上海银行公会5人,钱业公会3人,任期增至3年；委员会主席由委员中选出,任期亦增至3年；中外汇兑经纪人两公会统归

---

[1] 唐传泗、黄汉民：《试论1927年以前的中国银行业》,中国近代经济史丛书编委会编：《中国近代经济史研究资料》第4辑,上海社会科学院出版社,1986年,第82页。
[2] "上海银行公会致上海钱业公会函"(1926年2月16日),上海市档案馆藏上海钱业公会档案S174-1-25。
[3] "上海中外银钱业总公会章程",上海市档案馆藏上海钱业公会档案S174-2-176。
[4] "上海银钱两业公会致外国银行公会函"(1926年3月20日),上海市档案馆藏上海银行公会档案S173-2-40。
[5] "外国银行公会复上海银钱两业公会函"(1926年4月1日),上海市档案馆藏上海银行公会档案S173-2-40。
[6] "上海银钱两业公会致外国银行公会函"(1928年7月12日),上海市档案馆藏上海钱业公会档案S174-2-176。
[7] "外国银行公会复上海银钱两业公会函"(1928年7月21日),上海市档案馆藏上海银行公会档案S173-2-40。

新组织管理,外方人数定为53人,中方人数减为8人。[1]

自9月14日起,中外银钱业三方代表召开联席会议,共商组织事宜[2]。最初进展较为顺利,三方在大多数章程条款上达成了共识,会议期间甚至传出了决定在10月15日正式成立"国际银钱公会"的消息[3]。然而,事与愿违,在会长和汇兑经纪人这两个关键问题上,中外之间仍各执己见,不愿妥协,以致筹建计划第三次搁浅[4]。

四、议定与成立(1929年1—3月)

虽然谈判不顺,但是中外各方并没有放弃继续交涉的努力。1929年1月28日,外国银行公会致函上海银钱两业公会,建议重商筹建事宜[5]。2月7日,中外银钱业三公会代表再次召开联席会议。在这次会议上,三方经过共同努力,终于解决了最后两个分歧。在会长人选上,中方同意会长第一任由麦加利银行代表担任,以后由委员选举产生;外方则在汇兑经纪人名额上做出妥协,同意中国汇兑经纪人增至16人,但中外汇兑经纪人公会仍各归中外两银行公会管理。新组织最终定名为"上海中外银钱业联合会"(Association of Shanghai Banks)。当时上海银行公会有会员25家,钱业公会有会员80家,外国银行公会有会员20家,这125家皆得为联合会的会员[6]。

至3月20日,联合会章程草案先后经三公会会员审议通过。在中外各方均无异议的情况下,上海中外银钱业联合会遂于3月21日在麦加利银行正式成立。中外银钱业联合会正式章程全文如下:

1. 名称——上海中外银钱业联合会。
2. 宗旨——本会以促进上海中外银钱业之合作为宗旨。
3. 委员会——委员会由如下选出之16人组成,任期3年:(1)上海外国银行公会8人。(2)上海银行公会5人。(3)上海钱业公会3人。主

---

[1] "上海华洋银行联合会草规",上海市档案馆藏上海银行公会档案S173-2-40。
[2] 徐寄庼:《最近上海金融史》下册,自编发行,1932年增改第3版,第164页。
[3] 《国际银钱公会定期成立》,《银行周报》第12卷第38号,1928年10月2日。
[4] "上海银行公会会员会议事录"(1929年3月14日),上海市档案馆藏上海银行公会档案S173-1-8。
[5] "外国银行公会致上海银行公会函"(1929年1月28日),上海市档案馆藏上海银行公会档案S173-2-40。
[6] "中国银行公会、钱业公会、外国汇兑银行公会代表会议记录"(1929年2月7日),上海市档案馆藏上海钱业公会档案S174-1-25。

席由委员会成员以多数票选出，首任任期为3年，以后每年选举一次。在正反票数相等情况下，主席有投决定性一票之权。以麦加利银行经理或其代表为首任主席，任期3年。

4. 会员资格——所有上海外国银行公会、上海银行公会、上海钱业公会之会员皆得为会员。

5. 汇兑经纪人——本会会员银行所接受之经纪人人数限为，外国汇兑经纪人公会53人，中国汇兑经纪人公会16人。未先获本会允许，不得增加人数。与外国汇兑经纪人公会有关之一切事宜，由上海外国银行公会处理之，与中国汇兑经纪人公会有关之一切事宜，由上海银行公会处理之。

6. 假日——在中外银行业两公会认可为假日之任何一日，会员银行不得与中外汇兑经纪人两公会之会员进行外汇交易。

7. 国外汇兑——采用外国汇兑经纪人公会管理外汇交易之现有章程，任何修订须经本会讨论后方可实行。

8. 约定——会员须严格遵守本会章程，以及本会会议随时通过或宣告之任何修订或补充条款。

9. 行为——上海外国银行公会、上海银行公会、上海钱业公会一致同意，如有证据表明各公会有会员故意违反本会章程，各公会有权中止该会员之会员资格。

10. 总则：(1) 任何本会会员银行正从事或准备从事外汇交易者，须每年或每半年将其资产负债表提交给本会秘书。(2) 应执行委员会3名委员之书面请求，得召集委员会年会或特别会议，商讨任何事宜。委员会12名成员出席为法定人数。(3) 会议通过之每项决议备忘录均须记录在案，由主席保存，并在每次会议时提出。(4) 本会一切会议得有秘书1人出席。(5) 本会开支由三公会平均分担。[1]

细究这份正式文本，可以看出中外银钱业联合会在组织制度上对外国银行较为有利。最明显的有两点：(1) 在委员会构成中，外方代表占了半数，第一任委员会主席（即会长）也指定由麦加利银行代表充任。这不仅保证了在议事过程中外方的意见占据上风，而且可以确保主席一职长期由外人把持（虽然理论上中外人选皆可担任）。(2) 在汇兑经纪人的名额规定上，虽然中国汇兑经纪人增至16人，但外国汇兑经纪人仍多达53人，不仅远远超过中方，而且

---

[1] "上海中外银钱业联合会章程"，上海市档案馆藏上海银行公会档案 S173-2-40。

将来中方人数的增加也受到严格的限制,这样可以确保外方在外汇业务上的传统优势。

对于上海银钱两业公会来说,中外银钱业联合会的组织制度虽然远非令人满意,但却是一个可以接受的结果。在综合实力不如外方,特别是在外汇业务处于绝对劣势的情况下,能够再三与之交涉,并最终成立一个中外合作组织。从这个意义上讲,上海银钱两业公会的努力还是取得了成功。

五、结　　论

筹建中外银钱业联合会,是 20 世纪 20 年代上海中外金融界共同瞩目的重大事件。兹对代表中外银钱业三方利益的三个公会在筹建过程中的表现分别作一剖析。

借助在华外国银行在外汇业务上的固有垄断权益,外国银行公会在筹建过程中始终占据优势地位。虽然首先提出成立一个中外金融合作组织,但却始终坚持一些有欠公平的先决条件。最终确立的中外银钱业联合会组织制度也使外方得益较中方为多。外国银行公会之所以采取种种不平等做法,显然是以外国银行的雄厚实力为后盾,期望通过这个新组织深入中国的金融领域,特别是要利用该组织的各种规章制度,限制本国银行发展外汇业务,从而确保外国银行在华的长期特殊权益。然而,自"五卅"运动以来,外国银行也渐知与中国金融界合作的必要性,不得不改变一贯的傲慢态度,与上海银钱两业公会进行多轮协商,做出一些让步,以换取互相支持。不管是主动也好,被迫也好,中外银钱业联合会的成立毕竟是在华外国银行及其公会为开展中外金融合作所做努力的结果。

上海的本国银行自民国创立以来获得了显著发展,随着资本的积累、业务的兴旺,与外国银行竞争的能力和信心也大为增强。为谋求国外市场的开拓,本国银行迫切希望冲破外国银行对外汇业务的传统控制,因此上海银行公会对筹建中外银钱业联合会的态度最为积极,并对这一组织的作用寄予厚望,即不仅要在外汇业务上打破外国银行的垄断,更试图废除中外交往中的诸多不平等规则。在筹建过程中,上海银行公会对外方的歧视性做法进行了针锋相对的斗争,力图保证甚至加强中方的权益,如中方委员人数要多于外方、主席要从委员中选出不能由外方指定、将外国银行公会控制的外国汇兑经纪人公会纳入新组织管理范围等,但中方最后未能实现这些要求。究其原因,在于就上海一地而言,本国银行的总体实力与外国银行相比,还是处于下风。特别是在与国际贸易密切相关的国外汇兑领域,本国银行的业务尚处于起步阶段,与经验丰富且明显占有优势的外国银行无法匹敌,要想取得突破性进展,还得有求于外方。先天不足的缺陷导致上海银行公会在对外交涉中底气不足。

上海钱业公会在筹建过程中自始至终处于从属地位,一方面固然是由于钱业在三足鼎立格局中实力渐呈弱势,但主要还是因为其经营重心在于国内贸易和内汇市场,对发展外汇业务并不热衷。不过,如果没有钱业公会的有力支持,上海银行公会在与外国银行公会的交涉中将会更加被动,1921年初议的失败便是一个例证。民国时期上海钱业的近代化,使得钱庄的发展与本国银行的前进趋于同步,组织制度逐渐接近,功能业务走向互补,尤其是"五卅"运动以后,互助联系越发增多,经营往来益加频繁,所以自1926年起,上海钱业公会与上海银行公会能够较好地在筹建问题上开展合作,采取共同立场,并由上海银行公会出面交涉。上海银钱两业公会的行动趋于一致,令外国银行公会不敢轻视中国金融业的联合力量,促使中外银钱业联合会最终得以成立。

需要指出的是,在国家政权软弱无力、不平等条约体系无法废除的时代背景下,中国金融业的发展历程始终笼罩于外国金融势力的阴影之下。然而,中外银钱业联合会的成立,毕竟在体制上打破了外国银行的垄断,为今后本国银行外汇业务的发展创造了有利条件。中外银钱业联合会的成立,终究是上海中外银钱业三方开展合作的一次成功尝试。

(原载《史学月刊》2004年第6期)

试论汪精卫与"容共"政策

刘佰合*

多年来,学界在讨论汪精卫对联俄联共[1]政策的态度与反应时,大多持两种迥然相异的观点,或曰汪对建立国共合作持"根本反对态度"[2],或曰"持积极支持态度"[3],以上论点显然只注意和强调了汪精卫对国共合作态度的一个方面,而忽略或回避了汪对容共政策的态度经历了一个由犹疑惶恐到追随认同,再到积极倡行的转变过程。本文试就此进行分析探讨,有不当之处,敬请指正。

一、犹疑·认同·投入:汪精卫对容共态度的转变过程

对于孙中山的联俄容共政策,国民党人态度迥异,有积极赞同推动者,如廖仲恺等人,有极力阻挠反对者,如冯自由、黄季陆等人,那么汪精卫对这一政策持什么态度呢?《孙越宣言》发表后不久,孙中山召集国民党主要负责干部讨论联俄容共问题,征询大家的意见,廖仲恺、胡汉民和汪精卫三人的意见即相去甚远。廖仲恺因和苏俄代表接触频繁,很向往苏俄革命,所以极力赞成联俄容共。对马克思主义已有相当了解的胡汉民,抱着"未尝不可"的态度,虽有怀疑,却亦不乏稳健。汪精卫此前一直从事联张(作霖)活动,并未与闻孙的联俄活动,且此前对马克思主义、俄国革命、中国共产党等"新生事物"甚是隔膜,故其第一反应是担心。他认为"共产党如果羼入本党,本党的生命定要危险;譬如《西游

---

* 刘佰合,2000年于复旦大学历史学系获硕士学位,现为淮北师范大学历史文化旅游学院教授。
[1] "联共"和"容共"两个概念都是对特定历史时期孙中山和国民党对待共产党的政策的概括与表述,长期以来,在国民党的话语系统中多是用"容共"来表达这一特定内涵。由于本文是以汪精卫为论述主体,从国民党角度探讨第一次国共合作的相关问题,故为行文方便多用"容共"来指代当时国民党对共产党实行的政策。
[2] 李云汉:《从容共到清党》,中国学术奖助委员会,1966年,第226页。
[3] 王升:《汪精卫与第一次国共合作研究中的几个问题》,《近代史研究》1991年第1期。

记》上说：孙行者跳入猪精的腹内打跟斗，使金箍棒，猪精如何受得了"[1]。可见，汪此时有一种犹疑惶恐的心情，对于容共政策的怀疑要多于赞成。

随着孙中山改组国民党力度的加大，汪精卫对容共表现出的犹疑矛盾的心态逐渐弱化，但其惶恐犹疑的心理仍通过不同途径时隐时现地表露出来。在国民党第一次全国代表大会上，汪精卫试图用纪律来防范和制约加入国民党的共产党员，促使大会通过了《纪律问题决议案》，宣称"大会认为一切党员，皆有服从严格的党内纪律之义务……党员之承认党章，即承认其纪律，与兵士之盟誓无异。故破坏纪律者，不啻战时叛兵降将"[2]。汪精卫甚至把容共看成是适应时代环境变化的一种权宜之计，"我们容共是一种政策，他们加入国民党，也是一种政策，这是很明白的事实。但到何时才分手呢？……这是无人能先知道的，不过总不外跟时代环境如何而定的。因为一个为共产主义而奋斗的，一个为三民主义而奋斗的，总不能永远合作在一起的"[3]。可见，汪氏在执行容共政策的同时，已有了"分共"的意识萌芽，而这又是他最初对容共政策犹疑心态的必然发展。

孙中山在《致全党同志书》中明确表示"至于社会主义青年团之加入本党……本总理受之在前，党人即不应议之于后。来者不拒，所以昭吾党之量能容物……吾党之新机于是乎在。彼此既志同道合，则团体以内无新旧分子之别"[4]，对容共表现了前所未有的决心。正是这种决心与信心及其伟大人格带动和鼓舞着汪精卫朝着认同、赞同容共政策的方向转化。1924—1925年间的汪精卫虽则没有十分积极地支持容共政策，但对容共亦持一种维护和谨慎乐观的态度。时人多将汪胡（汉民）并论，称之为"主张容纳共产党合作的人"[5]。1924年1月28日，国民党一全大会激烈讨论所谓跨党分子问题，李大钊代表发言后，汪精卫即以个人资格发言，予李以有力支持，他说："吴稚晖、李石曾、张溥泉诸君，都是无政府党，我们已承认他为国民党员，如何对于共产党员又不允许他，这是什么道理？我曾记得戴君季陶说过一句很警辟的话，他说只有民族主义者不赞成民权主义或民生主义。断没有主张民生主义者不赞成民族主义与民权主义之理，亦未有赞成民生主义者不赞成社会主义共产主

---

[1] 胡汉民：《革命与反革命最显著的一幕》，《胡汉民先生演讲集》(7)，上海民智书局，1929年，第132页。
[2] 《革命文献》第8辑，总第1120—1122页。
[3] 汪精卫：《武汉分共之经过》，恂如编：《汪精卫集》卷3，光明书局，1930年，第221—222页。
[4] 广东省社会科学院历史研究所等：《孙中山全集》第9卷，中华书局，1986年，第542页。
[5] 《中共党史教学参考资料》(十三)，第40页。

义之理……从前既已许之,固经过慎重考量,矧共产党又系国际的团体,更无碍于本党乎。"[1]孙中山对汪精卫为国共合作所做的工作给了肯定评价,认为当时国民党内分急进派和稳健派,"而我及汪精卫、胡汉民等可称为综合派。是皆为国民党而努力"[2]。

孙中山病逝后,汪精卫成为广东政坛的核心,力行联俄容共政策,被视为左派领袖,为各方瞩目。孙中山在北京病重期间,加拉罕和鲍罗廷请汪精卫到苏联大使馆谈话,对汪说:"孙先生的病已经绝望了,今后中国国民党的领袖,除了你更有谁敢继承呢!"对汪进行拉拢,汪对此亦十分欣喜和心领神会。胡汉民后来说汪"背叛总理,背叛本党,甘为共产党工具的心肠,也于此植下了"。广州国民政府成立后,汪精卫对联俄容共政策的执行更是不遗余力,胡汉民曾讥讽汪"要和鲍罗廷生在一处,死在一处了……总理逝世未久,便事鲍罗廷如事总理"[3]。汪精卫在此期间,遇事多与鲍罗廷商谈,就是敏感的国共合作问题也不例外。汪自己对此也从不讳言,他在国民党二大的报告中即讲:"鲍顾问先生在里面,真是尽职,总理在不在都是如此。鲍先生没有一次不为我们详细计划。"[4]

汪精卫对国共合作的前途充满信心,在国民党二大政治报告中多次强调"共产派与非共产派在历次战役中,热血流在一起,凝结成一块,早已不分彼此;既能为同一目的而死更可为同一目的而共同生存下去"[5],常为时人乐道。也正因为汪氏积极推行容共政策,反共的西山会议派攻击汪"违反总理容纳共产派归化本党之本意,与顾问俄人鲍罗廷朋比为奸……以致客卿专政,共产党人揽大权"[6],并以此为借口,"开除"了汪的党籍。显然此时的汪精卫被各方共同视为实施联俄容共政策的国民党左派领袖。他曾经振臂高呼:"我们同志要反帝国主义的,便向左去;要生存于不平等条约之下,使中国永为次殖民地,以助成帝国主义之永保势力于世界的,便向右去,不必再用什么共产反共产的口号。"[7]博得阵阵喝彩声。

---

[1] 中国第二历史档案馆编:《中国国民党第一、二次全国代表大会会议史料》(上),江苏古籍出版社,1986年,第53页。
[2] 《孙中山全集》第9卷,第536页。
[3] 胡汉民:《在立法院纪念周报告词》,《中央周报》第117期;《汪精卫之评价》,《中央周报》第114期。
[4] 汪精卫:《鲍罗廷在华工作经过》,《共产国际联共(布)与中国革命文献资料选辑(1926—1927)》(上),北京图书馆出版社,1998年,第21页。
[5] 张国焘:《我的回忆》(二),现代史料编刊社,1980年,第83页。
[6] 沈云龙主编:《近代中国史料丛刊三编第三辑·清党实录》,第8页。
[7] 沈云龙主编:《近代中国史料丛刊三编第三辑·廖仲恺先生哀思录》,第21页。

1927年4月,出国欧游的汪精卫回国抵沪,甫一上岸,就和蒋介石、吴稚晖等人就清党之事连日开会密商。汪精卫认为仍有实行容共政策的必要,故和蒋介石并未达成反共协定,却和陈独秀发表了一个声明,宣称"中国国民党多数同志,凡是了知中国共产党的革命理论,及其对于中国国民党真实态度的人,都不会怀疑孙总理的联共政策……国共两党同志……政见即不尽同,根本必须一致"[1]。汪坚持认为"民国十三年来改组之国民党,其精神与政策决不可牺牲"[2],并在一片迎汪复职的喧嚣声中到达武汉,开创了武汉国民政府时期国共合作的新局面。在武汉,汪精卫仍是中共借重的左派领袖核心,汪之表现亦相当左,在到达武汉的第二天就给《中央副刊》题词,谓"中国国民革命到了一个严重的时期了,革命的往左边来,不革命的快走开去"[3]。得知蒋介石悍然清党后,汪精卫迅即通电斥蒋,"既违反中央命令,且与总理扶助农工策略大相刺谬。悍然行之,无疑甘为民众之公敌";"似此丧心病狂,自绝于党,自绝于民众,纪律俱在,难逃大戮"[4],宣布开除蒋之党籍,免其本兼各职,从而使蒋汪处于对峙状态。

　　应该说,自1925年至1927年上半年,从主持国民政府工作期间制定和实行的一系列方针政策来看,从对待俄人及中共党员的态度与言行来看,汪精卫是在努力实施容共政策的。周恩来即认为汪在大革命前期"很激进","的确是代表资产阶级同我们合作的"[5]。分共以后的汪精卫在回顾容共政策时曾自问自答,"我们有错误没有呢? 唯,有的"[6]。因为在"廖仲恺同志死后,我们也是将共产党人和本党革命分子,视同一律,不分彼此"[7],可见汪对自己坚持容共政策并不讳言。所以可以说,汪精卫在经过了短暂的犹疑与惶恐之后,便逐渐认同并投入地实施了孙中山确定的容共政策。

二、汪精卫认为容共是一种"跟时代环境如何而定"的政策

　　论者在研究第一次国共合作时,大多将国民党视为一个整体,或将其简单

---

[1]《申报》1927年4月5日。
[2] 汪精卫:《四月六日寄李石曾书》,《汪精卫集》卷4,第1页。
[3] 金冲及:《周恩来传》(一),中央文献出版社,1998年,第170页。
[4] 汉口《民国日报》1927年4月17日。
[5] 周恩来:《论统一战线》,《周恩来政论选》(上),中央文献出版社、人民日报出版社,1993年,第478、480页。
[6] 汪精卫:《错误与纠正》,《汪精卫集》卷3,第169页。
[7] 汪精卫:《怀廖仲恺同志》,《汪精卫集》卷3,第175页。

分成左、中、右派,从而忽视了国民党人的个体差异。事实上,汪精卫等国民党领导人对容共既有共同的思想基础,亦有各自不同的价值判断和认知理解。

汪精卫和胡汉民等国民党人所以认同容共,其原动力源自孙中山对于容共的政策与态度。汪、胡诸人在不同场合都宣称自己是孙中山事业的继承者,于容共政策亦不例外。汪精卫曾说:"容纳共产党员,加入国民党,共同致力国民革命,这是总理的政策。"[1]又说:"容共政策为总理所手定,弟等墨守弗渝。"[2]

在这里,有这么几点值得我们注意。第一,汪精卫和其他国民党人一起继承了孙中山将中共党员"吸收到本党来 共同为革命工作"[3]的容共方式,即将"容共"理解成"容纳共产党员加入国民党",而不是国共两党的对等联合。第二,汪精卫等在继承了孙中山容共方式的同时,亦接受了其对共产主义的看法,孙中山认为"共产组织,甚至苏维埃制度,事实均不能引用于中国。因中国并无使此项共产制度或苏维埃制度可以成功之情况也"[4]。这一点对汪等影响尤大。第三,汪接受了孙中山对于中共党员"如不服从吾党,我亦必弃之"[5],"有纷乱我党之阴谋,则只有断然绝其提携,而一扫之于民国以外"[6]的说辞,并于日后加以无限夸大。第四,他们认同容共政策的前提为"容共政策"是总理"手定",于此即留下隐患,总理在时,以总理之意志为导向,总理殁时,怎么办呢?事实表明,蒋、汪、胡走向反共的路途中有一个极相似的借口,那就是共产党而不是他们自己破坏和抛弃了容共政策,他们出于不得已,才在中共"不服从吾党"的情况下,采取了"必弃之"的手段,仿佛他们仍在执行总理政策。

对容共政策之认同与实施,和胡汉民倾向于主义、蒋介石注重事实环境的演化不同,汪精卫更强调"一时之政策",这是汪与其他国民党人在容共思想方面最大却又极易为人们忽视的差异和分歧。

汪精卫在1927年下半年相继发表了《主义与政策》《武汉分共之经过》《分共之后》等演说或文章,系统阐述了他的"主义与政策"的理论,并将"容共"看成是一时之"政策"而不是永久之"主义"。汪认为"凡党必有其主义,根据于主

---

[1] 汪精卫:《夹攻中之奋斗》,《汪精卫集》卷3,第167页。
[2] 《国闻周报》第4卷,第33期。
[3] 沈云龙主编:《近代中国史料丛刊第六十八辑·中国共产党之来源》,第87页。
[4] 广东省社会科学院历史研究所等:《孙中山全集》第7卷,中华书局,1985年,第51—52页。
[5] 沈云龙主编:《近代中国史料丛刊第六十八辑·中国共产党之来源》,第36页。
[6] 《孙中山全集》第9卷,第536页。

义而有种种政策。国民党的主义,是三民主义,而所谓联俄容共农工等政策,即是根据三民主义而发生的"[1],并指出主义和政策的区别在于"主义的时间性要长些,有固定性有永久性。政策的时间便不同了,政策系由主义发展出来的,没有主义的时间性长。三民主义是中国国民党的主义,时间性是很长的……主义不与政策相提并论"。在"我们容共是一种政策"的前提下,得出结论:国共两党"一个为共产主义而奋斗的,一个为三民主义而奋斗的,总不能永远合作在一起……所以容共之后,必定分共,是不可免的",只存在一个"跟时代环境如何而定"[2]的时机问题。汪精卫还进一步阐释他理解的容共意义,"容共是改组之一个重要政策,容共可分析两个意义:甲,容许共党存于吾党势力所及之地域内。乙,容纳共党党员同时兼为吾党党员"[3]。明白汪精卫此种理论,我们便可很容易地理解汪在大革命期间的所做所为了。

在广州国民政府创立前后,汪精卫之所以坚持推行容共政策,赞助甚至领导国共合作,一方面固然由于苏俄和中共对他给以鼎力之助,另一方面彼时广州的政府根基不够稳固,忽而东征、南征,忽而批判西山会议派,面对严峻危险的局面,必须集中一切力量对付国民党的敌人,诸如帝国主义、南北军阀等,这种革命局面需要容共政策,所以内部分裂和分共都是"不许的"。1927 年 4 月初,蒋、汪诸人在上海就驱鲍反共之事连日晤商,其结果却是汪精卫以"政策关系重大"为由,"拒绝了"蒋介石、吴稚晖等人的清党建议。汪认为国共两党异途仍远未到时机,"改组之精神与政策决不可牺牲",否则"我宁自杀……或请你们各位将我枪毙"。汪认为此时强行清党,只会带来两种不堪设想的后果:其一"改组之精神对(原文如此,疑为归——引者注)于消灭",其二"党归于破碎"[4]。此言绝非虚浮矫饰。汪虽然认为:"国民党与共产党亦不易继续相安;但本人希望仍能维持合作,自己愿负调和之责。"[5]出于多种因素的考虑,汪仍执行了容共政策,其思想根源即在于他的"主义与政策"之理论,所以他才能说出"我是站在工农方面的呀!谁要残害工农,谁就是我的敌人"[6]的话。至于 7 月份汪精卫最终实行分共,则是在复杂的政治、军事与经济环境中,疲于应付的汪认为国共两党已到了"争船""争舵"的时候了,为了捍卫"永久性"

---

[1] 汪精卫:《主义与政策》,《汪精卫集》卷 3,第 161 页。
[2] 汪精卫:《武汉分共之经过》,《汪精卫集》卷 3,第 216—223 页。
[3] 汪精卫:《四月六日寄李石曾书》,《汪精卫集》卷 4,第 2 页。
[4] 同上书,第 1—4 页。
[5]《中华民国史事纪要》(初稿),1927 年 4 月,第 509 页。
[6]《李宗仁回忆录》,广西人民出版社,1988 年,第 322 页。

的主义,必须放弃和结束"非永久性"的政策,即结束或部分结束容共政策的时机到了。

或许有人会说,区分主义与政策只是汪精卫为反共所寻的借口罢了,笔者则不以为然,因为早在尚未分共时汪已将主义与政策之意充分、明确地表达出来了。

国民党一全大会后不久,汪精卫在一次演讲时称:"这样做去,眼前一切与主义相矛盾的现状,自然便渐渐的消灭了,根据主义而发生的现状,自然便渐渐的发生了。"[1]"根据主义而发生的现状"即指改组与容共政策而言。1926年,汪精卫在《我们怎样实行三民主义》一文中,用了一系列反问句,要大家树立几个观念,最终落在了"办法和次序"[2]上,而"办法和次序"即是总理所定政策。1926年1月17日,汪在黄埔军校的训话中明确提出"大家想去做革命工作,想实行总理的主义与政策"[3]。至1927年4月,汪在致李石曾书中更将主义与政策之意表达得极为清晰了。所以我们不能简单地认定这种思想仅是汪精卫为反共所寻找的借口。

在认同与推行容共政策的过程中,汪精卫和蒋介石、胡汉民等其他国民党人在主义、事实与政策之间存在着明显的分歧和裂痕,他们各自的立场相去甚远,故对主义、事实和政策的价值判断和界定取舍便旨趣趋异。但他们有一点极为相似,正如张国焘所说,他们"大致说来,干国民革命都颇起劲,而且是有深厚传统的……在国民革命道路上,他们抱着提携后进心理,大概会容许中共党员为革命卖力,但不会容许中共在国民党内兴风作浪"[4]。也正因为如此,汪精卫最终背离和抛弃了孙中山倡导和捍卫的容共政策。

三、七一五分共是汪精卫彻底背弃容共政策的起点

对汪精卫开始反共的时间有多种说法,诸如蒋汪上海4月会谈即达成反共协议;到武汉后迅即右转限共反共;看到罗易出示的共产国际五月指示之后等。我认为汪抛弃容共政策始于七一五分共会议。

汪精卫本人将其分共经过分成三个阶段,其实是事后为自己"防共过迟"

---

[1] 汪精卫:《中国国民党何以有此次的宣言》,《汪精卫集》卷3,第9页。
[2] 汪精卫:《我们怎样实行三民主义》,《汪精卫集》卷3,第133页。
[3] 汪精卫:《对第三期同学毕业训话》,《汪精卫集》卷3,第92页。
[4] 张国焘:《我的回忆》(二),第276页。

而做的辩护和说辞。七一五之前汪虽有制裁过火行为的言论与政策,仍是本着国共合作的初衷。汪精卫看到罗易出示的共产国际五月指示后,震动非常大,意识到国共两党的"严重时期已到了","已到了争船的时候了,已到了争把舵的时候了"[1]。但汪此时并没有下定反共之最后决心,原因有三:其一,依据汪之"政策与主义"之理论和他一贯注重政策的倾向,此时不宜分共,因为武汉政府正面临各方面压力,汪不能先自乱阵脚。摆脱南京方面的威胁和反蒋是汪精卫不得不考虑的问题。汪曾说:"如今各位同志,能和朱同志始终一致,向前努力……一定能够向东打出一条国民革命的生路。"[2]表明了他反蒋的意愿。直到1927年11月,汪还在中政会上表示:"对于讨伐蒋介石已有决心,现正厉兵秣马筹备一切。"[3]从得悉电报内容到初步实施分共之间有40余天,李云汉注意到"汪对这四十天的空白时间无法做圆满的交代,只有用'天天讨论'一词来搪塞";刘芦隐也指出汪之分共借口是"花言巧语,哪里瞒得过人"[4]?

其二,从6月27日汪精卫和罗易的一次谈话中,我们可以窥测到汪的心理状态。汪说:"我们面临着两条路:(1)国共密切合作,共同对右派和一切反动分子进行斗争。这样做会激起反动分子立即发动武装叛乱。(2)共产党退出国民党,由国民党左派保护共产党的出版、言论和合法存在的自由……那么反共分子也就不会有发动武装叛乱的直接借口……我个人认为,我们应该选择第一条路。可如果这样的话,我就必须……赶紧去广东",并表示"我赞成去广东"[5]。可见彼时汪仍倾向于借助中共力量和苏俄援助与蒋介石做斗争,甚至不惜"去广东",所以这40天时间汪是在和罗易、鲍罗廷及中共讨价还价。早在1927年4月,汪精卫回国途经莫斯科时便已获得第三国际与俄共当局"允许予苏俄政府及第三国际以全力支持"[6],这时汪仍对此寄予相当的期望。汪在郑州对记者发表谈话提及中共问题时还称:"彼等之无产阶级之仲裁理想,大约在遥远之将来也",在谈到和俄国关系时,则言"当与之亲善"[7],对国共合作仍存希望。

其三,从汪精卫分共的程序和步骤亦可判定七一五是其分共的起点。经

---

[1] 汪精卫:《武汉分共之经过》,《汪精卫集》卷3,第231—232页。
[2] 汪精卫:《敬告江西民众书》,《汪精卫集》卷3,第157页。
[3] 中国第二历史档案馆编:《中国国民党第一、二次全国代表大会会议史料》(下),第1319页。
[4] 李云汉:《从容共到清党》,第739页。
[5] 罗易与汪精卫谈话记录,《近代史资料》总第93号,第214页。
[6] 《中华民国史事纪要》(初稿),1927年4月,第509页。
[7] 《顺天报》1927年6月26日。

过40天的协商与讨价还价,汪精卫事实上选择的是第二条路。汪精卫自己也说:"我于去年七月间……向中央提议实行分共。"[1]这才有七一五分共会议,就分共问题达成三点决议。这三点决议仍反映出汪精卫想与共产党妥协的意愿,因为从字面上看没有提到"共产党"字样,并且一再强调与苏俄的真实联合,甚至连这样的决议也没有公开,反于后来发布了《保护共产党人身体自由令》。难怪胡汉民在南京对汪之分共横加讥笑,斥其为"伪装",认为汪"也说反共,也闹清党,极力将灰色染上身,做成保护色,避开国民党和全国国民攻击的目标。顶多牺牲一二个不重要的人,而使其余本来不能立足的分子,大都得以从容不迫的,或是暂时潜伏起来,或是仍旧占领着本来的地位"[2]。此时,共产国际训令中共改变对武汉国民党的政策,于是中共相继发表了《中国共产党对时局之宣言》《中国共青团告全国劳苦青年群众书》等系列宣言,决定退出武汉国民政府,攻击汪"宁愿做军阀的秘书,不愿做革命的群众领袖……武汉中央政府已完全反动,武汉不再为革命中心而为反革命中心"[3],和汪精卫的分共进行针锋相对的斗争,汪精卫幻想走第一条路的梦遂告破灭。汪精卫的分共走的是和罗易谈话中提到的第二条道路,而这条道路又正与汪理解的容共第一意义"容许共党在于吾党势力所及之地域内"暗相契合。处于夹缝中的汪精卫,希图借此策略来拉住军事实力派,同蒋介石对抗。随着这种斗争的加剧与深入,汪精卫的分共亦一步步演进,由放弃容共政策发展到反共。7月25日,汪扬言:"我们苦心孤诣维持到现在,并不是不敢翻脸……应当对共产党提出警告,再这样乱闹,莫怪我们翻脸了……再要闹,只好捉人了!"[4]同一日,汪在《致苏共中央政治局的同志们》的信中,表示"关于国共合作的具体方式仍然在等待第三国际的指示"[5],似对国共合作仍存最后一丝希望。中共毅然发动南昌起义来回答汪精卫的叫嚣,由此汪彻底放弃了容共政策,从"和平分共"进到了"严厉驱共"阶段,穷凶极恶地表示"这种狼心狗肺的东西,我们再说优容,我们就是叛党!这种叛徒,我们要用对付敌人的手段对付,捉一个杀一个……把他们一个个抓起来枪毙"[6]。从这个渐进的反共演变过程来看,汪精卫放弃容共走向反共的起点应是提出分共的七一五会议。

[1] 汪精卫:《复林柏生书》,《汪精卫集》卷4,第63页。
[2] 《胡汉民先生文集》(二),台湾中国国民党中央党史委员会,1978年,第220页。
[3] 《中共党史教学参考资料》(十三),第617页。
[4] 李云汉:《从容共到清党》,第742页。
[5] 费正清:《剑桥中华民国史》(一),上海人民出版社,1991年,第724页。
[6] 蒋永敬:《胡汉民先生年谱》,台湾中国国民党中央党史委员会,1978年,第405页。

1923—1927年间,汪精卫对容共和第一次国共合作的态度,不是一成不变的,也不是一种直线式的演变轨迹,而具有多重转变的鲜明个体特征。在将容共理解成"跟时代环境如何而定"的"政策"的基础上,汪精卫对容共政策始存犹疑,继则认同,在相当长的时期内积极推动了第一次国共合作的进展,但从七一五分共开始便彻底放弃和背离了容共政策,最终走上了反共的政治道路。

(原载《安徽史学》2003年第4期)

上海银行业与南京国民政府成立前后的若干内债

蒋立场[*]

在南京国民政府成立前后,包括银行业在内的上海金融工商界曾给予重要的经费资助。此时期财政当局所借债款多来自上海银钱两业,其中尤以银行业承借的债款为主。一直以来,许多专家学者对此颇有论述[1]。总体而言,这些论述多以主要债务方南京政府财政当局的政策举措为主线来展开,其有助于把握南京政府与上海金融业之间关系的主导性、特殊性。而以主要债权方上海银行业等的态度、行为前后变化作为考察线索,能够深化二者关系的研究。1927—1928年间,北伐战争正在进行,南京政权刚刚成立,统治范围有限,尚处于巩固之中。上海银行业等在极其复杂的政治、经济环境中,应对南京政府财政当局的几次重要举债,下列一些问题有待于进一步探讨:针对有关债款的索垫和劝募,上海银行业等与财政当局之间交涉的前后经过如何?作为同业整体利益的代表,上海银行公会应对政府募债的举措、做法,前后存在哪些不同?作为债款的实际承担者,各银行机构对待政府举债的具体态度、行为前后发生了什么变化?围绕着承募政府债款,上海银钱两业之间的关系前后比较又出现了哪些微妙的变化?本文在整理利用上海市档案馆藏银行业未刊档案并结合相关已刊档案文献的基础上,通过梳理此时期几个重要内债

---

[*] 蒋立场,2009年博士毕业于复旦大学历史学系,现为中国工商银行总行资深经理。
[1] 如谟研:《"四·一二"反革命叛变与资产阶级》,《历史研究》1977年第2期;史全生:《江浙财团与蒋介石政权的建立》,《江海学刊》1984年第4期;姚会元:《江浙金融财团研究》第2编,中国财政经济出版社,1998年;吴景平:《江苏兼上海财政委员会述论》,《近代史研究》2000年第1期;吴景平:《上海钱业公会与南京国民政府成立前后的若干内债——对已刊未刊档案史料的比照阅读》,《近代史研究》2004年第6期;王正华:《1927年蒋介石与上海金融界的关系》,《近代史研究》2002年第4期等。其中吴景平《上海钱业公会与南京国民政府成立前后的若干内债——对已刊未刊档案史料的比照阅读》一文,在比照研读相关档案史料的基础上,从上海钱业公会的视角深入考察了南京国民政府成立前后,围绕着承受财政当局的几次重要举债,上海钱业与南京政府之间的复杂关系。

案例,对上述问题做一些深入探讨,以冀揭示围绕着承受财政当局募债,上海银行业等内部及其与南京政府之间关系的复杂性。

一、两次承借江海关二五附税库券垫款

自 1926 年 7 月北伐战争开始后,以蒋介石等为代表的国民党军政势力出于筹措饷需的考虑,通过一些途径与上海地区个别银行保持联系。随着北伐战争顺利开展,两者之间秘密借贷活动不时发生[1]。1927 年 3 月下旬,国民革命军东路军占据上海后,为筹措急需饷项等,有关当局曾考虑以江海关二五附税收入作担保发行库券。后鉴于缓不济急,蒋介石等决定以二五附税收入作抵,通过组建江苏兼上海财政委员会(简称苏沪财委会),先后两次向上海银钱业筹集垫款。对于两次承借江海关二五附税库券垫款,上海银行业的反应前后有所变化。

其实在国民革命军进占上海前后,时任东路军前敌总指挥白崇禧曾两度致函上海银行公会,为寻求协助军需事宜预先进行接洽[2]。上海银行公会考虑到当时复杂多变的局势,所持态度比较谨慎[3]。蒋介石于 3 月底到达上海后,立即着手组织江苏兼上海财政委员会,指定上海商业储蓄银行总经理陈光甫为该委员会主任[4]。随后,蒋介石开始通过苏沪财委会向上海银钱两业筹借垫款[5]。4 月 4 日,银钱两业公会联合与苏沪财委会代表签订了第一笔 300 万元垫款合同。关于 300 万元垫款的分配及利息,合同规定银行公会各会员行承担 200 万元,钱业公会各会员庄承担 100 万元,利息均按月息 7 厘。对于担保品江海关二五附税收入,合同规定由银钱两业公会自借款之日起,派员监收,逐日由收款行照数分摊各行庄,直至该项垫款本息还清之日为止。"但本垫款本息未还清以前,如库券已销售有款,得以销售之款,尽先归还之。"[6]也就是说,该项垫款本息的偿还,享有一定的优先权。至于银行业内部对该项垫款的具体分摊,则按照各会员银行资力大小分担不同款额[7]。

---

[1] Zhaojin Ji, *A History of Modern Shanghai Banking: The Rise and Decline of China Finance Capitalism*, New York, M. E. Sharpe, 2003, pp. 166-167.
[2] 上海市档案馆编:《一九二七年的上海商业联合会》,上海人民出版社,1983 年,第 35 页。
[3] 同上书,第 36—41 页。
[4] 参见吴景平:《江苏兼上海财政委员会述论》,《近代史研究》2000 年第 1 期。
[5] 上海市档案馆编:《一九二七年的上海商业联合会》,第 49—50 页。
[6] 同上书,第 57—58 页。
[7] 参见吴景平:《上海钱业公会与南京国民政府成立前后的若干内债——对已刊未刊档案史料的比照阅读》,《近代史研究》2004 年第 6 期。

在第一笔垫款实际交付时，各参与承借银行基本上能够按照银行公会的要求，一次性按期足额交付，且各银行内部对此也没有多少异议。如大陆银行上海分行在4月4日交付应摊垫款10万元后，翌日即发密函到总经理处，告知此次垫款前后的一些情形，并称"沪上局面形势岌岌可危，维持一切端赖当局，有刻不容缓之势"等[1]。对于第一次联合垫款，上海银钱两业基于政治倾向及复杂时局等因素考虑，能够比较顺利地交付，不过，其也并未忽视垫款的某些商业原则。如围绕着垫款担保品江海关二五附税的监收，银钱两业公会曾一度积极筹划安排[2]。此外，由于在垫款未清偿之前，可以用江海关二五附税库券销售得款尽先归还，银钱两业公会开始催促有关当局尽快颁布库券条例，发行江海关二五附税国库券。

4月中旬前后，上海银钱两业提供的第一笔垫款300万元业已用尽，国民政府财政部长宋子文以"度支紧急，不容刻缓"等为由，要求银钱两业公会续垫300万元[3]。对此，银行公会召集会员大会，议决向财政当局提出愿意继续承借垫款的5项条件：(1)请政府宣布宗旨，发表保护工商业及维护金融业方针；(2)垫款用途限于江苏范围，并先行指定大纲；(3)垫款分批缴纳，第一批缴100万元，以后每隔10天缴40万元，以垫足300万元为度；(4)即定库券条例从速发行，并由承募人组织基金保管委员会，其基金之存放由保管委员会规定之；(5)宣布保障以前各地旧欠，办法悉照原约，指定款项归还[4]。对于续垫，银行公会不但要求垫款分批交付，限制垫款用途范围，而且将垫款承借与政府当局有关的重大方针政策、库券发行及基金保管、旧欠清理等诸多问题联系起来。此时围绕继续提供垫款与否，某些银行的态度也开始变得复杂了[5]。

随着宁、汉之间公开对峙，4月17日，武汉国民政府颁布现金集中条例，上海银行公会随即宣布暂停与汉口各行之间往来。4月18日，南京国民政府宣告成立。接着苏沪财委会也在南京正式成立，仍由陈光甫担任主任委员。苏沪财委会正式成立之后，首要任务就是负责继续与上海银钱两业洽商，以落实续垫款300万元。4月23日，针对苏沪财委会所提一次性续垫300万元的请求，银行公会考虑到当前形势，议决接受苏沪财委会的请求，只是提出2点附

---

[1] 上海市档案馆藏大陆银行档案 Q266-1-542。
[2] 上海市档案馆藏上海银行公会档案 S173-1-28。
[3] 上海市档案馆编：《一九二七年的上海商业联合会》，第53—54页。
[4] 上海市档案馆编：《一九二七年的上海商业联合会》，第55—56页；《宋部长向金融界商借款》，《申报》1927年4月16日，第13版。
[5] 上海市档案馆藏大陆银行档案 Q266-1-542。

带条件：(1)请速定库券条例,然后发行;(2)南京当局宣布承认偿还以前各处旧欠办法等。苏沪财委会随后暂允上述条件,请银行公会务必于4月25日召集会议,最终决定续垫,并于当日签订合同,缴解垫款[1]。

4月25日,银钱两业公会准时召集联席会议,苏沪财委会代表列席会议。在加速制订颁布库券条例问题上,双方基本没有分歧,但围绕着旧欠偿还问题,银行公会代表争执比较激烈[2]。经过一番讨价还价,最后议决承认续垫,其附带条件是：以前江、浙两省地方政府向各行庄所借之款,必须确定办法按期清偿[3]。在此基础之上,双方于当日正式签订了第二笔垫款300万元合同。按照合同规定：续垫300万元仍以江海关二五附税作抵,除归还前垫300万元本息外,继续归还续垫300万元本息,至两次垫款本息还清之日为止；银钱两业分摊比例同第一次垫款,合同成立之日一次性缴清垫款等[4]。可以看出,续垫合同有关规定以及附带条件等,同银行公会一开始所提5项条件相比,有了较大的变化。不过,在续垫款实际交付过程中,银行公会的少数会员银行,如和丰、东亚、懋业及工商等银行,出现了一时拒交或短解的现象[5]。

对于两次江海关二五附税库券垫款,上海银钱两业考虑到诸种因素,最后能够联合承借。前后两次承借垫款的具体情形相比较应该看到：围绕着垫款担保及其他承借条件等,银行公会开始有所坚持,少数会员银行前后交付垫款的行为也发生了一些变化。

二、认购江海关二五附税国库券

为了筹措急需军饷,苏沪财委会于1927年5月1日发行江海关二五附税国库券3 000万元,以江海关二五附税全部收入充抵本息基金。并由政府与以上海金融界为主的民众共组基金保管委员会,所有二五附税收入即由征收机关直接拨交该保管委员会,以备付到期本息。江海关二五附税国库券是南京国民政府成立后正式公开发行的第一笔内债。如上所述,在该库券发行前,围绕着提供库券垫款、催促库券发行等,上海银钱两业与苏沪财委会之间进行了

---

[1] 中国第二历史档案馆编：《中华民国史档案资料汇编》第五辑第一编财政经济(一),江苏古籍出版社,1994年,第5—7页。
[2] 同上书,第9页。
[3] 上海市档案馆藏上海银行公会档案 S173-1-28。
[4] 上海市档案馆编：《一九二七年的上海商业联合会》,第58—59页。
[5] 上海市档案馆藏上海银行公会档案 S173-1-28。

一些往来交涉活动。到该库券条例正式发布后,在两次垫款的偿还和库券的认购等问题上,银钱两业内部及其与苏沪财委会等之间又展开一系列商讨和交涉活动。

针对5月1日江海关二五附税国库券发行后,充抵基金的江海关二五附税须另行存储,银钱两业前此垫款应如何偿还的问题,银钱两业公会于5月2日召集联席会议商讨,苏沪财委会代表列席会议。经过双方共同协商,最后决定:库券既经发行,要求预扣6个月利息,库券推迟6个月还本,6个月内所收二五附税,仍拨作摊还垫款之用。同时,苏沪财委会代表请银钱两业公会各推代表两人参加库券基金保管委员会[1]。

5月3日,苏沪财委会即致函银钱两业公会,要求"于最短时间设法募足"二五库券500万元[2]。对此,银钱两业公会经召集联席会议议决:愿意承销库券250万元,该款即在前两次垫款600万元余欠内扣除,仍按前两次垫款时银钱业内部分配情形照摊[3]。对于苏沪财委会提出承销库券500万元的要求,银钱两业公会愿意折半承受,且要在前两次垫款余欠内扣除。意即在前两次垫款未清偿的条件下,银钱两业公会不愿接受政府当局任何举债。接下来,在苏沪财委会的一再请求下,银钱两业公会只同意将承销库券数额增至300万元,同时明确提出了以后不再承受政府任何借款的要求[4]。

面对这种形势,苏沪财委会遂改变了策略,就库券认购事宜直接与各会员银行私下进行接洽[5]。结果,银行公会中多数会员银行同意接受苏沪财委会提出的库券认购数额。随后,苏沪财委会致函银钱两业公会,仍要求两业合购库券500万元,并函附银钱业应购库券数目单一纸[6]。5月20日,银钱两业

---

[1] 上海市档案馆编:《一九二七年的上海商业联合会》,第91—92页。
[2] 上海市档案馆藏上海银行公会档案 S173-1-29。
[3] 上海市档案馆编:《一九二七年的上海商业联合会》,第92—93页。
[4] 上海市档案馆编:《一九二七年的上海商业联合会》,第93页;上海市档案馆藏上海银行公会档案 S173-1-29。
[5] 中国第二历史档案馆编:《中华民国史档案资料汇编》第五辑第一编财政经济(一),第23页。
[6] 上海市档案馆编:《一九二七年的上海商业联合会》,第89—90页;上海市档案馆藏上海银行公会档案 S173-1-29。苏沪财委会抄单中银行公会各会员行及钱业公会应购库券数目分别是:中华银行16 800元、中国实业银行67 200元、新华银行16 800元、工商银行8 400元、农商银行33 600元、金城银行168 000元、和丰银行16 800元、汇业银行67 200元、浙江兴业银行168 000元、悫业银行16 800元、永亨银行16 800元、盐业银行168 000元、东莱银行168 000元、交通银行504 000元、四明银行100 800元、中国银行982 800元、中孚银行67 200元、聚兴诚银行33 600元、大陆银行168 000元、中南银行168 000元、上海商业储蓄银行168 000元、东亚银行16 800元、中国通商银行100 800元、广东银行16 800元、浙江实业银行100 800元、钱业公会1 680 000元,共5 040 000元。这与苏沪财委会要求银钱两业合购库券500万元略有出入,原文如此。

公会就库券承销问题再次召集联席会议，在主持本次会议的中国银行代表宋汉章请出席各代表传观苏沪财委会来函之后，钱业公会代表秦润卿首先发言：钱业所派数目只占三分之一，当附银行公会之后。接着，出席各代表了解到截至5月19日止二五附税共收入150万元，遂根据钱业公会代表的提议议决：银钱两业合购库券450万元，即500万元之九折，以免彼此两找。即前两次垫款未还余额部分正好移充认购库券450万元。最后，列席会议的苏沪财委会代表请银行公会推定库券基金保管委员两人，银行公会秘书长林康侯鉴于出席本次联席会议的会员银行代表人数不足，拟将推举手续由银行公会召集委员会另行办理[1]。可以看出，此次联席会议继续坚持在前两次垫款没有得到全部清偿的情形下，银钱两业公会不再承受当局任何募债。多数会员银行此前私下与苏沪财委会就库券认购数额达成了协议，应是银行公会会员代表出席人数不足的原因之一。

但是苏沪财委会继续要求银钱两业认购库券500万元，并以银行公会各会员银行已同意认购为由，迫使钱业公会接受了应摊认额168万元[2]。到5月23日，苏沪财委会分别致函银行公会各会员行及钱业公会，要求将各自应摊认购库券数额在扣除两次垫款余欠及有关利息后找缴之款，连同财委会前出垫款收条，于当日送交财委会，并凭此发给库券预约券等。同日，银行公会收到聚兴诚银行上海分行来函称：对于该行所摊认购额33 600元，最多只能认购2万元[3]。随后，银行公会仍一度坚持5月20日银钱两业公会联席会议合购库券450万元之议决案[4]。时至7月21日，银行公会接到上海商业联合会来函，除转告苏沪财委会承办二五库券日内即须结束等事项外，转催已认未缴各户，克日缴款，悬案以待[5]。此外需要指出，有关当局在二五库券推销过程中时常采取一些硬性摊派或勒索手段等，也加深了银钱业内部及其与有关当局之间关系的复杂情形[6]。

关于认购江海关二五附税国库券，在此前两次垫款本息偿还得到保证的

---

[1] 上海市档案馆编：《一九二七年的上海商业联合会》，第93—94页。
[2] 参见吴景平：《上海钱业公会与南京国民政府成立前后的若干内债——对已刊未刊档案史料的比照阅读》，《近代史研究》2004年第6期。
[3] 上海市档案馆藏上海银行公会档案 S173-1-28。
[4] 同上。
[5] 上海市档案馆藏上海银行公会档案 S173-1-29。
[6] 如此时期蒋介石曾一度采取硬性摊派方式向中国银行、浙江兴业银行等派销江海关二五附税库券。参见上海市档案馆编：《一九二七年的上海商业联合会》，第95—99、105—110页；中国人民银行上海市分行金融研究室编印：《一家典型的民族资本银行——浙江兴业银行简史》，1978年刊行，第27—28页。

前提下,银钱两业基本愿意承受。不过,围绕着承购的具体数额等,银钱两业公会始终有所坚持。而有关当局采取的一些募款策略或手段,导致银行业内部及银钱两业之间出现了一些不协调的现象。

三、承借盐余库券垫款

1927年6月,为了筹付军需,南京政府决定以盐余作抵发行国库券6 000万元,在库券未正式发行之前,继续向上海银钱两业筹集垫款。对于承借该项盐余库券垫款,银钱两业内部的情形渐趋复杂。

初始,银钱两业联席会议鉴于市面银拆高涨等,对有关当局的借垫要求,议决暂不予置理[1]。后来,由于种种因素,银钱两业公会又分别与财政当局签订盐余库券垫款合同。如7月25日上海银行公会与财政部所签盐余库券垫款合同中规定:垫款总额528万元,其中中国、交通两银行占二分之一,其他各商业银行占二分之一;由财部填给盐余库券预约券528万元作为垫款担保品;垫款成立后,财部应立即在沪设立劝募盐余库券委员会,迅将盐余库券交该委员会分头劝募;凡劝募盐余库券委员会发交无论何种机关或商号所劝募之款,应尽先拨还公会,按照承借比例摊还垫款;劝募盐余库券委员会所募集之款,应通告承募人径交公会指定之行,掣回该行收据,然后得正式向该委员会调换预约券;垫款利息为月息8厘,自交款之日起按日计算等[2]。从上述垫款合同有关内容可以看出:中、交两行作为银行公会中资力排位第一、第二的两大会员银行,其所承担的垫款份额最多。银行公会等在愿意提供垫款的同时,要求财政当局加紧库券劝募工作,以便尽快收回垫款,保证各会员行等资金周转不受影响。此外,垫款利息较高,也是银行公会等愿意继续提供垫款的重要前提。

对于盐余库券垫款,工商、东亚及和丰等会员行随后却表示不愿认垫[3]。财政当局为了推销盐余库券,采取了一些必要的手段[4]。但结果受局势影响,该项库券"议而未行,仅以为垫款抵押品"[5]。在这种形势下,上海银钱两

---
[1] 上海市档案馆藏上海银行公会档案 S173-1-14。
[2] 上海市档案馆藏大陆银行档案 Q266-1-545。
[3] 上海市档案馆编:《一九二七年的上海商业联合会》,第130页。
[4] 上海市档案馆编:《一九二七年的上海商业联合会》,第128—129页;上海市档案馆藏上海银行公会档案 S173-1-30。
[5] 《国府财部之收支账目》,《申报》1927年9月19日,第9版。

业公会只得于 8 月中旬联合与财政当局商议，将前此分别所签垫款合同合并改订。

根据银钱两业公会联合与财政部改订后之盐余借垫合约规定：借垫总额为 828 万元，中国、交通两行 366 万元，其他各行 262 万元，各钱庄 200 万元；月息 8 厘，期限 6 个月；指定以江浙两省盐款为借款还本担保品，息金由卷烟税收入项下拨付，并指定江海关二五附税为借款之连带担保品；在借款未清偿之前，政府为顾全市面金融计，不再向两业公会借款等。另在改订后合约之附单中，对各行庄分摊借垫数额和分批解款处所、日期及具体数额等均明确列出。双方考虑到一些因素，最后将合约上的日期注为 7 月 26 日[1]。与前订垫款合同比较，改订后合约中可以发现几点变化：(1) 关于借垫总额 828 万元之分摊，中国、交通两行所摊数额较前增多了 100 余万元，其他各银行担负额有所减少，按各行资力大小分摊不同款额的现象更趋明显；(2) 银钱业对借款担保品的要求更加提高，不仅本息基金均各有明确指定，且又加入连带担保品；(3) 除借款利息维持不变外，对借款偿还期限也予以明确规定；(4) 在改订后合约中，银钱两业公会敦促政府做出在借款未清偿之前不再向两业借款的承诺。

在盐余垫款实际交付过程中，围绕着各自应分摊的成数，中国、交通两银行之间出现了一些分歧。其实在 7 月 25 日上海银行公会与财政部签订盐余库券垫款合同之前，应财政当局的要求，中国、交通两银行即开始先行交付垫款[2]。到 8 月下旬，各参与承借行庄将所摊垫款陆续解交完毕，银钱两业公会随后开具垫款清单送交财政部查核。接着，财部库藏司就公会垫款清单所开之数与财部次长自记之数相对照，交通银行少垫 10 万元一事，致函银行公会询问其中缘由。对此，银行公会的答复是：中、交两行围绕各自应分摊垫款成数，出现了一些争执（即对于两行所共摊垫款成数之分配，中行主张中六交四，交行则主张中七交三），不得已由上海商业储蓄银行代垫出 10 万元，直接交付中行收财部账，但将来仍由交行承认，故财部次长自记交行之账与公会账单不相符合[3]。

---

[1] 上海市档案馆编：《一九二七年的上海商业联合会》，第 132—136 页；上海市档案馆藏大陆银行档案 Q266-1-545。通过前后史实比较，《一九二七年的上海商业联合会》第 134 页的合约上日期 6 月 26 日有误（即上海银行公会档案中所存该项盐余借垫合约上的日期有误），应根据大陆银行档案中所存该项借垫合约上经改过后的日期 7 月 26 日，予以更正。

[2] 上海市档案馆藏上海银行公会档案 S173-1-30。

[3] 同上。

对于盐余库券垫款,银钱两业公会先是分别与财政当局签订垫款合同,后又联合与财政当局改订借垫合约,两业公会愿意提供垫款的条件逐渐提高。围绕着垫款的认借分摊,银行公会的一些会员银行,尤其是某些大会员行间,也出现了一些复杂的动向。

四、认购续发江海关二五附税国库券

为了筹集饷需政费及归还短期借款等,南京政府于1927年9月决定续发江海关二五附税库券2 400万元,指定本息基金担保及分配办法,并成立财政部劝募续发二五库券委员会。围绕着前此借垫的偿还和续发库券的认购等,上海银行业内部及其与财政当局之间展开了新一轮的协商、交涉活动。

财政当局开始意识到,如果想继续从银钱业那里取得急需款项,必须遵守先前承诺,对旧债有所清偿。10月22日,上海银行公会收到时任财政部长孙科来函称:该项续发库券拟以1 000万元抵还旧债;另1 000万元分配4组,由江、浙两省财政机关各承募250万元,绅富各业劝募500万元;其余400万元向他省及海外劝募。财政部前此向银钱两业盐余借垫828万元,应即照数清偿。其10月1日前的利息,由江苏财政厅照数代部筹拨,一并归还。在此基础上,要求银钱两业按照盐余借垫总额的四分之一承购续发库券207万元,即日缴款。同时按照偿还借款数目及缴到承购续发库券款额填给预约券[1]。

针对财政部长孙科来函,银行公会于10月24日召集会员会,议决承销续发二五库券执行办法8条。其主要内容包括:盐余借垫828万元,以续发二五库券发还,具体标准为按照九八折扣回现款2厘,另贴补发行手续费1厘,并预扣3个月利息;10月1日前的盐余借垫利息,按照月息8厘偿还现金(即自7月26日起至9月底止);新募续发二五库券按照九八折缴款,仍贴手续费1厘,预扣3个月利息;续发二五库券利息,原定每3个月发给一次,现照旧库券发息办法,改为按月发给,并取消卷烟税,加入江苏邮包税,为此请政府修改库券条例;按照财部要求,即日缴款,款交江苏银行,将旧欠及新募预约券同时填给,以资结束[2]。对于银行公会请求修改库券条例,财政当局随后

---

[1] 上海市档案馆编:《一九二七年的上海商业联合会》,第144—145页。
[2] 上海市档案馆编:《一九二七年的上海商业联合会》,第143—144页;上海市档案馆藏上海银行公会档案S173-1-29。《一九二七年的上海商业联合会》第143页中所注日期9月29日有误,根据前后史实判断,应为10月24日,现予以更正。

决定照办[1]。因此,银行公会对于承募财政当局新的举债,在前此借垫确保得到清偿的条件下,基本上能够接受。债券发行之折扣与手续、本息之发放等,也成为银行业等与财政当局之间能否达成募债协议所考虑的因素。

在上述执行办法付诸实施过程中,过半数的参与盐余借垫会员银行能够按期将有关手续及事项办理完毕。其余许多会员行却未能及时执行公会的决议。到10月28日,四明、东莱、中国通商、中国实业、中央信托、广东、懋业、农商、劝工、工商、和丰、中华、通易信托及东亚等14家会员行尚未将应找缴款项交付江苏银行,银行公会只得分别去函催缴。当日,银行公会收到劝工银行复函称:因"敝行急公奉上,悉索殆尽,此次续募库券,实不能再行担负。至财部处,惟有仰恳贵会代达苦衷,免予照纳"[2]。随后几天中,只有东莱、中国通商、中国实业、广东、农商、工商、中华7家银行先后将应找缴款项交付江苏银行。

面对这种情形,银行公会随即于11月2日致函财政部,就有关问题进行陈述。其函大意是:该项续发二五库券比较原盐余借垫,"期限既长,利息复薄",银行业暗中已受损不少。但考虑到财政当局积极整理旧债,"不得不忍痛承认",改换新库券以资结束。对于承购续发二五库券,银行业鉴于当局需款孔殷,也只得勉遵财部所定办法认购。如此一来,各行已是"悉索敝赋,筋疲力尽,此后通流资力日濒枯竭,虽欲予政府以财政上之援助,实属难乎为继"。为此,请求财政当局在该项续发库券本息未清偿之前,不再向银钱两业公会有借垫款项及派销债券等事。至于尚未按数认缴各会员行,由公会再备函催收,不过"万一坚不照缴,惟有恳请钧部另案核办,以期兼顾"等[3]。可见,希望财政当局在旧债本息未清偿的条件下,不再向银钱业举债,又一次成为银行公会的敦请。

后来,针对江苏银行总管理处函称只有懋业、东亚两行尚未照缴,请公会代为转催,银行公会对其函的批复是:"请贾君(指江苏银行总管理处的贾果伯)向各行一催。"[4]到11月17日,考虑到只有东亚银行尚未照缴,银行公会遂再致函该行催缴。11月19日,银行公会收到江苏银行来函,告知该行代办

---

[1] 中国第二历史档案馆编:《中华民国史档案资料汇编》第五辑第一编财政经济(三),江苏古籍出版社,1994年,第28页。
[2] 上海市档案馆藏上海银行公会档案 S173-1-29。
[3] 同上。
[4] 同上。

银钱业换券收款手续,业已完全告竣等[1]。

关于续发江海关二五附税库券,在以前借垫款得到清偿等前提下,银行公会基本上同意承募,但许多会员银行的复杂表现促使银行公会的态度前后出现反复。

五、认购加募续发江海关二五附税国库券

1928年1月,为筹付急需军饷等,再次出任财政部长的宋子文决定对原续发江海关二五附税库券条例略加修改,将该项库券增加发行1600万元,利息由月息7厘提至8厘,并加拨本息基金等。该项加募续发江海关二五附税库券发行之初,财政当局即注意与上海银行界保持必要的联络,以便为库券的推销创造有利条件。对于承募认购该项库券,银行业的反应从一开始就比较复杂。

2月初,银行公会在讨论加募续发库券案时,一致认为银行业迭次担任巨额募款,手续均不完备,事后备受苦痛,须将以前各款手续办妥再议[2]。针对财政部续发二五库券劝募委员会来函劝募,银行公会于2月14日召集委员会商讨[3]。会后不久即函复该劝募委员会陈述不能应募加募续发库券的3点理由:(1)银行业以往承购库券过多,资金周转困难,加之时局动荡,经济萧条,现款亦无从筹措,且每值政府募发债券,金融同业必首当其冲,数目特巨,担心"长此以往,不独实力尽丧,难乎为继,深恐外界不明真相,群滋疑虑";(2)去年年底财政部以盐斤新加价为担保向银行业借款时,曾有声明,将来劝募库券,公会银行不能再行担认;(3)各银行现在库储债券日多,而现金日趋枯竭[4]。也就是说,处此政治、经济局势动荡不定的情形下,各银行购存政府债券过多,有损及资金周转与同业信用之虞,逐渐成为银行公会不愿意再承募新发库券的主要理由。财政当局一时作出的不向银行业续借款的声明,也是银行公会对外交涉的重要托辞。

---

[1] 上海市档案馆藏上海银行公会档案 S173-1-29。
[2] 上海市档案馆藏上海银行公会档案 S173-1-10。
[3] 同上。
[4] 中国第二历史档案馆编:《中华民国史档案资料汇编》第五辑第一编财政经济(三),第33—35页。此处提及的盐斤新加价借款系指1927年12月,南京国民政府财政部以时届年关,需款刻不容缓,决定以盐斤新加价(即军用加价)为担保,向上海银行业借款300万元。当时上海银行业通过组织银团予以承借,故又称为盐斤新加价借款银团借款。参见上海市档案馆藏上海银行公会档案 S173-1-10。

随后，有关当局不断加紧库券派募并变换库券推销方法，银行公会则采取拖延、观望的对策。2月下旬，蒋介石同时致电上海总商会、县商会、闸北商会、银行公会及钱业公会，请其联合将1 000余万元未销库券于1个月内完全承销[1]。接着，财部续发二五库券劝募委员会致函银行公会，通知新定加募续发二五库券推销办法4条。其中商界方面，规定凡营业行号、店铺及工厂所有职员，均以一个月薪水应募等[2]。对此，2月28日银行公会委员会公议：应俟钱业公会讨论结果有办法后，再行召集银行业联合会共同解决。此外，关于蒋介石来电应如何答复，委员会议决请商会主稿电复，本公会或附其后，临时再行商酌等[3]。

3月7日，钱业公会就其职员以一个月薪水认购加募续发二五库券案形成了相关决议[4]。财政当局随即于次日致函银行公会催促认购库券，并希望能在3月15日前交款[5]。在这种情形下，银行公会只得致函上海银行业联合会，请定期召集全体银行会议，讨论应募库券事宜[6]。时至3月28日，鉴于银行公会还没有遵照全体银行会议议决案，将各会员行职员薪水数目函报，上海银行业联合会再次致函该公会进行催报[7]。银行公会只好敷衍函报。在3月30日银行公会委员会上，关于商界劝募二五库券协会送来劝募标语，请分发各行张贴，应否照办一案，一致认为各行既已认购库券，不必再分贴标语[8]。接着，针对上海总商会函请将认户牌号、所认数目以及交款处、交款期逐一注明，开单送该会转交商界劝募二五库券协会一事，银行公会委员会议决：本案已由银行业联合会办理，应由公会致函该联合会向各行催办[9]。到6月25日，银行公会收到商界劝募二五库券协会来函，告知各银行应募交款实际情形，其中报认而未交款各行是：道生认566元、富滇认1 069元、东莱认1 940元、新华认1 160元、广东认1 800元、懋业认2 900元。未报认各行有劝业、江苏典业、工商、安徽、东亚、和丰、美华、道一等8家[10]。

---

[1] 上海市档案馆藏上海银行公会档案 S173-1-28。
[2] 上海市档案馆编：《一九二七年的上海商业联合会》，第153—154页。
[3] 上海市档案馆藏上海银行公会档案 S173-1-10。
[4] 参见吴景平：《上海钱业公会与南京国民政府成立前后的若干内债——对已刊未刊档案史料的比照阅读》，《近代史研究》2004年第6期。
[5] 上海市档案馆编：《一九二七年的上海商业联合会》，第154—155页。
[6] 上海市档案馆藏上海银行公会档案 S173-1-29。
[7] 同上。
[8] 上海市档案馆藏上海银行公会档案 S173-1-10。
[9] 上海市档案馆藏上海银行公会档案 S173-1-29，S173-1-10。
[10] 上海市档案馆藏上海银行公会档案 S173-1-29。

对于加募续发二五库券,银行公会开始考虑到政治、经济局势及各会员行实际情形等,不愿意承募。随后围绕以银行业职员一个月薪水认购加募续发二五库券案,银行公会先是举止观望、拖延乃至回避;当敷衍函报后,对于有关方面要求张贴劝募标语及函请催认交款,银行公会又表现淡漠、推诿。许多银行在实际认购交款过程中,也出现了报认而不交款或者干脆不报认等比较复杂的情形。

六、承借卷烟税库券押款

为了弥补军需预算不敷,南京政府于1928年4月决定以卷烟统税收入为本息基金,发行1600万元卷烟税国库券。政府当局继续视上海金融界为承销卷烟税库券的重要对象。围绕承受该项库券,银行业的表现更为复杂。

针对财政部卷烟税库券劝募委员会函请各银行按照认购第一次江海关二五附税库券数额折半承募卷烟税库券一案,5月3日银行公会委员会议决:此事非银行一方面之事,须推举代表与钱业方面交换意见后再议[1]。对于承募该项卷烟税库券,银行公会希望能与钱业公会保持步调一致,避免自身处于被动的境地。

在这种条件下,财政当局不得不改进募款的手段。5月7日,银行公会接财政部来函称:拟以卷烟税库券600万元押借400万元,其中中国、交通两银行承借200万元,其他各银行承借200万元,月息8厘[2]。对此,银行公会于次日召集委员会商讨,在得知钱业公会对于财部押款拟承认30万元之后,委员会议决:本公会对于财部押款拟承认100万元,且须包括中国、交通两行在内[3]。在无法摆脱财政当局押借的情形下,银行公会打算大大减少各会员行承押数额,即只愿意接受财政当局所提押借额的四分之一。

随后在财政当局一再要求下,围绕卷烟税库券押款一案,银行公会委员会决定根据前此劝募委员会函请,改募为押,各银行承押数额照认购第一次江海关二五附税库券数折半计算。接着银行公会又于5月11日召集会员大会就此案展开讨论,在江海关二五附税库券基金保管委员会主任委员李馥荪报告卷烟税库券本息基金比较可靠之后,大会议决:该项卷烟税库券以六六折承

---

[1] 上海市档案馆藏上海银行公会档案 S173-1-31、S173-1-10。银行公会各会员行前共认购第一次江海关二五附税库券约336万元,照此数目折半计算,应承募卷烟税库券约168万元。
[2] 上海市档案馆藏上海银行公会档案 S173-1-31。
[3] 上海市档案馆藏上海银行公会档案 S173-1-10。

押，月息 1 分，期限 6 个月[1]。可见，银行公会内部经过反复讨论，才基本在卷烟税库券改募为押及各行承押数额问题上形成一致意见，同时在押款利息、偿还期限等方面提出了比较苛刻的条件。

尽管如此，在卷烟税库券押款实际认缴过程中，各银行从自身具体情况出发，表现不一，财政当局根据有关情形只得相机采取与个别银行私下通融的做法。如按照银行公会有关议决结果，各会员行所认押款应统一交由公会汇收代解，多数银行基本能够依此办理。不过，中国、交通、浙江实业、浙江兴业、金城及四明等大银行出于各自收解便利起见，却将应认押款直接划交财政部收账[2]。又如大陆银行上海分行本来不愿承认该项库券押款，但考虑到其他多数会员行已经认缴，于是单独与财政部次长张寿镛商量，希望能将前南京烟酒公卖局所欠该行宁行名下洋 12 500 余元在该项应认押款额内扣除。张寿镛随后同意上述欠款本息可以在其他借款案内扣除[3]。5 月 16 日，各参与承借银行与财政部正式签订以卷烟税库券为抵押品的军需借款合同。根据合同规定，各银行承借卷烟税库券押款总额为 1 484 400 元[4]。这与按照认购第一次江海关二五附税库券数折半计算应承押约 168 万元相比，存有一些差距。

1928 年 5 月间，上海金融界承借卷烟税库券押款，除军需借款一项外，还有直鲁赈灾借款。5 月 3 日，直鲁赈灾委员会曾致函银行公会称：因灾况綦重，亟待救济，拟以卷烟税库券 200 万元向银钱两业押借 100 万元。在 5 月 3 日及 5 月 8 日的银行公会委员会上对此案有所讨论[5]。随后，鉴于钱业公会已决定承借 20 万元，各银行最终认定押款总数为 25 万元[6]。对于所认押款，各行能够按期足额交付[7]。可以看出，关于直鲁赈灾借款，各银行最后决定的承借数额，与直鲁赈灾会所要求的押借额比较，有很大程度的减少，不过考虑到该项借款的用途具有善举性质，各参与承借银行在交款方面显得比较积极。

因此，针对财政当局筹募卷烟税库券押款以充军需之用等，银行公会所提各项承借条件比较苛刻。至于实际认押交款方面，也由各会员银行自行决定。

---

[1] 上海市档案馆藏上海银行公会档案 S173-1-8。
[2] 上海市档案馆藏上海银行公会档案 S173-1-31。
[3] 上海市档案馆藏大陆银行档案 Q266-1-523。
[4] 上海市档案馆藏上海银行公会档案 S173-1-31。
[5] 上海市档案馆藏上海银行公会档案 S173-1-10。
[6] 上海市档案馆藏上海银行公会档案 S173-1-11、S173-1-8。
[7] 上海市档案馆藏上海银行公会档案 S173-1-31。

通过上述几个典型案例可知，南京国民政府成立前后，围绕着承受财政当局的募债，上海银行业等的态度、举措前后比较，发生了一些变化。

起初，上海银行业出于政治、经济等因素的综合考量，基本上能够及时满足财政当局的筹款需求。随着外部市场环境持续恶化及自身业务营运日趋困难，上海银行业在承受政府内债问题上越发显得审慎起来，银行业内部的表现以及银钱两业之间的关系也逐渐变得复杂了。就上海银行公会而言，从维护同业整体利益出发，针对财政当局屡屡募债，在内部反复商讨并形成相关决议的基础上，积极与财政当局进行交涉，以求尽量减少各会员银行承借债款的数额，提高同业承借债款的条件及要求，并及时向财政当局转达有关会员银行的诉求；就各银行机构而言，基于自身资金周转融通的实际情形等，在具体认缴债款方面，越来越多的银行机构态度趋于复杂，行动不统一；围绕着政府债款的承募分摊等，上海银钱两业公会起初能够通过召集联席会议，协调彼此利益及立场，对外采取一致步调，后来，由于同业内外的诸种因素，在应对政府募债问题上，银钱两业公会之间虽然偶有联络，却很少召集联席会议。

这一时期，为了筹措急需军费等，南京政府有关当局在内债发行及募集方面，不时地采取一些政策措施，抑或变换手法，软硬兼施，竭尽所能。诸如苏沪财委会、江海关二五附税库券基金保管委员会以及财政部债券劝募委员会等特殊性组织或机构，在联系债务、债权双方及推销债券等环节发挥了一定的作用。随着财政当局与上海银行业等往来交涉增多，对于银行业等合理的利益诉求，财政当局有时不能不在某种程度上予以满足，以使二者关系得以维系。

总之，南京政府成立前后，财政当局募集内债主要用于军费开支等，政局动荡、经济凋敝及金融不稳的局面迟迟难以改观，与上海银行业等承借政府内债的初衷不相符合，从而导致银行业逐渐趋于根据自身资金营运情形及实际承受能力来应对财政当局的募债，其在商言商的内在要求逐步体现。

（原载《江海学刊》2011年第2期）

政治变迁视野下的南京国民政府的财政统一

樊　芸[*]

1927年成立的南京国民政府面临着地方财政经济割据、中央财政收支严重困难的局面。正如时任国民政府美籍顾问杨格指出的,各地军阀往往把财政当作自己的私人金库,极大地破坏了中央财政的统一性和完整性。1927年12月17日财政部监理委员会呈文南京国民政府,要求约束各军"不得直接向财政机关提款"。然而,在财政部监理委员会极力杜绝的情况下,各军反而变本加厉。如11月份国库收入中有150余万元,因为被军事机关截款而没能入账,到了12月份,尽管在财政部监理委员会、军事委员会等机关三令五申的要求下,仍然还有4万余元被军事机关直接提用。财政部监理委员会认为"似此任意截款,实属有碍政府统一财政计划"。各派军阀除了直接提用原该上缴国库的款项外,他们在自己的地盘内还征收到了大部分国家税收。财政部长宋子文1928年5月29日在整理财政部部务的报告中指出,在办理财政事务过程面临的最大困难即是"各地税务机关,被军队越权委办,甚至将征收存放税款任意截提,不仅阻碍事权,也影响税收统一"。

因此,在南京国民政府看来,实施全国范围的财政统一,迫在眉睫。本文将梳理南京国民政府统一财政的历史脉络。综观南京国民政府财政统一过程,大致经历了以下五个阶段:整理广东财政,统一广西财政,统一两湖财政,统一四川财政,最后统一华北地区财政。

一、整理广东财政

早在南京国民政府成立前,广东财政统一已经有一定基础。广州国民政府因北伐战争开始军费支出很大,于1925年7月便要求在广东省内统一各项

---

[*] 樊芸,2017年博士毕业于复旦大学历史学系,现为上海富申评估咨询集团董事长、高级经济师。

财政收入,核实军政费用,确定预算,统一由法定征收机构实施征收管理,财政公开,实行金库独立,初步实施了比较规范的现代财政运行体制。国民党二大后不久,广东各属财政收入基本上统归于财政部之下了。南京国民政府成立后,宋子文多次南下广东整理财政,会晤广东实力派人员及政界、财政精英。1929年6月11日晚,宋子文在广东省政府主席陈铭枢举行的欢迎宴会演讲中称:"广东同志能够消灭军阀、拥护中央、促进统一,其功绩至为可佩。"6月15日,宋子文便将广州中行收归中央办理,及时收回了对广东的金融控制权,初步实现了统一广东金融财政的目的。

但是,广东财政统一的道路也是不平坦的。在此过程中,广东当局要求自行发行债券,宋子文指出,中央权限不得染指,明确了中央和地方的权利界限,以杜绝地方干预中央财政。1931年5月15日,蒋介石致电第6纵队司令蒋光鼐,告以据广州市公安局局长兼广东全省保安处处长欧阳驹寒来电称,广东地方当局"准备以粤为根据。倘其主张不能达到,即脱离中央,另组政府于广东"。广东可能发生政局异动一事在杨格的书中也有记载:1931年12月初,杨格被秘密地告知广东曾经成立了一个"政府",而且攫取了粤海关,蒋介石和他的主要财政经济官员宋子文短期内都将离职。1933年福建事变发生后,蒋介石一度担心会影响到广东财政统一,当时据11月23日陈济棠方面来电称,"因闽变影响,造成纸币挤兑,恐军事进行,受此牵制,恳财政部无论如何,火速接济"。为此,蒋介石特致电新任财政部长孔祥熙设法援助粤省财政,"以闽变正急,对粤不能不特示亲厚,酌加援助",要求孔祥熙对广东特别照顾,以免受福建事变影响,要争取广东,就要加大力量资助广东。另一方面,12月4日蒋介石又发电给孔祥熙,十分担心陈济棠拟以关税作为担保对外借款一事:"以粤借款数额甚巨,得款后不与中央切实合作,亦极可虑。且如开关税分割抵借之端,恐华北、鲁、川纷起效尤。"他又授意道:"中央可恳切委婉覆之,粤与中央,厉害同体,极愿助其借款成功,以救粤之金融,可用中央名义办理,惟担保财源及偿还方法之规定,应加详商。"1936年两广事变解决以后,7月南京国民政府遂决定派财政专员入粤,筹划整理广东财政计划,并进行相应的人事调整,如派宋子良出任广东省财政厅长,赶赴广东"筹划整个财政计划",同时要求宋子良等"对粤中文武人员,应事事以谦和协商,不使粤人有中央争权夺位之感为要"。另外,由蒋介石出面致电广东省主席林云陔,催促"速回省就职主持,对于各厅长人选,由兄选荐速保"。

总之,在接管统一广东财政过程中,南京当局一面速派财政专员由港入粤,一面要求低调行事,凡事谦让协商,避免广东方面担心中央与地方争权夺利。在此基础上,7月28日国民政府决议改组粤政府,由黄慕松任主席。这样,避免了广东财政统一过程中出现大的波动,基本上平稳推进了财政统一。

二、统一广西财政

国民党二大后主持广西军民诸政的护党救国军总司令李宗仁、前敌总指挥白崇禧、广西省主席黄绍竑提出,拟将广西军民两政交中央统一办理,即实行两广政治、军事、财政的统一。由汪精卫、谭延闿、蒋介石、宋子文、李济深和白崇禧6人组成筹议两广政治军事财政统一委员会(后来李宗仁、黄绍竑亦成为该委员会成员)。该草案指出:"凡两广财政上之收入,应归国民政府财政部征收,解交国民政府之国库。凡两广财政上之支出,由国民政府所委之财政长官会同地方长官,拟具预算,呈请国民政府核准。"但事后宋子文因广西贫瘠,一直不愿将广西的财政收支包揽下来。李宗仁当时以桂军已编为国民革命军第七军,应如其他各军一样由财政部统筹核发军饷为由,几度与宋子文交涉,催促实施两广统一。但宋子文明确表示:"你们广西税收太少了,军队太多了,收支不能相抵,中央统一了,财政部是要吃亏的。"由于宋子文的坚持,当时广西财政终究未能统一于国民政府之下。

1928年第二次北伐战争使桂系势力一度扩大,影响范围从两广扩展到武汉、唐山、山海关一带。1928年10月20日,陈光甫在日记中记载宋子文为统一财政与桂系的交涉:"(白崇禧)此行与宋子文办交涉,颇为困难。幸有公权(即中国银行总经理张嘉璈)从中调停,然仍要白将武汉财政机关一一交出,取消财政委员会,并华中银行。"1930年蒋桂战争结束后,广西的政局和财政仍没有统一到南京当局之下。直到1936年两广事变解决之后,广西政治和财政统一得以重新提上议事日程。1936年7月16日,蒋介石借口批阅两广财政问题报告,指责两广财政困窘及对人民之剥削,称两广财政的畸形收入问题堪忧,广西省财政上的危机,较之广东省严重十倍,广西在财政支出上军费膨胀,人民不堪重负。最后蒋介石提出和平解决广西问题的条件,即在统一广西过程中,承诺给予桂省相当的地方自治权,中央军不进入广西,但桂军必须改编,更换军号、番号,军政、军令必须全部统一到中央,虽然名义上仍由李宗仁主持;与此同时,全面整理广西党、政、财各领域,并给广西每月拨款资助建设。9月17日,李宗仁亲赴广东,确认广西归顺中央,蒋介石认为"李氏之来粤,可表示全国之整个统一也"。

三、统一两湖财政

在广东珠江流域财政得到统一后,随着国民革命军的北伐进程,南京国民政府开始了更大范围的财政统一,从珠江流域到长江流域,乃至要向黄河流域拓展。到1927年2月,除广东、湖北两省财政长官由国民政府统一委派外,其余各省都还是由地方军事强人自行任命。然而占财政支出80%的军费,则由蒋介石的总司令部统一支付。1927年武汉国民政府的军费预算为1 600万元。当时政府所管辖的粤、鄂、赣、湘、闽等五省财政收入共为1 050万元,造成武汉国民政府财政赤字,严重影响了武汉政府的财政支出和正常运转,因此必须统一财政。

1927年3月中旬,宋子文在国民党二届三中全会上着重谈了新收复地区的财政统一问题,指出长江各省即将统一,国民政府各部应即有相当准备。他提出了《统一财政决议案》,"在正式省政府成立以前,各省财政主管人员由财政部选任,直接受财政部领导与监督,对财政部直接负责,而不属军人统辖。"还规定了,"凡新光复省份,由财政部派员接收其财政,军人不得干预;非经财政部许可,各省不得自行征收新税、改定税率、设立新银行,不得发行新公债或钞票,取消通行钞票"。同时建议,设立预算委员会,审定国民政府预算,其委员由国民政府任命之。根据统一财政的精神,武汉政府确定军费归军事委员会管理,不再由总司令部支付。又通令各军政机关的一切款项,必须存入中央银行。财政部并积极筹备中央银行江西省分行和湖南省分行,作为各省的金库,以各省没收的全部逆产、官有财产的一部及部分税收收入作为基金。

南京国民政府成立之后,加强了对于两湖地区财政统一的步伐。1929年4月中旬,宋子文提出:"先将国地税划分,再加以整理;恢复中央汉行,经理国库,军费仍由财政部统筹;筹议中央湘分行;责成两湖财政特派员将经征国税,由中央银行解部,俾资统一。"4月15日,宋子文在汉口发表演说称:"一切不良税收,国府拟有具体计划切实整理,望人民与政府合作,俾统一全国财政。"与此同时,南京当局加快解决人事问题以确保财政统一的落实。1936年11月27日,蒋介石致电在上海的行政院副院长孔祥熙,告以鄂省主席人选应早决定发表,拟以黄绍竑调鄂,朱家骅主浙。湖北财政向来由军人就地委派财政官员,《统一财政决议案》通过后,将省财政主管人员的任免权收归财政部,受财政部领导和监督,明确军人不得干预财政。

四、统一四川财政

南京国民政府成立后,便曾着手整理四川财政。1927 年 4 月 23 日,蒋介石提出整理整顿四川办法五项:"一、由宋部长筹划统一财政。二、军民财政均归绥抚委员会决议施行,由中央派员指导之。委员会地点设于重庆。三、派向育仁等备团务事宜。设立团务委员会,其条例由向与李仲公处长起草。四、派向育仁、李汉群为中央党部四川省党务特派员。五、由总司令部派员组织中央军事政治学校四川分校。"为加强对四川县级财政管理,1935 年 4 月 21 日,蒋介石电令刘湘整理四川地方财政,规定"一、今后各县政府均应成立财务委员会,办理一切收支事宜,实行统收统支;二、厉行预算制度;三、划分支付与经营之权责"。但是,整理四川财政确实较为复杂,四川内部各方意见尚不统一,为此蒋介石和财政部长孔祥熙多次与四川方面往返电文,指示四川整理财政意见,同时南京方面派员入川,拟定关于税收机关、国地税收划分、征收人员委任,设立中央财政派出机构财政监理处,废除川省苛捐杂税,扶持盐民销售等方案;同时关注县级财政管理,保证军费支持川军整编,借此达到统一四川军政和财政的目的。

五、统一华北地区财政

华北税收长期控制在军阀手中。地方军阀随意征收,工商界不堪重负。针对河北驻军干涉国税收入支配,1928 年 9 月 26 日,宋子文致函国民政府军事委员会,表明驻军不可直接干涉征收机关支配权,必须实施收支两条线,维护财政统一的宗旨。1928 年 10 月 2 日,宋子文又致电蒋介石,要求"通令各军,今后领支军饷,仍照定章赴总司令部经理处请领,勿再径向财政部驻北平办事处催索"。再次明确收支两条线,军人不得越轨,不得干涉财政统一。

南京当局推进华北财政的统一,尤其是与各地方军阀的交涉,是个循序渐进的过程。面对军阀冯玉祥等人质疑中央拨付公平,蒋介石于 1929 年 6 月 5 日致电北平行营主任何成濬,称北路兵站费用由中央完全担任,请阎锡山预算核定。为推进财政预算的实施,将地方军费纳入中央财政预算。

1932 年 9 月 5 日,财政部长宋子文表示:"中央对华北财政有整个清理计划,将把冀绥察热河四省及天津的收入,移作华北军政费的支出,如有不敷,由中央设法补救。"1933 年 6 月 19 日,蒋介石致电行政院驻平政务委员会委员长黄郛指示整理华北战后之财政,指出战后华北财政整理第一步应立即回复原状,第二步应再行紧缩,务求收支平衡,使华北能自给自足。棉麦借款只能用于军事建设及生产事业,不能移充军费。他希望华北财政不要给中央增加负担。通过整理华北财政及裁兵,力求做到华北财政收支的总体平衡。同年8月28日,蒋介石再度致电何应钦及黄郛:"第一步整理办法,应先将华北目前支出军费裁剪。第二步对于收入方面,华北秩序渐复,自可认真整顿,如中央之盐款、统税、烟酒、印花及官产等收入锐减,应即严加督促,切实清理。"这些都是统一华北财政较为具体的规划。

1935年华北事变发生后,整个局势发生重大变化,对此蒋介石承诺明确华北地方实力派宋哲元的权限,但强调对中央在冀察税收系统必须维持,不得截留,如果确需增加军政费,中央宁可专款补助。即便是华北形势如此严峻,也要坚持冀察税收统一于中央的宗旨。然而,随着华北形势日趋危急,中华民族危机日趋严峻,华北财政统一的步伐遭受挫折。

六、余 论

南京国民政府成立初期,尤其是通过"二期北伐"名义上完成国内的政治统一之后,对于地方的控制能力总体上强于北洋政府时期,但从全国来看,财政经济状况也颇为混乱,主要在于中央政府有效控制的地盘仅限于江浙及周边地区,而为了平定闹独立的各方军阀,扩大中央政府的统辖区域,又必须支出巨额军费,可实际财政收入很少,主要靠向江浙财团临时借垫款和发行公债库券,总体财政状况不尽如人意。虽然宋子文担任财政部长后,励精图治,财政收入大幅度增加,但由于军阀内战不断,加上"九一八事变"之后日本对华军事侵略和扩张,南京国民政府的军费开支失控,用款无度,预算计划形同虚设,前期一直出现财政赤字。

区域财政统一的过程是个艰难和反复的过程。在南京国民政府实施财政统一的进程中,不同区域的财政统一状况颇不平衡。这首先是因为,从广州国民政府开始的北伐,是逐渐由南向北完成的,先后经历了两广、两湖、赣闽、江浙;1928年春开始"二期"北伐,进入皖、鲁、直,其间主要是向原北洋军阀控制的地盘夺得财政征收权。而作为南京国民政府的支柱力量——蒋介石集团,其势力主要在围绕上海的江浙地区,渐次为江西、福建、安徽;北伐之后,其余地区实际上为桂系、冯玉祥、阎锡山等各路军阀掌握,这些地区在财政上处于半独立状态,只是通过1929年起的蒋桂战争、蒋冯阎中原大战,才逐步纳入南京国民政府的财政体系。

南京国民政府十年财政统一的历程中,最值得肯定的是,宋子文提出的设立财政整理委员会和设立预算委员会得到了国民党决策层的支持。设立财政整理委员会,明确军人不得干涉内政,有这样国家层面的财政委员会来协调财政的关系,对于军人截留财权久治不愈的顽症,很快就收到成效。另外,明确中政会这样的顶层政治机构不能干预财政。设立预算委员会,审定国民政府的预算,委员由国民政府任命,这样财政部便得以专心于财政的事务和运行,而不过多地拘泥于政治、军事的利益纠葛中。

(原载《上海经济研究》2017 年第 12 期)

地域观念与派系冲突
——以20世纪二三十年代国民党粤籍领袖为中心的考察

金以林*

国民党的一大特点,是派系活动的普遍化。在这一突出的政治文化现象中,能够同蒋介石争"党统"地位的"党国领袖",几乎都是清一色的广东人。虽然他们的政治主张并非一致,有时甚至相互对立,但他们在国民党内都拥有深厚的历史地位。党内后起的蒋介石依靠军权异军突起,自然引起他们的极度"不满"和"不服"。这种"不满"和"不服"又表现出强烈的地域色彩。

一

孙中山关于中国人乡土观念强而国家观念弱的见解,常为学界所征引。他在《三民主义》一书中曾痛切指陈:"中国人对于国家观念,本是一片散沙,本没有民族团体。"而同它形成鲜明对照的是:"中国有很坚固的家族和宗族团体,中国人对于家族和宗族观念是很深的……此外还有家乡基础,中国人的家乡观念也是很深的。如果是同省同县同乡村的人,总是特别容易联络。"[1]这种观念在当时的中国普遍存在。它是自给自足的农耕经济占支配地位的产物。

事实上,孙中山从领导革命时起,便在有意无意间逐步构成一批以广东籍为主的亲信干部,他们长期追随孙氏并为孙氏所信赖。以中国同盟会成立前的三个主要革命团体来说,孙中山领导的兴中会成员绝大多数是广东人。据冯自由统计,兴中会会员286人中,271人是广东人,占95%[2];黄兴、宋教仁

---

* 金以林,2006—2009年在复旦大学历史学系从事博士后研究,现为中国社会科学院近代史研究所研究员、副所长。
[1] 孙中山:《三民主义》,《孙中山选集》,人民出版社,1981年,第674—675页。
[2] 冯自由:《革命逸史》第4集,中华书局,1981年,第23—64页。

领导的华兴会成员大多是湖南人,宋教仁甚至在日记中把华兴会自称是"湖南团体"[1];而光复会的主要成员蔡元培、徐锡麟、秋瑾、陶成章、章太炎等都是浙江人。地域观念在同盟会内部的纠纷冲突中起了相当重要的作用。

孙中山在世时,他的基本干部有所谓"上三""下三"之说。"上三"为胡汉民、汪精卫、廖仲恺;"下三"为朱执信、邓铿、古应芬。这六人都是清一色的广东人[2]。甚至在职业军人方面,当孙中山把广东作为革命根据地时,基于现实的考虑,也不得不倚重粤籍人士。比如1923年孙中山讨伐陈炯明时,鄂籍的黄大伟和粤籍的许崇智论实力和功勋都在伯仲之间,但孙却任命许崇智为总司令,导致黄大伟认为广东人排外一怒而去。有人以此事质问孙中山时,孙明确回答道:"现在要打陈炯明不得不用汝为(即许崇智),他是广州高弟街人啊!广东人没有话说。"[3]特别是自1924年国民党改组后,广东被尊称为"革命策源地",而有别于国内其他省份。此后,广东人的革命正统意识更是不断得到加强。

1926年,在国民党第二次全国代表大会上,广东籍代表吴永生竟然向会议提出:"大会中许多广东同志都是不懂各省方言的,本席在代表团时屡经提出要翻译粤语,何香凝同志亦曾说过,但未见实行。现请主席团以后对于各项重要报告及决议,都要翻译粤语。"[4]在以后数天的会议记录中留下不少这样的记录:"提案审查委员会报告处分西山会议案。(由路友于同志代表报告,陈公博同志翻译粤语)全文如下……"[5]

但在二全大会上,并没有见会议记录中有听不懂粤语的其他省份代表,要求将粤语译成国语的记载。国民党的全国代表大会,不用国语做正式语言倒也罢了,但党的全国代表大会竟通过今后重要提案都要译成粤语的决议,实在是罕见的现象,可见粤籍国民党员地方意识之强,也反映出粤籍党员在国民党内所处的特殊地位。

直到1929年国民党在南京召开第三次全国代表大会,讨论是否处分汪精

---

[1]《宋教仁日记》,陈旭麓主编:《宋教仁集》下册,中华书局,1981年,第546页。
[2] 沈云龙、谢文孙访问记录:《傅秉常先生访问记录》,台北"中研院"近代史研究所编印,1993年,第23页。
[3] 陈勣先:《辛亥革命后孙中山在广东的几起几落》,《文史资料选辑》第24辑,中华书局,1962年,第13页。
[4]《中国国民党第二次全国代表大会会议记录(第六日第十一号)》,中国第二历史档案馆编:《中国国民党第一、二次全国代表大会会议史料》(上),江苏古籍出版社,1986年,第245页。
[5]《中国国民党第一、二次全国代表大会会议史料》(上),第283页。

卫等人而引起激烈辩论时,胡汉民仍分别以国语和粤语演讲,重申此举之必要[1]。尽管此时会议地点已移出粤境而入江苏,国民党也由控制广东一省而变为全国的执政党,但在党的全国代表大会上讨论重要议案时,党的领袖胡汉民依然要以粤语来加以强调,足以说明这种地方意识对中央仍产生着不容忽视的影响。

国民党内这种强烈的地域意识,局外人或许看得更清楚。早在1922年冬,一位来广东的外国记者根据自己的亲身感受对汪精卫说:"喂！这不是国民党得了广东,却是广东得了国民党呢！你看国民党进了广东之后,只看见广东,不看见国民党了！"[2]

有论者谓:"建党的第一代领袖去世后的权力继替",将"导致党的裂变"[3]。孙中山去世后,谁来继承他在国民党的领导地位,是引发国民党派系形成的一个关键。李剑农在1930年出版的《最近三十年中国政治史》一书中写道:国民党的改组"可说是中国政治新局面的开始。因为此后政治上所争的,将由'法'的问题变为'党'的问题了;从前'约法'无上,此后将为'党权'无上;从前谈'法理',此后将谈'党纪';从前谈'护法',此后将谈'护党';从前争'法统',此后将争'党统'了。"[4]而自以为最有资格谈"党纪"、争"党统"、护"党权"的自然是"得了国民党"的广东人。这些粤籍国民党人心中有着一种强烈的革命正统情结,这正是孙中山去世后,唯有汪精卫、胡汉民最有资格继承孙中山地位的重要因素之一。

孙中山在世时,因为他个人的魅力和威望,没有人可以同他抗衡,因此没有引起国民党内各派系间的公开冲突。孙中山去世后,党内各派系的冲突立即凸显出来。这些看似复杂的国民党派系,大体上可以分为两类:

一类是以地域为基础的军事集团,如冯玉祥的西北军、张学良的东北军、晋系阎锡山、桂系李宗仁,以及四川的刘湘、云南的龙云等。虽然这些人名义上都是国民党的上层人物,但他们同国民党的关系大都始于北伐前后,在国民党内的资历很浅。虽然他们拥有相当实力,在北伐后的历次党内武装反蒋斗争中,曾分别以不同的组合参与其中,但如果没有一批党内有影响的重要人物和派系势力的加入,地方实力派就无法足以代表"党统",也谈不上"护党",很难发挥大的作用。从"地方实力派"这个名词本身来讲,也包含着强

---

[1] 蒋永敬:《民国胡展堂先生汉民年谱》,台湾商务印书馆,1981年,第447页。
[2] 《汪精卫集》第3卷,光明书局,1930年,第3页。
[3] 王奇生:《党员、党权与党争》,上海书店,2003年,第92页。
[4] 李剑农:《最近三十年中国政治史》,太平洋书局,1931年第3版,第531页。

烈的地域色彩。

另一类派系则是指在长期追随孙中山革命过程中,特别是在国民党改组前后,已拥有一定政治地位的党内领袖和其追随者所形成的政治派系。这类派系的活动,虽然常同某些不满中央的地方实力派联合,挑战中央的合法性,但他们总是自称代表国民党正统,力求控制全部或部分中央政权。北伐后,真正敢于挑战蒋介石所代表的"党统"引发的派系冲突,是抗战前国民党政治冲突的主要表现形态。

二

蒋介石是浙江人,但他最初的事业基础却是发迹于地方主义强盛的广东。早年蒋介石在粤军中的职务,大都是参谋长或参谋处长一类的幕僚长职务,很少担任掌握实权的带兵官,而其粤军同僚也往往以孙中山的监军使者身份视蒋[1]。只有自黄埔建军后,蒋才真正掌握了一支属于自己的军事力量。这支军队很快又被国民党人冠以"党军"的名义,以区别于同样驻防在革命策源地广东的其他军队。从此,蒋开始逐步树立起自己在国民党内的正统地位。

其实蒋介石的省籍观念也是很强的。北伐前,他在国民党元老中着力捧出的张静江、为他做"军师"的戴季陶、替他办党务的陈氏兄弟都是浙江人。北伐开始后,他大力拉拢在上海的浙江籍银行家、大商人虞洽卿等,在财力上得到他们的大力支持。受到他特殊信任、曾参加同盟会而始终未加入国民党的盟兄黄郛也是浙江人。以后,在军队将领中最受他信任的陈诚、汤恩伯、胡宗南,主持特务工作的戴笠(军统)、徐恩曾(中统)、为他起草文稿的陈布雷等都是浙江人。

长期以来,蒋介石对广东团体的观感,一直十分微妙,他一面在羽翼未丰时,视其为自己成功的重要助力;一面又始终对之心存猜忌。1925年,当蒋借口"廖案"驱走粤军司令许崇智后,他将一部分粤军编入第一军,成为第三师,以后被称为"嫡系当中的杂牌"[2]。第一军即蒋介石掌握的"党军"。同时,蒋介石又将邓铿留下的另一支粤军将领梁鸿楷逮捕,以李济深接替梁氏军职。李济深接任后不久,改番号为第四军。而李济深的背景同蒋氏颇类似,李原籍广西,事变前是梁鸿楷部的参谋长,既不是带兵官,又不是粤省人。蒋氏此举

---

[1] 吴振汉:《国民政府时期的地方派系意识》,文史哲出版社,1992年,第116页。
[2] 赵荣声:《回忆卫立煌先生》,文史资料出版社,1985年,第69页。

是否有削弱粤军势力的意图,笔者无从考证。但李济深出长四军后,即将"第四军军部设在广西会馆之内",而这会馆又是旧桂系"莫荣新督粤时所建"[1]。虽说人们常把粤、桂两省同称为"两广",但在粤人心目中对桂人督粤始终心存芥蒂,而李济深则被时人视为新桂系的领袖。李宗仁、白崇禧参加国民党,介绍人就是李济深[2]。

"廖案"的最大受益者无疑是蒋介石,他不仅驱走了党内粤籍政治领袖胡汉民,还迫使粤籍军事领袖许崇智交出军权。在随后召开的二届一中全会上,原本连中央候补执行委员都不是的蒋介石,一跃而为党内二号人物,成为地位仅次于汪精卫的国民党中常委。此后,蒋介石又利用"中山舰事件"驱走了在党内和胡汉民齐名的汪精卫。

有关"中山舰事件"的研究成果可谓汗牛充栋,一般论者大都从国民党左右派之争或国共关系的角度考察这一事件的成因和影响,这自然是对的[3]。而当时作为中共中央派驻广州的代表张国焘,就已注意到"中山舰事件"中地域观念所产生的重要影响:"当时国民革命军的六个军,除第一军外,对蒋似有或多或少的不满。客籍的第二、第三、第六军有些将领,觉得如果失去了汪的领导,他们更不能获得与第一军平等的待遇。实力较雄厚的第四军原系粤军系统一脉相传下来的,更有'浙江人外江佬排挤广东人'的反感。"当时对蒋介石颇为不满的湘军谭延闿就对张国焘"坦率"地谈到:"广东这出戏,不能是军事独脚戏,总少不了一面政治招牌;现在有六个军,如果没有一面政治招牌,更是难于统率的;而且广东这个地方,也不好完全由外省人来掌握一切。"谭延闿更进而具体说明:"汪既不愿再干,有些人知道胡汉民快要回来了,有意要抬胡出来。"而支持蒋介石的张静江则向张国焘明言:"这就证明广州的领导并没有把事情办好,现在只有让我们从外省来的人,以客观公平的态度,来加以调整,从根本上来解决一切纠纷。"[4]甚至连苏俄顾问鲍罗廷也认为:"除少数例外,广州人不适合做革命者,其他省的国民党人只好利用广州的基地,把广州本地人排除在外。"[5]

事情的发展,正如张静江所愿。胡汉民自苏联"考察"回到广州后,就在报

---

[1] 李宗仁口述、唐德刚撰写:《李宗仁回忆录》,南粤出版社,1987年,第197页。
[2] 《李宗仁回忆录》,第204页。
[3] 有关"中山舰事件"最有影响的研究成果参见杨天石:《"中山舰事件"之谜》,《历史研究》1988年第2期。
[4] 张国焘:《我的回忆》第2册,明报月刊出版社,1973年,第504、509页。
[5] 《鲍罗廷给加拉罕的信》,《联共(布)、共产国际与中国国民革命运动(1926—1927)》(下),北京图书馆出版社,1998年,第275页。

刊上发表宣言,主张"党外无党,党内无派"[1]。这一主张实际是针对当时的国共合作而言。胡氏此举立即引起苏联顾问的紧张。而蒋介石的政治手段远比胡汉民要强。黄埔军校新任苏联顾问斯切潘诺夫认为:"蒋氏具有革命思想,远在其他军阀之上",只是"喜尊荣,好权力,幻想为中国英雄"。因此,他决定"利用蒋介石",并指示其他顾问今后"对于蒋氏之政治要求","让步以为代价,亦无不可"[2]。鲍罗廷回到广州后,完全赞同"利用蒋介石"的计划,处处对蒋退让,并想尽一切办法打击胡汉民。

蒋介石充分利用了国民党内左右两派、国共两党,以及双方同苏俄顾问之间的矛盾,纵横捭阖,不断地联合一方打击另一方。以往对国民党二届二中全会的研究,大多关注于蒋介石提出的"整理党务案"对共产党的种种限制。从另一个角度来看,二中全会还有一个重要内容,就是国民党内以蒋介石为代表的江浙系,首次公开挑战粤籍领袖的"党统"地位,且大获全胜。

当蒋介石在全会中提议设置中常会主席一职,并提名由绝对支持他的张静江来担任时,一度令"全场相顾惊愕",但最终还是选举张静江担任这一新职务[3]。"这件事引起了广州要人们的各种议论,有的人说:'李济深不满蒋介石的跋扈,原想选任汪精卫,但恐引起冲突,因改选胡汉民,以示不屈服。'有人说:'第四军广东系统的人物不满浙江系的横蛮,市上所发现的反对浙江系的标语都是他主使的。'"甚至连一些参加国民党的粤籍共产党人也同样持有这种心态。二中全会前担任国民党中央组织部部长的共产党员谭平山也非常愤慨,"他(指谭平山)是老同盟会会员,蒋介石如此专横,中共又如此忍让,他不要干共产党了;他要用老同盟会会员的资格,联络实力派李济深以及广东的老国民党员,公开与蒋介石和浙江系对抗"[4]。而蒋介石所以能够使张静江当选中常会主席,鲍罗廷背后的支持起了巨大作用。[5] 鲍罗廷为了拉拢蒋保持"左倾",竭力压制共产党内许多人主张的反击,全部接受了蒋的要求。不仅如此,同为江浙籍且因参与西山会议派而于半年前刚受过党内处分的戴季陶、邵元冲、叶楚伧等人也纷纷回归国民党中央。

---

[1] 蒋永敬:《民国胡展堂先生汉民年谱》,第377页。
[2] 《斯切潘诺夫报告》,京师警察厅编:《苏联阴谋文证汇编(广东事项类)》,编者印行,1928年,第36—37页。
[3] 毛思诚编:《民国十五年前之蒋介石先生》第8编第15册,龙门书局,1965年,第63、67页。
[4] 张国焘:《我的回忆》第2册,第522、524页。
[5] 陈公博:《寒风集》甲篇,地方行政社,1945年,第245—248页。

作为对鲍罗廷的回报,蒋介石拒绝了胡汉民同他会谈的要求[1]。同时,蒋通过张静江转告孙科、伍朝枢,"希望哲生(孙科)充政府及党之代表赴俄与第三国际接洽",并借口"闻外人言梯云(伍朝枢)亦与香港有所往还",要求伍朝枢"亦暂行离粤"[2]。随后,胡汉民的另一重要亲信古应芬也被迫辞职离粤,孙科的亲信傅秉常同时被免职。以上提到的这些人都是广东人。

此时的汪精卫深感回天乏力,遂从广州隐居之地不辞而别。胡汉民也因受鲍罗廷的打击,只好悄然离穗。或许是历史同他们二人开了一个小小的玩笑,汪、胡二人不约而同地选择了同一天、同一条船离穗赴港[3]。这样一来,国民党内重要粤籍领袖几乎全被逐出广东,深受孙中山信任的所谓"上三""下三"的粤籍重要干部,除廖仲恺、邓铿、朱执信先后遇害外,其余的汪精卫、胡汉民、古应芬三人被迫离开广东。

二中全会结束后,鲍罗廷曾相当自信地向加拉罕报告了广州的形势:"孙科将被建议去俄国,他去那里不知是纠正自己过去的错误,还是同冯玉祥谈判。傅秉常要被免去海关监督职务以及外交秘书职务。伍朝枢将建议休假一段时间……至于内务秘书古应芬,决定保留他的原职到李济深的两个师离开这里时为止……唯一的变化是发生在中派的态度上。我们作了让步,吸收邵元冲担任青年部长,但他要履行党的二大向他提出的放弃西山会议的条件。戴季陶将被任命为广东大学校长,叶楚伧在同样条件下也将受到应有的关照(任中央书记之一)。"[4]

尽管鲍罗廷对广东形势的解释,是以国民党左右派之争为出发点的,但不可否认的一个事实是,鲍罗廷提到的右派人物是清一色的广东人,而所谓中派人物都是亲蒋的江浙人。从此,广州便落入蒋介石的控制之下。

当时,张国焘对蒋介石的积极北伐,曾有一段有趣的评论:"少数军事首脑对北伐却怀有不同的打算。也许广东人的排外心理是较浓厚的,使外籍的'英雄'总觉得广东并非用武之地,如果能回到长江下游的本土,或可建立霸业之基。有些广东籍将领则不免想到如果这些外省'英雄',到省外去打江山,他们就可成为广东的真正主人了。大多数客籍将领都觉得到外省去打天下,可解

---

[1] Martin Wilbur, *Documents on Communism Nationalism and Soviet Advisers in China 1918-1927*, New York, Columbia University Press, 1956, "Document 25" p. 264.
[2] 《邵元冲日记》,1926年5月30日,上海人民出版社,1990年,第238页;另可参阅《吴铁城回忆录》,三民书局,1968年,第154—162页。
[3] 胡木兰:《有关先父生平的几点补充》,《传记文学》第28卷第6期,1976年6月,第10页。
[4] 《鲍罗廷给加拉罕的信》,《联共(布)、共产国际与中国国民革命运动(1926—1927)》(下),第272—273页。

除现在苦闷而获得发展机会。因此,'北伐'的代名词,是'向外发展'。"[1]

事实也可以证实这种看法。国民革命军八个军中全力北伐的六个军都不是粤军,粤军的两军中只有李济深的第四军出动了一半部队。尽管李济深担任国民革命军总参谋长之职,却不随军行动,坐镇广东,而第五军则一兵未出。以往的研究对第五军的力量大都忽略不计,尽管第五军力量最弱,但同程潜的第六军相比,实力也仅相差一个营[2]。据李宗仁回忆,第四军出兵北伐是在他的鼓动下由李济深主动提出的。李宗仁动员李济深的言辞相当值得玩味:"第四军乃广东的主人翁,主人且自告奋勇,出省效命疆场,驻粤其他友军系属客人地位,实无不参加北伐而在广东恋栈的道理。"李济深听后,"毅然不加考虑,脱口而出,连声说赞成此一方法"[3]。

1926年7月9日,蒋介石在广州誓师北伐。北伐的军事进展相当顺利。到11月9日蒋介石率部进入南昌,江西战役胜利结束时,北伐军出师刚好四个月,攻占了两湖和江西三省。随着军事的突飞猛进,原来隐藏着的矛盾也不断暴露出来。其中最大的冲突就是"迁都之争"。国民党左派和共产党为了进一步限制蒋的权力,积极展开恢复党权运动。

在此期间,"自然以孙哲生和邓择生(演达)是两颗亮晶晶的明星"。而孙、邓二人又都是广东人。武汉时期的孙科似乎给人一种相当左倾的印象,但孙科的真实心态并非如此。当时,陈公博为了避免国民党的分裂,特意从江西到武汉找到孙科,开门见山地说:"局面太坏了,我们应该想出一个办法。我现在急于要知道的,这里局面是不是给共产党操纵?"孙科的回答异常干脆:"哪里干到共产党的事,这是国民党本身的问题。蒋介石这样把持着党,终有一天要做皇帝了。""国民政府必须迁汉,才能表明蒋介石服从中央,才能免去党的分裂。"陈公博又找顾孟余。"孟余的议论竟直和孙哲生相同。"[4]孙科的上述言论颇能代表当时国民党内,特别是粤籍党内高层干部对蒋介石不满的普遍心态。一方面是对蒋的专制不满,另一方面是内心的不服。在他们看来,蒋介石在党内的地位尚浅,难以服众。正是基于这种"不满"和"不服",才导致孙科在反蒋过程中表现出许多极度左倾的言行。1927年3月,国民党在武汉召开二届三中全会,颁布一系列决议,限制蒋的权力。同时还极力鼓吹"迎汪复职",

---

[1] 张国焘:《我的回忆》第2册,第529页。
[2] 第三军共8团2营,五军共8团1营,六军共9团2营,这三个军实力相差并不多。见《李宗仁回忆录》,第216页。
[3] 《李宗仁回忆录》,第204页。
[4] 陈公博:《苦笑录》,香港大学亚洲研究中心,1979年,第110、106页。

希望通过在党内历史地位更高的汪精卫来抗衡蒋介石。

三中全会可以说是国民党左派和共产党的全面胜利，它将蒋介石在二中全会上所获取的权力几乎收缴干净。但蒋介石已决心另立门户，随后建立了同武汉国民政府相对立的南京政府。蒋介石虽然军权在握，但在党内的资望仍然不够，因此又拉出正在上海赋闲的胡汉民担任南京国民政府主席。南京开府后，武汉方面自然愤怒异常，第一个提议开除蒋介石党籍的又是孙科[1]。在此后的宁汉对峙中，由于种种因素的作用，最终以蒋介石的第一次下野而结束。

三

1928年1月，蒋介石恢复了国民革命军总司令的职位，继续北伐。但蒋此时的地位仍不稳定。董显光曾有一段评论，颇能显示蒋氏当时的地位和无奈："事实上，他（指蒋）此阶段中的地位是很不巩固的。虽然在汪精卫出国时，蒋总统曾经行使国民党的最高权力，但他的崇高地位，尚未得到老一辈同志所承认。他仍被认为军事的，而非政治的人物。"[2]在国民党内，蒋介石仍无法代替汪、胡的领袖地位，这也是他被逼下野的一个重要原因。南京政府统一全国后，"蒋一边需要粤籍要人协助其树立中央威望；一边又恐其正统地位为他们所取代。至于广东人士对蒋的爱憎情绪，则更明显的反映在他们与蒋一再分合的历史中"[3]。

在国民党派系冲突中最有资格同蒋介石谈"党纪""党权"，而又敢于同蒋争"党统"的并不是那些地方实力派，而是党内同蒋派平行的胡派、汪派、太子派，以及西山会议派等政治派系。这些派系的主要骨干，大多是广东人。

1931年发生的宁粤对峙事件，又是一个生动具体的例子。

当蒋介石先排斥了汪精卫，再在中原大战胜利后囚禁胡汉民，独自以孙中山继承者、国民党正统自居时，几乎所有的粤籍党国要员便暂时放弃一切政治立场、派系恩怨，团结一致，共同反蒋，并取得广东实力派陈济棠的全力支持，进而带动南北地方实力派的陆续投入。

宁粤对峙期间，蒋介石在南京一次宴请"党国重心诸君"时曾无奈地向众人表示："吾人力肩党国之重，不应以一二人之离异而存消极之意态，切勿为无

---

[1] 陈公博：《苦笑录》，第112页。
[2] 董显光：《蒋总统传》，中华文化出版事业委员会，1952年，第108页。
[3] 吴振汉：《国民政府时期的地方派系意识》，第117页。

汪、胡即不成党之奇言所感也。"[1]没有汪精卫和胡汉民的国民党"即不成党",在今天看来的确是"奇言"。但当蒋介石面对"党国重心诸君"道出此言的那一刻,"无汪、胡即不成党",在很多当事人看来却并非"奇言",仿佛是理所当然的事实。面对来自党内的强大压力,蒋介石不得不一改以往对异己势力武力讨伐的做法,始终被迫主张政治解决。此时留在南京中央支持蒋的党国元老,主要是张静江、蔡元培、吴稚晖等几个江浙籍要人。

广州开府后,孙科在7月1日对德国记者发表谈话,向蒋介石的领袖地位挑战,他说:"在民国十四年七月一日国民政府成立时,委员有十六人,俱由中央执监委员会选出的,蒋氏自然不在原始政府委员之列。故在党中或在政府,他都不得自称为领袖。在原始国府委员十六人中,有二人已去世,有一尚在南京,即戴季陶氏。其中八人为现在新政府之委员,计现已到粤者有汪精卫、许崇智、古应芬、邹鲁、邓泽如及我六人,另有林森、伍朝枢二人方在外国归程中。"[2]

在孙科所提到的众人中,除支持蒋介石的同乡戴季陶和倾向粤方的福建闽侯人林森外,其余诸人都是粤籍。从中我们不难感受到孙科等人内心中一股强烈的党国正统意识:国民党的天下是广东人打出来的,还轮不到浙江籍的蒋介石来自称"领袖"。

当"非常会议"正在酝酿时,一向以中立自居的天津《大公报》,以《广东问题之两方面》为题发表社论,论及这次反蒋运动与以往历次反蒋之不同:"欲求粤事之解决,应自两方研究:第一,军事的;第二,政治的。旬日以来,国民会议及各方之电,皆以陈济棠为事实的对象。有所劝,劝陈济棠;有所责,责陈济棠。察其用意,岂不为陈负军事责任,陈果就范,则问题可立决乎……而自另一方面论,则挑起此次问题者,为邓泽如、林森、萧佛成、古应芬等四监委,而非陈济棠。日来各省有力者之发言,奈何只问陈济棠,而不问四监委。再进一步言,四监委此次举动,显为一种组织的行为……是以概观粤局,有两点最不容忽视:第一,国民党著名之广东党员,除宋子文、吴铁城诸君在中央供职之若干人外,其余或卷入旋涡,或旁观消极。第二,广东向来互不相容之各派国民党旧人,近居然有冶为一炉之势。其中固有早经中央除籍不承认为党员,如汪精卫、邹鲁等,中央早认其为国民党以外之反动派,不过从世俗的或历史的批评,则固与党有深厚关系也。由此两点发生之感想,则今日之事,似已不能仅

---

[1]《事略稿本》第11册,台北"国史馆",2004年,第313—314页。
[2] 孙科:《倒蒋的理由与趋势》,《中央导报》第3期,1931年7月15日,第61页。

认为陈济棠第八路军之问题,而不能不认为若干有历史的广东国民党员之共同行动。"[1]

《大公报》社论中所提到的粤籍人士中仅有宋子文和吴铁城二人没有参加粤方集团。宋子文祖籍广东(海南文昌),生于上海,又是蒋介石的妻舅,常被广东人视为异己。甚至当宋子文1949年出任广东省长时,张发奎还抱怨道:"惟今后粤政必须由粤人自己来搞,断非老宋可以为功。实际上二十年来的革命功业,就是靠广东人打出来的,现在广东人不但不能打理自己的家事,反而要仰承老宋的鼻息,殊为粤人之耻。"[2]同样,吴铁城虽然祖籍广东香山(孙中山去世后改"香山县"为"中山县")人,但从小生长在江西九江。民国成立后,25岁的吴铁城重返广东,准备参加广东省议员选举。吴曾回忆说:我一到广州就去拜访时任广东都督的胡汉民,"他说逐鹿者多,来何太迟,结果我落选了。我以生长在外,地方渊源不足,未能当选,势所必然"[3]。或许这正是吴铁城始终亲蒋,而很少被视为粤方人物的一个重要原因。而当时北方政治势力中就有人指出:"此次粤方事变,乃粤、浙两方势力之冲突。"[4]

广东正式树起反蒋旗帜后,成立了中央执、监委员"非常会议",设常务委员五人,即邓泽如、邹鲁、汪精卫、孙科、李文范,秘书长梁寒操,都是广东人。广州国民政府同样设常务委员五人,即唐绍仪、古应芬、邹鲁、汪精卫、孙科,秘书长陈融,国府之下仅设外交、财政二部,分别任命陈友仁、邓召荫为部长,傅秉常、吴尚鹰为次长。他们也是清一色的广东人。甚至在反蒋联盟建立初期,"在一次非常会议开会席上,有人提议要说广东话,不准讲其他方言"[5]。

宁粤对峙的最终结局,是在多种因素的影响下成功地逼蒋下野,特别是粤方以实现政治民主化为由,通过的《中央政制改革案》,将原本由蒋担任的国府主席一职的权力极大地缩小,而将中央政府的权力集中于内阁。粤方最终在四届一中全会上,成功地将孙科推上行政院长的高位,暂时建立起一个以粤人为主的中央政权,一时再次满足了粤人在国民党内正统地位的愿望。但他们的力量毕竟无法同已经多年掌握全国政权的蒋介石相比,全国的财政、经济中心仍在江浙而不在广东。这种局面终究是无法维持长久的。

---

[1]《大公报》1931年5月20日,第2版。
[2] 李汉冲:《张发奎策动粤桂联盟反蒋反共始末》,《广东文史资料》第6辑,1963年,第23页。
[3]《吴铁城回忆录》,第50页。
[4]《南京周煜坤致太原宋哲元歌电》,台北"国史馆"藏"阎锡山档案"(以下简称"阎档")之《宋哲元部民国二十年往来电文录存》,微缩胶卷,72/0950。
[5] 武和轩:《我对改组派的一知半解》,《文史资料选辑》第36辑,文史资料出版社,1963年,第152页。

宁粤上海和谈之初，粤方曾经多次表示："此次蒋能实践前言，辞去国府主席之职，则粤中同人拟提议蒋担任国防委员会主席。"[1]但在南京四届一中全会召开后，胡汉民等人联名致电粤方代表，坚决"反对推蒋任国防委员长"[2]。因为他们清楚，如果军队掌握在蒋介石手里，一切实际权力依然还会在蒋的手中。当南京方面又有人表示蒋介石愿专任监察院长时，仍遭到广东方面的反对[3]。实际上最早提出这一议案的是汪精卫，他为调解粤方内部的分裂，特意致电胡汉民、孙科，提到"介石自愿任监察院长。"[4]12月18日，陈璧君等人到南京出席四届一中全会，见蒋介石时，也"以汪精卫之意征求公参加政府为监察院"，并表示只有蒋承诺此点，汪才肯来京。而蒋当时也"毅然允之"[5]。因此，一周后全会选举五院首长时，何应钦曾致电已下野的蒋介石报告各方洽商的初步结果："中政会由钧座与汪、胡分任常委，轮流主席；推于右任任国府主席、孙任行政、胡立法、伍司法、居考试、钧座监察。至宁方同志商定除以张溥泉任司法、蔡考试、林监察外，余均同意。"[6]

但蒋并不愿"为人之傀儡"。他此次下野同第一次下野时的情势完全不同。他这次下野不过是以退为进，伺机再起，自然不愿意担任这一闲职。为此，他电示何应钦表示："中正决不参与党政任何职务，请兄力排众议，以全区区。否则，是逼中脱离一切公私也。除中以外，无论何人就职，中皆无成见，决无异议。"[7]

有趣的是，当胡汉民得知要选他继续担任立法院长时，也立即复电孙科、伍朝枢、李文范等在南京出席会议的粤籍要员，婉辞立法院长一职，并对"政治分配"提出如下意见："院部以粤人愈少愈好。而以弟复立法院亦有三不可：一、病躯不能任事；二、若弟入宁则违于分工合作之义；三、五院多半粤人，实示人以不广。故不如推觉生（居正）兄或慧生（谢持）兄，而海滨（邹鲁）副之。至于监察仍以于（右任）为宜，若某（指蒋介石）为之，则有随时推翻政局之可

---

[1]《天津阎秉璋达呈阎锡山密江电》，《宁粤合作案》，"阎档"微缩胶卷，12/1380。
[2]《南京蔡孟坚致汉口何成濬敬酉电》，《蒋方民国二十年往来电文录存》，"阎档"微缩胶卷，80/2042。
[3] 邹鲁：《回顾录》（下），三民书局，1976年，第328页。
[4]《陈铭枢致蒋介石俭申电》，台北"国史馆"藏蒋中正总统文物档案之"特交文电"类，《日寇侵略之部：叁、淞沪事变（第1卷）》，以下简称"蒋档·特交文电"，20013944。
[5]《蒋中正总统档案——事略稿本》第12册，台北"国史馆"，2004年，第467页。
[6]《何应钦呈蒋公十二月宥电》，《蒋主席下野与再起》卷，"蒋档·革命文献"。国民政府主席一职也是一波三折，最后由林森代替于右任担任国府主席。
[7]《蒋介石致何应钦电》，《日寇侵略之部：贰、沈阳事变（第2卷）》，"蒋档·特交文电"，20024091。

能,不如易以考试,望注意。"[1]

胡汉民担心蒋介石负责监察"有随时推翻政局之可能",并非毫无道理。因为1927年4月南京政府的成立,是借几个监委发难为开端的。这次广州成立国民政府,也是以四监委弹劾蒋介石的通电为起点。但胡汉民毕竟是书生,不明白此时的蒋介石羽翼已丰,他的再起根本不需要采取这种迂回手段,他已经薄监察院长而不为了。

尽管胡汉民建议新政权"院部以粤人愈少愈好",但蒋氏下野后组成的孙科内阁,其成员大都还是粤籍。当时党内就有人将这次内阁更迭视为"中国的两个经济势力——江浙帮和广东帮的斗争"[2]。

在四届一中全会新选举的内阁14名成员中,粤籍人士占了9人。孙科内阁中唯一一位浙籍成员朱家骅,获任后立即通过宋子文电告蒋介石"转询可就职否?"蒋复电表示:"对骝先兄就职否,弟无成见。但以后教育,中央如无方针与实力为后援,则徒供牺牲,殊为可惜耳。"朱家骅得到蒋的答复后即向中政会提出辞呈,最终放弃了教育部长之位[3]。时任内政部参事的龚德柏回忆:孙科组织广东人内阁,不只更动部会政务官,连事务官都更动。他认为这简直不是合作,而是广东派征服浙江派,故愤而辞职[4]。

龚德柏的这种愤愤不平,纯属多余。蒋介石根本不在乎这些。一旦等到他准备就绪,时机成熟后,整个局面立刻翻转过来:焦头烂额的孙科内阁很快垮台;毫无政治操守、反复无常的汪精卫重新同蒋介石携手合作;而胡汉民只得留居南天一角。此后,蒋介石又走上前台,出任新成立的军事委员会委员长,把南京国民政府的一切大权重新掌握在自己手里。到抗日战争爆发后,他被推举为国民党总裁。从此,蒋名正言顺地成为国民党真正的"党统"代表,在党内再也没有人同他相抗衡了。

四

陈独秀曾有一段名言:"凡是一个集团,对外走向统一,同时对内即走向分裂,倒是对外竞争,往往加紧了内部的团结,这是一个公例。"[5]虽然国民党内

---

[1] 《胡汉民致孙科、伍朝枢、李文范电》,《民国档案》1997年第4期,第72页。
[2] 刘叔模:《一九三一年宁粤合作时期我的内幕活动》,《文史资料选辑》第17辑,第123页。
[3] 《蒋中正总统档案——事略稿本》第12册,第522页。
[4] 《龚德柏回忆录》,龙文出版社,1989年,第326—328页。
[5] 《陈独秀著作选》第3卷,上海人民出版社,1993年,第472页。

的正式分裂始自孙中山去世,源于继承权之争,但并没有形成流血冲突。而当国民党从广东一省走向全国的同时,它的内部分裂即演变成巨大的武装冲突。

自国民党北伐胜利统一全国后的数年间,党内武装对峙不断。由于汪精卫、胡汉民二人分立,总有一人支持蒋介石,从而使蒋一直能以国民党正统自居,稳坐南京中央。但当蒋介石企图将汪、胡二人一起抛开时,立即引起党内粤派势力的大团结,并最终逼蒋再次下野。不可否认,地域观念是构成这次国民党内派系斗争的一个重要因素。桂系领袖李宗仁在回忆录中写下这样一段话:"国民党自有史以来,粤籍要员最具畛域之见,其原因或者是由于方言的关系。他们彼此之间,平时虽互相猜忌,然一有事变,则又尽释前嫌,作坚固的团结。"〔1〕李氏所提的方言因素,其实只是粤籍国民党人团结的外在条件之一。隐藏在地域观念之后另一重要因素,正是他们内心的革命正统意识。

当然,地域观念在国民党派系斗争中所起的作用并非是决定性的,这其中更主要的因素,还是出于各集团之间的利益分配和不同的政治理念。同时,国民党粤籍领袖之间也并非意志一致,各派系彼此间同样是矛盾重重。但不可否认的是,由于历史的原因,国民党发迹于广东,也造就了一批粤籍党国领袖。国民党在国民革命短短的数年时间里,迅速由广东一省统一了全国。这也在无形中增强了粤籍党国领袖的革命正统意识和地位。因此,当蒋介石自己都不得不以党内"新进"自称,而欲以军事力量控制整个国民党时,自然引起党内元老们的强烈"不满"和"不服"。不可否认,这是最终酿成"宁汉分裂"和"宁粤对峙"的重要因素之一,并两度逼迫蒋介石下野。尤其是后一次的宁粤对峙,广东人浓厚的地域观念在一定程度上是促成粤方最初大团结的一个重要原因。而当孙科内阁垮台,蒋介石重返中枢后,他已懂得为了巩固自己在党内的统治地位,宁可再度同长期以来的政治对手汪精卫合作。他一时仍无法建立一个无广东人参加的中央政权。这一局面大致维持到抗日战争的爆发。

粤籍党员在国民党内的特殊地位是历史形成的,自然也会随着历史的发展而嬗变。他们长期以来拥有的这种坚固不破的"党统"意识,随着国民党由广东一省迈向全国、南京政府的不断巩固和开放,加之蒋介石不断提拔、重用浙江人,而逐步失去原有的光彩。当然,为了笼络粤籍人士的感情,蒋介石也任用一些二流粤籍人物。时任国民党中常会秘书的王子壮在日记中曾记道:"现中央以浙江人为中心,对于海外同志,不得已则以二等之广东人物如萧吉珊、谢作民等以羁縻之。但此辈均无远大眼光,且一己又乏才智,以故不能用

---

〔1〕《李宗仁回忆录》,第417页。

人才,彼等但知拉票,海外有服从一己者豢养之而已。"[1]王子壮的观察,颇能道出蒋介石对粤籍人士的心态。正是由于以上因素,粤籍党员的地域观念,在国民党派系斗争中的影响逐步缩小。

此后,国民党内的派系冲突,主要表现为在蒋介石独断控制下的各派系之间的矛盾。地域观念逐渐淡出国民党内的派系冲突。

(原载《历史研究》2005年第3期)

---

[1]《王子壮日记》第1册,台北"中研院"近代史研究所,2001年,第366页。

1934年"顾孟余被弹劾案"之再探

卢艳香[*]

1934年发生的"顾案",因其不仅在当时影响重大,为"中央政界之一大悬案"[1],"一时南京政界暗潮甚烈"[2],且因此事件,国民党中政会[3]通过《关于监察院弹劾案等三项办法》,对弹劾制度产生重大影响,所以学人多从监察制度的设计及实践和派系争斗等角度关注此事件[4]。而对"顾案"中的中政会权限问题,言之不详。甚至在对此案件的相关研究中,关于中政会的叙述也有不符之处。如认为汪精卫是"利用自己是国民党中央政治会议主席的职权,在第416次'中政会'常会上通过了对《弹劾法》的补充办法"[5],实际上汪当时是以常务委员身份出席会议的,并不是中政会主席,其讹误系由对中政会的演变不察造成的。毋庸置疑,若对"顾案"发生时期的中政会没有清楚的认识,必然会对此事件的认识有所偏颇。因此,本文拟利用台北"国史馆"藏蒋中正总统文物档案、国民政府档案,结合已刊的《蒋中正总统档案——事略稿本》《王子壮日记(手稿本)》《邵元冲日记》及民国报刊等资料,对"顾案"中的体制内的中政会权限问题及体制外的人事矛盾进行再探讨。

---

[*] 卢艳香,2014年博士毕业于复旦大学历史学系,现为青海大学马克思主义学院教授、副院长。
[1]《社评:中政会重订弹劾案办法》,天津《大公报》1934年11月2日,第2版。
[2]《弹劾办法之再议》,《时代公论》1934年第3卷第33期。
[3] 中政会从其成立到不裁自销,其名称几经变化,有"中央政治委员会""中央执行委员会政治委员会""中央政治会议""中央执行委员会政治会议"等,每次名称的变化,都与当时的国民党政局有莫大关联。本文除会议内容、通过条例、引用等情况外,通篇简称为"中政会"。
[4] 主要研究成果有徐矛:《于右任与监察院——国民政府五院制度掇要之二》,《民国春秋》1994年第2期;田湘波:《训政前期(1927—1937)国民党政府监察制度中的党政体制》,《上饶师范学院学报》2005年第1期;张皓:《派系斗争与国民党政府运转关系研究》,商务印书馆,2006年;刘云虹:《从"顾孟余案"看监察院的弹劾制度》,《民国档案》2010年第4期;段智峰:《蒋汪合作格局下的另一种局面——以1934年顾案为中心》,《民国档案》2011年第1期。
[5] 徐矛:《于右任与监察院——国民政府五院制度掇要之二》,《民国春秋》1994年第2期。

一、"顾案"的发生及中政会三项办法的出台

顾孟余被弹劾案,系监察委员刘侯武于1934年4月因大潼铁路购料借款案对时任铁道部部长顾孟余提请弹劾,指其"丧失国权,违反国法,损害国益,渎职营私"[1]。后经监察委员杨天骥、李正乐、刘莪青审查,认为该案"所称丧权害国之处,尚无实证。然审查合同全部内容,及其签订手续,该铁道部部长顾孟余,实有违法舞弊情事。应依法移付惩戒"[2]。监察院遂于6月2日呈文国民政府[3],提出弹劾,国民政府"拟交政务官惩委会"[4]。

1928年国民党进入训政时期后,根据孙中山的五权学说,成立五院,分别执掌行政、立法、司法、考试、监察五项治权。依照1931年5月5日国民政府公布的《中华民国训政时期约法》规定:监察院为国民政府最高监察机关,依法律行使弹劾和审计职权。其中"监察委员行使弹劾权,依弹劾法之规定,得单独提出弹劾案,经其他监察委员三人审查通过后,即可移付惩戒"[5]。同时,按照五权宪法设计,弹劾与惩戒分属监察权与司法权,监察院依法提出的弹劾案经审查决定移付惩戒的,须移交给专门的惩戒机关议决是否给予被弹劾者惩戒,对于惩戒结果,监察院无权干涉。

按照以上规定,1934年6月初监察院就"顾案"呈文国民政府,就已经完成了弹劾权的行使。但同月底监察院又将此案公布报端[6],并将"监院呈国府文""审查报告书""弹劾案原文"一同刊出[7]。缘何要发表,按监察院的说法,"本院数年来每被外间指摘,谓为只弹劾小官,不敢弹劾大官。其实稍大之案,多被搁置,所能求社会对于监察权之认识者,惟此公布弹劾案之

---

[1]《委员刘侯武弹劾文》,《监察院公报》1934年第23期。
[2]《委员杨天骥李正乐刘莪青审查报告书》,《监察院公报》1934年第23期。
[3] 关于此时间,徐矛、刘云虹、段智峰等文均出现错误。徐矛《于右任与监察院——国民政府五院制度掇要之二》(载《民国春秋》1994年第2期)记为"1933年";刘云虹《从〈顾孟余案〉看监察院的弹劾制度》(载《民国档案》2010年第4期)记为"1933年6月2日";段智峰《蒋汪合作格局下的另一种局面——以1934年顾案为中心》(载《民国档案》2011年第1期)记为"6月29日"。根据档案记载,时间为1934年6月2日,"行政院所属官员弹劾案",台北"国史馆"藏国民政府档案001-018310-0001。本文所引用的台北"国史馆""党史馆"所藏档案,原档均无标点,标点系作者所加,下同。
[4] "行政院所属官员弹劾案",台北"国史馆"藏国民政府档案001-018310-0001。
[5] 许师慎编辑:《国民政府建制职名录》,台北"国史馆",1984年,第113页。
[6]《监院弹劾顾孟余,大潼路购料订约有违法舞弊情事,应依法移付惩戒》,《申报》1934年6月30日,第7版。
[7] 同上。

权而已"〔1〕。从1931年12月南京市党部提出的"建议三全大会严令国府从速彻底执行监察院所提弹劾案"议案中所陈述的"自监察院成立以来,所提弹劾案总计不下数百件,除极少数事务官由惩戒委员会归案办理外,其余各案均如石沉大海,渺无影响"〔2〕的情况来看,弹劾权在行使过程中的确存在瓶颈。

但此案一发表,即引起轩然大波。顾孟余本人于7月1日发表书面谈话,称"监察委员等审查报告所称之违法舞弊情事三项,全无事实之根据,悉属臆测之言辞"〔3〕。同时在申辩书中指摘:"该委员刘侯武不但昏聩糊涂,不察事实,且又造此毫无根据之谰言,全以毁坏他人名誉为事,但使国家有常法,社会有良俗,此种谰言,一出诸私人之口,已构成毁谤之罪,今以监察院之尊严,其行使职权,提出弹章,公开发表者,乃为文明国家法律所戒,风俗之所不许,诚不禁为吾国监察制度之前途悲矣。"〔4〕并愤然辞职,欲离沪北上。与此同时,监察院委员对顾的言论自然不满,自比"弹劾权要,无异捕虎",称其申辩中"有许多地方,不惟近于谩骂,亦实不明法理"〔5〕。双方矛盾不断激化。

7月11日,中政会举行第416次会议,出席委员有汪兆铭、叶楚伧、居正、周启刚、陈立夫、朱霁青、曾仲鸣、谷正纲、王祺、洪陆东、段锡朋、褚民谊、唐有壬、李次温等二十余人,居正担任主席,针对顾孟余被弹劾案进行讨论,并最终在汪精卫的力主下,通过了《关于监察院弹劾案等三项办法》,规定:"一、监察院弹劾案原文与被弹劾人申辩书及一切有关该案之内容消息,非经受理本案之机关决定公布以前,概不得披露;二、凡经中央政治会议决定之政务官,经惩戒机关决定处分后,中央政治会议认为必要时得复核之;三、关于国策及有关中国在国际地位之重要文件,非经中央之政治会议之核定,不得披露。"〔6〕

《关于监察院弹劾案等三项办法》的出台,对监察院无疑是重锤一击,"监院大哗,以此案有违监察权独立之旨"〔7〕,认为是案"限制监察院职权"〔8〕,"尤其第二项,等于修改弹劾法,实际上对于监察委员的弹劾权加以重大限制"〔9〕。一时反对之声甚嚣尘上,对中政会的权限颇有质疑,指摘中政会此次决议有

---

〔1〕《为维护监察权独立精神,监院对汪谈话发表声明》,《中央日报》1934年7月19日,第2版。
〔2〕"监察院弹劾渎职官员(一)",台北"国史馆"藏国民政府档案001000002198A。
〔3〕《顾孟余被弹劾后发表谈话(上)》,《申报》1934年7月3日,第12版。
〔4〕《顾孟余被弹劾后发表谈话(下)》,《申报》1934年7月4日,第11版。
〔5〕炯:《顾孟余申辩弹劾案》,《时代公论》1934年第3卷第15期。
〔6〕《中政会补订弹劾办法》,《申报》1934年7月12日,第3版。
〔7〕《王子壮日记(手稿本)》第2册,台北"中研院"近代史研究所,2001年,第105页。
〔8〕田炯锦:《重订弹劾案件办法于监察院》,《时代公论》1934年第3卷第34期。
〔9〕《顾案的发展》,《国闻周报》1934年第11卷第29期,1934年7月23日。

"越权""违法"等情。

而汪精卫坚称"关于五院重大的事,无一不须提出中政会议通过","对于政务官之被付惩戒,中政会议得加以复核。这不是不信任弹劾机关,也不是不信任惩戒机关,乃是中政会议应有的权限"[1]。"今日尚为训政时期,一切权力集中于党,无有一机关能独立于党外,不听从党之指导监督者"[2]。按天津《大公报》社评所称"现在中国系党治而非法治,一切法律,根据皆极薄弱,中央政治会议以议决案变更法律,盖不知已有若干次"[3]。乃至时任监察院院长于右任致电蒋介石,"吁请中央将中政会议决案撤销"。但蒋复以"中政会为调节各机关之枢纽,既经决定,弟决不敢率请撤销也"[4]。可见,尽管舆情与监察院方面都质疑中政会的权限,汪和蒋都认为中政会的权威应予以维持。

那么,中政会的权限究竟为何呢?

二、中政会权限的争论

中政会创设于1924年7月11日,关于其成立之初的性质及权限,颇有争议。1926年1月,汪精卫在国民党"二大"发表讲话,认为"政治委员会之设立,因为前年中央执行委员会虽有海外部、工人部、农民部、妇女部……各部,但因没有政治指导机关,究未完备。因此,总理提出应设立政治委员会,辅助总理计划政治的方针"[5]。学者陈之迈等持有"政治委员会当时只是总理的一个咨询机关"[6]的观点,当今学人亦多认为中政会成立时为孙中山的咨询机关[7]。

---

[1]《汪院长昨在沪发表谈话,说明修改弹劾法理由》,《中央日报》1934年7月17日,第2版。
[2]《汪再发谈话警告监委》,天津《大公报》1934年7月20日,第3版。
[3]《社评:弹劾问题之论争》,天津《大公报》1934年7月19日,第2版。
[4] 台北"国史馆"藏蒋中正总统文物档案(以下简称"蒋档")002-080200-00436-190。此电文《蒋中正总统档案——事略稿本》第27册(台北"国史馆",2007年)第58页有收录,记为7月23日,查蒋档,应为20日。
[5] 中国第二历史档案馆编:《中国国民党第一、二次全国代表大会会议史料》(上),江苏古籍出版社,1986年,第194页。
[6] 陈之迈:《中国政府》,商务印书馆,1946年,第94页。
[7] 如斯彦:《国民党中央政治委员会简介》,《历史教学》1987年第4期;关志钢:《1927—1937年国民党"中政会"刍议》,《近代史研究》1990年第4期;《国民党"中政会"述评》,《深圳大学学报(人文社会科学版)》1995年第1期;彭厚文:《国民党中央政治委员会的演变述略》,《湖北大学学报(哲学社会科学版)》1993年第4期;王建科、刘守仁:《国民党"中政会"辨析》,《江海学刊》1994年第4期;陈雷:《国民党"中政会":1924—1928》,《安庆师范学院学报(社会科学版)》2002年第3期;刘维开:《训政前期的党政关系(1928—1937)——以中央政治会议为中心的探讨》,中国社会科学院近代史研究所民国史研究室等编:《1930年代的中国》(上),社会科学文献出版社,2006年;陈瑞云:《关于中政会在国民党中央体制中地位的探讨》,《史学集刊》2008年第4期等。

与此相异的是王奇生认为"中政会的原型即是俄共中央政治局",在实际运作中,"显示它一开始即是一个比中执会更核心的权力机构"[1];杨奎松认为中央政治委员会的成立,是孙中山"注意到党内纷争的白热化和各地反对派风起云涌",为了"进一步加强中央集权"而设立的[2]。至于中政会的权限,成立之日并未对外公布,在三天后召开的中央执行委员会上,由中央执行委员胡汉民提出"政治委员会对中央执行委员会之权限案",决议如下:"一、关于党事,对中央执行委员会负责,按照性质由事前报告,或事后请求追认;二、关于政治及外交问题,由总理或大元帅(即孙中山——引者注)决定办理。"[3]可见此时其与中央执行委员会的关系甚含混[4]。现可见的资料中,首次明确其关系的是在1925年6月14日举行的中政会第14次会议,除议决设立国民政府外,并有"(一)在中国国民党中央执行委员会内,设政治委员会,以指导国民革命之进行;(二)关于政治之方针,由政治委员会决定,以政府之名义执行之"[5],至1926年1月23日,国民党二届一中全会通过的《中央执行委员会政治委员会组织条例案》[6],规定:"政治委员会为中央执行委员会特设之政治指导机关,对于中央执行委员会负其责任。"[7]此后,中政会地位、权限、名称等殊多变化,并曾在特委会期间短暂取消,但其为中执会特设之政治指导机

---

[1] 王奇生:《中政会与国民党最高权力的轮替(1924—1927)》,《历史研究》2008年第3期。实际上王奇生在《党员、党权与党争——1924—1949年中国国民党的组织形态》一书中,也是因袭了中政会为"咨询机构"的观点,见王奇生:《党员、党权与党政——1924—1949年中国国民党的组织形态》,上海书店出版社,2003年,第154页。
[2] 杨奎松:《国民党的"联共"与"反共"》,社会科学文献出版社,2008年,第47页。
[3] "第四十三次会议"(1924年7月14日),中央委员会秘书处编印:《中国国民党第一届中央执行委员会会议记录汇编》,1954年,第85页。
[4] 王世杰、钱端生等:《比较宪法》,商务印书馆,1947年,第129页。
[5] 中央政治会议秘书处编印:《政治总报告》,1929年3月15日,上海市档案馆藏档案D4-0-331。
[6] 关于《中央执行委员会政治委员会组织条例案》,台北"党史馆"藏,五部档案,部1526,明确计有七条:"一、政治委员会为中央执行委员会特设之政治指导机关,对于中央执行委员会负其责任;二、政治委员由中央执行委员会推定之;三、政治委员会认为必要时,得推任同志在某地方组织分会,其权限由政治委员会定之;四、政治委员会设委员若干人,候补委员若干人。政治委员有缺席时,由出席之候补委员依次递补,有临时表决权,余只有发言权;五、中央执行委员会得聘任政治执行委员会顾问,在政治委员会只有发言权;六、政治委员会由委员互选一人为主席;七、政治委员会设秘书主任一人,秘书、办事员、书记若干人,由主席任命并指挥之。"在荣孟源主编的《中国国民党历次代表大会及中央全会资料》第225页中记载共六条,上海《时报》记有七条,但实际内容中漏序号五(内容为:中央执行委员会得聘任政治委员会顾问,在政治委员会只有发言权),实为六条(1926年2月1日),《革命文献》第七十九辑《中国国民党历届历次中全会重要决议案汇编》中记七条,与《中国国民党历次代表大会及中央全会资料》上多出一条为"政治委员会,由委员互推一人为主席",此条为第六条,上海《时报》同。
[7] 台北"党史馆"藏,五部档案,部1526。

关这一性质变化不大。

  1928年,国民党进入"训政时期",开始构建训政体制。国民党中常会第172次会议通过的《中国国民党训政纲领》规定:"指导监督国民政府重大国务之施行,由中国国民党中央执行委员会政治会议行之","《中华民国国民政府组织法》之修正及解释,由中国国民党中央执行委员会政治会议决行之"[1]。中政会成为凌驾于国民政府之上的政治指导机关。五院制政府成立后,谭延闿、胡汉民等提出修正《中央执行委员会政治会议暂行条例》,政治会议成为"全国实行训政之最高指导机关"[2]。1930年3月,国民党三届三中全会通过《修正中央执行委员会政治会议条例案》[3],在《暂行条例》[4]原规定中政会讨论及决议之事项"甲、建国纲领,乙、立法原则,丙、施政方针,丁、军事大计,戊、国民政府委员、各院长副院长及委员、各部长各委员会委员长、各省政府委员主席及厅长、各特别市长、驻外大使特使公使及特任特派官吏之人选""为限"的基础上,增列"财政计划"一项,并在中政会的人事任命权上修订为"国民政府主席及委员、各院院长、副院长及委员及特任特派官吏之人选"。至1935年12月政治会议改组为政治委员会之前,其权限大抵如此,可见中政会职权几乎涵盖了施政的各个层面。按陈之迈的说法,"虽有'为限'的字样,但事实上实等于没有限制,而历次修改亦只为文字上的改变,其职权则早已到了无可扩充的地步"[5]。

  必须指出的是,在《暂行条例》和《修正中央执行委员会政治会议条例》中,均有"政治会议不直接发布命令及处理政务"[6]的规定。在"顾案"中,显然中政会已突破此条,无怪乎朱雷章、刘峩青等九位监委联名发表书面谈话,指出,"中政会议之决议,乃法律命令之渊源,而非法律命令也","补订弹劾办法""无法律上约束力"[7]。

  在"顾案"中,中政会显然已突破"政治会议不直接发布命令及处理政务"的"指导"权限,对五院院务直接指摘,其虽是因在"党治"体制下,中政会权限

---

[1] 韩信夫、姜克夫主编:《中华民国史大事记》第5卷(1928—1930),中华书局,2011年,第3176—3177页。
[2] 《中央政会暂行条例》,《申报》1928年10月26日,第4版。
[3] 荣孟源:《中国国民党历次代表大会及中央全会资料》(上),第797—798页。
[4] 《中央政会暂行条例》,《申报》1928年10月26日,第4版。
[5] 陈之迈:《中国政府》第1册,商务印书馆,1946年,第96页。
[6] 《中央政会暂行条例》,《申报》1928年10月26日;《修正中央执行委员会政治会议条例案》,荣孟源:《中国国民党历次代表大会及中央全会资料》(上),第797—798页。
[7] 《补订弹劾办法,监院迄未遵行,认为无法律上约束力,监委朱雷章等发表谈话》,《申报》1934年7月26日,第3版。

之广所致,但亦非所有的情势均如此,面对这种非常态事件的处理时,"人"的因素凸显出来了。

三、"顾案"中的人事纠葛

1932年淞沪抗战爆发后,形成了蒋主军、汪主政的蒋汪合作格局,结束了宁粤对立,但并不意味着高层人士之间龃龉不再。而此次"既为汪精卫之宠臣,又为改组派之要人"[1]的顾孟余被弹劾,正是于右任、孙科等与汪精卫、顾孟余矛盾激化所致。

于右任与汪精卫、顾孟余向属不睦。1931年四届一中全会时,蒋介石曾属意于右任为国民政府主席[2],后因多方反对而未果。按照曾一度代理行政院院长、后被选任为行政院副院长的陈铭枢的说法,蒋介石是接受了他的建议,改变了初衷,同意由林森任国民政府主席的[3]。但据杨玉清[4]的说法,主要是因为汪精卫收到了胡汉民的一封信。胡汉民在给汪精卫的信中说:"今天的国府主席,不负实际政治责任,谁也可以当。不过,人选慎重点也好。以我的意思,是觉得林森最为适当。"于是汪"千方百计完成了这个任务"[5]。而长期担任顾孟余秘书的周德伟回忆,于任国府主席之议,已经在报端公布,但因胡汉民恢复自由后,径去上海,仍坚称反蒋,"顾孟余与宋子文、陈铭枢紧急会商,'若大部分立法委员随胡南行,则合作又生顿挫。'乃急电商驻上海之汪、蒋二巨头,拟改选原任立法院副院长林森为主席,以羁縻系立法委员,由汪转蒋、宋、顾、陈(铭枢)分别通知,宁沪粤各系委员照选,惟未通知孙科,盖孙氏不自量力,亦竞选主席也。次日全会开会,林森由大多数通过为国民政府主席,于右任大愤,因此恨顾孟余入骨"[6]。

对于此事,于右任始终难以释怀。在任监察院长一职时,又多受汪精卫掣肘,如于右任曾提任刘侯武为监察委员,也因汪等反对未能通过,对此于右任非常气愤,与汪嫌隙益甚。1932年5月,于右任以《上海停战协定》"不交立法

---

[1] 青松:《顾孟余舞弊案发(南京通讯)》,《礼拜六》第558期,1934年6月16日。
[2] 陈铭枢:《"宁粤合作"亲历记》,《文史资料选辑》第9辑,中华书局,1960年;杨玉清:《关于〈"非常会议"前后〉一文的补充》,《文史资料选辑》第23辑,中华书局,1962年。
[3] 陈铭枢:《"宁粤合作"亲历记》,《文史资料选辑》第9辑,第65页。
[4] 杨玉清,历任三民主义青年团临时中央团部宣传处副处长、行政法院评事,后曾当选中国国民党第六届中央执行委员、"行宪"第一届立法院立法委员、立法院外交委员会委员等要职。
[5] 杨玉清:《关于〈"非常会议"前后〉一文的补充》,《文史资料选辑》第23辑,第229页。
[6] 周德伟:《落笔惊风雨——我的一生与国民党的点滴》,远流出版社,2011年,第320页。

院议决遵行签字"为由弹劾汪精卫[1],虽然最终以"应无庸议",草草收场,但于、汪矛盾仍不断激化。

孙科原在宁粤分立时与汪合作,得以出任行政院院长,组成新政府,而后却因蒋、汪联合压迫,孙科政府不得不宣告解体,辞去行政院院长一职。但仍"欲为梁寒操、马超俊等谋一二阔部,如铁道、交通"[2],孰料汪先致电蒋,向其表示了因铁道部长"猝难其人",其"可暂兼"之意[3],后又委其"宠臣"顾孟余出任。而其他各要部,孙科亦无一所获,"于是衔汪甚,与于之合作以密"[4]。

监委刘侯武与汪关系亦属不和,按汪的说法,"前岁于右任兄提刘侯武为监察院委员,因中央监察委员会谓其开除党籍未经恢复不予通过,右任兄颇愤且迁怒及弟";"乃刘侯武最近得任监委后,公然对人谓,必发难以报前岁不为帮忙之怨"[5]。刘自然成为于右任、孙科联合倒汪的得力帮手。

刘侯武此次借大潼铁路购料案提请弹劾顾孟余,在已被确认"尚无实证"的情况下,监察院仍以"手续不合"为由,对顾提出弹劾,一改监察院"只能作打苍蝇之工作"[6],打起"老虎"来。用顾的话讲:"若辈所以不加细察,断章取义,贸然提出弹劾者,实因其目的本在弹劾。"[7]

前文已述,除顾孟余外,汪精卫亦因《上海停战协定》签订受到监察院弹劾。1932年5月,监察院院长于右任呈中监会,"谓行政长汪兆铭,违法批准停战协定,不交立法院审查,请付惩戒"[8]。后以"上海停战协定,系中央政治会议第二十九次临时会议决议:此项协定,既非媾和条约,应准外交部所拟办理,交行政院,俟办理完竣,再由行政院向立法院报告在案。此案既经中央政治会议议决,所请惩戒行政院院长汪兆铭一节,应无庸议"[9]而结束。

监察院在弹劾汪时,也曾将弹劾文送到报社,意欲发表,但因被警备部扣压而未果[10]。此次弹劾顾孟余,将弹劾文公布,影响极大。如何杜绝类似事件的发生?中政会无疑成为汪最好的工具。1931年12月,宁、粤、沪三方联合召开国民党四届一中全会。是会中,粤方欲削弱蒋在党内的地位,曾提出《中

---

[1] "行政院所属官员弹劾案",台北"国史馆"藏国民政府档案001-018310-0001。
[2] 《王子壮日记(手稿本)》第2册,第8页。
[3] "汪精卫致蒋介石电"(1932年2月6日),台北"国史馆"藏蒋档002-070100-00023-035。
[4] 《王子壮日记(手稿本)》第2册,第9页。
[5] "汪精卫致蒋介石电"(1934年5月9日),台北"国史馆"藏蒋档002-080200-00164-033。
[6] 《王子壮日记(手稿本)》第2册,第78页。
[7] 《铁道部长顾孟余对弹劾案之申辩》,《中央日报》1934年7月2日,第3版。
[8] 《于右任呈中监委请将汪精卫付惩戒》,《申报》1932年5月22日。
[9] "行政院所属官员弹劾案",台北"国史馆"藏国民政府档案001-018310-0001。
[10] 孟真:《监察院与汪精卫》,《独立评论》1932年第4期。

央政制改革案》,拟以"国民政府委员会"为国家最高权力机关,取代原来的中政会的职能,此议并未通过,但在通过的《关于中央政制改革案》中明确规定国民政府主席"不负实际政治责任"[1],并在《修正国民政府组织法》中确立了"五院独立"的原则。同时在《决定中央政治会议组织原则并推举中央政治会议常务委员案》中规定"中央政治会议设常务委员三人"[2],改变了之前的主席制。国民政府主席负责制的废除,五院独立,客观上使国民政府的权力转移至国民党,"中央最高决定机关在中政会,凡对内对外施政方针,必经讨论决定,政府方能施行"[3]。按照《决定中央政治会议组织原则并推举中央政治会议常务委员案》规定,由蒋介石、汪精卫、胡汉民任常务委员[4],开会时轮流主席,而此时形成的蒋主军、汪主政的局面下,中政会自然多为汪精卫主持。所以,面对监察院的节节进逼,汪精卫决定利用中政会的特殊地位,对其进行打压。

按照《关于监察院弹劾案等三项办法》的规定,不仅监察院弹劾权受中政会控制,连政务官的惩戒权也收归中政会所有。换言之,汪精卫在行政院之外,还有效地扩张了他实际控制的中政会的权限。无怪乎邵元冲在中政会第416次会议结束后,在日记中写道:"此年余以来,行政院方面既尽量破坏立法权(如修改之海关税则,不经立法程序,径行公布),又尽力摧毁监察权,此非关于对监察院负责人选及处事问题,面(而)为关于整个监察权之破坏也。"[5]时人亦有"溯自汪院长秉政以来,举凡行政院单独不能举办之事,率由中政会备案之手续掩护之"[6]的评论。

四、蒋介石对三项办法的态度

在"顾案"中,汪精卫与于右任等因立场对立,态度别立分明,对三项办法的存废争辩异常激烈,双方均有"辞职"等强烈表示。此时蒋介石的态度至为重要。那么,蒋介石在顾案中的态度如何呢?

近年来,有学者认为:"蒋汪此时意见分歧的核心也集中在第一项办法的存废。蒋主张废除",因第一项"不利于蒋钳制汪精卫","所以主张保留第二

---

[1] 荣孟源:《中国国民党历次代表大会及中央全会资料》(下),第119页。
[2] 同上。
[3] 《孙院长招待新闻界》,《中央日报》1932年1月6日,第4版。
[4] 荣孟源:《中国国民党历次代表大会及中央全会资料》(下),第119页。
[5] 《邵元冲日记》,上海人民出版社,1990年,第1136页。
[6] 伍宏仪:《汪院长与监察制度》,《时代公论》1934年第3卷第17期。

项,以防止国民党内的反汪力量因谋去汪而威胁蒋汪合作的格局",从而得出"在本质上,这是蒋对汪一贯既压又保、两面政策的延续"的结论[1]。但是"蒋介石档案"有关史料显示,蒋不仅没有主张废除第一项办法的表示,反而对第一项较为支持。

在三项办法出台的前一日,蒋便收到中执会秘书长叶楚伧电询其对次日即将提出的三项办法的意见,蒋批示:"所拟在中政会提案三点完全同意,希即表明弟意共同主张。"[2]7月14日蒋在致顾孟余的挽留电中称:"今日党国根本铸错,实在党之组织与政之制度机构太松懈,事权太分离,遂不免有种种支离灭裂自相抵触之象。致兄苦心所以为中央为党国者,乃转因而为同室之戈所攻摘,其可痛心,实深同慨。今后只有一面亟谋党政机构之改善,以治其本。一面由中央常委积极负责,镇压嚣张,消弭纷扰,以治其标。"[3]次日蒋致电于右任,称"中政会亦已议定适当解决之办法,收帆息纷,此正其时,尚希我兄转劝各监委同仁,适可而止,不可再起波澜,激起意气。国家危难至此,无论内外,均有人企愿中枢解体,以起大纷。吾辈于互相规勉之余,正宜益加团结,以期免于栋折榱崩之局"[4]。可见此时蒋介石为维持与汪的合作局面,在"顾案"问题上采取了支持汪的态度,并似有改善党政机构之意。

9月19日,"顾案"因原审查报告"尚无实证","核系实情,自难认为不合",惩戒委员会议决"顾孟余应不受惩戒"[5]。这引发了监察院极大的反弹,10月20日,监察委员开谈话会,"以改正三项决议案迄无消息,于先生表示非常坚决,必须全部取消,大家乃决定促于先生送辞呈以示决心,于此时间委员先行请假"[6]。面对监察院全体请辞的情形,汪于10月23日致电蒋介石,表示:"中政会议三项办法最大目的,即为防止片面弹劾文之公布,公务人员赖此保障,得以安心服务。弟意为和缓形势起见,虽不妨稍示让步,而对于原则不能完全取消。"[7]

10月24日,叶楚伧电询蒋介石:"闻钧座曾电于先生允取消一三两项,不知确否?汪先生意则表示可放松二三两项,于第一项至少加以修正,不愿取消,而于先生之表示则又为全部撤销。尊意如何?"[8]蒋复电称:"关于中央补

---

[1] 段智峰:《蒋汪合作格局下的另一种局面——以1934年顾案为中心》,《民国档案》2011年第1期。
[2] "叶楚伧致蒋介石电"(1934年7月10日),台北"国史馆"藏蒋档002-080200-00170-042。
[3] 高素兰编注:《蒋中正总统档案——事略稿本》第26册,台北"国史馆",2006年,第599—600页。
[4] 《蒋中正总统档案——事略稿本》第26册,第602页。
[5] "行政院所属官员弹劾案",台北"国史馆"藏国民政府档案001-018310-0001。
[6] 《王子壮日记(手稿本)》第2册,第149页。
[7] "汪精卫致蒋介石电"(1934年10月23日),台北"国史馆"藏蒋档002-080200-00188-054。
[8] "叶楚伧致蒋介石电"(1934年10月24日),台北"国史馆"藏蒋档002-080200-00189-012。

订弹劾三项办法之存废问题,中前此与于先生往来各电,并未有一三两项可以撤销之表示,在陕时接其灰巳电谓三项办法议决后监院等于关闭,当复以现行五院制度,一面固应力谋其职权各个之均衡,一方尤应有集中之节制其他四院,如行政、立法均受节制于中央,即对司法机关业已确定判决案件,中央仍得行使其大赦、减刑等职权以资救济,则对监院补订三办法亦事同一律,似不可认为等于关闭,请其切劝监委勿生误解,力弭纠纷等语而已。至最近汪先生来电谓曾望吁及,中意任何弹劾案在未经依法移付惩戒机关以前,监察院人员不得对外宣泄内容,尤不得将弹劾文公布,此项原则似必应维持,乃解除流弊而重法纪,除此而外,应如何斟酌情势,量为和缓,即请兄等酌办为荷,并已以此意另达汪先生矣。"[1]

10月28日汪再次致电蒋,提出:"监院弹劾案仅以一人之提议、三人之附议即告成立,而成立之后即可移付惩戒机关,同时即可对外宣泄内容,及将弹劾文发报公布,而当其时惩戒机关犹未开始审查,被弹劾者犹未得有申辩之机会也,故弹劾文之公布,成为片面攻击,绝予对方以余地,不平已甚,前者中政会议为救此弊,故确定原则,凡弹劾案非经惩戒机关核定不得公布,实较为公允,今监委欲取消此原则,若从其请,则无数未经惩戒机关核定之弹劾案,必复在报纸上尽量发表,被弹劾者熟视而无如之何,行政机关实无自存之道。"[2]对此,蒋再次明确表示:"凡弹劾案非经惩戒机关核定不得公布,此项原则必应维持。"[3]

细析三项办法,不难发现,其中第一项为"顾案"直接相关者,是对弹劾权的直接限制。弹劾权是监察院的重要职权之一,对此项权力的限制与收归,无疑是对监察院的重大打击。因此,蒋对此项办法表示支持,实为袒汪慰顾之举。第二、三项办法系为"顾案"衍生者,关于第三项已有相关规定,对此项争议不大,而第二项主要是对惩戒权的限制。如前文所述,惩戒属司法权,在监察院依法提出的弹劾案经审查决定移付惩戒后,将由专门的惩戒机关议决是否给予被弹劾者惩戒,对惩戒结果,监察院无权干涉。所以,此三项办法是对弹劾权和惩戒权的限制,是将监察权、司法权直接置于中政会之下。就"顾案"本身而言,尤其是惩戒机关已经做出顾孟余"不受惩戒"决议的情况下,第二、三项并非至要,蒋意可量为和缓,以求双方谅解的局面。

10月31日,中政会举行第431次会议,重新议决三项办法如下:"一、弹

---

[1] "叶楚伧致蒋介石电"(1934年10月24日),台北"国史馆"藏蒋档002-080200-00189-012。
[2] "汪精卫致蒋介石电"(1934年10月28日),台北"国史馆"藏蒋档002-080200-00189-046。
[3] 同上。

劾案移付惩戒之后，应由受理机关将弹劾文与被弹劾人之申辩书同时发表，交立法院修正弹劾法及公务员惩戒法；二、凡经中央政治会议决议任命之政务官，被付惩戒时，其惩戒之决定书，应呈报中央政治会议；三、关于国策及有关中国在国际地位之重要文件，非经中央政治会议核定，不得披露一节，本年6月已有办法，不必重复规定。"[1]此次决议的修改，体现了蒋、汪之间的共识，也是对监察院做了一定的让步。王子壮认为此次决议与前相较，"不过减轻文字上之分量而已"[2]，实质上，对于惩戒权，中政会放弃了"复核变更"权，对司法独立原则有所保留，从这个角度来讲，此次修订较前有了重大变化。所以当王子壮忧心忡忡，"深感此事之难于解决，或将扩大"，但却意外发现"大家均认为满意"[3]。蒋得知修订结果时，亦表示"决议洽当，悬案结束，至慰"[4]。至此，"顾案"告一段落。

按照国民党训政体制的构架，行政、立法、司法、考试、监察五项治权归国民政府总揽，中政会负责指导监督国民政府重大国务之施行，中政会应只负有"最高指导"权，而"不直接发布命令及处理政务"[5]。通过"顾案"，可以看到，中政会在实际运作中早已突破"指导"之责，成为实际掌控政治运作的权力机构。与此同时，国民党的人事纠缠、大小派系之间的恩恩怨怨由来已久。虽然1931年九一八事变、1932年一•二八事变的相继发生，以及蒋介石的下野与复出、蒋汪合作格局的形成，曾经使得这类矛盾有所缓和，但并不意味着高层人士之间龃龉不再。蒋介石、汪精卫、胡汉民、于右任、孙科等人之间复杂的关系、矛盾与相互利用，是导致"顾案"持续发酵的制度外的重要因素。而体制内的制度权限和体制外的人事矛盾相互纠葛，必然共同作用于以国民党中政会所体现的政治体制运行之中。

（原载《史学月刊》2014年第3期）

---

[1]《补订弹劾案件办法重行议定》，《申报》1934年11月1日，第10版。
[2]《王子壮日记（手稿本）》第2册，第156页。
[3] 同上书，第154页。
[4]"叶楚伧致蒋介石电"(1934年11月2日)，台北"国史馆"藏蒋档 002-080200-00443-018。
[5] 详见《训政纲领》《中央执行委员会政治会议暂行条例》《修正中央执行委员会政治会议条例案》条文规定。

党治体制下的社团冲突与社团管理
——以1934年苏州弹词男女拼档纠纷案为例

许冠亭*

引　言

苏州弹词的语言、音乐、题材、服饰、演技,魅力独特,被誉为"中国最美的声音","形成了中国唯一、世界无二的韵味"[1]。有学者认为,苏州弹词的魅力,在于它不仅用"像糖一样甜,像绸一般软"的苏州方言有说有唱,而且"说表演唱的交替使用,使弹词也如同戏剧一样……使观众对表现的对象有了从外形到内心,从环境到感情的多方面的立体的生动细腻的形象感受"[2]。苏州弹词的男女拼档演出形式,马褂旗袍对比鲜明,三弦琵琶相得益彰,深受听众喜爱,但男女拼档在1934年兴起之时,竟然爆发了一场激烈的社团冲突。

1934年苏州弹词男女拼档纠纷所引发的社团冲突,一方为吴县光裕说书研究社(简称光裕社),坚持光裕社社章社规,以维护社会风化为由,要求取缔男女拼档演出;另一方为社外艺人所组织的男女说书会,以男女职业平等为由,坚持男女拼档演出,并要求修改光裕社社章社规,后正式成立普余说书文艺社(简称普余社)。这起社团冲突,"双方各显神通,一而再、再而三的为着本身利益,努力奋斗,推陈出新、五花八门"而"闹得满城风雨"[3]。冲突双方按照国民党党治体制下的社团管理程序,依次向国民党吴县党部、江苏省党部直至中央党部申诉裁决,国民党各级党部虽然均本"党治精神"处理冲突,根据"法理事实双方兼顾""以昭公允"原则拟订方案,但方案内容却多有差异甚至完全相悖,造成争执不断、冲突升级,迫使中央党部作出终裁:允许社团分立,

---

* 许冠亭,2006—2009年在复旦大学历史学系从事博士后研究,现为苏州大学教授。
[1]　范林元:《"中国最美的声音"》,周良主编:《评弹艺术》第25集,1999年内部发行,第3—4页。
[2]　孙景尧、马克:《弹词的艺术魅力所在及其美学意义》,《广西大学学报》1984年第1期,第68、72页。
[3]　《男女说书的商榷》,《苏州明报》1934年12月31日,第6版。

禁止男女拼档。中央党部终裁后,社团尽管分立,男女拼档演出形式却有禁无止。后来分立之各社团复归统一,男女拼档成为苏州弹词的主要演出形式,实际结果竟与终裁方案完全相反。

1934年苏州弹词男女拼档纠纷案,具有丰富的内涵和可供讨论的空间。拙文试图梳理1934年苏州弹词男女拼档纠纷引发的社团冲突与国民党党治体制的关系、社团冲突双方各自运用的手段、各级党部对社团冲突的处理方案,借以深化对国民党党治体制下社团冲突发生发展和社团管理政策调整变化的认识,为党治体制下党社关系的研究提供一个较为完整的案例。

一、党治体制下光裕社的演变及男女说书会的形成

光裕社是具有深厚历史渊源和社会影响的苏州评弹社团。"现知最早的行会组织是光裕公所,存在的时间也最长,人员多。在苏州评弹的历史上,起了积极的作用。"[1]光裕公所于1912年改名光裕社,继续拥有苏州评弹行会组织的法定地位。在上海成立的润裕社社员在苏州演出,挂牌一律须称光裕社员。1930年,光裕社又"奉江苏吴县县党部第21号指令转奉中央训练部第11148号指令,更名为光裕说书研究社"[2]。光裕说书研究社由吴县党部派员指导成立、由吴县教育局为主管官署。

光裕社更名为光裕说书研究社,归因于党治体制下的社团整顿。党治体制体现在对人民团体的管理上,是实行"党部指导、政府监督"的"双轨治理",而"党权高于政权"[3]。1929年6月国民党三届二次会议通过的《人民团体组织方案》规定:"本党对于依法组织之人民团体,应尽力扶植,加以指导。对于违反三民主义之行为,应加以严厉之纠正。对于非法之团体,本党应尽力检举,由政府制裁之。"[4]光裕社遵令整顿,更名为光裕说书研究社,由吴县党部指导组织、吴县政府核准立案并呈报江苏省党部、国民党中央训练部复核备

---

[1] 苏州市文联编:《苏州评弹史稿》,古吴轩出版社,2002年,第25页。
[2] 光裕社:《呈为胪陈纠纷经过及奉令修正之社章社规暨入社审查标准各一份呈请鉴核备案事》(1934年12月24日收文),中国第二历史档案馆藏档案722/1903《苏州光裕说书社纠纷案》/众4104号(本文所引"中国第二历史档案馆藏1903《苏州光裕说书社纠纷案》"档案,后面简称:"档案号:722/1903")。吴县作为行政区域,包括苏州城厢。但人们习惯用苏州作为地理名称,或专指吴县城区,或总括吴县城乡。
[3] 徐秀丽:《南京国民政府时期的政治国家与民间组织》,《绍兴文理学院院报》2009年第5期,第66页。
[4] 荣孟源主编:《中国国民党历次代表大会及中央全会资料》上册,光明日报出版社,1985年,第763页。

案。吴县光裕说书研究社是学术研究性质的文化团体，既非以往的行会，也非新式的同业公会或自由职业团体，更非一般进行营业性演出的文化团体。但事实上，光裕说书研究社仅在社章中因应时势添加了国民党三民主义的意识形态内容，其社规基本沿袭了光裕公所和光裕社的社规，在时人的叙述报道乃至一些官方文件中，依然写成光裕社。同时，吴县光裕说书研究社继续努力维护社内评弹艺人的社会经济权益，制订行规和职业道德，组织会书和举办福利事业。在吴县党部、吴县光裕说书研究社和地方人士观念中，只不过因政权鼎革而对名称略作更动后重新登记，其在苏州评弹业中行会的实质与地位并未改变。这种因社团整顿形成的名与实的差异与歧义构成了社团冲突的重要缘由。

国民党党治体制下的社团管理机构多有变化，1931年底国民党中央训练部改为中央民众运动指导委员会。其社团管理政策亦因"情势变迁，遂有修正"，1932年国民党第四届中央执行委员会第三十三次常务会议通过《修正民众团体组织方案》，将人民团体改称民众团体，将民众团体分为"农会、渔会、工会、商会、工商同业公会、学生会、妇女会、文化团体、宗教团体、公益团体、自由职业团体及其他经中央核准之民众团体"，规定所有民众团体都严格按照统一的组织程序设立。同时，该方案还指出："吾国现在妇女在法律、经济、政治、教育上已有与男子平等之规定，但妇女本身智能尚欠完善，且各种特殊问题须待其自谋解决，应适应其本身之需要，使其有健全之组织。"[1]修正方案为社团冲突增加了诱因：其一，修正方案表明民众团体的名称、分类及其设立可以随政策调整。那么光裕说书研究社可以要求改属自由职业团体，社外艺人也能以尚无评弹艺人自由职业团体为由，申请建立艺员公会。其二，党纲国法早已明载男女一律平等，但该方案又强调妇女本身智能尚欠完善。那么，女艺人的结社权利就会因规定的含糊而引起争执。而至1934年2月，蒋介石在南昌先后发表《复兴民族之根本要务——教养卫》《新生活运动之要义》的演讲，要用重构传统道德"礼义廉耻"的新生活运动来解决一般民众的散漫颓靡、不事振作问题。国民党中央设立了新生活运动总会，各省、市、县纷纷推进，旨在通过行政命令和强制手段达到预期效果。新生活运动又给社团冲突和社团管理陡添了新的意识形态因素。

吴县光裕说书研究社沿袭了光裕公所和光裕社不许女子入社的规定，并

---

[1] 中国第二历史档案馆编：《国民党政府政治制度档案史料选编》上册，安徽教育出版社，1994年，第675页。

只许光裕社社员搭高台登台说唱,非社员概用平台,只能在平地表演,以示区别[1]。苏州弹词的女艺人一直是存在的。但女艺人因技艺不高或迫于生计,书场也要"借助于南部粉黛,乞灵于北地胭脂",适应那些重色轻艺的听众要求,所以在晚清时期出现群芳会唱,从听唱发展到点唱,再发展为随去寓,逐渐变为娼妓。"女说书""女书场"只是一个向娼妓发展的渐变过程,可名之曰妓女弹词。光裕公所排除女艺人曾有抵制恶俗之正当性[2]。到民国时期,女子弹词艺人以男女职业平等开始恢复,男女拼档弹唱成为新的表演形式。那些被排斥在光裕社外的评弹艺人无社规约束,往往采用男女拼档形式迎合听众的需求,作为营生手段。茶馆书场场主为增加营业收益也逐渐聘用这些艺人演出。

到1934年,男女拼档在市场推动下日益兴盛起来。光裕说书研究社以评弹不同于一般戏剧电影,要求吴县公共娱乐事项审查委员会(简称"公审会")禁止男女拼档弹唱。按照江苏省党部、省政府规定,县公审会由县党部、县公安局、县教育局派员合组建立[3]。吴县公审会由县党部执行委员会常务委员朱壮悔为主席,负责对包括苏州评弹在内的各种公共娱乐节目的审查。公审会认为,"凡关于公共娱乐,如平剧、话剧、滩簧及其他各种游艺,均经审查许可而皆有男女演员"[4],所以对于苏州评弹男女拼档演出形式,自然允准,无庸别论。光裕说书研究社只能转而"约束同人不得拼设男女双档损碍风化,如违社规公议,斥逐出社,剥夺其登台唱说之权"。其理由是:"此社规所以防微杜渐,自昔及今,对于男女双档说书,莫不相沿以禁,无敢或违。现虽男女平权,女子亦可以技术登台弹唱,然为防与花鼓淫词互混,不得不维持社规以护风化。"[5]光裕社照旧将违规社员斥逐出社。但社员出社后不受社规约束,依然进行男女拼档演出。有些社员甚至为了避免社规约束自动退社。光裕社对出社后依然进行"男女合档弹唱秽词"者,呈请县公安局取缔,然而实际收效甚微。不久,苏州观东大戏院聘请钱景章夫妇等男女拼档登台演唱,钱景章原本为光裕社社员,也是因违反社规而遭斥逐退社的,光裕社又于7月3日具呈公

---

[1] 苏州市文联编:《苏州评弹史稿》,第145、147页。
[2] 同上书,第117—121页。
[3] 《江苏省各县公共娱乐事项审查委员会组织通则》,江苏省教育厅秘书室编辑:《江苏省现行教育法令汇编》,1932年,第387页。
[4] 清客:《男女说书与光裕社之经过》,《大光明》1934年11月28日。
[5] 光裕社:《呈为胪陈纠纷经过及奉令修正之社章社规暨入社审查标准各一份呈请鉴核备案事》(1934年12月24日收文),档案号:722/1903。

安局"勒令停止弹唱"[1]。但苏州观东大戏院反而呈请公审会批准改辟男女书场,不久形成声势,"日夜的听客,终是人山人海",观东大戏院的营业利润"引起一般人的眼红起来","有好多处纷纷请求公审会备案,设立男女书场"[2]。从事男女拼档演出的钱景章夫妇联合部分被斥逐出社、自动退社以及未曾入社的男女评弹艺人,乘势成立男女说书会。据1934年7月7日该会成立时的照片看,共有14对28位男女拼档说书艺员[3]。

光裕社以往应对冲突,通常采用社章社规的约束力进行内部调适,也有运用地方社会力量进行调解甚至诉诸司法机关寻求法律解决,对与茶馆、书场业主之间产生的矛盾有时还使用罢书的方式进行集体抵制以求转圜。党治体制下的社团冲突则与以往不同,光裕社首先呈请吴县党部裁决,所持理由主要是国民党的意识形态,包括三民主义和正当其时的新生活运动对社会风化的关注,要求严禁男女拼档。男女说书会则认为"光裕说书研究社假借社团把持营业,一再谋夺非社员生计","其处心积虑惟有达到男女说书不得生存之私图"[4],遂以男女平权明载国法党纲为依据,与光裕社产生针锋相对的激烈冲突。而前述国民党党治体制下社团整顿产生的歧义、社团管理政策的变化、意识形态的影响以及之后各级机构处理方案的不同,导致冲突纠缠难解、不断升级。

二、社团冲突的手段运用与吴县党部的处理方案

面对社规难以执行、男女拼档市场爆热的局面,光裕社由执行委员会主席委员朱耀庭领衔,指责男女拼档演出是"藉色相为号召,迷醉青年,流毒社会"[5],呈请吴县党部取缔男女拼档登台说唱。为此,光裕社采取的手段有二。

(一)利用吴县党政机构及人事变动之机,举办了"改良说书竞赛会",以争取吴县党政机关对光裕社的认可。

在社团冲突发生之1934年7月,恰逢吴县党政机关的组织人事发生重大

---

[1]《男女合档秽词弹唱,光裕社呈请警局取缔》,《苏州明报》1934年7月4日,第5版。
[2] 独手:《男女书场纷请备案之我感》,《大光明》1934年9月24日。
[3] 苏州市文联编:《苏州评弹史稿》,第149页。
[4] 钱景章等:《呈为奉令解决光裕社仍不容纳、横生枝节、倚势压迫,谨沥陈下情请求迅饬救济事》(1935年1月),档案号:722/1903。
[5] 光裕社:《呈为胪陈纠纷经过及奉令修正之社章社规暨入社审查标准各一份呈请鉴核备案事》(1934年12月24日收文),档案号:722/1903。

变动。为加强吴县党政力量和巩固党治基础,江苏省政府委派省民政厅秘书吴企云任吴县县长,于7月1日莅任;江苏省党部将吴县列为党务不健全县份,委任孙丹忱为特派员负责吴县党部,于7月3日莅任,朱壮悔去职。光裕社在7月11—16日与吴县实验民众教育馆合办"改良说书竞赛会",社内著名艺人次第登台,"各档均能融汇新生活的解释及提倡民众教育之重要,确实各有精彩,不同凡响"[1]。吴企云、孙丹忱以及教育局长、公安局长等,每天轮流出席致辞,并担任评判员。吴企云在致辞中强调:"说书人在社会上实居导师之地位,能转移民众思想。"[2]孙丹忱在致辞中又谓:"光裕社实负复兴民族及辅助社教二大责任。"[3]竞赛结束后,《苏州明报》推出专刊,指出:"说书一艺,在各种民众娱乐事业中,虽不若戏剧电影之绘形绘色,动人耳目,而其流行之普遍,内容之通俗,代价之低微,使一般有职业之民众,得于疲劳之余,藉此调节其身心,其事业有足多者。故说书之势力与影响,亦不亚于戏剧电影……故日受其熏陶者,未有不潜移默化而心身并受其影响也。是其职业之关系于社会人心,既重且大,安可以忽视哉?"[4]光裕社通过举办"改良说书竞赛会",既渲染了"礼义廉耻"的新生活运动要义,又向上任伊始的吴县党政负责人表明了取缔男女拼档的诉求。

(二)呈请新改组的公共娱乐审查委员会禁止男女合档弹唱淫词。

孙丹忱就任特派员后,委派党部宣传干事王绍猷担任公审会主席。7月12日,王绍猷主持公审会改组后的首次会议,讨论了对光裕社呈请禁止男女合档弹唱淫词有伤风化一案,议决特派金把清委员前往观东大戏院调查后答复。金把清的调查结果是:"是日听客并不众多,虽系男女合档,尚无海淫之处。"[5]之后,公审会驳回了光裕社的申诉,理由是:(1)"男女合档,未便禁止,如有淫词,立予取缔",但据金把清的调查,现男女合档尚无海淫之处。(2)"光裕社社规,其制裁只及于社员",对业已脱离社籍之钱景章等,"似属逾越范围,碍难照准"[6]。

光裕社上述两种手段的实施,对吴县党部处理其呈请的影响一正一反。吴县党部拒绝了光裕社取缔男女合档说书的请求,但"维持社员应聘于各茶社

---

[1]《说书竞赛第一日》,《苏州明报》1934年7月12日,第6版。
[2]《说书竞赛第三日》,《苏州明报》1934年7月14日,第6版。
[3]《说书竞赛第四日》,《苏州明报》1934年7月15日,第6版。
[4]《改良说书竞赛会专刊》,《苏州明报》1934年7月17日,第6版。
[5]《观东大戏院男女说书,审查委员会调查并无海淫之处》,《吴县日报》1934年7月22日,第4版。
[6]《公审会不禁止男女说书,光裕社未便制裁非社员》,《吴县日报》1934年7月25日,第4版。

说书搭以高台、非社员概不搭台使用平台之惯例",由县政府令茶馆书场业同业公会遵照[1]。不过,政府令饬并未得到真正执行。光裕社见"时已逾旬,该观东大戏院等非但延不遵令改为平台,而反效尤者日众",便又呈请县党部,要求党部函咨县府严予取缔开设非社员高台的茶馆书场,"以维法纪而儆顽劣"。孙丹忱接到呈请后"再转县府,饬严厉取缔,以符威信"[2]。

为了维持男女拼档并应付吴县教育局的艺员登记,男女说书会也采取了因应措施。

（一）向吴县党部呈控光裕社把持垄断,要求另组社团和纠正光裕社社规。

男女说书会钱景章、陈亚仙等45人向吴县党部呈控"光裕社主持者充满封建思想,一味把持,请求许可组织说书艺员公会"。吴县党部则认为,本县说书业已有光裕说书研究社之组织,"按诸中央法令,同一区域内同一性质之社团,以一团体为限",若再设立说书艺员公会,"显见欲形成二个同性质的对立团体",所以"批答未准"[3]。

男女说书会再向吴县党部呈请：一是陈亚仙等女弹词艺人联名具呈吴县党部,要求加入光裕社；二是由沈丽斌、王燕语、钱景章、徐雪行、醉霓裳、林筱舫、王叔平等男弹词艺人向吴县党部呈控光裕社"把持垄断,无端开除,请求县党部令饬光裕社予以明白解释"[4]。

光裕社根据县党部指令作出了回复和解释,但男女说书会不满光裕社的辩解,呈请吴县党部纠正光裕社的社规。吴县党部令光裕社"根据男女平等之原则,在最短期间修正社规,容许合格之女说书加入。并指示为维护社团事业信誉、整饬社员起见,不妨明定入社资格,于入社时严密审查"[5]。

（二）先后两次请愿,要求吴县党部饬令光裕社修正社规,以完成艺员登记,恢复高台演出。

男女说书会呈告吴县党部纠正光裕社社规的行动,因吴县教育局突然推出的艺员登记办法而变得非常紧迫。吴县教育局为监督及审查本县境内各项艺员以助推进社会教育起见,自11月15日起办理本县各项艺员登记,包括新

---

[1]《非光裕社员平台说书,县政府业已照准》,《苏州明报》1934年9月19日,第6版。
[2]《非光裕社员平台说书,藐视法令迄未实行,光裕社再呈请取缔》,《苏州明报》1934年9月26日,第6版。
[3]《男女说书纠纷,党特派员被人诬告,关于个人尚小,关于党誉实大》,《苏州明报》1934年11月23日,第6版。
[4]《女子说书,光裕社中向无此例,请党部令暂缓入社》,《苏州明报》1934年11月3日,第7版。
[5]《女说书入社问题,县党部揭示办法二点》,《苏州明报》1934年11月22日,第7版。

旧戏剧、说书、清唱、滩簧、魔术、双簧、拉戏、口技、大鼓、宣扬、音乐、歌舞等艺员。登记以两星期为限,经教育局许可者,由教育局"分别发给登记证,以便登场表演,否则均应予以取缔"[1]。其登记规则共十四条,其第六条规定:"同类之艺员,在吴县境内,已有正式集团组织者,在登记时须附该团体出给之证明书。"其第十条又规定:"未经登记许可者,一概不得登场表现。"光裕社既是吴县唯一正式的说书业社团,也就意味着所有说书艺人均须获得光裕社出具的证明书。男女说书会认为"两星期之光阴则一瞥即逝",必须紧急向县党部请愿,令饬光裕社修正社章社规。11月19日,为公安局勒令男女说书之场东执行"平台"表演之日,各男女说书者"佥以平台说书,有妨业务",乃一致罢书,赴县党部请愿,要求准予恢复高台说书,请求县党部令饬光裕社修改社章,准予他们加入光裕社,由此既能解决高台演出的问题,也解决了艺员登记问题。钱景章、陈亚仙等男女说书又于11月20日联袂赴县党部再度请愿,其中"各女说书均将前从〔从前〕花枝招展之衣服,易以破旧棉袍",到吴县党部申诉生计苦衷,呈请县党部转令严饬光裕社"务于登记以前将社章合法修正",并转函教育局"在光裕社未明白表示之前,准予展缓登记"[2]。

　　孙丹忱认为:"本部处理此事,一本党治精神。社团力求维护,社门不应闭拒,庶对抗之纠纷消除,则社团之力量增大。"[3]11月21日,县党部训令光裕社在社员散处、一时不易召集会员大会之困难情况下,于五日内召集执行委员会会议,订明入社资格及修正社规意见,并将社章抄送至县党部候核。然而,光裕社在奉令修正社规之际,阅悉国民党军事委员会第一厅案准参谋部以函开江苏省政府转令吴县政府严行取缔男女双档说书一则消息[4],当即呈文请求县党部指示办法,请求暂缓加入男女说书者。但孙丹忱在11月27日对光裕社呈文作出批示:"该社容许合格女说书加入,业经全体大会决议通过,自是正办。仰将审查标准及修正社章,限文到三日内送来部审核。至称奉令取缔一节,本部无案可稽,应毋庸议。"[5]光裕社只得遵令修正社章、社规暨入社资格审查标准,并呈报县党部鉴核备案。吴县党部会同县政府公安局、教育局代表审查修正。吴县党部对光裕社与男女说书会的社团冲突采用的是模糊的处

---

[1]《教育局举办艺员登记》,《苏州明报》1934年11月10日,第6版。
[2]《男女说书化装请愿》,《苏州明报》1934年11月21日,第7版。
[3]《男女说书纠纷,党特派员被人诬告,关于个人尚小,关于党誉实大》,《苏州明报》1934年11月23日,第6版。
[4]《县府奉军委会令取缔男女双档说书》,《苏民新闻》1934年11月18日,第2版。
[5]《男女说书纠纷》,《苏州明报》1934年11月28日,第7版。

理方法,既未允许男女说书会另设说书艺员公会,又未改变光裕社的行会实质,在"一业一会"的框架下拟订处理方案,只是督促光裕社修改其社章、社规以适应形势变化。但对光裕社而言,事不数月,取缔男女拼档的初衷竟演变成根据县党部指令"限期修正社规,容许男女双档说书入社"[1],颜面无光,自不甘心。所以,吴县党部的裁决并不意味着纠纷案的了结,更不是"外道与女说书们取得了完全的胜利"[2],实际却是纠纷案的升级。

三、社团冲突升级与江苏省党部、中央党部的处理

纠纷案的升级根源于国民党党治体制下的社团管理制度。一方面实行横向的党政双轨治理和纵向的分级管理,规定"凡民众团体应在党部指导、政府监督之下组织之"。县级及以下社团概由县党部指导、县政府主管官署监督,省级社团由省党部指导、省政府主管官署监督,全国性社团则由中央党部指导、国民政府主管官署进行监督。另一方面又实行逐级复核备案制度和下级机关服从上级机关制度,规定"团体组织完成,其章程经当地高级党部复核后呈请备案";"关于民众团体之组织,党部与政府意见不同时,应呈由上级党部核定之,最后决定权属于中央民众运动指导委员会"[3]。国民党社团管理制度,固然有一定的社团管理纠错功能,但往往会对社团冲突产生推波助澜的影响。因为社团往往利用这种上诉权利及其通道,逐级上访呈告,而各级机构也会拟订不同的处理方案。

江苏省党部接到吴县党部报备的光裕社新修订社章社规后,对复核没有流于形式,指令吴县党部命光裕社重新修改社章。该指令将男女平等与男女拼档作了区分。一是男女平等必须坚持,女子职业独立应该提倡;准许女说书上台、入社,以扶助女子、维护女权。二是男女拼档必须取缔。男女拼档标榜男女平等,实质男女拼档中,男子利用女子色相以敛钱,与新生活运动大相径庭。对这一不同于吴县党部方案的指令,吴县党部立即遵照执行,新一轮的社团冲突却由此激发。

光裕社峰回路转,立即根据县党部转奉省党部指令,重新修订社章、社规

---

[1] 光裕社:《呈为胪陈纠纷经过及奉令修正之社章社规暨入社审查标准各一份呈请鉴核备案事》(1934年12月24日收文),档案号:722/1903。
[2] 吴琛瑜:《晚清以来苏州评弹与苏州社会》,博士学位论文,上海师范大学历史系,2008年,第144页。
[3] 中国第二历史档案馆编:《国民党政府政治制度档案史料选编》上册,第676页。

及入社资格。随后，光裕社将修正之社章、社规及入社资格审查标准送呈县党部、省党部审核通过，并向国民党中央执行委员会呈请鉴核备案。光裕社向国民党中央执行委员会详陈男女拼档纠纷案因吴县党部勒令修订社章、社规而经历的曲折多变，并强调其一贯维护社会风化："窃思说书一业，虽称小技，然节取稗史旧闻中关于礼仪〔义〕廉耻足资劝征之故事，用以激发善心砥砺薄俗"，光裕说书研究社成立当年就"开办党义训练班，使社员接受三民主义训练，以宣扬中国国民党之政策，近对于蒋委员长所提之新生活运动精神又阐发至显，服务党国不遗余力"[1]。

男女说书会得知省党部指令后，由钱景章等集合20余人赴吴县党部再度请愿，要求维持男女拼档弹唱。吴县党部则表示："男女不得拼档弹唱，系奉省令执行"，本部"唯令是从，殊无转圜余地"[2]。最后，钱景章、陈亚仙等9对18位男女拼档说书人向"总核党政，指导全国"的国民党中央执行委员会联名控告光裕社操纵社团、把持营业、非法压迫，认为光裕社的社章修改稿"乃变本加厉利用改订社规将社员高台、非社员平台及男女不得拼档说书一并加入"，强烈表示：女子说书"方在萌芽"之时，若不许男女拼档以资"扶导"，必将招致扼杀；"而所谓男女者固皆夫妻与父女，在法律上本属监护及享有亲权之人，况其他平剧、话剧等游艺须化装表演者，尚许异性同演，宁有徒以口舌为生之说书业，反以为拼档足妨害风化，有是理乎？"钱景章等叩辕请愿，"伏求迅赐严令吴县党政机关将光裕社之非法社规予以纠正，并制止高台平台之区别，以儆压迫而昭公道"[3]。

国民党中央执行委员会作为最高党务执行机关之常务委员会，其时因诸常委事务繁冗，由常务委员互推叶楚伧任秘书长，负责执行常务会议决议案，并综理日常会务。苏州弹词男女拼档纠纷案的各方向国民党中央执行委员会呈请的材料交由中央执行委员会秘书处处理。经叶楚伧批示同意后，苏州弹词男女拼档纠纷案转至国民党中央执行委员会民众运动指导委员会，并案办理，中央民运会拟订四项解决办法："（一）社员不分性别，但不得男女拼档弹唱。（二）查光裕说书研究社经前中央训练部解释为文化团体。按文化团体在同一区域内同一性质者不必以一个团体为限，早经前中央训练部通令在案。

---

[1] 光裕社：《呈为胪陈纠纷经过及奉令修正之社章社规暨入社审查标准各一份呈请鉴核备案事》（1934年12月24日收文），档案号：722/1903。
[2] 《男女说书再度请愿，请求维持男女拼档》，《苏州明报》1934年12月15日，第7版。
[3] 钱景章等：《呈为吴县光裕社操纵社团把持营业非法压迫请求主持公道迅赐令饬纠正制止以整党纪而维女权事》（1934年12月21日收文），档案号：722/1903。

是该光裕社对于同一性质之非社员不得加以限制,故该社社规第二项所规定'非社员概用平台以示区别'等字样应取消。(三)钱景章等能依该社社章入社合作更佳,不然,如有合于文化团体规定之发起人数,另行组织团体亦可。(四)以后所有弹词应事先一律送该县公共娱乐事项审查委员会审查合格后方能弹唱。"[1]1935年1月5日,中央民运会将处理方案发函致江苏省党部转饬吴县党部,传知纠纷案双方遵行。

中央民运会的四点决定,对光裕社的处理从字面上参照了秘书处维持江苏省党部方案的意见,实际却因增加对男女说书会的处理办法而对光裕社构成重击。于是光裕社向吴县党部、江苏省党部呈告,认为无论会员、非会员均"不得男女拼档弹唱"。光裕社又呈告中央民运会,要求复查其社团性质:"本社虽则研究文艺,然皆以此生活,其性质实属自由职业团体,与律师公会性质完全相同。以自由职业性质之团体在同一区内是不能再组织团体,此应请钧会衡情度理,俯予详察,确认本社系依文化为职业之自由职业团体,并再令饬吴县县党部遵照自由职业团体在同一区内不得再有组织之定例,以杜一切纠纷而利民运。"[2]光裕社指望中央民运会将其改为自由职业团体,从而遵照自由职业团体在同一区内不得再有组织之定例,排除其他评弹社团建立的可能。

男女说书会对中央民运会的四点决定则"莫不欣喜感戴,方期从此拨开云雾振作自新,共登光明之路"。男女说书会认为,光裕社"不得男女拼档弹唱"的社规只能约束光裕社社员,非社员不受"男女不得拼档"的限制。他们既不必为了艺员登记而加入光裕社,更可以组建合法社团以自行制订社章、社规,不再受光裕社的限制。于是,钱景章等又向国民政府、中央党部提出呈请:"光裕社因嫉妒营业,纠纷不已。然男女非社员拼档固早经公审会许可于前,自未必反受光裕社新订社规之影响而限制于后……续求钧部俯念下情,秉公主持,迅赐令行吴县县党部转饬光裕社不得利用社规节外生枝,妄干非社员之正当职业,以绝纠纷。"[3]男女说书会要求中央明允非光裕社员可以男女拼档,并酝酿自建普余说书文艺社,以打破光裕社在吴县苏州评弹行业的社团垄断。

光裕社、男女说书会以及关注纠纷案的社会各方将呈告陆续送达国民政

---

[1] 中央民运会:《关于吴县光裕说书研究社与钱景章等之纠纷一案所拟四项办法》(1935年1月15日封发),档案号:722/1903。
[2] 光裕社:《呈为申明本社性质及社规情形、恳祈俯赐采纳明令指正事》,档案号:722/1903。
[3] 钱景章等:《呈为奉令解决光裕社仍不容纳、横生枝节、倚势压迫,谨沥陈下情请求迅饬救济事》(1935年1月),档案号:722/1903。

府、中央党部。最终,国民党中央执行委员会叶楚伧对秘书处签呈的"一概不得男女拼档说书"的处理意见作出批示:"交民众运动指导委员会照此意见转饬遵照。"[1]中央民运会根据叶楚伧的批示,并案办理男女拼档纠纷案各方的呈告,确定新的终裁方案,于1935年2月14日致函江苏省党部,指出:"关于吴县说书纠纷一案,前经本会定有四项解决办法函江苏省党部转饬遵照在案。"中央民运会对钱景章等再次呈请男女拼档说书,对光裕社呈请确定其性质为自由职业团体并不许再有同性质之组织等事项的处理意见是:"查男女拼档,不论其为社员非社员,均应一律禁止,以昭公允。而光裕社早经中央训练部解释为文化团体,何得再事他求,以图独占?"[2]国民党中央的终裁明确允许社团分立,但不论何种社团,也无论社员或非社员一律禁止男女拼档,转饬各方遵照,"不得再生纠纷"[3]。

省党部和中央党部处理这起社团冲突的目标与吴县党部并无二致,都是为了解决社团纠纷。但由于省党部的处理方案不同于吴县党部,引起社团利益的变动,反而产生推波助澜的效果,导致冲突不止、请愿升级。中央党部因具有更多的政治经济资源和法律政策的解释权,也能综合事态变化,进行方案比选,回旋余地较大,确立终裁方案,以图解决冲突。

四、吴县党政机关对终裁的执行与社团冲突的落幕

1935年2月19日,吴县党部正式接到省令转奉中央民运会的公函,孙丹忱"当即分别令饬转知"[4]。对于国民党中央的这一终裁,各方都不能再有异议,但实际的执行效果,则是评弹社团分立竞争,男女拼档有禁无止。

其一,苏州评弹社团形成三社竞争格局。男女拼档纠纷案终裁后,钱景章等男女说书会成员向吴县党部申请建立普余说书文艺社。在吴县党部指导下,普余社于3月初正式成立。而在光裕社与男女说书会为男女拼档发生纠纷期间,观东书场主"邀请沪上润裕社全体艺员莅苏弹唱",润裕社成为得利的

---

[1]《中央执行委员会秘书处致中央民众运动指导委员会公函》(1935年1月30日),档案号:722/1903。
[2] 中央民运会:《关于吴县说书纠纷一案的钱景章呈请男女拼档说书、朱耀庭呈请确定其性质为自由职业团体并不许再有同性质之组织的并案处理意见》(1935年2月14日发文),档案号:722/1903。
[3]《说书业纠纷,中央民运指会令》,《苏州明报》1935年2月20日,第6版。
[4] 同上。

"渔翁",拓展了苏州的演出市场[1]。光裕社则失去了行会的垄断地位,与普余社、润裕社处于竞争状态。

男女拼档纠纷案终裁后,吴县党部本欲解散光裕社。因为在光裕社与男女说书会发生纠葛后,孙丹忱曾被人向南京当局、南昌行营呈控"有得贿情事",并在《苏州明报》上公然宣露。吴县党部认为,这是吴县的封建余孽在"以光裕社同业饭碗之争执作破坏本县党基之工具",是"中伤党务主持人员,连带摧毁整个党誉之毒计"。因此在1935年2月纠纷案终裁后,由吴县第一、三、四区党部联名呈告吴县党部,要求吴县党部转呈省部,将为封建余孽所御用之光裕社勒令解散。但吴县党部特派员孙丹忱随即转呈江苏省党部"鉴核示遵"后,江苏省党部又转呈中央民运会,中央民运会秘书杨栋林于4月11日批示:"说书社似是一种营业、非民众团体,在不违反现行法范围内似难予以解散处分,此事须加以考虑。"4月13日,又续批:"即令作光裕研究社说,但研究社可解散,其营业如何能无法律依据而令其停止。此件不办。"[2]吴县党部解散光裕社的图谋因中央民运会的批示而失败。在此后光裕社、润裕社、普余社的三社竞争中,茶馆书场业同业公会对艺人签约和收益分成拥有了较多的话语权。

其二,男女拼档则有禁无止。在江苏省党部和中央党部禁止男女拼档之初,男女拼档选择避开风头,离开苏州城区。但时隔不久,男女拼档卷土重来,回归苏州。1935年3月10日,吴县党部二区五分部开会讨论,认为:"男女拼档说书,中央明令禁止。现查各书场男女依然拼档弹唱,有关本党威信,应予呈请上级党部令饬公审会吊销执照。"[3]然而有意思的是,第二天即3月11日,吴县公安局便特饬各分局、所,"对于男女双档说书,需于三日内限一律取缔"。各分局、所接令后,随即转饬通知[4]。不过,这只是为了临时应对新生活运动总会视察团的视察,最终也确实得到了"新运总会视察团视察苏州形象良佳"的结果[5]。其实,新运总会视察团离苏后,男女拼档仍然是禁令虚设,查禁不力。

在苏州评弹演出三社分立竞争的过程中,各社均有男女艺人进行拼档演

---

[1] 春蚕:《润裕社渔翁得利》,《大光明》1935年1月15日。
[2] 《吴县第一、三、四区党部联名呈为秘呈光裕社勾结土劣、蓄意颠覆本党基础,陈述事实,环请准予解释,并分别查明助长反动刁凤份子,严予处分,以维纲纪事》(含孙丹忱、江苏省党部、中央民运会对此呈所作批示),档案号:722/1903。
[3] 《男女说书依然拼档,二区分部呈请吊销执照》,《苏州明报》1935年3月11日,第7版。
[4] 《男女说书拼档寿终,为期尚有三日》,《苏州明报》1935年3月12日,第6版。
[5] 《新运总会视察团视察苏州形象良佳》,《苏州明报》1935年3月18日,第6版。

出,因此平衡了各社团利益而终结了男女拼档纠纷。这也验证了演艺样式的翻新丰富是争夺苏州评弹市场的趋势和潮流。到1946年,光裕社、润裕社、普余社三社遵令"团结合并",统称"评话弹词研究会"。唯在苏沪二地各设一会,虽同气连枝,而名称各异,在沪称"上海市评话弹词研究会",在苏则称"吴县光裕评话弹词研究会"。吴县光裕评话弹词研究会既冠有"光裕"名字,因此"在苏、浙各地献艺之男女说书人,悬牌均书'光裕社'。昔隶普余社之女艺人及润裕社社员,且默认归并于光裕矣"[1]。

结　　论

在1934年苏州弹词男女拼档纠纷案引发的社团冲突中,吴县党部、江苏省党部、中央党部为解决社团冲突先后拟订了颇有差异的处理方案。中央党部也经过由中央民运会"参照"叶楚伧批文及秘书处意见拟订处理方案和后来按照叶楚伧批文及秘书处意见"查照办理"确定终裁两个阶段。纠纷案的发生、升级与落幕,反映了党治体制下社团冲突与社团管理之间的复杂关系。

其一,国民党党治体制确立之初,各种社团整顿存在诸多问题。国民党党政机构强力推动的社团整顿,看似设计周密、分类指导、全面整理,但实际上急于求成、流于形式、多有歧义。光裕社经整顿后改名为光裕说书研究社,意味着社团性质由行会变成了文化团体,但光裕说书研究社仍保留了体现行会性质的原光裕社的一些社规。国民党各级党部的逐级复核流于形式,并未发现歧义所在。社团冲突发生后,吴县党部就是将光裕说书研究社当作行会,以"一业一会"为由拒绝男女说书会建立艺员公会的要求,只是不满光裕说书研究社以研究性质与性别因素抬高入社门槛,故而令饬光裕社修改社章、社规,给予具备社员资格之说书者入社之便利。中央党部之终裁,则不顾光裕说书研究社并非单纯的研究机构或普通的经营性的演出团体的事实,维持1930年社团整顿时光裕说书研究社作为文化团体的决定,驳回了光裕社改为"自由职业团体"的要求,并依照文化团体不限一会的规定,作出社团分立以结束社团冲突的办法。然而,按照"文化团体之名称,须与其组织之宗旨相符,其组织应以性质命名"[2]的原则规定,循名责实,普余说书文艺社是营业性质的文化团体,光裕说书研究社应该是学术研究性质的文化团体,两者并非同一性质。正

---

[1]《说书业改选理事》,《铁报》1947年1月20日。
[2] 中国第二历史档案馆编:《中华民国史档案资料汇编》第五辑第一编文化(二),江苏古籍出版社,1994年,第731页。

是由于吴县光裕说书研究社的名称与实质存在明显的差异，所以中央民运会在处理吴县党部呈请取缔光裕社问题时，中央民运会秘书先批"说书社似是一种营业，非民众团体"，续批"即令作光裕研究社说"，对光裕说书研究社的社团性质鉴定显得相当纠结。

其二，党治体制下，意识形态成为社团冲突的依据，各级党部对意识形态的认知相异，加剧了社团冲突的持续和反复。男女拼档纠纷案的关键是艺人生计。光裕社"果能就研究二字顾名思义，则文化艺术日高，虽有别树旗帜者，不足损其毫末"。至于男女说书会，"充其十足之理由，无非男女平等、执业平等、不能不许女子谋生耳……然必欲拼档，则非一方借重其色，一方倚赖其艺，决不出此"[1]。但在党治体制下，双方尽力向国民党党部上诉，并将社团自身利益披上冠冕堂皇的意识形态外衣。光裕社指责男女拼档妨碍社会风化、破坏新生活运动，男女说书会则强调男女平权写入国法党纲之内，不可侵犯。各级党部对社会风化的认识并不一致，各级党部处理重点也有变化。中央党部的终裁方案比较折中，既按照男女平等的法律原则要求光裕社修改社章，又按照社内社外一致的"事理"对男女拼档为"普遍之限制"，并允许设立新的社团来化解冲突。但折中的方案也难以终止纠纷，实际结果恰与其方案相反。为强化意识形态而不准男女拼档，结果是被演艺市场的潮流所冲垮。为限制社团垄断而允许社团分立，又在后来为了方便社团管理而复归统一。

其三，党治体制下社团冲突的解决和管理政策的执行，地方党政之间存在着较大差异。在国民党社团分级管理及上级复核机制运行过程中，不可避免地出现上下级党部处理方案的不同。在男女拼档纠纷案中，吴县党部、江苏省党部所作出的处理方案有所不同，但吴县党部坚决执行省党部的决定。在中央党部作出终裁后，江苏省党部、吴县党部也马上按照中央党部的决定执行。即使吴县党部想要取缔光裕社，但因必须听命于上级党部而最终放弃。在党治体制下的社团管理，党的领导虽然具有根本性，然而在社团监督和制裁上毕竟要通过地方政府来进行。事实上，地方党政关系往往各自独立，自成系统，政府行为并非党部能够直接掌控。在由吴县党部、县公安局、县教育局联合组成的公共娱乐事项审查委员会中，党部虽起主导作用，但不能不受到教育局、公安局的人员制约。在具体政府部门的社团管理权限中，教育局主要行使社团登记日常管理的监督，公安局则真正执行诸如取缔男女拼档等对社团的实际制裁。吴县在光裕说书研究社与男女说书会发生社团冲突期间一直有男女

---

[1] 慰庐：《说书纠纷解决以后》，《苏州明报》1935年1月8日，第2版。

拼档演出,从迎接新生活运动总会来苏州视察时能有效取缔来看,公安局的选择性执行显然是没有严格取缔的直接原因。同时,吴县党部自身缺乏执行的意愿,虽会无奈应付上级检查视察,但不会有效督促同级政府,客观权力受限成为党部无所作为的遁词。国民党党治体制下社团管理体制内部的种种矛盾,会导致社团管理方案的失效。

(原载《近代史研究》2014 年第 3 期)

近代私营银行引进外资困境探析
——以聚兴诚银行引进外资风波为中心

辜　雅*

聚兴诚银行引进外资风波是 20 世纪 30 年代轰动一时的社会事件。从 1934 年 6 月 28 日聚兴诚银行与英国德善公司签约,到 1935 年 7 月 2 日英方决定不再履行合约,前后历时逾一年,聚兴诚银行引进外资开发四川矿产实业的计划以失败告终。以往学界有关引进外资的研究中,关注的重点往往在国家层面,对私人引进外资活动关注较少[1]。在涉及聚兴诚银行的相关研究中,对此事的描述也极为简略,对事件的过程及影响疏于考察[2]。本文利用多地档案馆所藏档案,并结合报刊资料,全面梳理这一事件,以期丰富学界对近代引进外资的认识。

一、聚兴诚银行的危机与杨粲三赴英签约

聚兴诚银行肇始于清末杨文光创立的聚兴诚商号。杨文光次子杨希仲早年留学日本,希望效仿日本三井银行创建杨氏家族银行。回国后,经过详细考察和前期筹备,1915 年 3 月 16 日聚兴诚银行在重庆正式成立,杨希仲任总经理,杨粲三任协理[3]。1924 年在拟定银行发展方针时即称"一俟有外资合组

---

* 辜雅,2020 年博士毕业于复旦大学历史学系,现为重庆师范大学历史与社会学院讲师。
[1] 相关研究有曹均伟:《近代中国与利用外资》,上海社会科学院出版社,1991 年;梁华:《外国在华直接投资与近代中国经济发展》,中国社会科学出版社,2011 年;周其厚:《近代民营企业家与利用外资》,《石家庄经济学院学报》2003 年第 5 期等。
[2] 时广东:《1897—1937：近代中国区域银行发展史研究——以聚兴诚银行、四川美丰银行为例》,四川人民出版社,2008 年,第 173—175 页;林幸司:《近代中国と銀行の誕生——金融恐慌、日中戦争、そして社会主義へ》,御茶の水書房,2009 年,第 85—86 页。
[3] 1924 年杨希仲因病逝世后,杨粲三继任为总经理。

时再定积极发展计划"[1]。南京国民政府成立后,大力提倡引进外资,其在1928年国民经济建设宣言中称:"铁道之增筑,水道之疏浚,公路之开辟为不可缓。惟以目前社会之贫乏,科学之落后,骤欲举事而求速效,势不可能。故必依平等互惠而不损主权之原则,尽量吸收外资,借用专门人才,庶几事半功倍。"[2]在这种背景下,引进外资便成为杨粲三等人发展聚兴诚银行的一个重要选项。

与此同时,1929年秋,张发奎、李宗仁、白崇禧、宋哲元等人发动讨伐蒋介石的战争,杨粲三"臆测中国将起内战,公债市场将看跌落"[3],于是趁债券下跌之际,大做空头,先后卖出150万元,略有收获,后来讨蒋失败,债券回升,反有亏折。1930年3月,冯玉祥、阎锡山联合反蒋,杨粲三"又邀人作了精深的分析,认为这次蒋政权是必败无疑,因而指示有关分行大做空头"[4]。然而"江浙财团以强大经济实力支援蒋政权维持债信,在市场上出手大做多头,债券顿转平稳"[5]。杨粲三不甘心失败,加大筹码,卖空数额高达700多万元,但到了9月,冯、阎两军接连受挫,张学良通电拥蒋,冯、阎联军很快失败,江浙财团却趁机在债券市场上哄抬,杨粲三在这场与江浙财团的对抗中不但没有达到盈利100万元的预期,反而亏掉130多万元[6]。从这场危机中杨粲三自知资力薄弱,与江浙财团相比"不能争胜",遂坚定了其立足西南的决心。

1932年12月15日,杨粲三收到其九弟杨季谦的来函,称"弟与英国银团关于四川实业发展,有所商洽,此事若成,不啻为我行辟一新生路,而于川省将来工商业之前途开一新纪元",杨季谦所谓的商洽,实则指其在沪遇到曾在聚兴诚外贸部任过职的奈德立,此时奈德立为英国扬子公司服务。两人在上海"晤谈数次"后,杨季谦觉得"深有与彼合作之可能"。杨季谦进而对杨粲三建议,"如兄认为在不侵犯中国主权原则下,对外人投资,不加拒绝,则请电弟以便转告,而使奈德立成此一行也"。12月28日,扬子公司在华代理商上海福公

---

[1] "关于定期召开事务员会议致聚兴诚银行宜昌分行的通告"(1924年10月2日),重庆市档案馆藏聚兴诚商业银行档案 0295001007010000215000。
[2] 张其昀:《中华民国史纲》第3册,中国文化出版事业委员会,1954年,第197—198页。
[3] "关于报送核查聚兴诚银行帐目收据财产情形的呈、密令。(附收据表册等)"(1935年9月16日),重庆市档案馆藏聚兴诚商业银行档案 00640008004460000004000。
[4] 杨受百:《我的父亲杨粲三》,中国民主建国会重庆市委员会、重庆市工商联合会文史资料工作委员会编:《重庆工商人物志》(《重庆工商史料》第3辑),重庆出版社,1984年,第77页。
[5] 朱苏:《杨灿三与聚兴诚银行》,中国人民政治协商会议四川省委员会文史资料研究委员会编:《四川文史资料选辑》第36辑,四川人民出版社,1987年,第116页。
[6] 中国人民银行总行金融研究所金融历史研究室编:《近代中国金融业管理》,人民出版社,1990年,第229—230页。

司总经理波特致函杨粲三,称"敝处亦决派为贵行深悉之奈德立君到渝晋谒台端,面商结约事宜"。杨粲三仔细研究之后,次年1月便复函上海福公司,表示"竭诚欢迎奈先生来川一行"[1]。1933年5月10日,奈德立来到重庆,与杨粲三、杨季谦、杨锡远就合作的内容与方式进行了讨论[2]。9月28日,上海福公司代表扬子公司在渝与聚兴诚银行签订草约[3]。商定待日后赴英考察时再正式协商,签订合约。

1934年2月初,杨粲三致函时任四川善后督办刘湘,陈述准备赴英与扬子公司签订合约之事,谓:"窃察川境之骚动不安,缘于无业人众,既不缺自然之富,又不乏劳作之群,惟是资本薄而工具拙耳,彼方能循吾国律文,不含外交政策,酬偿彼外资以利息,启发吾内地之蕴藏。"对此刘湘在复函中表示"既循吾国律文,复能福利社会,值此民生凋敝,允为救时良方",对杨粲三的"荩筹硕划"甚表赞同,并许诺"所需护照,除已电渝军部照办外,至出国旅行考察实业护照亦已电请外交部发给"。2月28日,杨粲三致函外交部次长,请求"从速颁给以便早日备装",得到外交部的积极回应[4]。

1934年4月10日杨粲三离开上海,携儿子杨锡远、外甥黄明安等游历欧美。对此《申报》曾刊文称,杨粲三"在金融界服务三十余年,事业极为发展,凡所擘划,益于川人者甚巨,兹为扩充金融业务,协助川中建设起见,赴欧美各国考查一切"[5]。杨粲三一行于6月3日抵达伦敦之后,即开始按照预定计划与扬子公司洽谈组建金融公司的相关事宜。按照杨粲三提议,英国方面新成立德善公司来代替扬子公司。

1934年6月28日,杨粲三和爱德华分别代表聚兴诚银行和德善公司签订合约。合约共计24条,附录2条,主要内容包括:公司与银行为资助发展并改组四川省内实业及矿产等事业起见,联合组织一金融公司,定名为联益金融有限公司,依照中国法律注册,其资本之分配,银行担任百分之五十一,公司担任百分之四十九;投资者不得限于英籍人民,任何国籍人民,均可加入;共设董事五人,三人为银行指定,二人为公司指定,董事长由银行指定董事中一人担任,

---

[1] "关于聚兴诚银行与英商联益金融公司、英国扬子金融公司合作开发四川矿产的函、电报、合约等"(1932年12月—1935年7月),重庆市档案馆藏聚兴诚商业银行档案 02950001008400000001000。
[2] 杨受百:《我的父亲杨粲三》,第82页。
[3] "关于聚兴诚银行与英商联益金融公司合作开发四川矿源的呈、函、合约"(1932年12月—1935年7月),重庆市档案馆藏聚兴诚商业银行档案 02950001008420000001000。
[4] "关于聚兴诚银行与英商联益金融公司、英国扬子金融公司合作开发四川矿产的函、电报、合约等"(1932年12月—1935年7月),重庆市档案馆藏聚兴诚商业银行档案 02950001008400000001000。
[5] 《聚兴诚银行总经理杨粲三放洋,赴欧美考察实业》,《申报》1934年4月10日,第11版。

公司指定其总代表为董事常驻重庆；金融公司总经理为华人，应会同公司总代表管理及确定金融公司之方针。此两人具有同等权力，如意见相差时，应将其事交董事会作最后之决定；凡政府当局，民众团体，允许及指定之实业矿产，及其他须用外资而可开发之事业，金融公司得代公司预备组织探访队，与银行之代表共同遣往视察，并报告其结果。待金融公司考虑研究后，始可寄交公司；长期投资最长不得过三十年，最短十年。短期贷款之期限，最长不超过十年；协资公司之事权应操于该经理之手；金融公司及协资公司之聘用普通人员，须尽量先用当地人，及其他外省华人。其外人之雇佣，除于事业发展效率上必需外，应减至最少数；各项事业所需之材料，须随时在可能范围内，尽量采取中国出品；金融公司依照中国法律立案注册。在附录中特别说明，与中国利益冲突时，任何方面，均得提议修改约章或废止之；并且六个月内，经双方用书面证明后，方才产生效力[1]。从合约内容可以看出，无论在董事人数、常驻地点、股权配置、物资采购、人员聘任等方面都相当注意保障中国的利益，但仍然激起了留英学生的强烈反对并引发国内报刊争相报道。

二、舆论的反应

杨粲三与英国企业签订开发四川矿产实业的消息被伦敦中国同学会侦悉之后，立即引起其强烈反对。1934年7月4日，该会向国内寄发了《旅英华侨反帝大同盟反对四川大借款宣言》，称"四川军阀刘湘派聚兴诚银行经理杨粲三，偕其子及书记等，藉旅行为名，以四川全省矿产作抵押，来英秘密进行大借款，表面上虽以合资开采四川矿产为辞，实质上乃断送西南之厉阶"，并把英国与日本相提并论，称："英帝国主义，由假面的维护中国名存实亡的独立，进而为露骨的于中国领土及主权之掠夺，英帝国主义之侵略中国，和日帝国主义恰恰采取相反的方向……故英帝便疯狂似的想在西南建立他的侵略基础，这次四川军阀派员来英大借款，更一度证明了英帝的野心，也就更一度的证明了反动军阀与帝国主义相依为命。"最后号召伦敦的侨胞"要起来共同撕碎这个卖国的契约"[2]。

消息传开，一时间舆论沸腾。8月2日，《大公报》对此事发表评论称："聚

---

[1] "聚兴诚商业银行与英商德善公司订定合同全文"（1934年6月28日），上海市档案馆藏聚兴诚银行档案 Q286-1-68-35。
[2] "关于聚兴诚银行与英商联益金融公司、英国扬子金融公司合作开发四川矿产的函、电报、合约等"（1932年12月—1935年7月），重庆市档案馆藏聚兴诚商业银行档案 02950001008400000001000。

兴诚银行经理杨粲三,在英与爱德华银行接洽,合资开发四川实业,闻其办法略同建设银公司,完全为商业经营,并不先行集款"[1]。8月19日《新闻报》刊登评论员文章,认为"聚兴诚银行与德善公司订约,投资范围甚广,可疑之点颇多"[2]。该报另一篇评论则认为此事违背"政府规定地方官吏不得向外成立借款之禁令",但又承认"杨为商人,对外款项往来,固可自由",但"当限于该行,条件不能涉及行外",并试问"杨果有何权利,可以代表全省对外订约"[3]。8月20日,《大公报》刊登的文章称"以中央政府之力,至今还不能吸收外资。以四川之乱,那一国资本家肯来冒险送钱?那一国政府,又敢不得中国政府的同意,擅与四川当局订约借垫款项?"故而最终认为"外国人此刻投资办四川路矿,敢断言其不能成为事实"[4]。8月26日,《大美晚报》详细列举了聚兴诚银行总经理杨粲三在英国与德善公司的签约过程,历数杨粲三之卖国、英国之企图,请求国人予以严厉制裁,最后号召国人要猛醒,谓:"日本既据我关外沃壤,英人必图我长江利源,若法若意,亦必接踵而至,盖利益不容独占。"[5]

在所有的反对声浪中,以四川旅沪同乡会为核心的旅外川籍人士最为积极。早在8月22日,聚兴诚银行上海分行就利用四川旅沪同乡会集会的时机去函,阐明订约之真义,希望"减轻外界之误会"[6],并于8月29日公布了函复四川旅沪同乡会的内容,声称"聚兴诚银行担任百分之五十一,德善公司担任百分之四十九,完全商业性质,与中国建设银公司目的相同",并指出合约处处顾及主权,并无流弊,不失平等公允之旨,并做了五项声明。与此同时,复函中还对舆论的反对表示极为不解,称"利用外资为国内谋建设,孙中山先生遗教昭示甚明,何至四川一言引用,即遭非难耶",希望"国内外有识之士,详细研究合同条文内容",切莫使"有利于建设之事机而为感情冲动所遏止"[7]。

9月8日,四川旅沪同乡会在《民族魂》上刊文,称:"此次四川重庆聚兴诚

---

[1]《开发四川,中英两银行有此拟议,惟一切手续尚未办理》,天津《大公报》1934年8月2日,第3版。中国建设银公司系宋子文于1934年7月4日在上海成立的投资公司。
[2]《聚兴诚银行总经理杨燦三,在英接洽外资,发展四川实业及矿务》,《新闻报》1934年8月19日,第8版。
[3] 浩然:《四川向英借款》,《新闻报》1934年8月19日,第4版。
[4]《谁肯对四川路矿投资?》,天津《大公报》1934年8月20日,第4版。
[5]《聚兴诚总经理杨燦三盗卖川矿,伦敦中国学会揭发,吁请国人严厉制裁》,《大美晚报》1934年8月26日,第3页。
[6] "关于申行来信承保运铁保险建筑契约、公债抽签,盗卖川矿等件"(1934年4月11日—1934年8月20日),武汉市档案馆藏聚兴诚银行汉口分行档案104-1-339。
[7] "关于聚兴诚银行与英商联益金融公司、英国扬子金融公司合作开发四川矿产的函、电报、合约等"(1932年12月—1935年7月),重庆市档案馆藏聚兴诚商业银行档案0295000100840000001000。

银行总经理杨粲三向英接洽巨额借款,完全是在'引用外资'、'开发实业'的美妙名词之下实行其卖国行为。事实是非常显明的,此次借款如果成功,即无异将整个的四川断送与英帝国主义。"并针对具体条款逐一批驳,特别指出倘若联益金融公司正式成立,"不数年后,全川实业矿产,入于英人掌握中者至少三十年"。该文还号召杨粲三回国之后,"沪上国人,应迫其宣布真象,立即毁约,苟不可能,则于聚兴诚银行所在地之上海、汉口、重庆等市之国人,应立即与该行断绝一切经济关系,拒用其纸币,提拨存款,并唤起舆论,要求政府从严惩办"[1]。

同期《民族魂》上的另一篇文章质疑杨粲三的谈判资格,针对杨粲三所言其与德善公司的合作系商业行为,该文称:"如杨经理所云,纯为商业性质,但引用外资,事关主权,一银行经理是否有这样一个资格向外国谈判？是否可不经中央政府审查考虑就签订一切丧权辱国条约？"甚至称:"杨经理置政府不顾,置川民生存不顾,引狼入室,这种居心,要钱不要命的干法,真是万恶已极,死有余辜！"[2]

面对群情激奋的舆论,9月14日杨粲三回到上海后,即称"此次出国考察实业,系偿十年前夙愿,纯系私人行为",而四川长期遭遇兵灾,以至于"天府之国,民不聊生,非遵总理遗教,利用外资力图建设为切要",并郑重承诺合约"尊重国法不损国权""间接投资不取直接""无担保品""借款还款自由""不许有独占性",并表示其"个人智勇力绌可虑,未必尽是,但自信尊重国权与建设救国之心,未敢丝毫放逸,不日当将合同全文呈请政府授正,如有未当之处,倘蒙指示谨遵办理。至各界贤达对于条文详细研究有可批评,亦无不竭诚接受,苟利于国,不献求解,绝无丝毫成见",但如果"以空泛无根据之政治言论相谩骂,则非可敢闻也"[3]。

杨粲三的声明一定程度上回应了此前媒体的质疑和攻击。9月15日《钱业月报》刊文,认为依照报纸登载的二十四条合同"当然须认为可靠",但希望对聚兴诚银行严密监视,并指出:"杨氏以一银行经理,实乃一介国民。竟可藉口总理利用外资之遗训,实行向外国借入巨额借款,则不得不发生此项借款权限问题。"[4]

与此同时,聚兴诚银行亦利用该行刊物《聚星月刊》寻求舆论支持。于9

---

[1]《反对四川聚兴诚银行丧权辱国三千万大借款》,《民族魂》1934年第1卷第5期,第67—69页。
[2] 俭吾:《三千万开发四川实业大借款之商榷》,《民族魂》1934年第1卷第5期,第63页。
[3] "聚兴诚商业银行上海分行关于杨粲三总经理在英与德善公司订约事的通函(附杨粲三的谈话)"(1934年9月),上海市档案馆藏聚兴诚银行档案Q286-1-68-33。
[4] 鑫伯:《论聚兴诚银行经理向英借款》,《钱业月报》1934年第14卷第9期,第8—9页。

月底刊登川中矿业开发人士的谈话,称:"查挽回利权,其道固多,约而言之,不外乎整理交通,采掘矿产,提倡实业,凡此等等,非有绝大资金,何能兴办?试问以今日贫弱之中国,个人谋生之不遑,安有余力计及交通开矿产兴工乎?"并称颂杨粲三"与英商合资,而完成企业,不仅于个人有利,而于国民经济之前途,尤有相当之辅助"。斥责四川旅沪同乡会所言是"神经过敏之词"[1]。

此外,8月18日刘湘通过四川省驻沪代表邓鸣阶发表声明,称"报载湘派聚兴诚银行经理杨粲三,代表向英资本家订立合同各节,实系讹传",仅承认杨粲三赴英之前因"要求本署给予护照等情前来,本署曾经复函赞成",而至于聚兴诚银行与英商签约问题"乃一般经商行为,与政府毫无关系",并着重强调"聚行与英商如何接洽组织,尤与本署无干"[2]。但刘湘的声明并没有消弭反对声浪。8月26日,四川旅沪同乡会组织四川各界旅沪临时联合会致函国民政府主席林森、行政院院长汪精卫、军事委员会委员长蒋介石等国民政府高级官员,历数刘湘十大罪状,而所谓"遣聚兴诚银行经理赴英擅借外债,以川省路权矿产作抵"仅是其罪状之一种,号召"海内外同胞,一致反对"[3]。对此,聚兴诚银行坚称合约"纯是聚兴诚银行与英商德善公司相互间之商业行为,四川省当局亦无任何委托"[4]。但四川旅沪同乡会却不依不饶,又于8月30日组成了"四川同乡反对刘湘借款联合会",呈请政府"对刘湘立予明令撤职查办,以遏乱萌"[5]。

各种喧嚣尘上的议论和报道,大部分报道言辞激烈,对此次借款表示异议,要求取消合约,惩办杨粲三和刘湘。尽管二人不断予以回应,但不仅没有得到舆论的谅解,反而激起舆论更大的反扑。

三、政府裁决与合约废除

在舆论持续蔓延,多方陈述辩解无果之下,各方均寄希望于政府公正的裁

---

[1] 徐志尹等:《对于聚兴诚银行借用外资之主张》,《聚星月刊》1934年新编第2卷第9期,第7—11页。
[2] 《刘湘电沪,否认向英借款,系私人行动与省府无关》,《时事新报》1934年8月19日,第4版。
[3] "关于聚兴诚银行与英商联益金融公司、英国扬子金融公司合作开发四川矿产的函、电报、合约等"(1932年12月—1935年7月),重庆市档案馆藏聚兴诚商业银行档案 0295001008400000001000。
[4] 同上。
[5] 成访莘等:《聚兴诚银行与英商扬子公司私订开发四川实业密约的内幕》,中国人民政治协商会议四川省委员会文史资料研究委员会编:《四川文史资料选辑》第19辑,四川人民出版社,1979年,第39页。

决。9月初,财政部部长孔祥熙发出训令,称"据伦敦中国同学会呈,以四川重庆聚兴诚银行与英人订立合同,阴谋盗卖全川矿产,断送国权,请即派员彻查制止,并将负责人予以惩办等情一案",如果此案果真如呈文所称,则"情节颇为重大",要求聚兴诚银行"据实详明呈复,并将是项合同全文,抄送前来,以凭审核"[1]。

9月10日聚兴诚银行接到训令之后,先由上海分行经理黄墨涵函复财政部部长孔祥熙,表示依照合同"不特无矿产抵押之规定,即将来双方同意,经政府允许利用外资,无论何种实业,亦无抵押担保",并进一步解释"此次与英商拟组之金融公司,其性质系一居间介绍之财团,并未向外借有丝毫款项,及丝毫之担保品"[2]。9月21日,杨粲三的外甥黄明安在南京谒见了实业部部长陈公博,陈公博认为杨粲三此举"属于开发实业,于国权无损,实部当襄赞同,惟以表明开发四川实业致引起四川人士之反对,不如扩大范围将四川二字取消,即云开发实业或可消弭反对之攻击"[3]。陈公博去掉"四川"的想法显然高估了聚兴诚银行的实力,且极易与宋子文的中国建设银公司产生正面冲突。但无论如何,陈公博的肯定无疑给了杨粲三自信,让其放心大胆向国民政府呈请裁决,以谋求合约的正常进行。

9月26日,杨粲三分别呈文送国民政府行政院院长汪精卫、财政部部长孔祥熙,详述事件经过。在给汪精卫的呈文中,杨粲三除强调系私人间订约,采取间接投资以外,还指出该公司依照中国法律注册立案,因此"该公司虽有外资,与中国人受同一之支配,即与中国公司无异",而且系信用投资,无担保品,即便营业失败,从法律角度来看,也"可以防止其侵略也";并强调值此世界经济衰颓之际,"一般商人各自寻谋出路,此其动机纯为自己资本生利起见,并无政治意味"[4]。在给孔祥熙的呈文中,大致也表达了此观点,认为其"个人私衷兢兢业业,以依据中国法律,不损国权范围内,利用外资,以谋建设为唯一之宗旨"[5]。

杨粲三致国民政府有关当局的呈文公布后,四川旅沪同乡会组织条约研究委员会对合约进行研究,于10月7日召开例会,最后仍"认为不妥,请去函

---

[1]《杨燦三向英借款案,财部奉令彻查,聚兴诚银行呈复经过》,《申报》1934年9月15日,第13版。
[2] "关于聚兴诚银行与英商联益金融公司合作开发四川矿源的呈、函、合约"(1932年12月—1935年7月),重庆市档案馆藏聚兴诚商业银行档案 02950001008420000001000。
[3] "聚兴诚商业银行上海分行关于本行与英国签订开发四川省实业合同致总处的函件"(1934年9月—1934年10月),上海市档案馆藏聚兴诚银行档案 Q286-1-32-235。
[4] 杨粲三:《杨总经理呈行政院文》,《聚星月刊》1934年新编第2卷第9期,第151—154页。
[5] 同上。

劝止进行"。并称际此四川军事紧张之际,"民心惶惑不定,一切生产建设,暂时皆谈不到,更无举行借款之必要,应即函请停止进行,取消成约"[1]。次日,聚兴诚银行便函复四川旅沪同乡会,谓"关于贵会函劝敝行停止引用外资一事……与敝行之意,适相符合,自当接受停止进行,并通知英伦善德公司,解除订立之草约矣"[2]。而四川旅沪同乡会则不依不饶,请求"毁灭借款合同",认为"以口头之声明停止,本会认为尚不足以昭信于国人"[3]。甚至有评论认为合同取消之后"未始不可再行订立。"[4]

与激烈的舆论攻击相伴随的是国民政府的调查。接到聚兴诚银行的呈文不久,孔祥熙与陈公博会同派出黄慧明、陈果清两专员赴沪调查[5]。10月12日,聚兴诚银行上海分行在致总行的函件中即已表明"外财实三部确有根本取消之议"[6]。11月15日,外交、财政和实业三部正式复函行政院,称"以开发实业、利用外资为目标,在理论上固属无可非议,惟开发实业应先有一范围",并根据《矿业法》认为"该合同未加审慎,竟用矿业二字,不免将任何矿业一并纳入,实属违法",提出应"径令聚兴诚银行负责裁废违法合同"。此外还指出"周琼等呈请撤职查办遴派杨粲三赴英借款之四川善后督办刘湘一节,业据四川省政府电呈钧院,申明确无此项事实,自应毋庸置议"[7],从而撇清了杨粲三与刘湘政商勾结,损害国权的嫌疑。应当说,杨粲三所签订的合约固有考虑不周之处,但毕竟经过调查,与出卖国家主权无关,并无重大过失,在撤销和修改之间有较大的裁量尺度。因裁决涉及刘湘等人,恐舆论再起波澜,汪精卫接到调查报告后,并未立即对社会公开[8]。

聚兴诚方面则仍寄希望于合约的履行,于11月23日致函爱德华,表示尽管目前暂时无法得到政府批准,但"为实现这些目标,我们将尽力寻找方法和手段,以便取得有效的进展"。12月初,杨粲三进一步指出,"中央政府与地方政府对于此项资金实业合作之计划,其中亦多赞许之人,但未经查考了彻之后,遽望其批准立案,则未可得耳,敝处于此自当尽力设法以作有效

---

[1] 《制止聚兴诚向英借款》,《申报》1934年10月8日,第9版。
[2] 《聚兴诚声明停止向英借款》,《申报》1934年10月9日,第11版。原文中的"善德"应为"德善"。
[3] 《川旅外同乡请聚兴诚毁灭借款合同》,《申报》1934年10月14日,第12版。
[4] 鑫伯:《川同乡要求聚兴诚银行毁借款约之正当》,《钱业月报》1934年第14卷第11期,第38页。
[5] 成访莘等:《聚兴诚银行与英商扬子公司私订开发四川实业密约的内幕》,第41页。
[6] "聚兴诚商业银行上海分行关于本行与英国签订开发四川省实业合同致总处的函件"(1934年9月—1934年10月),上海市档案馆藏聚兴诚银行档案 Q286-1-32-235。
[7] "关于聚兴诚银行与英商联益金融公司、英国扬子金融公司合作开发四川矿产的函、电报、合约等"(1932年12月—1935年7月),重庆市档案馆藏聚兴诚商业银行档案 02950001008400000001000。
[8] 成访莘等:《聚兴诚银行与英商扬子公司私订开发四川实业密约的内幕》,第41页。

之进行也"[1]。12月28日,行政院发布训令,称"聚兴诚与英商订立合同,经行政院彻查,颇多不合,特令财部令饬该行负责将合同撤废"[2]。此后,杨粲三并未停止努力,其在致爱德华的电文中指出:"行政院已经命令我们取消合同,但我正多方尝试让政府明白和理解,我们的合同此刻有再生效的可能。"[3]

1935年夏,蒋介石在成都召开财政金融会议,杨粲三受邀参加,立即"前往成都晋谒蒋委员长商筹办法",蒋介石认为合同"多属空洞而无事实之表征",这让杨粲三看到了希望,认为只要具体化,便不难获得政府之同意,故而致函爱德华称"以自流井到邓井关之铁路与三峡之水泥厂为不可稍缓之事",商请爱德华"筹措华币五百万元来华,以为创办铁路水泥之需,若果着手开办,二事业则不难批准也"[4]。6月17日,杨粲三再次致函爱德华,表示:"9月底合同时限到后再延长,并期望获得政府之理解。"[5]但是经过长时间反复,英方也对合组联益金融公司失去了信心,7月2日爱德华致函杨粲三,称中国报纸"对于本合同攻击之文字,亦随时发表",并且"此种文字,照敝处观察,较之政府阻止尤为重视"。同时,"凡英方投资开发中国实业,必定需要当地省政府之批准,然后得中央政府之同意",因此"无论如何在此目前形势之下,任何谈判均无效"[6]。而杨粲三所谓的"立刻派考察团到四川着手调查四川之矿产富源,或立意对于公用事业投资之意见",都"距离成熟期尚远",并明确告知杨粲三"合同之进行,希望极少"[7]。至此,杨粲三成立联益金融公司的计划遂告失败。

四、结　　语

综上可见,聚兴诚银行引进外资之所以失败,舆论的攻击和政府的反对是其主要原因。一方面,进入20世纪30年代以后,随着外患威逼日甚,四川人

---

[1]《关于聚兴诚银行与英商联益金融公司、英国扬子金融公司合作开发四川矿产的函、电报、合约等》(1932年12月—1935年7月),重庆市档案馆藏聚兴诚商业银行档案0295000100840000001000。
[2]《聚兴诚合同,财部令饬撤废》,《申报》1934年12月29日,第3版。
[3] "关于聚兴诚银行与英商联益金融公司、英国扬子金融公司合作开发四川矿产的函、电报、合约等"(1932年12月—1935年7月),重庆市档案馆藏聚兴诚商业银行档案0295000100840000001000。
[4] 同上。
[5] 同上。
[6] 同上。
[7] 同上。

对于外国侵略的担心与日俱增,尤其是"旅外川人的言论更是越来越多地偏向于民族观念和全国意识"[1]。而聚兴诚银行拟与英国企业合作开发四川境内的矿产和实业,使得舆论对于外国侵略极为担心。故而引发了舆论对于政商勾结、盗卖国权的严厉申斥,激发了社会各界的民族主义情绪,大部分舆论不仅质疑杨粲三的谈判资格和借款动机,还希望政府严惩刘湘和杨粲三。尽管其后舆论在"卖国"问题上有所缓和,但对于引进外资则始终持反对态度,可见舆论对于引进外资的恐惧超过了对发展地方经济的期望,成为影响事件走向的重要社会心理因素。

另一方面,在杨粲三等人看来,合约之所以无法履行,宋子文、孔祥熙等政府官员的阻挠亦是重要原因。杨粲三返国后不久,就托人四处申辩,列举当时宋孔主持的中国建设银公司,声称"何以他人能为之,而聚行独遭非议?"[2]郑会欣在研究中国建设银公司时,曾专门把杨粲三利用聚兴诚银行组建联益金融公司与中国建设银公司做比较,认为两者性质几乎相同,但结果却不同,因此"两相比较,就可以看出建设银公司的地位是如何特殊"[3]。这种特殊性在于中国建设银公司是有官方背景的投资公司,而聚兴诚银行谋求组建的联益金融公司却是没有官方背景的私人公司。联益金融公司虽在规模上不及中国建设银公司,但与其开发四川的初衷产生冲突,无论是国民政府还是中国建设银公司自然也不允许地方私营银行挟外资自重,成为其垄断地方实业开发的障碍。在这样的背景下,即便有陈公博承诺在先,也无法改变其最后失败的结局,私营银行意欲借助外资开发实业所面临的困难由此可见一斑。

(原载《史学月刊》2020 年第 9 期,收录时有修改)

---

[1] 王东杰:《国中的"异乡"——近代四川的文化、社会与地方认同》,北京师范大学出版社,2016 年,第 147 页。
[2] 邹以海:《杨粲三经营聚兴诚银行三十年》,寿充一等编:《近代中国工商人物志》第 1 册,中国文史出版社,1996 年,第 440 页。
[3] 郑会欣:《从投资公司到"官办商行":中国建设银公司的创立及其经营活动》,香港中文大学出版社,2001 年,第 274 页。

中东铁路出售的经济背景

金志焕[*]

中国近代史上,帝国主义列强在中国占领区铺设的铁路有着不同寻常的意义。获得铁路铺设权不仅象征着掌握了交通运输权利,更意味着取得了对铁路贯通区域的支配权。因此,铁路铺设权的分布可以说就是列强势力范围的划分。很早以前,俄财务长官威特(Witte)就曾指出:"铁路是和平征服中国的一个手段。"[1]正如他所讲,铁路与银行成为帝国主义侵略行为最具象征性的工具。

甲午中日战争后,俄国通过参与三国干涉还辽获得了中东铁路[2]的铺设权。自此之后,延伸于中国东北地区的中东铁路成为俄国势力的象征。俄国不仅获得了铁路的铺设及经营权,还据有了沿线的军备权、铁路附属土地的使用权、附属地行政权、免税权、矿山开采及山林采伐等多项权利[3]。但1904—1905年的日俄战争中,日本取胜,并借此获得了从长春到大连的中东铁路支线(后被称为南满铁路)的管辖权及附属权力。这样,中国东北地区被划分为北部以中东铁路为代表的俄国势力范围和南部以南满铁路为代表的日本势力范围。

20世纪20年代末,中苏关系恶化。中方指责苏方人员宣传共产主义,组织破坏活动,已然违背奉苏协定中"不妨碍中国主权"的规定,所以苏方已丧失对中东路所有权,其主权应归东三省交通委员会所有。1929年7月,中东铁路事件爆发,张学良率东北军欲以武力夺回中东路主权,后与苏联发生大规模武力冲突,并致中苏断交。而另一方面,1931年,日本为排斥英美帝国主义对中

---

[*] 金志焕,2003年博士毕业于复旦大学历史学系,现为韩国仁川大学教授。
[1] [韩]陈章哲:《俄国革命与亚洲》,首尔:法文社,1991年,第69页。
[2] 中东铁路(Chinese Eastern Railway)是俄国通过《中俄密约》获得铁路修筑权后,于1898年着手修建,1902年完工。此铁路有中东铁路、东支铁路、东省铁路、东清铁路、北满铁路、长春铁路等名称。它起自赤塔市,经满洲里、海拉尔、齐齐哈尔、哈尔滨、牡丹江、绥芬河等地,至海参崴,总长延绵1760公里,是西伯利亚铁路途经中国东北地区的一段。
[3] 金士宣、徐文述编著:《中国铁路发展史》,中国铁道出版社,1986年,第40—43页。

国东北地区的渗透,发动了九一八事变,占领东北,与苏联在中国东北形成更加鲜明的南北对峙局面。后日本对中国东北的控制日益肆虐,并扶植建立伪满洲国傀儡政权。苏联虽于1932年与中国恢复邦交,但随着东方战线上德国法西斯势力的抬头,其注意力慢慢东移,而在中国东北地区则极力避免与日本正面冲突。而此时的日本则借助伪满政权在中国大肆铺设铁路,掠夺财富,逐渐挤压苏联势力。

伪满洲国成立后,苏联即着手将中东铁路及其附属权利卖给伪满洲国,实际上是变相让渡于日本。中东铁路是俄国对华政策,更确切讲是其对东方政策展开的关键要素。苏联究竟出于什么原因要将中东铁路及其附属的权利转让售出呢?

关于此问题,以往的研究认为,苏联通过中东铁路的出售来避免和日本的冲突和纷争,这个举动主要是出于政治外交上的考虑。其观点是:在苏联的立场上,中东铁路会成为自身与日本和伪满洲国间纷争的根源;而在日本的立场上,中东铁路的所有权只要一日在苏联手中,他们便不可能对该地区持有绝对的支配权[1]。苏联人民外交委员会委员长利特维诺夫(Maksim Maaksmovich Litvinov)也曾强调,"中东铁路的出售是维系东方和平的决断","为了解决苏联与日本及满洲国间的纷争,提议让满洲国收买中东铁路,换言之,将中东铁路卖予满洲国是解决现困难局势的最佳办法"[2]。这也是当时苏联方面比较一致的看法。

中东铁路的出售固然包含了政治、外交等方面的原因,但是经济方面的考

---

[1] 可参见以下文献记载:"中东铁路的售出包含了回避军事冲突的政治意图。"[韩]金英淑:《从东支铁路的售出看东亚的外交关系》,《韩国日本语文学会学术发表大会论文集》第7卷,首尔:韩国日本语文学会,2005年,第448页)"苏联出售(中东铁路)意在回避与日本的军事冲突。"([韩]金英淑:《中东铁路售出问题与东亚外交关系》,《日本学报》第68期,2006年8月,第323页)"苏联担心因中东铁路与日本发生纷争,因而将此风险转于满洲国。"([日]冢瀬进:《中国近代東北経済史研究:鉄道敷設と中国東北経済の変化》,东方书店,1993年,第53页)"苏联出售中东铁路的原因是其在远东地区的实力相对弱化,无力抗衡日本,遂导致对中东铁路采取了让售与日本的方式。"(刘爱华:《浅谈苏联出售中东铁路的动因及其消极影响》,《哈尔滨市委党校学报》2010年第3期,第92页)"苏联的远东防御体系尚未完成,为了避免卷入战争,必须缓和与日本的矛盾,因此以出售中东路代替苏日互不侵犯条约的作用。"(邢丽雅:《试论苏联向伪满转让中东铁路的性质和影响》,《齐齐哈尔师范学院学报》1995年第5期,第145页)"由于当时苏联的远东防御体系尚未形成,为了避免卷入战争,苏联决定以出售中东铁路的方式向日本妥协。"(王凤贤:《九一八事变与苏联出售中东铁路》,《龙江党史》1996年第2期,第15页)"苏联不愿为中东铁路与日本发生纷争。在这种背景下苏联开始考虑出售中东铁路。"(郭洪茂:《日本收买中东铁路浅析》,《社会科学战线》1997年第2期,第96页)

[2] 王艺生:《中东铁路问题之易主及其趋势》,《国闻周报》第10卷第27期,1933年7月10日,第1—2页。

虑却是最具决定性的原因。因此，如果不对中东铁路经济价值的变化有所了解，就很难正确把握中东铁路出售等一系列事件。另外，这种政治外交举措与其说是为了回避纷争，不如说是随着铁路经济价值的低落和军事战略重要性的降低而带来的必然结果。

实际上，在20世纪30年代，在当事国日本、苏联以及东亚地区之间，这种见解已广见于舆论当中。但迄今为止，关于中东铁路出售的经济原因还没有专门的研究[1]。因此，本文将研究重点放在中东铁路经济价值的变化上，援引当时日本政府的记录（外交文书）及中国、日本等国的言论报道等材料，以更广阔的视野，对这一问题进行论证。

一、中东铁路、南满铁路以及吉会铁路之间的关系

俄国在1896年通过《中俄密约》获取了中东铁路的铺设权后，中国东北地区实际上成了俄国的势力范围。但在之后爆发的日俄战争中，俄国战败。1905年9月5日缔结的《朴茨茅斯条约》的第6条规定：俄国政府将长春（宽城子）以南至旅顺口的铁路及所属支线，以及铁道贯通区域内所附属的一切权利，包括财产、矿产等，均移让予日本政府[2]。为经营这段铁路及附属事业，日本政府于1906年6月颁布敕令，要求成立专门公司。同年11月26日，日本宣布成立南满洲铁路株式会社，总部设于东京。翌年，该公司总部移至大连，东京只设分公司。条约中被划出的这段铁路正是中东铁路的支线南满铁路。自此之后，中国东北地区便被划分为南北两部分，北部俄势力范围以中东铁路贯通，而南部日本势力范围则以南满铁路贯通。

东北地区的农产品可以通过南满铁路南运至大连港向外输送，也可以经中东铁路东运至俄国的海参崴港向外运输。因此，两条铁路为争运当地货物而展开了激烈的竞争。面对南满铁路的竞争，中东铁路为确保自身的优势、增加运输量，其理事会积极推行各项政策。早在1907年，中东铁路理事会就向俄财政大臣提交了名为《有关中东铁路的运营方针及运费政策的事项》的报

---

[1] 最近，麻田雅文在关于中东铁路出售原因的论述中指出：在政治、军事层面上，因苏联在欧洲战线上与德国对立，意欲缓和东方的紧张局势。另外，中东铁路的经营环境恶化，也促成其将中东铁路出售。（[日]麻田雅文：《中東鉄道経営史：ロシアと「満州」(1896—1935)》，名古屋：名古屋大学出版会，2012年，第73页）尽管该研究以经营条件或者公司内部的一些经营问题来说明中东铁路的经营恶化，却仍未充分关注日本对中东铁路的积极政策以及商品流通网的变化。

[2] 日本外务省：《日露講和条約》，《日本外交年表並主要文書》（上），东京：原书房，1965年，第246页。

告,并依据报告制定了运费政策。次年,又召开特别会议进行改订。在运费政策制定的过程中,俄方一直设法牵制日本及南满铁路的发展。在特别会议中提出的以下原则,便可见俄方的这种态度。原则如下:

(1) 中东铁路运费政策制定的根本目的在于促进俄商品往中国东北地区的运输,掌控东北市场。

(2) 要极力阻止外国产品,尤其是日本产品流入东北地区。

(3) 促进东北地区制造业的发展。

(4) 为东北、蒙古向俄输送原料提供便利,从而促进俄的工业发展。

(5) 尽力促成东北商品东行运输,即经中东铁路—海参崴路线外运。[1]

在中国东北地区,北部的货物可通过中东铁路运入海参崴港,也可经南满铁路运入大连港。因此,中东铁路和南满铁路之间展开了激烈的货物争夺战[2],对大豆、豆粕、小麦、小麦粉、豆油等运输的争夺尤为激烈。第一次世界大战期间,两铁路间的竞争稍趋缓和。战争结束后,1919年底,中东铁路的运输量渐趋稳定,双方又进入竞争状态。

20世纪20年代上半期,中东铁路局为吸引东北北部物资向海参崴运送而推行了强有力的政策,并数次降低铁路运费。1920年1月,中东铁路方面修改了运费率,将哈尔滨—海参崴段的大豆、豆粕、小麦等的运费一律调低。为与之抗衡,南满铁路于1921年5月11日将长春—大连段的大豆、豆粕、小麦的运费调低34.2%。之后,双方的竞争也一直未停。1921年9月,一吨大豆经中东铁路运至海参崴的费用是32.985元,而经南满铁路运至大连的费用是39.20元。前者比后者的运费低6.125元,在竞争中仍处于优势地位[3]。

如上所述,为遏制日本势力的扩张,俄方使用的具体方法便是用中东铁路来压制南满铁路。反之,日本也从未停止过以南满铁路来扩大自身在东北的势力,且把限制中东铁路的发展当成其政策的核心。这在"过去二十余年日本的满蒙政策完全是对俄政策,其核心所指便是中东铁路和海参崴港"[4]的记

---

[1] 东支铁道厅经济调查局:《北满洲と东支铁道》下,大阪每日新闻社,1928年,第413—414页。
[2] 满铁调查课:《满蒙铁道の社会及经济に及ぼせる影响》,南满洲铁道株式会社,1931年,第417页。
[3] 满铁调查课:《满蒙铁道の社会及经济に及ぼせる影响》,第412页。
[4] [日]星野桂吾:《满洲铁道政策に关する考察》,东京:东洋协会调查部,1931年,第4页。

录中有所显示。因而,最重要的问题便是:"东北地区的待运物资有多少是经南满及其他日本管辖的铁路运输的?"[1]具体情况参见下表。

表1　中国东北地区中东铁路和南满铁路的商品运送量比较表(1913年)

铁　路	货物运送距离 (100万俄里)	旅客运送距离 (100万俄里)	货运收益 (1 000卢布)	客运收益 (1 000卢布)
中东铁路	38 187	14 928	12 648	4 136
南满铁路	45 989	23 032	10 902	4 720

资料来源:南满洲铁道株式会社:《北满洲と東支鉄道》下,大阪每日新闻社,1928年,第273页。

　　由上表可见,在东北地区,中东铁路和南满铁路在货、客运送方面是两分天下的局面,运送收益也大体相当。这种局面在20世纪20年代中期的统计中依然有所显示:大连港和海参崴港的商品运送量,前者约占总额的55%,后者约占45%,双方依然持续着激烈的竞争[2]。由此可见,日本为巩固自身对中国东北地区的支配权,确保南满铁路的正常运营和发展成为不可或缺的条件;另外,在向东北北部地区的扩张中,以中东铁路为基础的俄国势力成为其最大的障碍。换言之,日本为增大南满铁路的运输份额,增加收益,必定要努力减少中东铁路的运送份额。因此,很自然地,日本将遏制俄国势力、压制中东铁路发展变成其东北政策的核心。

　　俄国通过参与三国干涉还辽以及签订《中俄密约》获得了铁路修筑权,试图逐步吞并中国东北地区。日本总理大臣伊藤博文对此一直忧虑在心,并对朝鲜的动向也表现出密切关注。他反复表示,如果朝鲜境内发生了不该发生的事端,日本将断然前往制止[3]。日本参谋本部的宋川敏胤大佐曾强调:"俄国正在试图通过中东铁路把驻顿在欧洲属地的军队迅速调往远东地区,我们要对这个计划予以特别注意。"[4]由此可见,日本军部很早就对中东铁路的军事性质及作用予以了关注和提防。

　　1908年,日本陆军省做出了重要的政策性判断,他们认为修筑从朝鲜北部通向中国吉林的铁路,构筑从中国东北到朝鲜北方的防御线对巩固日本势力非常重要。因此,陆军省派出调查员进行实地调查。从当年6月15日至8月16日间,调查员从吉林局子街出发,经珲春,直到会宁,一路调查沿线情况,最

---

[1] [日]星野桂吾:《満洲鉄道政策に関する考察》,第28页。
[2] [日]町田耕民:《満蒙の鉄道戦》,民众时论社,1926年,第3页。
[3] 《某报馆访事伊藤问答节略》,《时务报》1896年8月1日,华文书局,1967年影印本,第17页。
[4] 日本参谋总部:《明治三十七八年秘密日露战史》,严南堂书店,1977年,第51—52页。

终提交了《吉林会宁间铁道线路踏查报告书》,并提出尽快铺设铁路的意见。报告指出:现有的南满铁路将东北地区、渤海以及对马海峡相互连接,建设长春—吉林—会宁线将可以把中国东北地区、朝鲜以及东海岸连接起来[1]。

报告还称,"这条铁路可以削弱中东铁路的军事战略地位","万一日俄间发生战争,俄国将通过中东铁路向哈尔滨集中大量野战军。而日本可以调动驻扎在朝鲜北部地区的兵力抵抗俄军。另一方面,还要将日本的主力军团集结于中国东北地区以备决战",即"俄方通过中东铁路将兵力集中于哈尔滨,日本则可以通过清津—会宁—吉林—长春线迅速输送兵力,另外还会对沿海及中东铁路沿线的俄军构成威胁"[2]。

1909 年 9 月 4 日,日本与晚清政府在北京签订《图们江中韩界务条款》,将中韩边境分界线划在图们江,并将吉会铁路的修筑权让予日本。这说明日本公然以朝鲜保护国的身份自居,并将韩中由来已久的国界纷争中最关键的间岛主权划归中国。该条约的第 6 条规定:"中国政府将来将吉长铁路向延吉以南延伸至会宁地方,在那里与朝鲜的铁路连接,一切方法均按照吉长铁路的惯例办理。具体修筑时期,中国政府视情况与日本政府再议。"[3]

1913 年 10 月,日本报纸报道:吉长铁路竣工以后,为与朝鲜铁路连接,日本政府和南满洲铁路株式会社派遣了技师,来调查铁路的路线[4]。这样的举动是签订《图们江中韩界务条款》后,日本为修路连接中国东北地区和朝鲜而做出的具体行动。

朝鲜总督府总督寺内正毅为推进吉会铁路的开通制定了计划:从元山到会宁,长度为 393 里的咸镜线要于 1925 年完工。1915 年 9 月,在线路的北方起点熊津设立了铁路局建设办公室,着手动工;而在南方,则在元山开始了铺设工作[5]。1916 年 2 月 2 日,寺内正毅向总理大臣大隈重信发送电文请愿,建议尽快修筑吉会铁路。电文指出,虽然日本在中国东北地区拥有南满铁路,但是东北的主要市场和物资的集散地都位于北部地区,所以需要修筑经过北方的铁路。这样,把朝鲜北部和东北北部地区连接起来,将为日本发

---

[1] [日]鹤见镇:《吉林会寧間鉄道線路踏查報告》,《吉会鉄道関係》第 1 卷,日本外务省,1911 年,第 35 页。
[2] 同上,第 132—133 页。
[3] 《图们江中韩届务条款》(1909 年 9 月 4 日),北京大学法律系国际法教研室编:《中外旧约章汇编》第 2 册(2),生活·读书·新知三联书店,1959 年,第 601—602 页。
[4] 《吉長鉄道と朝鮮鉄道との干保》,东京《时事新报》1913 年 10 月 21 日。
[5] 咸镜北道会宁商业会议所:《会寧吉林間鉄道について》,会宁商业会议所,1927 年,第 2 页。

展国力提供重要契机[1]。朝鲜方面的舆论也指出了铁路的军事属性:"吉会铁路具有的军事价值比我们预想的还要高……不仅可以通过它输送兵力,而且可以以铁路防卫的形式来派遣军队。"[2]日本舆论也指出铁路具有军事功能:"为了防备日本和苏联发生军事冲突,利于战时增加军力,必须铺设吉会铁路。"[3]另外,还从经济角度指出修建铁路的目的:"日本的国势将不再限于东北南部地区,而可以开辟东北北部和蒙古的疆域,这将获得源源不断的资源。"[4]为了确保吉会铁路在东北北部的运输量,与中东铁路的较量显然是无法回避的。由此可见,吉会铁路的修筑从一开始就是针对中东铁路的。

1918年6月18日,日本兴业银行代表真川孝彦和中国财政兼交通总长曹汝霖签订了《吉会铁路垫款合同》。合同是为修建由从吉林经延吉、图们江至会宁的铁路,在日本兴业银行、台湾银行和朝鲜银行之间达成的一个协议。这个合同包含着关于吉会铁路铺设的一些条款,主要内容包括:(1)本合同是由兴业银行代表兴业银行、台湾银行、朝鲜银行与中国政府签订的条约。先由日本垫款1000万。(2)本合同签订的目的是为修筑由吉林经延吉、图们江至会宁的铁路。(3)中国政府计算铺设铁路所需费用,经银行同意后发行等额债券,债券期限为40年,从第11年开始还本。(4)从本合同生效时起,立即着手铺设铁路。(5)将来本铁路所属的一切财产及收入作为担保。(6)没有规定的事项依照《津浦铁路借款条约》办理。(7)本合同生效时立即向中国政府支付1000万元。债券发行的利息是7分5厘,每月支付利息,本金用以后发行债款所募资金进行偿还[5]。

但同时,在中国内部却蔓延着不能允许日本修建铁路的言论[6]。此项铁路借款条约类似于西原借款,日本欲借此给中国军阀充实军费,使其内乱,并可趁机侵略中国。因此,日本的不法借款不能被认可。况且,西原借款本身也与国民党的纲领相抵触,举借外债必须保证中国的政治及实业不受损失,而从根本上看,西原借款与这些原则背道而驰。

---

[1] 咸镜北道会宁商业会议所:《会宁吉林间鉄道について》,第4页。
[2] 《朝鲜人眼中的吉会铁路》,京城《东亚日报》1924年11月28日。
[3] [日]山口升:《吉会鉄道と東満問題》(1),《支那》第17卷第6号,1926年6月,第56页。
[4] 《社说》,东京《朝日新闻》1917年4月28日。
[5] 《图们江中韩届务条款》(1909年9月4日),北京大学法律系国际法教研室编:《中外旧约章汇编》第2册(3),生活·读书·新知三联书店,1959年,第1374—1375页。
[6] 《社说》,《民国日报》1928年12月18日。

二、中国东北地区商品流通网的变化

吉会铁路是在吉长铁路的延长线上铺设的横跨中国东北的铁路,只有在吉敦铁路和敦图铁路都完工后全区间才算开通。日本通过 1907 年签订的《新奉吉长铁路协约》第 2 条及 1909 年 9 月签订的《间岛协约》第 6 条获取了吉会铁路的铺筑权[1]。作为贯通东北富饶之省吉林的线路,吉长铁路从 1910 年 5 月开始施工,1912 年 10 月间竣工并开始营业。其后,1917 年 10 月委托给南满洲铁路株式会社经营。

连接吉林与敦化的吉敦铁路是吉会铁路的重要路段。1924 年 8 月 22 日,日本内阁决定:"在满蒙铺设铁路事宜由南满洲铁路株式会社与东三省政府协商处理。"[2]根据这个方针,日本内阁大臣和外务大臣指示南满洲铁路株式会社开始着手修筑吉会铁路。1926 年 2 月 1 日,"吉敦铁路工程局"在长春揭牌,当月 20 日便开始测量工作,6 月 1 日在吉林举行了动工仪式。1927 年 10 月 12 日,吉林至额赫穆间的 43.3 公里开通。之后,在 1928 年 10 月 10 日,吉林至敦化间 210 公里长的路线完成了[3]。1931 年 11 月,吉长铁路和吉敦铁路合二为一,仍由南满洲铁路株式会社经营。

敦图铁路连接敦化和图们,也是吉会铁路的重要组成路段,是伪满洲国成立后日本费大气力首先着手铺建的路段。1927 年日本田中义一内阁成立后,外务省从 6 月 27 日到 7 月 7 日主持召开了"东方会议"。参加会议的不仅有外相田中义一(兼任)、次官森恪、事务次官出渊腾次、亚洲局长木村、信息局长小村欣一、驻华大使芳泽谦吉、奉天总领事吉田茂等外务省官僚,还有陆军的次官畑俊六、军事局长阿部信行、参谋本部第二部长松井石根、关东军司令官武藤信义、海军的次官大角岭生等。此次会议中制定了《对华政策纲领》,强调东三省在日本国防和国民生存方面所占据的重要地位,并明确表示要将满蒙与中国本土区别对待。另外,7 月 25 日,总理大臣田中义一向日本天皇呈献了被称为"针对满蒙的帝国积极政策"的奏文,称"若想征服中国,必先征服满蒙;若想征服世界,必先征服中国"[4]。

---

[1] 日本外务省:《日露講和条約》,《日本外交年表並主要文書》(上),原书房,1965 年,第 269—270、324—325 页。
[2] 日本外务省:《吉会鉄道関係》(2),日本外务省,1924 年,第 23 页。
[3] [日]中村玄涛:《外地统治史》,大陆之日本社,1936 年,第 96—97 页。
[4] [日]信夫清三郎:《日本外交史》(2),每日新闻社,1974 年,第 349—350 页。

1928年10月初,田中义一指示南满洲铁路株式会社社长山本条太郎与张学良交涉,向张传达向其提供借款的意向。10月11日,山本条太郎在张学良的军事顾问町野武马和中日实业公司的商务理事江藤丰二的帮助下与张学良进行了秘密会谈。在密谈中,山本条太郎向张学良表示可以给予他巨大的权益,并提出一旦达成初步协议就可以先支付500万元。在这次密谈中,张学良认可了日本对敦化至图们间铁路线路的铺筑权。

在此之前,南满洲铁路株式会社的副社长松冈洋右在《东京日日新闻》中发表了题为《今后的对满洲政策》的文章,介绍满蒙开发政策的大纲。他主张"以铁路作为开发满蒙的中心",并提出吉会铁路修筑问题和终点港问题。11月20日,报文又引用了山本条太郎的发言:"已经和张学良在奉天议定,明年春天开始着手吉会铁路工程"[1],完成了二十余年来中日间的夙愿。

关于松冈洋右和山本条太郎修建吉会铁路的言论传出后,在中国尤其是在东北地区爆发了轰轰烈烈的反日运动。中国报纸纷纷报道:"张学良已成为日本傀儡,将东三省变为日本的殖民地。"[2]在奉天省召开了市民大会,成立了"国民外交后援会"等组织。中国人的反日情绪越来越激烈,"打倒日本帝国主义","打倒张学良"等口号也迅速传开。11月11日,吉林省做出"反对修建吉会铁路案"的决议,长春师范管理学堂的数百名学生高举写有"打倒日本帝国主义,打倒东三省铁路卖国奴"的大旗,展开了示威游行。吉敦铁路局长赵镇、吉林省教育厅长刘树春被迫辞职[3]。同日,哈尔滨也爆发了激烈的反日运动,打出"反对修建吉会铁路,打倒卖国奴,反对日本帝国主义将吉会铁路修到会宁的侵略行径"[4]等口号。国民政府的机关报《中央日报》称,中日交涉不过是日本狡猾的手段而已。驻美公使施肇基在演讲中也提到:美国将资金投入日本在东北地区的企业,是给远东地区投注不和平因子[5]。

事实上,为了修筑敦图铁路,日本早在1911年8月间就进行过一次实地勘察,后来在1918年3月到5月间又进行了一次。但由于中国官民的反对,真正的勘测一直未能顺利开展。直到1931年12月才正式开始了实际测量。同时,关东军指示南满洲铁路株式会社加紧铺设敦化—图们段铁路,南满洲铁路株式会社迅速组织测量。为方便输送原料,他们将测量带分成三段,第一段

---

[1] 上田恭辅:《吉会鉄道問題に関する一考案》,《支那》第20卷第1号,1929年1月,第43页。
[2] 任松:《从"满蒙铁路交涉"看日满关系》,《近代史研究》1994年第5期,第192页。
[3] [日]上田恭辅:《吉会鉄道問題に関する一考案》,《支那》第20卷第1号,第43—44页。
[4] 同上,第44页。
[5] 同上,第45页。

的勘测人员于1931年12月3日派出,第二、三段也分别在同月6日从长春派出。1933年2月间,敦图线终于全线开通[1]。这也标志着吉会铁路的全线竣工。同时,它还意味着在东北北部地区曾以中东铁路为中心的商品流通网有了全新的变化。

新建流通网当然少不了终端港口的建设,备选港口当初有三个,即朝鲜北部的清津、雄基、罗津等。经过调查及审议,罗津港最终被选为终端港,承担起最重要的运输功能。清津港距离铁路较远,其运输吞吐能力也有限。雄基港则被指风浪过大,最大的承载量也只有500万—600万吨。而罗津港作为港湾的条件最好,一则距离铁路近,而且东、西、北方三面环山,港口面南。此外,外湾口有大草岛、小草岛两岛作为天然屏障阻挡来自东部海面的风浪,所以海面很平稳。而且,海港水深,涨潮及退潮时海平面相差不到2尺。因为有如此多的优越条件,罗津港被选为终端港口[2]。罗津港的建港费用需要1960万日元,水道费用需150万元,再加上罗津与雄基间长度为15300米的铁路铺设费用440万元,所需费用总额达2550万日元[3]。

吉会铁路的终端港选在罗津港不仅仅是因为其得天独厚的自然条件,日本军部的影响也很大。20世纪20年代中期以后,日本军方一直主张与其与中国的大连港连接,不如开发朝鲜的罗津港,如此便可构筑日本与中国东北地区之间的最短路线,以防备紧急情况发生。他们判断"将满蒙的货物集中于罗津港来对抗海参崴港,这样就能保障战时日本经济的独立"[4]。尤其是陆军省内有一部分"罗津论者"主张:雄基与苏联沿海及珲春相连,一旦有紧急情况就会受敌方威胁,所以不适合作为终端港。因此,终点港口必须设在罗津,而在罗津与会宁间则铺设铁路相连[5]。

这样,通过吉会铁路—罗津港—太平洋将商品运至日本、欧洲和美洲的海陆运输网已经构筑完毕。随着吉会铁路铺设的完工,日本海运业界也加紧开辟航路,并且大大增加船只数量。比如,大阪船商在阪神、门司、朝鲜北部之间开辟了航线,每周运行一次,运营船只为贵州丸、武昌丸;北日本汽船公司在敦贺与北朝鲜之间开通了直航线路,每月定期运行三次,运营船舶为天草丸,在

---

[1] 丁英顺:《试论满铁在朝鲜的铁路经营及影响》,《日本研究》1994年第4期,第53页。
[2] 《吉会線の開通と内地四港満鮮間の運輸関係》,《大阪商工会議所月報》第312号,1933年5月,第61—63页。
[3] 《吉会線の開通と内地四港満鮮間の運輸関係》,《大阪商工会議所月報》第312号,1933年5月,第62页。
[4] 山口升:《吉敦鉄道と東満問題(1)》,《支那》第17卷第6号,1926年6月,第54—55页。
[5] 山口升:《吉敦鉄道と東満問題(7)》,《支那》第18卷第3号,1927年3月,第50页。

朝鲜港起航；朝鲜邮船开辟了清津—敦贺航线，由长白山丸每月运行两次，而釜山丸则从清津启航承运；北陆汽船开发了伏木—海参崴—朝鲜航线，运行船只为北佑丸、北成丸；岛谷汽船开辟了北海道—新潟朝鲜航线，由海鲜丸每月定期航行三次，另设明石丸、朝海丸、日本海丸等不定期运行。此外还有大连汽船，近海邮船等数家航运公司开辟了航线[1]。

根据以上分析可见，吉会铁路发挥了连接东北北部地区、朝鲜北部地区和太平洋的重要作用。换言之，"在东北北部地区和朝鲜北部之间出现了一大交通要线，一直以来通过大连港或海参崴港向外运送的东北北部地区的商品输出路线有了新的重大变化"[2]。具体变化参见下表。

表2　长春、哈尔滨两处货物运送距离比较　　　　　　　　　单位：公里

长春	长春—大连	长春—雄基	长春—罗津	长春—清津
	704	674	689	658
哈尔滨	哈尔滨—大连	哈尔滨—雄基	哈尔滨—罗津	哈尔滨—清津
	944	708	723	692

资料来源：《吉会線の開通と内地四港満鮮間の運輸関係》，《大阪商工会議所月報》第311号，1933年4月，第2—3页。

如将火车的运送距离包含在内，将货物从长春经大连运至大阪总距离为2 322公里，经清津的距离为1 693公里，经罗津的距离为1 786公里。换言之，与经大连港运送相比较，经由清津的运送距离缩短了835公里，经罗津的距离缩短了776公里。还有另外一份统计数据是从哈尔滨和长春站点分别经海参崴、雄基、罗津、清津、大连至日本各港口的距离。下面是长春站点至下列各港的距离。

表3　日本各港口与大连、海参崴、罗津港的距离比较　　　　单位：公里

	下关	神户	大阪	东京	鹿儿岛
大连	614	869	876	1 225	695
海参崴	567	807	813	953	802
罗津	515	756	767	1 011	734

资料来源：日本铁路总局：《敦化図們間鉄道の完成と日満関係》，日本铁路总局，1933年9月，第30—31页。

---

[1]《吉会線を行く（完）》，大阪《朝日新聞》1933年7月1日。
[2]《吉会線の開通と内地四港満鮮間の運輸関係（上）》，《大阪商工会議所月報》第311号，1933年4月，第1—2页。

根据上表的统计资料,可以比较一下敦图铁路开通后,1 吨大豆从长春运至大阪各条路线的费用。若经海参崴港运输,其费用为:中东铁路与乌苏里铁路的运费为 15.55 日元,中间手续费用 2.80 日元,船运费 2.00 日元,总计 20.35 日元。若经大连港运输,其费用为:中东铁路运费 6.30 日元,南满铁路运费 13.90 日元,中间手续费用 0.40 日元,船运费 1.80 日元,总计 22.40 日元。与之比较,经过罗津港的费用为:铁路运费 14.33 日元,中间手续费用 0.60 日元,船运费 4.00 日元,总计 18.93 日元[1]。

日本舆论也有报道:罗津港较海参崴港有过之而无不及,罗津港在不久的将来就会打败海参崴港[2]。而事实情况也是,自从吉会铁路与罗津港建成以来,东北的贸易规模就有了大幅提升。比如,1926 年延边地区的贸易额为 9 332 046 元,1933 年为 15 437 595 元,而 1934 年则升为 34 504 950 元,几年间取得了迅速增长。北朝鲜三港的主要输出产品为中国东北地区的农产品,1938 年大豆及其他豆类的输出额为 1.04 亿元,占全部输出额的 73%;其次为豆粕,占 7.2%;第三为其他农产品,占 6.9%[3]。

虽然俄国通过"三国干涉还辽"等行动获权修筑了中东铁路,但通过以上分析可知,日本帝国主义铺设吉会铁路后,大大削弱了中东铁路的经济价值。吉会铁路的完工和罗津港的发展使海参崴的繁荣迅速落幕,也使曾经的贸易中心——珲春的经济地位一落千丈。另一方面,各种物资通过吉会铁路集中于朝鲜,图们的地位被大大提升,变成了新的贸易中心。例如,1932 年至 1938 年间,经图们向北朝鲜三港的输出入的总额度由 979.5 元涨至 17 272.8 元,贸易额在短短六年的时间里实现了 17.6 倍的增长[4]。

从路线看,吉会铁路与中东铁路是两条平行线,吉会铁路的修建正是为了通过抢占在东北北部境内的运输份额,以抵制中东铁路的竞争与发展。同时也很容易看出,从会宁通过吉会铁路、罗津港向外运送货物的流通网比原来的经海参崴港的流通网便利不少。因此,为争夺更多的运输量,吉会铁路与中东铁路必然卷入激烈的竞争中。

从上文的表格中可以分析出,随着吉会铁路的铺设以及随之而来的新流通网的构筑,中东铁路受到了很大的威胁。通过吉会铁路运货至朝鲜三港的

---

[1] 日本铁路总局:《敦化图們間鉄道の完成と日満関係》,日本铁路总局,1933 年,第 38—40 页。
[2] 日本铁路总局:《敦化图們間鉄道の完成と日満関係》,第 29 页。
[3] 张景泉:《朝鲜北部三港及其对中国东北贸易的影响》,《吉林师范学院学报》1995 年第 7 期,第 54—55 页。
[4] 张景泉:《朝鲜北部三港及其对中国东北贸易的影响》,第 65 页。

距离，比既有的经南满铁路至大连或是经中东铁路至海参崴的距离都要短。那么，下面就比较一下货物分别通过大连港、海参崴港和罗津港向外运送的费用。在下表所列数据中可以看出，罗津港比另外两港更有竞争优势。

表4　货物从大连、海参崴、罗津出发的运费比较　　单位：日元/每吨

	新潟	下关	大阪	小樽	长崎	基隆	釜山
大连	2.37	1.78	2.06	2.62	1.65	2.06	1.65
罗津	1.58	1.69	1.96	1.77	1.83	2.55	1.52
海参崴	1.60	1.70	2.12	1.60	1.84	2.57	1.71

资料来源：日本铁路总局：《敦化图們間鉄道の完成と日満関係》，1933年，第37页。

南满铁路和吉会铁路同属南满洲铁路株式会社管辖，因而两者之间更多的是互补关系，货物可以在两条铁路间进行统筹调配。大体上，以哈尔滨为中心，长春以北的货物通过吉会铁路运送，以南的货物则通过南满铁路运送。在东北北部地区，吉会铁路分去了以前由中东铁路承运的大部分货物的份额。因此，吉会铁路的出现给既往的以海参崴为终端港的中东铁路运输网的冲击是毋庸置疑的。

尤其是1930年齐克铁路开通和1933年拉滨铁路开通后，以哈尔滨为中心的中东铁路的运输分担率就变得更低了，它在东北北部地区曾一枝独秀的运载功能也受到了进一步的动摇[1]。1934年9月拉滨铁路完工，该铁路将吉林与敦化间的城市拉法和哈尔滨相连。自此，经吉会铁路—罗津线从东北北部地区的心脏城市哈尔滨到东京的距离缩短为1980公里，远远短于经大连的3130公里和经海参崴的3100公里。此线还与起于哈尔滨、横渡松花江的滨北线相连，成为到达东北北部地区粮仓的最短路径。另外，此线还可以通过滨洲铁路（哈尔滨—满洲里）成为与西西伯利亚和欧洲各国相连的最短路径[2]。

新铁路铺设对当时的影响在1933年5月的日本报端多有报道。试举《神户新闻》几则报道："从哈尔滨到日本商业中心城市大阪，在大连港、海参崴港、罗津港线路中，罗津（或清津）港是最短路线。包含海上距离在内，经大连的距

---

[1] 和田耕作：《東支鉄道運賃政策と北満市場》，《満鉄調査月報》第17卷第1号，1937年1月，第18页。
[2] 日満实业协会：《日満最短径路と日本海に就て》，《日本海商業委員会資料》第1辑，日満实业协会，1935年，第4页。

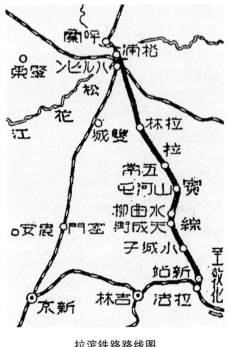

拉滨铁路路线图

说明：图中黑色粗线部分即是拉滨铁路。起始端标记有日语ハルビン的城市为哈尔滨，终点端为拉法。图表下方起于新京(现长春)经吉林，拉法的铁路是吉会铁路的一段。

资料来源：《日本と北满の最捷径・拉賓線試乘記》，《大阪朝日新聞》1933年12月15日

离为1 589里，经海参崴距离为1 160里。而经清津只有1 085里，经罗津及雄基为1 086里，此路线跟大连通道相比缩短500余里，即使与海参崴路线相比也缩短了74—75里。"[1]"在建的拉滨铁路(拉法—哈尔滨)完工后，将与横断中东铁路的呼海铁路相连，之前经呼海铁路运向哈尔滨的货物将有相当部分经吉会铁路的拉滨支线运送。其结果便是现在通过海参崴运输的物量将有一半会被吉会铁路所吸收。这会导致中东铁路经济价值下滑，海参崴港也会随之衰退。"[2]"吉会铁路的支线——拉滨铁路将哈尔滨对岸的呼兰和海伦以及台东等地相连，形成环线，这将致使中东铁路丧失其经济甚至是政治价值。"[3]拉滨铁路路线可参见下图。

齐克铁路开通之前，克山和泰安(今依安)地区的农产品大部分是通过安达运出的，生产和生活必需品则是通过哈尔滨和安达运入的。邻近的讷河和嫩江地区的商品也通过齐齐哈尔和哈尔滨进行销售。在这个区域，中东铁路的中转站哈尔滨曾发挥着举足轻重的作用。但是齐克铁路开通之后，这个区域的商品不再通过中东铁路运送，而齐克—洮昂铁路线的运输量则急剧增加[4]。

---

[1]《北満の大動脈を繋ぐ敦図線全通と日満交通の一大変革(二)》，神户《神户新闻》1933年5月16日。《神户新闻》如果只在神户有，就不需要在前面标出地名。如《大公报》，因天津、上海等地的《大公报》是不同的报纸，所以需要标出天津《大公报》或者上海《大公报》。

[2]《北満の大動脈を繋ぐ敦図線全通と日満交通の一大変革(三)》，神户《神户新闻》1933年5月17日。

[3]《北満の大動脈を繋ぐ敦図線全通と日満交通の一大変革(十)》，神户《神户新闻》1933年5月24日。

[4][日]冢濑进：《中国近代東北経済史研究：鉄道敷設と中国東北経済の変化》，东京：东方书店，1993年，第58页。

《申报》有论："齐克告成，北满粮饿，为齐洮吸夺，东铁价值难于昔比。"[1]除此之外，连接拉法和哈尔滨的拉滨铁路的开通，将中东铁路拦腰相切，且与连接呼兰和海伦的呼海铁路相接，凭借这样的网络，它也占据了东北北部货物运输量的很大份额[2]。

另外，伪满洲国成立以后，关东军司令部和伪满洲国持续不断地达成协议增设铁路路线，有敦化—图们线，拉法—哈尔滨线，克山—海伦线，拉哈站—黑尔根—大黑河线，通辽、锦县—赤峰、热河线，敦化—海林线，王爷庙—索伦—满洲里线，长春—大赉线，延吉—海林—依兰—佳木斯线，新邱—义州站、巨流河站等线等[3]。由以上所列的铁路线路来看，新建交通网不仅仅局限于吉会铁路，日本控制的交通网络已经越来越密集地蔓延于中国东北地区。显而易见，这必然使得中东铁路的功能逐渐被削弱。

三、商品运送量的减少及中东铁路的出售

吉会铁路相继铺设完毕，给中东铁路的经营以重大打击。早在1927年，吉敦铁路的开通便占去了东北北部商品流通量不少的份额，而1933年吉会铁路全线开通后，它在遏制中东铁路上更是起到举足轻重的作用。

1927年吉敦铁路开通后，第二年就有舆论预测吉会铁路全线开通会对东北地区的商品流通带来巨大影响："吉会铁路开通后，满洲的资源就可以通过会宁和清津更加迅捷地运往日本……另外，日本的商品也会如潮水一般卷入满洲大地，占领那里的市场。"[4]

那么，吉会铁路究竟在东北地区物流网中担当着什么样的角色呢？它沿线经过的地方包括珲春、汪清、延吉、和龙、敦化、桦甸、额穆、永吉、磐石、海龙、双阳、舒兰、长春、五常、榆树、阿城、双城、滨江、呼兰、巴彦、兰西、绥化、庆城、海伦、绥愣、望奎、通北、拜泉、克山、龙镇、讷河等。这些地区盛产大豆和其他豆类，高粱、小米、玉米、小麦、水稻、旱稻以及其他杂谷等农产品。这些地方生产的五谷杂粮在整个东北生产量中所占的比重如下表所示。

---

[1]《赎回东铁交涉之中俄双方争点及俄方让步原因》，《申报》1931年4月27日，第3版。
[2]《北满の大動脈を繋ぐ敦図線全通と日満交通の一大変革（二）》，神户《神户新闻》1933年5月16日。
[3] 日本外务省：《日本外交年表並主要文書》下，原书房，1966年，第219页。
[4] [韩]金日成：《摧毁日帝的吉会铁路铺筑工程》(1928.10.7)，平壤：朝鲜劳动党出版社，1987年，第1页。

表 5　吉会铁路沿线杂粮生产量占东北总产量的比重　　　　　　单位：吨

产品	大豆	其他豆类	高粱	小米	玉米	小麦	水稻	旱稻	其他杂粮
本区合计	2 085 700	92 690	1 025 280	1 285 620	380 020	575 520	49 780	72 350	560 750
东北总数	5 297 820	369 270	4 779 690	3 276 480	1 585 680	1 356 660	154 350	157 840	1 722 760
百分比	39.5	25.1	21.5	39.2	24.0	42.4	32.2	45.8	32.5

资料来源：《吉会線の開通と内地四港満鮮間の運輸関係》，《大阪商工会議所月報》第 312 号，1933 年 5 月，第 34—35 页。

从上表数据可以看出，吉会铁路所经沿线地区生产的各种农产品产量高达 6 127 710 吨，占整个东北地区总产量的 32.8%，约合三分之一。据推测，这其中有约 360 万吨在当地消费，而剩下的 250 万吨则通过吉会铁路运向北朝鲜的终端港。这样，必将给原来独自承担东北北部地区运输任务的中东铁路以沉重打击。据推算，原来经大连港运向日本约 127 万吨的货物，以及通过中东铁路、海参崴运送的 61.4 万余吨货物都转向由朝鲜北部终端港输送[1]。

吉会铁路全线开通以后，原经中东铁路—海参崴运送出口的货物有多少转向了罗津等朝鲜北部港口呢？关于这个问题，有人做过如下表所示的统计。

表 6　由海参崴港转向罗津港运送的货物数量　　　　　　单位：吨

货　物	总出口量	向日本出口的数量	向欧洲出口的数量
大豆	813 737	154 040	659 435
红小豆	12 295	12 275	—
吉豆			
高粱	286	268	
玉米			
其他谷物	27 506	12 180	15 035
豆粕	428 600	428 029	571
麦麸	7 441	7 441	

---

[1]《吉会線の開通と内地四港満鮮間の運輸関係》，《大阪商工会議所月報》第 312 号，1933 年 5 月，第 38 页。

续 表

货　物	总出口量	向日本出口的数量	向欧洲出口的数量
豆油	7 489	8	7 481
小米	2 493	201	
合计	1 299 847	614 442	682 522

资料来源:《吉会線の開通と内地四港満鮮間の運輸関係》,《大阪商工会議所月報》第312号,1933年5月,第36—38页。

当年即有对由海参崴港转至罗津港的货物数量进行的预估:"吉会铁路的开通会对海参崴港造成多大影响呢？最近2年间经海参崴港输出的货物平均约为120万吨,这其中可能被吉会铁路吸收的物量为:哈尔滨市货物中有55万吨,东部线路货物9万吨,南部路线货物7万吨,合计66万吨。因此,预计海参崴港的承运货物年间将减少60万吨。也就是说,吉会铁路、长大铁路等的铺设是在中东铁路的东部及南部筑造了平行路线,这将给中东铁路以重大打击。"[1]

朝鲜总督府也曾预算过吉会铁路开通、罗津港建港后,从东北北部和东部地区通过朝鲜北部三港(雄基、罗津、清津)运送至日本或朝鲜的物量:"中国东北地区的农作物中,可以出口的数量预计为572万吨,这其中可能通过朝鲜北部三港运出的地区的产量为320万吨,这些地区主要包括吉长铁路沿线,间岛,东北南部、东部及西部的铁路沿线地区,松花江下流,呼海铁路沿线等地。现在,其间有132万吨的数量是通过海参崴(海参崴)港运输的,所以,朝鲜北部三港的货物核算为188万吨比较合适。但是现经海参崴港运输的货物中预计会有相当量转至罗津港方面,预计此数值会达到40%,即53万吨。另外,在这320万吨中有约10%的物量有长期客户关系,依然会选择大连港承运,其数值为32万吨。如此算来,最终经朝鲜北部三港运出的货物应当是200万吨左右。"具体数值如下所示:

(1) 可能通过罗津港承运的地区的总产量:3 207 000吨

(2) 其中由海参崴运输的数量:1 323 000吨

(3) 预计从海参崴港转由朝鲜三港运输的物量:529 000吨(约占1 323 000吨的40%)

(4) 依然会选择大连港承运的物量:320 000吨(占3 207 000吨的10%)

―――――

[1] [日]藤曲政吉:《満洲建国と五省の富源》,満洲通信社,1932年,第525—526页。

(5) 最终经罗津港承运的数量约为：3 207 000－1 323 000＋529 000－320 000＝2 093 000 吨

另外，1932 年南满洲铁道株式会社调查部也曾预算过吉会铁路完工后中国东北地区通过朝鲜三港输出的物量，其数据如下表所示。

表 7　吉会铁路预计发货数量　　　　　　　　　　单位：吨

地　　域	1934	1937	1944
哈尔滨地域	250 000	298 000	430 000
呼海线(呼兰—海伦)地域	200 000	250 000	400 000
拉滨线(拉法—哈尔滨)地域	300 000	345 000	450 000
吉长线(吉林—长春)地域	50 000	58 000	75 000
吉敦线(吉林—敦化)地域	50 000	62 000	96 000
	150 000(木材)	186 000(木材)	288 000(木材)
敦图线 (敦化—图们)地域	100 000	124 000	192 000
	100 000(木材)	124 000(木材)	192 000(木材)
	100 000(石材)	124 000(石材)	192 000(石材)
天图线(天宝山—图们)地域	100 000	121 000	170 000
长大线(长春—大连)地域	50 000	58 000	84 000
海依线(海林—依兰)地域		310 000	480 000
延海线 (延吉—海林)地域		124 000(木材)	590 000(木材)
		254 000	
北鲜地域	360 000	436 000	648 000
总计	1 810 000	2 874 000	4 287 000

数据来源：朝鲜总督府：《北鲜東部三港に出回るべき満洲産貨物に就て》，朝鲜总督府，1932 年，第 21—22 页。

随着吉会铁路各区间的相继开通，中东铁路的经营状况逐渐恶化。而齐克铁路、拉滨铁路等以日本资本为背景的铁路网的构筑，更使其处境雪上加霜。另外，再加上世界经济危机蔓延、中苏关系恶化、中国官民的收回路权运动等因素，致使中东铁路的经营陷入泥潭。《申报》对此评论道："大连为南满铁路之吞吐港，黑龙江西部之产物亦因洮昂、四洮两路之衔接，而为大连所吸收。吉林农产黑河流域谷仓，原为中东路开发之鹄的，吉会路完成后，清津、雄基二港,势将包围海参崴,并劫制其海上的出路。于是,中东路仅有以西比利亚大铁道勾通欧亚两洲之单纯任务,在军事上亦将处于被动地位。"[1]

从 20 世纪 20 年代末开始,中东铁路的运营开始出现赤字。尤其是 1933 年吉会铁路的全区间开通,使中东铁路的经营遭受重挫。这种趋势从中东铁路所负担的商品运送量的变化中也可显示出来。

表8 中东铁路货物运送情况　　　　　　单位:千吨

年　份	国内货物(A)	出口货物(B)	进口货物(C)	总计(A+B+C)
1920	480	978	215	1 673
1921	447	1 318	301	2 066
1922	755	1 380	348	2 483
1923	749	1 648	407	2 804
1924	716	1 883	428	3 027
1925	712	2 242	432	3 386
1926	1 191	2 528	414	4 133
1927	1 594	2 767	539	4 900
1928	2 145	2 687	617	5 449
1929	2 306	2 787	512	5 605
1930	1 788	2 026	400	4 214
1931	1 355	2 359	197	3 911
1932	1 144	1 651	193	2 988
1933	1 254	851	185	2 290
1934	1 355	627	105	2 087

资料来源:[日]和田耕作:《東支鉄道運賃政策と北満市場》,《満鉄調査月報》第17卷第1号,1937年1月,第10—11页。

中东铁路的经营从 1927 年开始恶化。1930 年秋,由于利润骤减,以至于员工的工资都无法正常支付,不得不从银行贷款 300 万卢布来救急[2]。铁路管理方被迫开始实行各种开支紧缩政策,大幅裁员整顿,减少员工内退津贴的

---

[1]《日苏纠纷与苏联出卖中东铁路》,《申报》1933年5月10日,第5版。
[2]《中东路借款三百万》,《申报》1930年9月4日,第9版。

发给,减少原材料的购买等。即便如此,初期预想的 5 600 万卢布的收入额实际上只实现了不到 3 200 万卢布,营业费及营业外支出费用等总计却达到 4 100 万卢布。也就是说,铁路运营产生了 1 000 多万卢布的亏空,这使中东铁路的财政困难进一步恶化[1]。1931 年 4 月,中东铁路解雇了 386 名员工,其中包括 174 名俄籍人员。其后,铁路局前方总有数十、数百人聚集,示威要求支付救济金[2]。铁路局还不得不安排所有在职员工无薪休假一个月,以减少预算[3]。尽管做了很多努力,在 20 世纪 30 年代的上半期,中东铁路的经营仍未见改善。如 1934 年 8 月的预计收入为 1 776 000 元,预计支出为 1 117 500 元,但是由于旅客和货物的减少,实际收入只有 1 268 000 元,而支出却达到 1 532 000 元。中东铁路连员工当年 8 月份的工资都无法正常支付[4]。

吉会铁路的开通会使中东铁路和海参崴港的运输功能大大减弱。日本的舆论在论及罗津和海参崴港的竞争关系时指出,罗津港会打败海参崴港[5]。据称:"日本应该和苏联在东北北部和蒙古东部地区来一场激烈的战争……吉会铁路不仅仅会成为中东铁路的巨大威胁,而且会给它曾经的繁荣来一记重击,甚至将其终结。"[6]"敦图线的开通意味着吉会铁路全线开通,加上朝鲜北部的三个港口修建完成,全新的交通网络被构筑起来。在地理环境和经济性等层面上看,它都会给海参崴港以打击。东北东部、北部向日本出口大豆和其他特产,日本向东北北部运送头纱及其他杂货,都可利用朝鲜北部三港,而不需经过海参崴。不仅仅是日、满两地的进出口,中国东北地区向欧洲其他国家出口大豆等产品也由罗津港代替了海参崴港。不得不说这是对海参崴致命的打击。"[7]

不仅如此,随着吉会铁路的竣工和罗津港的发展,铁路沿线地区的贸易规模也有了飞速发展。据统计,1926 年吉会铁路沿线的贸易额为 9 332 046 元,1933 年为 15 437 595 元,1934 年达到 34 504 950 元[8]。

因此,有许多分析指出:经济功能的衰退是中东铁路被出售的原因。如

---

[1]《東支鉄道の現状》,《満鉄調査月報》第 11 卷第 11 号,1931 年 11 月,第 140 页。
[2]《东铁大裁员工》,《申报》1931 年 4 月 11 日,第 4 版。
[3]《东铁缩减预算》,《申报》1931 年 4 月 17 日,第 4 版。
[4]《东铁收入锐减》,《申报》1934 年 9 月 28 日,第 7 版。
[5] 日本铁路总局:《敦化図們間鉄道の完成と日満関係》,第 38—40 页。
[6] [日] 山口升:《吉敦鉄道と東満問題(1)》,《支那》第 17 卷第 6 号,1926 年 6 月,第 56 页。
[7]《北満の大動脈を繋ぐ敦図線全通と日満交通の一大変革(十一)》,神户《神戸新聞》1933 年 5 月 25 日。
[8] 张景泉:《朝鲜北部三港及其对中国东北贸易的影响》,《吉林师范学报》1995 年第 7 期,第 54—55 页。

有报道直言:"苏联将中东铁路出售给伪满洲国的动机是:日本修筑了横跨东北地区的铁路,这使苏联的东北梦瞬间破碎,中东铁路的经济价值也完全丧失……据铁路内部人称,对苏联来说,铁路的未来是悲观的,继而陆续有人提出意见将其出售。"[1]"因为中东铁路的持续赤字亏损,苏联感到无论在政治还是在经济上,铁路都没什么前途可言,所以最终决定将其售出。""吉会铁路将吉长线延伸,在会宁与朝鲜铁路连接,此而将北满洲与北朝鲜连为一体,这具有重大的意义……现苏联方要将中东铁路的所属权利卖予日本,是因为随着吉会铁路的完工和开通,中东铁路的经济价值已基本丧失。"[2]"中东铁路之所以让渡于满洲国是因为满洲国修筑了与中东铁路相平行的路线,豆粕、高粱等地方特产品的大部分都通过新路线运输,这使得中东铁路的收益日渐萎缩。为填补赤字,苏联每年不得不动用大量国库资金。"[3]"伪方虽须付一万四千万日元之代价,而俄方所得现款,不逾五千万,表面上俄国似不合算。然而中东路在今日已不如昔日富有经济上之价值,亦为彰明较著之事。"[4]当时中国的舆论也指出:"日本在进行中之东北交通网大部分以中东路为目标,一旦完成,中东铁路的营业必受重大打击,或甚于破产。"[5]中东铁路的售出与其经营的恶化有着不可分割的关系。

当然,除了经济方面的因素以外,伪满洲国成立以后,远东国际政治的演变也给中东铁路的出售带来一定影响。1929 年 7 月 10 日,中东铁路事件爆发后,中国政府强制查封苏联驻北京领事馆,将苏联领事及其他要员驱逐出境。由此,奉苏协定在事实上已宣告终结。中方主张中东铁路应全权归东三省交通委员会所有。然而,苏方却始终坚持自身对中东铁路保有所有权。伪满洲国成立以后,驻哈尔滨日本总领事森岛守人谈到日苏中立条约的必要性时表明:"中东铁路售让谈判正是两国践行互不侵犯原则的举动,另外,这种交涉也会进一步推进日苏中立条约的缔结。"[6]中东铁路向来都是苏日两国利益之争的焦点,而在当时的国际环境中,苏联为缓解两国矛盾欲将中东路出售予日

---

[1]《釜山日报》1933 年 12 月 17 日。转引自朝鲜拓植银行:《敦图线及其终端港》,朝鲜拓植银行,1933 年,第 56 页。
[2]《吉会線の開通と内地四港満鮮間の運輸関係》上,《大阪商工会議所月報》第 311 号,1933 年 4 月,第 1 页。
[3]《実現确実なる東支鉄の買収》,东京《国民新聞》1933 年 6 月 9 日。
[4]《中东铁路让渡以后之日俄局势》,《申报》1935 年 1 月 27 日,第 7 版。
[5] 朱鸿禧:《中东铁路让渡交涉之面面观》,《东方杂志》第 31 卷第 22 号,1934 年 11 月 16 日,第 49 页。
[6] [日]森岛守仁:《陰謀・暗殺・軍刀》,岩波书店,1950 年,第 295 页。

本,并欲以此举来促进中立条约的签署。

另一方面,国际联盟针对伪满洲国的成立问题,以李顿调查团的报告为基础,于1933年2月15日将《国际联盟总会报告》递交日本代表。报告的主要内容是不承认伪满洲国的成立,并要求日本军队立即撤退。由于联盟诸国不承认伪满洲国的成立,苏联的动向对日本变得格外重要。日本外务省于1932年8月24日拟案《由国际关系看时局处理方针》,强调指出:"在北满洲问题上,日苏处于非常紧张的状态,鉴于现今敏感的国际形势,应尽量避免与苏联有所冲突。"[1]"若苏联正式承认满洲国,就与日本一同作为关联最紧密的两个国家承认了其成立。若如此,相较而言利益无甚关联国家的意见便沦为空谈。"[2]

1933年5月13日,驻日苏联大使访问日本外务省,详细说明了苏联政府为根本上解决远东纷争,欲将中东铁路售让的意向,并指出:"若满洲国出席买卖谈判,那么其国家资格的承认问题必将提上日程。苏联并非国际联盟成员国,也不受联盟决议的限制,我方可自主决定自身立场。"[3]苏联以此种方式将中东铁路的售让与伪满洲国承认问题连接起来。

最终议定日本外务省和军部作为伪满洲国的谈判盟友,其原因是考虑到伪满洲国在国际法方面的"地位"及"正当性"。中苏协议中明确规定,中东铁路的一切事项均应由中俄双方协商办理,此举相当于以伪满洲国来代表中国。苏联为售卖中东铁路,直接与伪满洲国交涉,从结果上看,即承认了伪满洲国的国家地位[4]。1931年10月28日,内田外相表示:"通过苏联实现了满洲国的认可问题,这对满洲国的安定至关重要。"[5]

李顿报告书中明确建议中日两国应直接交涉。但中国的立场是在日本承认中国对东北地区主权的基础上才会参与交涉。国际联盟的所属国虽支持中国的立场,但是与伪满洲国直接相关的日、苏两国却承认了它的地位。因此,在日本的立场上,苏联对伪满洲国的承认,不仅对伪满洲国的安定不可或缺,对日本应对国际联盟的决议也至关重要[6]。

需要特别提出的一点是,中东铁路价值的下滑不仅仅表现在经济上,军事

---

[1] 日本外务省:《日本外交文書·滿洲事變》第2卷第2册,国际协会,1981年,第386—387页。
[2] 日本外务省:《日本外交文書·滿洲事變》第3卷,国际协会,1981年,第22页。
[3] 《東鉄売却条件提示さる》,大阪《朝日新聞》1933年5月14日。
[4] 本多弘一:《北鉄讓渡と其の影響》,大连《滿蒙之文化》第31卷第7号,1934年7月,第42页。
[5] 辛胜夏:《满洲事变期中日外交史》,高丽苑,1994年,第209页。
[6] 日本外务省:《蘇連ノ満州国承認ニ関スル件》,1932年10月,第1—2页。

战略方面的价值也随而减低。当时报载："满洲国建立以后,中东铁路相当于在日本辖内通过,这使得铁路的商业价值和军事战略价值慢慢被对方削弱。在军事方面,日本建设的吉会铁路可以从吉林直接通到日本海,这样便可以迅速调动日本军队。形势的变化使得中东铁路的价值急剧下滑,继续下去的话,苏联就等于看着中东铁路被日本吞并,而自己分文不得。因此,苏联认为当时就是出售铁路的最佳时机,便想赶紧促成这个交易。"[1]苏联的舆论也认为吉会铁路的铺设有着强烈的要削弱中东铁路的政治和军事目的,"在高丽北部联结高丽北部各口岸与吉会铁道之铁道,移归南满铁道管理,《真理报》对此报告,指明此举之巨大军事意义。因吉海路为日本军事当局在满军事计划之基本因素……满洲同时建筑若干有军事价值之铁路,并述日参谋本部将全满铁路行政集中南满铁路掌握之倾向……此举须特别注意。"[2]

吉会铁路的全线开通在日本与苏联洽谈中东铁路出售事宜时也成为一个重要变因。换句话说,吉会铁路铺设完成,中东铁路的经济价值已经迅速跌落,日本军方已不须着急将其买入。1933年4月16日,关东军参谋长小矶菊昭强调说:"随着满洲国交通网的完备,中东铁路的存在价值渐渐丧失,因此苏联不得不将其出售给满洲国。"[3]中国的言论也指出:"伪满洲国铁路政策完成之日,中东路之价值必然减少。闻俄外长利特维诺夫关于中东路之言论,颇具良好印象。他重申苏俄欲将中东路售与满洲国之意也。报称满洲国筑路程序现已完成,中东路之价值因以大减,故此路估价时必须顾及此点。"[4]

基于这样的原因,日本陆军上层也广泛流传收买中东铁路无用论。在他们看来,伪满洲国成立以来,东北地区的铁路网如预想一样迅速铺设完成,特别是吉会铁路的全线开通连接了罗津、雄基、清津三港。另外,横穿中东铁路的拉滨铁路将拉法和呼兰相连,又与吉会铁路相接,这使得中东铁路的价值完全丧失。因此,无论是在经济上还是在军事上,中东铁路都已无甚价值可言,所以根本没有必要买入[5]。中国舆论也报道说:"自伪满吉会拉滨北黑等铁路完成以后,中东路在经济上早已失去其独立性,即一旦日俄战争发生,胜负之数不在此路之得失。"[6]

---

[1]《実現確実なる東支鉄の買収》,东京《国民新聞》1933年6月9日。
[2]《日本人扬言对中东铁路将发挥实力》,《申报》1933年10月7日,第8版。
[3]《三亿円で東鉄売込みロシア側の腹》,大阪《大阪每日新聞》1933年4月17日。
[4]《苏俄出售中东路》,《申报》1933年5月14日,第3版。
[5]《譲渡交渉に応ず必要なし》,大阪《時事新報》1933年10月2日。
[6]《中东路非法买卖与日俄关系》,《申报》1935年3月19日,第5版。

1933年7月,苏联与满洲国就中东路出售问题展开协商,并经过了数次会议。在1933年7月3日的会议中,苏联提出了《关于苏联与满洲国中东铁路让渡原则的备忘录》,指出售出对象为中东铁路的主线及支线总计2544.9公里,另有电信线路2567千米,还明确表明卖出对象包含供水设备和电信线路。另外,还包括铁道所属的车头、车辆、材料、仓库、车库、居住房产、办公房产、工厂、医院等总面积1909762平方米的建筑物。此外还有发电站、哈尔滨电话局、码头及蒸汽船、铁路附属土地、疗养所、印刷厂等[1]。

中东铁路的销售价格苏联提出6.25亿卢布,但伪满洲国代表却提出,随着伪满洲国交通网的构筑,中东铁路的经济价值已经急剧下滑,加之中东铁路设施老化,其价值只有6500万卢布。因中东铁路为苏"满"共有,因此伪满洲国须支付的金额只为3250万卢布。但为苏"满"长期友好关系考虑,伪满洲国愿意支付5000万日元[2]买取中东路[3]。关于中东路的售价,两方存在很大分歧。

查看日本史料可知,当时日本对中东铁路的情况做了详细分析,并在此基础上核算了中东铁路的价值。有关中东铁路的价值,日本舆论认为虽然中东铁路的铺设费用高达6.63亿卢布,但是铁轨已现腐蚀,因此其经济价值已非常低,合理估价不到5000万日元。另外日本的日苏协会也非公式地表示中东铁路的售价应在7000万日元左右[4]。日本外务省欧美局的评价为:从建设投资方面考虑,中东铁路的现值为1.59亿卢布,按现有资产情况评价应为1.61亿卢布,根据收益率核算其价值为1.54亿卢布,根据苏联往后的利润核算其价格为1.32亿卢布[5]。满铁副总裁在与日本外务省、拓务省、大藏省的会谈中指出:中东铁路的正当价格应为1.1亿日元,这与俄国所提价格有相当之差异[6]。

最终,1935年3月11日,伪满洲国与苏联签署《中东铁路让渡协定》,规定:苏联将中东铁路(包含其附属事业及财产)等相关权利让渡于伪满洲国政府,伪满洲国向苏联支付1亿4000万日元。1935年3月23日,鉴于伪满洲国政府无力支付此款项,日本替它在付款保证书上签字[7]。

---

[1] 《満洲国による北満鉄道買収原則に関する覺書》,《支那満洲を繞よる諸問題》,大阪每日新闻社,1933年,第108—110页。
[2] 当时1卢布约合1.04日元。
[3] 黑田乙吉:《北満鉄道賣却交渉》,《支那満洲を繞よる諸問題》,大阪每日新闻社,1933年,第83—85页。
[4] 《高高五千万円と見る我財界の意見》,大阪《大阪毎日新聞》1933年5月7日。
[5] 日本外务省欧美局:《支那の東支鉄道買収問題に関する》,1929年,第5页。
[6] 《機熟せる東支鉄の買収》,大阪《大阪毎日新聞》1933年5月7日。
[7] 日本外务省:《日本外交年表並主要文書》下,原书房,1966年,第289页。

结　　论

俄国通过《中俄密约》劫取了中东铁路的铺筑和经营权，从而将东北北部地区变成自己的势力范围。因此，中东铁路是俄国支配中国东北地区的象征，也是其对华政策，或东方政策实施的核心工具。从这个意义上说，中东铁路的出售是苏联东方政策转变的一大标志性事件。

既往研究一般认为苏联出售中东铁路多是出于政治、外交上的考虑，是为了避免与日本的冲突，笔者也认同这种观点。在买卖协商时，苏联的里特维洛夫就说过"这是为了维护东方和平的决断"，不过这样的言论未免有些冠冕堂皇。其间的根本原因与其说是中东铁路经济价值的下滑，不如说这正是日本帝国主义修筑中东铁路的平行线——吉会铁路而处心积虑设计的结果。吉会铁路连接了中国东北北部、朝鲜北部和太平洋地区，形成了新的商品流通网。这使得以往的通过南满铁路—大连港、中东铁路—海参崴港运输的一大部分货物转由长春—吉会铁路和会宁—罗津线路运输，这使中东铁路和海参崴港经营日益萎缩。

当然，中东铁路的经营恶化，不仅仅是因为日本修筑了平行铁路线，构筑了新的商品流通网，还源于世界经济危机的蔓延、中苏关系恶化、中国路权回收运动等其他原因。不过，中苏间的政治矛盾和中国路权回收运动等可以通过协商解决，而世界经济危机给苏联带来的财政困难也会随时间流逝而慢慢淡化，所以，这几者都不是最根本的原因。而针对中东铁路铺设的吉会铁路，以及随后依靠日资的齐克铁路、拉滨铁路等路段的修讫，让中东铁路的经营彻底陷入泥潭，这才是苏联面临的最棘手的问题。再加上苏联为实行经济开发计划而耗费着大笔资金，已无力也没有理由来继续填补中东铁路每年发生的巨额赤字。

实际上，除了当时买卖交涉当事国苏联和日本外，其他的东亚各国也都一致认为：由于平行铁路线的铺设，中东铁路陷入了经营恶化的泥潭。陷入进退两难境地的苏联还面临着日本大举侵略中国东北地区并扶植建立伪满洲国等一系列事态。这使中东铁路成为一个可以规避日苏冲突的道具。苏联趁机出售中东铁路，一定程度上缓解了与日本间的紧张态势。

（原载《近代史研究》2014 年第 5 期）

从救国到治国：国家视野下的
近代中国铁路功能演化

马陵合*

一、铁路与国家政权的形塑

从世界经济发展史角度而言，铁路被视为经济增长的成果与推动者，成为经济起飞的基础和经济发展阶段的主要成长部分。"自埃及金字塔和罗马道路系统以来，铁路是前所未有的浩大事业，而且无可争辩地远比前二者伟大。"[1]在西方主要国家，"创办铁路是起飞阶段的一个最强有力的发动力量……铁路曾经起了决定性的作用"[2]。经济功能之外，其政治功能也逐渐被认可，并运用到政治实践中去。铁路打破了地区的差异，促进了国家认同感的产生。美国和欧洲大陆在铁路发展过程中就强调其"把国家绑在一起的前景"。一位意大利政治家在国家1861年统一时说："铁路会缝合意大利之靴。"日本也将铁路视为社会整合的有力媒介，协助缔造了国家市场和认同感[3]。1872年，日本第一条铁路通车典礼后，年轻的明治天皇乘坐了首班火车。这一举动的象征性意义在于，"从此，火车作为一项公共事业，带着中央权威性高调在日本开启"[4]。同时，学者也注意到了铁路作为媒介语言载体构建了中央与地方间的新型关系，"国家铁路产业法成为地方政治活动特别关注的焦点，使地方融入了国家政治。另外，铁路为政治语言提供了共同的情境"[5]。

---

* 马陵合，2003年博士毕业于复旦大学历史学系，现为安徽师范大学教授。
[1] [英]克里斯蒂安·沃尔玛尔：《铁路改变世界》，刘媺译，上海人民出版社，2014年，第167页。
[2] [美]罗斯托：《经济成长的阶段——非共产党宣言》，国际关系研究所编辑室译，商务印书馆，1962年，第62页。
[3] [美]斯蒂文·J.埃里克：《汽笛的声音——日本明治时代的铁路与国家》，陈维、乐艳娜译，江苏人民出版社，2011年，第72页。
[4] 同上书，第5页。
[5] 同上书，第73页。

西方世界铁路对国家政权的形塑作用,应成为研究中国铁路与政治关系在方法论上的借鉴[1]。因有着铁路给西方国家带为全方位变化的标杆,对于后发国家而言,铁路有着强烈的吸引力,成为现代化的表征。其内涵在于,铁路在新型国家政权形塑过程中,作用是全方位的,国家行政架构的转变、技术与新型官僚体系的重构、产业政策的调整,都不同程度地以铁路为载体,或直接体现在铁路行业中。铁路在现代国家的生成、发展中,既是媒介,也是主角。无论中外,铁路在观念和实践上均被赋予了广泛的功能性价值。铁路在经济层面上是现代工业化的结晶,在政治层面上是现代行政管理改革的试验场,在文化层面上是现代观念最有效的传播渠道。在近代中国,铁路的政治性功能因时势转移而发生指向上的变化,即由铁路救国逐步转向将铁路融入构建以新型政治统一为核心的现代国家治理进程中。

因近代中国国情的特殊,至少有两个方面是有别于西方的。其一,传统政治体制与政治文化对铁路管理机制的惯性影响,这是建立现代交通行政体系潜在的阻碍因素。早期由地方大员兼任铁路督办大臣,对建立现代性的铁路管理体系而言是巨大的拖累。督办大臣是地方洋务体制的伴生物,这种体制下的铁路发展对中央权力的消解远大于一般工业企业。其二,铁路兴筑与外交压力、外国投资紧密地勾连在一起,不仅使铁路一开始成为救国的对立物,而且贷款的担保或抵押方式,直接影响铁路行业管理结构中中央权威的弱化。铁路在近代中国无疑也成为现代国家体系形成过程中的重要的政治符号,但起初并非作为直接指向政治上一体化的工具而被纳入现代国家治理体系中,而是将获得完整铁路产权作为目标,视路权为国权的救国理念和对外策略。"路亡即国亡"所造成的紧迫感,使铁路功能被定位于维护国家主权利益的工具性层面,纯粹具有对外抗争的政治意蕴。当铁路对于社会进步的作用不断显现之后,伴随着铁路与列强在华特权关联的逐渐弱化,其所蕴含的工具性功能逐渐淡化,其经济功能及其管理体制的意义受到更多关注。从管理层面而言,"统一"显然是一种目标性的价值取向。在近代中国,尤其是近代后期,铁路在治国方面充分体现了"统一"的功能价值。"统一"的价值实际包含双重内

---

[1] 在19世纪的欧洲,大陆国家与英国的铁路发展经历存在着差异。"英国的铁路是在工业革命之后出世的,它们诞生在一个强大、富裕的社会里,不需要政府帮助动员资金。"在欧洲大陆国家,"十九世纪三十年代以后,国家与十九世纪铁路网建设的关系提供了政府干预资本主义制度的惊人事例","铁路建造在技术上达到可行的时机和铁路对经济增长的潜在重要性,势必使它成为国家的一项新任务"。"由于铁路有双重刺激作用——政治战略上和经济上——在新开始工业化国家的铁路发展中,国家担任重要角色。"[意]卡洛·M.奇波拉主编:《欧洲经济史》第3卷工业革命,王良建等译,商务印书馆,1989年,第264页。

涵：一是政治一体化进程中铁路的定位；二是铁路行业管理的集权化。"统一"无疑成为现代治理体系的基础，体现近代中国国家治理的基本制度特征。洞见铁路功能指向的转换，无疑是理解铁路作用于现代中国国家形塑的重要路径。

二、铁路在近代中国的救国性功能

在近代，铁路既是民族危机的主要载体，也是救亡图存的工具。对于这两种角色的扮演，我们都可以找到充分的证据，还原其不同的表现形态，展现铁路的政治性功能。然而，中央政府和地方政府在铁路政治性功能转换中是否表现出差异性，则是需要加以辨别的问题。若存有差异，则对其表现形式与内在原因，有必要关注和分析其内在机制演进脉络及发展趋向。

若单纯以民族主义作为标杆，对中央政府或地方政府在处理与西方列强关系问题上的态度和行为作出一个定性的评判，是很难做到的，也是没有学术意义的。稽诸史实，两者的政策倾向与行为方式均表现得变动不居，很难找到一种具有连贯的、持续不变的政策倾向和行为模式。不过，可以肯定的是，无论是地方政府还是中央政府，都不会承认自己与西方列强在铁路问题上的合作是一种背叛国家、损害民族利益的举动，相反，都会为自己的所作所为贴上民族主义的标签。

在民族主义的旗号之下，近代中外铁路交涉，除了体现中外利权博弈之外，还有着中央与地方之间的暗斗。中央政府常会利用铁路的对外关系，以维护国权为由加强对地方的控制。两者的关系又并非单向的，中央政府也常因铁路借款等问题，受地方政府的指责；同时，地方政府也利用铁路在对外关系上反制中央，获得区域独立性权利。在清末收回利权运动中，地方督抚中普遍存在的民族主义倾向，其背后却或明或暗地有着以地方绅商为主体的利益诉求和地方性政治集团的权力诉求。地方督抚的民族主义行为，可能与中央政府并不完全存在同步性，但其实际效果却有积极的"救国"意义。它既能削弱列强通过铁路所形成的控制力，又有助于地方大吏维护地方稳定。这种以民族利益和地方利益为指向的政治性行为，成为其融洽与地方势力关系，谋求他们支持，从而获得更高政治地位的渠道。

民国以后，地方大吏在铁路问题上的民族主义姿态表现得虽不如晚清那么醒目，但是，他们每每将铁路问题视为标榜和树立爱国者形象的载体。如在1919年铁路统一案与新银行团问题上，地方大员几乎一致地发出反对的声音[1]。从民族与国家整体的角度,对铁路在现代主权国家中的地位的讨论会更多一些。这种讨论为实施中央集权制的铁路管理体制提供了舆论与理论的基础,助推了以中央政府为中心的铁路建设和运营的进程。

时人倡导所谓交通救国论,基本目标在于,通过构建不受外国控制的铁路网,达到削弱列强对华控制的目标,进而以铁路作为国防体系的基础,以铁路加速社会经济的发展。这一舆论导向虽然强调维护国家总体利益,但是,其可能造成的后果是,铁路网规划和建设中的非经济性因素普遍存在着,铁路作为救国的工具被赋予过于宽泛的意义,导致其对于"救国"而言效果并不显著。

在近代中国,尽管对于铁路在整合国家政治力量方面的独特作用早就被关注,各种观点频见于报章之上,相对而言,孙中山对于铁道在民族国家建设中的作用阐释最为充分,也最具有针对性。孙中山认为,交通便利可以增强现代国家中的区域间的融合程度。铁路可以使"伊犁与山东恍如毗连,沈阳与广州语言相通,云南视太原将亲如兄弟焉"。"盖省区之异见既除,各省间不复时常发生隔阂与冲突,则国人之交际日益密切,各处方言将归消灭。"[2]在粤汉铁路全路贯通后,铁路专家凌鸿勋不无感慨地说:"在路没有全通以前,在广州车站一直听到广东话,因为旅客是广东人,车站的人也是广东人,行车的人也是广东人,现在路一通,广州车站可以听到好多国语了。"[3]作为媒介,形成统一的交流语言、消除区域间语言沟通的障碍,显然是铁路在民族国家构建中最为表层的作用。

20世纪20年代,叶恭绰的交通救国论颇有影响力,其对铁路功能的判断已然超出挽回路权的范畴,而是强调了铁路在建立现代国家体制、促进社会经济发展方面的前导性作用。"举凡政治、军事、财政、经济、文化、实业之运用,以及一切国家庶政之设施,无一不恃交通为前驱。"类似的评说频见于近代各个阶段。如"国之有铁道,犹人之有手足也。人无手足,是为废人,国而无铁道,是为废国。觇国者以铁道线之长短,定国势之强弱"[4]。"是以交通发达,挽狂澜于既倒,系国本于苞桑之道,则亦救国危亡之大计也。"[5]但也应看到,这类对铁路赞歌式的认知,在某种意义上仍然以救国为基调,只是对救国的内

---

[1] 参见马陵合:《论中国朝野对新银行团的回应》,《史学月刊》2004年第10期。
[2] 孙中山:《中国之铁路计划与民生主义》,《孙中山全集》第2卷,中华书局,1982年,第490—491页。
[3] 凌鸿勋口述,沈云龙访问,林能士、蓝旭男记录:《凌鸿勋口述自传》,湖南教育出版社,2011年,第107页。
[4] 涂因泽:《论铁道与国家之关系及建筑时之注意》,《铁道》第1卷第1期。
[5] 容丙熊:《交通救国论》,《中大学生》1921年第10期。

涵进行了更为宽泛的解读。

　　这些对铁路功能带着放大镜进行的表述，主要是基于铁路成为列强侵夺中国国家主权的表现形态这一判断之上。铁路改变世界的外在效用，固化了近代国人对中外关系的浅层次的认知，即晚清时期的民族危机与铁路问题有着直接的渊源，铁路成为国家主权的关键性标杆。与列强争夺对铁路的控制权，自然成为救亡运动的主题，也是构建自主、统一的现代民族国家的必要环节。"城头变幻大王旗"，当以地方政府为主导的商办铁路陷于无所作为的困境时，中央政府逐渐成为承担铁路控制权的唯一主体，中央与地方轮流担当了主角。在铁路救国的功能定位上，中央与地方既有共通之处，也有各自的利益目标。共通之处在于，倡导铁路救国，消除狭隘的区域利益导向，保障国家整体性权益。这种趋向逐渐居于主导，地方性利益甚至成为救国的对立面。

　　30年代，凌鸿勋在叶恭绰铁路救国论的基础作了进一步的阐发，理性地分析了铁路在现代国家中的定位。他认为，所谓救国诉求，既有对外争取外交上的平等，又有对内教育救国、实业救国等，"人各一辞，纷纭已极"，"此数者，皆非赖于交通便利不为功"〔1〕。他认为，交通的意义不仅仅体现"经济的势力日益扩张"，还在于政治的统辖权得以统一与巩固。他引用维也纳大学菲立朴维的观点，强调交通对于"知识之媒介，理想之传达，政党之组织，集会之盛行，皆发生一定作用，简而言之，交通事业既发达，精神力及政治力，全部社会作用，皆扩大范围"〔2〕。

　　实际上，在近代的大多数时间内，铁路对经济发展的作用并没有受到高度重视，其原因在于铁路没有给政府带来财政收入的显著增加，相反，铁路债务一直是政府财政的重负〔3〕。在国家视野之下，铁路的政治功用却是一直被高度重视，重视程度超过其他现代经济成分。铁路在经济功能之外，其最为重要的优势在于：突破行政区划的铁路网，可以最为有效地消除地方主义，可以提高中央政府对地方的控制力，无形地化解地方坐大的可能性。"天高皇帝远"，在飞驰的车轮面前，其存在的现实空间会逐步丧失。

　　如何使铁路网延伸到独立性比较强的区域，是近代不同时期中央政府一直探寻和努力实现的目标。因铁路建筑期限长，铁路贯通与政治统一并非必然的因果关系，而是存在着复杂的互动关系，甚至往往会出现所谓的时间差。在政治上趋于统一的基础上，有些区域的铁路网开始启动，如在半独立的西南

---

〔1〕 凌鸿勋：《述交通救国论》，《国闻周报》1925年第35期，第14页。
〔2〕 同上。
〔3〕 马陵合：《外债与民国时期经济变迁》，安徽师范大学出版社，2013年，第102—113页。

地方政权瓦解之后,西南铁路网的建设受到中央与地方的高度重视。只是受制于各种因素,这种以加强国家一体化为目标的区域性铁路网难以在短期内变成现实。至少在西南统一问题上,铁路只是并不重要的伴生物;西南铁路的发展,在近代与抗战的关系更为密切,如湘桂、滇缅、叙昆铁路均是出于军事的需要,中央与地方合力建设的。相比较而言,现有铁路在消除与中央政府敌对的地方势力时却有立竿见影的效果,体现出铁路对于国家统一的直接效用。福建事变的平息,就是有赖于铁路快速输送军队。"吾人试溯民国二十三上冬天的闽变,和去年夏天的两广异动,由于杭江铁路的畅运和粤汉铁路的接轨,都能使变乱在很短的时间内解决。此固政治手段功绩占一半,而交通便捷的功绩也占一半。"[1]

"九一八"事变后,加紧进行铁路备战受到高度关注。有人在1934年撰文指出,中国"应即利用铁道为补救缺乏军港之利器","多筑军事铁道,以资应付"[2]。面对战争威胁,南京国民政府启动规模庞大的铁路建设工程,其主角自然是中央政府,地方政府难有话语权,他们甚至要放弃地方利益,让位于国防安全和防御外敌这些更为重要的目标。因此,近代国人对铁路的政治性功用的认识几乎毫无争议地首先集中在军事上。在现代交通条件下,相对于传统的水运、陆运,铁路自然成为战时最有效率的陆上交通运输工具,"不啻为陆行之舰队"[3],"盖铁路运输速率高,行程远,而载重之能力尤在其他各种交通工具之上,此在以往现代交通战争中,无不以铁路动员之快慢为决胜之要素"[4]。全面抗战一爆发,国民政府就迅速将铁路运输纳入战时轨道。1937年7月,成立了军委会铁道运输司令部。铁道运输司令部隶属军委会,兼受军令部、军政部和后方勤务部之指挥,其主要职责是指挥各路办理军运事项。在各铁路设置线区司令部及各车站司令办公处,进行军事管制。此后,铁路完全纳入军事化管理体制[5]。

但是,铁路网构建在国防上的实际功用如何,还需要进行更为深入的探究,甚至要弄清国防旗号背后的其他目标和用意。往往号称利于统一、利于国防的铁路线,其规划、建设进程背后包含着更为复杂的影响因素,甚至会产生与统一、国防目标相悖的效果。1935年,天津《益世报》曾有这样的社论,称"政

---

[1] 周天固:《交通建设与统一救国》,《申报月刊》第2卷第6期。
[2] 葛东藩:《铁道在国防上之重要》,《铁道》1934年第4期,第86页。
[3] 梁秉熙:《中国之铁道交通事业》,《工程季刊》1936年第3期,第29页。
[4] 金士宣:《铁路与抗战及建设》,商务印书馆,1945年,第20页。
[5] 姚崧龄编著:《张公权先生年谱初稿》上册,社会科学文献出版社,2014年,第173页。

府方面以本年为铁路年"。张嘉璈南下筹划西南铁路,更言明是为了国防,是为了"整个的国家利害"[1]。对于这种所谓铁路救国,骆耕漠不无讽刺地道出了其中的隐含意味。张嘉璈南下处理粤汉广九接轨问题和修筑川黔、湘桂铁路,虽然是以巩固国防相标榜,事实上,受益的首先是英国,"因为西南铁路网的完成,确是大英帝国在香港的国际防线的延长"。究其结果而言,"一方固然是为了促使中英两国经济更趋密切,同时也是为了南北政局更能统一。广东当局力加反对,自然也不仅为了广州一市的花捐,同时也是为了还有更大的戒备。从这里我们所看到也不是巩固国防,而是巩固省防或是团防"[2]。他甚至有些武断地认为,"目下以建设铁路来巩固国防,不仅不可能,而且是自杀"[3]。可能他的评论有着特定的背景和指向,却给我们深入探讨铁路与政治之间的关系留下了思考的空间。救国的时代主题,赋予了铁路更多的政治意蕴。不过,对铁路在政治价值方面的判断,又不能仅停留在时人的议论和中央政府一次又一次雄心勃勃的铁路规划上,需挖掘深潜其中的丰富而复杂的历史内涵,更为准确地还原历史真相。铁路与政治,铁路与救国,这类具有联想性的价值判断,提醒我们,进行近代中国铁路史研究时,要有高度的学术敏感和更开阔的学术视野;同时也需要研究者警示自己,铁路史研究中种种延展性的学术问题,只是体现一种学术思考的方向,并不代表具体的研究结论,更不能无边界地放大和抬高研究主题。回归到近代中国社会变迁的大视野下,对铁路所涉及的历史真相与历史价值,尚有漫长的探索之路,它就像近代以来中国转型之路一样悠长。

三、铁路治国功能的生成与演进

相对而言,政治一体化进程中的铁路定位或许更为学者所关注。但是,常常偏向于将铁路视为政治统一的工具,并没有将现代交通体系及其背后的权力关系纳入近代中国政权结构之中进行综合考察。铁路作为现代产业部门的一种,呈现出其独特性的一面。同为现代交通的公路、航运部门,并没有建立统一、集权化的管理体系。显然,铁路部门在统一名目下的集权化倾向,并不是现代交通业的一致性的目标。因而,我们在讨论铁路与统一问题时,应基于

---

[1] 骆耕漠:《论铁路建设与巩固国防》,中国经济情报社编:《中国经济论文集》第3集,生活书店,1936年,第310页。
[2] 同上书,第306页。
[3] 同上书,第308—309页。

更为基本的政治制度之上,方能解析铁路统一的特殊含义。

近代以来,中国的联邦制政体并没有成为政体的主流,无论是晚清还是民国,均表现出单一制的政治形态。与传统政治不同,均权制成为近代中国中央与地方关系的发展趋向。近代中国的均权制,实质上并非指中央行政组织与地方行政组织的权力均衡,而是在偏于集权的前提下,同时兼及分权的行政组织体制,中央和地方在行政权力分割上的不稳定是一种常态。这种行政体制,允许保持一定程度的地方分权,即根据事权的性质进行权限的划分,"权之分配,不当以中央或地方为对象,而当以权之性质为对象,权之宜属于中央者属之中央也,权之宜属于地方者属于地方也"[1],并维持中央与地方之间的权力平衡。

中国近代以来的政治改革进程也证明,在实行单一制政体和强化中央权力的前提下,实施均权制被视为一种较为理想的行政组织体制。清末从督抚专权到外官官制改革,就蕴含了均权理念。进入民国以后,孙中山的均权主义思想成为不同阶段国民政府进行政治制度调整的指导方针。均权主义所均之权,是指国家的各项管理权而非主权,是治权而非政权。孙中山所说的均权并非平均,而是以事务的性质为标准,对中央与地方权限者合理分配。"凡事务有全国一致之性质者,划归中央。"[2]凡是有关地方局部利益之事务,应划归地方政府管辖。权力的划分,应以不损害地方政府积极性和不妨碍中央政府对地方政府的宏观控制为原则[3]。

在近代政治体制变革过程中,铁路企业并没有被赋予完整的行政化权力,或者说它始终没有被完全纳入国家行政权力体系之中,至少在管辖空间上,铁路企业并不具备独占性。铁路企业与地方政府在行使行政管辖权时有着微妙的关系,存在着权力交叉现象,这也导致地方行政机关对铁路所经区域进行行政管理的可能性。地方政府的行政权力属于国家,是被一元化了的,有排他性的权限。从法理上而言,地方政府并不具有独立人格,它只是代表国家的构成部分,"用以表现国家之人格"。其在地方上拥有的权力,表面看来,体现出地方的利益,但从权力来源而言,其依权限之所为,"乃为国家目的而发动,并非机关自身目的而发动"[4]。在行政权力一元化的前提下,地方政府与铁路企

---

[1] 傅明贤主编:《行政组织理论》,高等教育出版社,2000年,第132页。
[2] 熊文钊主编:《大国地方——中央与地方关系法治化研究》,中国政法大学出版社,2012年,第50—51页。
[3] 傅明贤主编:《行政组织理论》,第132—133页。
[4] 刘承汉:《交通行政法原理》,中国交通建设学会,1958年,第50页。

业难以同时成为行政权力的主体,二者的界限也没有从法理上得到厘清。

从晚清新政期间设立铁路专门管理机关到铁道部成立,中央政府机构开始直接行使行政执行主体职能的趋势愈加明显。在这一过程中,地方官僚在很多领域内介入铁路管理仍然继续存在。这既与政权一体化程度不稳定有关,也是铁路产权属性界定不清的结果。从所有制角度判断,国营铁路产权归属基本与地方政府无关,仍无法合法地阻止地方政府在铁路建筑运营中行使其权限〔1〕。根据近代铁路管理形成的历史和现实状况来看,铁路管理体制并非绝对集权于中央,而是存在着直接官治(由中央政府直接执行)和地方官治(由地方官僚按照自己的权限来执行)并存的局面。从商部、邮传部到交通部、铁道部,这些中央级铁路主管部门的权限包括铁路规划、厘定轨制、筹还借款、负责工程、购料、通运、行车等;对于铁路有关的对外交涉、征地、征税和铁路沿线治安,铁路企业并不完全具备行政权力,不得不依仗各级地方政府〔2〕。

具体而言,地方政府在铁路问题上仍有着以下两个方面的权力空间。其一,地方政府并没有被剥夺修筑铁路的权力,可以自己投资筑路,也可以利用民间资本筑路,中央交通行政机关对此的管辖权是有限的,主要集中在批准权上。近代中国铁路中枢管理机构对于铁路的管理效能,与中央和地方政治势力的消长有密切关系。当中央权力不能统一时,地方势力视铁路为禁脔。"不独中央不能过问,即同一铁路亦往划分为数段"。即便中央名义上有统一权力,但因地方实力派往往通过控制主管部门,"他派不得不用纵截手段,盘据铁路,以减少对方运输上、财政上之实力"。此外,"中央政府因地位关系,不得不采取姑息政策,甚或因一时策略运用,不惜以铁路为要好各方之诱饵"〔3〕。当中央完全控制铁路运营和管理时,各级地方政府对于铁路事业仍"似乎视其之为一般性的行政机关,因此管理的重点在于防弊,而未将其视之为一企业,故未重视其营业的发展"〔4〕。地方政府的干预往往成为铁路收益下降的重要因素。

其二,在铁路问题上的中央专管体制边界是有限度的,无论是交通部还是铁道部,在与铁路有关的税收、土地问题上,均需要与其他机关沟通协商。在

---

〔1〕 权限与权利不同,权限虽亦系得为某范围行为之能力,而与权利相似,但依权限所为之行为,乃为国家目的之发动,并非机关自身目的的发动。
〔2〕 商务编译所编:《大清宣统新法令》第 18 册,1909 年,第 55—57 页。
〔3〕 陈平章:《统一铁路管理之方式及步骤》,《铁路月刊(津浦线)》1932 年第 1 期。
〔4〕 张瑞德:《中国近代铁路事业管理的研究——政治层面的分析(1876—1937)》,台北"中研院"近代史研究所,1991 年,第 94 页。

近代,与铁路有关的税收并没有成为独立税种,而是纳入中央与地方共同负责的征税体系之中,铁路部门并不拥有任何排他性的权力。我们可以见到晚清以来有着诸多关于铁路材料进口或运输免税的条文,但却没有明确地规定铁路运输的货物可以免税。近代逐渐形成的分税制,反而强化了地方政府征收铁路货捐的法理基础。地方政府拥有针对货物流转征税的权力,铁道行政机关和铁路企业就无法从法理上制止地方政府对铁路货运行为征税。民国后期,包括凌鸿勋在内的一批铁路专家呼吁铁路管理的"公司化"和"商业化",但是还是未能梳理出铁路企业与不同层级行政主体之间的关系。

从企业产权属性和管理体制而言,如何理顺各方关系是铁路产业顺畅发展的关键。这一问题的重要性在近代中国常常被铁路的政治性功能所遮蔽。其中,一以贯之的理念是,铁路归中央直管,有利于打破区域分割,有利于行政统一。南京国民党政府在名义上实现了全国的统一,试图以覆盖全国的铁路网构建单一制的国家权力结构。因而,高度重视铁路在行政统一上的意义:

> 铁路对于政治上之使命,至为重大,盖彼乃沟通文化之媒介,调和南北之要素,行使政权之枢纽也。凡铁路所至,即中央权力所及,京汉、京绥、京奉、津浦各线之于中央,如人之有手然。手之所至,皆能取去自由,反之,则脉络不通,而全身之作用废矣。即以现势论,川汉未成,四川终非中央所有;粤汉未成,广东仍离政府独立;湘滇未竣,云南久已自成一国。此外或依山水险阻而抗命,或恃鞭长莫及而逞兵者,所在多有。故铁路未修,实统一之一大障碍也。[1]

南京国民政府时期,通过铁路来建构集权化国家的意图与能力提升。这一时期铁路一体化与专业化经营的推进,使得中央政府的集权能力、职能部门的专业化大大加强;铁路线的南北、东西贯通,在理论上可以使国家一体化的程度与中央政府的行动能力不断提高。不过事实是,南京政府始终难以形成有效的集权能力和强大的行动能力。政治派系和省区之间的猜忌杯葛,西方势力的扩张行动,使铁路线延伸也往往呈现断裂、不连贯与局部封闭的状况,使得政治集权、地方控制与国家统一的意图难以实现。这也反证出,一个强有力的中央集权式的国家治理体制的形成,集权式和一体化铁路网并非决定性因素。铁路网规划与经营会对国家统一、中央集权与现代国家的行动能力起到怎样有力的支持,仍需要做出更为客观的评估。

---

[1] 鲍明钤:《鲍明钤文集》,鲍丽玲、毛树章译,中国法制出版社,2011年,第465—466页。

四、铁路功能转变的文化意义

现代化或现代国家的构建中,铁路无疑是一个标杆。铁路的意义不仅在于其自身是社会发展过程中的重要构成部分,而且铁路也成为社会演进的媒介空间,可以起社会和政治制度发展的推动器的作用,因为"运输技术即是物质进步的基础,也是最终发生社会变革和政治变革的基础"[1]。但是,铁路如何对以政治制度为基础的现代社会的构建产生作用,则需要一个由表及里的探究过程。在尊重事实与历史进程的前提下,这种探究至少应在两个层面展开。其一,多元化展现铁路的外部性,即其对政治、社会、文化等诸多方面的影响路径及程度。其二,铁路融入政治体系、经济体系和文化体系变动过程中所体现的时代之间、国家之间、区域之间的差异。因而,对于铁路的发展方向和作用扩散机制,需要在基本性认知之上,做出有针对性的判断。近代中国的铁路对现代民族国家及其相关社会体系的影响,既有其自身的产业特性,也与中国特有的政治文化传承有关,并且受到铁路与工业化的契合程度的影响。

在前现代社会,呈现出时间与空间的在场的特性,时空不分离、情境化的社会状态是与传统交通条件相匹配的。铁路出现后,无疑可以实现更大空间内的社会交往与社会控制,人与人的社会关系从特定场所中解脱出来,实现了远距离的交往和社会控制[2]。吉登斯认为,"时间其实是社会活动的构成形式",是社会活动的一个内在维度,在前现代社会它需要与空间共同构成特定社会活动的场域,但是,作为现代性的动力机制,"时间与空间的分离、脱域机制的发展"是基本内涵之一[3]。一个社会在时空中展开活动的总体能力,在吉登斯看来就是"时空伸延"(time-distanciation)水平,即社会系统在时间与空间上的扩展程度[4]。

对铁路功能的价值判断就是其空间上的意义对于现代国家的作用。与传统国家不同,现代性民族—国家"是一个权力集装器,它的行政范围正好与领

---

[1] [美]F. H. 欣斯利编:《新编剑桥世界近代史》第 11 卷,中国社会科学院世界历史研究所组译,中国社会科学出版社,1987 年,第 66 页。
[2] [英]安东尼·吉登斯:《现代性与自我认同——现代晚期的自我与社会》,赵旭东、方文译,三联书店,1998 年,第 19—20 页。
[3] 刘魁:《从富强到正义:现代性重建与中国现代化发展的价值取向》,江苏人民出版社,2015 年,第 203 页。
[4] [英]安东尼·吉登斯:《现代性与自我认同——现代晚期的自我与社会》,第 157 页。

土边界相对应"[1]。现代国家基本框架的确定,决定于政府结构的国家性程度,也可以说是政府机构区别于其他组织的程度、中央集权、自治以及相互间正式协作的程度。获得国家性的首要条件是专门化组织的运作,即需要诸多具有现代技术和科层管理的关系网络和权力机制,实现更大范围或更高程度的资源调控能力,同时形成更为强大的跨时空的社会凝聚能力,解放时空束缚、提高资源使用的能力,铁路等现代工具以垄断社会化的形式,有助于建立专业技术程度高、非人格化的官僚体系。其次是现代国家的认同问题。对于非西方国家而言,现代民族国家建设不是一个简单的塑造民族认同的问题,国家行政及其结构与作用对于民族国家建设更为重要[2]。布莱克认为,现代民族国家的构成有诸多现代性要件,最为基本的是政治权威的集中化,这部分得益于发达的通讯与交通形式的应用[3]。铁路与国家现代性的互动关系有着基本内涵和发展路径,只是因铁路在社会中的存在状态上的差异导致两者之间的互动方式会呈现不同的运行轨迹,也会产生不同的结果。

正是由于中国在近代并没有经历西方意义上的铁路时代[4],因而,探究"时空延伸"时,要充分考虑到其限度。受制于近代中国的铁路密度,铁路作为社会媒介,其对社会转型的影响,对经济、文化的直接辐射仍处于初始阶段。在时间观念上,因铁路运行对时间的准确性和科学性要求更高,但铁路旅行者所占比例并不高,同时他们也与学校中的师生一样,在特定时段中,具有明晰的时间节点,严格执行时间表,在乘车、上课等之外,精确的时间观念并不普遍存在。总体而言,时间观念转化并没有成为社会变动的重要内容[5]。相反,中国人对于空间变化更有兴趣,他们直观地惊叹于铁路所造成的"盈天缩地"[6]。这种空间拓展的社会性作用,更多的与铁路的技术特性有关。

---

[1] [英]安东尼·吉登斯:《民族—国家与暴力》,胡宗泽、赵力涛译,生活·读书·新知三联书店,1998年,第213页。
[2] [美]安东尼·奥罗姆:《政治社会学导论》,张华青等译,上海人民出版社,2006年,第276页。
[3] [美]西里尔·E.布莱克编:《比较现代化》,杨豫、陈祖洲译,上海译文出版社,1996年,第23页。
[4] 代表性的表述出于[英]克拉潘:《现代英国经济史》上卷第二分册中的第二编《早期铁路时代》,姚曾廙译,商务印书馆,2014年。所谓铁路时代的经济意义在于,铁路成为主导产业的主要支撑,英国的煤、铁和制造业发展与铁路密切关联。近代中国的工业化水平低,发展较快的轻纺工业难以形成直接的产业链,近代中国铁路不仅路网密度低,而且在设备、技术等方面对外依赖严重。这也许是人们对铁路政治影响的关注超出经济影响的客观背景。
[5] 湛晓白:《时间的社会文化史——近代中国时间制度与观念变迁研究》,社会科学文献出版社,2013年;丁贤勇:《新式交通与生活中的时间:以近代江南为例》,《史林》2005年第4期。
[6] 李玉:《从速度的角度观察近代中国——以轮船、火车为例》,《暨南学报(哲学社会科学版)》2017年第11期;孙燕京:《急进与慢变——晚清以来社会变化的两种形态》,商务印书馆,2011年。

基于技术要素之上,铁路所带来的空间上的转化,既是具体可见的,也体现在无形的制度层面。铁路媒介的价值在于其有着特定指向的政治性功能,与政治文化、政治制度形成了非常显性的勾连。其源泉在于铁路技术所蕴含的政治性。技术变化是政治制度变化的诱导性,"现代技术条件下的统治,事实上取代了其他的构建、维持、选择、行动和执行方式,这些方式通常被认为是属于政治范围内的"[1]。社会现代化、现代民族国家的构建意味着社会组织系统更为复杂和更为庞大,各个系统需要更加全面的联系;作为集权制文化的延续,需要"通过控制范围的延伸,大规模系统才能在其范围内广博的活动中取得成功。相互依赖只有在有能力保证带来成果的同时,才是一种富有成效的关系。但是如果一个系统必须依赖它不能控制的因素,那么它就面临着持续的不确定性以及可能崩溃的前景。因此,现代高度组织化的技术具有一种扩大其领域的趋势,以使之前的外在变量成为系统内在结构的运行部分"[2]。铁路在政治治理上的价值,在于它能产生出"具有高度确定性的可操作性的新联系"[3]。

　　近代中国的不同时段中,朝野对铁路在救国和治国方面的工具性认识,与其说是对技术政治的自觉认知,倒不如说是源于对集权政治文化危机的一种担忧,即"不对大规模系统的状况进行规划和控制,就要冒一种文化衰退的可怕风险"[4]。因而,铁路建设、规划和集权化的管理体制,顺应了传统的文化理念,即将新的技术纳入确定的目标和意图之中,"大规模技术系统一开始是建立在独立的目标或意图之上的。技术为这样那样的目的或需求服务,或者它们被用于实现一个或一组预想的目标"[5]。

　　对于铁路的功能性判断,不能直接基于可以触见的关联,而应从文化的深层、媒介功能的拓展性方面进行更有比较意义上的探究。在此,并不存在普适的影响路径和互动模式,而是呈现出明显的差异性。铁路产业的发展特征与产业行政管理体制,均是与源于文化意义系统、传统政治秩序范式的经济理性观联系在一起的。这自然导致铁路的辐射路径与影响程度在不同国家表现出具有民族特性的一面。有人曾这样概括铁路在美国与欧洲的差异,"欧洲各国

---

[1] [美]兰登·温纳:《自主性技术——作为政治思想主题的失控技术》,杨海燕译,北京大学出版社,2014年,第202页。
[2] 同上书,第203—204页。
[3] 同上书,第204页。
[4] 同上书,第205页。
[5] 同上。

发展了它们的铁路,而美国铁路发展了它们的国家"[1]。近代中国,当权者对于铁路的认识由恐惧排斥至将其仅仅视为对外抗争的工具,进而将其纳入行政体系之中。正如一本通俗的铁路史专著的形象表述,"铁路不仅填饱了人们的胃口,同样也开拓了他们的眼界,铁路并非蓄意,而是意外地成为社会进步的强大力量"[2]。对于统治者而言,对铁路认知的转变与深化,是客观事实促成的,是主动接受还是被动融入,难以清晰地划分开来,但从根本上而言,都是利益、权力与铁路功能的不同契合方式的结果,因为"多数聪明的统治者很快意识到,铁路在安内和攘外两方面的军事潜力,对他们是有利的"[3]。

近代以来,铁路功能从救国至治国的转化,虽有各自的时代背景和特定内涵,但是其发展脉络却又是十分清晰的,铁路国有化与中央政治权威之间存在着动态的匹配关系。要对此从宏观上进行解读与探析,应充分考虑到两个最为基本的因素:一是铁路产权归属问题,二是政治生态与政治文化问题。上述两个因素本身体现着非制度性特征。近代以来,中国铁路产权主体呈现出多元化特点。国有铁路虽是国家投资,却由地方政府实际掌控;地方铁路虽由地方出资(可能是官办,也可能是地方政府与地方民众共同投资,也可能是地方民间投资,背后有着地方政府的支持),中央政府有可能凭强权收归国有。产权属性的变动不居,使得中央政府即便有着铁路产权与治权的最终所有者的角色,也难以在短期内理顺各方关系。若要拥有对产权或治权绝对控制力,就需要面对来自地方的对抗与消解。中央政府有关铁路的政策、制度与实际运作间自然会产生程度不同的脱节和偏向,地方则通过不同路径寻求铁路管理上的权力空间和实际利益。中国传统政治文化留下的中央与地方动态博弈的传统,在铁路问题上也会发挥潜在的影响。二者之间的权力配置更多的是建立在实力对比的基础上,既取决于中央政府的态度和控制能力,也取决于地方大员与地方势力的结合程度以及地方的政治经济军事实力。只有将二者结合起来,才能厘清复杂的中央与地方关系对铁路行政管理的影响方式和程度。与传统政治体制不同的是,铁路管理机制的专业性和规范性更强,中央与地方的关系是沿着一条寻求相对制度化模式的道路演进和变迁的。铁路行业管理机构与相关法规体系的建立,是制度化建设的核心。最终形成怎样的制

---

[1] [英]克里斯蒂安·沃尔玛尔:《铁路改变世界》,第168页。
[2] 同上书,第162页。
[3] 同上书,第165页。

度结构,取决于中央和地方之间"显性或隐性的谈判"[1]的结果,谈判的重心应是权力转移过程中利益与权力的重新分配。其间,既有国家现代产业政策的倾向性,也有着国家干预经济的历史惯性。在产业政策上,铁路被视为关乎国计民生的基础性产业,应纳入国家管制范围之中;在历史惯性下,铁路的国有化则是传统的"车同轨""官山海"等传统观念延续的产物。但是,应该看到,20世纪中叶以后,铁路的优势不再突出时,政府开始将其视一般性的公共企业,"来自政府的竞争和敌意加速了铁路的衰退"。"由于长期的垄断导致的政客和普通人对铁路一贯的敌意,它面临着进一步前进的障碍。"[2]铁路的媒介性特征及其功能拓展,也只是在一定技术条件下的历史现象;与其说我们在研究铁路与国家体制之间的关系,倒不如说是研究技术与政治的关联性及潜在的制约因素。

(原载《学术月刊》2018 年第 6 期)

---

[1] 郑永年:《中国的"行为联邦制"——中央—地方关系的变革与动力》,东方出版社,2013 年,第35 页。
[2] [英]克里斯蒂安·沃尔玛尔:《铁路改变世界》,第 217 页。

近代上海远东国际汇兑中心的形成

宋佩玉*

20世纪二三十年代,上海在贸易和金融方面的巨大发展,使之一跃而成为中国的金融中心,且并不亚于企图独霸亚洲的日本,成为远东赫赫有名的金融重镇。在这个金融中心里,外汇市场与标金市场、大条银市场结合起来,通过相互之间的套做,形成多角汇兑关系,并与伦敦、纽约、东京等地的金融市场紧密联系起来,成为国际资金流动的重要场所。这一时期,同上海的黄金市场一样,上海外汇市场在世界上亦占有一定的地位,成为"远东汇兑市场之中心,次于伦敦、纽约,而成为世界三大汇兑市场之一"[1]。

综观重要的国际汇兑中心的历史轨迹和形成过程,由于它们各自所处的历史背景和优势不同,其形成、发展或者转移,是由复杂的内部和外部因素共同促成的。这其中既有先天条件,也有人为成分;既有来自外汇市场的内部动力,也有来自外部的经济、政治力量的共同推动。近代上海能够成为远东的国际汇兑中心,其历史形成过程中亦因具备了特殊的背景条件而值得关注。

一、外汇交易规模——远东国际汇兑中心形成的基础

外汇市场是一个国家或地区金融体系的有机组成部分,也是该国或地区金融体系发展的产物。根据西方发展经济学,金融体系的产生有两种途径:需求反应(demand-following)和供给引导(supply-leading)。在需求反应途径中,金融体系的产生、变化、发展取决于经济的发展,经济的增长产生了对金融业新的需求,于是金融机构与金融市场相应扩张,制度层面的金融决策与法规也随之发生变化。与此相对应,随着对需求的自动反应产生的金融中心,则被

---

* 宋佩玉,2004年博士毕业于复旦大学历史学系,现为上海师范大学马克思主义学院教授、博士生导师。
[1] 冯次行:《上海之汇兑市场》,《钱业月报》第15卷第7期,1935年7月。

称之为自然形成模式(或市场主导型)。

近代上海外汇市场在形成与发展过程中,具有自然形成模式的特征。在这一模式之下,上海外汇市场的产生、形成发端于上海本地内在经济发展与金融实力的膨胀。而经济的发展取决于贸易和投资的增长,从而导致生产规模的扩大,进而产生对资金的更大需求。

(一) 庞大的国际贸易

一般认为,"对外贸易是近代上海经济发展的起点"[1],它的拓展直接刺激了近代上海外汇市场的形成与发展。至1931年,上海对外贸易的价值,如果以银计算,达到了历史最高峰,高达111 104.4万关两,较世纪交替的1900年前后增加了5倍,大约一半增加于一战以前,一半增加于一战以后[2]。在正常状况下,上海的进出口贸易业务一般要占全国进出口贸易总额的一半以上,约三倍于汉口、四倍于天津、五倍于广州、六倍于青岛[3]。

以上数据足以说明上海在中国对外贸易方面所处的重要地位,不仅如此,与当时世界上著名的大港口相比,上海的进出口贸易吞吐也并不逊色。1928年,上海港的吞吐量占世界的第14位,至1931年已升至第7位[4],仅次于纽约、伦敦、汉堡、洛杉矶,与大阪、神户两港接近,在远东占据非常突出的位置。如以对外贸易额计,20世纪初,中国对外贸易约占世界贸易的1.5%,在一战前约占1.7%,在30年代前后约占2.2%[5],其中仅上海1931年的对外贸易占世界贸易总值比重为0.95%,1933年进出口总值占世界外贸总值的1.1%,如果与远东其他城市相比,该年香港仅占0.5%,日本横滨到1938年也仅占0.63%[6]。显而易见,20世纪二三十年代上海由对外贸易所产生的外汇业务量是相当惊人的,远东任何其他口岸都无法与之相比。

众所周知,国际贸易需要通过金融周转这一渠道才能完成进出口货物的交易,对外贸易总值的持续上升,有力地推动了金融的发展,外汇市场的发展即是对国际贸易增长的自动反应。一方面,贸易的巨大发展,使得贸易结算款巨额增加。另一方面,国际贸易的发展客观上需要与之相配套的金融机构,这

---

[1] 谯枢铭等:《上海史研究》,学林出版社,1984年,第179页。
[2] 上海社会科学院经济研究所、上海市国际贸易学会学术委员会编:《上海对外贸易》(上册),上海社会科学院出版社,1989年,第184页。
[3] 洪葭管、张继凤:《近代上海金融市场》,上海人民出版社,1989年,第21页。
[4] 洪葭管:《20世纪的上海金融》,上海人民出版社,2004年,第7页。
[5] [美]雷麦:《外人在华投资》,蒋学楷、赵康节译,商务印书馆,1959年,第35页。
[6] 熊月之主编:《上海通史·民国经济》,上海人民出版社,1999年,第38页。

就带动了银行支付、信用证、贸易融资等业务的发展。至民国初年,从事外汇交易的外商银行逐渐增多,并组织有自己的同业公会,以统一操纵上海等地的外汇市场。

(二) 雄厚的国际投资

在沪外商银行,尤其是那些实力雄厚的大银行,它们的股东不是资力殷实的财团,就是投资广泛的大公司。一般而言,大银行对它所联系的资金具有较强的吸引力,随着这些银行进入上海,同时也就带动了一批外国财团和大公司进驻上海,成为上海吸引海外投资的一个重要渠道。

外人投资包括间接投资和直接投资两种。间接投资即外国对中国政府的贷款,它们大部分是由外国在华银行(这些银行大多集中于上海)和金融集团认购的。中国政府所举借的外债在 1895 年至 1925 年间特别多,约占外人在华投资总额的三分之一,自此以后,则逐渐减少。《马关条约》签订之后,允许外国资本在华设厂,这样外国资本输入中国的形式,除了借款等间接投资之外,又有了设厂开矿等的直接投资。这些直接投资是以沿海地区为主的,包括工厂、矿山、轮船、铁路、码头、仓库、公用事业、房地产业等。直接投资在外人对华投资中所占的比重相当高,在义和团运动时已占总投资额的 63.9%,至一战时增至 67.3%,"九一八"事变前后已增至 78.2%,"七七"事变时已占 75.1%[1]。而外商直接投资地点,大都集中于通商口岸,尤其集中于租界之中。

如果从总额上考察,根据雷麦的测算,外人在华投资,包括直接投资与间接投资,1902 年为 7.879 亿美元,1914 年为 16.10 亿美元,1931 年为 32.4 亿美元[2],1936 年,增加到 42.8 亿美元[3]。而上海占外人投资总数约三分之一,占有直接企业投资约计二分之一[4]。显而易见,上海是外商投资最为重要的地区,至 30 年代,已经达到 10 亿—20 亿美元的巨额数量。

如果根据国际汇兑的理论,国际汇兑产生的间接原因是国际借贷,直接原因则是国际收支。国际贸易和投资活动必然产生国际间的债权债务关系,在某一点(通常为年底)的对外债权和债务的综合对照,即在国际借贷借方国家

---

[1] 魏子初编:《帝国主义在华投资》,人民出版社,1951 年,第 5 页。
[2] [美]雷麦:《外人在华投资》,第 41 页。
[3] 朱镇华:《中国金融旧事》,中国国际广播出版社,1991 年,第 44 页。
[4] [美]雷麦:《外人在华投资》,第 82 页。《马寅初全集》第 8 卷,浙江人民出版社,1999 年,第 346 页。

负有支付外币还清债务的义务,而贷方国家则有收入外币的权利,并且此种收支必须通过外汇票据的流通来进行。这种收和支的关系就是国际收支,它表示在一定期间(通常为一年)的外汇收支情况。因为贸易和投资活动产生国际借贷,而国际借贷产生国际收支,国际收支则必须靠国际汇兑来进行。由此,对于这一时期上海外汇市场的考察,就不能绕开国际收支这一问题,只有了解国际收支的规模,我们才能清晰地呈现上海外汇市场在中国以及远东的地位。在中国国际收支的各种要素中,如果以上海为考察区域,我们发现经常项目中的对外贸易始终占据上海国际收支的极大比重,大约在 60%—70% 左右。资本项目的支出中,外人对沪直接投资和间接投资一度猛增,外人在沪投资收益也不断增加。由于统计资料的限制,我们只能了解上海国际贸易、国际投资的大致情况,但可以肯定的是,无论哪种金融市场的建设都必须有充足的资金来源,更要有充足的资金需求。到 20 世纪二三十年代,上海外汇市场中国际贸易、国际投资巨量转移占据了非常重要的地位。

(三) 频繁的国际投机

相较于同时期的纽约、伦敦,如果以经济规模和经济发展的阶段而言,除了巨额的贸易资金需求与供给,以及国际投资资本的进出之外,上海经济自身并未蓄积起足够的金融需求,其之所以在 20 世纪二三十年代崛起,成为伦敦、纽约等国际汇兑中心的补充市场,更多的是受外部需求的影响,大量投机者以及金融机构的到来带动了金融市场的扩展和金融需求的上升。

19 世纪下半叶以来,世界主要国家纷纷放弃金银复本位制,陆续推行金本位制,国际汇价变动,以现金输送点为范围,其变动平缓而微小。但长期以来,中国仍以白银作为货币,是当时世界上为数不多的银本位制国家之一。银本位制的中国与金本位制的各国之间的币值汇率变化,除了分别受黄金和白银输送点的限制外,更受到金银比价的影响。由于金银比价长期的不稳定,漫无管制的上海外汇市场表现为完全的、真正的浮动汇率制。浮动汇率内在的不稳定性,给资本投机带来了前所未有的机会,大量的游资及其投资机构对上海这一乐土趋之若鹜。投机商人或做裁定汇兑之交易,或做英美汇兑套头,或做日美汇兑套头,或做外汇近远期套头,或做标金与外汇间套头,或者单纯买卖某种外汇,花样繁多,不胜枚举。经营此种投机者大抵可分为以下数个帮派:(一) 犹太帮——侨居上海的犹太籍投机商人;(二) 大连帮——东北各省及与香港有联系之商人;(三) 广东帮——广东南洋及与香港有联系之商人;(四) 金业帮——上海金业交易所之经纪人与顾客;(五) 散户——无所属之中外汇兑商人[1]。

20世纪30年代初期的上海,白银几乎成为国际汇兑市场中的商品,因而成为投机取利的对象。尤其是这前后国际银价的变动,对中国银本位对外汇价的影响,较国际汇兑供需顺逆更为剧烈,投机者易于在价格波动中循环套做,获取收益。因而在这一自由状态之下,上海实际外汇交易额远远超过进出口贸易额以及外商投资额,其中外汇投机买卖在上海外汇市场占绝大势力,实足以左右市况[2]。

因为外商银行大多在本国有总行或分支机构,其主导的资金流动就将上海与世界金融中心的伦敦、纽约、巴黎、柏林等紧密地联系在一起,事实上标志着上海金融业纳入世界资本主义金融体系之中,而资金流动的场所——外汇市场也深深地卷入了世界资本主义金融市场之中。通过中外银行,特别是那些在远东有众多分支机构的外商银行,在上海外汇市场上进行着大宗外汇买卖和巨额金银的输出入,经手着外人在华投资款项的汇入与汇出,国际汇兑业务非常繁盛,从而在交易量上奠定了上海远东国际汇兑中心的地位。

二、金融因素——远东国际汇兑中心形成的保证

金融因素可以说是影响一个地区金融市场发展最为重要的因素。从国际金融中心的职能看,它是一个国际资金筹集和供给的聚集地,资金之所以汇聚于此,是因为在这里资金的使用成本低、效率高,能获得较高回报。相应的,这对金融市场的发展水平、国际化水平和运行效率就会有较高要求,否则就无法实现资金使用的低成本和高效率的目标。所以一个地区要想成为国际金融中心,必须具备较高的金融发展水平。作为金融体系之一的国际汇兑中心,同样对一个地区的金融发展水平有非常高的要求,它不仅要求从事外汇业务的机构众多、外汇交易活跃、金融产品齐全、金融创新不断,而且还需要有完备的外汇交易规则和制度。20世纪二三十年代,上海正是具备了这些金融条件,最终一跃而成为远东国际汇兑中心的。

(一)从事外汇业务的机构云集

从国际汇兑中心的形成过程考察,都是以大量的国际金融机构聚集为条

---

[1] 冯次行:《上海之汇兑市场》,《钱业月报》第15卷第7期,1935年7月。
[2] [奥]耿爱德:《中国货币论》,蔡受百译,商务印书馆,1929年,第122页。

件的。近代上海在不长的时期内汇集了众多外商银行,至1935年,上海有外商银行30家,占在华外商银行总数的30%强,其中英商包括汇丰、麦加利等7家,美商包括花旗、大通等6家,日商有横滨正金等8家,法商有东方汇理等2家,德、比、荷、意等国5家,中外合办2家[1],超过东京的11家、孟买的13家、香港的17家[2]。这些外商银行中,英商汇丰、麦加利,日商横滨正金、三井,美商花旗、大通银行有左右汇市的实力。除此之外,上海还有总行设在新加坡、菲律宾、棉兰、苏门答腊等地的侨资大华银行、中华商业有限公司、中兴银行、四海通银行保险公司、永安银行、东亚银行、金华实业储蓄银行、香港国民商业储蓄银行、华侨银行的分行9家[3],这些银行都是以构成上海与远东地区的资金集散和资本流动为业务重心的,如果把侨资银行归入外商银行,则侨商、外商银行合计39家,占当时上海180多家中外银行总家数的200%以上[4]。此外,主要的华资银行如中国银行、交通银行、上海商业储蓄银行、浙江实业银行、浙江兴业银行、大陆银行、金城银行、国货银行、中孚银行等亦非常重视,并于20世纪10年代开始开展外汇业务,陆续设立国外汇兑部经营外汇业务,外汇营业亦颇为发达。

从事外汇业务的机构和金融活动在市场中聚集,可以加强金融机构间的协调和配合,有效降低金融机构的成本,促进各金融机构及各行业的信息交流,从而扩大经营能力。中外银行的跨国经营和分支机构网络的扩展,是上海国际汇兑中心形成的基本条件。而这其中,由于上海对外贸易的主要部分是通过上海的洋行进行的,而洋行在从事国际贸易结算时,一般倾向于委托外商银行,外商银行对国际结算业务的控制,也就是对上海外汇市场的控制,由此,外商银行是上海垄断国际汇兑及提供对外贸易融资服务的最主要的金融机构,其在推动外汇市场的发展以及扩大上海的国际贸易方面起到了至为关键的作用。

(二) 符合国际惯例的汇兑行市挂牌

在金本位制度之下,各国货币皆有法定平价,故金本位货币自由铸造的国家,若实行自由兑换及无限制输出,则这些国家的货币价格便具有世界货币性

---

[1] 根据上海市档案馆藏上海商业储蓄银行档案 Q275-1-2124、上海市档案馆藏金城银行档案 Q264-1-1162、中国银行总管理处经济研究室编:《中华民国二十五年全国银行年鉴》(中国银行总管理处经济研究室,1936年)、汪敬虞:《外国资本在近代中国的金融活动》(人民出版社,1999年,第296页附表)等资料合计。
[2] 洪葭管:《20世纪的上海金融》,第7页。
[3] 根据中国银行总管理处经济研究室编:《中华民国二十五年全国银行年鉴》,H目。
[4] 根据中国银行总管理处经济研究室编:《中华民国二十五年全国银行年鉴》,A目。

质,其汇兑行市的酌定,只要根据现金输送点并参酌汇票供需情况即可加以决定。但近代中国作为用银之国,其汇兑行市必须依据银价高低而加以决定。对于金本位国家而言,生银只是一般商品,市价时有涨落,随市场状况以为转移。由此上海的外汇市价常随银价涨落而涨落,毫无安定可言。正因为如此,在上海国际汇兑中心的交易过程中,汇兑行市的决定就成为一个复杂但非常重要的环节。

一般而言,上海每日国际汇兑行市是汇丰等银行接得伦敦、纽约银价电报,据之以开汇兑行市,而各种外汇的开盘,其必须依据两种市价,一为英美的银价,二为世界的汇价。

英美的银价,即伦敦、纽约两地市场每日大条银的价格。伦敦市场银货的交易,向由摩卡脱(Messrs Mocatta and Goldsmid)、萧普司(Messrs. Sharp and Wilkins)及蒙太格(Messrs. Samuel Montague and Co.)、匹克司来(Pixley and Abell)[1]等经纪商为主要会员,每日集议于萧普司事务所。上午他们先了解中国、印度、美国及欧洲方面的买卖电报,参酌当日白银供需情形,观察各关系国之金融趋势,下午1时45分(星期六改在上午11时45分)决定一个银价,于2时许(星期六于12时)议定后,即由四经纪商电告各关系银行及新闻社,这就是伦敦大条银行市[2]。

纽约银市自一战爆发后才开始崛起,并日益发达。纽约银货交易是由金属经纪人(Metal Brokers)中的汉台公司(Handy & Herman & Co.)、外汇经纪人(Foreign Exchang Brokers)等来决定的[3],这些经纪人并无固定办公地点。纽约银价分为官方价格和实际价格两种。官方价格是纽约每日晨10时接到伦敦银市来电,由汉台公司根据伦敦来电,并观察美国国内银之供需情况,于正午12时公布,银之买卖,俱以此为标准[4]。

伦敦、纽约行市确定之后,汇丰银行上海分行根据伦敦大条银价按一定方式计算。这一计算法,即根据伦敦银价求出银汇理论平价,先计算对英汇平价,然后以伦敦对各国汇价,以间接方法算出上海对各国汇价。此项计算所得

---

[1] 潘世杰:《白银市场》,杨荫溥主编:《经济常识》第2集,经济书局,1936年第3版,第91页。
[2] 同上。
[3] 纽约银市买卖白银的有金属经纪人(metal brokers),著名的有汉台公司(Handy Herman)、Gimmerman Forshay, Vernon Metal and Produce, Co.等;外汇经纪人(foreign exchang brokers),如 J. K. Pouw;金属熔炼公司(Producers),著名的有 American Refining, Metal Co., V. S. Metal Co.等。参见潘世杰:《白银市场》,杨荫溥主编:《经济常识》第2集,第91页;张辑颜:《中国金融论》,商务印书馆,1930年,第406—407页。
[4] 张辑颜:《中国金融论》,第406—407页。

汇价,即为银行电汇或即期挂牌行市。

上海汇兑行市的挂牌自19世纪70年代始,每日由汇丰银行公布[1]。从19世纪80年代开始到20世纪20年代末,汇丰银行用于国际汇兑的资金在其资金总额中所占比例常占三分之一,个别年份则高达二分之一以上[2]。汇丰银行经手买卖外汇总额,经常占上海外汇市场成交额的百分之六七十[3]。由于它有足够资力买入或售出外汇,汇丰银行上海分行的挂牌行市就成为上海外汇市场实际有效的汇率。

1935年法币改革前的很长一个时期,汇丰银行挂牌的外汇牌价已经达15种之多,它们分别为伦敦英汇(分为电汇、信汇、四个月期汇、六个月期汇)、纽约电汇及四个月期汇、法国电汇及四个月期汇、香港电汇、印度电汇、日本电汇、巴塔维亚电汇、马来亚电汇,以及银块现货和银块期货。除了银块现货和银块期货的价格系根据上一天伦敦银市场行情外,其余13种均由汇丰银行依据金本位制国家通行的法定平价原则和金银比价自行决定[4],从而形成了一整套符合国际惯例的汇价体系。

汇丰挂牌行市确立之后,即于早9时30分悬挂示众[5]。10时之后,汇丰银行在津、汉等地挂牌公布每天的外汇行市。津行卖出伦敦电汇,所有买卖系为上海代办性质,津行所卖出的电汇,须付上海行账。一般而言,天津分行接上海分行电报,电报内容包括:(一)上海卖出伦敦电汇价;(二)市面趋势;(三)上海汇兑进出情形;(四)天津"买卖限度"(limit of transactions)[6]。显而易见,汇丰银行上海分行的挂牌牌价不仅是上海外汇市场汇率的基础,其他各埠挂牌也以上海为依归。不仅如此,汇丰银行凭借其雄厚的资金,可以在国际市场上大规模炒卖汇票及硬通货,由此其所公布的牌价不仅对中国其他口岸的汇兑行市有着指导作用,就是对整个远东商业也有一定影响。

(三) 完备的外汇经纪人制度

外汇经纪人俗称"外汇掮客",以代理银行及商家买卖国外汇兑,挣取佣金

---

[1] [奥] 耿爱德:《中国货币论》,第123页。
[2] 常南:《英国汇丰银行的经济掠夺》,《天津文史资料选辑》第9辑,天津人民出版社,1980年,第69—78页。
[3] 洪葭管:《从汇丰银行看帝国主义对旧中国的金融统制》,《学术月刊》1964年第4期,第35—47页。
[4] [奥] 耿爱德:《中国货币论》,第275页。
[5] "外商银行在华创立之沿革",上海市档案馆藏上海商业储蓄银行档案 Q275-1-2209。
[6] 《中国国外汇兑》,《马寅初全集》第3卷,浙江人民出版社,1999年,第216页。

为业务。外汇市场经纪人制度的存在，就进口商而言，其利在经纪人对于汇兑市场供需情形甚为详悉，通过经纪人每可获得比较便宜之汇率，"尚可时时得到其供给汇兑市场消息，为业务商参考"[1]。如关系密切，尚可代向银行担保，只不过收取一些"捐佣"。

20世纪初，为外汇市场运作所必需的中介服务机构——外汇经纪人公会就已经成立，1916年7月4日该会与外商银行公会合并，成立上海国外汇兑银行公会。而华商经纪人则出现较晚，1920年4月，胡筠庄向上海银行公会申请外汇经纪人资格，成为上海华商银行认可的外汇经纪人第一人[2]。1926年9月10日，中国外汇经纪人的公会组织——上海汇兑经纪员公会（Shanghai Chinese Exchange Brokers' Association）正式成立，华籍汇兑经纪人名额定为16人，但是因外汇交易受制于外商银行，该公会的华籍汇兑经纪人无法同外商银行进行外汇交易。

1929年3月21日，上海中外银钱业联合会成立。中外银钱业联合会正式章程对于汇兑经纪员有所规定："外国汇兑经纪员五十三人，中国汇兑经纪员十六人，得与本公会会员银行交易。汇兑经纪员人数非得本公会核准，不得增加。"[3]在上项章程基础上，同年10月24日，华商经纪人与外商经纪人共同组织上海国外汇兑经纪人公会（The Exchange Brokers' Association, Shanghai），华商经纪人可与外商银行直接买卖外汇。该公会并规定经纪人69人，其中华人16人，外人53人。外籍汇兑经纪人中计英籍26人，美籍8人，日籍5人，法籍4人，德籍4人，荷籍2人，比利时、挪威、意大利、俄籍各1人[4]。

以上名单时有变动，但是依据汇兑经纪人公会章程，其外籍53人、华籍16人的人数比例从1929年9月起10年内不得变更。只有当原经纪人不再担任这一职务时，才能将其让渡给候补汇兑经纪人，因为名额有限、佣金优厚，要顶替一个位置需要很大的顶费[5]，转让之时，往往有索价至数万金者[6]。

在上海外汇市场上，经纪人代顾客经理买卖时收取佣金，收取标准是：

---

[1] 安子介：《国际贸易实务》（下），商务印书馆，1947年，第302页。
[2] "胡筠庄申请外汇经纪员职位书"（1920年4月19日），上海市档案馆藏上海银行公会档案 S173-2-2。
[3] "国际银钱公会章程"（英文），上海市档案馆藏上海银行公会档案 S173-2-40、S174-1-25。
[4] 杨荫溥：《杨著中国金融论》，黎明书局，1936年，第464页。
[5] 姚吟舫：《旧上海的外汇掮客》，上海市政协文史资料委员编：《上海文史资料存稿汇编》(5)经济金融，上海古籍出版社，2001年，第358页。
[6] 冯次行：《上海之汇兑市场》，《钱业月报》第15卷第7期，1935年7月。

(1) 银行与商号交易为$\frac{1}{8}$%；(2) 银行与银行交易为$\frac{1}{16}$%；(3) 掉期及金币套做为$\frac{1}{32}$%。每月月底结算，佣金概由外汇卖方支付。凡金号向银行订立外汇合同时，须由经纪人担保将来按约履行[1]。

应该来说，无论是外商经纪人公会还是华商经纪人公会，其或是上海国外汇兑经纪人公会的成立，其所定业规对行业竞争环境的维护都起到了非常重要的作用，其在约束经纪人行为的同时，亦有助于维持汇兑交易双方的合作，确保商业信用得以快速执行和延续。

（四）持续不断的金融创新

金融创新被认为是国际金融中心的一个动态特征，一个中心的动态性表明该系统具有活力和自我发展能力，而不是仅仅由要素简单聚合而成的一个静止的结构框架。近代上海之所以能够成为远东国际金融中心，很大一个原因即是其金融创新风起云涌，各种相关金融产品、服务层出不穷。

自上海开埠始，上海金融创新即不断涌现。开埠初期，西方洋行、银行带来了一次前所未有的技术进步，贸易结算从最初的现银结算向汇兑结算演变，从买卖双方直接结算，发展到通过商业银行各种票据进行结算。1870年至1871年前后，上海又面临了第二次技术进步，伦敦与上海间电报开通，科技创新促使中外贸易方式发生了深刻变化，随之金融工具的创新也开始了。首先，押汇取代汇付，随即电汇开始取代信汇，汇票也由六个月付现改为四个月、三个月。而货价清偿，也从原来买主汇付方式改变为卖主出售汇票方式。

如果说19世纪上海外汇市场的金融创新主要表现在对外汇兑方式的变化的话，20世纪开始，这种创新开始扩展到规避风险这一领域。国际贸易和国际金融业的一条铁律就是要能够规避各类风险，在外汇市场中，进出口商和国际金融家在操作中常常面临潜在的外汇风险和交易风险，这就需要采取预防和控制风险的手段和措施，将风险损失降到最低程度。作为国际汇兑中心，则必须具备规避风险的机制和手段，而这种机制和手段又必须能够与国际市场接轨。

一战以后，国际金融市场汇率波动幅度较大，客观上产生了投资者对于金融资本套期保值的需求。上海外汇市场非常敏锐地感受到金银汇率浮动的风

---

[1] [奥]耿爱德：《中国货币论》，第123页。

险,并提出创造新的金融品种和市场机制来规避市场风险的要求。为了规避金银汇率浮动的风险,上海外汇市场同标金市场、大条银市场结合起来,相互"套做",通过各自比较完备的即期、远期和期货市场,为金融操作套期保值和锁定成本提供了必要的基础,从而有力地规避了风险。

在此过程中,值得一提的是上海外汇市场、大条银市场和标金市场的关系问题。在实行法币改革之前,中国币制是银本位制,金本位制国家货币与中国货币之间的汇率基本上是根据国际银市场上的银价格(用金本位货币表示)来决定的。用金来表示银的价格,有两种含义:一是世界金融市场上用金表示的银块价格(或简称银价);一是中国外汇市场上银两或银元对外国金本位币的汇价(或简称汇价)。由此,近代上海外汇市场、大条银市场、标金市场实际上是三位一体,三者缺一不可。

其中,上海标金市场作为联系金本位国家货币的媒介,其标金期货买卖主要是为了减免在外汇行市上的损失。例如,有进口商向国外订货,预计在两个月后,须以金币给付货价,为恐两个月后外汇涨价,进货成本加重,即可在国内预先照市价买进两个月定期"标金"以资抵补。反之,如有出口商卖出商品,预计在两个月后有金币货价收入,为恐将来外汇跌价,收入减少,有不敷成本之虞,亦可在国内预先照市价卖出同量的两个月定期标金,以备到期时收款抵付,借以免除损失[1]。

上海标金期货市场作为金融市场,尤其是外汇市场的主要避险工具,起到了稳定市场的作用,由于其巨额交易量,它不仅对英汇、日汇、美汇与中国银两汇率产生巨大影响,而且对于远东市场的金银比价,继而对于世界市场的金银比价都会产生巨大冲击。上海正是由于有着世界上最为完备与强大反映金银比价的标金期货市场的存在,而理所当然地成为远东金融中心之一[2]。

三、政治环境——远东国际汇兑中心形成的重要条件

国际汇兑中心往往云集众多外资公司、外商银行,因而常常涉及资金自由转移的问题,这就对政治稳定性产生了要求。在深入考察影响近代上海外汇市场发展的诸多因素后,我们发现除了外汇交易规模、金融因素外,影响上海外汇市场兴衰的另一重要因素是上海所处的特殊政治环境。而这一特殊政治

---

[1] 冯克昌:《标金投机》,杨荫溥主编:《经济常识》第1集,经济书局,1935年,第115页。
[2] 杨荫溥:《杨著中国金融论》,第526—528页。

环境却是租界所提供的。

上海租界自 1845 年 11 月形成之后,率先颁布了《土地章程》,明确宣称,其条款"无非为求商人房舍财产之安全与社会之安宁"[1]。1854 年 7 月 17 日,工部局第一次董事会议案提出,"该局产生之由为租界治安问题,谓是中国政府纷乱,时局紧张,为界内人民之安全及秩序计,岸上及水面,皆须备有武装兵士之必要"[2]。此后,1864 年建立会审公廨,1869 年订立《洋泾浜设官会审章程》,1882 年设立领事法庭等,使"治外法权"得以具体实施并日益扩展其影响。1898 年 9 月 1 日,经北京外交团核准而公布的《增订上海洋泾浜北首租界章程》,虽未经中国政府认可或承认,却长期成为上海租界的"宪章",并被推广到其他租界。正如霍塞在其《出卖的上海滩》中所说的,上海租界"市政的管理规定是由全体外侨行使,从而篡夺了根据条约规定仍然属于中国当局的权力,租界变成拥有主权的、自治的、国际性的国家了"[3]。

租界所拥有的治外法权是怎样对商业、金融产生影响的呢? 1930 年,应上海公共租界工部局之请,南非联邦英籍法官费唐(Justice Feetham)来沪"研究上海公共租界制度"。他专门就上海为什么成为银行业及经济之中心问题,向上海中外银行联合会(包括外商汇兑银行公会、上海银行公会、上海钱业公会)提出一个重要的问题:各种商业利益集中于上海,尤其集中于公共租界者,此种集中之主要原因何在?[4] 三个公会的答复在租界发展趋势上意见虽有所不同,但对于"商务与工业利益所以集中于公共租界及其附近区域之主要原因,系在于公共租界内特殊治制所给与之生命财产安全"[5]这一点是一致的。

租界享有治外法权,中国的主权不能施行于租界,其影响复杂性之一在于,在当时的历史条件下,租界对各类战争与军阀势力侵扰具有很大程度的抗干扰性,使上海避开近代中国的纷乱,并使经济在一个持续、稳定的发展环境中崛起。即使 1883 年中法战争爆发期间,法租界当局也不敢破坏"中立"原则,仍宣布租界"守局外之例"。1900 年八国联军侵略中国时,"东南互保"计划的提出就是以上海租界中立原则为援例的。租界的这种中立状态,甚至在"一·二八"事变中日冲突期间,也一直维持着相对稳定而安全的秩序。

---

[1] 徐公肃、丘瑾璋:《上海公共租界制度》,《上海公共租界史稿》,上海人民出版社,1980 年,第 49 页。
[2] 夏晋麟:《上海租界问题》,中国太平洋国际学会,1932 年,第 13 页。
[3] [美]霍塞:《出卖的上海滩》,纪její译,商务印书馆,1962 年,第 32 页。
[4] 工部局华文处译述:《费唐法官研究上海公共租界情形报告书》第 1 卷,1931 年,第 506—507 页。
[5] 工部局华文处译述:《费唐法官研究上海公共租界情形报告书》第 1 卷,第 627 页。

相对稳定而安全的秩序对于上海外汇市场的影响,可以从白银的骤进骤出以及储存规模窥见一斑。近代以来,上海始终聚集着大宗现银,其中理由固然很多,"但上海所给与之安全,为一重要理由"。除此之外,国际汇兑中心的资金流动频繁,客观上要求资金可自由流动,所以有无外汇管制或管制宽严,虽不是国际金融中心形成的前提条件,却是决定一国或地区能否成为国际金融中心的重要条件。从20世纪初到南京国民政府初期,由于租界的存在,使得上海的外汇市场实际上处于一种不受任何外汇管制的自由市场状态,甚至一战以后,国际货币体系动荡不安,上海金、银、外汇始终处于自由流动、自由兑换的状态。

稳定而安全的秩序之下,租界还为外汇市场的发展提供了相对有利的市场和制度环境。按照西方资本主义模式建立的上海租界,拥有军队、警察、监狱和法庭等专政工具,又有征税、审判、管理市政设施等各项权力。根据以上权力,不论是刑事诉讼还是民事诉讼,享有此特权的外人不受中国法律管辖,这一特权还可以推及外国公司。雷麦在分析外人在华投资中的种种史实后也不得不指出:"治外法权适用于公司和民事诉讼,其在经济上的意义即在这方面。外国政府得在中国设立法院,执行条约的规定,有时还可制定关于在华营业的公司组织法。"[1]这就便利了列强的经济扩张。他还指出:"外籍商人与外商公司,依据条约或中国政府的命令,可以在某些地方购置土地,设立工厂,经营商业,并且享有受本国法权治理的权利。如无此制度,则外国租界与外人直接投资皆将失其法律根据。"[2]在上海国际汇兑中心形成的过程中,各国银行的广泛设立是重要的一环,正是在特殊的租界体制之下,从事外汇业务的外商银行,设立与注册不受中国法律限制。也就是说,实际上,外商银行在上海的准入门槛是相当低的。

上海租界内的生产方式和交换方式都是根据"国际惯例"形成和发展起来的。所谓"国际惯例",就是资本主义国家或资本主义国家之间发生经济交往时所使用的习惯做法。租界的出现,从制度竞争的意义上说,相当于将上海纳入了"全球化"行列之中。外商银行在租界的存在,导致外商银行规章在租界内得以推行,这种制度为银行家提供了投资保障和不受官僚控制的自由。在这样的情况之下,汇率的变化可以通过汇丰银行等外商银行以国际金银比价为基础随行就市,外汇业务办理中的佣金则完全由外商银行及外汇经纪人公

---

[1] [美]雷麦:《外人在华投资》,第31页。
[2] 同上书,第78页。

会自行决定。除此之外，外商企业、银行实施的西方政策、规章和法律也对华资企业、银行起到了示范作用，在这一情势之下，华资开始涉足外汇领域。中南银行成立之初，胡笔江就聘请了前德华银行经理柯禄为顾问，主持国外汇兑业务，而以本行的华籍职员随同协助，藉以学习[1]。为开展国外汇兑业务，陈光甫聘请德国人柏卫德（Gustav Bàrwald）为顾问[2]。

一个城市吸引、吸纳资本的基本条件在于其有怎样的政治环境，这个基本条件具有两层含义，一是政治环境为城市资本的获得提供了怎样的安全保证，二是政治环境为城市资本的获得提供了怎样的便利性。租界和平稳定的环境是资金安全的首要保证，是吸引资金前来聚集的必要前提，是任何金融中心都必须具备的基础条件。符合国际惯例的法律体系、松紧适度的监管体制构成现代金融制度的核心框架，它们不仅维护金融市场正常运转的制度要求，更是树立市场参与者信心的必要保证。上海租界的市场和制度环境，使得外汇市场超诸中国政府的管辖能力之外，按照市场自身需求而发展壮大。

余　论

影响一个地区能否成为国际汇兑中心的条件，从一般层面而言，主要包括经济条件、金融因素和政治环境。至20世纪二三十年代，上海已经具备了一定数量的国际汇兑办理机构、品种齐全的汇兑业务种类、相当数量的汇兑业务量、符合国际惯例的汇价体系、外汇管制的全面放开等条件，与"远东唯一的金市场"、大条银市场相互结合，促进了外汇交易量的大幅增长[3]，当时在远东没有其他任何一个城市的国际汇兑地位能够高于上海。

但也必须指出，近代上海国际汇兑中心，从层次上只能算是区域性的（远东），在空间和功能上只能对伦敦、纽约等欧美国际金融中心起补充作用。能够成为全球性国际汇兑中心，且反过来促进本国商业、贸易、投资的发展，则必须具备更为充分的条件，诸如强大的经济基础和稳定的经济增长，符合国际惯例的监管制度等。这些条件，是近代上海所无法具备的。

第一，伦敦、纽约的国际金融中心地位依赖于其所在国强大的经济和政治实力。而在近代中国，以经济规模和经济发展阶段而言，上海内部经济自身并

---

[1]　"三十年简史"，上海市档案馆藏中南银行档案Q265-1-458。
[2]　中国人民银行上海市分行金融研究所编：《上海商业储蓄银行史料》，上海人民出版社，1990年，第197—199页。
[3]　杨荫溥：《杨著中国金融论》，第454—487页。

未蓄积起足够的金融需求,而更多的是受到外部需求(诸如国际投资、国际投机)和政治环境(租界的自由状态)的作用。基于以上两方面的条件,资本的趋利性推动了大量游资及其投资机构对上海趋之若鹜。但是国际汇兑中心最终必须建立在现实经济基础之上,汇兑中心的发展应当是在本地国际贸易与国家、地区经济关联度提高的基础上实现的,这种关联的强弱对于汇兑中心形成是至关重要的。近代上海的对外贸易虽然达到了相当规模,但是缺乏国力和经济支撑,无法全部消纳其所吸引的外资,亦无法维持外汇市场持续与稳定发展。

第二,国家的货币地位是一国成为国际汇兑中心的重要支柱。近代以来,英镑与美元先后作为世界最为主要的储备货币和国际清算货币,这是伦敦、纽约成为国际金融中心的强大基础。近代上海,白银作为中国货币的基础,虽然通过伦敦、纽约的白银价格计算出来的平价而实现了中国货币的可兑换,但是作为商品的白银,不能以货币的形式在周边地区使用,或在较高水平上成为国际结算的计价货币,这对上海成为国际性汇兑中心的地位有着深远的影响。

第三,监管环境是金融中心竞争力的最重要指标,伦敦和纽约的监管环境,无论是广度、深度还是频度都始终遥遥领先于其他金融中心城市。在近代上海,外汇市场的主体处于外国租界中,但租界只是给金融业提供了一个相对安定、自由化的政治环境。不受中国政府干扰的自由化政策固然有利于金融机构的集聚,但过度的自由化也会导致混乱。通常状况之下,金融机构更欢迎保持市场秩序、维持公众信心的监管制度和措施。而在这个层面上,租界当局并没有主动地为上海外汇市场进行创导性的规范。由此,漫无限制的国内外资金自由聚散,使得白银骤进骤出,由于白银币值不稳定,而被国际投机商利用,损失大量的汇差,最终外汇风潮迭起,不仅对上海经济造成至为惨重的灾难,有时甚至波及全国。

(原载《学术月刊》2011年第4期)

法币发行准备管理委员会考述

张秀莉*

1935年11月3日,南京国民政府财政部布告全国,推行法币,实行白银国有,开创了中国货币史上的新纪元。布告中多次提到设立发行准备管理委员会的目的及其职责,并同时另案公布了《发行准备管理委员会章程》。对于这一机构,有些研究法币改革的成果提及发行准备管理委员会设立的原因、停止公告发行数额及发行准备的影响、对政府与公众之间信任关系建立的意义等[1]。但有关该机构的论述语焉不详,该会设立的原因、组织构成、职责及其作用等问题都有待深入研究。而通过对该机构的研究,有助于将各界对法币改革的反应、政策推行过程、政府对于法币改革的态度、影响币信的因素等问题联系起来。本文即努力在回答这些问题的基础上,探讨该机构职能的名与实及其所揭示的问题。

一、设 立 原 因

南京国民政府在施行法币的布告中指出,"法币准备金之保管及其发行收换事宜,设发行准备管理委员会办理,以昭确实而固信用"。该委员会的章程第一条即规定:"财政部为统一发行,巩固法币信用起见,特设发行准备管理委员会。"[2]由此可见,政府设立该机构的目的即是巩固法币的信用。因为法币改革前是银本位制,在某些偏远地区则全以金属货币为交易媒介,而纸币的信

---

* 张秀莉,2001年硕士、2009年博士毕业于复旦大学历史学系,现为上海社会科学院历史研究所研究员。

[1] 叶世昌:《实行法币政策的原因、过程及其历史作用》,《上海经济研究》1988年第4期;贺水金:《论国民政府的法币政策》,《档案与史学》1999年第6期;刘慧宇:《中国中央银行研究(1928—1949)》,中国经济出版社,1999年;刘艳萍:《中国近代信用货币演变初探(1840—1935)》,博士学位论文,中国社会科学院,2008年。

[2] 中国第二历史档案馆编:《中华民国史档案资料汇编》第五辑第一编财政经济(四),江苏古籍出版社,1991年,第314—318页。

用亦依赖于发行准备及其可以随时兑换现金的能力,所以骤然在全国推行不兑现的纸币制度,必然会引起人们的恐慌心理。从资料反映的情况看,发行准备管理委员会的设立,确实达到了增强人民对法币信任的作用。上海国货工厂联合会常务委员张子廉等人在致孔祥熙的函件中,对设立发行准备管理委员会尤为肯定,并请求于各省市区中央银行分设准备管理委员会,并应加入工业界代表,俾准备信用普遍昭示,以利推行[1]。杭州银行业同业公会致电财政部,声称:"此次政府统一币制,设立发行准备管理委员会,使全国人民得以明了政府稳定金融政策,不致扞格,尤深佩仰。惟国内现币在乡镇偏僻之处流通尚多,一般民众对于行使法币,一时或尚不能完全了解,如能于各大商埠或省会之区酌设发行准备管理委员会分会,就近指导,坚其信仰之心,则于贯彻整个政策,自必收效益宏。"[2]

设立发行准备管理委员会的另一重要原因,是金融机构的不完善,中央银行尚不足以承担统一发行和集中准备的条件。到1935年11月3日止,中央银行的钞票发行额虽有较大提高,但与中国银行相比仍有较大差距,中央银行的发行额为1.3亿多元,而中国银行的发行额为1.8亿多元[3]。从银行的分支机构数量及分布来看,中央银行的数量居于中、交两行之下。无法承担全国各地钞券的收兑和保管职责。因此必须由中、中、交三行,1936年1月又加上中国农民银行来共同负责法币的发行。而要维系多家银行共同发行的局面,就需要一个协调和平衡各方利益的机构,发行准备管理委员会即充当了这一角色。

发行准备管理委员会分会的设立,原因更为复杂,除上述两份函电中所提理由外,也受制于政治、军事、外交等因素,国民政府的政令遇到地方当权派的抵制和日本帝国主义的破坏。因为法币的推行和现金的集中必然损害各省银行和其他地方金融机构的利益,使各省政府少了重要的财源,而现金集中后,一旦政局变动,法币或即成为废纸。所以各省都极力要求将现金留存在本地,并出现了查封现金、保护地方钞券流通的种种举措。面对这样的局面,国民政府的首要问题是将法币推行到各地并确立起法币的信用,对于现银的集中和运送不可能在短时间内解决,而法币的推行和收兑事宜必须要借重各地金融界的力量,对于收兑现金的集中和保管则要暂时由准备分会承担。

法币发行前后,由于日本在北方的侵略和破坏活动,华北的局势已非常紧

---

[1] 中国第二历史档案馆编:《中华民国史档案资料汇编》第五辑第一编财政经济(四),第339页。
[2] 同上书,第344页。
[3] 中国人民银行总行参事室编:《中华民国货币史资料》第二辑(1924—1949),上海人民出版社,1991年,第235页。

张,各省大员对政治前景都抱观望态度。1935年5月,日本在华北制造事端,迫使国民政府与其签订《何梅协定》与《秦土协定》,使河北、察哈尔两省主权大部分丧失。同年9月,日本又积极策划河北、山东、山西、察哈尔、绥远五省自治,法币改革正处于最危急的关头,驻守北平的宋哲元对日本的威胁越来越取妥协态度。日本策动华北五省自治的目的虽未达成,但国民政府最终于12月份提出设立冀察政务委员会这一妥协政策,该会管辖河北和察哈尔两省和北平、天津两市,除蒋介石、宋哲元选派的委员外,还有日方指定的亲日派与汉奸,实际上受日本的操纵和影响。

在这样的政治背景下,华北各地极力阻挠现洋外运,请求设立发行准备管理委员会分会。1935年11月8日,天津交通银行致函总行,反映"银行同业及一般社会之意见佥以此项现洋最好能在津保存,以巩固法币信用,拟请财部准予在津设立发行准备委员分会以定人心,而增钞信,津市府亦有此拟议"[1]。同一天,北平商会举行紧急会议,希望此间各行库存现金,应设法保留于北平,不往他处搬运,以安人心[2]。唐山市商会集议,援照平津成案办法由唐山各界共同组织基金保管委员会,收集现币,就近负责保管,俾与平津一例,藉以安定人心[3]。又据天津日文报载,日使馆武官矶谷少将发表谈话,谓日方必须反对币制改革之实行,并不惜诉诸武力,保存北平库存现银,不许他运[4]。与此同时,日本还加紧了对白银的秘密收买与偷运[5]。

有些地方则抵制法币的推行,继续使用地方钞券和现洋。至1935年11月19日,察哈尔省讨论后认为,边塞情形特殊,蒙旗交易向非现洋不行,请求逐渐推进,免因误会滋酿事端[6]。绥远省奉财政部电令后,当局迟迟未予正式公布,以致绥市各地方银行钞票仍与硬币等量齐观,官厅以政治力量推行绥钞,复密嘱征收机关拒收法币。迟至12月5日,绥垣官厅仍未公布币制改革令,绥市通货仍以绥地各银行钞票为大宗,法币在市面流通,尚不能与当地钞票对抗[7]。12月4日,交通银行报告发行准备委员会,包头市场虽大半以法币为主,税收机关现已照收中交钞票,只是绥钞赖政治力量维持,仍较法币为

---

[1] 上海市档案馆藏交通银行总行档案 Q55-2-731,第16—17页。
[2] 上海市档案馆藏交通银行总行档案 Q55-2-731,第47—48页。
[3] 上海市档案馆藏交通银行总行档案 Q55-2-731,第54、71页。
[4] 上海市档案馆藏交通银行总行档案 Q55-2-731,第47—48页。
[5] 王承志:《中国金融资本论》,光明书局,1936年,第270—271页。
[6] 上海市档案馆藏交通银行总行档案 Q55-2-731,第99—100页。
[7] 上海市档案馆藏交通银行总行档案 Q55-2-731,第122—123、126—127页。

高，一时尚难取缔。大同县省钞与现洋仍照旧行使，对于法币并未提及[1]。山东省政府主席韩复榘直接致函孔祥熙表示："民间习惯，完粮纳税及一切公私款项之收付，以现金为本位，早成积重难返之势。若操之过急，深恐难以顺利推行。"济南市商会主席李伯成向韩复榘陈报："自中央改革币制，各银钱行号报告库存现币数目共 800 余万元，是项现币关系地方命脉，全市商民均希望将此项现币留在济南，组织保管委员会管理，永作准备。"韩复榘立即采取行动，下令省政府派员会同军法处、财政厅、市商会清查本市各银行钱号库存现币数目，加贴省封条，不准外运。各县并同时清查、封存，省府当即令知商会，并派赵长江会同军法处杨金彪、财政厅王承勋等及商会，着手清查封存事项[2]。11 月 7 日，陕西省政府张贴省府布告，称："查陕省向为边远省份，人民重视现金，积习已深，近年频经灾害，经济萧条，民间现金日益缺乏，市面交易全恃省行发行各种钞券流通周转，藉资补助。去岁中央等虽设分行于西安，而钞票流通尚未能推及各县，现当规定法币实行伊始，兼值本省剿匪进行，注重安定人心之际，仰承中央体念民艰，令就地方实在情形妥筹便利人民办法之德，意自当恪切遵从，妥慎筹拟，兹特决定省钞行使应就流通现状保持原有习惯，所有军政各费及完粮纳税并一切公私款项收支一律同视法币，照旧通行，藉期应付需要，双方兼顾，库存现金即由本府实行封存以备将来剿匪军事必要之需。"[3]长安自政府布告中央改革币制以后，市面币制转呈紊乱现象，现金照常行使，法币已生折扣（每千元差百元左右），物价腾跃，人心惶惑，以现金换法币者绝无仅有，以法币换现金者比比皆是，省银行钞票既不兑现金，亦不兑法币，省政府已颁发布告明定省钞作为法币与中中交法币同样行使，省银行现金已由省府封存[4]。

在南方，广东和广西两省政府对法币的推行也极力抵制。法币改革后，广东省当局仅取法币之名，以省、市银行所发之毫券为法币，发行准备也不按照中央规定的办法。同时大量收买白银和黄金，并严禁黄金出口。广西省政府于 11 月 9 日即宣布禁运银币出口，15 日又颁布管理货币办法，明确规定省内不论公私款项、债权、债务，交收行使，限用省银行钞票和省金库券，照旧十足行使。严禁一切硬币、生金银在市面交易买卖，并禁止舟车运输硬币及生金银[5]。

---

[1] 中国第二历史档案馆编：《中华民国史档案资料汇编》第五辑第一编财政经济（四），第 363 页。
[2] 同上书，第 352、359—360 页。
[3] 上海市档案馆藏交通银行总行档案 Q55-2-728，第 57—62 页。
[4] 上海市档案馆藏交通银行总行档案 Q55-2-728，第 75—76、67—68 页。
[5] 中国人民银行总行参事室编：《中华民国货币史资料》第二辑（1924—1949），第 226—229 页；《桂省府颁布管理货币办法》，《申报》1935 年 11 月 17 日，第 7 版。

由此可见,法币发行准备管理委员会的成立,根本原因在于币制改革条件的不成熟,从经济方面讲是中央银行制度尚未建立的结果,从政治方面讲则是尚未真正实现全国的统一,外交上又面临着日本咄咄逼人的军事威胁。发行准备管理委员会及其分会,从成立之初即明确了其作为过渡性机构的地位,也包含了国民政府向各方势力的妥协。

二、组 织 构 成

1935年11月4日下午,发行准备管理委员会总会成立于上海,委员构成包括财政部代表5人,中央、中国、交通三行各2人,银行业同业公会2人,钱业同业公会2人,商会代表2人,各发行银行由财政部指派代表5人。中央银行总裁为主席,并由委员互推常务委员5人至7人,执行日常事务。财政部最初指派的委员有23人,财政部长兼中央银行总裁孔祥熙担任主席,宋子文、胡笔江、陈光甫、钱新之、李觉等为常务委员。章程规定可以聘请中外金融界领袖为顾问。办事人员得酌用人员分课办事。发行准备管理委员会由财政部直接领导,所有工作要陈报财政部备案。

既然发行准备管理委员会是用于昭示法币信用的机构,那么其委员人选是否具备公信力就成为关键问题。从委员的构成来看,目的是借此联合各方的力量,也显示出该会不是代表某一方的利益,以昭示法币的信用。但是这种代表性还是很有限的,在法币改革之初即有学者提议"为使人民了解此项法币,十足准备,发行准备管理委员会之组织,应再将农会、工会代表,及纯粹财政学者,参加在内,以期取信于人民"[1]。有的学者则认为"保管银准备,既是国民全体的事,应由各界代表共同保管,自不待言,这方面没有再加讨论之必要。如能加入农工代表,更可顾全各界之利益,广东方面,再能加入侨、港中国商人代表,尤为安全"[2]。发行准备管理委员会后来在委员人选上的变动,也与这种利益的代表性有关。发行准备管理委员会总会最初设在金融中心上海,1937年11月迁往汉口,后又迁往重庆。

除了总会,国民政府财政部还根据需要先后在天津、汉口、广州、济南、青岛、西安、长沙、桂林等城市设立分会。1935年11月28日,财政部又公布了发行准备管理委员会分会章程,决议在通商巨埠设立分会。分会秉承发行准备

---

[1] 卓遵宏等编:《抗战前十年货币史资料》(三),第328—331页。
[2] 黄元彬:《白银国有论》,商务印书馆,1936年,第180—181页。

委员会之命，办理分会所在地法币准备金之保管、检查事宜。分会委员由发行准备管理委员会遴选，转请财政部核定派充，并由财政部于委员中指定一人为主席。分会应互推常务委员3人至7人，执行日常事务，转报财政部核准备案；得酌用人员办理会务，得拟订办事规则，报由发行准备管理委员会转报财政部核准备案[1]。在分会的人员构成上，也遵循总会的行业分布原则，以便利市面，昭示信用。国民政府最初计划在天津、汉口、广州等三个区域的通商巨埠设立分会，但由于地方政府的抵制，又相继增设济青、西安、长沙、广西分会。总分会委员构成情形详见下表。

表1 法币发行准备管理委员会及分会委员名单

名称	成立时间	主席	委员[2]
上海总会	1935年11月4日	孔祥熙	宋子文、张公权、吴达铨、宋汉章、李觉、周作民、胡筠、唐寿民、杜月笙、陈光甫、宋子良、徐堪、秦润卿、何宗萧、钱新之、徐新六、李铭、叶琢堂、俞佐廷、王晓籁、陈锦涛、沈叔玉
天津分会	1935年11月11日	钟锷	周作民、吴达铨、王叔鲁、卞白眉、李达、武向晨、王毅灵、王绍贤、王孟钟、冷家骥、卞燕侯、卞俶成、王晓岩、纪华(仲石)、邹泉荪、姚泽生、许汉卿、韩海成
汉口分会	1935年11月11日	席德柄	黄文植、浦心雅、赵祖武、南夔、舒志观、徐继庄、周苍柏、谈公远、梁俊华、苏汰余、汪信夫
广州分会	1935年11月11日	邹敏初	区芳浦、陈维周、邹殿邦、沈载和、温万庆、梁定蓟、陈玉潜、陈佐璜、道仲陶、陈仲璧、卢衍明、熊少康、朱汝铨
济青分会	1935年11月28日		陆廷撰、李宇恪、李守业、马铎、陈隽人、王祖训、王谦光、宋润霖、庄承均、吴兴基、王向荣、郭秉龢、李桐村、张叔衡
西安分会	1935年12月14日	潘益民	宁升三、王燧生、李泰来、王怡然、李惟诚、武念堂
长沙分会		吕越祥	钟龄、左学谦、黄伯常、辛广、魏云千、李景陶

资料来源：《中华民国货币史资料》第2辑；卓遵宏等编：《抗战前十年货币史资料》(三)，第35、44、52页；上海市档案馆藏交通银行总行档案；中国第二历史档案馆发行准备管理委员会档案，六二六(1)、六二六(14)。

---

[1]《中华民国金融法规选编》上册，第412—413页。
[2] 该表所列是成立之初公布的委员名单，事实上，在委员构成上，有一个变动和调整的过程，如天津分会奉财政部令加派天津市长张自忠、北平市长秦德纯为委员，从历次检查库存的委员名单中我们还发现杨天受、王锡文、王凤鸣、过观宸、徐柏园、李宏章、王克敏都曾任天津分会委员。曹善卿、眭健常、王克仁、宋福祺、董子洋、周秀文、崔葆生等人亦曾任济青分会委员。委员的变动反映了各方势力的平衡和调适。

发行准备管理委员会及分会的委员都为兼任，常设机构有秘书课、文书课和计核课，秘书主任初为金国宝，后由陶德琨继任，秘书有黄家骥（秀峰）、颜刘（吉清）、吴国焘；文书课长为黎勉亭（以字行）；计核课长为许之枢（密甫）[1]。

在华北特殊的政治局势下，发行准备管理委员会天津分会由冀察政务委员会指派监理员。监理员对该会负监察责任，遇有重大事件，或应行改善管理办法，将令管理分会委员随时呈由冀察政治委员会查核施行。管理分会开会时，监理员应参加讨论。管理分会检查各库现银时，监理员应负责监视。管理分会于启闭现银库时，须经监理员到场监视。监理员遇有必要时，有会同管理委员会检查现银各库权。监理员于发现各银行号存有现银时，应即通知管理分会兑换法币，将现银收库保存[2]。

理论上，法币既然停止兑现，准备分会的设立原无必要，而且足以妨害白银的集中措置与造成发行的区域分化。但从当时的条件而言，又是势所必然，一方面受当时华南、华北政治局面的影响，一方面也是要避免偏远区域人民对于法币的不良印象。

三、职责及具体工作

根据发行准备管理委员会的章程规定，其职责包括：保管法币准备金，办理法币之发行、收换事宜，每月检查准备库一次，并将发行数额及准备种类、数额分别公告。下面即从这几方面来看该委员会究竟做了哪些工作。

1. 集中准备与收兑金银

施行法币的布告规定，除中央、中国、交通三银行以外，曾经财政部核准发行的银行钞票，由财政部酌定限期，逐渐以中央钞票换回，并将流通总额之法定准备金，连同已印未发之新钞及已发收回之旧钞，悉数交由发行准备管理委员会保管。其核准印制中之新钞，印就时一并照交保管。凡银钱行号、商店及其他公私机关或个人，持有银本位币或其他银币、生银等银类者，应自11月4日起，交由发行准备管理委员会或其指定之银行兑换法币。

发行准备管理委员会成立后，即着手接收各省银行的发行准备及钞券。1935年11月11日，经发行准备管理委员会议决，所有河北、陕西、山西、甘肃、湖南、湖北等省银行、河南农工银行所发行、现在流通中钞票之现金准备、保证

---

[1] 中国第二历史档案馆藏发行准备管理委员会档案，档号：六二六(22)。
[2] 《银行周报》第21卷第2期，1937年1月19日。

准备，连同已印未发、已发收回新旧各券，应即悉数交由当地中央、中国、交通三银行会同接收。接收以后，其业已流通之钞票，暂准在市面行使[1]。1935年11月25日，发行准备管理委员会又订定《中中交三行接收中南等九银行发行钞券及准备金办法》，中央、中国、交通三银行接受指定发行银行部分，应将各该发行银行总分支行处所发钞票之现金准备、保证准备，连同已印未发、已发收回新旧钞票负责接收[2]。1936年1月20日，财政部公布中国农民银行发行办法，规定该行发行之钞票，限一万万元为度，与法币同样行使。各省省银行发行部分，除业已交由中、中、交三行接收各行外，其余未交各行，即由该行负责接收。该行发行准备金，应全数交由中央银行保管。中国农民银行接收一行毕，应即将接收情形，报告财政部及发行准备管理委员会查核[3]。

1935年11月29日，发行准备管理委员会又核准施行兑换法币收集现金办法：(1)三行已经兑给法币之现金，应由三行各自统筹，早日运送适当地点之库存储，并将数目随时表报本会。(2)未经兑换法币者，应速兑换，并亦照前条办法办理。(3)地名券准备现金，除当地设有发行准备管理委员会分会者另案办理外，余应一律照第一条规定办理。其护照由三行向财政部请领。(4)三行运送现金，所有运送费用，得开具实支清单，陈请财务部核付。(5)运送现金应由三行专员办理。其经三行委托报明政府者，不在此限。(6)三行未设分支行处之地点，其兑换法币之职责，仍由三行负担，或仍由部颁兑换办法，委托其他机关代兑，或自设办事处办理，以期达到推行法币及收集现金之目的。三行应从速办理，不可延误。(7)关于收集现金，应分区责成三行分别负责办理，每旬具报，以凭考核。(8)各省自铸银币重量、成色种种不一，在1935年11月4日以前最近期内，在各该地方照一元行使者，准予兑结法币一元。其向有折扣者，兑换法币之时，亦照市价折扣兑给。将来改铸时，如有损耗，由政府负担[4]。1937年4月27日，中、中、交、农四行提议，为了加快现银的收兑，增订十足现银领券办法，四六成准备金领券办法仍限于同业，十足现银领券则无论机关、商店、个人均可领券，此项领券可由四行酌给手续费，假定每百元给手续费六元。该办法由发行准备管理委员会上报后，获准通过，并改名为《兑换

---

[1] 中国第二历史档案馆编：《中华民国史档案资料汇编》第五辑第一编财政经济(四)，第338页。
[2] 《中华民国金融法规选编》上册，第411—412页。
[3] 同上书，第418—419页。
[4] 同上书，第413—414页。

法币补充办法》[1]。

收兑法币的工作在法币改革之初颇有成效。上海银钱两业公会、市商会、各同业公会及总工会等，都一致表示拥护，并将存银换取法币。各发行银行的准备金，都陆续送交指定之库房储藏。外商银行于1935年11月12日在外滩麦加利银行内举行上海国外汇兑银行公会会议，事后，麦加利、汇丰、花旗、有利、大英等银行先将存银移交中、中、交三行，调换法币。北平、天津、汉口、济南、安庆、杭州、镇江、厦门各重要都市，都立即遵行部令，接收并封存现银，电请政府迅速增发法币至各该处备用[2]。以天津和北平为例，在法币改革前夕，各地所存现金共为10 457 710元，公库存现未计入，截至7月31日，数额已达28 844 705.38元。现金增加之来源，约有下列数种：（一）接收各行现金准备，如中实、大中、边业等。（二）中央银行转移部分，如接收四库准备，及兑入外银行现币。（三）兑入外商银行所存现币。（四）各同业缴来四六换领之六成现币。（五）邮政局代兑转来。（六）柜面零星兑入[3]。据较为合理的估计，至抗战前全国收集白银总额约达8亿银元，此庞大数额有助于准备金及外汇基金的设立，对法币政策的成功推行具有相当贡献[4]。

当然，有些地方钞券信用低落，以法币折换收回，收兑机关的损失很大。甚至在推行法币的过程中，因为1元券缺乏，山东省济宁裕民当便以皮纸便条书写法币1元、1角、2角等字样流通市面，结果导致市面上假造者甚多，妨害币制。发准会咨请山东省政府转饬迅予取缔，勒令全数收销[5]。而粤省毫券的整理、桂钞的整理则更为复杂，直至抗战爆发以后才逐渐推行。

1937年7月6日，财政部规定粤省毫券的整理办法，自1938年1月1日起，所有广东省公私款项及一切买卖交易之收付、各项契约之订立，均应以国币为本位；自1937年6月21日起，广东省银行、广州市银行所发毫银券，以144为法定比率折合国币，至1937年年底前照常行使；自办法公布之日起，由中央、中国、交通三行及广东省银行，按照法定比率，负责以法币陆续收回广东省银行和广州市银行所发毫券；发行准备管理委员会广州分会对于尚未收回

---

[1] 中国第二历史档案馆编：《中华民国史档案资料汇编》第五辑第一编财政经济（四），第378—381页。
[2] 卓遵宏等编：《抗战前十年货币史资料》（三），第170—171页。
[3] "推行津钞计划书"，中国第二历史档案馆藏交通银行档案，档号：三九八(12404)。
[4] 卓遵宏：《导论》，卓遵宏编著：《抗战前十年货币史资料》（一），台北"国史馆"1985年印行，第50—54页。
[5] "中国银行总管理处致发行准备管理委员会函"（1936年3月19日），中国第二历史档案馆藏发行准备管理委员会档案，档号：六二六(9)。

之毫券,应随时保持原有比例之现金准备[1]。

桂钞的整理从 1937 年 12 月 1 日起,以桂钞 1 元合国币 5 角为法定比率,照常流通。桂省一切税收,其向以法币为本位者,仍照旧办理。如无法币,应按桂钞 1 元折合法币 5 角抵缴。发行准备管理委员会应于广西省设立分会。广西省银行应将桂钞原有之现金与保证准备,连同已发收回与已印未发封存之新旧各券,暨印版全部券宗,移交该分会接管。桂钞现金准备短缺之数,拟援照整理粤省毫券办法,于中央在桂所收盐税项下,每年提出 120 万元为基金,发行整理广西金融公债 1 700 万元,以七折向四行押借现款 1 190 万元,交由分会补充之。桂钞保证准备,暂以原有之保证准备抵充。俟军事结束,桂钞收兑完竣时,再行调换发行准备管理委员会规定之合格证品。中、中、交、农四行应于桂省设立兑换机关,于本办法施行之日起,依照法定比率办理兑换,以利流通[2]。

1939 年 6 月 5 日,发行准备管理委员会订定收换破损钞票办法,经财政部核定后转各行照办。而具体实施则由四联总处另拟订收换破损钞券实施办法[3]。

2. 保管准备金和回收的钞票

由于发行准备管理委员会本身并没有保管库,即由其指定中央、中国、交通三行之库房为准备库,其各地分存数目,由发行准备管理委员会决定,并陈报财政部备案[4]。旋因求便利起见,将中南、四明、中国农工、农商、浙江兴业、中国垦业与中国实业之发行准备金,依照性质,交由中央、中国与交通三行分别保管;四明、中南、中国农工,缴存中央银行保管;中国通商与农商两行,缴存中国银行;中国实业、浙江兴业与垦业三行,缴存交通银行保管。再由中、中、交三行每月报告发行准备管理委员会,并由该委员会派员检查。至于省地银行之准备,根据修正管理各省银行或地方银行发行 1 元券及辅币券办法第八条之规定,亦应由发行准备管理委员会指定之国家银行为之保管。

由于保管库的限制,发行准备管理委员会的保管责任在具体实施时也有很多变通,有些是地方政府强行封存现金,拒绝移交给指定的国家银行保管,有些是因为国家银行没有地方存放而委托省银行或有关机构暂行存放。如在陕西分会成立后,依然未能接收陕西省银行的准备金。陕西省主席邵力子只

---

[1] 《中华民国金融法规选编》上册,第 422 页。
[2] 同上书,第 424—425 页。
[3] 同上书,第 433—435 页。
[4] 同上书,第 406 页。

允许准备分会加封,仍由陕西省银行负完全保管责任。对于移交给准备分会的已印未发之钞票亦因中、中、交三行库房狭小,分会保管库尚未建筑,在此期间内,仍暂借陕西省银行的金库暂行存放,由分会常委共同加封,仍由省银行负完全保管责任[1]。平津两市各银行号现金,在法币改革后名义上都交予发行准备委员会天津分会封存,但冀察政委会特派胡毓坤等,会同平津两市府所派关系人员,重加检验,另行封存。保管的机构也比较分散,在天津的有银钱业公库、中国银行分库、交通银行分库、中央银行本库、河北省银行本库、中国银行本库、交通银行本库、金城银行本库、中孚银行本库、上海银行本库、浙江兴业银行。在北平的有中国银行本库、交通银行本库、中央银行本库[2]。

  对于发行准备保管地点的选择,当时的经济学者亦有不同的观点。有的主张应将收集民间的生银银币铸成厂条,存入准备库;准备库应分设全国,以期安全,而昭信实。有人提出:"国家既欲将全国商店及人民之现银集中保管,以保全民族之命脉,则如何集中及如何保管,不惟方法上须精密研究,即为保管安全计,其地点亦大可研究。"主张在上海、天津、广州、汉口、重庆及西安,由各该地中央或中国银行与当地商业金融各界之公正人士,共同组织地方准备保管委员会[3]。有的主张保管地点的选择,一方面要顾虑到安全,一方面又要顾虑到汇兑的利便,因为白银集中后,并不用于兑现,其职能主要是用于对外收支的支方差额结账,因此集中后的白银,大部分应存放于国外或省外,以适应对外结账的需要。准备金分存国内各地,或许有政治上或外交上的理由,但就经济上的立场看来,设置三个准备分会,实属多事,分存国内各地更属毫无意义。上海易受敌人的掠夺,断不能多存于上海,且为打通对外汇兑计,亦不应存于上海,以分存于伦敦、纽约为最适宜。香港方面应分存一部分,亦以存于各大银行为原则,即与各大银行订立各埠代理契约,逐渐在世界各大都会设置分行,以达到打通各国大都会汇兑的目的[4]。有人认为发行准备分区保管,原非健全制度,且目下纸币已经停兑,分区准备尤已无此必要。不过人民刚刚脱离用现金的习惯,观念尚未确定,以为与准备中心相去愈近,愈

---

[1] 中国人民银行总行参事室编:《中华民国货币史资料》第二辑(1924—1949),第221—223页。
[2] 《平津现银封存数目》,《银行周报》第20卷第30期,1936年8月4日。
[3] 卓遵宏等编:《抗战前十年货币史资料》(三),第328—331页;马季廉:《对于改革币制批评的批评》,《国闻周报》第12卷第45期,1935年11月18日。
[4] 黄元彬:《白银国有论》,商务印书馆,1936年,第180—185页;《银行周报》第20卷第15期,1936年4月21日。

为安全。因此准备金分区保管，无形中可以安定一般人心，且可以增益法币信用，似亦不无其相当之意义。且目下先组分库，将来再行集中，过渡办法仍属两全[1]。

事实上，保管地点的设置如同准备分会设立的原因一样，受政治不统一、外交上掣肘、战争形势严峻诸因素的影响。面对日本军事势力的进逼，国民政府只有通过对地方实力派的让步达到稳定国内局势、安定人心的目的，将法币在尽可能短的时间内推行到全国。面对一触即发的全面战争，没有哪一个地方是绝对安全的，现金的运输也非一蹴而就，因此暂时将现金准备分存各地，逐渐通过出售白银购买外汇和黄金的方式将现金准备转移到国外，在当时是非常现实而有效的过渡政策。当然，抗战爆发后，沦陷区尚未能及时运出的现金准备也被敌人所劫掠，造成很大损失。1939 年，天津英租界的存银 1 450 万元就全部为日寇劫夺而去[2]。

3. 检查与公告发行额及准备金

发行准备管理委员会用以昭示法币信用的手段之一，即是定时检查法币发行数额、发行准备的比例，并予以公布。因此检查库存是其工作的主要内容，并在形式上贯穿始终，直至其结束为止。

1935 年 12 月 23 日，财政部公布发行准备管理委员会检查规则令。法币发行数额及其准备金种类、数目，定为每月检查一次。法币发行准备金应分为现金准备及保证准备两项检查。法币发行，须按发行数额十足准备。现金准备为六成，以金银或外汇充之；保证准备为四成，以国民政府发行或保证之有价证券及经财政部认为确实之其他资产，或短期确实商业票据充之。现金准备检查，如系库存现币、现金银，应分别点验。如系寄存分库或存放国外银行者，应核验各该分库存放银行之单据证明之。保证准备之检查，如系库存证券或其他资产，应分别点验，如系寄存分库或寄存国外银行者，应核验各该分库或寄存银行之单据证明之。凡设有发行准备管理委员会分会的地方，其法币发行数额及准备金之种类、数目，由分会检查后，转报发行准备管理委员会汇办。无分会地方，由该地中、中、交三行将发行及准备数目填报各该总行转报发行准备管理委员会汇办。每次检查后，应将发行数额及准备种类、数目分别公告，并陈报财政部备案[3]。

---

[1] 杨荫溥：《吾国新货币政策之分析》，卓遵宏等编：《抗战前十年货币史资料》（三），第 292—294 页。
[2] 千家驹：《中国法币史之发展》，南华出版社，1944 年，第 21 页。
[3] 《中华民国金融法规选编》上册，第 415—416 页。

具体的检查方式为设立发行准备管理委员会或分会的地区，由委员轮值，并由库监陪同检查，不设发行准备分会的地方则由中、中、交、农四行填报发行及准备数目，汇集到发行准备管理委员会，有些银行则统由总行汇集各分支行的数额，再上报给发行准备管理委员会。例如厦门中国银行分行发行准备情况，即要求就近在上海检查，因为该分行的所有现金准备先后运沪寄存，将次运毕，余存无多，保证准备亦多存于沪行，至于发行及准备种类数额亦均按旬填报[1]。自1935年12月至1942年7月，发行准备管理委员会共检查发行准备79次[2]，但并未全部公布，兹将公布的检查情况列表于下。

表2 发行准备管理委员会检查法币发行及准备金统计表

单位：元，比例统计四舍五入

检查日期	发行总额	现金准备额	现金准备比例
1935年12月	641 554 890.92	432 878 276.85	67.47%
1936年1月	719 569 099.42	503 515 799.97	69.97%
1936年2月	700 046 382.42	505 145 398.37	72.16%
1936年3月	748 351 660.92	533 226 908.75	71.25%
1936年4月	781 596 099.92	550 865 945.27	70.48%
1936年5月	822 332 289.92	558 853 801.60	67.96%
1936年6月	855 937 967.92	577 133 257.27	67.43%
1936年7月	876 955 818.92	581 587 670.18	66.32%
1936年8月	879 857 721.92	579 053 703.49	65.81%
1936年9月	908 913 999.92	601 592 376.85	66.19%
1936年10月	961 528 273.92	610 604 153.19	63.50%
1936年11月	1 025 682 337.92	644 359 771.24	62.82%
1936年12月	1 079 948 233.92	675 171 395.52	62.52%
1937年1月	1 142 682 362.92	718 115 255.48	62.84%
1937年2月	1 163 206 057.8	736 534 443.82	63.32%

[1]"中国银行总管理处致发行准备管理委员会函"(1936年4月9日)，中国第二历史档案馆藏发行准备管理委员会档案，档号：六二六(9)。
[2]中国第二历史档案馆藏中国农民银行档案，档号：三九九(4)-3918。

续 表

检查日期	发行总额	现金准备额	现金准备比例
1937 年 3 月	1 371 868 809.3	908 927 929.12	66.25%
1937 年 4 月	1 384 972 814.3	909 851 891.87	65.69%
1937 年 5 月	1 406 578 020.8	922 298 565.32	65.57%
1937 年 6 月	1 407 202 334.3	916 518 352.78	65.13%
1937 年 7 月	1 444 915 719.75	939 375 543.77	65.01%
1937 年 8 月	1 511 714 642.25	954 319 034.35	63.13%
1937 年 9 月	1 544 456 862.75	980 867 285.11	63.51%
1937 年 10 月	1 556 359 801.25	987 151 913.53	63.43%
1937 年 11 月	1 603 469 068.25	1 016 500 009.08	63.39%
1937 年 12 月	1 639 097 783.5	1 043 969 678.04	63.69%
1938 年 1 月	1 677 636 278.5	1 068 309 396.51	63.68%
1938 年 2 月	1 697 187 843	1 083 934 941.57	63.87%
1938 年 3 月	1 679 187 771	1 077 862 079.56	64.19%
1938 年 4 月	1 693 850 234.5	1 100 080 112.71	64.95%
1938 年 5 月	1 705 320 000	1 113 850 000	65.32%
1939 年 12 月	3 081 787 295	1 556 159 138.39	50.50%
1940 年 6 月	3 962 144 025	1 917 526 049.59	48.40%

资料来源：根据《银行周报》相关各期整理统计。

  从上表中历次检查公告的数字，我们发现其现金准备的比例，1935 年到 1938 年 5 月间都在法令所规定的六成比例以上，1939 年 12 月和 1940 年 6 月公告的比例显然已打破规定，但值得探讨的是这些数字是否真实地反映了发行准备的情况。其实早在 1936 年 6 月 8 日，中央银行改组委员会解释中央准备银行法草案而上财政部长孔祥熙的密呈中，即透露了法币现金准备难以达到六成，指出："就职会所知，新银行接收各银行发行部分后之现金准备，其数额大抵在法定额六成以下，此所以职会主张采用新准备制度以免新准备银行之现金准备在六成以下或减少其法定现金准备额也。"至于保证准备部分，在发行准备管理委员会所已接收各行之保证准备，颇有一部分非健全之中央银行所应有（在 1936 年 5 月 23 日该会保证准备约有 4 000 万元，三行缺少的准备不在其列），其中包括大量的无担保公债、股票及房地产等不甚可靠的资产[1]。1938年7月，宋子文致电孔祥熙，接到劳杰士的电报称："伦敦路透讯，据汉口报告，我国发行总额在未沦陷区域内，至本年五月底止，为十七万零五百万元，现金准备达百分之六十五。查此项消息与事实不符，在国外市场略知我国内情者，反觉诧异奇突，引起不良印象，嗣后拟请制止为荷。"孔祥熙在给宋子文的复电中称："当此时期，发行数以及准备情形，似可不必照例公布，以免引起不良印象。除由部函该会嗣后慎重发布外，特复。"[2]从这份密电中不难看出，宋子文和孔祥熙都清楚发行准备管理委员会检查公告的内容是不客观的，此时法币在国内的收兑和推行已基本完成，委员会及其检查公告所发挥的巩固币信之作用已不再像初期那样重要，而对于维持法币信用更重要的是汇率的稳定以及争取英美国家的财政支持，所以权衡两者轻重，仍以赢得国外人士的信任为首要，所谓的"以免引起不良印象"即指此点而言。

1939年9月8日公布的《巩固金融办法纲要》规定：法币准备金于原有之金银及外汇外，得加入短期商业票据、货物栈单、生产事业之投资充之，国民政府发行之公债充作准备金，不得超过准备金金额十分之四。发行准备管理委员会应遴聘各重要省市之商会银钱业公会代表参加公开检查，将发行数额准备金实况公告之。发行准备管理委员会对此提出实施办法：（一）短期商业票据、货物栈单、生产事业之投资三项应各列详细清单一纸，连同检查表报一并送会。（二）短期商业票据应将发票人、承兑人、付款人发票日、承兑日、到期日、付款地点及有无附属单据等项分别详列。（三）货物栈单应将货物名称、价值、仓库名称及其所在地，有无保险、保险金额、保险期限、保险公司名称及其所在地保险单号数等分别详列。（四）生产投资应将投资之公司或商号名称、营业地点、重要职员姓名略历、投资金额、公司所生产之货物种类以及近年来之营业状况详细填列。并宣称检查公告大约下月即须恢复[3]。

发行准备种类的扩充，即表明原来所规定的金银及外汇已不足以保证原来所规定的发行准备比例。而且纲要中所规定的国民政府发行之公债充作准备金不得超过准备金十分之四，语意含糊，是指国民政府发行之公债亦可充作现金准备金，其充作之数不得超过准备金全额十分之四，还是指国民政府发行

---

[1] 中国第二历史档案馆编：《中华民国史档案资料汇编》第五辑第一编财政经济（四），第492—494页。
[2] 中国第二历史档案馆编：《中华民国史档案资料汇编》第五辑第二编财政经济（三），江苏古籍出版社，1997年，第44—45页。
[3] 中国第二历史档案馆藏中国银行档案，档号：三九七-12783。

之公债仍只能充作保证准备金,原可充作保证准备金之有价证券、财政部认为确实之其他资产及短期确实商业票据是否仍可照旧充用,都不明了。这种模棱两可的规定是否有意为之,尚不得而知。但即使在如此扩充之后,仍未按期公布发行准备的数额。

自1939年下期开始,政府批准中、中、交三行辟另账发行数额,此项发行数额特许全部以保证充准备。所谓"另账发行",增长得特别迅速,据统计,1939年6月、12月,1940年12月,1941年12月,1942年3月,另账发行占总发行的比例分别为12.64%、28.11%、30.75%、23.79%、23.78%,以1939年6月的另账发行数额指数为100,到1942年3月指数已高达2 196.2[1]。其他银行也分别采取措施规避限制。1939年10月5日,中国银行致函发行准备管理委员会称:"再查敝两行自开始抗战至上年年底,增发钞券因乏充分金银外汇,为一时权变计,曾加入对存性质之'存放同业'及'存出本联行'两项,充作现金准备金,自本年奉部令用金债立另账后,增发之额,全系用金债为准备金,现须恢复检查公告,承示另账除外之发额,不宜再用旧数字,必须时有变动,又奉亚民、叔毅两兄九月廿六日函示所有公开部分,每月数额自九月底起,宜斟酌情形,作合理之增加,如遇钞应用较清淡之时,亦不妨略予减缩,庶与情理不致相去过远云云。是另账以外之发额自必斟酌增减,今后对于发额增减除大部分仍就另账伸缩外,拟酌以一部就原账内进出,俾符尊处意旨,再查新添得以充作准备金之三项,敝两行所有数目,均不甚丰,且其零星而变动频繁,此后如遇发额大增,搜罗不及,或数量不足,似只得仍以上述'存放同业'及'存出本联行'两项充作现金准备金,藉资过渡。"[2]从此信的内容可以看出,中国银行早即以"存放同业"及"存出本联行"的单据作为现金准备,后来则大部分根据另账数额伸缩,至于公开的发行数额则是编造出来的。发行准备管理委员会不仅对此心知肚明,而且协同造假。该会主任金国宝曾面告交通银行,1939年6月、7月、8月、9月份发行额均为548 456 070元,兹因财政部洋顾问索阅1939年下半年各月发行额,为免使怀疑起见,指示交通银行将7月、8月、9月三个月另账发行额的尾数拨入正账内,其正账与另户之总和仍不变更,希望秘密接洽[3]。1940年5月6日,发行准备管理委员会发给各发行银行的

---

[1] 杨培新编著:《旧中国的通货膨胀》,生活·读书·新知三联书店,1963年,第33页;《中华民国货币史资料》第二辑(1924—1949),第861页。
[2] 中国第二历史档案馆藏中国银行档案,档号:三九七-12783。
[3] "杨崇雅致交行总管理处"(1940年3月2日),中国第二历史档案馆藏交通银行档案,档号:三九八-12846。

公函中,明确指示嗣后各行现金准备自可核实报告,不必拘泥六成规定,以符实际[1]。1940年6月,发行准备管理委员会最后一次公布发行准备检查结果。在公告中,交通银行的发行数字为727 566 790元。而据交通银行称,该行发行数额除公告部分外,尚有:(一)另账发行数额(即以金公债充作准备部分)28 000万元。(二)代部发行小额币券(一元券及辅币券)数额134 836 075元。实际发行数额为1 142 402 865元[2]。即发行准备委员会公告的该行发行数仅占发行总额的63%。

此后,发行准备管理委员会连编造的数字也未再公布过,事实上已处于名存实亡的状态。1939年9月8日,国民政府对四联总处进行了改组,成为四行联合办事总处,负责办理政府战时金融政策有关各特种业务,此后关于资金的集中与运用、四行发行准备的审核、小额币券的发行与领用都由四联总处负责[3]。从1942年7月1日起,中央银行统一发行,中国、交通、农民三行的发行准备金及其所保管的他行准备金,悉数移交中央银行保管。至此,发行准备管理委员会已无存在之必要,遂于是年9月办理结束。

四、名与实:对该机构的评价

发行准备管理委员会的设立、组织构成以及其职能和工作已如上述,那么,我们究竟该怎样来看待这样一个机构的地位及作用? 当法币改革之初,即有一些学者对此有过评价。有人认为该机构就章程而言,为对内推行法币及保管准备的最高机关,理论上当为货币管理的中心机构,但就后来事实的表现,该会实仅为一发行与准备的检查机关[4]。有人认为该委员会职权止于保管法币准备金及办理法币之发行收换事务,类似一理想的中央银行之发行局。较诸过去各行之散漫发行状况,委员会之设立固已不失为一大进步,然欲以委员会为管理通货之机关,则又嫌其机构之不完备[5]。

根据财政部关于施行法币布告的规定,发行准备管理委员会的职责是办理法币准备金的保管及发行收换事宜,在同一天孔祥熙发表的关于实施法币

---

[1] 中国第二历史档案馆藏中国银行档案,档号:三九七-12783。
[2] 中国第二历史档案馆藏交通银行档案,档号:三九八-12846。
[3] 重庆市档案馆、重庆市人民银行金融研究所合编:《四联总处史料》(上),档案出版社,1993年,第67—71页。
[4] 余捷琼:《中国的新货币政策》,商务印书馆,1937年,第81页。
[5] 顾季高:《中国新货币政策与国际经济均衡》,《经济学季刊》第7卷第1期,1936年6月。

政策的宣言中,又提出中央银行将来应行改组为中央准备银行,保管各银行之准备金,经理国库,于两年后享有发行专权。从这些规定我们即可明确,发行准备管理委员会只是一个过渡性的机构,政府并未赋予其太多的职权,将其定为"货币管理的中心机构"则过高。

因为从其组织来看,委员的人选都是其他机构的商界领袖和政府官员兼任,办公地点都附设在中央银行内,所以其组织机构很不完善,作为联合各方力量的暂时机构,通过它昭示法币的信用可以,但如作为永久的机构,负责管理货币则不太可能。因为外汇的买卖以及信用的发出与收回,不属于发行准备管理委员会,而为中央、中国、交通三行所分任,此种发行与信用分隶机关的办法,只能一时应急,不足以长保对外汇兑的安定,即不足以使人民对货币有绝对的信心。对此,发行准备管理委员会亦有清醒的认识,在该会第 20 次常务会议上即提出:"溯自币制改革以来,各地需要法币甚殷,流通额数较前益广,惟是国内法币信用与国外汇价稳定二者必须相辅而行,方足以维持新政策于不敝,然国内法币之信用,系乎准备金之是否充足及能否与人共见,外汇之能否稳定,胥赖汇兑基金之是否充实与买卖之能否自由,前以安定人心巩固法币信用起见,曾经由会议决,函请贵部函令三行嗣后对于准备金之调度,应随时分存各地以昭大信,至对于外汇基金充实一节关系尤为重要,查此项基金来源不外国际上有形无形之种种收入,顾国际收支及银价涨落变迁无常,似宜妥为筹备,务求充实。"[1]因此孔祥熙在该会成立的同时即提出尽快成立中央准备银行。

从委员会职能的执行来看,法币的推行、准备金及旧券的回收及保管,都是由中、中、交、农四行开展的,委员会只起了协调的作用。真正由其执行的只有发行及准备的检查和公告。而在法币政策推行以后,法币汇率的维持对于巩固币信的重要性已超过发行准备问题,所以在 1938 年 6 月以后,孔祥熙为避免国外人士对中国政府的不良印象,即停止了发行准备的公告,至此发行准备管理委员会的最后一项职能也名存实亡。

就发行准备管理委员会的人选来看,既然将其作为昭示币信的机关,则应当以不受政治势力的支配为原则。但事实上根本无法做到这一点,总会的主席孔祥熙本人即为财政部长,财政部除指派 5 人为委员外,还向各保管库派驻库监,直接向孔祥熙汇报各库情形。准备分会更是受到地方长官的掣肘,地方长官也陆续出任分会的委员。所以发行准备管理委员会非但不能超然于政府

---

[1] 中国第二历史档案馆藏交通银行档案,档号:三九八-12609。

之外，而且要受制于各大发行银行，政府官员的一条指令就可以禁止他们的检查公告，银行亦可不经过其允准，违反发行准备的规定，而在发行的数字上还要与银行协同作弊。退一步言，无论保管银准备的人员和地点如何超越政治的支配之外，如果只是专管银准备，而对于对外汇票的数额和发行纸币的数额没有充分监督的权能，则一纸汇票，可使在外所存准备归于乌有，一个纸币发行命令可使银准备退避三舍，而让纸币横行。这即是发行准备管理委员会的局限所在。

不可否认，发行准备管理委员会及其分会，在中央银行制度尚未建立、骤然在全国推行不兑换纸币的情境之下，对于统筹中、中、交、农四行的力量，提高人们对法币的信任发挥了积极的作用，但由于其组织和职能的不完善，这一作用也是短暂的、有限的。从后期的情况来看，它非但不再是昭示法币信用的机构，而是成为检验国民政府是否失信的晴雨表，国民政府以欺骗的伎俩来对待最初的承诺，失信于民，最终导致了法币的恶性膨胀和崩溃。

（原载《史学月刊》2009 年第 6 期）

1935年法币政策在天津的实施

申艳广 *

近代以来,天津因开埠而兴起,是具有全国影响的大都市之一。南京国民政府成立后政治重心南移,上海成为全国最大的工商经济与金融中心。但与其他城市相比,天津金融机构的数量、资力、经营规模以及业务辐射范围等方面,都仅次于上海,仍是具有全国性影响力的华北金融中心所在地。当时,华资银行、钱庄和外资银行是天津的三大金融势力,其中既有银钱两业之分,也有官商、中外之别,依照其各自与法币政策的利害关系,可大体归纳为主动推行者和被动接受者。对于法币政策在天津的实施,以往中国近现代史教材和通史类著作,或者完全没有论及法币政策的实施,或者仅是略有着墨[1]。在天津地方史研究中,迄今为止,研究者对于法币政策也没有给予足够的重视[2]。在相关论文方面,吴景平在考察英国、美国与1935年中国币制改革的关系时,也关注了日本对法币政策所持的态度[3]。张连红注意到法币政策的实施在各省地方政府中的不同反应,认为华北各省为部分执行型,对法币政策基本持赞成态度,但不同意将白银运出省外,对取消省银行的发行权也不甘心,对法币政策则暗中抵制[4]。总之,已有相关成果中没有法币政策在天津实施的完整叙事,更缺乏专题性研究。本文将主要依据天津市档案馆典藏的相关档案,并运用已刊史料文献,以天津金融业的应对为中心,梳理法币政策在天津实施的基本史实。

---

* 申艳广,2017年博士毕业于复旦大学历史学系,现为河北师范大学历史文化学院讲师。

[1]《中国近现代史纲要》(高等教育出版社,2009年修订版)未论及法币政策的实施。杨奎松《中国近代通史》第8卷"内战与危机"(江苏人民出版社,2005年)第331页对法币政策有过简略论及。周天度等《中华民国史》第8卷下(中华书局,2011年)第九章"国民政府的财政金融"第六节"法币政策的制定和实施"没有论及法币政策在天津的实施。

[2] 罗澍伟《近代天津城市史》(中国社会科学出版社,1993年)没有关注法币政策在天津的实施。《天津简史》(天津人民出版社,1987年)对法币政策对天津的影响略有着墨,但失之过简。

[3] 吴景平:《英国与1935年中国的币制改革》,《历史研究》1988年第6期;《美国与1935年中国的币制改革》,《近代史研究》1991年第6期。

[4] 张连红:《南京国民政府法币政策的实施与各省地方政府的反应》,《民国档案》2000年第2期。

一、天津中央、中国、交通三政府系统银行：法币政策的实际推行者

法币政策规定，中、中、交三行为法币的发行者，同时三行参加了发行准备管理委员会，参与白银的保管和管理，还被指定为法币兑换机关。而各地的中、中、交三行，则成为所在地的法币政策的具体推行者。

法币政策颁行伊始，天津中央、中国、交通三银行（以下简称津三行）便及时表态对法币政策进行了支持。在法币政策中，统一发行权是主要内容。于是11月4日，"中央银行天津分行联合中国、交通两银行津行，邀集天津市有发行权之各银行经理等，到中央银行面商遵令实施各办法"[1]。可以看出，津三行以有无发行权为标准，对各商业银行进行了区别对待。

同日，津三行约集23家银行代表和钱业公会5位常务委员召开银钱业联席会议。公推中国银行天津分行经理卞白眉为主席，议决数项巩固法币政策和改善金融等原则，并分电上海、北平等银行、钱业公会通告对法币政策的态度。从1918年2月天津银行公会成立，到1935年3月改选，卞白眉长期担任银行公会会长、主席，对天津金融业具有重要影响，他的表态无疑有助于提高天津金融业对法币政策的信任，对法币政策在天津的顺利实施起了重要的作用。"集中现金统一发行之令昨夜已到，今晨七时起后，方知悉。早膳后即往中央会商在津执行方法，决定：（一）遵令照办；（二）各行往来冲算，仍照旧由公库代办；（三）河北省银行等六行钞票亦由三行照收。"[2]卞白眉11月4日的记载显示了津三行对法币政策的态度、应对方法。

统一发行能否成功，很大程度上取决于能否把各发行银行的准备金集中起来管理。在天津，还包括对准备金管理权的争夺。11月5日，中央银行天津分行经理李达致函银行公会，紧急召集天津各银行开会[3]。李达在会上传达了调查各银行钱庄库存钞票种类及现金数目的问题，要求各银行一体遵照办理，在6日之前将各行库存现金、发行数额和发行准备金造表汇报[4]。8日，

---

[1] 卓遵宏：《中国近代币制改革史》，台北"国史馆"，1986年，第329页。
[2] 卞白眉1935年11月4日日记，政协天津市委员会文史资料委员会：《卞白眉日记》第2卷，天津古籍出版社，2008年，第302页。
[3] "改革币制"，天津市档案馆藏档案 J0129-3-005342。
[4] "天津银行公会与各机关（无字）关于金融法令政策的来函及会员会议记录"，天津市档案馆藏档案 J0212-1-000122。

天津市政府为了防止现洋出境,要求将天津各银行号库存银洋查明封存,并委派林叔言等为查封委员与津三行洽商查封事宜[1]。次日,津三行向天津市政府据理力争"暂不实行查封,以免事实上发生困难"[2],9日晚,李达收到孔祥熙来电,获知准予设立发行准备管理委员会天津分会,保管天津地方现金。10日晨,李达等携带孔电再次与天津市政府交涉,要求天津市政府停止进行查封[3],抵制了天津市政府借插手查封而谋求管理权的计划。

津三行对法币政策的另一支持是协助安定金融市面。针对银钱联席会议上金融界提出的担心头寸短缺,影响市面问题,津三行承诺帮助解决此后顾之忧,"由三行允维持各行号有缺头寸者"[4]。这对于天津金融界执行币制改革令起到了一定作用。

津三行是法币政策在天津实施的主导力量。在法币政策实施初期,津三行的态度最为积极,所起的作用和影响也最大;之后津三行遵照财政部指令,调查各银行号库存钞券及现金数量,并快速地接收边业、大中、北洋保商银行的发行准备金,树立了国民政府大力推行币制改革的形象,有利于法币政策的推广。

二、天津商业行庄:总体支持下的不同反应

法币政策是国民政府实施金融统制方针的重要组成部分,其实质是取消商业银行的发行权、提升政府银行的主导地位,自然会挤压其他商业行庄的生存空间。天津金融业中商业行庄的反应各不相同,但总体上还是对法币政策表示了支持。

天津钱业对法币政策表示"一致遵照"。11月4日,钱业公会王晓岩、顾筱林、张泽湘、范雅林、倪松生五位常务委员与银行公会代表举行联席会议[5]。五位常务委员代表钱业表示,此项改革是为保存全国准备金,巩固币制与改善金融,应该一致遵照办理,并共同议决办法:(1)银钱业对于政府巩固币制办法一致遵照。(2)津同业转账照旧由公库办理,一律用三行钞票支付,公库所存现洋,按11月2日库存数由两会及三行会同封存。(3)自11月4日起,各

---

[1] "改革币制",天津市档案馆藏档案 J0129-3-005342。
[2] "天津银行公会与各机关(无字)关于金融法令政策的来函及会员会议记录",天津市档案馆藏档案 J0212-1-000122。
[3] "改革币制",天津市档案馆藏档案 J0129-3-005342。
[4] 卞白眉1935年11月4日日记,政协天津市委员会文史资料委员会:《卞白眉日记》第2卷,天津古籍出版社,2008年,第302页。
[5] 《津银钱业联席会议》,天津《大公报》1935年11月5日,第7版。

银行号开出之票据，一律书写国币（National Money），其以前开出之票据及11月4日以后顾客所开票据如有仍书"现大洋""大洋""银元""银洋"等字样者，一律按国币看待，均以中央、中国、交通三行钞票收付之〔1〕。钱业在1933年废两改元后，即已丧失了在金融业、商业中的传统优势，且钱业本身没有发行权，因此它与法币政策没有太大的利害关系，着眼点只在白银兑换法币上。

商业银行对法币政策持消极态度。法币政策实施后，排名于"北四行"之首的盐业银行总经理吴鼎昌即表示："现在立即对新制度提出批判，未免过于轻率。不过我认为这项命令，确实西欧气味太浓，不符合中国的实际情况。"他认为中国人民忍耐性是很高的，因此法币政策也能强制推行到某种程度；并表示如接到交出白银的通知，打算拒绝接受中央银行纸币，要求用盐业银行纸币来接收，极力避免交出白银〔2〕。盐业银行在商业银行中有一定的影响力，它的态度在某种程度上影响到了其他银行的行动。

"北四行"中实力最强的金城银行总经理周作民则以对发行准备委员会天津分会主席一职的"坚辞不就"，表示其不满。11月9日，财政部指定周作民为津分会主席〔3〕，11日，财政部予以发表后，周作民致函天津金城银行经理王毅灵，"今财政部忽令弟为天津准备分会主席，当即函辞"，并希望王与吴鼎昌、胡政之协商，在天津《大公报》上登报声明〔4〕。21日，天津分会开成立会，为了表达对政府银行特权的不满，周作民以"不能常川驻津，处理日常公务"〔5〕为由，对分会主席力辞不就。商业银行对于法币政策的态度由此可见一斑。

天津被取消发行权各银行其钞券及准备金被接收的具体情况如下：

11月7日，北洋保商银行、边业银行、大中银行接到财政部长令津三行接收其发行准备金的电文，"北洋保商银行声称，稍有困难，须俟该北平王协理（王泽民）到津面商办理。边业银行声称，并无困难，惟须请示张副司令汉卿，俟奉复方能办理各等语。至大中银行则称，困难较多，尚须请求财部接洽"〔6〕。因为北洋保商、大中、边业三银行对北方情形颇有顾虑，害怕交出现银后局势变化而受损失，因此采取推诿观望的态度。但在财政部迭令督饬之

---

〔1〕 "天津银行公会与各机关（无字）关于金融法令政策的来函及会员会议记录"，天津市档案馆藏档案 J0212-1-000122。
〔2〕 傅文龄：《日本横滨正金银行在华活动史料》，中国金融出版社，1992年，第56页。
〔3〕 中国人民银行上海市分行金融研究室：《金城银行史料》，上海人民出版社，1983年，第329页。
〔4〕 同上。
〔5〕 《准备保管会津会昨成立》，天津《大公报》1935年11月22日，第4版。
〔6〕 第二历史档案馆：《中华民国史档案资料汇编》第五辑第一编财政经济（四），江苏古籍出版社，1995年，第325页。

下,最后不得不服从接收。

北洋保商银行被接收库存钞券 1 111 120 元,连同该行总处寄存的 14 箱 94 万元钞券也被一并点查封存,移存至天津交通银行库房[1]。依据北洋保商银行发行额,保商银行应被接收发行准备现金 100 万元,北洋保商银行仅交 70 万元有市价之证券抵充塞责。

边业银行的发行准备金最初被津三行共同接收,后由中央银行一家接收,至 1936 年 2 月,转由天津交通银行接收。截至 1936 年底,边业银行被接收定制券总数为 300 万元,除流通券额 350 800 元外,还包括已印未发、已发收回之钞票 2 649 200 元及现金准备 210 480 元、保证准备 140 320 元[2]。在接收过程中不仅发行准备金被接收,库存钞券也被一并接收。

大中银行同样原定被津三行共同接收,后被天津交通银行办理接收。大中银行发行钞券截至 1935 年 11 月 3 日,总额共计 280 万元,除被封存 1 087 479 元外,其流通额为 1 712 521 元[3]。另外大中银行被接收的 16 万保证准备,是以 100 万元九六公债抵充的。根据规定,九六公债不能充作发行保证准备,因此,大中银行被交通银行一再函催掉换合法债票,大中银行不予理睬。

各商业银行拥有钞票发行权有其历史原因。南京政府时期,通过扶植中央银行、改组中交两行,金融统制的局面已逐渐形成,加上白银风潮对金融行业的冲击,商业银行已无力抗衡国家金融政策。而钱业因为资本额小、与银行的营业范围不同和没有钞券发行权,故对法币政策没有抗拒的实力和动机。

三、河北省银行的抵制

法币政策不仅要取消商业银行发行权,省银行的钞票发行权也要被取消。当时河北省银行是受宋哲元一派把持的金融机构。它针对财政部要求接收发行的指令,一直不予答复。

11 月 8 日,河北省政府接到财政部长孔祥熙致各省市政府电,根据其规定,河北省银行"应即日截止发行,并将已印未发、已发收回之新旧各券,先行封存,连同现在流通券额所有之现金准备、保证准备数目,全部查明报部,以凭

---

[1] "伪津中行接收边业、大中、保商银行准备金来往函",天津市档案馆藏档案 J161-1-1277。
[2] 交通银行总行:《交通银行史料》第 1 卷(1907—1949)下册,中国金融出版社,1995 年,第 911 页。
[3] "伪津中行接收边业、大中、保商银行准备金来往函",天津市档案馆藏档案 J161-1-1277。

核定接收办法"[1]。而按照 11 日河北省政府接到的孔祥熙来电,河北省银行的发行将直接被接收:"所有该银行发行现在流通中钞票之现金准备、保证准备,连同已印未发、已发收回新旧各券,应即日悉数交由当地中央、中国、交通三银行会同接收",在接收之后,"其业已流通之钞票,暂准在市面行使"[2]。26 日,河北省政府第三次接到财政部来电,电文中提到河北省银行被接收的三项规定:(1)省银行发行之钞券,应以 11 月 3 日流通之额为限,此外不得续有发行。(2)流通额之外新旧各券,由津三行会同点收封存,负责保管。(3)流通额之发行准备金由津三行会同点验查存[3]。然而,河北省银行面对屡次三番的接收电文,拒不执行。且借口市面缺乏铜元,将前存 10 枚、20 枚、40 枚、60 枚、100 枚五种铜圆券,于 12 月 5 日开始发行[4]。这在事实上破坏了法币政策对三行以外其他发行银行不得增发的规定。

另一方面,1936 年 1 月,南京国民政府直接控制的另一家政府银行中国农民银行实际上获得了发行法币的权利,并受权负责接收各省银行发行部分。4 月,河北省政府收到中国农民银行要求接收河北省银行的函件,河北省政府对此置之不理。因为之前中国农民银行与河北省银行同属被接收对象,此时不仅争得发行权,而且出面代表国民政府接收河北省银行。当时外界认为"农民银行开了一个危险先例,河北省当局就是继此先例而行事的"[5]。可见,河北省银行由遮遮掩掩的发行辅币券直接转变为挑战法币政策的权威性,与中国农民银行新获得法币发行权并出面接收其他银行发行的事件,有着内在的联系。

在中国农民银行要求接收河北省银行发行部分不久,5 月 23 日,冀察政务委员会发出训令,指定河北省银行为统一发行机关:"查国家发行钱币,例应统一,中国情形,因向未施行统制,纷乱不堪。近自法币推行以来,市面各项钞券,骤行增多,所有各该发行券行号准备是否充实,发行额有无滥溢,均属未敢深信,诚恐日久弊深,券价惨落,影响人民生活,本会总核冀察政务,在所属区域之内,不能不先筹一完整办法。兹特指定河北省银行为本会统治之发行钞券统一机关。除此以外,无论何人何处及何省市政府,均不准再有新

---

[1] 中国银行总行:《中国银行行史资料汇编(1912—1949 年)》(一),档案出版社,1991 年,第 591 页。
[2] 同上书,第 593 页。
[3] 财政部财政科学研究所:《国民政府财政金融税收档案史料(1927—1937)》,中国财政经济出版社,1997 年,第 439 页。
[4] 天津市档案馆:《天津商会档案汇编》第 3 卷上册,天津人民出版社,1994 年,第 751 页。
[5] 贺武致艾登电(1936 年 6 月 3 日),转引自吴景平:《李滋罗斯远东之行和 1935—1936 年的中英日关系——英国外交档案选译(下)》,《民国档案》1990 年第 1 期,第 57 页。

钱币发行。"[1]对此,孔祥熙于5月30日、8月2日分别致电天津市长萧振瀛、冀察政委会主席宋哲元,要求一如既往维护法币政策,并告诫二人河北省银行钞券信用难立,必致崩溃,于中央和地方俱为不利。萧、宋复电表示绝不破坏国家财政系统和依照中央办法办理[2]。河北省银行由被指定华北统一发行机关再到旋即被取消,是由冀察政务委员会的特殊性决定的,即名义上冀察政务委员会受南京中央政府管辖,实际上又具有半独立地位,当时既亲日又不降日,它代表了宋哲元等华北地方派的利益。

四、天津外商银行对收换存银的态度和反应

法币政策要求收回华资商业银行的发行权,外商银行则被要求停止收受和行使白银,其库存现银要通过中、中、交三行收换为法币。天津外商银行存银的收换过程几度周折,即各外商银行先是观望,静待事态发展,实际上是担心先交出白银之后,国民政府给予其他外商银行更优惠的待遇。之后试图运沪掉换,在南运无果后,只好同意就地移交。

美国花旗银行"对日籍银行是否会遵守新规定仍然存在着重大怀疑。本地银行界对法籍银行是否遵照至少将白银移交中国(政府),也存在着怀疑。花旗银行已接到其上海总行指示,对外不再支付白银,但并未接获命令将其存银移交中国政府"[3]。应当指出,花旗银行对外不再支付白银,不是出于对法币政策的支持与同情,而是因为如将白银运至国外出售,获利更高。

日本银行方面则拒绝在任何条件下交出白银[4],并对其他在华外国银行掉换法币事宜进行了密切关注。因六成现银、四成有价证券的换领法币方法只在上海实行,因此有外商银行准备将白银运送到上海掉换法币。如1936年2月19日,华比银行准备将现银南运掉换法币[5],被津海关出面扣留。

在南运未遂的情况下,天津外商银行开始考虑就地移交。1936年2月25

---

[1] 中国第二历史档案馆:《中华民国史档案资料汇编》第五辑第一编财政经济(四),第288页。
[2] 同上书,第290—292页。
[3] The Consul General at Shanghai (Cunningham) to the Secretary of State, Nov. 15, 1935, *Foreign Relations of the United States*, 1935, Vol. 3, Government Printing Office, 1953, pp. 633-640.
[4] 支那幣制に対する我方の態度(1935年11月22日),JACAR(アジア歴史資料センター)Ref. A09050543600,《昭和財政史資料》第6号第66册(国立公文書館)。
[5] 《外商华比等银行私运现银被扣》,天津《大公报》1936年2月21日,第4版。

日,天津花旗银行经理脱瑞致函津海关监督林世则,称"如果我们能获得像上海那样的条件,我们准备在天津移交白银"[1],表达了在天津移交白银的意愿。事实上,当时白银已经退出货币流通,外商银行的库存白银已经闲置,只能作为一般商品出口,而币制改革之前就施行的白银出口税和平衡税依然存在,再加上世界银价已经猛跌,白银出口已无利可图了。

在1935年底,英国外交大臣艾登指示在华与南京当局商议法币改革的英国政府顾问李滋罗斯,要求其尽可能地支持银行为得到最优惠待遇所提的一般要求[2]。因此在天津英商银行白银问题上,英方希望"就近扫数交由天津中央、中国、交通等银行收领,换给法币,并请援照上海各国银行移交白银办法,按三分之二核给五厘利息二年"[3]。1936年4月1日,财政部表示"天津外商银行如须以所存现银就地兑换法币,应与津三行洽办",但"不应再有给息情事"[4]。为了充分沟通此事,4月7日,林世则赴南京斡旋,得到了孔祥熙的口头同意[5]。但财政部并未给津三行正式指令。23日下午,天津外商银行举行会议[6],决定假若津沪换银条件不能一致,则将白银出口。

在津三行接洽不成功的情况下,再加上日本怂恿华北币制独立[7],萧振瀛派河北省银行收换外商银行白银。"关于津市外商银行以现银兑换法币事,瀛曾向中、中、交三分行,以维系地方金融为请,希望就地照兑,迁延两月之久,该分行等迄均表示困难,不得已乃饬河北省银行与外商银行洽商。"[8]但外商银行担心若向河北省银行移交白银,对将来利息的支付又不托底,要求政府三银行从中作保,而津三行未予同意。他们的态度是:如采取与上海同样的办法办理,则莫如津三行直接承办。"为了让三行有点面子,在平津外商银行保存的白银的590万元(内天津为470万元)中,其中400万元通过三行的办法,由河北省银行兑换,其余由三行向外商银行兑换收回。"[9]5月11日,天津外商银行存银移交天津中交两行,其接收办法如下:(1)当地外商银行将其库存

---

[1] 中国人民银行金融研究所:《美国花旗银行在华史料》,中国金融出版社,1990年,第437页。
[2] 艾登致白利南电(1935年12月31日),转引自吴景平:《李滋罗斯远东之行和1935—1936年的中英日关系——英国外交档案选译(中)》,《民国档案》1989年第4期,第67页。
[3] 洪葭管:《中央银行史料(1928.11—1949.5)》(上册),中国金融出版社,2002年,第341页。
[4] 同上书,第342页。
[5] 傅文龄:《日本横滨正金银行在华活动史料》,中国金融出版社,1992年,第66页。
[6] 中国人民银行金融研究所:《美国花旗银行在华史料》,第439页。
[7] 关于日本破坏法币政策在华北的实施所出台的文件,见《昭和财政史资料》第6号第66册。
[8] 洪葭管:《中央银行史料(1928.11—1949.5)》(上册),第343页。
[9] 中国人民银行总行参事室:《中华民国货币史资料》第二辑(1924—1949),上海人民出版社,1991年,第218页。

白银总共470万元，交给中国、交通两行，在领取同额法币的同时，另按总额领取其5厘的手续费。(2)中国、交通两行将其由外商银行取得白银的2/3，转交河北省银行，除领取同额法币外，另收占该额5‰的手续费。(3)对在北平的外商银行库存白银约130万元，也按同一办法办理[1]。本应由政府银行掉换的天津外商银行存银，最后大部分转交到河北省银行，这是当时"华北特殊化"在金融领域的表现，河北省银行也借此增强了其对华北金融的影响力。

  法币政策旨在统一发行，在当时是中国货币制度的进步。废除银本位制，使白银退出货币流通，一方面有助于避免因个别银行挤兑引发金融风潮，进而波及金融行业；另一方面旨在使银价和币制脱离关系，解除白银对中国货币的束缚，消解因国际银价变动对中国金融的冲击。由中央、中国、交通银行统一发行、集中准备，取消其他银行的钞票发行权，这意味着以前由各个发钞银行自行负责其所发钞票稳定的责任，开始转由政府银行来承担。统一的货币发行和流通能够保证金融行业的平稳发展，有助于全国统一市场的形成和国民经济的发展，对金融行业是有利的。这也是法币政策获得金融业大部分认同的深层原因。白银退出货币流通，免除用现银支付到期存款和债务，符合天津金融业的利益，也是天津金融业支持法币政策的原因之一。

  对于被取消发行权的北洋保商、大中、边业和河北省银行来说，法币政策损害了其固有的利益，他们对此是持消极和抵制的态度。同时，并不经营普通商业银行业务的中央储备银行尚未改组成立，中央、中国、交通三银行既拥有钞票发行权，又经营商业银行业务，自然会挤压商业行庄的生存空间，在这一点上，钱庄、商业银行是不满的。河北省银行拒不答复接收发行准备金的指令、阻挠津三行对外商银行的接收，并截兑白银总额的三分之二，其本质是华北地方政权和中央政府之间的矛盾在金融领域的爆发。外商银行在试图将白银运沪掉换不能施行后，态度发生了转变，主张就地移交，这其中固然有外商银行专注于自身利益最大化的因素，也与各国对华外交政策的变化有关。国民政府力图通过法币政策达到在华北推行金融统制的目的，这也有助于在对日政策采取趋向强硬的政策。

（原载《历史教学（下半月刊）》2017年第3期）

---

[1] 傅文龄：《日本横滨正金银行在华活动史料》，第68页。

美籍顾问杨格与战前中国的币制改革

王 丽[*]

抗战前南京国民政府的币制改革,狭义上多指 1935 年 11 月的法币改革,相关研究成果极其丰富[1]。外籍顾问在这项改革中的突出作用虽可在金融通史及其自述中略窥一二,其面相仍然较为模糊。事实上,该群体不乏法币改革的参与者,最具影响者为阿瑟·恩·杨格(Arthur N. Young)、林襟宇(F. B. Lynch)和罗哈脱(Oliver C. Lockhart),三位均为美籍,其中杨格为首席顾问。就广义的币制改革而言,杨格等人的活动可向前追溯到甘末尔财政专家委员会(Commission of Financial Experts),往后可延至法币改革后的诸项制度建设。以较长时段审视,杨格等人在制度输出层面的理念和实践,在中美关系中扮演的角色以及对币制改革的影响等一系列问题,都值得进一步深入研究。

本文依据美国斯坦福大学胡佛研究所档案馆藏杨格档案,同时结合杨格人际关系网络中重要成员的一手文献,如胡佛研究所藏霍恩贝克档案、普林斯顿大学 Seeley G. Mudd 手稿图书馆藏甘末尔档案、哥伦比亚大学珍本手稿馆藏孔祥熙回忆录、美国国会图书馆手稿部藏詹森档案等,辅之以学界已有各专题译件、美国外交文件等文献,考察杨格等人有关战前币制改革的具体主张与实际活动,补充过往对美籍顾问叙事之不足。在此基础上从杨格等人的角度切入,围绕币制改革中最关键的货币本位问题进行专题讨论,以就教于方家。

一、杨格等美籍顾问关于金本位的最初论述

晚清以来,中国币制便存在迫切改革的内生要求和外在压力,历届政府均

---

[*] 王丽,2013 年博士毕业于复旦大学历史学系,现为上海理工大学马克思主义学院副教授。
[1] 参见郑会欣:《近年来国内有关币制改革问题的研究述评》,《中国经济史研究》1989 年第 3 期;徐锋华:《近二十年来法币改革研究综述》,《民国档案》2007 年第 3 期。近年来法币改革的研究聚焦于制度设计及其实际推行过程,对国民政府高层决策尤为关注,具体成果略。

设立专门机构,并引进外籍专家攻坚克难。北京政府虽以清末《币制则例》为基础,于1914年2月颁行《国币条例》,确立银本位并对银元做了统一规定,但仍两元并存。加之政权更迭,币制始终未有整顿,货币本位的争议历日旷久,根本改革无从谈起。

南京国民政府成立伊始,便宣称币制改革以金本位为愿景;同年底,聘任甘末尔财政专家委员会来华。甘末尔(Edwin Kemmerer)为普林斯顿大学知名教授,不仅是货币领域的权威,且在多国成功主持金本位改革,被各界寄予厚望。历经10个月的考察后,委员会最终向南京国民政府提交35册报告书,其中货币改革方案即《中国逐渐采行金本位币制法草案》最先公布。该草案共40条,约6万字,主要包含货币本位、货币价值和种类等内容。其以"货币法定价格"为中心,规定货币价值单位含纯金60.186 6公毫,定名为一"孙"(Sun),相当于美金4角、英金1.772 6先令、日金0.802 5元。国内通货分银币、镍币和铜币三种,建议铸造一孙、五角及二角银币,一角及五分镍币,一分、半分及二厘铜币。作为名目货币,委员会建议以金汇票或生金无限制兑换,以维持银孙与金单位之平价[1]。该报告提出"直接计划"和"间接计划",前者指先择地试行金本位,成功后再普及全国;后者指采用银本位过渡。甘末尔本人倾向"直接计划",他还曾建议全面或局部地以海关金单位征收关税。

金本位契合官方意志,亦得到经济学界的热烈拥护,国民政府高层却未即刻采行。这既因政局所限,更是由于当时国际银价处于跌落期,对财政的影响得失相半——银价下跌加剧"镑亏"使财政负担无形加重,但货币贬值有利于出口。故1929年底甘末尔财政专家委员会结束使命时,其所提改革并未施行。尽管如此,时任财政部部长兼央行总裁的宋子文对委员会的工作高度肯定,并聘请成员杨格、罗哈脱、华勒斯(Benjamin B. Wallace)、华生(William Watson)、林襟宇五人以个人身份受聘于财政部等机构,继续留华服务。在1930年金贵银贱不断加剧的情形下,杨格等人很快成功地推动了海关金单位改革。时评认为,此举"足使税收固定,且可为将来增加税率之准备、财政改革之基础,使各债款有确实之担保,各国亦有同情,且政府购汇还债亦不致为银行所利用操纵,有利无弊,一举数得"[2]。

海关征金后,宋子文曾向银行界明言"目前中国改为金本位制有可能,而

---

[1] 《甘末尔等人设计的〈中国逐渐采行金本位币制法草案〉》,中国人民银行总行参事室编:《中华民国货币史资料》第2辑,上海人民出版社,1991年,第66—73页。
[2] 《海关进口税收改金币》,《申报》1930年1月16日。

且先在海关税收上实行"[1]，一时多家报纸称政府将于短期内采用金本位。如《申报》报道："改变全国币制为金本位事，经凯末尔（即甘末尔——引者注）经济团拟定改造计划，已开始进行。一方调查私人银行发行纸币数目及流通市面状况，以便逐渐取缔，俾将来金本位计划实现时不致发生障碍；一方由中央、中国、交通等银行代为收买大宗标金金条，以为进行铸造金币之准备。又关于中央银行发行之关金兑换券，凡商人完纳关税，均须用此兑换券。此种兑换券即将成为改变金本位制之试验品。"[2]其中所提"关金兑换券"即中央银行于1931年5月1日正式发行的关金本位钞票，关金券在观念上彻底否定银本位，促进黄金外汇市场和央行发展，为后续改革奠定基础。

作为甘末尔财政专家委员会的核心成员，杨格主要负责研究债务。从债务担保的角度考虑，他对金本位改革最为支持，积极劝说宋子文和中央银行副行长陈行实行金本位改革。1931年1月，财政部派中央造币厂总技师赫维特（Clifford Hewitt）率温宗禹、钟望荣、黄福祥三位专家赴美国费城造币厂考察，并向该厂定制金本位币模和选购设备，这让当年甘末尔财政专家委员会的成员颇为兴奋。在与甘末尔、约翰·杨格（John Park Young）、法兰克·菲特（Frank Fetter）等美国经济学家交换意见，又与林襟宇和罗哈脱两位在华顾问充分沟通后，杨格于1931年3月向宋子文提交"关于切实推进货币改革之步骤"的备忘录。

这份备忘录阐述了货币单位、整顿辅币和革新行政三项内容。首先，新货币选定价值40分黄金的关金券，因其已广为接受，不宜变动；其次，切实整顿辅币，理顺主、辅币关系。具体步骤为先铸造镍币，并将铜币融入新的货币系统，然后确定银币和镍币比价，进而稳定白银和海关金单位比价；最后，杨格还对货币行政多有建言，如广设兑换处、成立发行准备委员会、统一货币铸造权，特别是将镍币铸造权收归上海造币厂、将货币发行权集中到中央银行等[3]。随着海关金单位的顺利推行，杨格等人认为关金券足以成为新货币的价值基准，新辅币系统应先行建立，金本位应照"直接计划"落实。然而，国内银钱两业的激烈纷争和国际货币制度的剧烈震荡延宕了币制改革的进程。

---

[1] 转引自吴景平等：《近代中国的金融风潮》，东方出版中心，2019年，第180页。
[2] 《改革币制计划财部开始进行》，《申报》1931年6月8日。
[3] Memorandum on Practical Steps to Introduce Monetary Reform，March 18，1931，Hoover Institution Archives，Stanford University，Arthur N. Young Papers，Folder Currency Policy，1931，Box 45.（本文所引杨格档案均来自美国斯坦福大学胡佛研究所档案馆）

二、废两改元期间的"直接计划"

受全球经济危机冲击,英国和日本先后于1931年9月、12月放弃金本位,英镑和日元汇率均急剧下跌。次年底,放弃金本位的国家多达45个。杨格根据金贵银贱的长期趋势,判断这只是暂时现象,因此主张币制改革仍应以金本位为目标。众所周知,银钱两业有关废两改元的争论由来已久,银行业拥护废两改元,而钱业试图把控洋厘以维持行业优势,屡屡建议推迟改革。杨格不主张先统一银本位,并不是支持钱业,而是主张依照《中国逐渐采行金本位币制法草案》中的"直接计划"来实行金本位制。他强调银本位"会对未来的金本位改革造成困难,最终目标还是要实现金本位"[1]。然而,废两改元已是大势所趋,即便是以金本位作为改革长远目标的业界人士,也多主张先统一实行银本位。从1933年3月10日起,国民政府先在上海实施废两改元[2],杨格所提的直接推行金本位的方案未被采纳。不过金本位作为一种间接目标并未被官方否认。

值得注意的是,中国实行废两改元时,美国货币政策骤然起变。1933年3月,美国出台《紧急银行业法》整顿银行业;4月,罗斯福总统连颁总统令禁止囤积黄金,并宣布黄金和美元脱钩,美国脱离金本位[3]。5月12日,《托马斯修正案》正式立法,提出扩张货币存量刺激物价,还赋予总统将美元含金量降低一半的权力。在白银集团的游说下,政府将大量收购白银,使美元发行准备中的白银比例提高到25%(即金三银一)来实现货币贬值。

废两改元并未使中国摆脱银价涨落的影响,美国新政释放的银价上涨的信号,为国人所关注。国内较早公开谈白银问题的是中孚银行经理顾翊群,1933年5月,他就提醒当局防范白银外流[4]。杨格同样第一时间关注到美国的动向,对白银集团声称的"提高银价相当于提高世界一半人口的购买力"这一煽动性说法明确予以批判。他剖析了银价上涨对中国的危害,同时指出,银价变动会带来中日两国经济消长。"自1931年以来,中国经济发展有赖于

---

[1] Coinage at the Shanghai Mint, April 12, 1932, Arthur N. Young Papers, Folder Currency Policy, 1933, Box 45.
[2] 《财政部通令》(1933年3月10日),《中华民国货币史资料》第2辑,第93页。
[3] 乔纳斯·休斯、路易斯·凯恩:《美国经济史》,杨宇光等译,上海人民出版社,2013年,第551页。
[4] 《华盛顿谈话与中国》,《申报》1933年5月11日。

相对稳定的汇率水平,突然抬高银价只会徒增不安……在做长期评估时,我们必须牢记要推动中国进口必须保证其出口,而提高银价将损害中国出口。与过往正常年份相比,中国的出口额已大幅下降,人为提高银价会让其在国际贸易中更为不利,特别是出口竞争更加激烈。这将刺激中国的对手——日本进行货币贬值。在某种程度上,中国工业过往三年的长足发展得益于低银价,这相当于一种外在的关税保护,而提高银价会使很多新工厂难以生存。"[1]

杨格上述分析中肯,但其预测未免过于乐观。起初他认为白银集团抬高银价是为争夺西部产银州的议员席位,但罗斯福政府不会被这股政治势力左右。在他看来,更重要的是美国缺乏控制银价的实力,不会贸然操控国际银价。从事后看杨格的预测当然有失水准,但若对1933年5月杨格随宋子文访美前后美国学界的动态加以关注,则有助于理解其观点。杨格曾关注到美国各界对罗斯福政府货币政策的反对之声,特别是以甘末尔为代表的主流声音认为,货币问题是经济危机的结果而非原因,政府无法也不必采取积极扩张的货币政策。新政期间,甘末尔虽然不在罗斯福的顾问班底之中,但其凭借自身在学术界和金融界的地位发挥影响,其书稿和系列文章均将矛头指向正在推行的农业法案和货币法案,反对购银的言论影响了部分议员的观点。在与甘末尔讨论之后,杨格更加坚定了之前的判断。宋子文访美期间,甘末尔亦曾赴华盛顿与其会面并深入交流。他建议中国不要被美国白银集团的政策束缚,只有提高白银相对于黄金的比价,推行金本位改革才能找到出路。他还建议中国联合法国和美国抵制日本,尽管他并不看好美国对华合作的前景[2]。

1933年下半年,国际经济形势瞬息万变,国民政府面临新的考验。7月,伦敦世界经济会议各与会国为防止全球银价大幅下跌签订《白银协定》,限制主要产银国的售银数额。美国作为五大产银国之一,承担了相应的义务,但该协议很快被证明缺乏实际约束力。由于白银集团进一步造势,推动国会批准在全球购买10亿两白银,银价一时看涨。代表中国出席伦敦世界经济会议的是财政部部长宋子文,而决定是否批准《白银协定》的是其继任者孔祥熙。

孔祥熙身边的智囊主要有两种意见,顾翊群主张在必要时不予批准,阻止美国再度推高银价;杨格则认为即便中国单方面拒绝也无法阻挡美国提高银

---

[1] Silver, Memorandum by Arthur N. Young, April 7, 1933, Arthur N. Young Papers, Folder Silver, 1932-1933, Box 40.
[2] Kemmerer's Diary, May 6, 1933, Seeley G. Mudd Manuscript Library, Princeton University, Edwin W. Kemmerer Papers (MC#146), Folder 4 Diaries of Edwin Kemmerer, 1933, Box 291.

价,因此建议中国政府有保留地批准。尽管孔祥熙心存犹豫,仍期盼中美就银价达成某种默契。1934年2月16日,国民政府立法院通过《白银协定》,次日孔祥熙派杨格为私人代表就白银政策征求美国驻上海总领事克宁翰(E. S. Cunningham)的意见,并让其非正式地向华盛顿传递消息:"中国完全同情伦敦白银协定稳定银价的意图,孔部长个人极力主张批准,但尚待决定中⋯⋯为了中国的重大利益,我们希望在拟议一切有关白银办法之前先与中国政府进行磋商,因为这些办法可能严重地影响中国的通货和汇价。"[1]为便于日后交涉,杨格起草了一份正式文本,声明中国对银价的极大关切。该文件成为中国抗议美国购银行动最早的书面记录,也为中国保存了必要的外交依据。3月21日,南京国民政府正式批准白银协定,并声明:"因银币现为中国本位币,倘遇金银比价发生变动,至中国政府认为足以妨害中国国民经济,而与本协定安定银价之精神不合时,得自由采取适当之行动。"[2]

三、白银风潮中"以银易金"的设想

和大多数中国经济学家一样,杨格认为应该实行积极的货币政策摆脱危机,但改革前景并不明朗。1934年初,美国尚未就白银立法,无法准确判断白银政策究竟会走到哪一步,银价仍可能大起大落。同时,黄金走势引人关注,英美政府虽已宣布废除金本位,但实际上主要是废止黄金兑现和自由运输。不管是英日两国实行最高发行制,还是美国设定比例准备制,均须以黄金为准备。加上法德两国规定纸币必须以黄金为准备,国际黄金市场反而进入活跃期,金价波动剧烈。美国取消金本位后经历了一段时间的浮动汇率和货币贬值,金价在1933年10月到1934年1月从每盎司20美元涨到35美元。根据《黄金储备法案》,美元含金量降低到原重量的59.06%,黄金市场恢复稳定。美国维持1盎司黄金值35美元的比价,并允许外国政府或央行以该比率兑换黄金,名义上恢复了金本位。在这种情况下,杨格建议国民政府对美"以银易金"。当年6月美国颁布《白银收购法案》后,杨格再度建议国民政府开启金

---

[1] The Consul General at Shanghai (Cunningham) to the Secretary of State, February 17, 1934, Shanghai, Foreign Relations of the United States, 1934, Volume 3, China (Washington: United States Government Printing Office, 1950), pp. 423-424.

[2] 《孔祥熙谈伦敦白银协定对我国的影响》(1935年2月),财政部财政科学研究所、中国第二历史档案馆编:《国民政府财政金融税收档案史料(1927—1937)》,中国财政经济出版社,1997年,第401页。

本位改革，因为中方可运用有利的白银价格获取更多黄金。

　　白银危机引起国民政府高层的高度关注，但其最初考虑是稳定银价，而非改变货币本位，所以中方的做法是试图进一步提高白银出口税。不过这一做法遭到美籍顾问集体反对。他们指出，这会"导致侨汇锐减，而侨汇是购买进口商品的主要来源……即便短期有效，也不利于矫正汇率；客观上，由于治外法权和华北走私，该办法无从落实"[1]，中国应努力对美协商银价，并探讨金本位改革的可行方案。

　　在白银征税前夕，美籍顾问们或单独提议，或集体谏言，多次向孔祥熙力荐金本位方案，并详述实施细节。1934年9月15日，杨格建议孔祥熙将金本位作为第一改革预案："中国势必推行金本位改革。中方应尽快向美国提交一份书面备忘录，说明改革货币的想法，以便根据美方反应决定是否立刻采用金本位。中国政府应该尽可能跟美国以银易金，目前美国的政策提供了一个特殊机会，使中国可以在稳定的市场上进行白银交易。"[2]杨格批评"金本位即将崩溃论"，指出美国虽在1933年宣布放弃金本位，但黄金并不短缺，取消金本位只是"试验性"举措。即便金本位存在不足，但各国脱离金本位后采用的浮动汇率和通货管理并不成功，这使政治家们不得不仔细权衡货币本位，并无迹象表明黄金已失去价值[3]。他也谈到"以银易金"的做法存在加剧白银枯竭和通货紧缩的双重风险，对策是立即将中央银行改组为中央储备银行，掌握货币发行权，同时削减财政开支，保证央行有足够的现金流[4]。

　　在白银征税问题上，国民政府高层中也不乏反对意见，但蒋介石不为所动，孔祥熙则坚定执行蒋介石的指示。作为实际工作的主持者，孔祥熙更具务实的一面。虽对金本位不置可否，但若美籍顾问能增进中美沟通，无论以银易金还是促成借款，他都愿意一试。1934年9月22日，驻美公使施肇基向美国国务院提出"因拟施行金本位案"，询问美方是否愿意以银换金，协助中国推行金本位。中方明确表示，如果美国愿意，新货币将与美元挂钩[5]。然而美方

---

[1] Memorandum for the Minister of Finance, by F. B. Lynch, Arthur N. Young and O. C. Lockhart, September 22, 1934, Arthur N. Young Papers, Folder Currency Policy, 1934, Box 45.

[2] Letter from Arthur N. Young to H. H. Kung, September 15, 1934, Arthur N. Young Papers, Folder Currency Policy, 1934, Box 45.

[3] Memorandum on China's Monetary Policy, September 14, 1934, Arthur N. Young Papers, Folder Currency Policy, 1934, Box 45.

[4] Letter from Arthur N. Young to H. H. Kung, September 15, 1934, Arthur N. Young Papers, Folder Currency Policy, 1934, Box 45.

[5] 《中国驻美公使施肇基致美国政府的照会》(1934年9月23日)，《中华民国货币史资料》第2辑，第120—121页。

反应冷淡,施肇基迟迟未得到回复。10月初,孔祥熙又让杨格起草一份经济情况说明作为补充材料,让美国驻华使馆参赞高斯(Clarence E. Gauss)转交给国务卿赫尔(Cordell Hull),并特别强调杨格是这份文件的支持者[1]。10月11日,杨格通过高斯就"以银易金"案再次致电美国国务院,次日赫尔回复称:"处理一定数额的特定货币交易(如金银交换)实非政府正常行为,如果中国政府愿意的话,可按一般正常途径在世界自由市场上购买黄金。对中国政府而言,这是一种自然又理想的做法。"[2]此答复显然拒绝了中方的请求。作为金本位的主要推手,杨格认为美国国务院和财政部的回应都过于消极,多年后他在口述史中点名批评赫尔[3],并分析财政部是因为"摩根索害怕面对中国放弃用银的指责"而拒绝[4]。

1934年10月13日,国民政府宣布征收10%的白银出口税并加征平衡税[5]。尽管杨格反对该政策,但仍提供了一些建议,其中有一条建议征税后即以0.25海关金为单位发行货币,并固定其值纯金25格令,或固定为目前汇价的77%[6]。以海关金单位为基础进行改革的建议并未被采纳,不过财政部对征税政策的效果心存疑虑,在宣布征税的同时令杨格等三位美籍顾问与中央银行席德懋加强研究改革方案,特别是白银征税是否具有持续性[7]。通过跟踪分析,杨格指出,新一轮的白银征税政策对刺激国内物价全面回升、缓和美国购银政策影响和降低汇率吸引侨汇都发挥了一定作用,但无力从根本上挽回信心,特别是无法控制上海之外的白银走私,因此整体效果有限,要根本改革,应实行金本位制[8]。1934年底,杨格有关金本位的建言,在其书信与备忘录中大量可见。很明显,以杨格为代表的美籍顾问们认为金本位较

---

[1] The Counselor of Legation in China (Gauss) to the Secretary of State, October 11, 1934, Peiping, FRUS, 1934, Volume 3, China, p. 447.
[2] Memorandum by the Secretary of the State to Chinese Minister (Sze), October 12, 1934, Washington, FRUS, 1934, Volume 3, China, pp. 449-450.
[3] Oral History Interview with Dr. Arthur N. Young, February 21, 1974, Pasadena, California, by James R. Fuchs, Arthur N. Young Papers, Folder Oral History Interview with Dr. Arthur N. Young, Box 110.
[4] Arthur N. Young, Cycle of Cathay, p. 77.
[5] 《财政部关于制定银出口税税率代电》(1934年10月13日),《中华民国史档案资料汇编》第五辑第一编财政经济(四),第173页。
[6] Tentative Memorandum by Arthur N. Young, October 11, 1934, Arthur N. Young Papers, Folder Currency Policy, 1934, Box 45.
[7] Cable from Shanghai Office of Ministry of Finance, November 1, 1934, Arthur N. Young Papers, Folder Currency Policy, 1934, Box 45.
[8] Memorandum by Arthur N. Young and F. B. Lynch, December 15, 1934, Arthur N. Young Papers, Folder Currency Policy, Box 45.

纸币有显著优势，但他们也意识到，如果金本位行不通，中国只能被迫选择纸币。

四、转向"纸币管理制"方案

在愈演愈烈的白银风潮中，国民政府高层集体焦虑的心态不难理解。杨格的观察是"国民政府无根本信心，特别担心若不掌握充沛的资源，币制改革将败不旋踵"[1]。1934年底到次年初，中美白银交涉似乎印证了这种忧心。1934年12月，中国向美国重申困难，并询问稍后其是否将银价限定在45美分左右。美方回复将不再从中央银行购银，并派代表来华商讨。当年底，摩根索曾答应中方将银价维持在55美分以下，但隔年春却升至81美分。孔祥熙绕开常规外交渠道致电罗斯福，表示中国白银外流实为惊人，美国应阐明今后的白银政策[2]。这一不合常规的申述引来美国外交部门的不满，也足见情势逼人。2月适逢年关，杨格面见美国驻华公使詹森陈述困难，并提醒其注意孔祥熙向美国递交的解决方案。他透露，该方案是中方在万不得已的情况下将会采取的行动，但并未透露具体内容[3]。

杨格对詹森的暗示，其实就是中国将放弃银本位。1935年2月，孔祥熙通知施肇基向国务卿赫尔递交如下方案：中国除了放弃银本位别无选择，中方愿按照购银法案向美国出售白银换取外汇实施改革。具体为第一年出售2亿盎司，保留5 000万盎司伸缩之权，视美国日后需求灵活安排。价格或按逐步上升的标准决定，或按高于现价的标准一次定价，这取决于美国收购的速度和其预期提高银价的程度[4]。然而美方认为此方案并不现实，希望中国对各相关利益国提交计划书以求国际解决，并随后知会英国和日本驻美大使[5]。

在白银问题上，杨格向来不看好国际协商，他认为中国经济问题和政治问

---

[1] Outline of a Program of Financial Reform for China, September 21, 1935, A Report Presented to H. H. Kung by Arthur N. Young, Arthur N. Young Papers, Folder Report of Arthur N. Young, Box 45.
[2] Summary of Negotiation Between China and the United States, March 25, 1935, Arthur N. Young Papers, Folder Currency Policy, Memos etc. 1/1 to 3/31, 1935, Box 45.
[3] Financial Situation, Conversation with Mr. Arthur Young, February 15, 1935, Manuscript Division, Library of Congress, Nelson T. Johnson Papers, Box 55.
[4] The Chinese Minister (Sze) to the Secretary of State, February 5, 1935, Washington, FRUS, 1935, Volume 3, China, p. 534.
[5] The Secretary of State to the Chinese Minister (Sze), February 26, 1935, Washington, FRUS, 1935, Volume 3, China, pp. 542-543.

题紧密联系，单纯协商难以解决货币问题，而是需要加强研究货币史和借鉴他国经验[1]。他向孔祥熙疾呼："若政府坐以待毙，通货紧缩将随着国内物价进一步跌落而恶化，财产缩水、商业惨淡、银行虚弱、失业加剧、仇恨蔓延。政府税收减少，汇率上升，并且将会停留在不合理的高水平。但若准备不足贸然行动，又会面临成本奇高、痛苦无比的调整，最终将会由于银价不可遏制地上升加剧通货紧缩。在这种情况下，政府最可能施行的是不可兑换的纸币管理制。"[2]这是杨格最早明确提到的"纸币管理制"。

杨格所言"纸币管理制"与当时摩根索派来的美国财政部驻华观察员——金陵大学教授卜凯（J. Lossing Buck）的意见相似。卜凯主张采用以美元为主的外汇本位，约每100元国币合27美元。尽管卜凯是没有任何谈判权的非正式代表，但其建议很快得到顾翊群的赞同。顾氏认为中国从中可获利甚大，且推测卜凯的意见已得到摩根索本人许可。此时顾翊群不仅认为货币改革势在必行，而且预见性地指出："美国购银决难中止，弟意长此延搁，迟不改制，必使各省市先后取消银本位，各发钞银行大事膨胀，然后政府再正式下令停兑，则更无法收拾。"[3]种种情况都说明币制改革刻不容缓，纸币管理制逐步成为共识。1935年5月3日，孔祥熙向施肇基指出："具体的币制和借款计划已准备多时，但尚未提出……不能将整个计划全盘托出，因为泄露机密的危险，将导致金融市场的灾难和其他可能的障碍。"[4]这封密电中已经拟定的计划，应指改行纸币之策。

除杨格自述外，不少材料可以证明外籍顾问在法币改革中的作用不可替代，但现有资料尚无法说明杨格的建议直接影响了孔祥熙的关键决策。孔祥熙回忆说："我就是发动人和最终决策者，所有计划和实施程序由我掌控，尽管推动管理通货的利弊全由我来主持商讨，但在最终决定之前，我并未征求中外银行家的意见，也未与政府同仁和党内人士讨论。这是财政部长的职责。"[5]孔祥熙全然归功于己的说法或言过其实，较大的可能是，作为法币改革"总舵

---

[1] Letter from Arthur N. Young to Stanley Hornbeck, March 18, 1935, Arthur N. Young Papers, Folder Currency Policy, Memos etc. 1/1 to 3/31, 1935, Box 45.
[2] Memorandum for the Minister of Finance, March 15, 1935, Arthur N. Young Papers, Folder Currency Policy, Memos etc. 1/1 to 3/31, 1935, Box 45.
[3] 《顾翊群致钱昌照函》(1935年5月18日)，蒋梅、孙弘编辑：《顾翊群关于经济问题与钱昌照来往函一组（下）》，《民国档案》2017年第2期，第3页。
[4] 《孔祥熙致施肇基电》(1935年5月3日)，《中华民国货币史资料》第2辑，第164页。
[5] The Reminiscences of K'ung Hsiang-Hsi, As Told to Julie Lien-Ying How, February 10 to June 10, 1958, Rare Book and Manuscript Library, Bulter Library, Columbia University.

手"的孔祥熙在确定了纸币制度的方向后,让杨格等智囊根据其意图提供具体的操作建议。

梳理该时期杨格等人提交的法币改革谏言,最有代表性的文件是当年9月提交的长达60多页的备忘录,其中最重要的两点是扩大银行信用和争取外来借款;具体办法是授权中央银行所发货币用作其他银行的准备金,或用来清算债务。据其评估,央行已具备向其他银行再贴现和贷款的能力与威望,"因其掌握的现金达到3 000万元的最低限度,这意味着其他银行可用一般担保品向央行贴现,换取5 000万元央行钞票……此种信用扩张不仅是缓解财政危机的权宜之计,也是整体方案的关键步骤,应循序渐进。这样做将会夯实银行系统、确立货币改革根基、稳定物价与外汇、促进贸易和提高税收"。杨格亦强调货币借款的重要性,"为增加信心和稳定汇率,中国应该向英美两国出售白银,寻求一笔1亿美元或2 000万英镑的外汇信贷。为保证白银流通,以高于市场价的价格向美国出售白银,中美双方应就最低价格达成协议"[1]。1935年2月,罗斯福让财政部负责处理白银问题。财政部长摩根索的态度虽较赫尔积极,但他同样认为白银问题首先是外交问题,对华借款应谨慎。1935年5月,宋子文呼吁美国派专家来华考察遭到冷遇,杨格从霍恩贝克处获知美国仍未打算向中国借款,要实现美国对华借款并不容易。

因对美交涉不见起色,中国转而向英国寻求借款;几经周折,英国决定单独派李滋罗斯(Frederick W. Leith Ross)访华。尽管杨格声明在借款问题上完全中立,但其公私文件仍反映出他对李滋罗斯访华的微妙心理。杨格认为货币借款是法币改革的必要条件和成功保障,不过这笔借款最好来自美国,当然是否提供取决于美国政府。李滋罗斯奉英王之命出访远东,为了维护英国在华利益和争夺中国货币的主导权,可能提供中国亟需的货币借款。李滋罗斯抵华前,杨格向霍恩贝克指出,"英国派李滋罗斯前来,显然是试探日本的态度。对于即将举行的商讨,美国可能会被排除在外"。他认为美国无论如何都不应袖手旁观,"即使中国选择与英镑甚至日元挂钩,美国都不能袖手旁观。英美应就币制改革全力合作,这对中国极为重要。毕竟中国眼下的重大危机很大程度是外因造成的,中国必须尽可能找到解决办法,可谓生死存亡。即便中国选择英镑或日元,我也希望美国政府不要疏远中国,而要尽可能提供援

---

[1] Memorandum for the Minister of Finance, March 15, 1935, Arthur N. Young Papers, Folder Currency Policy, Memos etc. 1/1 to 3/31, 1935, Box 45.

助,帮助中国实现进一步稳定"[1]。

中方递交李滋罗斯的材料中有关财政金融的内容,多由杨格准备。李滋罗斯抵华之初,杨格当面询问美国驻华大使詹森美国为何无人前来,美国是否与英国方面达成一致[2]。显然,杨格不愿英国率先坐实对华借款,从而使新币制与英镑挂钩。李滋罗斯在给英国财政部的电报中提到了杨格的态度,"在南京……我还见到了财政部的美籍顾问阿瑟·杨格先生,他的基本看法和我一致,但在货币问题上有保留"[3]。然而杨格的担忧并未引起美国外交官的共鸣。詹森对杨格的解释轻描淡写,称美国无人前来,可能只是没找到与李滋罗斯匹配的人选,美国对英国派其访华无应对之策。从两人的谈话不难看出,杨格充分同情中国进退维谷的处境,而且颇为担忧中国货币与英镑挂钩及国民政府可能在银行和关税等问题上对英国做出重大让步,但詹森认为中国议而不决的症结是政府寡断无能[4]。

李滋罗斯访华对美国不无触动。1935年9月,杨格再度向詹森反映,中国掌握的白银足以将汇率稳定在某一水平,但亟需一笔相当于500万到1000万英镑的借款,在外交上表明中国得到了有力支持。这笔借款可以信用借款的模式,按实际支用金额支付利息,并规定该借款只能按债权人要求兑换银行货币。这些意见最终反映在詹森给国务卿的报告中[5]。

观察杨格此间的角色,不妨对其如何把握母国的态度变化加以分析。据孔祥熙回忆,李滋罗斯抵华后向其透露了途中的一段插曲:当他绕道加拿大并试图经美国前往远东时,其访美计划不仅被摩根索所拒绝,而且后者告知中国货币改革是中美两国之间的问题。言外之意是英国不要插手[6]。这说明李滋罗斯抵华之前,美国财政部对中国货币改革的态度明显趋于积极,在这一点上,孔祥熙的回忆和杨格的说法吻合。不同的是,杨格是多年后查阅原始资

---

[1] Letter from Arthur N. Young to Stanley K. Hornbeck, August 24, 1935, Stanley K. Hornbeck Papers, Folder Arthur N. Young, Box 450.
[2] Mission of Sir Frederick Leith-Ross, Conversation with Dr. Arthur Young, September 25, 1935, Nelson T. Johnson Papers, Box 55.
[3] 《贾德干致外交大臣霍尔电》(1935年9月27日)《李滋罗斯远东之行和1935—1936年的中英日关系——英国外交档案选译(上)》,吴景平译,《民国档案》1989年第3期。
[4] Mission of Sir Frederick Leith-Ross, Conversation with Dr. Arthur Young, September 25, 1935, Nelson T. Johnson Papers, Box 55.
[5] The Ambassador in China (Johnson) to the Secretary of State, September 26, 1935, Nanking, FRUS, 1935, Volume 3, China, p. 623.
[6] The Reminiscences of K'ung Hsiang-Hsi, As Told to Julie Lien-Ying How, February 10 to June 10, 1958.

料时发现罗斯福总统和财政部的态度在1935年下半年发生了实质性转变,所以他在著述中说自己在1935年10月致力于推动中美白银贸易时,尚不知美国态度已发生变化[1],但孔祥熙则更可能是在李滋罗斯来华期间便已捕捉到中美合作的切实可行性。李滋罗斯抵华后,杨格透过詹森进一步推动美国对华借款,可谓与美国财政部意图相符,但事实上,杨格和詹森都未能及时了解财政部的最新动态。

李滋罗斯的中国之行并未落实借款,也未能照计划促成国际合作,其作用主要体现在后来英王敕令对英商银行和英国在华侨民的约束力上。尽管此间中美两国并未签订任何协议,但摩根索表达了对华开展白银交易的意愿,英国的介入使美国改变了旁观立场。自白银风潮开始,杨格力图促成美国对华借款,这一努力最终与美国财政部的意图一致。事情的发展似乎呈现杨格作为顾问与母国立场吻合的图景,杨格也的确会顺应这一趋势努力开展工作,但我们无法理所当然地认为杨格是美国财政部的代言人。因为美国财政部改变态度之前,杨格对华施援的建议一直遭到冷遇,而且如前所述,杨格对财政部的最新动向也称不上及时把握。来华前他长年供职于国务院,在寻求对华借款时也自然通过国务院的渠道。而此时罗斯福总统已经将对华金融事务交由财政部处理,这让杨格在推动中美合作时颇感乏力。他认为:"摩根索在他担任财政部长的这一阶段和在1937年战争开始之后,所持的态度是有偏见色彩的。他对于中国的领导和他们的顾问,既疑神疑鬼不加信任,又不能理解中国财政问题的真正实质。"[2] 杨格在法币改革前力促中美开展财经合作的构想可以说超出了实际影响范畴,但不可否认的是,此构想反映出他对远东局势的洞察和对美国在华利益的长远考虑。其主张中国实行"联美制日"的战略,推动美国摆脱"孤立主义"的影响,重视当时在其外交格局中尚不太重要的远东问题。具体而言,希望美国在货币问题上给中国实质性的帮助,使其快速走出困境,维持中日稳定的局面,并制衡英国在华的扩张。

五、对法币改革的技术建议

1935年上半年,国民政府虽然克服阻力完成了对中国银行、交通银行的改组,但由于金融市场异常波动,难以捕捉改革时机。杨格强调币制改革是一场

---

[1] 阿瑟·恩·杨格:《一九二七至一九三七年中国财政经济情况》,陈霞飞译,中国社会科学出版社,1981年,第264页。
[2] 同上。

得失在人的行动,并为国民政府提供大量技术分析。由于英镑、日元、美元都不稳定,且中国对外贸易额平均分布,新货币与何种货币挂钩仍然久悬未决。杨格指出,从1934年贸易数据分析应选择美元,因为当年"中国与各金本位国家之间的贸易总额超出英镑集团6%左右,但就目前中国对外贸易而言,英镑比其他货币的使用范围更加广泛……财政部的债务约有三分之二用英镑偿还"[1]。面对难题,杨格建议相机决定,不过他强调"现在采取任何行动都比毫无作为要好得多"[2]。

在无法获得借款的情况下,杨格指出调低汇率是有效之策。基于对废两改元以来汇率水平始终偏高的批评,他建议选定较低汇率,并全力增加外汇储备[3]。杨格指出,降低汇率的最大好处是增加关税收入、吸引侨汇,同时刺激出口;但偿还债务和政府海外采购的成本会因此上浮,而且低汇率导致物价回暖也会增加政府开支,不过两相抵消利大于弊。权衡分析之下,他建议将货币贬值三分之一[4]。与市场自由寻找汇率水平的办法相比,杨格倾向人为设定并维持汇率,由政府掌握相当数量的外汇,并由央行负责业务操作[5]。10月2日,杨格再度建议在0.29—0.30美元或14—15便士的幅度内选定汇率[6]。1935年11月3日,中国公布币制改革条例时没有宣布新币本位,只称将由中央、中国、交通三家政府银行无限制买卖外汇。次日由中央银行公布法币对英镑牌价为每1元法币合英镑1先令2便士半,以此套算100元法币合29.75美元,合103日元,新汇价明显压低[7]。比照杨格的建议和实际牌价,可以认为在设定汇率这一关键技术问题上,杨格的意见发挥了重要作用。

---

[1] Outline of a Program of Financial Reform for China, September 21, 1935, A Report Presented to H. H. Kung by Arthur N. Young, Arthur N. Young Papers, Folder Report of Arthur N. Young, Box 45.
[2] Letter from Arthur N. Young to Stanley K. Hornbeck, August 24, 1935, Hoover Institution Archives, Stanford University, Stanley K. Hornbeck Papers, Folder Arthur N. Young, Box 450.
[3] Outline of a Program of Financial Reform for China, September 21, 1935, A Report Presented to H. H. Kung by Arthur N. Young, Arthur N. Young Papers, Folder Report of Arthur N. Young, Box 45.
[4] Effect of Lower Exchange upon Government Finances, Memorandum from Arthur N. Young to H. H. Kung, July 15, 1935, Arthur N. Young Papers, Folder Currency Policy, Memos etc. 4/1 to 10/31/35, Box 45.
[5] Outline of a Program of Financial Reform for China, September 21, 1935, A Report Presented to H. H. Kung by Arthur N. Young, Arthur N. Young Papers, Folder Report of Arthur N. Young, Box 45.
[6] 阿瑟·恩·杨格:《一九二七至一九三七年中国财政经济情况》,第257页。
[7] 石涛:《南京国民政府中央银行研究(1928—1937)》,上海远东出版社,2012年,第244页。

杨格所言增加外汇储备，主要指加强白银国有化和对美开展白银贸易。法币改革后，对美售银成为稳定外汇、安定通货的关键，杨格努力推动1936年《中美货币协定》和1937年《中美金银交换协定》。这无疑巩固了法币改革的成果，有力改善了中国的财政状况。据其统计，抗战爆发前，国民政府对美出售白银数额占中国白银总储备额的44%[1]，因此而获得的外汇储备达3.79亿美元[2]，创历史新高。正是由于抗战初期中国相对稳定的经济表现，中美两国在战时得以继续进行白银贸易，磋商平准基金，开展各项财经合作。

六、余 论

过往我们多通过杨格的专著译本了解其在战前币制改革中的活动，不过类似"中国方案完全依照我提出的方针，但增添了许多重要的具体细节"[3]的表述，并不能让我们足够清晰地认识其在战前币制改革中的形象与作用。本文全面考察他在战前币制改革中对货币本位、主辅币制度、银行整顿、汇率政策等方面的主张建议，说明其对中国币制改革的贡献是全方位和多层次的。我们也看到南京国民政府积极运用"外智"，使杨格等人成为币制改革的强大助力，这符合战前中国币制改革的基本事实和杨格等美籍顾问的原本形象。

针对币制改革中最关键的货币本位问题，杨格等美籍顾问推崇甘末尔财政专家委员会1929年所提的金本位方案。除学界较为熟悉的1930年海关金单位改革外，还集中体现在废两改元、白银风潮中杨格等人不遗余力地推动此预案，直至1934年底方告一段落。换言之，作为一种理论资源，自晚清以来屡被热议的金本位制并非如往常所叙述，由于英美等国在20世纪30年代全球经济危机中先后脱离金本位而遁迹销声。若对照杨格的资料来看，情形恰好相反。尽管该建言最终未被国民政府高层采用，亦为杨格在其著述中淡化，然而此种"单向度"制度输出的真实导向和利益考量仍值得深究。

尝试理解其观点的内在理路，需结合货币理论的演进加以审视。20世纪30年代以凯恩斯为代表的新兴经济学派将货币视作分析和解决经济危机的关键，主张通过货币政策对宏观经济进行有效干预。而杨格深受古典经济学影响，加之与甘末尔的师承关系，他笃信以金本位为前提构建稳定的国际经济秩序，才是全球治理的有效策略。直至法币改革前夕，杨格仍私下表达过这样的

---

[1] Arthur N. Young, *China and the Helping Hand* (1937–1945), p.30.
[2] Arthur N. Young, *China's Wartime Finance and the Inflation* (1937–1945), p.198.
[3] 阿瑟·恩·杨格：《一九二七至一九三七年中国财政经济情况》，第256页。

看法:"不管中国选择任何一种货币,我都不希望永远挂钩。我认为在黄金稳定的基础上,由美、法、英三国达成永久协议才是对世界经济复兴的最大贡献,同时也有助于稳定国际政治秩序。"[1]纵观20世纪全球货币制度的演变,二战后布雷顿森林体系正体现了该理念。此案例揭示了在币制改革的复杂进程中,不仅美国政府握有援华的主动权,在华美籍顾问也尝试通过对中国货币金融事务的深度参与实现其对本国的现实关怀,并进一步运用"金融外交"提升其远东地位乃至全球领导力。

就实际作为而言,理解杨格的专业见解和职业顾问特点,则有助于剖析其在币制改革中的态度转变。1935年初劝谏金本位失败、对美寻求借款濒于绝望之际,杨格及其他几位美籍顾问围绕管理通货制审慎研拟方案,务实地从金本位转向外汇本位。他本人充分运用金融汇率方面的专长提供有效建议,并在之后的白银贸易中多有作为。职业顾问的形象同样体现在杨格与其母国互动的过程中。在处理与母国利益密切相关的议题时,杨格主观上有求取双赢的动机,但实际操作中受到多方面限制。如法币改革前夕中美达成白银贸易的过程中,即便杨格当时的表述和美国财政部意图一致,但这并不是充分沟通的结果,两者在事实层面存有不容忽视的偏差。

整体而言,在战前币制改革的过程中,杨格充分感到来自国民政府高层的信任,促使中美两国开展合作,着力以货币金融事务为核心打造中美关系新格局,表现出比一般美国官员更为前瞻性的眼光和更积极的作为。法币改革后,美国通过分批购银和提供美元外汇的方式介入中国货币金融事务。随着中日持久战的来临,中美两国进行更为密切的金融协作成为一项时代性命题。在一以贯之的中美合作愿景下,杨格积极投身于战时对美求援的相关活动,这无疑成为太平洋战争爆发前美国对华政策发生转变的有利因素。

(原载《近代史研究》2021年第2期)

---

[1] Letter from Arthur N. Young to Stanley K. Hornbeck, August 24, 1935, Stanley K. Hornbeck Papers, Folder Arthur N. Young, Box 450.

蒋介石与战前中国农民银行的纸币发行

贾钦涵*

中国农民银行作为国民政府时期四大银行之一,通常被描述为蒋介石的私人银行、"剿匪"银行。中国农民银行混乱的纸币发行状况,成为人们质疑该行"合法性"的一项重要理由[1],甚至有人认为"农行发行的钞票既无准备金,亦从不公开检查报告",纸币发行不受限制,是蒋介石予取予求的"外库"和"提款机"[2]。事实上,这种贴标签、批判式的论述并不能准确概括蒋介石与该行的实际关系,更不利于我们准确把握蒋介石设立、掌控这家银行的复杂动机和深层原因。近年来,研究者通过考察中国农民银行在土地金融、合作运动、农村救济等领域的作用,揭示了该行职能的多面性[3]。然而,对于战前中国农民银行纸币发行的实际情况,尚未有研究者系统梳理,对蒋介石与农行关系的认识亦难称深入。蒋介石在全民族抗战爆发前究竟"操纵"中国农民银行发行了多少钞票?他为何准许该行在1935年法币改革后继续拥有纸币发行权?之后又为何急于收回该行的纸币发行准备金?这些都是以往研究未予清晰解答的问题。本文着重从四省农民银行发行额的扩大、中国农民银行法币发行权问题、蒋介石对农行纸币发行的调控等三个方面,对上述问题加以探讨。

---

* 贾钦涵,2014年博士毕业于复旦大学历史学系,现为上海交通大学人文学院副研究员。

[1] 洪葭管:《中国金融通史》第4卷,中国金融出版社,2008年,第82—85页;洪葭管主编:《上海金融志》,上海社会科学院出版社,2003年,第165—166页。

[2] 经济资料社编:《CC豪门资本内幕》,光华书店,1947年,第4—5页;《重庆金融》编写组编:《重庆金融》上卷,重庆出版社,1991年,第147页;《上海金融史话》编写组编:《上海金融史话》,上海人民出版社,1978年,第132页。

[3] 孙修福:《蒋介石与中国农民银行》,《民国档案》1996年第1期;许涤新、吴承明主编:《中国资本主义发展史》第3卷《新民主主义革命时期的中国资本主义》,人民出版社,2003年,第81—83页;邹晓昇:《试论中国农民银行角色和职能的演变》,《中国经济史研究》2006年第4期;刘克祥、吴太昌主编:《中国近代经济史(1927—1937)》第4册,人民出版社,2012年,第1924—1937页;张秀莉:《币信悖论:南京国民政府纸币发行准备政策研究》,上海远东出版社,2012年,第57—139页。

一

　　1931年底蒋介石被迫下野,翌年复出后不再担任国民政府主席、行政院长。在"蒋汪合作"的权力架构内,蒋介石虽能较为顺利地贯彻自己的施政理念,但"蒋主军、汪主政"的格局使蒋介石无法以军事委员会委员长的身份,绕过行政院、财政部和中央银行等机构,直接支配财政资源和国家金融工具;蒋介石统揽的军事领域和直接控制的军队,所需经费必须受制于财政预算的相关规定,即便是可以支配的经费,也不得不通过央行系统来进行拨划存取。况且,此时的中国银行、交通银行名义上为"政府特许银行",实际仍处于商股控制之下,蒋介石能够直接调配使用的金融资源甚为有限。在此背景下,蒋介石迫切需要在国家银行体系之外建立一个直接受其控制的金融机构。

　　1933年3月,蒋介石以军事委员会委员长兼豫鄂皖三省"剿匪"总司令的名义发布公告:"本委员长兼总司令为兴复农村经济、供给农民资金并促进农业生产之改良进步起见,特创办豫鄂皖赣四省农民银行……并特许发行'一角''二角''五角'流通券三种,十足准备、随时兑现,无论何地何业均应一律通用,不得抑勒拒绝、妨害信用。"[1]4月1日,豫鄂皖赣四省农民银行在汉口正式开业。值得注意的是,该行由豫鄂皖三省"剿匪"司令部核准成立,之前仅获得行政院会议大体通过特许设立,后经财政部会同实业部审查该行条例,直到1933年6月27日才被"暂行准予备案"[2]。

　　在筹设四省农民银行期间,国民政府美籍财政顾问杨格(Arthur N. Young)提出农民银行不应拥有纸币发行权,并认为这将使全国货币流通状况更加混乱[3]。财政部长宋子文也不主张在内地设立农民银行之类的金融机构,反对政府直接介入和干预地方金融市场[4]。虽未获得财政当局的支持,蒋介石仍坚持其创办农民银行的设想,并力主赋予纸币发行权。1932年12月

---

[1]《国民政府军事委员会豫鄂皖三省剿匪总司令部布告》(1933年3月),《湖北民政公报》第1卷第3期,1933年4月。
[2]《中华民国史事纪要》编辑委员会编:《中华民国史事纪要(初稿)》(中华民国二十二年(一九三三)一至六月份),中华民国史料研究中心,1984年,第548、1008页。
[3]"Notes on the Proposed Farmers Banks"(January 12th, 1933), Arthur N. Young Papers, Box 46, Hoover Institution Archives, Stanford University, California.
[4] 中国人民银行总行参事室:《中华民国货币史资料》第2辑(1924—1949),上海人民出版社,1991年,第79页;荣孟源主编:《中国国民党历次代表大会及中央全会资料》下册,光明日报出版社,1985年,第181—183、192—193页;吴景平:《宋子文思想研究》,福建人民出版社,1998年,第20—21页。

19 日,豫鄂皖三省"剿匪"总司令部秘书长杨永泰致函蒋介石,称宋子文对使用"路电附捐"救济农村金融之议反应冷淡,请求在四省农民银行成立之前,先行印发小额流通券,以资流通使用[1]。蒋介石于次日回电表示赞同:"所见各方处置甚是,流通券请即照准发行可也。"[2]1933 年四省农民银行条例颁布后,蒋介石以"内以充实本行运用之资金,外以增高农民融通之额度"为由,命令农村金融救济处处长郭外峰发行一角、二角、五角三种小额流通券,并依照现金准备六成、保证准备四成的标准办理该券准备金[3]。四省农民银行运营初期,由于资本微薄、营业区域有限、社会认同度低,该行流通券发行总额至 1934 年底只有 566 余万元[4]。该行成立初期发行的流通券均是小额角券,直到 1933 年 9 月 30 日才开始发行流通一元券,这在客观上也制约了其纸币发行量快速扩张[5]。

四省农民银行在最初成立的一年内,其主要经营业务尚且集中于农业信贷与农村救济。1933 年 7 月,蒋介石曾指示四省农民银行将调查、救济农村经济作为各省分行的"惟一任务"[6]。然而,随着 1933 年底第五次"围剿"军事行动的启动和推进,四省农民银行开始更多地担负起军事经费调拨、国营企业贷款等主营业务之外的工作,然而由于钞票面额小、发行量低,难以满足这些"新业务"的需求[7]。1934 年 1 月,为解决钞票短缺的状况,在蒋介石的支持下,"豫鄂皖赣四省农民银行湖北省银行发行兑换券准备金公库"(简称"两行公库")在汉口正式成立。湖北省银行董事沈肇年担任"两行公库"主任,副主任由蒋介石表弟孙经镶出任,二人共同负责筹备发行。依照章程,两行领用发行券前应先交纳相应的十足准备金(六成为现金准备、四成为保证准备),持券人可随时向公库兑现硬通货,流通额和准备金情况则定期接受公开检查。从 1934 年 3 月 1 日开始,以湖北省银行名义发行一元、五元、十元三种兑换券,券面加印"此券由汉口豫鄂皖赣四省农民银行湖北省银行

---

[1] "杨永泰呈蒋介石函"(1932 年 12 月 19 日),台北"国史馆"藏蒋中正总统文物档案 002-080114-00019-003。
[2] "蒋介石致曹浩森、杨永泰电"(1932 年 12 月 20 日),台北"国史馆"藏蒋中正总统文物档案 002-010200-00074-041。
[3] 中国第二历史档案馆编:《中华民国史档案资料汇编》第五辑第一编财政经济(五),江苏古籍出版社,1994 年,第 512—513 页;《中华民国货币史资料》第 2 辑(1924—1949),第 78 页。
[4] 中国人民银行金融研究所编:《中国农民银行》,中国财政经济出版社,1980 年,第 345 页。
[5] 《四省农民银行发行一元流通券》,《银行周报》第 17 卷第 39 期,1933 年 10 月 10 日。
[6] "蒋介石致郭外峰电"(1933 年 7 月 4 日),台北"国史馆"藏蒋中正总统文物档案 002-020200-00033-045。
[7] 《中国农民银行》,第 59 页。

公库兑现"字样[1]。

　　蒋介石之所以选择湖北省银行与四省农民银行合作建立钞票发行公库,主要原因有三点:其一,湖北省银行于1928年成立后,经营妥善、资本雄厚,发行的辅币券和银行券信用卓著,不但在本省各县市广泛使用,甚至还在湖南、安徽、江西、四川等省流通[2]。其二,湖北省银行的总行设立于汉口,这里不仅是华中地区经贸、金融、交通的中心枢纽,而且靠近国民党军队"剿匪"主战场,便于从后方向前线调配资金。其三,湖北省银行早在1929年就通过美国钞票公司印制了2 000万元面额的纸钞,一直被国民政府财政部扣押在中央银行总行,由于当时中国国内纸币印制技术低劣且制作周期较长,对于想在短期内扩大发行的银行来说,这批巨额纸钞显然是难得的"稀缺资源"。蒋介石通过几番交涉,最终说服宋子文将这批钞票拨还湖北省银行,作为利益交换,该行同意与四省农民银行组建公库,协助其扩大纸币发行额[3]。

　　"两行公库"成立后的一段时期内,保持着比较稳健的纸币发行速度并较遵守公开的准备金检查制度。直到1934年7月底,公库共计发行兑换券257万元,实行十足准备,其中现金准备154.2万元,保证准备102.8万元[4]。相对于已经印制好的2 000万元钞票,这样的发行规模是相当保守的,自然也满足不了农行的胃口。1934年9月,新就职的四省农民银行第二任总经理徐继庄向蒋介石当面提出,请求准许增发五元、十元流通券。对此,蒋介石颇为犹豫,认为如果贸然增发大额钞券,财政部很难予以批准。徐继庄则坚称:"本行发行主旨系与其他商业银行竞争,与中央银行无所冲突,即将来中央统一发行制度实施,本行发行可以首先取消,以为表率。且财部最近对于浙江地方银行、农商银行等尚予以发行权,似不致独靳于本行。"蒋介石最终勉强批准了徐继庄的提议,并指示他将四省农民银行增发、注册两案一并递交财部审核[5]。但在财政部长孔祥熙的质疑之下,蒋介石不久又电令徐继庄:"如中央准本行

---

[1]《武汉金融志》办公室、中国人民银行武汉市分行金融研究室编:《武汉近代货币史料》,武汉地方志编纂委员会办公室,1982年,第156页。
[2] 姜宏业主编:《中国地方银行史》,湖南出版社,1991年,第454—476页。
[3] "蒋介石致宋子文电"(1931年9月10日),台北"国史馆"藏蒋中正总统文物档案002-070100-00022-009;"蒋介石致宋子文电"(1932年2月9日),台北"国史馆"藏蒋中正总统文物档案002-070100-00023-047;"蒋介石致宋子文电"(1932年3月3日),台北"国史馆"藏蒋中正总统文物档案002-070100-00024-004。
[4]《武汉近代货币史料》,第156—157页。
[5] "徐继庄呈蒋介石函"(1934年9月24日),台北"国史馆"藏蒋中正总统文物档案002-080200-00441-258。

发五元与十元之钞币,则上海设立分行时决不可发行五元与十元之钞币。"[1]财政部之所以限制四省农民银行上海分行印发大钞,显然是不愿让该行钞票在江浙地区流通,以免扰乱当地金融市场,而蒋介石在增发农行钞票一事上也表现得较为克制。

四省农民银行资历浅薄、信用不足,但又亟须扩大纸币发行额,因此徐继庄转而向"两行公库""开刀"。1934年11月,徐继庄忽然以豫鄂皖三省"剿匪"总部的名义,从公库提取200万元到福建使用,并拒交准备金。"两行公库"主任沈肇年认为,若无准备金,则整个兑换券信用都会受到影响,而且章程规定兑换券只限在豫鄂皖赣四省内行使,不能越境到福建地区流通[2]。徐继庄的"违章行事"显然得到了蒋介石的授意,由于沈肇年坚决反对"滥发纸币",蒋介石随即于11月5日电令徐继庄解散湖北省银行保管库、收回钞本,并将该行钞票收归行营管理监督[3]。徐继庄回电称,解散公库、收回钞本可以遵办,但如果公库钞票收归行营管理,一旦引起社会误会,湖北省银行原发行的辅币券600余万元势将同受挤轧,鄂省全境金融必引起波动。在徐的劝说下,蒋介石于11月15日致电湖北省主席张群,同意让两行协商解决该问题[4]。湖北省银行理事会主席贾士毅和四省农民银行常务理事朱孔阳商议后认为,若贸然解散公库,不仅影响"两行公库"兑换券的信用,也将累及两家银行各自发行的钞券,因此建议蒋介石暂时采取"农行收回钞本,公库暂维现状"的办法[5]。经由张群、杨永泰等人的劝说,蒋介石同意在公库所存钞票"交还行营保存"的前提下,允许公库推迟到旧历正月之前解散[6]。最终,"两行公库"于1935年1月宣告撤销。公库存有的1 220万湖北省行未签字钞票遂被农行接收保管,后经财政部核准加盖"中国农民银行"标记并在市面发行,直至法币改革之后仍在发用[7]。

---

[1] "蒋介石致孔祥熙、徐继庄电"(1934年11月5日),台北"国史馆"藏蒋中正总统文物档案002-010200-00122-015。
[2] 沈肇年:《豫鄂皖赣四省农民银行、湖北省银行共同发行银元兑换券之始末》,全国政协文史资料委员会编:《文史资料存稿选编》第21辑"经济"上册,中国文史出版社,2002年,第391页。
[3] "蒋介石致徐继庄电"(1934年11月5日),台北"国史馆"藏蒋中正总统文物档案002-010200-00122-016-001x。
[4] "徐继庄呈蒋介石电"(1934年11月13日),台北"国史馆"藏蒋中正总统文物档案002-080200-00443-078;周美华编注:《蒋中正总统档案——事略稿本》第28册,台北"国史馆",2007年,第449页。
[5] 刘冰:《豫鄂皖赣四省农民银行史料选》,《民国档案》1986年第1期。
[6] "张群呈蒋介石电"(1934年12月5日),台北"国史馆"藏蒋中正总统文物档案002-080200-00444-037。
[7] 交通银行总行、中国第二历史档案馆编:《交通银行史料》第1卷下册,中国金融出版社,1995年,第912页;赵隆业:《旧中国国家银行纸币图录》,中国社会科学出版社,1992年,第86—87页。

"两行公库"的运行体制无法满足蒋介石自由调配资金的现实要求,这是引发解散公库事件的直接原因。1934年底发生的这次冲突,明显暴露出四省农民银行有限的金融功能已经与该行在政治、军事领域的实际地位和作用不相匹配。四省农民银行作为中央财政体系之外由蒋介石直接掌控的金融机构,在很大程度上纾缓了国民政府财政当局对蒋介石的财经束缚,而拥有和扩大纸币发行权则是确保该行履行这一"职能"的必要条件。

二

随着蒋介石对江西红军完成"围剿"和"福建事变"的平息,四省农民银行的业务经营范围和资金流动地域已超出豫鄂皖赣四省,因而必须进一步扩大其营业区域和纸币发行额,以满足蒋介石在军事、政治领域的需要。在蒋介石的多次催令下[1],1934年底至1935年4月1日,四省农民银行先后在福州、厦门、上海、杭州等地设立了分行,并启动了西安、兰州分行的筹设工作[2]。为了适应新的政治、军事需要,蒋介石开始筹划赋予四省农民银行以更高的权威与合法性,希望将其改组为"中国农民银行"。

然而,在改组成立中国农民银行一事上,国民政府中央层面出现了较大分歧。1935年3月13日,蒋介石亲自致电汪精卫、孔祥熙、陈公博,将四省农民银行起草的《中国农民银行条例》和《中国农民银行组织章程》由武昌行营正式送达行政院及各部委,请求"核准备案施行"[3]。一方面,行政院长汪精卫于次日即回电表示"硕画至佩,俟条例章程送达时,当即与财实两部切实研究,务促其成";另一方面,财政部、实业部却在行政院会议上质疑农行条例章程"与公司法及银行法规未尽符合之处甚多"。农行"扩张营业区域及改变名称"的申请虽然获准备案,但尚不能合法经营,必须"由财政、实业两部邀同该银行经理人列席审查,就法理事实详加讨论,妥将条例章程修正,再行由院提请中央政治会议核定"。对此,汪精卫向蒋介石表示"自当力促其依序于法律事实均

---

[1] 蒋介石日记(手稿),1934年10月14日、19日、21日,美国斯坦福大学胡佛研究所档案馆藏,下同。
[2] 自1935年4月中国农民银行正式成立后至该年底,农行在西安、兰州、长沙、贵阳、重庆、安康、遵义等地新设了18处分支机构,其中绝大多数分布在中西部地区。参见《前豫鄂皖赣四省农民银行时期所设各分支行处》《中国农民银行成立后增设各分行处》,《中国农民银行月刊》第1卷第1期,1936年1月。
[3] 台北中国农民银行编辑委员会编印:《中国农民银行五十年》,1983年,第5页;"蒋介石关于将四省农民银行改组为中国农民银行电"(1935年3月13日),《中华民国史档案资料汇编》第五辑第一编财政经济(五),第524页。

得圆满解决"[1]。

应当说,汪精卫大力支持蒋介石改组成立中国农民银行是"蒋汪合作"格局中的应有之义,在同一时期进行的中国银行、交通银行改组过程中,汪精卫通过在行政院和中政会的政治运作,对蒋介石统制金融的改革主张同样给予了积极配合[2]。与汪精卫相比,孔祥熙的态度则显得颇为冷淡。1935年2月4日,蒋介石为使中国农民银行顺利成立,特意电嘱四省农民银行总经理徐继庄和常务理事王澄莹,指示该行在改组后应由孔祥熙担任理事长[3]。3月26日,四省农民银行举行第21次理监事联席会议,决议该行采取"理事长制",由理事长、常务理事代表理事会主持全行一切事务,并推孔祥熙任理事长[4]。然而,孔祥熙从国家财经管理者的立场出发,并不希望农行继续独立于中央财政体系之外,因此财政部对该行改组一案迟迟不予核定。

在汪精卫的支持下,蒋介石得以按计划于4月1日宣告成立中国农民银行,但围绕纸币发行权问题,蒋介石与财政当局的矛盾依然存在。4月9日,钱币司司长徐堪向孔祥熙呈报《中国农民银行条例草案修正案》,称:"经会同实业部派员审查……原送条例章程,核与公司法及现行银行法规,未尽吻合。所拟发行农业债券及农民流通券,为原四省农民银行条例所订定;前经行政院令准备案,自应准予照列。此次新条例草案第十二条,复规定得发行兑换券。查兑换券与流通券,其性质并无区分,该行早经发行农民流通券,于新条例草案第六条第十一项,亦经明白订入,此条似应删去,以免重复。"4月10日,孔祥熙批复"如拟办理之"[5]。正如徐堪所言,"兑换券"和"流通券"均为纸币的别称,在语义上确实不存在本质差异,然而财政部所提出的修改意见却暗藏玄机。在四省农民银行拟订的农行新条例草案中,以单独条款明确规定该行改组后拥有纸币发行权;财政部则希望将农行发行纸币的权力限定在该行"营业范围"的名目下(即"新条例草案"第六条第十一项),目的在于强调农行钞票专用于调剂农村金融的"特殊性",而淡化其作为普通银行钞票在全国市场流通使用的"一般性"。6月4日,国民政府正式公布《中国农民银行条例》,第11条

---

[1] "汪精卫致蒋介石电"(1935年3月14日、4月3日),台北"国史馆"藏蒋中正总统文物档案002-090102-00011-269-001a、002-090102-00011-270。
[2] 潘晓霞:《一九三〇年代经济危机中的银行改组——以中国、交通银行为中心》,《历史研究》2013年第5期。
[3] "蒋介石致王澄莹、徐继庄电"(1935年2月4日),台北"国史馆"藏蒋中正总统文物档案002-010200-00127-019。
[4] 《中国农民银行五十年》,第7页。
[5] 《中国农民银行》,第31—32页。

规定:"中国农民银行得发行兑换券,其发行条例另定之。"[1]一方面,中国农民银行已成功获得中央政府法定许可的纸币发行权;另一方面,农行纸币发行条例却未能同时出台,这意味着该行纸币发行权的界定依然模糊不定。

1935年11月3日,国民政府正式颁行法币政策,规定以中央银行、中国银行、交通银行三行所发行的钞票定为法币,一切公私款项收付均以法币为限,中、中、交三行以外各银行流通的钞票,其发行数额以截至11月3日流通总额为限,不得增发,由财政部限期以中央钞票换回,各行纸币发行法定准备金须悉数交由发行准备委员会保管[2]。根据新币制,中国农民银行钞票未被认定为法币,该行所有钞券及发行准备应由中央银行负责接收。11月7日,孔祥熙电告中国农民银行,财政部已派员"即日接收封存该行全体发行现金准备、保证准备,及已印未发、已发收回新旧钞券"[3]。收到该催缴令后,周佩箴、徐继庄联名向蒋介石上书,称:"此次规定法币,以中、中、交三行所发行者为限,而农民银行不与焉。今后复兴农村开发西南西北,农行负责甚重,如该行钞券不能与法币一体流通,势必大受打击。可否商取孔部长同意,通电布告准予一体流通,请核可。"[4]11月8日,在尚未收到蒋介石回电的情况下,农民银行以"分支行处帐表未齐"为由,回复孔祥熙称该行暂不能"移交封存"准备金及钞券[5]。同日,周、徐二人致电杨永泰,请其直接出面向蒋介石转呈农行的"苦衷",并提出"各行处多在内地,钞券流通与农民经济关系至为密切,当此变更币政之始,最易滋生误会",再次请求蒋介石"通电各省市政府缮发布告,对于职行钞券与法币一体流通,不得稍存歧视,务乞俯赐施行,不胜感祷之至"[6]。杨永泰随即将此电文呈送给蒋介石,并在"拟办"一栏中将11月7日周、徐二人的致蒋电文全文抄录,作为"办理意见"请蒋介石核示。对于杨永泰缮写的拟办意见,蒋介石一笔勾去,并以强硬的口吻批示道:"不能以一个行叫我自犯其法。何得如此?"[7]如上文所述,徐继庄在1934年申请发行五元、十元流通券时,曾当面向蒋介石

---

[1]《中国农民银行条例(二十四年六月四日公布)》,《立法院公报》第71期,1935年6月。
[2]"财政部关于施行法币布告"(1935年11月3日),中国第二历史档案馆、中国人民银行江苏省分行等合编:《中华民国金融法规档案资料选编》上册,档案出版社,1989年,第401—403页。
[3]《中国农民银行》,第188页。
[4]"周佩箴徐继庄呈蒋介石电"(1935年11月7日),台北"国史馆"藏蒋中正总统文物档案002-080109-006-002-120a。
[5]《中国农民银行》,第189页。
[6]"周佩箴徐继庄致杨永泰转呈蒋介石电"(1935年11月8日),台北"国史馆"藏蒋中正总统文物档案002-080109-006-002-121a。
[7]"周佩箴徐继庄呈蒋介石电"(1935年11月8日),台北"国史馆"藏蒋中正总统文物档案002-080200-00459-028。

承诺"将来中央统一发行制度实施,本行发行可以首先取消,以为表率",如今却又出尔反尔,蒋介石对此极为不满,难掩愤怒之情。此时蒋介石之所以不愿授予农行法币发行权,其主要原因有三:

首先,法币改革是当时国民政府所面临的"头等大事",蒋介石迫切希望此次改革顺利完成、万无一失。长期以来,蒋介石始终主张尽早统一全国的纸币发行权。由于受美国白银法案的影响,中国财政金融在1935年濒临崩溃的边缘,通过实行法币政策统一币制成为国民政府的必然选择[1]。几年之后,蒋介石在1941年第三次全国财政会议上回顾1935年法币改革时说道:"我在民国二十四年视察各省与入川的时候,见到各省各地币制之复杂,真是使人害怕,因此研究到民主之痛苦与社会之黑暗,各种弊端的症结,皆在于此。由此更推想到如果国家对外一有战事,则财政经济更将混乱不堪,直将制国家的死命,所以我国如要实行民生主义,而且能够应付内外一切艰危,惟一要务,就是在财政经济上,必须统一币制。"[2]不难看出,1935年的法币政策是关系到国民党政权生死存亡的重大决策,蒋介石不可能因为农行发行权这样一个局部性的问题而置法币改革的大局于不顾,二者孰轻孰重蒋介石心中自然有数。

其次,孔祥熙继宋子文出任财政部长和中央银行总裁之后,蒋介石与中央财政当局的紧张关系得到很大缓解,蒋介石更倾向于和孔祥熙合作,积极谋求财政当局的协助。1933年10月28日,宋子文在拒绝向蒋介石提供2 000万"剿匪"经费后,愤然辞去财政部长之职[3]。其继任者孔祥熙竭尽全力在军费问题上支持蒋介石,在1934年国民政府预算中,军费支出高达4.4亿元。此后经协商,若干军事开支项目改换名目,军费数额名义上减为3.3亿元,但"军费支出实际并未减少",其中年度"剿匪"费2 407万元,每月由财政部划拨南昌行营的军事特别费则高达370万元,两项合计为每年6 847万元[4]。以"剿匪"前线江西省为例,蒋介石部队每月的"剿匪"经费大多通过中央银行拨付给南昌行营[5]。由于蒋介石主要仰赖财政部和中央银行供给军费,所以他在处理农行问题时不得不充分考虑财政当局的意见。

再者,1935年6月4日国民政府正式公布《中国农民银行条例》后,该行的

---

[1] 吴景平:《蒋介石与1935年法币政策的决策与实施》,《江海学刊》2011年第2期。
[2] 蒋介石:《建立国家财政经济的基础及推行粮食与土地政策的决心》,秦孝仪主编:《中华民国重要史料初编——对日抗战时期》第四编《战时建设》第3卷,中国国民党中央委员会党史委员会,1988年,第71—72页。
[3] 吴景平:《宋子文评传》,福建人民出版社,1998年,第213页。
[4] 洪葭管主编:《中央银行史料》上卷,中国金融出版社,2005年,第106—111页。
[5] 《赣省银行业之猛进》,《申报》1934年2月7日。

人事管理制度随之发生了较大变化,即由董事会取代原来的理事会负责行务,财政部长孔祥熙亲自担任董事长。1935年初,蒋介石曾以筹设分行名义,电令闽浙京沪等省市认缴农行股本各25万[1]。2月27日,蒋介石又电告湖南省主席何键,要求湖南照甘肃、浙江等省先例加入股份[2]。如果说之前农行理事会在法理上是对豫鄂皖三省"剿匪"总司令部负责,那么豫鄂皖三省"剿匪"总司令部裁撤之后,该行既已改组为全国性的官股银行,在名义上就必须对财政部以及入股的各省政府履行责任,而不仅仅是对蒋介石一人或某一军事机关负责。因此,蒋介石在处理相关问题时不便过于"任性"。

蒋介石就取消农行纸币发行权一事表态之后,发行准备管理委员会、中国银行总管理处、中央银行业务发行局纷纷致电中国农民银行,催促办理移交手续,而农行仍以"各分支处发行帐表尚未寄到"为由一再推脱搪塞[3]。在此拖延期间,徐继庄除电令各分支行拒不移交外,还亲自赴南京恳请蒋介石切勿停止农行发行钞票,并趁国民党召开五届一中全会之机,串联各省主席以农民银行股东资格联名向蒋提出呈请[4]。徐继庄虽只担任农行总经理这一不起眼的职务,但其父亲徐青甫不仅是蒋介石的早年恩师和重要幕僚,并且与蒋介石的亲信黄郛、杨永泰过从甚密,徐继庄因而敢于"顶撞"财政当局的命令[5]。另外,徐继庄深知中国农民银行是蒋介石亲手建立的金融机构,具有极强的"私属"性质,他认定蒋介石其实并不愿轻易牺牲农行的利益。

无论蒋介石如何看待徐继庄等人的"联名请愿",这一政治风波无疑让孔祥熙颇为难堪。1935年12月初,孔祥熙突然提出辞去财政部长一职,蒋介石极为担心币制改革会因此半途而废,"心甚不安也"[6]。此时正值国民党五届一中全会召开之际,"蒋汪合作"的政治格局因汪精卫遇刺而被打破,即将出任行政院长的蒋介石正积极谋求国民政府内部的政治稳定与权力平衡。与此同

---

[1] "市政府承转蒋介石电令筹募农民银行股本的通知",上海市档案馆藏上海银行公会档案 S173-1-274。
[2] "何键呈蒋介石电"(1935年2月27日),台北"国史馆"藏蒋中正总统文物档案 002-090102-00011-271。
[3] 值得注意的是,就在法币政策宣布前一个月,即1935年10月1日起,中国农民银行突然实行了"分区准备制度",名义上是为了方便管理各地钞券,实际上则是故意分散现金准备,以应对财政部即将公布的统一发行令。直到1936年2月,财政部最终允许农行钞票与法币同样行使后,该行发行准备又立即恢复为集中管理制。参见《发行恢复集中准备制度》,《中国农民银行月刊》第1卷第2期,1936年2月。
[4] 《中国农民银行》,第190页。
[5] 同上书,第265—266页。
[6] 蒋介石日记(手稿),1935年11月26日、12月2日。

时,华北局势迅速恶化,相继爆发"冀东事件"和"一二·九"运动,国民政府被迫宣布首都、武汉、淞沪三区进入戒严状态。在此牵一发而动全身的敏感时刻,蒋介石必须尽快控制局面、维护中枢稳定团结,尤其不愿因农民银行一事处理不当而引发市面和政局的动荡。最终,孔祥熙向蒋介石妥协并继续担任财政部长兼中央银行总裁,财政部则于1936年1月20日公布中国农民银行发行办法,准许该行以1亿元为限发行钞票,与法币同样行使,规定其中至少应以5 000万元经营土地及农村放款,发行准备金全数交由央行保管,并强调"发行区域应注重于陕甘川滇等边远省区"[1]。2月10日财政部正式发出训令称:"复查中国农民银行为复兴农村而设,前经立法院议决、国民政府公布条例,赋予发行特权。现在决行法币统一发行,所有该行之钞票,已由部核定与法币同样行使。"[2]至此,中国农民银行名义上拥有了法币发行权。

孔祥熙虽然对中国农民银行暂做让步,但实际上并不希望该行拥有真正的法币发行权。他一方面拒绝授予该行买卖外汇的权力,另一方面对于农行订印进口钞票、扩大发行区域等也多有限制。法币政策宣布当天,中央银行同步规定法币对外汇价为1元兑换英金1先令2便士半、美金29元7角5分、日元103元,并根据各国汇价涨落进行调整,通过中央银行会同中国、交通两行无限制买卖外汇实行"钉住政策",维持法币汇价平衡。从本质上讲,此时法币已摆脱银本位,转而采行管理汇兑制[3]。为了使财政部独揽法币控制权、维持法币的币值和信用,孔祥熙决不允许农行染指外汇买卖市场。对此,徐继庄于1936年4月16日密电呈请孔祥熙,要求农民银行加入法币发行银行行列,孔祥熙则予以彻底拒绝:"现在复兴经济、救济农村,系属该行主要业务。该行本可遵照条例所定发行农业债券,以为通融农业资金之用,本所负责任,努力进行。如舍己耘人,同负外汇责任,该行在国外既无准备,如贸然担此重责,对于买卖外汇,何以应付?亦属不自量力,殊违政府设立该行之初意。且自该行发行钞票一万万元为限,与法币同样行使以后,中外人士业已啧有烦言。如再变更成案,准予加入法币发行银行,更将引起怀疑,影响甚大,碍难照准。"[4]孔祥熙回复徐继庄的电文语气不无讥讽,体现出二人之间嫌隙之深。

徐继庄和孔祥熙两人围绕农行发行权问题展开的博弈并未就此终结。

---

[1] 《中华民国史档案资料汇编》第五辑第一编财政经济(五),第528—529页。
[2] 《中国农民银行》,第190—191页。
[3] 慈鸿飞:《初期法币性质辨析》,中国近代经济史丛书编委会编:《中国近代经济史研究资料》第5辑,上海社会科学院出版社,1986年,第32—33页。
[4] 《中国农民银行》,第192—194页。

1936年5月21日《新北平》日报发表一则消息称,北平市府以"农民银行钞票并未经部核准发行通行到府"为由,认为该行纸币的流通扰乱北平金融,饬令公安局属严行查禁,并转行各同业公会一体知照。徐继庄即致电孔祥熙,提出农行本具有法定发行权,《新北平》刊载的新闻影响了农行的发行,要求财政部命令北平市政府查明更正,并通令其他各省市政府农行钞票一例流通行使[1]。显然,农行纸币在北平行使违背了"发行区域应注重于陕甘川滇等边远省区"的政策精神,但北平市政府拒绝通行的做法又与财政部规定的农行钞票"与法币同样行使"等条款相抵触。最终,财政部不得不责令北平市府查改报载错误,"转饬所属一律通用"农行钞币[2]。农行和财政部相互较量的结果是:农行未获得外汇管理权,这就意味着该行钞票在徐继庄任内始终没有取得严格意义上的法币地位;另一方面,财政部也没能收回农行的发行准备,更未有效控制该行纸币不断扩增发行区域和发行数量[3]。

三

蒋介石于1935年底出任行政院长后,启动内债整理工作和多项经济建设计划,与此同时他还加紧整军备战并继续实施"剿共",造成国民政府各项支出激增,1936年中央政府财政赤字已攀升至2.56亿元[4]。为弥补财政亏空,中国农民银行在担负政府支出方面的作用日益显著。1936年3月至1937年1月不到一年间,蒋介石个人指令农行支垫的各种款项就有近1亿元[5]。根据1936年10月24日的兑换券准备检查报告,农行当时的发行总额为12 622.332 1万元,即使该年8月蒋介石向孔祥熙申请的2 300万辅币券不算在发行数额限制内,此时农行钞票发行额也已超过财政部之前设定的1亿元限制[6]。

---

[1]《中华民国史档案资料汇编》第五辑第一编财政经济(五),第535—536页。
[2]《中央银行史料》上册,第333页。
[3]《中国农民银行》,第192—194页;《中华民国史档案资料汇编》第五辑第一编财政经济(五),第535—536页;《中央银行史料》上册,第333页。
[4] 阿瑟·恩·杨格:《一九二七至一九三七年中国财政经济情况》,陈泽宪、陈霞飞译,中国社会科学出版社,1981年,第38、165页。
[5] 需要指出,这笔巨额款项并非仅仅用于军事方面,其中有近三成被用作交通建设、对外贸易、农业贷款和农村赈济。据统计,1936年中国农民银行的农村放款较前一年增长两倍,达11 769 786.85元,在全国各家银行中,该行对农村的投资首屈一指。《中国农民银行》,第65、121页;《去年度银行农村投资统计》,《中国农民银行月刊》第2卷第3期,1937年3月。
[6]《本行兑换券准备检查报告》,《中国农民银行月刊》第1卷第10期,1936年10月;《中国农民银行》,第194—195页。

蒋介石纵容农行增发纸币的态度很快引发多方质疑。1936年5月30日，协助中国进行法币改革的英国政府首席经济顾问李滋罗斯(Frederick Leith-Ross)向蒋介石建议，中国农民银行应作为提供贷款的机构，而资金还是应从中、中、交三行获得，该行的发行准备也应集中于三家政府银行[1]。6月22日，来华近九个月的李滋罗斯就中国币制改革问题首次公开发表声明，他特别针对农行纸币发行问题表示："我认为农行纸币问题确实会对货币的统一造成影响，但我理解这一特别的个案只存在于有限的特定时期内，其发行量也是有限的。"[2]李滋罗斯选择在返回英国前一天对中外记者发表上述意见，无疑是向国民政府明确表达了英方对农行发钞问题的基本立场，同时也是公开地向蒋介石施加压力。

然而，蒋介石在1936年底仍批准了中国农民银行订印3.5亿元钞票的方案[3]。1937年2月，徐继庄正式向财政部申请委托英国公司印制这批纸币，孔祥熙随即致函蒋介石称："在施行法币时，英人资助之力为多，故其希望我国慎重发行、保全币信为尤，殷切用意原未可厚非。自中农继续发行钞券以来，上海外国报纸如《字林西报》等时有记载，疑虑滋多，英美人士并常以此事相询。此次该行订印大宗钞券，承印者又适为英国公司，事难久掩，甚或引起其对于法币之疑虑，关系整个币制极为重大。"[4]面对财政部和英美等国的压力，蒋介石依然选择扩大中国农民银行的纸币发行。时至1937年3月，农行纸币发行总额已超过了2亿元。

表1 中国农民银行纸币发行额

日 期		发行额(元)	指　数*
年	月		
1933		2 008 000	11.39
1934		5 633 382	32.13
1935		29 846 807	169.31

---

[1] 《李滋罗斯远东之行和1935—1936年的中英日关系——英国外交档案选译(下)》，吴景平译，《民国档案》1990年第1期。

[2] "Money Reforms Prove Successful"，*The North China Herald and Supreme Court & Consular Gazette*，June 24，1936.

[3] "徐继庄呈蒋介石电"(1937年2月)，台北"国史馆"藏国民政府档案 001-084314-00001-006。

[4] "孔祥熙致蒋介石函"(1937年2月9日)，台北"国史馆"藏国民政府档案 001-084314-00001-001。

续表

日期		发行额(元)	指　数*
年	月		
1936	3	34 776 806	197.28
1936	4	51 017 410	289.40
1936	5	64 372 011	365.16
1936	6	92 034 671	522.08
1936	7	87 203 371	494.67
1936	8	96 277 071	546.15
1936	9	108 503 321	615.50
1936	10	131 910 471	748.28
1936	11	142 121 891	806.21
1936	12	162 013 831	919.05
1937	1	163 614 277	928.13
1937	2	191 705 376	1 087.48
1937	3	200 053 247	1 134.84

＊说明：1935年10月底发行指数为100。

资料来源：《重要各银行发行及其准备金数目统计表》(续4)《中国农民银行》，《中外商业金融汇报》第4卷第4期，1937年4月。

  中国农民银行之所以在纸币发行问题上敢于和国民政府财政当局"叫板"，除了倚仗蒋介石的支持以外，其自身的资本实力也为该行扩大发行提供了一定的保障。四省农民银行于1933年4月成立后，迅速积累巨额资本，这是该行得以成功扩张的经济基础。据农行监事李基鸿回忆，在成立豫鄂皖三省"剿匪"司令部时，财政部长宋子文无法足额支付"剿匪"经费，蒋介石便面谕李基鸿设法筹措。在获得蒋介石的许可后，李基鸿与四川等地军阀达成协议，自1933年起西南各省所产烟土全部运抵汉口，由禁烟督察处加收160元特税[1]。蒋介石委任李基鸿为禁烟督察处负责人，准许四省农民银行直接投资设立特货公栈，并批准《豫鄂皖赣四省农民银行经营特货买卖试行办法》《禁烟

---

[1] 李基鸿：《百年一梦记》，沈云龙主编：《近代中国史料丛刊续编》第423册，台北文海出版社，1977年，第234页。

督察处统制特货买卖办法》等一系列条例,加强该行对鸦片贸易的控制。按照规定,鸦片运商须将特货上交"公栈"实行公买公卖,中国农民银行负责向鸦片商人提供付款期票,各埠分公栈、分办事处在购买承销总公栈特货时,须向农行缴纳现金,公栈营业盈余收入则悉数存储农行。据估算,在1933—1936年间,农行每年从鸦片贸易中获取的利润高达四五千万元[1]。实际上,从四省农民银行成立到1936年3月,农行奉蒋介石指令由特税担保的军费垫支仅有1 200万元[2]。因此,与其说鸦片特税被蒋介石用于江西"剿匪",还不如说这笔资金刺激了农行资产的膨胀[3]。此外,中国农民银行在1936年初获得有限法币发行权的同时,还负责统揽接收各地银行未上缴的发行准备金,这进一步推动了该行现金储备数额的增长。

然而,蒋介石纵容该行在短期内激增发钞量,毕竟大大超过了该行自身的承受能力。1936年底,中国农民银行发行额突破1.5亿元,虽然其账面上仍维持"十足准备",但实际上黄金、白银等现金准备额只有5 000余万元,远未达到纸币发行应有六成现金准备的规定。此外,该行从1935年法币改革后,不断将巨额纸钞以"业务款项"名义存于中央银行、中国银行、交通银行等同业机构,在资产负债平衡表上列入资产栏下"存放同业"一项,其实是用于抵充纸币发行的保证准备。截至1937年2月27日,农行存放同业款项占总发行额的比例高达53.29%,而此时中、中、交三行的同一项目平均比率尚不足0.55%。农行的这笔主要存放在中、中、交三行的款项,并不能等同于此三行本身发行的法币,更不能随时兑换为外汇或金银,因而不能作为真正意义上的发行准备金,这不仅对农行本身是一大隐患,对于全国货币金融体系而言,也构成了极大的威胁[4]。

表2　中国农民银行发行准备情况(1937年2月27日)

项　　目	总额(元)	占比(%)
总发行量	191 705 376	100
银元和条银	32 115 379	16.75

---

[1]《中国农民银行》,第243页。
[2] 同上书,第65页。
[3] Edward R. Slack, Jr., *Opium, State, and Society: China's Narco-Economy and the Guomindang, 1924-1937*, Honolulu: University of Hawai'i Press, 2001, pp.139-142.
[4] "为中国农民银行发行问题上部长书"(1937年),台北"国史馆"藏蒋中正总统文物档案002-080109-00007-003。

续 表

项　　目	总额(元)	占比(%)
银锭	335 442	0.18
外币	521 522	0.27
黄金	20 361 107	10.62
同业存款	102 158 746	53.29
政府债券	36 213 180	18.89

资料来源:"行政院长孔祥熙等关于向美出售白银等问题的文书(一)",中国第二历史档案馆藏中央银行档案396(2)/680(1)。

其实,并非中国农民银行一家金融机构面临纸币发行准备金严重短缺的问题。法币改革后,南京政府虽将纸币发行权集中于中、中、交、农四大国有银行,但该四行的法定发行准备(现金)率仍为60%,这一规定严重影响了货币信贷的伸缩性能,使得央行未能很好地履行再贴现功能[1]。当时中国国内的经济学家批评称,法币实质上已采行管理通货制度,完全没有必要死守"六成现金准备"的法则发行纸币,"钞票的发行额,应由财政当局或中央银行斟酌市面的商业情形,随时伸缩"[2]。币制改革后国民政府历次向外界公布的法币发行准备检查报告都显示现金准备比例维持在60%以上,然而实际的现金准备难以达到法定六成额度[3]。

为解决准备金率过高这一金融领域的系统性问题,在与孔祥熙等人反复研究后,蒋介石认为应将中央银行改组为中央准备银行,并对各大银行现金准备进行集中管理,则银行发钞的现金准备率可从60%减至35%,这就意味着国民政府可以利用有限金银和外汇储备合法地印发更多的钞票[4]。另一方面,从加强金融统制的角度而言,改组中央银行也符合蒋介石的意愿。1936

---

[1] "Cable to Bank of England from Mr. Rogers" (October 26th, 1936), The National Archives (United Kingdom), Foreign Office Files, Issue of Bank Notes by Farmers' Bank of China, F6633-1-10.
[2] 张素民:《最近币制改革后之经济变动》,《文化建设月刊》第2卷第3期,1935年12月;王烈望:《新货币制度之研究》,《银行周报》第19卷第48号,1935年12月10日;余捷琼:《中国的新货币政策》,商务印书馆,1937年,第177—178页。
[3] 张秀莉:《币信悖论:南京国民政府纸币发行准备政策研究》,第112—115页。
[4] 蒋介石最初的意见是法定准备金率下调至30%,经中央准备银行筹备委员会讨论后,修正为35%。阿瑟·恩·杨格:《一九二七年至一九三七年中国财政经济情况》,第308—312页;"联席会议讨论中央准备银行法草案修正意见",台北"国史馆"藏蒋中正总统文物档案002-080109-00013-003。

年10月22日,蒋介石向农行总经理徐继庄、理事周佩箴发出指示:"农行现金准备应全数点交于中央银行,切勿因农行而破坏法币制度,且勿使中正因此丧失信用也。希即从速办理手续,勿误。"[1]同年11月中旬,蒋介石开始启动相关法规的制订工作,准备将央行改组为中央准备银行[2]。1937年2月初,蒋介石主动"催提中央银行条例",旋即在3月中旬确定了《中央准备银行法草案》,并促使该案在国民党中央政治会议获得通过后交立法院审议通过[3]。

蒋介石既准许中国农民银行突破财政部的限制增发纸币,同时又催促该行按照财政部指令上缴发行准备金,这两者看似矛盾,其实并不冲突。时任中国银行董事长宋子文即表示:国民政府将继续推进统一币制的工作,这一改革进程不会因为1936年以来中国农民银行等金融机构的通货膨胀而受到阻碍[4]。对于蒋介石来说,支持中国农民银行扩大发行是现实所迫,而尽快改组中央银行更是摆脱财政困境的根本之策。各大银行发行准备金交付发行准备委员会保管,既是深入推进币制改革的既定程序,又是加强中央政府金融统制的必要条件,因而蒋介石势必要求农行配合这一重大财政改革举措,全额上缴其发行准备[5]。

1937年2月22日,财政部正式下达通告,称中国农民银行所发钞票既规定与法币同样行使,自应共同负担外汇责任,因此该行所有发行准备金应悉数交由发行准备管理委员会管理,并按月检查公报,当时在华最具影响力的英文报纸《字林西报》很快便刊载了这一消息[6]。中国农民银行总经理徐继庄认为蒋介石仍会像之前一样袒护自己,因而对财政部的命令拒不执行,此时农行在很大程度上已成为蒋介石改组中央银行进程中的阻碍。为顺利组建中央准备银行,并为孔祥熙访英之行做准备,蒋介石决心在孔祥熙赴英之前撤换农行

---

[1] "蒋介石致徐继庄电"(1936年10月22日),台北"国史馆"藏蒋中正总统文物档案002-020200-00033-031。
[2] 蒋介石日记(手稿),1936年11月14日。
[3] 蒋介石日记(手稿),1937年2月4日、3月16日、20日。
[4] "Cable to Bank of England from Mr. Rogers"(October 26th, 1936), Foreign Office Files, Issue of Bank Notes by Farmers' Bank of China, The National Archives (United Kingdom), F6633-1-10.
[5] 石涛:《南京国民政府中央银行研究(1928—1937)》,上海远东出版社,2012年,第251—252页;贾钦涵:《蒋介石与国民政府中央银行权威的建立》,魏明孔、赵学军主编:《中国经济发展道路的历史探索》,九州出版社,2015年,第348—350页。
[6] 《财部通告规定中国农行发行责任》,《申报》1937年2月23日。"Farmers' Bank and Note Issue: Currency Reserve Board's Control", *The North-China Daily News*, February 25th, 1937.

总经理[1]。3月底,蒋介石果断撤免徐继庄的职务,另任叶琢堂为农行总经理,并称此举是"经济上一大关键也"[2]。4月1日徐继庄正式交卸离职,被调换到孔祥熙控制下的中央银行,不久之后蒋介石特意将他从中央银行远调至香港邮汇局任副局长,为徐挽回了些许面子[3]。以往的研究认为,孔祥熙企图排除异己,是蒋介石撤换徐继庄的主要原因,黄郛、杨永泰离世后徐继庄"在蒋左右已失奥援",使得蒋介石轻信了孔祥熙的进言[4]。显然,这些论述并未考虑到蒋介石改组央行的坚决态度在农行总经理撤换一事中所起到的关键作用,过多地强调了"人际关系"在蒋介石进行重要财经决策过程中的影响。

尽管中国农民银行总经理易人,身兼该行董事长的孔祥熙却仍无法真正介入其核心事务,农行依然是蒋介石一手掌控下的金融工具[5]。从中国农民银行之后的经营情况来看,财政部并未因徐继庄的免职而实现对该行的有效管辖[6]。针对农民银行长期脱离中央控制的现象,国民政府财政部前后两任部长宋子文、孔祥熙均表示反对。尤其围绕农行是否有资格发行法币这一问题,孔祥熙与蒋介石、徐继庄反复较量,展现出孔祥熙在与蒋介石共事过程中较少显露的不满情绪和强硬姿态,揭示了蒋、孔政治合作期间存在着深层的矛盾。

结　　语

纵观战前中国农民银行的纸币发行史不难发现,蒋介石并非一味地利用农行滥发钞票,农行印发纸币也不是毫无节制、肆无忌惮的。农行纸币超发现

---

[1]"蒋介石致孔祥熙电"(1937年3月27日),台北"国史馆"藏蒋中正总统文物档案002-010200-00173-037。
[2] 蒋介石日记(手稿),1937年3月26日、27日。
[3] 蒋介石日记(手稿),1937年4月3日。
[4] 小科布尔:《上海资本家与国民政府(1927—1937)》,杨希孟、武莲珍译,中国社会科学出版社,1988年,第236页;砚农:《中国农民银行简史》,上海市政协文史资料委员会编:《上海文史资料存稿汇编》第5册(经济金融),上海古籍出版社,2001年,第94页;周纪曜:《记赃官徐继庄》,全国政协文史和学习委员会编:《文史资料选辑(合订本)》第11卷总第33—34辑,中国文史出版社,2011年,第357—359页。
[5] 徐继庄去职后,财政部对中国农民银行的控制有所加强,孔祥熙的亲信赵季言被增任为监察人。然而,新任农行总经理叶琢堂并非由董事长孔祥熙提名,而是由蒋介石亲自指定。按照农行条例规定,该行董事长同时应为董事会常务董事,但实际上兼任常务董事的却是叶琢堂。中国银行经济研究室编印:《中华民国二十六年全国银行年鉴》,1937年,第B20页。
[6]"孔祥熙呈蒋介石函"(1944年9月25日),台北"国史馆"藏蒋介石总统文物档案002-080109-00015-012。

象,根源于当时国家财政的困难与金融体制的缺陷,而不应将责任简单归咎于蒋介石一人,问题亦非农行一家机构所独有。尽管在法币改革后农行的纸币发行净增量是中、中、交、农四行当中最少的,但由于该行发行基数较小,以致短期内发行量增速最为显著[1],加之农行钞票的市场信用度有限,其发行问题才成为各方关注和质疑的焦点。

随着个人政治地位的提升,蒋介石在处理纸币发行问题时越来越强调全局观念,他与农行之间的关系也随之变化。国民党五届一中全会之后,国民政府"蒋汪合作"的政治运行体制解体。蒋介石作为行政院长,在处理国家财政金融事务方面负有责任,因此他必须站在更宏观的层面去看待农行的发行问题。蒋介石一方面需要维持中国农民银行的国家银行地位,但另一方面又不愿违背整顿财政、统制金融的既定方针。国民政府内权力结构的变化促使蒋介石最终意识到,只有确立央行的权威地位才能真正统一全国币制,从根本上保障财政金融的稳定。因此,他下定决心将农行的发行准备金移交中央管理,以完善中央银行制度。

需要指出的是,蒋介石并不真正认同中央银行在现代化金融体系中的独立性。他在筹建中央准备银行时最关注的是强化中央银行的货币调控能力,以满足政府的财政需求,这与他当初成立中国农民银行时的主要目的并无二致。进而言之,蒋介石赋予农行诸多特权,使其长期脱离财政部的有效管控,并"高效率"地服从他的个人意志,本质上反映出蒋介石作为强势的政治军事领导人,希望稳固掌控财权的意愿,也体现了蒋介石对金融机构与政府之间关系的认知与孔祥熙、宋子文二人并不相同。

尽管蒋介石与财政当局就解决农行纸币发行问题达成了一致,但在全民族抗战爆发前中央准备银行未能正式建立,国内纸币发行权的统一工作亦未完成,军政开支浩繁、财政赤字扩大的状况更未得到根本缓解。由于农行纸币发行问题所反映出的金融体制缺陷依然存在,国民政府不得不继续倚靠通货膨胀来"饮鸩止渴"式地解决日益加剧的财政危机。

(原载《近代史研究》2017年第4期)

---

[1] 从1935年10月到1937年7月,中央、中国、交通、农民四家银行的法币发行量分别从13 124.7万元、18 550.3万元、10 221.8万元、1 762.8万元增至38 275.8万元、51 772.3万元、33 599.9万元、20 843.6万元。该阶段四行纸币发行净增额从大到小依次为:中国银行33 222万元、中央银行25 151.1万元、交通银行23 378.1万元、中国农民银行19 080.8万元,其中农行纸币发行量扩张了近11倍。《最近三年全国法币发行数额统计》,《中华民国二十六年全国银行年鉴》,第S143页。

抗战前南京城市财政与公共交通关联考议

李沛霖*

著名经济学家约瑟夫·熊彼特曾于《财政史》中言:"一个民族的精神面貌、文明程度、社会结构以及政策可能酿成的行为方式,所有这些甚至更多,都记录在它的财政史上。"[1]作为国民财政主要象征的城市财政,其对发展城市经济、增加城市国民收入和财政收入具有决定性作用。不啻如此,保障城市正常运转的公共交通,亦"是沟通城市人流和物流,维持城市生机,促进城市经济发展的重要基础设施。因此,市内(公共)交通与城市财政的关系非常密切"[2]。回溯往祀,19世纪末至1937年抗战爆发前,公共交通不仅风行欧美,更为勾系民国"首都"南京城市之纽带。彼时公共汽车、市内铁路[3]、营业(出租)汽车、人力车、马车等公共交通工具,不仅与城市财政呈现良性互动,并助力城市化进程的赓续推演。度之往昔,学界虽对相关命题稍有关涉,然往往一笔带过,未见有研究之专文[4]。由是,本文主要根据1937年抗战前政府调查资料、著述和报刊中关于此问题的丰富史料以及南京市档案馆藏档,力图概述战前南京城市财政与公共交通"纳捐"的基本脉络,从一个侧面揭示其时城

---

* 李沛霖,2015—2017年在复旦大学历史学系从事博士后研究,现为南京邮电大学马克思主义学院副教授。
[1] 保罗·萨缪尔森、威廉·诺德豪斯:《经济学:第17版》,萧琛主译,人民邮电出版社,2004年,第260页。
[2] 欧阳志高主编:《城市财政学》,中南工业大学出版社,1989年,第239页。
[3] 因战前市内铁路并没有对城市财政产生积极作用,反仅其抱注;而本文以探讨公共交通对城市财政的正效用为鹄的,故其不在研究畛域之列。
[4] 相关研究撷其大端,可参见顾纪瑞:《南京交通电信近现代化的历史道路》,《南京经济史论文选》,南京出版社,1990年;李建飞:《民国时期的南京公共交通》,《南京史志》1997年第1期;徐吉谦:《南京城市交通的发展与展望》,《现代城市研究》1997年第6期;吴本荣:《公共交通与南京城市近代化(1894—1937)》,《南京工业大学学报(社会科学版)》2009年第1期;王桂荣:《60年多前南京人出行》,《江苏地方志》2009年第6期;李沛霖:《城市公共汽车事业考辨——以抗战前"首都"南京为中心》,《历史教学》2011年第18期等。其中,学者多从公共交通的发展轨迹、兴盛原因及其对城市化影响等方面考察。然关于本专题研究,浅见以为,目前学界尚未呈现。

市财政与公共交通关系的密切,进而对此作出较为客观的评介。

一、城市财政收支概览及其释因

所谓城市财政,它是以国家为主体的,在城市这一特定地域内,由城市政府凭借国家权力无偿地、强制地对城市社会产品进行分配和再分配的分配关系[1]。自民国初立,"孙(中山)总统即就职于南京,指定南京为首都"。后袁氏当国,直至1925年始有南京市政公所筹备,次年有市政督办公署之筹设[2]。公署名义上设总务、财政、工务、公用、公文、卫生、教育、社会事业和都市计划9处,然因故未能成立[3]。据《江苏清理财政报告书》载,1912—1924年"金陵道"征收田赋正附税、正杂诸税,货物税及杂项等收入计银1 555.48万元,支出为439.1万元[4]。但支出款项中,有大量军费开支无法反映。如档案载,江苏省1914—1915年间军费开支480万元,1924—1925年间增至1 800万元,而全省年财政收入不过1 500万元[5]。其时,省会南京"城市财政向来入不敷出,相差甚巨"[6]。

1927年4月,国民政府"秉承总理遗志重定南京为首都,改称南京市,委刘纪文为市长"[7]。时"首都建设经纬万端,苟欲繁荣都市,非有大规模之建设不可"。然刘氏"初次奉令筹办南京市政,当筹办始并无市政经费。只向国民革命军总司令部领取开办费三千元,觅得旧贡院遗留房屋略事修葺,成立南京市政厅"[8]。6月1日改称南京市政府,刘与各局长(财政局长周雍能等)宣誓就职[9]。市府首届机构如下:秘书处,财政、工务、公安、教育、卫生各局[10]。进而,全市财政事业展开,如"税收之整顿,开源计划之编拟,会计系统之确定,市金库之设立"[11]。至1937年,南京市政府组织系统为市政会议、秘

---

[1] 欧阳志高主编:《城市财政学》,第24—25页。
[2] 南京市政府秘书处:《新南京》,南京共和书局,1933年,第1,5页。
[3] 付荣恩:《江浙市政考察记》,上海:新大陆印刷公司,1931年,第18页。
[4] 陈胜利、茅家琦主编:《南京经济史(上)》,中国农业科技出版社,1996年,306—307页。
[5] 南京财政史编写组:《南京财政志》,河海大学出版社,1996年,第4页。
[6] 南京市政府秘书处:《十年来之南京》,1937年编印,第7页。
[7] 南京特别市市政府秘书处编译股:《一年来之首都市政》,南洋印刷厂,1928年,第15—16页。
[8] 南京市政府秘书处:《十年来之南京》,第1页。
[9] 《南京市各局长就职》,《申报》1927年6月2日。
[10] 南京市政府秘书处:《新南京》,第2页。
[11] 南京特别市市政府秘书处编译股:《一年来之首都市政》,第4页。

书处、财政局、社会局、工务局、地政局和卫生事务所等[1]。并成立由市长任主任的市建设计划委员会,下设财政、工程、土地、公用卫生、教育、文化、户政等11组[2]。与此同时,战前十年间有四年全市财政收入大于支出,财政盈余使城市状况日趋好转(如表1)。其间,财政支出则"悉数用于事业费,尤其教育文化费及建设费占最多数"[3]。如建设费支出年均占全市财政的39.95%,为上海市工务局(1927—1929)年均经费的2.4倍[4]。由是,财政收支已为其时"首都"城市演进的关键映像。

表1 抗战前十年南京市财政收支表(1927—1937) 单位:元

(民国)年份	收入金额	支出金额	(民国)年份	收入金额	支出金额
十六年度	924 920.55	941 690.12	二十一年度	4 799 000.02	4 608 095.53
十七年度	4 352 280.42	3 999 063.08	二十二年度	5 680 070.77	5 238 112.98
十八年度	2 419 293.43	3 046 716.22	二十三年度	5 883 880.21	6 650 472.25
十九年度	3 886 488.63	4 405 682.67	二十四年度	8 405 020.22	8 296 082.01
二十年度	5 161 355.52	5 693 037.43	二十五年度	5 939 828.31	6 286 871.36
备注	自十八年度起,财政年度为本年7月至次年6月,其中仅二十五年度为本年7月至次年4月。此表数据与文中其他统计略有差异,但不影响本文定性且为保持原著,故不修改。				

资料来源:南京市政府秘书处:《十年来之南京》,1937年编印,第7—8页。

进一步言,城市财政收入主要源于财产税、营业税和其他小税种及中央政府的财政拨款[5]。如表1所示,民国十八年度(1929年7月至1930年6月,以下年度类推)南京市财政收入为240余万元,二十四年度则达840万余元,六年间增幅3.5倍;前者入不敷支60万元,后者盈余10万元。具言之,十八年度全市财政收入242.2万元,其中税捐115.5万元,(中央)补助费21.2万元[6],分占财政收入的47.7%和8.7%;二十一年度市财政收入465.2万元,

---

[1] 南京市政府秘书处:《十年来之南京》,第6页。
[2] 《多种规程办法章则》(1937年),南京市档案馆藏南京市政府秘书处档案1001-1-19(本文所列档案均为南京市档案馆藏,以下不再一一注明)。
[3] 南京市政府秘书处:《十年来之南京》,第7页。
[4] 张仲礼等:《长江沿江城市与中国近代化》,上海人民出版社,2002年,第615—616页。
[5] 王晶:《城市财政管理》,经济科学出版社,2002年,第334页。
[6] 南京特别市财政局:《南京市十八年度市财政统计》,京华印书馆,1930年,第2页。

其中税捐149.8万元,补助费180.0万元[1],分占财政收入32.2%和38.7%;二十四年度市财政收入836.1元,其中税捐226.4万元,补助费255.2万元[2],分占财政收入27.1%和30.5%。以此推之,税捐和补助费已为其时全市财政收入的主要构成部分,即税捐基本占比财政收入25%以上,而补助费基本达到财政收入的1/3。如据相关资料统计,战前十年间南京市财政收入共计银4640.69万元,财政支出4921.95万元,不敷仅281.26万元。财政收入中,以中央拨款占总数35.13%为最,如1931年至1933年间年均财政收入中仅补助费即占38.6%,其次是税捐收入占比28.93%,为第二位[3]。

既如此,如不虑及其时"南京即为全国首都,则其一切建设,似宜由中央指拨大量款项,付予南京市府,为进行建设之用,庶一切宏远规划有所措手,此实建设首都之根本要着也"[4]这一补助的外因,"税捐"则成为构成全市财政收入的最关键内因。进而可以确定的是,彼时居于税捐之首的公共交通所纳"车捐为市库主要收入"[5],即全市"财政收入以各项车捐为大宗"[6],其成为城市财政与城市建设的关键支撑。因而,通过管窥斯时城市财政与公共交通之关联,不仅对公共交通与城市发展的深入研究大有裨益,且是一项极具借鉴意义的重要命题。

二、公共交通税捐厘定:保障城市财政

城市税收的设立和实施,在直接影响城市政府的财政收入水平的同时,也必然对城市经济产生较大影响,带来积极或消极的效应[7]。如定都前,南京公共交通的税捐"由江苏省会警察厅征收,当初以车辆数目及种类不多,并未订有专章"[8]。由此,定都初当局即决定,"公众交通车辆应规定一适宜之期间及税率,批商承办,作为首都建设的应取税源"[9]。并于《南京特别市市政

---

[1] 南京市政府财政局:《南京市二十一年度市财政统计》,京华印书馆,1933年,第6页。
[2] 南京市政府秘书处统计室:《南京市政府行政统计报告(民国二十四年度)》,南京胡开明印刷所,1937年,第56—57页。
[3] 南京财政史编写组:《南京财政志》,第5页。
[4] 南京市政府秘书处:《十年来之南京》,第6页。
[5] 同上书,第9页。
[6] 《请派宪兵协助稽查车捐》(1927—1928年),南京市政府财政局档案1001-2-421。
[7] 王晶:《城市财政管理》,第253—254页。
[8] 南京市政府秘书处:《十年来之南京》,第9页。
[9] 国都设计技术专员办事处:《首都计划》,1929年编印,第268页。

府组织条例》(1928)第十一条规定:"财政局掌理事物为征收市捐税、管理市营业收入"等。从而,公共交通税捐"即归由财政局接管"[1]。其税捐厘定,亦成为城市当局获取财政收入之保障。

如1928年11月,国民政府公布划分国家、地方收入标准,沿用旧章征收公共交通车捐。但因南京"乘车代价较数年前核定捐率时增高数倍,而捐率并未增加,殊欠公允。且本市建设经费,以修路费为最巨,车辆最易损坏道路,即应酌予略增以资取偿"。因而,1929年1月财政局在订立《南京特别市市政府财政局征收车捐章程》中第二、三条规定:凡本市区内各种车辆应向财政局缴纳下列各款及领取各种照据,方准行驶:缴保证金领车证;缴车捐领车照;缴磁牌费领小磁牌。且车辆每辆每季应缴捐率如下:营业汽车捐银36元;公共汽车捐银45元;营业马车中,甲种轿车、乙种篷车捐银分别18元、15元;营业人力车中,甲等黑斗车、乙等黄斗车捐银分别10元、8元[2]。章程颁布即行实施,并与此前捐率有所区别(如表2)。至1934年6月,南京市府又先后两次修正公共交通车捐率,但几无变动,仅公共汽车从45元跃为90元[3]。1935年,国民政府再公布《财政收支系统法》,将车、船捐并称"使用牌照税",但南京市仍按1934年修正的捐率征收,直至1937年底。

表2 南京特别市财政局征收车捐章程改定车辆名称及捐率表(1929年)

单位:元

1929年前		1929年新订		每 辆 捐 额	
车 种	捐 额	车 种	捐 额	增 减	共有辆数
公共汽车	45	仍旧	仍旧	—	24
营业汽车	30	仍旧	36	6	307
一等营业马车	18	甲种轿车	仍旧		255
二等营业马车	15	乙种篷车	仍旧		172
特等人力车	9	甲等黑斗车	10	1	2 018
一等人力车	6.90	乙等黄斗车	8	1.10	6 002

资料来源:《征收车捐章程》(1929—1935年),南京市政府财政局档案1001-2-402。

与此同时,斯时各省市"车捐方法既不一致,捐率大小亦各不同,关系车利

---

[1] 南京特别市市政府:《南京特别市市政法规汇编·初集》,民智书局,1929年,第6页。
[2] 《征收车捐章程》(1929—1935年),南京市政府财政局档案1001-2-402。
[3] 同上。

及税捐之收益俱属匪鲜",苏浙皖京沪五省市交委会决定:乘人汽车以本身重量为收捐标准;以250公斤为递进单位;车辆捐率比例,长途营业、城市专营与之比营业为3.5∶4.5∶5[1]。且因南京"近年来交通发达,车辆亦随之增加,种类繁多,其车身重量大小不同,征捐之数自异"[2],城市当局即按五省市交委会要求,设置磅秤和验车场,"以便衡得各种车身重量,藉作改订捐率之根据"[3]。1936年9月,"勘得傅厚岗与高楼门间市地一方,面积二亩余,地点适中、交通不繁,堪作布置本市验车厂之用,以便举办磅验车辆事宜"[4]。但因该地紧邻民区,市府"不允"。1937年春,"又勘定汉中路铁管巷空地一方广四亩余,足供开筑验车场之用。并向德商孔士洋行购置十公吨磅秤一具,准备装置"[5]。进而,随着公共交通捐率厘定和定捐设施完善,全市车捐收入已由平均每季15.6万余元,增至每季19.5万余元[6]。

毋庸讳言,南京当局为裕城市财政而厘定税捐,仍致一些公共交通执业者不堪重负。"城市居民生活中的不少时间用在搭乘公共交通工具上……尽管是思想保守的人,他每天的生活也难以避免同政府以及许多地方公共服务的决策息息相关。"[7]如1930年7月,南京市第二次全市代表大会尤伯熙等提案:"本市人力车夫每日博得血汗以生活尚虞不给。而政府尚须抽收捐税,每年计算每辆不下四五十元,如是苛剥,殊违总理维持人道之主义。特请市府减轻人力车捐,加征汽车捐税以资抵补。"再如1933年3月,市人力车业同业公会对当局增捐的决定"不胜骇异",并陈"乙等人力车捐在军阀时代每月每车捐洋二元三角,嗣于市府成立后该月捐为季捐,每季合为八元,增捐一元一角。查甲等黑斗人力车每季捐洋十元,而其租价每日小洋五六角不等,乙等人力车每日租价四角,而实受者不及三角……"[8]抗战临近,人力车公会再呈"此次抗战……车行营业减少,无力缴捐,请财政、工务两局保留捐证,豁免秋季捐,

---

[1] 苏浙皖京沪五省市交通委员会:《苏浙皖京沪五省市交通委员会三年来工作概述》,1936年编印,第15页。

[2] 南京市政府:《南京市政府行政计划(民国二十四年度)》,1935年编印,第38页。

[3] 《南京市工务报告(二十四年四月至二十六年四月)》,1937年,南京市政府工务局档案1001-3-515。

[4] 《工务局请设置验车场之有关来往文书》(1936年9月),南京市政府秘书处档案1001-1-1064。

[5] 《南京市工务报告(二十四年四月至二十六年四月)》(1937年),南京市政府工务局档案1001-3-515。

[6] 南京市政府秘书处:《十年来之南京》,第9页。

[7] K. J.巴顿:《城市经济学——理论和政策》,上海社会科学院部门经济研究所城市经济研究室译,商务印书馆,1986年,第155页。

[8] 《征收车捐章程》(1929—1935年),南京市政府财政局档案1001-2-402。

下季再缴,以维车商"[1]。并且,汽车业亦请求减免税捐。如1932年5月,南京市汽车业同业公会呈"因日寇猖狂东北版图,国府西迁洛邑,京市户口移动骤少十数万人,汽车业按照从前营业仅拟百分之二三,生计不克维持,经济沦与破产,向财政局苦痛请求,核减车(季)捐"[2]。1937年,交通汽车公司又呈"窃商公司前因受时局影响营业清淡,业将原有之汽车十四辆停驶。兹请财政局体恤商艰,免于补缴冬季捐费"[3]。甚而财政局局长陆肇强等亦呈市长,"本市各营业汽车,现因抗战多被政府征调,请求减捐,以示体恤"[4]等。

具如上述,税收是国家和城市政府取得财政收入的重要手段[5]。自战前南京当局为保障城市财政收入,从而将公共交通税捐加以厘定,虽引致一些执业者怨怼,然不可否认,此举对于城市财政资金的正常筹措和城市规模建设的循序以进,则为不可或缺。

三、公共交通税捐计查:管控城市财政

城市作为一个私人和公共活动相互联系、相互依赖的动态体系。其为企业提供工作空间、交通运输和通信,为公众提供居住空间、公共事业和其他服务。特别重要的是,由于经济聚集所带来的优势将人们和经济活动吸引到城市中去[6]。自国民政府定都后,南京经济汇聚、人口辐辏,即其"建都全部计划皆为百年而设,非供一时之用",由此"具整个性质,故于设计事不敢不格外慎重"[7]。如《首都计划》将建设费用核总约5180万元,"使首都一地不独成为全国城市之模范,并足比伦欧美名城也"[8]。预计1930年至1935年六年内当完成,年均建设费约860万元,其中交通经费达37.7%[9]。然,如此巨费如何挹注?关键在于,"欲谋建设之进展,当谋财力之充足,苟财政无办法,

---

[1]《关于人力车交捐及征收其他税收问题之往来文书》(1937年9月),南京市政府秘书处档案1001-1-965。
[2]《征收车捐章程》(1929—1935年),南京市政府财政局档案1001-2-402。
[3]《关于征收车捐事项之调查表及往来文书》(1934—1937年),南京市政府财政局档案1001-2-501。
[4]《财政局车船捐磁牌》(1937年10月),南京市政府秘书处档案1001-1-1613。
[5] 欧阳志高主编:《城市财政学》,第71页。
[6] 沃纳·赫希:《城市经济学》,刘世庆等译,中国社会科学出版社,1990年,第10页。
[7]《首都建设计划完成》,《民国日报》1930年2月16日。
[8] 林逸民:《呈首都建设委员会文》,载国都设计技术专员办事处:《首都计划》,第3页。
[9] 李清愫、蒋子奇:《首都乡土研究》,南京书店,1930年,第55页。

即建设无从进行"[1];由是,当局对公共交通业展开缴捐统计、勘查及处罚,以绝财政漏卮。

如定都初南京市财政局、工务局即规定车辆缴捐日期为:营业甲/乙等人力车、营业马车、营业汽车/公共汽车,每年自4月1日至4月30日止,财政局缴夏季捐、工务局检验换照[2]。后布告,营业车辆自1月1日至31日止,"为春季检验缴捐之期"[3]。同时要求,人力车未经工务局登记及未领财政局捐照者,不准行驶,每月车捐执照应粘贴车后,不准涂抹胶油;马车行驶时,须随带财政局捐照,如遇警察或稽查查验时应即呈验,其未经缴捐领照者不准行驶;汽车开驶时,须随带财政局捐照及司机执照,如遇警察稽查查验时应即呈验,未经缴捐领照者不准行驶等[4]。如1927年底,全市共检验公共交通的营业汽车215辆、人力车6500辆、马车435辆;车辆共纳捐19710元,其中营业汽车2150元,人力车14950元,马车2610元[5]。再据1931年7月全市车捐统计,本月收入57763.4元,较6月增52575.6元。其中,汽车收入23852.2元较6月增22666.6元,人力车收入32150.0元较6月增28301.0元[6]。从而,全市车捐收入已呈递增趋势。

正由于此,因"每季漏捐车辆,类多以捐牌与捐票分割使用,统计殊为困难",1933年市财政局为"便于管理及协助稽征起见,将车辆捐票改用邮票式印花,将车证改为捐证,于纳捐后将印花粘于捐证内指定地位,加盖验讫戳记,以便稽查车辆查验执照时,即可知该车已否纳捐而杜分割使用,裨益税收,良非浅鲜"。即车捐印花捐颜色为白蓝底红字。经统计,营业汽车共300张,每张捐银36元;公共汽车30张,每张捐银90元;公共江南长途汽车20张,每张捐银70元;甲、乙等马车分别250、200张,每张捐银18、15元;甲、乙等人力车分别8000、1200张,每张捐银10、8元[7]。再如1937年1月财政局税捐征收处车捐牌照表显示,本月营业汽车已领捐照数500个,征银2880元;公共汽车领捐照数130个,甲、乙等人力车领捐照数分别为4450个、200个,甲、乙等马车分别为180个、270个[8]。且因缴捐人众,"夏季缴捐期限将至,为免拥

---

[1] 南京特别市市政府秘书处编译股:《一年来之首都市政》,第3页。
[2] 《征收车捐章程》(1929—1935年),南京市政府财政局档案1001-2-402。
[3] 《南京市政府行政报告(廿二年度)》(1933年1—12月),南京市政府秘书处档案1001-1-1733。
[4] 南京特别市市政府:《南京特别市市政法规汇编·初集》,第347、363、367页。
[5] 南京特别市工务局:《工务局年刊(十六年度)》,南京印书馆,1928年,第263页。
[6] 南京市政府秘书处编译股:《南京市政府公报》第91期,南京印书馆,1931年,第95页。
[7] 《征收车捐章程》(1929—1935年),南京市政府财政局档案1001-2-402。
[8] 《二十六年征收车捐》(1936—1937年),南京市政府财政局档案1001-2-418。

挤",该局还将车捐处走廊放宽,以便收捐[1]。

除此而外,当局对漏捐等情事严密勘查。如1927年7月29日南京市财政局即呈市长函请宪兵司令部拨派宪兵稽查,"车捐之偷漏,影响于收入甚巨,自非严密稽查,不足以资整顿。惟本市为国都所在,冠盖往来不绝于道,常有车夫仗势作威,对职局稽查员负之行使职务或出言不逊或置之不理,比比皆是。似此情形,实为整顿税收之障碍,拟请市长函请宪兵司令部于每月下半月拨派宪兵四名到局协助调查,既可以维护职权,而车捐亦可免于偷漏"。然因"首都正式军队不敷分配",市府遂派"保安队随月协助办理"[2]。且此前公共交通业"稽查未臻完善,至隐匿漏捐者为数甚多"[3],1928年市财政局再公布《车务稽查员服务规则》,其中第一至五条规定:财政局车务稽查员于本市各种车辆有无漏捐及伪造捐票情事,均应依本规则规定稽查。稽查员每月售票期满后,应即分赴本市各路稽查。稽查员执行职务时,遇有须警协助者,就近报请该管区署协助办理。稽查员如查有漏捐无票或以旧票蒙混者,应将车辆及车主带送财政局照章处罚。稽查员于查验各种车辆捐票时,应以和平态度及适宜方法严密稽查等[4]。至1933年,值"春季检验之期已届满,漏捐车辆势所难免",当局再"特派员严密稽查,如查有漏未检验或违章车辆,即予扣留分别照章罚办,以重管理而裕收入",而于"本市任何车辆,照章均应领牌缴捐方准施行,严行查扣"[5]。

关于衡定处罚标准,如1929年市财政局《车辆违章及处罚规则》第二至五条规定,漏捐车辆除照征收车捐章程第二条各种车辆捐率补缴捐款外,并加两倍处罚;各项车辆如有捐票号码与磁牌号码不符者,应分别按照本章程第二条罚则减半处罚;各项车辆不遵照指定地点订定磁牌者,处罚银1元;各车捐票有换越者(如黑斗车贴黄斗票之类),除将原票吊销补购新票外,仍按第三条处罚等[6]。另如前述征收车捐章程第四、七条规定:如逾期不缴者,一经查获按漏捐处罚规则办理。凡车辆隔季不缴捐者,即将其车证车号取消。至1933年2月,南京市第244次市政会议再将此第四条量化:如逾期,除照章征收外,并按应征捐率加征5%滞纳金。逾限期仍不赴本局缴纳者,一经查获除

---

[1]《财政局扩展车捐处走廊用费》(1937年4月),南京市政府秘书处档案1001-1-949。
[2]《请派宪兵协助稽查车捐》(1927—1928年),南京市政府财政局档案1001-2-421。
[3] 南京市政府秘书处:《十年来之南京》,第9页。
[4] 南京特别市市政府:《南京特别市市政法规汇编·初集》,第108页。
[5]《南京市政府行政报告(廿二年度)》(1933年1—12月),南京市政府秘书处档案1001-1-1733。
[6] 南京特别市市政府:《南京特别市市政法规汇编·初集》,第107页。

照章征收车捐及滞纳金外,并酌量情节处以罚金,此项罚金不得少于应纳捐额50%,不得多于应纳捐之全数[1]。即以"滞纳金"方式来量化对漏捐车辆的处罚。由是,1928年7月南京全市交通捐为26 273.75元,交通罚金是33.7元;8月交通捐为22 334.80元,交通罚金85.6元[2]。后至1935—1936年间,全市共查处漏捐汽车20辆[3]。如据财政局1936年11月4日一份"欠捐车辆调查报告表"显示,欠捐概况为:营业汽车,号码974,车主沈浩如,住址霞公府1号,欠捐为春季,情形为函催未来缴捐。调查结果为:"查霞公府并无此户,询之该经租处兴业银行则不知迁移何处,拟请函请警察厅随时注意该车,行驶时给予扣留,并拟交车捐处核办"[4]等。

推其总因,战前南京当局通过对公共交通业纳捐严密统计、严加勘查及量化处罚等各种方式,使其裨益城市税收"良非浅鲜",进而让城市财政收入得以有效管控。

四、公共交通税捐占比:进献城市财政

依前而述,城市财政在城市发展中起着重要作用。城市财政对发展生产、繁荣经济,对发展教育、科技、文化、体育、卫生事业,对提高人民的物质文化生活水平,都至关重要[5]。然由历史考之,1927年6月1日南京市政府成立,"当时市政府之财政收入,仅有车捐一种,每月一万余元。一切市政事业之支出,皆取给于此。其拮据情形,自不难推想而知"。其后,市财政收入"经加以切实整理,始逐年渐有增加。更在于不增加人民负担原则下,整顿税收以为开源,再厉行缩减行政费以为节流。经历整顿之结果,收入部分已年有增加"[6]。如市府成立初,各项税收每月仅4万元左右。后经征捐纳税,财政收入1928年较1927年每月增加5万余元,1929年较1928年每月增4.5万元[7]。至1929年,南京市财政局即"正式拟定财政会计规程"[8]。如据统

---

[1]《征收车捐章程》(1929—1935年),南京市政府财政局档案1001-2-402。
[2] 南京特别市市政府秘书处编译股:《市政公报》第18期,1928年编印,第1页。
[3] 南京市政府秘书处统计室:《南京市政府行政统计报告(民国二十四年度)》,第227页。
[4]《关于征收车捐事项之调查表及往来文书》(1934—1937年),南京市政府财政局档案1001-2-501。
[5] 欧阳志高主编:《城市财政学》,第1页。
[6] 南京市政府秘书处:《十年来之南京》,第1,7页。
[7]《财政局直接收入概况》,《民国日报》1929年11月18日。
[8] 南京市政府:《南京市政府行政计划(民国二十四年度)》,1935年编印,第21页。

计,民国十八年度全市财政收入为 2 422 661 元,其中税捐 1 155 540 元,而公共交通所纳车捐则为 456 146 元(如表 3)。其不仅居税捐之首,占其 39.53%,且为全市财政收入的 18.8%。

表 3　南京市车捐收入逐季统计表(1929 年 7 月至 1933 年 6 月)　　单位:元

时间 类别	十八年秋季	十八年冬季	十九年春季	十九年夏季	二十一年秋季	二十一年冬季	二十二年春季	二十二年夏季
汽车	20 778	29 755	34 025	33 163	42 131	45 704	45 120	47 046
马车	7 332	7 296	7 314	6 285	4 884	5 355	5 319	5 433
人力车	62 825	65 481	67 284	72 228	90 172	95 265	96 847	96 698
其他	10 779	10 170	9 375	12 056	5 012	5 133	12 030	7 670
合计	101 714	112 702	117 998	123 732	145 179	154 707	159 316	166 879

资料来源:南京特别市财政局、南京市政府财政局:《南京市十八、二十一年度市财政统计》,京华印书馆,1930、1933 年,第 5、10 页。

值得强调和指出的是,其时当局"对于各项税捐则力求整顿以免隐漏,期能充实事业经费,而符收支适合原则"。如至 1932 年底,南京市财政收入平均每月已由 10 万增至 20 余万元,计车捐 5.5 万元,房捐 4 万元,契税 2.5 万元,营业税 2 万元,地方财产收入 2 万元,地方行政收入 1 万元,其他收入 4 万元,此外财政部协款每月 5 万元,铁道附捐每月 10 万元,总计月收入约 36 万元[1]。就此而言,民国二十一年度南京市财政收入共计 4 652 251 元,税捐为 1 498 902 元,其中公共交通车捐为 626 081 元,仍居税捐之首(见表 3),并分占税捐和财政收入的 41.77% 和 13.5%。进一步说,与同期(1931—1932 年)北平市情形相较,该市税收共计 1 681 132 元,车辆税为 207 071 元,占税收量的 12.3%[2],然其车捐数仍不及南京市的三分之一。

推而言之,如将 1934 年 8—12 月南京市财政收入与公共交通车捐逐一比较,易于看出:8—12 月财政收入分别为 459 776 元、407 994 元、558 719 元、532 565 元、568 124 元,车捐分别为 90 595 元、93 159 元、96 182 元、85 956 元、26 633 元[3]。斯时,公共交通纳捐已占全市财政收入的 12%。再由表 4 见,1935 年 7—12 月,市财政收入共计 367.3 万元,车捐为 39.1 万元,占其

---

[1] 南京市政府秘书处:《新南京》,第 13 页。
[2] 北京市公路交通史编委会:《北京交通史》,北京出版社,1989 年,第 55 页。
[3] 南京市政府秘书处编译股:《南京市政府公报》第 145—149 期,南京市救济院印刷厂,1934 年。

10.6%；1936年1—6月，财政收入计468.7余万元，车捐为126.1万元，占其26.9%。

表4　民国二十四年度南京市财政收入与车捐比较表　　　　单位：元

年　月	财政收入	车　捐	年　月	财政收入	车　捐
1935年7月	536 119.60	90 992.56	1936年1月	912 402.27	91 196.95
8月	509 029.78	95 413.24	2月	626 485.13	129 044.81
9月	490 723.50	3 482.90	3月	510 132.49	8 268.10
10月	714 081.95	100 919.37	4月	1 224 273.85	132 425.09
11月	578 992.68	98 664.65	5月	681 662.71	73 820.58
12月	844 195.60	2 119.75	6月	732 463.84	5 540.44
总计	3 673 143.11	391 592.47	总计	4 687 420.29	1 261 095.97

资料来源：南京市政府秘书处统计室：《南京市政府行政统计报告（民国二十四年度）》，南京胡开明印刷所，1937年，第60、63页。

鉴于此，战前虽"京市财政历来入不敷出。尤以国难期间为最困难，收支相差更甚"，然当局"积极整顿税收，以期收入之增加"[1]。问题之实质在于，民国二十年至二十五年度（1931—1937），南京市财政收入分别为5 161 355元、4 799 000元、5 680 070元、5 883 880元、8 405 020元、5 939 828元；而车捐则分别为625 098元、615 805元、697 702元、761 725元、831 888元、760 200元[2]。以此推之，其间公共交通所纳车捐已分占全市财政收入的12.1%、12.8%、12.3%、12.9%、9.9%和12.8%，基本维持在10%以上，并居税捐首位。诚如前述五省市交委会所言，"值各省市财政税收均告短绌，独车捐之收入，反能有长足之增进……同期各省市车捐收入直超从前一倍以上，而车捐捐率悉未增加"，"足证现各省市登记缴捐汽车较二十二年度，自附税增收推测，不啻增加逾倍矣"[3]。

综合言之，城市政府能促进经济增长的方法之一，就是充分发展公用事业[4]。而作为城市公共事业之典范、经济生活的力源中心——公共交通业，

---

[1] 南京市政府秘书处：《新南京》，第14页。
[2] 建设委员会经济调查所统计课：《中国经济志・南京市》，正则印书馆，1934年，第33—34页；南京市政府秘书处：《十年来之南京》，第7—10页。
[3] 苏浙皖京沪五省市交通委员会：《苏浙皖京沪五省市交通委员会三年来工作概述》，第62页。
[4] 阿瑟・刘易斯：《经济增长理论》，周师铭等译，商务印书馆，1996年，第520页。

不仅维系着城市功能的正常运转,并"关系于市民之幸福者至大"[1];更为关键的是,"市内交通发达,使人流物流得以畅通,城市经济效益得以提高,财政收入就能增加;反过来,城市财政力量雄厚,就能向城市交通增加投资,支持城市交通的进一步发展"[2]。既如此,城市财政与公共交通之关联研究则是不应回避和绕开的课题。史实证明,抗战前南京当局通过对公共交通的税捐厘定、税捐计查从而保障和管控城市财政,进而贡献城市财政,最终使该业纳捐成为"市库主要收入"。所以然者,公共交通不仅为其时城市规模化建设的资金筹措贡献巨力、为近代南京城市的循是以进提供动力,亦是城市化进程交相嬗替的坚实基础。因而,本文之研究,不仅为公共交通与城市财政的交互衍生提供启示,亦能由此洞见公共交通助力城市演进的相与赓续。

(原载《民国档案》2014 年第 2 期)

---

[1] 国都设计技术专员办事处:《首都计划》,1929 年编印,第 189 页。
[2] 欧阳志高主编:《城市财政学》,第 239 页。

大悖初衷
——南京政府公务员考绩制度嬗变及其实施研究

何家伟*

南京政府时期,中国近代史上首次出现公务员制度,为了加强对公务员队伍的管理与建设,南京政府颁布了一系列法规制度,并努力将其付诸实施。其考绩制度的具体内容如何,实施情况如何,有何效果及影响,这些问题在史学界还没有被完全探讨清楚[1],笔者希望在此作一点研究,以求教于同仁。

一、战前南京政府公务员考绩制度嬗变及其考绩概况

南京政府较早的考绩法规是1929年11月4日公布的《考绩法》。该法规的内容相对简洁,主要规定了南京政府公务员的考绩时间,每年两次,一次是6月,一次是12月[2]。

1935年7月16日,南京政府颁布了《公务员考绩法》,把公务员的考绩分为两种:一是年考,就各该公务员一年成绩考核之;二是总考,就各该公务员三年成绩合并考核之。年考于每年12月行之,总考于各该公务员第三次年考

---

* 何家伟,2008—2010年在复旦大学历史学系从事博士后研究,现为华中师范大学马克思主义学院教授。
[1] 有关对南京政府公务员考绩制度进行研究或者涉及的论著有:姬丽萍:《中国公务员考铨制度的初创(1928—1948)》,天津古籍出版社,2008年;杨兵杰:《中国近代公务员工资制度思想研究》,上海财经大学出版社,2006年;林代昭:《中国近现代人事制度》,劳动人事出版社,1989年;李和中:《中国公务员制度概论》,武汉大学出版社,1997年;张准:《民国北京政府时期的文官考试制度》,天津师范大学硕士学位论文,2007年4月;陈小锦:《南京国民政府(1927—1937)公务员考选制的科举特色》,《广西师范学院学报(哲学社会科学版)》2007年第1期;傅荣校:《南京国民政府前期(1928—1937年)行政机制与性质能力研究》,浙江大学博士学位论文,2004年11月;李里峰:《现代性及其限度:民国文官考试制度平议》,《安徽史学》2004年第5期;姚琦:《论国民政府时期的公务员制度》,《贵州大学学报(社会科学版)》2001年第2期;朱金瑞、王少卿:《民国时期公务员制度述论》,《史学月刊》1990年第1期等。
[2] 法规:《考绩法》,《国民政府公报》第312号,1929年11月4日。

后行之[1]。

同年10月30日,南京政府颁布《公务员考绩法施行细则》。该细则首先对参加考绩公务员的范围作出了规定,是指已经甄别审查或登记审查合格,或依法任用者。其次解释了何谓一年成绩和三年成绩。所谓一年成绩,是指在同一机关,任同等职务满一年之成绩;三年成绩,是指任同等职务三次年考之合并成绩。如果公务员因公外出或因其他特殊情形,不能依规定时间考绩,由其主管长官报明铨叙机关补考。和以往考绩法规相比,该细则首次明确细化了考绩的标准:依照公务员平日工作、学识和操行三项分别以分数定之。每项最高分如下:(一)工作,50分;(二)学识,25分;(三)操行,25分。公务员考绩之等次如下:年考,80分以上为一等,70分以上为二等,60分以上为三等,不满60分为四等,不满50分为五等,不满60分为六等;总考,90分以上为一等,80分以上为二等,70分以上为三等,60分以上为四等,不满60分为五等,不满50分为六等,不满40分为七等。每届考绩表册,各机关依铨叙机关所定之送达期间表,如期送达。但因特殊情形,不能如期送达时,得报明铨叙机关酌予展期。附各省考绩表册送达铨叙部期间表如下。

表1 各省考绩表册送达铨叙部期间表

地 名	期 间	备 考
首都(院、会、部等)	次年1月底止	
苏、浙、鲁、皖、豫	次年2月底止	上海市比照江苏 青岛及威海行政区比照山东
赣、冀、鄂、湘、晋、陕	次年3月底止	北平、天津两市比照河北 西京比照陕西
闽、粤、桂、川、辽、吉、黑、热、绥、察	次年4月底止	东省特别行政区比照黑龙江
滇、黔、甘、宁、青	次年5月底止	
新疆	次年6月底止	

资料来源:训令:《公务员考绩法施行细则》,《外交部公报》第8卷第12号,1935年10月30日。

此次细则同时还规定了中央与地方公务员考绩管理的划分办法[2]。

1936年12月25日,南京政府公布《修正公务员考绩法施行细则》。此次修正增加规定的一些细节问题,如解释了何谓在同一机关任职等。公务员的

---

[1] 训令:《公务员考绩法》,《外交部公报》第8卷第7号,1935年7月16日。
[2] 训令:《中央与地方公务员考绩之划分》,《外交部公报》第8卷第12号,1935年11月7日。

考绩标准,年考、总考以满60分者为合格,但总分数在60分以上,而工作分数不满30分或学识、操行分数有一不满50分者,仍以不合格论,应予记过。各机关考绩晋级人员,简任职不得超过现有简任人员1/3,荐任职不得超过现有人员1/5,委任职不得超过现有委任人员1/7[1]。

战前南京政府公务员考绩有案可查者如下:1935年全国送审公务员包括中央和地方在内共送审9 046人,其中一等登记692人,原级晋俸148人,晋级2 373人,级俸并晋70人,记功2 643人,不予奖惩2 524人,记过84人,解职132人,降级16人,保留3人,薄惩1人,简任待遇55人,荐任待遇230人,升等1人,工作不满30分不列等者26人。简任待遇中晋级4人,记过者无;荐任待遇中一等登记5人,晋级30人,记功2人[2]。

1936年中央机关公务员考绩概况为:合格人数8 602人,其中简任264人,荐任1 153人,委任7 185人;不合格人数280人,其中简任0人,荐任18人,委任262人。该年总计人数8 882人[3]。

二、南京政府战时公务员考绩制度及其实施概况

随着抗战的爆发,南京政府对考绩法规进行了相应调整:1939年12月8日,南京政府公布了《非常时期公务员考绩暂行条例》。条例规定,非常时期公务员之考绩于年终行之,但战地或具有特殊情形之公务员不能依规定时间考绩,由各机关主管长官报经铨叙部机关核准,随时补行之。

为鼓励抗战,此次修订的一个较大变化就是允许公务员功过可以抵消:公务员平时记功三次者,考绩时记大功一次;平时记过二次者,考绩时记大过一次。记大功一次由本机关明令嘉奖,二次由考试院明令嘉奖,三次由国民政府明令嘉奖。记大过一次降级,二次免职。公务员平时如有特殊功绩记大功者得由本机关主管长官随时详叙确实事迹,报由铨叙部核定予以嘉奖。其中应记大过者除依上述予以惩处外并得视其情节依法交付惩戒。平时记过考绩时得互相抵消,至大功大过应否由本机关主管长官详叙见报由铨叙部核定。

其次就是把公务员考绩的三大标准即工作、操行、学识的要求进一步具

---

[1] 训令:《修正公务员考绩法施行细则》,《外交部公报》第10卷第1号,1936年12月25日。
[2] 《铨叙部统计年报》(1941年),中国第二历史档案馆藏,全宗号:二七,案卷号:785。
[3] 1936年考绩情况转引自曹必宏主编:《中华民国实录》第5卷(上册),吉林人民出版社,1997年。参见姬丽萍:《中国公务员考铨制度的初创(1928—1948)》,天津古籍出版社,2008年,第264页。

体化。

工作：严守办公时间，平时请假不逾规定日数，于应办事件无过误者，30分，其不及上述标准者按其情节酌减其分数。具有下列情形之一者酌加其分数：于工作特著勤劳者，于办事繁难或重要事件有成绩者，于工作上能辅导他人者，于本机关业务之改进有贡献者。

操行：最高分数为 25 分。公私行为均守规律者 15 分，其行为不守规律者按其情节酌减其分数。具有下列情形之一者酌加其分数：能实践或劝导他人实践精神总动员实施事项有显著之事迹者，能实践或劝导他人实践新生活须知有显著之事迹者，能实践或劝导他人实践节约运动大纲有显著之事迹者。

学识：最高分数为 25 分。具有下列情形之一者酌加其分数：于一定程限内阅读书籍有心得者；于言教问题有独到见解者。阅读书籍言教问题须以总理遗教（其中以遗嘱所举者尤为重要）、中国国民党历届重要决议案、总理关于主义政策之重要言论、政府各种根本法令及直接与职务有关之基本学术及实践智识为主。

所列标准分别评定之分数合计即为总分数，依下列规定其奖惩：总分 80 分以上晋级；60 分以上留级；不满 60 分降级或免职。总分数在 60 分以上均认为考绩合格，但工作不满 30 分、操行或学识有一不满 15 分者仍以不合格论，酌予惩处[1]。

1943 年 2 月 26 日，南京政府去掉"暂行"二字，将其修改为《非常时期公务员考绩条例》，由于抗日战争的影响，此次修正只规定了年终考绩，没有再规定总考。此次修正对公务员考绩功过抵消问题作了进一步规定：公务员平时记功三次者，考绩时以大功一次，平时记过三次，考绩时以大过一次论。有大功一次，由本机关明令嘉奖，二次者由考试院明令嘉奖，三次者由南京政府明令嘉奖。有大过一次者，减俸，二次者降级，三次者免职[2]。同年 11 月 6 日，南京政府公布《非常时期公务员考绩条例施行细则》。该细则和以前的考绩法规相比，不再把年终考绩分为六等，而是分为四等：70 分以上为优，80 分以上为异，不满 60 分为低，不满 50 分为劣。简任待遇人员之进级比照简任人员办理。酌予惩处人员如认为不宜继续任本职者并得另调其他职务。减俸人员减月俸 10%，期间为六个月，其比照减俸者于晋一级时恢复原俸[3]。

---

[1]《非常时期公务员考绩暂行条例》(1939 年 12 月 8 日)，《民国法规集成》第 38 册，第 6—12 页。
[2] 法规：《非常时期公务员考绩条例》，《国民政府公报》(渝字第 548 号，1943 年 2 月 26 日)。
[3] 院令：《非常时期公务员考绩条例施行细则》，《国民政府公报》(渝字第 621 号，1943 年 11 月 6 日)。

为了加强对基层政府的管理,1944年12月26日,南京政府还公布了《县长考绩条例》。规定县长之考绩评定等次及奖惩如下:80分以上为一等,荐任晋二级,简任待遇晋一级;70分以上为二等,荐任晋一级,简任待遇给以一个月俸额之一次奖金;60分以上为三等,留级;不满60分为四等,降一级;不满50分为五等,免职。前项工作成绩等次评定时,并应就操行分甲、乙、丙三等,评定等次,工作成绩列四等以上,其操行列甲等者,加给工作成绩总分至10分,列乙等者,不予加分,列丙等者,其工作成绩以五等论。每一主管或有关机关所定之县长工作成绩百分比,在县长工作成绩百分比总标准内,于战时不得多于25%,少于2%,于平时不得多于20%,少于5%〔1〕。《县长考绩条例》未尽事项,则适用公务员考绩条例之规定〔2〕。考核县长操行应按下列四项之百分比数评分:忠诚20%,清廉40%,公正20%,勤慎20%。分数合计为总分数,定等次如下:列80以上为甲等,列60分以上为乙等,不满60为丙等〔3〕。

抗战时期各年度考绩结果如下。

1937年中央机关公务员考绩概况为:合格人数7 676人,其中简任362人,荐任1 022人,委任6 292人;不合格人数276人,其中简任0人,荐任5人,委任271人。该年总计人数7 952人〔4〕。

1938年南京政府全国各机关公务员考绩情况是:1938年送审公务员人数为2 082人,其中合格总人数为2 071人,不合格人数为6人。合格人数中晋级819人,晋级兼奖章67人,晋级存记74人,晋级存记兼奖章18人,简荐任存记44人,简荐任存记兼奖章12人,简荐任待遇39人,简荐任待遇兼奖章12人,加俸107人,加俸并奖章6人,奖状149人,奖章14人,奖章并奖状22人,80分以上合格发表10人,留级678人。

1939年全国各机关参加考绩公务员总数为2 375人。其中合格2 363人,不合格9人。保留者2人,准予任用不予考绩1人。合格者中,晋级994人,晋级兼奖章127人,晋级存记77人,晋级存记兼奖章11人,简荐任存记41人,简荐任存记兼奖章14人,加俸118人,加俸兼奖章12人,奖章15人,奖状210人,80分以上合格发表15人,留级646人。不合格者中酌予惩处4人,免职5人。

1940年中央和地方公务员参加考绩者共4 005人。其中中央公务员90

---

〔1〕 《县长考绩条例》(1944年12月26日),《民国法规集成》第38册,第130—132页。
〔2〕 《县长考绩条例第二十条条文》(1947年2月11日),《民国法规集成》第38册,第157页。
〔3〕 《县长操行分等标准》(1944年),《民国法规集成》第68册,第446—447页。
〔4〕 1937年考绩情况转引自曹必宏主编:《中华民国实录》第5卷(上册),吉林人民出版社,1997年。参见姬丽萍:《中国公务员考铨制度的初创(1928—1948)》,天津古籍出版社,2008年,第264页。

分以上者774人,80分至90分888人,70分至80分801人,60分至70分112人,60分以下9人。地方公务员90分以上95人,80分至90分203人,70分至80分98人,60分至70分23人,60分以下2人。

1941年中央政务机关参加考绩者共3 317人。最优人员即总分在80分以上1 241人,占参加考绩人数的74.7%。成绩平常人数即总分在60分至79分411人,占24.6%。成绩平常人数中无级可晋215人,占成绩平常人数的52.3%。最劣人员即总分不满60分人数为11人,占参加考绩人员0.7%。未参加考绩人数(未曾送审或审查合格未满一年者)合计为1 654人[1]。

1942年中央公务员考绩实施情况为:合格人数6 038人,其中简任333人,荐任1 873人,委任3 832人;不合格人数74人,其中简任0人,荐任13人,委任61人;保留人数6人,其中荐任2人,委任4人。该年总计人数6 118人。

1943年中央公务员考绩实施情况为:合格人数5 920人,其中简任346人,荐任1 889人,委任3 685人;不合格人数71人,其中简任1人,荐任28人,委任42人;保留人数2人,其中荐任2人。该年总计人数5 993人[2]。

1944年南京政府中央公务员参加考绩的有17人(仅主计处与司法行政部所属),其中不予考绩有7人,晋级有10人;地方公务员仅5人参加考绩,其中不予考绩1人,晋级3人,发奖状1人[3]。

1945年南京政府中央公务员参加考绩3 359人,其中不予考绩95人,发奖章46人,升等存记8人,升等待遇159人,年功加俸12人,晋级2 249人,发奖状305人,发奖金118人,留级282人,申诫7人,记过2人,降级5人[4]。地方公务员参加考绩414人,其中不予考绩17人,发奖章1人,升等存记2人,升等待遇12人,晋级182人,发奖状20人,发奖金18人,留级111人,申诫2人,减俸8人,降级15人,免职27人[5]。

总起来看,抗战中客观的现实,使南京政府在考绩法规及执行上"不能不放宽尺度,网络人才,所以在任用上不能不从宽"[6]。

---

[1]《铨叙部统计年报》(1941年),中国第二历史档案馆藏,全宗号:二七,案卷号:785。
[2] 1942年、1943年考绩情况转引自曹必宏主编:《中华民国实录》第5卷(上册),吉林人民出版社,1997年。参见姬丽萍:《中国公务员考铨制度的初创(1928—1948)》,天津古籍出版社,2008年,第264页。
[3]《国民政府主计处统计局1947年铨叙部铨叙总报告》,中国第二历史档案馆藏,全宗号:六,案卷号:4628。
[4] 同上。
[5] 同上。
[6]《社论:厉行考核淘汰庸劣》,《铨政月刊》第2卷第3期,1948年3月15日。中国第二历史档案馆藏,全宗号:二七,案卷号:688。

三、南京政府公务员战后考绩制度及其实施概况

抗战胜利后,南京政府于 1945 年 10 月 30 日公布了《公务员考绩条例》。和《非常时期公务员考绩条例》相比,区别在于:虽然两次立法都规定考绩人员中列一等人员人数不得超过该官等参加考绩人员的 1/3,但 1945 年的《公务员考绩条例》规定得更具体,即各该官等有余数满二员时得加列一等者一员,各该官等参加考绩人数不满三员时仍得有一员列一等。另外,1945 年的《公务员考绩条例》规定,各机关如果认为工作、操行、学识的分数所列的 50 分、25 分、25 分依照职务性质认为有另定之必要,应会商铨叙部定之。1945 年的《公务员考绩条例》和 1943 年的《非常时期公务员考绩条例》相比,少了前条例规定的公务员在同一机关继续服务满十年,经五次考绩总分均在 80 分以上者,除依勋章条例授予勋章外,并得附给一个月俸额以内之一次奖金的内容。1945 年的《公务员考绩条例》还规定了该条例的实行期间是两年[1]。1945 年 11 月 24 日,南京政府考试院公布《公务员考绩条例施行细则》[2]。

1949 年 1 月 1 日,南京政府再次修正并公布新的考绩法规,此次不再称公务员而是改称为《公务人员考绩法》。在考核种类上,除了保留以前的年考之外,恢复增加了总考,总考于各该公务人员第三次年考当年 12 月,就三年成绩考核之。年考仍然分为五等。此次对总考有了具体规定:90 分以上者一等;80 分以上不及 90 分者二等;70 分以上不及 80 分者三等;60 分以上不及 70 分者四等;不及 60 分者五等。

考绩奖惩和之前的法规也略有区别。年考:一等,除依法晋俸外,给一等奖状,连续两次年考列一等者给奖章;二等,除依法晋俸外,给二等奖状;三等,依法晋俸;四等,停止晋俸,连续两次年考列四等者,并得免职;五等,免职。总考:一等,晋一阶并升职;二等,晋一阶并得升职;三等,留原阶仍任原职或调职;四等,降俸一级调职,连续两次总考列四等者免职;五等,降一阶免职。晋年功俸优遇俸人员,未扣满规定晋俸期间者,改给奖金。奖章及奖状给予办法,由考试院定之。已晋之阶超过本职两阶者,总考列二等,不予升职,改给奖金。因晋阶而升等,依法应经升等考试者依其规定。各机关年考人员不得超过各该官等受考人数 1/3。平时成绩优异人员,得酌发奖金。

---

[1]《公务员考绩条例》(1945 年 10 月 30 日),《民国法规集成》第 68 册,第 425—429 页。
[2]《公务员考绩条例施行细则》(1945 年 11 月 24 日),《民国法规集成》第 68 册,第 430—433 页。

此次修正，另一个较大的变化就是增加了公务员考绩的救济：受考人对于考绩结果有疑义时，得于考绩结果发表后一个月内，年考向本机关长官，总考向铨叙机关申请复核，但以一次为限[1]。

同年1月7日，南京政府考试院公布了《公务人员考绩法施行细则》，该细则一共30条。从细则内容看，一个较大的变化就是，以前的考绩法都具体规定了考绩的具体标准和分数，但此次考绩法却在实施细则中规定：各机关公务人员考绩评分标准，由各该主管机关依其所属公务人员职务性质，会商铨叙部定之。公务人员平时褒奖或申诫三次者，年考时作为记功或记过一次，增减其总分数一分，平时记功或记过三次者，年考时作为记大功或记大过一次，增减其总分数三分，但增加后之总分数如超过100分，仍以100分计。所称成绩优异人员，指有特殊功绩或平时成绩特优人员，其奖金之给予，应报经上级或主管机关核定。对于公务员考绩救济和以前相比更为详细。因《公务员俸给法》的颁布实施，此次考绩法施行细则也与之对应有了一些新规定，限于篇幅不再赘述[2]。

战后有据可查的考绩结果如下：1946年南京政府中央公务员参加考绩的有11 474人，其中准予考绩11 239人，不予考绩235人；发奖章179人，升等存记107人，升等待遇1 445人，年功加俸451人，晋级6 625人，发奖状1 294人，发奖金1 375人，留级657人，申诫53人，降级19人，免职4人。1946年度地方公务员参加考绩1 080人，其中准予考绩891人，不予考绩189人发奖章18人，升等存记2人，升等待遇91人，年功加俸10人，晋级603人，发奖状72人，发奖金76人，留级41人，申诫1人[3]。

1947年中央公务员考绩实施情况为：合格人数18 470人，其中简任665人，荐任6 611人，委任11 194人；不合格人数103人，其中简任0人，荐任66人，委任37人；保留人数661人，其中简任12人，荐任219人，委任430人。该年总计人数19 234人[4]。

综合起来看，南京政府公务员的考绩制度受抗日战争影响比较大，这是其首要的特点。由于抗战的爆发，国民政府需要激发人们的抗战热情，因此反映在考绩制度上就是考绩的条件逐渐放宽。如1939年12月8日，南京政府公

---

[1] 法规：《公务人员考绩法》，《外交部公报》第19卷第1号，1949年1月1日。
[2] 法规：《公务人员考绩法施行细则》，《外交部公报》第19卷第1号，1949年1月7日。
[3] 《国民政府主计处统计局1947年铨叙部铨叙总报告》，中国第二历史档案馆藏，全宗号：六，案卷号：4628。数据疑有误。
[4] 1947年考绩情况转引自曹必宏主编：《中华民国实录》第5卷(上册)，吉林人民出版社，1997年。参见姬丽萍：《中国公务员考铨制度的初创(1928—1948)》，天津古籍出版社，2008年，第264页。

布的《非常时期公务员考绩暂行条例》规定公务员的功过可以互相抵消,在以往的考绩中是没有这样的内容的。再如1943年年11月6日,南京政府公布的《非常时期公务员考绩条例施行细则》和以前的考绩法规相比,不再把年终考绩分为六等,而是分为四等:平时考核成绩以总分数在70分以上者为优,80分以上为异,不满60分者为低,不满50分者为劣。除了等次划分得较粗外,优秀的标准也有所放宽:战前的考绩制度规定,80分以上称为优,享有晋级的机会,而战时则达到70分以上称为优即可晋级。抗战胜利后,公务员考绩的等次又恢复到了战前的标准。

其次,"党治"色彩浓厚是南京政府公务员考绩法规的另一个特点。公务员考绩法规基本被国民政府当作是推行国民党"党治"的工具。比如说,学识,按照《现代汉语词典》的解释和一般人的理解,应该指学术上的知识和修养,但南京政府公务员考绩制度中的学识是什么呢?根据1939年12月8日南京政府公布的《非常时期公务员考绩暂行条例》规定,学识以阅读书籍言教问题,须以总理遗教(其中以遗嘱所举者尤为重要)、中国国民党历届重要决议案、总理关于主义政策之重要言论、政府各种根本法令及直接与职务有关之基本学术及实践智识为主。因此,所谓的学识主要是阅读国民党的历次会议内容及其党义而已。操行,按常理理解,应该是指一个人的品行,但在考绩制度中,操行获得高分的公务员则是:能实践或劝导他人实践精神总动员实施事项有显著之事迹者,能实践或劝导他人实践新生活须知有显著之事迹者,能实践或劝导他人实践节约运动大纲有显著之事迹者。从该规定来看,所谓的操行不过是当好国民政府的"吹鼓手"而已。再比如1944年的《县长考绩条例》就规定,把忠诚纳入县长操行考绩的范畴,忠诚占县长考绩20%的比例。忠诚本身属于一个比较主观的词,而且实际操作起来难度较大,缺乏客观标准的执行可行性,但却被南京政府用来作为考绩的要求。因此,以上基本可以说明,本来作为人事管理的重要手段,提高行政效率的公务员考绩制度却被南京政府变为强化国民党推行党治的工具。

四、南京政府公务员考绩制度实施之评价

如何评价南京政府时期的公务员考绩制度呢?笔者以为简单的肯定和否定都是不全面、不合适的,我们应当将其放到历史环境中去具体问题具体分析。

据科学家推测,人类的潜能开发利用程度不足10%,其余的将近90%的能力处于闲置状态或被埋没。美国哈佛大学詹姆士教授曾对人的行为的激励性进行过系统的研究,结果显示,正确而充分的激励会使人的能力提高3—4

倍。只要采取合适的激励措施,人类就能有效地开发和利用人的潜能这座"富矿"[1]。而奖励与考绩之运用彼此发生关联,就是为了"广辞庸而昭激励"[2]。考绩的目的在于使一般公务员对于他们的工作不敢疏懈,在积极方面可以借此鼓励他们的上进,同时澄清政治、提高行政效率、治官察吏、激浊扬清[3]。

所以,从积极一面来说,公务员考绩制度的颁布体现了南京政府期望提高行政效率的良好动机。考绩制度属于公务员管理的重要内容和举措之一,与北京政府时期相比而言,南京政府在近代首先正式实施近代公务员制度,并同时颁布了一系列相关考绩制度,这些从制度建设的层面,或者说从表面上看,不能说它不是一种进步,毕竟它是近代公务员考绩制度从无到有的开始。这些制度充分体现了政府督促公务员不断提高自身素质,借此提高行政效率的制度本意。这些法规,对于现代化公务员管理体制的初兴及朝着科学化、制度化管理方向的迈出,具有基础性的推进意义[4]。我们可以观察一下南京政府历年颁布的考绩法规(见表2)。

表 2 南京政府颁布有关考绩法规一览

日　　　期	相 关 法 规
1929 年 11 月 4 日	《考绩法》
1935 年 7 月 16 日	《公务员考绩法》
1935 年 10 月 30 日	《公务员考绩法施行细则》
1936 年 12 月 25 日	《修正公务员考绩法施行细则》
1939 年 12 月 8 日	《非常时期公务员考绩暂行条例》
1943 年 2 月 26 日	《非常时期公务员考绩条例》
1943 年 11 月 6 日	《非常时期公务员考绩条例施行细则》
1944 年 12 月 26 日	《县长考绩条例》
1945 年 10 月 30 日	《公务员考绩条例》
1945 年 11 月 24 日	《公务员考绩条例施行细则》

---

[1] 余兴安:《激励的理论与制度创新》,国家行政学院出版社,2005 年,第 200 页。
[2] 《非常时期公务员考绩暂行条例补充办法》(1942 年 4 月 21 日),《民国法规集成》第 67 册,第 194—195 页。
[3] 马洪焕:《举行全国公务员考绩的意义及其应加注意的事项》,《中央周刊》第 472 期,1937 年 5 月 21 日。
[4] 姬丽萍:《中国公务员考铨制度的初创(1928—1948)》,天津古籍出版社,2008 年,第 263 页。

续 表

日　　期	相　关　法　规
1949 年 1 月 1 日	《公务人员考绩法》
1949 年 1 月 7 日	《公务人员考绩法施行细则》

与北京政府相比，在（文官）公务员制度管理方面，南京政府在大陆 22 年期间，颁布了 12 件法规制度，这还不包括南京政府的个别机关颁布的特别规定。通过估算可以知道，平均每两年颁布 1 件考绩法规。而且无论是战前、战时还是战后，颁布的数量都相差不大，皆为 4 件。因此，从制度建设层面分析，国民政府有重视公务员队伍管理的本意。

当然，重视是一回事，实际执行效果则是另外一码事。我们不能因为制度的层面，看其表面而"不识庐山真面目"，要撩开其面纱，进一步认识其真相。下面我们要考察其实施的实际效果的问题。

第一，南京政府时期由于被考绩的人数有限而使考绩制度的宗旨、目的可望而不可及。

如果我们用当年参加公务员考绩的人数和当年公务员总数[1]做一个比较可以列表如下。

表 3　南京政府公务员历年考绩人数与公务员总数百分比

年　度	考绩百分比	年　度	考绩百分比
1935	4.2%	1942	1.0%
1936	2.94%	1943	0.9%
1937	0.10%	1944	0.003%
1938	0.5%	1945	0.49%
1939	0.5%	1946	1.51%
1940	0.8%	1947	1.93%
1941	0.6%		

根据上表以及前文内容可知：国民政府历年实行的考绩，从参加考绩总人数来看，公务员被考绩数量最多的是 1947 年，共 19 234 人，最少的是

---

[1] 南京政府公务员数量变化估计请参见何家伟：《"人人优异"——国民政府公务员考绩制度略论》，《人文杂志》2008 年第 3 期。

1944年,仅22人;从参加考绩公务员的人数与公务员总数的比例来看,比例最高的是1935年,占4.2%;比例最少的是1944年,几乎可以忽略不计。所以无论是从国民政府公务员参加考绩人数的绝对数量来看,还是从参加考绩人数与公务员总数量的百分比即相对人数来看,国民政府公务员被考绩的人员是相对较少的。既然考绩法规是针对所有的公务员而言的,而实际参加考绩人数又比较少,那么考绩法规的出发点和宗旨估计很难达到。这其中固然有抗日战争的影响,有军阀割据的因素,也有派系斗争导致政府运转不顺的因素,但有法不依、有令不行不能不说是真正的原因。我们从国民政府第一次考绩制度的颁布到第一次真正实施可以管中窥豹。其实早在1929年国民政府就颁布了统一的公务员考绩法规制度,但迟至1935年才进入实际实施与执行阶段,这中间的难度与曲折是可想而知的。各级行政机关多数人均有一种上下级辖属的意识,被认为是同级或他属的考试院,并无权威可言。特别是战时,不少机关借口战时交通、联系困难,拒不按时或根本不进行对本机关公务员的考绩活动,致使考试院面对屡发训令、屡无效果的境况,也无可奈何地一再让步[1]。

这是对南京政府公务员考绩的总体情况而言的,我们再来剖析一下国民政府历年考绩的内部情况,以求更加深入地把握公务员考绩制度的优劣。

第二,在考绩过程中,南京政府考绩机关把关不严,导致"人人优异,个个晋级"[2],基本丧失了考绩的本意。

南京政府早在1929年11月4日就将考绩法规明令公布,但是因为种种原因,一直未能实行,到1935年年终才举行第一次年考,各机关依限送达的固然很多,可是逾期甚至久延不送的也不少,加以我国幅员广大,内地交通远没有达到十分发达的程度,所以办理感觉困难,表册递转亦就不得不因之而延缓了。办理考绩这件事,不但要秘密而且要迅速,若是逾期过久,人事上难免没有变更,假设遇有新旧交替,则变更更大,办理愈觉困难。晋级和待遇人员的数额,最初在奖惩条例中本没有规定,铨叙部为补偏救弊起见,特在考绩法施行细则修正的时候,对于各机关每次考绩晋级的人数,也加了一种限制,就是规定简任职不得超过现有简任人员1/3,荐任职不得超过现有荐任人员1/5,委任职不得超过现有委任人员1/7,同时规定应予简任或荐任待遇人员,也以现任最高级荐任或委任职三年以上者为限,借此可以稍杜冒滥。不过在1935年年终考绩案内,有的机关对于晋级人数漫无限制,甚至晋级人员有超过其总

---

[1] 姬丽萍:《中国公务员考铨制度的初创(1928—1948)》,天津古籍出版社,2008年,第265页。
[2] 《社论:厉行考核淘汰庸劣》,《铨政月刊》第2卷第3期,1948年3月15日。中国第二历史档案馆藏,全宗号:二七,案卷号:688。

员额 90% 以上的[1]。按照考绩奖惩条例的规定，年考厉行解职人员不得少于各该机关总员额 2%，总考不得少于各该机关总员额 4%，解职人员的遗缺，以考试及格人员递补，这一条立法的本意，是在促进新陈代谢的作用，淘汰不称职的人员，登庸新进的人才，这在道理上既不为苛刻，并且就行政效率上说，也可逐渐增高，实在是严密行政机构，促进行政效率的一个重要政策，不过在考绩法令未实施以前，各机关所举行的考绩或考成，大多有奖而无惩，所以许多不称职的公务员，仍得以侧身其间，而智能超越、才行优异的人士，反无路登庸。1935 年年终考绩各机关考绩案中依法淘汰的固然很多，可是没有实行或者实行而不彻底的，也是不少[2]。以上是南京政府对第一次考绩的总结。

针对第一次考绩奖励人员太多太滥的情况，1936 年 12 月 25 日，南京政府公布《修正公务员考绩法施行细则》，规定，各机关考绩晋级人员，简任职不得超过现有简任人员 1/3，荐任职不得超过现有人员 1/5，委任职不得超过现有委任人员 1/7[3]。规定了晋级的比例之后，以后其他年度的考绩中，公务员晋级人数占当年参加考绩的公务员总数的比例是否符合南京政府铨叙部规定的比例呢？我们可以通过表 4 来考察一下。

表 4　南京政府公务员考绩晋级人员比例

时间	简任（按规定 33.33%）			荐任（按规定 20%）			委任（按规定 14%）		
	参加考绩总人数	晋级人数	晋级所占比例	参加考绩总人数	晋级人数	晋级所占比例	参加考绩总人数	晋级人数	晋级所占比例
1935 年中央普通公务员	215	52	0.241 9	553	175	0.316 5	3 620	764	0.211 0
1935 年地方普通公务员	9	2	0.222 2	281	210	0.747 3	2 917	1 132	0.388 1
1938 司法人员	35	18	0.514 3	43	25	0.581 4	82	39	0.475 6
1938 年地方普通公务员	1	1	1	90	51	0.566 7	440	227	0.515 9

---

[1] 马洪焕：《举行全国公务员考绩的意义及其应加注意的事项》，《中央周刊》第 472 期，1937 年 5 月 21 日。
[2] 同上。
[3] 《社论：厉行考核淘汰庸劣》，《铨政月刊》第 2 卷第 3 期，1948 年 3 月 15 日。中国第二历史档案馆藏，全宗号：二七，案卷号：688。

续 表

时间	简任(按规定33.33%)			荐任(按规定20%)			委任(按规定14%)		
	参加考绩总人数	晋级人数	晋级所占比例	参加考绩总人数	晋级人数	晋级所占比例	参加考绩总人数	晋级人数	晋级所占比例
1938年中央普通公务员	128	73	0.570 3	246	115	0.467 5	795	425	0.534 6
1939年地方普通公务员	3	3	1	58	40	0.689 7	268	138	0.514 9
1939年司法人员	52	30	0.576 9	24	6	0.25	44	28	0.636 4
1939年外交人员	5	5	1	104	39	0.375	40	21	0.525
1939年主计人员	13	7	0.538 5	56	41	0.732 1	132	77	0.583 3
1939年中央普通公务员	159	95	0.597 5	346	204	0.589 6	1 045	588	0.562 7
1940年中央公务员	273	178	0.652 0	948	589	0.621 3	2 363	1 580	0.668 6
1940年地方公务员	1	1	1	194	134	0.690 7	226	111	0.491 2
1944年中央公务员							17	10	0.588 2
1944年地方公务员	1	0	0	2	1	0.5	2	2	1
1946年中央公务员	592	277	0.467 9	3 201	2 284	0.713 5	7 681	5 626	0.732 5
1946年地方公务员	17	8	0.470 6	850	596	0.701 2	213	92	0.431 9
平均			0.553 2			0.533 9			0.553 7

说明：表中比例及平均数为笔者所计算，本表中的晋级包括晋级、晋级兼奖章、晋级存记、晋级存记兼奖章及升等人员(所以包含有升等，是因为升等与晋级在实质上没有太大区别，公务员升等后，往往要晋级——笔者)。另外，1936年、1937年、1942年、1943年、1947年公务员考绩人数参见了姬(丽萍)著中的数字，由于只有各级公务员的总人数，没有确切的考绩成绩，无法按照本表标准进行比较，故未列入。

资料来源：1935—1940年考绩见《铨叙部统计年报》(1941年)，中国第二历史档案馆藏，全宗号：二七，案卷号：785；1944年、1946年考绩见《国民政府主计处统计局1947年铨叙部铨叙总报告》，中国第二历史档案馆藏，全宗号：六，案卷号：4628。

从以上表格可以看出：南京政府有关部门对第一次考绩即1935年的公务员考绩情况进行了批评，并制定了相应的限制晋级人员比例的要求，但如果把1935年的考绩和以后的考绩稍微对比一下即可知道，1935年以后的公务员考绩晋级的比例基本上是年年增加，而且都要比第一次即1935年考绩晋级人员多。具体来说：简任职公务员的晋级比例最高的是1938年地方普通公务员考绩、1939年地方普通公务员考绩、1939年外交人员考绩、1940年中央公务员的考绩，皆为100%，最低的是1944年地方普通公务员考绩，为0，但其简任职只有一个公务员参加考绩，简任职公务员的晋级平均比例为55.32%，高于规定比例33% 22个百分点，是规定比例的1.68倍。荐任职公务员晋级比例最高的是1935年地方公务员考绩，为74.73%，最低的为1939年司法人员考绩，为25%，荐任职公务员晋级平均百分比为53.39%，高于规定20% 34个百分点，是规定比例的2.67倍。委任职公务员晋级比例最高的是1944年地方公务员考绩，为100%，最低的是1935年中央普通公务员考绩，为21.1%，委任职公务员晋级平均比例高于规定数40个百分点，是规定比例的3.96倍。

因此，如果综合南京政府以上考绩概况，我们基本可以这样谨慎地认为：南京政府的公务员考绩，无论是战前还是战后，也不管中央公务员还是地方公务员，抑或普通公务员及特别公务员（司法外交类），无论是简任职、荐任职还是委任职公务员，在以往考绩中，就晋级人员比例来说，完全没有按照考绩法规的要求比例来操作。晋级人员的比例有五次居然达到了100%。而且，我们从上面的数字分析可以看出，高级公务员即简任职公务员和低级公务员即委任职考绩情况最滥，都有100%晋级的。而委任职公务员的考绩糟糕情况尤其突出，其晋级人员的比例要远远高于简任职和荐任职公务员。如果就南京政府整个公务员的考绩情况来分析，既然简任、荐任、委任职公务员的晋级人员比例均超过了各自参加考绩人员的一半以上，那么我们也可以认为南京政府公务员考绩中，超过一半以上的人即大多数公务员在年终考绩后都要受到晋级的奖励。由此可见南京政府公务员的考绩不过是"自己监督自己，自己给自己加薪"罢了。

再考察一下南京政府历年考绩的被淘汰人员比例是否达到规定的年考淘汰2%、总考淘汰4%的要求。1939年南京政府公务员考绩惩处的比例约为0.4%；1940年不合格人员仅2人，占当年参加考绩总数的0.4%；1941年的比例为0.7%；1945年不合格比例为0.7%；1946年不合格比例为0.03%。由上可知，南京政府考绩的淘汰人数比例最高的为1941年和1945年，仅仅是0.7%；最低的是1946年，居然只有0.03%。南京政府公务员考绩被淘汰比例最高的即使四舍五入也只有1%。如果计算一下南京政府公务员考绩被淘汰的平均比例,则仅为0.45%,离考绩制度规定的2%的比例距离还很远。这还只是部分年份,其他年份根本就没有不合格公务员,那就更谈不上所谓的淘汰比例了。以上是对南京政府铨叙部统计的历年考绩概况的分析,就奖励来说,南京政府公务员历年考绩受奖人数大大超标,就惩罚来说,公务员被惩处则是微乎其微,少之又少,几乎可以忽略不计。

那么,南京政府时期的各省铨叙机关统计的考绩情况又如何呢?根据1948年广西省政府公务员考绩表可以知道:当年广西省政府荐任职公务员参加考绩的总人数有829人,最高分数93.25分,最低分69分;颁发奖状5人,留级2人,其余822人全部都晋级[1]。这与其说叫考绩,倒不如说是集体升官发财。再比如,江西省政府秘书处财政民政厅1940年参加考绩45人,留级3人,奖状1人,其他全部都是加俸、晋级,没有人不合格[2]。

河南省政府财政厅公务员的考绩结果是:1942年河南省后方各县县长的年终考绩情况是,39个县长,最高分86.1分,最低分63.6分,60分以上不予奖惩9人,70分以上22人,80分以上8人。1943年建设厅参加考绩的公务员有26人,获奖状1人,其余25人差不多都是晋级。1944年建设厅参加考绩的公务员20人,其中留级4人,获奖状2人,其余晋级。1946年财政厅参加考绩人数35人,获奖状5人,其余30人大部分都晋级[3]。

可见,无论是南京政府铨叙部主持的公务员考绩还是各地铨叙机关主持的公务员考绩,都是半斤八两、五十步笑百步,即受奖励人员大大超标,而被惩处人员往往少之又少。如果我们从南京政府公务员考绩结果来分析,得出的结论是南京政府公务员的素质都很高,几乎没有不合格人员,那么事实是否如此呢?根据笔者在第二历史档案馆、四川省档案馆、重庆市档案馆等地查询的档案资料来看,南京政府统治时期的公务员因为违法犯罪被检举、揭发的案例俯拾皆是,怎么可能年终考绩绝大多数都合格并受到奖励而没有人被淘汰呢?况且南京政府统治时期的吏治糟糕早有定论,考绩情况良好只能说明南京政府时期的公务员考绩对这类公务员采取了包庇或者鸵鸟政策罢了。

---

[1] 《广西省政府公务员考绩表》(1948年),中国第二历史档案馆藏,全宗号:二七[4],案卷号:776。
[2] 《江西省政府秘书处财政民政厅等公务员考绩清册(1930—1948)》,中国第二历史档案馆藏,全宗号:二七[4],案卷号:7529。
[3] 《河南省政府关于财政建设厅现任公务员考绩成果训令(1943—1948)》,中国第二历史档案馆藏,全宗号:二七[4],案卷号:6611。

时任南京政府考试院长戴季陶的话可以作为对公务员考绩制度的形象注解:"现时之考绩,毫无基础,铨叙部之考绩权,犹如水上浮萍,各机关之考绩(连本院在内),都是自欺欺人,徒费纸笔,徒耗国币,何所补益?"[1]这恐怕是南京政府公务员考绩制度实际执行效果的最好说明了。由于其党国体制的影响,由于其五院体制的缺陷,也由于宗法、姻亲政治的影响,社会门阀势力强盛,裙带成风,官本位的盛行,导致南京政府的考核很难发挥实效,往往流于形式,导致劳逸不均,赏罚不明,"徒麋公帑"而已。

总体来看,从制度建设方面考察,南京政府固然在公务员考绩制度上颁布了一系列法规,这些制度充分体现了政府督促公务员不断提高自身素质、借此提高行政效率的制度本意,对于现代化公务员管理体制的初兴及朝着科学化、制度化管理方向的迈出,具有基础性的推进意义。但是由于多种因素的影响,实际执行效果却差强人意,不仅参加公务员考绩人数偏少,而且在这有限的考绩中,奖励的无度使用,既破坏了考绩的制度规定,又浪费了纳税人的钱财,"徒麋公帑",远离了考绩制度制定的初衷。

(原载《民国档案》2009年第1期)

---

[1] 转引自陈天锡编:《戴季陶先生文存》(续编),台北:中国国民党中央委员会党史史料编纂委员会,1967年。参见姬丽萍:《中国公务员考铨制度的初创(1928—1948)》,天津古籍出版社,2008年,第266页。

宋美龄在西安事变和平解决中的作用

宋青红*

关于西安事变,学界已经取得了丰硕的研究成果,有学者从张学良的角度、中共或周恩来的角度、从国民党内讨伐派的角度以及宋子文的角度探析事变的过程[1]。也有学者从宋美龄的角度探讨其在西安事变中的作用[2],然而以宋美龄为中心来分析促成西安事变和平解决的各方面因素,仍有扩展的空间。本文运用多年来两岸开放刊行的档案资料、有关当事人的日记和回忆录等资料,尝试分析宋美龄在西安事变和平解决过程中的作用。

一、事变后宋美龄力主和解

1936年12月12日,西安发生兵变,"蒋委员长行踪不明"[3]。南京方面接到张学良、杨虎城八项主张的电文,何应钦推测"似蒋公已入危地"[4]。宋美龄得知事变后,起初"不啻晴天霹雳,震骇莫名",但很快冷静下来,认为"就全局加以考量","此事若处理得宜,必能得合乎常情之解决"[5]。12日晚上,

---

* 宋青红,2012年博士毕业于复旦大学历史学系,现为上海理工大学马克思主义学院副教授。
[1] 相关的研究论著如李云汉的《西安事变始末之研究》(近代中国出版社,1982年)、杨奎松的《西安事变新探——张学良与中共关系之研究》(东大图书馆公司,1995年)、吴景平的《宋子文评传》(福建人民出版社,1990年,第277—285页)、司马桑敦的《张学良评传》(传记文学出版社,1989年)、左双文的《西安事变后的南京讨伐派——以戴季陶、何应钦为中心的再探讨》(《近代史研究》2006年第6期)、郭岱君、林孝庭的《从〈宋子文档案〉看西安事变》(《民国档案》2006年第2期)、黄道炫的《西安事变:不同抗战观念的冲突》(《历史教学》2004年第3期)。
[2] 如王文鸾的《宋美龄在和平解决西安事变中的地位和作用》(《史学月刊》1996年第6期)、莫世祥的《"上梁盖顶"——宋美龄调解西安事变评析》(《深圳大学学报(人文社会科学版)》2008年第6期)、盛渝夫的《宋美龄在和平解决西安事变中的作用》(《理论界》2012年第11期)等。
[3] 王子壮日记(1936年12月12日),《王子壮日记》(手稿本)第3册,台北"中研院"近代史研究所,2001年,第347页。
[4] 孔祥熙:《西安事变回忆录》,秦孝仪主编:《革命文献》第九十四辑《西安事变史料》(上册),台北"中央"文物供应社,1983年,第114页。
[5] 宋美龄:《西安事变回忆录》,《革命文献》第九十四辑《西安事变史料》(上册),第26—27页。

南京国民政府召开中常会和中政会临时联席会议,决定"张学良应先褫夺本兼各职,交军事委员会严办"[1]。以戴季陶为首的部分中央委员表示,"为维护国民政府威信计,应立即进兵讨伐"[2],认为"中央之根本态度,不能变更,应严申纪律"[3],他们认为"中央既不能曲从其狂悖,陷国家于沦胥;尤不能过于瞻顾蒋公之安全,置国家纲纪于不顾"[4]。居正等人坚持主张"急速用兵包围西安,解决其实力"[5]。

宋美龄认为中央诸要人在西安局势未明了,断然决定处罚张学良,"殊觉其措置太骤"。13日清晨随孔祥熙抵达南京之后,她尽力说服高层集团,吁请寻找和解途径,以确保蒋介石安全。为此,她"反复申述,请各自检束与忍耐,勿使和平绝望;更请于推进讨伐军事之前,先尽力求委员长之出险"。她向讨伐派表明其态度:"倘和平已至万分绝望之时,再开始战争,亦未为晚。"[6]而南京国民政府中央委员中丁淮汾、孙科等诸元老"莫不主张立即讨伐,以威力迫使小张屈服而释蒋",居正在纪念周慷慨陈词,主张立即讨伐,戴季陶甚至痛哭激昂,"因此与宋美龄起冲突,会议中拂袖而去,后经群劝及宋美龄亦有歉意表示始已"[7]。陈布雷也记载戴"神经刺激实深","百方慰劝无效"[8]。13日,马超俊、冯玉祥、戴季陶、程潜等人亲自去见宋美龄,表示:"无论如何,应该出兵。"[9]宋美龄则明确表示"不可打","如打时,她即飞往长安同介石同死也"[10]。针对马超俊在南京召集黄埔同学谈话时表示"应不顾生死,削平叛逆"[11]。宋美龄也向一些黄埔系将领提出,"在未明事实真相前,切勿遽加断定,遇事镇定,勿尚感情"[12]。宋美龄并前往中央军校发表演说,称"主张讨伐

---

[1] 《中国国民党中央执行委员会政治委员会第二十八次会议纪录》《中国国民党中央执行委员会政治委员会第二十九次会议纪录》,《革命文献》第九十四辑《西安事变史料》(上册),第308—310页。
[2] 宋美龄:《西安事变回忆录》,《革命文献》第九十四辑《西安事变史料》(上册),第27页。
[3] 王子壮日记(1936年12月13日),《王子壮日记》(手稿本)第3册,第348页。
[4] 郭廷以、王聿均、刘凤翰:《马超俊先生访问记录》,"中研院"近代史研究所,1992年,第174—175页。
[5] 王子壮日记(1936年12月24日),《王子壮日记》(手稿本)第3册,第359页。
[6] 宋美龄:《西安事变回忆录》,第27,29—31页。
[7] 王子壮日记(1937年5月12日),《王子壮日记》(手稿本)第4册,第133页。
[8] 陈布雷日记(1936年12月15日),《陈布雷先生从政日记稿样》(1),东南印务出版社,出版时间不详,第179页。
[9] 郭廷以、王聿均、刘凤翰:《马超俊先生访问记录》,第175—176页。
[10] 宋美龄:《西安事变回忆录》,第29—30页。
[11] 郭廷以、王聿均、刘凤翰:《马超俊先生访问记录》,第176页。
[12] 宋美龄:《西安事变回忆录》,第31—32页。

的别有用心","何敬之只好噤口不言,戴居两位老先生只发干急和闷气"[1]。宋美龄在各种场合的明确表态,使讨伐派不得不有所惧惮。

宋美龄收到12日当天张学良发来的函电后,认为张、杨发动西安事变可能"确有不平之情绪",中央应虚怀若谷,探寻其事变之原因[2],进而主张"张、杨既保证蒋公之安全,自须先探蒋公之虚实,再定万全之决策"[3]。13日,宋美龄在孔宅与孔祥熙、陈布雷等人商量,"提议派遣一批可靠而能信赖的人员,并为张学良所能接受的人,前往西安做初步的接触,以期确知委座的安全健康情形"[4]。西安事变前相当长一段时间,张学良夫妇与蒋介石、宋美龄甚至宋子文之间往来频繁。1930年,张学良与妻子于凤至时常往来于京沪之间,与宋家上下很熟,于凤至曾认宋老夫人为干娘,与宋美龄等结下姐妹情谊[5]。宋美龄等人商议决定先派端纳前往西安探明真相。

端纳到西安后向张学良转交宋美龄的复信,内中称:"吾兄及所部将领,或激于一时之情感,别具苦衷,不妨与介兄开诚协商,彼此相爱既深,当可无话不说。"[6]15日下午端纳乘机东返,在洛阳致电宋美龄,汇报蒋精神甚佳,身体亦健,绝无悲观之态度[7]。16日,端纳返回南京,带回张学良给宋美龄的亲笔函,信中张学良说:"介公在此极为安全,精神饮食如常,良常谒谈,并饬妥加侍奉,万望勿以为念","倘介公实行积极抗日,良仍当竭诚拥护"[8]。在信中,张学良强调其发动兵变以促使蒋介石抗日之初衷,并希望蒋介石能够积极抗日,并委婉表达其希望促成蒋态度转变之意愿。

然而讨伐派仍坚持以武力进攻西安之主张,认为:"端则颇受张之说词,以为对蒋先生无他,不过政见上稍有变,一加调解便可了结。此说显信张之所言,而实际上绝非如此简单。盖张之作贼成性,毫无理性之可言,不予痛剿,绝难使之畏惧,俾蒋先生安然脱险也。"[9]经过三天的电报往返,张、杨仍未表示护送蒋出陕。国民政府中央委员会16日再度集会,决定对张、杨用兵,并派军

---

[1] 陈公博:《现代稀见史料书系〈苦笑录〉》,东方出版社,2004年,第237页。
[2] 宋美龄:《西安事变回忆录》,第28页。
[3] 郭廷以、王聿均、刘凤翰:《马超俊先生访问记录》,第175页。
[4] 黄仁霖:《黄仁霖回忆录》,传记文学出版社,1983年,第101页。
[5] 吴景平、郭岱君主编:《宋子文与他的时代》,复旦大学出版社,2008年,第109—110页。
[6] 张友坤、钱进、李学群编著:《张学良年谱》,社会科学文献出版社,2009年,第812页。
[7] 《端纳返洛电京报告,面晤蒋委员长情形,安居冯寓态度镇定如常,对张恳求谓无考虑余地,端纳今再飞陕宋子文亦拟前往》,《中央日报》1936年12月16日。
[8] 《煽动西安事变》(一)(1936/12/25—1936/08/04),台北"国史馆"藏蒋中正总统文物档案,入藏登录号:002000002258A,典藏号:002-090300-00004。
[9] 王子壮日记(1936年12月16日),《王子壮日记》(手稿本)第3册,第351—352页。

政部长何应钦为讨逆军总司令[1],派于右任入陕宣慰[2]。讨伐派认为"在蒋先生没有恢复自由以前,一切命令均应认为无效"[3]。宋美龄"以为太急",令端纳再次飞往西安,向蒋介石讨取南京停战的手令。18日上午,蒋鼎文携蒋介石的手令飞抵南京,当何应钦收到蒋介石的原函后,停止了对西安的轰炸[4]。

17日,张学良致信端纳,提及"子文、祝同两兄来陕,极所欢迎,并可确保安全,请即转达蒋夫人为盼"[5]。张学良虽然希望通过宋美龄、宋子文使蒋态度转变,但仍明确表示:除非中央确有改变政策,积极领导抗日,否则"委座南归,尚待商榷"[6]。宋子文于20日上午抵达西安见到蒋介石,了解到西安以及中共方面之条件,在于劝说蒋介石改变政策[7]。21日,宋子文飞回南京,与宋美龄、宋蔼龄、孔祥熙等人商量对策,并极力说服南京当局暂勿攻打西安[8]。端纳、宋子文、宋美龄先后飞陕,对蒋介石态度转变至为重要。

二、宋美龄赴陕与蒋态度转变

西安事变发生后,蒋介石一度抵触情绪严重,被扣押后自称:"余亦宁死不受胁迫","余若稍事迁就,以求苟全性命,将何以对四万万国民之付托耶?"[9] 13日蒋在日记中有"生则辱,不如死而荣"[10],甚至有绝食的举动[11]。为促

---

[1] 郭廷以、王聿均、刘凤翰:《马超俊先生访问记录》,第176页。
[2] 孔祥熙:《西安事变回忆录》,第107页。
[3] 王子壮日记(1936年12月17日),《王子壮日记》(手稿本)第3册,第352页。
[4] 蒋介石致何应钦的原函为:"闻昨日空军在渭南轰炸,望即令停止,以近情观察,中于本星期六日前可以回京,故星期六日以前,万不可冲突,并即停止轰炸为要。"参见《蒋委员长今日可返京》,《申报》1936年12月19日。
[5] 《煽动西安事变》(一),台北"国史馆"藏蒋中正总统文物档案,入藏登录号:002000002258A,典藏号:002-090300-00004-020。
[6] 《致何应钦要求避免军事行动电(1936年12月18日,西安)》,《张学良文集》第2辑,第1089—1090页。
[7] 吴景平:《宋子文评传》,福建人民出版社,1990年,第279页。
[8] 王子壮在日记中记载:"宋子文临去时且嘱暂勿轰炸,于圣诞节以前俾得折冲等语,京中如戴先生、朱家骅等俱大哗,认为系违背中央决议,且中敌人之缓兵计,与蒋先生个人有非常之危害,经会中一致起立,表示应迅速出兵。"参见王子壮日记(1936年12月23日),《王子壮日记》(手稿本)第3册,第358页。
[9] 蒋介石:《西安半月记》,正中书局,1937年,第1、17页。
[10] 周天度、孙彩霞:《蒋介石〈西安事变日记〉》,《百年潮》2007年第10期。
[11] 蒋介石:《西安半月记》,第19—20页;黄仁霖:《黄仁霖回忆录》,台北传记文学出版社,1984年,第103—104页。

使蒋介石态度转变,宋美龄先派端纳赴陕探明情况,14日端纳转交宋美龄给蒋介石的信函,表达对蒋之关心及焦急心情,"昨日闻西安之变焦急万分","目下吾兄所处境况真相若何,望即示知以慰焦思",并希望蒋为国珍重。信中对蒋"以身许国","整顿军备,团结国力,以求贯彻抗日主张"表示理解,并祈祷其早日脱离恶境[1],言下之意希望张学良能理解蒋介石抗日主张,同时希望以思夫之情感动阅信人。

当蒋读到端纳转来妻子的函电,"泪下如雨,泣不成声"[2]。端纳告知宋美龄欲来陕面晤,蒋介石表示"切不可来!务请转达余妻,待余死后来收余骨可也"。蒋介石并不希望妻子以身冒险,他交代端纳在洛阳即以电话向宋美龄"报告此间状况"[3]。在端纳劝说之下,蒋从杨虎城新城大楼移往高桂滋公馆[4],但仍声明"余不回京,尔无论有何条件或主张,均不能谈"[5]。端纳回到南京,带回的消息是蒋介石的态度仍然很强硬,正如陈布雷在15日日记中所说:"下午六时,闻端纳已到洛阳,委员长在陕镇定不屈。"[6]

18日晚,国民党中常委、军事当局商议之后,决定"限其19日下午六时以前,恢复蒋先生自由外,并密谈解决之法,如派宋子文飞赴西安与张面洽,并由阎锡山居中斡旋等因,中央讨伐令既下不能再谈调停,而实际上如能获得调解,使蒋先生立复自由,亦未尝不可"[7]。面对当时复杂的形势,宋美龄、宋子文力排众议,说服南京当局停战三天,让宋子文成行。南京方面同意宋子文以私人身份前往西安,宋美龄有意随往,然"临时中止西行,由子文先飞陕"[8]。

宋子文在西安劝说蒋介石,对蒋态度的转变意义重大。20日上午,宋子文抵达西安后,蒋介石见到他后"甚为感动,失声大泣"。宋子文安慰蒋,"告诉他,彼并未蒙羞,相反,整个世界均在关心他,同情他"[9]。宋子文劝说蒋,表示即使武力占领西安,也不能歼灭张、杨,反而使国家陷于分裂[10]。宋子文并

---

[1]《革命文献——西安事变》(1937/01/07—1937/01/07),台北"国史馆"藏蒋中正总统文物档案,入藏登录号:002000000351A,典藏号:002-020200-00031-002。
[2] 曾景忠编注:《蒋介石家书日记文墨选录》,团结出版社,2010年,第216—217页。
[3] 蒋介石:《西安事变半月记》,第15—16页。
[4] 同上书,第28—29页。
[5] 同上书,第31页。
[6] 陈布雷日记(1936年12月15日),《陈布雷先生从政日记稿样》(1),第179页。
[7] 王子壮日记(1936年12月18日),《王子壮日记》(手稿本)第3册,第353—354页。
[8] 陈布雷日记(1936年12月19日),《陈布雷先生从政日记稿样》(1),第180页。
[9] 张俊义:《宋子文〈西安事变日记〉》,《百年潮》2004年第7期,第17页。
[10] 杨奎松:《宋子文在西安事变和解过程中的作用》,吴景平主编:《宋子文生平与资料文献研究》,复旦大学出版社,2010年,第45页。

带去一封宋美龄的来函:"如子文三日内不回京,则必来与君共生死。"蒋介石托宋子文"切嘱余妻,无论如何,余不欲其来此地",之后在给宋美龄的遗嘱中,蒋写道:"兄不自检束,竟遭不测之祸,致令至爱忧伤,罪何可言。"[1]蒋在信中表达不希望因为自身处境致使妻子忧伤。

宋子文带回南京的消息,使得宋美龄决定亲赴西安,但遭到各方的阻挠和不理解。陈布雷听说宋美龄将飞赴西安,"日前屡遭谏阻,然其意甚坚,不可复止,奈何奈何","多人阻之均不可","感痛泣下"。陈布雷"至中央党部第一会议厅,与立兄、佛兄谈,均为之顿足太息"[2]。22日,在宋子文等人陪同下,宋美龄来到了西安。

宋美龄的到来,令蒋介石非常感动,态度也有所和缓。蒋在日记中写道:"忽见夫人来会","公乍见之,不胜惊讶,如在梦寐","于是感动悲咽,不可言状"[3]。当22日下午宋美龄告以蒋外间种种情况,并劝蒋应"先设法脱离此间,再言其他"。而蒋此时的态度仍然很强硬,他表示:"如他人或有以非义之言托为转劝者,必严词拒之。余决不能在此有签允任何条件之事。"宋美龄了解蒋之脾性,劝慰他说:"君千万勿虑!君所言者,余知之已审,君之素志,更所深知","余决不强君有违背素愿之举"[4]。23日早上,蒋认为西安事变之"症结所在,仍在共党",周恩来托张学良表示要求见蒋,蒋坚予拒绝,蒋让宋子文代为先见,"察甚态度如何,再定对付方针"[5]。23日上午,宋子文与张学良、杨虎城约周恩来会谈半日,周提出要与蒋见一面,"虽不谈话亦可"[6]。蒋仍表拒绝,他对宋子文表示:"如果彼有此要求时,尔当答以蒋先生近日精神不佳,似不便见,蒋夫人可以代见也。"[7]之后,由宋美龄代蒋与张、杨及周恩来进行会谈。周阐述中共关于解决西安事变的主张及抗日各项政策,希望蒋从速抗日[8]。宋美龄表示:既然中共有诚意,应该在政府领导下共同努力。周恩来表示:只要蒋介石同意抗日,中共拥护他为全国领袖,并且表示除蒋介石

---

[1] 曾景忠:《蒋介石家书日记文墨选录》,第220页;参见陈红民:《蒋介石遗嘱知多少》,《近代史研究》2010年第3期,第148—152页。
[2] 陈布雷日记(1936年12月22日),《陈布雷先生从政日记稿样》(1),第181页。
[3] 高素兰编注:《蒋中正总统档案——事略稿本》第39册(1936年10月—12月),台北"国史馆",2009年,第579页。
[4] 同上书,第580—581页。
[5] 同上书,第582页。
[6] 同上书,第583页。
[7] 同上书,第583页。
[8] 力平、方铭主编:《周恩来年谱(1898—1949)》,中央文献出版社,1998年,第346页。

外,全国没有第二个合适的人[1]。24日上午,谈判继续进行。蒋方由宋子文、宋美龄两人出席,西安方面仍由张、杨、周三人出席。宋美龄明确表示赞成停止内战,"尚彼等果有为国民服务之诚意,必在政府领导下共同努力,方是正道"。她表示"凡内政问题,皆应在政治上求解决,不应擅用武力"[2]。在谈判过程中,达成改组行政院、肃清亲日派、中央军撤兵并调离西北、释放爱国领袖等9项协议[3]。宋美龄和宋子文对谈及的一些问题也都做了承诺[4]。

在宋氏兄妹与张、杨和中共见面后,24日晚,周恩来在宋氏兄妹陪同下见到了蒋介石,蒋起而与周恩来握手寒暄[5]。周恩来表示:"只要蒋先生能够改变'攘外必先安内'的政策,停止内战,一致抗日,不但我个人可以听蒋先生的话,就连我们红军也可以听蒋先生的指挥。"[6]周恩来问蒋介石为什么不肯停止内战。宋美龄表示,以后不"剿共"了,这次多亏周先生千里迢迢来斡旋,实在感激得很。

西安事变过程中的谈判,蒋介石提出:他本人不出头,由宋氏兄妹代表他谈判;商定的条件,他以"领袖的人格"保证,而不作任何书面签字[7]。双方有过默契:不发表协议及谈判经过[8]。事隔半个世纪后,才在《周恩来选集》上卷所收的《关于西安事变的三个电报》中第一次披露出来。据周恩来记录,蒋作了三点表示:"子、停止剿共,联红抗日,统一中国,受他指挥。丑、由宋、宋、张全权代表他与我(指周恩来)解决一切(所谈如前)。寅、他回南京后,我可直接去谈判。"[9]谈完这三点后,蒋露出很疲劳的样子,周恩来辞出[10]。25日上午十时,蒋即将离开西安前,周恩来再来见蒋,周恩来事先对宋子文说:中

---

[1] 金冲及主编:《周恩来传》第1册,中央文献出版社,1998年,第412—413页。
[2] 宋美龄在其回忆录中详细地提到其与周恩来谈话的内容,只是未提周恩来的名字。参见宋美龄:《西安事变回忆录》,第46页;金冲及:《周恩来传》第1册,第413页。
[3] 杨天石:《张学良及其西安事变回忆录(上)——我读张学良档案之一》,《百年潮》2002年第9期。
[4] 参见《与宋子文、宋美龄谈判结果》(1936年12月25日),《周恩来选集》上卷,人民出版社,1980年,第72页;金冲及:《周恩来传》第1册,第413—414页。
[5] 高素兰编注:《蒋中正总统档案——事略稿本》第39册,第601页。
[6] 申伯纯:《西安事变纪实》,人民出版社,1979年,第157页。转引自金冲及:《周恩来传》第1册,第415页。
[7] 周恩来:《周恩来选集》上卷,第70—71页。
[8] 杨天石:《张学良及其西安事变回忆录(下)——我读张学良档案之一》,《百年潮》2002年第10期。
[9] 《与宋子文、宋美龄谈判结果》(1936年12月25日),《周恩来选集》上卷,第72页;金冲及:《周恩来传》第1册,第415页。
[10] 金冲及:《周恩来传》第1册,第415页。

共对蒋介石并无要求,但希望蒋当面承诺"以后不剿共"。宋子文对蒋说:"须强允之,否则甚难也。"周恩来表示:"尔余自然知蒋先生之革命人格,故并不有所勉强。"[1]蒋介石虽没有口头承诺"以后不剿共",但实已默许。

通过谈判,张学良发动事变的基本政治诉求已基本达成[2],但杨虎城仍不主张马上送蒋回南京,并与张学良发生争执[3]。张学良在《警告世人》一书中,谈及杨虎城对张学良的指责:"你是受了蒋夫人、宋子文、端纳情感诱惑,有反初衷,你犯了温情主义,你是同蒋宋两家有私谊上的关系,可以和平了结。我杨某可是不肯作断头将军的,要干就干到底。"[4]面对这样的局势,张学良于25日有意先送宋美龄与端纳出城,并"对外扬言夫人回京调解,委员长仍留陕缓行",然后让蒋化装到张学良部队设法登机起飞。但宋美龄则表示:"余如怕危险,惜生命亦决不来此,既来此,则委员长一刻不离此,余亦不离此一步。余决与委员长同生死,共起居。而且委员长之性格,亦决不肯化装潜行也"[5]。张学良乃允设法同行。26日,蒋介石一行安全抵达南京。

三、宋美龄与西安事变善后

西安事变发生期间,军政要员、驻外使节、社会团体等纷纷致电宋美龄表示慰问。12月13日,何键致电宋美龄,表示当督率所部待命杀贼,设法援救蒋介石[6]。14日,汪精卫致电慰问宋美龄[7]。17日,余汉谋电慰宋美龄,表示希望蒋能化险为夷[8]。17日,驻法大使顾维钧、驻英大使郭泰祺,驻瑞士公使胡世泽,联名致电慰问宋美龄[9]。21日,孙连仲致电宋美龄,希望她"为国珍重,勿过忧虑"[10]。同日,章嘉呼图克图转电宋美龄,表示已饬北平喇嘛

---

[1] 高素兰编注:《蒋中正总统档案——事略稿本》第39册,第605页。
[2] 杨奎松:《张学良与西安事变之解决》,《中国社会科学》1996年第5期。
[3] 高素兰编注:《蒋中正总统档案——事略稿本》第39册,第601页。
[4] 杨天石:《美国所藏档案新发现——杨虎城是西安事变主角》,《档案》2003年第3期。
[5] 高素兰编注:《蒋中正总统档案——事略稿本》第39册,第604—605页。
[6] 《煽动西安事变》(三)(1936/12/14—1937/01/17),台北"国史馆"藏蒋中正总统文物档案,入藏登录号:002000002260A,典藏号:002-090300-00006。
[7] 《汪主席电告,力疾回国,并电慰蒋夫人》,《中央日报》1936年12月16日。
[8] 《煽动西安事变》(一)(1936/12/25—1936/08/04),台北"国史馆"藏蒋中正总统文物档案,入藏登录号:002000002258A,典藏号:002-090300-00004。
[9] 《各国政府关怀委座,各使领电向外部慰问,顾郭胡三使电慰蒋夫人》,《中央日报》1936年12月18日;《驻外使节慰蒋夫人》,《申报》1936年12月18日。
[10] 《煽动西安事变》(一)(1936/12/25—1936/08/04),台北"国史馆"藏蒋中正总统文物档案,入藏登录号:002000002258A,典藏号:002-090300-00004。

为蒋介石祈福[1]。

各军政要员夫人均致电宋美龄表示慰问,如13日冯玉祥夫人李德全慰问宋美龄,表示愿意陪同前往西安[2]。14日,龙云夫人顾映秋致电宋美龄,"委座开诚待人,当此紧急之际,全国僚属自当同心协力,设法营救,以维国本,盼夫人宽大为怀,为国珍重"[3]。22日,顾映秋再次致电宋美龄,表示将派高荫槐和龙绳武(龙云之子)赴京晋谒[4]。15日,张继夫人崔震华和陈诚夫人谭祥致电宋美龄慰问[5],崔震华称:"叛逆决不致冒大不韪,中央亦必以迅速权力维护介公"[6]。马超俊夫人沈慧莲致电慰问宋美龄:"尚祈勿过忧虑,为国珍重。"[7]

蒋介石回到南京后,28日以蒋介石夫妇的身份,答谢各方慰问,"此次中正在陕半月,承各地戚友同志及国内外公私各方函电交驰,关切备至,到京以后,又辱纷纷驰电慰问,高谊盛情,无闻遐迩,感激非可言喻,不及一一作复,谨表极深切诚挚之谢意,对各地教会举行祈祷,并致感忱"[8]。当蒋介石被扣押之时,各地方派系、驻外使节、地方要员及夫人、各妇女团体、海外华侨,发来的慰问函电,既表达对蒋介石之关心,也表达对宋美龄的宽慰。在蒋介石人身自由受限的情况下,慰问函电发给宋美龄而不是发给南京国民政府,既体现了宋美龄作为蒋介石夫人的政治身份,也显示了其个人独特的魅力及人际关系。

由于宋美龄在西安事变中扮演的角色,待蒋介石回到南京后,张学良、杨虎城希望通过宋美龄向蒋转达其利益诉求。张学良护送蒋介石回到南京后,受到南京国民政府组织军事法庭会审,之后长期遭到监禁。对此,宋美龄一度对蒋介石大发雷霆,觉得失信于张学良。1937年1月4日,宋美龄致函阎宝航:"汉卿事自当尽力维助,台端洞悉经过,对于群情,仍希善为抚慰为盼。"[9]

---

[1]《煽动西安事变》(三)(1936/12/14—1937/01/17),台北"国史馆"藏蒋中正总统文物档案,入藏登录号:002000002260A,典藏号:002-090300-00006。
[2] 冯玉祥日记(1936年12月14日),《冯玉祥日记》第4册,江苏古籍出版社,1992年,第849页。
[3]《煽动西安事变》(一)(1936/12/25—1936/08/04),台北"国史馆"藏蒋中正总统文物档案,入藏登录号:002000002258A,典藏号:002-090300-00004。
[4]《煽动西安事变》(三)(1936/12/14—1937/01/17),台北"国史馆"藏蒋中正总统文物档案,入藏登录号:002000002260A,典藏号:002-090300-00006。
[5]《煽动西安事变》(一)(1936/12/25—1936/08/04),台北"国史馆"藏蒋中正总统文物档案,入藏登录号:002000002258A,典藏号:002-090300-00004。
[6] 美国斯坦福大学胡佛研究所档案藏孔祥熙档案,Box 2,Folder12。
[7]《中央新运会派员,慰问蒋夫人,新运妇女会亦致函慰》,《中央日报》1936年12月19日。
[8]《蒋委员长及夫人答谢慰问,不及一一作复,昨日特发通启》,《中央日报》1936年12月29日。
[9] 美国斯坦福大学胡佛研究所档案馆藏孔祥熙档案,Box 2,Folder12。

1937年2月3日,杨虎城、于学忠为此致电宋美龄,称"近日各部队因久盼张副司令之归,情绪极度高涨,表示必须张副司令返陕后方能实行",希望宋美龄能将西安情形详告蒋介石,令张学良返回陕西,以解决西北治安问题[1]。然而宋美龄并没办法改变蒋介石及南京主战派们的想法。

为缓和西安方面的情绪,宋美龄将所作《西安事变回忆录》与蒋介石的《西安半月记》一同出版,"其意在为小张洗刷"[2]。在无法改变蒋决定的情况下,宋美龄一直与张学良保持着密切联系。宋美龄在一些英文信中仍以"Marshal Chang Hsueh-Liang"(张学良元帅)相称,张学良给美国家人的信件多由宋美龄中转[3]。1946年张学良被囚于台湾之后,与宋美龄之间有一百多封书信往来,信中表达了对张学良之关切[4]。宋美龄除大量地送各种礼物、书籍杂志外,还曾多次约见在囚禁中的张学良。而张学良于宋美龄生日多去函表示祝贺。如1946年,张学良致函宋美龄:"忆及月之十六为夫人华诞诞辰,良居地荒僻,乏珍善可献,谨具番布四方,恭祝夫人福寿绵长,无疆无量,专肃敬叩。"[5]

西安事变和平解决之后,何应钦令军西进,向西安压迫。国民政府内王子壮等人指责杨虎城,"态度颟顸,亦可知其不愿就范之态度也"[6]。杨虎城通过宋美龄从中周旋,希望蒋介石制止何应钦部队的进攻。1937年1月4日,杨虎城连续致电宋美龄,希望宋美龄"将各中详情转陈委座,力予制止"[7],迅令照前令撤退,然而局势并不乐观。1937年3月下旬,周恩来先同宋美龄会晤,请她将中共方面根据中共中央十五项谈判条件拟成的书面意见转交蒋介石,宋美龄表示中共可以合法存在[8]。1937年6月8日至15日,周恩来向宋子文、宋美龄等人再三陈述,以政治名义管理军队不妥,希望通过他们同蒋具体磋商[9]。7月18日,周恩来将所拟关于谈判的十二条意见,通过宋美龄转交

---

[1]《煽动西安事变》(一)(1936/12/25—1936/08/04),台北"国史馆"藏蒋中正总统文物档案,入藏登录号:002000002258A,典藏号:002-090300-00004-276。
[2] 王子壮日记(1937年5月12日),《王子壮日记》第4册,第135页。
[3] 陈红民:《解读张学良与宋美龄的几封信》,张秀枫主编:《历史为谁"变脸"》,二十一世纪出版社,2013年,第273页。
[4] 笔者查阅到台北"中研院"近代史研究所藏"张学良关系文书"中,宋美龄与张学良夫妇之间书信往来共137封。
[5] 通信 Chang, Peter H. L. To Mei-ling Soong Chiang,台北"中研院"近代史研究所藏"张学良关系文书"。
[6] 王子壮日记(1937年1月10日),《王子壮日记》第4册,第10页。
[7]《煽动西安事变》(一)(1936/12/25—1936/08/04),台北"国史馆"藏蒋中正总统文物档案,入藏登录号:002000002258A,典藏号:002-090300-00004-262。
[8]《周恩来年谱(1898—1949)》,第366—367页。
[9] 同上书,第374页。

蒋介石[1]。西安事变解决后，宋美龄仍然与西安事变各方有一定联络，处理西安事变善后问题。

结　语

经宋子文、宋美龄等各方共同斡旋，蒋介石被释放，西安事变危机得以化解。陈立夫等人曾表示，西安事变和平解决，背后当有讨伐派以军事压迫西安之攻[2]，王子壮也认为："苟无军事上之威力，以迫使就范，张学良未必即能放弃其谬误之主张而俯首南京也。"[3]平心而论，西安事变的和平解决，确实是多方形势使然，但宋美龄坚决主和的态度及所做的努力，无疑使形势朝着和平解决态势发展[4]。其中，宋美龄虽然受到来自国民政府内部不少质疑，但她能坚持和解之主张。

西安事变后，正中书局奉命将蒋介石的《西安半月记》与宋美龄的《西安事变回忆录》"共订一册"，王子壮等人认为，"此类与国策不相容之著作，实不能不显蒋先生溺爱不明，将为盛德之累"，"事实昭彰，既已明甚，妇女之见莫不以眩才饰短为其聪明，蒋先生信之，且为出版，非溺爱而何！"[5]王子壮进而批评说："蒋夫人此作其目的在表示，自己一贯的主张和缓之有识，而非难中央政府之主张讨伐者，此种非难政府之态度殊非中央要人所宜有。"[6]由于宋美龄的《西安事变回忆录》，"仍持其一贯之见解，以为对西安事变，不宜用兵，解说可了，最后果如其说，以证彼说之高级等语"[7]。出版后引起了不小的风波，戴季陶"请假赴汤山不问事者，月余矣"；丁惟汾"赴日照已去数日，虽主要系为中央政校事（后详），但对于蒋之溺爱不明，亦颇不慊"。居正也说："如此胡来，只有不干而已。"而何应钦"求出洋而未得许可"[8]。西安事变和平解决以后，因宋美龄的《西安事变回忆录》出版，引起南京不少高层政要的质疑和不满。

事隔多年以后，陈立夫在接受夏莲荫女士采访时称：宋美龄"她毕竟是个

---

[1]《周恩来年谱》(1898—1949)，第379页。
[2] 杨天石：《近代中国史事钩沉——海外访史录》，社科文献出版社，1998年，第465页。
[3] 王子壮日记(1937年4月21日)，《王子壮日记》第4册，第111页。
[4]《宋氏兄妹与西安事变》，《"西安事变六十周年学术研讨会"纪实》，《国史馆馆刊》复刊。转引自于丽、田子渝：《台湾地区对西安事变与张学良研究述评》，《抗日战争研究》2009年第3期。
[5] 王子壮日记(1937年4月21日)，《王子壮日记》第4册，第111页。
[6] 王子壮日记(1937年5月12日)，《王子壮日记》第4册，第132页。
[7] 王子壮日记(1937年4月21日)，《王子壮日记》第4册，第111页。
[8] 王子壮日记(1937年5月12日)，《王子壮日记》第4册，第135页。

女人","她的丈夫处在危险中,我不相信任何人能完全没有个人考虑"。但是陈立夫又说:"蒋夫人做了一件值得赞美的事——一个妇女不怕危险去救丈夫,这是值得赞美的事。"[1]燕京大学校长司徒雷登读蒋介石《西安半月记》及宋美龄《西安事变回忆录》后,称赞"蒋夫人于记忆未褪之前,述其变中躬亲之经历,字里行间随在流露其贞娴之妇德,表现其以女性独具之异禀,透彻把握问题之真谛,而实行之以勇武与英断,凡其溯述,皆以客观冷静之笔解描绘当时简单之事实,故其感人尤深"[2]。宋美龄的《西安事变回忆录》出版后,《东南日报》评论员也曾指出,"吾人即深觉蒋夫人对西安事变之观察,迥异一般肤浅流俗之论调"。西安事变之和平解决,"虽曰中央迅捷处置之力为多,然蒋夫人于热情与理智交流中,独能坚持我主张,将一切措施纳诸合理规范之中,其远大之眼光与夫坚定之信力,遥不可及。夫人生最可歌可泣者,为在万不得已之情况下而有真情之奋斗与热情之牺牲,同时更不失冷静的理智之运用"[3]。

在整个西安事变的解决过程中,宋美龄与南京国民政府内的讨伐派进行辩论,劝阻了讨伐派的军事行动;她寻求与张学良等人积极沟通,以了解张、杨的政治诉求,运用其与张学良的私人关系,成为沟通张杨与蒋介石、周恩来与蒋介石的重要人物。基于宋美龄在西安事变及善后工作中的突出贡献,冯玉祥日记记载,李德全对他说:"美龄人可敬佩。"[4]西安事变中宋美龄初步展示了其政治潜能,在抗战期间这种政治能力将有进一步的体现和发挥。

(原载《民国档案》2017年第2期)

---

[1] 杨天石:《近代中国史事钩沉——海外访史录》,社科文献出版社,1998年,第465页。
[2] 《司徒雷登读蒋中正〈西安半月记〉、宋美龄〈西安事变回忆录〉感想》,参见《革命文献——西安事变》(1937/01/07—1937/01/07),台北"国史馆"藏蒋中正总统文物档案,入藏登录号:002000000351A,典藏号:002-020200-00031-054。
[3] 《〈西安半月记〉评论选辑》,《浙江青年》1937年第8期。转引自冯兵:《西安事变后蒋介石对其形象的重塑——〈西安半月记〉再研究》,《厦门大学学报(哲学社会科学版)》2016年第6期。
[4] 冯玉祥日记(1937年5月3日),《冯玉祥日记》第5册,第154页。

"八一三"时期的上海银行公会

张天政*

1937年8月至11月通常称为"八一三"时期,处于全民族抗战的初期阶段。在此攸关国家前途、民族命运的时刻,作为全国最重要的银行业同业团体,上海银行公会到底关注哪些主要问题?为支持全民族抗战及促使金融市场由平时转入战时,为稳定上海金融市场、支援抗战做出哪些积极而重大的努力?同时作为同业组织的上海银行公会又是如何维护会员行及非会员行利益的?学界相关研究颇为不足。拙文主要依据档案史料及其他资料拟作出较为具体而系统的回答,以冀补充上海金融史及抗日战争史研究的薄弱环节。

一、辅助遵行战时安定金融法规

战前上海银行公会活动的主要特点是,设法促进银行业务的发展,对政府制订金融法规提出质疑或建议,在政府政策或政局变化危及同业利益时,也表现出一定的不合作姿态等。但在战时或每遇外敌入侵,按照通例均须限制提存,紧缩通货。"七七"事变爆发后,人心惶惶,存户纷纷向银行挤提存款;提存渐多,银行库存减少,银行基础不稳。上海银行业遇到日本侵华以来最严重的提存风潮,存款额明显下降。据统计,从7月10日至8月12日,储户提存为数甚巨,以上海商业储蓄银行与浙江兴业银行为例,前者提存约2500万元,占该行存款总额的16%以上;后者提存约1700万元,占该行存款总额的17%以上[1]。民众私藏法币,致使市面流通筹码无多;银行放款到期不易收回,因而对需要者少贷或停放,紧缩信用,致使工商业所需资金短缺。拥巨资者则套购外汇,实施资金逃避,人心更为恐慌。随着局势的紧张,各银行不仅对外紧缩信用,而且急需统一的限制提存办法,以保护金融机构。而作为充分体现银行

---

* 张天政,2004年博士毕业于复旦大学历史学系,现为宁波工程学院二级教授。
〔1〕 汤心仪:《上海之金融市场》,王季深等编:《战时上海经济》第一辑,中国科学公司,1945年,第3页。

业利益的同业组织,上海银行公会及其决策层在此紧要关头,对稳定沪市金融市场做出及时反应。"八一三"事变当天,应上海银行公会要求,为妥定应付办法,南京国民政府财政部批准上海银行业暂行停业两天,与上海金融关系密切的各埠银行业,也一律休业两日[1]。

在决定并获准停业两天的同时,上海银行公会立即草拟并决定上海银行业如何通货紧缩及开展业务办法。当日,上海银行公会致函在会、不在会银行指出,在此战时条件下,公会为巩固金融起见,议定同业暂行办法4条,"相应分别通告,即希查照办理"。该暂行办法规定:(1) 各行庄所有客户往来透支,除同业外于13日起一律暂时停止加欠。实行后如有继续存入者,准予照数。(2) 各行庄所有未到期之各种定期存款,自13日起不得通融提取,如须做栈押者至多以一千元为限,在二千元以内的定期存款,至多以对折作押。(3) 各行庄所有各种活期存款,一律以同业汇划付给;如须取法币,其存款在一千元以下者,按日至多可取二百元;其在一千元至二千五百元者,按月至多允提二成;其在二千五百元至五千元者,每户按月取数不超过五百元;其在五千元以上者,按月可取一成。如有续存或新开户者,以分别存入之原币随时照数给付。如工厂发放工资须用法币另行商办。(4) 各行庄之同业汇划轧账头寸,照交换所向例办理。该函最后强调,以上4条为非常时期暂行办法,"业经财部核准,一俟时局平靖,当由本会随时呈请取消"[2]。这不仅可视为上海银行公会为同业所制定的临时性营业规则,更表明上海银行公会实际已开始考虑限制现钞流通,以稳定战时上海金融。同时,上海银行公会还制定同业内部业务办法,涉及同业汇划及内汇限制等问题[3]。

国民政府财政部在批准上海银行公会所提出4条暂行办法的同时,为切实限制提存计,派钱兆和等19人前往各行检查全部账目,调查上海银行业资负状况、逐日收付情形及库存等以备核对。上海银行公会为落实暂行办法,于当日转函在会各银行,要求奉此相应分别查照,至希予以配合[4]。上海银行公会决定遵行该项措施,为后来实行限制提存做好了准备。

---

[1]《财政部为颁行非常时期安定金融办法致各方函》(1937年8月13日),中国第二历史档案馆编:《中华民国史档案资料汇编》第五辑第二编财政经济(四),江苏古籍出版社,1997年,第439—440页。

[2]《全体银钱业紧急会议》(1937年8月13日),上海市档案馆藏上海银行公会档案S173-1-71,第87—88页。《上海银行业同业暂行办法》,S173-1-96,第80页。

[3]《全体银钱业紧急会议》(1937年8月13日),S173-1-71,第87页。

[4]《上海银行公会为转财政部关于查资负状况、逐日收付情形、全体帐目及库存情形令致在会银行函》(1937年8月13日),S173-1-441,第231—232页。

1937年8月13日,浙江兴业银行在致银行公会函中称,第一条原文"各行庄所有客户往来透支"下,拟加"及抵押透支","照数支用"上拟加"按存入之原币分别"等字样;第二条原文之末拟加"已到期之定期存款本息扣存所得税后,除转期外概以活期论,照第三条办理"等字;第三条原文"其在两千五百元"下,拟加"以上"二字以免与上文之"两千五百元"相混;拟另增加"第五条汇划票据据上自十三日起均加盖'只准同业汇划'戳记",以期一律照办,以资保障[1]。浙江兴业银行的意见,显然力促《同业暂行办法》更加准确,其所提第一条按原存货币支用,及应增加第五条汇划票据加盖"只准同业汇划"戳记较有价值,其旨在既可限制提存,又能维护银行信用;而且对后来《非常时期安定金融办法》第二条,及补充办法均有影响。

当日,永大银行在回复银行公会函中认为,所议定非常时期暂行办法,虽呈奉财政部核准照办,但敝行以为事实上有可商榷之处,建议补充数点请大会采纳议决施行:其一,原案第二条各行庄所有未到期之各种定期存款限制提取及改做押款办法。敝行以为即已到期之存款利息,是否全数付给法币或划条,抑参照活期存款提成付给,应请规定一律遵守;其二,原案第五条,敝行以为不能删去,因各种存款虽经限制按成给付,然以一户三五百元计,有数百户至千户者,则汇计付出之数已有可观。四行若不尽量供给法币,各行将以何物应付之用?故此条有必须存在之理;其三,13日以前各行开出之本票,倘外滩银行来收应付之划头,应由四行尽量供给;其四,各商业银行向四行领用法币所需之划头,亦应由四行供给;其五,请财政部为维持商业银行目前稳定计,应饬四行暂时拒收新存款,以免存户搬移[2]。永大银行的建议,则旨在如何应付提存;其所提第三条是与外滩银行有关系之银行所将要面临的重要问题。

1937年8月14日,国华银行在致上海银行公会函中,先对所议定之同业暂行办法充分肯定,认为其"卓见周详,至为钦佩"。但又指出该办法尚有未能明了之处:其一,"于十三日起一律暂行停止加欠,自实行后如有继续存入者,准予照数支用"。其继续存入者,是否除扣还原欠款项外,之余存有抑为不扣还原欠仍许其欠,按照交入数支用。这样则银行之放款仅为停止加欠,并无收回。是则银行之准备无由增加,似有重加研究之必要。其二,定期存款作抵押者,及已到期之定期存款支取法币,均未规定是否均照活期存款办法办理之。其三,设遇缺少法币时,能否以汇划向三行掉取?三行能否无限制供给?其

---

[1]《浙江兴业银行致上海银行公会函》(1937年8月13日),S173-1-282,第13—14页。
[2]《永大银行致上海银行公会函》(1937年8月13日),S173-1-282,第15页。

四,对于持有十三日以前开出之本票,并无"只准同业汇划"字样之图章及外埠托解之汇票;汇款收条请求付法币者,是否照活期存款办法办理之? 其五,十三日以前之汇划票据,将来开业时设经外商银行来归,如仍照向例照解划头者,则往来各户或将支票倒填日期,均交外商银行来收,如何办理? 其六,如遇有划头缺汇划时,能否向交换所调换,是否不再加以限制? 应该说国华银行所提各条均是即将实行紧缩通货所面临的问题。但相比之下其中第2、4、5条对完善同业暂行办法显得更为重要[1]。各会员行对《同业暂行办法》所提意见,均成为上海银行公会不久参与财政部战时银行业营业规则制订、补充的重要参考信息;且对后来处理与外商银行关系等提供了建设性意见。

上海银行公会考虑到外地银行公会获悉事变发生,但不明了上海银行业营业情形,会影响各地银行业务,便致电称:各地银行公会,现奉财政部令,银钱同业于8月13、14日放假两日[2]。次日,汉口银行公会回电称该月14日起放假两日[3]。青岛银行公会电称:"业复电悉,本市银行遵令于本日放假一日,至星期一开业,届时如何办法,请尽量详细急电示。"[4]未接上海银行公会停业通告,天津银行公会也来电询问上海银行公会,8月13日至14日停业是否确实,并要求尽快回复[5]。在涉及银行业前途及金融市场稳定与否的紧要时刻,急需上海银行公会发挥组织、协调作用。

实际上,这时由于人心浮动,乃至引起的银行挤提、资金逃避、外汇暴跌、物价飞涨,已使整个上海社会的秩序陷入相当混乱的境地。这急需银行公会设法维持沪市及外地同业内部的营业秩序,并遵行国民政府颁布的安定金融法规。1937年8月15日,财政部次长徐堪与中国银行董事长宋子文,在上海紧急召集当地银钱界领袖人物,筹商安定金融办法。最终在通观各方面情况,参酌上海银行公会所陈4条暂行办法等的基础上[6],决定实行《非常时期安定金融办法》7条,并于当日以财政部名义公布,16日开始施行。该办法规定,自8月16日起,银行、钱庄各种活期存款,如须向原存银行、钱庄支取者,每户只能照其存款余额,每星期提取百分之五,但每存户每星期至多以提取法币一

---

[1]《国华银行为13日暂行办法致上海银行公会函》(1937年8月14日),S173-1-282,第19页。
[2]《上海银行公会为报告沪银钱业奉令放假致各地银行公会电》(1937年8月13日),S173-1-96,第16页。
[3]《汉口银行公会致上海银行公会电》(1937年8月14日),S173-1-96,第19页。
[4]《青岛银行公会为收到停业两日电文回复上海银行公会电》(1937年8月14日),S173-1-96,第23页。
[5]《天津银行公会为停业问询上海银行公会电》(1937年8月13日),S173-1-96,第17页。
[6]《全体银钱业紧急会议》(1937年8月15日),S173-1-71,第89页。

百五十元为限；而8月16日起，凡以法币支付银行、钱庄续存或开立新户者，得随时照数支取法币，不加限制；定期存款未到期者不能通融提取，到期后如不欲转定期者，须转为活期存款，并以原银行、钱庄为限，照本办法第一条规定为限；定期存款未到期前，如存户商经银行、钱庄同意承做抵押者，每存户至多以法币一千元为限，其在二千元以内之存款，得以对折作押，但以一次为限；工厂、公司、商店及机关之存款，如发付工资或与军事有关须用法币者，得另行商办；同业或客户汇款，一律以法币收付之。最后一条声明为，本办法于军事结束时废止[1]。

国民政府财政部当时决定实行《非常时期安定金融办法》的目的，是在以限制提存来巩固银行信用，并防止资金的逃避[2]；亦在于以此鼓励存款来维持法币的正常流通，稳定市面[3]。更在顾及民众生计之前提下，以制止存户无限制提存而使头寸得以周转，以最终保护上海金融机构；同时防止客户将存款转存外商银行或购买外汇[4]。《非常时期安定金融办法》的制订及施行，也体现了上海金融业的利益。上海银行公会随即组织会员行遵行该项办法。

同时，该安定金融办法的实施，势必影响上海银行业同业之间及与工商企业的业务往来。为便利资金周转，调剂市面起见，上海银行公会会同钱业公会提出补充办法四条，获财政部批准。该办法内容为：(1) 银钱同业所出本票，一律加盖同业汇划戳记。此项票据只准在上海同业汇划，不付法币及转购外汇。(2) 存户所开银钱业当年8月12日以前所出本票与支票，亦视为同业汇划票据[5]。(3) 银行、钱庄各种活期存款，除遵照部定办法支付法币外，其在商业上往来之需要，所有余额得以同业汇划付给之；(4) 凡有续存或新开存户者，银行、钱庄应注明法币汇划，取时仍分别以法币或汇划支付之[6]。仅限于在沪市执行的上述四项补充办法的制定，既有助于缓解上海市面筹码供给之

---

[1] 中国第二历史档案馆编：《中华民国史档案资料汇编》第五辑第二编财政经济(三)，江苏古籍出版社，1997年，第1页。
[2] 寿进文：《战时中国的银行业》，1944年，第80页。
[3] 吴景平等：《抗战时期的上海经济》，上海人民出版社，2001年，第213页。
[4] 郭家麟：《十年来中国金融史略》，中央银行经济研究处，1943年，第99页。
[5] 本票、支票：本票是指由发票人付款的票据，一般为银行所签发，用以代替现金。支票是指活期存款的存户向银行发出的一种支付通知。因其标记不同，分为数种，如记名支票或不记名支票等。
[6] 《上海市规定非常时期安定金融办法补充办法四项》(1937年8月16日)，中国第二历史档案馆藏国民政府财政部档案，三(2)855。转引自中国第二历史档案馆等合编：《中华民国金融法规档案资料选编》上册，档案出版社，1989年，第627—628页。

不足,减轻工商业务往来资金紧张的压力,也利于维护银行信用。

如前所述,如果说上海银行公会所拟同业暂行办法四条及各会员所提补充意见、补充办法四项,先后为财政部参酌、采纳,对该部制定非常时期金融政策法规产生重要影响的话;那么,这在一定意义上不仅充分表明,上海银行公会在尽力实现银行业同业组织"草拟关于金融业法规建议于政府"之宗旨,上海银行公会在其章程中规定此职责,虽不无通过讨论、建议方式,以促使国民政府金融法规的制定更能代表上海银行业利益之嫌,但事实上此次1937年补充办法的草拟、完善,该会也参考1932年《上海银钱业同业从业暂行办法》部分条文,先草拟出《同业暂行办法》。值得一提的是,1932年"一·二八"事变后,上海银行公会等曾制定《上海银钱业同业从业暂行办法》,其内容为:(1)自复业日起,会员各银行所出近、远期本票一律加盖"此票只准同业汇划"字样[1]。华商银行及各存户支出划条,一律同业汇划。(2)支票应登报通告一律照本票办理。(3)买卖汇头及现洋支单钞票等,仍照旧办理;华商银行委托代买卖现洋及支单并代划银行划头,亦仍照旧双方同意办理之[2]。(4)复业日起,不论何家付来银行支单及划头收入后,可以抵用现款。(5)如有必须欲向洋行出货者,可由往来家自向各同业酌量商用。(6)各同业对于各银行所发钞票,一律照旧收用。(7)如有各往来家送来支票,在交通阻碍之处,不能收到退票暂由原开出家保存,待战事结束再行设法收退[3]。

日本学者宫下忠雄曾对战前汇划制度与1937年汇划制度加以比较,认为其不同处有四点:(1)抗战前票据盖有汇划字样,后者盖有同业汇划。(2)前者在到期前一日,或在当日以负担划头贴水而获得现款,但后者不得换现或购买外汇。(3)前者的实施,出于便利票据交换或调达支付准备金的需要;后者为应付环境,且系冻结各行存款,以账簿上转账清算交易,即有封锁存款的性质。(4)前者汇划存款为银钱业者(包括外滩银行)同业间存款,主要为汇划票据支付准备金;后者范围包括银行钱庄顾客一般普通存款[4]。这一比较颇有道理。

若将1937年8月《非常时期安定金融办法》及补充办法与1932年办法相比,后者主要针对同业营业所定,对存户提款限制较严,宗旨是限制现钞流动;

---

[1] 近、远期本票,前者也称即期本票,一般见票即付现金。后者到期才能兑现,期限一般5—10天。
[2] 该条中所说汇头应为同业汇划,而划头是指到期当日就能取现的票据。
[3] 《上海银钱业同业从业暂行办法》(1932年2月3日),S173-1-95,第12—13页。
[4] 宫下忠雄:《中国银行制度史》,吴子竹译,美华印刷厂,1957年,第142页。

但对业务往来所需现钞较为灵活。在使用同业汇划方面两者有相同之处。前者明显参考、借鉴了 1932 年办法的相关内容,但也有不少区别之处。如 1937 年办法对存户提存的限制较松;两种办法实施时的背景有所不同,这时法币在上海已成为统一使用的货币,但 1932 年仍为各种可兑换纸币流通;另外,实行的期限不同,1937 年办法理论上实行 4 年,1932 年办法仅实行数月。再者,在效果方面也有不同之处。概言之,《非常时期安定金融办法》及补充办法四条不仅参考了 1932 年办法相关条文,也是借鉴浙兴、永大、国华等银行意见草成;但并非与 1932 年办法完全相同。

相互比较,可注意到当时还参照《同业暂行办法》及借鉴浙江兴业、永大、国华银行所提重要意见,制订出《非常时期安定金融办法》。如,国华银行所提第二条"定期存款作抵押者,及已到期之定期存款支取法币,均未规定是否均照活期存款办法办理之"一条,显然被在整合各行意见、草订《非常时期安定金融办法》第 3 条时借鉴。因此,应该说《非常时期安定金融办法》及补充办法的制订,离不开上海银行公会的组织作用。可以说,上海银行公会实际上既在履行代表同业利益维护金融市场稳定的职能,也对当时中国战时金融法规、制度建设具有相当关键的影响。

《非常时期安定金融办法》及补充办法公布后,外地银行公会多未接到。8 月 16 日,汉口银行公会致电浙江兴业银行转上海银行公会,询问星期一沪各行是否开业,应付办法是否商定,要求迅即电复[1]。当日,上海银行公会还收到青岛银行公会两份急电。第一份称未收到部令,第二天早晨开业,可能有提存风潮,要求急电应付办法[2]。第二份电文表示,遵照部定七条办法议决明日开业,但"务乞贵会员银行对于同业间之汇划,照常收解,以免全国金融之停滞",并予答复[3]。显然,青岛银行公会还未得悉上海银行业已实行补充办法四条。为了 17 日上海等地银行能够开业,经上海银行公会于 16 日专文呈请财政部获准定期开业后,上海银行公会除于当日联合钱业公会致函各行庄外,还致电外地银行公会通告 17 日开业。

这里需要说明的是,《非常时期安定金融办法》是面向包括上海在内的全国制订的。但各地情况有所不同。天津银行公会收到上海方面的消息后,根据当地情况及部定安定金融办法制定限制提存办法如下:(1)自 8 月 16 日起,银行、银号各种活期存款,如须向原存银行、银号支取者,每户只能照其存

---

[1]《汉口银行公会致上海银行公会电》(1937 年 8 月 16 日),S173-1-96,第 25 页。
[2]《中国银行总管理处转青岛银行公会密电》(1937 年 8 月 15 日),S173-1-96,第 26 页。
[3]《青岛银行公会来急密电》(1937 年 8 月 16 日),S173-1-96,第 28 页。

款余额,每星期提取百分之五,但每存户每星期至多以提取法币一百五十元为限;(2)自 8 月 16 日起,凡以现钞支付银行、银号续存或开立新户者,得随时照数支取现钞,不加限制;(3)定期存款未到期者不能通融提取,到期后如不欲转定期者,须转为活期存款,并以原银行、银号为限,并照本办法第一条规定办理;(4)定期存款未到期前,如存户商经银行、银号同意承做抵押者,每存户至多以一千元为限,其在二千元以内之存额,得以对折作押,但以一次为限;(5)机关及工厂、公司、商店之存款,为发付工资等项须用现钞者,得另行商办;(6)同业或客户汇款,一律以现钞收付[1]。

在汉口,除遵循非常时期安定金融办法外,也制定补充办法四项:(1)个人存款一律照部定办法办理。(2)工厂、公司、商店及机关,8 月 16 日以前活期存款,除遵照部定办法支付法币外,其余额得开横线支票支取之。(3)横线支票只能入账,不付法币,并不得转购外汇。(4)银行、钱庄对于 8 月 16 日以后之新开存户或储户,续存应注明法币或横线,支取时亦分别以法币或横线支票支付[2]。该办法从 9 月 1 日起执行,虽然名称不同,但上海银行公会所拟补充办法中的"同业汇划"与汉口实行的"横线支票"性质类同。

但就安定金融办法的遵行而言,在上海执行最早,且最初基本得以施行。上海银行业于 8 月 17 日一律复业,提取存款势头有所减缓,有益于保护金融机构[3]。据记载,《非常时期安定金融办法》实行后,一时要求提取存款者,虽然仍纷至沓来,但因已定有限额,且同业间调剂也定有办法,有可喘息之机,故同业能应付自如[4]。就该办法之执行程度而言,最重要的第一条得以落实,第二至五条也得以全部执行[5]。补充办法实行中有所变化。这在当时均曾收到相当实效,促使各业情形较为稳定。

这可归因于上海银行公会切实组织、监督执行安定金融办法。如 1937 年 8 月间,财政部令上海银行公会转函各行庄填写逐日收付法币表:为审核各行庄逐日收付款项是否符合规定,特制定银行法币收付表式以供填报;在

---

[1]《天津银钱两同业公会议定安定金融办法》(1937 年 8 月),上海市档案馆藏浙江兴业银行档案 Q268-1-588,第 59 页。

[2]《汉口市规定非常时期安定金融补充办法》1937 年 9 月 1 日实行,中国第二历史档案馆藏国民政府财政部档案,三(2)855。转引自中国第二历史档案馆等合编:《中华民国金融法规档案资料选编》,档案出版社,1989 年,第 628 页。

[3] Frank M. Tamagna, "Banking and Finance In China", Internatinal Secretary at Institute of Pacific Relations Publications Office, New York, 1942, p. 286.

[4] 朱博泉:《战时上海金融市场(上)》,《银行周报》第 23 卷第 11 号,1939 年 3 月 21 日。

[5] 汤心仪:《上海之金融市场》,王季深等编:《战时上海经济》第一辑,中国科学公司,1945 年,第 9 页。

上海地方应于每日午后五时前，送财政部钱币司驻沪办事处查收。至各地分支行，可送交当地中、中、交、农四行联合办事处，望一体遵照。上海银行公会决定，奉此由会员行相应查照[1]。这有助于推动有效地实施限制提存办法。

限制提存虽然节制了资金流动，但也给正常的工商业务活动带来很大的不便。如上海工商界即纷纷表示不满。这又使银行公会承受着巨大的社会压力。当时安定金融补充办法第一条规定，存户所开银钱业当年 8 月 12 日以前所出本票与支票，视为同业汇划票据。会员银行对于客户要求交付隔日支票，多数予以拒绝，只准以同业汇划使用，而不予兑现，但上海市五金业公会即为此向银行公会提出交涉。该会在函中称，国难严重，商市浮动，若再将商号支票拒收，辗转之间其纷扰情形不堪设想。如果嫌退票手续麻烦，拒绝收受，而持票人又无从兑现，岂不等于废纸，实在大大违背安定金融、社会之旨。该会甚至威胁道：如果因此情形而造成市面波动，谁负责任？希"即日转饬贵会会员银行，照常收理。否则，敝会为维持业务、流通金融起见，只得呈请市商会及各上级机关请示办法，事关紧要诸希核复"[2]。五金业同业公会显然试图为其同业提现而活动、斡旋，这也是当时工商企业要求提现意见之反映。虽然遇到压力，上海银行公会并未予以正面答复，但对此后其他工商业的提现要求仍予拒绝，待核实后允许以汇划支付[3]。

当时，一些同业组织或工商企业因业务需要或不适应战时金融体制而要求提现，另一些同业公会则提出进一步的解决方案。上海银行公会遵行安定金融办法及补充四项办法后，"本市一般商店行号，感于法币之支出限额，市面筹码顿觉不敷流通，于商业颇多影响"。于是，时人曾主张发行战时流通券，以资流通市面维护商业。而沪市绸缎业公会则采纳该会沈济恩、吴星槎两委员建议，认为政府为统一币制计未便采纳，但商业界为市面灵活流通，可联合同业团体呈请商会发行上海战时商用票，并可呈部核准施行。为此，该会还致函上海市商会，提出上述要求。绸缎业公会的主张，则反映了沪市工商业之意见。而上海市商会显然对大局未获明确认识，反而赞成上述主张，并致函银行公会提出七条建议：（1）发行商用票，纯属上海商界为应付战时市面法币筹码

---

[1]《上海银行公会为转财政部令各行庄填写逐日收付法币表致在会各行庄函》(1937 年 8 月 19 日)，S173-1-441，第 248 页。
[2]《上海市五金业同业公会致上海银行公会函》(1937 年 8 月 19 日)，S173-1-282，第 75 页。
[3]《上海银行公会为转江西裕民银行汇款不付现钞理由复华盖建筑事务所函》(1937 年 10 月 30 日)，S173-1-282，第 51 页。

不足流通，由本商会拟具详密办法，呈请财政部核准后，并由本会会同银钱业联合准备库负责发行；（2）商用票暂分为一元、五元、十元票三种；（3）商用票领用之商店、行号，必须备具可靠的保证品、汇票据及确有价值之商品；商请银钱业联合准备库同意后，双方订立领用契约，并在票上加盖暗记，才可领用；（4）商用票在市面上流通，不论久暂并无利息；（5）此项商用券，限于在上海一处市面上流通，与法币同样价值十足通用；（6）领用行号六个月内应备具领用同数之商用票或法币，向发行机关调回保证品；（7）此项商用票不得向发行机关请求兑换法币或其他辅币，但在市面上流通互相交换，不受此限制。上海市商会转述道，以上所列仅就其大体而言，至于详细方案有待缜密研究。上海市商会还强调，安定金融办法七条及补充办法四项，虽有长期实行的必要性，但该公会所拟之商用票办法，也是为补救本市商业，对于补救沪市筹码，安定后方金融不无见地。除呈请财政部、上海市政府核定外，市商会明确要求上海银行公会考虑该项建议[1]。

上海银行公会主席陈光甫阅览后，未立即做出答复。但上海银行公会的喉舌——《银行周报》则尖锐地指出，此议破坏战时金融有余，回复到平时金融则不足。无论如何，目前不能发行流通券作为彻底开放付款限制的手段。因为战时根本就不容许彻底开放付款限制。"忘记了通货膨胀对物价的影响，而主张发行流通券，尤其是万万不可。"[2]这显然是对类似绸缎业公会的意见提出严厉的批评。约两周后，绸缎业公会等关于发行商用票及流通券建议未获财政部核准。

上海银行公会在组织实施限制提存的同时，也根据财政部批令适当放开提现，即组织会员行执行办法时也有例外。如政府机关发付工资或与军事有关者，在三百元以下小额存户，缴纳国税，购买救国公债，美侨离境等均可提现[3]；内地汇款后来以汇划处理；对于补充办法不准购买外汇，据所见史料个别会员银行未能执行[4]。

另外，限制提存也间接影响到社会下层民众生活。限制提存虽考虑到民众生计，允许每周提取百分之五，但远远不够。为躲避战争，加上居民房屋财

---

[1]《上海市商会为绸缎业公会主张沪市发行商用票致银行公会函》(1937年8月23日)，S173-1-282，第90页。

[2] 章乃器：《论战时金融》，《银行周报》第21卷36号，1937年9月14日，第4页。

[3]《上海银行公会为转税收须以法币收付令致各会员行函》(1937年8月19日)，《上海银行公会为转财政部允美侨提现令致各会员行函》(1937年8月31日)，S173-1-441，第255、279页。

[4] 汤心仪：《上海之金融市场》，王季深等编：《战时上海经济》第一辑，中国科学公司，1945年，第8—9页。

产多有被毁损失,被迫沦为难民,纷纷涌入两租界。"八一三"事变后两周内难民遍地,露宿街头[1]。因生活没有着落,为维持生计,难民多将剩余财物典去换取现款。而限制提存不仅造成典商无法应付,且影响难民生计甚巨,更对租界内社会安定影响较大[2]。于是,典当业公会先后致函上海市商会及财政部提出交涉,获准由各行庄对各典当行申请支取款项,通融办理。这成为国民政府开始实行先紧缩通货并适当放开之金融政策的一种表现[3]。上海银行公会接市商会、财政部函电后,决定转行各会员行查照办理。在当时现金周转困难的情况下,上海银行公会组织各会员行向典当业接济辅币及一元法币,使其提取存款免予限制,"庶几资金有所挹注"[4],从而既可维持典当业之营业及银行信用,也有益于难民及一般民众生计。

尽管如此,但上海银行公会为此所作的努力,也表明其在战时不仅代表会员行且代表非会员银行的利益,更注重促使战时金融市场的稳定,这在客观上也有助于上海社会的安定。据记载,1937年底存户对银行业遵行战时金融法规逐渐理解,上海银行业的存款没有明显下降[5]。年底各业人心渐趋安定。进而言之,如果说作为同业组织,1927年至1936年上海银行公会已具有维护沪市金融秩序的职责,那么,"八一三"时期的银行公会负责稳定上海金融市场的职能则大大加强。上海银行公会通过会员行限制提存;并对于工商业机关发放工薪及军事费用乃至民众生活必需之费用,适当加以通融办理。这不仅初步防止了资金外流,还对于节制个人消费,避免银行挤提以保护金融机构,维护法币政策,顾及小额存户等具有重大影响[6]。同时,这一切也为上海银行公会在孤岛时期进一步发挥作用奠定了基础。

二、主动协助限制外汇供应

1936年以前,上海银行公会很少从决策及与外商银行公会联络方面限制

---

[1] 陈存仁:《抗战时代生活史》,上海人民出版社,2001年,第7页。
[2] 《上海市商会为典当业提现致上海银行公会函》(1937年8月23日),S173-1-282,第76页。
[3] 适当放开的表现较多,如前所述对机关、税收可提现,小额存款在三百元以下者可提现即属其表现。
[4] 《上海银行公会为转财部准典当业提现令及商会函致各会员行》(1937年9月3日),S173-1-441,第287页。
[5] Percy Chou,"Shanghai's Financial Problems in War-Time",*Finance & Commerce*,Vol. 33,No. 15,April 12th,1939,p. 302.
[6] 胡小米:《战时安定金融办法之检讨》,《国闻周报》第14卷第49期,1937年12月,第11—13页。

外汇供应,而是考虑如何协调、促进国际汇兑业务[1]。法币改革后,南京国民政府实质上废除银本位,采用外汇汇兑本位,从此中国货币的稳定性即反映在法币汇率的稳定上。而直到抗战前夕,国民政府一直在设法维持法币最初的汇兑比价。上海银行公会及其兼营外汇会员行为此也发挥着不可缺少的作用。抗战初期,沪市外汇市场又成为上海银行公会关注的重要方面。卢沟桥事变爆发后,随着日甚一日的提存风潮,上海市场对外汇的需求也激增。上海银行公会部分会员行面临较大压力。为此,国民政府仍采取无限制供应外汇的政策。为减轻来自外汇市场的压力,南京当局又与汇丰等上海外商银行达成"绅士"协定,汇丰等银行同意限制办理中国存户来行存取业务[2],这旨在控制外汇供应,减少压力[3],使外汇市价的变动不至于对中央银行所维持的比价造成严重影响。另外,为稳定上海金融市场起见,中国银行业一改与上海外商银行素无业务往来的局面,由中国官办银行,如中央、中国等银行与英商汇丰、麦加利、美商花旗等外商银行,互开同业往来户名,以开展业务往来。于是,外商银行即逐渐成为中国银行业得以稳定包括外汇市场在内的上海金融市场不可或缺之重要力量。

与此同时,在各界呼吁下,上海银行公会对限制外汇供应也给予极大的关注。针对1月来提存风潮及竞购外汇,对上海金融机构造成冲击等严重后果,及社会各界的强烈反应,1937年8月9日,上海市商会致函上海银行公会称,日来风声鹤唳,草木皆兵,商业停顿,势甚严重,望设法补救。因此事关系重大,即日饼干、糖果罐头、面包业同业公会特函请贵会迅即拟定办法,呈候政府"统制外汇,以作釜底抽薪之计",以资挽救。"否则不待人击,而自致崩溃。瞻念前途危险,不堪设想。"[4]这引起上海银行公会的注意。

"八一三"沪战爆发后,外商银行决定停业一周[5]。而这时上海银行公会

---

[1]《上海银行公会国外汇兑专务委员会议决报告》(1929年3月19日),S173-1-24,第99页。从该决议案内容可见,该会在考虑如何促进而不是限制外汇业务。《上海中外银钱业联合会章程》(1929年3月)订立及该会的成立亦可证实。见何品所撰写的《试论近代上海中外银钱业三方的互动关系:以上海中外银钱业联合会的筹建为中心(1921—1929)》(2002年"上海金融的现代化与国际化国际学术讨论会"论文),《近代中国研究专刊》(三),上海古籍出版社,2003年。

[2] Frank H. H. King, *The Hongkong Bank and China's Monetary System*, *1935-1941*, Vol. 4. Cambridge: Cambridge University Press, 1988, p. 420.

[3] 杨格:《中国战时之财政金融阵线》,《财政评论》第3卷第3期,1940年3月。

[4]《上海市商会为饼干糖果罐头面包业同业公会要求融资致上海银行公会函》(1937年8月9日),S173-1-273,第22—23页。

[5]《横滨正金银行上海分行八年来组织及业务情形》(1945年9月),上海市档案馆藏中国银行上海分行档案Q54-3-75,第26页。

已先行制定同业暂行办法四条,表明其考虑到通过限制提存,设法减轻兼营外汇会员银行的压力。为配合限制提存新办法的实行,必须减少外汇供应量。鉴于1月来提存之严峻形势,1937年8月15日,上海银行公会致函洋商银行公会,告知"敝会会员银行于本月十六日停业一天,本市市面全赖各方面维持一切";并提出请求对方协助办法三项:(1)拒绝新开中国存户及中国老存户增加存款;(2)所有银行客户提取外汇应予以限制,中国存户外汇更应注意;(3)所有投机性质外汇概予拒绝。并请该会通告各会员银行查照办理[1]。银行公会显然旨在设法防止存户任意搬动存款,并保证非常时期安定金融办法的切实执行,以最终保护金融机构,减轻上海银行公会兼营外汇银行供应外汇的压力。上海银行公会的该项要求,虽可能对外商银行业务造成损失,但时隔两日,洋商银行公会仍复函上海银行公会称,"敝会业将贵会所开三项办法集会讨论,认为可以遵办以资互助。以后如有指示,当本此宗旨办理"[2]。洋商银行公会显然愿意予以配合。而1937年8月16日上海银行公会开始组织遵行的《非常时期安定金融办法》中,实际上即具有通过限制提存等以配合减少外汇供应数额之意。上海银行公会组织会员行遵行该办法后,市面筹码收缩,迫使已购外汇者,不得不转为售出、换取法币。"故虽无外汇管理之名,已收外汇管理之实。"[3]

无独有偶。不久,上海银行公会拟定并经部核准的补充办法之第一条即明确规定,银钱业所出本票,一律加盖同业汇划戳记,此项票据只准在上海同业汇划,不付法币及转购外汇。该规定不仅有益于缓解上海市面筹码供给之不足,减少业务往来资金紧张的压力,也有减轻外汇供应压力之意。再者,安定金融办法施行后,为审核各行庄逐日收付款项是否符合规定,接财政部令后,1937年8月19日,上海银行公会决定,上海银行公会会员行及其各地分支行,填写逐日收付法币表[4]。这应该视为非常严格地限制提存的监管措施,客观上也有助于减轻外汇供应压力。该项措施实行至12月初已有成效,上海

---

[1] Arthur N. Young, *China's Wartime Finance and Inflation*, 1937–1945, Cambridge, Massachusetts, 1965, p.194;《上海银行公会致洋商银行公会函》(1937年8月15日),S173-1-96,第98页。

[2] Chairman of Shanghai Foreign Exchange Banker's Association Wrote to the Letter of Shanghai Bankers' Association, 17th August 1937, S173-1-96,第100页。

[3] 《财政部钱币司撰抗战三年来之货币管理稿》(1940年3月),中国第二历史档案馆编:《中华民国史档案资料汇编》第五辑第二编财政经济(四),江苏古籍出版社,1997年,第483页。

[4] 《上海银行公会为转财政部令各行庄填写逐日收付法币表致在会各行庄函》(1937年8月19日),S173-1-441,第248页。

银行公会宣布不再编制该报告表呈部审核[1]。

另外,同业汇划原为自1900年以来上海钱业的清算制度之一[2],规定当日汇划隔日方能取现。1932年"一·二八"事变时期,曾取消隔日收现,只准同业汇划[3]。仿照该办法,《非常时期安定金融办法》之补充办法也规定,汇划票据只准同业转账,不得付现。这对于工商业需要本无严重影响。但上海一部分外商银行,时常不愿收受汇划票据。而一般进口洋商,因其不能转购外汇,渐存歧视;更有缺少法币头寸者,为便于使用起见,往往愿以汇划票据百元作现款九十八九元调换,即开汇划掉现贴水之端。这逐渐致使"已臻机陧不安之金融市场,复益以藉汇划贴现为工具,操纵捣乱,自更风波时起矣"[4]。同业汇划本为便利会员行业务之手段,但在实行过程中却逐渐带来这样的严重问题。上海银行公会对此较为关注,并考虑进一步协调与外商银行业的关系。同业汇划办法实行大约一周后,社会上纷纷传说上海银行公会决定,以后该会会员银行与洋商银行公会会员银行间所有现有及将来之一切电汇成交,应指明付现,所有汇划办法不适用于外汇交易。

1937年8月21日,洋商银行公会紧急致函上海银行公会,询问社会传闻之该项决议是否属实[5]。当日,上海银行公会复函给予肯定答复[6]。这是为了防止同业汇划用于竞购外汇。但此事对相关会员行而言也未敢确定,因事关外汇手续,时有向上海银行公会问讯者。两日后上海银行公会又致函各会员行称,"本会确经议决,所有本会会员行与外商银行公会会员行间一切现有及将来之电汇成交,均需指明付现。其办法由交汇银行在票据上标明'付现'字样,所有汇划办法不能适用于外汇交易"[7]。上海银行公会该项决定,显然亦旨在预防汇划贴现[8],尽可能与外商银行联合稳定法币汇价。

此后为安定上海金融市场,上海银行公会与洋商银行公会协商往来不断增多。8月26日,洋商银行公会又致函上海银行公会,表示值此紧急关头,中

---

[1]《汇兑》,《银行周报》第21卷第48号,1937年12月7日。
[2] 中国人民银行上海市分行编:《上海钱庄史料》,上海人民出版社,1960年,第496页。另一说为1890年。
[3] 同上书,第276页。
[4] 董文中辑:《中国战时经济特辑续编》,中外出版社,1941年,第337页。
[5]《洋商银行公会致上海银行公会函》(1937年8月21日),S173-1-96,第101—103页。
[6]《上海银行公会为转与洋商银行公会往来函致在会不在会银行函》(1937年8月23日),S173-1-96,第103—104页。
[7]《上海银行公会为转与洋商银行公会往来函致在会不在会银行函》(1937年8月23日),S173-1-441,第262页。
[8] 汇划贴现,即可兑到较汇划票据数额少的现金。如以汇划票据百元调换现款九十八九元。

外各银行业务繁忙,为谋电汇手续便捷起见[1],拟将所有8月份电汇应于8月30日(星期一)成交,而将8月31日期支票、本票付给售户。为此,则交割手续须预先完竣,以便8月31日不至于延误准时发电。请求上海银行公会允准[2]。两日后,上海银行公会函复洋商银行公会同意此项办法,"并照饬敝会会员行查照办理"[3]。

此外,1937年9月间,同业往来仍以汇划支付。但上海各行庄所开8月13日以前尚未付清的本票,多数是客户用来向洋商银行赎取押汇使用。据统计,银行业总数约50余万元,钱业约33万元。钱业公会已予同意,洋商银行商恳银行公会准许,也均以划头支付[4]。鉴于此,上海银行公会议决,定于本月9日起,凡洋商银行持有该项本票向各银行收取者,请一律以划头支付,并致函各银行"查照办理"[5]。上海银行公会如此决定,显然亦旨在防止汇划贴水付现,并联合外商银行业稳定外汇市场。同时,上海银行公会还对外汇市场表示极大的担忧,《银行周报》刊载的数篇主张统制外汇的文章即是明证[6]。

"八一三"时期,上海外汇供应适量,汇价平稳,外汇市场较为稳定[7]。据统计,1937年8月至年底,外汇汇率始终稳定于一先令二便士半的汇价[8]。虽说这与国民政府采取无限制供应外汇的政策有关,但与前者的方式有所不同,上海银行公会前瞻性地主张设法控制外汇供应量,不仅组织会员行严格执行《非常时期安定金融办法》及补充办法等政策措施,更及时采取与洋商银行公会及其会员行联合协作策略,有效防止法币任意搬动,以保护金融机构。该会在辅助管理外汇供应方面所做出的诸多努力功不可没。

三、组织会员行认购救国公债

如果说上海银行公会遵行国民政府金融政策,设法稳定外汇市场,均是在

---

[1] 电汇,汇兑方式之一。如甲地银行或邮局接受汇款人委托,用电报通知乙地的付款行、局,将款项交付该地的指定收款人。汇款人须付相关费用。
[2] 《洋商银行公会致上海银行公会函》(1937年8月26日),S173-1-96,第104页。
[3] 《上海银行公会复洋商银行公会函》(1937年8月28日),S173-1-96,第106—107页。
[4] 《全体银行业会议议决案》(1937年9月7日),S173-1-71,第103页。
[5] 《上海银行公会为未支洋商银行八一三以前本票致各在会银行函》(1937年9月8日),S173-1-441,第295页。
[6] 姚庆三:《我对于战时金融之意见》,《银行周报》第21卷第38期,1937年9月28日;章植:《财部安定金融办法之检讨》,《银行周报》第21卷第43期,1937年11月2日。
[7] 《汇兑》,《银行周报》第21卷第46期,1937年11月23日。
[8] 施建生:《抗战三年来的我国外汇政策》,《东方杂志》第37期第14期,1940年7月15日,第15页。

对全民族抗战从经济方面做出重大贡献;那么,其组织劝募、经收救国公债则是又一表现,自上海银行公会成立伊始,就逐渐成为历次公债承购、整理的中介机构,发挥着不可或缺的作用。据所见资料,1921年1月,组织承购交通部八厘短期购车公债,可视为银行公会参与公债经募之始。1927年至1936年期间,上海银行公会参与组织募集各种公债达数十种之多,设法维护债信并予国民政府财政以极大支持,使银行业从中亦获得利润。"七七"事变后,以公债方式筹集国防经费势在必行。"八一三"沪战爆发,在上海市各界抗敌后援会的倡议下,为鼓励人民集中财力充实救国费用,1937年8月下旬,国民政府制定《救国公债条例》,决定发行救国公债,拟分1937年9月1日、1938年4月30日两期发行。计划发行总额五亿元的实足债票。年息四厘,自1938年起,每年8月底一次付给;自1941年起,每年抽签还本一次,分30年还清。债款归还由国库税收项下担保[1]。1937年8月23日,救国公债劝募委员会成立,总会设在上海,国内外设有分会,会长宋子文,副会长陈立夫,常务委员宋庆龄、孙科等27人[2]。关于经募机关,由中、中、交、农四行与上海、中南等二十多家会员银行及其各地分支机构,乃至福源、同余等钱庄负责债款收解等[3]。而此时上海银行公会则对抗战持积极态度,数次致电声援,也支持募集国防经费。为组织上海银行业认购救国公债,上海银行公会主要做了如下工作。其一为劝募、经收事宜起见,明确有关制度。1937年8月30日,为募集、经收救国公债,上海银行公会召开专门会议。主席陈光甫首先强调发行救国公债之必要性;随后邀请潘序伦将经收机关填写收据规则、经收机关收解公债办法、收受物品抵缴债款办法逐项宣读解释。到会代表认为收受生金银及其制成品存在问题,即感到经收银行手续繁琐,较为困难,建议先交由可靠银楼估价,出正式收据后再行收受。几经讨论,最后商定先请劝募总会统筹适当办法后再议[4]。

1937年9月7日,上海银行公会再次召开全体银行业会议商讨劝募救国公债事宜,陈光甫又动员道,此"事关救国大计,必赖群策群力始克有济"。他

---

[1]《申报》1937年8月27日,个别数据与颁布后不同;《救国公债条例》(1937年10月15日),中国第二历史档案馆:《中华民国史档案资料汇编》第五辑第二编财政经济(二),江苏古籍出版社,1997年,第454页。据记载,宋子文后称,救国公债后主要用于政府一般经费等。见《申报》1937年9月7日。

[2] 吴景平:《宋子文政治生涯编年》,福建人民出版社,1998年,第326页。

[3]《救国公债劝募委员会各经收机关收解债款规则》(1937年9月5日),中国第二历史档案馆编:《中华民国史档案资料汇编》第五辑第二编财政经济(二),江苏古籍出版社,1997年,第479页。

[4]《(第三届)第二十八次执行委员会议决案》(1937年8月30日),S173-1-71,第98页。

认为,这次募集救国公债,是供长期抗战之用,银行业必须全力以赴。虽然各商业银行之困难毋庸讳言,认购额以资本百分之十计,如此巨额款项一时可能不易凑集,但可分期缴款,至缴足认数为止。这样既可使各银行有回旋余地[1],而对于长期抗战亦不致有负面影响。上海银行公会显然旨在动员各银行积极认购公债。

救国公债劝募总会成立后,所有商界方面由市商会组织劝募总队,其下由各同业公会成立分队。1937年9月3日,经上海银行公会召集全体银行业会议议决,成立银行业分队。除分队长、副队长、队员人选外,依照规定分别由本会主席、常务委员、各执行委员分别充任外,并推定林秘书长为干事长,另设总务组、劝募组、计核组等机构。当日,函报市商会转陈劝募总会并通知分队各职员,积极开展劝募工作[2]。这样,上海银行公会实际成为沪市银行业认购救国公债的劝募机关。

其二,组织会员行认购救国公债。关于认募数额及办法,当时全国银行资本总数约为三亿八千万元,劝募总会令上海银行业就资本金额担任百分之十。但商会所定办法为百分之五[3]。鉴于规定欠一致,难于操作的状况,银行公会几经磋商,但未能确定。商界总队募集办法第八条规定,公司行号应就资本总额承购百分之五,就公积金总额承购百分之十[4]。1937年9月7日,银行公会考虑到各银行公积金多寡不等,颇难平均计算,复以此次战事关系,损失綦巨,营业有出无进,一时不易提出。于是该会决定"现为双方兼顾起见,拟单就资本额计算,并提高其承购成分,改为百分之十,彼此挹注比较,就规定办法认购,其总数有增无减"[5]。

在准备工作中,会员行仍存在下列疑问:各银行已认救国捐与救国公债同一性质,将来是否可凭收据调换救国公债?救国公债能否与其他公债作为市场筹码,如储蓄保证之类,以利周转,其缴款时可否用汇划票据?银行业可否以各该总行所在地认购,分支行不再担任,既可划一也便计算[6]?后由陈光甫向劝募总会询明答复如下:(1)已认救国捐收据将来可调换救国公债;救

---

[1] 《全体银行业会议议决案》(1937年9月7日),S173-1-71,第101页。
[2] 《全体银行业会议议决案》(1937年9月3日),S173-1-71,第99页;《上海银行公会为救国公债银行业劝募分队成立致各会员行函》(1937年9月6日),S173-1-441,第291—293页。据报道,中国农民银行认购400万元(《申报》1937年9月7日)。
[3] 《全体银行业会议议决案》(1937年9月3日),S173-1-71,第100页。
[4] 《申报》1937年9月2日。
[5] 《全体银行业会议议决案》(1937年9月7日),S173-1-71,第101页。
[6] 《全体银行业会议议决案》(1937年9月3日),S173-1-71,第100页。

国捐一项,要求于9月10日结束,所经募三十万元,尚有少数还未缴纳,务请于结束前送会以符原定额。(2)救国公债原则上可以作为流通筹码;但因本分队所认尚无确数,故未便公开。(3)银行业限在各该总行所在地认购,分支行可不再担任。(4)同人所认之款,应就地分别认缴[1]。

同时,上海银行公会又向劝募总会求援,劝募总会回复道,此"显与原定办法不符,请迅电该分会制止,并祈见复。除电复湖北省分会仍照原定办法以昭划一外,相应函复,即希查照"。上海银行公会接此函后,迅即致函湖北劝募分会,希照总会电令办理[2]。

经上海银行公会的斡旋,得以摆脱各地劝募分会的纠缠。上海银行公会为会员行外地分支行免购公债,与各地劝募分会的交涉,成为当时救国公债劝募过程中摊派与反摊派斗争的反映。银行业为救国认购公债本为责无旁贷,但当时已有明确之认购规定,银行业资金周转也较为困难。上海银行公会最后促成各地分支行免认,不仅出于保护同业利益,更有助于稳定各地金融市场。这是颇有长远眼光的。至于上海银行公会会员行认购公债数额,据统计,1937年10月12日,44家银行认数为8 582 000元;至11月2日,银行业分队已认购9 245 106.3元,已缴法币5 083 800元[3]。至12月31日止,认购2 097万余元,已缴1 280多万元[4]。另据记载,该债自劝募以来至9月初,钱业公会组织会员庄共认购1 912 000元[5]。1937年12月3日,劝募总会致电各地劝募分会,声称救国公债已经认足,令各地停止募集[6]。上海银行公会会员行后来缴足所认数额,完成了救国公债认募任务。

其三,组织银行业职员认购救国公债。从银行职员薪俸、薪水额中劝募债

---

[1] 《全体银行业会议议决案》(1937年9月7日),S173-1-71,第102页。
[2] 《上海银行公会为劝募总会为救国公债由总行所在地认购外分支行不再另认事来函至汉口银行公会函》(1937年11月2日),S173-1-441,第366页。
[3] 《救国公债上海市商界劝募总队致银行业分队函》(1937年11月5日),《各银行已缴救国公债储金数目单》(1937年11月2日),S173-1-324,第21,22—24页。
[4] 《救国公债上海市商界劝募总队函》(1938年4月15日),《关于劝募救国公债,本会成立劝募分队和报告本业各银行认购缴款总数以及有关总分支行认购、存款或利息提成购债,未列期储蓄存款购债等问题,本会与市商会、救国公债劝募委员会等的来往文书》(1937年9—11月),S173-1-324,第26页。该案卷原标止终止时间为1937年11月,实际应标为1938年4月。
[5] 陈钟颖:《救国公债之发行与募集》,《中行月刊》第15卷第2、3期合刊,1937年8—9月,第20页。至10月初,上海各界共认募1.9亿元。上海市档案馆编:《上海各界抗敌后援会》,第515页。转引自熊月之主编,杨国强、张培德本卷主编,张培德、廖大伟等著:《上海通史》第7卷《民国政治》,上海人民出版社,1999年,第350页。至1937年底,包括官办银行在内的上海银行业已认购公债数额约7 000余万元。
[6] 《财政部关于停募救国公债电》(1937年12月3日),中国第二历史档案馆编:《中华民国史档案资料汇编》第五辑第二编财政经济(二),江苏古籍出版社,1997年,第484页。

券,国民政府时期最早始于1928年初的江海关二五库券。此后发行公债,时有向银行职员摊认若干数额的举动。至救国公债发行,对于银行业同仁以薪金认购公债,上海银行公会起初曾有疑问:市商会第九条所定职员提薪认购是否按月进行?但此项购数,因劝募总会已在各地遍设分会,可由各行就地分缴,不必在沪汇总,以免缴重[1],后核实同人认购救国公债暂以一月为期,下月是否照认容再议[2]。但据所见材料,会员行同人至10月仍认购公债。至1937年11月2日,会员行、银行公会及附属组织职员已缴救国公债数目(含银行周报社、联合准备会)达482 747.35元,同人储金达2 139.8元[3]。

上海银行公会为动员及组织募集救国公债做出诸多努力,并协调沪在各地分支行的认募应对,保证了上海金融业募集救国公债的顺利进行,从而带领会员行及银行业同人为募集国防经费做出重要贡献。

而上述"八一三"时期上海银行公会关注的主要问题以及为此所付出的重大努力,虽然反映出其有在商言商的一面,但更大意义上的是,这不仅表明上海银行公会在维护包括不在会银行在内的同业利益,保护金融机构,也说明在国家危亡之际,上海银行公会不但为反抗日本侵略筹措国防经费,辅助安定沪市外汇市场,进而为该时期上海金融市场的稳定做出重大贡献。上海银行公会在战时已具有与国民政府及其他团体配合协作,参与战时金融政策、法规的制订及组织实施,确立及巩固沪市战时金融体制,配合进行反对日本金融货币侵略的斗争,坚定沪市民众抗日信念等主要职能。

(原载《抗日战争研究》2004年第2期)

---

[1]《全体银行业会议议决案》(1937年9月3日),S173-1-71,第99—100页。
[2]《全体银行业会议议决案》(1937年9月7日),S173-1-71,第101—102页。
[3]《各银行已缴救国公债储金数目单》(1937年11月2日),S173-1-324,第22—25页。

抗战时期上海商业储蓄银行述论

薛念文[*]

关于上海商业储蓄银行的研究,目前学术界虽然有一些成果,但是对抗战期间上海商业储蓄银行的研究还比较薄弱,本文以上海市档案馆馆藏档案,以及斯坦福大学胡佛研究所藏档案为基础,对抗战时期上海商业储蓄银行进行探讨,以求教于学界。

1937年7月7日卢沟桥事变爆发,中国开始进入全面抗日战争时期。随后爆发的"八一三"上海抗战,使上海的银钱业更直接地受到战争的影响。面临新的环境,上海金融业受到恐慌情绪的影响,银行、钱庄忙于开门收账,"在这一时期内上海金融表现紧缩与呆滞状况,其原因为:(一)战事在上海附近进行,工商贸易均趋停顿,致金融状况也趋停滞;(二)银钱业存户对战时金融抱着恐惧心理,均相继提存贮藏现款;(三)银钱业因战事方兴未艾,工商前途一时难抱乐观,所以均紧缩放款,开门收账;(四)财部安定金融办法以及汇化制度的推行,使这一时期的金融,趋于紧缩呆滞"[1]。

由于恐慌的影响,一些银行还转移资金至国外,"这一阶段,浙兴共转移资金美金214万元,黄金7 800两,外汇资金均存放于国外同业,以纽约欧文银行为主"[2]。此一阶段资金外流的情况非常严重,而各华商商业银行的存款大幅度下降,如浙江兴业银行下降1 700万元,金城银行下降1 500万元,银行危机似乎难以避免。为缓解这种局面,国家银行试图干预,"据估计在7月7日至8月12日30多天中,国家银行在上海市场售出外汇约750万英镑,平抑市场的提款需求,这折合法币1.2亿元,相当于中、中、交、农4银行1937年6月底发行法币总额14亿元的8.55%"[3]。战争造成了紧张的环境,这对上海

---

[*] 薛念文,2004年博士毕业于复旦大学历史学系,现为同济大学马克思主义学院教授。
[1] 中国人民银行上海市分行编:《上海钱庄史料》,上海人民出版社,1960年,第277页。
[2] 中国人民银行上海市分行金融研究室编:《一家典型的民族资本银行——浙江兴业银行简史》,1978年,第38页。
[3] 《中行月刊》第15卷第4、5期合刊,1937年10月、11月。

商业储蓄银行来说是一个严峻的考验。

一

面临战争环境，上海商业储蓄银行恰当、及时地调整分支机构，并及时调整人事配置，使银行能够有效地应对战争带来的危机。总经理陈光甫一再强调银行职员要有充分准备，并应坚持抗战精神，"银行之战时职守，与平时并无大异，一般的言，共有三端，第一职守，为努力保护存款人士及股东所托付之资金，此项资金为中华民族之汗血，吾人能保持一分资金，即为国家增一分元气，间接即是增厚抗战之力量……第三职守，为努力疏通货物，使资金不陷于呆滞，而工商事业亦得进行其最低限度之活动"[1]。

在战争爆发前，上海商业储蓄银行就着手准备应付战争可能带来的损害，把全国划分为安全区域、比较安全区域、比较危险区域、比较最危险区域，就不同区域面对战争都做出了相应的准备。比较安全的区域为：中立区域，即上海（以租界为限）；日本管理区域，即天津、北平、青岛（战事初起并不安全）；中国后方区域，即西安、陕州、渭南、宜昌、沙市、长沙、衡阳、南昌、吉安、广州、香港；非军事必争区域，即南通、海门、东台、靖江浦、响水口、合肥、溧阳、扬州。比较危险区域为，有被兵舰轰击之虞者，即汉口、武昌、九江、安庆、芜湖、镇江；有为第二防线之虞者，即郑州、开封、徐州、蚌埠、临淮、明光、板浦、苏州、无锡、常州、济南、济宁。比较最危险区域为南京，因为是"敌人目标所在"。面对即将发生的战争，上海商业储蓄银行收缩危险和比较危险区域的机构，转移到比较安全区域，并叮嘱各分行建筑地穴，谨慎放款，在堆栈里尽量少堆货物；在安全区域内，则可以将放款限额放宽，并强调应以粮食放款为主[2]。

上海商业储蓄银行总行和市区的十个分行，在全行中地位非常重要，战前存款占全行55%以上，放款也在45%以上。由于美国在上海执行中立政策[3]，国民政府对保持上海的中立地位有比较积极的预期，当时上海的经济尚能正常运行，租界成为工商业和金融业的避风港。上海商业储蓄银行大量裁撤租界外的分支行，将业务集中在租界开展，1937年8月13日将上海的西

---

[1] 上海市档案馆藏上海商业储蓄银行档案 Q275-1-340。
[2] "中日一旦宣战在银行立场上如何应付之推测及本行目前应有之准备"，上海市档案馆藏上海商业储蓄银行档案 Q275-1-2121。
[3] 金志焕：《美国的孤立主义与宋子文寻求美援的努力》，吴景平主编：《宋子文与战时中国（1937—1945）》，复旦大学出版社，2008年，第114页。

门、小东门、中虹桥及虹口四分行迁入总行办公,8月18日上海外滩一带有空军作战,时有流弹,爱多亚路大世界门前落炸弹,死伤千余人,上海商业储蓄银行筹备迁移总部至安全区域,总行于23日迁入法租界亚尔培路303号办公,界路、小东门、中虹桥三分行辗转开业,提篮桥分行迁入愚园路行内,西门分行迁入霞飞路行内,虹口分行迁入静安寺分行内,信托部因托管物资无法移动,仍在原处,在混乱的局势中坚持每日上午9时至12时办公。10月25日,上海战事进一步蔓延,总行及界路、小东门、中虹桥三分行由亚尔培路迁回宁波路。与此同时上海商业储蓄银行的外地分行也纷纷裁撤,8月21日苏州两办事处合并,9月1日广州汉民路办事处迁入广州分行,同日裁撤陕县、潼关等三办事处。9月2日设总经理驻宁办事处于南京分行内。

此后战事成为影响银行分行变动的一个重要原因,1942年5月1日,因敌侵占缅甸,而腊戍已于4月29日失守,滇缅公路运输受阻,银行业务无从开展,裁撤云南保山办事处。1943年3月22日添设华西坝办事处,按华西坝为华西联合大学校址,战时金陵大学、金陵女子大学、齐鲁大学均居此。在这里开设分支行主要是为学校服务的[1]。战事影响着分支行的设立与取消,1943年5月23日,三斗坪办事处以鄂西战事紧急,撤退至万县,7月10日裁撤。1943年7月3日乐山办事处因为行址被炸,当天迁入糖市街新址。1943年12月21日衡阳支行之中正路12号行屋建成迁入。上海商业储蓄银行与中国旅行社等原有联合设立海光协助会,协助同人进修费及子女教育费等项,鼓励高级主管人员多多申购,并于当月增订直接协助办法,以鼓励行员和其子女进修,提高他们的文化素养。1944年5月14日上海商业储蓄银行接财政部命令举行董事会,决定迁总行至重庆。战争进展顺利后,一些分支行又陆续复业。1945年1月6日云南下关与保山两办事处呈报国民政府财政部,获准复业。当时滇缅公路已经修复,此路直达印度,改为中印公路。

战争爆发后,上海商业储蓄银行由单一的沪行为总管理行的状况,转变为香港、上海、重庆平行管理的状态。陈光甫一度打算将香港建成新的业务中心。1938年7月1日总行部分迁往香港。而上海商业储蓄银行在桂林、昆明、长沙、衡阳等增设分支机构,以加强在内地的服务力量。1939年2月1日,针对管理的松散,决定进一步明确沪行的地位,颁行沪行组织规程。因为总行管理处迁往香港之后,在上海的原有营业部改为上海管辖行,后来因为上海地位特殊,营业范围较大,其组织应在一般管辖行之上,所以决定另订组织,改组为

---

[1] 上海市档案馆藏档案 Q275-1-168。

沪行，设经理一人，由总行副经理中一人兼任，分设存款、往来、放款、内汇、国外、储蓄、信托、仓库、会计、出纳、总务及本埠分行管辖各部。总行农业、盐业两部改为农业总部、盐业总部，后来太平洋战争发生，即行结束，总行工业部并入业务部。总行添设储蓄总部、信托总部、国外总部、仓库总部，主管全行各该有关业务，及太平洋战争发生后，又行结束。同月又颁订新编会计规程之第一章会计科目，其第二章传票于7月颁行，第三章报单于10月颁行，第四章账簿于1940年9月颁行，第五章报表于1941年2月颁行，第六章利息之计算于1941年3月颁行，第七章预算于1941年6月颁行，第八章决算于1941年12月颁行，第九章职务交代于1942年1月颁行，第十章其他会计要则于1942年10月颁行。太平洋战争爆发后，在香港的上海商业储蓄银行总行无法行使职权，所以各行处在沦陷区的管理就以上海为管辖中心，在国民党统治区就以重庆为管辖中心，并将香港分行直辖的昆明分行及所辖办事处划归重庆管辖。

抗战爆发后，总经理陈光甫即担任国民政府的要职，帮助国民政府筹款。为银行经营安全起见，上海商业储蓄银行的总经理职务由杨介眉担任，杨介眉在抗战期间奔波于香港、上海、重庆之间，谨慎地经营着上海商业储蓄银行，为维持战时银行的经营做出了重大的贡献。但是1942年8月23日杨介眉因病不幸于当日晨7时在沪逝世。此外他还兼任上海商业储蓄银行董事长、交通银行董事，上海信托、上川实业、大业贸易公司董事长。1942年9月10日经董事会决定，推选朱如堂为董事长兼总经理。1944年5月17日，战争接近尾声，陈光甫从国外回来，重庆董事会开第一次会议，再选陈光甫先生为董事长，伍克家为常务董事兼总经理，实现了临近抗战胜利时人事管理的回归。会议决定董事会章程，议决6月1日为重庆总行成立日。同日重庆嘉陵新村10号平行之海光礼堂成立。除原在沪行管辖范围内之分支处仍归上海管辖行管理外，所有前总经理驻渝办事处管辖之分支行处，都归重庆总管理处管理。10月5日陈光甫先生受命往美出席国际会议，并任首席代表，所有董事长事务由伍克家代理。

上海商业储蓄银行在战时注意吸收新生力量进入银行工作，1943年3月1日，上海商业储蓄银行在重庆第一期训练班开学，录取学生15名。同年9月15日重庆第二期训练班开学，录取学生12人，1944年2月底毕业。1945年7月15日在重庆招考高中毕业和大学肄业学生，录取初级行员10人。为银行胜利后复业准备了新生力量。1945年8月14日重庆总行以日本投降，筹备各地复业事务，指派前往广州、汉口、南京各地人员。9月8日重庆总行派往南京的复业人员，由重庆乘卡车出发，经成都、宝鸡，转陆海铁路前往，11月5日抵南京。1945 年 1 月《海光》月刊复刊,自第 9 卷第 1 期起印。

抗战末期,上海商业储蓄银行在沦陷区,因为在敌伪势力的压迫下,只是尽量保持原状,变动不多,在华北沦陷区的天津、北平两行,照常营业。青岛、济南两分行停业。"及敌军占领后,强令各商业银行复业时,又随同复业。"[1]虽然继续营业,实际上并无业务可言。1942 年 3 月华北敌伪政权强令华北各商业银行在华北伪政府注册,上海商业储蓄银行亦被迫随同同业办理,由天津分行集中出面,并将北平、济南、青岛三行统归天津分行管辖。

在国民党统治区的分支行,"为谋配合时事需要,因时制宜,并以战区时有转移,尤以三十三年湘桂战事为剧,故四年间变动纷更迭见"[2]。1942 年初上海商业储蓄银行曾拟在福建南平、浙江金华、湖北三斗坪、河南洛阳、云南会理、四川泸县各地添设机构,并已经国民政府财政部核准在案。但是进展并不顺利,金华虽然建设了行址,但不久后沦陷,而南平和三斗坪虽然开业,也因战事取消了,而洛阳等地,或者因为交通更改未进行,或者受到战事发展的影响"而原有云南之下关及保山两办事处,先因滇缅公路中断而撤,后为中印大道打通而复。迨胜利后,收复区已撤,各行均待复业,故自由区各行将有调整"[3]。

抗战期间,上海商业储蓄银行成立了一系列附属机构,用来转移款项,维持银行经营,其间作为上海商业储蓄银行暗账管理的重要机构华懋公司于 1940 年 9 月间开始筹备,同年 10 月 12 日正式成立。克莱斯公司于 1940 年间,为避免在美资金冻结,借华懋企业公司名义为股东代表人在美设立,嗣于 1947 年间改组[4]。这些公司的成立主要是为了转移资金,逃避政府和日寇的检查,"华懋最大财产只有本行股票"[5]。上海商业储蓄银行不仅及时调整机构设置和人事配置,还实行了战时经营方针,最大限度保持了银行资产,并致力于辅助战时经济,为银行发展保留了基础。

二

上海商业储蓄银行在卢沟桥事变发生前九个月,预料到战事一旦爆发,存

---

[1] 斯坦福大学胡佛研究所藏张嘉璈档案,第 21 盒。
[2] 上海市档案馆藏档案 Q275-1-171。
[3] 同上。
[4] 上海商业储蓄银行暗帐"华懋公司"文件(1940—1941),Q275-1-2547。
[5] 同上。

户必然有提存之举,考虑到各分支行储存现金有可能不足,对战争可能会导致的提存,预先做了一些准备,指定"上海总行准备库拨存每处三百万元,为附近各行应急之需,且规定此项寄存准备,应以现币贮存库中,不得存于其他银行。同时通令各行陆续收缩放款,增加准备,到事变之日,全行现金准备保有存款总额之百分之三十六"[1]。这高于上海商业储蓄银行平时的现金准备,但是相对于战争时期,这个数额并不高。到卢沟桥事变爆发时,提款情况比较危急,但是情况还可以控制,"华北战衅一开,各地存户果纷纷提存,或以现款存于手中,以备避难及其他不时之需;或以法币易成外币,以保资金之安全。提存最多者为上海、南京、广州三处,其他各行亦受影响,事变后五日(民国二十六年七月七日至七月十二日),存款减少五百万元,自七月十二日至十月八日减少五千八百万元,到期之定期存款,亦从存户所欲,或做押款,或免息提取"[2]。上海商业储蓄银行的及时应对,使其避免了银行资金枯竭的窘境,随后南京国民政府提出的《非常时期安定金融办法》[3],对进一步提存的需求有所限制,上海商业储蓄银行的提存者减少,暂时避免了危机,"自10月9日至12月底,只提出一千五百万元,即平均每日减少存款十八万元。及二十七年后,战事逐渐西移,沦陷区各行渐见稳定,不仅提存风潮绝迹,且存款逐步增加"[4]。"七七事变"以来上海商业储蓄银行面临的提存风潮得以平息。

但是尽管如此,统计所有的提出款项,其数额还是比较惊人的,"回顾自七七事变至年底止,提存风潮达半年之久,提出存款共七千二百七十余万元,达存款总额(二万万零一百九十四万元)三分之一之巨,身当其冲者,能无惊心动魄之感!幸上海商业储蓄银行平日放款谨慎,虽在战事期间仍能陆续收回放款补充准备,存款虽减少七千二百七十余万元,准备只减少二千三百余万元。及年底提存风潮终息时,现金准备保有二千八百二十八万元,达存款总额五分

---

[1] 斯坦福大学胡佛研究所藏张嘉璈档案,第21盒。
[2] 同上。
[3] 财政部次长徐堪与中国银行董事长宋子文邀集上海银钱业领袖,决定了《非常时期安定金融办法》于8月14日由财政部发布命令,自8月16日起在全国实行。非常时期安定金融办法规定:银钱业的活期存款,每户每星期限制提取5%,每星期至多150元(8月31日补充规定,300元以下的存款,不受限制)。工厂、公司、商店及机关因发放工资与军事有关需用法币,得另行商办。定期存款未到期者,不得提前支取,如商经银行同意,承做押款,至多以1 000元为限。到期的定期存款如不续展,按活期存款办理。"对外地汇沪款项,根据《非常时期安定金融办法》,应以法币支付。各联行对上海巨额汇款,上海分行与各联行商定支付'汇划',不久,财政部为防止内地资金外流,于9月间命令各行限制汇款至上海,即使解付'汇划'也同样受到限制。"
[4] 斯坦福大学胡佛研究所藏张嘉璈档案,第21盒。

之二"[1]。上海商业储蓄银行通过进一步提高存款现金准备的办法,提高了银行抗击风险的能力。

银钱业平息提存风潮,与南京国民政府的努力是分不开的。为缓解各商业银行资金的需求,上海的中央、中国、交通银行联合向同业提供融通资金的帮助。中国银行上海分行在8月上、中旬贷放的款项有:"新华银行75万元,上海市银行50万元,上海银行480万元,又与交通银行合放女子银行20万元,亚洲银行20万元,通和银行100万元等。"[2]随后财政部组织中、中、交、农成立四行联合贴放委员会。8月26日,国民政府财政部函令四行在汉口、重庆、广州等15个城市分别成立联合办事处及贴放委员会,在内地联合贴放,不仅辅助银钱业,而且以扶助工商业、促进产销为主要任务。

国家银行的放款虽然不能根本改变提存的状况,却为商业银行提供了必要的支持,面对战事,陈光甫指示上海商业储蓄银行从四个方面着手,应对战争带来的变化:"一,厚集准备应付提存;二,保护货物,不使有所损失,目下大部分货物均在租界安全区内;三,在危险区域内货物,亦正设法运出;四,收回放款以免意外损失,本行存款虽减少四千万元,放款亦减少三千万元以上。"[3]但还不至于影响到银行的最后生存。

上海商业储蓄银行在战事发生后,为使银行资产减少损失,通令各行一面将受押货物由战事危险区域运至较为安全区域,一面劝货主改做押汇运往销售地点。例如上海总行受押货物中存在租界以外之仓库或接近日军驻区之仓库者,与押户协商运送到苏州河以南安全仓库中;而押户如缺乏运输工具,则由中国旅行社代为搬运。"八一三"战后,陷于封锁区域之内的货物,则由银行与军方洽商,派员在轰炸炮击之下,冒险运出。因此在上海的受押货物,大部分均能保全。其在京沪铁路沿线及江北各行受押货物,凡需要出口者,由中国旅行社带同避开战地绕道运至上海,或由粤汉路运至香港出口,凡可在内地运销者,视货物需要地点,分别运至目的地。故战事延至沪宁铁路时,沿线及江北各行一带之押货已大部运清[4]。在抗战爆发后,收缩营业,保存存款、货物是上海商业储蓄银行"服务社会"理念的体现,由于反应及时,上海商业储蓄银行及时控制了货款和堆栈的货物,避免了不必要的损失,为进入"孤岛"时期准备了很好的基础。

---

[1] 斯坦福大学胡佛研究所藏张嘉璈档案,第21盒。
[2] 《中国银行上海分行史(1912—1949)》,经济科学出版社,1991年,第96页。
[3] 上海市档案馆藏上海商业储蓄银行档案 Q275-1-340。
[4] 斯坦福大学胡佛研究所藏张嘉璈档案,第21盒。

而后关于上海的中立化的谈判也有所进展,"日本最终不得不接受上海中立化方案。但在接受过程中,按照政策基调,日本积极扩大对上海租界的影响力"[1]。不过在太平洋战争爆发前,上海金融界还是有比较大的自由经营空间的。虽然1937年底中国银行上海分行及市区各办事处放款总额6554万元,至1938年底降为4956万元(均不包括对同业放款),但是1938年底以后,上海市面畸形繁荣,工商各业多有盈余[2]。此时国民政府发动的内迁工作没有取得预期的效果,大量工业滞留在上海,为上海银钱业提供了大量的放款对象。据国民政府中央工厂检查处1935年上半年的统计,当时上海工厂数为5418家,则内迁工厂仅占2.75%[3]。滞留在上海的这些工厂经营状况并不好,有些还牵累了给它们贷款的银行。浙江兴业银行受影响很大,由于该行的放款一向集中在一些大客户,一旦这些客户发生困难,就会带累银行。而大中华火柴公司、恒丰纱厂都是它的主要客户。这二者在日军占领上海后都沦为军管,所以给浙江兴业银行造成大量呆滞放款。此一阶段的浙江兴业银行的工业放款基本上都处于呆滞状态。1938年底,放款大户中处于呆滞状态的计有:恒丰纱厂559万元,刘鸿生270万元,天津永利制碱公司136万元,三友实业社194万元,汉口第一纱厂253万元。仅此五家,呆滞的放款即达1400多万元[4]。后来由于货币贬值,这些欠款得以清理,但是银行的实力也大大削弱。

在战争蔓延、国民党军队节节败退的局面下,上海商业储蓄银行一方面稳定租界内分行和总行的经营,一方面想方设法抢救在战区的物资。南京被日军攻克之后,战事蔓延到长江以北,津浦、平汉两路交通阻塞,各地仓库押货不易运出,所以济南、济宁、徐州、蚌埠各仓库所存的麦粉、小麦、杂粮被国民党军队征用,上海商业储蓄银行经过与政府交涉后,"大部分于民国三十年前分别馈还价款,银行不免稍受损失。迨战事集中武汉与粤汉铁路沿线,以有充分准备时间,押货存贮不多,货物损失较少。但以敌机开始猛烈轰炸,致武昌、汉口、汉阳以及襄河沿岸之仓库,及长沙、衡阳、沅陵、桂林、贵阳、南昌、吉安、重庆、成都、万县、乐山、自流井、昆明、保山之行屋,均被炸毁,损失不赀"[5]。尽

---

[1] 费成康:《上海租界史》,上海社会科学院出版社,1998年,第236—237页。
[2] 《中国银行上海分行史(1912—1949)》,第117页。
[3] 金志焕:《美国的孤立主义与宋子文寻求美援的努力》,吴景平主编:《宋子文与战时中国(1937—1945)》,第120页。
[4] 中国人民银行上海市分行金融研究室编:《一家典型的民族资本银行——浙江兴业银行简史》,1978年,第41页。
[5] 斯坦福大学胡佛研究所藏张嘉璈档案,第21盒。

管上海商业储蓄银行竭尽全力进行了努力,战争造成的损失仍然无法避免。

在极力保护银行股东和客户的利益的同时,上海商业储蓄银行对于银行难以避免的损失,提取损失准备金以规避风险,"因为每年盈余项下,以战事损失科目提出一定数目,抵补损失;计自民国二十七年至三十一年五年间,共提战事损失一千零三十四万元,约抵抗战前全行押放款与房地产价额之十分之一"[1]。

1941年12月,日军占领租界之后,日伪政府加紧了对上海经济的搜刮,通货膨胀逐渐加剧。随着日本侵略军侵略的加剧,上海金融界也不得不承受来自日伪日益严重的金融掠夺。"是于31年11月公布金融机关资敌行为取缔办法:严禁上海对自由区公私汇兑,防止上海资金逃避,为控制上海金融之先声。实行所谓特别圆汇兑:华中对华北、华南分别办理以官营方式办理物物交换,禁止商营贸易,对民间少数汇款,申请限制綦严。攫取伪币发行权:在伪府未成立前,滥发军票,以充军费,伪府开张后,伪中储发行伪币,日方则又借监督之名,收掌握发行之实。统制金融机关:伪中储行于32年6月1日勒令同行存款集中该行并将交换所各行庄交换头寸移存该行,开立交换清算户,以把握全市金融力量。同年10月21日发表强化金融业务纲要,征收活期存款准备金百分之三十,名虽管理,实即加强其控制金融力量而已。"[2]1941年1月伪中央储备银行成立,发行伪钞并强制上海金融业用伪钞换法币,并以此来计算其注册资本,使很多银行的资本都大大缩减。浙江兴业的存款总额(剔除同业存款与暂时存款等因素)随着货币币值的波动而在缩水,1936年约合黄金63.36万两,到1941年仅合16.56万两,存款的实值下降了74%[3]。上海商业储蓄银行的储蓄存款之定期存款减少很多,法币与伪币不断膨胀,使人民的积蓄欲望大大减低,即稍有积蓄,也多购藏实物或地产,所以储蓄存款与定期存款逐步下降,货物押款与定期放款减少很快。沦陷区之业务只限于上海一隅,因为有上海租界存在,在太平洋战事以前,游资充斥,优良之货物押款对象有限,而银钱业群相吸取,加以各地交通阻滞,押汇不便。太平洋战争爆发以后,敌伪在上海实施物资管制,金融界不敢多做货物押款。国统区货物聚散不多,而货栈设备简陋,对物信用不易扩展。自1941年起,国民政府开始管制

---

[1] 斯坦福大学胡佛研究所藏张嘉璈档案,第21盒。
[2] 孙瑞璜:《上海之战时金融》,《银行周报》第31卷第6、7期合刊,1947年2月17日,第17—18页。
[3] 中国人民银行上海市分行金融研究室编:《一家典型的民族资本银行——浙江兴业银行简史》,第41页。

物价,并取缔助长囤积物资之银行放款,使金融界对于货物押款多有顾虑,"加以银行吸收资金多属短期,故短期透支及贴现放款加多,而定期放款因之减少"[1]。

表 1　1942 年上海商业储蓄银行各项放款数额　　　　　单位:千元

时　间	信用放款	抵押放款	进出口押汇	贴现放款	放款总额
1940 年底	14 545	10 472	2 816	20	27 853
1941 年底	6 226	41 885	7 580	3 872	59 563
1942 年底	3 994	36 649	10 950	21 655	73 248

资料来源:上海市档案馆藏上海商业储蓄银行档案 Q275-1-449。

以上为 1942 年底的放款结余额与各年同期之放款及上期之预算数比较,从中可以看出上海商业储蓄银行对于贴现放款及进出口押汇推进最为迅速,而于信用放款则力求收缩。在抗战期间,上海商业储蓄银行的存款现金准备一直保持在 50% 以上。可见在这一阶段上海商业储蓄银行对于经营的谨慎态度。

三

在战争期间,货币一直在贬值,银行的资本、公积金、存款准备都会随着货币的贬值而逐渐缩水,这使银行的基础受到影响,上海商业储蓄银行为保持自身基础的坚固,随同上海银钱业投资地产、外汇等,"唯有以其资本、公积金、存款准备三者投资于工业、地产、外币或外汇等,银行亦不幸多投资于外汇及外币证券,上海商业储蓄银行即其中之一,其实力之所以始终保全,而基础之所以免于动摇也"[2]。这也是对银行资产保值的一个重要选择。

到抗日战争的尾声,1944 年是上海银行业惨淡经营的一年。这年银根奇紧,但是还伴随着物价的急剧上涨,经济状况很不乐观。"依照普通经济理论,银根紧物价应跌,故一般人士,每以紧缩金融为抑平物价之一方策,殊不知在非常时期,却呈一种矛盾现象,即银根虽紧,并不能阻止物价之上涨。回顾本年初起,沪市银根,除七、八月略见松弛外,余时均甚紧迫。"[3]而这一期间,上

---

[1] 斯坦福大学胡佛研究所藏张嘉璈档案,第 21 盒。
[2] 同上。
[3] 《一年来之上海银行业》,《银行周报》第 22 卷第 50 期。

海的物价上涨就没有停止过。而国民政府统治的内地情况也不容乐观,重庆游资聚集,投机气氛浓厚,物价上涨很快。"至于各地物价,年来仍形上涨,依据统计,重庆趸售物价总指数,前年十二月为22 800,上年六月为46 800,十二月为64 800,全年增长率几近两倍。尤以春季物价上升为速。"[1]在这样的经营环境中商业银行的经营情况并不乐观。以浙江兴业银行为例,1941年到1944年底,浙江兴业银行的存款增加非常缓慢,"定活存款合计21 937.6万元(法币),上升为59 327.3万元(中储券),包括货币折合率在内,上升不过四倍多一点,而同期通货膨胀达12倍。所以存款的实值是下降了。同时,活期和定期的比率由4.6比1,上升为9.4比1。存款的流动性日益增大"[2]。

在这一年中,为了辅助正当企业开展生产,上海银行业在当年增加放款额,"据银行学会统计,上海一百一十四家银行之放款,在三十三年六月份,为五十八万万余元,五月份为六十三万万余元"[3]。这些放款对于当地的工商业发展非常重要。"另有收买小麦贷款二十万万余元。参加放款者,除外商银行六家外,华商银行中,有中国、交通、华兴、浙江兴业、浙江实业、上海商业储蓄银行、国华、华兴等十五家。收买棉花贷款十四万万元。"放款方式以往来透支为主体。"盖开往来户者,多系工商业之厂号,其信用状况,为银行所明悉"[4]。

在物价飞涨、金融环境日益恶化的情形下,钱庄通过设立暗账经营,牟取暴利,他们用暗账上的资金囤积商品、购存金砂并经营黑市拆放,对上海市场的投机活动推波助澜。上海商业储蓄银行与其他银行同业也存在暗账,但是上海商业储蓄银行的暗账经营,主要是为了在通货膨胀加剧的情况下,保持银行固有资产,在银行总体经营上则继续坚持其稳健经营的方针,在1945年的营业策略则是,"本行在此一年困难过程中一切业务措施悉遵政府战时金融政策进行,并一秉过去稳健经营之主旨,继续努力。对于资金之运用尤以稳慎灵活为主,着重辅助生产建设事业,增加物资供应,以期配合抗战需要"[5]。放款辅助工农业,但是注意担保确实,并能够及时收回放款,上海商业储蓄银行

---

[1] "上海商业储蓄银行34年度营业计划大纲",上海市档案馆藏上海商业储蓄银行档案Q275-1-449。

[2] 中国人民银行上海市分行金融研究室编:《一家典型的民族资本银行——浙江兴业银行简史》,第43页。

[3] 《一年来之上海银行业》,《银行周报》第22卷第50期。

[4] 同上。

[5] "上海商业储蓄银行34年度营业计划大纲",上海市档案馆藏上海商业储蓄银行档案Q275-1-449。

既配合了政府战争的需要，又减少了自身损失。

在制定抗战时期的经营策略时，上海商业储蓄银行坚持原则，但也不乏灵活之处。通货膨胀严重，物价飞涨迅速，社会上投机气氛浓厚，使上海商业储蓄银行也参与到了一些投机买卖中，经营债券、外汇和房地产，但是上海商业储蓄银行做这些经营的主要目的是为银行保值，对银行股东和银行客户负责。由于上海商业储蓄银行的不断努力，银行在经营房地产和有价证券方面收到很好的效果，保持了上海商业储蓄银行的资产。据1945年抗战结束后上海商业储蓄银行战前及战后房地产和有价证券情形及现在估值，"战前原有房地产八十余处，大都均系行屋、仓库、宿舍及营业用房屋之基地，二十六年六月底止，账值为国币八百七十三万元，嗣以战事发生，为适应业务上之需要起见，先后在汉口、青岛、南通、重庆、桂林、梧州、万县、宜宾、贵阳、宝鸡、昆明、大理、屯溪、自流井及上海等处购买房地产十数处，其中以行屋宿舍居多，仓库仅有南通二处，良以战事期间，空袭频仍，仓库危险堪虞，且政府严禁商品押款，故于仓库之购置，未予积极进行也。上项房地产承购价值总计为国币四百九十万元，及伪币三十五万元，经历届摊提，连前账值现为国币七百四十万元，经照现在市价估计，约值七十七亿六千余万元，计较账值超出七十七亿五千万元"[1]。通过购买房地产、仓库对银行的资产进行了保值，这样保障了银行顾客和股东的利益。

上海商业储蓄银行在抗战结束处理战时的存款、放款等问题时，依然采用了照顾客户利益的策略：为沦陷区各行之法币存款经敌伪强迫折成伪币者，在战争结束时仍照法币发还；战争中，香港分行敌伪强迫将港币折成军用票者，在胜利后仍照港币发还。"查民国三十一年敌伪南京政府令苏浙皖三省及南京上海两市金融业之法币存款，概以对折易成伪币记账，胜利后，国民政府规定伪币二百万元换法币一元，若银行按照法定折合率支付存款，则存户所得只及百分之一。再香港沦陷时，敌军强令各银行以港币四元折成日本军用票一元记账，所有银行库存港币，均须兑换军用票；胜利后，军用票等于废纸；若银行以军用票或按军用票时价支付存款，则存户存款几于全部损失"，上海商业储蓄银行与同业一致主张法币存款折合伪币后并未支用者，仍按原折换率折换法币；港币存款折成军用票并未支用者，照港币发还[2]。这两项措施使上海银行在经济上遭受了一定的损失，但是大大增加了上海商业储蓄银行的信誉。

---

[1] 上海市档案馆藏上海商业储蓄银行档案 Q275-1-96。
[2] 斯坦福大学胡佛研究所藏张嘉璈档案，第21盒。

当然战争是残酷的，上海商业储蓄银行在战争期间，竭尽全力保持银行的财产安全，并尽自己所能辅助抗战进行，对中国抗战做出了一定的贡献，但是上海商业储蓄银行在战争中也遭受了巨大的损失，而以沦陷各区的房地产居多，"兹根据各行处所遭受之损失，全行约为三十二亿一千四百余万元，此数字系本年七月间估计，其中以房屋损毁，估计十六亿七千八百万元为最巨，房产收益减少，及其他间接费用等，八亿八千四百万元次之，生财器具六亿五千二百万元又次之，如就地域而论，则以收复区各行所遭受之损失为最多，计达三十一亿八千六百万元"[1]。

　　抗日战争对上海的银钱业是一个严峻的考验，作为一个整体，上海银钱业在应对战争时表现出一定的合作，但是由于战争时期环境的复杂性，各个银行、钱庄更多表现了自己的个性。上海商业储蓄银行是近代以来成立的最为成功的商业银行之一，因为坚持"服务社会"的经营理念，有飞速的发展。抗日战争的爆发，使上海商业储蓄银行不得不面对战争带来的变化和挑战，及时调整银行的分区管理，对于人事的任命与使用也采取了有效的措施，使银行避免了不必要的损失。由于英美等国的干涉，日本侵略者最终同意上海的中立，这样上海租界给上海银钱业保留了一个相对自由的空间，在这种情况下，上海商业储蓄银行收缩租界外的分支行，将主要业务集中在租界开展，在租界慎重推进营业，并积极地将银行的业务向四川等内地转移。对于上海商业储蓄银行多年建立的信用基础竭尽全力进行保全，尽量减少战争带来的损失。

　　在整个抗日战争期间，上海商业储蓄银行坚持了保存实力和辅助抗战并行的方针，对设在全国各地的营业机关、仓库和堆栈尽力保护，将货物及时运送到安全地带，保护了货主的利益。对于沦陷区日伪要求银行增资等要求，执行了相对灵活的政策，基本上随同同业一起办理，而在大后方，上海商业储蓄银行尽力辅助金融发展，包括货物生产存放、辅助农业生产，并出资资助后方教育事业。抗战胜利后，上海商业储蓄银行在偿还存户款项时，坚持维护存户的利益，自行承担了部分兑换伪币和军用票的损失，在民众中树立了银行的良好形象。

　　上海商业储蓄银行在战争中的应对，再次印证了上海商业储蓄银行"服务社会"的行训，为该行的长远发展也积累了重要的基础。

（原载《中国金融制度变迁研究》，复旦大学出版社，2008年）

---

[1]　上海市档案馆藏上海商业储蓄银行档案 Q275-1-96。

抗战时期吴佩孚与汪精卫的秘密交涉函电析论

范国平[*]

全面抗战爆发后,日本在华北和华东扶植起来两个地方性的傀儡政权——以南京为中心的维新政府和以北平为中心的临时政府,但其首脑都是一些二流人物。无论是南京伪维新政府的首脑梁鸿志,还是北平伪临时政府的首脑王揖唐,都是臭名昭著的安福系余孽。1938年7月12日,日本五相会议正式通过《伴随时局的对话谋略》要纲,要纲的第一条就是:"启用中国一流人物,削弱中国现中央政府及中国民众的抗战意识,并酿成建立巩固的新兴政权之气势。"[1]

当时寓居北平什锦花园的吴佩孚成为了日本的首要拉拢对象。1938年7月,日本大本营在华设立"对华特别委员会",代号"竹机关",由土肥原贤二为机关长,海军中将津田静枝、外务省顾问坂西八郎协助其工作。该机关专门实施"南唐北吴"计划,打算策反吴佩孚和唐绍仪,由吴佩孚掌军,唐绍仪主政,建立统一的傀儡政权。

由于唐绍仪在上海被军统特务刺杀,汪精卫发表"艳电",千里来降,日本就调整了计划,想由汪精卫代替唐绍仪,建立起由吴佩孚和汪精卫担任首脑的傀儡政权,实施其"以华制华"的方略。汪精卫亲自前往北平,希望说服吴佩孚携手共建伪政权,吴佩孚虚与委蛇,始终以各种借口拒绝与其会面。汪精卫无功而返。最终日本方面对吴佩孚失去耐心,利用其生病之机,将其杀害。中国社会各界均给予吴佩孚高度评价。

---

[*] 范国平,2021年博士毕业于复旦大学历史学系,现为东南大学近代中国海外史料研究中心首席研究员。
[1] 中央档案馆、中国第二历史档案馆等合编:《日本帝国主义侵华档案资料选编·汪伪政权》,中华书局,2004年,第551页。

一、吴汪交涉之前日本方面的诱降活动

在土肥原机关的策动下,1938年9月,临时、维新两伪政府合并为"中华民国政府联合委员会",迫切需要吴佩孚走到前台充当傀儡,领导整个伪政府。1938年10月7日,日本五相会议给土肥原贤二发来训令。训令中说:

阁下之任务仍一如既往,但尤应以推翻蒋政权工作为重点。

随着唐绍仪的逝去,就解决新中央政权建立困难的意义上,可以掌握足以成为骨干的中青年人士,其意义将更加重大。

关于贵机关应进行的主要工作,此次会议的初步意见如下:

一、建立新政权的准备工作

对吴佩孚、靳云鹏、旧东北军的工作;通过唐绍仪残部进行工作;对广东和广西的工作。

二、为推翻蒋政权的工作

通过萧振瀛进行工作;通过高宗武进行工作;对李宗仁、白崇禧进行工作。[1]

由于唐绍仪被军统特务刺杀,吴佩孚显得更加重要,于是训令当中又把争取吴佩孚放在了第一位。

土肥原制订、部署了周密的诱降计划:第一步,发表通电,邀请民间"有志之士"吴佩孚及其他元老出马;第二步,由"临时""维新"两政府若干要人及在野元老共同组织"和平救国会";第三步,由两政府参加上项"救国会"之要人各一名,恳请吴佩孚出马,任绥靖委员长;第四步,发表《和平救国宣言》;第五步,吴佩孚发表通电,响应近卫首相声明,接受前项推戴,对全国军队发表通电,劝告停战和平;第六步,绥靖委员长事务所先设于开封,主要实施绥靖工作,以两政府管辖外之军队实施之[2]。

此时的吴佩孚如泰山岿然不动,但提出了自己的出山条件:"事变若由余来调停,大概可望得到解决。如果举国舆论寄希望于余,余则可任此劳。但是在调停之前,余须先行培植一势力,足以使重庆政府接受调停。为此,余思招

---

[1] 中央档案馆、中国第二历史档案馆等合编:《日本帝国主义侵华档案资料选编·汪伪政权》,第556页。

[2] 日本原驻中国大使馆档案75-I-199,《关于吴佩孚复出工作之件》,《近代史研究》1982年第3期。

抚华北之土匪。如余发布命令,各支土匪将会立即汇合。如此,就易于培养军、政势力。作为军、政势力之骨干的军队一旦建立,即可组织政府,扩大行政区域,取消临时政府。若蒋介石不听调停,则可把新政府之行政区域扩至重庆,以解决事变。"[1]

1939年5、6月间与吴佩孚的谈判工作,由大迫通贞少将主持。6月18日,吴佩孚和大迫有过一次摊牌的谈判。谈判一开始大迫就亮出了底牌:"由于东京方面的工作,敝国内阁诸公及有关人士对情况亦有充分了解,结果一致决定请吴将军出山以收拾残局。同时汪先生亦出来与吴将军一致合作,投身于和平工作。这对于纠正日中两国之国交,并解决中日战争,乃值得庆贺之事,此点乞吴将军谅察之。"[2]大迫"乞求"吴佩孚派出代表数名,以接收"维新""临时"政府造送之名册,并讨论具体"接收"办法。

吴佩孚答道:"余现乃在野之身,弗能行使命令,故未能指派代表进行交涉,尚乞鉴谅。若临时、维新两政府先将接办之名册造好送来,余接收后方能产生权力。得令彼等专听余之命令,即使彼等与余所指派之负责人员交涉之任,从事工作。余出山后,为中国之元首,故当与贵国之天皇处于平等地位;余任命之国民总理,当与贵国之内阁总理处于平等地位;余任命之各部部长,当与贵国之各省大臣处于平等地位。如是方能进行之交涉也。"[3]

记录这些对话的冈野在此处加了一个备注:以上话语终了之同时,吴氏显示出不居元首之位,不出山之执拗态度。不管大迫如何威逼利诱,吴佩孚坚持主权原则和"实力"原则,坚持日本要撤兵,他一再表示他要成立的政府要有实权,绝不是日本卵翼之下的"维新""临时"政府。吴佩孚实质上变相地用日本难以接受的条件,拒绝当傀儡、当汉奸。

二、虚与委蛇:吴佩孚奉劝汪精卫不要当汉奸

唐绍仪被军统刺杀,汪精卫投降日本,成为日本人在南方的首选汉奸。为了促成吴汪合作,日本方面指示汪精卫与吴佩孚展开直接交涉,试图再次诱降吴佩孚。

1939年5月22日,汪精卫给吴佩孚发去电报,先向吴佩孚大肆兜售汉奸

---

[1] 郑志廷、张秋山:《直系军阀史略》,人民出版社,2007年,第396页。
[2] 《日方代表大迫通贞与吴佩孚会谈记录(1939年6月18日)》,中央档案馆、中国第二历史档案馆等合编:《日本帝国主义侵华档案资料选编·汪伪政权》,第599页。
[3] 同上书,第600页。

理论:"中日两国为敌,则两败俱伤;为友,则共同发达。其理至明。不幸数十年来纠纷胶积,郁积至于今日,遂败坏决裂,一至于此。欲谋收拾,且引之入于正轨,其事诚难,然又不可以已,且舍此更无他道也。"接着奉承吴佩孚:"公老成谋国,如有所示,极愿承教。铭一得之愚,亦当作刍荛之献,但求有益于国,任何艰险,皆所不计。"[1]

吴佩孚按照他一贯地对付日本人和汉奸的手法,也派出了信使与汪交涉,双方电报往来不断,但是对于汪精卫的汉奸理论并不认同。他在6月7日给汪精卫回复了一封表明立场的电报:"窃谓中华民国,四万万民众,实为主体。民意趋归,果以抗战为然,则任何牺牲,均可弗计。若民皆厌战,相战之国,复有感于穷兵黩武之非,即宣矜恤同胞,戛然而止……诚知民为邦本,和与战同一为民,则应战应和,自不能不以民意之向背为准绳也……故自卢沟桥变起,兀坐故都,本所信念,日以启导和平为事。和平要领,则以保全国土,恢复主权,为惟一之主张……弟委质国家,誓与国家共存亡,同其命运,苟能河山无恙,自计已足。"[2]

这封电报毫无疑义地表明了吴佩孚的态度,他没有正面斥责汪精卫的卖国理论,却明确表示抗战是整个中华民族的共同心声,他作为一个爱国军人,虽然倾向于中日和平,但是和平要以保全国家领土、主权完整为前提,他誓与祖国共存亡!

吴佩孚如此态度,使得汪精卫决定飞赴北平,当面交涉。1939年6月26日,汪精卫飞到北平,邀请吴佩孚到日本华北占领军参谋长山下奉文位于铁狮子胡同的住宅会面。从此刻开始,吴佩孚借口中华传统礼节与汪精卫就会面问题展开了较量。汪精卫把会面地点约在日本人的地盘上,并且还登报声明,希望造成既成事实。

吴佩孚同样以登报声明的手法化解了与汪精卫在山下奉文家中见面的邀请。他的声明如下:"吾与汪先生皆中国人,如商国事,当相见于中国人住所,出没日本人宅中,且为日军之参谋长,何以使国人释然?吾辈万一共语一堂,日军部提出何项要求,向吾们结盟,又将何以自处?兹事未必即有,而不敢决其必无。经加考虑,与其遗悔将来,受国人指摘,不如不应汪先生招,任其开罪,斯无两全之策也。"

汪精卫打电话来,吴佩孚不接,汪精卫派人上门来请,他不理会。汪精卫变

---

[1]《汪精卫与吴佩孚来往函电(1939年5—11月)》,中央档案馆、中国第二历史档案馆等合编:《日本帝国主义侵华档案资料选编·汪伪政权》,第592页。
[2] 同上书,第593—595页。

换手法,将会面地点约在了著名外交家顾维钧的宅邸。汪精卫认为,这次是约在了中国人的家中,吴佩孚没有理由不同意会面了,可是吴佩孚还是不与他见面。

6月24日,他对长期留在他身边"劝驾"的日本特务冈野增次郎说道:"汪氏来京,余极欢迎。乞来敝舍一晤最为妥当。余外出相会则为不便,若为警卫上之必要,对外可称系杉山司令官或山下参谋长来访,则采取任何警戒手段亦无妨碍。且余之心境乃仰无羞于天,俯无怍于地,无怍何惧。我不杀人,他不杀我也。且按中国之礼仪作法,亦应为'行客拜坐客',即在平等地位上之主客访谒礼仪云云。"[1]吴佩孚又通过冈野的渠道向日本方面传达了依据中国礼仪应该是"行客拜坐客",客人应该先来拜会主人。所以吴佩孚还是不见汪精卫。

汪精卫的说客纷纷上门,但是吴佩孚不为所动。汪精卫在北平等待多日,吴佩孚就是不与他见面,汪精卫也不肯"纡尊降贵"主动上门拜会吴佩孚。双方在礼节上拉锯了数次,汪精卫无功而返。

后来汪精卫又陆续派赵尊岳、陶家瑶到北平来劝驾。吴佩孚说,他对汪精卫离开重庆深表可惜,他指出,汪精卫在日本挟持之下,空言救国,实则亡国也,他绝不会与之"同恶相济"[2]。但是手腕老道的吴佩孚依旧与汪精卫保持接触,继续与汪精卫周旋。汪精卫一再强调国民党的"法统",吴佩孚表示"难以接受"。1939年10月2日,陈中孚作为吴佩孚的特使,与汪精卫举行谈判。陈中孚表示,吴佩孚不同意汪精卫承袭"国民政府"名称,他对此"意见很大",另外,吴佩孚对于汪精卫"国民党专政"的想法也不敢苟同[3]。

汪精卫对于吴佩孚提出意见深表满意,他认为吴佩孚已经答应和他谈判具体的细节问题了。10月19日,汪精卫又给吴佩孚写了信,托陶家瑶面呈吴佩孚。他在信中向吴佩孚作了解释,恬不知耻地标榜自己是"忠侠"之人,他也希望吴佩孚做"忠侠"之人,文字之无耻、诌媚,令人齿冷:

> 由是言之,今日国民党人主张恢复国民政府,其为国民政府谋,忠也;非国民党人亦主张恢复国民政府,其为国民政府谋,侠也。一忠一侠,而

---

[1]《汪精卫与吴佩孚来往函电(1939年5—11月)》,中央档案馆、中国第二历史档案馆等合编:《日本帝国主义侵华档案资料选编·汪伪政权》,第614页。

[2] 文斐编:《我所知道的吴佩孚》,中国文史出版社,2004年,第233页。此处事实为吴佩孚随员、英文翻译陈文会回忆。

[3]《汪精卫与吴佩孚来往函电(1939年5—11月)》,中央档案馆、中国第二历史档案馆等合编:《日本帝国主义侵华档案资料选编·汪伪政权》,第623页。原文为:"彼对承袭'国民政府'之名称,抱有若自己投降之感。此乃彼所忌讳者。对此欲说明之,并非难事,惟于国民党问题上,汪氏偏重于国民党专政,此点难以使其接受。如将政府与党区别考虑,则可?"

为国为民之心事则同。

铭窃愿公以一忠字对民国,以一侠字对国民政府,则公之风节必照映宇宙,而旋转乾坤之功业,亦必成于公手。铭之与公并未谋面,接杯酒之欢,而于公之人格,夙所倾仰,故敢以率真之词,负起诚悃,惟垂察之,幸甚幸甚。专此。敬请勋安。尚祈霁照不宣。[1]

吴佩孚在汪精卫的信封上写下了这样的话语作为回信:"公离重庆,失所凭依;如虎出山入柙,无谋和之价值!果能再回重庆,通电往来可也。"[2]

11月4日,吴佩孚正式给汪精卫回信。他在信中针锋相对地驳斥了汪精卫的谬论。汪精卫宣称蒋介石为首的军事当局没有处理好对日关系,应该"引咎辞职",因而,蒋介石没有权力负起"实际政治之责任"。汪精卫言下之意,只有他——这位能够与日本处理好关系的国民党"元老"有资格负起"实际政治之责任",所以他叛逃、另立国民党伪中央的决策都是正确的。吴佩孚批驳说:仅仅把抗战的不利局面归咎于军事当局,"似不免稍失其平"。他"愿公持宽大之论,藉免内滋不协,外复示人以间,大难未夷,尤以共谅能为宜也"[3]。意思是说,汪精卫应该客观公正地做出判断,以避免国民政府内部分裂,给日本人以可乘之机,国民党和国民政府的各派政治势力,应该同仇敌忾,相互谅解,以共赴国难。

他告诫汪精卫:"法律方面即不能同时有两政府之存在,万一外内未经协调,和议已臻成熟。一方即组织政府,而重庆之政府依然健在,听之则属非法,或致有碍和约之履行,反之则西班牙殷鉴不远,而人民亦将不堪其命。"[4]如果汪精卫真敢冒天下之大不韪,与国民政府公开分裂,"诚国家不幸中之尤不幸矣"。吴佩孚明确提出,希望汪精卫能够使国家之"主权、土地""悉得保全"。说白了,他反对汪精卫当汉奸。

三、日本特务冈野眼中的吴汪交涉

吴佩孚被日本军人、特务和大小汉奸包围,他没有采用硬碰硬的方法,以

---

[1] 《汪精卫与吴佩孚来往函电(1939年5—11月)》,中央档案馆、中国第二历史档案馆等合编:《日本帝国主义侵华档案资料选编·汪伪政权》,第597页。
[2] 同上。
[3] 《汪精卫与吴佩孚来往函电(1939年5—11月)》,中央档案馆、中国第二历史档案馆等合编:《日本帝国主义侵华档案资料选编·汪伪政权》,第598页。
[4] 同上。

一死保全名节，而是以另外一种手法与日伪展开周旋。他不想当汉奸的信念是坚定的。这一点从卧底在他身边的日本特务冈野增次郎的记述可以看出来。

冈野增次郎是吴佩孚的日本顾问、老朋友。日本方面任命他为"敦请专使"。从"南唐北吴"工作开始，直到吴佩孚去世之前，冈野一直伴随在吴佩孚左右，全程参与了"吴佩孚工作"。吴佩孚虽然知道冈野增次郎的特务身份，但是毕竟与他交往很深，很多真心话也对他说。由于冈野留下了大量的文字材料，这些文字材料均为档案资料，从冈野笔下，我们也可以看出吴汪交涉的一些内幕。

1939年5月30日，冈野和吴佩孚正式会面。吴自称自己是在野之身，所以希望冈野以巡阅使时代的日本顾问的老朋友身份常来常往，早晨和下午三点以后，都欢迎冈野来拜会他。

1939年8月10日冈野经由日本驻华大使馆参事官崛内干城向日本外相有田八郎发出了一份报告。这份报告是7月13日、15日、16日、18日冈野与吴佩孚四次谈话的汇总，两次谈话涉及吴汪交涉。

7月13日，吴佩孚一针见血地告诉冈野，汪精卫对于西南派领袖李宗仁、白崇禧影响力极弱。当时汪氏向李、白二人详述了反战主和之宗旨，当谈及应携手共事时，遭到了李、白的拒绝。他们说："诚如阁下所言，与日交涉，中国不失主权，而日中冲突得以顺利解决，则此乃吾辈之素愿，甘愿听从，但倘若汪氏所为与'临时'、'维新'两政府相类，则实不敢从命。"此为李、白二人严厉拒绝汪氏劝诱之佐证[1]。

7月15日，冈野向吴佩孚进言，说汪精卫"据有武汉"，而武汉是吴佩孚建立政权最理想的地方，一方面它靠近四川和广西，方便吴佩孚联络这些地方的实力派；另一方面，可与日军华北（以北平为司令部驻地）、华中方面军（以南京为司令部驻地）形成"品"字形阵势，相互支持。吴佩孚旧话重提，说汪精卫对西南影响力微弱。他强调：中日和平要从长计议，"但倘非使之似专为中国之利益而行，则中国人民不拥护；中国人民不拥护，则将一事无成矣"。

7月23日，冈野去半壁胡同拜会了吴佩孚的参谋长蒋雁行。蒋雁行是日本士官学校第一期毕业生，时年65岁，在冈野眼中是一"好老翁"。他们也聊起了吴汪交涉。蒋雁行认为吴佩孚手腕老道，"吴氏平生会见他人，于多数场

---

[1]《汪精卫与吴佩孚来往函电（1939年5—11月）》，中央档案馆、中国第二历史档案馆等合编：《日本帝国主义侵华档案资料选编·汪伪政权》，第604页。

合决不吐露真情,而以胡说八道如英语所谓'camouflage'(伪装)之态度出现,使对方无法轻易窥测自己心境"。但蒋雁行认为,吴佩孚仅对他和冈野两人有"打开窗户说亮话之时","充分体现彼之本来面目,乃至礼让,善妥协,且诚实而刚毅也"[1]。蒋雁行将吴佩孚与汪精卫进行比较,得出结论,吴佩孚不可能与汪精卫合作。"夫惟吴氏意志坚定,不易为他人佞言所惑。而汪氏则恰与吴氏相反,其心术之流动性若油一般。有嘴巴善喋之人,拉住指头善描之客,要使如石之吴氏与如油之汪氏一起合作,则即使将两者置于一个桶中搅拌之,亦断难使其同化。"[2]

1939年8月24日,冈野再次通过崛内干城向有田八郎发送密信。密信内容是冈野所写的《吴佩孚想法与日本意图之比较》。此封文件是冈野数月来对吴佩孚"劝进"的总结,其中有部分文字总结了他对吴汪交涉的看法,他认为吴汪交涉必然失败:

> 吴佩孚以天下第一自居,绝不甘拜他人之下风;日本对于此次汪、吴合作,动辄有将吴置于汪下之异说,此则如缘木求鱼,到底不值一提。而×××又非吴、汪不可。于此点必须仿效以前所进行之唐吴合作之法。吴佩孚既有表面谦让之美德,而又有内心中坚定不移之自信力。

> 此种信息与月前汪氏入燕时即有端倪可见。彼以"行客拜坐客"之古礼等待汪氏来访。汪之左右以国务总理论相对抗,吴方则以代理大总统之职来应酬。可见中国乃重礼仪之国度。今后之于吴、汪关系上,若不彻底认识中国之古风,则吴、汪之合作必不能成。

四、忠奸不两立:吴佩孚不可能与汪精卫合作

吴佩孚一直在用高超的手段与日伪方面周旋。一本正经地"交涉",提出日伪方面无法接受的条件,动不动就拿谶纬之说说事,都是吴佩孚的高超手腕。他的手法就是冈野和蒋雁行说的"伪装"。正如冈野在8月24日给日本外相有乡八郎的密信中所说:"吴氏时常激怒者,并非出于衷心,乃逢场作戏之举也……盖吴氏周围不乏鸡鸣狗盗之徒,而吴氏之心境又难以揣摸也……特

---

[1]《日本驻华大使馆参事致日外相报告》,中央档案馆、中国第二历史档案馆等合编:《日本帝国主义侵华档案资料选编·汪伪政权》,第611页。
[2]同上书,第612页。

别说到佛堂扶乩,更有形形色色之描述,此不过为著述春秋正义之法耳。"[1] 冈野说得很清楚,吴佩孚是逢场作戏的高手。吴佩孚终生最崇拜戚继光,他也是军阀中有名的"三不将军",在北洋军阀中号称儒将,要让这样的将军当汉奸,绝无可能。

吴佩孚虽然同意与日本交涉,但是其首要原则是中国的主权完整。而日本人的目的是为了让他出来成为伪政府的首脑。吴佩孚的谈判原则是"三实主义"。第一,要有实地,必须训练人马;第二,要有实权,以便指使裕如;第三,要有实力,以便推施政策。他特别强调实权,他说:"实权这个问题,也可以说是先决条件,日本一日不肯让出主权,则余一日不能出山,把握住主权之日,即余出山之日。"[2]他摆明了不当傀儡。

吴佩孚一直不拒绝与日本人的谈判,但是他的主张基本上都在"三实主义"左右徘徊,时不时地给日本人一点希望,时不时地又转回原地。日本大特务土肥原、大迫等人,大汉奸齐燮元等人轮番上阵,都被他斗得败下阵来。

吴佩孚的亲信李炳之早就看出吴佩孚不会当汉奸。他在回忆吴佩孚的文章中对吴佩孚的这种手段描述得相当精准:"吴佩孚倒是不断和日寇接触,但他和日本人见面时,总有他的一套理论,照例是说:'叫我出来也可以,不过,有一个条件,日本人必须全部退出中国,由我来收拾残局。蒋介石那方面,我可以负责应付。反正都是中国人,一切都好办,如果日本人不退出中国,仍然用武力来占领,那还何必叫我出来呢?'"[3]

吴佩孚的"老朋友"冈野内心深处对他极为敬佩,他认为吴佩孚不能"出山"的根本原因在于"主权问题尚未解决",他感叹吴佩孚"内心真率可敬也"。吴佩孚是不怕威逼利诱的。

无论面对何种利诱,吴佩孚都不为所动。1939年7月16日,冈野再次给吴佩孚写信,盛赞他:"吴将军人格伟大,浩气贯苍穹;德备而道全,举世皆钦佩,友邦亦极敬服……吴将军之执导和平者,乃为四亿同胞立刻变憔悴为欢乐,化干戈为玉帛也。故宜令友邦日本予以特别之重视。诚能先使四川之同胞联袂相接,一旦使群雄宾服,号令之下,立换雍蜀(四川之旧名)之民族旗帜,于中日之戎马声中还我河山,成为中原主人,则国家栋梁之材不召自来,此乃

---

[1]《吴佩孚想法与日本意图之比较》,中央档案馆、中国第二历史档案馆等合编:《日本帝国主义侵华档案资料选编·汪伪政权》,第618—620页。
[2] 苏开来:《吴佩孚之死》,北平新报社,1946年。
[3] 文斐编:《我所知道的吴佩孚》,第240页。此处事实为时任冀察绥靖公署咨议的李炳之回忆。原文为李宜琛整理。

吴将军速立政权之基础,重整中华民国之第一步也。"[1]吴佩孚批其函曰:"以小谋大自取灭亡。"[2]

无论面对何种威逼,吴佩孚也不为所动。冈野这位"敦请大使"最后也和吴佩孚决裂了。他威逼吴佩孚:"明年元旦(1940年)公须登大总统位,届时皆布置妥善,上台也得上,不上台也得上,绝不容再事推诿。"吴佩孚断然回道:"如要威逼我出来,除非吴家父母再生一回,宁愿死在此楼,决不能作此无耻之事。"[3]事已至此,两人决裂。

吴佩孚的手腕在他与国民党政要的函电中也可以更清晰地看出来。

1938年12月8日,国民政府行政院副院长兼财政部部长孔祥熙代表国民政府托刘泗英带密函给吴佩孚,规劝他把握住民族立场,信中写道:

> 迩来道路流传,奸人妄思假借名义,以资号召,遂致愚氓揣疑,谣诼繁兴,弟及中枢诸同仁深知先生正义凛然,不可侵犯,惟念居住困难,辄为悬系不已!昨朱骝兄过访,报告先生来电,并由报章得悉先生热忱爱国,力主正义,其不屈不挠之精神,非惟同人心折,尤为中外钦仰!所虑者,华北环境恶劣,先生对于此间真象恐未洞悉,屡拟设法奉闻,苦于妥人可托,适晤刘君泗英,知其曾隶麾下,关怀亦甚殷切,且愿间道北上,亲谒阶前,特托代为奉候,并将此间一切情形详细面陈。[4]

吴佩孚在1939年1月10日给孔祥熙回了信。他在信中说了心里话,对自己应付日本人有足够的自信。他在信中说:

> 惟刚柔相济,似相反实相成,我兄公忠体国,计当如此!弟处境安如泰山,应付绰有余裕,请释远虑!一切详情,统由泗英面达,惟照不既,此颂。[5]

吴佩孚特地在信后附言:"纯刚纯强,其国必亡;纯柔纯弱,其国必削;能柔能刚,其国乃昌。"此为太公语录[6]。由此可见,吴佩孚对付日伪早已是胸有成竹,他引用的《太公语录》,就是他的方法论。

---

[1]《日本驻华大使馆参事致日外相报告》,中央档案馆、中国第二历史档案馆等合编:《日本帝国主义侵华档案资料选编·汪伪政权》,第608页。
[2] 文斐编:《我所知道的吴佩孚》,第232页。此二处为吴佩孚随员、英文翻译陈文会回忆。
[3] 同上书,第234页。此二处为吴佩孚随员、英文翻译陈文会回忆。
[4]《吴佩孚与孔祥熙往来函(1938年12月—1939年1月)》,中央档案馆、中国第二历史档案馆等合编:《日本帝国主义侵华档案资料选编·汪伪政权》,第591页。
[5] 同上书,第592页。
[6] 同上。

孔祥熙密信中提到的朱骝兄，就是国民党大员朱家骅。朱家骅曾来电劝阻吴佩孚不要做汉奸，吴佩孚回信直截了当地说："我不做汉奸。"[1]上海商会也打电报给吴佩孚，吴佩孚回电："平期关岳文史，春秋内外之义，尤所兢兢。旧京寄迹，殊服异俗之宾，从未一入门庭。"

吴佩孚是不可能当汪精卫这样的傀儡的，而且他还奉劝汪精卫返回重庆。吴汪交涉的失败，最终导致了日本方面对吴佩孚失去耐心，决定利用吴佩孚生病之机下手谋害。1939年12月4日午后3时45分，吴佩孚去世，享年66岁。消息迅速传开。虽然日伪方面发布假消息，宣称吴佩孚是被国民党军统特务暗害的，但欲盖弥彰，难掩天下昭昭之口。

尾　声

国际国内舆论纷纷将矛头指向日伪。英国路透社12月6日报道："吴佩孚病故消息传出后，各界人士一致表示哀悼，咸认为吴富贵不能淫、威武不能屈之爱国男儿。自临时政府成立以来，王克敏及日方曾屡次请吴氏任伪职，汪精卫也曾以此为请，但均为吴氏拒绝。"香港《大公报》12月7日揭露："吴佩孚将军之死，经各方面调查，得悉吴并非因病致死，确系经威胁利诱，迫其发表新政权宣言，经吴拒绝，乘吴牙疾就医致死。"[2]

重庆方面迅速做出反应。国民政府与最高国防委员会分别决议，追赠吴佩孚为一级上将。蒋介石发表唁电称："先生托志《春秋》，精忠许国，以岁往还，处境弥艰，劲节弥厉，虽暴敌肆其诱胁，群奸竭其簧鼓，迄后屹立如山，不移不屈，大义炳耀，海宇崇钦。先生之身虽逝，而其坚贞之气，实足以作励兆民，流芳万古！"重庆方面召开吴佩孚追悼会，蒋介石亲送挽联："落日睹孤城，百折不回完壮志；大风思猛士，万方多难惜斯人。"[3]

中共驻重庆代表、中共发言人董必武发表文章，给予吴佩孚高度评价："吴佩孚虽然也是一个军阀，他有两点，却和其他军阀截然不同。第一，他生平崇拜我国历史上伟大的人物是关、岳，他在失败时，以不出洋，不居租界自矢。……吴的不出洋，不居租界的口号，表现了他不愿依靠外国人讨生活的性

---

[1] 赵恒惕：《吴佩孚先生集》，《近代中国史料丛刊》（第68辑），文海出版社，1973年，第294页。
[2] 曹桂华：《吴佩孚晚年的人生亮点》，《吴佩孚研究：第三届吴佩孚生平与思想学术研讨会论文集》，北京图书馆出版社，2007年，第273页。
[3] 曲春杰、刁熙军：《吴佩孚令人称道的品格与气节》，《吴佩孚研究：第三届吴佩孚生平与思想学术研讨会论文集》，第341—342页。

情,他在失势时还能自践前言,这是许多人都称道他的事实。第二,吴氏作官数十年,统治过几省的地盘,带领过几十万的大兵,他没有私蓄,也没有置田产,有清廉名,比较他同时的那些军阀大都腰缠千百万,总算难能可贵。"[1]董必武之评语,实为吴佩孚一生盖棺论定。

(原载《历史教学问题》2015 年第 3 期)

---

[1] 董必武:《日寇企图搬演新傀儡》,《群众周刊》第 2 卷第 15 期,1939 年 2 月 21 日。

日本侵华的"以战养战"政策

单冠初*

20世纪30—40年代的日本侵华战争之目的,同一切帝国主义战争一样,都是"力图奴役其他民族,掠夺殖民地,以获得原料产地和资本输出场所"[1]。我国史学界已有众多著述从政治、军事、文化等方面作了深刻阐述,本文着重对影响并制约这场战争的日本对华经济掠夺政策——"以战养战"政策的确立、展开过程、主要特征与作用、破产原因等作一评述,以就教于史学界同行。

一、"以战养战"政策的确立及其掠夺体制的形成

"以战养战"是日本军阀集团为其侵华服务的、特别是战争转入长期化后,为解决战线过长、补给困难、国力衰竭等困境,作为"国策"确立的战争指导和经济掠夺政策。其直接意图就是"征服中国并利用其资源"[2],通过"在中国的占领区内实行残暴的掠夺,用以供给它进行侵略战争的需要"[3]。它的出笼,不但反映了日本垄断资产阶级的掠夺野心和对外扩张的经济动因,也暴露了日本帝国主义及其战争经济的虚弱本质。

战争爆发不到一年,毛泽东就精辟地指出:日本的长处是其战争力之强,即拥有"强的军力、经济力和政治组织力"。但它也有难以克服的致命短处,除"战争本质的退步性、野蛮性"和"国际形势之寡助"外,还有"国度比较地小,其人力、军力、财力、物力均感缺乏,经不起长期战争"等"先天不足"[4]。据统

---

* 单冠初,2003年1月博士毕业于复旦大学历史学系,现为上海师范大学教授。
[1] 中共中央马克思恩格斯列宁斯大林著作编译局:《列宁全集》第21卷,人民出版社,1959年,第324页。
[2] 远东国际军事法庭编:《远东国际军事法庭判决书》,张效林译,群众出版社,1986年,第174页。
[3] 《毛泽东选集》第2卷,人民出版社,1991年,第586页。
[4] 同上书,第448页。

计，1936年日本各种军需品原料的自给率分别为：铁砂23％，铣铁70％，铜59％，铝30％，棉花20％，铅8％，锡29％，锌29％，煤油8％，羊毛5％；橡皮、石油、镁、锑等几乎完全依赖国外[1]，而盐、大豆、生丝、油料、煤、生铁、谷物等历来主要从中国输入。这种主要的工业原料和粮农产品，特别是军需原材料的匮乏及严重依赖外国，是日本战时经济的致命弱点。

1938年秋，日本短期内迫使中国投降的梦幻已告破产。中国内部非但没出现分崩离析的情况，反而在国共合作基础上，形成了团结御侮、一致抗日的局面。而日本在占领华北、华中许多大中城市的同时，战线已拉长到了国力难以为继、军需难以保障的地步。日本统治集团一方面不得不承认"中日战争离结束之期尚远"，"必须准备长期战争"[2]；另一方面则在加紧扶持伪政权，用"以华制华"的政治进攻来迫使蒋介石屈服的同时，推出了"以战养战"的经济进攻政策。是年5月，日本首相近卫文麿对内阁进行了大幅度改组。新任外相宇垣一成上台伊始便宣称："日本内阁须在它的政治、经济和外交政策上，重新加以决定，以应付由长期战争所产生之环境。"[3]6月，近卫的智囊团昭和研究会中国问题研究所在《关于处理中国事变的根本办法》的密件中提出："事变的长期化已不可避免，而且世界上的国际形势，特别是东亚的国际形势，越来越险恶，我国的国民负担越来越加重。"因此日本的当务之急是：在国内，"确立战时政治经济体制"，"特别是必须迅速设立对华国策的综合机构"。在国际，要避免与列强"摩擦"，"积极地打开同他们的关系"。在中国，军事上要彻底打击"国民政府"；政治上要"加强在中国各地建立亲日满新政权"；经济上"适应于日满华的政治集团体制，向形成日满华的经济集团、通货集团的目标前进"，而"开发中国经济，必须考虑对已定的日满经济开发工作发生补充作用……同时，考虑把经济开发计划从属于目前进行战争的目的"[4]。7月，日本五相会议通过《从内部指导中国政权的大纲》，提出："经济开发与交通建设必须有利于确立日满华三国的国防"，"不遗余力地完成军事任务"[5]。以上谈话和文件表明，日本统治集团已认识到，"现在之战争，乃经济战或思想战"[6]，开始将其侵华方针从前期的偏重军事进攻，逐步调整到军事、政治、经

---

[1] 延安时事问题研究会编：《战争中的日本帝国主义》，解放出版社，1939年，第165页。
[2] 同上。
[3] 同上书，第58—59页。
[4] 复旦大学历史系日本史组编译：《日本帝国主义对外侵略史料选编(1931—1945)》，上海人民出版社，1983年，第264—271页。
[5] 同上书，第273—274页。
[6] 延安时事问题研究会编：《战争中的日本帝国主义》，第168页。

济、外交并重的轨道上来，同时也意味着"以战养战"的经济侵略政策大体形成。

进入相持阶段后，中国广阔的正面战场和日益活跃的敌后战场，更给日本造成了极大麻烦。其经济自1939年初从顶峰下滑，国家黄金贮备和现金已感衰竭。"历年所积贮的资源，尤其是军需原料已快用罄。经常产品，又不够供应需要。"[1]"贸易的统制、消费的节省，只是一种暂时的补救办法。而伴着此等政策俱来的贸易的恶化和物价腾贵，将促使日本经济崩溃。"[2]长期战争对日本人民的压榨，使平民叫苦连天，厌战反战情绪增长，一般资本家蒙受巨大损失，连那些已入侵中国的大工商资本家，也对其财产的损失及军方统制和独占中国市场、原料等深感不满。在华日军面对几被战火破坏殆尽的占领地经济和人民的拼死反抗，已难靠赤裸裸的暴力掠夺实现其预期目标。因此，日本统治集团急于用所谓"经济开发""经济建设"等更具欺骗性的名目，抓紧搜刮中国的财富，企图"利用中国资源以克服中国，从占领地搜刮得来的利益，以补偿其军费的不足"[3]、资源和物资的紧缺。正如毛泽东所指出的："不管怎样，日本灭亡中国的根本目的是决不会变更的。日本对中国正面大规模军事进攻的可能性，或者不很大了；但是，它将更厉害地进行其'以华制华'的政治进攻和'以战养战'的经济侵略"，这是"敌人目前的主要政策"[4]。

在"以战养战"政策确立过程中，日本内阁相继设立了集国家资本和财阀于一体的"国策会社"和中央机关。1937年10月，设立企画院并在内阁设置以企画院长青木一男为委员长的负责审议涉华重要经济事项的决策机构——第三委员会。次年4月底，第73届国会颁发了成立"华北开发股份会社"和"华中振兴股份会社"的第81、82号法律。10月，设立由首相任总裁，外、藏、陆、海四相为副总裁的中央机关——"兴亚院"（曾有定名"对华经济事务局"之议），从而结束了由日本军部依靠国家垄断资本直接领导经济侵略的时期。11月，吸收日本私人资本参加的华北开发、华中振兴会社正式成立，成为"兴亚院"在华北、华中的"国策会社"。两会社下面，先后设立了许多行业子公司，如华北交通、钢铁、煤炭、电力、电信电话、盐业，华中矿业、盐业、铁道等公司。此外还有"中国联合准备银行""中央储备银行"（简称"联银""储银"）等金融机构，以及"日华经济协议会""日满支经济恳谈会""地方日华经济协会""对华问题调

---

[1] 延安时事问题研究会编：《日本帝国主义在中国沦陷区》，解放出版社，1939年，第2页。
[2] 延安时事问题研究会编：《战争中的日本帝国主义》，第168页。
[3] 埃德加·斯诺：《日本能达到侵华目的吗？》，《党史通讯资料》1985年第3期。
[4] 《毛泽东选集》第2卷，人民出版社，1991年，第583—584页。

查委员会"等官方、半官方或"民间"协力机构。这些形形色色的公司、银行和协会，就像一条条插入沦陷区各重要经济部门的吸管，贪婪地吮吸着中国的各种资源。

随着"以战养战"政策及其经济掠夺体制的大体形成，近卫于1938年11月3日发表讲话称："日本对华政策的新阶段业已来临"，实行"经济合作"，"开发中国的天然资源"，"就是实现树立日本在东亚的'新的理想的秩序'的目的底基本步骤"。"华北开发股份会社和华中振兴股份会社，就是为实施日本国策而设立的。"[1]当天的第二次《近卫声明》，也把实现中日"经济的结合"作为其所谓的"新秩序的建设"的重点之一。由此可见，近卫所谓"善邻友好""共同防共"和"经济提携"三原则，不过是全面掠夺中国经济的一个信号，表明日本的对华"经济战"已转入由军部和政府制定总政策、由国家垄断资本和私人垄断财团提供资金、技术的"举国一致"的总力战时期。同时，也表明日本侵略者孤注一掷，力图在泥潭化的中国战场拼死挣扎，以逃脱中国全民族抗战汪洋大海的灭顶之灾。

二、"以战养战"的主要手段及其后果

日本"以战养战"政策主要有以下手段和特点：

第一，尽量利用中国伪政权及沦陷区原有经济机构和组织，把"以华制华"和"以战养战"结合起来巧取豪夺。

"以华制华"是日本侵华的基本方针，也是它长期对华经济侵略的一个惯用手法。从早期的控制、利用中国军阀政权或地方势力来实施经济渗透，到"九一八"以后在东北、内蒙古及华北扶植伪政权来开展经济掠夺，无不具有这一特征。进入全面侵华时期，特别是进入相持阶段后，这种政治进攻和经济进攻互相促进、互相依存、互为保证的特征，愈发显得广泛和明显，并集中反映在两个层面上。

一是扶持和利用伪政权来推行掠夺政策。日本一方面让华北、华中伪临时政府和伪维新政权颁发一系列统制经济的政策法令，与它们订立了一批合作"开发"资源、"发展"经济的协定，使之带上"合法""平等"表象；同时又把侵占的部分建筑、厂矿、铁路、银行等转给伪政权，"借给"开发资金，令其充当"中日合办"事业的中方代理人，进而达到控制沦陷区重要经济部门的目的。"联

---

[1] 远东国际军事法庭编：《远东国际军事法庭判决书》，第172—174页。

银""储银"等就是这一手法的产物。

二是以"中日合办""经济提携"为幌子,胁迫和"利用原来的资本集团,使它们对各个政权的政策表示合作"[1]。1938年2月"联银"成立时,日方就计划由日本兴业、横滨正金及朝鲜银行共同对伪临时政府贷款1 250万日元,再纠合伪河北省银行、冀东银行,拉拢中国、交通及"北四行"出同额资金"合办"。后因中、交及"北四行"均拒绝参与,其利用中国金融资本共组"联银"的阴谋才未实现。1940年,日方又以"合办"为条件,名义上将强占的中国产业"发还"中方,再让中方以"现物投资"搞"中日合办"。这种"合办"形式,乃是战时日本对中国工矿企业五大主要掠夺手段(军管理、委任管理、中日合办、租赁和收买)中,控制面最广(包括"统制企业"和"自由企业")、控制企业最多、欺骗性最大、维持时间最长的一种。除华北开发和华中振兴会社外,日本在占领区的绝大部分企业,包括这两个会社的全部子公司,都打着"中日合办"的幌子。其用心,除借此鼓吹"经济提携""共存共荣"外,主要还是想充分利用中方的"地利人和"及资金、生产和管理经验来服务其侵华战略。如华北交通会社实收资本23 970万元,而中国原有铁道设备、器材等折算资本却达14 970万元;华北电信电话会社实收资本2 000万元,中方折资达1 200万元;中方资本占华中振兴各子公司实收资本的比重,多者100%,少者也有54%,平均比重高达66%。连曾任该会社经理的儿玉谦次也承认:"日本方面虽应提供现金资本与技术,但严格说来,目前所实际提供者仅技术而已。"[2]在对中国农产品的掠夺中,日本也强调"积极利用中国方面的收购机关"[3],其沦陷区所有粮棉统制机构,也无一不把当地粮栈、棉行及米面、轧花、纺织等工厂、作坊纳为基层组织。1942年9月成立的"华中棉花统制会"下属57个厂社中,中方厂社就有31个[4]。

通过以上手段,日本把伪政权和中国民族资本及其原有生产、流通机构,都纳入其掠夺体系。连华北开发会社这种挂着日本法人名目的"国策会社"的相当部分资产,也是中方产业折算的"现物投资"。日本政府的所谓"投资",就是北宁、津浦、平汉、正太、胶济等路及车辆、电信设备等折合的3 058万余日元[5]。

---

[1] [日]外务省编:《日本外交年表及主要文书(1840—1945)》(下),原书房,1969年,《文书》第391页。
[2] 陈真、姚洛合编:《中国近代工业史资料》第2辑,三联书店,1985年,第441—442页。
[3] 日本防卫厅战史室编:《华北治安战》(下),天津市政协编译组译,天津人民出版社,1982年,第330页。
[4] [日]华中经济年报刊行会:《华中经济年报》1942年第2辑,第278页。
[5] [日]中村隆英:《战时日本之华北经济支配》,山川出版社,1983年,第168页。

第二，根据华北、华中等地的具体状况采用不同的掠夺政策和手段。

在日本帝国主义心中，东北已是其独占的殖民地和全面侵华的战略基地；华北沦陷区则是战前就着力经营的、仅次于东北的准后方，其在当地的控制力也较强；而华中则因接近战区、日军控制力有限且美欧各国权益错综复杂，无法像东北、华北一样吞食。因此，对上述各地的掠夺政策和手段也有明显差异。1938年5月，在讨论设立华北开发会社的"华北经济开发综合委员会"首次会议上，该委员会委员长石本五雄便明确提出："华北的地位立足于补日满之不足，及从侧面援助日满枢轴，再不足则求之于华中。资金的提供也应按内地（指日本国内——笔者）、满洲、华北、华中为序。关键是以内地为中心，及不妨碍满洲之计划。"〔1〕在具体做法上，日本对华北是投入较多资金、技术加紧"开发"，对华中则主要着眼于"战后经济之振兴"。这也正是华北开发和华中振兴两个会社名称差异之由来。从对两地投资看，1936年底，华北、华中各为43 260万日元和53 362万日元，分别占日本对华总投资的43.5%和53.7%。但到1938年末，对华北投资激增至102 540万日元，翻了1.37倍，比重也上升为60%；对华中则只增0.19倍，占比反而降到37.1%〔2〕。从统制方式看，在华北，特别是占领初期较多采用军管理形式；在华中则较多采取委任、租赁、收买和"中日合办"等方式。

在金融方面，日本侵占华北后即着手统一金融，通过成立"联银"，发行"联合票"，颁布《整顿旧通货办法》《取缔扰乱金融办法》等法令，很快将华北金融纳入了日元体系。而在华中，直到太平洋战争爆发都未全力统一金融，日伪发行的"军票""华兴券"和"储备券"，或者长期不许兑换日元，或者与法币相联。目的就是要利用法币的信用和兑换性来套取外汇，抢购物资，扰乱中国的金融体制。而它在华中的掠夺也更加"竭泽而渔"。华中的粮食首先被用于"对日本、华北、华南、满洲及南方（指印支、南洋地区——笔者）各地实行圆满供给"〔3〕；主要铁矿所产铁矿石的85%以上被掠往日本〔4〕——这也是华中振兴会社将资本大部投入交通运输业的重要原因。应当说，这种因地而异的掠夺政策和方法，在一定程度上缓和了日本战争经济在资金、物资等方面的极度紧缺状况。

---

〔1〕［日］满铁调查部：《华北产业开发计划资料》（总论），第347页。

〔2〕［日］君岛和彦：《日本帝国主义对中国矿产资源的掠夺》，《日本帝国主义下之中国——中国占领地经济研究》，乐游书房，1981年，第239页。

〔3〕［日］华中振兴股份会社调查部：《华中土产物收购机构之现状》，1943年，第9页。

〔4〕［日］君岛和彦：《日本帝国主义对中国矿产资源的掠夺》，《日本帝国主义下之中国——中国占领地经济研究》，第242页。

第三,随着战局和国外国内形势之变化改换掠夺机构和方式。

战争初期,日方对华经济掠夺的先锋是军部和国家垄断资本的宠儿、以"满铁"为背景的临时性"国策会社"——"兴中公司"。根据在华日军的要求,当时对华北实行的是一个行业委由一个日本专业财阀协营的"一业一社主义"。战争转向长期化后,日方就决定以正式的"国策会社"取代"既无专门技术"和"积极的物资调达能力,又不能调动协作公司积极的开发热情"[1]的兴中公司。新的"国策会社"——华北开发和华中振兴会社不但吸收伪政权和中方资本"合办",还广邀日本私人资本投资,开始推广"一业数社主义",并从在华日军和国家垄断资本独占沦陷区经济的"军管理"阶段,转为日本私人资本也可"自由进出"、协同掠夺的新阶段。这一变化既反映了日本"国内资本家拼命反对满铁垄断大陆"[2]、各大财团争夺中国经济和资源经营权的激烈竞争,也满足了对华侵略、掠夺进入长期化、全面化后,日本军阀集团期望国内资本家协力的要求。及至太平洋战争爆发,尤其是1942年日军在中途岛、瓜岛战役惨败,丧失海空主动权后,其掠夺方式又有了较大变化。在煤炭方面,鉴于海上运输频频受袭和船舶严重不足,它把过去将大部分煤炭运往日、"满"的"单向方针",改为"确保日满及现地制铁原料"的"双向方针"。日本东亚省曾计划,1945年度供给"满洲"、华北、华中的华北煤将占总供给量的80.8%,其中留给华北制铁业的占15.1%,首次超过计划运往日本的比例[3]。而制铁业也开始注重在沦陷区扩大生产。如华北开发会社和日本制铁会社曾各出资1亿日元组建华北制铁股份会社,计划到1945年建成制铁厂。1942年底,日本内阁甚至决定向国外移设化矿炉,兴建小型化矿炉。除朝鲜、"满洲"外,计划在华北新建59座20—250吨的化矿炉,至1944年5月已建成53座[4]。这也说明,日本在新的形势下更加重视中国沦陷区在太平洋战争中的基地作用,对华经济侵略政策也被置于其整个世界战略之上了。

综上可见,"以战养战"政策的核心内容就是以武力为手段,在沦陷区开展各种名目的巧取豪夺,以期达到支持长期侵华战争进而争霸世界之贪欲。这一野蛮的侵略政策,不仅给中国经济带来了巨大损害,也把中国人民,尤其是

---

[1] [日]君岛和彦:《日本帝国主义对中国矿产资源的掠夺》,《日本帝国主义下之中国——中国占领地经济研究》,第230页。
[2] 解学诗:《兴中公司与七七事变》,《社会科学战线》1987年第3期。
[3] [日]君岛和彦:《日本帝国主义对中国矿产资源的掠夺》,《日本帝国主义下之中国——中国占领地经济研究》,第263—264页。
[4] [日]大东亚省:《华北、蒙疆产业视察团报告》(1944年),第15页。

沦陷区人民推入了痛苦的深渊。

侵华期间,日伪金融机构发行了天文数字的各类伪币。到1943年6月,"军票"发行超过35亿,按当时汇率计算,仅此一项便接近了中国战前法币发行总额的14亿余元[1]。而"联银"和"储银"发行的纸币更是高达6 600亿元[2]。这些超发的伪币,不仅给中国金融业造成巨大损失——据国民政府财政部统计,1940年报告到部的46家银行损失超过2.5亿元,全国金融业损失达4亿元之巨[3],还造成了沦陷区特别是华中沦陷区极度的通货膨胀。

工矿方面,日本不仅夺占了沦陷区所有煤矿、炼铁、炼焦、电力、电灯及盐场、水产、机器缫丝业,还控制了棉纺业纱锭、线锭和布机数的各60%左右及面粉产量的90%、造纸业资本的80%左右[4]。据国民政府财政部统计,全国已注册工厂损失达53 700万元[5]。日本的掠夺政策还造成沦陷区民族工业衰败和工交业畸形发展。如华北开发公司的31家子公司,全部集中在交通、电力和煤、铁、粮、棉、盐方面,竟无一家机械制造公司。上海原有的一些重工企业,则被"改造"为主要从事机车、车辆和运输船舶的修理等。其片面增加铁路货车,还造成铁路运输客货车比例严重失调。1939年,江南沦陷区各线的客货车比已从战前的1∶3.4扩大为1∶11,津浦线的比例竟高达1∶23,与华北基本相同[6]。原以客运为主的宁沪等5线,也被改为货运为主的掠夺线。

日军为消灭抗日力量及确保"现地自活"用粮,不但对解放区进行频繁的"讨伐""扫荡",大肆掠夺根据地的人、财、物力,还在沦陷区、游击区实施竭泽而渔的征收、征购政策。1944年,日伪在江苏吴县总堂乡规定的糙米征购数竟达总产量的65%—75%[7]。其在各地的横征暴敛造成民生困苦,经济艰难,以至于日军也认为:"治安地区的民众,尤其是准治安地区的民众,数年来担负双方过重的战时负担,以致生产下降、壮丁缺乏、牲畜减少,深受战祸之害,农

---

[1] 陈建智:《抗日战争时期国民政府对日伪的货币金融战》,《近代史研究》1987年第2期。
[2] 据李安庆《试谈汪伪政权的中央储备银行》《伪中国联合准备银行浅析》得出。详见《历史档案》1982年第4期、1984年第1期。
[3] 陈建智:《抗日战争时期国民政府对日伪的货币金融战》,《近代史研究》1987年第2期。
[4] 陈真、姚洛合编:《中国近代工业史资料》第2辑,第440页;第1辑,第85页。
[5] 同上。
[6] 李秀石:《论日本对我国华北和华中沦陷区的经济掠夺》,《世界史论集》1986年,第256页。
[7] [日]浅田乔二:《日本帝国主义对中国农业资源的掠夺》,《日本帝国主义下之中国——中国占领地经济研究》,第105页。

村经济破产,几乎陷入饥饿的困境。"[1]在城市,日伪将市民配给粮减到难以糊口的程度。1942年7月到1945年8月,上海每人的"户口米"只有310斤,平均每天不足3两。在华北,米面被列为军用粮,中国民众只能吃杂粮和麸皮掺上树皮、草根等磨制的"混合面"。由于长期食用这类"代用食品",导致普遍的饥馑和死亡。据沦陷区报纸透露的极不完全统计,1943年北平日均冻饿而死者达300多人。上海在1942年2月的几天内,有800多人死于饥寒交迫[2]。

日本对中国沦陷区的狂征暴敛,在一定时期即某种一定程度上对其战争经济起着补血充气的作用。滥发的伪币和收掠的法币成为其军费和掠夺资金的重要来源。从1942年6月到次年10月,伪"储银"共收敛法币77 500万元,供给日方61 500万元中,有45 200万元直接给了日本陆海军。同期,伪"稳定法币资金委员会"将回收的法币7 600万元,以半价售给日军抢购战略物资。1944年1—9月增发的"储备票",90%用来充当日本政府的国库准备金,而后者几乎全部化作了军费[3]。1939年,伪"联银"以3亿"联合券"作为春耕贷款,在华北各地掠夺麦、棉。1943年又用该券在河北密云等县强购粮食3 738吨;在天津强购棉花2万—3万担运往日满地区;在河南征购熟铜20万斤、秋粮近10万吨和几个县的全部棉花[4]。另据美国战后统计,1943年日本国内铁矿石、铣铁、煤和盐的产量各为383.8万吨、380.6万吨、5 553.8万吨和45.7万吨,而同期从中国各地的"输入"量却达到368.6万吨、113.4万吨、602.9万吨和155.6万吨[5]。算上掠往伪满的数量则更多。正是通过这种穷凶极恶的掠夺,华北开发、华中振兴两会社的资产也分别从成立时的3.5亿日元和1亿日元,增至1940年的5.49亿日元和1.5亿日元[6]。伪"联银"和"储银"的财产,据战后国民政府接收时清点,计有黄金72.35万两、白银763.9万两、银元37.18万枚、美元1 570万元、英镑2.7万镑、日元1亿元、日本公债

---

[1] 日本防卫厅战史室编:《华北治安战》(下),第391—392页。
[2] 刘惠吾、刘学照:《日本帝国主义侵华史略》,华东师范大学出版社,1984年,第158—159页。
[3] [日]柴田善雅:《日本帝国主义对中国沦陷区的通货金融统制》,《日本帝国主义下之中国——中国占领地经济研究》,第350—352页。
[4] 李安庆:《伪中国联合准备银行浅析》,《历史档案》1984年第1期。
[5] U.S Strategic Bombing Survey — Pacific War Report No. 53, "The Effects of Strategic Bombing on Japan's War Economy", U.S. Government Office, December, 1946. 美国战略轰炸调查团报告:《对日本战争经济进行战略轰炸的诸效果——日本战争经济的崩溃》,正木千冬译,日本评论社,1946年,第58—59、223页。本注译自日文版。
[6] 刘惠吾、刘学照:《日本帝国主义侵华史略》,第162页。

20亿元、贴现票据520亿元及大量房地产等[1]。

"以战养战"政策虽在一定程度上扩大了对华经济掠夺,给日本战争经济供养输血,同时也大大加深了其对华依赖性。一方面,战时日本政府制定的"物动计划"和"生产力扩充计划",都把中国占领区(包括伪满)定为其实施范围,尤其是钢铁、化工和轻工产品的增量都以计划从中国获取的煤炭、铁矿石、盐和棉花等作为重要依据。因此,对华掠夺之成效,不仅直接关系在华日军"现地自活主义"的成败,也直接影响其战时经济和战争力的强弱。另一方面,随着战争逐步扩展到亚太地区,以及世界反法西斯各国对日经济制裁及作战的升级,日本的战时对外贸易也日益偏集于亚洲尤其是中国。据统计,1936年日本对亚洲和中国的外贸输出约占其对外输出总额的二分之一强和四分之一,到1940年分别已占三分之二和二分之一以上,次年更增至五分之四和三分之二。而1942年以后的对外输出几乎全限于亚洲,中国则占85%—95%。同时,来自中国的输入总额也逐年增长,并日益占其对外需求的主要地位[2]。随着中国抗日力量和抗日斗争的不断增强、发展,日本对华"经济战"也日渐破产,并和"政治战""思想战""军事战"的失败交相作用,日益陷其于难以自拔的绝境。"以战养战"政策连同其服务对象,最终都被历史赶进侵略者自掘的坟墓中去了。

三、"以战养战"政策的破产及其主要原因

综观"以战养战"政策的开展过程,可以发现三个互相连接、逐步破产的阶段。

第一阶段:从战争全面爆发到进入相持阶段,是日本统治集团确定"以战养战"政策,构筑掠夺体制,为全面掠夺奠定基础的时期。此间,日方陆续制定了对中国各行业的具体掠夺政策,设立了临时性的统制机构,并着手筹建正式的"国策会社"和中央机关等。通过军事、经济及技术的集中投入,沦陷区的厂矿企业大多在1938年内被迫开工,但产量一般不到战前的一半,一开始就给日本的掠夺计划投下了浓厚的阴影。

第二阶段:从1938年11月华北开发和华中振兴两大"国策会社"成立到

---

[1] 详见李安庆:《试谈汪伪政权的中央储备银行》,《历史档案》1982年第4期,第134页;李安庆:《伪中国联合准备银行浅析》,《历史档案》1984年第1期,第136页。
[2] [日]中村隆英:《战时日本之华北经济支配》,山川出版社,1983年,第222—224页。

1942年底,是日本对华经济掠夺体制形成并全面展开巧取豪夺的时期。此间,日方基本形成了军部指导下的以两大"国策会社"为主体的遍及中国农、工、矿、商及金融、交通等各行业的统制、掠夺网。沦陷区农、矿业主要产品产量先后恢复或超过了战前水平,日方的掠夺量也明显增大。但也正是在此阶段中,所有农、矿产品产量及对日实际供应量又远未达到日本的预想。农产品的滑坡更是明显。1941—1942年华北日军征收的谷米只及华北谷米产量的15%,军用米现地调达率只达计划的一半左右。1940—1942年的小麦收购率均不到产量的4%。1939年的棉花产量和收购率只有上年的一半,以后又逐年下跌。在华中,芜湖、无锡、汉口等中国著名米麦市场的米麦上市量和成交量均成倍下跌,有的甚至几乎丧失了米市功能[1]。上述农产品的剧减,直接导致了当地的粮食危机和日商米、面、棉工厂开工率下降。因此可以说,在日本对华经济掠夺全面展开的同时,"以战养战"政策已率先在农业方面受挫,日军的"现地自活主义"已明显破产。

第三阶段:从1943年初到日本战败,是"以战养战"政策走向全面破产的时期。太平洋战争爆发后,日本的战线更长,战争消耗也更大。而美英等国继对日实行物资全面禁运等经济制裁后,又开始攻击日本海上运输船队,对日本本土实施战略轰炸。中国解放区在渡过最困难时期后,也加强了对日军的攻击作战和经济封锁,沦陷区的矿业、金融、交通运输业等随着农业纷纷从顶峰跌落,"治安"状况急剧恶化,日方所获各种物资全面减少。1941—1944年(4—7月),华北煤完成计划指标分别为99%、92%、76%和69%。中国最大的输日煤矿开滦矿1941—1945年的产量逐步减少,计划完成指数逐年下降,分别为101.6%、97.1%、93.4%、80.4%和56.5%,输日率也从60.9%逐年下滑到17.7%[2]。1943年,日方原计划在华北开采铁矿石700多万吨,但实际仅完成483万吨[3]。交通运输量也大幅度下降。1943年通过华北铁路输往日本的煤、铁矿石和盐等战略物资只有440万吨,比上年的700万吨减少近40%[4]。在对华掠夺量大幅度下跌的同时,日本国内的综合经济指数也从1943年起明显下落,重要的工业原料及机械、石油、化肥等产量锐减,日本的钢铁、纺织、农林等业全面减产。国际收入也在当年转盈为亏,国

---

[1] [日]浅田桥二:《日本帝国主义对中国农业资源的掠夺》,《日本帝国主义下之中国——中国占领地经济研究》,乐游书房,1981年,第141—144页。
[2] 同上书,第276页。
[3] 同上。
[4] [日]中村隆英:《战时日本之华北经济支配》,山川出版社,1983年,第330页。

民经济已濒于崩溃之边缘[1]。由此可见,通过侵略战争来"养战",依靠掠夺以"自活"的企图,不过是日本战争狂人的梦幻而已。"以战养战"这一为日本侵华战争服务的掠夺政策,从一开始就预示出而且果然没有逃脱出必败的命运。

日本"以战养战"政策破产的原因广泛涉及政治、军事、经济、文化和社会历史等因素。这里仅从经济角度分析中日双方及国际反法西斯战线三个方面的影响。

首先,中国人民特别是中共领导的八路军、新四军的敌后抗日斗争,是导致"以战养战"政策破产的决定性因素。其中对"以战养战"政策打击最大的主要有:(1) 开展对日物资禁运,破坏敌伪掠夺计划。苏北解放区政府 1940 年底曾公告人民"执行经济抗战,取缔走私品和敌货的投机,防止军用品的资敌,以粉碎敌人以战养战的毒计"[2]。当地不仅规定了各种物资的性质,对重要物资及输出入贸易实行专卖和统制,而且在通往敌占区的关口要道设置税务、检查机构,严禁"利敌物资"外运。每逢收获季节,抗日武装便帮助农民抢收抢运;获悉敌伪要来抢掠,便组织部队袭击敌伪征购队,或帮助群众坚壁清野,使敌伪从根据地掠走的物资大为减少。(2) 在敌占区设立地下收购、转运机构,与日伪争夺物资。新四军经济委员会设在上海、江阴等地的贸易局、办事处,每天购得物资达 20 万日元以上;南京有二十几家商店每月向江北解放区运送价值 40 万—50 万日元的棉布、食盐、石油及其他日用品[3]。这种卓有成效的对日物资争夺战,既增强了解放区的经济力,也扩大了日伪的物资缺口,打击了其统制政策。(3) 开展交通线的破袭战,攻击日伪运输车船。据统计,1938—1944 年,抗日军队每年袭击华北铁路达一两千次,多者每天十几次[4]。对华中铁路的袭击,1940 年为 97 起,1941 年 129 起,1942 年仅宁沪等 3 线就达 225 起,耗费日方线路维修费 100 万日元以上[5]。尤其是 1940 年 8—12 月百团大战期间,八路军共破坏石太、同蒲、平汉等线 940 多里,公路 3 000 多里及车站、桥梁、隧洞 260 多次[6]。这种对交通线的攻击,不仅阻碍

---

[1] [日]中原茂敏:《大东亚补给战——我国战力与国力之实况》,原书房,1981 年,第 79、110、29 页。

[2] [日]兴亚院华中联络部:《苏北共产地区实情调查报告书》(1941 年),第 146—147 页。

[3] [日]风间秀人:《华中解放区的形成及其抗日经济战》,《日本帝国主义下之中国——中国占领地经济研究》,乐游书房,1981 年,第 598 页。

[4] 同上书,第 450 页。

[5] 同上书,第 474—475 页。

[6] 中共中央党史研究室编:《中共党史大事年表》,人民出版社,1987 年,第 148 页。

了日伪军队和物资运输,造成其人力、物力损失,而且迫使其花巨资维修,加剧了日方交通运力的不足。(4)袭击敌伪物资征购组织和储运仓栈,破坏日伪工厂生产秩序。抗日军队常常袭击日伪征购组织——采运社、合作社及其办事处,攻击储运仓栈,夺回或毁坏被夺物资,还发动日伪企业的职工罢工、出走,破坏机械设备,制造废品等。这些都加剧了敌伪的掠夺困难及人力、物力、设备、资金的紧缺状况。

　　日本帝国主义的侵略政策包括"以战养战"政策也直接威胁着国民政府的财政、经济及统治地位。南京政府在七七事变后,先后颁布了《非常时期安定金融办法》《非常时期管理银行办法》《非常时期农矿工商管理条例》《购买外汇请核办法》《战时管理进出口物品条例》等一系列涉及所有重要企业和物资、资金的政策法令。同时,还在原资源委员会基础上,新设了贸易、工矿、农产调整委员会及外汇管理委员会、四联总处等金融、物资、生产、贸易等统制机构,并在国统区严查敌货,严禁资敌物资外运;在各战区设立经济作战处负责对日经济作战。国民政府还接受上海部分实业和知识界人士的提议,委派资源委员会主管上海等地的工厂内迁。据统计,到1940年底共向川、湘、桂、陕等内地省区迁入民营厂矿450家左右,物资12万余吨,技术工人12 100余人[1],为战时后方经济输入了强大的人力、物力和技术力。以上各种对策,既发挥了保护和保存国家经济建设力量,稳定国统区财政、金融和经济体制,保证战费来源和重要物资的供应,支持对日长期抗战的重大作用,也起到了破坏日本统制沦陷区财政经济,及掠夺中国资源、摧毁中国抗战经济的企图。

　　国共双方及其领导下的对日经济斗争,客观上是互相支持的,它构成了中国人民伟大抗日战争的一个重要内容。中国共产党及其领导的抗日敌后斗争,乃是粉碎日本以沦陷区为重点展开的"以战养战"阴谋的主力军,连日本侵略者也认为:"真正的抗日势力始终一贯的是中国共产党"[2],中共领导的敌后抗日游击队"是最有力的反抗者和扰乱者"[3]。

　　其次,中国人民的抗战还激发和加剧了日本"以战养战"政策及其执行机构间、实施过程中种种不可克服的矛盾。主要可概括为以下几个方面:(1)加剧了日本内部及日伪间的明争暗斗。除了本文已多次述及的日本军

---

[1] 陈真、姚洛合编:《中国近代工业史资料》第1辑,三联书店,1957年,第88、100、107页。其中内迁工厂数不包括公营、国营厂矿。
[2] 《彭德怀同志对美军视察组的谈话》,《中共党史资料》第11辑,第4页。
[3] [日]浅田桥二:《日本帝国主义下之中国——中国占领地经济研究》,第186页。

内、军政及军阀和财阀等的矛盾常常影响其掠夺政策的制定和实施外,伪统制机构及军警的不满也在一定程度上干扰了日本的经济战。如1943年成立的伪"全国商业统制委员会",因下属之日本厂商不允其插手而形同虚设;1944年伪上海统制会因生活必需品未获保证而拒绝为日军收购军米;1945年伪上海市政府职员和军警因口粮无着而怠工、哗变等。(2)利用、改编中国土著机构的失败。如作为日伪农产品征购基本组织的中国土著米、麦、棉行栈,或因反抗日军暴行、躲避日伪管制而逃离沦陷区;或因资金困难、日伪独占流通渠道,不愿也无法开展积极活动,从而造成其掠夺体系的"四肢瘫痪"。(3)竭泽而渔的洗劫造成农工矿业产能全面萎缩。1938—1939年,晋、冀、鲁三省的稻米种植面积只达战前的70%—80%,单位面积产量仅为战前的25%—30%。1940年的麦、棉产量各为战前的70%和25%[1]。湖北汉阳县1941年的主要农作物麦、棉、玉米产量更是只有1936年的28.3%、15.3%和10.1%[2]。而在战前中国制铁业中占有四分之一以上产量的土法冶炼,战时竟一直未达战前水平的30%。总之,日方竭泽而渔的掠夺,造成了生产必需的资金、设备和劳力的普遍短缺及运输力的严重不足,使其掠夺计划难于实现。(4)强制性低价征购引起沦陷区人民的极大反抗。1941年,日伪在湖北汉阳规定的主要农产品收购价,只及汉口市价的三分之一左右;上海市的统制价竟只及市价的20%—40%[3]。由于物价飞涨,统制价却固定不变,交售农产品的实际收入连年下降。这种以中国人民的巨大牺牲为代价的强征暴敛,必然引起后者的拼死反抗,进而导致"治安不良"地区不断扩大,以至于日军惊呼:"有关我军的自给物资及对日输出物资的开发,如无军方插手,工作就一筹莫展。"[4]据日方统计,1939年度因"治安不良"而不能进入市场的谷米约等于华北谷物产量的45%,个别地区,如阳泉、汾阳、临汾等,甚至高达100%[5]。

最后,国际反法西斯阵线的制日援华行动,特别是对日经济制裁,是加速"以战养战"政策破产的重要条件。

在国际反法西斯阵线中,苏联是最早实行制日援华政策并对中国抗日战

---

[1] [日]浅田乔二:《日本帝国主义对中国农业资源的掠夺》,《日本帝国主义下之中国——中国占领地经济研究》,乐游书房,1981年,第164页。
[2] 同上书,第178页。
[3] 同上书,第167—170页。
[4] 日本防卫厅战史室编:《华北治安战》(下),第326页。
[5] [日]浅田乔二:《日本帝国主义对中国农业资源的掠夺》,《日本帝国主义下之中国——中国占领地经济研究》,第170页。

争和世界反法西斯战争作出巨大贡献的国家。然因其战前就已中断了与日本的经济往来,所以本文仅述及美英等国的经济制裁给日本战争经济及"以战养战"政策的打击。

由于种种原因,美国在多年来对日本侵华的反应,基本停留在"道义谴责"和"道义禁运"范围,直到1939年7月对日政策才明显转向强硬,是月26日,美国政府声明废除持续了44年之久的《美日通商航海条约》,"这对日本真是个晴天霹雳"[1]。此后,美国对日经济制裁的手段日趋严厉:1940年6—7月,相继宣布禁止对日输出工作机械,对武器、军事器材和铝、镁、航空汽油、飞机润滑油、优质废钢铁等战略物资实行出口许可证制度;9月,宣布对日实行废钢铁禁运;1941年7月,又宣布冻结日本在美资产,对日实行石油等物资的全面禁运,并一度中断了进行7个月之久的美日秘密谈判。

1941年12月太平洋战争的爆发,标志着中英美苏为主的世界反法西斯阵线及"A、B、C、D"(美、英、中、荷)对日经济包围圈的最终形成。美国的对日政策进而从经济制裁扩展到政治、军事的全面交战。中途岛、瓜岛战役后,美国利用其在太平洋的海空权,频频攻击日本海上船队,基本断绝了日本国内军需生产不可或缺的铁矿石、铁矾土、橡胶、盐和石油等的海外供应。从1943年起,美军飞机还多次从中国华南基地起飞,数次轰炸日占区的铁路和港口,有力地破坏了日本煤炭运输计划的实现。除美国外,英国、荷兰、印度、马来西亚、缅甸和新西兰等国也先后参加了对日经济制裁。

由于本土资源贫乏,日本主要的工业、军需原材料和机械设备历来对美英依赖颇重。据统计,其石油95%靠进口,其中来自美国和荷属印尼、英属婆罗洲的各占70%和15%;铁矿石88%要靠海外输入,其中约90%来自马来西亚和中国,日本钢铁业原料中占50%—80%的废铁,有70%—80%依赖美国,工作机械一半要靠美、英、德提供;1940年,日本弹药的三大主要原料铜、铅和亚铅的缺口各达50%、60%和80%,所缺部分大部要从美国、加拿大及中南美洲国家输入[2]。由此不难看出,美英等国的对日经济制裁,对于日本的战争经济及对华的经济掠夺,无疑是一个重大打击。"以战养战"政策之所以在太平洋战争爆发后很快走向全面破产,与美、英等国全面实行对日经济制裁及军事作战有着密切的关系。正是在全世界人民,特别是中国人民在政治、军事和经济等方面的全力痛击下,到1944年底、1945年初,日本"国力的弹

---

[1] [日]服部卓四郎:《大东亚战争全史》第1册,张玉祥等译,商务印书馆,1984年,第21页。
[2] [日]中原茂敏:《大东亚补给战——我国战力与国力之实态》,原书房,1981年,第71—73页。

性已丧失殆尽了"[1],"基本丧失了继续作战之能力"[2]。日本帝国主义这个国际法西斯势力中最早迈出对外扩张步伐,最晚放下屠刀的侵略者,随同其种种侵略政策——包括"以战养战"政策,终于寿终正寝、彻底失败了。

（原载《历史研究》1991年第4期）

---

[1] [日]安藤良雄:《昭和经济史》,东京日本经济新闻社,1976年,第234页。
[2] [日]木户幸一:《时局收拾对策试案》,《日本外交年表及主要文书(1840—1945)》(下),第616页。

抗战军事史口述回忆的"蔽"与"弊"
——以台儿庄战役为中心的考察

金之夏[*]

口述回忆史料是历史研究重要的文献资源之一。有关民国时代的口述回忆数量庞大,呈现出很多档案记载所缺少的细致记述和个人感想,为历史研究者提供了丰富的细节与多样的视角。但是限于个人记忆、情感、政治立场与主观态度等因素,回忆者常常会有意无意间遮蔽一些内容,甚至在不同的时空条件下对同一件往事做出相反的回忆,这就使人们对口述史料的真实性、准确性及客观性产生了疑问。这些回忆会有意无意间误导相关研究,不利于我们客观地了解历史原貌。从这个意义上讲,口述回忆史料也有"弊端"。

1938年3—4月的台儿庄战役,是抗战初期中国军队取得的一次重大胜利,意义非同凡响,相关回忆及口述材料相当丰富。由于这次战役参战的中国军队构成复杂,将领背景、经历各不相同。出身或归宿不同的将领间回忆存在较大出入,这在一定程度上影响了战后的研究与评价。本文将以台儿庄战役为中心,梳理各种口述历史及回忆录的异同,参考相关原始档案,在考订部分史实的同时,揭示抗战军事史相关口述回忆常见的"蔽"与"弊",及其对学术研究的影响。

一、宏观叙述的选择

论述作战经过是战争回忆最重要的内容之一。由于个人所处位置和视角的不同,最高统帅、战区司令、集团军司令与军、师级将领的回忆有很大差异。在大型战役中,军、师级及以下军官多随部队行动,直接参与前线指挥,距离战场相对更近,全局视野相对狭窄。战区、集团军长官及参谋人员则多坐镇后方

---

[*] 金之夏,2016年本科毕业于复旦大学历史学系,现为牛津大学历史学系博士研究生。

司令部，宏观指挥，通过下属汇报了解具体战况，其回忆多表现得较为宏观，偏重于回顾整体部署及对整场战役的总结反思。对于作战经过，集团军以上高级指挥官的回忆多只选择性叙述最重要的部分，有时叙述内容的选择也受到主观好恶及人际关系的影响。

参加台儿庄作战的中国军队隶属第五战区，战区司令长官李宗仁对台儿庄战役的相关回忆颇值得关注。李宗仁是台儿庄战役期间中国军队的最高长官，其司令部设于台儿庄南面的徐州。他在战役期间多次前往台儿庄前线视察，他的回忆录对部署在台儿庄正面的第二集团军孙连仲部描述较多，就连他与孙连仲的对话都记得十分详细。其他地区的部队与战区司令部间仅依靠电报往来，李在回忆时未详细叙述它们的战斗经过，只是在战役总结中指出：台儿庄之胜利也有赖于三十一军在津浦路南段，以及张自忠、庞炳勋部在临沂的英勇作战。但对于台儿庄会战中的另一只重要力量——二十军团汤恩伯部，李宗仁不仅几乎没有提及其作战情况，且有着极为负面的记述[1]。

二十军团下辖52军和85军共4个师，在台儿庄战役期间主要担任迂回包抄的作战任务。1938年3月24日，当日军占领台儿庄北面的峄县、枣庄，开始向台儿庄正面进攻时，二十军团即奉令以东北山区为根据，与峄枣之日军展开激战。守备台儿庄的第三十一师在其战斗详报中指出："我汤军团自敬日(24日)来猛攻峄枣之敌，战斗甚烈。"[2]时任军训部长的白崇禧曾在徐州会战期间停驻第五战区协助指挥，他晚年接受口述访问时，除叙述孙连仲部在台儿庄与敌激战外，还提到："二十军团汤恩伯部也在峄枣线以东与敌激战对峙。"[3]而《李宗仁回忆录》中丝毫看不到相关叙述，仅有"汤军团在津浦线上与敌做间断而微弱的抵抗后，即奉命陆续让开正面，退入抱犊岗东南的山区"[4]。此后再未提及二十军团的作战情况，好似该军团一直潜伏于山区中无所事事。

3月27日，二十军团接到战区命令："放弃攻击峄县枣庄之计划，速以一部监视当面之敌，以主力向南转进以歼灭台儿庄之敌。"[5]汤部随即开始向新的作战位置转移。但此后两日的战况使汤恩伯判断敌主力仍在峄县一带，因此

---

[1] 李宗仁口述，唐德刚撰写：《李宗仁回忆录》，远流出版公司，2010年，第658—659页。
[2] 《第三十一师台儿庄战役战斗详报》，中国第二历史档案馆史料编辑部编：《台儿庄战役资料选编》，中华书局，1989年，第27页。
[3] 中研院近代史研究所编：《白崇禧先生访问记录》(上册)，台北"中研院"近代史研究所，1989年，第169页。
[4] 李宗仁口述，唐德刚撰写：《李宗仁回忆录》，第658页。
[5] 蒋纬国总编著：《国民革命战史：抗日御侮》第五卷，黎明文化事业公司，1978年，第142页。

汤恩伯除命52军派出3个团及山炮、战车迅速支援台儿庄外,要求其余部队仍在峄县附近占领阵地,继续牵制敌军主力。29日,汤恩伯接到第五战区进一步要求"迅速南下夹击之"的命令,全军随即调整部署南下[1]。而这时战场形势又出现了新的变化,原本攻击忻州的日军第五师团坂本支队受命驰援困于台儿庄的濑谷支队。该部日军于4月1日进入兰陵,对二十军团的侧背构成极大的威胁[2]。为此二十军团不得不调整部署,先行迎击坂本支队,留部分部队策应台儿庄正面战斗。战斗到4日,二十军团对坂本支队形成了一弧形反包围,遂对台枣支线的日军展开全线总攻,台儿庄正面战况得到缓解[3]。随后国军各部队均向台儿庄迅速靠拢,意欲歼灭被围之敌。至7日,台儿庄一带日军残部被迫全线撤退。

对于上述作战情况,身为战区司令长官的李宗仁无疑是了解的[4]。但他在回忆录中的记述却是:"自27日始,敌我遂在台儿庄内作拉锯战,情况非常惨烈。在此同时,我也严令汤恩伯军团迅速南下,夹击敌军。三令五申之后,汤军团仍在姑婆山区不进。"[5]其他将领的叙述就相对客观很多,如驻守台儿庄正面的第二集团军司令孙连仲在回忆中提到:"日军以台儿庄战争危机,乃急将临沂方面之坂本旅团、忻州支队星夜调动,于爱曲方面攻我汤军团之侧背,企图解被困之矶古师团之危。"[6]白崇禧也在其口述回忆中指出:"敌以台儿庄正面万分危急之际,乃将临沂方面之坂本旅团忻州支队放弃攻击临沂之计划,星夜转运至爱曲。攻我汤军团之侧背……汤军团迅速以关麟征部(52军)抵抗敌之攻击,复以周启军(75军)加入战场将其击破,仍回师围攻台儿庄之敌人。"[7]

台儿庄战役结束后,李宗仁曾向蒋介石发电:"汤军团长恩伯,指挥主力,迂回峄枣,行动敏捷,侧击敌军,果敢攻击,获取胜利之基础",称汤恩伯与孙连仲两人"忠勇奋发,指挥恰当,是以开国军胜利之途径,树袍泽奋斗之楷模"[8]。而

---

[1] 中国第二历史档案馆史料编辑部编:《台儿庄战役资料选编》,第101页。
[2] 详见日本防卫厅防卫研究所战史研究室:《中国事变陆军作战史》第二卷第一分册,田琪之译,中华书局,1979年,第37页。
[3] 参见《李宗仁致蒋介石密电》(1938年4月4日),中国第二历史档案馆编:《抗日战争正面战场(上)》,凤凰出版社,2005年,第674页。
[4] 参见中国第二历史档案馆编:《抗日战争正面战场(上)》,第668—670页。
[5] 李宗仁口述,唐德刚撰写:《李宗仁回忆录》,第659页。
[6] 吴延环编:《孙仿鲁先生述集》,孙仿鲁先生九秩华诞筹备委员会,1981年,第51页。
[7] 台北"中研院"近代史研究所编:《白崇禧先生访问记录》(上册),第170页。
[8] 《李宗仁电蒋中正台儿庄作战孙连仲汤恩伯忠勇奋发悬予特别褒奖》(1938年4月24日),台北"国史馆"藏蒋中正总统文物档案——革命文献 002-020300-00010-026。

《李宗仁回忆录》对二十军团的记述与评价则完全是负面的,这显然非记忆差错而是有意为之,该书的相关叙述曾被学者多次引用,以指责汤恩伯在台儿庄战役期间保存实力、徘徊避战,对早期有关台儿庄战役的研究造成了一定误导。

具体战斗情况的叙述

军、师级指挥官在作战中多随一线部队行动,他们有时并不清楚战场宏观形势、上级决策和友军状况,甚至存在误解。如52军第2师师长郑洞国认为:24日后汤恩伯因存在私心,拒绝南下围攻台儿庄之敌,而宁愿进攻对战局并无根本影响的枣庄[1]。但郑有所不知的是,彼时枣庄一带才是日军的主力所在,且汤恩伯要求军团所部进攻枣庄和峄县一带之敌也是因为得到战区下达的命令[2]。

对于军、师及更基层军官的回忆录,研究者看重他们对麾下部队战斗经过的回忆,这一部分描述往往会更加详细具体。但即便是回忆亲身经历之事,人们也难免出现记忆不清甚至错误的情况。日军战史记载:3月25日黎明前,濑谷支队一部在郭里集遭包围攻击,同时枣庄煤矿亦受到攻击。此后两日,日军濑谷支队主力受此牵制,始终徘徊于峄县、枣庄一带[3]。对于25—27日期间国军的战斗详情,现有的口述回忆为我们呈现了两种截然不同的叙述。

郑洞国回忆:"26日我奉命率第2师全力向枣庄外围发动攻击。按作战命令要求,第52军和第85军本应各以一师兵力从东、北两个方向会攻枣庄,但当本师在枣庄以东的开阔地势上艰难向前推进时,第85军只派出一个旅配合作战,而旅又只派出一个团,团只派出几个排在枣庄外围骚扰一阵后即撤走……第2师在枣庄激战两昼夜,将敌守军歼敌近半,一度占领了大部市区……后来有临城日军千余人赶来增援,演成胶着状态。"[4] 52军参谋长姚国俊的回忆与郑洞国相似:23日汤恩伯命令52军"与枣庄东北山区的第八十五军联系,准备从东、北两个方面协同向枣庄方面攻击前进"[5]。

---

[1] 郑洞国:《郑洞国回忆录:我的戎马生涯》,团结出版社,1992年,第196页。
[2] 沈家五:《台儿庄战役期间李宗仁密电选》,《历史档案》1984年第4期,第63页。
[3] 日本防卫厅防卫研究所战史研究室:《中国事变陆军作战史》第二卷第一分册,田琪之译,第34页。
[4] 郑洞国:《郑洞国回忆录:我的戎马生涯》,第196—197页。
[5] 姚国俊:《台儿庄一带作战记》,全国政协文史资料研究委员会编:《徐州会战——原国民党将领抗日战争亲历记》,中国文史出版社,1985年,第212页。

但85军军长王仲廉的回忆则与郑洞国完全不同：当时85军奉命分攻枣庄并袭击临城，其所部第4师自25日开始围攻枣庄，与日军奋战两日几乎全部占领枣庄，27日又与增援日军展开激战[1]。据第4师副师长石觉回忆，汤恩伯下达给各军的命令是：85军向枣庄攻击，52军向峄县攻击。两军均在24日、25日对目标展开了攻击[2]。52军第25师145团团长韩梅村也回忆："第五战区司令长官李宗仁令汤恩伯军团第八十五军由抱犊崮山区南下攻枣庄，第五十二军和第十三军攻峄县，威胁敌之左侧背。"[3]

几种口述回忆材料记述差距颇大，分歧点主要有二：进攻枣庄的中国军队究竟是关麟征52军第2师（师长郑洞国）还是王仲廉85军第4师（师长陈大庆）？52军得到的命令究竟是进攻峄县还是协攻枣庄？检视战时原始档案，无论是战前的作战命令还是战后立即上报的战斗详报都表明，枣庄攻击作战主要由第4师承担。汤恩伯曾向李宗仁报告：25日第4师向枣庄发起了进攻，而52军则在24日晚向峄县发起了进攻[4]。《二十军团鲁南各战役战斗详报》记载："（25日）我八十五军以第四师先占卓山、马山、黄山为根据，从东西北三面包围枣庄，于本日拂晓以前由该师第十旅之第十九团、第二十团突入枣庄猛烈攻击……（26日）第四师包围枣庄残敌……（27日）临城之敌，迭向增加，敌坦克车掩护步兵在枣庄与我第四师混战。"[5]而52军接到的任务确实是攻击峄县[6]，该军曾在24日下午下达命令："本军决于本晚（24日）推进至黄山九山一带地区，明日拂晓开始向峄县一带之敌进攻。"[7]

那为何郑洞国回忆第2师是受命向枣庄进攻？这需要进一步检视第2师的相关材料才能做出判断。根据军部先前部署，进攻峄县的任务主要由第25

---

[1] 详见王仲廉：《征尘回忆》，作者自印，1978年，第214页。
[2] 详见台北"中研院"近代史研究所编：《石觉先生访问记录》，台北"中研院"近代史研究所，1986年，第113页。
[3] 韩梅村：《刘庄、税郭和虎皮山战斗》，全国政协文史资料研究委员会编：《徐州会战——原国民党将领抗日战争亲历记》，第232页。
[4] 详见《李宗仁致军令部密电》（1938年3月25日），中国第二历史档案馆编：《抗日战争正面战场（上）》，凤凰出版社，2005年，第654页。
[5] 《第二十军团鲁南会战各战役战斗详报》，中国第二历史档案馆史料编辑部编：《台儿庄战役资料选编》，第97—98页。
[6] 《第二十军团鲁南会战各战役战斗详报》，中国第二历史档案馆史料编辑部编：《台儿庄战役资料选编》，第97—92页；孙建中：《国军革命军陆军五十二军军史》，台湾"国防部"史政编译室，2003年，第77页。
[7] 《第五十二军关麟征在鲁南战役战斗详报》，中国第二历史档案馆藏国防部史政局及战史编纂委员会档案787/7753。

师承担,第2师担任掩护及军预备队。当第25师在25日向峄县攻击时,第2师接到军部命令:"以一部佯攻枣庄,其主力向桃园双山以西地区活动,以截击由枣庄增援之敌,并对郭里集西窜之敌腰击之。"[1]次日晚,汤恩伯又电令52军该晚由马山、黄山向郭里集、南安城一带猛烈攻击,并专门说明"第二第四两师应切取联系协同动作"[2]。27日,第2师即攻达郭里集迄枣庄以东地区,并击溃了该地据守各点之敌千余[3]。第2师第7团团长刘玉章回忆:该团原奉令向峄县挺进,在峄县东之九女山与日军激战一日后,变更任务改向枣庄前进[4]。查阅地图可发现,峄县与枣庄相距仅十公里左右,第2师的作战区域已相当靠近枣庄。再加之有佯攻枣庄及联络第4师的命令,因此郑洞国有两师协攻枣庄的回忆在情理之中。而且他对85军的指责也并非空穴来风,该军自25日清晨自枣庄撤退到26日晚再次进攻之间,仅在25日晚派兵四连分两次向枣庄之敌袭击扰乱[5],这一区间正是第2师奉命在枣庄外围作战的时候,难怪郑洞国指责85军未予以配合。即便如此,郑氏回忆录中所言第2师"激战两昼夜""占领大半市区"[6]是与实情不符的,至于究竟是记忆偏差还是有意为之就不得而知了。

战场是一个风云莫测的地方,尤其对于进行运动战的二十军团,部队频繁转移作战,将领在多年后靠记忆还原详细战斗过程很不现实。在台北"国史馆"保存的录音记录稿中,石觉回忆台儿庄作战时只简单地谈到:"外围汤军团经常在敌人侧背攻击他们,但我们的后方又被敌人攻击,我们又得反过去打他们,因此我们十分辛苦,白天不停的战斗,夜晚不停的行军。"[7]而在《石觉将军访问纪录》中我们可以看到很多具体的作战信息。这些内容或由回忆者参考作战详报或私人日记所述,甚至是由他人事先准备好材料请回忆者进行补充和修改。在这种情况下,若参考资料本身在诸如时间、地点、部队番号、数量

---

[1] 《第五十二军关麟征在鲁南战役战斗详报》,中国第二历史档案馆藏国防部史政局及战史编纂委员会档案 787/7753。
[2] 《第二十军团鲁南会战各战役战斗详报》,中国第二历史档案馆史料编辑部编:《台儿庄战役资料选编》,第97—98页。
[3] 《第二十军团台儿庄作战纪实》,中国第二历史档案馆史料编辑部编:《台儿庄战役资料选编》,第177页。
[4] 刘玉章:《戎马五十年——刘玉章回忆录》,陆军印制厂,1977年,第77页。
[5] 《第八十五军王仲廉部在滕县、峄县、枣庄一带阵中日记》,中国第二历史档案馆藏国防部史政局及战史编纂委员会档案 787/7748。
[6] 郑洞国:《郑洞国回忆录:我的戎马生涯》,第197页。
[7] "国史馆"史料处编:《第二次中日战争各重要战役史料丛编——台儿庄战役》,台北"国史馆",1984年,第219页。

等细节上有误,回忆者不一定会发觉,由此致使口述历史或回忆录出现部分叙述内容上的模糊甚至错误。

二、敌情的判断

战争是双方互动的过程,作战的部署来自对敌方行动的掌握与预判。然而,这些判断并不都是准确的。当历史研究者试图还原双方作战过程时,仅仅依靠某一方亲历者的回忆往往无法真实准确地反映战争原貌。在利用口述回忆进行研究时特别需要注意两点:一是国军将领所做之敌情判断经常与日军实际行动并不相符,二是口述回忆中的判断并不一定是亲历者在当时所做的判断。

李宗仁在谈到3月22日汤军团奉命撤出津浦线正面后写道:"敌军果不出我所料,舍汤军团而不顾,尽其所有,循津浦路林枣支线而下,直扑台儿庄。"[1]但考察日方战史记载,可发现日军始终高度重视汤恩伯军团的行踪。时任日军大本营作战课长的稻田中佐战后回忆:"当得知台儿庄方面'出现汤恩伯军'的情报时,就担心情况要糟,因为汤恩伯军的出现,意味着蒋介石的主力决战来了。"[2]正因汤恩伯军团的存在及其行动,日军濑谷支队向台儿庄的进攻部队实为逐次派出,这极大地减轻了台儿庄防守部队的压力。

3月23日,日军攻击台儿庄的部队只有以步兵第六十三联队的第二大队和野炮一个大队为基干的混成联队。根据日军濑谷启支队长在23日夜间下达的命令,濑谷支队除一部进攻台儿庄、一部向临沂方向增援外,主力将在24日于临城、枣庄一带集结[3]。次日,面对二十军团对峄枣一带的攻击,日军决定"用攻台儿庄的现有兵力监视敌人,用炮兵压住敌人,以主力与郭里集附近之敌进行决战"[4]。

日军濑谷支队30日前一直试图找到汤军团主力予以歼灭,直到29日接到第十师团长命令后,主力才于次日南下参与台儿庄攻击。在这段时间,台儿庄正面的确遭到日军猛烈进攻。因此,中国将领认为日军主力已到达台儿庄者并非李宗仁一人。白崇禧曾在24日草呈敌情判断:"敌将以一部牵制我汤

---

[1] 李宗仁口述,唐德刚撰写:《李宗仁回忆录》,第658页。
[2] 日本防卫厅防卫研究所战史研究室:《中国事变陆军作战史》第二卷第一分册,田琪之译,第46页。
[3] 同上书,第33—34页。
[4] 同上书,第35页。

军团,而以主力攻略台儿庄,以崩坏我迂回军之旋转轴。"[1]他在晚年接受访问时也表示:"矶谷师团主力被孙连仲部吸引于台儿庄附近。"[2]甚至连所属二十军团的郑洞国部也认为 24 日"日军主力被我第二集团军吸引于台儿庄附近"[3]。

但深入考察档案会发现,部分事后回忆并非当时的判断。李宗仁曾在 3 月 27 日致电孙连仲:"台儿庄之敌约一混成联队,我军数倍于敌,早当解决,乃经数日战斗,台儿庄反被敌冲入一部,殊甚诧异,着贵总司令负责严督所部,限于二十九日前将敌肃清。"[4]30 日第五战区仍向最高统帅部汇报:"敌人主力在峄县,我汤军除一部监视峄县敌人,一部协攻台儿庄敌人外,大部在控置中。"[5]这表明李宗仁在战时对于进犯台儿庄的日军规模及部署有相对正确的认识,而非其回忆录所言:判断日军"倾其所有,直扑台儿庄"[6]。

在撰写战史回忆录或接受访问时,亲历者大都可以根据战时往来电报、作战日志等原始文献的帮助,准确记录在何时何地遭遇敌军及如何布置我军作战等,但对敌军行动意图的判断,仍存在很大的不确定性,特别是事后回忆容易存在后见之明等因素。因此,若要考察战时日军的战略及动向,最可靠的记载应是日军相关档案。当然这并不是说口述回忆内容就没有任何意义,这些判断可能与历史事实有出入,但是它们本身已经是历史研究的一部分。我们不能通过这些口述回忆来完整地还原日军的动向,但仍然有助于我们理解中方作战指挥的考虑,这或许是一般档案文献中看不到的。

三、数量的描述

在军事史研究中,双方部队的规模和作战伤亡情况都是研究者的重要考察内容。然而,无论是战时的作战记录,还是战后的新闻报道、回忆文章,都容易夸大敌情和歼敌数量。其原因是多方面的,或是为战时宣传,鼓舞士气,或

---

[1] 《第三十一师台儿庄战役战斗详报》,中国第二历史档案馆史料编辑部编:《台儿庄战役资料选编》,第 24 页。
[2] 台北中研院近代史研究所编:《白崇禧先生访问记录》上册,第 169 页。
[3] 郑洞国:《郑洞国回忆录:我的戎马生涯》,第 195 页。
[4] 《李宗仁致蒋介石等密电》(1938 年 3 月 27 日),中国第二历史档案馆编:《抗日战争正面战场(上)》,第 659 页。
[5] 徐永昌 1938 年 3 月 30 日日记,《徐永昌日记》第 4 册,台北"中研院"近代史研究所,1991 年,第 252 页。
[6] 李宗仁口述,唐德刚撰写:《李宗仁回忆录》,第 658 页。

是为凸显自身战绩等。

关于台儿庄战役的日军规模，很多口述回忆夸大日军的实际兵力。如郑洞国提到："日军号称精锐的第五、第十两个师团，一挫于临沂，二阻于滕县，三败于台儿庄。"[1]《李宗仁回忆录》则称顺临枣支线而下直扑台儿庄的日军约有四万[2]。当时报刊多报道国军在台儿庄面对的是日军两个精锐师团。而实际上日军仅派出临时组成的第十师团濑谷支队和第五师团坂本支队[3]，步兵计十个半大队，加之各类炮兵、工兵等，总人数约一万两三千，编制上不超过两个旅团[4]。在目前看到的口述回忆中，只有第4师副师长王毓文的回忆与实情较为相符："（日军）以加强混成旅团七八千人，指向台儿庄急进。"[5]

相对而言，口述回忆中对中国参战部队数量的叙述更具参考价值。战时国军编制相当混乱，尽管战前国民政府进行过数次整军，但地方各系军队编制仍没有统一标准，同样以师为单位，额定人数各有不同。加之国军兵员补充缓慢，无法通过参战部队的番号来准确判断参战人数。口述回忆中提到的各自指挥的部队兵力，恰恰可以弥补这方面材料的不足。如参加台儿庄战役的中国军队虽有14个师，但白崇禧即指出"我军参加徐州会战之前，多数曾参加上海会战或北方之战役，损失众多而未能及时整补，每师平均尚有战斗兵3 000人"[6]。

敌军的伤亡数字，比参战部队更难准确还原。即便是当时敌我各自上报的战斗详报等官方资料，对彼此伤亡及毙敌人数的统计也常有巨大出入。对于参战将领而言，一场战役的最终战绩多从军中通报了解，而国军虚报战果情况十分常见，歼敌数字大多存在水分。时任第八军军长的黄杰在日记里写道：

---

[1] 郑洞国：《郑洞国回忆录：我的戎马生涯》，第203页。
[2] 李宗仁口述，唐德刚撰写：《李宗仁回忆录》，第658页。
[3] 支队非正式编制，是为临时抽调部队组建，台儿庄战役中日军支队规模大致相当于旅团。
[4] 日军濑谷支队编制为：步兵三十三旅团司令部、步兵第十联队（约缺一个半大队）、步兵第六十三联队、独立机枪第十大队、独立装甲车第十、第十二中队、野炮兵第十联队（缺一个大队与两个中队）、临时野炮兵中队、临时山炮兵中队、野战重炮兵第二联队（缺一个大堆及联队级之一半）、中国驻屯炮兵联队第三大队（十五榴两个中队）、工兵第十联队一个中队，以及通讯兵、医院、汽车兵等。坂本支队基干力量为步兵第十一联队（约缺一个大队）、步兵第二十一联队（缺一部）、步兵第四十二联队的一个大队、野炮第五联队主力（两个大队为基干）、山炮兵一个中队。参见日本防卫厅防卫研究所战史研究室：《中国事变陆军作战史》第二卷第一分册，田琪之译，第28、32页。
[5] 台北"国史馆"史料处编：《第二次中日战争各重要战役史料丛编——台儿庄战役》，第241页。
[6] 台北"中研院"近代史研究所：《白崇禧先生口述纪录》上册，第175页。

"台儿庄鏖战八昼夜,我军大捷,歼灭日寇板垣、矶谷两精锐师团主力三万余人。"[1]时任国防最高会议委员的王世杰在日记中自记:"今午武汉接前线报告,我军在台儿庄附近,围攻敌军,敌板垣、矶谷两师团之主力一部分被我军歼灭,一部分突围逃溃。两星期以来,敌在台儿庄及其附近,损失当在两万人以上。"[2]由此二人的日记基本可推测当时军队及政府内战况通报的情况。新闻报道为鼓舞民心士气,夸大战绩的情况更为普遍。台儿庄战役期间,各大报纸均追踪报道,每日更新战况及战绩,前方将领及记者均可能夸大战果,新闻中常有"两昼一夜共歼敌四千余众"[3]"前夜我一度猛袭又毙其三千"[4]一类的表述。对于整场战役的战果,当时报纸多载:"敌伤亡在万人以上","敌之第十、第五两师团主力现已完全摧毁"[5]。这些数字被反复宣传和记载,对亲历者日后的回忆产生了不同程度的干扰。受上述因素影响,对于台儿庄战役日军伤亡人数,中国将领的回忆五花八门,最少认为"歼敌一万余人"[6],大多认为"敌军总死伤当在两万以上"[7],"歼敌两师团三万余人"[8],"总计我方战果,共歼敌三万余人"[9]。

而日方的记载与中方相差甚远,据日本华北方面军参谋部统计:第五师团2月20日至5月10日战死1 281,战伤5 478;第十师团自3月14日至5月12日战死1 088,战伤4 137[10]。其统计时间超过台儿庄战役作战时间,虽说在此前后并无大规模的作战,按该数据推算台儿庄战役日军伤亡人数也不过万。当然也不能简单认为日军的统计就一定准确,只是作为参考之一。另外从日军规模来看,参战日军两个支队总人数不过一万两三千,且在台儿庄战役之后并未完全丧失作战能力,据此也可以推测其伤亡情况。对于台儿庄战役日军伤亡人数,曾有学者专门进行过研究,在此不再赘述[11]。但各类口述回

---

[1] 黄杰:《淞沪及豫东作战日记》,台湾"国防部"史政编译局,1984年,第163页。
[2] 《王世杰日记》(1938年4月7日),台北"中研院"近代史研究所,2012年,第107页。
[3] 《申报》(汉口)1938年4月7日。
[4] 《大公报》1938年4月7日。
[5] 《大公报》1938年4月8日。
[6] 郑洞国:《郑洞国回忆录:我的戎马生涯》,第203页。
[7] 李宗仁口述,唐德刚撰写:《李宗仁回忆录》,第658页。
[8] 吴延环编:《孙仿鲁先生述集》,第51页。
[9] 王仲廉:《征尘回忆》,第321页。
[10] 日本防卫厅防卫研究所战史研究室:《中国事变陆军作战史》第二卷第一分册,田琪之译,第41页。
[11] 详见童屹立:《台儿庄战役及徐州会战中日军第十师团战死人数考究》,《军事历史研究》2010年第2期,第177—182页。

忆中的两三万无疑有夸大的成分,至于所谓"矶谷师团主力已被彻底歼灭"[1]就更是夸张之谈了。

四、思考与评价

参战将领在口述回忆时,常常会从一名军事指挥官的角度分析和总结战役。这部分内容对于历史研究者理解全局有很好的启发作用。在撰写回忆录或接受口述访谈时,人们都希望尽力展现自己好的一面,部分夸大自身战果或更多地将胜利归功于自己,同时有意无意间回避走麦城的经历。如李宗仁在分析中国军队胜利之道时就指出:"此点也可能是最重要的条件,便是我违背统帅部意旨,毅然拒绝将长官部迁离徐州。"[2]二十军团在腹背受敌的情况下得以转换攻势,重新将敌人纳入包围,姚国俊认为是"由于我 52 军处置得当,转用兵力迅速,对敌坂本支队形成反包围"[3],完全未提到协同作战的 85 军。在此并非全部质疑上述回忆内容的真实可靠性,但此类语言表述难免有刻意抬高之嫌疑。

有一点值得注意的是,亲历者在不同时代可能会留下不同的观点。这有多方面的原因,一是由于他们在事后掌握了更多信息,得以重新审视战争;二是也不排除受到此后其他政治因素的影响。郑洞国在战役结束当月呈报蒋介石的报告中写道:"欲予敌以歼灭打击,必使用可期必胜之兵力,敌台儿庄失败,困守枣峄,我因兵力不足,遂遗功亏一篑之憾。"[4]但他在 1980 年代末撰写的回忆录中却曾反思道:"我军在台儿庄击溃日军后,战区和前线指挥官满足于已有胜利,未尽全力进攻峄县,导致失去一次很好的机会。"[5]显然,解释有所不同。

主观性还时常体现在对他人的叙述与评价中。对于同一个事件或人物,不同的回忆者或许会给出截然不同的评价。仅举汤恩伯为例,《李宗仁回忆录》对他的评价前文已有提到。郑洞国认为在台儿庄战役中,"由于汤恩伯将军的犹疑,拖延了二十军团南下抄击台儿庄之敌的时间,待军团南下后,又受

---

[1] 李宗仁口述,唐德刚撰写:《李宗仁回忆录》,第 658 页。
[2] 同上书,第 663 页。
[3] 姚国俊:《台儿庄一带作战记》,全国政协文史资料研究委员会编:《徐州会战——原国民党将领抗日战争亲历记》,第 217 页。
[4] 《郑洞国呈蒋中正该师参与台儿庄会战经验关于用兵攻击防御等方面之所见》(1938 年 4 月),台北"国史馆"藏蒋中正总统文物档案———般资料 002-080200-00283-019。
[5] 郑洞国:《郑洞国回忆录:我的戎马生涯》,第 216 页。

临沂增援之敌的纠缠,以致未能全歼该敌"[1]。而石觉在口述时指出:"本次会战中争取外线转换态势之决定,实为军团司令汤将军统驭指挥之卓越表现,亦为而后获致胜利之基础。"[2]苟吉堂则评价:"汤军团长敏捷的处置,我们从研究战史的眼光来看,是那样的切合机宜。我们对于汤将军卓越的指挥才能,真是无限敬佩。"[3]

影响主观评价的因素是多方面的,其中有两点特别需要引起注意。一是因国民党内派系林立而形成的复杂人际关系。如桂系李宗仁与蒋介石长期不和,一生多次反蒋,故其回忆中对蒋多有指责,同样对蒋之嫡系中央军(如汤恩伯部)的战绩视若无睹,甚至刻意抹杀。王仲廉、石觉等人是汤恩伯亲信,长期追随汤,私交甚厚,自然对汤赞赏有加。二是口述回忆者评价人物、事件时受历史大环境的影响。1949年后,对于留在大陆的原国民党军将领,经过思想改造等历次运动,他们的思想甚至记忆受到极大影响。而在台湾,同样存在着白色恐怖,不能容忍任何亲共或不利于当局的言论。不同政治环境的约束不仅会影响回忆者对人物、事件的主观评价,还会影响其回忆内容的选择。留在大陆的几位将领(如郑洞国、姚国俊、覃异之等)均在回忆中对汤恩伯评价较低,或许与汤在中共宣传中臭名昭著的反共先锋形象不无关系。

一个人的记忆是有限的,很难完整、准确地表述几年前甚至是几十年前发生的历史细节。无论是自撰回忆录,还是接受口述采访,都同样存在这一问题。为了准确还原历史,回忆者往往会借助其他历史文献及研究来唤起记忆,如李宗仁和白崇禧在撰写回忆录时均向黄旭初借阅相关材料以帮助回忆[4]。然而,这其中难免会出现选择性寻找档案,选择性地描述记忆等问题,更难以排除所参考之材料本身既有的史实错误或自带立场。因此,我们在阅读和使用口述回忆时应注重那些与回忆者关系最密切的内容,正如所谓"谈亲历事情的真实性高于亲见,亲见又高于亲闻"[5]。表现在抗战史上就是,回忆者谈我军情况的真实性高于谈敌军;谈所辖部队情况真实性高于谈友军;对于高级军官来讲,谈战役宏观决策过程的真实性高于具体作战过程。

---

[1] 郑洞国:《郑洞国回忆录:我的戎马生涯》,第215页。
[2] 台北"中研院"近代史研究所编:《石觉先生访问记录》,第118页。
[3] 《第二十军团台儿庄作战纪实》,中国第二历史档案馆史料编辑部编:《台儿庄战役资料选编》,第180页。
[4] 黄旭初:《黄旭初回忆录》,独立作家,2015年,第341、342、344页。
[5] 王海晨、杜国庆:《影响口述史真实性的几个因素——以张学良口述历史为例》,《史学理论研究》2010年第2期,第62页。

主观性既是口述回忆的特色,也是其存在问题的根源。口述回忆在为历史研究提供丰富的细节和当事人内心思想的同时,也难以避免因人事纠葛、个人好恶、政治环境等各类因素造成的选择性叙述,甚至留下与事实截然相反的记忆。正因为口述回忆存在上述缺陷,这就对历史研究者提出更高的要求。研究者不能将口述回忆类史料作为研究的唯一依据,只有广泛搜集原始档案如战时电报、作战日志、个人日记等文献反复考证比较,才能真正利用并发挥好口述回忆在历史研究中的价值。

(原载《南京大学学报(哲学·人文科学·社会科学版)》2018年第4期)

国民政府对上海"孤岛"的商业管理

刘志英[*]

一

"孤岛"时期是指1937年11月中旬国民政府军队退出上海至1941年12月8日太平洋战争爆发。这一时期,日军占领了除两租界以外的上海其他地区,于是,两租界也就成为在日军包围下的"孤岛"。太平洋战争爆发后,日军开进两租界,英、美等外国势力及国民政府的势力彻底退出上海,从而宣告"孤岛"时期的结束。

在"孤岛"时期,由于日军千方百计的封锁,也由于国民政府的西迁和客观战事紧张,上海失去了像过去一样与国民政府的紧密联系。然而,国民政府仍在上海设有办事处,在与租界当局合作中,行使相当职能,处理上海的有关事务。对上海的商业,国民政府根据战时的经济形势与"孤岛"的特殊情况,由实业部负责(1938年3月后改由新成立的经济部具体负责),建立了一套适合于"孤岛"的战时商业经济管理体制。与战前相比,虽然国民政府对商业的直接管理减少,但在一些重要问题的处置上仍给予了高度的重视与直接的干预。这一时期上海商业管理一个突出的变化和特点在于,中央主管机构对上海"孤岛"商业的干预和管理多是原则性和政策性的,方式通常为监督与指导,而在具体的商业管理上,租界内的商会组织与各商业同业公会则发挥了比以往任何时期都更为重要的作用。通观国民政府在上海"孤岛"时期对商业的管理,主要集中在以下几个方面。

第一,为解决大后方的物资供应,国民政府利用"孤岛"的特殊条件,组织运销沿海国货到大后方。抗战军兴,后方纱、布等衣被原料至感缺乏,于是,由财政部农本局农产调整处在上海、香港等埠加紧采购国产纱布,截至1938年

---

[*] 刘志英,2002年博士毕业于复旦大学历史学系,现为西南大学历史文化学院教授。

12月底止，共收购棉纱9 915.2件、棉布128 569匹[1]。1938年7月，农本局在上海组设福生庄具体负责在沪收购棉纱、棉布并设法内运供应军需民用。1939年2—9月，该庄共收购棉纱5 732件、棉布42 165匹（其中包括少部分从湘、鄂等地收购的土布、土纱）[2]。据统计，农本局福生庄自1938年7月至1939年10月，共购进棉纱16 518件、厂布103 084匹，进货地点半数以上在上海[3]。浙东棉花产区，向为上海纱厂的主要资源，抗战以来，障碍丛生，农本局就与浙省之油茶棉丝管理处联合组设棉纱布统筹管理处，收购运销工作概由农本局主持。购入之棉花，除一部分运至后方外，一部分供给上海租界中的华商纱厂，借以换取棉纱、棉布，以补后方生产之不足。例如重庆一处，纱布不足，由农本局及其他组织自前方购运输入，在1939年上半年的6个月中共购得棉纱12 270件、棉布199 529匹，其数量犹过于已复工的纱厂之所产。农本局的工作不仅有益于前方供求关系的调整，亦有助于后方物价之平衡[4]。

1937年11月，国民政府在军事委员会下设贸易调整委员会（1938年2月改为贸易委员会，隶属财政部）。它既是实行外贸统制的行政机关，又是直接买卖军需和民食产品的国营贸易机构。1937年11月20日，贸易调整委员会在上海设立国货运销处，其主要任务是运销沿海国货工业品，到12月31日，仅一个多月时间，就运销价值为134万元的国货。国货运销处的具体业务是由国货联营公司主持的，该公司的前身是民族资本家在抗战期间自发成立的国货联合办事处，1937年5月，加入三分之一官股，改组成由官方控制的中国国货联合营业公司（简称联营公司），除代各地国货公司采办、运输大量日用百货以外，还负责运送大后方的物资。淞沪战争爆发后，联营公司遵照国民政府实业部的命令，为南京日用品批发所搬运大宗日用品。国货运销处成立后，联营公司又主持采办大量国货，通过长江水道运往武汉、重庆等地。广州、武汉沦陷后，国货联营公司虽然西迁重庆，但在上海设立了"建中申庄"，采购货物运往内地。1939年，后方物资更加匮乏，物价飞涨，12月，国民政府经济部在重庆设立日用品平价购销处，委托联营公司大量采办日用商品供应后方市场，

---

[1] 中国第二历史档案馆编：《中华民国史档案资料汇编》第五辑第二编财政经济（五），江苏古籍出版社，1997年，第96页。
[2] 同上书，第125—126页。
[3] 同上书，第166页。
[4] 《经济部二十八年上期工作进度口头报告》（1939年），重庆市档案馆馆藏国民政府经济部未刊档案0017-0101-4。

以平抑物价。联营公司在重庆特设日用品批发所,又在上海增设"永平申庄"办理货物内运。当时长江航运已被日寇截断,在上海采购的国货用品,只能经海运至海防,然后转滇越铁路到昆明,再装卡车辗转运到重庆;或者经海运到广州湾,转用卡车沿公路运入内地。1940年,联营公司共采购、运输百货用品价值为1 200万元,其中只有价值800万元的货物运抵大后方,中途滞留、损失达三分之一[1]。在战火纷飞、敌机轰炸的情况下,国货运销处、联营公司等机构,为保证战争物资和大后方战时生活必需品的供应起了一定作用,"孤岛"也发挥了国货运销基地的特殊功能。

第二,对上海"孤岛"运销内地的商品办理国货证明。上海为敌货大量集散倾销场所。国民政府经济部特设国货审查委员会上海市专门委员会,特聘上海工商界专门委员组成,协助政府调查、查禁敌货,保护国货。1939年1月14日,国货审查委员会专门委员正式成立,王晓籁等21人为委员[2]。国货证明书主要由上海市商会具体办理,如某一国货厂商的产品,拟运销内地各省,首先须备具样品,并对原料来源、准备运往何地备文,向商会申请签发证明书,经商会调查审核后取得证明书,运往内地的货物方可凭证验放[3]。为了进一步加强管理,经济部又向在上海的中华工业总联合会、上海市商会、上海机制国货工厂联合会及中华国货维持会发出通知,要求各会以后在对待沿江沿海一带厂商请求工业奖励及国货证明的一切文件中,一律要盖用图记并由负责人签名盖章,以昭慎重[4]。而上海市商会为严格执行经济部的命令,特制定《上海市商会暂发国货证明清单办法》,于1939年11月3日呈奉经济部核准执行[5]。

第三,对上海市的商业及商标注册登记进行直接监管。国民政府经济部规定,凡战区内的公司、工厂、商店及工商团体,非经经济部许可,不得自行开会改选其各公司董监及工商团体之执监委员等,即使在任期终了之时,也应继续负责,以重职守[6]。经国民政府经济部呈准,1938年7月9日公布的《上海市商业登记暂行办法》规定,凡上海市的商业登记,由当地同业公会出具证

---

[1] 朱国栋、王国章主编:《上海商业史》,上海财经大学出版社,1999年,第163—164页。
[2] 中国第二历史档案馆编:《经济部公报》第4册,南京出版社,1994年,第163页。
[3] 《上海特别市商会·本会历史沿革、大事记及工作报告》,上海市档案馆馆藏日伪上海特别市商会未刊档案,档号:R47-1-5。
[4] 中国第二历史档案馆编:《经济部公报》第3册,南京出版社,1994年,第327—328页。
[5] 《上海市商会·普发文件》(1939年),上海市档案馆藏上海市商会未刊档案,档号:Q201-1-655。
[6] 《上海市商会·普发文件》(1938年),上海市档案馆藏上海市商会未刊档案,档号:Q201-1-654。

明书,无同业公会者由业经注册或登记之同业2家证明之,径向重庆经济部直接办理,待上海市政府恢复职权后再由经济部移交其管理[1]。从1938年10月至1941年12月,呈报经济部核准的上海市商业临时登记共有279家,因改组公司而废止登记的商号有9家[2]。同时,对于沪市有关查验公司资本及监督新公司创立等事项也作了具体规定:在上海市行政官署未恢复行使职权前,由经济部委托上海市会计师公会代办,报由特区法院法人登记处以该处名义转呈经济部核办,并具体制定了《上海市会计师公会办理查验公司资本及出席创立会规则》[3]。上海市会计师公会现任理事、常务理事、监事等的姓名、选任日期、历届会务及会员业务概况诸事务,均须报经济部备查。1940年3月,国民政府行政院批准了上海机制国货工厂联合会呈报经济部的有关保护商标的请求,规定了在非常时期国货厂商停止使用商标的四种情况:(一)工厂被敌所占,不能生产者;(二)为暴力所胁迫,致使停止营业者;(三)遭受炮火毁损,一时不能复业者;(四)战事影响,无力经营,以致停业者。凡此四种情况之一,"其停止使用商标,应认为中断,如被侵占妨害,得依法追诉及登报公告",并且商标在停止使用后,须备具切实证件呈经济部查核备案[4]。到1940年5月13日,经济部公布《非常时期上海特区及各游击区商人呈请商标注册处理办法》,对于上海及各游击区的商人呈请商标注册的程序作了特殊规定,凡属国民政府指定查禁敌货之工厂商号以及相同或近似于业经公告查禁之敌货商标,不得呈请注册;其余自行制造商品的厂主均可有权向国民政府商标局申请,但特别强调对于制造所用原料之产地及来源应附加证明文件说明,不得使用敌货[5]。根据财政部的规定,公司或商店不得兼营银行业。1940年7月,经济部批复取缔了上海统办股份有限公司在其营业范围内加营汇兑业,而对于该公司自置轮船兼营航运业,则明令应依照轮船业登记规则呈由主管航政官署转呈交通部核准登记方可营业[6]。

由以上可见,尽管国民政府有关部门已迁往重庆,但对上海"孤岛"的商业仍然是尽其所能地加以管理。

第四,对内地与上海"孤岛"的物资运输实行特别处理。国民政府认为,上

---

[1] 中国第二历史档案馆编:《经济部公报》第3册,第159页。
[2] 根据中国第二历史档案馆《经济部公报》第4、5、6、7、8、9册的有关登记表统计所得。
[3] 中国第二历史档案馆编:《经济部公报》第3册,第173—174页。
[4] 中国第二历史档案馆编:《经济部公报》第6册,南京出版社,1994年,第21—22页。
[5] 同上书,第125页。
[6] 同上书,第255页。

海租界与其他沦陷区应有所区别,内地货品应得以运销上海,但须有严格之审核。1939年3月13日,经济部公布的《禁运资敌物品运沪审核办法》规定:所有禁运资敌物品以运往上海租界为限,其用途以供给我国及友邦厂商采用或当地民生日用所需,凡禁运资敌物品,由内地运往上海租界范围,须取具起运及到达地点两方商会或商业公会之证明,友邦厂商还需该友邦驻沪领事出具证明书,证明该项物品运沪用途及厂商之名称、地址,以切实保证运沪后不以该项物资资敌或转运其他禁运区域,且规定此证明书应按物品性质送由农本局或工矿调整处或资源委员会或贸易委员会核转财政、经济两部核定,并经地方政府核定后,方可放行[1]。然而,因证明书的取得所需行政手续太繁琐,引起商民极大不便,经济部根据具体情况,又进一步修订该办法,将证明书的审核权下放到地方,改由地方政府负责审核办理,报财政、经济两部备案[2]。1939年1月,经济部又电告上海市商会及沿海各地方商会,对内地出口货物的转口作了进一步的补充规定:凡土货报运转口,由沿海各关起运到上海租界区域,或由内地各关起运经外国口岸转往上海区域,或经上海及外国口岸运往各省战区、游击区以外各区域,属指定限制转口的各项货物,均应照章结售外汇或请领内销特许证,方准报关起运,未经指定限制转口的货物则不需要办理;转口货品种,如属禁运资敌物品,除运往上海外,一律严禁运往其他禁运区域[3]。到1940年10月26日,经济部根据一年多的实施经验,颁布了《修正禁运资敌物品运沪审核办法》,进一步明确规定,禁运资敌物品中之应结外汇货类运往上海时,应凭结汇证件报请海关验放;而非应结外汇货类则依以前办法办理。对这两类物品的办理情况,省政府与海关应按月将证明书、放行货物数量、价值等呈送财政、经济两部备查。禁运资敌物品运沪后,应由上海市商会责成各业同业公会监视同业销售,如有资敌情事,除准由同业公会按照会章严予制裁外,应向政府举发究办[4]。总之,一直到太平洋战争爆发之前,内地货物实际上得以合法进入上海市场。

二

从上述历史事实中,我们可以得出如下结论。

---

[1] 中国第二历史档案馆编:《中华民国史档案资料汇编》第五辑第二编财政经济(五),第144页。
[2] 中国第二历史档案馆编:《经济部公报》第4册,第251—252页。
[3] 中国第二历史档案馆编:《经济部公报》第5册,南京出版社,1994年,第273—274页。
[4] 中国第二历史档案馆编:《经济部公报》第6册,第437页。

第一,"孤岛"时期,国民政府对上海的商业管理政策是较为全面而具体的,并且成为国民政府对上海"孤岛"经济管理的重点。之所以如此,主要是同当时战局的发展、紧迫的客观政治、经济及军事形势息息相关的。

抗战前,中国经济发展极不平衡,据经济部工厂登记之统计,到1937年底,全国符合工厂法的工厂总数有3 953家,资本总额37 700万余,其中上海1 235家,约占总数的30%,其他沿海各省份共有2 063家,约占总数的51%,合计内地各省所有之工厂不过只占总数的19%左右[1]。可见,上海及其东部沿海地区是中国近代工业的集中区域,而广大的内地(即当时的大后方,主要是川、滇、黔、陕、甘、湘、桂7省。这7省是抗战时期国统区的主要地区,面积有227万多平方公里,人口约1.5亿),工业生产在战前却处于无足轻重的地位,其经济十分落后。然而,正是这一落后地区,在抗战时期,随着战事的发展,东部沿海地区的沦陷,承担起了支撑抗战的重任。沦陷区人口的大量移入后方,增大了对日用工业品的需求,而正在进行的抗日战争,更急需被服、军火、药品及交通工具的补给。正因为如此,国民政府一面积极组织沿海工厂内迁,鼓励扶持内地工商业经营,在发展战时经济的同时,不得不重视利用上海"孤岛"的特殊地位,加强对上海"孤岛"的商业管理,以确保大后方日用生活品的需求和对日战争期间的军需物资供应。

第二,从国民政府在"孤岛"商业管理方面所采取的政策来看,其措施是基本正确的,且大部分都得到了贯彻执行。正是由于这些措施的有效实施,使上海"孤岛"与大后方的商品贸易往来得以畅通,为"孤岛"经济的繁荣打开了一个广阔的市场,从而奠定了上海"孤岛"经济繁荣的基础。如上海租界的棉布批发业务日渐繁盛,就主要得益于与内地贸易的发展,内地所需之大量棉布都陆续在沪采购。当时外埠与上海之间的交通虽在日军的控制之下,但在租界当局的庇护与国民政府政策的支持下,各种运输队或单帮运送机构应运而生,所以货运仍通,棉布批发业务也日渐繁盛,宁波、温州先后成为沪产棉布转销内地的集散地。在上海经营棉布批发业的宁波帮、温州帮和广州客帮的采购业务大盛,设立的申庄从十余家增加至数十家和近百家,采购的棉布从几箱增加到数十或数百箱。广州沦陷后,沪产棉布较多由香港经拱北麻章转运西南各地。在上海棉布业的北路客帮虽一度中断,但也有经苏州等处运往西安等地的。在1938—1941年的4年中,棉布批发业务不断发展,棉布同业公会成

---

[1] 根据中国第二历史档案馆编《经济部公报》第4、5、6、7、8、9册的有关登记表统计所得。

员中批发字号约近 2 000 家，比战前增加约 1 000 多户，创历史最高纪录[1]。

由于"孤岛"初期日军对租界的封锁颇为严密，使得工业原料不济，在租界内复工的小规模民族工厂开工不足，大部分改为三日班或五日班，即一星期只得做三日或五日。随着上海与内地商品贸易的恢复，上海工业产品的销路逐渐广阔，这就增加了对上海产品的需要，加之国民政府对内地与上海"孤岛"的物资运输实行特别处理，使得内地的工业原料得以运销上海，从而有助上海"孤岛"的工业的迅速发展。租界内的工业生产能力日渐恢复和提高，各厂工人数与日俱增，1938 年 1 月为 31 940 人，2 月增至 63 480 人，3 月更增至 86 440 人，已恢复到战前工人总数的三分之一。而据公共租界工部局发表的统计资料，到同年 4 月，租界内已有 1 861 家工厂开工，工人总数为 130 796 人[2]。到 1938 年底，上海租界内的工厂数已达到 4 700 余家，超过战前 2 倍以上[3]。

第三，上海"孤岛"经济的进一步繁荣，又为缓解战后日趋紧张的商品供求关系、平抑后方物价、稳定后方经济，起到了不可忽视的作用，在很大程度上支持了大后方的抗战建设。

尽管国民政府西迁后，通过沿江沿海工厂内迁，大后方工业已初步建立，但由于内地工业基础薄弱，原料缺乏，交通梗阻，开工不足，即使在生产达于顶峰的 1943 年，按战前价格计算，其主要工业产品的总产值未超过 1.5 亿元，仅相当于战前同类产品价值的 12.2%[4]，远远不能满足抗战大业及内地发展的需求，大批工业品仍须从各大沿海城市输入，其中不少物资就在上海采办，尤其是纺织品、药品、五金仪表类产品。当时西南各省每年缺少棉纱 12 万件、棉布 400 万匹，大部分都需要依赖于上海方面[5]。1940 年 6 月至 12 月，上海港运往内地的物资量为 375 577 吨，以工业品为主，尤以棉纱、棉布为大宗。如 12 月份输入内地的货物中，棉布约占 60%，棉纱占 32%，再加上其他纺织品，共占 95% 以上[6]。这些物资的内运，部分地缓减了内地日趋紧张的供需矛盾，平抑了后方的物价。1937—1939 年重庆的物价是比较平稳的，甚至较上海

---

[1] 中国社会科学院经济研究所主编：《上海棉布商业》，中华书局，1979 年，第 269 页。
[2] 熊月之主编：《上海通史》第八卷《民国经济》，上海人民出版社，1999 年，第 365 页。
[3] 时事问题研究会编：《抗战中的中国经济》，抗战书店，1940 年。转引自中国现代史资料编辑委员会 1957 年翻印本，第 173、181 页。
[4] 熊月之主编：《上海通史》第八卷《民国经济》，第 364 页。
[5] 上海市社会科学院经济研究所编：《荣家企业史料》下册，上海人民出版社，1980 年，第 71 页。
[6] 上海市档案馆编：《日本帝国主义侵略上海罪行史略》（下编），上海人民出版社，1997 年，第 131—132 页。

的物价为低,只有到了欧战爆发后的 1940—1941 年才有着较大的涨幅。

当然,我们也应该看到,尽管国民政府对上海的商业管理不遗余力,但由于"孤岛"环境的特殊,使得相应的商业管理还是困难重重,国民政府对上海"孤岛"商业的管理在许多方面仍显得无能为力,更无力制止商业的投机经营,致使上海"孤岛"商业的繁荣更多体现在它的投机经营、买空卖空上,而真正与大后方的商品贸易,在整个商业经营中所占比重并不大。由于商业的投机利益大于工业,使得不少工业经营者转而进行商业投机。如以经营申新、福新厂而著名的荣氏家族,在"孤岛"繁荣顶峰时期的 1940 年,也为商业利润所驱使,建立起大新贸易股份有限公司,营业范围为买卖煤、花纱布、生丝、羊毛、生铁及五金等,实际上主要业务是投机。其不仅经营商品投机,例如买卖花、纱、布等业务和代内地运销各种内需物资,而且也经营股票投机[1]。再如,棉纱布为衣着必需品,保管方便,市场广阔,销路无碍,一纸栈单,全市流通,致使棉纱布市场的投机囤积最为集中,不仅业内人如掮客、跑街和批发商麋集市场进行投机活动,而且还有大量业外资金涌入。与棉纱布一样,面粉的交易几乎都是栈单买卖与炒作,并不直接提取现货,是又一重要的投机对象。

与此同时,孤岛时期租界内的烟馆、妓院、赌场业的兴盛,构成租界繁荣的特色之一。据鲍威尔 1939 年初调查,自从日军到来之后,"赌场、鸦片烟馆、海洛因吸食所、妓院如雨后春笋般出现","几乎遍及城市各个角落"。仅沪西筑路地段的 7 家主要赌台,每天的赌台税就有 15 万元。1939 年 4 月、5 月,《申报》连续报道:"曹家渡一带土行林立,公开售卖烟土",敌伪"设烟土公卖局于虹口,并在南市、闸北、浦东、沪西设立四分局……沪市毒化蔓延广矣";"在日方的保护下之赌窟竟扩张至租界,新设者计有三处之多,其他各路约有二十所",公共租界"本年度抄获之鸦片,将创最高纪录"[2]。因此,无论从什么角度来看,孤岛时期上海租界商业的繁荣都是畸形和变态的。

由于国民政府在作战中的节节失败,其对上海"孤岛"的商业管理也随之不断地发生着变化。随着战事的发展,日军势力向租界步步渗透,国民政府对上海商业管理的领导和控制不断遭到削弱,到太平洋战争爆发时,终至全部丧失。

总之,在整个"孤岛"时期,虽然国民政府对上海的商业管理不遗余力,其所采取的政策措施也大部分得到了贯彻执行,从而奠定了上海"孤岛"工商业

---

[1] 上海市社会科学院经济研究所编:《荣家企业史料》下册,第 80 页。
[2] 朱国栋、王国章主编:《上海商业史》,上海财经大学出版社,1999 年,第 168 页。

繁荣的基础,并对于缓解后方战时日趋紧张的商品供求关系,平抑后方物价,稳定后方经济,起到了不可忽视的作用,在相当大程度上支持了大后方的抗战建设。然而,我们也看到,国民政府对上海"孤岛"的商业管理还是十分单薄的,"孤岛"经济对抗战的作用也是有限的。

(原载《江海学刊》2001年第1期)

太平洋战争时期中英五千万英镑借款交涉

王　钊[*]

太平洋战争爆发后,英美对日宣战,中国不再孤军抗日,蒋介石认为"对英对美借款之提议时机已到"[1]。为争取财政援助、提振抗战士气,1941年12月,国民政府向英美分别提出借款,其中对美借款5亿美金、对英借款1亿英镑。此借款不仅数额为全面抗战爆发以来对英美借款之最,其优厚的担保条件也是此前未有的。不过,与美国借款在不到3个月的时间内顺利签字相比,中国与英国的借款交涉却一波三折,不仅数额减为5 000万英镑,围绕借款条件的中英谈判也达两年半之久,数次陷入僵局,直到1944年5月双方才签订借款合同。

关于战时中英经济关系,学界对中英平准基金、关税及存银等问题关注较多[2],而对中英5 000万英镑借款的关注则较少。在部分抗战中外关系史、外债史等研究论文或专著中对此项借款进行了介绍[3],但仍有深化的空间。

---

[*] 王钊,2017年至今复旦大学历史学系硕博连续,目前复旦大学历史学系博士研究生在读。
[1] 蒋介石日记(手稿),1941年12月27日,"本星期预订工作课目",美国斯坦福大学胡佛研究院藏,下同。
[2] 主要成果有:王丽:《抗战时期中英平准基金述略——以美籍财政顾问阿瑟·恩·杨格为中心的考察》,《抗日战争研究》2013年第3期;吴景平:《蒋介石与战时平准基金》,《民国档案》2013年第1期;杨雨青:《中美英平准基金的运作与中国战时外汇管理》,《南京大学学报》2010年第3期;吴景平:《英国与中国的法币平准基金》,《历史研究》2000年第1期;彭欣雨:《1939年中英围绕停付关税担保外债的交涉》,《抗日战争研究》2020年第4期;周祖文:《抗战时期平津存银问题:中日英三方的角力》,《抗日战争研究》2016年第2期;吴景平:《抗战时期天津租界中国存银问题:以中英交涉为中心》,《历史研究》2012年第3期。
[3] 论文方面,专门研究中英5 000万英镑借款的论文有徐文军的《抗战后期中英贷款交涉述论》(《天中学刊》2014年第6期,第104—106页)与谭京《太平洋战争爆发后英国对华财政援助交涉研究》(2019年湖南师范大学历史文化学院研究生论坛)两文;此外宓汝成的《抗战时期的中国外债》(《中国经济史研究》1998年第2期,第50—62页)与吴景平的《抗战时期中国外债问题》(《抗日战争研究》1997年第1期,第58—77页)及《抗战时期中英关系》(《民国春秋》1996年第3期,第10—12页)三文在论述战时中国外债与中英关系时都提到了5 000万英镑借款。著作方面,李世安的《战时英国对华政策》(武汉大学出版社,2010年,第三章第三节,第173—180页)与《太平洋战争时期的中英关系》(中国社会科学出版社,1994年,第二章第三节,第16—23页)(转下页)

就史料而言,现有研究大多利用已刊文献,对未刊档案仍有深入发掘空间,且对英国外交档案的利用亦不够全面[1]。而顾维钧档案、杨格档案[2]等未刊档案中亦有与5 000万英镑借款相关的内容,此前较少被关注。就内容而言,对借款谈判的具体经过尚待考察,以中英两方视角的综合考察、实际财政情况对谈判的影响、谈判中双方各自的内部讨论、提出几种方案的原因等问题仍可深入研究。本文拟利用台北"国史馆"档案、英国外交档案、顾维钧档案、杨格档案等未刊档案及已刊文献资料,考察1941年至1944年围绕5 000万英镑借款的中英交涉,以冀深化对战时中英关系史与外债史的研究。

一、国民政府对英大借款的提出与借款草案的出台

全面抗战爆发后到太平洋战争爆发前,英国政府有多笔对华借款,包括:1939年3月中英平准汇兑基金借款500万英镑,1939年9月中英第一次信用借款300万英镑,1941年4月中英新平准基金借款500万英镑,1941年6月中英第二次信用借款500万英镑,总额为1 800万英镑[3]。但国民政府仍希望英国有更大力度的援助。1941年9月,英国派出英格兰银行行长倪米亚(Otto Niemeyer)为团长的经济代表团访华,商讨英国对华经济援助与缓解国民政府财政困难的方案[4]。

正当英国经济代表团与国民政府商议援华计划之际,1941年12月7日,

(接上页)两书中均运用英国外交档案讨论了5 000万英镑借款的过程;刘秉麟的《近代中国外债史稿》(生活·读书·新知三联书店,1962年,第242—251页)对最终的借款协定进行了分析;王建朗的《中国抗日战争史》第五卷《战时外交》(社会科学文献出版社,2019年,第八章第四节,第273—275页)介绍了谈判中双方提出几种借款方案的内容及分歧的原因;[美]阿瑟·杨格著《抗战外援:1937—1945年的外国援助与中日货币战》(李雯雯、于杰译,四川人民出版社,2019年,第242—245页)一书中,以当事人的视角介绍了5 000万英镑借款的过程,以及国民政府高层对借款谈判的态度。

[1] 现有研究中利用英国外交档案较多的是李世安的《战时英国对华政策》与《太平洋战争时期的中英关系》,但仅利用了英国外交档案中FO371/31620这一卷,而实际上英国外交档案中还有大量与中英5 000万英镑借款相关的案卷未被利用,这些档案涉及英国政府内部的讨论、对借款条款的财政及外交角度综合考虑等内容。此外,英国内阁文件(Cabinet Papers)亦未被利用。

[2] 顾维钧档案原件藏美国哥伦比亚大学珍本与手稿图书馆,本文所用为复旦大学图书馆特藏中心所藏电子副本,杨格档案现藏美国斯坦福大学胡佛研究院,以下不再一一注明。

[3] 根据财政科学研究所、中国第二历史档案馆编:《民国外债档案史料》(第11卷)(档案出版社,1991年)中与中英借款有关内容整理。1937年的中英广梅铁路借款、浦襄铁路借款、中英金融借款虽达成,但债票并未发行,借款亦未向中方拨付。

[4] Sir O. Niemeyer and His Economic Mission to China, April 6, 1942, FO/371/31618, National Archive, Kew, p. 236.

日本偷袭珍珠港，太平洋战争爆发，12月8日，英美对日宣战。曾担任中英庚款董事会总干事的杭立武在当天即致电国民政府财政部部长孔祥熙，建议与英国商谈借款方案。12月16日，杭立武再次致电蒋介石，向其转达并解释倪米亚所拟计划："大纲为向英美政府商请允诺某一数额之借款作为准备金，即照法币对外币之某一价格予以担保，分期发行债票，俟至某定期后，照偿付持票人与外币价格相等之法币。"[1]

倪米亚的方案是基于其对国统区财经状况调查后提出的，从经济角度讲，此时国民政府面临财政困难与严重的通货膨胀，确有以借款缓解法币通胀的需要。全面抗战爆发后，国民政府的财政赤字率居高不下。1941年，国民政府财政收入11.84亿元，支出达到了100.03亿元，财政赤字达到88.19亿元（为1937年的5.7倍），赤字率达到88.2%[2]。为缓解财政困难，国民政府大大增加法币发行量，1940年增发35.8亿元，市场流通量为78.7亿元，而1941年法币流通量增加了约一倍，达到151亿元，增发量为72.3亿元[3]。这引发通货膨胀，导致物价飞涨。1941年国统区价格指数涨为全面抗战前（1937年1—6月平均价格指数）的12.9倍，1942年更是达到39倍[4]。国民政府实行法币改革后，外汇对法币币值的稳定有至关重要的影响[5]。通过英国借款，可帮助国民政府发行公债回笼法币，或用做准备金以维持法币币值稳定。

不过，蒋介石希望英国提供更大规模的援助。12月27日，蒋介石会见倪米亚与卡尔，提出具体借款计划，"借款一万万英镑，拟发行公债及定期储蓄券等方法，为提高法币信用及收回法币之用"，并要求不能有担保条件[6]。除了经济上的作用，蒋介石更看重的是借款对提振抗战信心的效果。蒋介石向卡尔强调，英国提供借款的举动有助于缓解因日本南进及在太平洋战场节节胜利而在国统区产生的悲观情绪，提振抗战士气[7]。

---

[1]《杭立武致蒋介石函稿（1941年12月16日）》，《中华民国史档案资料汇编》第5辑第2编，"外交"，第480页。

[2] 杨荫溥：《民国财政史》，中国财政经济出版社，1985年，第102页。

[3] 张公权：《通胀螺旋——中国货币经济全面崩溃的十年（1939—1949）》，于杰译，中信出版社，2018年，第44页。

[4] 同上书，第424页。

[5] 1935年国民政府财政部公布《施行法币布告》，施行法币改革，规定为使法币对外汇价按照目前价格稳定起见，由中央银行、中国银行、交通银行无限制买卖外汇。中国第二历史档案馆编：《中华民国档案史料汇编》第五辑第一编财政经济（四），江苏古籍出版社，1995年，第314—315页。

[6]《蒋介石致顾维钧电》（1941年12月30日），台北"国史馆"藏蒋中正总统文物档案002-020300-00041-065。

[7] Sir A. Clark Kerr to Foreign Office, December 28, 1941, FO/371/27605, p. 94.

但蒋介石对英国借款的期待很快遭到打击。12月28日,倪米亚向蒋介石表示,借款数额太大,且在外汇无法利用的情况下起不到效果。随后,倪米亚提出希望国民政府进行彻底的经济改革[1]。倪米亚还表示,即便英国提供借款,中方也必须提供关税余款做还本付息的担保[2]。这引发蒋介石的不满,他在1942年1月8日致电宋子文,要求宋子文速与美国交涉借款事宜,希望对美借款先单独成立以做"英国之榜样"[3]。

英国政府亦不同意按蒋介石要求提供借款。英财政部认为英国无法提供数额如此大的借款,且借款的用途仍需讨论;外交部则希望首先询问美国的建议[4]。1942年1月3日,在美国的英国财政副大臣菲利普斯(Frederick Phillips)致电美国财政部长摩根索(Henry Morgenthau),询问美国对英美对华借款的态度,并将倪米亚1941年12月时所拟定的借款方案告知美国[5]。1月6日,英国财政部提出,无法按照中国所提计划借款,但可以租借方式(Lend-lease)援助中国,将物资用于正在滇缅作战的中国军队[6]。在倪米亚与美籍财政顾问杨格(Arthur N. Young)的建议下,将借款数额由1亿改为5 000万英镑,其中1 000万英镑用于担保国民政府发行内债,但前提是美国也采取类似的行动[7]。1月12日,摩根索与菲利普斯会面,摩根索并未明确回复美国对英国所提的借款计划的态度,而是表示,美国正寻求办法,向中国提供比倪米亚所拟方案数额更大的借款[8]。但因美国决定不必与先英国达成一致,故未将其借款交涉进展告知英国[9]。1月25日,英国外交部令卡尔通知中国,英国同意以租借的方式向中国提供军事物资,用于正在滇缅作战的中国军队。并表示,英国政府不可能向中国提供1亿英镑的大额贷款,因为这会

---

[1] Sir A. Clark Kerr to Mr. Eden, January 15,1942, FO/371/31618, pp. 113-115;《蒋介石致宋子文电》(1942年1月8日),台北"国史馆"藏蒋中正总统文物档案 002-010300-00047-006。

[2] T. V. Soong to W. V. Koo, January 11,1942,顾维钧档案 Koo-0057-007-0002。

[3] 《蒋介石致宋子文电》(1942年1月8日),台北"国史馆"藏蒋中正总统文物档案 002-010300-00047-006;《拉铁摩尔致居里电》(1942年1月6日),台北"国史馆"藏蒋中正总统文物档案 002-090103-00004-080。

[4] Economic Assistant to China, January 2,1942, FO/371/27605, pp. 96-97.

[5] Sir Frederick Phillips of the British Purchasing Mission to the Secretary of the Treasury (Morgenthau), January 3, 1942, FRUS, 1942, China, Vol 1,pp. 421-422.

[6] Treasury to Foreign Office, January 6,1942, FO/371/31618, pp. 12-13.

[7] Sir Frederick Phillips of the British Purchasing Mission to the Secretary of the Treasury (Morgenthau), January 27,1942, FRUS,1942, China, Vol 1, p. 447.

[8] Following for Treasury from Phillips, January 12,1942, FO/371/31618, pp. 48-49.

[9] Memorandum by the Adviser on Political Relations (Hornbeck) to the Secretary of State, January 10,1942, FRUS,1942, China, Vol 1, pp. 433-434.

使中国在战后支配大量英镑,而造成英国国际收支的困难[1]。

英方所拟借款计划与中国所提方案有相当差距,这引发了卡尔的担忧,1月28日他致电英外交部,表示英国的方案可能会加剧中国本就弥漫的悲观情绪,并建议英方可以制定条件来确保借款用于战争直接相关的英镑开支。在此条件下,英美可共同向中国提供1亿英镑大借款以振奋中国的抗战精神[2]。

卡尔的建议引起英国外交部的重视,1月30日,英国与美国商议,联合对中国借款1亿英镑,条件是借款用于战争目的且在英镑区使用,战后未用完的英镑借款将还给英国[3]。美国并未就此计划给出答复,而是在2月1日通知英国,美国政府已制定5亿美元对华借款方案并在当日提交国会,同时,美国政府不反对英国政府对华提供英国认为合适的数量与条件的借款[4]。2月2日,英国内阁会议正式批准对中国借款5000万英镑,同时批准以租借方式向中国提供军事物资,并与美国同时发布公告[5]。2月3日,卡尔将此事告知蒋介石,表示英方已同意借款5000万英镑,但不同意无担保条件,其借款时间、条件及战争上之用途由中英商酌决定[6]。

英方公布同意对华借款后,中英双方即开始准备拟定借款草案。2月3日,顾维钧询问艾登此借款的具体条件,艾登表示担保条件与此前借款无异[7]。2月7日,孔祥熙将顾维钧的沟通结果告知蒋介石与宋子文。宋子文立即于2月8日致电蒋介石,主张不应与英方交涉具体借款条件,而应先与美方交涉,美借款合约签订后英方即效尤[8]。蒋介石同意此点,于2月12日致电指示顾维钧,坚持对英借款不能有任何条件或担保,用途亦不能受限,并令顾维钧与宋子文协调进行借款交涉[9]。

但是,英国政府是在一系列条件基础之上才同意对华借款的,因而不可能

---

[1] Foreign Office to Chungking, January 25, 1942, FO/371/31618, pp. 19-20.
[2] Chungking to Foreign Office, January 28, 1942, FO/371/31618, p. 67.
[3] From Foreign Office to Washington, January 30, 1942, FO/371/31618, p. 66.
[4] From Washington to Foreign Office, February 1, 1942, FO/371/31618, p. 72. 按当时汇率,5亿美元约合1.25亿英镑。
[5] China: Loans from United States and Great Britain, February 2, 1942, The National Archives (UK), CAB/65/25/14, p. 73.
[6] 《卡尔呈蒋介石文》(1942年2月3日),台北"国史馆"藏蒋中正总统文物档案 001-088201-00003-001。
[7] T. V. Soong to W. V. Koo, February 3, 1942,顾维钧档案 Koo-0054-021-0002。
[8] 《宋子文致蒋介石电》(1942年2月8日),台北"国史馆"藏蒋中正总统文物档案 002-090103-00013-064。
[9] 《蒋介石致顾维钧电》(1942年2月12日),台北"国史馆"藏蒋中正总统文物档案 002-090103-00011-079。

同意中方不加任何担保和不限制用途的要求。英国财政部与外交部认为，虽1 000万英镑担保国内公债的方案与战争目的并不冲突，但不主动提出该方案，而在中国主动提出类似建议时再进行讨论，以获取中方对英方的"感激"，并希望主要谈判在伦敦进行，以掌握谈判"决定权"[1]。

3月中旬，英国财政部与外交部一同拟定了借款草案，规定借款用途为：（一）在英镑地区购买战争物资；（二）在英镑地区提供与第一项有关的服务；（三）支付两国政府商定的在英镑地区内其他购料或服务费用[2]。而这很大程度上只是此前中英用于购料的两次信用借款的扩展，并未提及提供英镑为中国担保国内公债发行等计划[3]。

虽然英国拟定了借款草案，但坚持不主动向中方提出，导致中英交涉进展缓慢。不过，郭秉文还是打探到草案的主要条款，并于3月14日向孔祥熙做了汇报，孔祥熙转告蒋介石与宋子文[4]。3月18日，宋子文向蒋介石建议，因借款条件苛刻，令郭秉文等到国民政府与美国的借款签订后再与英方讨论，并希望对英借款也在华盛顿交涉，蒋介石对此表示赞同[5]。3月21日，美国对华5亿美金借款签订。乘中美达成协议之机，3月26日，国民政府财政部交给英国驻华大使馆一份备忘录，提出希望借款用作下列用途：（一）充实中国货币、金融及经济之机构；（二）增加必需品之生产、收购及其分配；（三）平抑物价上涨、稳定经济关系，或用他法防止通货膨胀；（四）防止食粮及他种货品之囤积；（五）改善交通运输；（六）兴办促进民生福利之各种社会经济事业；（七）供给军火租借法案以外之军事需要。而上述七条正是中美借款协定中对借款用途之规定[6]。

在中方明确提出借款用途建议后，3月30日，顾维钧往晤艾登，后者表示

---

[1] Sir Kingsley Wood to Mr. Eden, February 13, 1942, FO/371/31618, pp. 96-97.

[2] From Mr. Young (Treasury) to Mr. Ashley Clarke, March 6, 1942, FO/371/31618, pp. 126-128.

[3] 英国在制订5 000万英镑借款草案时，参考了1941年中英信贷借款的草案。Agreement for a credit to the Chinese Government of £50,000,000 for use in the Sterling Area, June, 1941, FO/371/31618, pp. 129-132.

[4]《孔祥熙致蒋介石电》(1942年3月17日)，台北"国史馆"藏蒋中正总统文物档案002-020300-00041-068。

[5]《宋子文致蒋介石电》(1942年3月18日)，台北"国史馆"藏蒋中正总统文物档案001-088201-00003-002，第2页。

[6]《财政部为英政府宣布以军火器材及财力协助中国致英国驻华大使馆备忘录》(1942年3月26日)，《中华民国史档案资料汇编》第五辑第二编外交，第488—489页；《中美借款协定全文》，财政科学研究所、中国第二历史档案馆：《民国外债档案史料》(第11卷)，档案出版社，1991年，第397—398页。

英方正在制定借款方案，会参考美国对华借款的条件[1]。4月3日，英国财政部将其拟定的借款草案交给顾维钧。主要内容有：借款总数为5 000万英镑，分期拨给中国，用途为英镑区购料及相关业务、供应缅甸境内中国军队军饷及驻扎费用、英镑区内其他费用（需经中英两国协商一致），战时无利息，还本付息事宜及战事结束时剩余借款安排在战后再由中英双方接洽，1939年及1941年的中英信贷借款合同仍然有效[2]。

二、围绕借款用途的反复交涉与僵局

虽然英方放宽了借款条件，但借款用途与中方的要求仍然差距很大。蒋介石最初提出借款时就明确表示经济上是为了提高法币信用、遏制通货膨胀，3月26日备忘录中所提借款用途第一条即为充实货币、金融及经济之机构。英方则希望借款只用于英镑区购料及负担缅甸境内中国军队的军费，并没有与担保中国国内公债相关的条款，这与美国的方案也相差甚远，引发了中方的不满。

收到艾登的借款草案后，顾维钧立即向其表达了对限制用途及战后重新规划借款安排的反对，并强调中方希望有一笔借款能担保国内公债。艾登则表示以借款担保中国公债事宜还需英国政府内部商议[3]。4月20日，顾维钧与艾登会面提出，英国应效仿美国放弃对华借款的条件与使用限制，艾登表示会与财政部商议此事[4]。

4月23日，英财政部会议上决定，英国的借款条件不可能与美国完全相同，拒绝战后中国继续使用英镑借款，并维持借款用于战争目的的条件，并同意将1 000万英镑借款作为中国国内公债的担保。此外，英方可以使草案在措辞上更接近美国的借款协定[5]。在英方看来，中国利用美国对华借款条件来施压的举动等于敲诈，允许1 000万英镑借款承担维持法币的功能已经是援助的最大限度。英外交部认为若向中方妥协则得不到"信任与尊重"，故英外交部要求驻华大使薛穆（Horace James Seymour）[6]在对华交涉时采取更加强

---

[1]《顾维钧致孔祥熙电》（1942年3月30日），台北"国史馆"藏蒋中正总统文物档案 001-088201-00003-003，第3页。
[2] W. V. Koo to H. H. Kung, April 3, 1942, 顾维钧档案 Koo-0054-021-0022。
[3] 同上。
[4]《顾维钧致孔祥熙电》（1942年4月28日），台北"国史馆"藏蒋中正总统文物档案 001-088201-00003-005，第8页。
[5] £50,000,000 Loan to China, April 27, 1942, FO/371/31619, p. 30.
[6] 1942年1月16日，英国驻华大使卡尔转任驻苏大使，薛穆继任英国驻华大使。

硬的态度[1]。

5月13日,艾登将修改后的借款合同草案交给顾维钧。该合同基本上按照4月23日英财政部会议的结果制定,与4月3日的借款草案相比,加入"担保中国国内发行公债,以1000万英镑为限"一条。艾登表示,实际上英方对战争目的并无限制,但英美情况不同,英国无法提供美国那样的条件,只能尽可能将合同文句修改使其与美国借款合约类似[2]。

英国不同意中方所提的借款用途,确有经济方面的原因。1942年英国政府财政收入为26.35亿英镑、支出为54.57亿英镑,赤字率达到48%,当年政府债务亦达到28.22亿英镑,超过了当年的财政收入[3]。英外交副大臣贾德干(Alexander Cadogan)在1942年6月12日对顾维钧表示,以英国此时的财力,最多能提供给中国1000万英镑[4]。

英国修改后的合同仍不能令国民政府满意,因此时中国对外通道关闭,实际上能在英镑区获得的物资极少。5月27日,孔祥熙要求顾维钧与英方商洽,将借款中更多的数额用于法币准备金或内债发行基金,若英国因财力不足无法立刻提供足量英镑,可拨部分借款购买英国公债暂存英国[5]。5月30日,顾维钧与艾登会面,表示蒋介石希望展示给中国军民的是借款没有任何附加条件,并建议中英私下达成借款用途的协议,以既"保全了中方的面子,又免除英方对借款用途的担忧"[6]。

但英国并不打算形式上修改借款以满足中方振奋心理的需要。6月1日,英国内阁会议讨论对华借款问题。会上,外交大臣艾登与财政大臣伍德(Kingsley Wood)认为,虽然中方要的是实质而不是形式,一旦获得形式上使用借款的自由,中国一定会利用各种政治压力,直到达到全部自由支配5000万英镑的目的,同时也拒绝孔祥熙提出的借款用作法币准备金的提议。不过,

---

[1] His Majesty's Government's Loan to China, May 8,1942, FO/371/31619, pp. 44-45.
[2]《英外相自伦敦致驻英大使顾维钧致送5000万镑借款合约草案征询同意并说明为使英美两合约中不同之点尽量减少已将原合同加以修正函》(1942年5月13日),《中华民国重要史料初编——对日抗战时期》第3编,"战时外交"(2),第263—266页。
[3] W. K. Hancock, M. M. Growing, *British War Economy*, London: Her Majesty's Stationery Office and Longmans,Green and Co. Ltd., 1949, p. 348. 转自李永斌:《论二战时期英国的财政政策》,湖南师范大学历史文化学院硕士学位论文,2009年,第32页。
[4]《顾维钧电呈洽商中英借款办法》(1942年6月12日),陈谦平编:《翁文灏与抗战档案史料汇编》(下),社会科学文献出版社,2017年,第546页。
[5]《孔祥熙关于中英借款协约补充意见电稿》(1942年5月30日),《中华民国史档案资料汇编》第5辑第2编"外交",第490—491页。
[6] Financial Agreement with China, June 4,1942, FO/371/31619, pp. 217-219.

英国也担忧让中方产生借款谈判不顺源自英国对日作战态度不如对德积极的判断,因此,会上决议由财政与外交大臣向顾维钧解释此事[1]。6月16日,艾登致电顾维钧,拒绝中方对借款用途的修改[2]。

得知英国的态度后,孔祥熙又制定了新的方案,以1000万英镑充当国内公债发行担保,1000万英镑在英印购料,其余3000万英镑请英政府指拨债券存入英格兰银行充作发行准备。6月24日,孔祥熙将此方案告知顾维钧,令其与英方交涉[3]。薛穆建议英国出于政治考虑接受此方案,但英财政部与外交部都不同意,原因仍是认为此举无助于缓解中国严重的通货膨胀[4]。

连遭拒绝后,中国方面采取软硬兼施的策略。7月6日,孔祥熙在与薛穆会面时提出,如果英国政府不能接受中方的意愿,中国将会完全放弃借款的建议,而如果谈判就此结束,将会对中英关系造成严重影响[5]。顾维钧则在7月9日与艾登会面,再次强调,3000万英镑购买债券存英做法币发行准备是为了提升中国银行和军民对法币及货币金融体系的信心,并不会被提取。关于战后使用问题,可以用附加协议保障战后中国不会使用借款。总之,虽然借款在经济上效果有限,但对中国而言有相当大的振奋精神的作用[6]。

中方明确表示战后不会使用用作发行准备的借款,艾登即致电英财政部询问意见,而英财政部仍不同意。在其看来,战后中国必然要向国外大量订货以进行重建,所需外汇则必然从此笔借款的英镑外汇储备中提取,因而即便签订相关协议,也不能保证中国一定不会在战后使用。而一旦战后中国大量使用英镑,则会导致英镑贬值(实际上战后英国也确实出现了国际收支的困难[7])。

多次借款交涉无果,令蒋介石颇为不满。7月19日,蒋介石致电顾维钧,

---

[1] China: Loans from United States and Great Britain, June 1, 1942, The National Archives (UK), CAB-65-26-31, pp. 55-56; Financial Agreement with China, Jun. 4, 1942, FO/371/31619, pp. 217-219.

[2] 《顾维钧电呈艾登外相解决中英借款意见》(1942年6月16日),陈谦平编:《翁文灏与抗战档案史料汇编》(下),第547—548页;W. V. Koo to Mr. Eden, June 17, 1942, FO/371/31619, pp. 93-96.

[3] 《孔祥熙为中英借款交涉致顾维钧代电》(1942年6月24日),陈谦平编:《翁文灏与抗战档案史料汇编》(下),第549—550页。

[4] From Foreign Office to Chungking, June 29, 1942, FO/371/31619, p. 134.

[5] His Majesty's Government's Loan to China, July 9, 1942, FO/371/31619, pp. 147-149.

[6] Mr. Eden to Sir H. Seymour (Chungking), July 9, 1942, FO/371/31619, pp. 153-154.

[7] 二战结束时,英国的外债高达42亿英镑,1946年2月时进出口贸易逆差为1亿英镑(进口10.6亿英镑,出口9.6亿英镑),参见黄凤志:《当代国际关系》,吉林大学出版社,2017年,第128页;Alec Cairncross, *Years of Recovery: British Economic Policy 1945-51*, London: Methuen & Co. Ltd, 1985, p. 112; Mr. Eden to Sir H. Seymour (Chungking), July 21, 1942, FO/371/31619, p. 197。

要求"勿对英再提借款与助华事,此不仅徒增国耻且为人愚弄"[1]。而英国方面也认为由英方主动提出解决办法会"削弱谈判中的地位",因而决定等待中方主动提出下一步的方案[2]。双方各不相让,谈判陷入停滞。

此时,英国驻华大使薛穆积极向英政府建议,由英方主动打破僵局。美国总统特使居里(Lauchlin Currie)与美籍财政顾问杨格也从中进行疏通。7月30日,居里与薛穆会面,强调借款若谈判破裂将对英中关系产生非常严重的影响[3]。杨格则向薛穆与孔祥熙建议,为防止战后英镑流失,中方可保证借款中的英镑在战后只用于购买重型机械、船只等[4]。综合各方情况后,薛穆于8月3日致电英外交部,认为对英借款停滞会对中英关系带来负面影响,因而提出战争结束后,借款余额在一段时期内按年等额分期付款,用于购买英国的货物(如铁路车辆、电气设备及其他机械)[5]。

但即便是将全部英镑借款用于战后在英国购料,英国财政部也不同意。战后,英国必须通过出口物资以获得资金,购买其所需的进口物资。若中国用战时所借5 000万英镑购买英国物资,则这部分出口货物无法给英国提供支付进口货物的资金,对英国的国际收支是不小的负担[6]。英外交部亦不希望英方主动提出修改方案,因为这是"投降"的表现。而为安抚中国,英国表示此前已公布的借款用途可先行支用,并可与中国商讨其他援助方法[7]。

9月28日,英外交部指示薛穆,令其直接与蒋介石交涉,表明三点:第一,在协议签署之前,可以提前动用部分借款以在英镑区购买军事物资;第二,在签字之前,双方协商下可使用已经指定用于担保内债的1 000万英镑;第三,英国现在无法做出任何战后承诺,战后英国对华援助另当别论。英外交部认为,此举可使蒋介石增加对英国对华借款态度的了解,或可推动蒋介石指示孔祥熙,主动向英方提出借款用途问题的讨论[8]。不过由于9月与10月薛穆忙于英国废除在华治外法权事宜,因而并未与蒋介石当面交涉借款问题。

---

[1] 《蒋介石致顾维钧电》(1942年7月19日),台北"国史馆"藏蒋中正总统文物档案002-090103-00011-070。
[2] Authority for Use of 50 Million Credit in India, July 29, 1942, FO/371/31619, pp. 203-204.
[3] From Chungking to Foreign Office, August 1, 1942, FO/371/31627, p. 6.
[4] British Credit, November 30, 1942, Hoover Institution, Stanford University, Arthur N. Young Collection, Box 89, Folder British Loan, 1942-45, p. 19.
[5] From Chungking to Foreign Office, August 3, 1942, FO/371/31620, p. 5.
[6] Memorandum by the Secretary of State for Foreign Affairs and Chancellor of the Exchequer, August 21, 1942, FO/371/31627, pp. 27-28.
[7] From Chungking to Foreign Office, August 3, 1942, FO/371/31620, p. 5.
[8] From Foreign Office to Chungking, September 28, 1942, FO/371/31620, pp. 86-87.

此时，中方积极推进借款谈判的是顾维钧。9月30日，顾维钧启程回国，希望缓和中英之间的不满情绪，增进国民政府高层对英国实际财政情况的了解[1]。10月29日，英外交部将放弃在华治外法权及解决有关问题之草案递交中国大使馆，英外交部指示薛穆，利用英国废除在华治外法权的姿态"所带来的良好气氛"与蒋介石交涉借款事宜[2]。不过，英国政府对国民政府对英态度的估计过于乐观了。薛穆就认为，因孔祥熙反对，找蒋介石的意义不大，便先后与顾维钧、宋子文沟通借款问题，但亦收效甚微[3]。

顾维钧回国后积极倡导其所主张的中美英三国同盟，但并未成功，鉴于此情况，顾维钧便先专注于中英借款谈判。11月17日，顾维钧与英财政部代表霍伯器(H. C. Hall-Patch)会面，就借款条件提出四项建议：（一）允许中国在战争结束时获得英国多余的机器和船只，可以在预估战争快结束时签订合同，以符合英国要求的"战争目的"条件；（二）此借款可用作向英国持票人偿还以关税或其他税收为担保的外债；（三）若借款超过此前英国答应的1000万英镑，则可作为中国发行其他内债的担保，并同意在必要时补充平准基金委员会的英镑资产；（四）此前中方所提的用作法币准备的3000万英镑，战争结束时未动用的余额将归还给英国政府，不需要在战后继续维持法币[4]。不过，11月26日，宋子文与霍伯器会面时明确表示不同意顾维钧所提的用借款支付关税担保外债的建议。同时，宋子文希望更多地介入借款谈判，要求英方提供给他已有的谈判文件，以帮助消除双方的误会，并认为解决问题的方法是他去访英时与英首相和外交大臣会面商讨[5]。

顾维钧的建议并未被英方接受，在英外交部看来，顾维钧的建议与此前孔祥熙的方案无甚差别[6]。中英借款谈判的僵局仍未打破。

三、中英达成折中方案与借款签订

1943年3月6日，顾维钧返回英国前，蒋介石指示顾维钧继续进行借款谈判，可考虑英国方面的困难，寻求折中方案[7]。

---

[1]《顾维钧回忆录》（第5分册），第74页。
[2] From Foreign Office to Chungking, October 31,1942, FO/371/31620, p. 101.
[3] From Chungking to Foreign Office, November 20,1942, FO/371/31620, pp. 181-182.
[4] Ibid.
[5] Notes of Conversation with T. V. Soong, November 26,1942, FO/371/31620, pp. 261-262.
[6] His Majesty's Government's Loan to China, November 25,1942, FO/371/31620, pp. 183-184.
[7]《顾维钧回忆录》（第5分册），第226页。

1943年6月29日,顾维钧与霍伯器会面。霍伯器表示,此前顾维钧所提的收回中国在伦敦市场发行之英镑债券,恐引起在美国等其他地方发行之中国债券持票人之不满,损害中国的信用,不利于之后筹款。孔祥熙在杨格建议下所提的在印采购商品运华出售以吸收法币的方案,因目下印度物资主要供给近东,无富裕可用于中国,故并不现实。顾维钧提出三项建议:(一)英美租借援华运费由借款支出;(二)若欧洲战事先于亚洲战事结束,英国仍有剩余产品尚可购用运华者,则在亚洲战事结束前仍可提供给中国;(三)中国拟发行之新国债券,应注明由英政府拨款担保,存放伦敦,以鼓励销路。此项担保款数,可增至1 500万或2 000万英镑,可视债票推销情形而定[1]。7月10日,顾维钧将其与霍伯器的会谈情况向孔祥熙汇报。7月16日,孔祥熙复电云,收回债票并不影响信用,印度有少量物资可供使用,基本认可顾维钧所提方案[2]。在与蒋介石商议后,孔祥熙制定5 000万英镑借款一半用于购料、一半用于法币发行准备与中国国内公债担保的方案。8月7日,孔祥熙致电宋子文,请其照此与英方交涉[3]。

　　不过,由于蒋介石明确指示宋子文,赴英访问时不要提出借款解决方法,以免让英方认为宋子文访英是"有求于英方"[4],故英国政府对通过宋子文访英以解决中英借款的期待并未实现。对孔祥熙的建议,宋子文也表示此事应由顾维钧、郭秉文与英方商讨[5]。英国方面也很快意识到宋子文无意进行借款谈判,英财政部决定仍旧按兵不动,等待中方提出其他解决方案[6]。

　　宋子文访英并未取得预期成效,而中英谈判持续时间已达一年半。孔祥熙在国民参政会上因对英借款迟滞受到质询,倍感压力,因而加快了谈判步伐[7]。在中方主动之下,为中英关系考虑,英方也做出一定让步,借款谈判终

---

[1]《顾维钧复孔祥熙电》(1943年7月10日),《中华民国史档案资料汇编》第五辑第二编外交,第504页。

[2]《孔祥熙致顾维钧电》(1943年7月16日),《中华民国史档案资料汇编》第五辑第二编外交,第505页。

[3]《孔祥熙致宋子文电》(1943年8月5日),台北"国史馆"藏国民政府档案001-088201-00003-010。

[4]《宋子文致孔祥熙电》(1943年8月7日),台北"国史馆"藏国民政府档案001-088201-00003-010,第4页。

[5]《孔祥熙致宋子文电》(1943年8月5日)、《宋子文致孔祥熙电》(1943年8月7日),台北"国史馆"藏国民政府档案001-088201-00003-010,第3—4页。

[6] Discussion with Dr. T. V. Soong on Anglo-Chinese Relations, August 6. 1943, FO/371/35795, p. 24.

[7]《国民参政会第三届第一次大会纪录》,国民参政会秘书处,1943年;From W. H. Evans Thomas to Young, October 27, 1943, FO/371/35753, pp. 6-9.

得进展。

10月13日,孔祥熙致电顾维钧,对借款条件提出四点建议:(一)原定用于担保公债发行之1000万英镑照拨。此前已发行公债暂由国库券担保,借款签订后,仍由英借款中1000万英镑作担保;(二)因美借款下拨,美金储蓄券售罄,拟发英金储蓄券1000万英镑;(三)借款下2000万英镑用作在英镑区购工业机器、铁路器材等物资及在英印购棉花布匹;(四)其余1000万英镑用作前项不敷或其他杂费[1]。

中方对借款用途的新建议中,最重要的即为发行1000万英镑英金储蓄券,但这未被英方接受。11月10日,顾维钧致电贾德干,告知国民政府改变借款用途的情况。顾维钧将中方的建议归纳为两点:第一,中国不再坚持拨款3000万英镑作为法币的外汇储备,而担保中国发行内债的金额从1000万英镑增至2000万英镑,且这一数额可用作发行英镑储蓄券及法币债券的抵押品;第二,剩下的3000万英镑将用于在英镑区的采购和服务,以满足军事、运输和通信需要[2]。不过,由于艾登、贾德干此时不在伦敦,英方并未立刻回复。

1943年11月23—26日,中美英三国在开罗召开会议,商讨对日作战与战后安排事宜。会前,孔祥熙在11月16日将中英借款谈判经过及其10月13日所拟解决方法提案呈报蒋介石,并建议在会上与英国代表商谈此事[3]。11月26日,国防最高委员会秘书长王宠惠当面将借款问题中方提案(内容与孔祥熙所拟解决方法一致)交予艾登[4]。11月26日下午,王宠惠与艾登、贾德干会谈,商讨借款问题。王宠惠表示中方已做出让步,并强调一旦合同签订,即使在战争结束后,中方战时以借款购买的机器、船只及原材料等货物亦须交付。但这一点艾登不同意,表示即便在英国自治领,战后也无继续有效之购货合同,其余各条会在回英后与英财政大臣协商[5]。

12月6日,蒋介石将开罗会议上中英商讨借款情况电告顾维钧,令其相机

---

[1]《孔祥熙致顾维钧电》(1943年10月13日),台北"国史馆"藏国民政府档案 002-080106-00058-009,第16—18页。
[2] From Wellington V. Koo to Sir Alexander Cadogan, November 10, 1943, FO/371/35752, p. 152.
[3]《孔祥熙呈蒋中正英国五千万英镑借款接洽经过情形节略》(1943年11月16日),台北"国史馆"藏蒋中正总统文物档案 002-020300-00041-076。
[4]《蒋介石致顾维钧电》(1943年12月6日),台北"国史馆"藏蒋中正总统文物档案 002-020300-00040-050。
[5]《王宠惠与英外相艾登外次贾杜根会谈纪录》(1943年11月26日),台北"国史馆"藏蒋中正总统文物档案 002-020300-00040-049,第6—8页。

与英政府交涉[1]。实际上 11 月 16 日，英财政部就召开会议商讨顾维钧 11 月 10 日转交英方的方案，认为中方的方案特别是发行英金储蓄券，对战后国际收支不利，且考虑到目前的汇率与开始借款谈判时汇率的差距，这一点对英方的不利更为明显[2]。而英财政部与外交部亦不同意增加担保中国内债的金额[3]。12 月 9 日，在与财政部商议后，英外交部告知顾维钧，英方无法接受其 11 月 10 日所提方案。12 月 17 日，顾维钧与艾登会面。艾登表示英国政府目前无法负担用于英金储蓄券的 1 000 万英镑[4]。随后，顾维钧就增加 1 000 万英镑用作英金储蓄券问题与贾德干、倪米亚、霍伯器等人会面协商，但均遭拒绝[5]。

不过，中国在开罗会议上将借款问题提出，说明了其对此问题的重视，这也令英国做出一定让步。12 月 29 日，顾维钧再会艾登，艾登再度表示因英财政困难，无法提供 1 000 万英镑担保发行英金储蓄券，但除此之外关于借款用途的提议，英方都可接受，为早日订立合同计，英方同意购料种类、有效期、交换办法等细节不必采取固定方法规定，并同意在重庆或伦敦成立一个专门的中英委员会，用于购料等事宜[6]。

但艾登并未立刻以书面等正式形式将英方的回应告知顾维钧或英驻华大使馆。国民政府对此感到焦急，1944 年 1 月 21 日，蒋介石与薛穆会面，询问英方关于借款提案的态度，薛穆表示暂未收到指示。这是蒋介石第一次与薛穆谈论借款问题，同时孔祥熙与宋子文也与薛穆会面，催促英方尽快给出答复[7]。由于英方始终未给中方回复，令孔祥熙不满。1 月 29 日，孔祥熙致电郭秉文，要求郭秉文直接向英国政府询问，借款行还是不行（yes or no）[8]。

---

[1]《蒋介石致顾维钧电》(1943 年 12 月 6 日)，台北"国史馆"藏蒋中正总统文物档案 002-090105-00011-005。
[2] £50,000,000 Loan to China, November 18, 1943, FO/371/35752, pp. 148-149; Draft to Chinese Ambassador, November 26, 1943, FO/371/35753, pp. 40-42.
[3] Wellington V. Koo, Kuo Ping-wen to H. H. Kung, December 11, 1943, Arthur N. Young Collection, Box 89, Folder British Loan, 1942-45, p. 41.
[4] From Mr. Eden to Sir H. Prideaux-Brune (Chungking), December 17, 1943, FO/371/35753, pp. 198-199.
[5] Wellington V. Koo, Kuo Ping-wen to H. H. Kung, December 22, 1943, Arthur N. Young Collection, Box 89, Folder British Loan, 1942-45, p. 42.
[6]《顾维钧致孔祥熙电》(1943 年 12 月 29 日)，台北"国史馆"藏蒋中正总统文物档案 002-090103-00013-135。
[7] From Foreign Office to Chungking, January 21, 1944, FO/371/41545, p. 57.
[8] Chinese Telegram to London, January 29, 1944, Arthur N. Young Collection, Box 89, Folder British Loan, 1942-45, p. 50.

在中方的不断催促下,2月3日,艾登致电顾维钧,向其转达了英国对借款的态度。艾登表示,英方同意提供1000万英镑作为中国发行内债的担保,并将此笔借款称为"首次"(in the First Instance)发放,但英国不同意用借款做中国发行储蓄券的担保。艾登解释,英方仍准备首先从信贷中提供最多1000万英镑的资金用于担保中国发行内债,并不排除增加数额,但英方不可能认为中国政府已发行的法币公债是以1000万英镑作为抵押。同时,英国也同意对战争结束后到期的购料合同进行付款,前提是符合英方规定的"战争目的"。艾登表示,这已经是英方最大的让步,希望能尽快签字[1]。

关于运用借款担保中国发行内债的金额,英国终于松口,这大大促进了借款问题的解决,顾维钧建议中方可尽快签字。2月13日,孔祥熙将英国最新的借款提案呈报蒋介石,并提议,加入偿付中国政府在英国应付之其他款项,即便借款未能全部利用,亦可用来偿还以关税做抵押的旧债,由英镑借款担保发行储蓄券可以取消,但日后可由中英继续商讨增加中国公债担保额[2]。2月16日,蒋介石复电表示同意,可依此与英方交涉[3]。

而顾维钧将孔祥熙的修改意见告知英方后,英方拒绝用5000万英镑借款偿还1939年中英信贷借款和1941年平准基金借款,并表示借款协定已经无可修改[4]。在这种情况下,1943年3月23日,顾维钧致电艾登称,中国政府已接受英方所提借款草案,并已授权顾维钧与英国政府签订借款协议[5]。4月19日,艾登向英议会下议院介绍了英国对华5000万英镑借款情况[6]。

5月2日,顾维钧与艾登在伦敦签订《中英财政协助协定》,内容规定:英国对中国借款5000万英镑;用途为:(一)支付中国在战时采购适应国家需要之物资,但此物资需在英镑区域内生产或制造,并为中国政府在对日本敌对行为终止前订立合同内所购买;(二)支付用于英镑区域内关于前项购买所需事务之费用,此项购买合同系中国政府在对日本敌对行为终止前所订立者;(三)拨付中国政府发行内债之基金,以便中国政府收回过剩购买力(此项购

---

[1] Mr. Eden to W. V. Koo, February 3, 1944, FO/371/41545, p.119.
[2] 《孔祥熙致蒋介石电》(1944年2月13日),台北"国史馆"藏蒋中正总统文物档案 002-020300-00041-077。
[3] 《蒋介石致孔祥熙电》(1944年2月16日),台北"国史馆"藏蒋中正总统文物档案 002-020300-00041-078。
[4] Mr. Eden to W. V. Koo, March 8, 1944, FO 371/41546, p.90.
[5] W. V. Koo to Mr. Eden, March 23, 1944, FO 371/41546, pp.152-153.
[6] 《孔祥熙致蒋介石函》(1944年4月22日),台北"国史馆"藏蒋中正总统文物档案 002-020300-00041-079,第3—4页。

买力非此不足以收回者),而遏止通货膨胀但(甲)此种内债之有效发行,其条件须经两国政府同意能(乙)此项用途之数额第一次不得超过1 000万英镑;(四)供给卢比,以作中国政府付给在印度、缅甸中国军队饷给及当地费用;(五)支付英镑区域内与战事有关之其他劳务经费,此项须经两政府随时商定[1]。

不过,虽然前后耗时两年半才谈成,但国民政府对5 000万英镑借款的利用率并不高,总计动支仅8 128 015.18英镑[2],而国民政府最为看重的为发行内债作担保的1 000英镑却一点未用。1945年11月21日,英国向中国提出《结束1944年中英财政协助协定办法节略》,规定自1946年3月31日以后,中英财政协助协定即行告终[3]。

结　语

中英财政协助借款(即5 000万英镑借款)是全面抗战爆发后英国向中国提供的数额最大的一笔借款,也是太平洋战争期间中英两国达成的唯一一笔借款。虽然中英共同加入反法西斯同盟对日作战,但谈判仍旷日持久,一度对两国关系带来负面影响。

在谈判过程中,中英双方对彼此的态度与做法都"不理解"。中方认为,中国所提的条件并不算高。1943年3月,孔祥熙就曾向财政顾问杨格表示,5 000万英镑只相当于英国2—3天的战争费用,英国完全可省出这笔钱,这也比国民政府一个月的财政支出要少[4];但英方认为,既然中国在借款之初就已经明确表示此借款主要出于"精神上"的作用,那为何还要对借款用途斤斤计较,甚至"勒索"?自始至终,双方都坚持自己立场,且从经济角度而论,双方的立场都站得住,导致谈判多次陷入僵局。而这种矛盾也源于两国对彼此国情的不了解,太平洋战争突然爆发,中国对借款计划缺乏周密计划,只

---

[1]《孔祥熙呈蒋中正中英财政协助协议与租借暨换文抄本》(1944年6月18日),台北"国史馆"藏蒋中正总统文物档案002-020300-00041-080,第2—5页。
[2]《陈庆瑜为中英财政援助借款动支数额签呈》(1949年8月2日),《民国外债档案史料》(第11卷),第462—463页。
[3]《英财政部杨格致曾镕浦函》(1945年11月21日),《民国外债档案史料》(第11卷),第460页。
[4] Discussed British Credit with H. H. Kung, March 10, 1942, Arthur N. Young Collection, Box 89, Folder British Loan, 1942-45, p. 22. 1943年国民政府财政支出为511.27亿法币,平均每月支出约42.5亿法币,以当时1∶80的汇率计算,5 000万英镑约等于40亿法币。见俞鸿钧:《财政年鉴》(第3编)第3篇第2章,财政部财政年鉴编纂处,1948年1月,第46页。

是顺势向英美两国提出大借款,对于财力较为雄厚的美国而言,对华借款无甚障碍,但对财力本就捉襟见肘的英国,则的确无力向中国提供所希望的借款。

而此前双方就对彼此有不好的印象,更加深了隔阂。全面抗战爆发后,英国成为国民政府最早的求援对象,但英国对华援助远不及中国的期待。1938年英国与日本达成海关协定、1940年英国关闭滇缅路等举动也让国民政府大失所望,反英情绪一直存在。而英国则延续了对中国财政经济的批评,并认为国民政府高层不懂经济规律,经济政策与体制需要根本改变,借款并不足以解决中国的问题。同时,在英国看来,中国国内的腐败严重,借款有被孔祥熙私吞的可能[1]。

相比于向中方妥协以换取缓和中英关系,英方更看重借款与战时英国财政实际情况不符与影响战后国际收支。英方认为,随着战事对轴心国不利,中国不会向日本投降,因而通过借款防止中国单独对日媾和的需求降低。若英方让步,会引来中国的进一步要求,且屈服于中国的压力,会让英国在其他领域进行外交谈判(如九龙租借问题)时处于不利局面。相比于借款,军事形势对中英关系的影响更大。因而虽有来自美国的压力、议会的质询、驻华大使的多次建议,但英国政府的态度始终未变。

不过,借款最终得以签订。虽动用不多,且均用于购料,未能用于中国最为看重的担保内债和维持法币,但也有助于中国的抗战。且担保条件确实较此前借款更为便利,符合"财政援助"的定位。因此,蒋介石也认为英国的借款"差强人意"[2]。但5 000万英镑借款并未能缓解中英之间的矛盾与中国对英国的不满情绪,也没能换来英方所期待的中国的感激与善意,加之英国自身的财政困难,直到1949年国民党败退台湾前,英国未能与国民政府再达成任何借款协议。

(原载《抗日战争研究》2021年第2期)

---

[1] Financial Agreement with China, June 4, 1942, FO/371/31619, pp. 217-219.
[2] 蒋介石日记(手稿),1944年5月,"本月反省录"。

绍兴沦陷：战时的前线与日常

吴敏超[*]

1941年4—5月的宁绍战役[1]，是第三战区继淞沪撤退之后规模最大的一次战役[2]。4月17日凌晨，绍兴突然沦陷。绍兴是此次战役中我方失守的第一座城市。此时距1937年7月抗战全面爆发，有近4年时间，距1937年12月浙江省省会杭州被占领、敌我双方沿钱塘江对峙，有3年半时间。夜深人静时，日军越过国军防线，突然降临绍兴城外，几乎兵不血刃地攻占了这座古城。国军守军何在？地方政府何为？剖析绍兴沦陷的各个环节，探究其来龙去脉，有利于我们观察抗战中期前线国军的军纪士气、地方社会的战时变迁、国府中央与地方的沟通及军政关系的演变。

一、沦陷前夜：绍兴城静谧如常

绍兴位于钱塘江入海口杭州湾的南岸，春秋时期越国即在此建都。从两千多年前勾践卧薪尝胆的故事，到近代鲁迅笔下的百草园与三味书屋，绍兴作为江南文化名城，令人遐思神往。1935年，浙江省政府设置绍兴行政督察区，专员公署驻绍兴县，辖绍兴、上虞、余姚等七县。不久，绍兴行政督察区更名为第三区行政督察区，辖县不变。第三区行政督察专员和绍兴县长同驻绍兴城。1937年8月，淞沪战役爆发。1937年12月下旬，杭州沦陷，国军退至钱塘江

---

[*] 吴敏超，2014—2017年在复旦大学历史学系从事博士后研究，现为中国社会科学院近代史研究所研究员。
[1] 宁绍战役中的"宁"与"绍"，分别是浙江两个重要城市宁波与绍兴的简称。本文考察的绍兴沦陷，是宁绍战役中的重要一环。关于宁绍战役的研究，代表性成果有：（1）马登潮的《50年前的一场浩劫——宁绍战役述略》一文，刊载于《浙江档案》1991年第5期，第30—31页。（2）1995年出版的《浙江抗日战争史》（楼子芳主编，杭州大学出版社）中，辟有一节"宁绍战役"。（3）2009年出版的《金萧地区抗日战争史长编》（人民日报出版社），由杨长岳主编、浙江省诸暨市新四军历史研究会编写，以82页的篇幅呈现了宁绍战役的全貌。
[2] 顾祝同：《墨三九十自述》，台湾"国防部"史政编译局，1981年，第191页。

南岸一线守卫。抗战前期和中期,浙江的敌我态势为:钱塘江以北的杭嘉湖平原地区,由日军占领;钱塘江以南的绍兴、宁波、金华、衢州、温州、丽水等广大地区,仍为国民政府统治。国民政府战时省会驻节于金华永康,省政府主席为黄绍竑。从1937年底杭州失守至1941年春宁绍战役发生,虽然其间在钱塘江南岸有一些战斗发生,但国军基本能控制钱塘江以南、以东的广大地区。宁绍地区紧邻钱塘江,为战时前线。

1941年4月17日绍兴沦陷前一个星期,即1941年4月7日至10日,浙江省政府主席黄绍竑率领县政检阅团到达绍兴[1]。此时正值国军在宁绍地区的驻军——第86军的话剧团到绍兴公演,以演出收入补助军需,市面一派祥和之气。不过,黄绍竑离开绍兴后,即有一些异常现象发生。4月14日、15日,一架日军的飞机多次飞临绍兴上空,警政主管人员有所戒备。待到4月16日下午,钱塘江南岸的三江口传来有小股日军登陆的消息。三江口即钱塘江、曹娥江和钱清江三条江的交汇口,位于绍兴城以北近30公里处。从地理与军事言,三江口起到护卫绍兴的作用。

绍兴方面各机关听说消息后,开始准备船只,并搬运货物至船中,打算随时撤离。绍兴是著名的水乡,城内河道密布。九座城门中有六座是水门,可以通过门下的河道出城。不过,紧张态势在下午趋于缓和。绍兴行政督察专员邢震南打电话给前方军事长官,得到的回复是:"敌人已经撤退。"[2]敌我两军隔江对峙三年多,有进攻、战斗、撤退消息,原属正常。因无后续消息,邢震南推断,这是敌人的一次小规模袭扰。于是,夜幕降临,第86军话剧团照常在觉民剧场上演《雷雨》。据说,中国银行、交通银行和浙江地方银行的三位经理,曾向绍兴县长邓切了解情况,邓切也专门向邢震南请示办法。邢震南以老前辈自居,怪邓切太不镇定[3]。邢震南是浙江嵊州人,1915年毕业于保定陆军军官学校第二期,比黄绍竑还早一期。他戎马倥偬二十多年,黄绍竑担任浙江省政府主席后,邀他担任浙江第七区(台州地区)行政督察专员,1941年初又调至绍兴任第三区行政督察专员。所以,绍兴沦陷时,他来绍兴任督察专员仅3个月。

事实上,日军非但没有退去,反而正从各个方面向钱塘江南岸、闽浙沿海

---

[1] 黄绍竑:《黄绍竑回忆录》,广西人民出版社,1991年,第371页。
[2]《绍兴失陷情形及本署部退出后两个月间工作纪要》(1941年6月),《抗战八年在绍兴——绍兴文史资料》第9辑,绍兴市政协文史资料委员会,1995年,第98页。原件藏浙江省档案馆。
[3] 朱仲华:《绍兴沦陷时县长邓切死难纪实》,《抗战八年在绍兴——绍兴文史资料》第9辑,第33页。

进攻——小股日军进攻三江口,仅是拉开了一场大战役的小小序幕,只是,此时绍兴城内的军民浑然不觉而已。

日军在 1941 年 4—5 月发动宁绍战役,缘起于日本军方 1940 年底的战略调整。根据国际形势特别是欧洲战场的情况,日军讨论、调整对华长期作战指导计划,倾向于对国民政府继续施加武力压迫的同时,加强经济压迫。日军在 1941 年 2—3 月,首先侵占广东沿海。继而在 1941 年 4 月发动浙、闽沿海战役,旨在夺取沿海港口。从兵力投入和作战主旨看,宁绍战役正是其中最重要的一环。

日军对宁绍战役的具体布置为,一面使用暂驻在上海郊外的第 5 师团,在浙江沿海实施登陆作战,占领沿海宁波、台州和温州等城。同时,为策应第 5 师团的登陆作战,沪杭地区的日军第 13 军向钱塘江南岸展开攻势作战。1941 年 4 月中旬,第 13 军司令官泽田茂调集第 22 师团、第 15 师团赤鹿支队及第 11 混成旅团之一部,共约 2 万人,负责钱塘江南岸战事。4 月 14 日,司令部战斗指挥所从上海推进到杭州,战斗蓄势待发。4 月 16 日下午,绍兴三江口小股日军进袭,正式拉开宁绍战役的序幕。

当时,国军主力第 10 集团军位于诸暨附近,加上地方部队,兵力约 10 万人,负责钱塘江南岸地区的防卫。第 13 军的具体作战布置,正是直指诸暨国军主力:日军左路由杭州乘舰,绕至杭州湾南岸之三江口登陆,经绍兴向诸暨前进,中路由萧山向诸暨推进,右路由富阳向诸暨推进[1]。可见,绍兴城是左路日军志在必得的一座城市。而且,为了保证不惊扰到诸暨的国军主力部队,日军最好的选择是奇袭绍兴、扫清障碍,以最快速度逼近诸暨。

二、沦陷之时:混乱中的被杀与逃离

4 月 16 日深夜,绍兴城内的话剧结束,观众散去,全城陷入沉睡之中。17 日凌晨 1 时,城外突然响起枪声,由远而近。绍兴县保安大队、自卫队和警察立即分头搜寻敌人。他们看见第 86 军第 16 师的士兵佩戴"再厉"臂章,挺进入城,以为是我军调防,不料突然间被其扫射,才知道敌人乔装成国军第 16 师的士兵[2]。更令人吃惊的是,城内街巷各处出现许多日军的便衣队,他们与入城之敌里应外合,迅速控制重要地点。凌晨 3 时,日军大部队攻入城内,

---

[1] 蒋纬国编著:《抗日御侮》第 6 卷,黎明文化事业公司,1978 年,第 49—50 页。
[2] 《绍兴失陷情形及本署部退出后两个月间工作纪要》(1941 年 6 月),《抗战八年在绍兴——绍兴文史资料》第 9 辑,第 99 页。

陆续占领各城门。

日军攻入绍兴时，从第三区行政督察专员邢震南、县长邓切到普通民众，都被蒙在鼓里。邢震南立即率领军警和署部职员共70余人，从偏门突至城外，狼狈转移到绍兴城南的平水镇。邓切在绍兴著名实业家金汤侯宅中更换衣服、戴上大笠帽——显然，他怕城内卧底与汉奸认出自己。金家的船夫用乌篷小船送他出城，不幸的是，他在都泗门外被日军乱枪打死。都泗门是水门，位于绍兴城的东北部，很可能与日军进攻的方向一致。都泗门往北紧邻的城门是三江门，即面向三江口的方向；都泗门往南是五云门，是较早被日军占领、架设机枪扫射逃难民众的大门。抗战期间，浙江省各县长死于日军枪炮下者仅有两位，邓切就是其中之一，时年仅31岁。邓切是湖南人，毕业于上海大夏大学。因其父邓静安与第10集团军总司令刘建绪是好友，所以抗战前邓切即在刘建绪手下任职。抗战爆发，黄绍竑任浙江省政府主席后，刘建绪即向黄绍竑推荐邓切。1938年2月，邓切任诸暨县长，后来又先后担任浙江省安吉县、绍兴县县长[1]。邓切虽然积极做事，但年少气盛，与邢震南的前任——绍兴行政督察专员杜伟相处不睦。邓切在诸暨与安吉时都能放手做事，待他调为绍兴县长后，与第三区行政督察专员同驻一城，不免有掣肘之感。杜伟坚决辞去专员之职，省政府乃将杜伟与邢震南对调[2]。

历史就是这样偶然又无情：邢震南因邓切与杜伟的矛盾，调来绍兴。不足百日，就遭遇绍兴沦陷。邓切在绍兴沦陷前提醒邢震南，邢震南未予理会。最终两人中一人身死，一人担负失城之罪名。绍兴沦陷之时，人员损失当然不止于一位年轻的县长，还有稽山中学的四位学生、部分普通民众在逃离过程中，被日军扫射而死。一些人在混乱之际成功逃出了绍兴城。稽山中学的学生，凌晨3时听到密集的枪声，立即简单收拾行装，在体育老师何子镐的指挥下，集体向南门、稽山门方向逃跑。因稽山中学离南门和稽山门较近，而且稽山门有通往会稽山的大道。其间，学生陶永铭听说日军已占领五云门，并在五云桥上架设机关枪，向突围师生和逃难人群扫射，立即决定和同学脱去军训服，换上便衣，向南门方向逃跑。因稽山门离五云门更近，稽山门很可能也已被日军占领。待他们来到南门附近时，正好看见河对岸有一艘小船，于是让船夫划过来接上他们。等天亮时，大约有两百多位同学逃至城外会稽山显圣寺的稽山中学分部集中，聆听校长训话。陶永铭回忆说，站在绍兴城南的香炉峰

---

[1]《绍兴沦陷时县长邓切死难纪实》，《抗战八年在绍兴——绍兴文史资料》第9辑，第33页。
[2]《团结抗日的县长——邓切》，王文浩主编：《诸暨行政管理志》，《诸暨行政管理志》编撰委员会，1992年，第207页。

上,泪眼北望绍兴城,绍兴沦陷了,心中充满了强烈的家国俱失、哀恨并存的情绪[1]。至今读来,令人感喟。历史悠远、文化昌盛的古城绍兴,从此时沦陷到1945年8月抗战胜利后光复,被日军占领四年有余。

4月17日凌晨日军攻城时,还有一些人选择蛰伏家中,待局面稍稍稳定后逃离绍兴。稽山中学的创办者、实业家金汤侯,为避免日本人让他出面筹备伪组织,决定带领家人避居于金家附近的半农园中。不过,4月18日夜,一群匪徒闯进半农园抢劫,表明此处已非安全之地。金汤侯只好转往朋友王以庄家仓库的密室居住,病中的妻子因受到惊吓而病情加剧,猝然离世。金汤侯怕日伪军侦知,未出面料理妻子后事,心情悲痛之至。这时,稽山中学的另一位创办者朱仲华,也从原来避居的教会医院——福康医院转至王家密室。金汤侯和朱仲华都是绍兴城内极富声望之人,若不想当汉奸,必不能久留绍兴。5月中旬,经过细致的调查与周密的准备后,两人携家属逃出绍兴,安全抵达上海租界[2]。还有一位名叫杨媗的苏州年轻女子,苏州沦陷前逃难到浙江。绍兴沦陷前夕的4月12日,恰好是她的新婚之日,婚礼在县商会举行,由邢震南主婚。4月17日凌晨绍兴沦陷时,新婚夫妇吓得躲在房东家的木材寿器(棺材)中。此后每日胆战心惊、度日如年。他们早晨做好吃食,带至附近的一座破园内,白天即隐匿于破园中。10天后,房东帮他们打听到可以出城,杨媗遂与家人于4月28日离开绍兴,前往婆家仙居县。他们一路颠沛流离、食不果腹,总算平安赶到绍兴南部山区一个名叫王化的小村庄,正好此时邢震南也在王化[3]。从杨媗写给父亲的两封信中,可感受到她和家人在绍兴突然沦陷时的惊恐与无助。

学生陶永铭、士绅金汤侯、朱仲华和普通民众杨媗在绍兴沦陷时的经历,或可反映民众在绍兴沦陷时的大致境遇。县长邓诩之死固然令人惋惜,数万绍兴平民的安危,更是考察绍兴沦陷时的重要关注点。因绍兴是突然沦陷,且是黑夜时分,民众和稽山中学的学生逃离时,充满了恐惧与焦灼感,有生命之虞。潜伏数日后再行逃离者,也包含了诸多不确定性。在逃难过程中,他们面对各种苦痛和危险,轻则失去家园、居食无着,重则亲朋好友付出生命的代价。国破家亡,哀痛之深,莫过于此。成功逃至租界、国统区的人们,对个人言,精神上相对舒心,但生活上可能更为艰苦;对国家言,留存了抗战的血脉与希望。

---

[1] 陶永铭:《绍兴沦陷突围记》,《抗战八年在绍兴——绍兴文史资料》第9辑,第66—68页。周裕德:《我从绍兴撤退》,《浙江妇女》1941年第5、6期,第48页。
[2] 金怀瑾:《父亲逃离绍兴的经过》,《抗战八年在绍兴——绍兴文史资料》第9辑,第73—78页。
[3] 谭金土:《苏人文本:逃难书简》,《苏州杂志》2015年第5期,第35—36页。

绍兴突然失守,4月16日晚装运于船上的物资也来不及转移,财物方面的损失十分巨大。第三区专署和绍兴县政府的公文案卷、各银行的货币和贵重财物计1 300余万元,以及保安队、警察局的全部枪械弹药,落入日军手中。

仅仅在半年之前,即1940年10月25—28日,绍兴曾被日军短暂占领。在那次占领之前,绍兴军政方领导民众进行了有序撤离。为何此次军政各方如此大意,绍兴在没有提防的情况下被日军占领,酿成人员与财产的重大损失?其中,最为关键的一点便是,16日下午邢震南询问前线时,前线的接线员回答:敌人已经退去。那么,为何17日凌晨日军突然进抵绍兴城外呢?事后有两种解释:一是日军派出小股部队在三江口佯攻,日军主力则在大小谭登陆,与国军沿江守军并未接触,绕道至绍兴城。另一种解释是,日军占领了三江口,并控制我方通讯人员,邢震南所得回电,是中了他们的圈套。另外,便衣在一周前即已潜入绍兴城,在日军入城前控制电灯和电话公司,散布假消息,混淆视听,故意制造和平景象。不管是何种因素,绍兴突然失守,地方军政负有不可推卸的责任。日军从登陆地到绍兴城,沿途近30公里,竟然无人值守、报告、抵抗?在绍兴军政领导者和警察都驻守在城里的情况下,便衣可任意控制通讯、电灯公司,确实令人匪夷所思。当然,后来的传闻更有添油加醋之处,如第86军话剧团的筹款演出,被更改为"演戏";邢震南曾专门询问前线情况、回复平安无事的环节,自然也被传闻忽略。绍兴沦陷之事被演绎为:军政各方在看戏听戏、懵然无知中,日军攻入城中,损失惨重。是可忍孰不可忍,探究绍兴沦陷的真相,明了前线的真实状况,成为国民政府最高层的当务之急。

三、沦陷真相:蒋介石的彻查与严惩

1941年5月16日,时值宁绍战役接近尾声之际,蒋介石在日记中写下:"追问绍兴失陷时真相。"[1]此后,蒋介石与第三战区司令长官顾祝同、浙江省政府主席黄绍竑之间电报往来频繁,绍兴沦陷之具体环节与真相,得以慢慢浮现。

5月23日,蒋介石命令第三战区司令长官顾祝同、浙江省主席黄绍竑立即报告绍兴失守实情。他了解到的绍兴失守经过为:当夜绍兴正在开娱乐会,敌人便衣队在会场与城中起事,导致官民毫无准备,损失巨大[2]。显然,为筹

---

[1] 蒋介石日记(手稿),1941年5月16日,斯坦福大学胡佛研究所档案馆藏,下同。
[2] 《蒋中正手令顾祝同黄绍竑查报绍兴失陷实情》(1941年5月23日),台北"国史馆"藏蒋中正总统文物档案 002/010300/00043/039。以下引自该档案的资料,简称"蒋档"。

募军需演话剧与开娱乐会,并不能等同,日军的便衣队也没有在觉民剧场"起事",但是谣言总是比事实传播得更快。蒋介石笔端显露震怒之情,并要求彻查。

顾祝同接到蒋介石的质询电报后,一边令刘建绪和黄绍竑查报,一面派出高级参谋王冠前往绍兴前线秘密调查[1]。6月2日,顾祝同根据王冠的调查,向蒋介石作了"绍兴失陷实际情形"的报告。他指出三点重要内容:第一,4月16日三江口登陆之敌,占领了我方通讯机关,胁迫我方情报员照常与绍兴城内通话,使邢震南等误以为日军已经退去。第二,日本便衣队此前利用商人走私,将武器混在商人货物中运入绍兴城内。16日晚9时左右,便衣队占据电话局和电灯公司,照常替各机关部队接线通话,导致机关部队没有察觉。第三,钱塘江南岸右翼指挥官何嶷与绍兴地区专员邢震南,因事变仓促、不及防御,于17日凌晨2时先后离城。值得注意的是,在最后总结时,顾祝同作为第三战区的军事长官,对守卫绍兴的军事负责人何嶷有偏袒之意,而对绍兴行政长官邢震南指责颇烈:何嶷掌握的守备力量不足,遇日军来袭,不能守住钱塘江沿线,情有可原;而邢震南疏于防守,使绍兴城内便衣、汉奸充斥,不可原谅。顾祝同对事件的处理建议是,将邢震南立即枪决,何嶷严查法办[2]。顾祝同此时将绍兴失守责任推诿于邢震南,对邢震南的命运产生直接影响。

6月4日,黄绍竑也向蒋介石汇报绍兴失守经过。作为浙江省政府主席,他阐述了绍兴沦陷时的详细情况,重点如下:第一,绍兴城由警察防护,地方团警训练与装备都较差,不能持久抵抗,遇到变故,也不能有秩序地撤退。第二,因绍兴粮荒,奖励商民从钱塘江北岸杭嘉湖沦陷地区运送粮食至南岸,两岸来往频繁,百密一疏,日军便衣不免有混入绍兴城者。适逢第86军话剧团演出,防检有所松懈。日军派出的伪军便衣有两百余人,化装入城,并以大同旅馆和越宫饭店为指挥所。第三,钱塘江南线右翼指挥官何嶷,所指挥者多为地方团警,平时因职权关系,与地方行政方面存在龃龉,甚至不相闻问,以致事变骤起时,消息隔阂。日军绕至三江口以外的其他区域登陆时,守军溃散,未向指挥部报告失陷情形[3]。黄绍竑指出,绍兴的沦陷,军政双方都有责任。不过在字里行间,还是透露出对邢震南的维护之意,如指出绍兴粮荒和第86军话剧演出导致汉奸容易混入,何嶷指挥的部队与行政方面沟通机制不畅等。

顾祝同和黄绍竑的报告,厘清了绍兴沦陷的一些事实:绍兴城内混入大

---

[1]《顾祝同电蒋中正》(1941年5月27日),蒋档 002/080200/00295/033。
[2]《电呈绍兴失陷实际情形由》(1941年6月2日),蒋档 002/020300/00005/097。
[3]《报告绍城失陷因素自请严予处分由》(1941年6月4日),蒋档 002/080200/00295/036。

量便衣的原委；三江口的日军登陆后，胁迫我方情报人员继续照常工作的事实；日军主力逼向绍兴城时，沿途守军溃散且不向上级报告的情况。这些都是绍兴突然沦陷的直接原因。当然，顾祝同和黄绍竑之间对于责任的互相推诿也十分明显，反映了地方军政的各自利益所在。蒋介石接到顾祝同和黄绍竑的报告后，即请军事委员会参谋总长何应钦组织评判会，讨论如何惩处与绍兴沦陷相关之主管人员。蒋介石认为，绍兴沦陷，主要是由于党政军人员利用帮会成员走私，而这些帮会成员又被敌伪利用，成为日军的第五纵队，与日军里应外合[1]。从此时蒋对绍兴沦陷原因的判断，可知蒋更倾向于政治方面，而非军事。

6月10日，黄绍竑接到顾祝同即将对邢震南进行军法审判的通报后，十分生气，立即致电蒋介石，为邢震南辩护，指出绍兴失守，主要是军事方面的责任。他认为，敌寇进犯前，地方团警都已经调由地区军事指挥官何嶷指挥。当日军登陆时，地方团警离防，却没有与行政人员联系，情报不相沟通。而且，邢震南是中央简派人员，是否撤职，不应由第三战区司令长官决定[2]。从这封电报中，可以看出黄绍竑对顾祝同、何嶷的强烈不满，以及对邢震南的保护。确实，就公而言，邢震南多年来担任台州、绍兴督察专员，是黄绍竑信任的部下。而且，绍兴是浙江省下属的重要城市，黄绍竑作为省政府主席，必须和蒋介石辩明，失守责任主要应由军方承担，而不能由行政方承担；就私而言，刑震南是黄绍竑在保定陆军军官学校的学长，抗战爆发后邢震南来浙任职，也是应黄绍竑的邀请。

不过，蒋介石也用一系列的反问，十分强硬地回应了黄绍竑的质询。蒋提出：地方行政人员是否有守土之责？是否有与城共存亡之义？邢震南身为专员，平时不加防范，令日方侦探充斥城内，以致失地，此为行政官之罪乎？蒋介石赞成对邢震南进行军法审判[3]。当然，蒋介石对黄绍竑的请求置之不理，并不代表他原谅了军方人员的表现。对于第三战区在宁绍战役中连续失地、军风军纪的情况，蒋介石也非常不满。尤其是当他得知何嶷与日方指派的女间谍有染时，马上令顾祝同将何嶷军法处置，并令顾严查到底。蒋介石获得的报告是，何嶷沉湎酒色，被女汉奸童曼卿所迷惑。童曼卿介绍日军第22师团第86总队古贺隆一情报部侦查长李景忠，情报员施文进、殷文相等，在何嶷部

---

[1] 《蒋中正电何应钦》(1941年6月8日)，蒋档 002/010300/00044/010。
[2] 《黄绍竑电蒋中正》(1941年6月10日)，蒋档 002/080200/00295/042。
[3] 资料出处同上，蒋在空白处的批示。

充任勤务兵及管库军士等,致我军全部军情,早为日军所洞悉[1]。笔者在蒋档中未能找到顾祝同对何嶷、童曼卿一事的回复。不过,在绍兴文史资料中,确有何嶷受童曼卿所惑的说法:童曼卿是绍兴平水人,据说此前长年居住在上海,当时回绍兴探亲。她以社会名媛的姿态,周旋于绍兴上层一部分社会人士中,后来和何嶷有所交往。童曼卿的真实身份,是华中特务机关——梅机关派遣来刺探军事情报的女间谍。她从何嶷口中,获知了绍兴防务方面的一些情况[2]。那么,如此看来,1941年4月16—17日,日军一部佯攻三江口,主力则从其他登陆地点绕至绍兴城,一路急行军而未被国军防守部队发觉,又如探囊取物般攻陷绍兴,与童曼卿的军事情报不无关系。

关于绍兴失守的最终处置,根据何应钦组织的评判会所拟办法,给予第10集团军总司令刘建绪记大过两次的处分,给予第三战区司令长官顾祝同、浙江省政府主席黄绍竑各记一次大过的处分[3]。何嶷被处死,邢震南也于1942年浙赣战役爆发前,被处死在第三战区司令部所在地江西上饶[4]。黄绍竑想保邢震南一命,以辞去浙江省政府主席一职相胁,但没有成功[5]。总之,在蒋介石的强烈干预下,从第三战区到绍兴地方,相关人员都受到了严肃处理。从目前掌握的资料看,在绍兴沦陷之前,人们对于邢震南和邓切的人品能力,并无恶评。他们虽然分别与黄绍竑、刘建绪有私人关系而得到任用,但均能胜任专员和县长之职,政绩良好。绍兴失守,邢震南和邓切当然有一定责任,不过从更深的层次言,这也是敌强我弱、战事发展的客观结果。

蒋介石对顾祝同、黄绍竑和刘建绪的处置,也并非只给予记过了事。他对顾祝同、黄绍竑均有考虑更换之意。在追查绍兴失守的6月初,蒋即开始谋划闽、浙主席的新人选问题。8月初,蒋介石做出让刘建绪担任福建省政府主席的决定,原主席陈仪调至重庆,在后方勤务部任职[6]。刘建绪从1941年8月正式调任福建省政府主席开始,执掌闽政达7年之久。需要指出的是,防止高

---

[1]《蒋中正电顾祝同》(1941年6月18日),蒋档002/090200/00067/007。
[2] 陈济灿:《古城历劫记》,《抗战八年在绍兴——绍兴文史资料》第9辑,第21—22页;李石民:《绍兴沦陷前前后后》,《抗战八年在绍兴——绍兴文史资料》第9辑,第4页。
[3]《何应钦呈蒋中正》(1941年6月16日),蒋档002/080200/00295/045。
[4] 沈松林:《抗战期间,在上饶处死的绍兴专员邢震南》,《上饶文史资料》第8辑《国民党第三战区司令部纪实》下册,江西省上饶市文史资料研究委员会,1988年,第184—186页。
[5] 黄绍竑:《在战火中主浙八年》,浙江省政协文史资料研究委员会编:《第二次国共合作在浙江》,浙江人民出版社,1987年,第35页。
[6]《蒋中正电嘱顾祝同请刘建绪来渝一谈》(1941年7月14日),蒋档002/010300/00045/018;《蒋中正手令陈仪调中央任职刘建绪调闽省主席省府主要人员不动》(1941年8月11日),蒋档002/010300/00045/040。

级干部在一地任职时间太长,使其无法发展出根深蒂固之势力,也是蒋用人的一种方式。借东南沿海战役之机会,对闽浙人事重新洗牌,体现了蒋的良苦用心。所以,绍兴沦陷和宁绍战役的发生,也改变了闽浙两省的人事布局。

绍兴失守过程中包含的一些关节点,如日军深夜突袭,安插女间谍、便衣与武器混入城中,以获得里应外合之效,我方欣赏话剧,歌舞升平,混乱中县长被射杀,最高层震怒,绍兴军政负责人均被军法处置等,都有值得探讨和注意之处。对日方而言,攻陷绍兴是首战告捷,奇袭与卧底珠联璧合,这些成绩建立在实力与长期的精心准备上。对我方而言,绍兴失守,人员与财物损失重大、教训惨重,军政双方不警惕、不作为、不配合,使得人们不禁要质疑:绍兴是在前线吗?日方的情报战与卧底术如此高明,我方则如处囚笼、处处陷于被动之中。两相比较,差距甚大。绍兴失守后,军政双方在蒋介石面前互相推诿责任。那么,绍兴失守,究竟是谁之过错?从国民政府军事委员会的惩罚看,从第三战区司令长官到浙江省政府主席、第 10 集团军司令都被记大过,绍兴地区的军政长官被处死,显然,军队和地方均有责任。军队的责任在于防守不力,与地方行政人员之间窒碍颇多,而地方行政麻痹大意,汉奸便衣充斥而毫无察觉。当然,这些都是绍兴失守过程中体现出来的一般具象。我们可以尝试从这些具象中,探讨更多问题。抗战爆发已经四年,在战争推演中,军事力量和地方社会都发生了很大变化,各自均面临着难题和危机。敌我之间的紧张对垒形势,也悄然改变。

四、检讨:国军军风纪与前线走私

宁绍战役中,国军不仅在绍兴沦陷中表现极差,后来的作战表现也不尽如人意。4 月 17 日晨,左路日军占领绍兴后,于 4 月 20 日会同中路日军,攻陷绍兴城西南方向的诸暨县城。23 日,右路日军也进入诸暨。三路日军与驻守于此的国军第 10 集团军,展开了近一个月的作战。同时,日军第 5 师团在东线沿海地区行动。4 月 19 日拂晓,第 5 师团下属部队分别在宁波、台州、温州等地登陆。4 月 20 日正午前后,分别占领这些地方,速战速决,将战略物资运走或就地销毁[1]。可见,宁绍战役中,日军势如破竹,国军表现不佳,连续失城失地。国军或是听闻日军将来,即已退出阵地(如绍兴沦陷前),或是且战且退(如后来的诸暨主战场)。所谓反攻,大多发生在日军主动撤退之后。如 5 月

---

[1] 蒋纬国编著:《抗日御侮》第 6 卷,第 49—50 页。

16日,日军开始撤退,国军乘势反攻,遂于5月21日克复诸暨。所以,首先需要探讨的是,国军在正面战场上的作战意志和军纪问题。

蒋介石在宁绍战役结束后,除追查绍兴沦陷的真相外,最关注的便是第三战区的军风纪问题。1941年6月初至7月初,他连续给顾祝同发出数封电报,措辞与语气均极为严厉。如6月3日,蒋在致顾的电报中指出:"第三战区之军风纪可谓扫地殆尽,兄其知之乎?中初以为战败溃乱,一时之现状,故未加深究,不料,至今闽浙各地之国军仍到处扰乱抢劫。其所有行动之恶劣,诚出乎梦想所不及者,此兄平时治军不认真、不严肃,而乃有此不可收拾之一日,未知何以对已死之将士与各地之民众,思之愤愧无地,不知兄果有善后整顿之决心否?"[1]继而在6月26日的电报中,蒋介石对顾祝同身边的幕僚又予以毫不留情的批评:"现任参谋长以中视之,无异于傻子,实为最无能无识之人,而兄始终不能离弃,并不想物色人才,只有嫖赌、酒肉为事的朋友。上下风纪之坏,以三战区而极矣,务望于人事方面彻底改革,否则军事、国事皆将殉于若辈之手矣。"[2]蒋介石所用词句——军风纪"扫地殆尽","出乎梦想所不及",参谋长是"最无能无识"之傻子,风纪之坏"以三战区而极矣"等等,表明他心中极为愤懑,对国军在宁绍战役中的表现和顾祝同的治军能力非常失望。

蒋介石指出,军风纪的恶劣与败坏,具体体现在以下方面:第一,官兵毫无斗志,不战而退,一旦战败,即发生溃乱,甚至到处扰乱、抢劫。第二,地区指挥官由军长直接委派,总司令与长官部没有存案。军队在驻扎地占地为王、独霸一方。第三,官兵平时吃喝嫖赌,鱼肉乡民,任用流氓为侦探,以致敌谍满地[3]。从参加宁绍战役的国军暂13师师长史克勤的检讨报告书看,与上述军风纪相关者有以下几点:一是日军事先派遣大批便衣队,深入我军后方破坏、袭扰,我方的情报工作、防间谍工作和地方保甲工作有待改进。二是我军各部队防守成性,缺乏攻击精神、缺乏胆识。三是军纪方面尚称严肃,但部队突围后米粮告罄,沿途居民又因空袭躲避一空,致使有部队擅取民食、擅动民物,以致民怨间传。四是地方政府与保甲人员撤退过早,第一线后方数十里几绝人烟,无法讲求军民合作,战地民众不能协助抬运伤兵、运输粮秣、构筑工

---

[1] 《蒋中正电责顾祝同治军不严以致第三战区军纪败坏应严加整顿》(1941年6月3日),蒋档002/010300/00044/001。蒋介石在6月日记"本月反省录中",也谈到"闽、浙军纪之败坏,可谓极矣"。蒋介石日记(手稿),1941年6月,"本月反省录"。
[2] 《蒋中正饬顾祝同第三战区风气甚坏应于人事方面彻底改革》(1941年6月26日),蒋档002/010300/00044/049。
[3] 《蒋中正电责顾祝同切实查报新十三师等军纪败坏不战而退之实情》(1941年7月3日),蒋档002/010300/000045/002。

事、防间锄奸[1]。师长的报告书，一般而言，总有为自己部队维护之意。所谓防守成性、缺乏攻击，实际上可能是临阵退却，甚至逃离；所谓有部队擅取民食、民物，实际上便是抢掠老百姓财物。所以，蒋介石关于军风纪的强烈指责，并非无中生有。

抗战爆发近四年，宁绍平原作为前线也已有三年多，总体而言，战事较少，且规模较小。1938年后，由于日军往西进攻两湖，往南进攻两广，第三战区所辖的闽浙皖赣数省，战事压力相对较小。经过数年对峙，从防守部队到普通民众，都已呈疲敝之象，可以说陷入战争时期的日常化状态。敌我之间的警戒与界限，因为战事少而趋于松弛、模糊，人员往来、货物走私日益频繁。特别是宁波和绍兴，仅仅在战事发生半年前，敌军已经来袭过一次，宁波未被其攻下，绍兴则被其攻占三天又放弃。防守部队或认为日军并不想真正占领宁绍两地，警觉性下降，战斗力、攻击精神也下降。一般而言，部队在一地驻守过久而不从事作战，必然纪律松懈、伤民扰民。国军在战争中表现出的畏惧、退却，不能坚守阵地，正是长时间不打硬仗的结果。军队的畏缩表现，又使得地方基层政府和普通民众对其无法信任，一闻敌踪便望风而逃，这就更加剧了军队作战的困难，如无法征调到从事破路工作与运输粮秣、伤兵的民夫。

另外，战事持久，经济困窘，加上货币贬值，前线官兵面临衣食等基本供应问题。黄绍竑在宁绍战役前巡视绍兴，了解到士兵每日除了24两米之外，只是拿开水煮些青菜来伴食，甚至一个月内吃不到肉与油。适值阳春四月，天气很暖和，某团长要求士兵将棉衣脱下，士兵皆怕冷，不肯脱下。可见士兵的营养不够、身体素质较差。平时士兵的生活太苦，等打仗的时候，军官监督不到，老百姓早已逃走，士兵杀几只老百姓饲养的猪，尝尝滋味，成为平常之事[2]。这就是蒋介石批评的士兵在战斗过程中到处扰乱抢劫，但仔细分析，也有其生活上的原因。

蒋介石严厉指责顾祝同治军不认真、不严肃，希望第三战区彻底整改。顾祝同在战事结束后的6月中旬，即在上饶召开军事检讨会议，参加宁绍战役的师以上部队长到会。顾祝同强调军队纪律的败坏，最令人痛心。他要求各部队从教育训练入手，增强有形无形的战斗力[3]。可是，若外在的政治、经济环境没有改变，增强战斗力又从何说起。这一军事会议，也仅仅是应付局面而

---

[1] 史克勤：《陆军暂编第十三师参与浙东会战检讨报告书》，浙江省诸暨市新四军历史研究会编：《金萧地区抗日战争史长编》，第631—634页。
[2] 黄绍竑：《黄绍竑回忆录》，第403—404页。
[3] 顾祝同：《墨三九十自述》，第196—197页。

已。可见,第三战区在宁绍战役中所反映的军风纪问题,虽然国府上层有改造之心,但战区并无改进之力。因为军风纪问题,与战事迁延、军官士兵的待遇、经济困难,都有相辅相成之关系。也可以说,随着战争的持续,军事实力较量的背后,支持军事的政治与经济问题日益重要。

宁绍战役爆发前后,便衣、间谍之所以能充斥后方各地,国军军风纪之所以如此败坏的一个重要原因,便是走私问题。浙江省及其临近区域,长期以来是中国经济最为发达、货物往来最为频繁的区域之一。1937年底,因杭嘉湖沦陷,钱塘江两岸分别成为沦陷区和国统区,联系被完全切断。宁绍地区不能获得杭嘉湖地区的粮食、上海的工业产品,杭嘉湖地区不能获得宁绍平原的棉麻、食盐,但是客观需求依然旺盛,于是地下贸易逐渐滋长。民以食为天,当时商人走私的最重要的物资便是粮食。绍兴原为缺粮地区,浙西沦陷后,商人利用帮会势力获得武力保护,从沦陷区运入粮食[1]。1940年10月,日军入侵绍兴,虽然很快退出,但日方特务机构加紧了收买帮会分子和地痞流氓充当密探的步伐。绍兴沦陷前有200多名便衣混进城内,自然非一日之功。

当然,不仅在绍兴,整个第三战区,乃至整个战时中国,走私盛行。蒋介石在宁绍战役结束后,致电顾祝同:听闻第三战区的部队官佐与地方官吏都经营商业、竞相逐利;金华与鹰潭各地公开嫖赌,无人过问;上饶则西装店、茶馆店林立。"如此奢侈贪惰之风纪不能整顿,走私业商之恶习不能杜绝,则兄在前方并无抗战,乃诱敌深入也。"[2]何应钦也在惩处宁绍战役各级军政官员时,痛心地指出:"战争愈久,国内各阶层经济之困难愈增……演成官吏走私舞弊,奸商囤积居奇,遂致政治日趋污浊,经济日益紊乱,而军事亦遂受其影响。"[3]蒋介石和何应钦作为抗战领导层,强调战时为国牺牲、严格遵守军纪,所言不无道理。但是,地方有地方的困难、需求和利益,部队走私业商,有其特定的背景与缘由。就像蒋介石提到的金华,抗战爆发后确实更为繁华,这是由其浙江战时省会的地位和位于浙赣交通线上的地理优势决定的。1937年底至宁绍战役前,日军进攻止于钱塘江一线,浙江的两个大港口宁波和温州,依然在我方手中。后方所需的民生物资,尤其是纱布与医药器材,均要从上海进口。因而富阳的场口,钱江南岸的萧山、绍兴,成为重要市场,而以金华为集散地。1938年8月,浙江省政府民政厅长阮毅成乘火车从武汉到金华任职,发现金华站外灯火辉煌,摊贩满地,人声喧哗。他一眼发现了西泠饭店的招牌,于

---

[1] 李石民:《绍兴沦陷前前后后》,《抗战八年在绍兴——绍兴文史资料》第9辑,第3—4页。
[2] 《蒋中正电顾祝同》(1941年6月26日),蒋档002/010300/00044/048。
[3] 《何应钦呈蒋中正》(1941年6月16日),蒋档002/080200/00295/045。

是跟着举招牌的茶房去住宿。原来,杭州逃难到金华的人很多,一些店名借用杭州店名,以慰乡情[1]。金华交通便利,抗战时期又是浙江省的大后方,它的繁荣和兴盛乃在情理之中。而驻扎于金华附近的部队走私业商、生活腐化,也成为难以避免之事。

从第三战区实际的战斗和生活情形言,两军长期对垒,形成疲沓之势,甚至达成一定默契。漫长战线逐渐开放了一些口子,一些市镇和秘密交通线兴起,供商人与货物往来,两方"彼此"心照不宣,各取所需。各个防守部队在前线设有指挥所,表面是指挥作战,其实是指挥走私。抗日的战斗气氛,遂被时间和经济利益逐渐消磨掉。宁绍战役发生时国军的节节败退,蒋介石批评的军风纪问题,绍兴城里的便衣和女间谍,绍兴专员和国军第86军话剧团的缺乏警惕,又有哪一项不与战争迁延持久后紧张气氛的消失有关?所以,蒋介石对于宁绍战役中国军队失败的容忍度很低,而地方人士长久浸润于此种环境,对国军与地方政府的表现早有预见。第三战区被当地人称为"商战区"[2],即是真切反映。三战区和商战区,有谐音之效,令人感慨。

宁绍战役之始,绍兴城突然沦陷,军政两方的表现备受诟病,引起最高层的震怒与批评。虽然绍兴城军政负责人受到军法处置,但国军长期驻守一地产生的军风纪问题、走私问题,随着通货膨胀、物资缺乏的加剧,成为抗战中后期日益严重的问题,而且在各个战场普遍存在。国民政府高层知悉原因所在,也限令地方彻底整改,并调换主政人员,试图予以改进,但成效甚微。随着时间的推移,抗战前线,从两军紧张对垒、飞鸟难以逾越,到人员与货物的频繁往来,前线的含义,正变得越来越日常化。绍兴轻易失守过程中的各个环节,正是前线日常化的生动注脚。

(原载《近代史研究》2017年第5期)

---

[1] 阮毅成:《八十忆述》(下),联经出版社,1984年,第417—418页。
[2] 董南辕:《我所了解的第三战区种种》,中国人民政治协商会议全国委员会文史资料委员会编:《文史资料存稿选编》(七)《抗日战争》(下),中国文史出版社,2002年,第457页。

战时金融的困境与应对：
1942年"四行专业化"述论

尤云弟*

  1942年是中国抗日战争的关键年份。此时中国金融已呈现疲惫不堪的困境，经济遭受严重冲击。为应对危机，1942年5月蒋介石和国民政府推出中国金融史上著名的中央银行、中国银行、交通银行、中国农民银行（以下简称"中中交农"）四家国有银行专业化（以下简称"四行专业化"）的决策，意图帮助战时金融渡过困境。四行专业化决策的出台过程曲折复杂，实施影响拓展至金融、军事、政治等领域，绝不是简单的一纸公文即可施行。以往学术界的中国金融通史著作及相关银行史资料对四行专业化问题有所涉及和介绍，但叙述篇幅简略[1]。已有成果既缺乏对1942年相关金融形势的深入分析，也没有对于国民政府"四行专业化"决策出台过程的细致考证。本文通过梳理台北"国史馆"藏蒋介石档案、美国国家档案馆藏财政部档案、斯坦福大学胡佛研究所藏蒋介石日记和杨格（Arthur Nichols Young）档案、哥伦比亚大学藏孔祥熙口述史料与摩根索（Henry Morgenthau, Jr.）日记等中英文史料，追溯1942年前后中国金融困境之局，分析实行四行专业化的迫切性和可能性及其关键举措，并以蒋介石为中心，探讨国民政府的金融决策体制和关键人物如何一步步铺垫来应对困局，进而达到其统制金融，推展金融为政治、军事服务的意图，兼及分析四行专业化的成效和影响。

---

  * 尤云弟，2015年博士毕业于复旦大学历史学系，现为浙江大学马克思主义学院讲师。
[1] 洪葭管在《中国金融通史》第4卷第7章第2节（中国金融出版社，2008年）介绍了中央银行通过四联总处加强地位，金融垄断体系进一步扩大的经过；在《中国金融史》第6章第3节（西南财经大学出版社，1993年）简述了中央银行地位的加强和中、中、交、农四行信用扩张的情况；在《中央银行史料（1928.11—1949.5）》下卷第14章第4节（中国金融出版社，2005年）介绍了央行通过四联总处加强地位凌驾于其他三行之上的经过。但洪的研究皆只侧重四行业务划分和纸币由央行统一发行等事宜。

一、四行格局下 1942 年前后的金融困境

1939 年 10 月,蒋介石推动改组四联总处,确立其最高金融机构的权力和地位。四联总处成为指导、监督、考核四行的领导机构。蒋介石本意是由此出发统制金融,奠定整个战时金融财政的基础[1],但实际情况没有因为四联总处的设立而得到全面改善。当时国民政府行政院长、中央银行(以下简称"央行")总裁孔祥熙给蒋介石递交了一份绝密报告,指出 1939—1940 年份财政收不抵支状况日益严重,除了增税、发公债外,国库支出主要靠银行垫款,超发钞票,甚至利用银行存款,吸收游资。由于"现在战事延长,财政与军事前途关系益切",孔祥熙决定把"真实内容尽情披露"给蒋介石[2]。与此同时,蒋在日记中也忧心忡忡地提到"金融外汇势甚危急,物价飞涨,经济已入险境"[3]。抗战进入持久阶段以来,国民政府所剩无几的财政库存被消耗殆尽。

随着英美封存资金和太平洋战争爆发,上海和香港两大金融中心受到冲击,金融经济情况愈加复杂。在此之前,1940 年 7 月,日本宣布封锁闽浙沿海交通;同月,英国宣布封闭滇缅公路三个月。中国东南和西南地区运输线均被切断,国外币钞内运和物资运输受到影响。1941 年三四月份,四联总处、四行负责人以及孔祥熙皆在商议国外币钞经香港或缅甸尽快内运,不得滞留;紧急时刻上海四行撤到美军租界防区内营业。一旦租界当局不提供切实保障,即当停业撤退[4]。7 月,日本军队占领越南军事基地及飞机场后,美英两国的远东利益受到威胁。美英政府即宣布封存中国和日本在美、英资金,防止资金外流。四联总处副秘书长徐柏园认为此事给中国带来"金融上划时代之变化"[5]。随后徐柏园呈文蒋介石,提出掌控战时金融的两个基本原则,即把握

---

[1] 尤云弟:《四联总处的创建及初期运作——以蒋介石为中心的考察》,《史学月刊》2013 年第 8 期。
[2] 《最近财政实况》(1939 年 6 月),洪葭管:《中央银行史料(1928.11—1949.5)》上卷,中国金融出版社,2005 年,第 439 页。
[3] 蒋介石日记(手稿),1940 年 5 月 31 日,斯坦福大学胡佛研究所档案馆藏,下同。
[4] 《四联总处关于上海金融机关撤退及国外币钞内运各项办法密代电》(1941 年 3 月 25 日)、《四联总处关于港沪四行之措施节略》(1941 年 3 月)、《中央银行报告沪港两行部署撤退情形函》(1941 年 4 月 4 日)、《孔祥熙指示上海四行应变措施密电》(1941 年 4 月 24 日),中国第二历史档案馆编:《中华民国史档案资料汇编》第五辑第二编财政经济(三),江苏古籍出版社,1997 年,第 210—214 页。
[5] 《徐柏园就封存资金后之金融方针给蒋介石的呈》(1940 年 9 月 8 日),重庆市档案馆、重庆市人民银行金融研究所:《四联总处史料》(上),档案出版社,1993 年,第 277 页。

金融主动权和按照国内外局势因时制宜,并提出应着重在"调节通货发行,以免过度膨胀","节制公司金融机关之放款投资业务,充分发挥金融力量","管理外汇","划一金融行政并加强管理金融市场"[1]四个方面来掌控金融。徐柏园提出的两大原则和四个方面都被蒋介石所采纳,体现在嗣后的"四行专业化决策"中。英美封存资金后四个月后即1941年11月15日,美军决定短期内从上海撤退[2]。港沪金融中心均为法币流通区域,有国民政府力图维系的外汇市场。而且抗战后方和沦陷区所需的国外物资常常要转经港沪而输入内地。一旦美军撤退,上海四行处境更加困难,港沪金融中心将失去保障。而随后爆发的太平洋战争,打破了内地对港沪依存关系的平衡点,给金融、经济带来重大冲击。

至此,上述金融与军事战局变动交织促成了金融困境,经济大受影响。蒋介石甚至评价1941年底的中国经济"俨如一染有第三期肺病之病人"[3]。作为战时金融主导力量的中、中、交、农四行,在徐柏园所提议应当注重的控制通货、投资运用、管理外汇、统制金融行政四个方面表现皆不如人意。整个国家的经济和金融情况十分严峻。

首先在控制通货方面。控制通货的理由来自市面物价疯涨、法币贬值、银行滥发货币的连锁反应。1940年中国遭受严重歉收,甘肃、陕西、河南等三省因受春旱夏涝的影响,收成仅为十足年份的五成左右,其他省份的夏季作物收成也仅约为七成左右[4]。加上太平洋战争爆发,国际运输路线阻断,物资外运和内运皆有困难,"故外销货物势须看跌,内运商品将见暴涨","涨风之烈实足惊人"[5]。蒋介石在日记中多次关注物价,非常担忧物价暴涨带来的危险,表示"法币之价更贬,物价暴涨,而财政部统制金融无策,竟使高利贷放囤积之

---

[1]《徐柏园就封存资金后之金融方针给蒋介石的呈》(1940年9月8日),重庆市档案馆、重庆市人民银行金融研究所:《四联总处史料》(上),第280页。
[2]《四行驻港总处致四联总处电》(1941年11月20日),洪葭管:《中央银行史料(1928.11—1949.5)》上卷,第645页。
[3]《蒋委员长在重庆接见美国财政代表柯克朗指陈中国经济危机之严重性嘱其回美后转陈政府务使美国对华经济援助能有一整个的、固定的具体方案谈话纪录》(1941年11月9日),秦孝仪:《中华民国重要史料初编:对日抗战时期》第3编"战时外交"(1),中国国民党中央委员会党史委员会,1981年,第322页。
[4]《中央农业实验所对1940年夏季作物产量估计》(1940年9月),中国第二历史档案馆编:《中华民国史档案资料汇编》第五辑第二编财政经济(八),第262页。
[5]《行政院抄发经济会议秘书处关于美日战争爆发后国民政府重要经济事项提案训令》(1941年12月6日),中国第二历史档案馆编:《中华民国史档案资料汇编》第五辑第二编财政经济(三),第216—217页。

风更炽,此为本年最恶劣亦最危险之一事"[1]。以重庆为例,当地产品、来自外省商品和国外进口商品的价格从1939年6月到1941年12月,皆增长十多倍。假设1939年6月整个中国后方的商品物价指数为100,到1940年12月指数已达到391,到1941年12月则指数则已高达1 029[2],百姓生活成本剧增。

由于战时政府收入停滞,开支逐年膨胀,财政赤字有增不减。为满足政府的巨额开支,政府指示银行滥发货币[3],致使市面上的货币流通量大大超过需求量。但是,新钞票的发行额远不能满足政府所需,四行不得不增加给政府的垫款。1940年国有银行钞票发行增加额达到35.8亿元法币,对政府垫款额为38.31亿元。1941年钞票发行增加额达到72.3亿元法币,对政府垫款额为94.43亿元[4]。尽管银行鼓动存款业务,吸收游资,但四行的存款储蓄远跟不上银行对政府的巨额垫款。如1941年四行普通存款和储蓄存款的总额为104.64亿元,给政府垫款额达94.43亿元,比例高达90.24%[5]。为应对有增不减的货币需求,早在1939年3月央行决定"另账登记",增加发行,四联总处、财政部、央行、中国农民银行(以下简称"农行")均参与其中[6]。1940年11月,央行发行局呈报相继发行大额交通银行(以下简称"交行")25元钞券和农行50元钞券。同时各行纷纷向英美等印刷厂增印钞券,如央行续向中华书局订印1亿元钞卷,中国银行(以下简称"中行")赶印钞券5亿元,交行也有参与[7]。如果一味增发货币,物资生产没有跟进,那么经济会陷入物价疯涨的恶性循环,通货信用荡然无存。

蒋介石曾试图控制通货。1940年9月,蒋介石发手令要求严加限制四行

---

[1] 蒋介石日记(手稿),1941年反省录。
[2] Chang Kia-ngau, *The Inflationary Spiral: The Experience in China, 1939-1950*, New York: The Technology Press of Massachusetts Institute of Technology and John Wiley & Sons, Inc., 1958, p. 36.
[3] Ibid., p. 38.
[4] Ibid., p. 40.
[5] 国民政府主计处统计局:《统计月报》(1947年11、12月第123、124号),台北"国史馆"(新店)藏财政部档案018/000034/282A。注:储蓄存款包括普通储蓄、节建储蓄、乡镇公益储蓄、乡镇公益造产基金储蓄、外币储蓄、有奖储蓄、黄金储蓄、美金储蓄等。原表由财政部统计处根据四联总处之材料编制。中央银行在1942年底之前没有储蓄存款。
[6] 《中央银行常务理事会议决定增加发行,"另账登记"》(1939年3月28日),洪葭管:《中央银行史料(1928.11—1949.5)》上卷,第383页。
[7] 《常务理事会第1926次会议》(1940年11月27日),《常理会2101次会议记录》(1940年6月1日),《中国银行副总经理贝祖诒致陈行函》(1940年7月20日),洪葭管:《中央银行史料(1928.11—1949.5)》上卷,第598—601页。

50元和100元大券发行数额,"务使大券不致常在市面流通,以免往年德国马克与俄国罗卜(一般译作卢布——引者注)逐日加圈,恶性膨胀之危殆"[1]。1941年4月15日,蒋介石再次发手令要求封存赣湘川黔地区2亿元法币[2]。19日,蒋介石加批6 000万元,共封存2.6亿元法币[3]。旋至当年六七月,因为四行库存短绌,奉蒋介石手令封存的2.6亿元钞券陆续解封提回应用[4]。蒋介石意识到银行巨额发钞量和物价疯涨折射出来的恶性通胀已接近不可收拾的临界点。1942年3月中旬,蒋介石手令要求四联总处加强对四行的统制,特别注重"限制四行发行钞券,改由中央银行统一发行",声称"此为最急之要务,须限期完成"[5]。统一发行,控制通货,势在必行。

其次是投资方面。1939—1941年间的工业内迁给抗战后方带来初具规模的国防建设基础,同时给工业基础非常薄弱的西南地区带来经济建设新气象。发展工业必然需要大量资金。八一三沪战爆发后,国民政府即下令要沿海各工厂内迁。从1937年7月至1940年底,完成中国有史以来第一次工业大迁移。从上海迁出民营工厂共146家,机料14 600余吨,技术工人2 500余名[6],给湖南、福建、浙江、湖北等地提供了内迁经验。尽管四联总处协调四行为农工矿业提供贷款,但四行业务分工不明、资金不集中、贷款不足的问题仍影响着农工矿业的发展。如交行本来专门办理工贷贴放,现在由四行联合分担办理;中交两行暨中央信托局都着手农贷。而交行作为发展全国实业的银行,生产实业投资放款非常不足。1939年底交行存款已达13.7亿元,但生产事业放款仅430余万元,农工矿产品押款570余万元[7]。随着战局的扩大,农工矿建设资金需求越来越大。通货膨胀、物价上涨也造成四行下拨的贷款额不敷其用。显然,四行需要划分投资和放款业务范围,加大投资,以便促

---

[1]《蒋介石关于发行大券及省行发行辅币问题手令及孔祥熙签呈稿》(1940年9—11月),中国第二历史档案馆编:《中华民国史档案资料汇编》第五辑第二编财政经济(三),第45页。
[2]《蒋介石致徐堪、徐柏园函》(1941年4月15日),洪葭管:《中央银行史料(1928.11—1949.5)》下卷,第818页。
[3]《徐堪、徐柏园致蒋介石签呈》(1941年4月19日),洪葭管:《中央银行史料(1928.11—1949.5)》下卷,第818页。
[4]《封存钞券数、解封钞券数及其余数简表》,洪葭管:《中央银行史料(1928.11—1949.5)》下卷,第823页。
[5]《四联总处1942年度重要工作报告目录》(1943年),洪葭管:《中央银行史料(1928.11—1949.5)》下卷,第781页。
[6]《经济部统计处关于战时后方工业统计报告》(1943年5月),中国第二历史档案馆编:《中华民国史档案资料汇编》第五辑第二编财政经济(六),第319页。
[7]《徐堪等为附陈所拟四行1939年度业务之比较呈》(1940年3月22日),中国第二历史档案馆编:《中华民国史档案资料汇编》第五辑第二编财政经济(四),第7页。

进经济建设。

第三是外汇管理方面。中国实行外汇汇兑本位。法币的稳定性与外汇汇率息息相关[1]。政府为维持币信,急需统筹外汇收付。抗战以来,尽管中国物价涨势汹汹,但官方外汇汇率一直保持平稳。1939年6月到1941年12月间央行公布的外汇汇率平稳保持在1美元兑换20法币的比率[2]。中英平准基金、乙种中英平准基金和1941年4月的中英美平准基金一直靠向市场抛售大量外汇来维持汇率。太平洋战争爆发后,国际商贸活动被阻断,政府认为民间合理的外汇需求已大大减少,相应的外汇审核和供应量锐减,决定不再通过售汇来平抑法币汇价,反而要掌控外汇。政府外汇收入主要靠出口贸易和侨汇。太平洋战争爆发后,出口贸易基本停滞,南洋一带侨汇因交通阻塞暂时停顿。鉴于法币恶性贬值、官方牌价和黑市汇率的巨大差别,央行和财政部担心外汇包括侨汇流入"地下"交易,届时无法掌控外汇包括侨汇的流向。国民政府急需由央行集中筹划外汇包括侨汇收付,防止资金外流。

第四是统制金融行政方面。蒋介石亲任四联总处理事会主席一职掌控四行,按理通过四联总处可对四行体制、机构、职能、人事等加以直接督导,统制金融行政并集中力量推行战时金融政策。然而随着四联总处的运作,四行之间未能充分沟通和合作来执行战时金融政策和四联总处的决议案件。四联总处秘书长徐堪等人指出,央行本应该推广贴现及重贴现业务,来调剂金融,但1938年央行承做贴现与重贴现仅390余万元;中行在存款总额、储蓄存款业务方面首屈一指,实力雄厚,但其作为国际汇兑银行,对于协助政府调度国际收支,尚未发挥功能;交行作为发展全国实业银行,显然生产实业投资放款数额过少;至于农行,1939年度业务进展太少[3]。1940年9月央行甚至抱怨中行、交行、农行三行"对于总处决议、案件未尝尽力推行,或竟违反总处决定之原则及办法,为其本身暂时便利标奇立异,自乱步骤者殊属不合"[4]。显然,四行肩负调度金融的重任,本应该统一金融行政并管理金融市场,但实际未能统一。实行四行业务专业化,督导国家行局(包括四行和中央信托局、邮政储金汇业局),加强四联总处管理金融市场方面的权限,迫在眉睫。

---

[1] 吴景平:《英国与中国的法币平准基金》,《历史研究》2000年第1期。
[2] Chang Kia-ngau, *The Inflationary Spiral: The Experience in China, 1939-1950*, p.41.
[3] 《徐堪等为附陈所拟四行1939年度业务之比较呈》(1940年3月22日),中国第二历史档案馆编:《中华民国史档案资料汇编》第五辑第二编财政经济(四),第4—8页。
[4] 《央行致各分行处通函》(1940年9月26日),洪葭管:《中央银行史料(1928.11—1949.5)》下卷,第805页。

总之,1942年前后的中国金融在控制通货、运用投资、管理外汇和统制金融行政等方面,表现不容乐观。其中控制通货与法币发行息息相关,投资问题与划分银行业务挂钩,统筹外汇关系到币信,统制金融行政与督导国家行局、管理金融市场有关。国民政府美籍财政顾问杨格曾评价"法币是稳定、统一的象征,也是维持对华信心的来源",倘若"货币崩溃会导致严重的社会混乱,生活成本提高会引起暴乱,政府的威信将会严重损害,民族士气将会被动摇……进一步破坏到经济体制",甚至难以得到外援[1]。国民政府和蒋介石欲争取大额美援来挽救战时金融财政,获得抗战胜利的希望。倘若此时金融崩溃,对中国而言,肯定是难以挽救的危机。再加上英美封存资金带来的金融变动、太平洋战争爆发带来的军事转机,这些都促成了出台四行专业化决策的迫切性。因此,国民政府亟须借助实施新决策来应对战时金融困境,并且首先要从重新厘定四大国有银行的地位尤其是央行和其他三行的关系入手。

二、四行专业化决策的出台

1942年5月国民政府为应对战时金融困境,在国内既有的金融制度和四行格局的基础上,借助1942年3月美国5亿美元财政援助带来的信心,出台了金融财政领域的一项历史性决策——四行专业化。内容包括央行统一发钞权、四行经营业务划分、央行统筹外汇、央行集中存放头寸等多方面。集党政军权于一身的蒋介石在四行专业化决策的酝酿与出台过程中,亲自策划和推动实施,起到了关键性的作用。

1939年9月,国民政府公布《战时健全中央金融机构办法》,宣布中、中、交、农四行合组联合办事总处即四联总处,负责办理战时金融政策有关各特种业务[2]。四行以分担责任的方式按照一定比例分摊承做贴放、投资、储蓄、发行、汇兑等业务。时人评价此为"我中央金融机构,至此乃奠定真正集权管制之基础"[3]。但四行各自为政现象仍然日益严重,蒋介石感到急需加强"统制"四行并使其业务范围"专业化"。1940年3月,蒋介石亲自主持四联总处全

---

[1] Memorandum on the Currency Situation, January 3, 1938, Hoover Institution, Stanford University, Arthur N. Young Collection, Box 69, Folder Currency June-December 1940.

[2] 《战时健全中央金融机构办法》(1939年9月8日),重庆市档案馆、重庆市人民银行金融研究所:《四联总处史料》上,第67页。

[3] 中国国民经济研究所编:《中外经济年报》第2册,沈云龙:《近代中国史料丛刊三编》第60辑,文海出版社,1990年,第200页。

体理事会第一次会议,指示"拟定一个三年计划决定四行业务方针及各行业务发展的方向,来逐步发展经济增加生产,安定金融以奠定国家经济基础"[1]。蒋介石公开把四行业务专业化问题与国民经济金融前途挂钩。

珍珠港事件爆发后,蒋介石把握这个国际局势变动时机,将调整金融机构列为其1942年大事件处理。在此之前,除西北方面之外的国际运输线已遭阻断。蒋介石日夜盼望日本能够南进或北进,引起苏联或者美国参战,打破这个军事僵局。珍珠港事件突然爆发,英美对日宣战。蒋介石甚为欣喜,认为"此为抗战四年半以来,最大之效果,亦惟一之目的也"[2];并嘱咐下属"须把握住目前这个千载难得的时机,来审慎运用我们抗战所已得的地位与力量"[3]。蒋介石此时非常关切国内经济金融情势,开始研究四行统一计划[4],把"统一四大银行与加强四联总处组织"列入1942年大事表[5],决意掌控金融为抗战服务。

此后,蒋介石一直忙于策划四行专业化的具体方案,主动与孔祥熙、财政部、四联总处及四行主管人员等商量,多次交办手令以贯彻自己的统制金融思想。1942年1月23日,蒋介石预定本星期事项有"四行统制与全国金融之统制方案"[6]。1942年3月中旬,蒋介石研究四联总处改组计划和统制四行实施办法[7]。这些表明蒋介石决心要统一四行,并考虑四联总处的工作调整[8]。3月22日,蒋介石交办孔祥熙手令,希望"以后对于中中交农四行应加强统制"[9]。4月中旬,孔祥熙上报蒋介石已由财政部会同四联总处及四行主管人员详商各项办法草案,由财政部分别订定办法实行各省省银行以及商业银行业务的考核。并提出调查各地金融市场时,应该由财政部和央行合作办理,才能切实收效[10],希望提高央行地位,与财政部合作控制金融市场。

---

[1]《四联总处全体理事会第一次会议记录》(1940年3月27日),中国第二历史档案馆编:《四联总处会议录》(2),广西师范大学出版社,2003年,第301—324页。
[2] 蒋介石日记(手稿),1941年12月13日,"上星期反省录"。
[3] 周美华编注:《蒋中正总统档案——事略稿本》(47),台北"国史馆",2010年,第608页。
[4] 蒋介石日记(手稿),1941年12月20日。
[5] 蒋介石日记(手稿),1942年,"大事表"。
[6] 蒋介石日记(手稿),1942年1月23日。
[7] 蒋介石日记(手稿),1942年3月13日、3月17日。
[8] 周美华编注:《蒋中正总统档案——事略稿本》(49),台北"国史馆",2011年,第163页。
[9]《令孔副院长加强四行之统制》(1942年3月22日),台北"国史馆"藏蒋中正总统文物档案002/080200/00565/001/041x。
[10]《孔祥熙签呈复文》(1942年4月16日),台北"国史馆"藏蒋中正总统文物档案002/080200/00565/001/041x。

4月下旬,蒋介石批准了四联总处提出的四行统一方案与四联总处工作方针[1]。5月9日,蒋介石在日记中预定的本星期事项之一是"四联总处改组之实施"[2]。此时国民政府亦对外宣称,四联总处研究出中中交农四行专业化的实践方案,可使央行实现"银行之银行"的理想[3]。

根据四联总处奉蒋介石手令拟具的四行业务划分及考核办法,1942年5月28日上午蒋介石亲自主持四联总处临时理事会议[4]。会议讨论通过了《中中交农四行业务划分及考核办法》《统一发行办法》《统一四行外汇管理办法》《中央中国交通农民四银行联合办事总处组织章程》等条款[5],对中、中、交、农四行业务实行专业化分类管理:

> (1)中央银行集中钞券发行,统筹外汇收付,代理国库,汇解军政款项、政府机关以预算作抵或特准的贷款,调剂金融市场;(2)中国银行受中央银行委托,经理政府国外款项的收付,发展与扶助国际贸易,并办理有关事业的贷款与投资,受中央银行委托,经办进出口外汇及侨汇业务,办理国内商业汇款,办理储蓄信托业务;(3)交通银行办理工矿交通及生产事业的贷款与投资,办理国内工商业汇款、公司债及公司股票的经募或承受,办理仓库及运输事业,办理储蓄信托业务;(4)中国农民银行办理农业生产贷款与投资,办理土地金融业务,办理合作事业的放款,办理农业仓库信托及农业保险业务,吸收储蓄存款。[6]

除央行外,中行、交行、农行三行对于存款、储蓄、一般放款等业务,仍照常办理。至此,近代以来真正意义上的中央银行制度及银行专业化体系确立。蒋介石评价道:"四大银行之发行权完全归中央银行统一,四行各种规章皆能改正实施,此为经济上开国以来最大之进步。"[7]随后四联总处于1942年9月实施第二次改组,职责发生显著变化,主要是监督指导国家行局的业务;协助财政部管理其他金融事宜。蒋介石在理事会增设副主席一职,由行政院长孔祥熙兼任,处理四联总处事务。四行专业化和发钞权统一后,央行实

---

[1] 蒋介石日记(手稿),1942年4月21日。
[2] 蒋介石日记(手稿),1942年5月9日。
[3] 《国家银行专业化》,天津《大公报》第148册,1942年5月11日,人民出版社,1983年,第563页。
[4] 周美华编注:《蒋中正总统档案——事略稿本》(49),第493页。
[5] 《四联总处临时理事会会议纪录》(1942年5月28日),中国第二历史档案馆编:《四联总处会议录》(15),第1—22页。
[6] 《中中交农四行业务划分及考核办法》(1942年5月28日),重庆市档案馆、重庆市人民银行金融研究所:《四联总处史料》(上),第561—562页。
[7] 蒋介石日记(手稿),1942年,"总反省录"。

力增强,基本具备"银行之银行"的功能。国民政府更多依靠中央银行来管理金融事宜。四联总处的权责范围虽然有所减少,但在战时金融经济领域仍有着重大影响。

值得一提的是,美国5亿美元财政援助合同的签订,也是国民政府出台四行专业化决策的契机之一。这是抗战时期中国从美国获得的数额最大、条件最优惠的一笔借款,给国民政府应对金融困境带来了更多信心。

虽然美国通过租借法案在军事领域给予中国诸多帮助,但战争的胜利不仅仅靠军事,还有经济因素[1]。杨格曾指出国民政府滥发纸币,截至1941年10月四行已发行133亿元法币,中国的货币和经济日益严峻,急需大量美援来巩固币信,平衡战时收支,安定金融和稳定经济[2]。太平洋战争爆发后,宋子文被委任为外交部长,继续在美国寻求美援。此时美国朝野均主张加强援华,以保证美国在远东太平洋地区的利益。故中国得到美援来控制币信的可能性大大增加。蒋介石指示孔祥熙、宋子文与美国财政部长摩根索沟通的时候,强调美元借款的用途为紧缩货币,纾缓通胀。1942年2月4日,蒋介石函电孔祥熙,指示"大借款运用之方,第一以收缩法币为要"[3]。同时,蒋嘱咐宋子文在跟摩根索谈判时,要求美国不能限定任何条件及事先讨论用途与方法,可以基于友谊笼统地告诉用途[4]。2月7日,罗斯福总统电告蒋介石5亿美金贷款法案在两院通过[5]。3月21日,宋子文与摩根索正式签订中美5亿美元贷款合同,该合同未对借款利息、担保、期限等作出限定,对借款用途仅作原则性说明。那么具体如何使用这笔借款,成为当时国内外人士议论的主要话题。平准基金会美国委员福克斯(A. Manual Fox)曾建议借款用于"发行政府公债以吸收法币,缓和通货膨胀;发展与印、俄的贸易,保证进口的持续;如果可能,贷款可用于促进急需的小型工业及农业生产,以提供除钞票发行之外的外汇基金"[6]。孔祥熙认为5亿美元是"美方给的钱",打算购买黄金并出售给百姓来吸收游资,建立币信[7];此外发行美

---

[1] 吴景平:《抗战时期中美租借关系述评》,《历史研究》1995年第4期。
[2] United States Aid for China, Chungking, December 3, 1941, Hoover Institution, Stanford University, Arthur N. Young Collection, Box 69, Folder US＄500 Million Loan, May 1942.
[3] 蒋介石日记(手稿),1942年2月4日。
[4] 周美华编注:《蒋中正总统档案——事略稿本》(48),台北"国史馆",2011年,第228页。
[5] 同上书,第242页。
[6] *Morgenthau Diary*(*China*), Volume 1, U. S. Government Printing Office Washington, 1965, p. 563.
[7] No. 1 Kung Hsiang-Hsi, p. 133, Rare Book & Manuscript Library, Columbia University, Chinese Oral History Project, Box 18.

金胜利公债来巩固币信[1]。

这笔数目可观的5亿美元贷款增强了蒋介石出台四行专业化决策来实践统一发钞权、建立货币信用、稳定金融的信心。蒋介石高度评价"美国五万万金元之大借款完成,使我财政危而复安"[2]。一方面四行业务范围调整后,各行需要大量资金用于投放经济建设,若能将部分美援用于投资建设,对改善和稳定战时中国财政金融的情势大有裨益;另一方面央行统一发钞权后要有足够的外汇储备和黄金储备作为发行准备金来控制市面流通的钞券量,保证币信。如果能成功利用部分美援从美国购买黄金,在国内抛售和发行美金公债与储蓄券回笼法币,吸收市面上的游资,正好可以减少通货膨胀的危险。

四行专业化决策明确了四行业务范围,中央银行地位得到空前提高,中国银行为发展国际贸易的银行,交通银行为发展全国实业的银行,中国农民银行为发展农村经济暨协助实现土地政策的银行[3],合作负担调剂全国金融和扶助农工矿商各业生产建设的责任。随后通过四联总处改组,加强四联总处督导国家行局职能,整个过程涉及控制通货、运用投资、管理外汇、统制金融行政等多个方面。国民政府最高决策人蒋介石在其中所起的作用无疑是最关键的。他在既有的国内金融制度和四大银行格局的基础上,借助美国5亿美元援助带来的信心和契机,把四行专业化付诸实践。

三、围绕"统一发钞权"的四行博弈较量

1942年四行专业化的关键性决策在于统一发钞权。蒋介石曾评价"四大银行法币发行由中央统一与管制四行业务之实施,是经济政策最大之进步也"[4],足见其对统一发钞权的重视。一直以来,确立央行超然地位、实现统一发行被国民政府视为金融改革的中心。对于其他银行来说,其余举措是在制度层面调整各行经营业务或归于央行委托管理,唯独"集中发钞权于央行"是取消了中行、交行、农行三行(以下简称"中交农三行")的具有巨额利润空间的职权。如何统一发钞权于央行、取消其他三行发钞权是四行之间一场艰难的利益博弈。蒋介石、孔祥熙、徐柏园和四联总处、财政部、央行三家机构的相关负责人

---

[1] Chinese Currency Stabilization, March 24, 1942, National Archives Ⅱ of USA, Maryland, RG56, Entry 66A816, Box 68, Folder China Loan ($500 Million) January 1942.
[2] 蒋介石日记(手稿),1942年,"总反省录"。
[3] 财政部直接税处:《十年来之金融》,中央信托局印制处,1943年,第12页。
[4] 蒋介石日记(手稿),1942年6月30日,"本月反省录"。

等皆参与商讨政策细则。经过一番较量和妥协,中、交、农三行交出了发钞权。

四联总处副秘书长徐柏园、央行发行局局长李骏耀奉蒋介石令,详加商讨统一发行应行准备事项,决定:定于1942年7月1日央行实施集中发行,并修改组织规程应对储运券料、兑换钞券、保存公债、收付发行准备等各种事宜。考虑战时沦陷区金融早已自成体系,各地金融情形不尽相同,况且央行的"银行之银行"职能尚未充分发挥,所以最好能沿袭现有中央银行,集中一家发行,健全银行制度[1]。

与此同时,四联总处、财政部和央行会商,拟具《统一发行办法草案》六条,于1942年5月28日四联总处临时理事会议修改通过。之后邀集四行主管发行人员及财政部先后举行四次特种小组会议,商讨详细实施办法[2]。中、交、农三行以"其使命、其地位以及与国家民族经济金融之关系俱极密切而重大",请求放宽上缴发行准备金期限[3],并且对于统一发行后中、交、农三行业务所需资金的供应问题及移交准备金期限问题提出疑虑。中、交、农三行希望有优待条件和详细规定,以期获得保障。在6月10日的特种小组会议上,中、交、农三行提出,如因办理四联总处核定贷款,或业务贷款及支付存款需要资金,可由三行以重贴现、同业拆放、财政部垫款户划抵、以四联总处核定贷款转作押款的方式申请中央银行接济资金。其利率可照原收利率减低2厘至4厘。但央行以蒋介石命令即行接收的指示为由,表示全盘反对[4]。

中、交、农三行顾虑到统一发行后央行可能无法充分供应资金,想以推迟交出发行准备金作为过渡。在多次协商后,四行对于央行供应资金的方案达成一致意见,但发行准备金缴交的期限没有推迟。1942年6月13日,中、交、农三行负责人联名签呈行政院长孔祥熙及四联总处,申请改分五年平均摊交发行准备金,理由是:(1)抗战以来,三行的政府垫款都已超过发行数,如将发行准备金一次全部交出,而贷款又不可能立即收回,支付存款就有困难;(2)中、交两行都有历年政府拖欠和军阀借支未能收回的情况,还有战争损失,战时各项开支激增,如准备金立即补齐移交,将无法应付业务需要;(3)今后发行统一,中、交两行不再代理国库,以前的往来客户会因此大量减少,存款

---

[1] 《常理会2593次会议》(1942年6月26日),洪葭管:《中央银行史料(1928.11—1949.5)》上卷,第630页。
[2] 《理事会关于统一发行实施办法的决议》(1942年6月18日),重庆市档案馆、重庆市人民银行金融研究所:《四联总处史料》(中),第37页。
[3] 《中交农三行关于移交发行准备宜酌宽时日的意见》(1942年6月18日),重庆市档案馆、重庆市人民银行金融研究所:《四联总处史料》(中),第41—42页。
[4] 四联总处秘书处:《四联总处重要文献汇编》影印本全一册,学海出版社,1970年,第47—48页。

难期增加，与贷款需求很难适应。但是，分五年平均摊交的办法，显然与迅速壮大央行实力的初衷不符，自然不能为蒋、孔所接受。经过多次协商，最终确定由央行采取重贴现、同业拆放、财政部垫款户划抵以及以四联总处核定的贷款转作押款等四项办法从优供应三行资金，发行准备金的移交则仍维持原案，限于1942年7月底以前办妥[1]。6月16日举行的第四次特种小组会议上，四行对发行准备金缴交期限不再提出异议，而是提出了一系列发行准备金缴交后的弥补办法。

6月18日，四联总处第130次理事会修正通过《统一发行办法》和《统一发行实施办法》，对中、交、农三行已发、未发及订印未交的各种钞券制定了详细的处理方案，对与钞券有关的人员、库房设备、运钞车辆及所存油料等进行核查。这两项"办法"规定中、交、农三行须把已发法币总额、各地发行库存，及定制未交券各项数额于6月底决算日结出，于7月底以前造具详细表单，送交财政部、四联总处及央行各一份备查。已发各种钞券仍照旧流通，发库所存钞券，无论存于总行或各地分行处者，均应移交央行接收或出具寄存证，交央行收执。定制未交钞券，自1942年7月1日后，无论续交或在运送中，概由央行提收。所有中、交、农三行的印券合约，均移归央行承接，其已付定金及印费扣缴的单子，另行各别商定……中、交、农三行移交准备金除以交存于央行的白银抵充外，其余应尽先以国库垫款拨充。中、交、农三行6月30日止所发法币准备金，限于7月31日以前全数移交央行接收，并由央行贴还40%的保证准备利益，按周息5厘计算，以三年为期，自1942年7月1日起至1945年6月30日止，每半年结算一次[2]。这些资金往来，每月底制表汇报财政部及四联总处备查。中、交、农三行应将各地办理发行人员姓名、简历，各地库房设备及容量，运钞车辆及所存油料，送请四联总处及央行备查。经四联总处理事会议核准后施行，并报请财政部备案[3]。

1942年7月，中、交、农三行继续与财政部洽商发行准备金原则，达成三项原则，即：白银部分应按照原价计算；中、交、农三行以财政部所还的垫款来缴交现金准备；中、交、农三行可以向财政部结购公债抵充应缴的四成保证准备

---

[1] 中国银行行史编辑委员会：《中国银行行史（1912—1949年）》，中国金融出版社，1995年，第579页。

[2] 《理事会关于统一发行实施办法的决议》（1942年6月18日），重庆市档案馆、重庆市人民银行金融研究所：《四联总处史料》（中），第37—41页。

[3] 《统一发行实施办法》（1942年6月18日），四联总处秘书处：《四联总处重要文献汇编》影印本全一册，第51—54页。

金。财政部相应制订了详细的四项办法:中、交、农三行结购的公债数额可以在财政部垫款押品项下拨结并搭配同盟胜利美金公债;垫款押品项下的结购公债一律按票面十足结购;结购公债的平均利率五厘;中、交、农三行享受准备金的利息等[1]。9月27日财政部核定转四行照办上项办法施行。统一发行问题至此才告解决。1942年,中行缴交六成现金准备金共41.09亿元,是以交存央行白银款及国库垫款缴交的;其余四成保证准备金共27.39亿元,经财政部与四行商定,可用中、交、农三行各项垫款及现款,向财政部结购公债抵充[2]。截至1942年12月底,交行缴交六成现金准备金,共25.22亿元,其余四成尚在结算账目,准备移交[3]。统计可得,四行发行额在1942年6月30日之前以40%—50%递增。而统一发钞权后,央行发行量逐年递增,1943年比1942年增加102%,1944年比1943年递增了144%,1945年比1944年再递增297%[4]。

蒋介石高度评价统一发钞权一事为"此实金融事业最大成功也,亦为二十年来革命奋斗重要目标之一也"[5]。统一发钞权决策出台的过程显示了四行之间的利益较量和博弈,整个流程环环相扣。首先政府迅速颁布法令,造成制度层面的既成事实,财政部、四联总处和四行之间再从细节进行商讨和博弈。这是一件凭借政治权力、利用金融手段来扶植、加强和提高中央银行的职权和地位的典型案例和关键事件。在战局紧迫的背景下,蒋介石借助手中的集权,明令其他三家国有银行服从安排,交出发钞权,集中由央行发行。尽管中、交、农三行以曾给财政部巨额垫款和资金供应困难等理由,向央行和财政部要求优待办法,但央行除了在缴交发行准备金方式和资金供应的细则上有所妥协外,在期限和原则问题上态度强硬。在蒋介石的支持和推动下,四联总处和财政部主动抓住实施四行专业化的成熟时机,成功协助央行一鼓作气取得统一发钞权,提升了央行职权和地位,统制金融更为便利。

四、四行专业化的成效及影响评析

特殊的抗战军事局势和金融变动交织,促成1942年前后中国金融困境的

---

[1] 四联总处秘书处:《四联总处重要文献汇编》影印本全一册,第49—50页。
[2] 中国银行行史编辑委员会:《中国银行行史(1912—1949年)》,第579页。
[3] 《交通银行1942年度营业报告》(1943年),中国第二历史档案馆编:《中华民国史档案资料汇编》第五辑第二编财政经济(三),第539页。
[4] Arthur N. Young, *China's Wartime Finance and Inflation, 1937-1945*, Cambridge Massachusetts: Harvard University Press, 1965, pp. 363-365.
[5] 蒋介石日记(手稿),1943年,"感想与反省录"。

形成。随着 1941 年底珍珠港事变带来的军事转机,1941 年 7 月英美封存资金带来的金融变动,以及 1942 年 3 月 5 亿美元援华合同带来的信心,蒋介石从金融界重要力量四大银行着手,推出四行专业化举措及统一发钞权于央行,再实施四联总处 1942 年改组来加强督导国家行局的业务,从根本上抓住国家银行命脉,以此应对金融困境。实际上,四行专业化的实施在投资运用、管理外汇、统制金融行政方面上确实收到了成效,但也存在问题。

在投资运用方面,国民政府借助西南地区四行金融网和四联总处,强调四行专业划分投资和放款经营范围,加大对农工矿业的投资力度,收到了一定的绩效。四行专业化后,交行业务着重于工矿交通及生产事业的贷款与投资。1943 年度交行放款总额为 96 070 余万元,相当于同一年度存款额 11.7 亿元的 82.08%,1944 年度交行放款总额占存款额的比重更是达到 96.39%[1]。交行的工业贷款发展迅速,在国家行局联合贴放贷款总额中所占的比例,1937 年到 1939 年仅为 4.72%,1940 年即猛升至 21.34%,到 1943 年,工业贷款第一次超过其他各类生产性贷款,而居各类贷款之首,占贷款总额的 59.81%,1944 年更升至 72.15%[2]。农行专注于农贷和其他生产事业贷款,1944 年度放款额占到了存款总额的 60%,比 1940 年增加了 3 倍[3],相较四行专业化之前大有改观。原先迄至 1941 年底中行统计农贷余额为 1.82 亿元,占四行局农贷总余额的 40.1%,与专办农贷的农行数字接近[4]。四行专业化后,中行的农贷业务也移交给农行。农贷区域由后方各省普及战区边区以及收复地区,注重农田水利及农业推广贷款,以增加粮食生产及战时所需各种特产为中心业务,逐步完成农业金融网[5]。国家资本在农工矿业经济建设上的地位有了显著提升。然而囿于军事形势严峻、物资供应不足、物价节节攀升,贷款数额不敷其用。例如农业方面,1941 年农业生产资料价格较 1937 年上涨 20 余倍,其中种苗上涨 26.1 倍,肥料上涨 16.1 倍,农具上涨 21.7 倍,设备上涨 25.7 倍,饲料上涨 10.8 倍[6],农贷的实际作用大打折扣。另外,某些地区的

---

[1]《交通银行 1942 年度营业报告》(1943 年),中国第二历史档案馆编:《中华民国史档案资料汇编》第五辑第二编财政经济(三),第 537—543 页。
[2] 黄立人:《四联总处的产生、发展和衰亡(代序)》,重庆市档案馆、重庆市人民银行金融研究所:《四联总处史料》(上),第 27 页。
[3]《中国农民银行 1944 年度业务报告书》(1945 年),中国第二历史档案馆编:《中华民国史档案资料汇编》第五辑第二编财政经济(三),第 606—609 页。
[4] 中国银行行史编辑委员会:《中国银行行史(1912—1949 年)》,第 582 页。
[5] 姚公振:《中国农业金融史》,中国文化服务社,1947 年,第 304—305 页。
[6] 陆仰渊、方庆秋:《民国社会经济史》,中国经济出版社,1991 年,第 608 页。

四行支行私底下不愿意放贷投资生产建设,而是从事囤积黄金和外汇黑市买卖获得利润。有些工矿贷款被挪用于购货囤积或转用他途。1943年初,四联总处会同经济部及各行局派员组织调查团调查厂矿使用贷款情况。结果发现如"大昌矿冶公司借款拨存各商业行庄。中复兴业公司借款拨存商业银行,并投资与业务无关之商号,其进出口业务因香港、仰光沦陷,已告停顿。贵阳和丰裕实业公司借款未尽用于原定计划,现兼营贸易……成都复兴实业社及互惠工厂借款存放比期,及投资其他行号"[1]等。可以说,四行在投资运用上的确实施了一些利于农工矿业发展的政策,取得了一定成效。但是,这些成效很快埋没在抗战中后期的通货膨胀及其所引发的一系列弊端之中。

在管理外汇方面,孔祥熙掌控的财政部对外汇的管理权从一般外贸结汇与用汇申请审核,扩大到各国有银行的外汇存底。同时,孔祥熙任总裁的央行成为统筹外汇收付的唯一执行机关,使得政府在制度层面上加强了对战时外汇的掌控。1942年6月,财政部公布《统一四行外汇管理办法》,规定中、中、交、农四行外汇业务由财政部集中管理,中、交、农三行外汇收付集中由央行转账调拨[2],并且四行原有外汇资产负债,应规定期限报告财政部。有赖于多年来中行在境外外汇事业上的成熟,而且央行不宜在海内外遍设分支行处,央行委托中行管制战时外汇。央行从此不仅在本币资金上拥有最大的控制权,而且统制外汇作为调节货币数量与资金出入的手段,垄断性达到空前程度。因大后方英美现钞较多,黑市汇率与法定汇价比例越拉越大。1944年6月1美元合法币192元,12月为570元,1945年6月则为1705元[3]。继1944年3月底撤销中英美平准基金委员会,1945年4月15日行政院鉴于外汇审核事务减少,撤销外汇管理委员会,所有商业及个人申请购买外汇事项由财政部和央行接办。央行在制度层面上加强了对外汇的掌控,防止外汇外流。众所周知,衡量外汇实际管理成效的标志是弹性、市场化的汇率机制和多元化、安全化的外汇储备。由于国际路线尚未畅通,进出口贸易及汇兑均无法开展,战时汇率价格不具备弹性和市场化的特点。外汇管理实际上仅在华侨汇款方面可圈可点。四行专业化后,所有侨汇由中央银行委托中国银行海外各地分支行

---

[1] 《秘书处关于调查厂矿使用贷款情况的报告》(1943年6月10日),重庆市档案馆、重庆市人民银行金融研究所:《四联总处史料》(中),第368页。
[2] 《统一四行外汇管理办法》(1942年5月28日),重庆市档案馆、重庆市人民银行金融研究所:《四联总处史料》(下),第172页。
[3] Chang Kia-ngau, *The Inflationary Spiral: The Experience in China, 1939-1950*, pp. 382-383.

处代理揽收。自南洋各地相继沦陷后,侨汇即集中于纽约、伦敦、澳洲三处。中行一面积极改善兑付手续,一面增设解款机构,推出的举措有:办理电汇收款人登记、办理收款人印鉴登记、增设行处、利用邮汇局及广东省银行机构、委托商业行庄代解沦陷区汇款[1]。同时政府采取"贴补"的办法来吸引汇款。1943年4月,政府以法币50%"贴补"提供给外国驻华大使馆和领事馆售出的外汇。一个月后,该办法对"所有文化事业、宗教团体和慈善事业各组织"均有效。同年11月,"贴补"扩展到对侨汇及非官方外国人均有效。1944年1月起,贴补全部改为100%[2],即1美金按照牌价规定兑付法币20元外,另加补助20元,共兑付法币40元。1942年中行所收侨汇数额竟达43 100余万元法币。其中以纽约经理处经收33 300余万元为最多,约占该行全年经收侨汇总额的76%[3]。1943年侨汇收入更有井喷式增长,比1942年增加3倍[4]。此举有效地防止了侨汇流向"地下",对维护战时金融稳定做出了一定贡献。

在统制金融行政方面,四行专业化决策出台后,一方面央行在四行中实力显著,利于调剂资金,更好地发挥管理金融市场的"银行之银行"职能;另一方面由四联总处加强对四行包括业务、财务在内的金融行政管理。1942年9月,改组后的四联总处实践督导国家行局,包括划一人事制度、计政制度、银行实务制度和稽核通则等。如1943年1月,四联总处对于四行二局推行计政制度,向各行局派出会计人员,并由审计部派出审计人员,驻在各行局工作[5],以便划一金融行政。在业务督导上,四联总处抽调各行局熟悉实务的人员,组成实务研究委员会,共同设计研究业务细则、格式、手续等,推进四行业务处理[6]。四联总处还颁布《暂行各行局稽核通则》来督导各行局的账务、财务及其他应行稽核事项[7]。国民政府在管理金融市场、统制金融行政上加强了权

---

[1]《秘书处关于中国银行年来办理侨汇情况的报告》(1943年11月25日),重庆市档案馆、重庆市人民银行金融研究所:《四联总处史料》(下),第207—208页。
[2] Arthur N. Young, *China's Wartime Finance and Inflation*, 1937–1945, p.155.
[3]《秘书处关于中国银行1939至1942年经收侨汇情形的报告》(1943年3月18日),重庆市档案馆、重庆市人民银行金融研究所:《四联总处史料》(下),第206页。
[4]《中国银行1943年度业务报告》,中国第二历史档案馆编:《中华民国史档案资料汇编》第五辑第二编财政经济(三),第498页。
[5]《秘书处关于指派会计与审计人员前往官立银行工作的报告》(1943年1月7日),《四联总处关于各行局计政制度之推行事宜的报告》(1943年),重庆市档案馆、重庆市人民银行金融研究所:《四联总处史料》(上),第704、711页。
[6]《各行局实务研究委员会工作纲要》(1944年2月8日),重庆市档案馆、重庆市人民银行金融研究所:《四联总处史料》(上),第712页。
[7]《中国银行总管理处为四联总处颁发暂行各行局稽核通则应洽照办理函》(1944年4月1日),重庆市档案馆、重庆市人民银行金融研究所:《四联总处史料》(上),第719页。

限和作用,成功地进行了制度调整。

但是,国民政府最注重的通货发行问题没有得到有效缓解。1942年统一发钞权后,央行法币发行额均超过存款额1倍或近1倍[1]。当局所发钞票量有增无减,物价上涨趋势越来越猛,百姓不愿意把现金存入银行,选择持币待购。尽管各家银行在四联总处的督促下,发动各种形式的储蓄存款活动如美金储蓄、黄金储蓄、有奖储蓄等,一再吸收游资,但随着战事逐步推进,财政消耗过大,通货膨胀陷入了恶性循环。

原先国民政府想借助美国5亿美元贷款来回笼法币,紧缩通货,平抑物价,促进经济建设。1942年2月,国民政府发言人对外宣称表示美国借款会缓解中国的通货膨胀和日本给中国施加的经济压力[2]。蒋介石甚至表示"美国已允我借用二万万美金之数,来调剂我金融与经济,此为抗战转危为安一大事,如运用有方,则建国基础亦因此得以建立矣"[3]。但是整个5亿美元贷款的后续工作,在商量美援用途方案、在华美军垫款结算、购买黄金运华谈判[4]等相关事宜交涉上耗费了大量时间。在交涉过程中,美方不断质疑中方使用借款的方式、蒋孔宋决策美援用途的沟通过程拖沓。早在1942年4月,孔祥熙致电宋子文,二者均主张利用5亿美元贷款办美金储蓄,而且此事财政部与四行早有计议[5]。直到次年6月,蒋介石才与孔"协商对美汇运现金吸收法币问题"[6]。8月,蒋介石再与孔祥熙考量"美金运用方法"[7]。1943年11月,蒋介石还在研究美金运用方案[8]。最终,美援款项拨到中方账户的时间从1942年4月持续到战后1946年3月,前后长达将近四年之久[9]。待到最后美方多批款项拨到中国账户时,业已错失了1942年出台四行专业化决策、统一发钞权、一鼓作气紧缩通货的最佳时机,其对缓解金融困境的实际功用不

---

[1] 洪葭管:《中国金融通史》第4卷,中国金融出版社,2008年,第466页。
[2] Chungking, February 3, 1942, National Archives II of USA, Maryland, RG56, Entry 66A816, Box 68, Folder China Loan ($500 Million) January 1942.
[3] 蒋介石日记(手稿),1943年7月18日,"上星期反省录"。
[4] 吴景平:《蒋介石与战时美国对华财经援助》,《史学月刊》2011年第1期。
[5] 《孔祥熙致宋子文电》(1942年4月8日),洪葭管:《中央银行史料(1928.11—1949.5)》上卷,第552页。
[6] 蒋介石日记(手稿),1943年6月15日。
[7] 蒋介石日记(手稿),1943年8月10日。
[8] 蒋介石日记(手稿),1943年11月20日。
[9] United States, *United States Relations with China: With Special Reference to the Period 1944-1949 Based on the Files of the Department of State*, Washington D. C.:U. S. Government Printing Office, 1949, p. 470;《一九四二年中美五亿元借款用途说明》,洪葭管:《中央银行史料(1928.11—1949.5)》上卷,第575页。

如预期。

更出人意料的是,孔祥熙作为财政部长和央行总裁,操纵借款使用权,爆出了震惊大后方甚至引起美国朝野愤懑的美金公债舞弊案。1943年10月15日,央行业务局局长郭景琨受孔祥熙的指示宣布美金公债售罄。实际上,各分行尚存未售的数千万美金债票[1],被掌管国家财政金融的官员私下瓜分。蒋介石密令财政部代理部长俞鸿钧调查此案。调查结果是所剩约5 000万美金公债被央行职员、国库局职员和权贵私分,其中包括宋美龄、宋霭龄、宋子文、陈光甫、魏道明等人[2]。孔祥熙是私分最大的获利者。蒋介石在1944年11月免去孔祥熙的财政部长职位,抱怨"内外人心陷溺,人欲横流,道德沦亡,是非倒置"[3]。有学者认为,美金公债舞弊案以及同一时期出现的黄金舞弊案绝不是孤立的事件,它说明此刻大后方腐败的蔓延和权势的侵蚀已成为国民政府内的普遍现象[4]。摩根索在1945年5月给宋子文的备忘录中提及5亿美元作为法币保证金来控制通货本是一项正确的选择[5],2亿美元美金储蓄券与公债以及在中国销售的黄金落入了极少数人的手中,对中国经济的真正帮助失败了[6]。

总之,国民政府四行专业化决策的实施对于应对战时金融困境的实际成效不一。一方面,在投资运用、管理外汇、统制金融行政方面上确实收到了成绩;另一方面在控制通货方面效果差强人意。因种种原因,5亿美元的贷款援助在挽救财政金融上错失良机。

综上所述,军事与金融因素交织促成了1942年前后四行格局下的战时金融困境的形成。困境表现在控制通货、运用投资、管制外汇和统制金融行政等多方面。基于应对困境的迫切性和可能性,国民政府推出了近代金融史上的重大决策即四行专业化。其中关键性政策即统一发钞权的实施过程体现了中、交、农三行与央行之间长久的较量和利益博弈。而后国民政府通过四联总处改组督导四行,将中、中、交、农四行为首的金融界控制于股掌之中。国民政府实行四行专业化的直接目的是完善银行制度,增强四行实力。其实质目的是加强统制金融,服务抗战。可以说,1942年四行专业化决策对于应对战时金

---

[1] 洪葭管主编:《中央银行史料(1928.11—1949.5)》上卷,第560页。
[2] *Morgenthau Diary(China)*, Volume 2, Washington D.C.: U.S. Government Printing Office, 1965, p.1488.
[3] 蒋介石日记(手稿),1945年7月15日,"上星期反省录"。
[4] 郑会欣:《美金公债舞弊案的发生及处理经过》,《历史研究》2009年第4期。
[5] *Morgenthau Diary(China)*, Volume 2, p.1533.
[6] Ibid., p.1542.

融困境，在制度层面上的完善和调整是成功的。明确四行业务范围、统制金融行政、加强管理金融市场、央行统筹外汇等举措在建设金融制度层面上有着重大意义，确立了中央银行统筹为主，中、交、农三行注重业务的分工模式，提升了中央银行的地位和职权，加强了对战时金融的监管。特别是统一发钞权制度的确立，确保由央行一家调控货币供应量。央行的"发行的银行、银行的银行、政府的银行"的基本职能和性质更为显现，为战时金融稳定做出了贡献。另外，四行专业化后，借助四联总处的协调，四行在农工矿业建设投资方面收到了一定效果；央行统筹收付外汇政策对防止外汇外流和掌控侨汇流向起到一定积极作用；央行实力得到增强，便于管理金融市场，并由四联总处对四行金融加强行政管理，维持战时金融正常运转。

自民国建立以来，轮番上台的各届政府都试图掌控金融，但都缺乏足够的能力和实力。随着国际局势的变动和国内金融的变化，国民政府和蒋介石依据1942年相关金融和军事形势，因时制宜，一步步主动筹划银行业务专业化和统一发钞权，向建立真正意义上的中央银行制度及银行专业化体系迈出了关键的一步，在金融史上具有重大意义。在抗战的特殊背景下，国民政府实施这一重大决策，调控四行金融力量来应对战时金融困局，对抗战胜利帮助甚大。蒋介石作为战时政治、军事、金融的最高决策者，熟练运用政治体制，调动财政部、四联总处和中央银行及其他部门相关人员共同推出1942年专业化决策。蒋介石处理金融问题时所表现的主动性，既是出于自身所处政治地位的特殊性，也是为了巩固其在金融、政治、军事方面的掌控力，更是为了取得抗战军事胜利和维护国民政府的利益。同时，蒋介石指示宋子文和孔祥熙等人争取而来的5亿美元贷款，承载了蒋介石依靠美援来摆脱财政金融困境的谋划。遗憾的是，囿于国民政府本身在金融财政领域的人事沟通不畅和监督不足，以及中美双方谈判旷日持久，遗憾地错失以5亿美元援助来控制通货、应对财政金融困境的最好时机。

（原载《抗日战争研究》2015年第1期，有所删节）

外交与绯闻:1943—1944年间的中美冲突

陈 雁[*]

1938年1月3日出版的美国《时代》杂志将蒋介石、宋美龄夫妇选为该杂志1937年度的封面人物夫妇("Man and Wife of the Year")。富兰克林·罗斯福在1932年、1934年曾经两度成为《时代》的封面人物,1937年是他赢得第二个总统任期的第一年,却在该年的《时代》年度人物对垒中输给了蒋介石,而这也是中国人首次被选为《时代》的年度封面人物。蒋氏夫妇以这样的方式出现在具有重大影响力的外国媒体上也是空前的。《时代》的封面人物介绍详细介绍了蒋的主要经历,并在文末引用蒋介石豪迈的话:"告诉美国人民要充分相信我们。战争最后的胜利必定属于我们。"在抗战初期,美国媒体以积极、肯定的方式将中国的最高领袖夫妇介绍给西方的读者。"宋美龄和蒋介石成了中国的象征,他们开始将自己的命运与国家的命运紧密地联系在一起……在蒋的儿子从苏联回国并赢得父亲的信任之前,宋美龄是蒋最亲密的战友,她对他施加了自由主义的影响,并是他的英文翻译和通往西方的桥梁……对于蒋在中国的形象,宋美龄的贡献应该是积极的——至少在战后经济与道德大崩溃之前。"[1]

1942年6月1日,蒋介石再度成为《时代》封面人物,一身戎装的蒋委员长带着自信的笑容注视着前方,《时代》配发的人物说明中特别强调蒋如何运用战略和个人魅力统一了中国,而且作为一个基督徒,他每日五时半即起,诵读《圣经》,坚信正义终将取得胜利[2]。这样一个骁勇善战的基督徒,当能契合大多数美国人心目中的领袖标准。

抗战时期,蒋氏夫妇在中国外交事务中扮演的角色越来越重要,蒋其至一度自兼外交部长。蒋介石常常将外交事务视作家事一般,把紧急公务在家信

---

[*] 陈雁,2001年博士毕业于复旦大学历史学系,现为复旦大学历史学系教授。
[1] Jay Taylor, *The Generalissimo: Chiang Kai-shek and the Struggle for Modern China*, Cambridge Mass.: Belknap Press of Harvard University Press, 2009, p. 76.
[2] *Time*, June 1, 1942, cover.

中交办亲友,黄仁宇评价蒋通过家信要宋美龄在香港采购大宗军火的行为,恰如"以乡人进城托买衣饰鞋袜之姿态,通过家人行之",现在看来匪夷所思,在战时的中国外交中却行之有效[1]。1942年12月,宋美龄以治病名义赴美,同时承担着蒋介石私人驻美特使的重任,蒋在给罗斯福总统的亲笔信中,介绍"内子非仅为中之妻室,且为中过去十五年中,共生死、同患难之同志,对中意志明了,当非他人所能及。故请阁下坦率畅谈,有如对中之面罄也。"[2]陈布雷评价蒋介石"处理政治,如同处理家事,事事要亲自处理"[3]。此言不谬。

学界有关外交史的研究中,对于国民政府的战时外交褒贬参差,但是对于宋美龄1942—1943年间的访美外交却几乎众口一词地给予盛赞。宋美龄访美在美国造成的轰动效应直接促成了美国人走出孤立主义的窠臼,不仅加大了对华经济与军事援助的力度,还在国际政治上对中国多有提携。宋美龄访美期间所竭力渲染的那个"坚贞""英勇"抵抗侵略的东方古国与它那"忍耐战争痛苦如此长久、如此英勇,维护其信仰之主义如此强固、如此坚贞"的人民,大大地改变了美国人对中国和中国人的看法。台湾学者石之瑜看到了美国女儿式的宋美龄在中美关系中所代表的性别与种族的意涵:"美国的媒体将蒋夫人形容成是一个娇弱、依赖、求助的中国代表;受到她女性特质的吸引,凸显她在美国教育下成长的背景;夸大她所推崇的民主、自由价值早已根深蒂固于中国。这些新闻报道与其说是新闻,不如说是美利坚民族自我肯定的一项文化工程。他们都觉得自己一定要帮助蒋夫人,帮助中国,哪里想到,是蒋夫人给了他们一个机会,证明自己是有帮助落后文明的责任。责任感与同情心决定了,施恩的主体在文明上可以享有的先进感觉。"[4]

但是,正当1943年《中美平等新约》签署,中美关系将要走向最亲密的紧要关头,这种互相欣赏、各有所得的亲昵关系突然急转直下,从蜜月期迅速地转入猜疑期,到次年秋"史迪威事件"爆发时,几近破裂。战争后期,中美外交关系转趋恶化的原因当然多种多样,国民政府美籍顾问杨格(Arthur N. Young)认为,部分因为中国在要求美援时过分讨价还价,在美军军费结算问题上犹豫

---

[1] 黄仁宇:《从大历史的角度读蒋介石日记》,中国社会科学出版社,1998年,第182页。
[2] 秦孝仪主编:《中华民国重要史料初编——对日抗战时期》第三编战时外交(一),中国国民党中央委员会党史委员会,1981年,第781页。
[3] 唐纵日记,1944年8月15日,唐纵著,公安部档案馆编注:《在蒋介石身边八年:侍从室高级幕僚唐纵日记》,群众出版社,1991年,第451页。
[4] 石之瑜:《宋美龄与中国》,商智文化事业股份有限公司,1998年,第279—281页。

不决[1]。王建朗教授认为是"信任的流失"[2]。但是信任为何会流失呢?吊诡的奇景为何会出现?本文聚焦1943—1944年间"发生"——也有可能是"被发生"在重庆的围绕蒋氏夫妇的超级"绯闻",借由分析这桩"绯闻"的传播、辟谣、应对过程和与"绯闻"相关的其他外交事件,从个案来看这种"信任的流失"因何发生,如何发生,进而尝试分析国际关系、外交实践中的社会性别因素。

一、重庆的超级绯闻

美国人西格雷夫的《宋氏王朝》一书对抗战后期蒋介石在重庆的绯闻津津乐道,称"委员长的脸都被夫人抓伤了,一天,他在卧室中,夫人发现了一只白色高跟鞋,愤怒之中,把它扔到窗外,正好击中一名卫士的脑袋"[3]。不少蒋介石的传记都大同小异地引用了《宋氏王朝》里的这条花边新闻。

中国大陆较早在报刊上披露这桩"绯闻"的是1992年1月《民国春秋》杂志上署名颜平的文章《轰动山城的"陈小姐之谜"》。此文绘声绘色地描述了蒋介石与前妻陈洁如在陪都旧情复燃的故事。称抗战爆发后,陈洁如隐居上海法租界巴黎新村,不料一次逛街偶遇汪精卫夫人陈璧君,汪夫人从此常常出入陈洁如家,并许其出任汪伪政府的侨务委员会副主任。陈洁如不愿当汉奸,逃出魔都,辗转来到重庆,被吴忠信秘密安排暂住吴公馆。"蒋旧情复炽,经常去吴忠信公馆与陈幽会……据传有一段日子陆军大学的游泳池常有陈洁如的身影,而蒋则坐在池边观看。"于是"陈小姐"的故事成了陪都军政各界茶余饭后的重要谈资[4]。

这桩"绯闻"还有更早的版本,女主角虽然仍是"陈小姐",但却非陈洁如,有说是陈姓女护士,也有说是陈立夫的侄女。一本20世纪70年代末港版的《侍卫官杂忆》以蒋介石侍从室侍卫官的口吻描述过蒋介石偷腥的具体场景:在一所挂着"黄山小学"的房子里,蒋与一个二十多岁的小姐见面,"至少有半点钟的光景,先生才兴匆匆地出来,似乎有点儿气喘。小姐再没有露面,不知道是为什么"[5]。

---

[1] Arthur N. Young, *China's Wartime Fiance and Inflation*, 1937-1945, Cambridge, MA: Harvard University Press, 1965, pp.272-273.
[2] 王建朗:《信任的流失——从蒋介石日记看抗战后期的中美关系》,《近代史研究》2009年第3期。
[3] 斯特林·西格雷夫:《宋氏王朝》,中国文联出版公司,1986年,第541页。
[4] 颜平:《轰动山城的"陈小姐之谜"》,《民国春秋》1992年第1期。
[5] 宋乔:《侍卫官杂忆》,云南人民出版社,1980年内部版。此书由70年代的香港版翻印。

这几个版本的"绯闻"虽然故事情节有出入,女主角亦各异,但有一个共同的特点,就是情节生动,细节具体。这些绘声绘色的情节描写提供了太多的细节,使我们不难找到"绯闻"的源头,那就是一本名为《在中国失掉的机会》(*The Lost Chance in China*)的书[1]。该书是抗战期间在美国驻华使馆担任三等秘书的美国外交官谢伟思(John S. Service)的战时电讯文稿集,1974年在美国出版,1989年被译成中文,由国际文化出版公司在中国大陆出版[2]。该书披露的谢伟思"个人保存的文本",其中一份写于1944年5月10日,被命名为"蒋家庭内的纠葛",详细地叙述了这桩绯闻:

> 消息普遍认为,委员长是在夫人逗留美国期间搞到他的新欢的……关于这位新欢的身价,有各种说法,其中主要是:她是陈洁如小姐……她是陈立夫的堂妹,相当年轻美貌,由陈立夫在夫人逗留美国期间介绍给蒋,以作为一种并不是很有独创性的努力来巩固他自己和C. C.集团的地位;她是(有些消息说是另一个女子)一个美丽的福建姑娘,经政学系介绍获得了委员长的欢心,政学系企图以此来玩弄其裙带政治。

谢伟思的这份个人文件还称:"有一天,夫人走进委员长的卧室,发现床下有一双高跟皮鞋,就从窗口丢了出去,并打中卫士的头。"这与西格雷夫在《宋家王朝》中的描述无论情节还是措辞,均如出一辙。显然谢伟思的个人文件是目前能够找到的这个"绯闻"流传的信息源。传教士之子谢伟思出生在中国,在成都和重庆度过了他的童年时代,是个真正的中国通,"通过他新建立的颇为广泛的接触网,他能够搜集到重庆生活的各个方面的珍贵传言和消息"[3]。从此似乎可以显示,这桩"绯闻"不仅在国民党高层流传,还广泛地流传于重庆的媒体与民间。而且,国民党政权内部的确也存在利用"性"来开展外交的做法。比如1944年圣诞节,"梅乐斯大宴中美合作所军统局各级负责人,到三四百人。""梅乐斯排定之座位",戴笠却擅自更改,还约了几十个女人,"陪伴美国军官士兵,有的女人被糟蹋了"[4]。这种做法难免给美国人留下国民政府惯用"情色外交"的印象。

---

[1] Service, John S., *Lost Chance in China: The World War II: Despatches of John S. Service*, Random House, 1974.

[2] 埃谢里克:《在中国失掉的机会:美国前驻华外交官约翰·S·谢伟思第二次世界大战时期的报告》,罗清、赵仲强译,国际文化出版公司,1989年。

[3] 同上书,第92—96页。

[4] 唐纵日记,1944年12月24日、25日,《在蒋介石身边八年:侍从室高级幕僚唐纵日记》,第479、480页。

谢伟思说绯闻发生在蒋夫人访美期间,但他在"个人文件"中记录此事的时间却是 1944 年 5 月 10 日,距离蒋夫人访美归来已过 8 个月。不过,蒋介石夫妻关系的危机则在宋美龄访美归来 1 个月后就已出现,时任国民政府军事委员会委员长侍从室第六组组长的唐纵很快观察到:"近来委座与夫人不洽,夫人坐在孔公馆不归,委座几次去接,也不归。"不过,此番夫妻交恶的原因是宋家的家事,"夫人私阅委座日记,有伤及孔家者。又行政院院长一席,委座欲由宋子文担任,夫人希望由孔担任,而反对宋,此事至今尚未解决"[1]。从 8 月开始,蒋介石的日记里也开始出现夫妻反目的蛛丝马迹[2]。吕芳上教授在细心研读蒋介石日记后总结称:"从《蒋介石日记》观察,1943 年底到 1944 年初,蒋战时日常生活还是极有规律……表面上生活平静,但一遇到涉及不顺遂的问题时,内心仍会出现剧烈的起伏。"[3] 10 月 3 日,唐纵再次在日记里写下:"近来委座与夫人意见不和,夫人住新开市孔公馆,不归者数周。下午夫人归官邸与委座晚餐后,又同赴新开市,宿一夜。"于是一时间"外间谣言甚多,谓委座任主席,行政院不让孔做,以是孔夫人诉于夫人,夫人与委座不洽"。唐纵向蒋介石的侍卫长俞济时打听,"俞不否认,并谓与纬国亦有关系"[4]。夫妻交恶的原因,除了孔宋纠葛外,又加进了蒋纬国因素,显得更加扑朔迷离。

杨天石教授曾撰专文述及此事,认为"首先向美国传播'谣诼'的就是美国驻重庆大使馆的工作人员。美国的媒体、舆论大炒特炒蒋委员长的'绯闻',使蒋觉得脸面无光"[5]。杨教授这里指称的"大使馆的工作人员"就是谢伟思,至于为何会牵扯蒋纬国,杨教授归咎于蒋介石与戴季陶等人年轻时在日本不检点的私生活。但蒋纬国与蒋介石、戴季陶之间复杂的关系,在国民党内早就不是秘密,蒋宋结婚已十余年,宋美龄不可能此前不知,这个说法显然缺乏说服力。近年来出版的《蒋纬国口述自传》为解开这个谜提供了新的线索。蒋纬国回忆,宋美龄有个秘书叫 Pearl Chen,是旧金山华侨,英文很好,但其貌不扬。蒋纬国 1940 年从美国回国途中结识了一位欧亚航空公司的空姐,也叫

---

[1] 唐纵日记,1943 年 8 月 15 日,《在蒋介石身边八年:侍从室高级幕僚唐纵日记》,第 373 页。
[2] 蒋介石日记,1943 年 8 月 12 日出现了宋美龄留宿孔宅的记录。9 月 14 日,蒋介石自称"心情郁结"。9 月 27 日,蒋"正午到新开寺孔寓,与妻谈话后即回"。本文所用蒋介石日记均引自斯坦福大学胡佛研究所藏手稿,以下不再一一注明。
[3] 吕芳上:《日记、档案中的蒋介石、宋子文和史迪威(1940—1944 年)》,吴景平主编:《宋子文生平与资料文献研究》,复旦大学出版社,2010 年,第 167 页。
[4] 唐纵日记,1943 年 10 月 3 日,《在蒋介石身边八年:侍从室高级幕僚唐纵日记》,第 384 页。
[5] 杨天石:《蒋介石的"婚外情"传说——蒋介石日记解读之三》,《世纪》2008 年第 1 期。

Pearl Chen,当时尚单身的蒋二公子估计与这个陈姓空姐有过短暂的交往,但随后就被蒋介石送到陕西胡宗南部队锻炼,与陈姓空姐断了关系。因为空姐与宋美龄的秘书同名同姓,于是这个故事后来就被传成了蒋纬国的女朋友在蒋家几次吃饭后,被老蒋相中,以给宋美龄当秘书的名义霸占,再将蒋纬国送去西北,拆散了这对恋人。这个故事里,出现了两位陈小姐,正好重名。如果将前述的蒋介石与陈小姐的"绯闻"联系在一起的话,"绯闻"之谜似可迎刃而解:

> 有一次我在家里吃晚饭时,向父亲及夫人提起这件事,夫人大笑,还问父亲:"我这个 Pearl Chen,你会要啊?"父亲则笑得假牙都掉下来了。[1]

宋美龄的秘书 Pearl Chen 确有其人,陈香梅在回忆中也曾提到宋美龄曾有个叫 Pearl Chen 的女秘书,但是陈香梅的回忆里,Pearl Chen 是 20 世纪 50 年代在台湾宋美龄的孙姓秘书因贪腐案去职后,才接任秘书职的,与蒋纬国所述在时间、地点上均有较大出入[2]。蒋纬国在口述自传里辟专节讲述这个故事,难免有刻意为其父辩护的嫌疑,在提供一个自圆其说的故事版本的同时,却也带来了新的疑点。

这段"绯闻"在竭力抹黑蒋介石的《陈洁如回忆录》中并未述及,更加深了此事的神秘感。美国斯坦福大学胡佛研究所收藏的宋子文档案中,与宋美龄相关的档案一直未能公开,直到 2003 年宋美龄去世后,才逐渐开放。2006 年,笔者在胡佛研究所访学时,在宋子文档案中看到几封 1944 年宋美龄在巴西和美国养病期间,宋子文与宋子安兄弟间来往的电报,一直提及一个叫"兰顿"的人,说"兰顿"不愿意从巴西去美国,称"兰顿"疑心重重,寻死觅活。笔者最初百思不得其解,不知电报所言何事,后来突然意识到"兰顿"可能指代的就是"宋美龄"时,电报的意思豁然开朗。比如 1944 年 10 月 3 日,宋子安致电宋子文:

> 兰顿病状据医密告,甚严重,有变为神经病或自杀之虞。现在诊治方法系使其一日廿四小时处于昏迷状态,以防万一。此病原因当然为重庆事件所感触,而最近与美国情形日趋恶劣,亦其原因之一。[3]

---

[1] 蒋纬国口述,刘凤翰整理:《蒋纬国口述自传》,中国大百科全书出版社,2008 年,第 270—271 页。
[2] "陈香梅谈宋美龄",2004 年,http://uj3761.chinaw3.com/wen-2/cxmtsml.htm。
[3] 斯坦福大学胡佛研究所藏宋子文档案,1944 年 10 月 3 日,宋子安致宋子文电。

这封电报里提到的"兰顿"如果是宋美龄的话，那至少间接证明了宋美龄在重庆确与蒋委员长发生了重大的争执，受到重大打击。看来"绯闻"可能并不只是"谣诼"。笔者的分析还可以与《蒋中正总统档案——事略稿本》的记载两相印证："夫人近日病状转剧，手心足底皆起水泡，医生已不准其接见亲属，公闻之不胜怀念曰：妻病严重，惟有祷告天父使之速痊，彼必为国内外形势与美国舆论所刺激而致此也。"[1]由此大概可以推断"绯闻"绝非空穴来风，而且"绯闻"传播甚广，对蒋宋夫妇的关系有很大的杀伤力。

二、最高会议辟谣

1943年11月起，长期受带状疱疹、皮肤过敏和忧郁症困扰的宋美龄病情又趋恶化，因为"心神不安，故目疾痢疾交作，痛苦甚剧"[2]。到1944年5月，风湿症发作半年有余，"近更严重，几至每夜不能安眠"[3]，赴昆明疗养也未见好转。1944年7月，宋美龄决定接受医生建议，由大姐宋蔼龄陪同到巴西养病。在宋美龄启程赴南美前，蒋介石决定就"绯闻"辟谣。7月4日，蒋介石在日记中记曰："下午，回林园，与妻商谈，约干部与友好聚会，说明共产党谣诼，对余个人人格之毁誉无足惜，其如国家与军民心理之动摇何！乃决约会，公开说明，以免多加猜测。"[4]

看来，蒋介石对于宋美龄再次离渝出国将带来更多的"谣诼"有着极大的顾虑，才会决定在7月5日"约集各院院长及各部会高级干部与欧美友好，计共六十人，举行茶会为夫人饯行并坦白说明外间之流言蜚语与敌党阴谋之所在。继夫人亦起而说明对公人格之信仰，措辞均极有力也"[5]。时任军事委员会参事室主任的王世杰显然也在应邀出席之列，他在当天的日记里详细地记录了以下内容：

> 蒋先生宣布两事：一、蒋夫人将赴巴西养病，休养毕将访若干友邦；二、外间近有人散布谣言，诬蔑蒋先生私德，谓其有外遇等等情事者，有人欲借此类造谣以摇动同志与军队对彼之信心。蒋夫人亦有演说，指述

---

[1] 台北"国史馆"藏《蒋中正总统档案——事略稿本》（以下简称《事略稿本》），1944年11月22日。
[2] 台北"国史馆"藏《事略稿本》，1943年11月5日。
[3] 台北"国史馆"藏《事略稿本》，1944年5月3日。
[4] 蒋介石日记，1944年7月4日。
[5] 台北"国史馆"藏《事略稿本》，1944年7月5日。

此类诬蔑之用意,与彼对蒋先生之敬信。[1]

比王世杰记录得更详细的还有史迪威(Joseph Stilwell)。现藏胡佛研究所的"史迪威档案"中有一份会议记录,题为"委员长在75位客人参加的会议上的讲话":

> 在我的妻子因神经衰弱出发去巴西之际,我决定为她举行送别会。你们都是我的朋友。我想坦率地说明某些事情的时刻已经到了。我觉得这样做很重要,它将成为维护革命的时刻已经到了。可能在座的中国朋友会认为我不应该说得如此坦率,但是,这是必需的。
>
> 最近,在重庆社交圈内有不少谣言,有些牵涉我。你们已经听到,但是,除了我的妻子之外,只有一位朋友告诉我这件事。他是真正的朋友。所有我的朋友都在此,当他们听到此事时应该告诉我。这个谣言说我的个人行为不光明,说我和一个女人有不正当关系,说我和一位护士有非法关系并且生了一个儿子。
>
> ……在上一个十年中,如果我曾经有过一些贡献,这就是道德上的贡献。我是一个基督徒,相信它的戒律并且绝对服从。假如我不遵从这些戒律,我就是异教徒……我和妻子的感情绝对纯洁。我们的关系中没有任何污点。我的生活里没有任何事情不能公开。如果谣言所传是事实,那就称呼我为伪君子就是了。我召开此次会议,是为了挫败敌人的有害目的。只有当所有人都已经达到道德的高标准,我们才能面对公众;只有我们能引导战争走向胜利的时候,我们才能面对孙逸仙的在天之灵。

宋美龄表态的言论也被史迪威速记了下来:

> 委员长提到的谣言已经遍传重庆。我已经听到这些谣言,收到许多就这一问题写给我的信。不是作为妻子,而是作为真诚的爱国者,我觉得使委员长知道这些谣言是我的职责。但是,我希望说明,永远不可能让我为这些谣言低首弯腰;我也不会向他询问,这些谣言是否真实。如果我怀疑委员长,将是对他的侮辱。我相信他是如此正直,相信他的品格和他的领导。我不能为任何事情侮辱他。我和他结婚已经17年。我和他共同经历了所有危险,严重者如西安,所以我了解委员长性格的每一面,他在世界上独一无二。了解他的性格,我完全相信他的正直。我希望,没有一

---

[1]《王世杰日记》,1944年7月5日。

个人会相信这些恶意的诽谤。昨天,当委员长告诉我,他正在召集朋友们到一起,我的第一个反应是:'不要麻烦,谣言会自行消亡。'他回答说,这不是对个人的诽谤,通过诽谤他,他们正在诽谤作为一种道德力量的中国。这些恶意的诽谤应该立即消除。中国对世界的贡献不是经济,不是军事,不是工业。中国的贡献就是道德力量。委员长的领导正在朝向更高的目标。不断追随主的脚步,随时,他是中国的力量。[1]

1944年7月9日,宋美龄离渝飞往巴西养疴。但是"谣诼"并未因最高规格的辟谣会和宋美龄公开挺蒋而烟消云散。8月19日,蒋介石犹在日记中愤恨:"最可忧者,美国朝野对我个人生活之谣诼层出不穷,尤关于我夫妇家庭间之猜测亦未已。此次吾妻出国养病,为于公于私,皆有损失,然虚实是非,终有水落石出之时。无稽荒谬之谈,必不能尽掩天下之耳目,而且美国内亦有主持公道者,故余并不以此自馁也。"[2]

三、霸权[3]与冲突

宋美龄访美密切了中美关系,但美国对中国的各种不满却也接踵而至,颇似一对年轻人因不了解而相爱,却很快在增进了解中发生争执。1943年7月30日,王世杰在日记中记下了蒋夫人归国后"美国对华不满之第一声":"近来美国方面人士深以我国军报不实与检查新闻过严为言。纽约时报军事评论专家Hanson Baldwin且一再著论,谓驱逐日本不可徒赖华军。氏之论文见于《纽约时报》及《读者文摘》。中美共同作战以来此为美国言论对华不满之第一声。"[4]

---

[1] 斯坦福大学胡佛研究所藏史迪威档案,此处转引自杨天石:《蒋介石的"婚外情"传说——蒋介石日记解读之三》,《世纪》2008年第1期。
[2] 蒋介石日记,1944年8月19日。
[3] "hegemony"一词中文译为"霸权",常指一国凭借其政治、经济和军事上的极大优势,在全世界或个别地区控制他国主权、主导国际事务或谋求统治地位的政策的意识形态。澳大利亚学者康瑞文(R. W. Connell,又译康奈尔)创造性地将"hegemony"这一概念挪用至社会性别研究中,提出"hegemonic masculinity"的概念,译成中文为"霸权型男性特质",指在某一时期或地方,在文化上最被推崇的、被追求的男性特质的形式和性别实践。在统计意义上,霸权型男性气质并不被认为是普遍的,只有少数男性可能会展现出这种气质。但它绝对是规范型的。它体现了目前作为男性最为荣耀的方式,它需要所有其他男性将自己定位于与之相关,它还在意识形态上为全世界的女性服从于男性提供依据。参见康奈尔:《男性气质》,柳莉等译,社会科学文献出版社,2003年。
[4] 《王世杰日记》,第四册,第118—119页。

而中国最高领袖夫妇的"绯闻"的散布更是给刚刚步入蜜月期的中美关系蒙上阴影。蒋介石坚持认为"绯闻"的制造与散布者首先是美国人:"最可忧者,美国朝野对我个人生活之谣诼层出不穷,尤关于我夫妇家庭间之猜测亦未已。"他认为妻子再度离渝出国,"于公于私,皆有损失"[1]。1945年初,蒋介石在日记里总结"去年一年间,中共与美国驻华大使馆协以谋我之阴狠,实有非人想象所能及者,今春美国大使馆之失火,其内容乃为灭绝其对我各种阴谋文书,故而故意纵火也。思之寒心"。蒋哀叹"如此毒辣、卑狠、阴险之行动""已见其大效",而且不仅中国朝野绯闻流传,"各地国民亦已信谣诼以为真,几乎街谈巷语皆以为资料。尤以五六月间美副总统华莱士来华时为极点"[2]。

身为一个弱国的最高领袖,青年时代就奉民族主义为圭臬的蒋介石对于中国在英美等大国间的进退得失、地位起落、英美政治人物对华态度的变化非常敏感。1942年1月31日,他在日记中写道:"二十六国共同宣言发表后,名义上且以美英俄华四国为中心,于是我国列为四强之一;再自我允任中国战区统帅之后,且越南、暹罗列信本战区人,于是国家与个人之声誉与地位,实有史以来空前唯一优胜之局也。甚想有名无实,盗虚名而受实祸,能不戒慎乎!"[3]1943年11月,出席开罗会议不算愉快的经验,让蒋介石更加意识到"此时对于外交,不能有完全自主独立之道,固非运用互利不可……无竞惟人,我中国在此三十年内,人才教育未能生效以前,决不能与英、美跻于平等之域,此于此次开罗会议中更获得明切之教训,乃我国人梦,侈谈平等独立,而不知自求,其所以不能平等独立之痛,在于无耻而妄念也,言之可痛"[4]。

抗战后期,中国对美国援助的强烈依赖,使得美国一直想要扮演的雄赳赳、气昂昂的"兄长"国角色得以强化,而被侵略、受蹂躏的中国愈发的"女性化"——但是让泱泱中华帝国甘守那个女性化的角色却非易事,因此当中美、中、英平等新约签订——中国至少在法理上摆脱了半殖民地位,开罗会议使中国跻身四大国阵营——不管是不是徒有其名,都激发了中国人,尤其是中国领导人摆脱受保护的"女性国"角色的雄心;但这种雄心却是与美国人在国际外交中日益膨胀的男性霸权特质格格不入的。这就可以解释为什么宋美龄访美所带来的中美关系的蜜月会如此迅速地终结,而美国外交界、政界会以"下三滥"的手法来打击蒋介石这个正在努力"雄起"的中国领袖——大概没有什么

---

[1] 蒋介石日记,1944年8月19日。
[2] 蒋介石日记,"民国三十三年大事表"。
[3] 蒋介石日记,1942年1月31日。
[4] 黄自进、潘光哲编辑:《困勉记》下册,台北"国史馆",2011年,第943页。

比"绯闻"能更迅速地消解男性领袖的正面形象了。中美间这种"霸权"冲突的总爆发就是"史迪威事件"。

1942年1月2日,蒋介石出任同盟国中缅印战区最高统帅以后,为尽快成立罗斯福总统倡议的中美英三国在远东的联合作战参谋部,在蒋介石的请求下,罗斯福派出了美国陆军第三军军长史迪威出任中缅印战区参谋长、驻华美军总司令。史迪威是美国军人里著名的中国通,精通中文,从1919年起有长期在驻华美军、美国驻华使馆工作的经历。很快,蒋总司令和史参谋长的关系就势如水火。

众所周知,史迪威私下称蒋介石为"peanut","peanut"这个词在英语中可不只有"花生米"一个意思,在美国俚语里它表示渺小的人、矮小的人、无聊的政治家、小政客。在史迪威日记里,蒋介石就是个不折不扣的小丑的形象:

> 从开罗回来。(中国)陆军大学毕业典礼。在"花生米"登上讲坛时乐队指挥数着1—2—3,不幸的是乐队在数到2时就奏起了音乐。"花生米"怒气冲冲地让乐队停止演奏,对乐队指挥一阵大骂:"要么开始就奏乐,要么从3开始,别从2开始!"后来,一个发言人从裤兜里掏出了讲稿。这又惹火了"花生米"。他对他一阵大骂,对他说,在外国你可以往裤兜里放手帕但不能放讲稿。讲稿应放在外衣的下兜,如果是秘密的就放在外衣的上兜里。[1]

在史迪威的这段描写中,我们看到的是一个歇斯底里、暴躁易怒的暴君,但在文稿与裤兜的细节中,我们又看到了蒋在对外交涉时的过分敏感与忌惮。史迪威和蒋介石都是军人出身,两人个性中的倔强、固执、自负不相上下,对于"史迪威事件"为何会爆发,中美史学界已有大量研究成果发表,本文只想探讨中美两国的男性军人领袖在战时的合作何以如此水火难容。

蒋介石和史迪威的冲突最初起于美国屡次逼迫蒋介石出动驻扎在云南的远征军征缅,蒋介石屡屡拖延,虽授权史迪威全权指挥远征军,却仍然透过杜聿明等遥控军队,变相架空了史迪威的指挥权。征缅战役失败后,史迪威归咎于远征军的中国将领们,评价他们"或缺能力,或缺胆略","因循迁延",贻误战机。他形容自己指名道姓地对蒋批评杜聿明"个性刚愎,不易应付","那情形就如同在踢一位老妇人的肚子一样"[2]。这一次,在史迪威的笔下,蒋介石又从"peanut"变成了不堪一击的"老妇人"。

---

[1] 约瑟夫·W.史迪威:《史迪威日记》,黄加林等译,世界知识出版社,1992年,第229—230页。
[2] 同上书,第103—104页。

随后在美国对华租借物资的处分权，在对待共产党和调动八路军等问题上，蒋、史的分歧日益严重。史迪威甚至说服罗斯福威胁蒋介石交出军事指挥权。1944年9月19日，罗斯福给史迪威发来了要交给蒋介石的"最后通牒"，史迪威面呈蒋介石。在电报里美国总统措辞激烈地威胁中国的最高统帅，如果不按照史迪威的要求调兵遣将，"你自己必须准备接受其后果，并承担个人责任"[1]。史迪威在当天的日记里得意地写道："我将这包辣椒粉递给了他，然后叹口气坐了下来，这一枪打中了这个小东西的太阳神经丛，然后穿透了他。这是彻底的一击……"[2] "如果不……就……" "必须接受后果" "承担责任"这样的措辞出现在强国总统致弱国最高元首的电文中，其传达的傲慢与挑衅是毫不掩饰的。蒋介石在日记里记下了这一刻深深的屈辱，这"实为我平生最大之污辱，亦为最近之国耻也"。罗斯福和史迪威可能都没有注意到，这封最后通牒式的电文发于9月18日，这是中国的国耻日啊！蒋对"九一八"这个日子格外敏感："今日接其九一八来电，其态度与精神之恶劣，及其措辞之荒谬矣，是可忍孰不可忍！"[3] 尽管没有给出任何消息来源，但美国人陶涵六十多年后在他的《蒋介石传》中仍特意描述："黄山官邸的仆从、幕僚，毫无疑问都听到委员长在九月十九日会议之后放声痛哭，谣言传遍全市。"[4] 中国元首的眼泪使他更像"peanut"或"老妇人"了。

在下面这首史迪威1944年9月21日写给夫人的诗里，他称呼蒋为"小畜牲"，他已准备好了旧鱼叉要将他刺透，从中可以看出他该有何等蔑视蒋介石这个在中国最有权势的男人：

> 我久久地期待着复仇——
> 　　终于我得到了机会，
> 　　我盯着"花生米"的眼睛，
> 　　照他屁股上狠踹一脚。[5]

史迪威在这首诗里尖刻地强调他毁了蒋介石的"脸面"，可见他对于罗斯福不留情面的最后通牒式的电报，给这个受他保护、资助，深深地依赖他才能打败侵略者的国家领袖毫不留情的痛击是何等享受啊！而蒋介石当时也判断这些

---

[1]《中华民国史资料丛稿译稿》第2辑《史迪威资料》，瞿同祖译，中华书局，1978年，第445—446页。
[2]《史迪威日记》，第289页。
[3] 蒋介石日记，1944年9月19日。
[4] 陶涵：《蒋介石与现代中国》，林贵添译，中信出版社，2012年，第217页。
[5]《史迪威日记》，第290页。

"谣琢"起于英美,他在日记中称:"妻接匿名甚多,其中皆言对余个人谣琢与诽谤之事,而惟有一函察其语句文字乃为英国人之手笔……可知此次蜚语不仅发动于共党,而且有英美人为之帮同,其用意非只毁灭我个人之信誉,真欲根本毁灭我全家。"[1]难怪杨天石教授总结说,美国人之所以要制造、散布蒋介石的"绯闻",全因"当时美国方面企图让蒋介石将军权交给史迪威"[2]。

可是史迪威的判断完全错了。当时的蒋介石虽然已经在为战后中国在亚洲的强国地位而筹划,但他从未忘记中国仍然只是个弱国:"凡弱国参战,无论如何努力与牺牲,强国皆视为不能与彼相比。例如史迪威指挥我军在缅作战,彼总不以我军之牺牲为英勇,而为怯弱,盖彼仍以北洋军阀之军队视我也。"[3]蒋介石并未暗自舔血疗伤,而是勇敢地正面回击,不顾幕僚的劝阻,态度强硬地要求罗斯福撤换史迪威。美国不能失去在远东牢牢牵制着日本的中国战场,面对知耻奋起、寸步不让的蒋介石,最后是罗斯福让步了。10月28日,美国正式发表撤换史迪威回国的命令。这回轮到蒋介石扬眉吐气了,他在日记中自夸"此实我中国解放之开始"[4]。

德国历史学家通过教士牧师书信来分析绯闻中的社会性别关系的《绯闻与社会性别》[5]一书对"绯闻"使男人"女性化"的分析,用在1943—1944年间中美因"绯闻"而引发的一系列外交冲突也同样适用。美国人正是借由"绯闻"的广泛传播而"女性化""矮化"中国国家领袖,进而"女性化"这个国家,强化其受保护的弱国形象。而这个被"矮化"的弱国领袖并未坐以待毙,当外交上的冲突,在某种程度上演变成理念和性别的冲突时,不仅"信任"迅速流失,"冲突"也会变得无法调和。

四、国家的性别

抗战期间,美国的《时代》与《生活》两份新闻杂志对中国有较多报道,其中尤以对蒋介石的报道为最多。在抗战前期和中期,这些报道基本都是正面的。蒋介石被表现为受民众拥戴的正义力量,是带领中国走向变革、努力实现现代

---

[1] 蒋介石日记,1944年7月6日。
[2] 杨天石:《蒋介石的"婚外情"传说——蒋介石日记解读之三》,《世纪》2008年第1期。
[3] 蒋介石日记,1944年6月22日。
[4] 蒋介石日记,1944年10月31日。
[5] Marianne Bjelland Kartzow, *Gossip and Gender: Othering of Speech in the Pastoral Epistles*, Berlin: Walter de Gruyter Gmbh & Co, 2009.

化的领袖[1]。正如《良友画报》等中国杂志在战争初期热衷于刊登蒋介石的戎装照,以体现中国领袖的威武坚毅一样,《时代》《生活》这样较为亲华的美国媒体在抗战前期帮助塑造了彰显男性霸权特质的中国最高领袖形象。

1942—1943年,宋美龄访美给中美关系注入了新的元素。宋美龄这个自称除了脸蛋是中国的,其他都是美国的中国第一夫人回到她度过青少年时代的美利坚,对美国人来说就好像一个嫁到遥远异邦的女儿,在夫家遭难时来向娘家求助,激起了多少美国人的正义感和同情心。帮助这个周身上下散发着女性魅力的中国第一夫人,给霸权主义正在迅速膨胀中的男性之国——美国的人民——尤其是美国的男人们带来了极大的满足感与成就感。

但是中国人很快发现,宋美龄的访美之行虽然带来了大量的美援,带来了名义上的四大国地位,但是并没有直接帮助中国摆脱国际政治中受歧视、受轻慢的现状。事实上,正是宋美龄的访美之行,协助我们揭露了美国各界不自觉的文明傲慢。像宋美龄、宋子文、王世杰这样一些深受欧风美雨浸淫的"海归"们要承认此点颇为尴尬,"苦撑待变"的中国亟须美援,他们也把中国摆脱侵略、实现民族独立的赌注押在美国人身上,但是这些援助不仅附带着各种条件,而且又时时处处都在提醒中国人注意和接受中美文明的优劣对比、强弱国家的落差。蒋氏夫妇与史迪威的关系先后出现多次反复,直到1943年9月,宋美龄和宋霭龄姐妹才与史迪威结成了攻守联盟,他们频频在宋霭龄家密商,从这时开始史迪威在个人文件里亲昵地称蒋夫人为"May",而蒋夫人则叫他"Uncle Joe"[2]。于是,重庆和华盛顿又开始传播宋美龄与史迪威的绯闻。抗战时期,宋美龄与美国要员的绯闻从未断过,从罗斯福总统、史迪威、居里、威尔基(Wendell Willkie,战时以罗斯福总统特使身份访华),再到副总统华莱士。直到20世纪七八十年代,有关宋美龄和美国高官的"风流韵事"仍为美国媒体津津乐道。2007年,汉娜·帕库拉(Hannah Pakula)在《蒋夫人:中国永远的第一夫人》一书中依然兴致勃勃地渲染宋美龄与威尔基的绯闻[3]。

更不要说,蒋介石这样自负而敏感的民族主义者,与美国的合作带给他的逼仄、郁闷,甚至是屈辱的感受。1943年3月10日,署名"蒋委员长"的《中国之命运》一书公开出版,该书一般认为是蒋介石授意、陶希圣撰写的。从蒋介石日记可以了解,《中国之命运》一书的写作过程中蒋全程参与写作与修订,而

---

[1] 比如"I am very optimistic", Time, September 1945, pp. 29-35。
[2] 《史迪威日记》,第236—238页。
[3] Hannah Pakula, Madame Chiang Kai-shek: China's Eternal First Lady, pp. 410-412.

不仅仅只是授意。通过这本书,蒋介石极为高调地宣扬了中国人的德性、思想、精神、情感与品性之优越,认为正是西方文化的入侵破坏了中国文化与中国社会结构的优越性。痛心疾首地惊呼中国人近百年来"因为学西洋的文化而在不知不觉中做了外国文学的奴隶","中国国民对于西洋的文化由拒绝而屈服,对于固有文化,由自大而自卑,屈服转为笃信,信其所至,自认为某一外国学说的忠实信徒;自卑转为自艾,极其所至,忍心侮蔑我们中国的固有文化遗产",进而提出"中国从前的命运在外交……而今后的命运,则全在内政"〔1〕。此书一出,国内外舆论大哗,不仅中国共产党大力声讨,美国人也对此书极为反感。"《中国之命运》出版数载后,始有英文译本,在战争后期,蒋委员长此书在中国民间及在美华侨手中已普遍流传,但译本极受限制。(美国)国务院曾有译本,惟外界未能阅及,即国会中人亦难得窥见,知悉书中内容之人士,无不同情官方意见,即美国对中国领袖之热诚,将遭受实际之影响,若《中国之命运》能普遍购到。"〔2〕对此,日本人也有类似的判断。吉田东祐1943年8月发表于《申报》的《我的重庆政权观》一文在列举当时重庆政局的"乱象"时有一段明确谈到了前述"绯闻",认为这些"都造成宋美龄与蒋介石间不睦的基石。我并不以为这是单纯的道听途说,我相信其中定有若干真实性在。总之,蒋介石只要像在《中国之命运》一书中所说的,反对英美的自由主义,而拥护中国的国粹主义,则与亲英美派间的思想出入,当然是不可以道里计"〔3〕。

在这种力量悬殊的对抗中,蒋介石并非一味退让妥协的一方,相反在"史迪威事件"中最后妥协的还是罗斯福。蒋不惜与美国决裂也要维持他的元首威权,他对自己的这种"一意孤行"甚是得意:"哈雷对子文称,其见余在如此失败压迫与困穷环境中,竟能奋斗不憾,坚忍到底,不能不使其心折。乃对其罗总统直告其所见实情,中国以劣势装备之弱国,对其强大敌寇抗战在七年以上,尚不能使之屈服,乃可断其美国对蒋交涉决非单以压力与威胁所能屈从。"〔4〕

《中国之命运》一书的出版,在国民党高层一直存在争议,蒋介石几乎以破

---

〔1〕 蒋介石:《中国之命运》,正中书局,1943年。
〔2〕 《社论·不可思议之启示》,《大美晚报》,1947年3月18日。此处转引自台北"国史馆"藏陈诚副总统文物档案(文件/外交与国际事务/国际舆论),此件旁边有注曰:"此文系蒋夫人面嘱昌焕兄不加讳饰译呈主席者。谨注,三月廿三日。谨奉上《大美晚报》社论一篇,借见友邦人民对我国观感之一般,敬祈道公密察指下为祷。沈焕昌谨呈,三月廿五日。"
〔3〕 吉田东祐:《我的重庆政权观》(上),《申报》1944年8月31日。
〔4〕 蒋介石日记,1944年9月20日。

釜沉舟的态度编撰、出版此书,将近代中国衰落的原因全盘归咎于西方,可以想象在与西方交往合作的过程中他所罹受的屈辱。陈布雷日记中所记录的1944年"史迪威事件"前后,称蒋介石谓"此外交上之烦闷不打破中美关系无法合作,亦与抗战建国方针相背也",作为蒋身边最忠实、最亲近的幕僚,陈布雷也感到蒋有些矫枉过正了,"衷心烦忧如焚","愤慨过甚"[1]。

其实,不仅最高元首如此,近代以来中国男性精英们对于世界权力结构中,中国男性阳刚气质消解的忧虑是普遍的,在性别问题上犀利如鲁迅也有着类似的焦虑。在1924年发表的《论照相之类》一文中,鲁迅辛辣地嘲讽了中国戏剧中的男扮旦角与太监制度,"异性大抵相爱。太监只能使别人放心,决没有人爱他,因为他是无性了……然而也就可见虽然最难放心,但是最可贵的是男人扮女人了,因为从两性看来,都近于异性,男人看见'扮女人',女人看见'男人扮',所以这就永远挂在照相馆的玻璃窗里,挂在国民的心中"[2]。王德威教授分析鲁迅:"对大师而言,性别反串引起了性别角色的错乱,因而妨碍了欲望的正常流通。在男人扮女人,或者女人扮男人的时候,一个不男不女的幻魅性别被召唤而出。鲁迅或许会说,这一幻魅般的性别形成一种认知的假象,正如同狂人佯为智者,或吃人的人装扮成文明人一样。"[3]刘禾教授在分析鲁迅时则更直接地指出过文豪对于中国国民性的阳刚气质消解的担忧:"与彼时的知识分子一样,鲁迅也憧憬着强壮威武的中华形象,以之与衰弱阴柔的老大帝国相抗颉。"[4]正是这种心态造成了当时中国的最高元首——蒋介石,在面对霸权的美国外交政策,面对美国的霸权男性特质时,"衷心烦忧如焚""愤慨过甚"。一向以曾文正公为范的蒋介石意识到"损毁我道德,尤以色欲外遇之流言为最可虑,此谣不息,可使军民对余之信仰动摇,则国家亦不可救矣"[5]。

1943—1944年间中美的外交冲突,是国际政治与个人绯闻纠结在一起的时刻,亦是政治、外交上的对抗与身体、性的对抗纠结在一起的时刻。在这种东西方相遇中,性别、欲望、女性特质和男性特质"以某种意味深长的权力关系的重组形式(reconfiguration)沿着文化、民族和种族的脉络重新配置起

---

[1] 陈布雷日记,南京中国第二历史档案馆藏,此处转引自王泰栋:《陈布雷大传》,团结出版社,2006年,第260—265页。
[2] 鲁迅:《论照相之类》,原收录于《坟》,《鲁迅全集》第一卷,人民文学出版社,1981年,第187页。
[3] 王德威:《粉墨表演:性别、表演与国族表演》,《戏剧研究》2008年第2期。
[4] 刘禾:《跨语际实践——文学、民族文化与被译介的现代性》,三联书店,2002年,第75—103页。
[5] 蒋介石日记,1944年7月2日。

来"[1]。第二次世界大战时期的中美关系,不仅牵涉军事、外交与经济,更是裹挟着文化、种族和性别的碰撞与权力关系重组。本文所讨论的事件均是民国外交史中的陈词滥调,但今天从性别的角度展开新的解读,希望能够带入新的视角,提出新的解释。

(原载《暨南学报》2015 年第 8 期,收入本书时删去约 5 000 字)

---

[1] 刘禾:《跨语际实践——文学、民族文化与被译介的现代性》,第 248 页。

参与构建战后国际货币金融秩序：
中国与布雷顿森林会议

高作楠*

就民国史研究尤其是中外货币金融关系的研究而言，1944年召开的布雷顿森林会议是一个非常重要的案例。以往学界对布雷顿森林会议的相关研究主要围绕战时英美关系、布雷顿森林体系的形成及其深远影响而进行，其中，英美两国在会议上的博弈为研究者所热衷[1]。诚然，美英两国对于布雷顿森林会议有至关重要的影响，但是以中国抗战和中国国际地位的变迁的角度考察，1944年，在日军一号作战攻势下，国民政府主导的正面战场呈现溃败之势，使得包括美国在内的盟友十分不满，另一方面，尽管国内财政金融状况则持续恶化，但国民政府仍然积极参与了布雷顿森林会议的筹备，并派行政院副院长兼财政部长、中央银行总裁的孔祥熙率领中国代表团与会，与英美及其他参会国折冲樽俎，在为战后国际货币金融秩序的构建作出有益贡献的同时，确立了中国在国际货币基金组织和世界银行中的地位，同时代表团还在美国开展了各项外交活动，一定程度上缓和了当时中美两国间的矛盾冲突，巩固了与以美国为代表的主要盟国的关系。本文拟以海峡两岸及海外已刊、未刊中英文档案史料为基础，以中国参与战后国际货币金融秩序的构建为主题，分析国民政府的相关决策主张及其派出的代表团

---

* 高作楠，2021年博士毕业于复旦大学历史学系，现为华中科技大学马克思主义学院讲师。
[1] 以专题研究的视野看，布雷顿森林会议研究的相关论述比较单一。在研究性论文中，学者们侧重于叙述会议的一般性内容以及分析会后产生的影响，包括对布雷顿森林会议构建的国际货币金融体系的产生、运行、消亡，以及对诞生于布雷顿森林会议的两个重要国际性金融组织即国际货币基金组织和世界复兴与发展银行的考察。相关研究可参考孟宪扬：《对布雷顿森林体系的评价》，《南开经济研究》1989年第4期；刘生峰：《布雷顿森林体系的历史地位》，《世界经济》1992年第10期；王在帮：《布雷顿森林体系的兴衰》，《历史研究》1994年第4期；李向阳：《布雷顿森林体系的演变与美元霸权》，《世界经济与政治》2005年第10期。近年来，有学者以"国际机构"为布雷顿森林会议的研究提供新的思路，相关研究可参见张士伟：《中国与战后国际经济组织的创建》，《近代史研究》2013年第1期；王丽：《重建战后金融体系的努力：国民政府与国际货币基金组织》，《史林》2015年第1期。

会议期间在美的活动,对中国与布雷顿森林会议的关系进行再研究,以求教于学界同仁。

一、选派代表和到美初期的活动

1944年5月26日,美国驻华大使高思正式照会中国外交部:美方决定于本年7月1日在美召开国际货币会议,美方希望中国政府能早确定代表名单[1]。根据会议的实际需要,国民政府很快草拟出了中国代表团名单:特命全权代表一名(行政院副院长兼财政部部长孔祥熙)、参赞三名(外交部次长胡世泽、经济部次长谭伯羽、财政部代理次长顾翊群)、技术专家十三名[行政院政务处处长蒋廷黻、中央银行理事长席德懋、纽约华昌公司总经理李国钦、四联总处购料委员会主任委员宋子良、行政院参事夏晋熊、中国银行副总经理贝祖诒、中央银行业务局局长郭锦坤、中央银行经济研究处事务长冀朝鼎、财政部贸易委员会副主任委员童季龄、财政部美籍顾问杨格(Arthur N. Young)、中央信托局印制厂经理凌宪扬、财政部参事郑莱、中央银行秘书王元照]、秘书四名(中央银行秘书陈延祚、张似岳、李子钧及中央信托局襄理陈炳炎)、随员四名(邮政储金汇业局处长谷春帆、粮食部参事陈锡襄、财政部科长胡文元、祥广晋总管理处秘书沈震百)、助理员一名(中央银行行员郭勤光)、顾问一名(立法院委员卫挺生)。除了主要成员外,代表团还包括医官、武官、随从等协助工作人员[2]。

6月16日,国民政府颁令正式委派孔祥熙为国际货币金融会议特命全权代表[3]。这一重要人选的决定源自多方因素的考虑。就个人经历而言,孔祥熙自1933年起一直担任国民政府财政部长和中央银行总裁,对于战时国民政府财政状况、货币政策非常熟悉。另外,由于当时中美关系出现的波折,蒋介石希望可以派一名可靠人选赴美,与美方直接沟通,而由谁来接手这一要务,他也早有谋划。1943年蒋介石就通过访美的宋美龄转告罗斯福总统,拟派孔祥熙来美与美方讨论财政经济问题。1944年1月26日,罗斯福在致蒋介石电文中也赞同这一提议。鉴于开罗会议以来中美间在新借

---

[1]《美高思大使本年五月廿六日来照译文》(1944年5月26日),台北"国史馆"藏外交部全宗"国际货币会议"卷 020-050205-0116-0007x。

[2]《货币会议代表团》(1944年),台北"国史馆"藏外交部全宗"国际货币会议"卷 020-050205-0116-0042x-43x。

[3]《国际货币金融会议孔祥熙任全权代表》,《中央日报》(重庆)1944年6月24日。

款、在华美军垫款结算问题上产生分歧,摩根索也欢迎孔祥熙借来美参加国际货币金融会议的机会,与其洽商财经问题[1]。1944年6月17日,蒋介石在中国代表团抵美前夕,又特地致函罗斯福总统,表明他已授权孔祥熙负责与美方代表商谈一切事务,请罗斯福"予以最大之信任而与之开诚商讨"[2]。

国民政府原定财政部常务次长郭秉文参加布雷顿森林会议正式会议前的技术专家讨论,但彼时郭秉文在伦敦忙于处理1941年中英平准基金清算和协商新的中英借款事宜[3],一时无法抽身赴美,于是国民政府决定增派当时已身在美国的蒋廷黻充任[4],并指令郭参加随后的正式会议。从成员构成来看,这份代表名单体现了孔祥熙的主导作用,以财政部班底为主;大部分成员具有财经或外交方面的专长,整体上代表团的专业素质较高,体现了国民政府对国际货币金融会议的重视。根据会议结束后孔祥熙提交的代表团报告,实际参加布雷顿森林会议的人员名单为:全权代表一名(孔祥熙),顾问四名(前驻美大使胡适、行政院高等顾问张嘉璈、浙江实业银行董事长李铭、卫挺生),代表八名(蒋廷黻、郭秉文、胡世泽、顾翊群、李国钦、席德懋、贝祖诒、宋子良),主任秘书一名(冀朝鼎),技术专员七名(童季龄、王元照、西南联合大学教授李卓敏、上海商业储蓄银行董事和世界贸易公司主任秘书章植、谷春帆、胡文元、中央银行医务处处长阎振田),技术顾问二名(杨格、财政部税务司顾问Carl Neprud),秘书九名(陈延祚、张似岳、陈炳炎、驻美大使馆一等秘书李炳瑞、驻美大使馆二等秘书游建文、世界贸易公司助理司库宋以忠、财政部驻美代表办公处秘书罗万森、驻美大使馆商务参赞办公处秘书刘大中、财政部驻美代表办公处秘书席与中)[5]。

1944年6月23日,孔祥熙率中国代表团部分成员顺利抵达美国华盛顿。

---

[1] Henry Morgenthau Jr, *Morgenthau Diary (China)*, Washington: U. S. Government Printing Office, 1965, p. 1136.
[2] 秦孝仪主编:《中华民国重要史料初编——对日抗战时期》第三编战时外交(一),台北:"中央"文物供应社,1981年,第173页。
[3] 《郭秉文致席德懋函》(1944年4月3日),南京中国第二历史档案馆藏中央银行档案(全宗号:三九六)2-2121。
[4] 《孔祥熙复陈我方对国际货币计划所提意见及美英两方财务交涉情形》(1944年6月8日),台北"国史馆"藏国民政府全宗"国际货币金融会议"卷001060200031021a-27a。
[5] 《联合国家货币金融会议中国代表团报告》(原件时间不详),南京中国第二历史档案馆藏中央银行档案(全宗号:三九六)2-1401(1),英文版名单可参阅Kurt Schuler and Andrew Rosenberg eds., *The Bretton Woods Transcripts*, New York: Center for Financial Stability, 2013, pp. 591-593。中英对照可知两份名单所记载的代表一致。

驻美大使魏道明及其夫人、中国驻美国军事代表团团长商震、中国驻纽约总领事于焌吉、张嘉璈,以及美国国务院代表格鲁、美国财政部长摩根索等美方官员到机场欢迎。孔祥熙和摩根索还在机场进行了一场短暂的晤谈[1]。从6月23日抵达美国到7月1日布雷顿森林会议正式开始前,作为蒋介石的个人全权代表和中国代表团的首席代表,孔祥熙开始了在美的积极活动。抵达当日下午,孔祥熙在美财长办公室举行的记者招待会上称:"此次来美主要任务,为出席联合国货币金融会议,并与美方领袖讨论战后问题。"[2]摩根索也向记者表示,"盖待商之问题甚多",在联合国货币会议揭幕前将尽量与孔商谈[3]。6月25日,孔祥熙正式拜访了摩根索财长。26日访晤美国国务卿赫尔时,针对当时中美关系不尽如人意的状况,孔祥熙首先明确传达了中国仍坚持致力于与美方合作的政策。据孔祥熙的描述,对方的态度亲切诚恳,对于两国合作"极愿中美共同努力"。但是美方同时也表达了对中国内部事务以及中国与其他盟国之间关系的关切,劝说国民政府"勿疑勿虑,事实方面有何困难,亦不妨坦白相谈",以改善中苏、中英关系。孔祥熙对这次会晤非常满意,认为虽然少数中美人士彼此之间存在误解,但是赫尔对两国关系以及未来合作都非常乐观[4]。27日正午,孔祥熙与驻美大使魏道明一同拜访罗斯福总统,递交蒋介石致罗斯福函件,并与之讨论中国作战问题、经济情形及其他各种问题[5]。28日下午孔祥熙在魏道明的陪同下再访罗斯福,继续了前一日关于中美间经济问题的谈话[6]。

除了与美国高官的直接会晤商谈,为加强与各方的联络,中国方面还举办了一些接触面更广、形式更为轻松的外交活动。如魏道明以欢迎孔祥熙来美的名义,举行游园会,邀请美政府中与中国有关各部门的官员、各国外交使节等数百人参加[7]。此外,孔祥熙还多次会见记者,其讲话要点为:第一,澄清美方认为中国随时会向日本投降的误解,当美国记者"竟有询及中日是否媾和者,当经严厉驳斥"[8];第二,介绍中国目前遭遇的困难情况,坦言通货膨胀问

---

[1]《孔副院长抵华府将晤美总统及财长》,《中央日报》(重庆)1944年6月24日。
[2]《在华府招待记者孔副院长谈莅美任务,出席联合国货币金融会议,与美方领袖商谈战后问题》,《中央日报》(重庆)1944年6月25日。
[3]《孔副院长在美言论汇纪》,《财政评论》1944年第12卷第3期,第131页。
[4] 秦孝仪主编:《中华民国重要史料初编——对日抗战时期》第三编战时外交(一),第173—174页。
[5]《孔副院长谒美总统面致蒋主席函件晤谈良久》,《中央日报》(重庆)1944年6月29日。
[6]《孔副院长与美总统再度举行会谈》,《中央日报》(重庆)1944年6月30日。
[7]《魏大使开游园会》,《中央日报》(重庆)1944年6月30日。
[8] 秦孝仪主编:《中华民国重要史料初编——对日抗战时期》第三编战时外交(一),第173页。

题是最大难题,但在战争状态下呼请盟友的同情和理解;第三,宣传国民政府在战后国际金融秩序问题上的主张,"吾人进行作战,必须有稳定之货币制度,吾人倘欲于战后建设与通商,亦必须货币之稳定"[1],表达了对即将召开的布雷顿森林会议的期许。

二、布雷顿森林会议开幕

1944年7月1日正午,国际货币金融会议在美国布雷顿森林小镇开幕,开始长达22天的议程。44个国家的代表团参加布雷顿森林会议,各国总代表"均属财政部长及同等地位之大员",各国代表团中还包括当时世界著名的银行家、经济学者,连同秘书、随员、办事人员等,共计500余人,各国记者计70余人也纷纷聚集在布雷顿森林,到会采访[2]。

布雷顿森林会议可分为三个阶段。第一阶段为7月1日至3日,主要是确定大会议程、规范与会成员行为、制定会议章程以及提名参加具体议题讨论的代表。1日12时,各国首席代表先举行了执行会议,商讨会议进行办法。下午3时,全体会议召开,推举美国财政部长摩根索为大会临时主席[3]。摩根索随后致辞并宣读了罗斯福总统欢迎词,接着由中国、捷克斯洛伐克首席代表致答词。为辅助大会进程,临时主席摩根索任命了资格委员会(Committee on Credentials)、规则委员会(Committee on Rules and Regulations)和提名委员会(Committee on Nominations)的主席及成员。其中,孔祥熙任规则委员会的主席。当日晚9点,规则委员会开始讨论大会章程草案,以确保大会正常运作和各国代表充分表达意见。

3日上午10时,第二次全体会议召开并通过了规则委员会报告、资格委员会和提名委员会的报告。下午,会议依次围绕国际货币基金、世界复兴与发展银行、其他国际金融合作三个目标,进行了三场议题讨论(Commission Meetings),分别由美国代表怀特、英国代表凯恩斯、墨西哥代表苏亚雷斯担任主席,为该三项议题日后更深层次的讨论作了议程上的准备。此外,在第二次

---

[1]《在华府招待记者孔副院长谈莅美任务,出席联合国货币金融会议,与美方领袖商谈战后问题》,《中央日报》(重庆)1944年6月25日。
[2]《联合国家货币金融会议中国代表团报告》(原件时间不详),中国第二历史档案馆藏中央银行档案(全宗号:三九六)2-1401(1)。
[3] George McJimsey ed., *Documentary History of the Franklin D. Roosevelt Presidency*, Volume 40, *The Bretton Woods Conference, 1944*, Dayton: Lexis Nexis, 2007, p. 142.

全体会议上,孔祥熙还被提名为大会指导委员会(Steering Committee)委员,参与对接下来的大会进程及内容进行掌控[1]。

第二阶段为7月3日至20日,各代表团围绕设立国际货币基金组织、世界复兴与发展银行以及开展其他国际金融合作三个主要目标进行讨论、协调,并最终签订《布雷顿森林协定》。在这一阶段,大会分别设立第一委员会(Commission Ⅰ)讨论国际货币基金组织问题,第二委员会(Commission Ⅱ)讨论世界复兴与发展银行问题,第三委员会(Commission Ⅲ)讨论其他国际金融合作问题。在第一、二、三委员会下又设有若干小组委员会(Committees),小组委员会下设根据讨论主题而更加细分功能的分委员会(Subcommittee)、专门委员会(Ad Hoc Committee)、特别委员会(Special Committee)等。中国代表参与三大议题委员会下设的各主要小组委员会及辅助性委员会的情况如下表所示。

大会一般性委员会(General Committees of the Conference)

名　　称	委　　员
规则委员会	孔祥熙(主席)
指导委员会	孔祥熙
协调委员会	郭秉文

大会三项技术性委员会(Three Technical Commissions)

名　　称	委　　员
第一委员会:国际货币基金	
第一委员会	蒋廷黻
第一委员会下设第一小组委员会(基金的目的、政策与摊额)	蒋廷黻(主席)、宋子良
第一委员会下设第二小组委员会(基金运行)	贝祖诒
第一委员会下设第三小组委员会(组织与管理)	席德懋
第一委员会下设第四小组委员会(基金的形式与地位)	胡世泽

---

[1] George McJimsey ed., *Documentary History of the Franklin D. Roosevelt Presidency*, Volume 40, p. 461.

续 表

名　　称	委　　员
第二委员会：世界复兴与发展银行	
第二委员会	顾翊群
第二委员会下设第一小组委员会（银行的目的、政策与资本）	席德懋
第二委员会下设第二小组委员会（银行的运行）	贝祖诒
第二委员会下设第三小组委员会（组织与管理）	宋子良
第二委员会下设第四小组委员会（银行的形式与地位）	李国钦
第三委员会：其他国际金融合作	
专门委员会：作为国际货币白银的使用	李国钦

资料来源：中国代表参加大多数议题的讨论，包括小组委员会下设的诸多专门委员会、特殊委员会，这里只列出在布雷顿森林会议官方文件 Representation of Delegations on Commissions and Committees 中出席会议的中方代表的情况。资料来源：U. S. Department of State, *Proceedings and Documents of the United Nations Monetary and Financial Conference*, Volume 1, pp. 403-421, pp. 762-765, p. 1079；《货币会议举行全体会议，四委员会四日开会首先研究运用基金稳定外汇办法，我国代表七人被选入会议各机构》，《中央日报》（重庆）1944年7月5日，第2版。

第三阶段为 7 月 20 日至 22 日，大会再次召开全体会议，表决通过第一、二、三委员会的报告。21 日，大会任命包括中国代表团成员郭秉文在内的七名代表组成协调委员会（Coordinating Committee），对会议最后决议案进行审查认可后，再提交全体大会表决通过[1]。

三、关于国际货币基金的讨论

设立国际货币基金是布雷顿森林会议中最重要的议题。7 月 3 日至 19 日，第一委员会围绕国际货币基金举行了九次会议，其中各国在 80 亿美元的基金总额中分别所占的摊额[2]，尤为绝大部分参会国代表所关切，也是中国代表最为重视和投入的。第一委员会专门设置了摊额委员会（Quota Committee），主席由美国代表团副团长弗雷德·文森（Fred Vinson）担任。根

---

[1] U. S. Department of State, *Proceedings and Documents of the United Nations Monetary and Financial Conference*, Volume 1, pp. 935-936.
[2] 会议初始，国际货币基金总额定为 80 亿美元，但是随着讨论的深入，由于各国争相要求增加摊额数量，在最后达成的布雷顿森林会议协议中，国际货币基金总额增至 88 亿美元。

据国际货币基金协定,基金成立后,会员国可用本国货币向其购买外汇,摊额数越大,能够使用的基金资源也就越多。其次,摊额是确定各国投票权大小的核心要素,基金成员国的总票数由两部分构成,一部分是每个成员国都数量一致的250票基本票,另一部分为按照基金摊额每10万元加获一票。再次,国际货币基金董事会中负责日常管理运作的12名执行董事中,5名由摊额居前五位的成员国指派,2位由除美国之外的美洲国家选出,5位由其他成员国选出[1]。

在布雷顿森林会议正式召开前,中国代表团在摊额问题上的立场非常明确,即必须全力争取有利地位[2],中国摊额在所有成员国中居于第四位,这点基本与美国代表团达成了共识。7月3日下午,美国代表怀特在会上虽然谈到"法国、印度均主张增加成分,使与中国相同",不过最终"主张中国为第四强国,应保持第四位成分"[3]。而在正式讨论中,各国均为摊额大小力争,如苏联想方设法增加摊额数量,以谋求与英国相同的地位;英国也不甘示弱,与苏联的要求针锋相对;美国则认为基金的建立和未来国际合作必须要有苏联的加入,故愿意对苏方作出一定让步;法国和印度均觊觎基金摊额第四的地位,认为本国摊额数及在基金中的地位不能反映其在世界经济中的实力。

7月7日,中美代表在会外进行晤商。面对英、苏、法、印均要求增加摊额的情况,"美方颇觉为难,意欲减少我之数目",双方虽然未能就中国具体的摊额数量达成一致,不过美国再次确认中国应居列第四[4]。美方规划国际货币基金计划之初,就是以美英苏中在反法西斯战争中的"四强"地位为基础的,即便当时法国的经济重要性普遍被认为处于世界第三的水准,怀特也从未考虑过给予它前四的摊额[5]。可以说,中国对于国际货币基金摊额的预期目标,与美国的规划框架基本是一致的。

7月15日,在第一委员会第七次集体会议上,摊额委员会提交了最终报告。尽管摊额委员会主席文森希望各国代表同意该报告,但是仍有多国代表对既定摊额分配表示不满。首先发言的伊朗代表拒绝接受摊额分配结果。中

---

[1] 顾翊群:《危机时代国际货币金融论衡》,三民书局,1972年,第108—110页。
[2] Telegram from T. L. Soong to Arthur N. Young, April 17, 1944, Arthur N. Young Papers, Box 78, Hoover Institution, Stanford University.
[3] 姚崧龄:《张公权先生年谱初稿》上册,社会科学文献出版社,2014年,第356页。
[4] 任骏选辑:《孔祥熙出席布利顿森林货币会议期间致蒋介石密电》,《民国档案》2009年第3期。
[5] Raymond F. Mikesell, *The Bretton Woods Debates: A Memoir*, Princeton: International Finance Section, Department of Economics, 1944, p. 22.

国代表第二个发言,称原定80亿美元的基金总额有所增加,但中国的摊额却不增反减,对此无法接受,不得不提出保留[1]。此后更多的国家代表提出了保留[1]。在此情况下,美国代表怀特以第一委员会主席以及国际货币基金方案最初起草者的身份,指出"摊额问题应当只是基金的一小部分,各国应当再重新评估自己对摊额的认识"。英国代表也呼吁对摊额持保留态度的国家应慎重考虑,否则一个能够为世界带来长久利益的国际机构将难以建立起来[2]。虽然澳大利亚、中国、埃及、埃塞俄比亚、法国、希腊、印度、伊朗、新西兰、南斯拉夫等国并没有取消对摊额的保留立场,但是摊额委员会的报告至少获得了通过[3]。

在摊额问题上,中美之间也一度产生过分歧。对于中方一再就摊额数额向美方寻求支持,怀特甚至对郭秉文说"美方始终未曾应允六亿美元之数"[4]。7月15日摊额委员会报告获得大会通过前,宋子良、席德懋往晤摩根索,要求维持中国在基金中六亿美元的摊额,摩根索则加以推诿,请两人直接与摊额委员会主席文森沟通,但与文森的谈话结果仍是不了了之。正因为如此,16日中国代表团开会时,孔祥熙对没有达成的六亿美元摊额目标,向其他代表们直言不满,"甚至谓美亦不足恃"[5]。对于国民政府而言,对基金摊额减少也早有预期。1944年4月14日,在美进行非正式讨论的席德懋曾向国内报告,若以10％作为浮动调整标准,预计中国的摊额数将在5亿美元至6亿美元之间[6]。7月10日孔祥熙也曾就摊额问题请示蒋介石,蒋的答复是"将来我国地位列在第四位、其贷额能在五亿元以上为标准可也"[7]。而在布雷顿森林会议期间围绕摊额的博弈中,虽然美国没有支持中国所要求的6亿美元基金摊额数,但美国最终还是继续支持中国获得国际货币基金摊额第四的地位。同时,在构建战后国际货币体系问题上,美英之间仍然存在着微妙的利益和目标冲突,会议期间"英、美暗斗颇剧,美对基金必须掌握,英对国际银行

---

[1] Kurt Schuler and Andrew Rosenberg eds., *The Bretton Woods Transcripts*, pp. 214-215.
[2] Kurt Schuler and Andrew Rosenberg eds., *The Bretton Woods Transcripts*, pp. 223-224.
[3] U. S. Department of State, *Proceedings and Documents of the United Nations Monetary and Financial Conference*, Volume 1, p. 653;《国际货币会议通过货币基金总数派额,我对派额提保留条件》;《中央日报》(重庆)1944年7月17日。
[4] 姚崧龄:《张公权先生年谱初稿》(上册),第387页。实际上在1944年1月,美国财政部确实曾一度将中国摊额提高到6亿美元,参见 Raymond F. Mikesell, *The Bretton Woods Debates: A Memoir*, Princeton: International Finance Section, Department of Economics, 1944, p. 23.
[5] 姚崧龄:《张公权先生年谱初稿》(上册),第389—390页。
[6]《备忘录一:摊额与投票权》(Memorandum I: Quotas and Voting)(1944年4月17日),中国第二历史档案馆藏中央银行档案(全宗号:三九六)2-955。
[7]《蒋中正电孔祥熙货币会议我国位列第四贷额可在五亿元以上为标准》(1944年7月10日),台北"国史馆"藏蒋中正总统文物档案002-090106-00016-513-001a。

颇欲主持"[1]，这也一定程度上促使美国更倾向支持中国，而不是英国背后的传统欧洲国家法国，或是与英国有千丝万缕关系的印度。如摩根索在回应法国代表团团长的质疑时，直截了当称是罗斯福总统许诺中国将位列基金摊额第四位的[2]。可见，争取到美国公开的支持，是中国能够基本实现基金摊额目标的重要原因。

随着摊额委员会的报告在第一委员会获得了通过，摊额之争暂时告一段落，可是在基金的最终协定文本中是否存在"保留条款"，关系到布雷顿森林会议体系的最终构建以及未来国际金融合作的顺利推进。虽然在名义上各国代表在会议最终协议上签字，但这并不意味着对相应国家构成强制遵守该协定的约束。在此问题上，美国作为布雷顿森林会议的发起者和主导者，迫切希望中国率先放弃保留意见。7月16日，摩根索询问孔祥熙，中国是否能够撤回针对其摊额的保留，当时孔祥熙曾予以拒绝。然而翌日中午，孔祥熙主动向摩根索建议，为了中苏友谊起见，中方可以将原本诉求的6亿美元摊额中的5 000万美元匀给苏联，并取消中方的保留条款。但是苏方没有接受该建议[3]。在20日的全体会议前，摩根索再度与孔祥熙商谈取消保留问题，孔即表示为使中美密切合作，中国方面会协助此事的完满解决[4]。20日下午3点半，中美代表间就中国的摊额及保留问题举行最后的沟通，中方承诺在会上撤回保留条件[5]。旋即，在午后4点开始的全体会议上，英国代表凯恩斯提议各国代表取消对具体问题的保留意见，"以减少误解与错讹"；接着发言的摊额委员会主席文森按照与中方达成的谅解，强调美国与中法两国都有很深的渊源，他特别谈及中美之间的长年友谊，"美国充分认识到中国在对日战场上辉煌而英勇的斗争，美国人民感谢中国在太平洋地区阻断日本侵略世界的迷梦"，美国非常理解中国和世界其他忍受战争破坏的国家的急切所需，但此刻各国代表的判断将对未来战后世界造成里程碑式的影响，因此更需要大家的统一的行动。孔祥熙继英美之后发言，他首先感谢了文森提及中国抗战，然后宣布尽管中国经历了七年的战火满目疮痍而亟待援助，但中国代表团决定仍然撤回目前提出的所有保留条件，"为与友邦的合作、保障此次会议百分之百的成功，中国已

---

[1] 任骏选辑：《孔祥熙出席布利顿森林货币会议期间致蒋介石密电》，《民国档案》2009年第3期。
[2] Raymond F. Mikesell, *The Bretton Woods Debates: A Memoir*, p. 37.
[3] Henry Morgenthau Jr, *Morgenthau Diary (China)*, pp. 1206-1207.
[4] 《孔祥熙函蒋中正美国定期召开联合国货币金融会议情形及在美经办财政金融关事项》（1945年2月3日），台北"国史馆"藏蒋中正总统文物档案"各种报告（四）"卷002-080109-00022-002-017a-027a。
[5] Henry Morgenthau Jr, *Morgenthau Diary (China)*, pp. 1208-1210.

经准备好作出进一步的牺牲";同时孔祥熙还呼吁其他提出保留条款的国家放弃保留条款,以显示联合国家同心同德、共谋国际合作[1]。在 44 个参会国中,中国第一个宣布取消保留条款,然后其他提出保留的国家如法国、苏联、希腊、埃塞俄比亚、南斯拉夫、印度、澳大利亚、秘鲁、埃及各国的代表相继发言[2],"各国纷起声明取消保留,固以基金摊额问题,即告圆满解决,美方对我此项协助,深表钦佩感激"[3],中国代表的率先让步,让中国在"国际间亦博得美誉"[4]。最终,依照 7 月 20 日全体会议通过的决议,各国在讨论阶段提出的保留条款将仍然被留存于各类会议记录之中,但不会进入布雷顿森林会议协定文本。关于基金摊额的保留条款问题至此获得了圆满解决。

关于国际货币基金是否把侨汇归于流动账户,也是中国代表非常关注的问题。大会前,怀特曾向中方多次保证,国际货币基金将在一定范围内继续辅助侨汇在私人金融渠道交易,而不会对侨汇加以限制[5]。但是在布雷顿森林会议期间,仍有代表主张将海外侨民汇款列入非流动性账户处理,还有代表以大额侨汇涉嫌隐匿资本性资金的转移为由,反对将移民汇款视作流动项目。7 月 18 日第一委员举行第八次会议,中国代表首先提出侨汇问题,认为应将与侨汇相关的项目划分到"流动性交易"的类别,中方的意见得到了希腊代表团的支持。19 日,第一委员会第九次会议对侨汇问题进行了最终的讨论,苏联与法国代表反对将侨汇款项包括在流动项目中,这一观点获得了玻利维亚和古巴的赞同;中国代表则在发言中指出,各国代表普遍视侨汇为流动性交易,即便不排除有资本转移的行为隐藏其中,但这种可能性也同样存在于流动性交易的其他几种情况,以此为由将侨汇排除在流动性交易之外是站不住脚的[6]。尤其针对法国代表"合同性质"的说法,中方认为移民"赴国外开发经

---

[1] U. S. Department of State, *Proceedings and Documents of the United Nations Monetary and Financial Conference, Bretton Woods, New Hampshire, July 1-22, 1944*, Volume 2, pp. 1197-1200,1202-1204.
[2] George McJimsey ed., *Documentary History of the Franklin D. Roosevelt Presidency*, Volume 40, p. 415.
[3] 《孔祥熙致蒋介石密电》(1944 年 7 月 21 日),台北"国史馆"藏国民政府档案"国际货币金融会议"卷 001060200031049a-51a。
[4] 《孔祥熙函蒋中正美国定期召开联合国货币金融会议情形及在美办财政金融关事项》(1945 年 2 月 3 日),台北"国史馆"藏蒋中正总统文物档案"各种报告(四)"卷 002-080109-00022-002-017a-027a。
[5] 《郭秉文、李国钦、宋子良、席德懋致孔祥熙电》(1943 年 6 月 11 日)、《郭秉文、李国钦、宋子良、席德懋致孔祥熙电》(1943 年 7 月 12 日),中国第二历史档案馆藏中央银行档案(全宗号:三九六) 2-974(1)。
[6] Kurt Schuler and Andrew Rosenberg eds., *The Bretton Woods Transcripts*, pp. 270,283.

济后酌量汇款回国以接济家用,按照情理此种赡养费既不仅系商业上的契约,且更为道德上的契约,故应作短期项目论"[1]。中国代表更具说服力的发言不仅得到了立场相同的希腊和印度代表的支持,连部分赞成法国代表主张的荷兰代表也由衷地表示:"荷兰强烈支持中国代表的看法,这并非出于荷兰本国的经济利益,因为荷兰实际上是侨汇净汇出国而不是收入国。"此外,加拿大、埃及、萨尔瓦多等国也都表示支持中国的立场[2]。大会最后采取了大多数国家代表的意见,即侨汇应属于流动性项目。经过不懈的努力,中国代表团坚持在国际货币基金的协定中把侨汇归类到流动账户的主张,最终得以实现。

四、关于世界复兴与发展银行以及其他金融合作的讨论

除了国际货币基金之外,中国代表团对于布雷顿森林会议通过世界复兴与发展银行的协议以及其他金融合作的共识,既予以高度关注,又积极促进。

与其他参会国一样,中国代表团认识到,如果说国际货币基金的目的是"奠定国际贸易平衡发展所必需之健全货币基金,以促进世界各国货币汇兑之稳定性并以有效方式执行",那么世界复兴与发展银行则是"主要为从事长期之建设大规模贷款以充经济费用,尤着重于共同开发工业落后国之资源","前者系用短期融通资金方式以稳定各国之币值,后者则以长期贷款以谋各国经济之发展,二者交相为用,以实现战后各国之共存共荣"[3]。基于上述认识,中国代表团对于由布雷顿森林会议第二委员会世界复兴与发展银行的议题也十分重视。

如同第一委员会为解决国际货币基金摊额问题单独设置了摊额委员会,第二委员会专门设置了世界复兴与发展银行认股委员会。虽然世界复兴与发展银行的协议草案默认各国在银行股本中的摊额应与在基金摊额一致,但没有规定各国有义务按其在基金摊额的实际比例认购银行股本,且各国在世界复兴与发展银行的资本多寡与其以后从银行能够取得的贷放款数额无关,因此与各国争相要求增加基金摊额的热烈场面不同,在自7月12日开始的会议上,世界复兴与发展银行的认股遭到了冷遇,一些国家不愿认缴与基金相等数

---

[1] 顾翊群:《危机时代国际货币金融论衡》,第112—113页。
[2] Kurt Schuler and Andrew Rosenberg eds., *The Bretton Woods Transcripts*, pp. 283-285.
[3] 《财政部长孔祥熙任内政绩交代比较》(1933年11月—1944年11月),中国第二历史档案馆藏财政部档案(全宗号:三)三(6)-26。

额的银行股本,如苏联"只肯以其基金摊额四分之三数额"认股,结果银行总股本较原定总数额还差三亿美元,会议陷入僵局,"以致委员会主席凯恩斯氏心跳加速,旧恙几于复发"[1]。

为了打开认股问题上的僵局,中美代表之间再度寻求合作。7月21日,美方代表与孔祥熙商谈,中国可否在初定5.5亿美元认股额之外,再行"负担五千万元,六年合六亿元,亦占第四位"。对此,孔祥熙认为银行认股上的态度关乎中国国际形象,"我国国际地位,向有严正立场,不放弃权利,亦不避免义务"[2]。代表团中其他成员也与孔看法相似,出身立法院的顾问卫挺生也主张,"中国既先取得四强之一地位,以后参加任何国际共同事业,无论利害如何,应当不放弃第四地位,以永恒保持其地位。若一次放弃,恐以后再有有利中国之事亦不得以四强之一地位参加"[3]。最终,中国代表团接受了美方的这项提议。7月22日在第二委员会的会议上,中国代表首先发言,主动提出愿意增加本国的银行股本摊额,即从5.5亿美元数额增至6亿美元。中国代表顾全大局的表态立即得到加拿大、巴西等国的响应,中、南美各国亦随之相继增加,最终世界复兴与发展银行88亿美元股本总数得以凑足。到大会结束之日,苏联代表又临时宣布增加银行摊额3亿美元,于是最终世界复兴与发展银行前四位认股结果分别是美国31.75亿美元、英国13亿美元、苏联12亿美元、中国6亿美元,连同其他各国确认的数额,创始股本共达91亿美元。孔祥熙认为,中国主动提出增加本国摊额的举动不仅实现了中美合作、推动会议进程,更是通过一定程度的让步赢得了各国好感[4]。可以说,世界复兴与发展银行资本分摊问题得以圆满解决,中国代表团的作为功不可没。

除了国际货币基金与世界复兴与发展银行这两个具体计划,布雷顿森林会议还设置了第三委员会,其议题是基金和银行之外的其他国际金融合作问题。第三委员会下设三个特别委员会,分别讨论白银的国际性货币地位问题、处理敌产问题、财政经济政策的建议信息交换以及其他金融合作问题。中国代表李国钦作为报告人参加了第三委员会第一小组委员会白银问题的讨论。

中国虽然曾经长期与白银关系密切,但于1935年实施法币政策,脱离了银

---

[1] 顾翊群:《危机时代国际货币金融论衡》,第115页。
[2] 《联合国家货币金融会议中国代表团报告》(原件时间不详),中国第二历史档案馆藏中央银行档案(全宗号:三九六)2-1401(1)。
[3] 卫挺生:《卫挺生自传》,中外图书出版社,1977年,第124页。
[4] 《孔祥熙致蒋介石密电》(1944年7月22日),台北"国史馆"藏国民政府档案"国际货币金融会议"卷001060200031052a;《孔祥熙致蒋介石电》(1945年2月28日)台北"国史馆"藏国民政府档案"国际货币金融会议"卷001060200031060a-064a。

本位,照此在白银问题上,中方立场应该非常明确。然而在参会期间,中国代表的表态起初比较慎重。如有记者针对当时中国国内通货膨胀严重、币值不稳的现状,询问孔祥熙"中国是否以白银列入平准办法,中国是否将恢复银之使用",孔祥熙只回答"金银均有用途","中国可以用银,但并非要求获得白银"[1]。在7月4日的大会演讲中,孔祥熙表示,1935年法币改革以来至抗日战争爆发,中国的货币系统运行稳定;关于战后货币系统的重建,中国政府会考虑利用银、镍、铜作为辅助硬币。7月5日墨西哥代表团在大会发言中正式提出国际货币基金直接使用白银的建议,这是因为对于使用银货币的国家,在国际收支处于不利地位而想要利用基金的资源时,必须回收、熔化银币以换取金条,在这个过程中,使用银币的国家不仅面临金银汇价波动的风险,还必须承受货币重铸过程中自然耗损所造成的损失[2]。但美英等非银币使用国家对墨西哥的提议不感兴趣。第一委员会第一小组委员会认为,"金银并用,足使基金之经营过趋繁杂,且牵涉整个货币本文问题,非在小组委员会中所可解决"[3],因此决定不在国际货币基金范畴内讨论白银使用提案,而是将它提交给第三委员会在其他国际金融合作方案中讨论。

7月10日,第三委员会第一小组委员会开始讨论国际货币体系中白银的地位,中国代表李国钦作为报告者出席。会上,墨西哥代表的主张遭到了英美代表反对,但得到法国及印度代表的赞成[4]。7月20日第三委员会最后一次开会,李国钦在所提交的报告书中宣布:"因为时间、诸多其他待讨论问题的存在以及其他种种限制,此刻无法(就如何稳定银价)给出明确的意见。"[5]据中国代表团的成员回忆,会议期间墨西哥代表曾"请求我国赞助",但是"我国代表发表声明,谓白银在中国颇为重要,用途亟应推广,但只能作辅币之用,不拟以之充作货币"[6]。至此,中国代表表明了不支持把白银列入国际货币基金体系的立场。经过讨论,第三委员会承认白银问题的重要性,但指出白银问题牵涉整个国际币制问题,短期内难有结论,最终第三委员会没有形成任何有

---

[1]《孔副院长在美言论汇纪》,《财政评论》1944年第12卷第3期,第132页。
[2] George McJimsey ed., *Documentary History of the Franklin D. Roosevelt Presidency*, Volume 40, pp. 268-270, 279.
[3]《联合国家货币金融会议中国代表团报告》(原件时间不详),中国第二历史档案馆藏中央银行档案(全宗号:三九六)2-1401(1)。
[4] 姚崧龄:《张公权先生年谱初稿》(上册),第388页。
[5] U. S. Department of State, *Proceedings and Documents of the United Nations Monetary and Financial Conference*, Volume 1, p. 713.
[6] 顾翊群:《危机时代国际货币金融论衡》,第115页。

关白银的决议[1]。

应当指出,墨西哥是当时世界上最大的产银国和最大的银币使用国,白银价格的稳定对其至关重要[2]。但是1935年实施法币政策之后,白银及其价格变动对中国货币体系已经不具有直接影响力了。1943年英美各自发表关于建立战后货币制度的"凯恩斯计划""怀特计划",国民政府围绕这两个计划进行了内部讨论,并派遣专家前往美国直接与其他国家交换意见,在这些讨论中,中国始终对是否将白银引入国际货币基金不感兴趣,白银问题从未作为一项单独议题出现在国民政府专家们意见建议中,也就没有进入政府高层的决策视野。

应指出的是,布雷顿森林会议的主旨是构建战后国际货币金融秩序。从布雷顿森林会议既定的讨论框架看,战后各国在货币金融领域的合作,主要建立在国际货币基金方案的基础上,而国际货币基金方案在最初设计构想中就没有为白银留下一席之地,虽然美国方面也承认这是国际货币基金之于银本位国家的一个原生性的缺陷(organic defect)[3]。然而,如把白银问题引入国际货币基金方案,将使本已分歧众多的讨论更加错综复杂,从而仅在技术上就可能使会议根本无法进行下去,因此放弃讨论白银问题几乎成为唯一的选择。从这两个意义上说,墨西哥代表注定无法在会上找到解决白银问题的确切答案,而中国代表团在会上对于该问题上的正式表态既是符合自身利益的,同时也是顺利构建起较合理的战后国际货币金融秩序之所需。

布雷顿森林会议承荷着构建战后国际货币金融秩序的使命。国民政府审时度势,派出了以行政院副院长兼财政部长和央行总裁孔祥熙为团长的高规格、大规模的代表团,全程积极参与会议的所有议程。在关系到国际货币基金和世界复兴与发展银行这两个国际金融机构的创制问题上,中国与会议的主要发起方和主导者美国充分合作,配合默契,与其他参会国良性互动,尤其在诸如国际货币基金摊额和世界复兴与发展银行股额这样的核心权益问题上,顾全大局,争让有据,既发挥了重要的建设性作用,又基本实现了预期目标,确立了与"大国"身份相对应的地位;既争应有的权利,也愿意承担义务和作出贡

---

[1]《联合国家货币金融会议中国代表团报告》(原件时间不详),中国第二历史档案馆藏中央银行档案(全宗号:三九六)2-1401(1)。
[2] Kurt Schuler and Andrew Rosenberg eds., *The Bretton Woods Transcripts*, p. 558.
[3] George McJimsey ed., *Documentary History of the Franklin D. Roosevelt Presidency*, Volume 40, pp. 349–353.

献,展示了进退有度、通情达理的大国风范。中国代表团利用参会机会开展的各项外交活动,虽然不少属于礼仪性质,但也有助于缓和当时中美两国间的矛盾冲突、巩固与以美国为代表的主要盟国的关系。出席布雷顿森林会议既是中国参与战后国际货币金融秩序构建的成功之举,也为一个月之后中国代表团在敦巴顿橡树园会议上与大国间的折冲,提供了有益的借鉴。

(原载《民国档案》2018 年第 2 期)

抗战结束前后国民政府接洽美援体制的转变
——以中国物资供应委员会为中心

皇甫秋实[*]

抗日战争全面爆发后,美国通过借款、租借、赠与等方式向国民政府提供了大量的军事和经济援助。以往学界在讨论抗战结束前后的美国援华问题时,对美国政府的对华施援政策着力较多,而对国民政府的对美求援活动关注不够。且既有研究大多聚焦于美国援华政策的内容与决策过程,对政策实施时美援接洽和物资购运的具体操作却鲜有论及[1]。实际上,尽管美国在中美关系中占据主导地位,但美国对华援助并非美国政府单方面决策的产物,而是中美双方从决策到执行各个层面互动的结果,因此国民政府方面在接洽美援过程中的能动性与实际作为不容忽视。抗战结束前后,国民政府为争取美援做了哪些努力? 其对美求援体制经历了哪些变化? 交涉借款、购运物资等具体事宜如何操作? 这些问题均有待进一步考察。

抗战结束前后,国民政府不断调整接洽美援体制,先后在美设立多个求援机

---

[*] 皇甫秋实,2012年博士毕业于复旦大学历史学系,2012—2014年复旦大学应用经济学博士后研究,现为复旦大学历史学系副教授。

[1] 有关抗战结束前后美国对华援助的专著主要有:Tang Tsou, *America's Failure in China, 1941-1950*, Chicago: University of Chicago Press, 1941;孟宪章编:《美国扶蒋侵华罪行史》,中华书局,1951年;Kia-Ngau Chang, *The Inflationary Spiral: The Experience in China, 1939-1950*, Mass.: M. I. T Press, 1958; Anthony Kubek, *How the Far East Was Lost: American policy and the Creation of Communist China, 1941-1949*, Chicago: Regnery, 1963; Herbert Feis, *The China Tangle: The American Effort in China from Pearl Harbor to the Marshall Mission*, New Jersey: Princeton University Press, 1967; Immanuel C. Y. Hsü, *The Rise of Modern China*, New York: Oxford University Press, 1970; Ross Y. Koen, *The China Lobby in American Politics*, New York: Harper & Row, 1974; Michael Schaller, *The United States and China in the Twentieth Century*, N. Y.: Oxford University Press, 1979;梁敬錞:《中美关系论文集》,台北:联经出版社,1983年;资中筠:《追根溯源——战后美国对华政策的缘起与发展(1945—1950)》,上海人民出版社,2000年;李文志:《"外援"的政治经济分析:重构"美援来华"的历史图像:1946—1948》,憬艺企业有限公司,2003年;王立新:《意识形态与美国外交政策——以20世纪美国对华政策为个案的研究》,北京大学出版社,2007年。

构，几经变更求援模式。中国物资供应委员会（Chinese Supply Commission，下文简称物供委）前承中国国防供应公司（China Defense Supplies），是国民政府在华盛顿设立的接洽美援、购运物资的专门机构，在争取美国对华经济与军事援助的过程中发挥过重要作用。但多年以来，由于缺乏相关史料，国内外学界有关物供委的研究付之阙如[1]。物供委见证了这一时期国民政府接洽美援体制的转变，为解答上述问题提供了绝佳个案。本文通过考察美国斯坦福大学胡佛档案馆藏中国国防供应公司档案、宋子文档案，哥伦比亚大学珍本手稿馆藏陈光甫档案，台北"国史馆"藏国民政府档案、蒋介石档案，以及台北"中研院"近代史研究所档案馆藏国民政府外交部档案等，在考察物供委成立、改组、撤销的基础上，讨论抗战结束前后国民政府接洽美援体制的转变问题。

一、接洽美援中心的转移与物供委的成立

1941年3月11日，美国《租借法》正式出台之后，以蒋介石私人代表身份驻美的宋子文，利用学缘和在美政商各界的人脉关系，于4月底在美国注册成立中国国防供应公司，作为接洽和管理美国援华租借物资的专门机构。美军加入中缅印战区的对日作战后，为便于根据战场形势配置租借物资，美国军方于1942年5月秘密指示中国战区美军司令兼参谋长史迪威（Joseph W. Stilwell）接收、分配援华租借物资，使中方失去租借物资的直接申请权和分配权[2]。

就是否撤换史迪威问题，蒋介石与美国政府及宋子文均产生剧烈矛盾[3]。史迪威撤换危机之后，美方力主将重庆作为中美租借交涉的中心。而

---

[1] 关于抗战时期中美租借关系的研究，仅在谈到国防供应公司的关闭时才对物供委略有涉及，而且对该机构在国民政府构架中所处的地位不甚明确，常将之与行政院物资供应委员会混为一谈。国内外的相关论著主要有：Michael Schaller, *The U. S. Crusade in China, 1938-1945*, Chicago: Chicago University Press, 1979；王正华：《抗战时期外国对华军事援助》，环球书局，1987年；陈立文：《宋子文与战时外交》，台北"国史馆"，1991年；吴景平：《宋子文评传》，福建人民出版社，1992年；任东来：《争吵不休的伙伴——美援与中美抗日同盟》，广西师范大学出版社，1995年；杨菁：《宋子文传》，河北人民出版社，1998年；陈永祥：《宋子文与美援外交（1931—1945）》，世界知识出版社，2004年；杨雨青：《美援为何无效？——战时中国经济危机与中美应对之策》，人民出版社，2011年。学位论文有：李佰娜：《中国国防物资供应公司研究》，硕士学位论文，辽宁师范大学，2011年；曹嘉涵：《抗战时期中美租借关系研究（1941—1945）——以中国国防供应公司为中心》，博士学位论文，复旦大学，2011年等。期刊论文数量较多，恕不——列举。
[2] 梁敬錞：《史迪威事件》，商务印书馆，1973年，第66页。
[3] 《史迪威致蒋介石备忘录（1942年7月2日）》，中国国民党中央委员会党史委员会编印、秦孝仪主编：《中华民国重要史料初编——战时外交》（以下简称《战时外交》）第3册，台北："中央"文物供应社，1981年，第609页；齐锡生：《剑拔弩张的盟友：太平洋战争期间的中美军事合作关系（1941—1945）》，社科文献出版社，2012年，第387—404页。

代表国民政府接洽租借物资的国防供应公司却集中在美国活动,在中国仅设有一个重庆办事处,充当国内各机关和美国陆军部及租借物资管理局的联络点,已不适应新形势的需要[1];再加上史迪威事件激化了蒋宋矛盾[2],1944年4月底,蒋介石决心停办由宋子文一手创立、直接掌控人事和业务的国防供应公司[3]。

为接管国防供应公司的业务,物供委于1944年7月1日正式成立,由驻美大使魏道明担任主任委员。物供委下设五个部门,均由富有美援交涉经验的专业人士和技术官僚负责。其中,毛邦初掌航空处,江杓管兵工处,王守竞主工矿处,王国华掌交通处,刘瑞恒主卫生处[4]。该委员会接收了国防供应公司的档案材料、部分财产和大部分人员[5]。

就在物供委与国防供应公司交接前夕,孔祥熙赴美参加布雷顿森林国际货币基金会议,会后即以蒋介石私人代表身份常驻美国,负责与美方交涉有关财政、金融、经济等事宜[6]。早在1943年底,世界贸易公司(Universal Trading Corporation)创始人陈光甫就曾建议孔祥熙对美借款时采取世界贸易公司的运作模式[7]。孔祥熙赴美后,意图整合国民政府驻美购料机构,不过最终未能实现[8],但他仍成功介入物供委的成立与运作。在孔祥熙推荐下,前财政部参事、甘肃财政厅厅长梁敬錞出任物供委秘书长。主任委员魏道明在接洽美援事务上也与孔祥熙保持着密切的联系。

1944年8月5日,经与魏道明商议后,孔祥熙致电蒋介石,提议国防供应

---

[1] China Defense Supplies, Inc. History, Final Report, January 22, 1945, China Defense Supplies records(以下简称 CDSR), Box 7, Folder 6(以下简为 7∶6), Hoover Institution Archives, Stanford University.
[2] 1943年10月,宋子文因撤换史迪威之事与蒋介石爆发了激烈的冲突,遭到蒋介石长达半年之久的"政治冷冻"。有关史迪威事件与蒋宋矛盾,参见陈永祥:《蒋介石、史迪威矛盾中的宋子文》,《抗日战争研究》2001年第2期;杨天石:《史迪威事件中的蒋宋矛盾——蒋介石日记解读之二》,《世纪》2007年第5期。
[3] 蒋介石日记,1944年1月6日、2月23日、4月16日、4月27日,斯坦福大学胡佛研究院档案馆藏。
[4] 沈云龙编著:《尹仲容先生年谱初稿》,台北:传记文学出版社,1972年,第50—51页。
[5] Youngman to T. V. Soong, December 2, 1944, CDSR 9∶9.
[6] "蒋介石致魏道明电"(1944年12月5日),台北"国史馆"藏蒋中正总统文物档案(以下简称"蒋档")002-090103-00004-328。
[7] K. F. Chen to H. H. Kung, November 6, 1943, Kwang Pu Chen Papers Box 7, Selected Section of Conference during 1936-1947 mostly with Generalissimo and Dr. Kung, Rare Book and Manuscript Library, Columbia University. 世界贸易公司由陈光甫于1938年10月在美组建,是战时国民政府在海外设立的首个具有官方意义的购料机关。
[8] "任嗣达致陈光甫函"(1944年6月25日),上海市档案馆藏上海银行档案 Q275-1-2744。

公司驻印和驻渝办事处事务应由军事委员会(下文简称军委会)接办,"藉使机关简化,效率增加"[1]。依此,蒋介石命军委会接管了国防供应公司驻印办事处,同时将该公司驻渝办事处改组为军委会运输会议的国际物资组[2]。至此,接洽租借援助被纳入国民政府的行政工作,在华盛顿由魏道明领衔的物供委负责,在重庆和印度则由蒋介石直接掌控的军委会负责。对于中、印、美三地的关系,国际物资组的组织规程规定"本组业务应与驻美物资供应委员会及本会驻印总区代表处保持联系,驻美物资供应委员会并得派员驻在本组联系"[3]。

在孔祥熙赴美期间,美国副总统华莱士(Henry Agard Wallace)、战时生产局局长纳尔逊(Donald M. Nelson)和罗斯福总统私人特使赫尔利(Patrick J. Hurley)先后于1944年6月和9月访华,沉寂许久的宋子文再次成为蒋介石对美交涉的主要助手,不仅负责安排他们在华的各种活动,还就美援问题多次与之会谈[4]。有在华美国人士认为:"纳尔逊访华的真正效果之一,就是在相当程度上恢复了宋子文的显要地位。宋子文受委员长指派同纳尔逊讨论问题,并担任委员长和纳尔逊谈话的翻译。当然,这些使得宋子文的声望有相当的提高。"[5]12月,蒋介石任命外交部长宋子文,而不是行政院副院长孔祥熙代理行政院长[6]。宋子文的东山再起为他重掌美援交涉机构埋下伏笔。

根据纳尔逊的建议,国民政府于1944年11月16日在重庆成立战时生产局,作为统筹战时经济生产的最高机关,由经济部长翁文灏兼任局长。《战时生产局组织法》规定,该局承担军械以外进出口器材核定之责。据此,翁文灏向蒋介石提出:"美国供应我国之物资,可分为两类,一为军械,应由军事机关核定,二为有关工业之器材,应由各有关机关就实际需要开送战时生产局核定,知照国防物资供应委员会向美提请供应。"[7]几乎同时,魏道明另向蒋介石提议,国民政府对美申请租借物资的清单,应由华盛顿的物供委和重庆的军委会运输会议国际物资组,于两地同时向美方提交[8]。而长驻美国的孔

---

[1]《附录:本会要闻及事业消息:运料》,《资源委员会公报》1944年第7卷第3期。
[2]"国民政府军事委员会代电"(1944年9月19日),台北"中研院"近史所档案馆藏国民政府外交部档案(以下简称"外交部档案")431.1/0017。
[3]"军事委员会运输会议国际物资组组织规程"(1944年8月),外交部档案431.1/0017。
[4] 吴景平:《宋子文评传》,第377页;吴景平:《宋子文政治生涯编年》,福建人民出版社,1998年,第446页。
[5]《摩根索日记(中国)》,第1244页,转引自吴景平:《宋子文评传》,第377页。
[6]"蒋介石致孔祥熙电"(1944年12月5日),蒋档002-020300-00029-055。
[7]"翁文灏致蒋介石电"(1944年11月28日),国民政府档案085004144。
[8]"魏道明致蒋介石电"(1944年11月24日),国民政府档案085004143。

祥熙更是将接洽美援的重心放在美国，提议在美邀集专家顾问编制对美申请物资的统一表册，伺机向美方提交[1]。对此，何应钦、陈诚、翁文灏均不赞成，认为"如此双方竞提，不相统一，易滋分歧"[2]。宋子文也指出："租借法案物资之审核及接洽，其重心应在重庆，因需要机关在渝，各项材料集中，易于询明，如在华盛顿接洽，则稍有疑问，必须函电重庆询洽，既费时日，复难获得要领。"[3]

权衡两种方案之后，蒋介石正式规定国民政府申请美国租借物资的新程序：制成军械由军委会所属的军政部会同军令部审核，制成军械以外包括航空、兵工及交通通讯器在内的所有物资由战时生产局审核，审核时可邀请美国对外经济管理局代表参加，"俟将各机关清单核定后再寄由供应委员会在美提出"。蒋介石特别指示魏道明不必单独在美自提清单，"可俟生产局及军事委员会寄到清单后再向美方提出，以免分歧"，但为兼顾战时需要，仍保留其"随时补送清单之权"[4]。而制成军械申请清单经军委会核定后，亦抄送一份给战时生产局，由该局汇核后分送美国对外经济管理局重庆办事处及华盛顿物供委，"以资统一而便联系"[5]。至于孔祥熙在美提交物资申请统一表册的提案，宋子文、翁文灏及行政院秘书长张厉生会商后，建议孔祥熙遵照既定申请程序，将在美准备之表册寄回重庆，与战时生产局及军政部所拟定的表册对勘后，再由物供委向美国提交[6]。此外，蒋介石根据翁文灏的建议，将原由军委会运输会议国际物资组经办的物资内运优先管制业务移交战时生产局，并将此后各机关存印物资之请运（包括印境运输）及向美购料、请发空运吨位证明书等事务均交由战时生产局办理[7]。

从上述新规定可以看出，物供委接洽、管理美国援华租借物资的职能被军事委员会和战时生产局分割，远不如昔日的国防供应公司。而战时生产局在美援交涉中的地位愈趋重要。接洽美援的中心已然从华盛顿转移到了重庆。

由于缺乏租借物资的直接申请权与分配权，物供委在华盛顿的主要任务是配合重庆方面向美国租借事务管理署提出清单，再与美国陆军部等相关机构联络，争取援华租借物资的配额与优先权并安排物资的营运。1944年7月从美国

---

[1] "孔祥熙致蒋介石电"（1944年12月14日），国民政府档案085004146。
[2] "何应钦、陈诚、翁文灏致蒋介石电"（1944年12月15日），国民政府档案085004147。
[3] "宋子文致蒋介石电"（1944年12月26日），国民政府档案085004150。
[4] "蒋介石致魏道明电"（1944年12月30日），蒋档002-090103-00004-329。
[5] "蒋介石致宋子文、陈诚、翁文灏电"（1944年12月30日），国民政府档案085004144。
[6] "陈布雷呈蒋介石文"（1945年1月8日），国民政府档案085004145。
[7] "抄军事委员会运输会议秘书处代电"（1944年12月），外交部档案431.1/0017。

运出的援华租借物资共计 4 481 吨,另有 C47 运输机 4 架,总价值达 6 054 022 美元[1]。8 月由美运出的援华租借物资共计 2 560 吨,总价值达 3 783 824 美元。当月国民政府除收到 4 架运输机之外,还陆续收到美国运来的轰炸机 50 架,价值总计达 7 023 400 美元[2]。与国防供应公司相比,物供委营运援华租借物资的内容有所变化。根据魏道明的报告,物供委成立前一年(1943 年 5 月至 1944 年 6 月),美国运华租借物资中"军事与非军事部分之物资,价额为六与一之比",考虑到战后非军事物资的重要性,国民政府向纳尔逊提议"此项比率应使提高为三与一之比"[3]。比较 7、8 两月的运华租借物资,交通、卫生和工矿类物资所占比例确有提高。此外,物供委还负责"就近对美国新式技术器材随时留意汇集情报,通知各有关机关",并代各机关征集资料,查明所需特种器材最近出品情形[4]。

然而,物供委成立初期的工作并不尽如人意。负责国防供应公司与物供委交接的杨门曾对宋子文坦言:"秘书长梁敬镎对其工作一筹莫展,物供委的运输、守卫、电话、电报等多项服务的质量都急剧下降,而且该机构对美国陆军部简直无计可施。尽管航空处主管毛邦初继续款待美国陆军航空兵团的高级官员,但仍一无所获。即便对于此前国防供应公司已经为中国空军争取到的援助,毛邦初交涉的进展也极为缓慢。"[5]物供委成立后五个月都处于停滞状态,导致国民政府所需的援助未被列入美国新制定的援外计划。因此,不但通过滇缅公路运输的物资难以获得,一些优先空运的物资甚至还可能出现短缺[6]。为此,杨门曾一度希望宋子文重返华盛顿,亲自主持对美交涉[7]。宋子文被任命为行政院代院长后,杨门向他提议,强化物供委的最好办法就是调换一名忠于宋子文的驻美大使,与前国防供应公司的核心成员合作。而陈长桐、王守竞和尹仲容都是理想人选[8]。

1945 年 5 月宋子文正式出任行政院长后不久,便试图将身兼驻美大使与

---

[1] "魏道明致蒋介石电"(1944 年 9 月 18 日),蒋档 002-090103-00002-106。
[2] "魏道明致蒋介石电"(1944 年 10 月 14 日),蒋档 002-090103-00002-107。
[3] "为呈复关于利用美国租借法案以应抗战及战后建设需要研究意见(摘要)"(1944 年 9 月 6 日),蒋档 002-080106-00044-017。
[4] 《资源委员会训令》,《资源委员会公报》1945 年第 8 卷第 5 期。
[5] Youngman to T. V. Soong, July 18, 1944, CDSR 9:9.
[6] Youngman to T. V. Soong, December 4, 1944, CDSR 9:11.
[7] Youngman to T. V. Soong, October 31, 1944, CDSR 9:9.
[8] 《杨门致宋子文》,1945 年 1 月 2 日,宋子文档案(以下简称"宋档")第 10 盒,第 7 文件夹,美国斯坦福大学胡佛档案馆藏。

物供委主任委员的魏道明调往法国[1]。他向蒋介石进言:"中国内政未能尽善,驻美代表不够得力,实为主因",而"中国供应委员会为向美政府获取物资之主要机构,主任委员尤宜专任",请蒋介石准予改派[2]。蒋介石最初对此表示反对,但三个月后终予应允,去电劝说魏道明使法[3],之后又征询宋子文意见,请其就近派适当人员代理驻美大使[4]。此外,宋子文还提出改组物供委的两项建议:"(一)驻美供应委员会应仿照印度供运机关办法隶属战时生产局;(二)我国在美接洽事项往往一事有五六人代表各机关出面接洽,致美方无所适从,印象不佳,似应由行政院电令国内外各机关,无论现款或信用借款或租借法案购料均应经国内战时生产局审核,转令供应委员会分别办理。"[5] 5月9日,物供委即按照宋子文的建议改隶战时生产局[6]。

二、战后寻求美援的新局与物供委的运作

国民政府对美援的需求并未随着抗战的结束而减少。根据美国经济学家雷麦(Charles F. Remer)的估计,战后中国经济重建需要280亿法币(相当于85亿美元),而中国从出口、侨汇和外国在华开支得到的收入,仅能满足进口和偿债的需要。因此,中国每年至少要新借10亿美元的外债[7]。加之国民政府战后的军费开支逐年增长,年均财政赤字比例高达66%[8],对外援的需求亦愈发迫切。无论寻求资金还是物资,战后经济实力位居世界第一的美国无疑是国民政府的首选求援对象。

然而,战后初期美国的援华政策和市场状况却向国民政府的对美求援体制提出了新的挑战。首先,对华援助成为美国干预国民政府政治、经济决策的重要政策工具。杜鲁门总统于1945年12月18日通令财政部、进出口银行、航运委员会等八个与中国有关的政府部门,告以马歇尔使华调处期间,所有对

---

[1] 王正华编:《蒋中正总统档案——事略稿本》第62册,台北"国史馆",2011年,第11页。
[2] "宋子文致蒋介石电"(1945年5月10日),蒋档002-080106-00041-014。
[3] "蒋介石致魏道明电"(1945年8月10日),蒋档002-020300-00029-073。
[4] "蒋介石致宋子文电"(1945年9月15日),蒋档002-010300-00057-029。
[5] "战时生产局代电"(1945年5月7日),外交部档案431.1/0017。
[6] "驻美物资供应委员会改隶战时生产局"(1945年5月9日),外交部档案431.1/0017。
[7] Charles F. Remer, "Paper on United States Economic Relations with China Ⅲ. China's Postwar International Payments", March-June, 1945, Charles. F. Remer Papers, Box 3, pp. 9-14, Hoover Institution Archives, Stanford University.
[8] 张公权:《中国通货膨胀史》,文史资料出版社,1986年,第101—103页。

华财政、商务、经济之接洽一律暂停,全部以马歇尔之建议是瞻[1]。1946年1月14日,美国国务院进一步指令驻华大使馆,美国对华借款不但要经过马歇尔批准,而且必须满足以下前提,即国民政府同意将之用于抵偿租借物资、购买剩余物资并在美国购买交通及电讯设备,才能逐个方案进行协商[2]。

其次,以往通常认为战后美国生产过剩,急于对外输出商品,但实际上由于罢工频发、原料短缺、库存不足等原因,战后初期美国恢复生产要比预期缓慢。与此同时,美国国内市场的需求却急剧增加。国内物资短缺导致战时出口管制的政策延续。除政府的限制外,许多美国供应商也更倾向于保护国内既有市场,不愿冒险接受出口订单。此外,不仅是中国,其他遭受战争重创的国家也都希望从美国得到战后重建所需的物资,这更加剧了美国物资的紧缺[3]。

为适应战后对美求援的新局面,物供委于1945年9月10日正式改组,王守竞奉宋子文之命,接替魏道明担任主任委员[4],江杓为副主任委员[5]。除秘书长梁敬錞[6]、航空处主管毛邦初[7]相继请辞之外,其他雇员继续供职于物供委[8]。王守竞甫经上任,宋子文即通知美国有关方面,中国政府在美订购物资的所有事宜将由王守竞负责,并表示自己对他充分信任,美方可以通过他与自己联络[9]。宋子文还安排由杨门领导的国防供应公司清理处,在美协助王守竞[10]。在关于对美借款、购买船舶、接管剩余物资、对日索赔等事务的交涉中,清理处的美籍雇员为物供委分担了大量工作,其骨干同时也在物供委任职[11]。王守竞在任期间一直与宋子文和杨门密切联络,就物供委的业

---

[1] 梁敬錞:《马歇尔奉使来华(初稿)》(上),《传记文学》1976年第29卷第4期。
[2] U. S. Department of State, *Foreign Relations of United States*, 1946. *The Far East: China Vol. X*, Washington: Government Printing Office, 1946, pp. 911-912.
[3] Report on the Work of Chinese Supply Commission, September 1945-February 1947, CDSR 2: 15, p. 2.
[4] 原由王守竞担任的工矿处处长一职由卢祖诒接任。1946年底,卢祖诒辞职回国,钱学景继任工矿处处长。参见《王守竞致宋子文》,1946年12月24日,宋档第51盒,第11文件夹。
[5] 《附录:本会要闻及事业消息:运料》,《资源委员会公报》1945年第9卷第4期。
[6] C. T. Liang, Secretary-General to Members and Staff of C. S. C., September 8, 1945, CDSR 2: 10.
[7] "毛邦初致蒋介石电"(1945年9月18日),蒋档002-080200-00550-070。
[8] Shou Chin Wang to all Staff Members and Employees of the Former Chinese Supply Commission, September 10, 1945, CDSR 2: 10.
[9] T. V. Soong to Harold D. Smith, September 15, 1945, CDSR 2: 10.
[10] 《宋子文致王守竞》,1946年10月21日,宋档第51盒,第10文件夹。
[11] 《王守竞致宋子文》,1946年10月22日,宋档第51盒,第10文件夹。

务随时征询其意见。杨门在给宋子文的信中,高度评价王守竞和江杓的表现,指出在他们和新任驻美大使顾维钧的密切合作下,物供委的工作得到前所未有的改善[1]。

抗战胜利后,1945年底,国民政府最高经济委员会决定撤销战时生产局。1946年初,行政院提出政府在国内外承购物资的机关"不下数十单位,手续既难,效率亦低",为此决议另外设立行政院物资供应委员会[2]。1946年3月27日,行政院公布《行政院物资供应委员会组织规程》,规定行政院物资供应委员会除"掌理各机关物资供应之审核、调整剂分配事宜"之外,还"对驻在国外之物资供应机构,有指挥、监督之权";该会置主任一人,由行政院长兼任,置委员六至八人,也由行政院长聘任[3]。由此,驻华盛顿的物供委从隶属于战时生产局改为受行政院物资供应委员会指挥监督,由行政院长兼该会主任宋子文直接控制。

抗战胜利后,物供委的主要活动由营运战时美国援华租借物资转变为交涉美国对华借款,用于购运中国经济重建所需的物资和设备。据物供委的相关工作报告,该委员会主要致力于以下几项工作。

(一)交涉美国对华借款

从1945年抗战结束至1949年国民党政权垮台,国民政府共举借美债11项,共计22 129.3万美元。其中,中美棉花借款、中美铁道借款、中美租借物资借款、中美发动机借款、中美购船借款、中美采煤设备借款、中美四批船舶借款、中美购买轮船(N3)十艘借款等8项借款均由物供委与美方达成,并由主任委员王守竞代表国民政府签署[4]。

战后初期,美国政府机构的大规模调整、对华政策的不确定性、进出口银行业务的急剧扩张,都严重影响物供委对美借款的效率。但物供委始终与管理美国政府外债事宜的进出口银行,以及决定对华经济政策的国务院、财政部和商务部密切联络。按照进出口银行的借款申请程序,物供委需提供关于中

---

[1]《杨门致宋子文》,1946年10月3日,宋档第10盒,第8文件夹。
[2]《政院将设立物资供应委员会主办政府机构物资供应之审核分配事宜》,《征信新闻》(重庆)第287期,1946年2月22日。
[3]《行政院物资供应委员会组织规程(三十五年三月二十七日行政院公布同日施行)》,《法令周刊》1946年第9卷第15期。
[4] 财政科学研究所、中国第二历史档案馆:《民国外债档案史料》第11卷,档案出版社,1990年,第477—638页。

国资源、财政收支、重建计划、进口需求、内外债等问题的报告[1]。在办理每项借款时,物供委除了完成例行的调查、联络、洽商、申请等工作外,有时还会根据当时国民政府的实际需求,对借款条件做出灵活机动的安排。例如,1946年在与进出口银行洽商中美四批船舶借款时,上海正在经历一场前所未有的"煤荒"。为满足上海对燃料的迫切需求,物供委说服航务委员会,根据租借协定,先调派10艘自由轮从美国北部港口向上海运送煤炭。鉴于租借权将于当年6月终止,中美另外达成协议,由中方将购买这些船只的全额款项550万美元,交给航务委员会保管,待中国政府购买这批船舶的申请获准后,以这笔资金的25%支付购买这些船舶的头期款,其余的75%支付购买其他船舶的头期款[2]。这一安排,既不影响中国利用借款购买美国船舶的正常进程,也在一定程度上缓解了上海的用煤之急。

另外值得注意的是,举借外债本应由财政部经办,但战后的美国对华借款,都是在行政院长宋子文的直接过问下,由物供委与美方交涉达成的,没有经过俞鸿钧主管的财政部,仅在财政部洽询时,才告知借款的有关情况。对此,财政部甚为不满,曾在1945年9月签呈行政院:"拟恳钧院通令所属,嗣后不得径洽外资,举筹内债。如有必要,应先商由本部会同洽办,呈核施行。"[3] 1946年6月财政部再次提出:"查对外借款合约,暨修正合约、完成立法程序手续,系属债务行政范围,似应由本部主管。物资供应委员会系主办借款项下之物资,关于此类债务行政事项,是否应函请该会注意,以后应函转本部办理之处,理合签请核示。"[4] 同年12月财政部又曾发出警告:其他部门事先未与"本部会商洽办"所借之外债,"其运用偿还,自难与本部政策配合,且日后尚有基金无着、偿付愆期情形,其最后整理清偿之责,恐仍将转归本部承办。困难情形,不难逆睹"[5]。至1947年1月,财政部公债司为战后新借款的动支及偿付问题应向何机关接洽,仍"复感茫然无头绪,办理实感困难"[6]。对此,宋

---

[1] Summary of CSC Operations during 1946, March 26, 1947, CDSR 2:17, p. 9.
[2] Report on the Work of Chinese Supply Commission, September 1945 — February 1947, CDSR 2:15, p. 19.
[3] 《关于径洽外资举筹内债必先商同财政部洽办的文件》(1945年9—10月),《民国外债档案史料》第2卷,第568页。
[4] "财政部公债司公三字第1802号函"(1946年6月14日),中国第二历史档案馆藏,转引自吴景平:《宋子文评传》,第456页。
[5] "财政部公债司公三字第1960号函"(1946年12月3日),中国第二历史档案馆藏,转引自吴景平:《宋子文评传》,第456页。
[6] "财政部公债司为战后新借款动支及偿付问题应向何机关接洽签呈"(1947年1月14日),《民国外债档案史料》第2卷,第581页。

子文指示财政部向物供委主任委员王守竞洽询[1]。尽管财政部为了明确其举借外债的权力,先后颁布《国外借款动用偿还办法》《外债事务处理办法草案》等规章制度[2],但直到宋子文 1947 年 3 月 1 日辞去行政院长一职之前,洽谈美债的事宜仍由物供委掌管。

物供委之所以绕过财政部,越权接洽美国对华借款,主要原因在于国民政府的美债事务实际上由时任行政院长的宋子文主持,他人均难以插手。20 年代末和 30 年代初宋子文执掌财政部,当时对美举债、争取援助都由财政部经手。40 年代初,宋子文担任蒋介石的驻美私人代表,特别是出任外交部长后,举借美债的主要决策人又是宋子文,而非财政部长孔祥熙。宋子文正式出任行政院长后,将对美交涉借款交由直属行政院的物供委负责,随时向王守竞了解借款进展并对之下达指示,继续掌控国民政府的美债事务。

(二)购运美国物资

物供委的另一项主要工作即利用各项美国对华借款与国民政府拨付的现款,帮助国内机关在美采购物资,继而将之营运回国[3]。

1. 接购租借剩余物资

租借法案取消后,美国对外经济局决定"所有已在印缅及运输制造中之物资克均允继续供给"[4],并表示"如我方准其购置可按成本折半作价,并分三十年偿还利息二厘又八分之三"[5]。1945 年 9 月,宋子文约集王守竞、江杓、钱昌照,及熟悉租借法案的美方人士会商后决定,由于租借剩余物资转运困难、价格过高,且破损严重,不宜向美方整批购置[6]。

但至 1946 年初,为改善中国市场物资匮乏和通货膨胀的问题,宋子文一改此前审慎的态度,转而倾向于大批购入租借剩余物资[7]。在宋子文的催促下,物供委与美国国外资产清算委员会于 1946 年 6 月 14 日签订《租借物资接

---

[1] "关于如何办理战后各债还本付息等事的呈文及指令"(1947 年 2 月),《民国外债档案史料》第 2 卷,第 589 页。
[2] "财政部订立国外借款动用偿还办法致中央银行等公函稿"(1945 年 9 月 20 日);"财政部公债司拟送外债事务处理办法草案等致国库署函"(1947 年 10 月 20 日),《民国外债档案史料》第 2 卷,第 566—568、603—609 页。
[3] 以下有关中国物资供应委员会战后在美活动的记述,除注明出处的部分外,均参见 Report on the Work of Chinese Supply Commission, September 1945 — February 1947, CDSR 2:15。
[4] "宋子文致蒋介石电"(1945 年 8 月 22 日),蒋档 002-090103-00005-195。
[5] "宋子文致蒋介石电"(1945 年 9 月 6 日),蒋档 002-090103-00005-205。
[6] 同上。
[7] 吴景平:《宋子文评传》,第 459—460 页。

购合同》[1]。尽管这些物资分散在中国境外各地,运输极为不便,但在物供委的努力下,宋子文任内的物资移交仍取得相当进展。从1945年11月至1947年2月,物供委负责营运62批物资,共计63 219吨,加上海运运费,其总价值高达49 947 296美元,占租借剩余物资总量的98%。

2. 借款购料

与进出口银行达成借款协议后,物供委根据国民政府各部门提交的需购物资清单,挑选适合的美国供应商,然后动用借款订购物资并营运回国。由于战后初期美国市场物资紧缺,采购铁轨、枕木、钢缆等多项物资均极为不易,中美铁道购料借款和发电机借款都因美国供货商交货迟缓而延期[2]。为买到国内机关所需的物资,物供委不仅必须完成繁重的调查和洽商工作,还需要采取变通手段,以适应美国市场供不应求的状况。以物供委在中美铁道购料借款项下的枕木购运为例,战后初期,美国国内市场对建筑木材的需求量激增,以致物供委的枕木订单在美国的大厂商中无人问津。物供委转而以专门生产的规模效应,以及将边角料卖给建筑商的可观收入为由,说服美国内地的小厂商接受他们的枕木订单。在物供委的不懈努力下,至1947年底,美国厂商已完成订单总量的74%,即1 090 000条枕木,其中81 000条已运往中国。

3. 现款购料

物供委还动用现款购买汽车、汽油和润滑油、活动房屋等多项物资。在采购过程中,美国市场的物资紧缺,以及由此导致的出口管制问题一直困扰着物供委。而严峻的价格形势是其面临的又一难题。在价格管制解除以前,强大的需求压力已促使美国厂商提高价格水平。而美国政府在1946年秋解除限价政策之后,平均价格陡增约30%。为此,物供委不得不向厂商贴补价格增长的部分。

与国防供应公司时期一样,宋子文掌控下的中国银行为物供委在美的物资购运提供资金保障[3]。办理借款购料时,物供委须先垫付料款、运费及保险等费用,待各单据齐全、申请归垫手续办竣、经进出口银行审核后方能付款。因此,宋子文批准纽约中国银行拨付20万美元作为物供委的周转金。物供委

---

[1] 《民国外债档案史料》第11卷,第537页。
[2] "行政院知照铁道借款合同历次修正情形训令"(1948年7月23日),"物资供应委员会为中美电机借款动支期限续延一年公函"(1948年6月11日),《民国外债档案史料》第11卷,第532、558页。
[3] 曹嘉涵:《宋子文、中国银行于战时美国租借援助的接洽》,《史学月刊》2011年第10期。

凭月支实数连同代付各款,开列支出经费简明表,按月向纽约中国银行领还资金。办理现款购料时,中国银行向物供委垫拨现款外汇,之后由国内承收机关与中国银行结算;或由用料或请购机关在国内申请外汇后,交物供委购运。若国内机关暂未申请外汇,或数额估计不足,物供委可暂为移用其他料款先行垫付,俟该案办理完毕或告一段落时,再行请款归垫[1]。

(三) 其他工作

除负责洽商美国对华借款和购运援华物资外,物供委还参与许多和战后中国军事和经济建设相关的项目,主要有如下几项。

1. 购买美国战时剩余船只

1946年春,物供委受命与美方洽商购买太平洋剩余物资中的坦克登陆舰、中型登陆舰、拖船、驳船等小型船只。为此,物供委特在交通处之外增设航运处,由谭伯英主持[2]。1946年8月13日,行政院物资供应委员会和美国国外资产清算委员会在上海正式签订合约,购买价值2 800万美元的小型船只。在中美洽商过程中,物供委不仅向上海方面及时传达从马歇尔将军的代表、联合国善后救济总署(简称联总)、国外资产清算委员会和海军部等处了解到的相关信息,还设法查明中国购买登陆舰所需的零件在美国剩余物资中的存货情况,为进一步的采购做好准备。此外,物供委还与国外资产清算委员会商定,美方须在登陆舰交付以前加以修缮,并由美国政府承担维修费用,从而为国民政府节省了大笔开支。

2. 聘用美国专家

物供委代表国民政府行政院,在美物色并聘用财政、税收、货币方面的专家。由于战后世界各地都急需这些领域的人才,物供委拟聘的很多专家最终并未到国民政府就任,但也不乏成功案例。例如,在杨门和王守竞推荐下,曾供职于纽约美联储的经济学家弗兰克·塔马那(Frank Tamagna)1946年5月来华,担任国民政府财政顾问[3];鲍里斯·古特曼(Boris E. Gutmann),曾于1946年7月至1947年7月在华担任咨询分析师[4];所罗门·特朗(Solomon Trone)曾于1945年9月至1947年9月在国民政府担任顾问[5]。

---

[1] 《王守竞致财政部》,1947年3月20日,宋档第53盒,第3文件夹。
[2] 《王守竞致宋子文》,1946年4月13日,宋档第51盒,第11文件夹。
[3] Frank M. Tamagna to S. C. Wang, April 13, 1946, CDSR 2: 11.
[4] S. C. Wang to H. C. Kiang, July 17, 1946, CDSR 2: 11.
[5] C. S. C. to Mr. Solomon Trone, March 21, 1947, CDSR 2: 11.

3. 与莫里森-纳德森公司合作

1946 年 2 月 6 日,宋子文授权物供委与美国莫里森-纳德森公司签订协议,由该公司派遣顾问团来华考察。该顾问团撰写了关于粤汉铁路、塘沽港和黄河大桥的报告,为物供委向美国进出口银行申请相关借款奠定基础。同年,物供委聘请该公司协助国民政府在长江流域管理联总提供的约 140 艘登陆型船只。为此,物供委每月支付 25 000 美元佣金,并设立一项 50 万美元的滚动基金,用于支付必要的费用。俟中国方面熟悉了这些船只的操作后,物供委于 1947 年 4 月 1 日与莫里森-纳德森公司终止了这项合约。

4. 与加拿大物资供应处合作

1945 年底,宋子文委派王守竞和江杓协助中国驻加拿大大使刘锴交涉中加信用借款[1]。借款于 1946 年 2 月 7 日正式达成后,王守竞被授权管理中加信用借款,任何开支要经过他的批准。同年,国民政府在渥太华设立加拿大物资供应处[2]。行政院物资供应委员会成立后,物供委与加拿大物资供应处在其统辖下密切合作,定期交换美国和加拿大的市场信息,以便作出最有利于中国的购料决定。此外,物供委还负责支付加拿大物资供应处的开销。该处经费最初由纽约中国银行按月垫拨,由物供委转发,自 1945 年 10 月起改由物供委在周转金内拨付,按月向纽约中国银行报支,中国银行不再另行拨付[3]。

5. 与联合国善后救济总署(下文简称联总)合作

物供委利用地处华盛顿之便,与联总广泛合作,将自身物资购运计划与联总的援华计划相互配合。1946 年春,通过与美国国务院的紧急磋商,物供委阻止了联总将中国项目中的 15 台 1 000 千瓦的发电机划拨给苏联。1947 年初,为缓解中国市场对棉布的迫切需求,物供委与联总积极交涉,为中国多争取了价值 1 000 万美元的棉布。物供委还促使联总开创了向中国转让在华零件、轮胎和汽车设备的先例,为国民政府节约超过 100 万美元的资金。此外,在美籍雇员乔治·弗劳曼(George Fraumann)的带领下,物供委的交通处准备了向联总申请汽车零件、轮胎和维修车间、公路和铁路建造设备、钢筋桥等物资的大量细目,为联总成功执行交通物资计划作出卓越贡献[4]。

6. 参与远东委员会事务

1945 年 12 月,中、美、苏在莫斯科举行三国外长会议,决定成立远东委员

---

[1]《王守竞致宋子文》,1947 年 2 月 1 日、11 月 30 日,宋档第 51 盒,第 10 文件夹。
[2] 邓红国:《关于国民党政府物资供应局的若干历史情况》,《中国物资》1992 年第 2 期。
[3]《王守竞致财政部》,1947 年 3 月 20 日,宋档第 53 盒,第 3 文件夹。
[4] Summary of CSC Operations during 1946, March 26, 1947, CDSR 2: 17, pp. 5-6.

会,作为占领日本的共同决策机构。物供委负责协助驻美大使顾维钧处理日本对华战争赔偿问题和相关经济事务[1]。应宋子文的要求,物供委主任委员王守竞派遣美籍雇员大卫·戈登(David Gordon)赴华两周,帮助国民政府制订日本赔偿政策,并尽快返美,协助顾维钧在远东委员会的工作[2]。而王守竞本人也代表国民政府出席关于战争赔偿的第一委员会与关于经济和财政事务的第二委员会。1946年6月26日,王守竞在第一委员会第26次会议上,提交中国向日索赔的提案。此外,王守竞还就台湾银行在日本的资产、中国公司的资产、日本公司已收款但尚未交付的订单、两艘"满洲国"的船只,以及大量中国钱币等特殊赔偿问题,与美国国务院进行非正式的会谈,并取得积极成效。

三、对美求援受挫与物供委业务的移交

实际上,战后美国对援华的重视程度远低于国民政府的预期。尤其在1947年初马歇尔调停失败后,美国政府更是采取了观望的援华态度。在4月29日的参谋长联席会议上,美国国务院将援外对象按照战略重要程度排序为:西欧、中东、西北非、拉丁美洲、远东。在国务院按需求迫切程度排序的受援国名单中,中国仅位列第14位[3]。而随着生产力的逐渐恢复,美国厂商急于发展对华自由贸易,于1946年底通过美国对外贸易协会(American Foreign Trade Council)和中美工商协进会(China-American Council for Commerce and Industry)对美国政府施加压力,要求撤销外国政府代理,使外贸回归正常的私人渠道[4]。随后美国政府即向各国政府提出撤销他们在美设立的购买委员会,或"限制其业务至专为各该政府从事一有限期并经由私人商业途径之各项购买"[5]。美国商业政策司也向物供委主任委员王守竞传达了这一信息[6]。

---

[1] Summary of CSC Operations during 1946, March 26, 1947, CDSR 2:17, p. 8.
[2] T. V. Soong to S. C. Wang, September 19, 1946, CDSR 4:4.
[3] U. S. Department of State, *Foreign Relations of United States*, 1947. *General: The United Nations* Vol. I, Washington: Government Printing Office,1947, pp. 737-738.
[4] K. P. Chen, Memo on Loan Management, April 30, 1947, Kwang Pu Chen Papers Box 7, US Aid 1947-48 Memos, diaries, notes, etc. Special.
[5] "关于纽约世界贸易公司及其他同样性质之中国政府官方机构将来在美国之营业事节略"(1947年10月7日),外交部档案431.1/0017。
[6] 《魏道明致王世杰》,1946年5月15日,宋档第26盒,第6文件夹。

除美国援华政策的影响，战后物供委的命运还与宋子文休戚相关。宋子文担任行政院长后，独揽交涉美援的大权，往往未与蒋介石充分协商就擅作决定，从而引起蒋介石的不满。顾维钧曾记述，由宋子文直接领导的物供委不仅多次得罪国内的行政部门，而且与驻美大使馆、世界贸易公司等屡有摩擦[1]。1945年5月，毛邦初经与朱霖、戴安国研究后，呈请蒋介石安排世界贸易公司承办购运美国战后剩余物资[2]。宋子文与他谈时，以个别接洽"所获甚微，且价格较高，对以后整个接洽极属不利"为由，"告以可稍缓进行"[3]，但随即将购运美国战后剩余物资的事务交由物供委办理。据顾维钧回忆，1946年5月，魏道明回国述职时，蒋介石曾授意他返回华盛顿全盘接管物供委。而"此事未经宋子文同意，他甚至连知道也不知道"。自此，与物供委有工作联系的几个部门都预料到物供委迟早会被撤销[4]。

由于中国财政、金融和经济局势的恶化，1947年3月1日宋子文辞去行政院长一职。此前，王守竞已向宋子文提出辞去物供委主任委员的职务[5]，并奉命从3月开始削减物供委的开支。中国银行也计划从4月30日起停止承担物供委的开销[6]。张群接任行政院长后，于7月22日下令在8月1日前撤销物供委。据说"这个命令得到委员长的完全赞同，事实上非常合乎委员长的心意"[7]。根据行政院的安排，物供委所有的案卷、财产和账目，以及对外订购业务都移交给世界贸易公司；代表政府对外交涉事项则移由驻美大使馆承办，并从世界贸易公司的董事中指定一人专责襄助；技术人员由世界贸易公司择优留用，其余一律解任遣散[8]。

接替物供委购运美国物资的世界贸易公司是陈光甫赴美交涉桐油借款时，为避免借款的政治效应而在美注册的商业机构[9]。1940年4月陈光甫奉召回国后，世界贸易公司继续在美从事购料业务。宋子文达成钨砂、金属两笔借款之后，曾将借款项下除飞机以外物资的购货工作集中于世界贸易公司。国防供应公司成立后，代表国民政府统一接洽美国援华租借物资，并负责购买

---

[1]《顾维钧回忆录》第6分册，中国社会科学院近代史研究所译，中华书局，1988年，第184页。
[2] 王正华编：《蒋中正总统档案——事略稿本》第60册，台北"国史馆"，2011年，第586页。
[3] "宋子文致蒋介石电"（1945年6月10日），蒋档002-080106-00041-014。
[4]《顾维钧回忆录》第6分册，第184页。
[5]《王守竞致宋子文函》，1947年2月20日，宋档第29盒，第6文件夹。
[6]《王守竞致宋子文电》，1947年3月26日，宋档第29盒，第6文件夹。
[7]《顾维钧回忆录》第6分册，第184页。
[8]《交通部训令》，《交通公报》1947年第10卷第19期。
[9] 郑会欣：《国民政府战时统制经济与贸易研究（1937—1945）》，上海社会科学院出版社，2009年，第230页。

租借法案之外的军需品,而商用品仍由世界贸易公司经办[1]。此外,世界贸易公司在战时还曾应一部分半官方或私人工商机关的请求,代为在美购料。截至1942年底,世界贸易公司接受15个政府部门及机构的军用和民用物资订单,其拨款总额高达4500万美元,实际购买支付额也达到2800万美元。该公司致力于与美国各行各业的厂商接洽,并将小到疟涤平药片,大至蒸汽涡轮机的各类物资运往中国[2]。抗战结束后,该公司恢复太平洋战争前的业务,集中为国民政府在美购销物资。

世界贸易公司自成立以来取得的成绩获得了国民政府的认可,央行总裁张嘉璈评价"该公司对于美国商业情况,交易程序以及技术方面之各项细节,至为娴熟,而于中国政府各部门之切实需要,尤能了解,其本身实不啻中美贸易商之一联络机构,一面以各种有关情报供给美国工商界,一面并收美国各项新出品之最近发展报告中国政府各部门"[3]。1944年陈光甫就曾向孔祥熙进言,鉴于世界贸易公司对桐油和滇锡借款的成功运作,与美国进出口银行及众多厂商建立的良好关系,以及在美国政界和工商界取得的卓越声誉,世界贸易公司的运作模式将是战后中国促进对美借款与中美贸易的最佳途径[4]。1947年4月,陈光甫再次向张嘉璈建议,应将世界贸易公司作为国民政府驻美接洽借款和购运物资的专门机构[5]。不久,当行政院决定撤销物供委时,即以世界贸易公司取代,并规定该公司:受行政院物资供应委员会的监督指挥,每月营业报告及年终结算须分报财政部和行政院物资供应委员会备核;承办中央各机关在美一切购料业务,以及国营事业机关在美售卖输出品事务;可按承办业务征收不超过购料价值百分之一的手续费[6]。

1947年8月1日,物供委与世界贸易公司举行交接仪式,物供委主任委员王守竞与世界贸易公司董事长洛克海德签订契约。8月15日,双方将账目清

---

[1] 《战时外交》第1册,第439页。
[2] K. P. Chen, Some Notes on Postwar Financing From Foreign Resource, June 28, 1944, Kwang Pu Chen Papers Box 7, Selected Section of Conference during 1936 – 1947 mostly with Generalissimo and Dr. Kung.
[3] "张嘉璈致美国大使馆"(1947年11月20日),外交部档案431.1/0017。
[4] K. P. Chen, Some Notes on Postwar Financing From Foreign Resource, June 28, 1944, Kwang Pu Chen Papers Box 7, Selected Section of Conference during 1936 – 1947 mostly with Generalissimo and Dr. Kung.
[5] K. P. Chen to Mr. Chang Kia-ngau, April 29, 1947, Kwang Pu Chen Papers Box 7, US Aid 1947-48 Memos, diaries, notes, etc. Special.
[6] 《交通部训令》,《交通公报》1947年第10卷第19期。

册移交清楚,由王守竞与世界贸易公司协理任嗣达签字盖章[1]。物供委撤销后,世界贸易公司不仅接办了一切在美购料业务,还保留在华盛顿的办事处,并邀请王守竞协助该公司继续与进出口银行接洽借款[2]。

至于原先由物供委负责的加拿大贷款购料审核事项,因世界贸易公司系在美注册,在加拿大无法律身份,且并无在加拿大设立分公司的打算[3],行政院物资供应委员会与任嗣达及驻加大使刘锴协商后决定,对加申请借款由驻加物资供应处专责办理,无须再由世界贸易公司审核,"至加处由本会核定,或受国内各机关委托购料事项,及加贷合约有关该项动支之条件,仍由该公司依照授权函电及合约副本,予以校核"[4]。

然而,国民政府安排世界贸易公司接办物供委的业务,并非美国方面希望看到的结果。1947年7、8月间,魏德迈调查团向杜鲁门总统汇报,1947年上半年,世界贸易公司向美国输出中国产品的数量已达到同期上海向美国输出额的33%。世界贸易公司和中央银行下属的中央信托局对中美进出口贸易的参与,已经损害美国在华贸易公司的利益。魏德迈在这份报告中称:"中国政府最近决定8月1日撤销在华盛顿的物供委,假如不是把它的业务移交给世界贸易公司的话,这个决定当为美国在华商人所欢迎。"这份报告还预测:"鉴于美国商业和政府官员,对于上项业务移交所怀的关切,国民政府可能对于世界贸易公司和中央信托局的拟议的业务有所修改。"[5]美方的担忧从另一角度而言恰好证明世界贸易公司在战后中美贸易中取得的成功。

国民政府在物供委的移交问题上并未遵从美方意愿,而是根据国内机关在美购料的需求行事。因此美国政府又于10月对世界贸易公司在美经营的必要性提出质疑。鉴于美方对世界贸易公司营业性质的顾虑,行政院物资供应委员会遵照中央银行总裁张嘉璈的意见,在回应美方时强调世界贸易公司是美国政府准许设立的普通商业组织,以寻常商业途径为中国政府及商人在美购料,"并非各国政府在美所设置购买委员会之性质可以相提并论",对中美贸易实无妨碍,据此坚持该公司"自有继续设立必要"[6]。

---

[1] "顾维钧致外交部电"(1947年8月5日、20日),外交部档案431.1/0017。
[2] "顾维钧呈行政院物资供应委员会公函"(1947年8月11日),外交部档案431.1/0017。
[3] "刘锴致外交部电"(1948年2月17日),外交部档案431.1/0017。
[4] "行政院物资供应委员会代电"(1948年2月24日),外交部档案432.33/0002。
[5] "魏德迈中将致杜鲁门总统的报告"(1947年9月19日),《中美关系资料汇编》第1辑,第810—811页。
[6] "行政院指令"(1947年10月25日),外交部档案431.1/0017。

结　语

抗战结束前后，国民政府的接洽美援体制发生重大改变。物供委成立、改组、撤销的经过，本质上乃是这一体制转变的产物。

在美国援华政策与市场状况限定的范围内最为有效地争取美援，是国民政府变更美援接洽体制的根本动因。1942年6月2日《中美租借协定》签订后，接洽租借物资在国民政府对美求援工作中的地位愈趋重要。但美国援华租借物资的分配权与直接申请权，却被美国政府从华盛顿的中国国防供应公司剥夺，转而授予长驻重庆的中国战区参谋长。加之主持租借交涉的宋子文也返回重庆，管理援华租借物资的中心从华盛顿向重庆转移。此时与其让远在华盛顿的物供委代为申请与分配租借物资，显然不如由蒋介石亲自坐镇的军事委员会与战时生产局与美军代表直接交涉，并由重庆方面统一提出租借申请更加行之有效。因此，国民政府以位于重庆的军事委员会与战时生产局分割国防供应公司原来承担的职能，而地处华盛顿的物供委虽在名义上接办了中国国防供应公司的业务，其接洽美援的权限实质上却被严重削弱。此时国民政府已正式与美国结盟，无须以在美注册的商业公司掩护美援交涉，物供委因而得以作为国民政府的行政机构在美运营。

抗战结束后，美国国务院和国会在援华事务上掌握主要发言权，中美两国政府之间的沟通显得尤为关键。因此，国民政府将物供委置于行政院直接管辖之下，继续以行政力量和政府资源来保障和提高美援交涉的效率。宋子文虽然两次改组物供委，并在美国重启国防供应公司清理处和中国银行，为物供委提供技术和资金支持，但仍以行政手段驾驭之，其隶属关系与运作方式已与国防供应公司时期大相径庭。随着战争的结束，物供委的工作重心从争取美国援华租借物资转移到交涉美国对华借款与购运美国物资。相应地，该委员会主要接洽的美方机构，也从决定租借物资去向的陆军部转换为审核对外借款的进出口银行，以及相关物资的生产厂商。尽管物供委的工作成效在很大程度上受制于美国的援华政策和市场状况，但无论对借款条件的安排、接购剩余物资的时机，还是采购物资的途径，物供委都表现出高度的能动性。

马歇尔调处失败后，随着中国经济形势的急剧恶化与国共矛盾的不断升级，美国政府的对华援助趋于全面收缩。然而，基于对中国战略价值的误判，国民政府的决策者普遍坚信，遏制共产主义扩张的政治考量，足以构成美国政府援华的充分条件。据此，国民政府继续致力于以行政手段争取政府渠道的美援,但收效甚微。1947年美国国会为减少政府负债,奉行保守主义财政政策,促使美国在援外政策上采取了极为明显的选择性分配原则[1]。按照援外对象的战略重要程度,1947年美国在欧洲启动大规模经济援助计划的同时,却屡次拒绝国民政府的求援请求。与此同时,随着美国经济的复苏,美国私人厂商对减少政府干预、恢复对华自由贸易的要求愈趋强烈。最终,国民政府调整了对美求援体制,撤销作为行政机构的物供委,但仍在美方的压力下坚守底线,以商业性质的世界贸易公司继续办理物供委的业务。

此外,国民政府内部的权力结构与人事更迭是促使其接洽美援体制转变的直接因素。1940年6月宋子文赴美后,建立了事权相对集中的对美求援体制。但史迪威撤换危机后,蒋介石对宋子文的"政治冷冻",直接导致驻美求援机构性质和隶属关系的变更。而孔祥熙赴美期间对美援事务的介入,也一度分散了国民政府对美求援的主导权。随着宋子文在政坛的东山再起,美援事务的交涉权再次集中到他手中。通过改组物供委,宋子文直接控制了对美交涉借款、购运物资的事务,以致赴美特使孔祥熙和财政部长俞鸿钧都难以插手。为名正言顺地交涉美援,担任行政院长的宋子文"因人设事",在行政院下成立物资供应委员会,并亲自兼任主任委员,统一管理国民政府的对美求援事务。

集中而稳定的对美交涉权显然提高了国民政府对美求援的效率。但1947年3月宋子文辞去行政院长后,蒋介石并未任命张群接任物资供应委员会主任委员,继续以行政院长的影响力领导美援交涉,而是立即修订《行政院物资供应委员会组织规程》,将主任委员"由行政院院长兼任"改为"由财政部部长兼任"[2],致使行政院物资供应委员会的地位随之大幅下降,无法继续以行政手段影响驻美求援机构,国民政府的美援交涉也陷入无人统筹主持的混乱局面[3]。

王守竞曾将物供委的性质总结为:"一面系与美国机关交涉接洽类,属行政机关;一面办理器材购运类,属事业机关。"[4]无论是代表国民政府对美接洽借款和租借物资,还是运用借款和现款帮助国内各机关购运器材,物供委均

---

[1] 李文志:《"外援"的政治经济分析:重构"美援来华"的历史图像(1946—1948)》,第79—82页。
[2] 《行政院训令:从叁字第九六九四号(中华民国三十六年三月十八日):令交通部:行政院物资供应委员会组织规程修正案》,《交通公报》1947年第10卷第10期。
[3] K. P. Chen, Memo on U. S. Loan Proposition-Ⅱ, April 24, 1947, Kwang Pu Chen Papers Box 7, US Aid 1947-48 Memos, diaries, notes, etc. Special.
[4] 《王守竞致财政部》,1947年3月20日,宋档第53盒,第3文件夹。

取得斐然的成绩。但物供委的作用也需要一分为二地看待。抗战结束前,物供委致力于争取美国援华租借物资,为中美两国结成同盟,共同抗击日本侵略作出卓越贡献。抗战结束后,物供委利用地处华盛顿之便,及其雇员的专业技能和人脉关系,帮助国民政府开展多项与经济或军事相关的项目,但它所争取的美援也在很大程度上成为国民政府发动内战的倚仗。国民政府接洽美援的成效固然受制于美国的援华政策与市场状况,但也很大程度上取决于国民政府自身对美援的需求,及其内部的权力结构与人事更迭。物供委从成立、改组到移交业务的经过,见证了抗战结束前后,国民政府接洽美援体制从商业改属行政,再从行政回归商业的历程,展现了国民政府对美求援的能动性与实际作为。

(原载《历史研究》2014 年第 5 期)

上海银行业保人制度改良述略

刘 平*

20世纪30年代和40年代,上海银行界曾多方努力,试图以推行"特种现金保证制度"取代当时的银行保人制度。此事作为对中国银行业传统人事保证制度的一次重大变革,在当时的上海银行界震动甚大,对全国银行业也有一定的影响。研究银行保人制度的演变,无论对于拓展中国金融史研究的领域,还是对于当今改进银行内部管理的借鉴,都具有重要意义。但迄今为止,学术界尚未见有专文对此进行系统讨论。本文拟主要根据上海市档案馆馆藏有关档案,对此事件的前因后果进行一次比较系统的梳理,并试图对其中得失进行若干初步的探讨。

一、银行保人制度改良的背景

一般意义上的保人,主要存在于借贷关系中,也有存在于买卖、租赁、雇用等关系中,为债务的实现提供保证[1],是经济契约得以成立的要件。银行保人制度究竟始于何时,目前还难有确切的证据。但一般意义上的保人制度在中国则由来已久,至少在唐宋时期的相关文献中已有记载[2]。关于保人的研究,美国学者杜赞奇、黄宗智、郝延平,大陆学者刘秋根、梁治平、李金铮等在各自的专题研究中涉及过这一问题[3]。本文所指银行保人,主要指在银行与员

---

* 刘平,2008年博士毕业于复旦大学历史学系,现为广发银行杭州分行纪委书记。

[1]《辞海》(缩印本)(上海辞书出版社,2000年)第293页对"保证"的相关解释为:保证人与债权人约定,当债务人不履行债务时,保证人按照约定履行债务或者承担责任的行为。债的担保的一种。

[2] 杨惠玲:《敦煌契约文书中的保人、见人、口承人、同便人、同取人》,《敦煌研究》2002年第6期,第39—46页。

[3] 杜赞奇:《文化、权力与国家——1900—1942年的华北农村》,王福民译,江苏人民出版社,1996年,第168—177页;黄宗智:《清代的法律、社会与文化:民法的表达与实践》,上海书店出版社,2001年,第56页;郝延平:《十九世纪的中国买办:东西间的桥梁》,上海社会科学院出版社,1988年,第190—197页;刘秋根:《明清高利贷资本》,社会科学文献出版社,2000年,第168—171页;梁治平:《清代习惯法:社会与国家》,中国政法大学出版社,1996年,第120—125页;李金铮:《借贷关系与乡村变动——民国时期华北乡村借贷之研究》,河北大学出版社,2000年,第68—71页;李金铮:《20世纪上半期中国乡村经济交易的中保人》,《近代史研究》2003年第6期,第105—138页。

工的雇用契约中,对由于员工舞弊或过失而造成损失承担保证责任的行为人。

在中国旧式金融机构中,如票号、钱庄等,采用保人制度已成为惯例。在著名的山西票号中,"经理同人,全须有殷实商保,倘有越轨行为,保证人负完全责任,须先弃抗辩权",如此严格的规定,对防范票号员工舞弊,起到了很大作用,"同人感于如此严厉,再受号上道德陶冶,故舞弊情事,百年不遇"[1]。在近代中国的银行界,保人制度大多由各银行依惯例自行制订,没有统一的版本,但原理则基本相同。"凡行员进行时,令其找觅保人或铺保,其资格须有商业上之信用及殷实之资产,经银行调查属实方可作保,否则必须另觅。"这样做的主要考虑是:"无论被保人是否有意舞弊,或因业务上之过失,如一时疏忽,少收多付,或放款不慎,以致倒账等情;总之,凡使行方遭受损失时,不论金额多寡,保证人均须负全部赔偿之责。"旧时的保人或铺保,大都承担的是无限责任。偶尔也有承担有限责任的,即:"由行方当时酌定行员职位之高低,责任之轻重,议定一最高数额,自数千元至数万元不等,请保人负责保证之。"此外,"尚有数人或数铺合保者,亦有分额保证者"。银行界对于分支行之经理、副经理、襄理,往往不令其找觅保人,原因是其"所负之责任綦重,经收之款项尤多,若令其找保,一则要觅此相当资格之保人,颇非易事;二则反显示行方于经副襄理尚有不信任之处,既不信任,何能畀予如此重任"[2]。

初始的保人制度颇为简单,逐渐经历了一个从口头保证到书面保证的演变。"商界恒以人为对象,如担保人信用卓著,虽无丰富资财,亦能受人信任,所谓一诺千金者信用是也。"[3]"昔时尝有口头作保者,并无笔据,而担保之人竟能履行其信约。"但毕竟保人良莠不齐,"亦有因当时无据,嗣后图赖者,因此一变而为书面保证"。一般保单末端常有"恐无凭据立此保单存证"等语,"此乃由口头保证,而为书面保证递嬗之证明也"[4]。实行书面保证时,先由行员提出保人的姓名、职业、资产等,由行方派员调查,如属符合者,再由保证人在正副保证书上签字盖章后,交存银行,以资凭信。无论是中央银行、中国农民银行等官办银行,还是其他一些商办银行,都订有类似规则[5]。

就保证书的格式和内容而言,则大体相同。一是被保人范围,包括了"除

---

[1] 黄鉴晖等编:《山西票号史料》(增订本),山西经济出版社,2002年,第611页。
[2] 章云保:《银行员保证制度之研究》,《银行周报》第21卷第2期,1937年1月19日,第10页。
[3] 徐启文:《如何改善职员担保制度》,《银行周报》第20卷第10期,1936年3月17日,第4页。
[4] 郑维均:《改良银行员保证制度私议》,《银行周报》第11卷第25期,1927年7月5日,第4页。
[5] 参见上海市档案馆藏档案 Y10-1-61,第10页;Y10-1-251,第12页。上海民孚银行档案 Q310-1-27,第9—10页。

副经理以上各员"。二是保证人的条件,"以从事正当职业身家殷实,而于工商实业界有相当之信誉"(有的还包括"资本充实之商店工厂");并要求其服务处所"以在本行所在地或接近地域,便为调查、对保";"本行行员之直系血亲、配偶,或伯叔兄弟,不得为保证人,本行行员不得互为保证"。三是"对保"(即核定保证人相关事项变动情况)要求,"每年至少举行一次"。四是保证人责任,"被保人如有亏空本行款项,或其他一切情弊,致本行受有损失时,保证人均须负赔偿责任","照数赔偿","保证人并声明抛弃先诉抗辩权"。五是退保规定,"须直接函知本行"。其他还有一些技术方面的具体要求[1]。银行方面对保人的资格审定固然较为严格,对其后续跟踪调查也相当复杂,包括每位保人的职业、住址、通信处变更的详细情况等[2]。

银行保人制度绵延长久,自然有其一定的合理性。从制度的设计看,行员舞弊后,银行可向保人要求赔偿损失;保人因与被保人有利害关系,平时对保人的行为,"必尽监督规劝之责";"被保人因保人不顾将来之被累受损担任保证,除感激五中外,必洁身自好,期无负于保证人"[3]。但具体运作过程却远没有制度设计得那么理想。如求人作保,有时"难如登天"。"某大政府银行考取新行员十名,其中八人,因无适当保人,均不得入行服务。"[4]曾有一位年轻人,为了一份某家私营银行的练习生工作,总共劳请了8个人,前后写具了7份保单[5]。当时的报纸上曾登载了一则消息:"李伯年无保自杀",据云:"青年李姓名伯年,浙籍。为人刻苦耐劳,勤学不辍。因前所执业之肆停闭,遂遭失业,家无恒产,备尝坚苦。后应某银行之考取焉,惟录取之后,银行嘱谋一拥有五万金以上者为保。李不得已诣各亲友之门,恳切陈辞,亲友中虽有上项资格,竟无人肯允者。九仞之功,功亏一篑。李因不胜刺激,竟以轻生。"[6]

更有甚者,竟有一些奸猾商人,身为保人,心存叵测,袒护雇员舞弊。《银行周报》曾披露了这样一件事:"杭州某钱庄伙友某甲,职司出纳,私挪店款三千元。将届年梢,知事将败露,乃密告其保人某乙,盖欲设法弥补。某乙固亦钱庄经理也,奸诘异常,谓某甲曰,尔即返店,再挪五千元来,尔则暂行避匿,我

---

[1]《吾国银行员保证规则之调查》,《银行实务丛刊》(11),银行学会银行实务研究会,1937年,第119—122页。
[2] 行员保人调查通知,上海市档案馆藏浙江兴业银行档案Q268-1-57。
[3] 章云保:《银行员保证制度之研究》,《银行周报》第21卷第2期,1937年1月19日,第11页。
[4] 权时:《论银行有革除现行保证制度之必要》,《银行周报》第20卷第33期,1936年8月25日,第1页。
[5] 李宗仑:《找铺保》,《新民晚报》2006年4月23日。
[6]《李伯年无保自杀》,《新闻报》1936年2月12日。

自有办法。某甲莫名其妙,计如其言。翌日,经理发觉某甲亏欠店款八千元事,急报于某乙。某乙佯作惊惶状,双方稍事谈判,乙即承认对折赔偿,即刻以现款四千元付某钱庄,抽回保证书。某钱庄经理以乙固素有声誉势力者,本不望其全赔,即刻得有半数到手已属满意。待事寝,乙乃将所余一千元还甲,曰,此尔半生衣食之资也。"[1]

从当时银行界发生的舞弊案看,已相当严重。"银行员舞弊案件,自1934年1月至1935年2月,报章所载,共38件,计洋144万元。其未刊载报章者,恐尚不止此数。"[2]上海商业储蓄银行1920年7月至1934年11月止,共发生舞弊案件76起,涉及76人,金额达881 351元[3]。广东银行自1920年至1934年9月止,"凡76人舞弊,金额凡881 453元"[4];就舞弊案件类型而言,包括了"伪造及变造文书""现金及物品之中饱""与顾客共谋诈欺本行款项""偷窃款项"等[5]。"舞弊非以利己为条件,而以损人为条件,而所损者又辄为负担保责任之亲友,侵害关系人之权利。"[6]舞弊案件的不断增多,使得本为防止舞弊、减少损失而设计的银行保人制度,由于其内在的"隐疾",面临严峻的挑战。

另一方面,信用保证保险开始受到银行界关注,并成为银行保人制度改良的外在"诱因"之一。1930年4月,中国第一信用保险公司在上海设立,并于6月16日向实业部注册,实收资本为20万元[7],"主要营业为信用保险,专为银行、公司、商号、学校、工厂之职员保证,对于已觅得职业而一时不能觅得保人者,殊为便利;万一发生舞弊等情事,该公司负赔偿之责"[8]。信用保证保险的"保额以伍百元或伍百两为起码,壹千至贰万为普通限度;如欲保额放大者,可再面议。征收保费以百分之一二左右为标准"[9]。外界对其评论较高:"其取费极廉,而所负之责任极重。"[10]据该公司对外发放的《信用保险说明

---

[1] 郑维均:《改良银行员保人制度私议》,《银行周报》第11卷第25期,1927年7月5日,第16页。
[2] 《废除银行现行保证制度建议特种现金保证办法意见书》,《银行周报》第20卷第43期,1936年11月3日,第5页。
[3] 《本行行员舞弊案件一览表》,上海市档案馆藏上海商业储蓄银行档案275-1-972。
[4] 《本行行员舞弊之研究》,上海市档案馆藏广东银行档案Q65-2-60。
[5] 同上。
[6] 同上。
[7] 中国征信所报告书第11383号(1936年4月22日),上海市档案馆藏上海商业储蓄银行档案Q275-1-1823[10]。
[8] 中国征信所报告书第19024号(1930年9月14日),上海市档案馆藏上海商业储蓄银行档案Q275-1-1823[10]。
[9] 《中国第一保险公司信用保险说明书》,上海市档案馆藏上海商业储蓄银行档案Q275-1-1823[10]。
[10] 《中国第一保险公司成立》,《银行周报》第14卷第28期,1930年7月29日,"专载"第5页。

书》称：开业半年后，向该公司投保者中，外商公司有美孚火油公司、福利公司、上海电力公司、中国电气公司、卜内门洋碱公司、汇众银公司、英军驻沪防守司令部等，华商公司有上海银行、和丰银行、交通大学、圣约翰大学、元元帽庄、美艺木器公司等[1]。据中国征信所的调查，1933 年该公司保险费收入计 52 975 元，获纯益 36 116 元；1934 年增至 75 632 元，获纯益 19 565 元；1935 年收入减少，计 70 052 元，获纯益 26 777 元[2]。

与此同时，相关法律规定也发生了较大变化。1929 年 11 月 22 日，国民政府公布了《民法》，并于 1930 年 5 月 5 日起正式施行，其《民法债编》部分对担保问题进行了严格规定，使得银行保人制度的外部环境变得更为严峻。《民法债编》第 739 条规定："称保证者，谓当事人约定，一方于他方之债务人，不履行债务时，由其代负履行责任之契约。"第 740 条规定："保证债务，除契约另有订定外，包含主债务之利息、违约金、损害赔偿及其他从属于主债务之负担。"第 748 条规定："数人保证同一债务者，除契约另有订定外，应连带负保证责任。"[3]这些规定使得保人的责任变得更为清晰，也更为加重。"按往昔担保之事，如遇职员亏累，保人往往挽人说情，折减赔偿，故因担保而致牵累者，责任尚轻。"但现在不同了，"担保责任，自经法律规定后，保证责任加重，故在舞弊情事发生后，担保者即无从减责，必全数赔偿而后已"[4]。这些规定在一定程度上动摇了保人制度的根基。毫无疑问，这也是促使银行保人制度改良的另一重大"诱因"。

时人对于银行保人制度的弊端也多有议论，并提出了一些改良的建议。仅就《银行周报》而言，从 20 年代后期至 30 年代上半期，就先后刊载了不少这方面的文章。对保人制度的批评，涉及保人、行员和银行等各个方面：其一，由于不可能及时掌握被保人信息，保人承担的危险较大；其二，银行对保人要求较高，如须殷实商家、在银行所在地、须经银行认可等，行员觅保困难；其三，银行对保人事先调查及年终对保手续极为繁琐，保人往往折扣赔款，保人袒护被保人等。对改良保人制度的建议则包括："废除行外保人，即以本行行员共同互相担保"[5]；"由银行代向中国第一信用保险公司投保"[6]；"由各行联

---

[1] 中国征信所报告书第 2013 号，上海市档案馆藏上海商业储蓄银行档案 Q275-1-1823[10]。
[2] 中国征信所报告书第 19024 号，上海市档案馆藏上海商业储蓄银行档案 Q275-1-1823[10]。
[3] 中国法规刊行社编审委员会编：《最新六法全书》，春明书店，1948 年，第 42—43 页。
[4] 徐启文：《如何改善职员担保制度》，《银行周报》第 20 卷第 10 期，1936 年 3 月 17 日，第 3 页。
[5] 郑维均：《改良银行员保人制度私议》，《银行周报》第 11 卷第 25 期，1927 年 7 月 5 日，第 15—20 页。
[6] 贝祖翼：《如何解决银行员保人问题的困难》，《银行周报》第 14 卷第 32 期，1930 年 8 月 26 日，第 27—28 页。

合组织一信用保险公司,取名银行业同人联合信用保险公司"等[1];还有人从治本角度提出建议,如:"任用固须严格、赏罚尤须公允、贤者毋使失望,支配毋使失当、薪水毋使不均"[2];"勉励训察、增加薪金、提倡节约"[3]等。这些讨论和建议,都对银行界接下来对保人制度的改良提供了舆论上的造势和技术上的准备。

二、"特种现金保证办法"出台前后

在社会各界的千呼万唤声中,"特种现金保证办法"终于浮出水面。相对于当时银行保人制度而言,这一新的制度设计,全然是一副新面孔。1936年11月初,《银行周报》全文刊载了《废除银行现行保证制度建议特种现金保证办法意见书》[4]。该文首次公开发表时并未署名,但从以后的有关信息可知,这一方案实际是由交通银行总经理唐寿民及该行秘书兼人事课长王维因所设计[5]。该意见书共由引言、废除现行保证制度理由、特种现金保证办法内容及注意事项等七个部分组成。新办法的主要之点如下:

(一)甲种保证金(照行员月薪三倍之数计算)。本金离行时全数发还,利息按年息一分二厘计算,半数发给行员,半数充公共准备金。(二)乙种保证金(照行员月薪百分之二计算)。此项保证金唯取消保人之替代物,亦即等于团体信用之保险费。本无须发还,惟为体恤行员起见,如无舞弊案件发生,于离行时可以全数领回,或除摊赔外收回其余额。(三)丙种保证金。由银行当局核定若干万元。或为甲种保证金利息半数及乙种保证金全数之和。(四)连带处分。行员舞弊案发生后,在同一行处之其他相关行员,应受连带处分,其办法按照行员奖惩规则规定办理之。(五)奖励告发。行员舞弊经主管者及其他行员察觉或告发使行方不受或少受损失时,其察觉或告发者除得免除连带处分外,行方并应予以奖励,其办法按照行员奖惩规则规定办理。唯告发案经查

---

[1] 刘啸仙:《组织银行业同人联合信用保险公司刍议》,《银行周报》第20卷第33期,1936年8月25日,第5—6页。
[2] 潘恒勤:《银行员保人问题管见》,《银行周报》第14卷第35期,1930年9月16日,第33—34页。
[3] 杨翰斋:《银行员保人问题之又一管见》,《银行周报》第14卷第43期,1930年11月11日,第32—33页。
[4] 《废除银行现行保证制度建议特种现金保证办法意见书》,《银行周报》第20卷第43期,1936年11月3日,第3—14页。
[5] 潘文安、金慕尧:《特种现金保证办法与时代精神》,《银行周报》第21卷第5期,1937年2月9日,第23页。

明不实者,由当局处分之。

该文公开发表后,经济学家、《银行周报》主笔李权时等人立即撰文,对该意见书作了较为详尽的解释,并同时披露:早在两年多前,该办法即已创议,并由原提案者在银行界"广征意见,公开研讨,历加修正补充者,达七次之多。近由本市银行学会再加研究,以成完璧"[1]。而实际上,这一过程还要复杂得多。

在"意见书"公开发表前,上海银行界内部曾进行了包括与政府有关部门沟通等大量准备工作。1936年9月18日,实业部在收到交通银行王维因的来函及附送的"特种现金保证办法"意见书后,给上海市银行业同业公会去函指出:"查现行银行保证制度流弊甚多,兹阅原意见书所拟改革办法,似多可采之点。事属人事问题,关系银行业务前途至巨,相应检同原件函请详为讨论见复。"[2] 9月26日,上海市银行业同业公会致函上海银行学会,希望该会"先行研究,详为见复,以便参酌进行。"10月14日,上海市银行业同业公会复函实业部吴部长:"查现行银行职员保证制度习惯相仍,确有与时代未尽适合之处。惟事关革新旧制,为求切合实用,非有紧密之研究不可。爰拟分征意见,再参合原件,详为计议,以副部长重视银行业务之至意。"[3]

当"意见书"处于银行界内部研究和讨论阶段时,立法院委员长马寅初博士就于1936年10月17日向上海市各报刊发表了谈话,对于改进银行保证制度阐述了自己的意见。由于马寅初兼具政府高级官员和著名学者的双重身份,他的谈话无疑具有相当的权威性和代表性。他明确指出:"我国职业界现行之保证制度,素沿用个人及铺保单制,此种制度在目今社会经济错综复杂之下,于各方均感不切实用、流弊滋多。"针对近年以来舞弊、侵占、被控案件层见叠出而无抑制办法的现状,马寅初认为:"改进保证制度,实为社会各界一致之企望。"马寅初评价"特种现金保证制度",系"以相当现金作为保证,而采保险之原理,兼寓储蓄之美意。以甲乙丙三种保证金及连带处分奖励告发五原则合组而成,此项证金,含保证性质,如无舞弊事件,仍可发还,其作用在各行员间有切身利害关系,可收互相规勉、消弭不良事件之发生"。他赞扬"此种办

---

[1] 李权时、宋漱石:《对于〈废除银行现行保证制度建议特种现金保证办法意见书〉答客问》,《银行周报》第20卷第49期,1936年12月15日,第1—9页。
[2] 实业部致上海市银行业同业公会函(1936年9月18日),上海市档案馆藏上海市银行业同业公会档案 S173-2-110。
[3] 上海市银行业同业公会致实业部函(1936年10月14日),上海市档案馆藏上海市银行业同业公会档案 S173-2-110。

法,秉团体合作之精神,较简单之保人制度,切实而合理,其意义判若霄壤,于科学化之人事管理,亦相符合"。他还特别指出:"近世各国对于信用保证事业,无不力求完善,切实推行。而各机关向国内外保险公司投保信用险,所纳保费虽巨,其实并无积极作用。余观该某行建议之'特种现金保证办法',其甲种保证金取法于英,乙种保证金取法于美,丙种保证金系斟酌吾国情形而规定,其整个办法,大致与英国银行之现行保证制度相类似。"他提醒银行界:"吾国银行之现行银行保人制度之应废除,可称毫无疑义;然改革某种制度,须经缜密之研讨,然后以坚毅之精神行之。"[1]

1936年11月23日,上海市银行学会复函上海市银行业同业公会,综合各方意见,提出三项建议:(一)先由大银行试办,借以推进废除保人制度;(二)各银行联合办理"联合保证机关",借以替代现行之保证制度;(三)函请上海市银行业同业公会,转致会员银行,一致采用该项办法[2]。

"意见书"公开发表后,上海市银行业同业公会又于1937年1月6日致函各在会银行、各地银行公会,通报了实业部来函内容以及前述上海银行学会的三项意见,"务请切实研讨,各抒所见,以利进行,是所企盼。"[3]

中外许多人士相继对"特种现金保证办法"发表了意见。经济学家、中央银行专门委员金国宝向报界发表谈话,认为实行"特种现金保证办法",有关各方均有利益。他认为:"各项规定具密切联系之关系,其连带处分与乙种证金之发还,尤为含意深长。"他特别强调:"整个办法规划缜密,捐除个人利害观念,从整个团体之利害着想,切合现代团体结合之精神。尤注意于事先之防止,在原有办事上机械式之监督外,并可促起精神上之结合,以共同合作,而达防止舞弊。其必奏宏效,自可断言。"[4]立法院委员吴经熊、陈长蘅、卫挺生,教育部部长王世杰,财政部司长高秉坊,资源委员会经济研究所主任刘大钧,驻国联经济专员杨荫溥,沪江大学校长刘湛恩,武汉大学教授杨端六,中国国际贸易局副局长张禹九,上海市地方协会总秘书黄炎培,纱布交易所理事长穆藕初等知名人士,均对"特种现金保证制度"给予很高的

---

[1] 《马寅初谈改进银行保证制度》,《申报》1936年10月27日。
[2] 上海市银行学会致上海市银行业同业公会函(1936年11月23日),上海市档案馆藏上海市银行业同业公会档案 S173-2-110。
[3] 上海市银行业同业公会致各在会银行、各地公会函(1936年12月5日),上海市档案馆藏上海市银行业同业公会档案 S173-2-110。
[4] 《经济学家金国宝谈"特种现金保证办法"》,《申报》1937年1月12日。

评价[1]。此外,《银行周报》先后发表了一些专题探讨的文章,除了表示赞同外,还提出了一些具体的改进意见[2]。当然,这中间也有一些质疑的声音,并伴随着一些争论,但从总体上看,赞同"特种现金保证办法"的意见仍然是主流。那么,这一被认为兼顾了东西方银行人事管理特点的保证办法,是否就是一贴中西医结合的"良方"呢?

在一片赞扬声中,上海银行界特别是上海市银行业同业公会还是比较清醒的。毕竟,任何一种制度设计都不可能十全十美。在一项政策实施之前,充分考虑到可能会发生的问题,当是明智和理性的。1937年3月11日,上海市银行业同业公会再次致函各社会银行、各地银行公会指出,对于新办法,虽然"多数表示原则赞同",但对于"补充及修改方面尚少述及",因此希望能够"各抒伟见,于最短期间见复"[3]。

此后,各银行和各地银行公会的答复显然比之前更为具体,也更为谨慎。浙江兴业银行、上海商业储蓄银行、杭州市银行业同业公会、天津市银行业同业公会等提出了不少具体意见,大致包括:施行新制应经过一定过渡时期;银行对行员保证金负担太重;连带处分实施有一定困难;应依据银行同业组织信

---

[1]《中外人士对于"废除银行现行保证制度建议特种现金保证办法"之意见提要》,《银行周报》第21卷第2期,1937年1月19日,第23—32页。

[2] 期间发表于《银行周报》比较有代表性的文章包括:章云保:《银行员保证制度之研究》第21卷第2期,1937年1月19日,第9—18页;华同一:《书〈废除银行现行保证制度建议特种现金保证办法意见书〉后》第21卷第4期,1937年2月2日,第15—16页;潘文安、金慕尧:《特种现金保证办法与时代精神》第21卷第5期,1937年2月9日,第23—25页;王效文:《信用保险与特种现金保证办法》第21卷第7期,1937年2月23日,第31—33页;王维因:《答王效文华同一两君对于"特种现金保证办法"之意见》第21卷第7期,1937年2月23日,第9—14页;丁安治:《特种现金保证办法之我见》第21卷第8期,1932年3月2日,第19—21页;吴仲瑕:《特种现金保证制度之检讨》第21卷第8期,1937年3月2日,第13—18页;王展千:《"特种现金保证办法"有从速施行之必要》第21卷第10期,1937年3月16日,第17—20页;刘椀公:《特种现金保证办法平议》第21卷第12期,1937年3月20日,第3—8页;吴仲瑕:《内部牵制与外部牵制》第21卷第11期,1937年3月23日,第29—30页;邹清之:《读"特种现金保证办法"后》第21卷第11期,1937年3月23日,第31—33页;潘学安:《特种现金保证办法之我见》第21卷第12期,1937年3月30日,第9—13页;周慕伊:《读潘氏"特种现金保证办法之我见"以后》第21卷第13期,1937年4月6日,第7—12页;沈麟:《特种现金保证办法与银行员之自立与公存》第21卷第13期,1937年4月6日,第13—14页;王效文:《再论信用保险并答王维因君》第21卷第15期,1937年4月20日,第9—11页;严以霖:《各行联络施行"特种现金保证办法"》第21卷第17期,1937年5月4日,第11—13页;刘椀公:《"特种现金保证办法"与"信用保险"之比较》第21卷第18期,1937年5月11日,第7—14页;吴仲藩:《特种现金保证办法之理论与实际》第21卷第19期,1937年5月18日,第77—81页。

[3] 交通银行致上海市银行业同业公会函(1937年2月16日),上海市档案馆藏上海市银行业同业公会档案S173-2-110。

用保险集体等[1]。香港华人银行公会的态度是:"对于原则,一致敬佩,无可赞词",但同时提出,由于香港受政府印花税法限制等原因,"对于采用现金保证制度尚须经过适应环境之考虑"[2]。

其中也不乏言辞比较激烈的来函。上海银行公会曾收到一封署名"无我疯僧和南"人士的来信,信中提出:"各小职员谁有现金?若有现金者决不肯就小职务而为人帮佣……欲强行使各小职业变为资本化,势必将现代世界藉就职业谋生、赡养家小者完全淘汰。设如此淘汰,而失业者较现时必加千万倍以上。而社会忽加如许无生路人民,恐难免铤而走险。揣度情形,势必紊乱。"他提出:"必须分别等次,妥为修正。有现金者,准以现金保证,免于彷徨觅保;无现金者,能有保证人,仍准于照旧办理,网开一面。"[3]

值得注意的是,作为"特种现金保证办法"的创议者,交通银行总行此时则表现出了相对的冷静,在给银行公会的复函中,该行提出:"查现金保证办法,敝行早已计议,正在研究实行方策;对于此事原则,自表赞同,其实施条文甚盼贵会裒集各行意见,研求尽善,俾得观成,无任企祷。"[4]

就在银行界对"特种现金保证办法"热烈讨论之时,出现了一个插曲。广东省银行率先于1937年3月15日通告实行"特种现金保证办法"[5]。时人有评价说:"广东能为革命之策源地,非偶然也。乃不意银行人事之改革,复由广东省银行首先倡导,实至堪令人玩味者也。"[6]其他还有一些银行则作了一些变通处理,如浙江兴业银行,就本行员生服务保证规定为"信用保证""现金保证"和"保证准备"三项,设想"一面维持保人,一面行现金保证,以求适合我国情形,并兼顾员生与本行利益"[7]。

上海市银行业同业公会对于"特种现金保证办法"的引入,以及相关的讨

---

[1] 浙江兴业银行致上海市银行业同业公会函(1937年3月10日);上海商业银行致上海市银行业同业公会函(1937年4月6日);杭州市银行业同业公会致上海市银行业同业公会函(1937年4月3日);天津市银行业同业公会致上海市银行业同业公会函(1937年4月28日);均见上海市档案馆藏上海市银行业同业公会档案 S173-2-110。
[2] 香港华人银行公会致上海市银行业同业公会函(1937年5月27日),上海市档案馆藏上海市银行业同业公会档案 S173-2-110。
[3] 和南致上海市银行业同业公会函(未注时间),上海市档案馆藏上海市银行业同业公会档案 S173-2-110。
[4] 交通银行总行致上海市银行业同业公会函(1937年2月16日),上海市档案馆藏上海市银行业同业公会档案 S173-2-110。
[5] 《广东省银行实施特种现金保证办法》,《银行周报》第21卷第13期,1937年4月6日,第13页。
[6] 吴仲硙:《读"广东省银行公布行员服务特种现金保证规则"书后》,《银行周报》第21卷第20期,1937年5月25日,第3—4页。
[7] 《员生服务保证规程草案初稿》,上海市档案馆藏浙江兴业银行档案 268-1-291。

论修改，给予了相当的重视和有力的推动；但对于正式实施，则始终抱着比较谨慎的态度。在收集汇总各会员银行和各地银行公会反馈的意见后，上海市银行业同业公会执委会于1937年6月上旬进行了集中讨论，考虑到"事关变更固有习惯，非事缜密研究难决进止"，在执委会中推定吴蕴斋、王伯元等7人"另组小组会议，详为检讨"，要求"预为研究，俟开会有期当再通过也"[1]。

接下来，由于抗战的爆发，就很难再看到有关保人制度改革方面的消息了。偶尔有人提及，也有上海福利汇划钱庄等采纳[2]，但始终没有形成大的气候。值得一提的是，曾经对银行保人制度形成巨大冲击，并进而引发以"特种现金保证办法"出台的重要诱因之一——信用保险，由于其制度设计本身的一些缺陷，如因保险有定额而赔偿额度有限，对于行员因职务上过失不赔偿，行员离职后所发觉的舞弊不赔偿等[3]；加之中国人对此项保险并不十分熟悉和习惯，所面临的前景也并不乐观。以中国第一保险公司为例，成立三年后，"所做生意均为西人所办之公司洋行，如美孚、上海电力、慎昌、卜内门等，华人方面，除最近承做本行（上海商业储蓄银行）之保额10万元外，其余不过个人之少数保额"[4]。

三、抗战结束后银行保人制度改良的尾声

抗战结束一年多后，关于银行保人制度改良之事，以一种新的方式被再度提出。1946年10月，在上海市参议会第一次大会第16次会议中，由王延松等70余人联名提出第377号提案，案有为："请建议中央废除现行从业员保证办法，采用广东省银行施行已有成效之'特种现金保证制度'，令行政府金融机关从速实行，以期杜绝舞弊案件，树立健全保证制度案。"该提案的提议人中，就有当年竭力倡议"特种现金保证办法"的王维因，此时，"办法"变为了"制度"；他本人也已经成为上海市参议会的参议员。在该提案中，列举了旧保人制度的诸多弊端，并详细阐述了"特种现金保证制度"的多项优点，同时附上了战前已由广东省银行采纳并试行的"特种现金保证制度"的具体方案。提案强调："个人信用保证办法，在曩昔农业及手工业社会中，自有其时代之意义；方今我

---

[1] 上海市银行业同业公会致吴蕴斋等7人函(1937年6月12日)，上海市档案馆藏上海市银行业同业公会档案 S173-2-110。
[2] 朱斯煌：《旧事重提之特种现金保证办法》，《银行周报》第26卷第45、46期合刊，1942年12月25日，第1—3页。
[3] 章云保：《银行员保证制度之研究》，《银行周报》第21卷第2期，1937年1月19日，第15页。
[4] 中国人民银行上海市分行金融研究所编：《上海商业储蓄银行史料》，上海人民出版社，1990年，第845页。

国已由单纯之农业经济,演进为工商经济。潮流所趋,个人保证势将淘汰,新的保证制度,将应时事之要求,发挥其时代之使命。"该提案被作为金字第9号决议案,在略作技术性修正后获得了会议的通过[1]。

1946年10月15日,上海市参议会向国民政府财政部发出第195号公函,事由为:"准参议员王延松等提议建议中央采用金融机关从业员'特种现金保证制度',令行政府金融机关实行一案,请查照办理见复。"[2]

1947年3月6日,市参议员王维因给时任上海市参议会正副参议长潘公展和徐寄顾联名写了一封13页的长信[3],从这封长信中,以及此后上海市参议会给财政部的1332号代电[4]中,可以综合分析出,财政部在收到上海市参议会的195号来函后,曾电请四联总处核议具复。四联总处召集了四行两局人事主管者开会讨论,并提出了一些意见,这些意见至少包括:"各行局现行保证制度施行以来尚无十分困难","该项现金保证制度办法不易推行","中信局正筹划创办信用保险公司,俟该局拟定办法再行会商实行"等。财政部以京钱丙12988号代电向上海市参议会作了回复,转达了上述意见,结论是:"依行政程序而言,在中信局信用保证办法尚未拟定,会商实行尚未办理之前,似无词费之必要。"

王维因针对财政部复函的内容,逐一作了补充解释。他批评四行两局人事主管"只觉自身无十分困难即引为满足,而不为整个银行、从业员与保证人三方面十百倍之困难着想,未免轻重倒置";他认为:"况我人之所以主张废除现行保证制度者,其故不全在旧制之有无困难,而在旧制之不合时代潮流,不合民主精神,不合法理人情。"他还举例说:"举凡旧式帐簿等,亦未闻商人自以为推行有十分困难,将坐是全部予以保存乎?"他引用了孙中山先生的名言"知难行易",批评四行两局人事主管"对此新制经数度会议,尚少深切瞭解,率加判断,似欠允当;又在未经试行以前即认定其为不易推行,殆亦不脱'知易行难'之窠臼而不解'知难行易'之真理"。他坚持认为,"不取包罗完善之新制,而乞灵于偏枯之信用保险办法,未免舍本逐末;欲求保证制度之彻底改善,何异缘木求鱼"。他认为,财政金融当局召集会议讨论新制度,与会者"类多为旧制中之免保人员;以免保阶级而欲其彻底解决从业员之保证痛苦",其结果自然"可

---

[1] 上海市参议会金字第9号决议案,上海市档案馆藏上海市参议会档案Q109-1-943。
[2] 上海市参议会致财政部函(1946年10月15日),上海市档案馆藏上海市参议会档案Q109-1-943。
[3] 王维因致潘公展、徐寄顾函(1947年3月6日),上海市档案馆藏上海市参议会档案Q109-1-943。
[4] 财政部代电议字第1332号(1947年3月24日),上海市档案馆藏上海市参议会档案Q109-1-943。

预卜其无望也"。他要求上海市参议会"再行函请市政府转咨财政部转行四联总处,重加检讨"[1]。银行人事管理中的具体问题,本可就事论事,据理力争,但动辄上升到政治高度,则未必是明智之举。但这实际上也是无奈之举了。

1947年3月21日,上海市参议会在给财政部的议字第1332号代电中,抄附了王维因的原函,并希"察照俾备采纳";同时还提出"是项建议如荷四联总处重加检讨,王参议员并愿列席说明"[2]。1947年4月9日,财政部以21439号代电答复上海市参议会:"已由部转电四联总处查酌,再行研讨。"[3] 1947年5月16日,财政部再次以24615号代电,将四联总处的意见转告上海市参议会:"咨准四联总处秘书处京总字第11351号函略称,案经陈奉核示,转各行局研究核议意见等因,除分函洽办,一俟复到再行转陈核办外,相应函复查照。"[4] 看得出来,财政部已经是有一些敷衍的味道了。

这是抗战以后关于银行保证制度改良的再次提及,也是坚持以"特种现金保证制度"取代传统银行保人制度者的最后一次努力,或可视作银行保人制度改良的"回光返照",但最终没有获得成功。

实际上,就在上海市参议会和财政部函电往来的过程中,情况已经发生了很大的变化。

1947年2月13日和5月30日,上海银行学会人事组先后两次召开会议,专题研究了"拟订行员保证书及保证规则问题",抗战前曾经引起广泛关注的"特种现金保证办法"再次成为议论的话题。尽管与会者认为,特种现金保证办法"分甲乙丙三种保证,以银行与行员'共同合作''互相保险'为手段,达到'分散保险''防止舞弊'之目的,寓'储蓄'之美意,采'保险'之精神,而减少同人觅保之困难;较之旧式保单制度,似较切实而合理";但是,毕竟时过境迁,"惟近年以来币制动荡,致影响此项办法之实施"。结论则是相当无奈的:"目下环境只得沿用旧例,仍采保单制度。""惟希望各行酌情融通办理,在积极方面仍应提倡同人进修,改进福利设施,安定同人生活,实为袪除舞弊之根本良法。"[5]

鉴于"近来各行人事问题日见复杂,对于行员保证规则、保证书格式、对保

---

[1] 王维因致潘公展、徐寄庼函(1947年3月6日),上海市档案馆藏上海市参议会档案Q109-1-943。
[2] 财政部代电议字第1332号(1947年3月24日),上海市档案馆藏上海市参议会档案Q109-1-943。
[3] 财政部代电第21439号(1947年4月9日),上海市档案馆藏上海市参议会档案Q109-1-943。
[4] 财政部代电第24615号(1947年5月14日),上海市档案馆藏上海市参议会档案Q109-1-943。
[5] 《银行学会银行实务研究会报告》,《银行周报》第31卷第28、29期合刊,1947年7月21日,第10—11页。

办法，均有另行拟订划一办法之必要"[1]，作为银行学会人事两次会议的决议，拟订了新的"行员保证书"格式及"银行行员保证规则"。那么，修订后的"银行行员保证规则"同以前又有什么变化呢？就被保人看，范围有所扩大，不再有职级上的规定；就保证人的条件看，表述更为准确，如从"直系血亲、配偶或伯叔兄弟"修改为"直系血亲旁系二三等血亲暨配偶"；"对保"时间更为灵活，从"每年至少一次"改为"本行认为必要时得向保证人对保"；就保证人责任看，规定更为全面具体，也注意了与相关法律条文的衔接："保证人连带负完全赔偿之责，按照本行所开之损失数目，立即如数赔偿，不得藉口向被保证人查询或其他任何理由，冀拖延时日"，并特别强调必须"自愿抛弃民法债编第二十四节保证各法条内有关保证人之一切权利"，同时还明确"保证人包括其继承人及遗产执管人"等[2]。至此，从技术层面观察，"银行行员保证规则"可以认为是银行保人制度演变过程的最高水平；但是不管如何，这种修订只是技术性的，从根本上看，仍是"老方一贴"。从另一个角度看，曾经备受关注的以"特种现金保证办法"为核心的银行保人制度改良，至此已宣告失败。

回顾发生在19世纪30年代和40年代的上海银行业保人制度改良事件，确实是耐人寻味的。由于当时银行业员工舞弊案件频发，加上开办信用保险的影响，以及《民法》等法律条文的修改，迫使银行业寻找新的方法和途径，对银行保人制度进行改良。在这种情况下，以"特种现金保证制度"为核心的改良方案在上海银行业应运而生，并且一度形成了较大的声势和影响，但最终却归于失败。就"特种现金保证办法"方案本身以及实施程序而言，即使是用今天的眼光看，也几乎是无懈可击的，但为什么会功亏一篑呢？恰恰是作为改良对象的传统银行保人制度，最终稳稳地占据了上风。曾经热闹一时的银行保人制度改良，走了一个循环，又回到了起点。如果说，试图仿照和移植欧美国家的信用保险模式，没有在当时的银行业取得什么大的进展，这还比较容易理解；而恰恰是被认为结合了中西方特点，并一度好评如潮的"特种现金保证办法"，最终也同样归于失败，则似乎有些令人费解。当然，我们不能否认，抗战爆发、物价腾飞以及战后货币制度改革等深刻变化，都对其产生了巨大的负面影响。但更深层次的原因恐怕还不仅于此。除了惋惜之外，还有一些东西是不能不让人深思的。

(原载《史林》2007年第4期)

---

[1]《银行学会银行实务研究会报告》，《银行周报》第31卷第28、29期合刊，1947年7月21日，第10页。
[2] 同上，第13页。

近代中国存款准备金制度述论

石 涛*

普通银行在日常经营活动中,吸收到存款后必须保留一定的资金余额以备客户提存的需要,否则就会出现流动性困难,甚至出现提存挤兑,引发清偿力危机,预留的这部分现款被称为存款准备金。而所谓存款准备金制度,就是中央银行依据法律所赋予的权力,要求商业银行和其他金融机构在其吸收的存款总额中,按规定比率提取一定的金额缴存中央银行,并借以间接地对社会货币供应量进行控制的制度。

从世界金融发展史来看,存款准备金制度经历了从一般银行各自保管其准备金而与中央银行无关的分散准备制,向一般银行不得自行保管其准备金而须由中央银行保管的集中准备制的演进。至20世纪二三十年代,中央银行制度快速发展,集中存款准备金制度被各国广泛采行。"欧美先进诸国之中央银行,或由于习惯之演进,或由于法律之规定,均已成为一般商业银行存款准备之保管者,此乃世界潮流所趋。"[1]集中保管普通银行存款准备金,成为各国中央银行的重要职责。存款准备金制度不仅对于保护广大存款人的利益起着重要作用,而且对于中央银行制度的健全与职能的发挥具有重要意义,是中央银行成为"银行的银行"的前提条件和控制信用的一个重要的货币政策工具。因此,今天凡是实行中央银行制度的国家,一般都实行法定存款准备金制度,规定普通银行要向中央银行缴存存款准备金。

目前学术界对于近代中国存款准备金制度的研究成果尚不多见[2],本文对近代中国存款准备金制度的产生与发展历程进行完整梳理,在此基础上考

---

* 石涛,2010年博士毕业于复旦大学历史学系,现为陕西师范大学历史文化学院副教授。
[1]《论存款准备金应否逐月调整》,《金融周讯》第3期,1945年1月30日。
[2] 相关成果参见:刘慧宇:《中国中央银行研究(一九二八—一九四九)》,中国经济出版社,1999年;杜恂诚:《上海金融的制度、功能与变迁(1897—1997)》,上海人民出版社,2002年;张天政、成靖:《西京银行公会与抗战时期国民政府的金融监管》,《中国社会经济史研究》2013年第2期;贺水金:《论1937—1949年通货膨胀对中国商业银行的影响》,《社会科学》2017年第9期。

察存款准备金制度存在的缺陷和弊端,并对导致存款准备金制度扭曲的原因及其所反映的国民政府中央银行的职能缺陷问题进行分析。

一、存款准备金制度的缺失与银钱业
联合准备组织的出现

近代中国,由于银行业发展较为滞后,尤其是缺乏强有力的中央银行,使得存款准备金制度长期缺失。无论是晚清时期的大清银行,还是北洋时期的中国银行,虽然都被定位为中央银行,但都未有过集中保管商业银行准备金的制度安排。"法律上既无最低限额之规定,习惯上又无集中之事实。"[1]在存款准备金既无法规也无习惯的情况下,经营稳健的商业行庄能够提存较多准备金以备存户提取,而那些投机取巧的行庄,往往将大量资金用于投机业务,库存现金薄弱,一旦投机失败或发生提存,难免破产倒闭。民国时期金融风潮层出不穷,银行钱庄倒闭时有发生,其中原因与存款准备金制度缺失不无关系。

1928年11月1日,南京国民政府中央银行在上海成立,但成立之初的中央银行力量有限,职能很不完善。在存款准备金制度方面,《中央银行条例》对于中央银行集中保管银行存款准备金没有做出规定,条例仅提到"收受各项存款并代人保管证券、票据、契约及其他贵重物品"是中央银行业务之一,同时条例中有"准备集中之规划"的内容[2]。有人认为,这是"该条例已默认准备集中主义也"[3]。由于中央银行成立之初实力有限,在金融界的信誉尚未树立,因而集中准备根本无从下手,即使条例有规定,也不过是一纸空文。1935年5月,国民政府公布的《中央银行法》明确规定,"收管各银行法定准备金"是中央银行业务之一。但该法对于如何收管存款准备金并无明确操作办法,事实上中央银行也未开展此项业务。法币政策实施后,国民政府决定将中央银行改组为中央准备银行。在制订改组方案的过程中,集中全国银行业之准备金被视为中央准备银行制度的"精义"之一而受到高度重视。1937年6月立法院通过的《中央储备银行法》草案规定,凡在国内营业之银行,其普通存款总额在100万元以上者,应按其存款总额向中央银行缴纳存款准备金,其中活期存

---

[1] 鹤影:《商业银行存款准备金问题》,《中央经济月刊》第2卷第10号,1942年10月。
[2] 中国第二历史档案馆等编:《中华民国金融法规选编》上册,档案出版社,1989年,第530—531页。
[3] 张辑颜:《中国金融论》,商务印书馆,1933年,第293页。

10%，定期存款 5%[1]。

从抗战前的立法进程来看，采取集中存款准备制度的趋势非常明确，并随着中央银行实力地位的增强而逐渐具体化。1937 年通过的《中央储备银行法》草案，明确规定了普通银行缴纳法定存款准备金的比率。但抗战爆发后该法案被搁置，因此这些规定也就有名无实了。这一时期，国民政府中央银行不仅未能集中保管普通银行存款准备金，反而为了推广钞票和资金清算方便，还须在上海各银行钱庄存放大笔现金，即所谓"存放行庄款"，这不仅不利于中央银行在危机来临之际集中力量应对危机，而且违背了中央银行应该掌握其他银行存款准备金的基本原则。

在中央银行职能缺位和存款准备金制度缺失的情况下，各地银钱业为了维护行业整体利益，为了团结力量应对危机，纷纷成立了同业联合准备组织，如 1918 年上海银行公会有公共准备金之存储，1930 年天津银行公会及钱业公会在市面恐慌之际也有准备金之筹设。1932 年"一·二八"事变之后，各地金融界加快了联合准备组织建设，如上海银行公会联合准备委员会、上海钱庄联合准备库、天津银钱两业合组之联合准备库、杭州银行业公库等纷纷成立。这些银钱业联合准备组织的主要功能，就是以会员行庄所缴纳的资金与财产作为公共准备金和担保，通过发行单证等方式增加流通筹码，缓解金融枯竭，调剂同业盈虚，从而发挥了类似"最后贷款人"的功能和稳定金融的重要作用。而这些职能与作用，本应由中央银行承担和发挥。银钱业联合准备组织一定程度上发挥了中央银行的功能，所以有人认为，上海银行业的联合准备委员会"性质组织略类似于美国的联邦准备银行"[2]，上海钱庄的联合准备库也被视为"在钱业组织中，实有中央银行一部分之权力"[3]。

这一时期，在集中保管存款准备金方面值得一提的是储蓄银行存款准备金由中央银行保管。南京国民政府成立后，加强了对储蓄银行业的监管力度。1934 年 7 月颁布的《储蓄银行法》规定："储蓄银行至少应有储蓄存款总额四分之一相当之政府公债库券及其他担保确实之资产，交存中央银行特设之保管库，为偿还储蓄存款之担保。"[4]该法适用对象为储蓄银行或类似银行，并对存款准备资产的项目、存款准备率以及准备金的计提方法都有所规定。

---

[1] 洪葭管主编：《中央银行史料》(上卷)，中国金融出版社，2005 年，第 249、265 页。
[2] 王延松：《国难期中应如何稳定金融》，《银行周报》第 17 卷第 20 期，1933 年 5 月 30 日。
[3] 程绍德：《上海金融组织中之银钱业联合准备委员会》，《中央银行月报》第 5 卷第 2 号，1936 年 2 月。
[4] 中国第二历史档案馆等编：《中华民国金融法规选编》上册，档案出版社，1989 年，第 582 页。

1934年9月,储蓄存款保证准备保管委员会在中央银行正式成立[1]。各银行缴存的保证准备,由中央银行特设之保管库保管。储蓄存款准备金的集中保管,可谓初步确立了存款准备金的集中保管制度,但这与真正的存款准备金制度还有很大差距。

总之,抗战前这一时期,除储蓄存款外,各银行的普通存款准备金仍维持着分散状态,国民政府中央银行一直未能集中保管普通银行存款准备金。存款准备金制度的缺乏,不仅影响金融业的整体发展,而且导致中央银行无法控制整个国家的通货供应和信用规模,制约中央银行其他职能的发挥。

二、抗战时期存款准备金制度的建立

抗战时期,国民政府不断强化对金融业的统制,集中收存银行存款准备金就是政府积极推行的一项金融统制措施。存款准备金制度正式建立,并经历了国家四行共同保管存款准备金和中央银行单独保管存款准备金两个阶段。

(一) 四行共同保管存款准备金阶段

1940年8月,财政部颁布《非常时期管理银行暂行办法》,其中规定银行经收存款,除储蓄存款应照《储蓄银行法》办理外,普通存款应以所收存款总额20%为准备金,转存当地中央、中国、交通、农民四行任何一行,并由收存行给以适当存息[2]。这是"我国初次有法定存款准备须集中于国家银行之规定"[3],使存款准备金制度正式见诸法令并开始付诸实践。随后,财政部和四联总处还制定了一些具体实施办法,不断完善存款准备金制度。

为了统一存款准备金收缴办法,1941年4月10日四联总处理事会议通过了《非常时期各银行分区缴存存款准备金办法》,规定:(1) 存款准备金之缴存,先就四行分支行处所在地举办。(2) 凡设有中、中、交、农四行地方,以中央银行为负责承办行;无中央银行地方,以中国银行为负责承办行,无中国银行地方,以交通银行为负责承办行,其仅有四行中之一行者,即由该行负责承办。(3) 中央、中国、交通、农民四行所收存款准备金摊存之比例如下:① 四行全设地方:35%、30%、20%、15%;② 三行地方:40%、30%、30%;③ 二行地

---

[1] 《储蓄存款保管会正式成立》,《银行周报》第18卷第36期,1934年9月18日。
[2] 中国第二历史档案馆等编:《中华民国金融法规选编》上册,档案出版社,1989年,第642页。
[3] 袁宗葆:《论我国现行法定集中普通存款准备金制》,《新商业》第2卷第1期,1945年5月。

方：60％、40％；④ 一行地方：100％[1]。按照补充办法规定,各行庄存款准备金之缴存,应由当地负责承办行接洽办理。四联总处为责成各承办行切实收缴,并明定各行职责起见,于6月间编订《全国各地四行负责承收存款准备金行名表》,指定全国各地负责承办行共180余家,并确定各地四行间摊存准备比例。截至当年底,全国各地负责承办行约在200家以上[2]。存款准备金制度的实行,被视为"抗战以来统制金融之一大进步"[3]。

(二) 中央银行单独保管存款准备金阶段

按照《非常时期管理银行暂行办法》规定,各银行的存款准备金可交存中、中、交、农任何一行,不必集中于中央银行。由于中央银行分支机构尚未普遍设立于各地,为便利推行起见,不得不有此规定,但这也意味着中央银行还不是唯一的存款准备金保管银行,中国、交通、农民三行在保管存款准备金方面与中央银行处于平等地位。《非常时期各银行分区缴存存款准备金办法》虽然赋予了中央银行收缴存款准备金的优先承办权,但不论四行中任何一行收存后,仍须按比例摊存。商业行庄缴纳存款准备金时须按比例摊存四行,申请提回准备金时亦须依照原比例摊退,缴纳提回手续繁琐不便,对于各行庄准备金之缴纳不无影响。

为加强中央银行职能,完善存款准备金制度,财政部在四行共同保管存款准备金的基础上,进一步推行由中央银行单独保管。1942年五六月间,国民政府酝酿对国家四行实行专业化改组,存款准备金制度改革是其中重要的内容。1942年5月,财政部致函四联总处,提出改变存款准备金缴存办法,改由中央银行集中收存。在无中央银行地方,由该行委托三行中之一行办理。随后,5月14日四联总处理事会议决定：存款准备金集中缴存中央银行；此前四行已分别收存之准备金,自6月21日起一律转存中央银行；以后新缴之准备金一律缴交中央银行[4]。

为了进一步便利收缴,简省各行会计手续,并贯彻集中准备的原则起见,

---

[1] 中国第二历史档案馆编：《四联总处会议录》(七),广西师范大学出版社,2003年,第423—425页。

[2] 重庆市档案馆、重庆市人民银行金融研究所合编：《四联总处史料》(下),档案出版社,1993年,第388页。

[3] 中国第二历史档案馆编：《中华民国史档案资料汇编》第五辑第二编财政经济(一),江苏古籍出版社,1997年,第410页。

[4] 重庆市档案馆、重庆市人民银行金融研究所合编：《四联总处史料》(下),档案出版社,1993年,第425页。

1942年6月4日四联总处理事会议制定了《存款准备金收缴补充办法》,规定:(1)凡设有中央银行地方,所有当地各行庄存款准备金,由中央银行独家收存,其增收提回等手续,即由中央行独家承办。(2)未设中央银行地方,由中央银行委托中国、交通或中农行为负责承办行,所有存款准备金即由负责行独家收存,其增收提回等手续,仍由负责行独家承办。中、交、农三行所收之准备金,应全数转缴附近之中央银行。(3)目前各行已分别摊存之准备金,应于6月21日起一律转存中央银行或当地负责承办行集中收存[1]。

经过此次办法调整之后,普通银行钱庄的存款准备金一律由中央银行集中保管,中央银行成为唯一保管存款准备金的国家银行。中央银行集中保管存款准备金制度的建立,既是近代中国金融制度建设的重要成就,也是战时中央银行发展的重要一步,有助于增强中央银行的力量和地位。但是,无论是从学理而言,还是就实施效果而论,这一时期的存款准备金制度还不完善,存在诸多不足。

首先,存款活期定期不分,准备金率缺乏灵活性。活期存款与定期存款性质不同,对于扩张信用的影响也不同,因此提缴准备金率也应该有所区别。按照先进国家通例,活期存款准备率应高于定期存款,且须随时保持充分的伸缩性,根据需要进行调高或调低。而按国民政府财政当局所定办法,准备金一律为20%,不仅不分活存和定存,而且准备金率固定不变,这种规定过于呆板,使中央银行在运用上没有伸缩余地。

其次,存款准备率过高,影响普通银行的资金运用能力。战争时期,商业行庄吸收存款并非易事,而且存款多以活期为主,定期很少。商业行庄如果按照规定存款不分定期、活期均须缴存准备金20%,为应付存户提存还须经常准备库存现金30%以上,二者相加达50%以上。据时人计算,商业行庄吸收1万元存款至少须有5 000元准备,剩余的5 000元按法定利率3分2厘放出,可得利息160元,加上中央银行存款准备金利息25元,即各行庄放出现款1万元,月息可收185元,而接受1万元存款,须付出月息280元,结果亏损95元。在此情况下,"银钱业如奉公守法,势必家家亏本倒闭"。金融界人士认为,20%的存款准备率"征诸学理与事实,似嫌太高,直等于征课重税,商业银钱行庄,数年来因此遭受损失不赀"[2]。

第三,其他国家行局不缴存存款准备金。对于中央银行之外的其他国家

---

[1] 中国第二历史档案馆编:《四联总处会议录》(一五),广西师范大学出版社,2003年,第45—46页。
[2] 《论存款准备金应否逐月调整》,《金融周讯》第3期,1945年1月30日。

行局(包括中国、交通、农民三行及中信、邮汇二局)是否需要缴存存款准备金,法令并未作出明确规定,财政部也未责令三行二局与普通商业银行一致照缴准备金。虽然财政部和四联总处均认为,"中、交、农三行及中信、邮汇两局,依法应提缴普通存款准备金"[1],但因战时环境制约和三行二局反对而未能实行。其他国家行局不缴存存款准备金,是存款准备金制度的一个严重漏洞。

抗战时期,国民政府实施存款准备金制度的主要目的是为了吸收游资,控制商业行庄信贷规模,防止囤积居奇,遏制通货膨胀。自集中存款准备制度实行以来,在限制一般行庄放款数量,减少其创造信用之能力,以及保障储户权益,吸收游资等方面,取得一定成效。但存款金准备制度缺乏弹性,在运用上殊欠灵活,信用膨胀时中央银行无权提高存款准备金率,信用紧缩时中央银行也未能减低存款准备金率。四联总处曾指出,准备金率太高及缺乏伸缩性,是存款准备金制度的"最大缺点"[2]。

三、抗战胜利后存款准备金制度的改进

抗战胜利后,银钱业界对于战时制定的存款准备金制度日益不满,要求财政当局进行修改。如1946年3月,重庆市银行商业同业公会理事长吴晋航等人在给财政部长俞鸿钧的呈文中指出:存款准备金"所定比率之高,远过于当今任何一国","提缴准备之结果,不过限制行庄之活动能力,并使其坐受子金之亏累而已"[3]。银行界对于20%的准备率非常不满,认为"在战时为期求国家胜利起见,虽感觉到这个准备率太高,也只好忍受。胜利之后,不合理的比率当然应加以改订"[4]。

(一)《财政部管理银行办法》的颁布与存款准备金制度的改进

抗战胜利后,财政部废止了战时制定的《非常时期管理银行暂行办法》,并于1946年4月颁布《财政部管理银行办法》,规定银行经收普通存款,应以现款缴存准备金于中央银行或其指定代理银行,其中活期存款缴存15%—20%,

---

[1] 中国第二历史档案馆编:《四联总处会议录》(一九),广西师范大学出版社,2003年,第462—463页。
[2] 《中央训练团送来某学员拟〈对中央银行业务意见报告书〉》,上海市档案馆藏中央银行上海分行档案 Q53-2-13。
[3] 中国第二历史档案馆编:《中华民国史档案资料汇编》第五辑第三编财政经济(二),江苏古籍出版社,2000年,第56页。
[4] 盛慕杰:《论存款准备率》,《经济周报》第2卷第14期,1946年4月11日。

定期存款缴存7%—15%。准备率由中央银行根据金融市场情形,商承财政部核定[1]。新规定较战时办法有了两点明显改进:(1)存款分为活存和定存两种,分别规定不同缴存比率;(2)准备金率不再固定,而是设置了最高最低限额,并允许中央银行根据需要进行调节,具有一定伸缩性。就制度而言,这无疑是一次重要的改进。

但新办法公布后,各地银行界认为仍有很多不当之处,尤其是对于存款准备金率,虽然较前有所下降,但银行界普遍认为还是太高。如据上海银行界人士估算,以1946年8月而论,存款总额为14 977 964.6万元,应缴准备金为2 978 873.2万元,占19.9%,换言之,即上海市商业银行现有存款1 400余亿元中,有300亿左右冻结为准备金,何况尚有票据交换等准备金,再加上支付存款利息,商业银行存款中可用于放款的数额不及三成,假定100亿元存款中可用于放款的为30亿元,照目前利息1角5分计算,可得利息4.5亿元,根本不敷开支[2]。成都市银行界也认为,存款准备金率过高,增加了银行成本,"银行为求生存计,遂有黑帐,露天银行亦乘机而起",请求中央银行降低存款准备金率[3]。

(二)《银行法》的颁布与存款准备金制度的调整

1946年上半年,财政部将拟订的《修正银行法草案》公布,征询各方意见。《草案》规定,银行经收普通存款应按照活期存款10%—20%、定期存款7%—15%的比例,以现金向中央银行缴存准备金。准备金率由中央银行就金融市场情形,商承财政部核定[4]。

银行界在讨论草案的过程中,对这一规定普遍表示不满。如上海银行学会秘书长朱斯煌认为,不仅存款准备金率过高,更重要的法定准备实际上无异于固定性的保证金,而非真正流动性的营运准备。各银行向中央银行缴存准备金之后,还需要准备大量头寸以备提存,增加了银行营业困难。因此,如果法定准备的性质不加更正,则应降低准备率,并允许以公债或财产抵充部分准备金[5]。杭州市银行公会认为,银行法草案"活期定期存款准备金规定过高,

---

[1] 中国第二历史档案馆编:《中华民国史档案资料汇编》第五辑第三编财政经济(二),江苏古籍出版社,2000年,第3页。
[2] 《商业银行表示减低利息殊为困难》,《征信所报》第214号,1946年11月16日。
[3] 《蓉市商业银行拟请降低存款准备金》,《征信新闻》(重庆)第633期,1947年4月12日。
[4] 《修正银行法草案》,《银行周报》第30卷第21、22期,1946年6月1日。
[5] 朱斯煌:《关于中央银行法修正草案之意见》,《银行周报》第30卷第30期,1946年8月5日。

殊有碍银行资金之周转",于 1946 年 5 月致电立法院,提出"活期请免于提存,定期请减为原案之半"[1]。重庆金融界人士也认为草案规定的存款准备金率太高,"如照此办法,设银行不做假帐,低报存款,将不能维持生存"[2]。

1947 年 9 月正式颁布的《银行法》,将商业行庄缴存中央银行的存款准备金,改称为"存款保证准备金",规定中央主管官署对于银行应缴存的保证准备金,应在相关规定最低及最高限度内,按照当地当时金融市场情形,商同中央银行分别核定。《银行法》将银行分为不同类别,分别规定了缴存保证准备金的比率,如表 1 所示。《银行法》还规定,各银行存款保证准备金经中央主管官署审核,可以公债、库券或国家银行认可之公司债抵充。与草案相比,《银行法》规定的存款准备金率有所降低,并可以债券等抵充,说明财政当局一定程度上接受了金融界的意见。

表 1 存款保证准备金缴存比率表

银行类别	存款类别	缴存比率
商业银行、储蓄银行、信托公司、钱庄	活期存款	10%—15%
	定期存款	5%—10%
实业银行	活期存款	8%—12%
	定期存款	5%—8%

资料来源:中国第二历史档案馆等编:《中华民国金融法规选编》(上册),档案出版社,1989 年,第 747—754 页。

1947 年 12 月,财政部依据《银行法》规定并参酌实际情形,规定了行庄缴存存款准备金的具体实施办法:(1)各地商业银行、储蓄银行存款保证准备金缴存比率,暂定活期存款为 15%,定期存款为 10%。(2)实业银行一律暂照商业银行标准缴存。(3)省县市银行缴存比率暂定为活期存款 12%,定期存款为 8%。(4)准备金得依照银行法之规定,以公债库券抵充,但不得超过应缴总额 50%。(5)保证准备金的调整,仍为每月一次。以上规定,均自 1948 年 1 月 1 日起实行[3]。

这一时期,除了加强对商业行庄存款准备金的收缴之外,财政部和中央银

---

[1] 《杭州市银行商业同业公会对修正银行法草案之意见》,《银行周报》第 30 卷第 29 期,1946 年 7 月 29 日。
[2] 《修正银行法草案渝金融界人士多表不满》,《经济通讯》第 12 期,1946 年 4 月 13 日。
[3] 中国第二历史档案馆等编:《中华民国金融法规选编》上册,档案出版社,1989 年,第 769—770 页。

行还开始向其他国家行局收缴存款准备金。1948年5月,财政部规定国家行局应缴储蓄存款保证准备金,比照省县市银行储蓄存款缴存比率计算,即活期存款为12%,定期存款为8%[1]。6月,三行两局提出将储蓄存款保证准备金予以免缴,被财政部拒绝[2]。此后,存款准备金的缴纳范围终于扩大至国家行局。

在中央银行的各种存款之中,收存普通银行存款准备金与金融市场关系最为密切,中央银行"无时不在努力推进中,总行对于分行此项业务督促尤严"[3]。在财政部和中央银行的推动下,存款准备金收存数额不断增加。如表2所示。

表2 中央银行收缴存款准备金数额表　　　　　　　　单位:千元

时间		上海市商业行庄缴存额			全国省市县及商业行庄缴存额		
		存款总额	准备金	比率%	存款总额	准备金	比率%
1946年	1月	36 512 497	5 750 139	15.7	75 503 362	13 407 174	17.8
	6月	100 421 542	19 996 201	19.9	230 589 852	45 398 933	19.6
	12月	237 052 446	34 767 382	14.7	497 062 876	70 222 561	14.1
1947年	1月	298 491 266	44 128 523	14.8	613 886 491	88 827 719	14.5
	6月	714 461 113	112 242 762	15.7	1 429 008 047	212 773 293	14.9
	12月	2 419 333 247	348 355 853	14.4	4 719 045 436	640 485 050	13.6
1948年	1月	2 988 786 069	429 552 690	14.4	6 073 616 553	858 256 551	14.1
	6月	12 801 656 304	1 783 136 988	13.9	27 527 165 281	3 815 448 932	13.9

资料来源:《上海市商业行庄存款总额及其缴存中央银行之存款准备金数额》,《中央银行月报》新4卷第2期,1949年2月。《全国省市县及商业行庄存款总额及其缴存中央银行存款准备金数额》,《中央银行月报》新4卷第2期,1949年2月。

四、存款准备金制度的弊端与中央银行职能的缺陷

集中保管存款准备金制度建立后,中央银行收存的准备金数额不断增加,

---

[1]《国家行局储蓄存款准备金准照省县市银行比率缴存》,《征信所报》第653号,1948年5月13日。
[2]《业务局通函准财部电为国家行局储蓄存款保证准备金不得免缴》,《金融周报》第18卷第27期,1948年6月30日。
[3] 洪葭管主编:《中央银行史料》(上卷),中国金融出版社,2005年,第427页。

存款准备金制度也在不断调整改进,但制度一直很不完善,存在诸多弊端,主要体现在以下几方面:

第一,存款准备金率过高。战时和战后,财政部和中央银行一直制定和执行较高的存款准备金率,将此作为通货膨胀时期控制市场信用的一种措施。如曾任财政部长和央行总裁的俞鸿钧所言:"自通货膨胀以来,各银行放款业务尽量扩大,幸收存存款准备金办法,对通货之加速膨胀,发生若干束缚作用,否则情形必将更劣。"[1]虽然,高准备率对于遏制通货膨胀不无裨益,但其带来的负面作用也非常大。即就抑制通货膨胀而言,在恶性通胀时期,国民政府不停止滥发钞票,不从根本上解决通货膨胀的顽疾,仅试图通过征收高额的存款准备金,以冻结行庄资金,抽紧民间银根,这无异于舍本求末。高存款准备金率对于遏制通货膨胀效果有限,但却直接增加了商业行庄的资金成本,这是商业行庄一直对存款准备金制度不满的直接原因。

第二,存款准备金制度缺乏伸缩性和有效性。从一开始,国民政府的存款准备金制度就缺乏伸缩性。抗战时期,不分区域、不分定存活存,一律缴存20%。抗战胜利后制定的法规中,规定了准备率的最高和最低限度,从制度设计上有了伸缩空间。但是,出于通货膨胀的压力,财政部往往要求中央银行按照最高限度执行。而且,存款准备金缴存后,不能随时收回以应银根紧缩时之急需,致使本应具有流动性的存款准备金变成了刚性呆滞的保证金。如金融界人士所言:"与其谓为存款准备金,不如谓为存款保证金。"[2]行庄缴存中央银行之后,难以在需要的时候得到中央银行的援助,各自仍须准备大量的库存现金。"一般银行缴纳中央银行的准备金,并不能作为抵补头寸之用,不能按日调整,不合理的地方实在太多了。"[3]"中央银行对于收存准备金诚多致力,而对于市面银根之奇紧与市息之高涨,则熟视无睹。"[4]存款准备金制度有名无实,这一点是商业行庄深为不满的根本原因。

第三,中央银行缺乏独立运用政策的权力。存款准备金制度作为一项重要的货币政策工具,本应由中央银行掌握,根据市场需要随时进行调节。然而,国民政府中央银行事实上一直未能独立掌握和运用这一工具。1946年10月召开的中央银行第三届行务会议曾就存款准备金制度提出议案并作出决

---

[1] 俞鸿钧:《二十年来中央银行与中国金融》,《中央银行月报》新3卷第10期,1948年10月。
[2] 《金融座谈会讨论修正银行法草案纪略》,《银行通讯》新7期,1946年6月。
[3] 《新贴放政策》,《财政评论》第18卷第4期,1948年4月。
[4] 中国第二历史档案馆编:《中华民国史档案资料汇编》第五辑第三编财政经济(二),江苏古籍出版社,2000年,第58页。

议，中央银行认为"我国幅员辽阔，各地经济情况不同，拟请财政部授权本行，就最高最低范围内，自行斟酌决定，并由本行授权各分行分区办理"[1]。但实际上存款准备金率的决定权一直由财政部掌控，中央银行基本上只是执行财政部命令，并无独立运用政策的权力。

就近代中国金融制度变迁而言，存款准备金制度的建立符合世界潮流，也符合中国金融业发展的客观需要，有助于完善中央银行的制度和职能，具有进步意义。但是，中央银行却未能使这一制度的积极作用得到充分发挥，而是只享受保管存款准备金的权利，却不承担调节货币供应以及在危急时刻向商业行庄提供资金融通的义务。如时人所言："由于目前我国中央银行，因各种关系，尚未能充分发挥其在银行界之领导地位，亦未能善尽其最后贷放者之责任，致存款准备金缴存后，在中央银行方面，并不能因之发宏（挥）其控制之力量，在一般银行方面，亦不能促进其现金准备使用之经济，故目前我国之集中存款准备制，严格言之，已失去其固有之性能，仅在附带功效上，具有作用而已。"[2]存款准备金制度在实践中背离初衷，严重扭曲，这实际上是国民政府中央银行畸形发展和职能缺陷的反映。中央银行自成立起，就缺乏应有的独立地位，被国民政府完全控制，沦为政府的财政工具，在业务活动中长期偏重于"政府的银行"的职能，以代理国库和支持政府财政为头等要务，将主要财力用于满足国民政府无底洞般的财政需求，导致"银行的银行"的职能长期缺失，集中存款准备金、主持全国票据清算、重贴现及公开市场等金融业务发展严重滞后。中央银行虽然具备了成为"银行的银行"的前提条件，但却未能真正发挥"银行的银行"的职能，也没有担负起"最后贷款人"的重任，这是国民政府中央银行职能的严重缺陷，也是近代中国金融制度的严重缺陷。

(原载《福建论坛》2019 年第 4 期)

---

[1]《央行召开行务会议》，《中央银行月报》新 1 卷第 11 期，1946 年 11 月。
[2] 袁宗葆：《论我国现行法定集中普通存款准备金制》，《新商业》第 2 卷第 1 期，1945 年 5 月。

美国韦尔斯利学院藏宋美龄档案介绍
——以米尔斯档案为中心

宋时娟*

史料对历史研究的重要性不言而喻,就"中国近现代史上有影响的知名人士"[1]宋美龄的研究而言,目前对档案资料的发掘和利用还远远不够,研究的广度和深度都还有很大的空间,甚至一些基本的历史事实都有待更为准确地还原和呈现。美国韦尔斯利学院档案馆所藏宋美龄档案具有很高的史料价值,其中的"米尔斯档案"相比于其他的宋美龄档案而言更具特色,对这些档案资料的发掘利用,必将推动对宋美龄及其相关人物和历史问题的研究。

一、档 案 简 介

美国地区收藏宋美龄档案资料的机构中,以宋美龄大学母校——马萨诸塞州韦尔斯利学院档案馆最为丰富。长期以来,该校非常注重对宋美龄这位著名校友的档案文献资料的保管、收集和整理工作。目前该校档案馆所藏宋美龄档案主要集中于"蒋宋美龄档案"(Papers of Mayling Soong Chiang, 1916—2003)和"埃玛·德隆·米尔斯档案"(Papers of Emma Delong Mills, 1888—2007,以下简称"米尔斯档案")[2]。另外,该校"校长办公室档案""宋美龄基金会项目委员会档案""1917届班级档案"[3]"宣传办公室档案"里面也有一些宋美龄的档案资料。所有档案文件均以"盒"(box)为单位,每盒都有"名称(title)",注明该盒档案的年代和内容,每盒包含不同的"文件夹(folder)"。

---

* 宋时娟,2000年硕士、2016年博士毕业于复旦大学历史学系,现为上海宋庆龄故居纪念馆副馆长。

[1] 2003年10月24日时任全国政协主席贾庆林致宋美龄亲属唁电。
[2] 韦尔斯利学院图书馆网站有"蒋宋美龄档案"和"米尔斯档案"的目录指南。
[3] 韦尔斯利学院图书馆网站有1917届班级档案,亦可参考。

"蒋宋美龄档案"是宋美龄的个人专档,共有 19 盒,主要有宋美龄的文章、随笔、剪报和照片;有宋美龄学生时代及其后与学校相关的资料,如书信、演讲、访问和照片;有展现宋美龄政治生涯的出版物和剪报等。其中宋美龄在韦尔斯利学院就读时写于 1916 年 3 月 13 日、4 月 2 日的两封亲笔信是目前所见宋美龄最早的书信,非常珍贵。韦尔斯利学院档案馆是目前所见唯一馆藏宋美龄个人专档的机构。

"米尔斯档案"即埃玛·德隆·米尔斯(Emma Delong Mills,1894—1987)的个人专档。米尔斯是宋美龄在韦尔斯利学院的大学同学、终生密友。大学毕业后的头几年,米尔斯一直都是宋美龄最亲密的朋友,两人之间往来书信频繁。在宋美龄的多次邀请下,米尔斯 1922 年 3 月来华,至 1925 年 8 月离开,和宋美龄家人都相熟。她在日记中记录了抵沪后经宋美龄介绍在陈友仁主办的《英文沪报》[1]任职的短暂经历、宋家在上海的有关情况以及陈炯明事变后的孙中山和宋庆龄等。1937 年米尔斯开始为美国援华医疗会(后来的美国援华医疗促进会)工作,并与宋美龄书信往来,协助联络和沟通美国方面的捐款和援助事宜。1950 年她以行政秘书代表该机构访问台湾。她长期为真光基金会工作,并帮助成立纽约唐人街计划委员会,为其服务近 20 年。1968 年当选为该委员会会长,是该组织唯一一位西方血统的会长,后来获得过台湾当局颁发的荣誉勋章。"米尔斯终生都对中国极感兴趣。"[2]1987 年米尔斯去世后,所有财产遗赠给她的侄子托马斯·德隆(Thomas A. Delong),文件亦归其监管。2010 年至 2011 年,德隆先生将米尔斯文件捐赠给韦尔斯利学院档案馆。

"米尔斯档案"有她本人的教育、职业生涯和活动的资料,也有韦尔斯利学院和 1917 届毕业学生的文献。时间跨度从 1884 年至 2007 年。所有档案分为 7 个部分,共 17 盒,与中国相关的部分是第三、四、五和七部分。对宋美龄研究来说,"米尔斯档案"中最重要、最核心的就是第五部分"蒋宋美龄(蒋介石夫人)",即第 9 盒档案。该盒档案共分为 29 个文件夹。其中,26 个文件夹是 1917 年至 1980 年间宋美龄和米尔斯的往来书信数百封(包含宋美龄书信里的卡片、信封、小册子、文章、简报、手稿等)。另外 3 个文件夹分别是 1922 年至 1926 年宋氏家人(含宋美龄)给米尔斯的信件、1916 年至 20 世纪 60 年代宋美龄和米尔斯的照片、1938 年米尔斯撰写的有关宋美龄的文章。

"米尔斯档案"第五部分中,1928 年以前只见有宋美龄给米尔斯的信件(米

---

[1] 即 *Shanghai Gazette*,1918 年陈友仁受孙中山指示在上海创刊。
[2] Wilma R. Right:《韦斯利学院档案馆宋美龄相关史料简介》,邓纯芳译,《妇研纵横》(台湾)2004 年第 69 期。

尔斯给其家人的信件不在此部分中），1929年至1936年二人书信全无，1937年以后是宋美龄和米尔斯两个人的往来信件。所有书信按时间顺序编排，1945年以前两人通信分别编排在不同的文件夹，1945年以后两人通信合并编排。有些书信已经做成了缩微胶卷。

1928年以前宋美龄的书信多为手写的私人信件。有趣的是，因为米尔斯比宋美龄大4岁，宋美龄在书信中称她为"达达"（Dada），自称"女儿"（daughter），这可能是延续了她们在学校时的习惯昵称。书信内容非常丰富，涉及日常生活、学习、思想情感和社会活动等多个方面。

1937年以后的书信多为打印稿，私密性大大降级，信中的称呼和署名已不再是以前的"Dada"和"daughter"，而是"Emma"和"Mayling"（或者 Mayling Soong Chiang，Madame Chiang Kai-shek），显得更为正式，有时宋美龄秘书会代之给米尔斯写信。抗战时期宋美龄与米尔斯往来信件内容主要是报告中国的战事和救济情况，以及与米尔斯交流在美开展援助中国抗战的各种事宜。20世纪50年代以后的信件主要内容是各自的活动行踪和生活上的相互关心等。

长期以来，这批书信无法与公众见面，因为"美龄日渐出名后，担心早年给朋友的信函太过坦诚不讳。她在1953年一封去函的末尾加上一句话：'我似乎记得你曾经答应宋美龄基金会把我给你的信交给他们。现在，我亲爱的好友，请在你的遗嘱添一句，这些信件将先经我过目检查，因为我不记得在往日只预备给你过目的信中是否留下多少荒唐话。'"[1]米尔斯生前坚守一条原则："宋美龄在世时不写东西也不接受采访。"[2]"她的遗嘱里提到，要将她与蒋夫人往来的记录捐赠给韦尔斯利学院，但要到蒋夫人过世后才可以公开这些记录。"[3]

二、"米尔斯档案"的独特价值

从目前宋美龄及其家族早期史料比较缺乏的情况来看，"米尔斯档案"中宋美龄的早年书信具有填补史料空白的独特价值。

---

[1] [美]汉娜·帕库拉：《宋美龄传》，林添贵译，东方出版社，2012年，第278页。
[2] "Acknowledgements", Thomas A. Delong, *Madame Chiang Kai-shek and Miss Emma Mills: China's First Lady and Her American Friend*, McFarland & Company, Inc, 2007.
[3] Wilma R. Right：《韦斯利学院档案馆宋美龄相关史料简介》，邓纯芳译，《妇研纵横》（台湾）2004年第69期。

（一）弥补了早年宋美龄研究资料的不足

宋美龄1898年出生于上海，2003年逝世于美国纽约。在她跨越3个世纪的人生历程中，有几个关节点非常重要：1907年赴美留学、1917年毕业回国、1927年与蒋介石结婚、1942年至1943年赴美、1944年至1945年赴美、1948年赴美、1950年由美赴台湾、1975年蒋去世后长期定居美国。长期以来有关宋美龄的研究集中于与蒋结婚后的新生活运动、西安事变和战时救助与外交等几个大的问题，但婚前即早年宋美龄的专题学术研究却付诸阙如，究其原因，主要是史料的匮乏。据笔者了解，美国斯坦福大学胡佛研究所、台湾地区"国史馆"和"党史馆"典藏宋美龄档案比较丰富，但早年史料极少。从已刊的宋美龄文献资料来看，除了1927年1月致蒋介石函尚属年代较早之外，其他各类文稿都在30年代以后。

而"米尔斯档案"中有1917年至1928年宋美龄致米尔斯书信近80封，其中1917年至1921年就有70余封。1922年至1925年，没有书信。1926年，2封。1928年1月24日，1封。此外，还有宋美龄致米尔斯的爷爷、奶奶和妈妈的书信5封，1922年6月11日宋美龄致希尔小姐书信1封。鉴于此，韦尔斯利学院档案馆收藏的这批形成于1917年至1928年的书信，为深入研究和探讨青年时代的宋美龄提供了宝贵的第一手史料。在书信中，宋美龄向米尔斯介绍了她眼中的婚丧嫁娶、中国的节庆风俗以及上海、北京、天津、广州和南京等的城市风貌；谈到她对中国传统文化的学习和热爱，谈哲学和历史，谈宗教信仰和精神世界，谈亲情、友情，谈爱情、婚姻和性，谈社会活动和个人价值的实现，谈社交和游历，更谈及五四运动及其他政治问题，等等。通过宋美龄的书信，我们看到了一位有着基督教家庭背景、活跃于上流社会和留学生学界，思想新颖、个性独立，以及追求自我价值实现的留美知识女性。这为解读日后走上政治舞台的蒋夫人宋美龄提供了历史背景和依据。

（二）补充了宋氏家族活动空间和其他成员的历史资料

宋氏家族作为民国历史上的一个显赫的政治家族，其早期的历史资料并不多，宋美龄书信对此有所补充。宋美龄书信记载了宋家在上海先后居住过的虹口东余杭路628号C（今东余杭路530号及526弄25、27、29、31号）、霞飞路（今淮海中路）491号和西摩路30号（今陕西北路369号）三处住宅，尤其对后两处住宅有详细的叙述和描写。比如霞飞路491号住宅在民国初年即1912年至1913年曾是辞掉临时大总统后的孙中山在沪行馆，1917年宋美龄毕业回国后和家人在此留下了唯一的一张全家福照片。1918年8月底宋家搬至西摩路居住。20世纪20年代末霞飞路改造,有着宏大规模的霞飞路宅邸可能就此消失。后来的研究者对这所房子本身的了解仅止于此,十足遗憾。可喜的是,宋美龄1917年给米尔斯的书信中附有这座房子的外景照片,以及对房子的详细介绍,如房子很豪华,下三层共有多个房间,但离城区很远,购物、外出就餐并不方便,离母亲倪珪贞的慈善事业和各种委员会比较远[1]。另外宋美龄在书信中大量记载了她和家人1917年欢度双十节、圣诞节和1918年春节的详情。所有这些历史细节,都大大丰富了宋氏家族活动空间和生活方式的历史资料,对书写宋氏家族日常生活史也很有帮助。

目前,宋家成员中除了宋美龄外,父亲宋耀如、二姐宋庆龄和哥哥宋子文的研究成果比较多,资料积累比较丰富,但母亲倪珪贞、大姐宋蔼龄、两个弟弟宋子良和宋子安不仅研究成果鲜见,文献资料都很缺乏,特别是两个弟弟的早年史料更是少之又少。

对"如朋友般的"父亲宋耀如,1918年4月至5月宋美龄有四五封信讲述了他生病住院、病逝安葬的情况。宋耀如去世后,无限悲痛的宋美龄和家人在新建成的万国公墓购买了墓地,将其安葬于此并举行了简单的葬礼,与1931年倪珪贞去世后隆重的葬礼相比较,当时的宋家并不那么显耀。从宋美龄书信的记载来看,如今安葬了宋耀如、倪珪贞和宋庆龄的宋氏墓地并非宋耀如生前而是他去世后宋家才购买的。

母亲倪珪贞,是宋美龄早年书信中记载最多的一位。宋耀如去世后,倪珪贞成为一家之长,成为凝聚家人的纽带。在宋美龄笔下,倪珪贞是一位能干、保守、笃信基督教且富有爱心的上层女性,她为贫困人家的女孩成立女子学校,身兼各种委员会的职务,支持宋美龄参加社会活动等。1920年9月5日,宋美龄向米尔斯列举了母亲不赞成她去美国学医的四个理由:第一,将有6年离开母亲;第二,美龄的健康状况无法承受医生职业的艰苦;第三,所需丰足,无须美龄自己烦劳;第四,从事其他职业,也能对中国有用。宋美龄因此体会到母亲的用心和关爱,比以往任何时候都理解亲情[2]。

书信中对长姐宋蔼龄和孔祥熙一家的记载也非常多。宋美龄回国后很长一段时间里,与孔家的往来最密切。1919年9月孔家第三个孩子孔令伟在上海出生前后,宋美龄帮助姐姐照看孔令仪、孔令侃。在一封信中,宋美龄表达

---

[1] 宋美龄在1917年8月7日和9月6日两封书信中都谈到霞飞路住宅。她眼中的"城区",大概指繁华的商业区。
[2] Mayling Soong to Emma Delong Mills, Sept. 5, 1920. Papers of Emma Delong Mills, Wellesley College Archives. (以下注释不再一一标明档案名称和馆藏机构)

了对大姐的崇敬,称之为"一位真正杰出的女性……是家人里面最有才干的,非同寻常地敏锐、机智、快活、机敏、富有活力",还谈到了笃信"上帝"的宋蔼龄对她的影响[1]。日后,宋美龄与孔家关系一直都很亲密,与早年的这段经历不无关系。

对于宋庆龄和孙中山,在头两年的书信中出现频率不高,因为寄往美国和欧洲的书信都有可能受到审查,"任何与她(指宋庆龄——笔者)的联系都会把我们扯进本与我们无关的事件中"[2]。在1919年9月29日的书信中,宋美龄提到10月10日那天,宋庆龄将举行招待会,她要帮二姐的忙。1921年2月初至5月中旬,宋美龄南下广州陪伴宋庆龄,这一期间的书信里详细描写了观音山大元帅府的有关情况。1926年1月初,宋美龄陪同宋庆龄到广州出席国民党二大。应该说,宋庆龄与孙中山的婚姻模式,宋庆龄参与、辅助孙中山的政治革命活动,对宋美龄的影响不容忽视。

对于宋子文,书信中也有多处提及,宋美龄经常和他一起外出活动,兄妹二人相处很融洽。在1926年1月23日的一封信里,记录了广州国民政府时期宋子文任财政部长的成绩:

> 我是两个礼拜前跟孙夫人一起到这里来的,她来出席在此举行的国民党第二次大会。我们正在拜访我哥哥宋子文,他是这里的财政部长。自他就职四个月以来,政府财政在不增加税收的情况下每月增长1 700 000元到4 200 000元。当他声称要稳定财政时,即使当时所有嘲笑他的香港报纸,现在都说他似乎已经完成了不可能的使命。人们都说称他是广州政府里最诚实和最后拿主意的官员,但他一如既往地谦逊。[3]

书信中对两个小弟弟宋子良和宋子安的记载更为有趣。两个弟弟年纪小、非常调皮,宋美龄帮助母亲管教他们,还给他们辅导功课。书信也清楚记载了他们就读圣约翰大学和赴美留学的时间,以及赴美就读的学校等。

从这批书信来看,早年宋美龄与家人是比较纯粹的亲情关系。但与蒋介石结婚后,宋美龄与家族其他成员,尤其是与宋庆龄、宋子文的关系中,掺和了很多政治的因素,亲情甚至降为次要的位置,宋氏家族亦蒙上了浓厚的政治色彩。

---

[1] Mayling Soong to Emma Delong Mills, July 6, 1921.
[2] Mayling Soong to Emma Delong Mills, Aug. 16, 1917.
[3] Mayling Soong to Emma Delong Mills, Jan. 23, 1926.

三、档案的利用

2003年10月宋美龄去世后,"米尔斯档案"档案得以向公众开放。随后陆续出版的三种宋美龄传记都充分利用了韦尔斯利学院档案馆藏宋美龄资料,尤其是"米尔斯档案"中的宋美龄书信。这三部传记作品分别是2006年李台珊所著《蒋介石夫人:中国永远的第一夫人》(Tyson Li, Laura, *Madame Chiang Kai-shek: China's Eternal First Lady*, New York: Grove Press, 2006)[1]、2007年托马斯·德隆撰写出版的《蒋介石夫人与埃玛·米尔斯小姐——中国第一夫人和她的美国朋友》(Thomas A. Delong, *Madame Chiang Kai-shek and Miss Emma Mills: China's First Lady and Her American Friend*, McFarland & Company, Inc, 2007)、2009年11月美国传记作家汉娜·帕库拉所著《最后的女王——蒋介石夫人与现代中国的诞生》(Hannah Pakula, *The Last Empress — Madame Chiang Kai-shek and the Birth of Modern China*, Simon & Schuster, November 2009)[2]。

李台珊和帕库拉的宋美龄传记都已出版中译本,但因删掉了注释,其参考利用价值大大降低。托马斯·德隆一书充分利用了宋美龄与米尔斯的通信及米尔斯的日记,公布了大量的书信内容,具有很高的参考价值。但对照书信原件,笔者发现作者在识别和解读上有纰漏甚至错误之处。例如,1918年10月29日,宋美龄自天津写信给米尔斯说:"几周前,我哥哥(指宋子文——笔者)因公北上,待了两周后于上周回到上海,处理生意上的事情。他在上海待了两天又回到这里,这一次我跟着他来了。即便不是因为我病得很厉害母亲本不让我来,但恰巧那时我弟弟约翰感冒了,离校回家,可以陪伴她。"[3]德隆在书中将陪同宋美龄北上的宋子文误解为宋子安[4],这显然是错误的,而约翰也不是宋子安,而是宋子良。

2008年10月"宋美龄及其时代国际学术研讨会"在香港召开时,韦尔斯利学院档案馆藏宋美龄资料和已出版的传记作品并没有引起与会学者的太多关注。直至今日,中国大陆地区鲜有利用此书信的学术论文和著作问世。直接

---

[1] 该书中译本参考[美]李台珊:《宋美龄——一个世纪女人的梦想、辉煌和悲剧》,齐仲里、郭骅译,华文出版社,2012年。
[2] 该书中译本参考[美]汉娜·帕库拉:《宋美龄传》,林添贵译,东方出版社,2012年。
[3] Mayling Soong to Emma Delong Mills, Oct. 29, 1918.
[4] Mayling Soong to Emma Delong Mills, Jan. 31, 1918.

原因是档案远在美国,不方便获取;另外,在民国历史人物研究中,大陆学界对宋美龄研究的重视程度不够,资料的收集和整理工作开展也比较少。目前,韦尔斯利档案馆藏宋美龄档案均对外开放,宋美龄书信原件也可以提供给查档者免费拍照利用,非常方便。笔者在识别和翻译米尔斯档案中的宋美龄早年书信时,常有拨云见日之感。以下仅就宋美龄早年婚恋和宋庆龄诞生地问题,谈谈宋美龄书信的研究利用价值。

(一)书信可以纠正对宋美龄早年婚恋问题的坊间传闻和猜测

梳理宋美龄早年书信中关于情感和婚姻的思想脉络,可以看到个性独立的她追求婚恋自由、渴望实现自我价值的心路历程。书信显示,与蒋介石恋爱结婚前风华正茂的她有过几次爱情的萌动,其中均未涉及长久以来坊间所传刘纪文是宋美龄初恋情人的内容。毕业后的 6 个月里,宋美龄看到了金钱的价值,也懂得了自尊的价值。她坦言,没有钱她绝不会结婚,也绝不会为了钱而结婚[1]。回国后的头几年,宋美龄喜欢过偶遇的外国人,却遭到家人的坚决反对;沪上门当户对的年轻人和富有的已婚绅士向她求过婚,都没能赢得她的芳心。最终,革命加爱情的婚姻典范,让她选择了政治与军事强人蒋介石。1928 年 1 月 24 日,婚后不久的宋美龄从南京写信给米尔斯充分表达了她对婚姻的看法:

> 我并不认为婚姻应该抹杀或吸收一个人的个性。因此,我想做我自己,而不是充任将军的妻子。这些年来我一直是宋美龄,我相信我代表了什么,我想继续发展我的个性,保持我的个性特征。自然,我丈夫不同意我的想法。他想要我作为他的妻子而存在,但我无言,我想要代表我自己。我不是卢斯斯通协会的会员,但我的确想被承认是一个因素,因为我是我,而不是因为碰巧成为他的妻子。
>
> 鉴于此,当我来时,火车站派代表来告知他们会为我提供专车。我拒绝了,因为我不要特权,直到我已经证明我自己值得享有特权为止。[2]

宋美龄与蒋在结婚之初对婚姻的看法有分歧,对此蒋日记中也有记载。1927 年 12 月 29 日,蒋介石"与夫人宋美龄女士争辩,公自省曰:'夫人以不自由为病,此固属于骄矜;然余亦太不自知其强梗之失礼也!'又曰:'夫人劝余进德,

---

[1] Thomas A. Delong, *Madame Chiang Kai-shek and Miss Emma Mills: China's First Lady and Her American Friend*, McFarland & Company, Inc, 2007, p. 21.
[2] Mayling Soong to Emma Delong Mills, Jan. 24, 1928.

余心许之,而尚与争论何哉?'"[1]书信和日记印证了二人在结婚初期的分歧。这封信的意义还在于尽管婚后的宋美龄充分发挥自己的聪明才智,尽力帮助蒋介石,承担起第一夫人的职责,但她还是保持了自己的独立和个性,甚至影响到蒋的个性和行为方式。比如,抗战时期她赴美寻求援助,亦非事事听从于蒋介石,在访英问题上她始终坚持己见,不肯妥协,蒋最后只能听之任之,接受她拒绝访英的决定。当然,比较多的史料反映出来的是蒋宋婚姻的和谐与美满,纷争并不是主要的。

(二) 虹口宋氏老宅的记载大大推进了宋庆龄诞生地问题的研究

有关宋庆龄诞生地问题的分歧由来已久,"浦东川沙"说利用黄炎培等人的口述资料认为宋庆龄、宋子文和宋美龄都出生在浦东川沙内史第,"浦西虹口"说认为宋庆龄出生在浦西虹口东余杭路宋氏老宅,但双方都缺乏足够说明问题的第一手资料。2013年4月川沙内史第重新对公众开放后,宋庆龄出生地问题再次引起媒体和各方关注。宋庆龄诞生地虽然是一个很小的历史问题,甚至不那么重要,但和现实需求联系在一起后,问题就变得复杂了。要解决宋庆龄诞生地问题,首先要考察宋家的早年生活经历。宋美龄1907年赴美留学时,宋家居住在虹口东余杭路628号C的宅子(宋美龄1917年回国后宋家已入住霞飞路491号),知道宋家何时拥有这所房子对解决宋庆龄出生地问题至关重要。宋美龄在1917年9月6日书信中说:

> 母亲不喜欢住得离市区太远,她说很不方便。因此,她的想法是我们搬回虹口老房子。你记得,我告诉过你我们拥有那所房子超过23年了。而现在这所房子依然和过去一样让人刮目相看。——这个地区变得太拥挤而不适宜。那边的地块是上海价格最高的,我试图要母亲把它卖掉,但我对老房子的铁石心肠让她如此震惊和伤心,以至于我不敢再提卖房子的事。[2]

从1917年往前推23年,说明宋家在1894年之前就拥有了虹口住宅。从倪珪贞对这所房子的深厚感情来看,虹口老宅对宋家的意义非同寻常,毕竟这是宋家在上海的第一处住宅。看起来,宋子文和宋美龄都不可能出生在浦东川沙,即便宋庆龄也很有可能出生在浦西虹口。当然这不排除宋家兄妹在浦东川沙

---

[1] 黄自进、潘光哲编:《蒋中正总统五记·省克记》,台北"国史馆",2011年,第19—20页。
[2] Mayling Soong to Emma Delong Mills, Sept. 6, 1917.

生活过一段时间的可能性。可是宋美龄在书信中从未提起过浦东川沙。无论如何,宋美龄书信关于虹口老宅的记载,虽然没有完全解决宋庆龄出生地问题,但这毕竟是关于虹口老宅的最早确切记录,是出自宋家人的第一手资料,自应引起有关方面的重视。审慎对待历史问题,不仅是对历史也是对现实负责的应有态度。

宋美龄早年书信中可以挖掘的内容还有很多,比如关于宋美龄基督教信仰的缘起、关于她眼中的中西文化、关于她在上海参与社会事务的经历、关于她早年的民族主义情感和个人的政治理想等。"米尔斯档案"中的宋美龄其他书信,对深化抗战及其以后的宋美龄研究一定会有所裨益。笔者相信,加强对宋美龄早年书信的解读,加强对韦尔斯利学院档案馆所有宋美龄档案资料的研究利用,有助于还原一个真实而完整的宋美龄,有助于推进对宋氏家族和以上相关方面的深入研究。

(原载《史林》2014年第1期)

胡佛研究所藏张嘉璈日记手稿本的学术价值

袁煕筠*

民初以来，张嘉璈历任金融界、政界诸多要职，前后交往的中外人士数量之多、层次之高、范围之广，在同时期民国人物中屈指可数。因此，历年来学术界较为重视对张嘉璈研究相关史料的整理与运用[1]。在海内外业已开放与刊行的与张嘉璈有关的档案文献中，胡佛研究所藏张嘉璈日记手稿本具有鲜明的个人特色。张嘉璈日记手稿本是由张嘉璈本人和其妻子周碧霞女士先后捐赠给胡佛研究所[2]，藏于张嘉璈私人档案中，共6盒，34本，起止时间为1935年6月至1979年10月。张嘉璈日记由张氏亲手以行书形式竖排或横排书写在专门日记本上，除了去世前一两年因身体原因导致字迹歪斜外，其他年份日记均字迹端正，少有涂改，易于辨认。张嘉璈日记手稿本不仅对研究1935年之后张氏的主要经历、思想主张，以及张群、蒋介石等与他关系密切的官商要人具有难以取代的价值，而且也有助于学界还原相关时期国民政府内政外交重大事件及相关政策的真实状况。鉴于目前此部分日记利用率仍然

---

* 袁煕筠，2013年硕士毕业于复旦大学历史系，现就职于上海新金融研究院。

[1] 张嘉璈(1889—1979)，字公权，江苏宝山(今属上海)人，历任中国银行上海分行副经理、中国银行副总裁、中国银行总经理、铁道部部长、交通部部长、东北行营经济委员会主任委员、中央银行总裁等职，国民党退守台湾后，长期旅美，1961年起至1974年，任胡佛研究所高级研究员。张嘉璈研究的相关史料包括张嘉璈本人著述、报刊、已刊档案、未刊档案、年谱、日记、回忆录等。其中，姚崧龄编著的《张公权先生年谱初稿》(上下册)(传记文学出版社，1982年)是整理最为详细、被学者引用最多的史料。

[2] 1974年7月29日，张嘉璈向胡佛研究所捐赠《东北接收工作日记》(1945年8月23日至1946年4月30日，即为第10盒中所存日记手稿本)，并与时任所长康培尔(W. Glenn Campbell)约定该部分日记10年后予以公开。(姚崧龄编著:《张公权先生年谱初稿》下册，第1327页)1978年张嘉璈又向胡佛捐赠了部分日记。1979年张嘉璈逝世后，余下部分日记则由其遗孀周碧霞女士捐赠给胡佛，至此全部日记对外开放。(有关张嘉璈日记捐赠情况，系胡佛研究所档案馆档案管理员 Carola. Leadenham 女士告知)

不高[1],有必要对胡佛研究所藏张嘉璈日记进行较全面的整理、校勘与考订,并与已有史料相互甄别,纠正谬误之处。本文拟结合张嘉璈研究的成果及相关史料,探究其学术价值,以求教于方家。

一、1935 年张嘉璈职务变动安排及其个人考量

学术界关于 1935 年 4 月张嘉璈被迫离开中国银行到当年底出任铁道部长期间的职位安排情况,已有不少研究成果[2],主要记载了张嘉璈被逐出中行的经过,但对于蒋介石与张嘉璈就职务安排的沟通细节以及张嘉璈本人的态度,鲜有述及。对此,胡佛研究所藏张嘉璈日记手稿本有多处记载。

1. 蒋介石曾就调张嘉璈离开中国银行事向其道歉

1935 年 8 月 23 日,张嘉璈应邀赴南京与蒋介石面谈:

> 晨到宁,即有姚副官来接,谓蒋先生在励志社,即赶去谈约二十分钟,大致上半年中国银行调动事,事前未及接洽,略表歉意,希望此后多多合作,并对于汪先生尽力相助,助汪即助己。约九月十九六中全会时再约谈,因即须乘飞机赴川,当即至飞机场相送。[3]

日记中的"汪先生"即行政院长汪精卫,"对于汪先生尽力相助"是指希望张出任实业部长。谈话中蒋介石对于未征求张嘉璈意见即将其调出中国银行一事表示歉意,这是已刊史料和论著未曾提及的。

2. 关于张嘉璈拒任实业部长的考虑

在张嘉璈调离中行前后,蒋介石曾于 1935 年 3 月 22 日、4 月 2 日、5 月 5 日、5 月 14 日致电孔祥熙及汪精卫,多次敦促他们互相商量,妥善安排张嘉璈为实业部长。函电中提到,对张嘉璈"先安其心,勿使人难堪也","则于公权方

---

[1] 目前已出版的张嘉璈日记有: Chang Kia-ngau, *Last Chance in Manchuria: The Diary of Chang Kia-ngau*, trans. By Ramon H. Myers, Donald G. Gillin & Dolores Zen, Standford, Calif.: Hoover Institution Press, 1989. 伊原泽周编注:《战后东北接收交涉纪实——以张嘉璈日记为中心》,中国人民大学出版社,2012 年。运用胡佛研究所藏张嘉璈日记手稿本所撰学术成果有吴景平:《蒋介石与抗战初期国民党的对日和战态度——以名人日记为中心的比较研究》,《抗日战争研究》2010 年第 2 期;汪朝光:《战后中苏东北经济合作交涉研究》,《近代史研究》2002 年第 6 期。

[2] 主要有洪葭管:《张嘉璈与中国银行》,《近代史研究》1986 年第 5 期;毛知砺:《张嘉璈与中国银行的经营与发展》,传记文学出版社,1996 年。

[3] "张嘉璈日记手稿"(1935 年 8 月 23 日),张嘉璈档案第 16 盒,美国斯坦福大学胡佛研究所藏。

面亦可略予面子,不使其不安也"[1]。如上文所述,蒋介石于8月23日也当面力劝张嘉璈出任实业部长,但是关于张嘉璈本人的考虑在已刊史料中记载甚略。如《张公权先生年谱初稿》4月4日条为"就黄郛商榷出处",该条之下提及的有:

> 忽接行政院长汪兆铭约赴南京担任实业部长来电。对于中央任命为中央银行副总裁问题,尚未解决,兹复发生实业部问题,颇有无所适从之感。特赴莫干山访问黄膺白商讨个人出处。黄氏因电蒋委员长代询究竟。

然后在10月底条下记述:

> 月底,蒋委员长邀赴南京,面挽出任实业部长,婉辞。[2]

而在张嘉璈日记中较为详细地记载了他对于出任实业部长的态度。8月23日张嘉璈的日记揭示:

> 嗣乘岳军兄车同至都城饭店略谈,有壬[3]兄亦在座,大致汪决敷衍至九月六中全会,一面提出改组中央机构办法。此次蒋汪晤面,结果蒋汪关系益见密切,但政治前途仍不能以此小小结果而有大希望也。

随后,张嘉璈又去拜见汪精卫,当汪问及政府改组可否参加实业部时,张嘉璈表示"此时不必谈,姑俟大局定后先谈事而后谈人"。他还明确写道:"余实不愿参加此无组织之政府。"[4] 8月29日,张群询及张嘉璈六中全会政府改组时能否担任实业部,张嘉璈答以"一无钱,二无事权,如经济委员会所为之事大

---

[1] 1935年3月22日,蒋介石在回复汪精卫21日关于如何处理张嘉璈任职事的函电中说:"公权先生如果辞职,弟意请其承长实业部,则公私两全。实业前途必能放一光明。"[《蒋中正总统档案——事略稿本》(以下简称《事略稿本》)第20册,台北"国史馆",2008年,第172页]4月2日,蒋介石电令孔祥熙:"弟意公权就实业部较妥当,先安其心,勿使人难堪也。请与子文兄一商之,何如盼复。"[蒋中正总统文物档案(以下简称"蒋档")002-080200-00218-034]。5月5日,蒋介石再次电令孔祥熙:"实业部事以先任公权为妥,如此时由子文兼任,则更为众矢之的,而于政局亦必生变化,更多不利。请以兄意直商汪院长,即任公权为实业部长。则公权方面亦可略予面子,不使其不安也。务望速办,并以此意转告子文是荷。"(《事略稿本》第31册,台北"国史馆",2008年,第19页)5月11日蒋介石又致电汪精卫:"对于实业部事,亦应解决,公权如能承乏更好,否则丁在君亦可。但须先征求其本人同意,并发表后应即就职,使政治充实,如发表而不就职,则轻公而自重,殊非革命之道,如何请与庸之兄再一详商,从速裁夺。"(《事略稿本》第31册,第51—52页)
[2] 姚崧龄编著:《张公权先生年谱初稿》上册,第142、144页。
[3] 文中"有壬",即外交部次长唐有壬。
[4] "张嘉璈日记手稿"(1935年8月23日),张嘉璈档案第16盒,美国斯坦福大学胡佛研究所藏。

都是实业部事,三则政府对各国经济关系难有确定方针,四则不愿离金融界,希望不提此事"[1]。9月2日,张嘉璈记道:

> 孔部长与余言汪院长日前在沪托其转促余就实业部事,余答以已婉谢汪院长,并在岳军兄前亦已婉告,且信托局组织伊始,未便撒手。而中央银行亦有许多改革之必要,不愿易地。孔云渠亦难于主张,劝就恐陈公博兄方面有所不满,劝辞恐汪疑不顾大局,欲余自己主张。[2]

对是否就任实业部长,张嘉璈先后与张群、汪精卫、孔祥熙商议情况,《张公权先生年谱初稿》完全没有提及。已刊相关论著认为,张嘉璈开始是愿意出任实业部长的[3]。然而张嘉璈日记手稿显示,当时张嘉璈对于入阁汪精卫主持下的行政院持消极看法。

3. 关于张嘉璈拒任驻日大使的考虑

1935年12月8日上午,张嘉璈从张群处得知蒋介石欲其就任驻日大使消息时,他当即"表示难就,允明日答复"。当日晚,张嘉璈在上海国际饭店再次遇到张群时,便"告以不适任,若万不得已,余以中日贸易协会名义赴日,小住数月"[4]。2月9日,张嘉璈就拒任驻日大使一事正式回复张群:

> (一)外交非所习;(二)日人之致尊敬于我者,以金融上之经验与信用,一旦涉足外交,观念顿变;(三)与蒋先生素未共事,日人疑我不能全权代表,因此不能担任日本大使之职。[5]

另外,张嘉璈11月26日的日记中记载了吴鼎昌托钱新之、徐新六劝其出任中日贸易协会会长时,他就曾"再四研究"如下:

> 余正值养晦之期,何必再于此等事露面,遭无谓之误会。且中日前途以北方情形观察,将有大问题发生,征之今日殷汝根之通电宣布宣言自治,必有背景,可以想见政治上之关系如是,其不安定,有何经济提携之可言。故告达诠劝其就会长,余不得已时可为之副。[6]

当时汪精卫因遇刺出国疗伤而辞职,蒋介石兼任行政院长的职位,希望起

---

[1] "张嘉璈日记手稿"(1935年8月29日),张嘉璈档案第16盒,美国斯坦福大学胡佛研究所藏。
[2] "张嘉璈日记手稿"(1935年9月2日),张嘉璈档案第16盒,美国斯坦福大学胡佛研究所藏。
[3] "张辞任中行总经理之后,旋即接获院长电约赴宁担任实业部长,张、或有所动心,国难当前,振兴实业一直为张专心致志的工作。"见于毛知砺:《张嘉璈与中国银行的经营与发展》,第458页。
[4] "张嘉璈日记手稿"(1935年12月8日),张嘉璈档案第16盒,美国斯坦福大学胡佛研究所藏。
[5] "张嘉璈日记手稿"(1935年12月9日),张嘉璈档案第16盒,美国斯坦福大学胡佛研究所藏。
[6] "张嘉璈日记手稿"(1935年11月26日),张嘉璈档案第16盒,美国斯坦福大学胡佛研究所藏。

用张嘉璈。张嘉璈虽然在日本朝野不乏人脉，但担忧中日时局趋于严峻，这是他拒绝出任驻日大使的重要原因。以上内容也是《张公权先生年谱初稿》完全没有记载的。

4. 关于蒋介石劝张嘉璈出任铁道部长的情形

《张公权先生年谱初稿》仅在1935年12月12日"就行政院铁道部部长职"条下简略记载：

> 我以国难当前，毫不迟疑，选择铁道部。一则可以贯彻在中行时代所抱辅助铁道建设之志愿，二则希望实行中山先生建筑十万里铁路之大计划。[1]

张嘉璈日记手稿本则较详细记载了张群、卢作孚和孔祥熙先后转达蒋介石的意见及张嘉璈的态度。如12月8日的日记记载：

> 晨岳军兄自宁来，传述蒋先生意旨，谓前一星期曾征求余意，欲余在新行政院中担任一席，余已婉拒。[2]

12月9日，张嘉璈收到：

> 卢作孚自宁来书，谓蒋先生有意欲我担任铁道部，因告岳军兄万不得已即就铁部，岳兄以此转蒋。[3]

> 下午孔部长自宁来电话，云：蒋先生欲我赴宁一谈，即晚赴宁。[4]

12月10日：

> 晨抵宁，十时晤蒋，告以：（一）向来只知对事不知对人；（二）喜直言；（三）非党员；（四）喜廉洁不能容恶人，所以不宜做官。同时，（一）华北外交险恶；（二）财政金融日陷绝路，恐徒劳无功。蒋答但愿我负责做事，一切为难由彼负之，并谓国难当前，正欲在社会做事，而在党以外者来负国家重任，决不计事功。最后告以勉为担任，如干不下去即挂冠

---

[1] 姚崧龄编著：《张公权先生年谱初稿》上册，第144页。
[2] "张嘉璈日记手稿"（1935年12月8日），张嘉璈档案第16盒，美国斯坦福大学胡佛研究所藏。
[3] "张嘉璈日记手稿"（1935年12月9日），张嘉璈档案第16盒，美国斯坦福大学胡佛研究所藏。当日，张群即发函电致蒋："急。南京蒋委员长钧鉴：佳午电计呈钧鉴。密。公权意极恳挚，亟愿效力，但因有种种困难，未允出使日本。群熟思此君与日英各方关系均极圆满，于铁道借款及各种债务问题，亦甚谙悉，与庸之、子文两先生又可合作——群意以为公权担任斯职颇为适合，为事实计，拟请钧鉴赐予考虑，如蒙采纳，敬祈径告庸之先生，征其同意。张群佳未印。"（蒋档002-080200-00260-081）
[4] "张嘉璈日记手稿"（1935年12月9日），张嘉璈档案第16盒，美国斯坦福大学胡佛研究所藏。

以去,彼如不惬意时亦不欲强留。嗣谈次长问题,渠云养甫可任次,余即同意,因年来浙江建设,彼此共事,相知甚深。此外拟招曾镕浦,渠与整理内外债及庚款内容,知之颇稔,可助部务,蒋亦同意。别蒋后即招养甫来谈,渠尚谦逊,震修兄力劝之。晚至蒋处决定,即晚回沪。[1]

12月12日,国民党第五届中政会第一次会议决定任命张嘉璈为铁道部长[2]。此外,对于铁道部次长以及招用曾镕浦一事,蒋、张也进行了商量。从12月9日张嘉璈得知蒋有意任其为铁道部长,次日在南京与蒋晤谈时张嘉璈即允就,究其原因,除了张嘉璈本人对于铁路事业有着积极的预期之外,蒋介石在人事安排和其他问题上的充分授权,打消了张嘉璈的顾虑。而在张嘉璈与蒋介石之间,张群的作用不仅在于传递信息,而且使得两人之间的意见趋于一致。

总之,张嘉璈日记较为详细地记载了张本人被迫辞去中国银行总经理职务至就任铁道部长的过程,与已刊《张公权先生年谱初稿》等文献之间有很强的互补、互校作用。

二、抗战前后张嘉璈主持铁路和交通建设的情况

与姚崧龄编撰的《张公权先生年谱初稿》和张嘉璈本人撰写的《抗战前后中国铁路建设的奋斗》有关内容相比,日记手稿本提供了许多新的重要内容。以铁道部围绕广梅铁路借款与英国方面以及国民政府财政部的沟通为例,涉及以下几个方面。

1. 关于英国方面态度

1937年3月初,英国财政部决定退出对华贷款的英方银团,即不为英方银行提供担保;英国外交部态度暧昧,而英商汇丰银行愿意提供贷款,条件是中国政府以盐余作为借款本息担保。

> 汇丰盖士利[3]暨霍伯器[4]来谈广梅路事,谓英财部已决退出新银团,外交部尚未确切表示,只须英政府表示决计退出,于一二年后可发行债票,则即可垫款,并商每年担保利息数目,毋论多少,如有不足,须由政府补足。[5]

---

[1] "张嘉璈日记手稿"(1935年12月10日),张嘉璈档案第16盒,美国斯坦福大学胡佛研究所藏。
[2] 《事略稿本》第39册,台北"国史馆",2009年,第433页。
[3] 盖士利,即卡塞尔(W. C. Cassels),时任汇丰银行广梅铁路交涉代表。
[4] 霍伯器(H. C. Hall-Patch),时任英大使馆财政参赞。
[5] "张嘉璈日记手稿"(1937年3月8日),张嘉璈档案第16盒,美国斯坦福大学胡佛研究所藏。

> 接盖士利信,接伦敦电,广梅合同要求以盐税偿还本息,此与日前镕浦次长来电经纪人希望以盐税作抵之语相符,据云因有报上一二篇文字指摘中国财政不健全及铁路信用之系于政治情形。[1]

> 接孔部长、曾次长电,知广梅合同英方坚持以盐余担保本息,故而搁浅。[2]

由于英方坚持这一要求,遂使铁道部把获得国民政府财政部的批准作为交涉重点。

2. 关于中国方面态度

张嘉璈和铁道部次长曾养甫、曾镕浦或直接出面,或与中国建设银公司方面的代表宋子良、刘竹君一起,与财政部长孔祥熙、次长徐堪等人多次接洽,但财政部的态度颇为谨慎甚至消极,迟迟未予批准,因而借款协定一直未能签署。

> 镕浦兄赴沪与孔部长接洽广梅路公债,务请其允以盐税担保利息,渠始允复变。得电话已办妥,心为之慰。[3]

> 接曾养甫次长电话,以广梅、浦裏合同久未接孔部长回电,嘱赴沪再与徐次长商洽,随即赴沪。下午同晤徐次长,晚接徐电话,知已与孔打电话,渠仍不赞成签订。[4]

> 下午四时至建设银公司开会:(一)广梅路事接罗斯爵士来复电,以中国铁路尚未能专恃本身收入,故目前不能不依赖担保本身,观察情形无法改变,当与子良合电孔部长,请其考虑。[5]

最后由张嘉璈商得蒋介石同意,并由蒋函电孔祥熙后,方得孔祥熙允准以盐税作为广梅路借款本息的担保。虽然行政院和国民党中政会先后于1937年3月底4月初通过了广梅公债案,但对于英方要求的盐税担保迟迟未能明确列入,直到7月6日出现转机:

> 九时开行政会议,中午蒋先生请午饭,饭后与谈十余分钟。一、广梅、浦裏合同以盐余担保本息一节,观察形势,无法拒绝,请其电孔部长照

---

[1] "张嘉璈日记手稿"(1937年6月5日),张嘉璈档案第16盒,美国斯坦福大学胡佛研究所藏。
[2] "张嘉璈日记手稿"(1937年6月16日),张嘉璈档案第16盒,美国斯坦福大学胡佛研究所藏。
[3] "张嘉璈日记手稿"(1937年3月27日),张嘉璈档案第16盒,美国斯坦福大学胡佛研究所藏。
[4] "张嘉璈日记手稿"(1937年5月24日),张嘉璈档案第16盒,美国斯坦福大学胡佛研究所藏。
[5] "张嘉璈日记手稿"(1937年6月24日),张嘉璈档案第16盒,美国斯坦福大学胡佛研究所藏。

办,得允可。[1]

7月20日,经孔祥熙同意,铁道部得以与英方接洽借款合同最后文本:

> 盖士利、刘竹君来商谈广梅合同最后底稿,因孔部长已同意盐余为本利担保之故,当将修改条文电曾次长,请其就近在伦敦接洽。[2]

这样,7月30日广梅铁路借款合同终于在伦敦签署。

张嘉璈日记手稿还记载了战时中国铁路和其他交通事业的规划、筹措和实施情况,如就浙赣、贵昆、湘贵、湘桂、津浦、广九、粤汉、成渝、叙昆等路与德、英、法等国的交涉;赴缅甸接洽滇缅铁路兴筑事;滇越铁路被炸毁、抢修、车辆吨位分配、防空、防疫及停运问题;滇缅公路、西南公路、西北公路、兰新公路、乐西公路、甘清公路、河田公路、平岳公路、黔桂公路、川滇东路等的修建;与苏俄商洽中苏航空公司合约问题、与英方商讨昆明至仰光航线问题以及欧亚公司复航情形;与法国航空公司商议加开香港昆明航线事;中印公路的勘测情况,等等。

三、国民政府抗战决策的确立

有关抗战爆发前后国民政府对日政策的转变,已经有不少研究成果;尤其是主要官方文件、蒋介石日记手稿以及其他民国名人日记等史料公布之后,这一转变的基本过程和相应的评价,应当比较清楚了。但是,张嘉璈日记手稿本提供了一位高层亲历者的具体记载,以及一个特定政府部门对于政府决策的具体因应。如1937年7月11日张群向张嘉璈谈到,"觉得中日前途大有战事爆烈不可收拾之势"[3]。7月13日"在蒋先生宅开行政会议,蒋先生报告芦沟桥方面虽相约停战,而昨晚仍继续冲突……事必扩大。中央已决北方,故令行政院全体回京"[4]。7月19日即蒋介石在庐山发表谈话两日之后,外交部致日方备忘录中,仍"告以希望限期同时撤兵,并愿用不论任何方法,由正当途径解决(地方事件得中央同意者可自由解决)"[5]。但7月24日,张嘉璈"接军事委员会函:(一)成立战事运输司令部,(二)成立国家总动员计划委员

---

[1] "张嘉璈日记手稿"(1937年7月6日),张嘉璈档案第16盒,美国斯坦福大学胡佛研究所藏。
[2] "张嘉璈日记手稿"(1937年7月20日),张嘉璈档案第16盒,美国斯坦福大学胡佛研究所藏。
[3] "张嘉璈日记手稿"(1937年7月11日),张嘉璈档案第16盒,美国斯坦福大学胡佛研究所藏。
[4] "张嘉璈日记手稿"(1937年7月13日),张嘉璈档案第16盒,美国斯坦福大学胡佛研究所藏。
[5] "张嘉璈日记手稿"(1937年7月19日),张嘉璈档案第16盒,美国斯坦福大学胡佛研究所藏。

会",同时中央"军队仍继续北上"〔1〕。这表明,国民政府职能部门正向战时体制转变。

那么,国民政府是在何时以及是如何作出抗战决策的呢?

根据蒋介石本人的日记,是在1937年8月7日作出的:

> 晚国防党政联席会议,午夜始散,决定主战。〔2〕

同一天,教育部长王世杰在日记中有进一步的记载:

> 今日上下午均开国防会议,军事各部会长官及由外省应召来京之将领阎锡山、白崇禧、余汉谋、何健、刘湘等均参加。中央常务委员及行政院各部部长于晚间该会开"大计讨论"会议时亦出席。会议决定积极备战并抗战,惟一面仍令外交部长相机交涉。〔3〕

《张公权先生年谱初稿》在1937年8月7日"出席国防会议"条下,以"先生日记云"和直接引文的方式,对与会者和发言内容仅提及蒋介石,且十分简略〔4〕。而张嘉璈在当天的日记里则记下了这一重要会议的具体时间、地点、与会者以及发言内容:

> 上午八时在国府大礼堂开国防会议,出席者除蒋介石外,有汪精卫、张群、冯玉祥、阎锡山、何应钦、程潜、唐生智、吴鼎昌、俞飞鹏、钱昌照、俞大维、周至柔、钱大钧、陈绍宽等,以及白崇禧、何健、何成浚、黄绍雄、熊式辉、余汉谋、秦德纯、朱绍良、王宠惠、邹琳;当天晚在励志社与中政会开联席会议,除上午到会会员外,加林主席、张继(监察院)、四院院长及叶楚伧、陈立夫、蒋内政部长、王教育部长等。先由主席令何部长报告芦沟桥事变之经过及其措置,军委会徐厅长报告军事准备(甲、敌我之态势,乙、战斗序列,丙、集中情形),次讨论大计。

日记手稿对蒋介石的讲话记述最详:

> 此次战事关系国家生死存亡,胜则复兴,败则数十年或一百年不能恢复,希望大家去成见,平心发表意见,迨决定后则不问胜负,义无反顾……敌军力比我强,经济力未必一定比我强,外交孤立,德亦未必为日助。但

---

〔1〕 "张嘉璈日记手稿"(1937年7月24日),张嘉璈档案第16盒,美国斯坦福大学胡佛研究所藏。
〔2〕 蒋介石日记,1937年8月7日,美国斯坦福大学胡佛研究所藏。
〔3〕 "王世杰日记",1937年8月7日,《王世杰日记》(手稿本)第1册,台北"中研院"近史所,1990年,第84—85页。
〔4〕 姚崧龄编著:《张公权先生年谱初稿》上册,第182页。

俄国此时不遑与日作战,英安定欧洲之不遑,无力顾及东方,美则向来取独立行动,故我方亦无实在援助。有一二学者说如能保持数十年和平,即以承认放弃满洲亦所不惜。果如是,何尝不可,但恐不可得。且以为今日中日之战,非以国与国战相视,乃一革命政府与某一国之战,自问革命政府无与中国可敌者。

张嘉璈日记中还有汪精卫等数人的发言要点,如汪精卫:"先述九一八后日日所希望之全国一致之会议,今始得实现,亦可稍慰。敌人虽无止境,仍视我之抵抗力为转移,准备虽为敌人所不许,然战争仍可进行准备,且更加强。"张继:"应断绝国交,明白表示态度。"林森:"从前说抵抗,此须进一步说应战,来则应之,应否宣战或断绝国交,视对方情形而定。"阎锡山:"我们须有战之决心为后盾,但备战时须有最大之努力,一面估计本身力量。中央与地方力量须打成一片。至友邦关系亦不能不顾及。"刘湘:"条件至不能承受,唯有战,力虽不能相敌,然精神作用亦是要素。须使战事延长以待变化,更须运用战略。"程潜:"对敌须运用,彼速则此缓,彼退则此进。"

张嘉璈还记载了会议表决蒋介石提议的情况:

> 蒋先生结论:战争是最后的决心,我方方针照原定方针进行,进退迟速之间由中央作主,何时战亦由中央决定,各省与中央取一致进行,无异言异心……全体起立赞成前项决议,十一时半散会。[1]

根据所记,蒋介石的主战态度很明确,且能够引领其他与会者的表态,较顺利地通过了抗战决策。另外,11月5日的日记手稿还记载了该日举行的国防会议的情况:何应钦报告自八一三抗战到10月底,第一、三战区中国军队伤亡已达30余万人。蒋介石做了如下结论:"外交问题,对于九国公约会议,虽不敢谓有效果,然不能由我破坏。因中国无论如何,不能与日本直接妥协,非各国出面调解不可也。政府所取态度:(一)决不直接妥协;(二)不可强硬矫慢;(三)不可由我破裂。对于此会议之希望,在更激起世界之同情与愤慨,并使英、美、俄卷入战涡。"[2]可见,在华北和淞沪战役失利之际,国民党当局对于即将在布鲁塞尔召开的九国公约签字国会议以及相关大国出面调解中日战事的前景,仍抱有一定的期待。

---

[1]"张嘉璈日记手稿"(1937年8月7日),张嘉璈档案第16盒,美国斯坦福大学胡佛研究所藏。
[2]"张嘉璈日记手稿"(1937年11月5日),张嘉璈档案第16盒,美国斯坦福大学胡佛研究所藏。

四、战后东北接收交涉详情

东北接收是影响战后中国时局演变的重要问题,相关史料较为丰富。除了中、苏两国政府间的往来公文外,比较重要的莫过于时任国民政府外交部驻东北特派员蒋经国与时任东北行营经济委员会主任委员张嘉璈的日记。蒋经国的东北交涉日记,时间跨度为 1945 年 10 月 25 日至 11 月 14 日,重点内容为外交、政治、军事等方面的交涉,文字记载简略,时间短促[1]。而张嘉璈的东北交涉日记,起于 1945 年 8 月 23 日,写至 1946 年 4 月 30 日(1945 年 8 月 23 日至 10 月 11 日为东北接收交涉纪略工作开始前之准备,1945 年 10 月 12 日至 1946 年 4 月 30 日为东北接收交涉经过),内容主要记载东北经济问题与产业接收,与蒋经国所记相比更为详尽,颇具史料价值。

胡佛研究所藏张嘉璈东北接收交涉日记分为两部分,一是 1945—1946 年张嘉璈在东北从事接收工作期间写下的日记,目前存于张嘉璈个人档案第 18 盒中;另一部分则是事后张嘉璈本人根据当时日记,补充相关资料编撰而成的《东北接收交涉日记》,现存于张嘉璈档案第 10 盒[2]。姚崧龄编撰的《张公权先生年谱初稿》将《东北接收交涉日记》部分内容直接录入,对于叙述顺序酌予调整及添加人名头衔[3]。《东北接收交涉日记》与 1945—1946 年日记手稿本相比,加入了对中苏双方多次会谈的分析、提及的往来信函原件内容、提及人名的头衔等。另一方面,张嘉璈 1945—1946 年日记手稿本亦有很强的独特性与时效性。考虑到 1945—1946 年日记手稿本、《东北接收交涉日记》《张公权先生年谱初稿》之间的密切关联,学者在使用过程中需注意以下各点:

第一,与《东北接收交涉日记》《张公权先生年谱初稿》对照后可以发现,1945—1946 年日记手稿本记载了一些独有的内容,下面以中苏东北经济合作交涉之由来为例进行分析。

1945 年 2 月,美国与英国在雅尔塔首脑会议上对苏联作出让步,同意将

---

[1] 蒋经国的东北交涉日记见于秦孝仪主编:《中华民国重要史料初编》第 7 编《战后中国》第 1 册,中国国民党中央委员会党史委员会,1981 年,第 95—112 页。
[2] 《东北接收交涉日记》已有校注版问世,见[日]伊原泽周编注:《战后东北接收交涉纪实——以张嘉璈日记为中心》。
[3] 如:将"经济顾问"(《东北接收交涉日记》,1945 年 12 月 7 日,第 10 盒)补充为"苏军部经济顾问斯拉特阔夫斯基"。(姚崧龄编著:《张公权先生年谱初稿》上册,第 578 页)

日本在东北的权益转让给苏联，从而使中国在战后东北问题的处置上自始即处于不利地位。随后进行的中苏条约谈判中，蒋介石曾指示宋子文："关于东北原有各种工业及其机器，皆应归我国所有，以为倭寇对我偿还战债之一部分，此应与苏方切商或声明者也。"据宋称，苏方"史达林对此事允予同情考虑"[1]。张嘉璈日记手稿本对此补充了更为详尽的结果：

> 据蒋经国兄告，宋子文曾向史达林提及，而史答以特种公司产业应归苏有，满洲国者则苏不染指，即此一谈，此后遂搁置，未加注意。今则公然认为战利品。当大任者，不能细心密虑，今铸此大错，可为痛心。[2]

上述内容为《东北接收交涉日记》与《张公权先生年谱初稿》中未予节录的。

另一方面，《东北接收交涉日记》与《张公权先生年谱初稿》较 1945—1946 年日记手稿本补充了张嘉璈对多次中苏谈判的分析。这些应视作张嘉璈事后的判定而与即日的看法区别看待。张嘉璈对 1945 年 11 月 17 日苏军副参谋长巴佛洛夫斯基中将与董彦平副参谋长两次谈话的分析即为很好的例证。

1945 年 11 月 17 日"今日行营大部分撤退，约一百六十余人，不免稍有慌张。中午十二时，苏军副参谋长巴中将来云：奉马元帅命令报告，根据莫斯科令，苏军撤退日期展缓，至再有命令为止。并加强各地区司令部防务，维持地方治安，俾我方得巩固在东北之立脚"。张嘉璈分析：

> 其用意不明，是否将因此延长撤兵期限？是否恐中央对在东北之八路军施用武力，藉此使中央中止用兵？抑或思以无形力量造成一中共合作苏方所愿意之政权？此时尚难预测……晚间副参谋长巴中将偕日地区司令来，表示须彻底消除一切不规则之乱暴举动，并对于中央各机关及住宅严加保护。对于不利于中央之宣传，亦加取缔，甚至表示长春市长及公安局亦可由中央接收。

张嘉璈同样觉得"其用意更难推度"[3]。有关以上两次谈话的分析，《东北接收交涉日记》与《张公权先生年谱初稿》则非常明确："第一项通告，意在表明苏方未背中苏友好条约，以袪除国际不良反应。第二项通告，系答复董副参谋长

---

[1]《蒋委员长致宋子文院长令与苏方切商东北工矿应归我所有电摘要》，1945 年 8 月 7 日，秦孝仪主编：《中华民国重要史料初编》第 7 编《战后中国》第 1 册，中国国民党中央委员会党史委员会，1981 年，第 241 页。
[2] "张嘉璈日记手稿"(1945 年 10 月 17 日)，张嘉璈档案第 18 盒，美国斯坦福大学胡佛研究所藏。
[3] "张嘉璈日记手稿"(1945 年 11 月 17 日)，张嘉璈档案第 18 盒，美国斯坦福大学胡佛研究所藏。

对于巴中将提出关于公安局近来一切行为之质问,藉此表明其并非暗助八路军。"[1]《东北接收交涉日记》中有关张嘉璈对中苏会谈的分析、对国民党高层对苏态度的看法、对中苏时局进行的整体判断等内容非常多,这些内容亦多为《张公权先生年谱初稿》直接摘录。

综上所述,胡佛研究所藏张嘉璈日记手稿本数量庞大、内容丰富,因此要充分掌握利用这批日记,对研究者而言不仅需要具备深厚的学术功底,而且也要拥有相当的体力及耐力。在使用张嘉璈日记手稿本时,需注意将日记与国内外相关史料相互印证。日记的重要性在于其时效性,即将当天发生之事予以记录,于是也便于将读者带回到当年的历史场景。不过需要注意的是,这批日记在捐献之前经过了他本人的整理,因此在使用过程中理应对其客观性与完整性保持警觉。除需将日记前后内容进行必要的比照阅读之外,更应注意把日记与张嘉璈研究的其他资料,甚至是其他人物的档案与专题资料进行比对。避免使用单一来源的资料对于全面客观地评价张嘉璈日记手稿本的价值具有重要意义。

(原载《史林》2014 年第 1 期)

---

[1]《东北接收交涉日记》,1945 年 11 月 17 日,第 10 盒。同见姚崧龄编著:《张公权先生年谱初稿》上册,第 561 页。

美国三校藏孔祥熙档案述评

马 琳[*]

孔祥熙是民国时期政治、经济和财政领域举足轻重的核心人物,但一直以来史学界对他的研究并不充分,主要原因在于其资料长期难以为大陆学者所利用。孔祥熙长期执掌财经大权,1926年就任广东财政厅长兼理财政部部务,此后历任国民政府实业部长,工商部长,中央银行总裁,财政部长,行政院副院长、院长,中国银行董事长[1]。有关孔祥熙公务活动的档案史料较早见诸各类汇编文献中[2],以官方公文通告为多,而孔祥熙个人函电及会议记录等资料较少。

与宋子文、顾维钧等原国民政府要员的个人档案情况相似,孔祥熙的个人档案也被美国有关机构收藏,主要分布在三所大学,包括孔祥熙的母校俄亥俄州欧柏林学院档案馆(Oberlin College Archives)、哥伦比亚大学珍本手稿馆(Rare Book and Manuscript Library, Butler Library, Columbia University)及斯坦福大学胡佛研究所档案馆(Hoover Institution Archives, Stanford University)三处。三处孔祥熙档案的来源不尽相同,其中欧柏林学院为孔祥熙留美的母校,且与其始终保持着密切的关系,故该校档案馆收藏大量与孔祥熙有关的档案(以下简称欧柏林孔档),尤其是涉及他早期经历、留美求学及在山西建立铭贤学校的相关史料。哥伦比亚大学珍本手稿馆藏孔祥熙档案(以下简称哥大孔档),则产生于1950年代美国学者韦慕庭主持的中国口述历史项目,内容包括孔祥熙的口述回忆录及口述过程相关史料。由于并未公开出

---

[*] 马琳,2019年博士毕业于复旦大学历史学系,现为南京大学历史学院特聘助理研究员。
[1] 蒋介石:《孔庸之先生事略》,《国史馆现藏民国人物传记史料汇编》第一辑,台北"国史馆",1988年,第106—109页。
[2] 如中国第二历史档案馆编《中华民国史档案资料汇编》财政经济各相关卷册、台湾方面中国国民党中央委员会党史委员会出版的《中华民国重要史料初编——对日抗战时期》各编,以及《中华民国货币史资料》《中央银行史料》《中国银行行史资料汇编》等专题史料。此外《中国近代经济史统计资料选辑》《中国通货膨胀史》《五十年来之中国经济(1896—1947)》等著作也提供了孔祥熙掌管财政金融时期的统计数据等材料。

版,所以学界虽然了解孔祥熙接受口述历史项目访问这一史实,但对其具体情况及回忆录内容则一直不甚清楚。斯坦福大学胡佛研究所档案馆藏孔祥熙档案(以下简称胡佛孔档),为孔祥熙去世后,其后人于2006年决定暂存于此,2010年正式对外开放。胡佛孔档是三处孔档中体量最大的一处,为孔祥熙个人所保存的档案,内容既包括孔作为国民党及国民政府要员出席各类会议所获得的会议记录和报告等公务文件,也包括他和蒋介石、汪精卫等人的私密函电以及给宋蔼龄的家书等私人文件。笔者曾于2015年至2017年间专门前往以上三所大学查阅孔祥熙档案,现将三处档案的基本情况加以介绍和评述。

一、欧柏林学院档案馆藏孔祥熙档案

19世纪后期,欧柏林神学院的部分毕业生组成中华布道团(Oberlin China Band),到山西太谷县等地进行传教活动。孔祥熙少年时期与太谷的欧柏林传教士交往密切[1],1901年在欧柏林校友、潞河书院[2]教师麦美德(Luella Miner)的协助下前往欧柏林学院留学[3],1906年获学士学位后进入耶鲁大学深造,1907年获耶鲁大学化学专业硕士学位[4]。1908年,为纪念1900年在山西教案中罹难的欧柏林传教士,山西纪念协会(Oberlin Shansi Memorial Association)在欧柏林成立,同时在山西太谷建立铭贤学校。甫自耶鲁大学毕业的孔祥熙接受欧柏林学院校长的邀请,回国担任铭贤学校的校长,此即孔祥熙与欧柏林之渊源。因此欧柏林学院档案馆藏孔祥熙档案也可以大致分为两部分,一部分为孔学生时期(时间上涵盖入学欧柏林学院前及入学后,以及就

---

[1] "如果有人对我的一生有所影响的话,那就是她!"在口述回忆中孔祥熙曾这样评价既是老师又似家人、后在山西教案中罹难的女传教士贝如意(Susan Rowena Bird)。The Reminiscences of Kung Hsiang-Hsi (September 11, 1880-) as told to Julie Lien-ying How, February 10 to June 10, 1958, p. 9. 旧时收于 Chinese Oral History Collection: Office Files and Related Papers, Kung Hsiang-Hsi Box 17;整理后收于 Reminiscences of H. H. Kung: oral history, 1958, Rare Book and Manuscript Library, Columbia University.

[2] 1896年,孔祥熙获奖学金,前往美国基督教会在通州开办的潞河学院(North China College)就读。The Reminiscences of Kung Hsiang-Hsi (September 11, 1880-) as told to Julie Lien-ying How, February 10 to June 10, 1958, p. 10.

[3] 由于入境问题,孔祥熙实际于1903年1月抵达欧柏林。The Reminiscences of Kung Hsiang-Hsi (September 11, 1880-) as told to Julie Lien-ying How, February 10 to June 10, 1958, p. 22. 具体经过亦可见周谷:《孔祥熙、费起鹤赴美求学被拒入境经过》,《传记文学》第283号,1985年12月。

[4] The Reminiscences of Kung Hsiang-Hsi (September 11, 1880-) as told to Julie Lien-ying How, February 10 to June 10, 1958, p. 24.

读于耶鲁大学时期[1]）的相关资料，包括与师友的信件、学籍档案等；另一部分则为孔祥熙担任山西铭贤学校校长后，就学校事务与欧柏林的往来函电。此外另有欧柏林档案馆自1930年代以来收藏整理的铭贤学校的相关档案，以及大量孔祥熙个人及铭贤学校照片、关于孔祥熙的剪报等。

欧柏林孔档此前利用并不充分，主要原因是这些档案在编目标题上未直接显示与孔祥熙的关系，不容易为研究者了解查阅。欧柏林学院档案馆并没有为孔祥熙建立个人专档，大量与孔相关的档案散见于校务档案，以及与孔祥熙交往密切人士的个人档案之中，比如和孔祥熙情同母子的传教士遗孀卫师母（Alice Moon Williams）档案等。欧柏林孔档主要为英文手写信函及文件，辨认不易，研究利用难度无形加大。

为了加强对欧柏林学院档案的挖掘和利用，2015年夏天，复旦大学近代中国人物与档案文献研究中心与欧柏林学院档案馆以及欧柏林山西（Oberlin Shansi）三方达成协议，合作完成欧柏林学院档案馆藏孔祥熙档案的数位化工程。2016年初，笔者代表复旦大学近代中国人物与档案文献研究中心前往进行对相关档案的挑选、扫描和基础元数据工作，之后由欧柏林学院档案馆对档案撰写简介并上传。由于数字化工程所涵盖的档案是挑选出的和孔祥熙直接相关的部分，因此可以看作为孔建立的"个人专档"，也即本文所讨论的狭义上的"欧柏林孔档"[2]。研究者登录"山西：欧柏林与亚洲——欧柏林学院档案馆"（Shansi: Oberlin and Asia-Oberlin College Archives, http://www.oberlin.edu/library/digital/shansi/）主页，输入关键词"Fudan University"即可查阅已完成的数位化档案。欧柏林学院档案馆藏孔祥熙档案数位化工程的完成，不仅有利于原始档案的保护，同时每份档案附录的内容摘要也大大提高了研究者的查阅效率，特别是对那些有一定阅读难度的英文手写稿件。

欧柏林孔档的特色有两点：

首先是其收藏时段长达百年。档案从1900年孔祥熙入学开始，到1907年他返回山西建立铭贤学校，再到1925年卸任校长，仍以董事身份关注

---

[1] 耶鲁大学也保存有孔祥熙学籍档案及校友档案，学籍档案（主要为选课情况和成绩）由于隐私保护的规定，不向公众开放；校友档案共一个文件夹，约有150页文件；内容以剪报为主，另有校友会事务性文件及函电。从数量和内容上来说，耶鲁大学所藏与孔祥熙相关的档案远不及欧柏林学院。校友档案见"Mr. Hsiang-hsi Kung, '07 gma", Alumni records for regularly enrolled students, 1701-1954, RU 830, Series VI, Box 1069. Alumni Records Office, Yale Archives, Yale University Library.

[2] 档案馆另有大量欧柏林山西传教士档案及山西纪念协会档案，能够为研究孔祥熙早年生涯提供丰富史料。从这个角度来说，这些也可视为更广义的"欧柏林孔档"。

学校发展，诸多细节都在往来函电等文件中有所体现。如在1925年9月的一封信中，孔祥熙向欧柏林汇报说："我觉得自己现在就像一个老母亲，把孩子拉扯大了，照看一下家务，坐在安乐椅里享清闲。不过你知道的，我这把椅子，可不怎么舒服。"[1]直至1999年，欧柏林还收到一笔来自匿名者以孔祥熙名义捐赠的600万美元，该校专门制作了一期特刊，纪念这位"在中国历史上赫赫有名"的校友。

其次是内容之集中与特殊。对于孔祥熙在铭贤学校的工作，特别是他与美方母校欧柏林学院之间往来的情况，长期以来未见直接记载，目前斯坦福大学胡佛研究所档案馆和哥伦比亚大学珍本手稿馆两处较为集中收藏的孔祥熙个人档案中，与欧柏林或铭贤学校直接相关的文件也不多见。因此要研究早期孔祥熙之经历、他的教育经验与理念、他在基督教界的社会活动与往来，都必须了解和使用藏于美国俄亥俄州欧柏林学院的孔档。

欧柏林学院档案馆所藏孔祥熙档案，展示的是作为留学生、教育家和慈善事业者，以及作为基督教徒的孔祥熙。对于研究民国政治、外交和经济而言，这份档案可能不会提供许多直接线索，但是对于全面了解作为个人的孔祥熙，了解孔祥熙留学过程中通过教会、同乡会及校友会所形成的人际网络，则具有重要的意义。

二、哥伦比亚大学珍本手稿馆藏孔祥熙档案

位于哥伦比亚大学巴特勒图书馆六层的珍本手稿馆收藏有孔祥熙档案，其来源为哥伦比亚大学中国口述历史项目（Chinese Oral History Project）。该项目由哥大东亚研究所韦慕廷（C. Martin Wilbur）教授和经济系何廉（Franklin Lien Ho）教授负责，共采访孔祥熙、顾维钧、胡适、李宗仁等16位民国政要[2]。除了口述采访资料外，还保存了多位传主提供或捐赠的个人档案文件和文件缩微胶卷[3]。孔祥熙回忆录及相关档案曾收录于"Chinese oral

---

[1] http://dcollections.oberlin.edu/cdm/singleitem/collection/shansi/id/1852/rec/471，2018年10月4日。

[2] 16位受访人为蔡增基、陈光甫、陈立夫、顾维钧、何廉、胡适、蒋廷黻、孔祥熙、李汉魂、李璜、李书华、李宗仁、沈亦云、吴国桢、张发奎和左舜生。有关哥伦比亚大学中国口述历史项目的情况，可参见王成志：《历史宝藏：哥伦比亚大学中国口述历史研究资源》，《图书资讯学刊》第5卷第1、2期，2007年6月/12月。

[3] 王成志：《历史宝藏：哥伦比亚大学中国口述历史研究资源》，《图书资讯学刊》第5卷第1、2期，2007年6月、12月，第94页。

history project collection，1914—1989"条目下，后考虑到档案的历史研究价值，哥大对口述历史项目的相关档案进行了重新整理，将孔祥熙等受访者的个人历史档案独立编目，以便更好地检索和利用。其中孔祥熙档案的整理工作于2018年9月完成。

存于哥大的孔祥熙档案包括纸质文件和缩微胶卷。其中缩微胶卷共10卷，为孔祥熙接受口述采访时提供的私人文件。纸质档案为孔祥熙口述历史相关资料，整理前共两个盒子，在中国口述历史项目全部文件盒中编号17、18，检索系统中未显示具体目录；主要内容为包括初稿和定稿在内的、采访者历次整理的手稿，口述历史项目过程中的部分文件和往来函电，缩微胶卷第一卷至第三卷的详细目录，以及一些已出版资料。此外纸质档案中还收藏有一份主体铅印、钢笔修改的《西安事变始末》，即今天一般所见孔祥熙《西安事变回忆录》。

目前在哥伦比亚大学图书馆的电子检索系统 https：//library.columbia.edu/中，有条目"H. H. Kung papers，1936-1958"，是与孔祥熙直接相关的纸质个人档案及缩微胶卷，该条目下有档案细目，部分档案目录具体到文件。《孔祥熙回忆录》的定稿则有另外的条目"Reminiscences of H. H. Kung：oral history，1958"。原有条目"Chinese oral history project collection，1914—1989"经重新编目，孔祥熙口述访问过程相关的采访报告、采访手稿和修订版本等文件仍收于其中，涉及重新编号后的15、16及17三个盒子[1]。相较而言，整理后的孔祥熙档案更为系统，档案细目及简介有所增加，利用者可以比从前更直观和快速掌握档案的内容；但以"H. H. Kung"为关键词的检索不会显示"Chinese oral history project collection，1914-1989"这一条目，可能会造成利用者忽略和遗漏收于其中与孔相关的档案。

1958年2月10日至6月10日间，哥大口述历史项目执行人夏连荫（Julie Lien-ying How）在纽约华尔街44号的中国银行内对孔祥熙进行了22次采访，采访语言为英文，间或使用中文；基本形式为夏连荫提问，孔祥熙回答。孔祥熙的口述传记于1961年1月定稿，共147页，语言为英文；文章按照时间顺序排列，分为62小节，另附有目录[2]。从整体来看，《孔祥熙回忆录》大致可

---

[1]　"Finding Aid：Chinese oral history project collection"，https：//findingaids.library.columbia.edu/ead//nnc-rb/ldpd_4078603，2018年12月13日。
[2]　C. Martin Wilbur，"Preface"，the Reminiscences of Kung Hsiang-Hsi (September 11, 1880-) as told to Julie Lien-ying How，February 10 to June 10, 1958. 需要说明的是，这里所说的目录更接近于索引的性质，回忆录原文并未按小节题目进行切分，是一篇连贯的文章。

以分为以下几部分内容：(1)第1—5节，赴美留学之前的情况，时间上为1901年之前；(2)第6—8节，赴美留学，时间为1901—1907年；(3)第9—30节，回国之后至加入广东国民政府之前的经历，时间为1908—1926年；(4)第31—40节，任职广东国民政府及南京国民政府早期的情况，时间为1926—1933年；(5)第41—55节，担任财政部长后至抗战爆发前，时间为1933—1937年；(6)第55—61节，战时的情况，时间为1937—1945年。定稿的《孔祥熙回忆录》主要以时间为线索进行，间或讨论一些重要问题，如"对政府角色的看法""和蒋介石的关系"以及"战时财政的困难"等。在回忆录的最后一节，孔祥熙简单地谈及了自己的家庭。有关儿女和家庭的回忆，也许只是大历史中琐碎的、无关紧要的细节，但却为孔祥熙的"私人历史"补充了史料。

哥大"口述历史项目"另一位执行人唐德刚曾评价道："所谓口述历史并不是一个人讲一个人写就能完成的，而是口述部分只是其中史料的一部分而已。"他回忆说："李宗仁的口述历史，统计起来，大概只有百分之十五是他口述，百分之八十五是我从图书馆、报纸等各方面资料补充与考证而成的。"[1]而目前所见的这份《孔祥熙回忆录》定稿，除删除重复的段落，以及重新编排了手稿之外，夏连荫尽可能保存了孔祥熙的原始文句[2]。此外作为孔祥熙的代表，孔祥熙的长子孔令侃负责进行口述稿最后一次修订。如果把已经出版的《李宗仁回忆录》和《顾维钧回忆录》视为"口述历史"的话，那么哥大所藏的《孔祥熙回忆录》则更接近唐德刚所说的"口述部分"。也由于这种原因，《孔祥熙回忆录》呈现与《李宗仁回忆录》及《顾维钧回忆录》完全不同的形态。相较于李、顾二人回忆录的浩繁篇幅[3]，孔的回忆录只有147页英文稿，粗略估计不过4万余字。因此利用者最好先通过其他史料对孔祥熙的个人生平及相关历史事件有比较系统清晰的了解，再来阅读这份"纯粹"的回忆录，才能有更好的收获。

除了最终定稿版的回忆录，夏连荫对每次访问情况的报告、访问时记录的手稿以及根据录音整理的访问草稿、包括初稿在内的口述回忆历次修订稿，各

---

[1] 唐德刚：《史学与文学》，华东师范大学出版社，1999年，第2,3页。
[2] C. Martin Wilbur, "Preface", the Reminiscences of Kung Hsiang-Hsi (September 11, 1880-) as told to Julie Lien-ying How, February 10 to June 10, 1958.
[3] 《李宗仁回忆录》有中、英文两版书稿，中文稿共72章，约60万字；英文稿共53章，40余万字。《顾维钧回忆录》英文打字原稿1.1万页，中文版约500万字。见唐德刚：《撰写李宗仁回忆录的沧桑——〈李宗仁回忆录〉中文版后记》，收录于李宗仁口述、唐德刚撰写：《李宗仁回忆录》，广西人民出版社，1988年，第745,746页；《顾维钧回忆录》第1分册，中国社科院近代史研究所译，中华书局，1983年，"出版说明"，第1页。

项记录保存均相当完好,这在很大程度上可以弥补《孔祥熙回忆录》定稿内容相对简略、缺乏史事细节的缺憾。

若从立足当下的研究角度出发,一份最终定稿的口述回忆录,其最大的优势在于使利用者了解当时的细节及历史人物本身的所思所想,但人物是过去的,历史也是过去的。而围绕着口述历史过程所留下的相关记录,则可以帮助利用者还原一个口述者仍健在的时空,在这个时空当中,可以说是正在发生的历史。那么口述历史的更深一层意义,即口述人是否愿意回看自己的过去、如何看待,选择哪些事件进行复述、如何复述,相较于客观的历史事实,这些问题都更加值得追问与深究。特别是对于那些没有留下日记,也不喜欢在往来信函中表达个人观点的历史人物来说,这种直接接触其自身的机会就更显得难能可贵。

至于缩微胶卷,哥大珍本手稿馆藏孔祥熙档案的缩微胶卷数量远少于胡佛孔档,其内容相对集中,主要围绕在"西安事变""行政院会议记录""福建和安徽等地方文件"及"孔祥熙大事记"四大主题之下。档案内容与胡佛已开放部分重合度低,可以互为补益。其中的"中华民国大事记"涉及时段并不完整,目前也仅见于哥大藏档中,有待他日从其他档案中得到补充。大事记并非限于孔祥熙个人的"起居注",所谓"大事"为国内外发生大事,尤以国际事态为主。文中虽然称孔祥熙为"院座",但辑录人钱问樵(曾任财政部秘书)、高清孝(曾任财政部总务司长)和审定人鲁佩璋(财政部主任秘书)均为孔祥熙财政部班底。针对孔祥熙本人大事记主要记录了孔祥熙主持行政院会议时做出的指示,及对记者和报刊的公开讲话;和《蒋中正总统档案——事略稿本》相比,并未加入日记、往来函电等个人史料。

三、斯坦福大学胡佛研究所档案馆藏孔祥熙档案

斯坦福大学胡佛研究所档案馆藏孔祥熙档案共 110 盒,其中有 3 个盒子超大[1],2006 年受孔祥熙长女孔令仪委托代管。文件语言以中文为主,间或有英文档案。孔祥熙生前并没有决定将自己保存的档案捐赠,从 1967 年孔祥熙去世到 2006 年近 40 年的时间里孔祥熙档案一直被存放在地下室内,阴暗

---

[1]《胡佛研究所档案馆所藏蒋中正相关史料与分析》《胡佛研究所藏孔祥熙文件述要》及《北美民国研究档案资源指要》中均介绍为 103 盒,其中 3 盒为超大材料;此处以胡佛研究所在网上公布的最新数据为准。参见胡佛研究所档案馆藏孔祥熙档案官方指南:"Inventory of the H. H. Kung papers, 1917-1949," http://pdf.oac.cdlib.org/pdf/hoover/2006C51.pdf,2018 年 10 月 4 日。

潮湿的环境使档案严重发霉,给档案的整理和开放造成了极大的困难。2010年1月19日孔祥熙档案第一部分开放时,不仅只开放了51个盒子,而且由于档案原件损坏严重、纸张易碎,所以仅以缩微胶卷的形式开放,51个盒子的档案共制作成68卷缩微胶卷[1]。

根据加州档案网上联合目录(The Online Archive of California,http://www.oac.cdlib.org,简称OAC)中的胡佛孔档官方指南,孔祥熙的缩微胶卷档案描述和见证了民国时期许多重要事件,如1925年孙中山逝世、1931年九一八事变、1936年西安事变和中日战争等,内容从内政延伸到外交;就孔祥熙个人而言,也涉及教育和慈善领域,特别是建立山西铭贤学校。此外还涉及此前较为罕见的部分资料,如"国民党在战前和战时自制武器的努力""陕甘宁边区中国共产党金融、经济和军事作战的情报",以及"战争初期日本在中国的秘密活动"等[2]。

目前的胡佛孔档英文目录名称只到文件夹级别,且数个文件夹名称相同。与胡佛孔档巨大的数量和庞杂的内容相比,这份目录难免显得笼统且模糊。此外一部分文件和文件盒的名称尽管点明了大致内容,但比较简单笼统,如"沈阳事变1931"(Reel 2,Box/Folder:2:11)、"西安事变1936—1937"(Reel 3,Box/Folder:2:12-13)、"国民党中央执行委员会"或"中央执行委员会"(Box26、27、29—35),或"行政院会议"(Box45—51)。此外还有不少以"情报""新闻""往来函""电报""会议记录"等文件形式而非内容主题词命名的文件盒。现有的英文目录显然过于简略。2010年10月,《近代史资料》曾刊出《胡佛研究所藏孔祥熙文件述要》一文[3],内附整理后的孔档中文目录,标明每个文件夹的起讫缩微页码并附有简要介绍。中文目录的编写参考了英文目录,但并非直接翻译标题,重点事件、重要人物在中文目录中均有直观的体现,部分档案甚至注明日期,对于了解胡佛孔档的整体情况,或是就具体专题研究查阅孔档,这份中文目录都具有重要的参阅价值。

尽管中、英文目录不同程度地便利了胡佛孔档的查阅与利用,但是笔者实地查阅后发现,胡佛孔档的实际情况更为复杂,存在以下特点和利用难点:

第一,数量巨大,学者短时间内难以掌握全部内容。即使开放的盒子不及

---

[1] "Inventory of the H. H. Kung papers, 1917-1949", http://pdf.oac.cdlib.org/pdf/hoover/2006C51.pdf, p.2,2018年10月4日。
[2] 同上。
[3] 林美莉、王丽:《胡佛研究所藏孔祥熙文件述要》,《近代史资料》总122号,中国社会科学出版社,2010年,第249—286页。

总数量的1/2,考虑到每个缩微胶卷700—1 000页的体量,胡佛研究所档案馆仍然是目前已知孔祥熙个人档案的最主要收藏地。如上文所提及的中文目录虽然相对详细,仍有许多档案的具体内容无暇顾及。从中文目录中可以看出,重点处理的主要是顺序靠前的缩微胶卷、从英文目录中就可以看出重要性的文件夹以及关注度较高的主题。比如"Reel 4, Box/Folder:4:9"的英文目录为"Wang Jingwei and Hu Hanmin correspondence file, 1935-1938",为孔祥熙与汪精卫和胡汉民的往来函电,较为重要;中文目录因此详细列出了函电的具体内容,包括日本债务、俄国庚子赔款及财政部提出整理财政法案等。但是对于英文目录语焉不详又数量较多的"Intelligence Report",中文目录只是部分给出了简要介绍,其余相当部分只是翻译为"各项情报",对档案的内容没有提示。

此外,与实际的档案内容相比,中英文两份目录也存在部分出入和差错。比如"Reel 5, Box/Folder:5:1-2"的英文目录为"Sun Yatsen Mausoleum Construction Committee, 1925","Reel 5-6, Box/Folder:5:3-11"的英文目录为"Sun Yatsen Funeral Services Committee, in Chinese, circa 1925-1930"。但在实际文件中,"Reel 5, Box/Folder:5:1-9"的文件夹名称为"Sun Yatsen Funeral Services Committee, circa 1925","Reel 6, Box/Folder:5:10-11"为"Sun Yatsen Funeral Services Committee, circa 1929-1930"。而这一部分所对应的中文目录,"Reel 5, Box/Folder:5:1"至"Reel 6, Box/Folder:5:6"标注为"奉安大典","Reel 6, Box/Folder:5:7-9"标注为"礼簿",则无论和档案的实际内容还是英文目录都有较大出入,档案实际内容为孙中山治丧事宜的档案。

总之,这份中文目录较为粗略,孔档中的更多内容还留待不断发现、挖掘。

第二,跨度时间长,内容广,但同时主题相对杂乱,涉及的档案分布不平衡;文件排列逻辑不明显,内容有所缺失。

虽然官方指南中列举了胡佛孔档中涉及的历史事件,但大多数文件夹并未按专题的形式组织,即使某一文件夹中出现了一个重要主题,但档案内容往往没有连续性,可能两三份档案后又换到了另一个主题,造成资料专题的间断和跳跃。以"Microfilm Reel 3, Box/Folder:2:12-13 Xi'an Incident, 1936-1937"为例,胡佛研究所档案馆已开放的孔档中,关于西安事变目前只有这两个文件夹,而同一主题在哥伦比亚大学珍本手稿馆的孔档中则有三个部分共56个文件夹。考虑到后者是口述访谈时精选出的重要档案,那么胡佛所藏孔祥熙个人档案中包含的内容理论上应该远超于此。此外，各项党政会议文件是目前已经开放的孔祥熙档案中体量最大的部分，但具体到每一个会议档案繁简情况也不尽相同。中国国民党第三次全国代表大会的相关资料非常详细，不仅包括预备会议记录、会议录、议事日程、议案，甚至还有大会通知和旅费及公费报告；但除此以外的大多数会议仅收录议事录或议事日程。

第三，包含重要的私人函电，但存在页面缺失、日期不明及以英文手写阅读困难等问题。孔档中除了与政商各界人士的往来外，家书尤为值得关注。孔祥熙与家人的通信此前极为少见，对于孔祥熙妻子宋霭龄与四位子女的情况，包括孔氏家族内部的互动，在很长时间内只能从《孔祥熙其人其事》[1]中捕捉一些细枝末节。在目前开放的胡佛孔祥熙档案中，虽然孔祥熙与家人的信件仍只见寥寥数封，难以据此对某些曾引起轩然大波的公案（如1939年孔令侃在九龙私设电台[2]）作出新的评判，但也可以看出孔祥熙所持的大致态度及处理情况。

胡佛孔档的重大意义是不言自明的，但是若要令这份档案发挥其真正价值，仍有几个重要步骤，首先便是孔祥熙档案的全部开放。此前由于保存状况较差而暂未开放的另一部分孔祥熙档案，目前胡佛研究所档案馆已经完成除菌除尘和熏蒸等基本工作，并进行了初步的编目。而第一、二两部分孔档之间的关联对档案的整体利用至关重要。在目前开放的孔档中，学者利用的难点之一便是档案零散，许多档案缺失前后相关的往来函件，甚至单份文件内也存在某一页或几页的缺失。倘若待开放的第二部分孔档能对第一部分达到文件级别的补充，那么第一部分开放的孔档利用率也会大大增加。退一步说，做到文件夹级别的补充也极有裨益。如已经开放的孔档中虽然藏有多份各类会议记录，但涉及1940年至1943年这四个重要年份的尚为罕见。如能补充国防最高委员会、行政院会议，或国民参政会等几项会议的记录甚至速记录将极为珍贵。

其次是对档案更为具体的编目。目前第二部分档案情况尚不明朗，编目的详细和准确情况也无法得知，但完全开放后对完整的孔档进行系统的、准确的、具体到文件级的编目工作应该提上日程。即便第二部分开放后，孔档整体

---

[1] 寿充一编：《孔祥熙其人其事》，中国文史出版社，1987年。这本以口述访谈为主要来源的史料辑录，关于孔家人的记叙一部分为亲身经历，一部分则为道听途说，带有传奇色彩，并无翔实的史料依据。

[2] 有关这一事件，可参考孙扬：《抗战时期孔令侃与南尖社在香港的活动》，《史林》2017年第5期。胡佛孔档Reel 9, Box/Folder：8：6中，藏有孔祥熙就此事与孔令侃及宋霭龄的通信。

仍处于较为零散的状态,但作为已知孔祥熙档案中体量最为庞大、内容最为全面的个人名义档案,在全部档案的内容已经确定可知的情况下,一份详细的目录将使胡佛孔档真正完整[1]。

美国三处孔档虽然在档案文件方面几乎没有重合,但是彼此仍有对照借鉴之功效。比如此前各种著述提及孔祥熙在美所学专业多有不同,陈晰在《孔祥熙留美史料与史事》[2]一文中通过欧柏林和耶鲁所藏学籍档案考证孔祥熙本科文理兼修,硕士专业为化学;而在哥大藏回忆录中孔祥熙也说明自己"主修化学",并特别强调自己对"矿物学"的兴趣[3],不仅可为陈文增加一个注脚,也能补充解释"孔祥熙毕业于矿物专业"这一误传的由来。

整体而言,欧柏林、胡佛及哥大三处孔档侧重点不同且各有特色。欧柏林孔档涉及历史时段最长,尤以孔祥熙早年生涯的相关史料见长,对其个人生平有所补充,对清末民初基督教史、教育史及留学生史研究都是内容极为丰富的史料库。胡佛孔档体量最大,内容最为庞杂,以孔祥熙公务档案为主,但也包括重要个人文件。胡佛孔档几乎涵括了与孔祥熙一生相关的各类专题,再加上胡佛研究所档案馆藏有诸多民国名人档案,因此无论是研究孔祥熙个人史,还是民国经济史、财政史、金融史乃至外交史的学者都前往该馆检索查阅,从而使得胡佛藏孔档在美国三处孔档中知名度最高。而相较于前两者,哥大孔档则具有口述历史的特殊意义,即具有一般官方公务档案通常罕见的史料的个人私密性,更多地呈现出当事人视野下的历史面向。而若将孔祥熙的回忆录放在口述历史项目中去看,将之与其他民国要人的口述过程及回忆录相对比,会品读出更深层、更丰富的历史意境。

(原载《近代史研究》2019 年第 6 期)

---

[1] 斯坦福大学胡佛研究所档案馆东亚馆藏部主任林孝庭曾在《胡佛研究所档案馆所藏蒋中正相关史料与分析》一文中介绍了胡佛研究所档案馆 2006 年对纸质版孔祥熙档案所做的基本整理与编目情况,可为缩微胶卷的编目提供重要参考。见黄克武主编:《海外蒋中正典藏资料研析》,台北:中正纪念堂,2014 年。
[2] 陈晰:《孔祥熙留学美国史料与相关史实》,郑力人、杨涛主编:《天禄论丛:中国研究图书馆员学刊》第 5 卷,广西师范大学出版社,2015 年,第 52—76 页。
[3] The Reminiscences of Kung Hsiang-Hsi (September 11, 1880-) as told to Julie Lien-ying How, February 10 to June 10, 1958, pp. 23-24.

陈仪与战后台湾币制嬗变

牟立邦*

一、前　　言

1943年11月底的开罗会议上,蒋介石在获美方支持、英方允可下,将于胜利后收回为日本所窃占的东北、台湾、澎湖群岛。但回顾清朝的马关条约割让台澎,时隔已近半世纪,其间不只因历经改朝换代的军阀混乱过度,战前国民政府又忙于政局统一、维系社经运作,不时疲于应付于各种挑战,国内对日本殖民下的台湾舆情变化渐疏于认知更替[1],如今早已隔阂未明[2]。在多方意见下,蒋介石最终决定先于中央设计局下设置台湾调查委员会[3],以便后续展开对台接收与经略制定。这除了弥补国民政府对台社会、经济的了解不足外,更是为统筹全国战后复员计划做初步准备[4]。1945年8月15日抗战胜利,蒋介石便委命原台湾调查委员会主事陈仪全权负责接管台澎[5]。

关于陈仪与战后台湾接收的探讨,已有诸多著述,如较早的《台湾省通志》中,便通论性地勾勒了陈仪对台经济与各方接管的历程[6]。就专题研究方

---

* 牟立邦,2019年博士毕业于复旦大学历史学系,现任台湾地区明新科大助理教授。
[1] 曹立瀛:《台湾工矿事业考察团纪要》,全国政协文史资料研究委员会工商经济组编:《回忆国民党政府资源委员会》,中国文史出版社,2015年,第198页。
[2] 开罗会议后,台湾问题才普遍引起国内人士注意与同情。参见李万居:《台湾民众并没有日本化》,《台湾民生报》1945年第9—10期合刊。
[3] "蒋介石复张励生电"(1944年3月15日),中国第二历史档案馆藏国民党政府行政院档案,二(2)1087。
[4] 张瑞成编:《中央设计局台湾调查委员会三十三年重要工作项目报告》,《光复台湾之筹划与受降接收》,中国国民党中央委员会党史会,1990年,第52—53页。
[5] "台澎归来我国接收受降警备统归陈长官负责"(1945年8月28日),台北"国家"发展委员会档案管理局藏"台湾光复案专辑"0034/002.6/4010.2/1/005。
[6] 张炳楠等编:《台湾省通志·经济志》,台湾省文献委员会,1973年。

面,不论是对战后陈仪各人[1],还是针对台湾接收情况的研究[2],都提到战后台币得独立于法币圈之外,与陈仪各人特殊化治台方针有着密切关联。随着美国胡佛研究所藏宋子文档案、蒋介石日记和台北"国史馆"、台湾文献馆、"国家"发展委员会档案管理局藏蒋介石档案,国民政府、台湾行政长官公署等有关部门档案的开放,无论在史料文献的征引,还是对扩大对战后接收的历史研究,探讨国民政府财政部、行政公署乃至日本台湾总督等各方的互动,甚至是对战后台湾币制的嬗变历程,都具有必要性和可能性。

二、擘画自立和币权之争

1944年4月17日台湾调查委员会成立,蒋介石命陈仪主持具体事务[3],并延揽专家剖析台湾军事,以作为收复台湾的筹备机构,专研对台的政治、经济、文化、交通,胥有接收之方案[4]。在以陈仪为主导拟制的《台湾接管计划纲要》意见中,除陈仪个人的政治理念[5],亦包含参考台籍精英的意见[6]。最终,拟设立台湾省行政长官公署[7],以便保留对台因地制宜的特殊弹性[8]。有别于其他收复、光复区省份,中央对地方财经有绝对支配的关系;陈仪有意以达成其财政自主为目的,该会更针对台湾财政金融方面深入研究,编辑相关材料出版[9],对日本殖民时期台湾币制的独占性与特殊性亦有所悉知,故积极培育相关金融接收人才,于委员会培训人员课程中特设财政组,举凡币制、银行、贷款、信用组合皆为其受业内容[10]。至此,亦可窥见陈仪

---

[1] 全国政协文史资料研究委员会编:《陈仪生平及被害内幕》,中国文史出版社,1987年。赖泽涵:《陈仪与闽、台、浙三省省政》,近代中国出版社,1991年。
[2] 郑梓:《战后台湾行政体系的接收与重建——以行政长官公署为中心之分析》,《思与言》1991年第29卷第4期,第217—259页。褚静涛:《国民政府收复台湾研究》,中华书局,2013年。
[3] 陈仪与蒋介石先后进入日本士官学校就读,1927蒋介石北伐关键之际,陈仪替蒋介石在上海拓展基业,更协助蒋与宋子文接上关系,因此成为蒋介石亲信之一。柯乔治:《被出卖的台湾》,陈荣成译,前卫出版社,1991年,第74—76页。
[4] "台湾调查委员会卅三年度工作报告"(1944年4月17日),台北"国家"发展委员会档案管理局藏档案0034/545.9/2040B。
[5] 详参赖泽涵:《陈仪与闽、台、浙三省省政》。
[6] 张瑞成编:《光复台湾之筹划与受降接收》,第61页。
[7] "台湾接管计划纲要卷"(1945年),台北"国史馆"藏档案022000010143A。
[8] 郑梓:《国民政府对于"收复台湾"之设计——"台湾接管计划之草拟"争议与定案》,《东海大学历史学报》1988年第9期,第191—213页。
[9] 阙燕梅、李艳、谢樱溟编著:《宋美龄全传》下册,中国华侨出版社,2012年,第360页。
[10] 黄朝琴:"对于台湾干部训练班之意见"(1944年9月30日),中国第二历史档案馆藏国民党政府中央设计局档案,一七一(2)101。

对台有自成一局之规划；但也酝酿日后财政部和行政公署双方对台通货发行权限的纷争。

随着美军登陆琉球群岛，逐步切断日本对台的直接通路，收复台湾可谓势在必行。1945年3月财政部讨论通过《台湾接管计划纲要》，其中第26、27、30条即规定：

> （26）接管后应由中央银行发行印有台湾地名之法币，并规定其与日本占领时代货币（以下简称旧币）之兑换率及其期限。兑换期间旧币暂准流通，旧币持有人应于期限内按法定兑换率兑换法币，逾期旧币一概作废。
>
> （27）敌人在台发行之钞票，应查明其发行额（以接管若干日在该地市面流通者为限），及在抗战前与黄金之比价，以其全部准备金及财产充作偿还金，不足时应于战后对敌国媾和条约内明订我国政府对敌国政府要求赔偿。
>
> （30）接收后如金融有救济之必要时，政府应予救济。[1]

除对于台湾旧币的流通加以限制外，其兑换率及其期限，亦受中央银行整体的规划调整。为此，央行将正式进入台湾，专使通货发币之权，中央亦可主掌和调剂台湾金融，这同时意味着战后台湾财政将回归至中央财政部之下。

但1945年6月6日，又由邮政储金汇业局与四联总处于中央设计局召开会议，商讨收复台湾后有关金融处理方案。在台湾调查委员会搜罗大量财经数据下，拟订出《战后处理台湾金融方案草案》，当中关于货币政策整理原则，摘录如下：

> ……台湾以往在金融上所享有之相当独立状态，至少于收复后短期过渡时间内，仅可能避免过度更张，务求台胞生活之安定，使充分感受我政府之德惠……在接收之过渡期间，暂由台湾银行代理中央银行发行一种法币，此项法币仍为中央银行之版样，但与国内通用者，□示区别，例□于总理像外处印郑成功像，全加盖台湾地名，转以一对一之比值收回原有之台币，经相当期间，情形许可时，再设法使与国内法币划一。[2]

内文草案不但推翻原财政部拟定由央行印制台湾地名券方案，对于发钞的权

---

〔1〕"台湾接管计划纲要"（1945年3月14日），中国第二历史档案馆藏国民党政府教育部档案，五（二）592。

〔2〕《邮政储金汇业局与四联总处关于战后处理台湾金融方案的来往文件条》（1945年6月6日），海峡两岸出版交流中心编：《馆藏民国台湾档案》第34册，九州出版社，2007年，第36—38页。

限,则由台湾银行充任取代,这也显露并验证了陈仪与台湾调查委员会对台湾货币金融特殊化的擘画:借由日殖台银专掌台湾通货体系的背景,延续并加以借用、运作[1],以完成财政自主一格的布局。

深入探究可知,财政部长俞鸿钧就战后财政思维方面,倾向于主张金融应集中化[2],另一方面俞鸿钧之前为孔祥熙副手,与孔氏家族关系密切[3];而陈仪过去曾与孔祥熙有激烈冲突[4]。故从财经理念到党内派系,双方有着尖锐矛盾。对陈仪的反扑,财政部并未落于下风。1945年7月31日,在抄自行政院财政部与中央银行的往来电文中,央行电财政部称:"关于本行估定台湾既需流通筹码数额(可暂定为贰拾亿),预先统筹印制台湾地名券,暂印10元、50元两种,随军携往应用。"[5]同年8月15日,正值日本投降之际,在财政部主导下的台湾金融委员会,再次修正通过《台湾金融接管计划草案》,其有关台银之细则如下:

一、由财政部指派四联总处、四行、二局会同台湾省政府组织接管台湾金融委员会(以下简称接管委员会),办理接管台湾金融事项。接管金融委员会,于各银行改组后结束,以后地方行政由财政厅设科主管。

三、……(甲)台湾银行,除将其发行及代理国库业务移交中央银行,外务业务移交中国银行外,应改为台湾省银行,由台湾省主席主持接管改组及事项。

六、台湾银行虽为私人集资之银行,然其过去实为敌国政府侵略及剥削台湾人民之有力工具,其资产应予以无条件之没收。

十一、清算台湾银行之发行数额,并向敌国政府要求准备金之偿还。[6]

此为战后财政部长兼央行总裁俞鸿钧的先发制人,重新组织接管台湾金融委员会委员,导入四联总处、四行、二局等财政部、央行相关要员,针对台银

---

[1] 施佳佑:《货币制度的选播——以日治时期台湾币制改革的经验为例》,台湾大学硕士论文,1994年,第29页。
[2] 俞鸿钧:《财政金融复员之途径》,《财政评论》1946年第14卷第1期,第45—47页。
[3] 刘小清:《宋美龄外甥曾经身陷香港"间谍门"》,《文史博览》2009年第8期,第22、23页。
[4] 蒋授谦:《陈仪、孔祥熙冲突的因果》,全国政协文史资料研究委员会编:《陈仪生平及被害内幕》,第83—85页。
[5] 《国防最高委员会关于在台湾东北发行流通券事与国民政府等来往函件条》(1945年7月31日),海峡两岸出版交流中心编:《馆藏民国台湾档案》第34册,第108页。
[6] "台湾金融接管计划草案"(1945年8月15日),中国第二历史档案馆藏国民党政府中央设计局档案,一七一(2)99。

的"国库""发钞""外汇"等代理特权,准予收回,即便台银是作为私人集资而成的银行,依旧需给相对"弱化"。同时陈仪原本所设计《台湾省行政长官公署组织大纲》组织架构下,并无一般省政府设置财政厅、财政处等二级行政架构。在体制上省主席与厅处长是同一位阶,双方能形成一种制衡关系[1];在财政部介入下,中央将主导战后台湾金融接收,回复既有行政体制,扩大中央对台的支配力量。

此外,财政部的《台湾金融接管计划草案》又对新币的发行,及其与旧币的兑换事宜,有其细则如下:

> 七、中央银行应按原有流通之台湾银行券,印制一元、五元、十元及五十元之地名流通券(以下简称新币),以适当之比率,陆续兑换台湾银行券。至新币对法币及外汇之比率,视当时国内币值情形,另行规定。
>
> 九、接管初期,中央银行新币发行时,首应(登记各该地区人民台币之持有额)规定兑换期间(不宜太长)及每人兑换之数额,以防止敌人之套取。
>
> 十三、接管初期,应限制每一存户之提款额每个月不得超过若干(以维持每一存户每月之最低生活为原则)。必要时,敌国人民得暂时停止其提款。[2]

财政部跳过陈仪的警备总部,通过中央军队进驻台湾的时机,由央行派员随军出发,每当军队进驻一重要地区后,中央银行就在该地区设立办事处或分行,并在各相关地方设立兑换站,具体办理新币之发行及旧币兑换事宜[3]。言下之意,中央可借币制限换、货币供给,执掌并调控台湾金融,间接掌握台湾财政,收揽陈仪的"地方"大权。在此规划下,台银亦将"名正言顺"地归建回省级银行地位。此举自然便将瓦解陈仪仿效日本殖民总督直隶台湾的概念[4]。

三、续用旧币抗衡财政部

面对俞鸿钧的强势介入主导,陈仪并未束手待毙。1945年10月5日,陈

---

[1] 施养成:《中国省行政制度》,商务印书馆,1946年,第124页。
[2] "台湾金融接管计划草案"(1945年8月15日),中国第二历史档案馆藏国民党政府中央设计局档案,一七一(2)99。
[3] "台湾金融接管计划草案"(1945年8月15日),魏永竹主编:《抗战与台湾光复史料辑要》,台湾省文献委员会,1995年,第329页。
[4] "台湾省行政长官公署组织大纲卷"(1945年),台北"国史馆"藏档案022000010144A。

仪以行政长官公署致日本台湾总督安藤利吉将军电函,命令道:"一、本人以中华民国台湾省行政长官之地位,奉中国国民政府主席中国战区最高统帅蒋委员长之命,接收现在台湾(含澎湖列岛下同)一切海空领土……安藤利吉将军于接受本备忘录及应为执行下列各项,下达命令,并负责监督其彻底实施,以待本长官派人接收。"此外要求在接受本备忘录后,立即将多项确实调制整备,并限时完成,说明"台湾各金融机构经营业务及其分部情况",并将"五十元券、十元券、五元券及辅币之各别发行额分别列表,同时呈验发行总账"。陈仪为监视日本方执行上述一切命令,即保持双方之联络,故又会同台湾省警备总司令部派遣行政公署人员,先行进驻台北,设立前进指挥所[1]。

战后台湾资产,乃至台银的存款和台银券的兑换去留,都引起岛内日人、台人的极度不安[2]。在1945年8月底,冈村宁次于赴南京呈递降书之前,便和台银副头取本桥兵太郎,就台银未来接收密切讨论后认为:"为使台湾银行得以发展其机能,中国不应立即直接接收台湾银行。台湾银行不仅为台湾岛内之钞票发行机构与金融机构之首,与其影响力遍及岛内各方产业,因此和岛民经济生活有密切之关系。应改由受中方监督指挥,中国方面之必要开销则可由台湾银行支付提供。"同时又对战后货币处置,表示"中国法币不应该流入",若"快速接收台湾银行使其业务因清算而停止,将使像糖业、电力等岛内产业全面性地丧失其动力,最终将让台湾岛内陷入经济之混乱"[3],而这势必更加损及战后日本滞台的资产与相关日资企业。

1945年8月30日,台银总裁上山英三于东京发电(密电第九号)给在台的台银副总裁,其言译成中文如下:

> 盟军进驻之际,可以日银券、满银券或台银券为代替军票行使。眼下外交谈判中以现地谈判特别有效,透过与台湾总督府之联络,应全面推动以台湾银行券代替军票之行使,并配合由财政部(日方)所发出的指示。[4]

由此可知,就在台日人而言,若能保留其台湾银行券,取代盟军可能在占

---

[1] "奉令接收台湾自本备忘录后应即奉行本长官之一切命令规定"(1945年10月05日),台北"国家"发展委员会档案管理局藏"国防部"史政编译局档案B5018230601/0034/002.6/4010.2/004/004。
[2] 铃木茂夫:《台湾处分》,同时代社,2002年,第194页。
[3] 台湾银行史编纂室:《台湾银行史》,台湾银行,1964年,第1124—1125页。
[4] "密电第九号"(1945年8月30日),转引自张翰中:《战后初期台湾货币改革之研究——从"台湾银行券"到"台币"的发行》,台湾成功大学硕士论文,2008年,第76页。

领期间发行的军票，较能符合并保有日方利益。毕竟由发行权而论，台银券暂时仍掌握在日方手中，于此有利通货的印制操作。其次，若能以原本的发行券代替，将来在旧券换新券之际，部分债务将可通过币制改革之形势消除；免去盟军的军票形式，最终将以索赔方式，向被占领战败国要求巨额偿还。

陈仪的前进指挥所在1945年10月份《金融事项》报告中，便表示"日本殖民时期，以前发行最高额为百元券，十五日（行文指1945年日本投降）以后即有千元券之发行，在台湾日官吏薪津已发至明年（1946年）三月，似此日方滥发钞票溢行支付，势必引起通货膨胀，影响台胞生活，故台胞极感恐慌，甚望能兴紧急措置或发行当地新通用券，以代台券，又不欲内地现行之法币在台流通，反引起紊乱。且财政税收与专卖之收入，目下亦有滞收滞纳之现状"[1]。故而通货问题亟须解决，但安稳民心更为迫切，眼下又在面对财政部对台金融接收的进逼，故而不得不有一权宜之策。

陈仪为抗拒财政部对其台湾财政的争夺，乃至台银的可能"削弱"，先于1945年10月6日在台北前进指挥所通告于众：

> 现行货币准允继续流通，公用事业照常进行，工商各业安心经营，各级学校继续上课。[2]

并又追加规范告示：

> 携有法币者，在本俸明令在台湾使用以前，不准向市面使用。[3]

显然陈仪希望以保有先行台银所发行之台银券为缓冲。在法币（国民政府中央）暂且未到之际，暂保既有台银的金融体制。10月7日前进指挥所更通过广播和《台湾新报》发表《告台湾同胞书》，声明："本人奉命前来台湾成立前进指挥所，以备忘录递交台湾总督，所负责主要任务是注意日方实施情形，调查一般状况，并准备接收工作，以待国军和行政长官陈仪上将前来履新。我们一方面愿望日本人深明大义，遵照命令办事……"[4]言下实有拉拢台湾总督之意，

---

[1] "金融事项"，"前进指挥所有关日军投降接收文卷"（1945年10月），台北"国家"发展委员会档案管理局藏"国防部"史政编译局档案 A375000100E/0034/013/314。
[2] 曾建民：《1945破晓时刻的台湾》，台北联经出版社，2007年，第210页。
[3] "奉令接收台湾自本备忘录后应即奉行本长官之一切命令规定"（1945年10月6日），台北"国家"发展委员会档案管理局藏"国防部"史政编译局档案 B5018230601/0034/002.6/4010.2/004/004。
[4] "三十四年十月七日告台湾同胞书（载台湾新报与广播）"，"前进指挥所有关日军投降接收文卷"（1945年10月），台北"国家"发展委员会档案管理局藏"国防部"史政编译局档案 A375000100E/0034/013/314。

以便其予以配合,好抗击财政部对台金融的"介入"。

对此,1945年10月11日前进指挥所再次发电函给台湾总督,双方并各派代表相会商讨[1],其后前进指挥所提出九点要求,"台湾银行立即停止增发兑换券,如有需要增发时,应事先申明理由,经许可方可增发"[2],以借日方和台银在正式接收前稳定台湾金融市场。面对陈仪的"要求"笼络,旋于10月23日,日方即调拨台银券3 000万元,先行转交于前进指挥所600万元,以供其调度利用,隔日(24日)又再将1 000万元划入台银存折[3],以便陈仪台湾光复大典之际得支取运用。陈仪虽援引台湾总督的金融体系和通货,但面对"敌方"可能恶意套取,也有对策因应,在前进指挥所中有关台湾区日俘(侨)处理一案,便引用了同年10月1日《中国境内日本居留民集中管理办法》,其内容限定在台湾之日俘、日侨,其私有现金限至中国法币5 000元,其余相关各种钱币及金银、金饰、宝石、有价债券等物品皆不允转移携出[4]。由此可见,日方虽有通货操作空间,但资本最终将难"套现出境"。

1945年10月24日,国民政府指派的陈仪接收团队抵台,在获得日本台湾总督的"输诚"配合下,隔日(25日)在庆祝光复大会致词中,陈仪便提到:

> 到台的文武官员士兵不得使用法币,因为台湾另有一种币制,与国内不同。在台湾新币制尚未确定,及台币与法币的兑换率尚未规定以前,本人业已请准中央,台湾暂时还是使用台币,而不使用法币。[5]

陈仪除直接采取行政命令的方式加以抵制,同时又向蒋介石与行政院宋子文乞援。然而当10月25日正式抵台接收,财政部即与央行会商,对台湾区财政实行紧急措施,项目办理[6],追加通过《中央银行台湾流通券发行办法》,其部分规范如下:

> 第二条、中央银行台湾流通券为台湾省境内流通之法币,凡台湾省境

---

[1] "前进指挥所副主任范诵尧与日谏山春树参谋长第二次谈话"(1945年10月11日),中国第二历史档案馆藏国民党政府中央设计局档案,二 17899。
[2] "滋为便于整理通货起见特先提出下列九项"(1945年10月11日),台北"国家"发展委员会档案管理局藏"国防部"史政编译局档案 B5018230601/0034/002.6/4010.2/6/003。
[3] "函应缴三千万元除已收陆百万元希再饬缴一千万元划入台湾银行存折以便支取"(1945年10月24日),台北"国家"发展委员会档案管理局藏"国防部"史政编译局档案 B5018230601/0034/002.6/4010.2/6/012。
[4] "台湾区日俘(侨)处理案"(1945年9月30日),台北"国家"发展委员会档案管理局藏"国防部"史政编译局档案 B5018230601/0034/545/4010/11/161。
[5] 魏永竹主编:《抗战与台湾光复史料要要》,第421页。
[6] 黄亨俊:《台湾银行旧台币发行史》,《"国家"图书馆馆刊》2002年第2期,第94页。

内完纳赋税,及一切公私款项之收付,均使用之。

第六条、台湾省与内地之汇兑,由财政部另订办法管理之。[1]

行文不只强调央行发行之台湾流通券为省内唯一合法使用者,且此时央行在上海赶印26亿台湾流通券,备赴台军政机关使用与收换日本旧台湾银行钞票,并遣派要员赴台设立分行,此项由央行发行台湾流通券计划,经筹备、设计、印制、发行、兑换、支付、流通等措施,竟臻完成阶段[2],财政部对接收在台金融已箭在弦上。

四、承继财政到建置台币

陈仪对此强烈反对,于上海赴台前夕,已鉴于法币的通膨问题多次晋见蒋介石[3],强力建议"台湾货币金融暂维现状,中央银行在台设行为期尚早,希望暂不插足台湾",并表示"台湾货币应由台湾银行继续发行,如中央不予赞同,则当商请中央银行委托台湾银行发行,由中央银行派人监督"[4]。其间,更多方电函宋子文,盼能在赴台前于沪相会[5],以争取由台银主管台币发行。由于战后俞鸿钧和宋子文于财政上貌合神离[6],在陈仪坚持和游说下[7],并承诺"所有抵充发行准备之日本债券概交中央,由中央换给公债,作为新发行之准备","俟中央整理币制对美对日比率确定后,即用法币",获宋子文的支持核准[8],给予台银印制新券自办发行之权[9]。1945年11月22日,台银

---

[1] "货币金融管理法令(七)"(1945年11月10日),台北"国史馆"藏国民政府档案001000001705A。
[2] "财政部为制定台湾流通券发行办法及台湾省汇兑管理办法致行政院呈"(1945年10月31日),"财政部为请仍准中央银行赴台设行发行台湾地名券致行政院呈"(1945年11月8日),中国第二历史档案馆藏国民党政府中央设计局档案,二6999。
[3] 蒋介石日记,1945年10月12、13、16日,美国斯坦福大学胡佛研究所藏。
[4] 葛敬恩:《接收台湾纪略》,王晓波编:《陈仪与二二八事件》,海峡学术出版社,2004年,第124—125页。
[5] "宋子文致陈仪电"(1945年10月14日)、"陈仪致宋子文电"(1945年10月17日)、"宋子文致陈仪电"(1945年10月18日),T. V. Soong Papers,Box 47,Folder 1、8,美国斯坦福大学胡佛研究所藏。
[6] 1944年底宋子文上台后,对财长俞鸿钧的诸多政策,多有质疑之意。"财政部呈行政院据本部缉私署呈税警团团长警教练所组织规程"(1945年1月24日),"财政部缉私署税警团队长警教练所组织规程",台北"国史馆"藏"行政院"档案014000007440A。另见郑会欣:《关于战后伪中储券兑换决策的制定经过》,《文史哲》2012年第1期,第82页。
[7] "台湾省行政长官公署请令中央银行暂不在台设行事致行政院秘书长蒋梦麟电"(1945年11月15日),中国第二历史档案馆藏国民党政府中央设计局档案,二6999。
[8] "徐学禹转来陈仪致宋子文电"(1945年11月2日),T. V. Soong Papers,Box 49,Folder 11。
[9] 《行政院长宋子文令财政部文:台湾币制仍照陈长官所拟办理,央行暂缓在台设行发钞》(1945年11月7日),中国人民银行总行参事室编:《中华民国货币史资料》第二辑(1927—1949),上海人民出版社,1991年,第711页。

券正式作为光复后的台湾初期流通货币,同时也延续台银特殊地位及发钞权力[1]。

战后初期台湾市面金融混乱,日本银行兑银券更混入市面随意使用,漫无限制[2]。为有效整理台湾金融,台湾行政公署于1945年11月7日先行发布《处理省内日本银行兑换券及台湾银行背书之日本银行兑换券办法》,主要在强制规范市面不允流通千元面额以上的日银券,相关钞券须统一存于台银等在内的官方指定银行[3]。获行政院首肯保留台银发钞权后,陈仪同年12月11日又再通告《台湾省行政长官公署处省内日本银行兑换券及台湾银行背书之日本银行兑换券特种定期存款存户支取暨抵押借款办法》。此办法显示出陈仪有关战后初期台湾的银行与货币政策,主要内容节列于下:

> 二、台银券特种定期存款个人存户,存满一个月后,因生活之必要,待填具申请书,凭原存单,向存款银行支取生活费。
> 四、前两条存户,每月每户得申请支取或抵借生活费一次,每月生活费不得超过三百元……
> 七、法团特定定期存款一次抵押借款不得超过原存款总额百分之十。为连续借款,其总额不得超过原存款总额百分之五十。
> 八、台银券特种定期存款抵押借款,按年息百分之二.五计算……[4]

再加上12月14日所公告的《台湾省行政长官公署收缴日本在台各种债券之训令》[5],综合上述办法,其实即在沿用台银的金融体系收拢通货,于最少波动干扰下,完成对台银的整理接收和资产过渡。

但在1945年12月12日,财政部致行政院《财政部制定中央银行监理台湾银行发行办法致行政院呈稿》。如行政院前函批示,台银之币制准陈仪所拟办理,同时财政部有相关监管台银权力,相关细节办法节录如下:

---

[1] "财政部为暂不支用台湾流通券事致行政院秘书处"(1945年11月22日),中国第二历史档案馆藏国民党政府中央设计局档案,二6999。
[2]《妨碍金融之日银券省政府核定处理方法》,《民报》1945年11月8日。
[3] 台湾银行经济研究室编:《台湾之金融史料》,台湾银行经济研究室,1953年,第206页。
[4]《台湾省行政长官公署处里省内日本银行兑换券及台湾银行背书之日本银行兑换券特种定期存款存户支取暨抵押借款办法》(1945年12月11日),收录于《台湾银行季刊》创刊号,台湾银行季刊调查室,1947年。
[5] "台湾省行政长官公署收缴日本在台各种债券之训令"(1945年12月14日),中国第二历史档案馆藏国民党政府资源委员会档案,廿八3848。

>　　二、中央银行派驻台湾银行监理之任务如左：（一）监督新台币之印刷及发行；（二）检查新台币发行准备金；（三）审核关于新台币收换就台币事宜……（五）检查旧台币之印刷数额及准备金之实况……
>　　五、驻台湾银行监理为执行职务得随时向该行主管人员查询一切情形及检查账册籍其他有关文件……[1]

显然财政部并非完全放弃对台银的监管，陈仪在面对财政部的督导压力之外，更棘手的问题则是从最初1945年6月国民政府所推估，日本现行台银发行额预计达8.5亿，平均每月增加3000万元[2]，但实质至8月14日投降之际，台银发行额已达14亿元，同年10月光复交接前夕，更爆冲至29亿元[3]。在盐见俊二回忆中，便亲述自日本搭飞机押送大量巨额钞券，空运钞券数量之多，需要卧在钞券堆上始可容身[4]，可想见日本于战争末期至接收前对台金融的有意套取。

这样的通货膨胀、投机套利，其实远远超乎陈仪之前预料。同时再整理台银，才明悉准备金详额，在台之台银金库，仅剩日本古金币949枚，合纯金1600余钱，约合台银券21350元[5]。超额发行达29亿，说明陈仪严重低估了日方掌控下台银发行"能力"，进而错判情势。整体而言，虽台湾人民所拥有的台银券只占发行总量的20%，其余80%均在在台日军及日侨手中[6]，并又于同年11月、12月陆续制定相关附加限兑、限用命令；但大量台银券以各种不同形式持续加速流通于台湾市面[7]，以至于1945年11月仍维持个位数的物价指数，于12月便大幅上升达130指数[8]。而原以《中国境内日本居留民集中管理办法》命令，限定离台日军、日侨所能携资本数额，但海岛地形开阔的台湾甚难设防，仅以战后战败国须如实上缴军需物资为例，滞台日军不乏假借不同形式，或托民间汽船走私，或私自盗卖，或暂存山间仓库

---

[1]　"财政部制定中央银行监理台湾银行发行办法致行政院呈稿"（1945年12月12日），中国第二历史档案馆藏国民党政府中央设计局档案，二 6999。
[2]　《邮政储金汇业局与四联总处关于战后处理台湾金融方案的来往文件》（1945年6月6日），海峡两岸出版交流中心编：《馆藏民国台湾档案》第34册，第37页。
[3]　台湾银行经济研究室编：《台湾之金融史料》，台湾银行，1951年，第2页。
[4]　盐见俊二：《秘録：終戦直後の台湾―私の終戦日記》，株式会社高知新闻社，1979年，第43页。
[5]　袁壁文：《台湾之货币发行》，《台湾金融之研究》，台湾银行，1969年，第32页。
[6]　黄彰健：《二二八事件真相考证稿》，台北联经出版社，2007年，第260页。
[7]　《彰化银行百年史》编辑委员会：《彰化银行百年史》，彰化银行，2005年，第206页。
[8]　Shih-hui Li, "The Currency Conversion in Postwar Taiwan: Gold Standard from 1949 to 1950", *The Kyoto Economic Review* 74(2), December, 2005, p. 194.

房舍[1]，种种藏匿、偷运，多不胜枚举，更别说换成金条、细软，夹带蒙骗出境。

因此，整理台银接收其资产，以利后续币改推行，成为陈仪眼下的当务之急。1945年12月8日，行政长官公署财政处正式发文给台银，指派接收监理委员若干[2]，进驻总行与各分行，于同年12月11日正式接收办公[3]。值得注意的是，或许是因为台银具有全台地区之"中央银行"性质，且又肩负各项业务，故而在整理期间包含总行与台湾省区内之各分行，皆准予继续营业[4]，形成一种边查账边营运的特殊场景。另一方面，作为日后新币发行和收兑台银券的准备，台银的印钞前置工作亦如火如荼展开。但由于战后台湾地区的印刷设备不足，故只得转由大陆内地印刷。1945年12月21日，陈仪便直接提出总量50亿元，第一期先印30亿元台币，并特电函行政院长宋子文，再转饬财政部与上海中央印制局先行赶制，同时又单方面由台银派人赴沪洽办印制事宜[5]。显然对于财政部事先提出的由央行派驻监管台银，审核发兑新钞数额及检查其准备金一事，陈仪似已无力理会。

对陈仪自行接收查账与印制新钞之事，1946年1月14日，财政部与央行派驻台银监理人员，以奉财政部之命，发函要求台银须在五天内将相关所查账册和业务报告，同步惠转财政部与央行。对此陈仪所属财政处和台银方面则以"俟清理工作完毕可将接收情形汇报"应付[6]。而到最终台银完成相关数据转交汇报，其实已迟至1946年8月15日[7]。凡此种种恩怨积累更加深了双方的矛盾，以1945年底在沪成立台银上海分行筹备处一案为例，便可看出财政部对此的漠视与冷淡[8]。而其间，为强化基础，收并日资产业，台银先后

---

[1]《中国台湾省警备总司令部命令》军字第82号，1945年12月21日；《中国台湾省警备总司令部命令》军字第一六号，1946年1月8日，转引自戚如高、马振犊：《抗战胜利后台湾日军投降及南京国民政府军事接收档案资料选(上)》，《民国档案》1989年12月31日，第64、82页。
[2] 台湾银行史编纂室：《台湾银行史》，第1145页。
[3] "台湾银行开始办公通报案"(1945年12月15日)，台北"国史馆"台湾文献馆台湾省行政长官公署档案00301300005016。
[4] "台湾银行总行分行派员接收案"(1946年1月8日)，台北"国史馆"台湾文献馆台湾省行政长官公署档案00325300008003。
[5] "台湾银行钞券换发新台币办理案"(1945年12月21日)，台北"国史馆"台湾文献馆台湾省行政长官公署档案00326620055008。
[6] "接收敌国银行情形请呈报案"(1946年1月14日)，台北"国史馆"台湾文献馆台湾省行政长官公署档案00325300007001。
[7] 台银早于同年5月20日便完成接收正式"复业"。"台湾银行接收报告书等呈报案"(1946年8月15日)，台北"国史馆"台湾文献馆台湾省行政长官公署档案00329530004002。
[8] "为陈报成立筹备乞鉴核备案由(附收文沪字第29、37号二件)"，台湾"国家"发展委员会档案管理局藏台湾银行档案035/A0/0001/12/001。

接收清理三和银行、储蓄银行[1],同时陈仪更再向宋子文乞援20亿元[2],至1946年5月20日,隶属于行政公署的台湾银行方正式发行台币,收兑台银券。但碍于局势混乱,考虑社会舆情及对价格体系的影响,遂未另行定价,乃将台银券和新发行台币予以等值流通[3],此举自然也承受了日方通膨套取的事实。

五、结　　论

由于战时陈仪与蒋介石的关系亲密,且陈仪多少参酌战时台湾精英[4]建议[5],蒋介石也认同其对台接管计划。陈仪有意保留日殖台湾金融的特殊独立性,除考虑得以用之阻隔大陆法币的通膨问题,也能落实对台政治的完整掌控;然而俞鸿钧则倾向金融的集中化,好有效统筹战后各方资源,加速财政全局的复兴。战后日方乃至日本殖民台湾总督,因利益考虑,盼能暂时保有台湾货币。故至接收之际,陈仪得借力使力,援引旧有台银券抗衡财政部之方案。经多方角力博弈,最终沿用既有币制,更使台银续保有发钞特权。

陈仪对台币制的立场和作为,不仅是自我在台治理的政治考虑,同时也是战后日本殖民台湾总督、台湾民众以及宋子文和俞鸿钧间的矛盾等多方拉力与推力下的共同结果,故不能用传统思维单独评价为陈仪一人之举。但不可否认,陈义的"大意",使得"敌方"得以浮滥发钞套取台湾资本;加上和财政部的交恶,至此种下日后行政长官公署财政困境的苦果。

（原载《民国研究》2019年第2期）

---

[1]　"台湾银行总呈",台湾"国家"发展委员会档案管理局藏台湾省文献委员会档案 A375000100E/0035/253/18。
[2]　"陈仪致宋子文电"(1945年11月2日),T. V. Soong Papers, Box 48, Folder 2.
[3]　台湾银行：《台湾银行五十年》,锐志传播有限公司,1996年,第63—64页。
[4]　在蒋日记中不乏提及台籍精英黄朝琴、宋瑞华,可派台湾工作。蒋介石日记,1945年4月14日。
[5]　黄朝琴既率先于台湾调查委员会会议中提出,对战后台湾应以实验方式治理,不必与各省强同。《台湾调查委员会座谈会纪录及各部门接受台湾计划草案》(1944年7月),海峡两岸出版交流中心编：《馆藏民国台湾档案》第23册,第281页。

战后中国银行上海分行复员与接收评述

刘 华*

国民党政权在抗战胜利之后的复员接收包括原沦陷各地区，涉及党政军警和社会民众诸方面，是民国史研究中不可忽略的部分，尤其是金融接收方面，业已受到学界关注，不少论著已有述及[1]。本文依据上海市档案馆馆藏有关案卷及其他史料，对中国银行上海分行（以下简称为上海中行或中行沪行）的战后复员和接收情形作梳理，以冀丰富和深化对战后金融接收问题的探究。

一

1945年8月16日即日本宣布投降翌日，根据四联总处"金融复员须加紧进行，所有各行、局前往收复区复业"的紧急通知，中国银行总处委派渝行经理徐维明为上海区复员复业主持人，"行使分行经理职务"并"办理政府委办的接收敌伪金融机构和保管、清理等事项"[2]。具体包括"主持接收清理上海伪中国银行并筹备复业事宜"，"接收上海德华银行"和"接收上海正金银行"。要求上海中行的复员接收工作"所有一切措施，悉遵照财政部及四联总处金融复员措施方案，随时秉承财政部驻京沪区财政金融特派员指示，并与其他行局一致办理"[3]。徐维明旋被正式任命为中行上海分行经理，并兼任四联总处上海

---

* 刘华，2004年硕士毕业于复旦大学历史学系，现为上海市历史博物馆（上海革命历史博物馆）副研究员。
[1] 参见陆仰渊：《民国社会经济史》（中国经济出版社，1991年）、崔美明：《宋子文主持下的上海区敌伪产业处理局》（《近代史研究》1988年第1期）、戴建兵：《浅论抗日战争胜利后国民政府对战时货币的整理》（《中国经济史研究》1995年第3期）、林美莉：《抗战胜利后国民政府处理日伪政权货币问题——以中储券的收兑工作为例》（"一九四九：中国的关键年代"学术讨论会论文）。
[2] 中国银行行史编辑委员会：《中国银行行史（一九一二—一九四九）》，中国金融出版社，1995年，第616页。
[3] 徐维明呈中行总处"奉命赴沪主持接收清理上海伪中国银行并筹备复业事宜"（1945年10月19日），上海市档案馆藏中国银行档案 Q54-3-75。

分处副主任委员[1]。

徐维明深知上海中行复员接收事关重大："惟上海为全国金融经济枢纽，华洋荟萃之区，政府及人民瞩望弥殷，本行使命重大，举凡一切措施关系国计民生至巨。"[2]然而由于当时交通条件所限，徐维明只能偕同少数随员于9月10日莅沪，而在后方的大部分中行工作人员及其家属，则辗转几个月后才抵达上海。因此，有关复员接收工作一时只能通过留用伪中国银行旧沪行职员来解决。9月24日，伪中国银行清理处成立，徐维明为处长，邵曾华为副处长。清理处负责接收清理该伪总行及本埠办事处，包括储蓄部、信托部及同孚路、成都路、八仙桥、霞飞路四办事处和北苏州河仓库。伪中行的接收清理和沪行复业事宜具体情形如下。

（一）资产与负债

1942年9月1日，日伪将原中国银行"改组复业"成立伪中行时，曾将原中行所有资产、负债按1941年8月29日日计表所列各数，按二比一折合伪中储券转入伪中行账内。接收清理时，凡1942年9月1日以后未曾变动之资产与负债，均按一比二折回法币转入沪行恢复原状；原属伪行之资产，则就原科目性质分别加以清理转账。伪币负债中显有敌伪关系者，予以扣留解送中央银行，普通存户之存款则予以发还[3]。

为了安定市面，对非系明显有敌伪关系的储户，于10月15日集中在中行汉口路50号支付存款，凡存款伪币50万元以下者全数一次付给；伪币50万元以上存款，先付半数，若此半数不及伪币50万元，准支付伪币50万元[4]。11月23日库存稍裕后，开始发还存款伪币50万元以上储户的余额存款。对于截至1946年3月22日止仍没有结清存款余额的各储户，则按200∶1折成

---

[1] 四联总处上海分处主任委员为财政金融特派员陈行，委员有交通银行李道南、中国农民银行吴任沧、中央信托局沈熙瑞、邮政储金汇业局沈镜。见"四联总处任命徐维明为四联总处上海分处副主任委员派令附件"(1945年8月27日)，上海市档案馆藏中国银行档案 Q54-3-277。按战后金融复员接收初期四联总处发挥了一定作用，但1945年12月1日四联总处第三次改组后，它对于金融接收就不再发挥重要的督导作用了。参见伍野春、阮荣：《蒋介石与四联总处》，《民国档案》2001年第4期。

[2] 徐维明呈中行总处"关于成立中国银行上海分行复业筹备处事项"(1945年10月19日)，上海市档案馆藏中国银行档案 Q54-3-75。

[3] 中国银行总行、中国第二历史档案馆合编：《中国银行行史资料汇编(1912—1949)》上编，档案出版社，1991年，第589页。

[4] 徐维明呈中行总处"关于接收清理上海伪中国银行"(1945年10月19日)，上海市档案馆藏中国银行档案 Q54-3-75。

法币后移送已复业的中国银行沪行继续支付[1]。另外对于 1941 年 12 月 8 日以前的法币存款,如果截至接收时一直没有变动,则仍按原法币存额结算支付[2]。即这些存款虽曾于 1942 年 6 月 21 日被伪行按 2∶1 比例折成伪中储券,现在仍按原比例而不是按 200∶1 折回法币。因此在作为国家资产的中国银行资产得到优先照顾的同时,部分存户的利益也得到了一定的顾及。

资产方面则包括两项。一是原中行被劫夺前的重要资产,计有"各项放款 152 135 149.51 元"和"库存现金 3 717 796.61 元"。其中部分资产在劫持时期被伪行处置,接收后经过点收整理,截至 1948 年 3 月 31 日止,伪沪行结欠沪行法币 28 400 余万元;另计有价证券账面余额伪中储券 148 700 余万元[3]。二是伪中行营运所增益资产,其中有价证券(截至 1945 年 4 月 24 日止)账面尚有余额伪中储券 1 489 328 136.58 元;生金(截至 1945 年 9 月 24 日止)账上结存计为 289.516 两,实际毛重 289.5 两,合纯金 286.012 两。1946 年 2 月将该项生金按官价每两 8.5 万元售予中央银行,合法币 24 311 020 元。另有西康路及定安路房地产两处,经敌伪产业处理局估价委员会估价 70 492 000 元,出售给已复业的上海中国银行[4]。伪行的其他资产亦被处理(如将放款抵押品生丝 20 件售予中国蚕丝公司),所得之款多用于发还伪行存款及偿还中国银行上海分行所垫付的清理费用需款,剩余部分则拨交中国银行上海分行所专门开列的"接收伪行清理处帐"[5]。后来根据财政部命令,上海中行还清理并承担了伪中行对伪中储行的债权、债务关系,结果伪中储行债权 8 811 051 万元(伪币),债务 2 215 万元(伪币);两相轧抵,伪中行结欠伪中储行 8 808 836 万元(伪币),上海中行遂将接收的房地产、黄金、库存物资及投资企业单位的部分股票作价冲抵[6]。整个中国银行的清理工作到 1949 年上海解放时仍未完成。接收的敌伪金银货币等需要解交中央银行而伪行债务却要中行承担,借助接收复员机会,国民政府再次加强了对中国银行的削弱和控制。

---

[1] 《中国银行行史资料汇编(1912—1949)》上编,第 859 页。
[2] 中国银行复业筹备处致四联总处上海分处函"关于接收上海伪中国银行清理及人事处理情形"(1945 年 10 月 30 日),上海市档案馆藏中国银行档案 Q54-3-277。
[3] 《中国银行行史资料汇编(1912—1949)》上编,第 855、859 页。
[4] 围绕此两处房产先后估价两次,开始由中行复业筹备处估价,并就中行所收购的原伪中行房产究竟是否敌伪性质;房产是伪中行受委托代管还是为伪行所有存有争议。伪中国银行清理处复上海市地政局函(1947 年 8 月 5 日),上海市档案馆藏中国银行档案 Q54-3-94。
[5] 徐维明呈中行总处"关于接收清理上海伪中国银行"(1945 年 10 月 19 日),上海市档案馆藏中国银行档案 Q54-3-75。
[6] 《中国银行行史(一九一二—一九四九)》,第 620 页。

(二) 人事处理

当初日伪将原中行"改组复业"时,各部处的经理、处长、主任由原来中行的人员充任,中行原有在沪员工也都分别安排,继续供职。战后中国银行复员时因人手不足,伪行315名职员中,除曾经兼任伪职及1942年9月1日以后添用的17人被告知暂勿到行,其余中行旧员2 908人以及警工224人,在总处未准复用以前,统自10月份起暂时发给维持费[1]。因战后物价变动,维持费标准前后有所变更。原伪行留任人员先以雇员名义办理清理工作,随着复业开展和业务的发展,逐步恢复了行员身份。日方员工在接收实施之前,按照京沪区财政金融特派员的命令,给予生活费,但是不超过同人所得。

管理人员方面,截至1945年12月24日,中行所有复员接收行处曾任伪职主任(即经副襄理)以上人员计48人。经过审查,退老5人,开除停职2人,另有5人继续审核或另案处理,其余人员大多回任原职,个别调任他职。曾任伪中行常务董事和代理董事长的吴震修,虽一度遭到软禁,后在国民党政界显要如张群、张嘉璈、陈其采及中行总经理宋汉章等人的疏通下,上海地方法院以吴的汉奸嫌疑证据不足,不予处理。1945年12月上旬,吴恢复自由,但此后终未在中国银行任职[2]。

(三) 复业情形

中行复业筹备处自9月25日成立后,考虑到战后初期头寸供应不足,难以全面开展业务,遂决定自10月1日起以"复业筹备处"的名义先行对外营业,接受普通存款及储蓄存款[3]。

最初存户均系普通商号及个人小额存款,随着市面法币筹码渐多,加上极力揽收军政机构及各出口商的存款,存款数字得以显著增加,至12月22日存款总额已达17.3亿元,超出10亿元的预拟目标。汇款方面,随着浙江和南京两分行先后复业,10月25日起上海开始与两处恢复通汇。29日开始收解渝沪公务员赡家汇款,11月上旬两地亦恢复通汇。此后收解业务上升,尤以渝行托解汇款为最多,导致上海中行库存紧绌,虽渝汉滇各行陆续调还欠款,宁浙

---

[1] 徐维明呈中行总处"关于接收清理上海伪中国银行"(1945年10月19日),上海市档案馆藏中国银行档案 Q54-3-75。
[2] 中国银行总管理处文"关于收复区接收行处主任以上人员审查处理情形"(1945年12月24日),上海市档案馆藏中国银行档案 Q54-3-79。
[3] 徐维明呈中行总处"关于成立中国银行上海分行复业筹备处事项"(1945年10月19日),上海市档案馆藏中国银行档案 Q54-3-75。

两行接济,终以托解巨额汇款陆续而来,至12月22日止联行欠款共15.4亿元,可见汇解业务有了很大的恢复。放款方面起先也没有单独开展,嗣而根据四联总处上海分处的决定,由各行局联合贷放各厂矿恢复生产需款,至当年年末共贷放11户[1]。

上海中行复业初期开展的其他业务还包括:代为中央银行收兑伪券,登记敌伪发行之债券库券;代直接税局经售印花;在南通、芜湖等地增设中行分行处。至1946年1月4日,上海中行正式复业。

二

根据中国银行总处的命令,战后上海中行的复员接收使命还包括接收上海的德华银行和正金银行。现将有关情形分述如下。

(一) 关于接收德华银行[2]

德华银行系德商于1889年5月15日在华创办的股份有限公司,总行设于上海,但董事会在柏林。另在天津、北平、汉口、广州、青岛五处设有分行,德国国内则有柏林、汉堡两分行。中行对上海德华银行的接收始于1945年9月27日,由徐维明亲自率员前往进行有关工作。首先是查封该行,停止一切业务,封存所有金库、保险箱、储藏室、单据和账簿,明确任何物品不得被转移或者毁坏,所有的收入和支出都要受到中国官员的检查。然后要求德华银行总经理法郎士交出重要文件物品,包括银行组织系统表、会计手册、董事会会议记录、银行重要管理人员名单(注明住址和电话)、图章、密码钥匙、私用密码、文件、机密文件等;并同时预备移交现金头寸单、试算表单、家具和固定资产的详细清单、损益说明、外汇买卖日记账、房地产清单、保管品清单、秘密财产和收益清单等。

接收过程中对德华银行的业务、资负、库存等方面情形作了较详细的查询,发现了该行经理法郎士隐蔽财产的问题。据法郎士承认,在封存账册之外,向员工发放了60根金条,其中法郎士自己得了10条或者11条;发放美元为2 500—3 000元,法郎士本人大概拿了400美元。至9月底,初步查出法郎

---

[1]《中国银行行史资料汇编(1912—1949)》上编,第832页;"沪行复业筹备处业务简报"(截至1945年12月22日),上海市档案馆藏中国银行档案 Q54-3-75。

[2] 此小标题下未特别标注内容皆系根据"中银沪行经理关于接收德华银行传询该行负责人记录"(原件为英文),上海市档案馆藏中国银行档案 Q54-3-74。

士隐蔽的财产为"赤金陆佰余两,美钞三仟余元"[1]。而10月份进一步查明德华银行未曾列入账册财产计有黄金1 049.012两、美钞3 947元、法币4 150元[2]。

接收中查明德华银行在上海有16名德籍员工,大约60名中国员工(不包括仆人、门房等)。中国员工薪水大约相当于德国员工的1/4,薪水按伪中储券支付但是基于德国马克(德国投降后基于日用品价格)计算(依据和马克相联系的瑞士法郎来计算马克和伪中储券的汇率)。当时中国员工中的簿记员月薪约90万到100万元伪中储券,小工大约75万到80万元伪中储券。

接收中初步查明德华银行的资产负债和库存情况如下:对外负债约合伪中储券23 500万元,库存计有法币11 090.43元、伪中储券148 173 639.27元、伪中储券本票105万元、美钞12.32元、瑞士法郎100法郎,另该行庶务科寄库现金伪中储券1 000万元和备付美金现钞存款41 840.7元[3]。库存以外,德华银行存放本埠同业项下,计正金银行约伪中储券500余万元、伪中央储备银行约伪中储券8 500万元、银行业联合准备库约伪中储券1 800万元;存放于瑞士银行中用以应付债务约30万瑞士法郎。另外该行器具所值,账面价值为伪中储券3 419 601.71元。房地产方面在沪只有四川路、九江路口行屋一所。另有银箱3具、保管箱1具、铁箱2具、文件箱3具、文件柜13具及机要档卷、营业用图章、有价证券等若干[4]。

(二) 关于接收正金银行上海支店[5]

日本横滨正金银行于1892年在上海设立分行,分行上海支店开设于1938年10月24日,下辖南京、杭州、汉口等12个派出所。1943年5月1日,上海支店被委托办理华中地区的统辖店事务,所辖12个派出所也随之升格为

---

[1] "徐维明给京沪区财政金融特派员陈行的报告"(1945年9月30日),上海市档案馆藏中国银行档案 Q54-3-75。
[2] 《中国银行行史资料汇编(1912—1949)》上编,第835页;徐维明呈京沪区财政金融特派员办公处文稿附件"接收敌性上海德华银行财产节略"(1945年10月13日),上海市档案馆藏中国银行档案 Q54-3-75。
[3] 徐维明呈财政部驻京沪区财政金融特派员陈行报告"接收上海德华银行经过情形"(1945年9月30日),上海市档案馆藏中国银行档案 Q54-3-75。
[4] 徐维明呈京沪区财政金融特派员办公处文稿附件"接收敌性上海德华银行财产节略"(1945年10月13日),上海市档案馆藏中国银行档案 Q54-3-75。
[5] 此小标题下未特别标注内容皆系根据徐维明"接收敌正金银行上海支店物质及处理情形简要报告",上海市档案馆藏中国银行档案 Q54-3-74。

代理店[1]。1945年9月25日，中行代表徐维明率员开始接收日本横滨正金银行上海支店。正金银行原址在外滩24号，战时曾占据外滩12号英商汇丰银行行屋作为行址，日本投降后的9月15日始迁回原址办公[2]。被接管时，正金银行上海支店店长、经理为河村二四郎，副经理为大江清和正木幸作[3]。接收整理后查明该行资产情形具体如下：

房地产，共4处。其一为外滩24号六层钢骨水泥建筑，底层原为该行营业厅，楼上各层为其他商家借租。接收时候，因借租单位不同而为中方不同行政部门接收。徐维明接收时，二楼、三楼日方机构已由经济部战时生产局特派员办公处接收；五楼、六楼一部分由粮政特派员办公处借用。其二为圆明园路24号和34号房屋，在外滩24号房屋后面，原系正金银行行员宿舍。其三为巨籁达路733号房屋，经上海市地产委员会允许，借给美空军妇女辅助队队员用作宿舍。另有新闻路1423号房屋一处。1945年10月22日，按照财政部驻京沪区财政金融特派员办公处指令，正金银行全部行屋拨交中央银行使用。

库存现金，分中储券、日元以及华北联银券三种。中储券实际库存现钞计9 500 649 989.44元，按200∶1折成法币，共计47 503 249.95元。其中37 960 227.95元于1946年3月30日解交中央银行，4 500 000元交存上海中国银行作为备付开支之用；垫付开支3 736 732元，目下库存1 306 290元。日元券9 657.2元加镍质辅币3 992.93元，共13 650.13元，账上折合中储券75 834.42元，于1946年4月8日送交中央银行保管，另外有未入账的日本海军交来的日军票69.24元，于1946年6月4日送交中央银行保管。另有联银券计30 587.09元，账上折合伪中储券169 928.13元，于1946年4月8日送交中央银行保管。另外庶务处有黄金10两1分3厘、法币933 614元、用剩现钞法币45 933元、应收回暂欠法币22 235元、应收回开支法币18 000元，以上均已送交中央银行保管，入苏浙皖区敌伪产业处理局账户，由该局给收据。

保管品，正金银行上海支店在日伪金融体制中曾有十分重要的地位，太平洋战争后又曾受日本军方委托接管中外银行[4]，因此导致"接收各行之财产器具及帐册等，有甲行与乙行业已被混杂者，有另行存置者，有仍留原处者，有

---

[1] 傅文龄：《日本正金银行在华活动史料》下册，中国金融出版社，1992年，第669页。
[2] 徐维明"接收敌正金银行上海支店物质及处理情形简要报告"，上海市档案馆藏中国银行档案Q54-3-74。
[3] "关于正金银行经理侵占公款"(1945年11月3日—1946年4月15日)，上海市档案馆藏上海市警察局行政处档案Q131-4-3541。
[4] 傅文龄：《日本正金银行在华活动史料》下册，第776页。

与正金本身混杂者,有已被拍卖处分者,情形复杂,检查不易"[1]。因保管品数量众多而且情形复杂,以下仅列出部分较重要保管品账目处理情形。

(1) 伪满洲中央银行。伪满洲券账上计有 4 986 910.7 元,内有寄存汉口正金银行保管 191 540 元,实际库存为 4 795 370.7 元,于 1946 年 4 月 8 日送交中央银行保管。

(2) 日本银行。日元券 13 箱计 80 834.17 元、军票 729 箱计 38 058 380 元未经清点,亦于 1946 年 4 月 8 日送交中央银行保管。

(3) 汇丰、华比、麦加利、大通银行。木箱一只,内有金条 105 条,查明全部系华比所有,于 1945 年 12 月 14 日办妥手续发还;木箱一只,内金条 89 条,其中 86 条系华比所有,其余 3 条汇丰银行、麦加利银行和大通银行各 1 条。华比所有的 86 条中有 5 条系日本人所有,于 1945 年 12 月 14 日凭敌伪产业处理局来函交中央银行保管,其余 81 条于同日由华比办妥手续领回;属汇丰银行的 1 条于 1946 年 3 月 27 日发还,属麦加利银行的 1 条则于次日发还,仅属大通银行的 1 条尚未经该行领回。

(4) 伪联合准备银行。美钞 85 500 元,于 1945 年 11 月 10 日交中央银行保管。

另外尚有花旗银行、浙江地方银行、运通公司等机构保管品若干。凡涉及敌性和伪性的物品经点收后送交中央银行,属于中方及战时被劫收英美国家的资产,则在点收后由原所有者领回。

其他动产,房屋内家具一部分移交中央银行保管,一部分分配给中国银行应用或堆栈。巨籁达路 733 号内家具经清点后制成清单,由美空军负责人签字保管。日用品中的大宗物品,如衣服、衬衫、肥皂、蜡烛、被袜,经中行接收后,后由敌伪产业处理局凭正金银行原来清单委托中央信托局接收。另外有武器计手枪 19 支,气枪、猎枪各 1 支,并子弹若干,均交中央银行接收;摩托车 8 辆、脚踏车 11 辆、包车 4 辆、轮车 3 辆;酒精等燃料若干,由液体燃料委员会接收。

从上述考察战后上海中行重新复业、接收敌伪银行的基本过程和所接收敌伪银行的资产、负债、库存等项目的情况,我们看到的是战后金融复员接收的一个具体个案。无论是四联总处以及上海分处,还是中国银行总处以及上

---

[1] 徐维明呈中行总处"关于接收上海正金银行之财产、帐册、库存等项"(1945 年 10 月 19 日),上海市档案馆藏中国银行档案 Q54-3-75。

海中行，对于有关的金融复员和接收工作还是非常重视的。上海中行复业，对伪中行、德华银行和正金银行的接收，是日伪在上海乃至华东地区金融统制彻底失败并得到清算，以及国民政府在上海重新确立金融秩序的重要标志之一，虽然这一过程遇到的情况十分复杂，遇到各种困难，但国民党政权作为抗日战争胜利方的代表，在战后初期上海金融复员接收中的正义性、权威性一度是不容置疑的。与此相应，战后初期上海金融中心地位确实逐步得以恢复，中国银行作为国民政府直接掌握的金融机构在这一过程中发挥的作用也是非常重要的。当然，无论伪中行还是德华银行、正金银行上海支店，其被接收后遗留的债权债务、各种产业和投资、房屋器具，数量庞大，情况复杂，全面清理所需时间很长，待到1949年5月上海解放，这一清理工作还没有最后完成。是时中国银行本身作为失败了的国民党政权直接掌握的金融机构，也被列为接管处理的对象，中国近代金融业的演变也进入了新的阶段。

（原载《民国档案》2004年第1期）

战后上海民营轮船业向国民政府索赔问题研究(1945—1948)

马振波*

1945年11月,抗战期间蒙受重大损失的上海民营轮船业合组"民营船舶战时损失要求赔偿委员会",办理一应索赔事宜,其中最为重要的是对国民政府战时征用而损毁船舶的索赔。此次索赔自1945年11月起至1948年6月复兴航业公司成立止,历时近3年。学界以往针对国民政府抗战期间征用问题的研究已有不少,但对于征用后的补偿问题则并不多见,且主要集中于战后民营轮船业的索赔问题上。就现有研究而言,最具代表性的要属郑会欣的《国家赔偿与民间合作:复兴航业公司成立的背景及其经过》一文,该文主要围绕复兴航业公司创立的背景及经过进行了探讨,认为复兴航业公司是得到国家赔偿与扶植,并由民间航商合作组织而成立的一家轮船公司,具有以往民营公司全然不同的特点。但如果更深入地探析相关案例,即可发现受制于国内外局势变动等诸多因素,战后国民政府与民营轮船业间围绕赔偿协议的拟定与落实,产生过诸多的纠葛。而复兴航业公司的创立亦非政府有意扶植的结果,从其最初的构想来看,更多的则是上海民营轮船业为求得政府赔偿而诞生的特殊产物。本文拟从上海民营轮船业的角度出发,从索偿问题的由来、赔偿方案的拟定与出台、赔偿的落实等方面入手,对战后上海民营轮船业向国民政府索赔问题作一深入探讨。

一、索赔问题的由来与民船要求赔偿委员会的成立

抗战爆发后,中国轮船业或应政府征召沉塞封锁航道,或从事军公运输,或避敌海外、内地,其间被敌炸沉、炸毁、掠获而损失者甚多。据交通部统计,

---

* 马振波,2019年博士毕业于复旦大学历史学系,现为西南大学历史文化学院讲师。

战前中国共有各类轮船3 457艘,合计57.6万吨,其中海轮124艘、江轮3 333艘。战时政府征用沉塞航道损毁船只163艘,其中江轮86艘、海轮77艘,合计吨位145 801吨;被敌炸毁及虏捕船只2 837艘,其中江轮2 790艘(包括内河小轮及20吨以下小轮)、海轮47艘,合计吨位349 518吨。战后仅存江轮457艘,计80 681吨,海轮全无。其中上海民营轮船业方面,据1946年2月上海市轮船业同业公会整理委员会统计,战时上海各民营轮船公司损失船舶共计206艘、296 330吨,船舶损失率达92%,损失极为惨重。对于以上损毁船只的善后,特别是因征用损失的,国民政府曾明确保证"一俟战事弭平即行汇案赔偿"[1]。为此在战争进程日益明朗之际,各民营轮船公司即筹划在抗战胜利后向政府索取赔偿。

1945年8月10日晚,随着日本请降的消息传遍重庆[2],8月14日,上海市轮船业同业公会驻渝办事处召开会议,商讨接收敌伪航业财产事宜。会议决议推派代表协助政府进行,"以期迅赴事功"。8月中旬上海市轮船业同业公会驻渝办事处,以公会名义呈书交通部长俞飞鹏,表示公会极愿参加接收事宜,以赴事功。俞飞鹏表示赞同,批示可与交通部特派员陈伯庄商洽办理。8月25日公会驻渝办事处派员与陈伯庄商洽,陈伯庄当即表示可推派代表参加。8月28日,上海市轮船业同业公会驻渝办事处召开会议,决议推派三北轮船公司虞顺德、永安轮船公司董浩云、新安轮船公司李志一、大达轮船公司徐挹和、达兴轮船公司钟山道五人为代表参加接收敌伪财产事宜。同日,该办事处再次呈书俞飞鹏请求交通部配给交通工具,出具身份证明文件及致京沪区交通特派员代电等文件。对此俞飞鹏表示认可,但对于配给交通工具一事,因运输困难,应由公会自行解决[3]。后几经协调,当月底董浩云等人搭乘飞机由重庆飞往上海,参加接收事宜[4]。然出乎民营轮船业意料之外的,是政府对于敌伪航业财产的处理早有安排。8月25日国营招商局拟定《接管敌伪船只办法》上呈交通部,其中对于交通部接收敌伪船只的处理,规定暂交由招商局负责营运[5],

---

[1] "上海市轮船商业同业公会为抗日战争中损失船舶要求赔偿并向日本交涉被日人劫夺的船只等事与行政院、交通部、外交部的来往文书及有关资料"(1945年9月至1948年11月),上海市档案馆藏上海市轮船商业同业公会档案S149-1-123(以下仅标注档号)。
[2] 陈方正编:《陈克文日记》(下),台北"中研院"近代史研究所,2012年,第1000—1001页。
[3] "上海市轮船商业同业公会驻渝办事处的会议记录,会员名单以及要求赔偿战时损失和参加接收敌伪财产事与交通部的来往文书"(1944年10月至1945年11月),S149-1-61。
[4] 郑会欣:《董浩云与宋子文的交往》,第198—199页。
[5] 朱荫贵:《抗战胜利后的轮船招商局与民生公司》,上海中国航海博物馆主办:《国家航海》第12辑,上海古籍出版社,2015年,第119页。

9月12日交通部复函批准[1]。嗣后不久成立的行政院敌伪产业处理局与招商局商定,凡是与敌伪有关的水运产业、船舶,先由招商局统一接收,然后再由招商局与其协商分配办法[2]。由此,民营轮船业接收敌伪船舶已属无望,关注的重点遂转移到索取赔偿上。

9月24日,上海市轮船业同业公会驻渝办事处拟具意见八条呈奉交通部采纳。主要包括:(一)由政府向美国政府商洽援助或购买剩余船舶,按照战时政府征用沉失各船情况拨予民营轮船公司使用;(二)由政府向盟国政府交涉,以日本赔还船只拨予民营轮船公司使用;(三)由民营轮船公司自行向国外洽购轮船,政府给予相关担保等。10月20日交通部复函,对于上海市轮船业同业公会驻渝办事处所提意见逐条予以解答。如洽购美国剩余船只,交通部表示正由"部分别洽办中";对于日本赔还船只,须"由盟国政府作最后决定";对于向外购轮提供担保事,"可加考虑,惟须附具详细计划及公司资产负债情形"等[3]。交通部如此答复,与此时民营轮船业希图借助政府协助尽快恢复吨位的愿望相距甚远。在此背景下,交通部的上述答复也在情理之中。对此结果,上海市轮船业同业公会驻渝办事处颇表失望,为此决议组建一较强有力的统一组织,协助公会推进索赔事宜。

随着各轮船公司回迁上海,当年10月28日受上海市社会局指令,上海市轮船业同业公会整理委员会成立,公会驻渝办事处取消。11月3日,该委员会以上海市轮船业同业公会名义召集战时蒙受损失的43家航业公司于上海航业俱乐部举行会议,决定组建"民营船舶战时损失要求赔偿委员会"(以下简称"民船要求赔偿委员会")。该委员会主要办理"政府征充沉塞封锁线之船舶、在军公运输中被损毁之船舶、被敌人掳捕占扣之船舶、被敌人炸沉或炸损之船舶"等的索赔事务[4]。会议推定三北轮船公司代表沈琪、大陆轮船公司代表李志一、中兴轮船公司代表姚蕴叔、大振轮船公司与天津轮船公司代表董浩云、民生轮船公司与达兴轮船公司代表钟山道等5人为常务委员,推选钱新之

---

[1] 中国第二历史档案馆编:《中华民国史档案资料汇编》第五辑第三编财政经济(七),第7页。
[2] 郑会欣:《国家赔偿与民间合作:复兴航业公司成立的背景及其经过》,《中华文化研究所学报》2011年第53期,第157页。
[3] "上海市轮船商业同业公会为抗日战争中损失船舶要求赔偿并向日本交涉被日人劫夺的船只等事与行政院、交通部、外交部的来往文书及有关资料"(1945年9月至1948年11月),S149-1-123。
[4] "交通银行钱新之与复兴航业公司等的来往函件(附民航损失赔偿简则、会议记录、民航、海轮联营处函件等)"(1945年至1947年),上海市档案馆藏交通银行上海分行档案Q55-2-109。

担任主任委员[1]。

钱新之,祖籍浙江吴兴(今湖州),民国时期著名的银行家,自1917年出任上海交通银行副理起,任职众多,与蒋介石、宋子文、张群、吴鼎昌、杜月笙等政商界要人均保持有密切的联系,是可以与政府高层进行直接交涉的人物。钱新之此时兼任中兴轮船公司董事长,某种程度上亦算作航业中人,凭其资历威望居中指挥、交涉再合适不过。11月29日钱新之复函应允,并指示由中兴轮船公司姚蕴叔为代表驻留上海主持一切[2]。民营轮船业索赔之路由此展开。

二、赔偿方案的拟定与出台

对于如何向政府索赔的问题,民船要求赔偿委员会的办法是首先拟定赔偿方案,报请政府采择。12月13日,民船要求赔偿委员会常务委员钟山道携带赔偿方案各件到达重庆。14日,在钱新之的函介下,钟山道拜谒了交通部长俞飞鹏,并递交赔偿方案[3]。根据该方案,民船要求赔偿委员会将抗战期间各民营公司损失船只划分为四类,包括:(甲)自抗战初起被政府征用沉塞用以构筑沿海及长江封锁线的船舶63艘,计119 986吨;(乙)军事部门征用运输军队、军粮被敌机炸沉损毁船舶23艘,计15 981吨;(丙)远航海外,或正在修理中来不及逃避被敌掠捕船舶67艘,计111 006吨;(丁)在行驶或逃避或被强占过程中被炸沉损毁船舶43艘,计49 357吨。对于以上四类船舶的赔偿,民船要求赔偿委员会拟定了照吨赔偿、作价赔偿、国外订购或订造等三种办法。所谓照吨赔偿是指按照船舶种类划分,以政府在国外取得的船舶为基础以吨赔吨。各船如货船、铁驳船、码头船等以载货吨,客船以总吨,拖船以马力分别计算再按照适当比例折算吨位换给船只。作价赔偿是指照船舶种类划分,依据吨位分别作价赔以现款。国外订购或订造可视为第二项办法的补充,其设立的前提是政府因财政困窘,无法一次性支付款项时,由政府作保,各轮船公司直接向国外航业机关订购或订造相等吨位船舶,先行复业[4]。

对于此方案,交通部除在12月24日训令各地航商填具"战时损失船舶调

---

[1] 彭晓亮、董婷婷:《钱新之往来函电集》,上海远东出版社,2015年,第171页。
[2] 同上书,第173—175页。
[3] 同上书,第173—177页。
[4] "上海市轮船商业同业公会为抗日战争中损失船舶要求赔偿并向日本交涉被日人劫夺的船只等事与行政院、交通部、外交部的来往文书及有关资料"(1945年9月至1948年11月),S149-1-123。

查表"外，并无实际表态。1946年1月，钱新之经与宋子文、俞飞鹏当面商洽，获悉对于此方案"政府仍尚在考虑中，一时恐不能决定"。为使政府迅速确定赔偿方案，钱新之、钟山道、杨管北三人经商讨，决定除继续与行政院、交通部保持接洽外，进行"舆论鼓吹，督促政府从速办理"，并加聘卢作孚、杜月笙、周作民等名流以壮声势。至1月底，交通部答复钱新之，称已根据请求，"拟具赔偿原则，日内可以呈院"〔1〕。2月，交通部将所拟赔偿方案呈请行政院审议〔2〕。

在此方案中，交通部依据民船要求赔偿委员会提交的方案，将战时损失船舶划分为三种：(1)军事征用充作阻塞工程的船舶；(2)征应军公差为敌损毁的船舶；(3)在战时受有损害的商营船舶。交通部认为三者之中，除第一、二两项是由军事机关或部队依照《军事征用法》征用，依法应由政府予以补偿外，对于第三种船舶"拟由国家银行予以低息贷款"。具体而言，对于第一、二项损失船舶，补偿原则为依照《军事征用法》规定，以现金补偿，另加利润周息五厘。补偿现金标准，以船舶所有人履行船舶登记时所报船值为法定标准。但因世事变迁，船值有所变动，对于船值的计算按照物价指数及船舶使用年龄折旧等项计算时值。对于第三项船舶贷款标准，主要为：(1)总吨二十吨以上者，(2)船龄在二十年以下者，(3)在航政官署登记有案者，(4)捞修费用不超过本船造价十分之七者。同时为保证贷款安全，交通部规定对于贷款的监督及稽核应由各地航政局或交通部委托地方政府办理，贷款的来源由交通部呈请行政院转四联总处贷给，且偿还期限最长不得超过五年〔3〕。交通部所提交方案关注的焦点在于与政府行动直接相关，即甲乙两项船舶的索赔上，对于被日本劫掠及损毁船舶则并未提及。对此，民船要求赔偿委员会在分析四类船舶状况后，决定先集中办理甲乙两项船舶的索赔事宜〔4〕。至于其余两项，该委员会决定分别步骤予以推进。总体来说，此方案基本体现了民营轮船业的诉求，民船要求赔偿委员会甚为满意。

2月20日，行政院对交通部所提交方案进行初步审议后，定于26日提交行政院例会讨论。为保证该方案获得行政院方面的认可，2月22日，钱新之再

---

〔1〕 彭晓亮、董婷婷：《钱新之往来函电集》，第185、190—191页。
〔2〕 《战时损失民船，交部拟定赔偿方案》，天津《大公报》1946年2月10日。
〔3〕 "上海市轮船商业同业公会为抗日战争中损失船舶要求赔偿并向日本交涉被日人劫夺的船只等事与行政院、交通部、外交部的来往文书及有关资料"(1945年9月至1948年11月)，S149-1-123。
〔4〕 "交通银行钱新之与复兴航业公司等的来往函件(附民航损失赔偿简则、会议记录、民航、海轮联营处函件等)"(1945年至1947年)，Q55-2-109。

次致函俞飞鹏,请其"届时至祈鼎力主持,始终成全"[1]。次日,杨管北代表上海市轮船业同业公会,经由陈果夫函陈蒋介石,陈说困难。在各方促动下,2月26日行政院例会通过交通部所拟赔偿方案,3月21日下达正式批文:"(1)凡作军事征用充作阻塞工程及应征军公差而为敌损毁之船舶,合于《军事征用法》规定的,应予赔偿;(2)船只吨数及折旧,暨战前币值与钢铁木材之指数,如何折算,应仍由该部迅拟意见呈核;(3)船商向国外订购船只,政府应予以便利;(4)航商贷款一节,可径洽四联总处办理"等[2]。对于行政院批示,民营轮船业均表满意,但对于第(2)条,民营轮船业与行政院、交通部间存在分歧。民船要求赔偿委员会认为,如依据行政院批示,以折旧、战前币值、钢铁木材指数三点为核算赔偿的基点,"其计算方法固已相当复杂,而将来双方引证或其他专门人材之提供意见评定计算方式,其出入势将相差颇巨,盖上列三项定义广泛,殊有不合逻辑之感"[3]。

3月25日,钱新之将民船要求赔偿委员会所拟"战损船舶赔偿折算办法"方案呈送交通部,在呈报甲乙两项船舶吨数、战前船值外,着重申明"此次赔偿计算方法似无折旧办法可言"。但为"遵照院批以期迅速决定赔偿方案起见",对于折旧率,民营轮船业拟自船舶登记日起至沉毁日止,每年折旧2.25%。对于钢铁木材指数,依据上海市政府电复1946年3月所订金属及建筑材料指数,以金属类八成、建筑类二成核算,折合为9281倍。不出民船要求赔偿委员会意料的是,交通部对于该方案,尤其是船舶物价指数深表异议,交通部的立场是应以多方报告的指数为准。后经商讨,至当年4月,双方最终达成妥协方案。具体补偿金计算方法如下:

$$补偿金 = (船值 \times (1-折旧率)) \times 物价指数 + (船值 \times (1-折旧率) \times 物价指数 \times 5/100)$$

其中船值以船舶登记时所陈报的价值为准,如无船检则由交通部派人估算。船舶折旧仍保留,折旧率下降为2%。船舶物价指数除去原有的金属与建筑材料两类外,另添加人工费,三者比率为金属类占45%、建筑材料占13.5%、人工占41.5%,依据上海市3月份物价指数计算,船舶物价指数降为

---

[1] 彭晓亮、董婷婷:《钱新之往来函电集》,第214页。
[2] "上海市轮船商业同业公会为抗日战争中损失船舶要求赔偿并向日本交涉被日人劫夺的船只等事与行政院、交通部、外交部的来往文书及有关资料"(1945年9月至1948年11月),S149-1-123。
[3] "交通银行钱新之与复兴航业公司等的来往函件(附民航损失赔偿简则、会议记录、民航、海轮联营处函件等)"(1945年至1947年),Q55-2-109。

6 946 等。与此同时，随着 5 月 16 日俞大维接替俞飞鹏担任交通部长一职后[1]，坊间传闻交通部对于赔偿问题的态度有变。对此，钱新之致函交通部次长谭伯羽。7 月 6 日谭伯羽复信钱新之，称"关于军公征用船舶之补偿，本部前奉院令饬拟具折算办法呈核，经部征询专家意见，并搜集物料、人工等指数，详加研究。该项折算办法大体已定，月内当可呈院"等[2]，表明交通部仍拟坚持前案以物价指数等计算赔偿数额，以打消民营轮船业的顾虑。

7 月 22 日，交通部将新的赔偿方案提交行政院审查。行政院在接到此方案后，对交通部按照物价指数计算赔偿数额一事提出异议。行政院认为中国造船工业薄弱，战前大部分船舶大都是由国外购买，"今赔偿根据国内之工价物价，在现在国内通货膨胀之时，似不相宜"。然依照物价指数计算赔偿数字，本就是行政院 2 月 26 日例会所通过的决定，如此一来不仅前案被推翻，而且一时又无更为妥善的办法。对此，钱新之、钟山道、杨管北等人不免"焦虑异常"，为避免前功尽弃，遂设法与行政院、交通部等负责人员磋商，提出六种计算方式供行政院采纳，主要包括：（一）民营轮船业原请求货船每吨照法币 10 万元计算，以 1 200 元合美元 1 元，计 1 000 万元；（二）交通部呈请按照物价指数及工价指数计算合法币 200 亿元，以 2 020 元合美元 1 元，计 990 万元；（三）照战前轮船登记价格法币 900 万元，以（战前）法币 3.3 元合美元 1 元，计 300 万元；（四）照沉船时国外购买同年份同吨位船舶 12 万吨，合英金 90 万镑，合美元 360 万元；（五）照欧美现价，约美元 760 万元；（六）照上海现价，约美元 1 200 万元。以上计算方式中，行政院方面主张第四项办法，民船要求赔偿委员会则倾向于第五项办法[3]。两者相比，实际都是以国际同类型同吨位船舶为依据，区别在于交通部以船舶沉没时为节点，不再考虑沉没后价值的变动。与之相反，民船要求赔偿委员会则充分考虑该因素，便于战后购买或赔付类似船只，达到快速恢复的目的。为此，钱新之、钟山道等人积极向行政院、交通部、财政部等部门疏通以实行主张。但从结果看，钱新之等人的呼吁所起作用甚微。

9 月 10 日，行政院召开第七五八次例会对战时军公征用损失船舶赔偿案

---

[1] 刘国铭主编：《中华民国国民政府军政职官人物志》，春秋出版社，1989 年，第 121、185 页。
[2] 彭晓亮、董婷婷：《钱新之往来函电集》，第 277—278 页。
[3] "交通银行钱新之与复兴航业公司等的来往函件（附民航损失赔偿简则、会议记录、民航、海轮联营处函件等）"（1945 年至 1947 年），Q55-2-109；"上海市轮船商业同业公会为抗日战争中损失船舶要求赔偿并向日本交涉被日人劫夺的船只等事与行政院、交通部、外交部的来往文书及有关资料"（1945 年 9 月至 1948 年 11 月），S149-1-123。

进行审议。而在此之前,行政院曾将方案最后文本送交交通部复核。对于赔偿金额,交通部放弃以物价指数计算赔偿金额的办法,转而支持按照第四项办法办理。但采用该办法的弊端在于各征用船只建造时间不同,计算方法难以划一,且损失船只中,除四分之三为上海民船要求赔偿委员会所声称之外,另有四分之一系属于上海以外其他各港的船舶,也"亟须将作价标准决定"。为此交通部建议照第四项办法为标准,采用第三项办法计算方式,即照战前轮船登记价格,以(战前)法币3.3元合美金1元,另再加20%的利润,仍合计美金360万元。如此不仅民船要求赔偿委员会,而且上海之外四分之一船只,"其赔偿均有准绳可循"[1]。对此行政院在审议时表示予以考虑。9月16日,行政院下达正式批文:"(一)赔偿金计算原应照沉失时所值之登记价格计算,惟为体恤商艰,准照沉船时向国外购置同年份同吨位之船舶价格计算,以十二万吨合美金三百六十万元。(二)赔偿金之支付及应用由交通部与航商会商再行决定。"[2]此项决议与民船要求赔偿委员会所提出的,依照欧美购价赔偿760万美元相比相差甚远,但它对于赔偿金的支付办法却未作明确规定,只是令交通部与航商会商后再作决定,从而为民营轮船业继续争取自身权益留下了空间。

三、美国购船借款的签订与赔偿方案的确立

由于中国造船工业的薄弱,战前国内大部分船舶系由国外购买,战后亦然。战后面对国内轮船业残破的现状,国民政府曾计划接收日本残留商船中的大部分作为战争赔偿,但由于国内外局势的变化而无法实现,由此向美国寻求援助,购买美轮成为最为现实的办法。

1945年8月国民政府对美提出20亿美元借款,因美进出口银行借款总额限制未能达成之后[3],1946年3月10日宋子文向时任美国总统特使马歇尔提出向美借款10亿美元的备忘录[4],后缩减为5亿美元,即"新五亿美元借款"[5]。

---

[1] "上海市轮船商业同业公会为抗日战争中损失船舶要求赔偿并向日本交涉被日人劫夺的船只等事与行政院、交通部、外交部的来往文书及有关资料"(1945年9月至1948年11月),S149-1-123。

[2] "交通银行钱新之与复兴航业公司等的来往函件(附民航损失赔偿简则、会议记录、民航、海轮联营处函件等)"(1945年至1947年),Q55-2-109。

[3] "宋子文电蒋中正向英美借款情形及明晨飞英返渝"(1945年9月14日),台北"国史馆"藏蒋中正总统文物档案002-020400-045-003。

[4] 吴景平:《宋子文政治生涯编年》,福建人民出版社,1998年,第498页。

[5] 财政科学研究所、中国第二历史档案馆编:《民国外债档案史料》第11册,档案出版社,1990年,第800页。

该项借款在马歇尔的协助下,当年4月即进入实质性谈判阶段。4月7日,宋子文致电蒋介石称,据马歇尔所言对于此次借款美进出口银行"不便以现款或类似现款方法借给,惟愿以美国在西太平洋所剩余可供民用之物资约值数亿元及大批船只约值二亿元廉价长期贷我"。对此蒋介石批示由时任驻美物资供应委员会主任王守竞负责具体洽商[1]。在此背景下,国民政府筹谋向美借款购船。5月10日,宋子文在南京向马歇尔提出购买美国航务委员会剩余船只报价[2]。7月12日中国物资供应委员会代表中国政府与美国航务委员会签订购船合同,合同规定中国向美购买战后剩余船舶159艘,包括EC2-S-C1型20艘、VC2-S-AP2型16艘、N3-S-A1或N3-S-A2型55艘、C1-M-AV2型68艘,计1亿元美元,中方付现四分之一,美方承兑四分之三[3]。该合同签订后,国民政府获得剩余船只的可能性大为提升,其即有意以对美购船为基础,通过作价赔偿的方式赔还民营轮船业,而在经历长时期的无望索赔后,民船要求赔偿委员会未表排斥。

如前所述,行政院否决了交通部以物价指数计算赔偿数额的方案后,民船要求赔偿委员会即与行政院、交通部等负责人员展开了交涉。交涉的过程中,对于赔偿360万美元一事,政府负责人员即坦诚,政府囿于财政状况,难以以现金分期支付,故倾向于拨船作价相抵。然即便按照前项办法办理,也仅能恢复4万吨左右,至于剩余8万吨,民船要求赔偿委员会提出由政府向国外洽购船舶中"拨出若干万吨以为积极恢复损失吨位之用"。对此政府方面意见为须组建一联合公司组织,民船要求赔偿委员会对此表示赞同。随后该建议在9月10日会上被提出,行政院表示准予考虑,由此也就有了"赔偿金之支付及应用由交通部与航商会商再行决定"的批示。9月16日,行政院批文下达后不久,民船要求赔偿委员会连续开会议定赔偿金支付办法。9月17日,民船要求赔偿委员会在上海航运俱乐部召开第83次常务委员会暨各组干事联席会议,会上就行政院决议表示"勉予接受",但为恢复甲乙两项损失船舶12万吨起见,除已赔得船舶外,不足吨位应呈请政府保留向日本取得赔偿后予以补足的权利。10月12日,民船要求赔偿委员会召开临时会员大会。会议重申以上权利的同时,声明此项赔偿金系指"本会所请求赔偿者为范围,其他各埠损失之吨位自属另案办理","不能再予划分"。同时会议批准由常务委员钟山道、沈

---

[1] "宋子文电蒋中正可否指派王守竞与进出口银行负责洽商物资借贷"(1946年4月7日),台北"国史馆"藏蒋中正总统文物档案 002-020400-045-020。
[2] 吴景平:《宋子文政治生涯编年》,第501页。
[3]《民国外债档案史料》第11册,第608页。

琪、董浩云及委员程余斋四人为代表,赴南京与交通部洽商赔偿金支付及应用各项细则等。对于赔偿金的支付及应用办法,该会虽决议推钱新之与上海市轮船商业同业公会理事长杜月笙呈书行政院长宋子文,请求迅赐办法。但对于究竟采用何种方式支付,该会态度已显得较为豁达:"如政府确无办法一次支付或竟根本仅顾以船舶拨价作抵,不论方式如何,终须以最简捷方法使本案中之征沉船舶赔偿案早日结束……"[1]可以说,此时民船要求赔偿委员会实际上已经接受了政府以向美购船为基础作价赔偿的要求。

11月4日,民船要求赔偿委员会以钱新之名义呈书行政院长宋子文、交通部长俞大维。在呈文中,民船要求赔偿委员会首先声明以政府所议赔偿360万美元,按上海现价购买12万吨船只计算,仅及船价之30%,其余70%应请政府待取得敌人赔偿后予以补足。其次,就赔偿金支付及运用办法向政府提出两项建议,供政府采择:(一)请政府迅速将核定的赔偿金美金360万元以现金支付,由民船要求赔偿委员会会员所筹组的上海复兴股份有限公司向国外购置适宜船只。对于恢复原有12万吨不敷船价之70%,计美金840万元,准依照1946年3月25日行政院所颁布第三、四项办法,予以贷款或担保,由各航商已购入船舶及敌人将来之赔偿作双重保证。(二)请政府拨给正向美国订购之船舶12万吨,由上海复兴股份有限公司承受经营。船价方面,除赔偿金360万元外,不敷部分依照盟邦分次付款条件陆续拨还,并以各航商已购入船舶及敌人将来之赔偿作双重保证。该呈文发出后不久,由于国内时事变动,特别是受1947年1月至2月间行政院改组,3月1日宋子文辞职等事件影响,致使该案被搁置达五个月之久[2]。其间"复经不断之往返奔走与商洽",至1947年3月25日才在时任行政院代院长蒋介石的亲自主持下[3],于行政院第七八〇次会议通过相关决议,准"以洽购美国之剩余船只拨交十二万吨,除以赔偿金抵付价款之现金外,其余价款准十年摊还"。此决议的作出,无疑标志着赔偿的支付即与美国购船借款一事完全挂钩。5月27日,交通部下达批示,对于拨偿剩余船只12万吨事仍予照办。对于订购剩余船只则"俟与美方洽定后准由该公司(复兴航业公司)派员与招商局会

---

[1] "上海市轮船商业同业公会为抗日战争中损失船舶要求赔偿并向日本交涉被日人劫夺的船只等事与行政院、交通部、外交部的来往文书及有关资料"(1945年9月至1948年11月),S149-1-123;"交通银行钱新之与复兴航业公司等的来往函件(附民航损失赔偿简则、会议记录、民航、海轮联营处函件等)"(1945年至1947年),Q55-2-109。
[2] "交通银行钱新之与复兴航业公司等的来往函件(附民航损失赔偿简则、会议记录、民航、海轮联营处函件等)"(1945年至1947年),Q55-2-109。
[3] 吕芳上主编:《蒋中正先生年谱长编》第8册,台北"国史馆",2015年,第620页。

同办理"[1]。后交通部经与美方商洽,决定先向美购定一部分轮船,包括自由轮 27 艘、N3 轮 15 艘,计 2 200 万美元,中方付现 550 万美元,其余 1 650 万美元由美方拨借。7 月 15 日,王守竞与美航务局先行签订购买自由轮 10 艘、N3 轮 15 艘的合约[2]。在此次购船借款的基础上,7 月 24 日交通部向行政院呈交与民船要求赔偿委员会所商议办法五条,主要内容包括:(一)在政府向美购船借款案 1 650 万美元、领航费 382 万美元中各提半数,即借款额 825 万美元、领航费 191 万美元,合计 1 016 万美元,拨给民营轮船业方面选购船只,约可得 9 万吨,其余 3 万吨仍由政府负责补足。所拨款项中,除去 360 万美元外,民营方面实际借款 651.6 万元,分十年还清。(二)交通部及民营轮船业各推派代表二人赴美主持办理购船事宜,其中有交通部代表包可永、谭伯羽,民营代表董浩云、程余斋等。7 月 30 日,行政院下达批文对于以上请求予以核准,此外对于所需保险修理及领航费用 382 万元,准予照拨,"并电纽约中国银行先行垫付"[3]。至此,民营轮船业在历经近 2 年的努力后,赔偿方案终得以确立。

四、赔偿船只处理的内部分歧与落实

赔偿方案确立之后,对于将来如何处理政府赔偿船只的问题,民船要求赔偿委员会内部自始至终存在着"分营"与"合营"的分歧。

1945 年 12 月 14 日,程余斋在致钱新之函中,首次提出合营的主张,并得到钱新之的赞同[4]。对于此建议,民船要求赔偿委员会领导层多倾向于合营,而具体到各轮船公司则态度不一。反对合营的人"不愿在要求赔偿未得结果之前,先以自身预期可获赔偿之权益参加统一组织之公司,使其本身先受束缚"。为此 1946 年 3 月有人建议组建一联合代理人性质的股份有限公司,即各受损航商将向政府声请赔偿、接受赔偿、向国家银行商请贷款、向国外选购船只等事务委托给该公司,由其全权代理。如届时领取船只后,有公司不愿继续办理代理业务时,结束一切账目,付清代理佣金,解除船价担保责任后,即可将船只收回自营。公司构成上,以受损航商为限,资本则按照受损吨位由航商

---

[1] "交通银行钱新之与复兴航业公司等的来往函件(附民航损失赔偿简则、会议记录、民航、海轮联营处函件等)"(1945 年至 1947 年),Q55-2-109。
[2] 《民国外债档案史料》第 11 册,第 621—624 页。
[3] "交通银行钱新之与复兴航业公司等的来往函件(附民航损失赔偿简则、会议记录、民航、海轮联营处函件等)"(1945 年至 1947 年),Q55-2-109。
[4] 彭晓亮、董婷婷:《钱新之往来函电集》,第 176—177 页。

摊派等。总的来说,此方案是一种折中方案,特别强调公司的代理性质以及参与合营的轮船公司可以随时撤出的权利,在代理的形式下,保留了合营的"内核"。该方案因此成为嗣后民营要求赔偿委员会处理合营问题的总纲。

6月18日,民船要求赔偿委员会召开全体委员暨甲乙两项有关各会员谈话会。对于联营一事,与会者决定为"适合政府意旨,俾期从速取得赔偿起见",一致同意由甲乙两项有关会员按照所损吨位比例摊认股款,组建联营公司,接受会员委托办理与赔偿有关事宜。会议推选赔偿会委员钱新之、杜月笙、刘鸿生、卢作孚等23人,加推程余斋、李云良等8人,共31人为筹备委员,钱新之为筹备主任、林熙生为副主任[1]。同时,由于公司属于联合委托性质,无论筹备阶段还是正式运营,其难点皆在于如何处理公司与委托人间的关系,如何保障公司在部分委托协议解除的情况下能够长久存续。为此19日,钟山道致函钱新之、林熙生、姚蕴叔三人,提出筹备工作应易繁为简,可依照筹备性质分成组织公司与委托契约两组,以求简洁迅速。其中组织公司部分,钟山道认为公司初期虽为接受委托成立,但成败涉及全局,故"出发点仍以看远些较为妥善,其组织目的不应以完全接受委托为止,应有其自立之风格与业务宗旨"。故其"业务宗旨应确定为永久性者,组织须简单、事权须集中、分工须精密、人事采考试任用制度"等。契约方面,除会员公司外,可试办接受外来公司委托业务。委托契约应顾及公司存废,不应以契约决定举办办法,在制定契约时应将权利义务明确划分等[2]。钟山道的建议得到了三人的赞同,并在随后复兴航业公司的章程中得到了体现。6月22日,联营公司筹备委员会在上海航运俱乐部召开了第一次筹备会议,会上决议公司名称定为"上海复兴航业股份有限公司",公司资本总额3亿元,分作30万股,先收二分之一。股东方面,以政府核定按军事征用法赔偿的相关公司为限,即依照赔偿委员会所列甲乙两项损失船只之相关公司。业务方面主要经营"内外航业及其有关之附属事业、代理经营国内外航业及其有关之附属事业、代理船舶及其机件属具用品等之购置或租赁事业、其他有关航业之经营或托办之事项"等[3]。会议结束后,7月1日,上海复兴航业公司筹备委员会分呈行政院、交通部备案,当年10月2日获得交通部准予备案的批示。至此,因会员间共同的利益诉求,民船要求

---
[1] "交通银行钱新之与复兴航业公司等的来往函件(附民航损失赔偿简则、会议记录、民航、海轮联营处函件等)"(1945年至1947年),Q55-2-109。
[2] 彭晓亮、董婷婷:《钱新之往来函电集》,第271—272页。
[3] "交通银行钱新之与复兴航业公司等的来往函件(附民航损失赔偿简则、会议记录、民航、海轮联营处函件等)"(1945年至1947年),Q55-2-109。

赔偿委员会的合营之路可谓一帆风顺,然随着1947年7月30日行政院批文的下达,其内部反对合营的声音再次出现。

1947年8月11日,民船要求赔偿委员会召开甲项(征用封港各船舶)全体会员大会,除由主席钱新之报告向政府索赔经过,派定董浩云、程余斋两人为民航代表,会同交通部代表包可永、谭伯羽赴美购船,聘请谭伯羽为委员会赴美购船总代表外,与会各方主要围绕船舶分配、借款等事宜,展开了激烈的争论。如中国合众公司代表朱益声即直言"我国航业对于合作,过去毫无成绩,而对于如此庞大组织亦无适宜人选主持其事,本会会员达卅余家必难一致",反对合营。大达轮船公司代表杨管北在归纳各会员意见后,认为如欲取得赔偿船舶及成立借款分期拨还条件,复兴航业公司必须成立。对于各方意见,在当前环境下,"对外必须一致,对内不妨从长计议",希望各方彻底表达态度以定进行方针。为此,民新公司代表李志一提议,由委员会开列三项办法分函各会员表达意见。经众人商讨,决议采纳李志一的建议,议定三项办法,分函各会员,声明态度。具体包括:(一)赞成依照赔偿金分配比例合组复兴航业公司发行股票集体经营;(二)赞成委托复兴航业公司出面成立借款,取得船舶后按照各会员应得赔偿金及借款分配比例,单独或联合同业成立一小组,以其应得金额比例分派船舶自行营业,并分别负担权利与义务;(三)赞成组织评价委员会规定公允价格将应得赔偿金数连同义务转让等。以上办法中,第一、三项较为明确,第二项可以视为两者之折中,即先组织复兴航业公司,待取得借款、船舶后再决定具体办法。8月14日,民船要求赔偿委员会再次召开甲项全体会员大会,根据统计共得各会员复函28封,就各方态度,其中,赞同第一项办法者6家,占补偿金额20%;赞同第二项办法者14家,占补偿金额40.6%;赞同第三项办法者3家,占补偿金3.82%;赞同第二项及第三项办法者5家,占补偿金额18%;尚未表达意见者7家,占补偿金额17.4%。总体来看,赞同或倾向于合营组建复兴航业公司的,按第一、二项办法计,共20家,占会员总数的57.1%、补偿金额的60.6%,无疑居多数。但赞同者中又以第二项为多,可见即便赞同者中,仍有诸多公司对于合营心存顾虑。在此情况下,会议通过决议,决定由甲项全体会员公司按照赔偿金额比例认股组织复兴航业公司,立即筹备成立,以便接收赔偿船舶及借款。同时公司须接受会员委托办理接收赔偿船舶事宜,特别规定待债务清偿或经双方协议之相当时期或提前清偿债务时分割船舶[1]。至

---

[1] "交通银行钱新之与复兴航业公司等的来往函件(附民航损失赔偿简则、会议记录、民航、海轮联营处函件等)"(1945年至1947年),Q55-2-109。

此复兴航业公司成立的最大障碍得以解决。

1947年10月,谭伯羽等抵达美国,先期筹办购买美轮事宜。次年3月董浩云等代表复兴公司赴美接收船只,计胜利轮3艘,CI-MA-VI型8艘,共11艘,8万余吨。1948年6月23日,复兴航业公司在上海正式成立,钱新之任董事长,谭伯羽任总经理[1]。8月16日,该公司所购第一艘船舶"复贸号"抵达上海[2],至此经近3年奔走,战后民营轮船业向国民政府索赔事宜终告一段落。

余　论

1945年11月至1948年6月上海民营轮船业向国民政府的索赔,可谓历经曲折,艰辛备尝。其中原因可以概括为两点:其一,政府方面,战后由于日益严重的经济危机与通货膨胀,加之内战爆发,不断扩大的军费开支致使财政入不敷出,政府深陷困境。相较于军事、民生等要事,民营轮船业索赔一事自然无法倾注太多精力,而繁杂的赔偿事项、庞大的赔偿金额,也迫使政府慎之又慎。此外,政府人事的调整,特别是主管人员的变动,也在某种程度上拖延了赔偿的进度。其二,赔偿本身,因战时征用向政府索赔在当时尚属首次,无论政府还是民营轮船业皆无相关办理经验,致使双方在诸如赔偿数额计算标准等关键问题上分歧重重。加之此次赔偿所牵涉轮船公司近50家,如何协调彼此利害,也是一大难点。就赔偿问题的解决,各受损航商合组"民营船舶战时损失要求赔偿委员会",通过高层呼吁、私人请托、向主管部门直接建言等多种方式持续与政府展开交涉,同时对于赔偿船只的处理等后续问题亦早做筹谋,由此引发了民营轮船业内部关于"分营"与"合营"的争论。关于合营的目的,钱新之等人虽有各种考量,但究其实质是为了"贯彻集体一致行动"的原则,代表各受损航商向政府声请并接收赔偿。随着1946年7月12日购船协议签署后,政府有意以所购轮船作价赔偿,但须组建一联合公司组织始可办理的指令下达后,这种目的性即表现得更加明显。杨管北在1947年8月11日甲项全体会员大会上就明确提到:"如欲取得赔偿船舶及成立借款分期拨还等

---

[1] 郑会欣:《国家赔偿与民间合作:复兴航业公司成立的背景及其经过》,第165—167页。
[2] 《赔偿民轮第一艘"复贸号"昨抵沪,民营航轮合组复兴公司接收,尚有赔轮十艘即将由美驶》,上海《大公报》1948年8月16日。

条件,对于复兴航业公司必须成立。"[1]由此来看,复兴航业公司的成立正是上海民营轮船业为求得政府赔偿而诞生的特殊产物。政府发挥的作用,在于平息了民船要求赔偿委员会内部关于合营的分歧,加速了复兴航业公司的设立。从政府层面来看,其对于民营轮船业索赔一事,总体表现出认可和愿意赔付的态度,这成为民船要求赔偿委员会得以持续交涉的基础所在,而美国购船借款的达成则为赔偿的落实提供了必要的物质保障。

从更广的角度来看,此次索赔实质上是战时国民政府征用下的一种事后追偿行为。对于战时征用后的赔偿,国民政府曾有明确而详细的规定,如1938年7月1日施行的《军事征用法》即曾以专章对该问题加以阐释。总体来说,战时军事征用大体可以分为两种,即劳力征用与物资征用[2]。两者相比,物资征用由于征用类别的多样性,其赔偿尤为复杂,如依据《军事征用法》规定,仅交通一项即包括乘驮用之牲畜、车辆、船舶、铁道火车、航空器材等5类,而具体到每类又可细分为若干种[3]。同时加之战线的动态变化,物主或困于沦陷区或流亡他地等,无疑又增加了赔偿的难度。因此许多关于征用物资的赔偿事宜,推延到战后才得以实施。如1946年11月江苏、浙江等地二十家长途汽车公司联名向行政院、交通部请愿,请求政府赔偿战时征用车辆[4]。对此,行政院于1947年5月27日通过决议,决定以给付现金的方式予以补偿[5]。对于处理战时征用土地的赔偿问题,1946年8月四川省政府曾以发放"代金"的方式加以赔偿[6]。至1947年3月4日行政院通过"抗战时期因军事国防征用征收土地处理原则",对此加以规范等[7]。而如果我们将上海民营轮船业的索赔与以上案例相对比,就可以看出,上海民营轮船业的索赔呈现出一种特殊的形态。其中最为明显地表现在政府为完成对于民间航商的赔偿,特地与美国签订购船借款,并将所购船只交予由民间航商合作经营的复兴航业公司,有学者评价此事"不仅在中国,就是在世界上也是极为罕见的事

---

[1] "交通银行钱新之与复兴航业公司等的来往函件(附民航损失赔偿简则、会议记录、民航、海轮联营处函件等)"(1945年至1947年),Q55-2-109。
[2] 孟杰:《抗战中的军事征用》,《闽政与公余非常时期合刊》第1期,1937年9月10日,第21页。
[3] 《军事征用法》,《经济动员》第9期,1938年10月15日,第422页。
[4] 《增强公路运输效率,京沪等地长途汽车公司请求发还战时征用车辆》,《中央日报》1946年11月28日。
[5] 《国防部、交通部公告》,《中央日报》1947年4月8日。
[6] 《征用土地折发代金》,重庆《征信新闻》第443期,1946年8月24日。
[7] 《抗战时期因军事国防征用土地处理原则》,《上海市政府公报》第6卷第15期,1947年4月15日,第576页。

例"[1]。抗战胜利后,中国航运业得到了快速发展,这其中不可否认的是在战后航业的整体发展中,国民政府对于国营企业,如国营招商局确有颇多政策方面的优惠,从最初由其接收敌伪船只,到自美购买 6 艘自由轮,再到拟购船 30 万吨交由其经营等。但在此之外,民营轮船业也得到了快速发展,以民生、中兴公司为例,1936 年民生公司拥有轮船 12 艘、9 825 吨,1948 年时增至 107 艘、54 042.8 吨,分别增长 8.9 倍与 5.5 倍。中兴轮船公司亦由 1936 年的 4 艘、12 106 吨,增至 1948 年的 14 艘、34 407.69 吨,分别增长 3.5 倍与 2.8 倍等[2]。原本多数关于战后国民政府对于国营与民营经济政策的研究,多倾向于认为国民政府发展国家资本经济,而限制和压制民间经济,具体到航业上,即表现在扶植国营招商局的发展,对民营轮船业采取排挤甚至打压的姿态[3]。然而,纵观战后上海民营轮船业向国民政府索赔一案,即可发现国民政府对于战后民营轮船业的态度并非完全如此,更符合抗战胜利初期国民政府对于交通事业"国营民营并重,以及扶助民营发展"的政策承诺[4]。

(原载《抗日战争研究》2019 年第 1 期)

---

[1] 郑会欣:《国家赔偿与民间合作:复兴航业公司成立的背景及其经过》,第 168 页。
[2] 张后铨主编:《招商局史·近代部分》,中国社会科学出版社,2007 年,第 390、509 页。
[3] 朱荫贵:《抗战胜利后的轮船招商局与民生公司》,第 119—130 页。
[4] 中国第二历史档案馆编:《中华民国史档案资料汇编》第五辑第三编财政经济(七),第 130 页。

南京国民政府时期中央银行票据清算职能的演变
——兼论其与上海票据交换所的关系

万立明[*]

从学理上说,中央银行与票据交换所[1]的关系是极其密切的。1942年任中央银行业务局业务专员的朱祖晦曾撰文指出:"中央银行在理论上本应为清偿之最后归宿。欲达到此目的,则办理票据交换工作,亦应为其分内事务之一。各国之中央银行,或则直接办理票据交换工作,或则担任最后清算工作。"[2]中央银行主持票据清算业务一般有两种方式:(1)组织票据交换清算,并由中央银行负责组织与管理,通过银行或清算机构在中央银行开立的账户来完成资金清算;(2)为私营清算机构提供差额清算服务。一些国家存在着各种形式的私营清算机构。为了实现清算机构参加者之间的差额头寸清算,各私营清算机构都愿意利用中央银行提供的差额清算服务[3]。

由此看来,集中主持票据交换与清算应该是中央银行的一项基本职能。因为中央银行收存各商业银行存款准备金,各银行都在中央银行开有存款往来账户,并以重贴现等方式向中央银行借贷资金,这使得中央银行极易采取合理步骤、方法主持银行间票据交换和差额清算。如中央银行通过直接增减各银行存款准备进行结算轧差,不但手续简便、结算时间短,又可借此了解和监督各银行业务经营状况,准确把握资金流向。因此,中央银行必定是一国清算业务的参与者和管理者,但南京国民政府时期中央银行票据清算职能的建立

---

[*] 万立明,2007年博士毕业于复旦大学历史系,现为同济大学马克思主义学院教授。
[1] 票据交换所,亦称票据交换场,指集中办理各银行票据交换、清偿债权债务关系的场所。票据交换则是指同一城市各银行之间对相互代收、代付的票据,通过票据交换所集中交换用以清算资金的一种经济活动,亦称票据清算。
[2] 朱祖晦:《重庆市票据交换问题之今昔》,《财政评论》第8卷第2期,1942年8月。
[3] 殷德生:《金融学导论》,华东师范大学出版社,2004年,第218页。

与完善却相当迟缓,而上海又是近代中国重要的经济和金融中心,因而中央银行与上海票据交换所呈现出极为特殊的关系。对于这个问题,目前尚无专文研究。本文将在前人研究的基础上,对南京国民政府时期中央银行票据清算职能的演变作进一步的考察和分析,同时探讨其与上海票据交换所的特殊关系。

一

1928年11月,中国中央银行正式成立,但成立之初,中央银行实力微弱,它既不能与历史悠久、资力较厚的中国、交通两行相抗衡,又常受制于外商银行。中央银行根本无法履行其职能,名不副实,中央银行制度极不完善。而且,国民政府在中央银行的职能设计上也存在较大缺陷。一般来说,主持全国票据清算事务是中央银行主要职能之一,然而,在1927年10月22日颁布的《中央银行条例》、1928年10月5日颁布的《中央银行条例》和10月25日颁布的《中央银行章程》中有关这一职能分别只列出"代银公司收解各种票据之款项""代理收解各种款项"和"代理收解各种款项"[1]等,而且其含义也很模糊,并没有明确提出主持全国票据清算这一职能。直到上海票据交换所成立之后的1935年,才于《中央银行法》中把"办理票据交换及各银行间之划拨结算"[2]列入其主要业务之中,但此时仍是名义上的规定。因此,票据的广泛流通和运用使得商业银行产生对新型票据交换制度的渴求,而中央银行主持全国票据清算职能的缺失,使二者之间产生尖锐的矛盾,于是商业银行不得不依靠自身的力量加以解决。

上海银行业于1932年2月8日发起成立上海银行业同业公会联合准备委员会(以下简称联准会)。联准会通过收取会员银行的财产作为准备,办理同业拆放和贴现,从而达到调剂同业资金的目的。3月15日,联准会正式开业。联准会收存了各会员银行一定的现金和财产,正好为创设票据交换所提供了公共信用保证。因此,联准会作为同业互助组织,弥补了因缺乏中央银行的参与而导致的公共信用缺失,为上海票据交换所的筹备与建立创造了必要条件。经过联准会的精心筹备,中国第一家新型正规化的票据交换所——上海票据交换所于1933年1月10日正式建立。当时著名经济学家李权时在其

---

[1] 中国第二历史档案馆等:《中华民国金融法规档案资料选编》上册,档案出版社,1992年,第521、530、534页。
[2] 同上书,第600页。

撰写的《沪银行票据交换所开幕感言》一文中指出："最近沪上银行界成就了两件开纪元的大事,其一是去年沪变后上海银行业同业公会联合准备委员会之设立,其二是上海银行业同业公会票据交换所之开幕……就事实上言之,票据交换所意义之重大,殊值得在上海的金融史上,甚至在全中国的金融史上大书而特书者也。"[1]成立之初,其交换银行如下表所示。

表1 上海票据交换所成立初期的交换银行及交换号次

交换银行	号次	交换银行	号次	交换银行	号次	交换银行	号次
中国	1	四明	9	中南	18	中兴	26
交通	2	金城	10	华侨	19	香港国民	27
浙江兴业	3	新华信托	11	江苏	20	通和	28
浙江实业	4	东莱	12	国华	21	上海女子	29
上海	5	大陆	14	中国垦业	22	中国国货	30
四行准备库储蓄会	6	永亨	15	广东	23	明华商业储蓄	31
盐业	7	中国实业	16	东亚	24	聚兴诚	32
中孚	8	中国通商	17	中国农工	25	中华	33

附注:此时13号交换号次空缺。

从上表可知,上海票据交换所正式成立时共有32家交换银行,其中没有一家公营银行,足以体现上海票据交换所完全是由商业银行自己创办的。交换银行只需在联准会开立交换存款准备金账户,并按资产等级缴纳保证金,以备支付票据轧抵后的差额。很显然,中央银行并未参与上海票据交换所的成立与运作。

实际上,上海票据交换所成立之后到1936年1月28日,中央银行一直是游离于票据交换所之外。这与中央银行的地位实在是极不相称,甚至中央银行不赞成筹建上海票据交换所。1932年3月,上海银行业计划组织票据交换所,要求外商银行参加,但外商银行买办一致反对,乃由买办公会推荷兰银行买办虞洽卿走宋子文的门路,结果1933年上海银行业票据交换所成立,外商银行都未参加,中央银行也没有参加[2],再加上联准会将交换银行的交换存

---

[1] 权时:《沪银行票据交换所开幕感言》,《银行周报》第17卷第1期,1933年1月17日。
[2] 本书编写组:《20世纪上海文史资料文库》(5),上海书店出版社,1999年,第22页。

款以7∶3的比例分存于中国、交通两行,而未存入中央银行,这更引起中央银行的不满。

鉴于各商业银行与中央银行业务联系的日益密切,联准会常务委员会一致认为,应提请同业公会邀请中央银行加入票据交换,并将该提案提交1935年12月30日召开的联准会第36次执行委员会讨论。联准会主席李馥荪指出:"本会依照同业公会章程第二条第一款之规定设立票据交换所,业将三载,其目的在谋各银行间收解之妥便,本月28日,本会常务委员会议以近自政府改行新货币政策以来,各商业银行与政府银行间之收付往来日益繁忙,业务关系更为密切,为增进同业收解之便利起见,经决议拟请同业公会邀请中央银行加入本会为元号交换银行,并拟即请中央银行与中国、交通两行同为本会代理收解银行,以便交换差额之拨解。"唐寿民和叶扶霄也认为:"自币制改革后,中央银行与同业间之收付日繁,关系更密,今如加入交换对于同业收解必可更感便利。"各委员对于中央银行加入交换均表示赞同,因而议决"由本会函请同业公会备函,邀请中央银行加入本会为元号交换银行,并即请中央银行与中国、交通两行同为本会代理收解银行,将来中央银行代理本会交换往来户之收解,其手续悉照现在中国、交通两行代理收解办法办理。"[1]可见,这时的中央银行仍未认识到主持票据清算业务的重要意义,而是商业银行自己认为没有中央银行的参与,会引起诸多不便,于是由银行公会出面邀请其加入。

1936年1月28日,中央银行正式加入上海票据交换所,因1、2号席次已被中、交两行占去,央行被编为元号。交换存款这时也改为以4∶4∶2的比例分存于中、中、交三行,并由三行负责代理交换差额之收解。不久,中央银行业务局副局长胡梅庵被选为第四届票据交换所委员会委员。由此可见,中央银行并不是主动要求加入票据交换所,而是因银行公会的邀请才应允加入。实际上,在交换银行集团中,中央银行仅仅是以交换会员的身份与其他银行间的收解结算发生关系,而并非由其主持清算。

淞沪抗战爆发以后,中、中、交、农四行总行即奉令由上海迁至汉口,最后迁至重庆。中、中、交三行的分行则留在上海租界继续营业,但此时三家分行的业务范围已经大大缩小,不再担负交换存款的收解事宜。联准会和票据交换所独自承担起所有交换存款的保管及其交换差额转账等业务。太平洋战争爆发后,日军占领租界,逐渐加强对上海票据交换所的控制,此时中央银行已经完全退出

---

[1] 联准会第36次执行委员会会议记录(1935年12月30日),上海市档案馆藏联准会档案S177-1-7。

了上海票据交换所。到1943年6月,交换存款及差额转账也被迫交由伪中央储备银行来办理,因而实际上伪中央储备银行取代了原中、中、交三行的地位。

二

实际上,在抗战爆发前,政府曾对中央银行主持票据清算职能进行了实质性的探索。早在1936年政府筹划改组中央银行为中央储备银行时,中央银行改组委员会就提出"上海及金融中心各地均应设置一银行之票据交换制度,即在全国之间亦应设置一广泛周密之交换制度,使国内汇款简捷,费用减少,在各商业银行现金准备集中准备银行时,此种全国统一交换制度即可应运而生。由中央准备银行任全国划帐之职务,各银行相互间之清结债务既多用划帐而少用准备银行之兑换券,于是准备银行对于现金准备亦可减少",因此该委员会将"发展国内票据交换所制度"作为近期之主要任务之一[1]。在立法院通过的《中央储备银行法》草案中也明确提出"关于票据交换制度及票据市场制度之基层规划事项"[2]作为该行理事会的基本职权之一。但由于抗战的爆发,该计划被迫终止。

1940年9月间,中央银行开始主持局部的清算制度,即四行轧现制度。当时重庆市市面收解大都以中、中、交、农四行为中心,四行彼此间之收解极为庞大和频繁,其收解数额在全市收解总额中占极大比例,当银根紧急之时,筹码奇缺,甚至有若干银行对数百元或一二千元之现款亦不照付。鉴于此,1940年9月6日,四联总处制定《救济重庆市目前银根紧缩暂行办法》,规定:四行票据彼此应一律畅收。自1940年9月9日起,重庆四行往来,暂行另户记载,逐日由中央银行轧现,如有困难,并得互商借款。不久,又拟定《四行轧现暂行办法》及其他若干补充法令,明确规定:四行总轧账暂由中央银行办理之,对于轧账之手续及收票、退票时间,以及有关轧账处理程序都有详细规定[3]。轧现制度的推行,使中央银行成为四行两局现金头寸的调剂中心。这实际上是一种局部范围的清算制度,并由中央银行主持,因而可以看作是中央银行主持票据交换业务的最初尝试。

此后,中央银行先后在重庆和成都等地开始自行主办票据交换,并向其他后方城市逐步加以推广。为何中央银行要主动在重庆开始主持票据清算工作

---

[1] 转引自刘慧宇:《中国中央银行研究(1928—1949)》,中国经济出版社,1999年,第209页。
[2] 洪葭管:《中央银行史料(1928.11—1949.5)》(上卷),中国金融出版社,2005年,第260页。
[3] 《四联总处史料》上册,档案出版社,1993年,第609页。

呢？究其原因，除了中央银行对于主办票据清算职能的认识逐步提高并积累了一些初步经验外，更为重要的是，作为大后方金融中心的重庆市，尚未建立一套稳定有效的票据清算制度，急需政府力量的介入。事实上，早在1933年春，重庆银钱业就筹建了票据交换机构，但由于信用问题或制度缺陷，"重庆票据交换工作屡行屡辍，自二十八年(1939)后停顿，达三年有半之久，其间，虽迭经金融界与各方有关人士筹议恢复，终因票据交换制度之未能确立，金融基础之未臻稳固，无所成就"[1]。

1941年12月24日，财政部致函中央银行，指出："本部迭据各方建议，开办渝市票据交换制度，经察酌情形，认为重庆现已为后方金融重心，亟应提倡行使票据，以期金融市场得以正常发展而逐渐取消比期存款之高昂利率，兹拟于1942年1月起开办票据交换所，以实现上述之目标。复查中央银行法第28条第三项规定有办理票据交换及各银行间之划拨结算等语，所有开办重庆市票据交换事项，应请贵行克期实行，其他重要市场并希次第举办，以利金融。"[2]中央银行接到财政部之公函后，即开始积极进行筹备。中央银行业务局分别拟具《中央银行办理票据交换办法》及《中央银行附设票据交换行庄保证金估价委员会办事规程》。中央银行常务理事会议决定于1942年1月5日在重庆开始实行，并以该局营业室为交换地点，即日分函渝市各银行钱庄查照参加交换。不久，因交换工作事务繁巨，乃经该行常务理事会议决修正业务局组织规程，增设票据交换科。但由于渝市各银行、钱庄意存观望，不肯踊跃参加，因而未能如期实行。直到1942年5月底，所有筹备的各项程序才告完成，于是渝市票据交换工作乃自6月1日起正式开始[3]。因此，在政府的推动下，中央银行主持票据清算的职能开始形成。正如当时学者所指出的，"就中央银行本身言，单独主持各银行间之清算尚以此为首次"[4]。

根据《中央银行办理票据交换办法》的规定，其交换制度的主要内容有：

(1) 由中央银行集中办理票据交换及转帐事宜，参加交换之行庄限于银钱两公会会员行庄。

(2) 交换行庄应填具申请书，经中央银行审查认可，并缴足应缴保护金及保证准备。

(3) 各交换行庄应每月底抄具资产负债表一份，每半年决算期并抄具

---

[1] 潘世杰、黄宇乾：《票据常识》，中国文化服务社，1946年，第67页。
[2] 杨承厚编：《重庆市票据交换制度》，中央银行经济研究处，1944年，第17页。
[3] 同上书，第20—22页。
[4] 同上书，第1页。

财产目录一份,送中央银行备查,必要时中央银行得随时通知某行庄抄送以备查核。中央银行对交换行庄存放款、贴现及其所发票据情况得随时派人调查,各行庄应据实报告,但不得关系行庄同意,中央银行不得公布报告内容。

(4) 交换行庄应于加入时认定相当金额之保证准备,认定后应随时缴足保证准备,以左下列种类经本行审定者为限,其金额照估价七折计算:① 政府公债;② 著名公司、工厂之股票或债票在当地有市场者;③ 货物栈单立时可以变值者;④ 其他财产经本行许可者。

(5) 采取常川交换制度,所有交换票据一律以代收方法清算,交换行庄应于缴存保证及保证准备外,在中央银行开立存款户,保持相当存额以供划拨。如存款户不敷支付该行庄当日应付票据余额时,应于当日营业终了后半小时前补足,如感头寸不敷,不足支付应付票据时,得随时向中央银行拆款,但不得超过其所缴保证金之数,拆款以一日为限,次日即须清偿,但可连续拆借。

(6) 对交换票据之种类、退票和处罚等也作了相关规定。[1]

上述办法实际上是全国性的法令,并非仅适用于重庆,只是无法推行到已处于日伪控制之下的上海而已。而且,中央银行办理票据交换业务是逐步展开的,先主持四行之间的局部清算,进而拓展到办理整个重庆市金融业的清算业务。时人对此曾作出如下评价:"查办理票据交换为中央银行之主要业务,早已载在正式公布之中央银行法,此次得以付诸实施,实为我国国家银行走向专业化之先声。该行此次办理票据交换不收任何费用,足以提高其领导地位,而使'银行之银行'名实日趋相符。其次,采取耗时费力之常川交换制,并为交换行庄居间办理事繁任重之退票工作,足以表现服务效能之尽量提高,至于其拆款期限之短与保证准备之严,则均为信用制度之巩固与健全树立规模,尤足为目前之矜式也。"[2]

需要指出的是,中央银行在重庆办理票据交换的办法(以下简称重庆票据交换)显然不是凭空制定出来的,其交换方法和手续基本上是仿行上海票据交换所的交换制度,但又不完全与之相同,而是体现出作为中央银行的某些独有特点,主要表现在以下几个方面:

第一,重庆票据交换系由中央银行主办,不但完全由中央银行主持,即其交换业务完全由中央银行设科办理,而未另设交换所,这也是遵照了中央银行

---

[1]《中华民国金融法规档案资料选编》下册,档案出版社,1992年,第903—908页。
[2] 杨承厚编:《重庆市票据交换制度》,第17页。

法第 28 条之规定。上海之票据交换则由上海银行业同业公会联合准备委员会主持办理。

第二，重庆票据交换采用常川交换制而非定时交换制。上海的票据交换多采用定时交换制，每日至多交换两次，清算方法虽然简便，但各交换银行均需派交换员及传送员参加，并需较大场所，费用较大。而中央银行主办票据交换则采取常川交换制，每日可以随时分批交换，交换科即设于该行业务局内，各行庄仅派差役送票即可（不必派员参加交换及计算）。清算时方法虽较繁琐，但大部事务均集中于中央银行，各交换行庄实享受极大之经济便利，且可随时得知本行交换差额，以备不敷之头寸。这很大程度上是受 1941 年 9 月上海票据交换所改行常川交换制的影响。

第三，重庆票据交换规定必须缴纳一定金额的保证准备，对于保证准备之物品限制甚严，必要时交换行庄还可借此进行期限极短的拆款。对保证准备品的种类限制也十分严格，有利于加强票据交换主持机关之切实保障，不致受其牵连而发生周转失灵。同时规定交换行庄的拆款以一日为限，这样既可成为交换行庄临时之救急，又可避免头寸不足的行庄乘机长期透借。上海票据交换所则没有银行加入交换时必须缴纳一定保证准备品之规定。如果交换银行资金不敷，只能向联准会拆款，而不能直接向票据交换所拆款。

第四，中央银行办理票据交换不收费用。上海票据交换所系独立性组织，设有专任之人员，每月均有相当数目的支出，需向交换行庄征收清算费用，上海票据交换所章程也明确规定缴纳入会费和分摊交换经费。但"目下中央银行主持之票据交换，非但无入会费之缴纳，即清算费用亦毫不收取，所有该行票据交换科之开支完全由该行业务局支付，可见纯以便利同业为目的，减轻各行庄之负担殊非浅鲜也"[1]。

第五，重庆票据交换其退票工作完全由中央银行居间办理（退票行庄将应退票据送中央银行收账，再由中央银行送回原提出行庄，并为付账），虽增加了中央银行的事务与责任，但可以大大提高其服务效能。上海票据交换所对于拒付票据之办理，先前也曾由联准会集中办理，但抗战后期则改为交换银行自行办理，由拒付行庄直接将原票据退还原提出行庄，并由原提出行庄将票面金额付还退票行庄，因此，票据交换所得以置身事外，减少自身的工作量。

重庆票据交换的场所设在中央银行内，专门由 1942 年 1 月在业务局下增设的票据交换科负责办理，交换科具体负责项目为：（1）关于交换票据代收事项；

---

[1] 杨承厚编：《重庆市票据交换制度》，第 17 页。

(2) 交换票据之提示;(3) 各银行间款项划拨结算;(4) 票据交换行庄保证金及存款之收付登记;(5) 票据交换上补助账簿之登记及其表单之缮制;(6) 票据交换之统计图表之缮制;(7) 关于本科之文电拟撰;(8) 其他关于票据交换事项[1]。

开办之初,核准加入的行庄计银行有 37 家,钱庄有 42 家,到 1945 年 6 月底统计,计加入票据交换之银行钱庄已达 96 家[2]。中央银行集中办理票据交换以来,各项交换数字急剧增长,如下表所示。

表 2 中央银行票据交换历年统计表(1942 年 6 月—1945 年 12 月)

单位:国币元

年份	交换张数	交换总额(元)	交换差额(元)	差额占总额%
1942	343 762	32 835 294 310	7 050 949 926	21.47
1943	777 606	139 110 565 630	31 865 916 540	22.91
1944	1 409 566	581 041 936 216	123 456 730 802	21.25
1945	2 028 325	2 610 429 160 662	574 715 171 601	22.02

从上表可以看出,中央银行办理票据交换成绩斐然,无论张数还是金额均成倍增长,从而也在某种程度上反映了大后方票据的广泛使用、流通以及商业、金融的繁荣。同时期上海的交换票据,1942 年 6—12 月为 858 584 张,1943 年为 2 643 758 张,1944 年为 3 422 827 张[3]。因为从 1942 年 6 月开始,上海票据交换所被迫改用中储券为交换本位,无法从金额上比较,但仅从张数上来看,重庆的票据交换相当于同时期上海的三分之一强,已经形成一定规模了。

自 1942 年 6 月中央银行在重庆开始办理当地银钱业的票据交换业务后,其他城市银钱业人士均认为很有必要由央行主持办理当地的票据交换。成都银行业同业公会于 6 月 24 日致电财政部云:"窃查蓉市现钞缺乏,同业收交多以支票划帐,而顾客大都欲取现钞不收支票,同业深感苦于应付,现闻钧部规定中央银行办理票据交换办法业经明令在渝实施,意美法良,洵为调剂金融善策;蓉市同业因支票周转不便,拟恳钧部明令蓉市中央银行即将统办票据交换办法赶期在蓉市实施,俾维金融……"[4]财政部接到上述电报后,除电复蓉市

---

[1] 转引自刘慧宇:《中国中央银行研究(1928—1949)》,第 212 页。
[2] 潘世杰、黄宇乾:《票据常识》,第 70 页。
[3] 万立明:《上海票据交换所研究(1933—1951)》,复旦大学历史系博士学位论文,2007 年,第 71 页。
[4] 杨承厚编:《重庆市票据交换制度》,第 119 页。

银行同业公会外,当即函请中央银行转知成都分行迅即开办。

中央银行成都分行接到总行命令后,积极进行筹备工作。1942年11月,央行成都分行要求成都银行公会转知各行庄,将10月份之资产负债表、财产目录及每日收入支出票据数目报送该行。到1943年1月,银行公会才将各行号之资产负债等表送达,中央银行成都分行即电请总行业务局急速派人主办,并印制各项有关表册。3月,央行总行人员到蓉,分别与银钱两业公会接洽,并将票据交换办法发送各同业参考,4月初,央行主持召开银钱两业联席会议,由央行报告票据交换的手续及中央办理票据交换之意义,并商请各行庄参加。此后即将加入票据交换的申请书,送交银钱两业公会转发各行庄填写加入,但蓉市各行庄觉得章则、方法严密,不如以前想象之宽放与简易,因而顾虑重重,后经央行负责人员分别访问解释,至5月中旬各行庄才将加入的手续办完。5月25日,在中央银行主持下的成都市票据交换正式开办。

1943年5月间,成都市有银钱业将近70家,在开始办理票据交换时,参加交换之行庄甚少(银行22家,钱庄仅6家),其后未加入者鉴于加入者之方便有利,乃又陆续加入,截至6月15日,计参加银行30家、钱庄10家,共为40家,参加银行占蓉市银行业全体85%,尚有5家银行未加入。参加钱庄占蓉市钱业全体33%,尚有钱庄20家未加入。两者合计共占蓉市现有银钱两业家数的61%[1]。

除了重庆和成都外,中央银行还在其他城市办理票据交换及四行两局间票据收解,到1945年增加为办理票据交换7处,办理四行两局票据收解33处,详见下表。

表3 中央银行办理票据交换及四行两局间票据收解地点一览表

办理票据交换		办理四行两局票据收解	
地点	开办日期	地 点	开办日期
重庆	1942年6月1日	贵阳、万县、宜宾、浙江、自流井、内江、南宁、北碚、兰州、宁夏、宝鸡、福建、南郑、吉安、南充、嘉定、雅安、合川、酒泉、涪陵、天水、江西、泉州、泸县、广东、洪江、沅陵、老河口、邵阳、零陵、梧州、衡阳、江津	1943年8月9日—1945年1月4日
成都	1943年5月25日		
桂林	1944年2月5日		
西安	1944年5月16日		
昆明	1944年11月27日		
贵阳	1945年2月19日		
兰州	1945年6月15日		

[1] 杨承厚编:《重庆市票据交换制度》,第120页。

可见,中央银行在大后方主办票据交换业务是从局部范围尝试到初步形成,再逐步扩大,推而广之。正如时人所指出的:"渝市为战时首都,中央银行在该地实行票据交换制度实具有试验及示范性质,今渝市推行情形既较顺利而获初步成功,自应将其推行于全国各大都市,以期中央银行可以逐渐主持全国各银行间之清算。"[1]而当时制定的有关票据交换的法令也是全国通行的。就中央银行方面而言,办理票据交换及各银行间之划拨结算并非是总行的单独业务,所有各地中央银行分行均负有就地办理之责。中央银行借鉴了一些上海的票据交换制度,并体现出中央银行主办票据交换的独有特点,也因此积累了经验。

三

抗战胜利前夕,鉴于上海票据交换所作为金融枢纽的重要地位,中央银行副总裁陈行(兼任财政部驻京沪区财政金融特派员)即打算接收上海票据交换所,另设新交换场,但遭到上海银行家的反对。于是,京沪区财政金融特派员办公处决定改组原上海票据交换所,将其纳入中央银行的清算体系之中。1945年10月8日,京沪区财政金融特派员办公处签发的财特字第357号公函明确指出:"中央银行有控制金融之责,对于票据交换极应加以管理,兹规定办法:(1)将原有银钱两业票据交换所合并;(2)四行两局及外商银行一律参加交换;(3)票据交换所应另组委员会,以中央银行代表为主任委员;(4)各行庄间交换余额的划拨结算集中于中央银行办理。"[2]因此,"中央银行当局为适应环境起见,经即令饬银行、钱庄两业公会原有之票据交换所即行合并,成立上海票据交换所,并另组委员会主持一切事务,以中央银行代表为主任委员,四行二局及外商银行一律参加,交换所所有各行庄间交换余额之划拨结算,则集中于中央银行办理。"[3]与此同时,中央银行公布实施《中央银行暂行委托上海票据交换所办理票据交换规则》,明确指出:依据财政部特派员规定原则,暂设上海票据交换所委员会,并委托上海银行业同业公会及上海钱业同业公会合组之上海票据交换所办理全市金融业票据交换事宜,对有关委员会的设置、交换行庄、交换方法等也作出了原则性的规定[4]。此外,中央银行于

---

[1] 杨承厚编:《重庆市票据交换制度》,第83页。
[2] 关于改组票据交换所情形抄录陈报函底一件,上海市档案馆藏上海票据交换所档案S180-1-15。
[3] 周开庆主编:《五十年来之中国经济》(《近代中国经济丛编》之四),华文书局,1967年,第28页。
[4] 中国第二历史档案馆等编:《中华民国金融法规档案资料选编》下册,第927页。

1942年1月拟订的《中央银行办理票据交换办法》仍然有法律效力,上海票据交换所此时也必须遵行。

1946年8月,上海票据交换所第一届执行委员会成立,因而1945年10月—1946年8月实际上是一个过渡时期。在此期间,上海票据交换所受中央银行的委托主办全市的票据交换。由于此时银钱业公会均在整理当中,上海票据交换所由中央银行直接主管。在过渡时期内,中央银行的代表不仅担任票据交换所委员会主任委员,经理和副经理也由央行指派,并且还专门委派一名监理常驻该所。第一届执行委员会于1946年8月成立后,中央银行即将上海票据交换所交由上海银钱两公会主办,中央银行仍然是其主管机关,并负责最后的交换差额转账,但这时中央银行的直接影响并不明显。

与上海截然不同的是,抗战胜利后的其他主要城市均由当地中央银行分行集中办理票据交换,例如天津和武汉等地。1946年1月7日,中央银行宣布正式接收天津市中、交两行临时轧账处,成立天津市银行、钱庄票据交换所。1946年2月,按照《中央银行法》的规定,取消天津市银行、钱庄票据交换所,由中央银行天津分行设票据交换课,主持票据清算业务,直到1949年1月被人民银行接收为止[1]。中央银行汉口分行筹办的票据交换则于1946年6月1日正式开始。1946年上半年,武汉的商业银行次第开业,需要办理全面交换,而央行武汉分行原有行址狭小,不敷应用,乃于4月底迁入正金银行旧址后,准备举办。按照央行规定,本应采用集中交换制,但武汉银行公会"以当时人手不敷,票据尚不甚多,请援重庆例,用常川交换制"致函央行,经央行业务局批准暂行试办,并于6月1日起成立交换课,开始办理全体银行同业交换[2]。

战后,由中央银行主办票据清算的城市由后方扩展到全国。1946年度至年底止,中央银行办理票据的地方增至15处,除上海一处仍委托上海银钱业公会合组票据交换所代办外,其余均由中央银行的各地分行主持办理。其中采用直接交换制度者,计天津、北平、沈阳、广州4处。采用代理交换制度者,计南京、杭州、汉口、青岛、重庆、成都、贵阳、昆明、西安、兰州10处,后又增加厦门、自流井、宁波、镇江、长沙5处。其余各重要城市,如济南、南昌、福州、长春4地已由央行筹备就绪,即可于1947年春开办。中央银行未设分行的地方,其票据交换则由央行委托其他国家行局代办[3]。

---

[1] 郭凤岐编:《天津通志·金融志》,天津社会科学院出版社,1995年,第343页。
[2] 中国人民银行武汉市分行金融研究所编:《武汉银行史料》,出版信息不详,第333页。
[3] 《中华民国史档案资料汇编》第五辑第三编财政经济(二),江苏古籍出版社,2000年,第591页。

由上可见，抗战胜利后，除了上海之外，中央银行在各大城市开始办理当地的票据交换业务，再加上抗战时期已经开办的城市，这时由央行主持票据交换业务的城市基本涵盖了当时的重要城市，而没有央行分行的地方则由央行委托当地其他国家行局代办。因此，足以说明抗战胜利后，中央主持全国票据清算的职能才渐趋完善。另外，从战后各主要城市票据交换数额的比较，可以反映出上海票据交换所仍然占有重要地位，详见以下两表：

表 4　抗战胜利后中央银行主持各地票据交换一览表

城　市	开　办　时　间	当时参加行庄数量
天津	1946 年 1 月 7 日	100
北平	1946 年 1 月 7 日	21
南京	1946 年 5 月 1 日	27
汉口	1946 年 6 月 1 日	31
广州	1946 年 8 月 1 日	16
杭州	1946 年 9 月 2 日	20
青岛	1946 年 9 月 2 日	16
沈阳	1946 年 11 月 1 日	18

表 5　1946 年上海与各地票据交换数额比较　　　　　　　　单位：元

城市	票据张数	交换金额	每日平均交换张数	每日平均交换金额
上海	18 834 615	45 732 536 713 814.08	62 573	151 935 504 030.51
天津	3 803 409	4 759 726 436 458.57	12 763	15 972 236 363.95
北平	325 015	573 192 856 815.66	1 091	1 932 465 962.46
重庆	1 440 758	6 230 145 374 550.06	4 787	20 698 157 390.53
成都	535 089	1 096 307 881 576.08	1 814	3 716 294 513.82
昆明	576 419	1 523 950 230 984.66	1 912	5 079 834 103.28
西安	312 815	1 479 000 222 878.04	1 044	4 946 491 380.85
贵阳	144 894	328 327 471 537.27	484	1 098 085 189.29
兰州	56 568	330 525 916 861.33	188	1 098 092 747.05
南京	208 512	1 015 873 294 247.15	1 027	5 004 301 942.10

续 表

城市	票据张数	交换金额	每日平均交换张数	每日平均交换金额
汉口	58 472	566 367 115 390.29	332	3 217 994 973.81
广州	55 084	324 371 148 685.11	441	2 594 969 189.41
杭州	88 249	263 108 909 353.23	874	2 645 543 656.96

表6 中央银行各地票据交换统计表(1947年12月)　　单位：百万元

单　位	交换张数	交换总额	占总张数比重	占总金额比重
上海市票据交换所	4 920 987	120 812 971	51.63%	62.5%
天津分行	1 840 247	24 558 474	19.3%	12.7%
北平分行	343 075	4 579 466	0.36%	0.24%
杭州分行	213 461	2 295 323	0.22%	0.11%
成都分行	124 484	1 424 424	0.13%	0.07%
南京分行	155 915	3 580 232	0.16%	0.18%
总计	9 530 972	193 293 251	100%	100%

附注：总计数额还包括表中未列出的分行。

　　表格显示，从票据交换各项数字来看，上海票据交换所无疑占有绝对比重，其他城市的票据交换数字无法与上海相比，其中每日交换票据张数最少的仅188张(兰州)，交换票据金额最少的仅1 098 085 189.29元(贵阳)。中央银行各地分行办理交换票据的张数和金额合计总数还不如一家上海票据交换所多。因此，抗战胜利后，上海无疑又重新成为全国的金融中心。

　　还需特别说明的是，抗战胜利后，中央银行为何没有亲自主持上海的票据交换，而其他城市则都是由中央银行主办？笔者认为，原因主要有：第一，接收上海票据交换所的计划遭到上海银行家的反对，因而只好对其进行改组，中央银行先以委托的名义由上海票据交换所办理全市的票据交换，后交由银钱业公会自行办理。第二，若由中央银行主持办理上海的票据交换，重新建立新的交换场所，则需要较长的时间，而上海作为全国重要的经济、金融中心不可一日停止票据交换。第三，上海一地的交换行庄数量众多，上海票据交换所已有较长的发展历史和雄厚基础。若由中央银行主持办理，所需经费、场地、各项手续等央行一时都难以应付。第四，票据交换事务应由同业主持、中央银行监督。时任上海银钱业联合准备会经理和上海票据交换所委员会第一届执行委员的居逸鸿就认为:"交换票据原为同业间自身任务,不过集中地点,定时处理,中央银行但处监督地位足矣,且交换事务集中办理,容或有徇情宽纵,或故意留难之处,今由同业自行组织,主持其事者,为同业所推选,事关切己,监督较严,流弊自少。"[1]

因此,从某种程度上可以说,尽管战后的上海票据交换所形式上是独立机构,并由商业银行自行经营,但实际上还要受中央银行的监管,而且上海票据交换所已经纳入中央银行的票据清算体系之中。正如有学者指出的,"1945年11月合并成立的上海票据交换所形式上是独立机构,但实际上由中央银行组织办理金融机构之间的票据交换工作,成为中央银行资金清算制度的重要内容"[2]。

此外,对于早先由中央银行拟定的办理票据交换的各项法令,由于社会经济环境已经发生巨大变化,很多条文已无法适用。于是,中央银行逐步加以修订,以臻完善。1947年2月12日,中央银行理事会核准修正《中央银行办理票据交换办法》,与此前的央行办理票据交换办法相比,修订办法有较大变化。首先,取消了"交换行庄应于加入时认定相当金额之保证准备",因而相应地也取消了"交换行庄头寸不敷支付应付票据时向本行拆款",还取消了退票的相关规定。其次,增加了"交换行庄本市分支店机构经本会认可亦得参加交换","交换行庄应各派职员一人至若干人为交换员"等规定。另外,增加了采用直接交换制度、代理交换制度和委托交换的相关规定[3]。3月1日,中央银行业务局订定《中央银行办理票据交换采用直接交换地方办事细则》和《中央银行办理票据交换采用代理交换制度地方办事细则》[4]。这两个细则分别对直接、代理交换的各项手续作了具体规定。因而,从制度上来看,中央银行的票据清算制度至此才算完备。1949年4月,财政部拟定《中央银行法(修正草案)》,此案与1935年的相比有较大修订,并明确把"管理票据交换"作为其特权之一[5],但还未及通过公布,国民政府即宣告垮台。

---

[1] 朱斯煌主编:《民国经济史》,银行学会,1948年,第27页。
[2] 叶世昌、潘连贵:《中国古近代金融史》,复旦大学出版社,2001年,第389页。
[3] 中央银行经济研究处编:《金融法规大全》,商务印书馆,1947年,第31—34页。
[4] 同上书,第34—38页。
[5] 黄鉴晖:《中国银行业史》,山西经济出版社,1994年,第214页。

四

一般来说,票据交换所在初建时往往由商业银行共同协议设置,但随着中央银行制度的发展,它逐渐成为中央银行业务部门中的一个重要机构,或是成为中央银行领导的机构。因而票据清算业务必定离不开中央银行的参与,或者直接主办票据交换,或者由其负责差额转账、监管。当然中央银行这一职能在西方发达国家也是经历了一段时间才最终确立的,并非中央银行一建立就自然具备票据清算的职能。直到19世纪末20世纪初,包括票据清算在内的中央银行职能开始为一般经济学家和金融理论家所认同。由于中央银行集中了商业银行的存款准备金,商业银行彼此之间因票据交换所产生的应收、应付款项就可以通过中央银行的存款账户划拨来清算,因而中央银行自然成为全国清算中心。然而,南京国民政府时期的中央银行收管全国银行存款准备金这一业务迟至1934年7月《储蓄银行法》颁布后才开始。1934年,上海一端口占全国各银行储蓄存款总额十分之七八,至是年底中央银行已收齐沪市所有银行的储蓄存款保证准备金6 120余万元,旋将此办法推广于上海以外地区[1]。显然,此前的中央银行不具备作为最后清算人的条件。

由此可见,于1928年成立的中央银行先天就是个畸形儿,无法履行包括主持全国票据清算业务在内的许多职能。长期以来,中央银行游离于票据交换业务之外。因此,上海票据交换所的创立及其发展体现的是一种特殊的发展路径,即并非由中央银行主办,而是由商办民营到"官督"民营。上海票据交换所是在银行同业组织的主持下,由商业银行自发创立,并完全具有民营性。尽管在银行同业组织的邀请下,中央银行于1936年1月加入上海票据交换所,但此前中央银行却置身于上海票据交换所之外,加入之后也仅仅不过是一个普通交换银行而已。不久,随着抗战的爆发,中央银行又完全退出交换所。由于在市场主导下,大后方城市无法像上海一样建立一个稳固的票据清算制度,迫使中央银行于1942年开始在重庆、成都等地自行主办当地的票据交换业务,并由此积累了一些经验。

抗战胜利后,中央银行主持全国清算事务的职能正式确立,不仅央行战时制定的票据交换规章推行到全国,而且开始由中央银行设科办理当地的票据

---

[1] 复旦大学中国金融史研究中心编:《上海金融中心地位的变迁》,复旦大学出版社,2005年,第25页。

交换业务。唯独上海例外，全市的票据交换是由中央银行委托上海票据交换所办理，中央银行仅负责交换存款的保管和差额转账。因此，战后的上海票据交换所仍由银钱业公会自行主办，日常运作也仍然由商业银行主持，中央银行只不过是最后的清算人而已，并负有对该所进行监管之责，同时财政部也加强了对该所的监管，此时在"官督"之下的上海票据交换所仍然没有改变其民营性特质。

总之，由于中央银行票据清算职能的建立相当滞后，从而导致上海票据交换所的发展路径极为特殊，由战前的商办民营到战后在政府银行监控下的民营。由于上海作为全国金融中心，商业银行之间的同业互助和自立意识比较强烈，因此，在中央银行职能缺失的历史条件下，上海票据交换制度也能得以建立和不断完善。即便战后中央银行在全国力图恢复清算职能的时候，对于已经有相当规模、制度已经比较完善的上海票据交换所，中央银行欲全面控制或推倒重来也已经难以办到了，因而与其他城市相比，上海票据交换所又显现出了其特殊性。

（原载《近代史研究》2009 年第 5 期）

新中国政府对外商银行的监管与清理

张徐乐*

外商银行与官僚资本银行、私营银行在旧中国的银行业中,可谓三足鼎立。虽然随着华资银行业的崛起,外商银行势力渐趋式微,但在旧中国的经济和金融领域仍有相当的影响。直到1949年新中国成立时,尚存有英、法、美等国银行15家。新中国成立后,在坚决肃清帝国主义在华金融势力的同时,对外商银行实施利用与限制的政策。然而在具体过程中,由于新中国成立初期所面临的政治、经济与军事环境的复杂性,在不同的阶段,对待不同国别的外商银行,呈现出监管与清理的复杂性与曲折性。到1956年底止,在旧中国存续运作百余年的外商银行业,只剩下两家业务寥寥的英商银行,在金融业务与金融市场上,中国实现了完全的独立自主。目前学术界在金融史的研究中,外商银行明显是薄弱环节[1]。已有的相关研究成果中,由于资料缺乏等原因,对于解放初期外商银行的研究几乎是空白。但是,在新中国金融制度建设过程中,对外商银行的研究无疑是不容忽视的一个领域。笔者在爬梳多种与外商银行相关的资料文献的基础上,尝试探析新中国政府对外商银行的监管与清理,并希望与关注该问题的诸同仁切磋。

一、近代以来在华外商银行概况与中共外商银行政策的形成

近代以来外商银行在中国经历了一个多世纪的发展演变。自1845年英

---

* 张徐乐,2004年博士毕业于复旦大学历史学系,现为复旦大学经济学院副教授。

[1] 直接以外商银行为研究对象的成果仅见:吴群敢:《在华外商银行的概况》,现代经济通讯社,1949年;郭予庆:《近代日本银行在华金融活动——横滨正金银行(1894—1919)》,人民出版社,2007年;寿充一、寿乐英编:《外商银行在中国》,中国文史出版社,1996年;哈罗德·文·B. 克里夫兰德等:《花旗银行(1812—1970)》,郑先炳译,中国金融出版社,2005年;Frank H. H. King, *The History of the Hongkong and Shanghai Banking Corporation*, Cambridge University Press, 1987;洪葭管:《从汇丰银行看帝国主义对旧中国的金融统治》,《学术月刊》1964年第4期;朱荫贵:《抗战爆发前的外国在华银行——以南京国民政府时期为中心》,《中国经济史研究》2004年第4期等。

国在华设立第一家外商银行丽如银行,到1949年的百余年间,英、法、德、俄、日、美、比、荷等国金融势力相继入侵中国。据统计,1925年外商银行在中国的分支行已达161处。外商银行依恃不平等条约所获取的政治和经济特权,在中国经营存放款与投资,发行货币,经理本国对华借款,垄断国际汇兑,操纵金银外汇行市等,侵犯中国主权,从中国攫取了难以计数的利润,是资本帝国主义国家侵略中国的重要工具。第二次世界大战期间,在华的英、美、荷、比等国银行被日本接收,业务一度停顿。战后,国民党政府接管清理战败国日本、德国的银行,同时批准英、美、荷、比等国银行复业,连同新增的共计15家银行,分支机构39处[1]。虽然战后外商银行在中国的地位与实力与战前相比呈现渐衰之势,各国银行在华势力也出现了此消彼长的变化,但在华银行的数量却维持不变,一直到1949年新中国成立时仍为15家,分属6个国家,即:

英国:汇丰银行、麦加利银行、有利银行、沙逊银行
美国:花旗银行、大通银行、运通银行、友邦银行、美国商业银行
法国:东方汇理银行、中法工商银行
荷兰:荷兰银行、安达银行
比利时:华比银行
苏联:莫斯科国民银行

以上各银行主要集中在上海、北京、天津、南京、汉口、重庆、福州、厦门、青岛、广州等11个大城市,共有分支机构36家[2]。

长期以来,外商银行在华最主要的收益是外汇买卖业务,1935年币制改革后,外汇汇率改由中国的中央银行挂牌,外商银行自然不能如前一样公然操纵中国的外汇市场。但是,由于外商银行资力仍然庞大和政府对外汇管制的不彻底,至抗日战争结束后,外商银行在外汇市场上实际仍居于领导地位。如在外汇汇率方面,汇丰银行与花旗银行始终是上海外汇移转证市价的裁定者、香港申汇自由价格的幕后指挥者,这种情况一直延续到解放前夕。

中共长期以乡村为根据地,直到1949年初平津解放,外商银行对中共领导者来讲,基本上是一个不曾面临的新问题。

随着人民解放战争的不断胜利,中共领导重心开始由根据地向新解放区、

---

[1] 中央私营企业局:《在华外商银行概况》(1951年2月15日),中国社会科学院、中央档案馆编:《中华人民共和国经济档案资料选编·金融卷(1949—1952)》,第134页。
[2] 中国银行行史编辑委员会编著:《中国银行行史(1949—1992)》上卷,中国金融出版社,2001年,第116页。

由乡村向城市转移。如何管理大城市,如何肃清残余的帝国主义经济势力和打倒官僚资本主义经济势力,建立独立自主的经济体系,迅速地安定民生与恢复国民经济建设,是中共面临的现实问题。金融业是工商业的核心,是社会与经济秩序稳定的基础。中共在进入大城市之前,对如何处理中国存在的多种性质的金融机构曾有多次的探讨与规划。到目前为止,笔者见到的中共论及外商银行比较早的正式文件,是1948年2月7日颁布的《关于对待在华外国人的政策指示》,其中有关于外商银行的专门规定:"凡遇有外国银行,或其代办所,不管其是否由于两国条约有互惠规定和特许,一般地应先停止其营业,并审查其业务情况。如认为在某种范围的规定内,确有令其继续营业之需要,亦须经中央批准,并与之订立临时营业合同后,方得许其重行营业。至对其财产,不论重行开张与否,一律不得没收或破坏。"[1]这表明中共在原则上保护合法经营的外商银行,但同时要对其进行审查、监管,限定其业务范围。

  1949年1月平津战役结束,天津、北平等大城市相继解放。外商银行在平津两座城市中历史悠久,势力强大,如何对其进行合理的管理,已是中共面临的刻不容缓的问题。1月19日,中共中央在《关于外交工作的指示》中明确指出:取消帝国主义的在华经济特权,中华民族的独立解放必须实现,这种立场是坚定不移的。但是在执行的步骤上,应按照问题的性质及情况分别处理。"凡问题对于中国人民有利而又可能解决者,应提出解决,其尚不能解决者,则应暂缓解决。凡问题对于中国人民无害或无大害者,即使易于解决,也不必忙于去解决。凡问题尚未研究清楚或解决的时机尚未成熟者,更不可急于去解决。"在此原则下,对于外国在华资本也有规定,"我们对于一切资本主义国家政府的和私人的在华经济特权、工商企业和投资,均不给以正式的法律的承认。但在目前,也不要忙于去做有关禁止、收回或没收的表示;只对其于人民经济生活危害最大者,例如金融投机,以及于国家主权侵害最大者,例如内河航行等,发出立即禁止的命令。其他如外国银行,不要忙于令其停业,而应先令其报告资本、账目和业务,以凭核办"[2]。这个文件进一步表明了中共对待外商银行的态度,即允许外商银行存在,但坚决取消其在华所享有的经济特权,严禁其危害金融的投机活动,并将对其实行严格的监管。

  1949年2月16日中共中央发出《关于对外贸易的决定》,指出为了进行对

---

[1]《中央关于对待在华外国人的政策的指示》(1948年2月7日),中央档案馆编:《中共中央文件选集(1948—1949)》,中共中央党校出版社,1987年,第24页。
[2]《中共中央关于外交工作的指示》(1949年1月19日),《中共中央文件选集(1948—1949)》,第514—516页。

外贸易所需要的外汇,有关汇率、结汇、押汇和买卖外汇等业务应由国家银行经理,其他银行不得经营外汇及买卖外汇。对外贸易局应立即研究并修正过去管理外汇的办法,然后由人民政府宣布新的外汇管理办法[1]。这表明新中国政府将对外汇实行管制,外商银行的传统获利业务将受到限制。

紧接着在1949年3月中共七届二中全会上,毛泽东指出,在全国胜利后,对于帝国主义的在华经济事业,要分轻重缓急,予以恰当的解决。随后中共中央提出,新中国愿在平等互利的基础上恢复和发展国家间的通商贸易关系包括同资本主义国家做生意,新中国也可以在平等互利基础上接受外国投资。对已有的外资企业,将采取"按照国籍、系统、行业等各种不同的具体情况进行个别处理和分别对待"的方针。据此,对于如何处理外商银行,中共有了更加具体的指示。

1949年9月29日中国人民政治协商会议第一次全体会议通过的《共同纲领》宣告"中华人民共和国必须取消帝国主义国家在中国的一切特权"。又在第三十九条中规定:"金融事业应受国家严格管理。货币发行权属于国家。禁止外币在国内流通。外汇、外币和金银的买卖,应由国家银行经理……凡进行金融投机、破坏国家金融事业者,应受严厉制裁。"《共同纲领》的内容,可以说是中共对此前有关外商银行认识与政策的总结,取消了特权的外商银行将与中国普通商业银行一样,在新中国政府允许的法律范围内,经营正当的金融业务;外汇、外币和金银的买卖,将由新中国国家银行经理,不再是外商银行的优势业务。外商银行已不可能如国民党政府时期恣意横行,而要受到严格的管制。

二、对外商银行的监管

新中国政府保护合法经营的外商银行,但规定所有外商银行必须接受人民政府的审查,通过增资、验资检查后,方准重新登记营业。

1949年4月27日,华北人民政府公布《华北区私营银钱业管理暂行办法》,规定所有打算继续经营的银钱业者,必须向政府重新登记。其中第24条规定,外商银行的登记管理办法以后将专门制订,但在"未公布前均依本办法实行"。

---

[1]《中共中央关于对外贸易的决定》(1949年2月16日),《中共中央文件选集(1948—1949)》,第562页。

和中国普通的私营银行与钱庄一样,外商银行也要首先向人民政府呈报以下信息:(1)机构名称;(2)组织及地址;(3)资本总额;(4)业务范围及营业计划;(5)有限责任或无限责任;(6)发起人或经理人姓名、籍贯、简历。另外,在重新开业后,需补报股东名册及董、监事经理姓名简历。与此同时,按规定的最低资本额进行增资,"资本金必须全部认足,并实收资本总额四分之三,经查验属实后,由本府发给营业登记证始准营业,其不足之资金,限开业后两个月内补足"[1]。完成以上所有手续之后,才能重新开业,获得合法经营的资格。

为了随时掌握银钱业包括外商银行的经营状况,《华北区私营银钱业管理暂行办法》又规定,中国人民银行是银钱业之管理检查机构,外商银行必须定期向中国人民银行提供各种业务报表并接受查核;中国人民银行在检查行务过程中,一旦发现有违法经营,则按其情节轻重,给以警告、罚金、令其撤换重要职员、停止票据交换与停止营业的处罚,有关刑事部分者,交由司法机关备案。随后,华东区等大区也都依照《华北区私营银钱业管理暂行办法》,制订了对私营银钱业(包括外商银行)的管理暂行办法,要求外商银行依法重新登记营业,并接受中国人民银行的监督与管理。

在颁布《华北区私营银钱业管理暂行办法》的同时,人民政府坚决取缔以往外商银行在中国的经济特权,对其业务范围也进行严格限定,其重要措施就是颁布外汇管理条例。

外汇业务一向是外商银行的优势业务,为了清除帝国主义国家操纵中国外汇管理和金融财政的特权,建立独立自主的外汇经营管理制度,中共政府决定实行外汇管制。1949年4月7日,华北人民政府首先颁布了《华北区外汇管理暂行办法》,规定:中国银行受中国人民银行指定,作为外汇管理机构。中国人民银行指定经营外汇业务向著信誉之银行为"指定银行",代理中国银行买卖外汇,即代理客商买卖外汇及代办国外汇兑业务;中国银行为法定之外汇交易场所,各指定银行皆为交易员,交易所的每日外汇牌价,则由中国银行根据市场情况,报经中国人民银行核准后挂牌,交易员按交易牌价介绍或代理客商买卖,严禁一切场外交易;凡属该"办法"定义内包括之外汇,均须存入中国银行作为外汇存款,换取外汇存单,或直接售予中国银行,换取人民币;除中国银行及指定银行外,任何人不得经营买卖、保管或私下转让外汇。《外汇管理

---

[1] 中国社会科学院、中央档案馆编:《中华人民共和国经济档案资料选编·金融卷(1949—1952)》,第921页。

暂行办法》表明，外汇牌价必须由中国人民银行核准决定；唯有中国银行及"指定银行"可以合法地从事外汇业务，而"指定银行"必须由中国人民银行审批，并接受中国银行的管理。

此后，华东区、华南区等也陆续颁布《外汇管理暂行办法》，从法律上确定了外汇经营与管理完全由人民政府独立自主地掌控。

根据各大区外汇管理暂行办法的规定，天津、北平、上海、青岛、厦门、广州等外汇业务量大的城市，都先后批准了一批外汇指定银行经营外汇业务。所谓外汇指定银行，是指遵守人民政府政策法令，在国外有分支行或代理机构，经营外汇向著信誉之银行，其任务是代理中国银行买卖外汇。当时在中国仍在营业的外商银行，大多数被中国人民银行指定为专营外汇的"指定银行"，这样的决定主要是基于对外贸易的需要。在新中国成立初期，对外没有建立广泛的外交关系，中国的国家银行和国外联行尚未建立经常而可靠的联系。中国对外贸易的对象主要是资本主义国家，保留着这些外商银行，可以利用其与资本主义国家进行贸易。

外商银行一般资金雄厚，在国外的分支机构多，信用良好，调拨灵活，因而可以担任中国的国外代理行，起到联行的作用。外商银行可以利用其国外头寸为中国"增加出口，争取外汇"服务，对中国外汇头寸的周转起着调盈剂虚的作用。因而，新中国政府准许除中国银行外的"指定银行"经营外汇业务，可以充分利用其人力、物力及与国外市场的联系，在对外贸易中发挥桥梁作用，以补国家银行之不足。

在"利用"的同时，人民政府也建立了对外商银行严格"管理"的制度。外商银行必须在中国人民银行指定的业务范围内合法经营外汇业务；中国银行是监管机构，负有检查之责。如《华北区外汇管理暂行办法》规定，指定银行"不得买卖外汇，并不得有代客或自己经营有关资金逃避及套汇或其他投机行为"；"不得买卖外币、有价证券，及其他未经中国银行核准之业务，如有违反，中国人民银行得撤销其准许证，并没收其外汇"；"中国银行得随时检查指定银行外汇之帐册，并规定各指定银行办理外汇事务之手续费"[1]。

外商银行虽经审查，先后批准为外汇指定银行，严令依法经营，但并非都能循规蹈矩。特别是少数外商银行在解放前操纵中国金融市场不受任何法律约束已成习惯，解放后恶习难改，对于失去的特权并不甘心，因而藐视中国人

---

[1] 中国社会科学院、中央档案馆编：《中华人民共和国经济档案资料选编·金融卷(1949—1952)》，第846—847页。

民银行的监管工作,违法经营的事件屡有发生。

中国银行作为外商银行的直接监管机构,会定期或不定期地派员到外商银行实地检查工作。各地在检查时发现多家外资银行都有违反外汇管理规定的行为,如在上海检查工作时,发现有些外资银行任意修改信用证条款,拒不向中国银行移存超额的外币头寸,不按规定手续向中国银行申请各项费用的外汇。天津某外资银行在办理侨汇时,不经中国银行许可,擅自开出在香港付款之汇票等。对于违法经营者,中国银行依据《外汇管理暂行办法》和中国人民银行的指示,认真查处,及时要求纠正。对于不服从中国政府管理以及严重违法者,则严惩不贷。

1949年7月,天津曾发生一起美商大通银行拒绝验资事件。天津市军事管制委员会要求大通银行与其他外商银行一样呈验资金。但大通银行宣称,必须先由政府指定其为外汇指定银行之后,才能接受验资。军管会指出:验资和指定为外汇银行是两回事,不可混为一谈,更不可对政府有要挟行为,并表示可以把验资期限宽展到7月8日。而大通银行仍顽固坚持其立场。中央财政经济委员会和中国人民银行总行得知此事后,认为:目前宣布大通银行停业不是很妥当,可以先在口头上批准其为指定外汇银行,待验资之后则正式办理外汇指定银行手续,并将验资期限再次宽展到7月22日。7月15日,天津市军事管制委员会外侨事务处就美商大通银行拒绝验资一事,再次给中共中央并华北局致电,称:"我们认为事情至此,不能再让步。否则以后各事都不好办。如午豢(即7月22日——引者注)该行仍不验资,应立即勒令停业,非验资后不能复业,并在报端公布经过。当否请速示。检讨此事一再展期通融,先硬后软,使外商感觉我有隙可乘,对其气焰不无助长,值得警惕。"周恩来代表中央复电天津市委并告华北局:"同意你们对美商大通银行关于验资及指定代理外汇两事的办理程序,如至午豢该行仍不验资,应立即勒令停业,非验资后不能复业,并在报端公布经过。停业后即使验资复业,是否仍委托其代理外汇,值得考虑,望事先不给任何诺言。如不补验,即永不许其复业。"在协商过程中,大通银行仍然固执己见,拒不配合,最终被勒令立即停业。这件事在外商银行引起极大震动,"都相顾惊愕,害怕不知何时也会遭遇这种可怕的命运"[1]。

外商银行经过一系列事件的打击,嚣张气焰有所收敛,不敢再藐视中国主权,不敢在外汇业务上非法经营。如荷兰安达银行在奉总行令结束中国业务,

---

[1] 中共中央文献研究室、中央档案馆编:《建国以来周恩来文稿》第一册,中央文献出版社,2008年,第146—147页;《1949年外汇工作专题报告》,中国社会科学院、中央档案馆编:《中华人民共和国经济档案资料选编·金融卷(1949—1952)》,第866页。

被中国政府核准清理期间，每周均有报告送达中国银行稽核，在处理困难案件时不敢擅自做主，时常请示中国银行帮助解决。荷兰安达银行在抗战之前，曾收有德国人的荷币存款，属于敌性存款，已经被该总行宣布冻结，并经中国银行函告将该荷币折合英金移存本行。至于安达银行所收的战前伪币存款，奉金融处核示，在中国政府相应的办法公布后，将由安达银行委托之中国银行代为处理。

以往外商银行大都是依靠所享有的特权和优越地位在中国获取利润，在外汇市场上也一直占着领导地位。随着新中国政府相关法规法令的公布，外商银行必须接受新政府的严格监管，由此外商银行的业务方向发生变化，转向为新中国政府的对外贸易服务。然而，失去特权与优势的外商银行利润减少，业务清淡，随着中外时局的继续变化，不得不做重新选择。

三、外商银行的停闭及其原因分析

从1949年4月华北区开始，各地的外商银行相继通过人民政府的审核，办理了复业登记。然而，大部分外商银行只是想在中国留下一个立脚点，以对新中国时局作较长时期的观测，并不积极经营。到1956年底，外商银行势力基本退出中国大陆。这期间，外商银行的撤离大致分为两个阶段。

一、第一阶段（1949—1950年）

继1949年6月美蒋封锁上海及沿海一带后，1950年6月又爆发朝鲜战争，美国政府宣布对华实行经济封锁，中国的对外贸易几乎停滞，银行业务随之锐减。在此情况下，多家外商银行宣布停业清理。

中法工商银行天津分行早在1948年6月已停业清理，上海分行于1950年停业；美国运通银行上海分行于1949年10月宣布停业清理，次年10月撤离中国；荷兰安达银行于1949年11月申请停业，次年8月撤离中国；美商大通银行天津分行因拒不遵守中国政府法令，1949年7月被勒令停业，其上海分行也于1950年8月正式停业；苏联莫斯科国民银行在1950年4月提出停业申请，7月撤离中国；美国花旗银行上海分行于1950年8月宣布停业清理，1951年正式停业关闭[1]。

与此同时，如汇丰、东方汇理等外商银行也收缩业务，相继关闭了一些分

---

[1] 中国银行行史编辑委员会编著：《中国银行行史（1949—1992）》上卷，第117页；《上海金融志》，第199、365页；《解放日报》1949年10月27日，1950年8月10日、16日。

行。截至1951年2月,在华外商银行仅存有17处,分属5个国家的8家银行,即汇丰、麦加利、有利、美国商业、友邦、东方汇理、华比、荷兰银行[1],分布在上海、天津、北京、广州等大城市。因此,在外商银行集中停业的第一阶段,计有分属4个国家的6家银行停业或撤离中国,分支机构锐减了19处。

分析这一时期外商银行大批停业的原因,主要是因为业务量的缩减。外商银行在成为外汇"指定银行"后,业务重心自然仍在外汇业务上,根据中国政府严格管制外汇的规定,外商银行只能代理中国银行的外汇业务,而不能直接经营。中国银行则既是外汇业务的管理者,本身又是经营者。中国银行在授权外商银行经营外汇业务的同时,也指定了更多的华商银行经营外汇,外商银行失去了昔日在外汇市场上的领导权和垄断权,业务比重开始下降。下面以对外贸易比较发达的上海、天津为例,分析两地外商银行的外汇收支情况(见表1)。

表1 1949年3—12月外汇收入与支出表

地区	类别	中国银行(%)	华商银行(%)	外商银行(%)
天津	收入	70.78	12.23	16.99
	支出	89.12	7.29	3.59
上海	收入	48.76	23.28	27.96
	支出	89.90	4.21	6.89

资料来源:《中国银行1949年业务简结》,中国社会科学院、中央档案馆编:《中华人民共和国经济档案资料选编·金融卷(1949—1952)》,第864页。

显然,中国银行在外汇业务中已居领导地位,若再加上私营的华商银行的业务数字,以往外商银行的优势已成明日黄花。以下再分析一份1950年外商银行的业务资料(见表2)。

表2 1950年7—9月指定银行移存与提取外汇比较表

地区	国家外汇银行(%)		华商银行(%)		外商银行(%)	
	移存	提取	移存	提取	移存	提取
天津	92.41	92.39	3.23	4.52	4.63	3.09
上海	49.86	95.09	26.05	3.01	23.64	1.90

---

[1] 中央私营企业局:《在华外商银行概况》(1951年2月15日),《中华人民共和国经济档案资料选编·金融卷(1949—1952)》,第135页。另,因资料缺乏,英商新沙逊银行不知所终。

续 表

地区	国家外汇银行(%)		华商银行(%)		外商银行(%)	
	移存	提取	移存	提取	移存	提取
青岛	65.09	78.60	21.30	17.80	12.80	3.60
广州	40.96	96.00	58.99	4.00	0.05	0
汕头	71.73	99.96	20.43	0.04	7.84	0
北京	71.44	99.99	14.49	0	14.07	0.01

资料来源：中央私营企业局：《在华外商银行概况》(1951年2月15日)，中国社会科学院、中央档案馆编：《中华人民共和国经济档案资料选编·金融卷》(1949—1952)，第136页。

可以看出，无论在移存还是提取外汇方面，外商银行都只占到很小的比重，特别是外汇提取方面的业务，已几乎是微不足道了。

以上分析只是问题的一个方面，即1949—1950年期间，外商银行在华的业务优势消失，在整个外汇业务中的比重下降。但这并不意味着外商银行在新中国政府成立后，已无事可做了。虽然业务的相对值下降了，但绝对值还是存在的。

外商银行充任中国的外汇指定银行，利用其资金和信用，在新中国对资本主义国家的贸易中，发挥着有利的作用。如上海对外贸易总公司与外商银行商定之美棉进口办法，仅先付定金25%，其余货款可以在货物到埠与进栈之后陆续付给，这对中国需要进口物资是很有利的。此外，外国进口商人得以外商银行的"信用状"向中国出口商订货，中国出口商则将"信用状"外汇售与中国国家银行，再以所获资金收购出口商品，然后装运出口。再如打包放款、出口押汇等，都对中国资金短绌的出口商人有帮助，因而促进了整个对外贸易。特别是汇丰、华比、东方汇理和麦加利四家银行因被委任为新中国的国外代理行，其在世界各地的分支行也就成为中国银行的代理行，对新中国开展对外贸易和外汇资金的结算起到一定作用，因而中国银行在业务上给予一定的照顾，四家银行比较活跃，尚具有相当的业务量。

二、第二阶段(1951—1956年)

朝鲜战争爆发后，针对美国等西方国家对中国实施的经济封锁，中国政府采取易货与收缩贸易的方针。但是，12月16日美国政府悍然宣布管制中国在美全部公私财产，并禁止一切在美注册船只开往中国。中国政府针锋相对地发布了《关于管制美国在华财产冻结美国在华存款命令》，决定中国境内之美国政府和企业的一切财产，均由当地人民政府加以管制并进行清查；中国境内所有美国银行的一切公私存款立即冻结。对于其他在华外国企业，中国政府区别不同国家、不同时期、不同问题的具体情况，分别予以征用、代管、征购或加强管制，促使其自行结束。至1952年底，已处理的美国企业占美国在华总资产的94%，已清理的英国企业占其在华总企业的63%[1]。法资企业到1953年也基本清理完成。

在华外商银行的业务，一向以洋商为主要对象，随着外资企业的纷纷撤离与清理，外商银行的业务量进一步缩减，亏损增加，经营信心严重受挫。从外汇业务来讲，外商银行在外汇市场上所占比重持续下降，由解放前的90%降为1950年的9.1%、1951年的2.4%，到1952年只剩下1%[2]，几乎已无业务可做。因而，1951—1952年间又有多家银行宣告停业。美国友邦银行于1951年3月、美国商业银行于4月相继提出停业申请，很快被中国政府批准。1952年6月，麦加利银行、有利银行、汇丰银行亏损严重，也申请停业。在此以前，汇丰银行在天津、北京、武汉、青岛、福州、厦门、汕头的分行，麦加利银行天津分行均已先后申请停业。荷兰银行也因业务清淡，以亏损为由在1952年8月申请停业[3]。据中国银行总管理处统计，到1952年9月止，尚存的外商银行机构仅剩下9处，即天津的东方汇理银行、华比银行，广州的东方汇理银行，上海的汇丰银行、麦加利银行、有利银行、荷兰银行、东方汇理银行和华比银行。其中汇丰银行、麦加利银行、有利银行、荷兰银行4家正在申请停业清理。因而仍在营业的外商银行仅剩下东方汇理银行和华比银行2家，共5个机构。

针对众多外商银行纷纷提出停业的要求，中国人民银行分析认为，过去中国政府利用外商银行的外汇业务强项，与资本主义国家做生意，如今中国银行已在外汇业务中居领导地位。而且，以往在与西方国家的贸易中，中国的外汇支付方式是出口须先出货后收款，进口须先付款后收货，这种被动不利的方式也已改变为出口预收货款、进口货到付款的主动有利的方式。1952年8月，中国出口预收货款占出口的80%左右，进口货到付款已占进口的99%（香港）与62%（欧洲）[4]。可以说，中国实现了外汇业务的独立自主。1952年8月政

---

[1] 沙健孙：《1949—1956：中华人民共和国政府处理与西方发达国家关系的政策和策略》，《新华文摘》2005年第1期。
[2] 《关于外汇管理工作的专题报告（草稿）》，1952年8月，中国社会科学院、中央档案馆编：《中华人民共和国经济档案资料选编·金融卷(1949—1952)》，第879页。
[3] 中国银行行史编辑委员会编著：《中国银行行史(1949—1992)》上卷，第116页。
[4] 《关于外汇管理工作的专题报告（草稿）》(1952年8月)，中国社会科学院、中央档案馆编：《中华人民共和国经济档案资料选编·金融卷(1949—1952)》，第879—880页。

务院发布文件,除设法挽留英商汇丰银行、麦加利银行和法商东方汇理银行在上海各保留一个机构外,其余均批准停业申请,或敦促其停业清理。

此后,荷兰银行、有利银行于1953年获得中国政府批准,正式停业。东方汇理银行在1955年、华比银行在1956年也以业务清淡为由,向中国政府提出停业申请,获得批准。

汇丰、麦加利两行虽然也提出停业申请,但没有被中国政府批准,1954年中英恢复代办级关系,1955年两家银行主动撤回停业申请,表示愿意留在中国继续营业。此谓1950年代之后中国大陆仅存的两家外商银行,但实际的业务已寥寥无几。

外商银行在旧中国存在的100余年中,凭借政治上和经济上的特权,成为资本帝国主义奴役中国人民和掠夺中国财富的工具。中共对外商银行的政策产生于人民解决战争后期,以中共的新民主主义经济纲领和建立新中国的共同纲领为准绳,随着大中城市的解放和新中国的建立,终结了外商银行在华的特权,在经济与政治双重意义上体现了主权独立,旧中国金融史上屈辱的一页终于翻了过去。而依然在华存续经营的外商银行,只要遵守相关的法规,其在金融市场的属性和功能也逐渐趋同于华资私营银行。

新中国政府对于外商银行并没有采取简单的没收或停业政策。鉴于新中国成立初期,对有经济和商业往来的西方国家未普遍建立外交关系,同时国营金融机关人力、财力还不足以统一经营外汇业务的现实,在对外商银行的监管中,新中国政府所采取的基本原则是管理与利用,"利用"即运用外商银行已有的经营外汇业务的人力、资力以及与国外的关系,指定其担任外汇指定银行,在客观上使之成为对外贸易汇兑中的桥梁;"管理"即外商银行一切业务活动要完全服从人民政府的相关法令,接受人民政府的领导,外商银行可在规定的范围内进行合法经营,但不得从事未经人民政府核准的业务,并不得投机垄断。换言之,新中国政府在一定时期内依然给外商银行一定的业务空间,如果外商银行能够认清时代的变化,客观定位自己的角色,或可在当代中国历史上有新的篇章。

但是,在20世纪50年代初期,从外商银行的角度来看,作为外汇指定银行,由于业务活动置于中国政府的监督和管理之下,过去因特权而产生的巨额利润消失,外国银行的作用也基本限定在对外贸易方面,虽然有微利可得,但无暴利可图。朝鲜战争爆发后,由于美国对华实行经济封锁,在华外商银行的业务进一步减少,以致濒于停顿状态,最后只能感叹着无可奈何花落去,相继宣布停业清理,撤离中国。根据中国政府相关法令规定,凡申请歇业的,必须依法将债权债务清理完毕。鉴于在华外商银行债权债务的清理工作,是一项历时长且颇为复杂的过程,目前缺乏相关资料,只能留待以后做专文论述。

(原载《中国经济史研究》2011年第3期)

解放前未清偿寿险契约问题的处理：
以华安合群保寿公司为中心

赵兰亮[*]

1950年代是一个辞旧迎新的年代。随着新中国的建立和政治经济形势的发展，人们的精神面貌也随之发生了深刻变化。许多在旧时代无法为、不能为的事情在新时代都能迎刃而解。比如，困扰保险行业已久的战后寿险契约清偿问题就在这一时期顺利解决，成为新政府为人民服务的众多范例之一。本文以上海市档案馆藏原始档案为主，围绕近代最大的民族寿险公司——华安合群保寿公司（简称华安保寿公司）而展开，尝试还原处理这一问题的来龙去脉与丰富细节，进而管窥新中国是如何取得广大人民群众真心拥护与支持的。

一、老问题、新形势

"解放前保险业未清偿的人寿保险契约"是指各保险公司签发的1949年国民政府败退前既已满期或需履行赔偿支付等责任但并未偿付的寿险合约。这一问题由来已久，与中国近代政局纷争，特别是货币制度的紊乱及恶性通货膨胀密切相关。

中国近代寿险业肇始于五口开放通商后的上海，至1949年以前约有一个世纪的时间。在这一百年的前半段，外商寿险业独占上海乃至全国市场，不过由于没有关于华人的经验生命表，外商寿险业当时仅向外侨兜揽生意。1900年前后，华人生命表编制完成，在此基础上外商寿险业才开始承揽华人生意，华商寿险业也由此产生。华商寿险业自产生后，就在纷扰的政局变换中惨淡经营。1935年11月，南京国民政府开始施行法币制度，以中央银行、中国银行、交通银行发行的纸币为法定货币，从先前的银本位制过渡到虚金本位制下

---

[*] 赵兰亮，2002年博士毕业于复旦大学历史学系，现为复旦大学历史学系副教授。

的纸币制,由此各华商寿险公司也将先前的保单、赔付等转化为法币单位。根据统计,1937年全面抗战爆发前,全国40家华商保险公司中,专营和兼营性人寿保险公司共有10家,实收资本为1123万元。全国参加投保人寿险的数量在5万人左右。各寿险公司全部有效人寿保险金额累计约为5000万元上下[1]。

上海沦陷成为"孤岛"后,寿险业即面临着严峻局势,到太平洋战争爆发,日军进占租界而上海彻底沦陷,形势则更为紧迫。此时不仅政局剧变,货币制度也正经历着迥然不同的变更。早在1941年1月,南京汪伪政府发行伪中储券,携日军之力强迫推行。如果说由于当时日汪势力还不能深入租界,各寿险公司犹在隔岸观火,但当1942年5月31日汪伪政府财政部正式公告禁止法币行使、持有法币者以二比一的比率兑换伪中储券时,麋集上海营业的各寿险公司就无法幸免了。1945年8月抗战胜利,三年前改用伪中储券计价的各寿险契约则面临重新改回法币的境地。

币制的三番两次改换使各寿险公司感到了前所未有的困难和压力。为了拓展新营业,他们迫切需要对旧有契约进行清理。1945年10月12日,上海市寿险同业公司举行谈话会,就币制变更后的寿险营业处理办法议决如下:

> (一)以伪币(中储券)保额投保之保险单,其到期之保费,如以伪币或将伪币折合法币缴付者,该保险单继续有效。至该保险单之处理问题,须待政府有明令公布时再行解决。如该保险人不愿继续缴付者听便。(二)前以法币保额投保之保险单,其到期之保费,应以法币缴付。在本期以前所有以伪币(中储券)缴付之保费,如何处理俟同业公会商定办法后解决之。并拟定临时条款一种如次附贴于保费收据上……(三)已到期或将满期之法币保额保险单,凡未曾付过伪币者,应以法币付给之。如中途曾以伪币缴付保费者,当以法币及伪币按期比率给付之……(四)已出事而尚未解决之赔款,亦按上项办法处理之。(五)凡以法币保额投保之保险单,如该保险单曾盖有伪币字样者,自即日起该项字样一律取消,仍恢复原有法币保额。[2]

从以上不难看出,寿险同业在吁请政府尽快出台有关清偿办法之外,已经在自我筹划应急解决办法了。

相较于法币与中储券之间的变换对保险公司造成的巨大损失而言,金圆

---

[1] 《中国保险年鉴》上编,中国保险年鉴社,1937年,第15页。
[2] 上海市档案馆藏泰山人寿保险公司档案,档号:Q361-1-221。

券的发行及快速贬值可算是一场从天而降的灾难。1948年8月19日,金圆券开始发行。在敏感的寿险公司建议下,上海市保险商业同业公会旋即通告各会员公司于9月1日起停止收取新的保费,各公司所有营业随即停止。9月1日这天,同业公会召开理监事临时紧急会议,人身保险委员会"建议币制改革后各人身保险公司在战前及战时所缮发之长期寿险保单,其清偿办法应请政府从速完成立法程式,早日公布,俾有遵循",公会议决同意并当即草拟了《人身保险业战前及战时所订保险契约清偿办法》七条呈报财政部。但遗憾的是如石沉大海。

在没有具体清偿办法指导的情形下,不仅无法开展新营业,各寿险公司还不得不面临原有保户的给付要求,并且与应给付保户之间的矛盾时有激化,遭遇诉讼之扰。1947年5月,太平人寿保险公司的一位保户受益人委托律师高善谦追索赔偿金。太平人寿保险公司随即复函高律师,就为何不曾立即给付的原因及问题的解决途径做了解答:

> 径启者:顷由太平保险公司天津分公司转来大函,知悉一是。惟查在战前或战事中所保寿险,在保险有效期内发生赔款,其赔款应如何给付,事关整个寿险业,殊非一家或一户所可擅定。寿险同业有鉴于此,爰经呈请主管当局核示在案。惟主管当局亦以兹事体大,须予审慎考虑,故迄今未将办法公布。现在邢宝守女士身故,其受益人邢任卿女士要求按四千倍拨付赔款一节,敝公司意在未奉到主管当局明令前,拟请邢女士暂予静待,敝公司一俟奉到明令,当即通知贵律师,决不延误。如邢女士不待明令必欲现在领款,敝公司惟有按照保险金额拨付赔款,并退还预缴保费,恕难为额外给付。素稔贵律师精研法理、洞悉商情,相应函复。即烦转知并婉劝当事人为荷。[1]

"按照保险金额拨付赔款,并退还预缴保费"的答复无疑是寿险公司对待保户给付要求的撒手锏。因为在币值急剧贬值的当时,原先约定的保险金额和预缴保费早就分文不值了。

就在各保险公司翘首以待清偿办法尽快出台的时候,中国政局发生了天翻地覆的变化。1949年5月27日,上海解放。寿险业进入了一个全新的时代。老问题遇到了新形势。

---

[1] 上海市档案馆藏上海市保险商业同业公会档案,档号:S181-1-58。

二、风雨飘摇中的等待

1949年5月28日,上海市军管会发布了关于使用人民币及限期禁用伪金圆券的布告,其中明确规定:"中国人民银行所发行之人民币,为解放区统一流通之合法货币。自即日起,所有完粮纳税以及一切公私款项收付、物价计算、账务、债务、票据、契约等均须以人民币为计算及清算本位。不得再以伪'金圆券'或黄金银元及外币为计算及清算本位。"[1]对各寿险公司而言,币制的再一次改变也就意味着要想开展新的人民币业务,前提依然是须得清理以前的所有契约等债权债务关系。对旧政府早已失望的保险公司们迫切希望新中国能够尽快解决这一困扰他们已久的难题。他们都在憧憬着能早日恢复营业。7月12日,华安保寿公司召开上海解放后的首次董监事联席会议,讨论恢复业务问题。公司副经理龚汇百就"将来对于人寿保险并须由各公司设立联合机构协同办理,届时本公司是否须参加"一案提请讨论时,毫不迟疑地认为"如能恢复营业,自应参加进行"[2]。

在渴望恢复营业的同时,各寿险公司也感到了不同于以往的"气候"。8月20日,上海市军管会金融处召集保险业举行座谈会,中外保险公司共89家派代表参加,军管会金融处代表为谢寿天、施哲明、林震峰等人。金融处指出,座谈会的目的是"交换意见,听取保险业实际业务情况及其困难,互谋合理之解决",希望各公司能够"把握这次座谈会的机会,尽量公开提出,免除隔阂,互相检讨"[3]。座谈会后,各财产保险公司逐渐恢复营业,但寿险业却始终处于停业状态。毋庸置疑,停业越久,对寿险公司的伤害也就越大。除了在同业公会内部讨论外,各公司内部几乎每次会议都在讨论清偿与复业的问题。经过不下数十次的讨论后,12月2日,上海市保险商业同业公会第二届理监事会第29次会议议决将人身保险委员会拟具的《清偿战前及战时人寿保险契约意见书》呈请上海市军管会,"请予采纳"[4]。

意见书既然已经通过管道递交上层,各寿险公司唯有耐心等待。时间一天天消逝,半年过去了。1950年6月20日,同业公会人身险组召开业务会议,

---

[1] 中共上海市委统战部等编:《中国资本主义工商业的社会主义改造(上海卷)》,中共党史出版社,1993年,第37页。
[2] 上海市档案馆藏华安合群保寿公司档案,档号:Q336-1-25。
[3] 上海市档案馆藏上海市保险商业同业公会档案,档号:S181-4-19。
[4] 上海市档案馆藏上海市保险商业同业公会档案,档号:S181-4-12。

就中国人民保险公司设计室同志提供的《关于计算战前及战时人寿保险契约清偿单位方式刍议》提请研究，最后议决为："一，由龚主委汇百、潘顾问华典及孙顾问浩然共同研究商榷，并逐条加以注释，以为应付保户质疑时之准备；二，仍请各委员分别详加研究，随时提供意见。"[1]考虑到仅仅在沪闭门研究恐有失良机，7月22日人身险组决定"推选赴京访问团"，最终"公推龚汇百、陈已生、孙浩然为代表，龚渭源为预备代表，择日启程赴京解释有关清偿问题"[2]。7月31日，人身险组又议决将意见书呈送中央人民政府财政经济委员会、上海市军管会金融处和中国人民保险公司及其华东区公司。但意见书如泥牛入海，国内形势的发展又令金融业的情形很不乐观，事情一下子就拖到了1953年。

三、清偿办法的出台与实施

1953年2月，《关于解放前银钱业未清偿存款给付办法》由政务院公布实施，这不仅解决了同样延宕已久的1949年前银钱业未清偿的存款问题，也使寿险业存在的未清偿契约问题提上了议事日程。因为在这项办法中明确规定：解放前人寿保险得由中国人民保险公司参照本办法另定标准清理之[3]。又经过近两年的准备，终于在1954年12月15日，中国人民保险公司制定的《解放前保险业未清偿的人寿保险契约给付办法》获得财政部批准而公布实施。其基本精神是既能照顾广大保户的生活，同时兼顾到私营保险公司的实际情况。该清偿办法根据法币贬值的时间将寿险契约划分为三个不同的阶段，分别是1937年12月31日前为第一阶段、1938年1月1日至1948年8月18日为第二阶段、1948年8月19日至解放时为第三阶段。各年给付标准依次递减，1法币在第一阶段给付人民币12 500元，但在1948年8月仅给付人民币0.01元。另外，该办法将未清偿的寿险契约按给付性质分为不同的三类，即死亡给付、期满给付、现金价值。同时规定：给付金额在200元法币以下的十足给付，超过200元的部分分级递减。其中201元至700元之间，每100元递减10%给付，701元至1 000元按40%给付，1 001元至2 000元按30%给付，2 001元至5 000元按20%给付，5 001元以上则按10%给付[4]。

---

[1] 上海市档案馆藏上海市保险商业同业公会档案，档号：S181-4-21。
[2] 同上。
[3] 中国保险学会主编：《中国保险史》，中国金融出版社，1998年，第326页。
[4] 《解放前保险业未清偿的人寿契约给付办法》(1954年12月15日财政部公布)，《解放日报》1954年12月16日。

1954年12月18日,上海市军管会金融处在清偿办法公布后的第一时间通知华安合群、泰山人寿、太平人寿等公司,明确提出:"本市所有私营人寿保险公司(包括外国人寿保险公司)应即遵照上述办法的规定,办理清理给付。各该私营公司的监督管理工作,自即日起由中国人民保险公司上海市分公司负责执行。"〔1〕

期盼已久的清偿给付办法终于出台了,但各家寿险公司反观过去三四年停业等待期间的营业情形,却是"如鱼饮水,冷暖自知"。根据档案记载,在清偿给付前上海当时仅存的6家私营寿险公司均已资不抵债,各公司资产占负债的百分比,华安合群最高,为54.8%,其余几家分别是泰山人寿22.6%、太平人寿11.4%、宁绍人寿5.3%、先施人寿8.9%,永安人寿最少,仅为1.0%,也即是说,根本无力清偿给付〔2〕。

清偿登记工作从1954年12月25日开始。尽管早已资不抵债,但既然有了清偿规则,华安保寿公司还是尽心尽力地安排各项工作,核心是如何筹措给付资金。1955年1月16日,华安保寿公司召开董事会,集中讨论"如何筹措资金以备给付解放前未清偿人寿保险契约"这一议题。全体董事经深入和慎重讨论后认为:

> 关于我公司解放前未清偿寿险契约的偿付额,据初步估计在人民币三百亿元以上,其外币保单及在印尼的保单尚不在内。此项契约已在办理登记,不久即将开始给付。为了如期办理给付,应如何筹此巨款实为目前当务之急。按筹款事宜现除我印尼分公司积有资金外,我总公司已只有资产而无现款,故颇成问题。资产中主要为房地产,尚有投资于他公司之股份及其他有价证券等,则占极小数。房地产中更以华安大楼为其主要。现为做好筹款工作,自应请印尼分公司汇款并当将我总公司所有资产予以出售。惟印尼政府曾禁止将款汇往国外,且该分公司已将资金购置房地产及做房地产抵押放款,故能否汇出犹待努力争取。至其他资产现时能否出售亦无把握。顾亦当尽力以赴,但华安大楼鉴于价值巨大,实难由我公司自行觅户出售,似非请主管机关大力协助,断难成功。〔3〕

董事会最后决定,将"(1)坐落于本市南京西路104号华安大楼及其后面之汽车楼暨凤阳路群寿里房屋及其基地五亩六分五厘五毫,(2)坐落本市梵皇渡

---

〔1〕 上海市档案馆藏华安合群保寿公司档案,档号:Q336-1-220。
〔2〕 同上。
〔3〕 上海市档案馆藏华安合群保寿公司档案,档号:Q336-1-27。

路金家巷土地四亩三分六厘四毫，（3）坐落汉口中山大道土地二亩一分八厘三毫，（4）其他公司股份及有价证券等出售，并请印尼分公司汇款回国。其中关于华安大楼房地产包括基地与之毗连之汽车楼暨凤阳路群寿里房屋并请求主管机关照顾,大力协助代为觅户出售,藉资清偿"[1]。华安大楼是当时上海的著名建筑,价值不菲。据当时的估价,华安大楼及其汽车楼、凤阳路群寿里房屋和基地,估值为新人民币140余万元。这笔巨额不动产的出售,并非一时就能很容易地找到合适的买主。因此,1月29日,华安保寿公司就董事会的议决致函中国人民保险公司上海市分公司,希望政府在出售华安大楼等财产上施以援手[2]。另外,根据最新测算,华安保寿公司全部资产价值约为新人民币150万元,而应给付金额则为305万元。换言之,公司全部资产仅能支付应偿付契约金额的一半而已。为此,华安保寿公司又致函主管机关,希望能够按照资产净值以比例来偿付。

近一年过去了,到1955年12月初,华安大楼仍未找到买主,没有现款,也就无法给付。12月9日,华安保寿公司终于等来了主管机关的批复密件,内中明确指示：

> 一,关于你公司资产华安大楼、汽车楼、凤阳路群寿里全部房屋连同基地,同意由你处申请政府予以收购,希等候我处通知,向上海市房地产公司办理具体手续。其余资产同意按照《解放前保险业未清偿的人寿保险契约给付办法》第十三条的规定缴付国库。二,关于解放前寿险契约及存款户的给付金额,同意按照资产净值比例偿付,但为照顾保户起见,特准将原应缴纳国库部分的未登记户的给付金现款,拨转补贴已登记的保户。其具体偿付办法,可规定给付金额在人民币五百元以下者,应全额给付；给付额在五百元以上者,除五百元部分全额给付外,其超过部分应在不低于原应得比例成数的情况下,分为若干级,依据小户多补贴、大户少补贴的原则,拟订具体清偿计算办法,并征集一些典型保户意见后,呈报核定。[3]

主管机关的批复指示,可谓是考虑周全。华安保寿公司根据这一指示,两天后即拟出了《具体清偿结算办法》呈报当局,内中还表达了诚挚的感谢："董事会对于政府大力照顾我公司,同意收购我公司资产华安大楼……一节,一致

---

[1] 上海市档案馆藏华安合群保寿公司档案,档号：Q336-1-27。
[2] 上海市档案馆藏华安合群保寿公司档案,档号：Q336-1-220。
[3] 同上。

议决致以衷心的感谢。对于政府特准将原应缴纳国库部分的未登记户的给付金现款拨转补贴已登记的保户,尤深感激并代表全体股东致以深切的谢忱……一致认为政府公布给付办法及收购我公司资产并将应缴纳国库部分的给付金现款拨转补贴已登记的保户等这一系列措施,充分体现高度关怀人民利益无微不至,并更一致表示深深的感谢。"[1]与此同时,政府对华安保寿公司所属财产的收购事宜也在顺利进行中,最终华安大楼、汽车楼暨凤阳路群寿里房屋及基地共得款148.9万元。

1955年12月26日,华安保寿公司进入实质性给付工作。根据董事会报告,自给付日起到1956年4月5日止,实付上海"本埠保户1520户,计付人民币485 847.07元;外埠保户915户,计付人民币429 063.23元。以上共付2 435户,共付人民币914 910.3元。查本公司保户申请登记者共3 262户,除已付2 435户,计未付者尚有827户"[2]。1956年10月,政府又规定"将寿险给付办法定为自明年(1957年)一月一日起延期一年,至十二月卅一日止"[3]。

根据华安保寿公司截至1957年7月31日的登记统计,所有应清偿户数为9 150户,全部清偿金额为3 388 170元。当时未登记者为5 802户,应付金额约为1 691 346元;已登记者为3 348户,应付金额约为1 696 824元。下表是截至1957年8月13日的给付情况,清晰反映了华安保寿公司细致而又值得称道的给付成绩,即实际给付3 241户,总给付金额超过138万元。

表1 华安合群保寿公司登记给付情况表(1957年8月13日)

项 目		户 数	应付金额(人民币)	实付金额(人民币)
国内伪法币者	登记者	3 273	1 655 886	1 381 074
	已给付者	3 169	1 611 133	1 346 012
	未给付者	104	44 753.03	35 061.82
华侨户	登记者	16	6 146.62	5 719.68
	已给付者	2	1 116.2	974.17
	未给付者	13	5 030.42	4 745.51

---

[1] 上海市档案馆藏华安合群保寿公司档案,档号:Q336-1-220。
[2] 上海市档案馆藏华安合群保寿公司档案,档号:Q336-1-27。
[3] 同上。

续　表

项　目		户　数	应付金额（人民币）	实付金额（人民币）
外币户	登记者	17	12 350.55	10 463.18
	已给付者	15	11 851.21	9 963.84
	未给付者	2	499.34	499.34
存款户	登记者	32	3 510.36	3 459.04
	已给付者	30	3 423.19	3 371.87
	未给付者	2	87.17	87.17
印尼伪法币户	登记者	29	26 931.03	22 350.26
	已给付者	24	24 005.23	19 709.37
	未给付者	5	2 925.8	2 640.89
合计	总登记者	3 367	1 704 824.99	1 423 065.86
	总已给付者	3 241	1 651 529.23	1 380 031.13
	总未给付者	126	53 295.76	43 034.73

资料来源：上海市档案馆藏华安合群保寿公司档案 Q336-1-27。

其他各家寿险公司也大都在1957年前后完成了清偿工作。只不过由于各公司资不抵债，实际偿付金额均远远小于应付金额。比如宁绍人寿保险公司，其在规定期内收到了1 626份申请给付书，应清偿金额为379 642.36元；应清偿而未申请者2 441份，应清偿金额为316 893.14元，两者合计为696 535.5元[1]。但由于宁绍人寿保险公司资金匮乏，最终实际给付的清偿金额仅为160 419.6元[2]。太平人寿保险公司应给付金额约为48万元，但其资产仅剩6万元不到，不足之数最后只好由公司六家股东银行负责偿还。永安人寿保险公司全部应清偿金额约为35万元，最终该公司清偿了26万余元，不足部分以合营公司股票抵充了。泰山人寿保险公司应给付金额约为21万元，但实际给付金额不足13万元。先施人寿保险公司应给付金额接近28万元，实际偿付不足9万元。

---

[1]　上海市档案馆藏宁绍人寿保险公司档案，档号：Q351-1-19。
[2]　上海市档案馆藏宁绍人寿保险公司档案，档号：Q351-1-20。

四、赞美与收束

契约给付工作的完成,给各寿险公司赢来了不绝于耳的赞美声。1955年4月21日,一位名叫陈德金的保户给泰山人寿保险公司写了一封诚挚的感谢信,可谓代表了大多数保户的心声。信是这样写的:

当报上刊载了解放前寿险可以登记发还的消息后,我把两份不齐全的寿险保单和保费收据找了出来,一份是泰山人寿保险公司的,一份是美商友邦人寿保险公司的。我打算拿去登记试试运气,看看能不能找到些外快。我心想登了记,十分中有八分半是空欢喜,即使有一分半希望,也是拿不回多少钱的。解放六年来,我虽然随时随地都目睹到人民政府处处为人民利益着想的各项事实,但是对这次登记发还解放前寿险的这件事还是半信半疑的。我以为人寿险本是诳诳人的玩意儿,解放前被骗去了保费,如今人民政府纵然贤明,也不会来处理和偿还十、廿年前的老债吧,更何况这些老债还是解放前蒋贼卖国政府统治时期中历年物价飞涨造成的恶果所欠下的呢?一份保单经你公司审查符合条件后予以登记,另一份因系外商开设,且已关歇,但中国人民保险公司应允在向国外该外商保险公司办理交涉手续后再行登记。办妥登记手续后,我已不再把这件事搁在心上,因为我还是坚信自己一套不正确的成见——'解放前的寿险,到今天还会发还?'今天接到你公司的来信,通知领取我那份应得的寿险,并已按照新人民币折算计有三百余元。当时我拿着通知信,给屋里的每个人都看了,他们同声读着信上的每一个字句,但是我还不信任自己的耳朵。虽然自己不认得几个字,我还是戴上了老光眼睛,郑重地看了一遍。今年我已七十岁了。我活到现在看到过满清帝王政府、军阀政府、日本帝国主义的伪政府、蒋贼的卖国政府,没有一个不是穷奢极欲,搜刮民脂,压榨人民血汗的。只有到今天才碰上了这样好的人民政府,它是多么照顾人民的利益!通过这次亲身的体会,我更觉得国家建设社会主义工业化的必要性和胜利心了。没有富裕的国家,人民就没有幸福、没有快乐的。今后我决意搞好自己负责经营的企业,接受社会主义改造,替国家积累资金,并全心全意加强支援解放台湾的斗争。以上是我的感想。此致泰山人寿保险公司。陈德金。四月二十一日。[1]

---

[1] 上海市档案馆藏泰山人寿保险公司档案,档号:Q361-1-226。

像这样的感谢信,泰山人寿保险公司还收到了许多,致信者在信中也大都表达了对公司的感谢和对政府的感激,并且几乎一致地坚定表达了对建设未来社会主义新社会充满了希望。

在此起彼伏的赞美声中,伴随给付工作结束的各寿险公司,也完成了历史使命。1956年10月31日,宁绍人寿保险公司致函上海市军管会金融处,请示公司结束事宜。函中称:"现在清偿清理工作已告完毕,除呈报中国人民保险公司上海市分公司外,请准予歇业结束为荷。"[1]

颇有先知先觉的华安保寿公司则未雨绸缪,尚在给付工作开展前夕就已着手安排后事工作。1955年12月6日,华安保寿公司致函中国人民保险公司上海市分公司,内中就安排公司职工及公司存废事宜寻求指示,函内说:"关于我公司职工之处理办法,查有医师三人,均系兼职,当由我公司另行与之协商解决外,其职工中包括广州办事处职工在内有年龄较大或缺乏劳动力或自愿退休者,当由我公司与劳方协商解决办法,报请上海市新成区人民委员会劳动科核准办理,其余职工拟申请政府录用。此事亦当由我公司与劳方协商后提请政府考虑……关于我公司今后存废问题,按我总公司于清理后因已无任何资产,并无存在条件,自惟有收束之一途。至广州办事处自亦应予以收束。惟对于印尼分公司,究竟如何处理之处,尚请核夺。"[2]三天后,中国人民保险公司上海市分公司批复华安保寿公司,同意按华安保寿公司的意见而接收其职工,也同意华安保寿公司在完成清理工作后收束。

1959年4月25日,华安保寿公司召开董事会,出席者有公司元老龚汇百及经乾堃、吕维屏、王良悌、薛子良,金融处代表蔡仲镒列席。会议主要议题是"报告关于本公司结束事宜案"。姚秘书报告了公司结束工作的办理情况:

(1)历年各种档卷,经装就木箱八十三只,已于本年四月四日车送人保南京东路办事处仓库存放。(2)本公司所租南京西路104号二楼房屋,已于本年三月底向新成区房地产公司牯岭路管理组声明退租,并已于四月七日办理交收完毕。惟本公司尚有于华安大厦落成时购备未用的灯罩三十余只,前经设法出售,无人承购。当经委托该管理组代为保管,俟有新租户时请代向联系出售。(3)公司最后一批职工计职员五人工友一人,已蒙人保上海市分公司安排,转入人保工作。至此,公司全体职工,除自愿退休者外,已蒙安排完毕,共计廿一人,其中十七人在人保工作,四人由

---

[1] 上海市档案馆藏宁绍人寿保险公司档案,档号:Q351-1-1。
[2] 上海市档案馆藏华安合群保寿公司档案,档号:Q336-1-27。

人保介绍在交通银行工作。(4) 各种办公用具，其中木器方面占大部分，均经华东纺织管理局承购，已于本年四月七日办理交收完毕。至于钢皮箱等，则系由人保承购，亦已交收完毕。尚有零星用具除大多数委托拍卖行予以拍卖外，尚有少数携至人保。(5) 现正对于下列各项均造列清单，向人保办理移交：(甲) 档卷八十三箱，(乙) 手存函件等档卷，(丙) 上开未给付的八十九户及其他因个别情况暂置手头的保户档卷，(丁) 信托部存款清偿档卷及其有关文件，(戊) 各种有价值及无价值资产暨负债，(己) 各种零星用具，(庚) 手存各种账册表报附资产负债表及损益表，(辛) 办理清偿工作中所造各种表单簿册，(壬) 各种印鉴。[1]

姚秘书报告完后，董事会进一步讨论了公司结束的具体办法。这一方案由吕维屏经理提出，详细如下：

(1) 建议请议决本公司国内结束机构，撤销其未了的解放前未清偿寿险契约的登记给付等事宜，均请中国人民保险公司上海市分公司代为处理。(2) 建议请议决将本公司剩余资产包括土地计上海金家巷土地4.364亩、汉口中山大道土地2.018亩、历年经济建设公债、投资于各企业(现在均为公私合营企业)的股份、各种债权、结存现款、各种零星用具及各种并无价值的资产包括各级反动统治的各种债券及已闲歇企业的股据，均交请中国人民保险公司上海市分公司，将有价值的折价上缴国库，将无价值的作相应的处理。(3) 建议请议决将本公司档卷八十三箱、本公司执照各种印鉴及正在准备办理移交的各种档卷账册表报等均交请中国人民保险公司上海市分公司处理。(4) 关于印尼分公司及正在进行改组独立中的新公司方面建议请议决如下：(甲) 将印尼分公司各项资产包括商誉等在内估值的印尼币三百万盾，就中划出投资于新公司的股份两百万盾，每股印尼币一千元，计二千股。余资一百万盾上缴国库。将来所领得之股据及该余资一百万盾存于雅加达中国银行后所领得之存款凭证，连同有关的本公司名义的印鉴，均交请中国人民保险公司上海市分公司执管。[2]

对于上述建议，公司董事会一致通过。这家创办于1912年的近代最大的民族寿险企业，就这样在其创办者吕岳泉的公子吕维屏的提议下，圆满完成了它的

---

[1] 上海市档案馆藏华安合群保寿公司档案，档号：Q336-1-29。
[2] 同上。

历史使命。其独立后的印尼华安合群保寿公司也在 1961 年 12 月 8 日,经中国人民保险公司与印尼方面磋商,以 500 万印尼盾的价格售予印尼政府。出售价款全部上缴国库。

五、结　　语

　　新旧时代的更替必然预示着消失与诞生。上海解放后,各私营寿险企业即已感到经营氛围的变化以及未来难测。带着旧思想烙印的各寿险公司经过一系列改造和新运动的洗礼,精神面貌才终于追赶上了不断发展的社会主义新思路。清偿政策出台后,各私营寿险公司一改先前停业等待期间的异议与不满,对新政策不吝赞美。像华安保寿公司就说:"由于近年来不断受到党和人民政府各种启发和教育,我公司股东及董监事等思想觉悟均有提高。倘蒙政府大力协助解决此解放前未清偿寿险契约,咸将深表感谢。"[1]

　　1949 年以前保险业未清偿寿险契约的给付处理,影响无疑是相当深远的。在前后五年左右的等待及形势发展下,问题的最终解决不仅使新政府进一步树立起与旧有的腐败政府明显不同的为民、亲民的形象,从而得到民众的普遍赞美,赢得民众发自内心的支持,巩固了刚刚建立的人民政府,也使广大保户在较为困难的时期得到了一定的经济补偿,从而直接鼓舞和坚定了他们跟党走建设社会主义的信念。从这个方面而言,未清偿寿险契约问题的解决无疑是极为成功和有利的。当然,伴随着这一问题的解决,是各私营寿险公司的结束以及单一性国营保险体制的建立。其实这不是清偿问题结束所带来的自然结果,因为建立起由共产党领导的统一的金融业体制,是早在《共产党宣言》中就已确立的目标和方向,解放前未清偿寿险契约问题的处理只不过恰恰赶巧在这个统一性金融体制建设的节点上而已。

（原载《平和研究》[韩国]第 13 卷第 2 号,2005 年秋季。有所删节）

---

[1] 上海市档案馆藏华安合群保寿公司档案,档号:Q336-1-27。

附录：吴景平先生论著目录

一、著作

《宋庆龄与抗日救亡运动》（与郑灿辉、季鸿生合著），福建人民出版社 1986 年版。

《从空想到科学——中国社会主义思想发展的历史考察》（与彭明、桑咸之合著），中国人民大学出版社 1991 年版。

《宋子文评传》，福建人民出版社 1992 年、1998 年版。

《从胶澳被占到科尔访华——中德关系（1861—1992）》，福建人民出版社 1993 年版。

《宋子文思想研究》，福建人民出版社 1998 年版。

《宋子文政治生涯编年》，福建人民出版社 1998 年版。

《上海金融业与国民政府关系研究（1927—1937）》，上海财经大学出版社 2002 年版。

《宋子文与他的时代》（与郭岱君合著），复旦大学出版社 2008 年版。

《宋子文驻美时期电报选（1940—1943）》（与郭岱君合编），复旦大学出版社 2008 年版。

《宋子文与外国人士往来函电稿（1940—1942）》，复旦大学出版社 2009 年版。

《风云际会——宋子文与外国人士会谈记录（1940—1949）》（与郭岱君合编），复旦大学出版社 2010 年版。

《战时岁月——宋子文与外国人士往来函电稿新编（1940—1943）》（与林孝庭合编），复旦大学出版社 2010 年版。

《中华民国史》第九卷（1937—1941）（与曹振威合著），中华书局 2011 年版。

《国民政府时期的大国外交》，上海人民出版社 2012 年版。

《抗战时期的上海经济》，上海人民出版社 2015 年版。

《政商博弈视野下的近代中国金融》，上海远东出版社 2016 年版。

《中国近代金融史十讲》,复旦大学出版社 2019 年版。
《近代中国的金融风潮》,东方出版中心 2019 年版。
《八一三抗战和孤岛时期上海金融业同业组织》,上海远东出版社 2020 年版。
《沦陷时期上海金融业同业组织》,上海远东出版社 2020 年版。

二、论文

《试论上海八一三期间救亡团体的性质与作用》,《档案与历史》1985 年第 1 期。
《"八·一三"期间上海的救亡报刊》,《上海师范大学学报(哲社版)》1985 年第 2 期。
《试析上海"八·一三"抗日救亡运动的历史特点》(与郑灿辉合撰),《上海师范大学学报(哲社版)》1986 年第 1 期。
《关于邹韬奋在保卫中国大同盟英文期刊〈新闻通讯〉上发表的文章》,《档案与历史》1986 年第 2 期。
《日本对华经济侵略与国民党转向抗日》,《上海师范大学学报(哲社版)》1987 年第 3 期。
《八一三抗战中的上海救亡画刊》,《史林》1987 年第 4 期。
《试析国民党转向抗日的经济原因》,《中共党史研究》1988 年第 1 期。
《抗战前国民党当局争取外援述评》,《档案与历史》1988 年第 2 期。
《英国与 1935 年的中国币制改革》,《历史研究》1988 年第 6 期。
《李滋罗斯中国之行述评》,《近代史研究》1988 年第 6 期。
《英国关于解决"满洲国"问题方案的提出与破产》,《史学集刊》1988 年第 4 期。
《评美国对西安事变的态度》,《民国档案》1988 年第 4 期。
《宁汉对峙与合流中的宋子文》,《档案与历史》1989 年第 5 期。
《美国与 1945 年的中苏会谈》,《历史研究》1990 年第 1 期。
《宋子文广东理财述评》,《近代史研究》1990 年第 2 期。
《美国和 1935 年中国的币制改革》,《近代史研究》1991 年第 6 期。
《宋子文论纲》,《历史研究》1991 年第 6 期。
《论宋子文的对日强硬态度(1931—1933 年)》,《抗日战争研究》1992 年第 2 期。
《汉斯·克兰与抗战前的中德关系》,《近代史研究》1992 年第 6 期。

"A Brief Comment on Song Ziwen (T. V. Soong)",《中国社会科学(英文版)》1993 年第 1 期。

《评美国对九一八事变和一二八事变的态度——兼析"史汀生主义"的提出及局限性》(与赵哲合撰),《抗日战争研究》1993 年第 3 期。

《评南京国民政府的整理外债政策》,《近代史研究》1993 年第 6 期。

《宋子文与中国银行》,《上海金融》1993 年第 7 期。

《宋子文与中央银行》,《上海金融》1993 年第 9 期。

《德国军事顾问塞克特的中国之行述评》,《民国档案》1994 年第 2 期。

《中美平等新约谈判述评》,《抗日战争研究》1994 年第 2 期。

《近代中国金融中心的区域变迁》,《中国社会科学》1994 年第 6 期。

《孔祥熙与宋子文》,《档案与史学》1994 年第 2 期。

《抗战时期中美租借关系述评》,《历史研究》1995 年第 4 期。

《民国史研究与民国档案资料的整理刊布》,《档案与史学》1995 年第 1 期。

"Regional Changes in Banking Centers in Modern China",《中国社会科学(英文版)》1996 年第 3 期。

《抗战时期中国的外债问题》,《抗日战争研究》1997 年第 1 期。

《美国和抗战时期中国的平准基金》,《近代史研究》1997 年第 5 期。

《关于近代中国外债史研究对象的若干思考》,《历史研究》1997 年第 4 期。

"Review of the Sino-U. S. Lend-Lease Relationship During the War Against Japanese Aggression",《中国社会科学(英文版)》1997 年第 1 期。

《关于国民政府与韩国临时政府关系的若干思考》,《韩国研究论丛》1998 年第 1 辑

《抗战时期经济研究 50 年》(与王征合撰),《抗日战争研究》1999 年第 3 期。

《英国与中国的法币平准基金》,《历史研究》2000 年第 1 期。

《江苏兼上海财政委员会述论》,《近代史研究》2000 年第 1 期。

《关于近代上海金融史研究的一点思考》,《档案与史学》2000 年第 3 期。

《近代中国经济与社会学术讨论会综述》(与陈雁合撰),《历史研究》2000 年第 1 期。

《从银行立法看 30 年代国民政府与沪银行业关系》,《史学月刊》2001 年第 2 期。

《孙中山建立近代银行的思想主张与实践》,《民国档案》2001 年第 2 期。

《近代中国内债史研究对象刍议——以国民政府 1927 年至 1937 年为

例》,《中国社会科学》2001 年第 5 期。

《评上海银钱业之间关于废两改元的争辩》,《近代史研究》2001 年第 5 期。

《近代上海金融中心地位与南京国民政府之关系》,《史林》2002 年第 2 期。

《"九·一八"事变至"一·二八"事变期间的上海银行公会》(与王晶合撰),《近代史研究》2002 年第 3 期。

《上海金融的现代化与国际化国际学术讨论会综述》(与史立丽合撰),《历史研究》2002 年第 5 期。

《上海金融业与太平洋战争爆发前上海的外汇市场》,《史学月刊》2003 年第 1 期。

《上海银行公会改组风波(1929—1931)》,《历史研究》2003 年第 2 期。

《接管上海官僚资本金融机构述论》(与张徐乐合撰),《近代史研究》2003 年第 4 期。

《论北洋政府的外债整理》,《历史教学问题》2003 年第 1 期。

《建国前后对上海私营金融业的整顿管理》(与张徐乐合撰),《社会科学》2003 年第 5 期。

《金圆券政策的再研究——以登记移存外汇资产和收兑金银外币为中心的考察》,《民国档案》2004 年第 1 期。

《上海解放初期的钱业公会》(与张徐乐合撰),《华中师范大学学报(社科版)》2004 年第 3 期。

《上海钱业公会与南京国民政府成立前后的若干内债——对已刊未刊档案史料的比照阅读》,《近代史研究》2004 年第 6 期。

《上海金融业与金圆券政策的推行》,《史学月刊》2005 年第 1 期。

《关于研究 1949—1952 年期间上海私营金融业的若干问题》(与张徐乐合撰),《中国经济史研究》2005 年第 1 期。

《太平洋战争爆发前中德军事和经贸合作关系的若干史事述评》,《民国档案》2006 年第 4 期。

《抗战时期的上海华商信托业》(与何旭艳合撰),《抗日战争研究》2006 年第 1 期。

《上海钱业公会的成立及初期组织运作》(与邹晓昇合撰),《社会科学》2007 年第 5 期。

《1930 年代初中国海关金单位制度的建立述论》(与龚辉合撰),《史学月刊》2007 年第 10 期。

《胡佛研究所藏宋子文档案概况及其学术价值》,《复旦学报(社科版)》

2008 年第 6 期。

《蒋介石与抗战初期国民党的对日和战态度——以名人日记为中心的比较研究》,《抗日战争研究》2010 年第 2 期。

《1938 年国民党对日和战态度述评——以蒋介石日记为中心的考察》,《民国档案》2010 年第 3 期。

《蒋介石与战时美国对华财经援助》,《史学月刊》2011 年第 1 期。

《蒋介石与 1935 年法币政策的决策与实施》,《江海学刊》2011 年第 2 期。

《抗战时期天津租界中国存银问题——以中英交涉为中心》,《历史研究》2012 年第 3 期。

《蒋介石与战时平准基金》,《民国档案》2013 年第 1 期。

《开罗会议提供的历史性愿景——以中美关系为中心的若干思考》,《近代史研究》2013 第 6 期。

《近代中国银行业的变迁——以官商互动为中心》,《近代国家的形塑》,台北:"国史馆"2013 年版。

《淞沪会战中的上海金融业》,《军事历史研究》2014 年第 3 期。

《国民革命时期宋子文与孙中山、蒋介石关系之比较研究》,《近代史研究》2015 年第 5 期。

《抗战初期蒋介石与宋子文关系研究》,《抗日战争研究》2015 年第 3 期。

《财经视野下的抗日战争研究》,《抗日战争研究》2016 年第 1 期。

《宋子文与西安事变和平解决后的张学良》,《民国档案》2017 年第 2 期。

《孙中山与国民党历史地位探析》(与宋时娟合撰),《历史教学》2017 年第 11 期。

《抗战史和二战史视野下的战后中国对日索赔》(与樊芸合撰),《河北学刊》2017 年第 3 期。

《关于上海银行公会发起和成立若干史实的考订》,《安徽师范大学学报(人文社会科学版)》2018 年第 6 期。

《近代银行制度的形塑与政商关系》,《河北师范大学学报(哲学社会科学版)》2018 年第 1 期。

《日伪统治时期上海金融市场秩序的重构》,《民国档案》2018 年第 2 期。

《关于中华民国史对象与体系的思考》,《史学月刊》2018 年第 12 期。

《中国近代金融史研究对象刍议》,《近代史研究》2019 年第 5 期。

《杨格〈抗战外援:1937—1945 年的外国援助与中日货币战〉评介》,《抗日战争研究》2019 年第 4 期。

《蒋介石与金圆券方案的出台——对若干档案史料的辨析》,《民国档案》2020年第3期。

《从国际条约看二战时期中国国际地位变迁》,《中国社会科学报》2020年9月1日。

《关于战后中国要求归还劫物的若干问题》,《日本侵华南京大屠杀研究》2021年第3期。

编后记

老师还是常常来电检查我们的写作进展、布置工作，老师还总是十分迅速地回复我们的邮件、微信；在完成结项国家社科基金重大项目之外，老师还承担着国家社科基金抗战研究专项工程项目、复旦大学的"传世之作"项目；要不是疫情的原因，老师还是会在假期带着学生们去世界各国的档案馆发掘档案，开拓新课题；老师仍然比我们每一个学生都要忙碌，工作量之大、效率之高，让我们这些青年、壮年们汗颜。所以我们好像忘记了老师也会退休，会离开传道、授业、解惑的讲台。

可是老师真的要退休了，作为学生，我们想送老师一份荣休的礼物，于是我们"攒"了这本《景行集》。"高山仰止，景行行止"，老师是我们永远的榜样，吾等虽不能至，心向往之。我们是一群幸福的学生，一直被老师关心、爱护着，老师行而不止，研究不辍，会永远激励我们携手同行，奋力追赶。

本书共收录50篇论文，均为研究中国近现代政治、经济、社会的学术论文，皆来自老师指导的本科生、硕士研究生、博士研究生和博士后研究人员，有20世纪90年代就跟随老师学习的老学生，也有目前仍在攻读博士学位的新同学，但论文不以入师门先后为序，而是依文章涉及时段早晚排序。50篇论文全部在国内外学术期刊上发表过，受限于文集的体量和为统一行文格式，收入本书时均进行了修订，少数论文篇幅酌予压缩。感谢两位同学——复旦大学出版社史立丽编辑和中华书局刘冬雪编辑承担了本书编辑的工作，尤其要感谢立丽同学的辛勤付出，才能促成本书的出版。

我们用《景行集》来感谢老师对我们的无私教诲，用这本论文集祝贺老师开启人生的新征程。景行行止，但行不止！

陈　雁

2021年8月15日

图书在版编目(CIP)数据

景行集:吴景平先生从教三十年纪念文集/《景行集:吴景平先生从教三十年纪念文集》编委会编. —上海:复旦大学出版社,2021.10
ISBN 978-7-309-15898-4

Ⅰ.①景… Ⅱ.①景… Ⅲ.①金融-经济史-中国-近代-文集 Ⅳ.①F832.96-53

中国版本图书馆 CIP 数据核字(2021)第 170021 号

景行集:吴景平先生从教三十年纪念文集
本书编委会　编
责任编辑/史立丽

复旦大学出版社有限公司出版发行
上海市国权路 579 号　邮编:200433
网址:fupnet@fudanpress.com　http://www.fudanpress.com
门市零售:86-21-65102580　团体订购:86-21-65104505
出版部电话:86-21-65642845
上海盛通时代印刷有限公司

开本 787×1092　1/16　印张 45.5　字数 793 千
2021 年 10 月第 1 版第 1 次印刷

ISBN 978-7-309-15898-4/F・2825
定价:198.00 元

如有印装质量问题,请向复旦大学出版社有限公司出版部调换。
版权所有　侵权必究